Steuererklärungspflicht und Verfahrensleistungsfähigkeit

Bochumer Schriften zum Steuerrecht

Herausgegeben von Roman Seer

42

PETER LANG

Dominik Ortwald

Steuererklärungspflicht und Verfahrensleistungsfähigkeit

Eine Untersuchung im Steuerverfahren und Steuerstrafverfahren unter besonderer Berücksichtigung der Digitalisierung des Besteuerungsverfahrens

PETER LANG

Bibliografische Information der Deutschen Nationalbibliothek
Die Deutsche Nationalbibliothek verzeichnet diese Publikation in der Deutschen Nationalbibliografie; detaillierte bibliografische Daten sind im Internet über http://dnb.d-nb.de abrufbar.

Zugl.: Bochum, Univ., Diss., 2021

Abbildung auf dem Umschlag: Siegel der Universität Bochum.
Abdruck mit freundlicher Genehmigung der Universität Bochum.

Gedruckt auf alterungsbeständigem, säurefreiem Papier.

D 294
ISSN 1613-933X
ISBN 978-3-631-86562-0 (Print)
E-ISBN 978-3-631-87068-6 (E-PDF)
E-ISBN 978-3-631-87069-3 (EPUB)
DOI 10.3726/b19345

Peter Lang – Berlin · Bern · Bruxelles · New York ·
Oxford · Warszawa · Wien

Diese Publikation wurde begutachtet.

www.peterlang.com

Meinen Eltern
und Sandra

Vorwort

Die vorliegende Arbeit wurde im Sommersemester 2021 von der Juristischen Fakultät der Ruhr-Universität Bochum als Dissertation angenommen. Die mündliche Prüfung fand am 21. Juli 2021 statt.

Ich habe das Manuskript zu der Arbeit im Februar 2021 fertiggestellt. Später veröffentlichte Rechtsprechung und Literatur habe ich zum Teil noch in den Fußnoten berücksichtigt, soweit mir diese bis September 2021 bekannt geworden sind.

Mein herzlicher Dank gebührt zunächst meinem Doktorvater, Herrn *Prof. Dr. Roman Seer*, für die unterstützende und wertvolle Betreuung meines gesamten Promotionsvorhabens sowie für die Möglichkeit, mein Dissertationsthema im *Bochumer Steuerseminar* vorstellen zu können. Er war es, der mich im Studium wissenschaftlich an das Steuerrecht herangeführt hat und mir über Jahre unterstützend sowie fördernd zur Seite stand. Hierzu zählen insbesondere die mittlerweile mehr als fünf Jahre, die ich an seinem Lehrstuhl als Wissenschaftlicher Mitarbeiter tätig sein durfte und für die ich sehr dankbar bin. Ich habe in dieser Zeit nicht nur wissenschaftlich und steuerrechtlich viele neue und interessante Erkenntnisse gewonnen. Die Erfahrungen aus meiner dortigen Tätigkeit haben mich auch menschlich bedeutsam geprägt und ich denke mit viel Freude an die Jahre zurück.

Herrn *Prof. Dr. Matthias Loose* danke ich für die äußerst zügige Erstellung des Zweitgutachtens.

Herrn *Rechtsreferendar Christian Kukuczka* danke ich für die freundschaftliche Unterstützung und ein stets offenes Ohr, vor allem in den Zeiten, in denen sich das Promotionsvorhaben und unser Referendariat überschnitten haben.

Meinen Eltern danke ich von Herzen für das aufgebrachte Verständnis und die Möglichkeit, meinen Lebensweg nach eigenen Wünschen gestalten zu können.

Den größten Dank schulde ich meiner Lebensgefährtin *Sandra Schulte*. Sie hat den Entstehungsprozess der Arbeit, der über die Jahre im privaten Bereich mit vielen Entbehrungen einherging, mit überaus großem Verständnis begleitet und war mir stete Quelle der Motivation.

Bochum, im Oktober 2021
Dominik Ortwald

Inhaltsverzeichnis

1. Teil: Einführung in die Untersuchung

A. Einleitung

Im Zeitalter der Digitalisierung ist auch das Besteuerungsverfahren in stetigem Wandel. Als Schnittstelle zwischen dem materiellen Steuergesetz und der Rechtswirklichkeit ist es Aufgabe des Besteuerungsverfahrens, den im materiellen Steuerrecht rechtlich entstandenen Steueranspruch des Staates in eine tatsächliche Geldleistung durch den Steuerpflichtigen[1] umzusetzen; materielles Steuerrecht ist vollzugsbedürftig.[2] Steuerverfahrensrecht und materielles Steuerrecht gehen daher „Hand in Hand" und können nicht unabhängig voneinander betrachtet und gedacht werden.[3] Für den Vollzug der materiellen Steuergesetze ist die Finanzbehörde im Steuerverfahren auf die Mitwirkung des Steuerpflichtigen angewiesen.[4] Als „Zentralfigur"[5] ist er primäre Erkenntnisquelle für die in seiner Sphäre verwirklichten Lebenssachverhalte, die der Besteuerung zugrunde gelegt werden.[6] Im Mittelpunkt der Mitwirkungspflicht des Steuerpflichtigen steht „seit dem Anfang der modernen Besteuerung die Steuererklärung"[7], mit der der Steuerpflichtige der Finanzbehörde die von ihm verwirklichten steuererheblichen Sachverhalte mitteilt.[8] Bei der ursprünglich nach amtlich vorgeschriebenem Vordruck auf Papier abzugebenden Steuererklärung haben sich seit Beginn der 2000er Jahre durch die fortschreitende Digitalisierung erhebliche

---

1 In der Ausarbeitung wird zur besseren sprachlichen Verständlichkeit stets das generische Maskulinum verwendet, soweit nicht die Wiedergabe eines tatsächlichen individuellen Lebenssachverhaltes erfolgt und Anderes gebietet. Dadurch soll keine sprachliche Ausgrenzung von Personen mit anderem biologischen oder sozialen Geschlecht erfolgen. Sie sind vielmehr nach dem sprachlichen Verständnis des Verfassers von dem generischen Maskulinum umfasst.

2 Siehe allgemein *Wahl*, VVDStRL 41 (1983), 151, 153 f.

3 *Eckhoff*, Rechtsanwendungsgleichheit, S. 534, spricht zutreffend davon, dass „[e]rst durch die gegenseitige Abstimmung mit dem Verfahrensrecht [...] das materielle Recht vollzugstauglich [wird]." Siehe auch *Schick*, StuW 1988, 301, 303; *Tipke*, StuW 2004, 3, 3 f.

4 Siehe dazu noch ausführlich unten 2. Teil A. I. 2. c. und d.

5 *Seer*, Verständigungen in Steuerverfahren, S. 178.

6 Siehe dazu unten 2. Teil A. I. 2. c.

7 *Schick*, StuW 1988, 201, 305.

8 Siehe dazu unten 2. Teil B.

Änderungen ergeben. So existiert die Steuererklärung auf Papier zwar noch, sie tritt aber rechtlich gem. § 150 Abs. 1 S. 1 Nr. 1 AO und tatsächlich[9] immer weiter hinter der elektronischen Steuererklärung zurück, die der Steuerpflichtige von seinem eigenen Computer über die ELSTER-Schnittstelle der Finanzverwaltung nach bestimmten technologischen Standards zu übermitteln hat. Für das Jahr 2020 meldet die Finanzverwaltung 28,2 Millionen über ELSTER abgegebene elektronische Einkommensteuererklärungen; dies sind mehr als 93% der geschätzten insgesamt 30,3 Millionen Einkommensteuererklärungen pro Jahr in Deutschland.[10] Im unternehmerischen Bereich ist diese Zahl – wohl auch wegen der insoweit flächendeckenden gesetzlichen Verpflichtungen zur elektronischen Übermittlung[11] – noch höher: 99% der rund 3,3 Millionen deutschen Unternehmen übermitteln ihre Steuererklärungen elektronisch.[12]

Der wesentliche Ausgangspunkt der Transformation des Steuerverfahrens in das digitale Zeitalter ist im *Gesetz zur Modernisierung des Besteuerungsverfahrens*[13] aus dem Jahr 2016 zu sehen. Erstmals sind dort etwa Risikomanagementsysteme in § 88 Abs. 5 AO gesetzlich umrissen[14] und es ist der Finanzbehörde die Möglichkeit eröffnet, Steuerbescheide gem. § 155 Abs. 4 S. 1 AO vollautomatisiert zu erlassen. Vorschriften wie § 150 Abs. 7 AO und §§ 173a, 175b AO flankieren das gesetzgeberische Vorhaben und versuchen, den geänderten Begebenheiten im Steuerverfahren Rechnung zu tragen. Die Vorteile der Digitalisierung des Besteuerungsverfahrens werden von Teilen der Literatur allerdings eher bei der Finanzverwaltung und nicht beim Bürger verortet: Erstere profitiere von den Unmengen an Daten, die ihr zur Verfügung gestellt würden, während der Aufwand und die Risiken des Steuerverfahrens auf die Bürger überwälzt würden,[15] die einen Prozess der „rechnergeleiteten Selbstveranlagung"[16]

9 Siehe etwa die Entwicklung der abgegebenen elektronischen Steuererklärungen im Zeitraum von 2000 bis 2020 unter https://de.statista.com/statistik/daten/studie/153615/umfrage/elektronische-steuererklaerung/ (zuletzt abgerufen am 2.10.2021, 12:18 Uhr).

10 https://www.elster.de/eportal/infoseite/elster_eine_erfolgsstory, Unterpunkt „ELSTER – Zielsetzung und Inhalt des Verfahrens" (abgerufen am 18.9.2021, 12:25 Uhr).

11 Siehe unten 2. Teil B. III. 2.

12 https://www.elster.de/eportal/infoseite/elster_eine_erfolgsstory, Unterpunkt „ELSTER – Zielsetzung und Inhalt des Verfahrens" (abgerufen am 18.9.2021, 12:25 Uhr).

13 BGBl. I 2016, 1679.

14 Siehe dazu noch unten 4. Teil C. II. 2.

15 *Bültmann*, DStR 2017, 1, 7; *G. Kirchhof*, DStJG 40 (2017), 47, 62 f.

16 *G. Kirchhof*, DStJG 40 (2017), 47, 67; *ders.*, in: FS BFH, 361, 378.

durchlaufen würden und sich „nicht mehr einem Finanzbeamten gegenüber“[17] sähen.[18] Erkennbar ist die Angst, dass der menschliche Kontakt und mit ihm der Mensch im Steuerverfahren zugunsten der modernen Informationstechnik zurücktritt. Als Folge werden rechtsstaatliche Defizite darin gesehen, dass die Gesetzesanwendung durch den Computer von der Exekutive und der Judikative kaum mehr überprüft werden könne.[19] Dementsprechend lebhaft werden die neuen Regelungen und die sich an diese anschließenden Fragestellungen in Literatur und Rechtsprechung erörtert und es stellt sich die Frage, wie mit dem „neuen Steuerverfahren“ umzugehen ist. Können über Jahrzehnte entwickelte Grundsätze zum „analogen“ Besteuerungsverfahren auf das digitalisierte Steuerverfahren übertragen werden oder bedarf es neuer Ansätze, muss das Steuerverfahren gar neu gedacht werden? Dieser Frage möchte die Untersuchung mit besonderem Fokus auf die Steuererklärung und die Steuererklärungspflichten nachgehen, die nach ausführlicher Darstellung der Steuererklärung und ihrer Funktion in drei Verfahrensstadien untersucht werden: dem Verfahren bis zum Erlass eines Steuerbescheides, dem Korrekturverfahren und dem Steuerstraf- bzw. Steuerbußgeldverfahren.

Eine verwandte Fragestellung, die in diesem Zusammenhang noch nicht vertieft herausgearbeitet worden ist, die aber im digitalisierten Verwaltungsverfahren aktueller denn je ist, ist diejenige, ob die Handlungen und Tätigkeiten, die der Gesetzgeber und die Exekutive von dem einzelnen Steuerpflichtigen im Steuerverfahren erwarten, von diesem auch geleistet werden können und wie eine ggf. bestehende Überforderung des Steuerpflichtigen durch Verfahrenspflichten zu behandeln ist: Hierfür wird im Folgenden der Begriff der *Verfahrensleistungsfähigkeit* genutzt. Aufgriffspunkt und Betrachtungsobjekt sollen auch hier die Steuererklärung und die Steuererklärungspflicht sein. Wenn das Steuerrecht vom Bundesgerichtshof als „vielfach kompliziert und jedenfalls für den Laien undurchsichtig“[20] angesehen wird, können die Steuerpflichtigen ihre Steuererklärungen vollständig und mit richtigem Inhalt abgeben oder sind sie von dieser Aufgabe überfordert? Wie sind dabei Erleichterungen und Hilfestellungen der Finanzverwaltung und letztlich auch die Steuererklärungsformulare zu berücksichtigen? Diesen Fragen geht die Untersuchung ebenfalls nach, indem eine allgemeine Darstellung und Herleitung der Verfahrensleistungsfähigkeit

---

17 *P. Kirchhof*, DStR 2018, 497, 503; ähnlich *G. Kirchhof*, in: FS BFH, 361, 363.

18 Siehe zu diesem Vorwurf auch noch die Auseinandersetzung unten 5. Teil C. II. 3.

19 *G. Kirchhof*, in: FS BFH, 361, 362 f.

20 BGH v. 14.11.1996, IX ZR 215/95 Rn. 15. Angaben in „Rn.“ beziehen sich stets auf *juris*.

erfolgt, die sodann im Zusammenhang und gemeinsam mit den Steuererklärungspflichten in den soeben beschriebenen Verfahrensstadien untersucht und bereichsspezifisch vertieft wird.

B. Erster Untersuchungsgegenstand: Die Steuererklärung

Mit § 10 des Hamburgischen Einkommensteuergesetzes vom 26.3.1866[21] führte Hamburg eine Steuererklärungspflicht für die Einkommensteuer ein, die die Schätzung des Einkommens der Bürger durch die Verwaltung ablöste.[22] Der Steuerpflichtige war danach „gehalten, sein Einkommen, resp. seinen Verbrauch (§ 7) selbst zu declarieren und hat[te …] das, von dem Steuer-Controlle-Büreau bis ultimo Februar ihm zuzusendende Formular in den betreffenden Rubriken auszufüllen und bis zum 31. März des betreffenden Steuerjahres auf dem Steuer-Controlle-Büreau einzureichen."[23] Durch Bekanntmachung der hamburgischen Steuer-Deputation im April 1875 wurde das Abgabedatum für die Steuererklärung für dieses Jahr auf den 31. Mai gelegt, was bereits an die bis zum Gesetz zur Modernisierung des Besteuerungsverfahrens bestehende allgemeine Abgabefrist in § 149 AO a.F. erinnert. Doch nicht nur diesbezüglich erscheint das Hamburgische Einkommensteuergesetz von 1866 dem deutschen Steuerrechtler im 21. Jahrhundert vertraut. Die Einkommensteuer bemaß sich nach § 4 des Hamburgischen Einkommensteuergesetzes vom 26.3.1866 nach „dem reinen Einkommen oder Erwerbe, [...] d.h. [nach] der Summe aller in Geld oder Geldeswerth […] bestehenden Einnahmen des Steuerpflichtigen ohne Ausnahme, gleichviel, aus welcher Quelle sie geflossen, und ob hier oder auswärts erworben, nach Abzug der auf die Erlangung, Sicherung und Erhaltung dieser Einnahmen verwendeten Ausgaben, zu welchen Ausgaben indessen nicht zu rechnen ist, was der Steuerpflichtige für seinen und seiner Angehörigen Unterhalt, Nutzen oder Vergnügen verwendet hat"[24]. Sie entspricht damit der heutigen unbeschränkten weltweiten Steuerpflicht und lässt wesentliche Parallelen zum Einnahmen- und Werbungskosten- bzw. Betriebsausgabenbegriff in §§ 8 Abs. 1; 9 Abs. 1; 4 Abs. 4 EStG sowie § 12 Nr. 1 EStG erkennen.[25]

---

21 Hamburgische Gesetzsammlung 1866, I. Abtheilung, 12; revidiert durch Gesetz vom 9.1.1871, Hamburgische Gesetzsammlung 1871, I. Abtheilung, 5.

22 *Wiegand*, Zeitschrift des Vereins für Hamburgische Geschichte 73 (1987), 27, 38, 43.

23 Hamburgische Gesetzsammlung 1866, I. Abtheilung, 12.

24 Hamburgische Gesetzsammlung 1866, I. Abtheilung, 13.

25 Siehe auch *Wiegand*, Zeitschrift des Vereins für Hamburgische Geschichte 73 (1987), 27, 38.

Die Einführung der Steuererklärung erfolgte in Preußen durch die *Miquelsche* Steuerreform von 1891 mit § 24 des Preußischen Einkommensteuergesetzes von 1891[26]. In der einschlägigen Literatur wird dieser Zeitpunkt gemeinhin als Geburtsstunde der Steuererklärung betrachtet,[27] was angesichts der hamburgischen Steuererklärung von 1866 – immerhin mehr als 25 Jahre früher und inhaltlich verwandt mit der heutigen Regelung – verwundert. Das preußische Modell verpflichtete alle Steuerpflichtigen mit einem Einkommen von über 3.000 Mark nach öffentlicher Aufforderung innerhalb von zwei Wochen zur Abgabe einer Steuererklärung. Diese Mitwirkung des Steuerpflichtigen durch die Steuererklärung wurde zu damaliger Zeit als wesentlicher Bestandteil und Neuerung des Gesetzes angesehen.[28] Die wenige Jahrzehnte zuvor noch weithin verbreitete Auffassung, dass die Offenlegung privater Einkommensverhältnisse unzulässig sei, vielmehr noch bei der Veranlagung zur Klassen- und klassifizierten Einkommensteuer von 1851 „jegliches lästige Eindringen in die Vermögens- oder Einkommensverhältnisse des einzelnen Steuerpflichtigen zu vermeiden"[29] und daher die Schätzung das Mittel der Wahl war,[30] wurde von dem Gedanken einer möglichst gerechten Lastenverteilung und dem Wunsch der Umverteilung von Einkommen und Vermögen verdrängt.[31] Für die Ermittlung der Besteuerungsgrundlagen war gem. §§ 32, 35 des Preußischen Einkommensteuergesetzes von 1891[32] eine Voreinschätzungskommission und eine Veranlagungskommission zuständig.[33] Trotzdem die im Preußischen Einkommensteuergesetz von 1891

26 Abgedruckt in *N.N.*, FinanzArchiv 8 (1892), 331, 340.

27 Siehe etwa *Gombert*, Schätzung der Besteuerungsgrundlagen, S. 14; *Frizen*, Das Deklarationsprinzip im Einkommensteuerrecht, S. 30-35; auch *Schick*, StuW 1988, 301, 301, bezieht sich auf die preußische Gesetzgebung ab 1891 als „repräsentatives Gesetzgebungswerk".

28 *Búck*, FinanzArchiv 28 (1911), 45, 48 f.; siehe auch *Metzger/Weingarten*, Einkommensteuerverwaltung in Deutschland, S. 31.

29 § 22 Abs. 3 und § 23 Abs. 1 des Gesetzes vom 1. Mai 1851, zitiert nach *Metzger/Weingarten*, Einkommensteuerverwaltung in Deutschland, S. 17.

30 Zu Funktion sowie Aufbau der Klassen- und klassifizierten Einkommensteuer siehe *Petersen*, Preußische Einkommensteuergesetze, S. 54-57.

31 *Tipke*, Steuerliche Betriebsprüfung im Rechtsstaat, S. 6 f.; *Petersen*, Preußische Einkommensteuergesetze, S. 58; siehe auch die Darstellung der Entwicklung bei *Metzger/Weingarten*, Einkommensteuerverwaltung in Deutschland, S. 17-32; für Hamburg siehe *Wiegand*, Zeitschrift des Vereins für Hamburgische Geschichte 73 (1987), 27, 43.

32 Abgedruckt in *N.N.*, FinanzArchiv 8 (1892), 331, 341 f.

33 Siehe zu Einzelheiten zur Organisation des Veranlagungsverfahrens bei *Metzger/Weingarten*, Einkommensteuerverwaltung in Deutschland, S. 28 f.

beschriebene Ermittlungstätigkeit kaum mit der Funktions- und Arbeitsweise der Finanzbehörden heute zu vergleichen ist, haben sich Begriffe wie der „Veranlagungsbezirk" über die Zeit bis heute im behördlichen Sprachgebrauch verfestigt und die Steuererklärung für die Ermittlungstätigkeit immens an Bedeutung gewonnen.

Heute bildet die Steuererklärung das Rückgrat des deutschen Steuerverfahrens. Umso wichtiger und grundlegender ist es, die Steuererklärung als Baustein des Besteuerungsverfahrens rechtlich zu untersuchen und in das Steuerverfahren einzuordnen. Mit der elektronischen Steuererklärung kam ein neuer Spielball auf das Feld, der bereits vor dem Gesetz zur Modernisierung des Besteuerungsverfahrens die Literatur und Gerichte mit der Frage beschäftigt hatte, inwieweit eine abweichende rechtliche Beurteilung von der Steuererklärung auf Papier erforderlich bzw. geboten ist. Diese grundlegenden Fragestellungen haben sich mit den durch das Gesetz zur Modernisierung des Besteuerungsverfahrens eingeführten Regelungen in §§ 88 Abs. 5; 150 Abs. 7; 155 Abs. 4 AO vertieft und bis ins Steuerstraf- bzw. -bußgeldverfahren ausgeweitet. Als grundlegendes Werk für die Steuererklärung der Abgabenordnung von 1977 in der Form des amtlich vorgeschriebenen Vordruckes ist immer noch der häufig zitierte Beitrag von *Schick* in der vierteljährlichen Schrift Steuer und Wirtschaft aus dem Jahr 1988[34] anzusehen. Ausgehend von diesem, aber nicht unkritisch ihm gegenüber, erfolgt die Auseinandersetzung mit der Steuererklärung in dieser Arbeit. Eine auf das Einkommensteuerrecht und die dortigen Steuererklärungspflichten nach § 25 Abs. 3 EStG bezogene Dissertation lieferte *Frizen* im Jahr 2009.[35] Die darin getätigten umfassenden Ausführungen beschränken sich nicht auf die rechtliche Ausgestaltung der Einkommensbesteuerung in Deutschland, sondern beziehen auch zu großen Teilen verfahrensrechtliche Darstellungen mit ein; dabei würdigt *Frizen* auch schon in Grundzügen das ELSTER-Verfahren. Auf *Frizens* Ausarbeitung wird im Laufe dieser Arbeit an verschiedenen Stellen, aber insbesondere bei der Erörterung der Steuererklärung, Bezug genommen. Darüber hinaus hat – mit einer Ausnahme einer rechtsvergleichenden Arbeit[36] – keine vertiefte und umfassende Auseinandersetzung mit der Steuererklärung und den Steuererklärungsformularen trotz ihrer enormen praktischen Bedeutung in der Wissenschaft stattgefunden.[37]

---

34 *Schick*, StuW 1988, 301.

35 *Frizen*, Das Deklarationsprinzip im Einkommensteuerrecht.

36 *Bos*, Die Steuererklärung im internationalen Vergleich; *ders.*, StuW 1989, 267.

37 Ein wissenschaftliches Defizit stellte bereits *Schick*, StuW 1988, 301, 302, fest; seitdem finden sich aber in unregelmäßigen Abständen Aufsätze und Beiträge zur

C. Zweiter Untersuchungsgegenstand: Verfahrensleistungsfähigkeit

Das finanzielle bzw. wirtschaftliche Leistungsfähigkeitsprinzip stützt sich auf eine lange Regelungstradition und kann als hinreichend wissenschaftlich erforscht bezeichnet werden.[38] Formuliert als das „Prinzip gleichmäßiger Besteuerung nach der Leistungsfähigkeit“[39], stellt es für die Bemessung der Ertragsteuer auf das dem Steuerpflichtigen für die Steuerzahlung zur Verfügung stehende disponible Einkommen ab. Das Leistungsfähigkeitsprinzip besitzt daher bisher eine materiell-rechtlich geprägte Seite: Sie regelt ganz grundlegend, nach welcher Bemessungsgrundlage sich die finanziellen Lasten der Bürger bei der Besteuerung richten. Die Fragestellungen bisheriger Auseinandersetzungen beschränkten sich daher zu Recht weitestgehend auf Problemstellungen der Besteuerung nach der finanziellen bzw. wirtschaftlichen Leistungsfähigkeit des Einzelnen. Das Gros der Literatur ließ aber bei ihren Auseinandersetzungen zu der Besteuerung nach der Leistungsfähigkeit ausgeklammert, was von einem Bürger[40], der als Steuerpflichtiger Beteiligter an einem – seinem – Steuerverfahren ist, abseits der Steuerlast im Steuerverfahren gefordert werden kann. Man mag in diesem Zusammenhang von einer formell-rechtlich geprägten Seite der Leistungsfähigkeit oder einem formellen Leistungsfähigkeitsprinzip sprechen. Genutzt wird hier allerdings der von *Schick* geprägte Begriff der Verfahrensleistungsfähigkeit, der bereits aus sich heraus leichter verständlich ist, seinen Inhalt zutreffend umschreibt und deutlich macht, dass er von der finanziellen bzw. wirtschaftlichen Leistungsfähigkeit zu unterscheiden ist. Eine erste Auseinandersetzung mit der Thematik veröffentlichte *Schick* im Jahr 1980 und stellte in diesem Zuge bereits fest, dass „der Zugang zur ‚Verfahrensleistungsfähigkeit‘ [...] weitgehend unerschlossenes Gebiet“[41] ist. Als Verfahrensleistungsfähigkeit

---

Steuererklärungspflicht, oftmals eingebettet in Fragen der Mitwirkungspflichten der Beteiligten im kooperativen Besteuerungsverfahren.

38 Grundlegend *Adam Smith*, An Inquiry into the Nature and Causes of the Wealth of Nations, S. 825: „The subjects of every state ought to contribute [...] in proportion to their respective abilities“. Zur geschichtlichen Entwicklung *Birk*, Das Leistungsfähigkeitsprinzip, S. 6-17, 21-58; aus der neueren Literatur etwa *Kirchhof*, BB 2017, 662; siehe auch BVerfG v. 27.6.1991, 2 BvR 1493/89, BVerfGE 84, 239 Rn. 106 f.

39 *Tipke*, Steuerrechtordnung I, S. 480.

40 Nicht gemeint ist folglich die Leistungsfähigkeit der Verwaltung als vollziehende Gewalt, dazu *Kopp*, Verfassungsrecht und Verwaltungsverfahrensrecht, S. 200-233.

41 *Schick*, Verfahrensleistungsfähigkeit, S. 5.

definierte *Schick* die „Fähigkeit eines Steuerpflichtigen, die im Steuerverfahrensrecht festgelegten Verpflichtungen zu erfüllen und von den dort eingeräumten verfahrensrechtlichen Möglichkeiten Gebrauch zu machen."[42] Obwohl die Ausarbeitung von *Schick* zum jetzigen Zeitpunkt über vierzig Jahre alt ist, wurde sein Anknüpfungspunkt der Verfahrensleistungsfähigkeit – soweit ersichtlich – nur von *Drüen* im Zusammenhang mit der unterschiedlichen Belastung von Unternehmen im Steuerverfahren aufgegriffen.[43] Was bisher fehlt, ist eine vertiefte Auseinandersetzung mit den allgemeinen Kriterien zur Bestimmung der Leistungsfähigkeit im Steuerverfahren. Diese Lücke soll durch die vorliegende Untersuchung geschlossen werden.

Die Frage der Belastbarkeit des Steuerpflichtigen im Steuerverfahren ist mit dem zum 1.1.2017 in Kraft getretenen Gesetz zur Modernisierung des Besteuerungsverfahrens[44] aktueller denn je. Durch die mittlerweile gesetzlich in § 155 Abs. 4 AO verankerte Möglichkeit, Steuerbescheide nur unter Bezugnahme auf von Dritten und dem Steuerpflichtigen übermittelte Daten vollautomatisch zu erlassen, wird gesetzlich ausgedrückt, was bereits seit vielen Jahren in der Praxis geübt wird: nämlich, dass die von Steuerpflichtigen der Finanzbehörde gegenüber gemachten Angaben, ggf. ergänzt durch Mitteilungen Dritter, die in vielen Fällen einzige Erkenntnisquelle im steuerlichen Veranlagungsverfahren sind und die belastenden Steuerverwaltungsakte gegenüber dem Bürger wesentlich inhaltlich bestimmen. Wenn die Finanzbehörde sich fortschreitend aus dem Steuerverfahren zurückzieht und die Mitwirkungspflichten des Steuerpflichtigen dadurch eine immer größere Bedeutung gewinnen, muss die Frage nach der verfassungsrechtlichen Zulässigkeit und den Grenzen der den Bürgern auferlegten Pflichten Gegenstand rechtlicher Diskussion sein. Dabei sind insbesondere auch Sanktionen des Staates gegen den Bürger in die Abwägung miteinzubeziehen, die ihm drohen, wenn er seinen Mitwirkungspflichten nicht oder nicht in dem gesetzlich geforderten Umfang nachkommt. Nicht Gegenstand der Problematik und damit abzugrenzen sind Ermittlungsschwierigkeiten der Finanzverwaltung im tatsächlichen Bereich, wie sie etwa von *Fra. Breuer* beschrieben werden.[45]

---

42 *Schick*, Verfahrensleistungsfähigkeit, S. 5 f.

43 *Drüen*, in: Größenneutralität, 123, 131-143.

44 Gesetz v. 18.7.2016, BGBl. I 2016, 1679.

45 *Fra. Breuer*, FR 2017, 89.

D. Gang der Untersuchung

Das Thema „Steuererklärungspflicht und Leistungsfähigkeit im Steuerverfahren“ verlangt zunächst Grundlegung der Steuererklärungspflicht und der Verfahrensleistungsfähigkeit. Dementsprechend wird im 2. Teil die Steuererklärung in das Besteuerungsverfahren funktionell eingeordnet und sodann ausführlich untersucht. Hierbei wird in zwei Schwerpunkten auf die Kompetenz zur Erstellung der Steuererklärungsformulare und die Rechtsnatur der Steuererklärungsformulare eingegangen. Von Bedeutung für die weitere Auseinandersetzung ist zudem die elektronische Steuererklärung. Diese wird zunächst allgemein ausführlich dargestellt und eingeordnet. Dabei wird insbesondere auch das Erscheinungsbild für den Steuerpflichtigen im Vergleich zur Steuererklärung auf Papier in den Blick genommen. Soweit sich Besonderheiten und Abweichungen zwischen der Steuererklärung auf Papier nach amtlich vorgeschriebenem Vordruck und der elektronischen Steuererklärungen ergeben, werden diese in den jeweiligen Abschnitten der Untersuchung im 2. Teil dargestellt und rechtlich gewürdigt. Die durch das Gesetz zur Modernisierung des Besteuerungsverfahrens hinzugetretenen besonderen Verfahrensvorschriften wie z.B. § 150 Abs. 7 AO i.V.m. § 93c AO haben unmittelbare Auswirkung auf die Ausgestaltung der Steuererklärungsformulare, der Steuererklärung durch den Steuerpflichtigen und das Veranlagungs- sowie das Steuerstrafverfahren. Sie werden daher ebenfalls im 2. Teil im Zusammenspiel mit der Steuererklärung untersucht.

Im Anschluss daran widmet sich die Ausarbeitung im 3. Teil den Grundlagen einer Verfahrensleistungsfähigkeit. Die Verfahrensleistungsfähigkeit wird dazu in ein kognitives bzw. intellektuelles Element und ein tatsächliches Element unterteilt. Ziel ist im 3. Teil, für beide Elemente der Verfahrensleistungsfähigkeit jeweils eine Einordnung bzw. Verortung im Grundgesetz vorzunehmen und daraus Schlüsse für die Anwendbarkeit der Verfahrensleistungsfähigkeit im Steuerverfahren zu ziehen. Für das kognitive bzw. intellektuelle Element der Leistungsfähigkeit wird auf die Verständlichkeit der jeweiligen Rechtsnorm für den jeweiligen Steuerpflichtigen abgestellt. Untersucht wird, inwieweit sich Anforderungen an die Verständlichkeit einer Norm im Bestimmtheitsgrundsatz und im Grundsatz der Normenklarheit wiederfinden lassen. Nachfolgend werden die Ergebnisse und die Erkenntnisse des 2. Teils in die von Literatur und Rechtsprechung lebhaft diskutierte Debatte überführt, ob der Steuerpflichtige die Steuergesetze überhaupt verstehen können muss. Für das tatsächliche Element der Verfahrensleistungsfähigkeit wird an grundrechtlich vorgegebene Belastungsgrenzen angeknüpft. Einen Schwerpunkt der Untersuchung bildet an dieser Stelle die Frage danach, ob mehrere Belastungen des Steuerpflichtigen durch Verfahrenspflichten und ggf. auch durch den Steuerzugriff gemeinsam betrachtet und mit Blick auf die grundrechtliche Verhältnismäßigkeitsprüfung als einheitliches Belastungsbündel zu beurteilen sind.

Mit den im 2. und 3. Teil der Arbeit gefundenen Ergebnissen werden die wesentlichen Stationen des Besteuerungsverfahrens durchlaufen: Im 4. Teil wird das Verfahren bis zum Erlass eines Steuerbescheides untersucht. Auswirkungen in diesem Verfahrensstadium ergeben sich für den Steuerpflichtigen insbesondere aus dem im Steuerverfahren geltenden Beweismaß und der Beweislast. Die Zulässigkeit, Anwendung und Wirkweise von Risikomanagementsystemen wird daher an dieser Stelle im Zusammenhang mit der zweistufigen Plausibilitätsprüfung, die das Beweismaß im Steuerverfahren und damit das Besteuerungsverfahren insgesamt prägt, diskutiert. Der 4. Teil schließt mit einer Beurteilung der Auswirkungen bei Verletzung der Steuererklärungspflicht und einer Stellungnahme zur Berücksichtigung der Verfahrensleistungsfähigkeit in diesem Verfahrensstadium.

Nach der wirksamen Bekanntgabe eines Steuerbescheides ist eine Korrektur der Steuerfestsetzung davon abhängig, ob die Bestandskraft bereits eingetreten ist und falls ja, inwieweit sie noch durchbrochen werden kann. Dies wird im 5. Teil unter besonderer Beachtung der Steuererklärungspflicht untersucht. Dazu sind zunächst die Grundlagen der Bestandskraft zu erörtern, da auf diese im Folgenden zurückgegriffen wird. Obwohl es sich bei dem Grundsatz der Bestandskraft um kein juristisches Neuland handelt, ist in der Literatur noch Grundlegendes umstritten – etwa zu welchem Zeitpunkt die materielle Bestandskraft eintritt –, aber auch die grundlegende steuerspezifische Fragestellung, ob § 129 AO die Bestandskraft durchbricht oder es sich bloß um eine klarstellende Berichtigung handelt, die den rechtlichen Inhalt des Steuerverwaltungsaktes unangetastet lässt. Für die Beurteilung der Korrektur von Steuerbescheiden gem. §§ 172 ff., 129 AO wird sodann unter Rückgriff auf die im 2. Teil erfolgte Darstellung des Erscheinungsbildes der elektronischen Steuererklärung untersucht, welche Fehlerquellen sich für den Steuerpflichtigen bei Erstellung seiner Steuererklärung ergeben. Ausgehend von dieser „Fehlerquellenlehre“ werden sodann die einzelnen Korrekturvorschriften und ihre Anwendung im Schwerpunkt mit Blick auf die elektronische Steuererklärung untersucht. Ein besonderer Fokus liegt hierbei auf der durch das Gesetz zur Modernisierung des Besteuerungsverfahrens eingeführten und in der Literatur vielfach kritisierten Korrekturvorschrift des § 173a AO. Soweit sich Anhaltspunkte und rechtliche Einfallstore dafür finden, dass über die bisherige Rechtsanwendung hinaus Aspekte der Verfahrensleistungsfähigkeit berücksichtigt werden können und ggf. zu anderen Bewertungen und somit auch Ergebnissen führen können, wird diese an den jeweiligen Stellen erörtert. Die Korrektur der Anrechnungsverfügung – eine ansonsten wenig behandelte Problematik in wissenschaftlichen Auseinandersetzungen, die sich der Korrektur von Steuerbescheiden widmen – sowie die Frage, inwieweit der Steuerpflichtige nicht bzw. „falsch" ausgeübte Wahlrechte und Anträge in der Steuererklärung nachträglich noch wirksam ändern kann, werden im Anschluss dargestellt und gewürdigt.

Der 6. Teil nimmt die Steuererklärungspflicht und die Verfahrensleistungsfähigkeit aus der Perspektive des Steuerstraf- bzw. Steuerbußgeldverfahrens in den Blick. Nach einer kurzen Einführung in das Steuerstrafrecht und seine jüngere Entwicklung in der Rechtsprechung wird unter Rückgriff auf die im 2. Teil getätigten Ausführungen zum Unterschriftserfordernis unter der Steuererklärung bzw. der Übermittlung mit elektronischer (fortgeschrittener) ELSTER-Signatur Stellung zur Zurechnung des in einer Steuererklärung unrichtig Erklärten bezogen. Im Anschluss wird ein weiterer steuerstrafrechtlicher Streitpunkt des Gesetzes zur Modernisierung des Besteuerungsverfahrens im Zusammenhang mit der Steuererklärung untersucht, nämlich inwieweit gem. § 93c AO i.V.m. den Einzelsteuergesetzen der Finanzverwaltung von dritter Seite übermittelte Daten eine Steuerhinterziehung ausschließen. Dabei wird wiederum § 150 Abs. 7 S. 2 AO analysiert – diesmal aber für seine in der Literatur sehr umstrittene Bedeutung im Steuerstrafverfahren. In Anknüpfung an die im 5. Teil herausgestellte Fehlerquellenlehre werden danach die unterschiedlichen Fehler des Steuerpflichtigen bei der Erfüllung der Steuererklärungspflicht steuerstrafrechtlich gewürdigt. Vor allem die Frage, wie Rechtsirrtümer und der Irrtum des Steuerpflichtigen über den Steueranspruch strafrechtlich zu behandeln sind, ist umstritten und wird daher diskutiert. Im Anschluss daran wird das Verhältnis des *nemo tenetur*-Grundsatzes und der Steuererklärungspflicht beleuchtet. Vervollständigt wird der 6. Teil durch Überlegungen dazu, wie sich die Verfahrensleistungsfähigkeit im Steuerstrafrecht auswirkt.

Die Arbeit schließt mit einer Zusammenfassung der Untersuchungsergebnisse.

E. Darstellung technischer Abläufe als Momentaufnahme ihrer Zeit

In dieser Arbeit werden Steuererklärungsprogramme in ihrer Funktion und nach ihrem Erscheinungsbild beschrieben. Der Programmumfang und die Möglichkeiten, die die Programme für den Anwender bieten, sind dabei naturgemäß nicht in Stein gemeißelt, sondern unterliegen in jeder Hinsicht einem ständigen Wandel und dem technischen Fortschritt. Dementsprechend kann auch ihre Beschreibung nur eine Momentaufnahme ihrer Zeit sein und hat keinen

Anspruch auf Änderungsbeständigkeit. Die beschriebene Software nebst ihrer beschriebenen Funktion entspricht dem Stand aus dem Zeitraum Januar bis September 2020. Soweit in diesem Zeitraum schon Änderungen im Programmumfang angekündigt oder teilweise umgesetzt worden sind und dem Verfasser bekannt geworden sind, erfolgte in der Arbeit ein entsprechender Hinweis. Die rechtlichen Erwägungen bleiben hiervon – soweit sie sich nicht explizit auf nur bestimmte Programmbestandteile beziehen – unberührt.

2. Teil: Die Steuererklärung im kooperativen Steuerverfahren

A. Das kooperative Steuerverfahren

I. Entwicklung des Untersuchungsgrundsatzes im kooperativen Besteuerungsverfahren

1. Grundgesetzliche und einfachgesetzliche Besteuerungsgrundsätze

Die Finanzbehörde, die im Steuerverfahren tätig wird, ist als exekutive Gewalt gem. Art. 20 Abs. 3 GG an Recht und Gesetz gebunden. Art. 3 Abs. 1 GG verpflichtet die Finanzbehörde zur gleichmäßigen Durchführung der sie zu Handlungen ermächtigenden Gesetze, also der Steuergesetze. § 85 S. 1 AO überträgt diese verfassungsrechtlichen Anforderungen an das Besteuerungsverfahren in das einfache Recht:[46] Erstens gibt § 85 S. 1 AO die in Art. 108 GG enthaltene Aufgabe der Finanzbehörden, die Steuern zu verwalten, wieder. Zweitens verweist die Formulierung, die Steuern „nach Maßgabe der Gesetze" festzusetzen und zu erheben, auf die in Art. 20 Abs. 3 GG niedergelegten Grundsätze des Vorbehalts des Gesetzes und des Vorrangs des Gesetzes und umfasst auch, dass sich die Finanzbehörden bei der Verwaltung der Steuern nach dem existierenden Recht zu richten haben und nur insoweit in die Grundrechte des Bürgers eingreifen dürfen, wie es die Gesetze als Schranken der Grundrechte der Exekutive gestatten.[47] Hierbei hat die Finanzverwaltung im Rahmen einer Zweck-Mittel-Relation die Verhältnismäßigkeit ihrer Handlungen durch eine Prüfung der Geeignetheit, Erforderlichkeit und Angemessenheit im einzelnen Fall sicherzustellen. Es gilt damit das Legalitätsprinzip im Steuerverfahren.[48] Die Steuern gleichmäßig festzusetzen, ist drittens der aus Art. 3 Abs. 1 GG resultierende Auftrag an die Verwaltung. Die zulässigen Maßnahmen der Finanzbehörde im Besteuerungsverfahren bewegen sich dabei in einem verfassungsrechtlichen Dreieck, das durch das Übermaßverbot, die Ziele des Besteuerungsverfahrens, die Gleichheit

---

46 *Seer*, in: Tipke/Kruse, AO/FGO, § 85 AO Rn. 1-4 (Stand: Januar 2017).

47 *Hey*, in: Tipke/Lang, Steuerrecht, Rn. 3.230-3.232.

48 *Wittmann*, StuW 1987, 35, 36; *Seer*, DStJG 31 (2008), 7, 10; *Hey*, in: Tipke/Lang, Steuerrecht, Rn. 3.230 f.

der Besteuerung und die Gleichmäßigkeit der Besteuerung zu gewährleisten, sowie die Freiheitsgrundrechte des einzelnen Betroffenen gekennzeichnet ist.[49]

Ergänzend dazu sieht § 85 S. 2 AO vor, dass die Finanzbehörden insbesondere sicherzustellen haben, dass Steuern nicht verkürzt, zu Unrecht erhoben oder Steuererstattungen und Steuervergütungen nicht zu Unrecht gewährt oder versagt werden. Damit gibt die Norm im Grunde das wieder, was bereits aus Art. 20 Abs. 3; 3 Abs. 1 GG, § 85 S. 1 AO folgt, nämlich die gleichmäßige Besteuerung nach den geltenden Gesetzen. Ihre Aussage ist indes keine bloße Negativformulierung des § 85 S. 1 AO oder deklaratorische Ergänzung desselben. Kern der Aussage des § 85 S. 2 AO ist die Formulierung eines Vollzugsauftrages an die Finanzbehörden, der als Untermaßgebot[50] ein Mindestmaß an finanzbehördlichen Ermittlungshandlungen im Steuerverfahren vorschreibt. Dessen Inhalt, Bedeutung und Ausstrahlung auf die Ausgestaltung des Besteuerungsverfahrens können aber nicht ohne Beachtung der tatsächlichen Verhältnisse durch apodiktische Forderungen definiert werden, sondern werden im Folgenden näher anhand der tatsächlichen Begebenheiten dargestellt.

Im Bereich zwischen Untermaßgebot und Übermaßverbot besitzt die Exekutive einen Gestaltungsspielraum, dessen äußerer Rahmen durch die sie bindenden Gesetze vorgegeben wird und der Überprüfung durch die Judikative nicht zugänglich ist,[51] soweit durch Gesetz keine besonderen Vorgaben gemacht sind[52]. Finanzbehördliche Maßnahmen, die die Festsetzung der gesetzmäßigen Steuer zum Ziel haben, sind jeweils wertend zu betrachten und müssen sich in diesem Zulässigkeitskorridor bewegen.

---

49 Grundlegend *Seer*, DStJG 31 (2008), 7, 13-15; siehe auch *Drüen*, DStJG 42 (2019), 193, 195.

50 Der Begriff des „Untermaßgebotes" geht – soweit ersichtlich – auf *Schuppert*, Verfassungsinterpretation, S. 15, zurück; *Seer*, DStJG 31 (2008), 7, 12, 14 f.; zum Inhalt des Untermaßgebotes siehe *Isensee*, in: Isensee/Kirchhof, HStR IX, § 191 Rn. 303-305; *Robbers*, in: Bonner Kommentar, Art. 20 Rn. 1907 (Stand: Oktober 2009); *Grzeszick*, in: Maunz/Dürig, GG, Art. 20 VII. Rn. 126-128 (Stand: November 2006); in der Rechtsprechung BVerfG v. 28.5.1993, 2 BvF 2/90 u.a., BVerfGE 88, 203, 254; zuletzt genannt als Anforderungen an den Gesetzgeber in BVerfG v. 4.5.2011, 1 BvR 1502/08, Rn. 38.

51 *Seer*, DStJG 31 (2008), 7, 12, 14 f.; *ders.*, in: FS BFH, 1717, 1723 f.; *ders.*, in: Tipke/Kruse, AO/FGO, § 88 AO Rn. 19 (Stand: Januar 2017); *Hill*, NVwZ 1985, 449.

52 Etwa durch die Steuererklärung, siehe dazu unten 2. Teil B. II. 4.

2. *Inhalt des Untersuchungsgrundsatzes*

a. *Vollzugsauftragspezifische Ausprägung des Untersuchungsgrundsatzes*

Im Steuerverfahren legt § 88 Abs. 1, 2 AO den Untersuchungsgrundsatz als Verfahrensmaxime fest. Der Untersuchungsgrundsatz beinhaltet als „negatives Prinzip“[53] zuvorderst die Ermittlung des Sachverhaltes, deren Art und Umfang die Finanzbehörde gem. § 88 Abs. 1 S. 1 AO aufgrund ihrer Verfahrensherrschaft im Steuerverfahren selbst ausgestaltet, sodass sie an Beweisanträge sowie das Vorbringen der Beteiligten – kurz: den Parteivortrag gem. § 88 Abs. 2 S. 1 AO – nicht gebunden ist.[54] Sie hat dabei gem. §§ 88 Abs. 1 S. 2; 92 S. 1 AO nach pflichtgemäßem Ermessen die für den Einzelfall bedeutsamen Umstände zu ermitteln und zwar zugunsten wie zuungunsten des Steuerpflichtigen. Die Ermittlung des Sachverhaltes erfolgt somit neutral und objektiviert, um der Wahrheit möglichst nahe zu kommen. Wie die Finanzbehörde ihr Verfahrensermessen ausüben muss, besagt § 88 Abs. 1, 2 AO nicht.[55] Dennoch folgt aus dem Legalitätsgrundsatz ein Anwendungsgebot und damit eine Amtsermittlungspflicht der Finanzbehörde im Steuerverfahren.[56] Die Formulierung des § 88 Abs. 2 S. 1 AO, dass die Finanzbehörde den Umfang der Ermittlungen nach den Umständen des Einzelfalls sowie nach den Grundsätzen der Gleichmäßigkeit, Gesetzmäßigkeit und Verhältnismäßigkeit bestimmt, verweist auf die grundgesetzlichen, von der Exekutive zu beachtenden Maximen. Diesen bereits von Verfassungs wegen geltenden Grundprinzipien wird durch die Aufzählung in § 88 Abs. 2 S. 1 AO jedoch keine Modifikation des Untersuchungsgrundsatzes zuteil, sondern sie geben nur deklaratorisch den übergeordneten Rahmen vor, in dem sich das pflichtgemäße Ermittlungsermessen der Finanzbehörde bewegt, und sind damit Ausdruck des bereits dargestellten Ermittlungsspielraums der Finanzbehörde.[57]

Fraglich ist, welche Vorgaben der Untersuchungsgrundsatz an die Finanzbehörde bei Ausfüllung ihres Ermittlungsspielraums stellt. Verwaltungsartenübergreifend bildet der Untersuchungsgrundsatz den Grundstein des Verwaltungsverfahrens. So sind die in § 24 Abs. 1 VwVfG, § 20 Abs. 1 SGB X und § 88 Abs. 1, 2 AO getätigten Grundaussagen dem Wortlaut nach bis auf kleinere Abweichungen identisch. Im Kern fordern sie, dass sich die Behörde

---

53 *Wittmann*, StuW 1987, 35, 36; *Seer*, DStJG 31 (2008), 7, 12.

54 *Seer*, DStJG 31 (2008), 7, 11 f.

55 Siehe *Seer*, in: Tipke/Kruse, AO/FGO, § 88 AO Rn. 11 (Stand: Januar 2017).

56 *Wittmann*, StuW 1987, 35, 36; *Seer*, DStJG 31 (2008), 7, 10; *Spilker*, Behördliche Amtsermittlung, S. 73; *Hey*, in: Tipke/Lang, Steuerrecht, Rn. 3.238 f.

57 *Seer*, DStJG 31 (2008), 7, 12;

von der Wahrheit bzw. Richtigkeit der entscheidungserheblichen Tatsachen eine eigene Überzeugung bildet,[58] die zur Grundlage der durch die Behörde getroffenen rechtlichen Entscheidung wird. Trotz des eng verwandten Wortlautes der Vorschriften ist der Untersuchungsgrundsatz verwaltungsartübergreifend nicht einheitlich zu interpretieren, sondern im Licht des jeweiligen speziellen Verwaltungsverfahrens kontextual zu verstehen und mit Blick auf die jeweilige Vollzugsaufgabe zu konkretisieren.[59] Vor diesem Hintergrund zeichnet sich das Verhältnis von § 85 AO und § 88 AO zueinander ab: In Abhängigkeit davon, wie der Vollzugsauftrag des § 85 AO an die Finanzbehörden zu verstehen ist, verändert sich der in § 88 AO genannte Untersuchungsgrundsatz und mit ihm die Art und Weise, mit der die Finanzbehörde dem Vollzugsauftrag nachzukommen hat.[60] Die Tiefe der Ermittlungen im einzelnen Fall wird ebenfalls bereichsspezifisch, im Falle des Steuerrechtes durch die umfassenden Mitwirkungspflichten der Steuerpflichtigen bestimmt.[61] Darzustellen ist somit, welche Anforderungen an den Steuervollzug gestellt werden und wie die Mitwirkungspflichten des Steuerpflichtigen im Steuerverfahren ausgestaltet sind.

b. Das Verständnis vom Vollzugsauftrag in der Reichsabgabenordnung

Ein Blick auf die Historie zeigt die Entwicklung und den Zusammenhang von Untersuchungsgrundsatz, Mitwirkungspflichten und Vollzugsauftrag deutlich auf. Historisch geht § 88 Abs. 1, 2 AO aus § 204 RAO hervor,[62] dessen

---

58 *Kobor*, Kooperative Amtsermittlung, S. 74; *Ramsauer*, in: Kopp/Ramsauer, VwVfG, § 24 Rn. 2.

59 *Drüen*, DStJG 42 (2019), 193, 195; siehe auch *Spilker*, Behördliche Amtsermittlung, S. 71; dabei ist zu berücksichtigen, dass sowohl das allgemeine Verwaltungsrecht keine dem § 85 AO entsprechende Vorschrift beinhaltet. Das Sozialrecht hingegen verpflichtet in § 17 Abs. 1 SGB I die Leistungsträger, dass jeder Berechtigte die ihm zustehenden Sozialleistungen in zeitgemäßer Weise, umfassend und zügig erhält, die zur Ausführung von Sozialleistungen erforderlichen sozialen Dienste und Einrichtungen rechtzeitig und ausreichend zur Verfügung stehen, der Zugang zu den Sozialleistungen, insbesondere durch die Verwendung allgemein verständlicher Antragsvordrucke möglichst einfach gestaltet ist und tatsächliche Zugangs- und Kommunikationsbarrieren nicht bestehen.

60 *Drüen*, DStJG 42 (2019), 193, 195 f.; zum Verhältnis von § 85 AO und § 88 AO siehe *Seer*, in: Tipke/Kruse, AO/FGO, § 88 AO Rn. 1 (Stand: Januar 2017); *Wittmann*, StuW 1987, 35, 37.

61 *Drüen*, DStJG 42 (2019), 193, 196.

62 *Wittmann*, StuW 1987, 35, 36; *Spilker*, Behördliche Amtsermittlung, S. 69. Bei *Lanwehr*, Faktische Selbstveranlagung, S. 33, findet sich eine Gegenüberstellung des § 204

gedanklicher Vater *Enno Becker* noch ein Über-Unterordnungsverhältnis zwischen Staat und Bürger vor Augen hatte. Dies zeigt sich in seinen Ausführungen zum Untersuchungsgrundsatz, in dem die Finanzbehörde „die Steueransprüche des Reiches zu ermitteln und zu verfolgen und über diese Ansprüche als Obrigkeit zu entscheiden“ [63] habe. Die Finanzverwaltung sei „mit scharfen Waffen versehen“ worden, um der „Verwilderung der Steuerpflichtigen“ mit den „allerschärfsten und eingreifendsten Mitteln“ entgegen zu treten.[64] Darüber hinaus griff *Enno Becker* auf das von *Otto Mayer* geprägte Institut des Verwaltungsaktes[65] zurück,[66] verwendete gleichwohl im Text der Reichsabgabenordnung auf den Vorschlag von *Kormann*[67] hin jedoch nicht den Terminus des Verwaltungsaktes, sondern den der Verfügung.[68] Nach *Otto Mayers* Definition des Verwaltungsaktes teilte die Verwaltung durch obrigkeitlichen Ausspruch mit Kundgabe des Verwaltungsaktes gegenüber dem Untertan mit, was im Einzelfall rechtens sein soll.[69] Eine kooperative Zusammenarbeit zwischen Bürger und Staat war für *Otto Mayer* kaum denkbar.[70] Das Verhältnis von Staat und Bürger ist nach diesen grundlegenden Gedanken damit von einem Subordinationsverhältnis geprägt, das für das Steuerrecht zu dieser Zeit auch von anderen Autoren beschrieben worden ist[71] und auch für das Grundverständnis *Enno Beckers* maßgebend

---

RAO und § 88 AO (vor den Änderungen durch das Gesetz zur Modernisierung des Besteuerungsverfahrens, BGBl. I 2016, 1679); durch das Gesetz zur Modernisierung des Besteuerungsverfahrens hat der Untersuchungsgrundsatz eine andere Struktur bekommen, die wesentlichen Aussagen in § 88 Abs. 1 und Abs. 2 AO sind jedoch identisch, siehe BT Drucks. 18/7457, S. 68.

63 *E. Becker*, Reichsabgabenordnung, § 204 Rn. 1.

64 Alle drei Zitate von *E. Becker*, Reichsabgabenordnung, Vor § 162 Rn. 4.

65 *O. Mayer*, Deutsches Verwaltungsrecht, I. Band, S. 92-103.

66 *E. Becker*, Reichsabgabenordnung, Vor § 73-78 Rn. 1.

67 *Kormann*, System der rechtsgeschäftlichen Staatsakte, S. 63, schlug 1910 den Begriff der „Verfügung“ als Terminus für den „rechtsgeschäftlichen Verwaltungsakt“ vor, da der Verwaltungsakt nach dem damaligen weitesten Verständnis (siehe dazu a.a.O., S. 26) auch Realakte umfasste, und *Kormann* hoffte, dass ein „Verwaltungsgesetzbuch der Zukunft“ diesen Begriff in seinen allgemeinen Teil aufnehmen werde. Siehe zur Beeinflussung der Terminologie *Enno Beckers* durch *Kormann* auch *Goutier*, Die Änderung von Steuerverwaltungsakten, S. 35 f.

68 Siehe § 73 RAO.

69 Siehe die Definition bei *O. Mayer*, Deutsches Verwaltungsrecht, I. Band, S. 93.

70 *O. Mayer*, AöR 3 (1888), 3, 41 f.

71 *Bühler*, VVDStRL 3 (1927), 102, 107 f., spricht von einer durch Vereinigung von Gläubigerstellung und Vollstreckungsmacht entstandenen erheblichen Überlegenheit bzw. einer überwältigenden Machtstellung, die den Staat im Steuerverfahren zu einer

war.[72] Dieses Verständnis von einer obrigkeitlichen Stellung der Finanzbehörde beeinflusste die Ausgestaltung des Besteuerungsverfahrens, das im Kern in § 204 RAO einen staatlichen Ermittlungszwang („das Finanzamt hat [...] zu erforschen") vorsah, auch wenn *Enno Becker* dem Anspruch des Steuerpflichtigen auf Gehör – und damit einem Grundpfeiler eines rechtsstaatlichen Verfahrens – in § 205 RAO prominenten Platz einräumte.[73] Der Untersuchungsauftrag der Finanzbehörde im Steuerverfahren war zu diesem Zeitpunkt jedoch, den einzelnen Steuerfall zugunsten wie zuungunsten des Steuerpflichtigen so genau wie möglich festzustellen, damit der geschuldete Steuerbetrag den Gesetzen entsprechend festgesetzt werden konnte.[74] Trotz erheblicher Befugnisse zur Sachverhaltsermittlung sahen sich die Finanzbehörden nicht in der Lage, die nach den Gesetzen entstandenen Steuern vollständig in jedem einzelnen Fall zu ermitteln und festzusetzen, was 1920 bei den Überschusseinkünften in die Einführung des Steuerabzugs vom Arbeitslohn und Kapitalertrag sowie 1935 bzw. 1936 bei den Gewinneinkunftsarten in Aufzeichnungspflichten für Warenein- und Ausgänge mündete.[75]

c. Die Entwicklung nach dem zweiten Weltkrieg

Nach dem zweiten Weltkrieg entwickelte sich aus der Erkenntnis heraus, dass eine den Anforderungen des Grundgesetzes entsprechende gesetzmäßige Besteuerung nur dann möglich ist, wenn der Sachverhalt durch die Finanzbehörde mit

---

persona potentior macht, sodass im Steuerrechtsverhältnis die obrigkeitliche Stellung des Staates in Reinkultur zur Ausprägung gekommen ist; deutlich auch bei *Hensel*, Steuerrecht, S. 148, der die Finanzbehörde im Ermittlungsverfahren als obrigkeitliche Instanz bezeichnet, aber dem Steuerverfahren a.a.O., S. 146 f., insgesamt keinen einheitlichen Stempel aufdrücken möchte; siehe auch *ders.*, VVDStRL 3 (1927), 63, 77-87, der das Steuerrechtsverhältnis nicht *per se* als Gewaltverhältnis bezeichnet.

72 Siehe *Hensel*, VVDStRL 3 (1927), 63, 77: „In keinem Gesetz ist [...] der Einfluß O. Mayers so stark zum Ausdruck gekommen, wie in der AO." Andersherum räumte *O. Mayer* dem Steuerrecht keinen großen Platz in seiner Auseinandersetzung ein, was *Hensel*, a.a.O., kritisch herausstellt. Ebenso *Lanwehr*, Faktische Selbstveranlagung, S. 37-39.

73 Siehe *E. Becker*, Reichsabgabenordnung, § 204 Rn. 3; *Hensel*, Steuerrecht, S. 146; siehe auch *Friedlaender*, StuW 1960, Sp. 27, 36-38, der darin „die Keime zu den Grundsätzen des Vertrauensschutzes" erblickte.

74 *E. Becker*, Reichsabgabenordnung, § 204 Rn. 3; *Hensel*, Steuerrecht, S. 149; auch noch bei *Becker/Riewald/Koch*, RAO II, vor § 160 Anm. 3 Abs. 1.

75 *Becker/Riewald/Koch*, RAO II, vor § 160 Anm. 3 Abs. 6.

an Sicherheit grenzender Wahrscheinlichkeit ausermittelt wird und dies in der Praxis kaum umsetzbar ist,[76] die Idee eines grundlegend kooperativ ausgestalteten Steuervollzugs, in dem der Steuerpflichtige die für die Steuerfestsetzung notwendigen Besteuerungsgrundlagen selbst der Finanzbehörde liefert.[77] Die Besteuerung knüpft nämlich an Vorgänge an, die in der Sphäre des Beteiligten liegen,[78] sodass die Mitwirkung des Steuerpflichtigen als „Zentralfigur“[79] unentbehrlich für die Aufklärung des Sachverhaltes durch die Finanzbehörde ist,[80] die Steuervollzugskooperation damit eine notwendige Folge materieller Grundprinzipien der Besteuerung ist[81]. Der Steuervollzug kann somit nicht gegen den Willen der Steuerpflichtigen wirksam erfolgen, sondern setzt eine Kooperation zwischen Steuerpflichtigem und Finanzbehörde voraus, damit die faktischen

---

76 *Tipke*, Steuer-Kongress-Report, 1967, 35, 53, der a.a.O., 61, bereits mit Hinweis auf die komplizierte Gesetzeslage eine rechtsstaatlich einwandfrei arbeitende sowie schnelle, unkomplizierte und billige Verwaltung ausschließt und daher gesetzgeberische Initiative fordert; *Hoffmann-Riem*, StuW 1972, 127, 129, der die Steuerermittlung materiellrechtlich mit „polizeilicher Tätigkeit“ gleichsetzt, a.a.O., 131; *Seer*, StuW 2003, 40, 42; von einer entsprechenden „Ohnmacht“ der ermittelnden Finanzbeamten berichten durch die Zeiten historisch *E. Becker*, StuW 1927, 190 f.; *Arlt*, JbFStR 1973/1974, 26, 27-36; zu Beginn der einsetzenden und massentauglichen Digitalisierung *Egge*, StuW 1994, 272 f.; zur aktuellen Lage etwa *Fra. Breuer*, FR 2017, 89.

77 Schon früh sieht *Spitaler*, StBJb, 1954/1955, 441, 450, als Voraussetzung für das Besteuerungsverfahren „ein so hohes Maß staatsbürgerlicher Erziehung und ein so hohes Maß der Einsicht des einzelnen Staatsbürgers voraus, daß ihm zugemutet und von ihm erwartet werden kann, daß er die Grundlagen seiner eigenen Besteuerung zu einem großen Teil selbst liefert.“ Der Steuerpflichtige „ist kein Objekt des Steuerverfahrens, sondern er wird bewußt als ein höchst aktives, handlungsfähiges und zum Handeln verpflichtetes Subjekt in das Steuerverfahren eingesetzt.“ Ein historischer Überblick über die Entwicklung findet sich bei *Lanwehr*, Faktische Selbstveranlagung, S. 40-48 m.w.N.

78 Zielgenau stellt *Martens*, StuW 1993, 335, 337, fest: „Sowohl der Steuerpflichtige als auch das Finanzamt sind an dem Entstehungsvorgang [des Steueranspruchs, *Anm. d. Verf.*] nur insoweit beteiligt als ersterer durch sein Verhalten im Verlauf des Jahres (etwa im Rahmen selbstständiger oder unselbstständiger Tätigkeiten) ‚Besteuerungsmerkmale produziert‘. Das Finanzamt wirkt in diesem Stadium der Entwicklung des Steueranspruchs überhaupt nicht mit.“

79 *Seer*, Verständigungen in Steuerverfahren, S. 178.

80 *Seer*, in: Tipke/Kruse, AO/FGO, § 90 AO Rn. 1 (Stand: Januar 2017); *Söhn*, in: Hübschmann/Hepp/Spitaler, AO/FGO, § 90 AO Rn. 24 (Stand: April 2020).

81 *Drüen*, DStJG 32 (2008), 167, 169-172; *ders.*, FR 2011, 101, 104.

Grenzen der Sachverhaltsermittlung durch den Staat überschritten werden können.[82]

In diesem Lichte ist § 90 Abs. 1 S. 1 AO zu betrachten, der eine allgemeine Mitwirkungspflicht der Beteiligten statuiert. Diese ergänzt den seit der Einführung der Abgabenordnung im Jahr 1977 deutlich offener formulierten Untersuchungsgrundsatz des § 88 Abs. 1 S. 1 AO („die Finanzbehörde ermittelt"), dem die Finanzbehörde unterliegt. Die Mitwirkungspflicht des Beteiligten ist durch eine Kooperationsmaxime[83] gekennzeichnet, die den Untersuchungsgrundsatz, dem die Finanzbehörde unterliegt, überlagert[84] bzw. effektuiert[85]. Der Beteiligte und die Finanzbehörde betreiben im Ermittlungsverfahren folglich kooperative Arbeitsteilung,[86] wobei die Finanzbehörde trotz aller Mitwirkungsbeiträge und der näheren Tatsachenkenntnis des Steuerpflichtigen „Herrin des Verfahrens" bleibt[87] und eine Trennung der rechtlichen Verantwortlichkeiten zwischen Finanzbehörde und Steuerpflichtigem erfolgen muss.[88] Dies bedeutet auch, dass durch eine Verletzung der Mitwirkungspflichten des Steuerpflichtigen

82 *Seer*, FR 2004, 37, 45.

83 Begrifflicher Schöpfer der „Kooperationsmaxime" ist wohl *Zweifel*, Die Sachverhaltsermittlung im Steuerveranlagungsverfahren, S. 12-15, 45-47.

84 Siehe *Eckhoff*, Rechtsanwendungsgleichheit, S. 324, der auch davon spricht, dass die Kooperationsmaxime aus den Mitwirkungspflichten den Untersuchungsgrundsatz „überlagert, eigentlich erst effektuiert".

85 So *Seer*, Verständigungen in Steuerverfahren, S. 179 f.

86 *Seer*, Verständigungen in Steuerverfahren, S. 179; BVerfG v. 9.3.2004, 2 BvL 17/02 Rn. 88, spricht davon, dass „das [Verfahren der Amtsermittlung] auf den Dialog mit den Mitwirkungspflichtigen angewiesen und deshalb dialogisch strukturiert ist"; zustimmend *Gombert*, Schätzung der Besteuerungsgrundlagen, S. 44-46; a.A. *Wittmann*, StuW 1987, 35, 43 f., und *Müller-Franken*, Maßvolles Verwalten, S. 166-173, 236, die eine alleinige Verantwortung für die Ermittlung des Sachverhaltes sehen und der Mitwirkung des Beteiligten lediglich eine unterstützende Rolle als Erforschungsgehilfe einräumen. Unentschieden lässt diesen Streit *Jansen*, Das Steuerverfahren, 49, da in beiden Fällen die Letztverantwortung bei der Behörde liege; bereits *Becker/Riewald/Koch*, RAO II, § 204 AO Anm. 5e Abs. 1 sprechen davon, dass Finanzamt und Steuerpflichtiger fair zusammenarbeiten sollen; zum Rückgang der Ermittlungspflichten der Finanzbehörde *Lanwehr*, Faktische Selbstveranlagung, S. 51-69; die Abgrenzung des alleinigen Verantwortungsbereiches der Finanzbehörde, wenn es um die rechtliche Entscheidung in der Sache geht im Gegensatz zur arbeitsteiligen Sachverhaltsermittlung hebt *Flockermann*, in: FS Ritter, 103, 105, hervor.

87 *Spilker*, Behördliche Amtsermittlung, S. 70.

88 *Drüen*, FR 2011, 101, 105; in diesem Sinne auch *Seer*, Verständigungen in Steuerverfahren, S. 192-196.

der Auftrag der Finanzbehörde, den Sachverhalt auszuforschen, nicht aufgehoben wird oder die Ermittlungspflicht dort endet, wo die Mitwirkungspflicht beginnt.[89] Kommt der Steuerpflichtige seinen Mitwirkungspflichten nicht nach, ist vielmehr für die Beurteilung der Auswirkung auf den Untersuchungsgrundsatz zu unterscheiden: Ist etwa der Steuerpflichtige der einzige Wissensträger und damit ohne seine Mitwirkung eine Aufklärung des Sachverhaltes gar nicht möglich, vermindert sich die Untersuchungspflicht der Finanzbehörde entsprechend auf null.[90] Kommt der Steuerpflichtige seinen Mitwirkungspflichten im Besteuerungsverfahren nicht oder nur teilweise nach, ist der Sachverhalt aber dem Grunde nach noch ermittelbar, fällt es nicht auf die Finanzbehörde zurück, den Sachverhalt unter allen Umständen in Gänze aufzuklären.[91] Die der Finanzbehörde rechtsstaatlich zumutbaren und damit durchzuführenden Ermittlungsmaßnahmen richten sich nach den sich im Besteuerungsverfahren bietenden Anhaltspunkten. Je weniger der Steuerpflichtige mitwirkt und damit auch weniger Anhaltspunkte für die Ermittlung durch die Finanzbehörden bietet, desto geringer ist die Pflicht der Finanzbehörden ausgeprägt, selbst mit hohem Aufwand ermittelnd tätig zu werden. Die nicht oder nur mit unverhältnismäßigem Aufwand ermittelbaren Besteuerungsgrundlagen können dann von der Finanzbehörde im Wege einer Schätzung gem. § 162 AO der Besteuerung zugrunde gelegt werden.[92] Negativ formuliert, wird dem Steuerpflichtigen durch die Mitwirkung im Besteuerungsverfahren die Möglichkeit gegeben, den finanzbehördlichen Ermittlungseingriff in die Privatsphäre zu begrenzen bzw.

---

89 *Seer*, Verständigungen in Steuerverfahren, S. 177; *Gombert*, Schätzung der Besteuerungsgrundlagen, S. 46-48; zur seinerzeit geführten Diskussion der Begrenzungsfunktion der Mitwirkungspflichten mit umfassender Darstellung der Standpunkte und dem zutreffenden Ergebnis, dass die Mitwirkungspflichten keine allgemeine Grenze der Amtsermittlungspflicht sind, siehe *Schromek*, Die Mitwirkungspflichten, S. 183-264; siehe auch *Nierhaus*, Beweismaß und Beweislast, S. 336-352, dort auch zum synonymen „Anfang-Ende-Satz" der Rechtsprechung, etwa des BVerwG v. 18.1.1967, VI C 82.63, BVerwGE 26, 30, 31, und BFH v. 30.11.1989, I R 14/87, BFHE 159, 82 Rn. 25.

90 *Seer*, in: Tipke/Kruse, AO/FGO, § 90 AO Rn. 14 f. (Stand: Januar 2017) m.w.N.; *Wittmann*, StuW 1987, 35, 39, geht in diesen Fällen von einer Unmöglichkeit der Sachaufklärung aus, soweit keine anderen Beweismittel vorhanden sind.

91 *Seer*, in: Tipke/Kruse, AO/FGO, § 90 AO Rn. 14 f. (Stand: Januar 2017) m.w.N.; *Wittmann*, StuW 1987, 35, 45; dazu auch im Folgenden.

92 Siehe dazu noch unten für den Fall der Verletzung der Steuererklärungspflicht 4. Teil F. II.

verfahrensrechtlich nachteilige Handlungen der Finanzbehörde abzuwenden.[93] Die Mitwirkungspflichten erhalten somit auch eine Art Abwehrfunktion gegen die Finanzbehörde, da Ermittlungshandlungen, die in Grundrechte der Steuerpflichtigen eingreifen dann unverhältnismäßig sind, wenn sie durch bereits erbrachte Sachverhaltsaufklärung des Beteiligten nicht erforderlich sind.[94] Daher wohnt der Kooperation von Steuerpflichtigem und Finanzbehörde ein Anspruch des Ersteren auf Informationsteilhabe und Mitwirkung im Steuerverfahren inne.[95] Die Finanzbehörde ist über die Gewährung rechtlichen Gehörs i.S.d. § 91 AO verpflichtet, den Steuerpflichtigen – notfalls in Erfüllung der Fürsorge- und Betreuungspflicht aus § 89 AO[96] – in das Steuerverfahren zu integrieren.[97] Kommt die Finanzbehörde ihrer Pflicht zur Aufklärung des Sachverhaltes nicht nach, z.B. indem sie es unterlässt, Fragen oder Auskunftsersuchen zu stellen, kann sie nicht erwarten, dass der Beteiligte seinerseits Auskünfte „ins Blaue hinein" erteilt.[98]

Doch auch die Statuierung umfassender Mitwirkungspflichten im Besteuerungsverfahren, die zur Grundlage der Steuerfestsetzung werden, kann die Diskrepanz zwischen Verwaltungskapazitäten und der Masse an zu überprüfenden Fällen nicht derart überbrücken, dass es der Finanzbehörde möglich ist, jeden Fall im Sinne einer 100%-Doktrin auszuermitteln; dies dürfte bereits bei der Überprüfung einer Gewinnermittlung eines kleineren Unternehmens aufgrund der Vielzahl der unterschiedlichen Geschäftsvorfälle kaum leistbar sein.[99] Es ergeben sich vor diesem Befund für die Finanzverwaltung zwei Handlungsalternativen. Entweder sie ermittelt sehr wenige Fälle vollständig durch penible Überprüfung jeder Angabe in der Steuererklärung aus und lässt den weit überwiegenden Teil der Steuerfälle ungeprüft oder sie legt den Fokus auf eine Gesetzmäßigkeit im Gesamtvollzug, welche die Summe der Einzelfälle umfasst. Mit

---

93 *Seer*, Verständigungen in Steuerverfahren, S. 180.

94 „Grundrechtsschutz durch Verfahren", siehe *Seer*, DStJG 31 (2008). 7, 15; *Eckhoff*, Rechtsanwendungsgleichheit, S. 247-249.

95 Zu Mitwirkungsrechten und Informationsteilhabe siehe *Seer*, Verständigung in Steuerverfahren, S. 180; *ders.*, DStJG 31 (2008), 7, 15.

96 Siehe dazu aber einschränkend mit Blick auf einen Beratungsanspruch des Steuerpflichtigen durch die Finanzbehörde bzw. eine Beratungspflicht derselben unten 3. Teil B. III. 5. b.

97 *Seer*, Verständigungen in Steuerverfahren, S. 180; siehe auch *Müller-Franken*, Maßvolles Verwalten, S. 179-181.

98 So wohl *Wittmann*, StuW 1987, 35, 46.

99 *Seer*, DStJG 31 (2008), 7, 9-12; *ders.*, StbJb 2004/2005, 53, 55 f.; *Drüen*, FR 2011, 101, 106.

dem auch auf dem Gleichheitsgrundsatz fußenden Vollzugsauftrag wäre eine Lösung im Sinne der ersten Alternative kaum grundgesetzlich zu rechtfertigen. „Die Steuerpflichtigen müssen dem Grundsatz nach durch ein Steuergesetz rechtlich und tatsächlich gleichmäßig belastet werden. Das danach – unbeschadet verfassungsrechtlich zulässiger Differenzierungen – gebotene Gleichmaß verwirklicht sich in dem Belastungserfolg, den die Anwendung der Steuergesetze beim einzelnen Steuerpflichtigen bewirkt.“[100] Das Gebot der Rechtsanwendungsgleichheit zwingt daher die Finanzbehörde dazu, den Vollzug im Einzelfall danach auszurichten, was bei einem gleichmäßigen Gesamtvollzug realisierbar ist:[101] Hängt die Festsetzung einer Steuer von der Erklärung des Steuerschuldners ab, muss die Steuerehrlichkeit deshalb durch hinreichende, die steuerliche Belastungsgleichheit gewährleistende Kontrollmöglichkeiten abgestützt werden.[102] Das Deklarationsprinzip bedarf im von der Mitwirkung des Steuerpflichtigen wesentlich geprägten Veranlagungsverfahren der Ergänzung durch das Verifikationsprinzip.[103] Mit dem so geänderten Vollzugsauftrag entwickelte sich auch der Untersuchungsgrundsatz. Das Massenverfahren fordert keine Ausermittlung jedes Einzelfalles, sondern das Vorhalten eines Verifikationssystems, das dazu geeignet ist, der Gefahr von Steuerverkürzungen strukturell wirksam zu begegnen.[104] Dabei dürfen keine grundsätzlich prüfungsfreien Räume verbleiben und es muss die potentielle Überprüfung und Aufdeckung jedes Falles – im letzteren Falle auch strukturell gesichert durch Anzeigepflichten[105] und Kontrollmitteilungen[106] – sichergestellt sein.[107]

---

100 BVerfG v. 7.11.2006, 1 BvL 10/02, BVerfGE 117, 1, 30 f.

101 BVerfG v. 27.6.1991, 2 BvR 1493/89, BVerfGE 84, 239, 271 f.; *Seer*, Verständigung in Steuerverfahren, S. 230-232; *ders.*, DStJG 31 (2008), 7, 11; *Hey*, in: Tipke/Lang, Steuerrecht, Rn. 3.239; *Thiemann*, StuW 2018, 304, 307 f., bespricht und begründet zunächst ein verfassungsrechtliches Leitbild einer vollen Überprüfung der Steuererklärung, rudert dann aber ebenfalls zurück auf ein verfassungsrechtliches Leitbild der Nachprüfung des Steuerfalles, das eine Mindestprüfung der rechtlichen Schlüssigkeit ausreichen lässt.

102 BVerfG v. 27.6.1991, 2 BvR 1493/89, BVerfGE 84, 239, LS 2, explizit bezogen auf die Pflicht des Gesetzgebers, Kontrollmöglichkeiten durch Gesetz zu ermöglichen und diese nicht strukturell gegenläufig zu unterbinden.

103 BVerfG v. 27.6.1991, 2 BvR 1493/89, BVerfGE 84, 239, LS 2.

104 *Seer*, StuW 2015, 315, 319. Zur Ermittlungsintensität im Einzelnen siehe unten 3. Teil A. III. und *Tipke*, in: FS Offerhaus, 819, 823 f.

105 *Seer*, in: Tipke/Lang, Steuerrecht, Rn. 21.175; *Brandis*, in: Tipke/Kruse, AO/FGO, Vor § 134 AO Rn. 1 (Stand: Oktober 2019).

106 *Humm*, Kontrollmitteilungen, S. 326-328.

107 *Drüen*, in: DFGT 8/9 (2011/2012), 253, 264.

Die in §§ 149, 150 AO grundlegend normierte Steuererklärungspflicht nimmt in dem so ausgestalteten Steuerverfahren eine zentrale Rolle ein. Mit ihr trägt der Steuerpflichtige den für die Besteuerung erheblichen Sachverhalt an die Finanzbehörde heran, berechnet im Fall der wesentliche Teile des Steuerauskommens umfassenden Steueranmeldung i.S.d. § 150 Abs. 1 S. 3 AO die Steuer sogar selbst und führt die berechnete Steuer bei Fälligkeit ohne weitere Erinnerung von hoheitlicher Seite an die Finanzbehörde ab.[108] Die in Erfüllung der Deklaration durch den Steuerpflichtigen gemachten Angaben werden – verfassungsrechtlich notwendig, da ansonsten der Belastungsgrund der Steuer in der freiwilligen Bereitschaft zur Zahlung derselben bestünde[109] – durch eine in unterschiedlichen Stufen verlaufende Verifikation durch die Finanzbehörde ergänzt, die sich an den Anforderungen eines gleichmäßigen Gesamtvollzuges orientiert.[110] Der Vollzugsauftrag fordert von der Finanzbehörde somit die kapazitätsabhängige Kontrolle der durch den Steuerpflichtigen erklärten Werte und Sachverhalte[111] und rahmt so den Untersuchungsgrundsatz ein.

108 Siehe aus der jüngeren Vergangenheit *Seer*, in: FS BFH, 1717, 1725 f.

109 *Tipke*, BB 1998, 241, 242 spricht in Bezug auf die Nichtbesteuerung von Kapitalerträgen aufgrund des Bankenerlasses und späteren § 30a AO pointiert davon, dass die Steuer bei Nichtverifikation durch die Verwaltung „zu einer Art Spende" werde; siehe auch *Tipke*, StuW 2004, 3, 21.

110 BVerfG v. 27.06.1991, 2 BvR 1493/89, BVerfGE 84, 239, 273; kritisch zur fehlenden Verifikation in der Praxis mit Blick auf die in AEAO zu § 88 Nr. 6 S. 1 getätigte Aussage, dass für den Regelfall davon ausgegangen werden kann, dass die Angaben des Steuerpflichtigen in der Steuererklärung vollständig und richtig sind, sodass in der Praxis nur eine bloße Übernahme der von den Steuerpflichtigen erklärten Zahlen erfolgt, *Tipke*, in: FS Kruse, 215, 227. Dem kann wohl mittlerweile die Verwendung von Risikomanagementsystemen entgegengehalten werden, vgl. auch unten 4. Teil C. II. 3., 4. und 5.; zur Notwendigkeit der Bestandsaufnahme von Steuerpflichtigen und Gewerbetreibenden nach den (aufgehobenen) §§ 134 ff. AO *Tipke*, in: FS Offerhaus, 819, 824.

111 *Seer*, StuW 2003, 40, 42; *Eckhoff*, Rechtsanwendungsgleichheit, S. 461; unterschiedliche Ermittlungsintensitäten spricht bereits *Meisel*, Moral und Technik, S. 2 an; siehe zum Umfang der Kontrolle durch die Verwaltung die gleichlautenden Erlasse vom 19.11.1996, BStBl. I 1996, 1391.

d. *Verifikation im Wandel zum vollautomatisierten Besteuerungsverfahren*

Die Forderung nach kapazitätsabhängiger Kontrolle beinhaltet noch keine spezielle Vorgabe zur Ausgestaltung dieses Verifikationsverfahrens. Der Finanzbehörde steht bei der Ausgestaltung des Verifikationsprinzips vielmehr der bereits beschriebene Gestaltungsspielraum zu, der unter den Bedingungen der Massenverwaltung die Entscheidung über den Einsatz von Ressourcen und Instrumenten der Verifikation letztlich zu einer Verteilungsentscheidung werden lässt.[112]

Mit der Entwicklung der technischen Möglichkeiten und der eingesetzten Instrumente zur Verifikation veränderte sich auch der faktische Steuervollzug: War vor Einführung der computergestützten Veranlagung die händische Berechnung der Steuer und damit verbunden eine personelle Schlüssigkeitsüberprüfung der Angaben des Steuerpflichtigen die Regel, wurde die Berechnung später auf (zentrale) EDV-Systeme ausgelagert.[113] Die für die Bearbeitung notwendigen Daten wurden durch den Sachbearbeiter in der Veranlagungsstelle in Eingabebögen personell eingetragen und gaben somit trotz elektronischer Weiterverarbeitung die Möglichkeit einer personellen Überprüfung, die anhand eines fiskalisch orientierten, durch Verwaltungsvorschriften vorgegebenen Prüfablaufs erfolgte.[114] Mit der Einführung von elektronischen Risikomanagementsystemen[115] verlagerte sich die Plausibilitätsprüfung vom Sachbearbeiter auf das EDV-System der Finanzverwaltung; die abschließende Fallfreigabe per Mausklick durch den Bearbeiter als Ausdruck des für die Existenz des Verwaltungsaktes notwendigen Regelungswillens[116] war zwar notwendig, nahm insbesondere nach einer beanstandungslosen Prüfung der Angaben des Steuerpflichtigen durch die Risikomanagementsysteme im Regelfall jedoch lediglich noch eine formale Stellung ein.[117] Föderal uneinheitliche Risikomanagementsysteme[118] bargen jedoch die

112 *Drüen*, in: Zukunftsfragen 1, 15.

113 Siehe bereits BT Drucks. 7/4292 vor Einführung der Abgabenordnung 1977.

114 *Eckhoff*, Rechtsanwendungsgleichheit, S. 461; siehe dazu auch *Hoffmann*, DStR 1997, 1189, und *Haumann*, Gewichtende Arbeitsweise, S. 49-157.

115 Siehe dazu noch unten 4. Teil C. II. 2. bis 5.

116 Statt vieler *Seer*, in: Tipke/Kruse, AO/FGO, § 118 AO Rn. 11 (Stand: Oktober 2015).

117 *Wernthaler*, Korrektur im digitalisierten Besteuerungsverfahren, S. 166; *Müller-Franken*, StuW 2018, 113, 116; *Maier*, JZ 2017, 614, 614.

118 Siehe eine Darstellung der Risikomanagementsysteme in den verschiedenen Bundesländern *Präsident des Bundesrechnungshofes*, Probleme beim Vollzug, S. 99-102.

Gefahr einer fehlenden Mindesthomogenität und damit potentieller Verstöße gegen das Gebot des strukturell gleichmäßigen Steuervollzuges[119].

Mit dem Gesetz zur Modernisierung des Besteuerungsverfahrens[120] wurden die rechtlichen Grundlagen für ein vollautomatisiertes Besteuerungsverfahren gelegt, in dem Steuerbescheide gem. § 155 Abs. 4 S. 1 AO vollautomatisiert erstellt und übermittelt bzw. versendet werden können.[121] Der „Eingriff" des Finanzbeamten in risikoarmen Fällen ist dabei nicht mehr zwingend erforderlich – auch nicht durch einen Freigabe-Mausklick, denn der Regelungswille liegt jetzt in der dem Festsetzungsprogramm unterfütterten Programmierung und wird gem. § 155 Abs. 4 S. 4 AO fingiert. Der Unterschied zum bisherigen Verfahren ist somit lediglich graduell.[122] Der Untersuchungsgrundsatz in § 88 AO wurde im Zuge der Modernisierung des Besteuerungsverfahrens ebenfalls ausdrücklich im Gesetzestext angepasst: Gem. § 88 Abs. 2 S. 2 AO können bei der Ermittlung durch die Finanzbehörden allgemeine Erfahrungen sowie Wirtschaftlichkeit und Zweckmäßigkeit berücksichtigt werden.[123] Für die Verwendung von Risikomanagementsystemen wurden in § 88 Abs. 5 AO Mindestanforderungen festgelegt und dadurch die vorher bestehende gesetzliche Steuerungsschwäche zum Teil beseitigt.[124] Konnte man bereits seit der Einführung der gewichtenden Arbeitsweise und dem Prüfungsfokus auf steuerlich ertragreiche Steuerfälle einen Wandel des Besteuerungsverfahrens zu einer faktischen Selbstveranlagung mit kapazitätsbedingter manueller Kontrolle beobachten,[125] ist der strukturelle Verifikationsgrundsatz nunmehr durch die Anpassung des § 88 AO in

119 Siehe zur Mindesthomogenität *Drüen*, in: DFGT 8/9 (2011/2012), 253, 261.

120 BGBl. I 2016, 1679.

121 Eine „vollautomatisierte" Bearbeitung eines Verwaltungsaktes setzt nicht voraus, dass eine Übermittlung auf elektronischem Weg erfolgt, sondern die Übermittlung im vollautomatisierten Verfahren kann auch via Brief erfolgen. Maßgeblich ist lediglich, dass in dieser Arbeitskette kein personeller Zwischenschritt getätigt wird, siehe *Braun Binder*, DÖV 2016, 891, 895; *Schmitz/Prell*, NVwZ 2016, 1273, 1275.

122 Zutreffend *Bull*, DVBl 2017, 409, 411.

123 Eine aktuelle kritische Auseinandersetzung mit dem Grundsatz der Wirtschaftlichkeit und dem Grundsatz der Zweckmäßigkeit findet sich bei *Sediqi*, Der Untersuchungsgrundsatz im Lichte des § 88 AO n.F., S. 147-167, der den Begriff der Zweckmäßigkeit in § 88 Abs. 2 S. 2 AO mangels eigenständiger Bedeutung aus dem Gesetz streichen möchte, aber an dem Begriff der Wirtschaftlichkeit festhält. Siehe auch zur Kritik an der Einbeziehung der Wirtschaftlichkeit *Seer*, StuW 2015, 315, 319-321 m.w.N.

124 *Seer*, StuW 2015, 315, 319; siehe auch noch unten 4. Teil C. II. 2. bis 5.

125 *Seer*, StuW 2003, 40, 42-44; *Eckhoff*, Rechtsanwendungsgleichheit, S. 458-466.

einen gesetzlichen Rahmen gegossen und die faktische Selbstveranlagung durch die Möglichkeit vollautomatisierter Steuerbescheide gesetzlich determiniert.[126]

II. Die allgemeine Mitwirkungspflicht des Beteiligten im Steuerverfahren

Eine umfassende Legaldefinition für die Mitwirkungspflichten des Steuerpflichtigen existiert in der Abgabenordnung nicht.[127] Der Steuerpflichtige wird aber vielfach durch allgemeine und spezielle gesetzliche Vorschriften dazu berufen und verpflichtet, am Steuerverfahren aktiv teilzunehmen bzw. an diesem so mitzuwirken, dass die Finanzbehörde ihrer gesetzlichen Aufgabe, die Steuern gesetz- und gleichmäßig festzusetzen, nachkommen kann. Grundlegend als verfahrensausgestaltende Norm, aber trotz des eindeutigen Wortlauts ohne eine konkrete Pflicht des Steuerpflichtigen zu begründen,[128] formuliert § 90 Abs. 1 S. 1, 2 AO, dass der am Steuerverfahren beteiligte Bürger zur Mitwirkung bei der Ermittlung des Sachverhaltes verpflichtet ist und dieser Pflicht insbesondere dadurch nachkommt, dass er die für die Besteuerung erheblichen Tatsachen vollständig und wahrheitsgemäß offen legt und die ihm bekannten Beweismittel angibt. Die Bedeutung des § 90 Abs. 1 S. 1, 2 AO geht aber über die einer Programmnorm nicht hinaus und bürdet dem Beteiligten – denn dazu ist die Norm viel zu ungenau – keine konkreten Pflichten auf, die dieser im Steuerverfahren zu erfüllen hat und kann somit auch der Finanzbehörde nicht als Ermächtigungsgrundlage für die Sachverhaltsermittlung dienen.[129] Vor allem begründet die allgemeine Mitwirkungspflicht keine allgemeine Beweisvorsorgepflicht oder Nachweispflicht. Dazu wird der Beteiligte durch speziellere Normen in der Abgabenordnung und in den einzelnen Steuergesetzen aufgerufen,[130] die im Folgenden ausschnittweise dargestellt werden.

---

126 *Seer*, in: Tipke/Kruse, AO/FGO, § 88 AO Rn. 2 (Stand: Januar 2017); *Wernthaler*, Korrektur im digitalisierten Besteuerungsverfahren, S. 50.

127 Auch *Wittmann*, StuW 1987, 35, 40.

128 *Kobor*, Kooperative Amtsermittlung, S. 123.

129 *M. Schmidt*, Die Problematik der objektiven Beweislast im Steuerrecht, S. 145; *Seer*, in: Tipke/Kruse, AO/FGO, § 90 AO Rn. 3-7 (Stand: Oktober 2017); *Kobor*, Kooperative Amtsermittlung, S. 123.

130 Siehe die Übersicht bei *Schallmoser*, in: FS BFH, 1747, 1750.

III. Spezielle Mitwirkungspflichten des Beteiligten im Steuerverfahren

1. Die Auskunftspflichten des Beteiligten

Zur Ermittlung des steuererheblichen Sachverhaltes in der Sphäre des Steuerpflichtigen kann die Finanzbehörde von diesem Auskunft verlangen. § 93 Abs. 1 bis 6 AO regeln die Auskunftspflicht des Beteiligten sowie unter besonderen Voraussetzungen auch Dritter und stellen eine Konkretisierung der allgemeinen Mitwirkungspflicht aus § 90 Abs. 1 AO dar.[131] Nach § 93 Abs. 1 S. 1 AO haben der Beteiligte und andere Personen der Finanzbehörde die zur Feststellung eines für die Besteuerung erheblichen Sachverhaltes erforderlichen Auskünfte zu machen, wenn sie in einem Auskunftsersuchen i.S.v. § 93 Abs. 2 AO, das einen Verwaltungsakt darstellt, dazu aufgefordert werden.[132]

Inhaltlich zielt das Auskunftsersuchen auf die Ermittlung des Sachverhaltes ab und fordert damit nur die Wiedergabe tatsächlicher Verhältnisse und Begebenheiten von dem Steuerpflichtigen. Anders sieht es hingegen aus, wenn die Finanzbehörde in ihrem Auskunftsersuchen nicht nach tatsächlichen Begebenheiten fragt, sondern Auskunft verlangt, die bereits eine Auseinandersetzung mit rechtlichen Begriffen und eine Subsumtion unter dieselben umfasst. Ob ein solches Auskunftsersuchen der Finanzbehörde rechtmäßig wäre, ist fraglich. § 93 Abs. 1 AO spricht zunächst von „für die Besteuerung erheblichen Sachverhalten" und „Sachverhaltsaufklärung", was gegen ein Auskunftsersuchen spricht, dessen Beantwortung die Subsumtion unter rechtliche Begriffe umfasst. Die systematische Auslegung im Zusammenhang mit §§ 88, 90 AO kommt zu einem ähnlichen Ergebnis. Denn § 93 Abs. 1, 2 AO dient als Beweismittelvorschrift[133] in Umsetzung des § 88 AO der Ermittlung des Sachverhaltes und damit der Ermittlung von Tatsachen[134] und nicht der Subsumtion des Sachverhaltes unter die Rechtsnorm – also der Rechtsanwendung i.S.d. § 85 AO. Mit § 93 AO als Rechtsgrundlage für ein Auskunftsersuchen ist die Rechtmäßigkeit eines Auskunftsersuchens

---

131 *Seer*, in: Tipke/Kruse, AO/FGO, § 93 AO Rn. 1 (Stand: Februar 2018).

132 *Seer*, in: Tipke/Kruse, AO/FGO, § 93 AO Rn. 22 (Stand: Februar 2018).

133 *Roser*, in: Gosch, AO/FGO, § 93 AO Rn. 1 (Stand: Oktober 2019); *Schuster*, in: Hübschmann/Hepp/Spitaler, AO/FGO, § 93 AO Rn. 2 (Stand: November 2017).

134 *Seer*, in: Tipke/Kruse, AO/FGO, Vor § 93 AO Rn. 6 (Stand: Februar 2018); *Roser*, in: Gosch, AO/FGO, § 93 AO Rn. 33 (Stand: Oktober 2019); *Schuster*, in: Hübschmann/Hepp/Spitaler, AO/FGO, § 93 AO Rn. 6 (Stand: November 2017).

jedenfalls dann zu verneinen, wenn über die eigentliche Ermittlung von Tatsachen hinaus rechtliche Würdigungen vom Beteiligten verlangt werden.[135]

2. Die Steuererklärungspflichten

Von den Auskunftspflichten zu unterscheiden sind die Steuererklärungspflichten, auch wenn diese vereinzelt als „Hauptanwendungsfall" der Auskunftspflichten bezeichnet werden.[136] Denn Auskünfte beruhen nach dem gerade gefundenen Ergebnis stets auf einem Auskunftsersuchen, das sich nur auf die Wiedergabe von Tatsachen, also Wissenserklärungen beziehen kann. Die Steuererklärung enthält aber – wie auch später noch gezeigt wird[137] – nicht nur Wissenserklärungen über Tatsachen, sondern auch Willenserklärungen in Form von Gestaltungserklärungen und in vielen Teilen auch rechtliche Subsumtionen durch den Steuerpflichtigen. Sie ist daher mehr als eine bloße Auskunft und insgesamt getrennt von den klassischen Auskunftspflichten zu behandeln.

Durch die Abgabe der Steuererklärung[138] kommt der Steuerpflichtige seiner Mitwirkungspflicht im Besteuerungsverfahren nach, indem er dort der Finanzbehörde die steuerlich erheblichen Sachverhalte mitteilt, ggf. bereits unter gesetzliche Normen und Tatbestände subsumiert und Angaben zu seinen wirtschaftlichen Verhältnissen macht. Es handelt sich dabei um eine spezielle sphärenorientierte Mitwirkungspflicht, die aus der bereits dargestellten Tatsache resultiert, dass im Regelfall nur der Beteiligte über die steuererheblichen Sachverhalte, die er verwirklicht, umfassende Auskunft erteilen kann.[139] Die §§ 149 bis 151 AO stellen als Mantelnormen Grundlagen für die Abgabe der Steuererklärung auf. Ob eine Steuererklärung oder eine Steueranmeldung abzugeben ist, ist in § 149 Abs. 1 S. 1 AO i.V.m. den jeweiligen Einzelsteuergesetzen geregelt (etwa § 25 Abs. 3 EStG, § 31 KStG i.V.m. § 25 Abs. 3 EStG, § 18 Abs. 1, 3 UStG, § 14a GewStG). § 149 AO bestimmt neben der Steuererklärungspflicht dem Grunde nach auch die Fristen, innerhalb derer die Steuererklärungen abzugeben sind. Form und Inhalt der Steuererklärung und die Art ihrer Übermittlung an die Finanzbehörde sind in den §§ 150, 151 AO ggf. i.V.m. den Regelungen in

135 Ähnlich wohl auch *Bos*, StuW 1989, 267, 273

136 *Jansen*, Das Steuerverfahren, S. 39 mit Hinweis auf *Martens*, JuS 1978, 99, 102, der die Steuererklärung durch den Steuerpflichtigen als Hauptfall der Auskunft bezeichnet.

137 Siehe 2. Teil B. VI. 1.

138 Zum Begriff und zur Rechtsnatur der Steuererklärungsvordrucke und der Steuererklärung siehe unten 2. Teil B. VI. und IX.

139 Allgemein *Seer*, in: Tipke/Kruse, AO/FGO, Vor § 149 AO Rn. 1 (Stand: April 2017).

den Einzelsteuergesetzen geregelt. Einzelheiten zur Steuererklärung und Steuererklärungspflicht sind ausführlich im nächsten Überabschnitt dargestellt.

3. *Aufzeichnungs- und Buchführungspflichten*

Besondere Mitwirkungspflichten in Form von Aufzeichnungs-, Dokumentations- und Buchführungspflichten normieren die §§ 140 bis 148 AO sowie zahlreiche Vorschriften in den Einzelsteuergesetzen (z.B. §§ 63 Abs. 3; 90 Abs. 3 AO, §§ 4 Abs. 3 S. 5; 4 Abs. 4a S. 6; 4g Abs. 4 S. 2, 3; 5a Abs. 4; 6 Abs. 2 S. 4 EStG, §§ 22, 25 Abs. 5; 25a Abs. 6; 25d Abs. 6 UStG) und konkretisieren damit ebenfalls die allgemeine Mitwirkungspflicht des Steuerpflichtigen aus § 90 AO.[140] Für die Führung von Büchern knüpft die Abgabenordnung terminologisch an das Dritte Buch des Handelsgesetzbuches an, sodass die dortige Einordnung der „Aufzeichnungen" als Oberbegriff aber auch die funktionale Abgrenzung der Bücher von den sonstigen Aufzeichnungen für das Steuerrecht mangels eigener Definition zu übernehmen sind.[141] Aufzeichnungen als Oberbegriff sind alle durch Darstellung von Worten, Zahlen, Symbolen oder Grafiken dauerhaft verkörperten Erklärungen über Geschäftsvorfalle in Schriftform oder auf Medien mit Schriftersatzfunktion.[142] Während die Buchführung eine umfassende, an den Grundsätzen ordnungsgemäßer Buchführung orientierte Aufzeichnungspflicht sämtlicher Geschäftsvorfälle darstellt, geht es bei den übrigen Aufzeichnungspflichten um die Erfassung bestimmter Arten und Gruppen von Geschäftsvorfällen,[143] bei den Dokumentationspflichten zudem um solche in einer bestimmten Form.[144] Inhalt der §§ 140 bis 148 AO mit Ausnahme des § 146b AO[145] sind Regelungen, ob und wie Bücher und Aufzeichnungen des Steuerpflichtigen zu führen sind, die durch

140 *Drüen*, in: Tipke/Kruse, AO/FGO, Vor § 140 AO Rn. 5 (Stand: September 2020).

141 Zur Einordnung siehe *Görke*, in: Hübschmann/Hepp/Spitaler, AO/FGO, Vor § 140 AO Rn. 3 (Stand: September 2008); *Drüen*, in: Tipke/Kruse, AO/FGO, Vor § 140 AO Rn. 9, 12 (Stand: September 2020).

142 *Drüen*, in: Tipke/Kruse, AO/FGO, Vor § 140 AO Rn. 10 (Stand: September 2020); *Görke*, in: Hübschmann/Hepp/Spitaler, AO/FGO, Vor § 140 AO Rn. 10 (Stand: September 2008).

143 *Mösbauer*, DB 1996, 2582, 2583.

144 *Frotscher*, in: Fortentwicklung, 167, 170 ordnet Dokumentationspflichten als Sachverhaltsvortrag in vorgeschriebener Form ein.

145 § 146b AO beinhaltet Regelung zur Kassennachschau, die ein spezielles Instrument der Steueraufsicht, analog zur Umsatzsteuernachschau nach § 27b UStG bzw. Lohnsteuernachschau nach § 42g EStG ist, siehe *Drüen*, in: Tipke/Kruse, AO/FGO, § 146b AO Rn. 2 (Stand: Februar 2018).

die besonderen Vorschriften in Einzelsteuergesetzen ergänzt werden. Dadurch soll zum einen der Steuerpflichtige präventiv in die Lage versetzt werden, seinen der Aufzeichnung nachgelagerten Steuererklärungspflichten zuverlässig nachzukommen.[146] Zum anderen ermöglichen die Bücher und Aufzeichnungen der Finanzbehörde im Rahmen einer Außenprüfung oder der Veranlagung, die Richtigkeit der Buchführung und der Steuererklärung zu überprüfen.[147] Dementsprechend sind die geführten Bücher und getätigten Aufzeichnungen im Steuerverfahren auch Beweismittel i.S.d. §§ 92, 97 AO und werden von den Finanzbehörden bei der Ermittlung des Sachverhaltes gewürdigt.

Die Führung der Bücher und der Aufzeichnungen muss den Grundsätzen ordnungsgemäßer Buchführung entsprechen, wenn gem. §§ 140, 141 AO eine Verpflichtung besteht und § 238 Abs. 1 HGB direkt oder sinngemäß anzuwenden ist.[148] § 145 Abs. 2 AO stellt in den Fällen, in denen die Aufzeichnungen oder Bücher zu führen sind, für die Art der Aufzeichnung auf den Besteuerungszweck ab, den die Aufzeichnungen erfüllen sollen. Somit sind die Voraussetzungen für formell ordnungsgemäße Bücher und Aufzeichnungen nach der jeweils verpflichtenden Norm im Einzelfall zu beurteilen.[149] Besondere Aufmerksamkeit verdient in diesem Zusammenhang noch die Regelung des § 140 AO. Nach ihr sind Bücher und Aufzeichnungen, die nach anderen Gesetzen zu führen sind, auch für die Besteuerung zu erfüllen, soweit sie für die Besteuerung von Bedeutung sind. Das birgt für den Steuerpflichtigen zunächst keinen Nachteil, denn die bereits nach anderen Gesetzen bestehenden Aufzeichnungs- und Buchführungspflichten werden nur durch eine weitere steuerliche Verpflichtung legitimiert und nicht weiter ausgeweitet. Davon zu sprechen, dass es dem Steuerpflichtigen durch § 140 AO ermöglicht werde, „zwei Fliegen mit einer Klappe zu schlagen",[150] verkennt jedoch die diesem „Vorteil" vorangegangene „Verdoppelungen" der Verpflichtungen, was namentlich dann der Fall ist, wenn

146 *Drüen*, in: Tipke/Kruse, AO/FGO, Vor § 140 AO Rn. 3 (Stand: September 2020); *Schick*, BB 1987, 133, 134, spricht auch von einer Erklärungsfunktion der Bilanz, die derjenigen der Steuererklärung ähnlich ist.

147 *Drüen*, in: Tipke/Kruse, AO/FGO, Vor § 140 AO Rn. 3 (Stand: September 2020); *Görke*, in: Hübschmann/Hepp/Spitaler, AO/FGO, § 146 AO Rn. 3 (Stand: Juni 2015); *Martin*, BB 1986, 1021, 1027 f.; dazu auch im folgenden Satz.

148 Siehe *Drüen*, in: Tipke/Kruse, AO/FGO, § 146 AO Rn. 63 f (Stand: April 2018).

149 So auch *Jansen*, Das Steuerverfahren, S. 43 f.

150 So *Drüen*, in: Tipke/Kruse, AO/FGO, § 146 AO Rn. 1 (Stand: April 2018).

die Aufzeichnungen nach den Steuergesetzen nicht anzufertigen gewesen wären oder für steuerliche Zwecke modifiziert werden müssen.[151]

4. *Nachweispflichten*

Nachweispflichten sind von den Aufzeichnungspflichten zu differenzieren. Die Unterscheidung kann dabei einmal mit Blick auf die Funktion und einmal mit Blick auf die inhaltlichen Anforderungen erfolgen.[152] Stellt man auf die Funktion ab, so sollen Nachweispflichten nicht bloß der Überprüfung eines Sachverhaltes durch die Finanzbehörde dienen und den Steuerpflichtigen in die Lage versetzen, seinen übrigen Mitwirkungspflichten nachzukommen, sondern sie sind notwendig, um eine bestimmte steuerliche, im Regelfall steuermindernde Rechtsfolge herbeizuführen.[153] Stellt man auf die inhaltlichen Unterschiede ab, unterscheiden sich Nachweispflichten von den Aufzeichnungspflichten dadurch,

---

151 Ein anderes Problem sind *Zirkelnormen*, die außerhalb des Steuerrechts Aufzeichnungspflichten begründen und dabei wiederum inhaltlich ungenau auf das Steuerrecht verweisen. Als Beispiel sei § 12 Abs. 2 Nr. 4 SpielV genannt, der fordert, dass Glücksspielgeräte für ihre Zulassung die Möglichkeit bieten müssen, sämtliche Einsätze, Gewinne und Kasseninhalte *für steuerliche Erhebungen* zu dokumentieren. Unabhängig von der Frage, ob durch die § 12 Abs. 2 Nr. 4 SpielV die Verordnungsbefugnis des § 33f GewO überschritten wird (siehe dazu *Odenthal*, ZfWG 2006, 286, 291 und *Hahn*, GewArch 2007, 89, 92), bleibt undeutlich, ob hierdurch letztlich (nur) die Umsetzung der bereits bestehenden steuerlichen Buchführungs- und Aufzeichnungspflichten bei der Verwendung von Glücksspielautomaten sichergestellt werden soll oder ob nicht vielmehr eine eigenständige Regelung geschaffen wird, die wiederum über § 140 AO auch steuerrechtlich Bedeutung erlangt und sich damit selbst legitimiert. Denn der Begriff der „steuerlichen Erhebung“ taucht im Bereich der Abgabenordnung nicht im Zusammenhang mit den Aufzeichnungspflichten auf und ein klarstellender Normenverweis wäre ohne Weiteres möglich gewesen.

152 *Nierhaus*, Beweismaß und Beweislast, S. 301 f., sieht die hier separat behandelten Aufzeichnungspflichten der grundlegenden Aufteilung und Einordnung von *Martens*, JuS 1978, 99, 103, folgend als besondere Nachweispflichten an und differenziert dort innerhalb der besonderen Nachweispflichten zwischen (selbst) herzustellenden und der Vorlage bereits bestehender (fremden) Unterlagen. Nach *Nierhaus* hätten die hier nach Aufzeichnungs- und Nachweispflichten abgegrenzten Pflichten gemeinsam, dass sie die Mitwirkung des Beteiligten bei der Ermittlung des Sachverhaltes im Blick hätten. Das überzeugt als Abgrenzungskriterium nicht und führt, wie *Jansen*, Das Steuerverfahren, S. 43-45 dort Fn. 145 und 156, zutreffend darlegt, zu dogmatischen Abgrenzungsschwierigkeiten.

153 *Martin*, BB 1986, 1021, 1027 f.

dass erstere über eine bloße Darstellung des Sachverhaltes hinausgehen und Beweise fordern, die nicht der Sphäre des Steuerpflichtigen entstammen.[154] Nachweispflichten lassen sich in allgemeine Nachweispflichten und besondere Nachweispflichten unterteilen, wobei das Differenzierungsmerkmal die Art des Nachweises ist: Während allgemeine Nachweispflichten den Nachweis von rechtserheblichen Tatsachen umfassen, ohne dabei ein bestimmtes Beweismittel vorzuschreiben,[155] fordern die besonderen Nachweispflichten einen durch ein bestimmtes Beweismittel gekennzeichneten Nachweis einer rechtserheblichen Tatsache.[156] Ob eine Norm, die im Wortlaut einen „Nachweis" fordert, auch tatsächlich eine Nachweispflicht ist, ist durch Auslegung zu ermitteln, wobei insbesondere eine Würdigung des Inhaltes und der Rechtsfolgen im Einzelfall stattzufinden hat.[157] Umgekehrt kann sich durch Auslegung auch eine Nachweispflicht ergeben, die nicht im Wortlaut angelegt ist.[158] Nachweispflichten finden sich sowohl in der Abgabenordnung[159], als auch in den Einzelsteuergesetzen[160].

---

154 *Jansen*, Das Steuerverfahren, S. 45; *Frotscher*, in: Fortentwicklung, 167, 229, grenzt auf diese Weise auch die vom Begriff der Aufzeichnungspflichten umfassten Dokumentationspflichten von den Nachweispflichten ab („Die Dokumentation ist Darlegung des Sachverhaltes *aus der Sicht des Steuerpflichtigen.*" [Hervorhebung durch den Verf.]).

155 *Nierhaus*, Beweismaß und Beweislast, S. 301; *Jansen*, Das Steuerverfahren, S. 44.

156 *Nierhaus*, Beweismaß und Beweislast, S. 299; *Jansen*, Das Steuerverfahren, S. 46.

157 *Seer*, in: Tipke/Kruse, AO/FGO, § 96 FGO Rn. 82 (Stand: August 2018); *Jansen*, Das Steuerverfahren, S. 44 f.; letzterer auch zu Fällen, in denen zwar nach dem Wortlaut keine Nachweispflicht vorliegt, eine solche Rechtsfolge aber dennoch aus der Auslegung gewonnen wird.

158 Vgl. auch *Jansen*, Das Steuerverfahren, S. 45.

159 Z.B. §§ 90 Abs. 2; 159; 160 AO; zur Einordnung von § 160 AO als Beweisvorschrift kritisch *Tipke*, GS Trzaskalik, 121, 128-132, der § 160 AO als überflüssig ansieht, wenn man sie als Beweisnorm interpretieren würde, da bereits nach den allgemeinen Beweisvorschriften ein Abzug ausscheide (S. 128-130, 132). Als Haftungsnorm passe die Rechtsfolge nicht, die Steuerschuld und Haftungsschuld untrennbar miteinander vermische (S. 130). Die auf dem Einkommen eines Unbekannten basierende Haftungshöhe ließe sich außerdem nicht zuverlässig feststellen (S. 131 f.). *Krumm*, in: Tipke/Kruse, AO/FGO, § 160 AO Rn. 2 (Stand: September 2020), führt an, dass nach den allgemeinen Vorschriften keine umfassende Pflicht zur Beweisvorsorge bestehe und § 160 AO damit die Arbeit der Finanzbehörde gerade in Verdachtsfällen von unlauterem Geschäftsgebaren erleichtere.

160 §§ 4 Abs. 5 S. 1 Nr. 2 S. 2, 3; 6 Abs. 2 S. 4, 5; 7h Abs. 2; 7i Abs. 2; 7k Abs. 2 Nr. 5; 10c S. 1 EStG; §§ 4 Nr. 3, 5, 7; 4a Abs. 1 Nr. 7; 6 Abs. 4; 7 Abs. 4; 8 Abs. 3; 9 Abs. 2 S. 2; 25 Abs. 2 S. 2, 3 UStG; §§ 8 ff. UStDV; § 21 Abs. 3 ErbStG; § 13 KraftStG.

5. *Anzeige- und Berichtigungspflicht nach § 153 AO*

Die Pflicht nach § 153 Abs. 1 Nr. 1 AO[161] ergänzt das in den §§ 90, 149, 150 AO[162] enthaltene Vollständigkeits- und Wahrheitsgebot[163] um eine Anzeige- und Berichtigungspflicht für die Fälle, in denen der Steuerpflichtige vor Ablauf der Festsetzungsfrist erkennt, dass eine von ihm oder für ihn abgegebene Erklärung unrichtig oder unvollständig ist und es dadurch zu einer Verkürzung von Steuern kommen kann oder gekommen ist. Es handelt sich zwar um eine selbstständige Mitwirkungspflicht, deren Verletzung allein Anknüpfungspunkt für Sanktionen sein kann.[164] Gleichwohl ist sie als Annex zu solchen Mitwirkungspflichten zu sehen, bei denen gegenüber der Finanzbehörde Angaben gemacht werden. Die als unrichtig oder unvollständig erkannten Angaben müssen nicht notwendigerweise in der Steuererklärung gemacht worden sein; es reicht aus, dass es sich um Auskünfte und sonstige Angaben des Steuerpflichtigen gegenüber der Finanzbehörde handelt.[165] Der Steuerpflichtige kommt seiner Pflicht aus § 153 Abs. 1 Nr. 1 AO nach, indem er den Fehler der Finanzbehörde anzeigt und seine Angaben richtigstellt. Die Pflicht gilt nicht nur für den Steuerpflichtigen, der selbst Angaben macht, sondern gilt gem. § 153 Abs. 1 S. 2 AO auch für Gesamtrechtsnachfolger sowie die nach den §§ 34, 35 AO für den Gesamtrechtsnachfolger oder den Steuerpflichtigen Handelnden.[166]

6. *Anzeigepflichten nach §§ 137 ff. AO und den Einzelsteuergesetzen*

Die Anzeigepflichten in der Abgabenordnung und in den Einzelsteuergesetzen dienen der Erfassung von Steuerpflichtigen und steuerrelevanten Sachverhalten. Sie sind Informationsquelle der Finanzverwaltung und unterstützen die gleichmäßige Besteuerung i.S.d. § 85 AO, Art. 3 Abs. 1 GG als Vorstufe zu einem

161 § 153 Abs. 1 Nr. 2 AO wird für die Bearbeitung als Problematik eines Spezialgebietes außer Acht gelassen und hat in der Praxis nur noch für § 17 TabStG und §§ 13 Abs. 2, 22 RennwLottG Bedeutung.

162 *Seer*, in Tipke/Kruse, AO/FGO, § 153 AO Rn. 1 (Stand: Oktober 2016); *Schindler*, in: Gosch, AO/FGO, § 153 AO Rn. 1 (Stand: Juni 2016); *Heuermann*, in: Hübschmann/Hepp/Spitaler, AO/FGO, § 153 AO Rn. 1a (Stand: April 2014).

163 Siehe dazu mit Bezug auf die Steuererklärung noch unten 2. Teil B. IX. 2. a.

164 *Schindler*, in: Gosch, AO/FGO, § 153 AO Rn. 5, 35 (Stand: Juni 2016).

165 *Seer*, in Tipke/Kruse, AO/FGO, § 153 AO Rn. 10 (Stand: Oktober 2016); *Heuermann*, in: Hübschmann/Hepp/Spitaler, AO/FGO, § 153 AO Rn. 1a (Stand: April 2014).

166 Siehe zum Anwendungsbereich des § 153 AO noch unten 2. Teil B. VI. 2. c. ff.

nachfolgenden Festsetzungsverfahren.[167] Zu unterscheiden sind Fälle, in denen den Steuerpflichtigen in eigener Sache eine Anzeigepflicht trifft, und solche Fälle, in denen Dritte den Steuerpflichtigen betreffende Daten in Erfüllung ihrer eigenen Anzeigepflichten übermitteln.[168] Die in der Abgabenordnung geregelten Anzeigepflichten befinden sich in den §§ 137 ff. AO. Die §§ 137, 138, 139 AO verpflichten jeweils den Steuerpflichtigen bzw. das Unternehmen, z.B. die Aufnahme, Einstellung und Verlegung wirtschaftlicher Tätigkeiten anzuzeigen. In Reaktion auf die sog. Panama-Papers bestehen mit Wirkung vom 25.6.2017 gem. § 138 Abs. 2 AO Anzeigepflichten bei grenzüberschreitender wirtschaftlicher Tätigkeit durch Auslandsinvestitionen, die ebenfalls von dem Steuerpflichtigen anzuzeigen sind. § 138a AO verpflichtet Unternehmen zu einem umfassenden länderbezogenen Bericht, wenn der Konzernabschluss mindestens ein ausländisches Unternehmen umfasst und gewisse Umsatzgrenzen überschritten sind, und soll speziell eine Einschätzung steuerlicher Verrechnungspreisrisiken ermöglichen.[169] §§ 138b Abs. 1, 138d Abs. 1 AO verpflichten demgegenüber – jedenfalls nach dem Grundgedanken[170] – nicht den Steuerpflichtigen, sondern Dritte, nämlich mitteilungspflichtige Stellen bzw. Intermediäre[171]. Im Fall des § 138b AO sind Gegenstand der Mitteilung von der mitteilungspflichtigen Stelle hergestellte oder vermittelte Beziehungen von inländischen Steuerpflichten zu Drittstaat-Gesellschaften i.S.d. § 138 Abs. 3 AO.[172] Die zum 1.1.2020 in Kraft

167 *Seer*, in: Tipke/Lang, Steuerrecht, Rn. 21.175; *Eisele*, in: Kapp/Ebeling, ErbStG (Stand: März 2019), § 30 Rn. 1.

168 In letzterem Fall werden die die übermittelten Daten auch als Kontrollmitteilungen bezeichnet und damit die gleichheitssichernde Funktion im Verifikationsverfahren herausgestellt, siehe *Humm*, Kontrollmitteilungen, S. 54-57.

169 BT Drucks. 18/9536 S. 16; zur systematischen Einordnung der Verpflichtung bei den Anzeigepflichten siehe *Kraft/Heider*, DStR 2017, 1353, 1354.

170 §§ 138g, 138d Abs. 6 AO sehen Ausnahmen vor, dass in den Fällen des § 138d AO nicht der Intermediär, sondern der „Nutzer" i.S.d. § 138 Abs. 5 AO der grenzüberschreitenden Steuergestaltung zur Anzeige verpflichtet ist. § 138f Abs. 6 AO schreibt ein zweitstufiges Übermittlungsverfahren im Fall, dass der Intermediär einer (im Regelfall!) berufsrechtlichen Verschwiegenheitspflicht unterfällt vor: Der Intermediär übermittelt die Daten zum Intermediär und anonym zur grenzüberschreitenden Steuergestaltung und der Nutzer im Anschluss die spezifischen Nutzerdaten, siehe *Polatzky/Schäfer*, StuB 2019, 915, 917.

171 Siehe zum Begriff der Intermediäre i.S.d. § 138d Abs. 1 AO *Polatzky/Schäfer*, StuB 2019, 915, 916 f., und *Brandis*, in: Tipke/Kruse, AO/FGO, Vor § 138d AO Rn. 5-7 (Stand: Oktober 2019).

172 *Brandis*, in: Tipke/Kruse, AO/FGO, § 138b AO Rn. 6 (Stand: August 2018).

getretene Anzeigepflicht für grenzüberschreitende Sachverhalte i.S.d. § 138d AO setzt im Kern die EU-Amtshilferichtlinie (DAC 6)[173] um[174] und soll eine Informationsasymmetrie zulasten der Finanzverwaltungen beseitigen und eine höhere Transparenz internationaler Geschäftstätigkeiten schaffen.[175] Sie wird flankiert von einer Deklarationspflicht des Nutzers, also des Steuerpflichtigen, der gem. § 138k S. 1 AO in der Steuererklärung anzugeben hat, ob er eine grenzüberschreitende Steuergestaltung verwirklicht.

Aus den Einzelsteuergesetzen seien exemplarisch die Anzeigepflichten nach §§ 30, 33, 34 ErbStG genannt. § 30 Abs. 1 ErbStG, auf den noch später bei der Frage der Rechtsnatur der Steuererklärungsformulare eingegangen wird,[176] verpflichtet den Erwerber von Vermögen dazu, jeden der Erbschaftsteuer unterliegenden Erwerb anzuzeigen, damit die Informationslage der Finanzbehörde sich so darstellt, dass diese ggf. eine Steuererklärung gem. § 31 ErbStG anfordern kann. Im Fall des § 30 Abs. 1 ErbStG sind der zur Anzeige Verpflichtete und der Steuerpflichtige identisch. §§ 33, 34 ErbStG i.V.m. §§ 1 bis 3 ErbStDV bzw. §§ 4 bis 11 ErbStDV verpflichten private Vermögensverwalter und staatliche Stellen dazu, Anzeigen zu erstatten. Durch diese Vorschriften sollen möglichst alle erbschaft- und schenkungsteuerlichen Fälle der Finanzbehörde bekannt werden, sodass sich ihr Zweck mit den übrigen Anzeigepflichten deckt.[177]

B. Steuererklärung und Steueranmeldung als Bestandteil des Steuerverfahrens

I. Der Begriff der Steuererklärung

1. Aufgliederung des Begriffes

Die gängige Definition der Steuererklärung besagt, dass es sich dabei um eine formalisierte, aus einem Bündel von Auskünften bestehende, den gesamten Steuertatbestand erfassende Erklärung über steuerrechtlich erhebliche Vorgänge oder Zustände handelt, die dem Finanzamt die Festsetzung einer Steuer oder die Feststellung von Besteuerungsgrundlagen ermöglichen soll und in der Regel

173 Richtlinie 2018/822/EU v. 25.5.2018, EU-Abl. v. 5.6.2018.

174 Siehe die Nachzeichnung der Entwicklung bei *Brandis*, in: Tipke/Kruse, AO/FGO, Vor § 138d AO Rn. 1-3 (Stand: Oktober 2019).

175 *Ditz/Engelen*, DStR 2019, 352, 352 f.

176 Siehe unten 2. Teil B. V. 6. a. bb.

177 *Geck*, in: Kapp/Ebeling, ErbStG, § 34 Rn. 2 (Stand: Oktober 2019); *ders.*, in: Kapp/Ebeling, ErbStG, § 33 Rn. 1 (Stand: Oktober 2019).

zum Erlass eines Steuerbescheides führt.[178] Es lassen sich bei genauer Betrachtung mehrere Bestandteile voneinander unterscheiden, die die Steuererklärung ermöglichen bzw. ausmachen und im Folgenden nach einer funktionellen Einordnung der Steuererklärung (II.) und Darstellung der elektronischen Steuererklärung (III.) näher zu beleuchten sind.

Die von dem Bürger erstellte Steuererklärung basiert grundsätzlich auf einem amtlich vorgegebenen Steuererklärungsvordruck oder amtlich vorgegebenem Steuererklärungsformular. Das Steuererklärungsformular ist hierbei der Oberbegriff für Formulare auf Papier und solche am Bildschirm[179] und wird in dieser Untersuchung stellvertretend für beide Formulararten verwendet, soweit nicht ausdrücklich auf Steuererklärungsvordrucke rekurriert wird. Optisch unterscheiden sich die Steuererklärungsvordrucke und ihre digitalen Pendants kaum voneinander. Bezüglich der Steuererklärungsformulare ist fraglich, wer für die Erstellung dieser Formulare zuständig ist (IV.), welche Rechtsnatur diese Steuererklärungsformulare haben (V.) und welcher Inhalt für sie gesetzlich vorgeschrieben ist (VI.). Der rechtliche Begriff der „Erklärung" setzt eine Übermittlung des Erklärten voraus, woran sich die Frage anschließt, wie die Steuererklärung von dem Erklärenden an die Finanzbehörde zu übermitteln ist (VII.). Zuletzt ist die Steuererklärung eine Handlung des Steuerpflichtigen gegenüber der Finanzbehörde, deren Rechtsnatur und Inhalt darzustellen sind (IX.).

2. Den Steuererklärungen gleichgestellte Erklärungen

Neben den ausdrücklich in den Steuergesetzen als solche bezeichneten Steuererklärungen, die in die Festsetzung einer Steuer münden, sieht die Abgabenordnung noch Erklärungen zur gesonderten (und einheitlichen) Feststellung vor, § 181 Abs. 2 AO. Diese Erklärungen führen nicht unmittelbar zur Festsetzung einer Steuer gegenüber dem Steuerpflichtigen, sondern dienen gem. § 179 Abs. 1 AO der gesonderten Feststellung von Besteuerungsgrundlagen in einem von § 157 Abs. 2 AO abweichenden Verfahren. Grundsätzlich erfolgt nämlich die Feststellung der Besteuerungsgrundlagen gem. § 157 Abs. 2 AO im Steuerfestsetzungsverfahren in einem mit Rechtsbehelfen nicht selbstständig anfechtbaren Teil des Steuerbescheides, sodass beide Elemente eine verfahrensrechtliche

---

178 BFH v. 22.5.2006, VI R 49/04, BStBl. II 2006, 808 Rn. 105; *Seer*, in: Tipke/Kruse, AO/FGO, § 150 AO Rn. 5 (Stand: April 2017); *Heuermann*, in: Hübschmann/Hepp/Spitaler, AO/FGO, Vor § 149 AO Rn. 3 (Stand: April 2014); *Schindler*, in: Gosch, AO/FGO, § 150 AO Rn. 8 (Stand: Juni 2017).

179 Vgl. auch *Seer*, in: Tipke/Kruse, AO/FGO, § 150 AO Rn. 1 (Stand: April 2017).

Einheit bilden.[180] Die Fälle, in denen eine Durchbrechung dieser verfahrensrechtlichen Einheit und damit eine gesonderte Feststellung der Besteuerungsgrundlagen erfolgt, sind die in § 179 Abs. 1 AO normierten. Umfasst sind vor allem die im Bereich der Ertragsteuern häufig durchgeführten gesonderten (und einheitlichen) Feststellungen von Besteuerungsgrundlagen gem. § 180 Abs. 1 Nr. 2 lit. a und b AO. Dies sind Fälle der Beteiligung von mehreren Steuerpflichtigen an einkommen- oder körperschaftsteuerpflichtigen Einkünften und die Fälle, in denen bei einem einzelnen Steuerpflichtigen das Wohnsitzfinanzamt und das für die land- und forstwirtschaftlichen, gewerblichen oder freiberuflichen Einkünfte zuständige Finanzamt zum Ende des jeweiligen Gewinnermittlungszeitraumes auseinanderfallen. Nach dem Wortlaut des § 181 Abs. 1 S. 2 AO ist die Erklärung zur gesonderten (und einheitlichen) Feststellung Steuererklärung i.S.d. § 170 Abs. 2 S. 1 Nr. 1 AO, sodass die Vorschriften der §§ 149, 150 AO Anwendung finden[181] und auch die in dieser Untersuchung zur Steuererklärung getroffenen Aussagen auf die Erklärung zur gesonderten (und einheitlichen) Feststellung übertragen werden können. Durch Rechtsverordnung können gem. § 180 Abs. 2 AO noch andere Sachverhalte der gesonderten und ggf. einheitlichen Feststellung unterworfen werden, wovon mit der Verordnung über die gesonderte Feststellung von Besteuerungsgrundlagen nach § 180 Abs. 2 der Abgabenordnung[182] auch Gebrauch gemacht worden ist.

Gesetzlich vorgeschriebene Zerlegungserklärungen und Verkehrsteueranzeigen sind wie auch die Steueranmeldung (§§ 167, 168 AO) als Steuererklärung im hier behandelten Sinne zu betrachten. Andere Anzeigen oder sonstige Mitteilungen des Steuerpflichtigen gegenüber der Finanzbehörde stellen dagegen keine Steuererklärung dar. Dies gilt auch dann, wenn diese Mitteilungen im äußeren Erscheinungsbild einer Steuererklärung ähneln oder gar als Steuererklärung bezeichnet werden.

---

180 Die Besteuerungsgrundlagen i.S.d. § 157 Abs. 2 AO stellen eine „qualifizierte" Form der Begründung des Verwaltungsaktes dar, siehe BFH v. 9.12.1987, I R 1/85, BStBl. II 1988, 463 Rn. 16; siehe zur Frage der Fähigkeit zur selbstständigen Bestandskraft unten Fn. 1741.

181 *Söhn*, in: Hübschmann/Hepp/Spitaler, AO/FGO, § 181 AO Rn. 40 (Stand: November 2018).

182 BGBl. I 1986, 2663, letztmalige Änderung durch BGBl. I 2016, 1722.

II. Die Funktion der Steuererklärung

1. Unterschiede zwischen Steuererklärung und Steueranmeldung?

Im Zusammenhang mit der Modernisierung des Besteuerungsverfahrens, das vollautomatisierte Steuerbescheide zulässt, ist ein Vergleich mit der Steueranmeldung häufig nicht fern.[183] Daher soll mit Blick auf die Funktion der Steuererklärung im Besteuerungsverfahren zunächst untersucht werden, ob und inwieweit Unterschiede zwischen der Steuererklärung und der Steueranmeldung bestehen.

Zunächst ist zu konstatieren, dass, obwohl sich über Jahrzehnte bestimmte Steuerarten als „Anmeldesteuern" etabliert haben und andere Steuerarten klassische „Erklärungssteuern" geblieben sind, die Aufteilung von Steueranmeldung und Steuererklärung auf die unterschiedlichen Steuerarten nicht unveränderbar festgeschrieben, sondern Ausdruck gesetzgeberischer Gestaltung im jeweiligen materiellen Steuerrecht ist. Bei Einführung der Steueranmeldung in die Abgabenordnung 1977 hatte der Gesetzgeber eine Anwendung derselben auf die Ertragsteuern explizit für möglich gehalten.[184] Faktisch sind die Ertragsteuern aber bis heute – mit Ausnahme der (ggf. abgeltenden) Quellensteuern – als „Erklärungssteuern" ausgestaltet.

Steuererklärung und Steueranmeldung führen zu variierenden Arbeitsabläufen innerhalb der Finanzbehörde. Technisch erfolgt die Bearbeitung einer Steuererklärung in der Finanzbehörde wie folgt:[185] Die Angaben in der Steuererklärung werden nach Eingang bei der Finanzbehörde zunächst ausgelesen und – soweit keine elektronische Übermittlung der Daten erfolgt ist – zu elektronisch bearbeitbaren Daten umgewandelt; die jeweiligen Angaben des Steuerpflichtigen werden also verschiedenen Kennziffern in der Programmierung des finanzbehördlichen Steuerfestsetzungsprogrammes zugeordnet. Daraufhin folgt die Bearbeitung der Steuererklärung innerhalb der Finanzbehörde. Im Rahmen dieser Bearbeitung findet eine Prüfung der Angaben in der Steuererklärung durch einen maschinellen Prüffilter, ein sog. Risikomanagementsystem,[186] statt und es wird – ggf. nach der Klärung von offengebliebenen Fragen durch

183 Siehe etwa *P. Kirchhof*, DStR 2018, 497, 503, oder *Wernthaler*, Korrektur im digitalisierten Besteuerungsverfahren, S. 230.

184 BT-Drucks. VI/1982, S. 94 f.

185 Siehe zu dem Bearbeitungsvorgang unter Einbeziehung der Risikomanagementsysteme am Beispiel der Arbeitnehmerfälle im Finanzamt das Schaubild bei *E. Schmidt*, DStJG 31 (2008), 37, 49.

186 Siehe unten 4. Teil C. II. 2. bis 5.

den Veranlagungsbezirk – nach abschließender Zeichnung des Falls ein Steuerbescheid erzeugt, der dem Steuerpflichtigen übermittelt wird und in dem die Steuer gegenüber ihm durch Verwaltungsakt festgesetzt wird.[187]

Eine Steueranmeldung ist demgegenüber gem. § 150 Abs. 1 S. 3 AO eine Steuererklärung, in welcher der Steuerpflichtige neben der Erklärung der Besteuerungsgrundlagen seine Steuer zusätzlich selbst berechnen muss. Die Steueranmeldung besteht folglich aus zwei Bestandteilen: einem der Steuererklärung vergleichbaren Teil, in dem die Besteuerungsgrundlagen erklärt werden und einem Teil, in dem die Steuer durch den Steuerpflichtigen berechnet wird.[188] Aufgrund der Ergänzung im Vergleich zur Steuererklärung ergeben sich Änderungen im Ablauf des Steuerfestsetzungs- und -vollzugsverfahrens:[189] Während die Festsetzung der Steuer bei Abgabe einer Steuererklärung stets durch die Finanzbehörde erfolgt, die Steuererklärung also noch dem Teil des steuerlichen Ermittlungsverfahrens[190] und damit der Ausforschung des Sachverhaltes zugeordnet werden kann, dem die Festsetzung der Steuer durch Steuerbescheid nachgeht, steht die Steueranmeldung bei Anmeldung eines „Schwarzbetrages"[191] gem. § 168 S. 1 AO einer Steuerfestsetzung unter Vorbehalt der Nachprüfung ohne weiteres Tätigwerden der Finanzbehörde gleich: Zutreffend ist es daher, eine Steueranmeldung des Bürgers als einen gegen sich selbst erlassenen Steuerbescheid zu verstehen.[192] Es handelt sich somit bei der Steueranmeldung um

187 Siehe Einzelheiten zum Bearbeitungsvorgang in den Ergänzungsbestimmungen zur FAGO Nordrhein-Westfalen (EB FAGO) 2.1.2.4.7 (abgedruckt bei *Sediqi*, Der Untersuchungsgrundsatz im Lichte des § 88 AO n.F., Anhang) und zum Zeichnungsrecht EB FAGO 4.3.3.2.3.

188 *Seer*, in: Tipke/Kruse, AO/FGO, Vor § 149 AO Rn. 6 (Stand: April 2017).

189 Siehe auch hier das Schaubild zum Bearbeitungsvorgang unter Einbeziehung der Risikomanagement- und Prüfsysteme am Beispiel der Umsatzsteuervoranmeldung bei *E. Schmidt*, DStJG 31 (2008), 37, 51; die im Schaubild bei *E. Schmidt* abgedruckten Prüfsysteme NEPTUN und NEPOMUK zur Identifizierung von Umsatzsteuerkarussellgeschäften und anderen Umsatzsteuerbetrugsfällen sind mittlerweile eingestellt, siehe *Maier*, JZ 2016, 614, 616.

190 *Seer*, in: Tipke/Lang, Steuerrecht, Rn. 21.151.

191 Schwarzbetrag bedeutet, dass die Steueranmeldung zu einem Nachzahlungsbetrag seitens des Steuerpflichtigen führt.

192 Siehe *Seer*, Rechtsvergleich USA-Deutschland, Rn. 29, 44, 48; *Drüen*, Indienstnahme, S. 253 und dort auch Fn. 593, in der *Drüen* zutreffend feststellt, dass sich dies auf Steueranmeldungen des Steuerschuldners (z.B. Umsatzsteuer) und auch die Abzugssteuern (z.B. Lohnsteuer und Kapitalertragsteuer) erstreckt.

eine Form der Selbstveranlagung.[193] Der Steuerpflichtige hat ohne weitere Mitteilungen, Erinnerungen oder Verwaltungsakte von Seiten der Finanzbehörde die – ebenfalls in der Steueranmeldung angegebenen – Steuerbeträge fristgerecht zu zahlen. Damit erfüllt der Steuerpflichtige mit Abgabe einer Steueranmeldung auch Aufgaben des Festsetzungsverfahrens.[194] Insbesondere ist das sonst für die Vollstreckung gem. § 254 Abs. 1 S. 1 AO notwendige Leistungsgebot im Falle einer Steueranmeldung gem. § 254 Abs. 1 S. 4 AO nicht erforderlich. Die Steueranmeldung ist damit ein Instrument, das der verfahrensrechtlichen Verwirklichung des selbstregulierten Steuervollzugs innerhalb der „Steuerverwaltungskooperation"[195] dient.[196] Die Prüfung der Angaben in der Steueranmeldung durch die Finanzbehörde erfolgt in den Fällen des § 168 S. 1 AO grundsätzlich[197] nachgelagert zur (fingierten) Steuerfestsetzung – mindestens durch ein computerbasiertes Prüfsystem, das Hinweise und Vorschläge erzeugt und in dieser Untersuchung unter den Begriff des Risikomanagementsystems gefasst wird.[198] Unplausible Angaben und sich ggf. nach Rückfragen durch die Finanzbehörde ergebender Änderungsbedarf können aufgrund der bestehenden Vorbehaltsfestsetzung ohne verfahrensrechtliche Hindernisse innerhalb der Festsetzungsfrist korrigiert werden.[199] Soweit in den Fällen der Umsatzsteuer Voranmeldungszeiträume in eine Jahresanmeldung eingehen, ist auch denkbar, die Überprüfung bis zur Jahresveranlagung zurückzustellen[200] oder eine Umsatzsteuersonderprüfung mit der unterjährigen Prüfung zu beauftragen. Die nach einer internen Überprüfung oder Überprüfung vor Ort ggf. notwendige

193 *Seer*, in: Tipke/Lang, Steuerrecht, Rn. 21.187; *Becker/Riewald/Koch*, RAO II, § 166 RAO Anm. 6 Abs. 1, bezeichnen die Bezeichnung „Selbstveranlagung" ohne weitere Begründung als falsch.

194 *Seer*, StuW 2015, 315, 321.

195 *Drüen*, Indienstnahme, S. 253.

196 *Seer*, DStZ 2016, 605, 607.

197 Ausnahmen gelten sicherlich im Bereich der Lohnsteueranmeldung, in denen eine Überprüfung nur in eingeschränktem Umfang erfolgt.

198 *Landesrechnungshof NRW*, Jahresbericht 2016, S. 186-188; EB FAGO 2.1.2.8; siehe auch *Seer*, FR 2004, 1037, 1045; zu den Risikomanagementsystemen siehe auch noch unten 4. Teil C. II. 2. bis 5.

199 Bei einer Voranmeldung kann die Auswertung der Prüfung und ggf. die Anfrage beim Steuerpflichtigen auch bis zur Jahresveranlagung geschoben werden, ohne dass dies jedoch etwas an der getroffenen Aussage ändert.

200 *Drüen*, Indienstnahme, S. 255 f., der dort in Fn. 25 auf das Urteil des BFH v. 19.12.1964, V 78/61 hinweist.

Korrekturfestsetzung ist Steuerfestsetzung und gem. § 167 Abs. 1 S. 1 1. Alt. AO ein Fall, in dem trotz Steueranmeldung eine hoheitliche Steuerfestsetzung durch die Finanzbehörde ergeht.[201] Sollte bei der Steueranmeldung ein Erstattungsbetrag („Rotbetrag“) zustande kommen, schreiben § 168 S. 2, 3 AO eine formlose – auch konkludente[202] – Zustimmung der Finanzbehörde vor, bevor die Steueranmeldung einer Steuerfestsetzung gleichsteht. Diese wird in bestimmten Fallkonstellationen allgemein erteilt, bei höheren Erstattungsbeträgen ist eine personelle Zustimmung vorgesehen.[203] Bis auf die Zustimmung der Finanzbehörde ergeben sich aber keine Unterschiede zu einer Steueranmeldung mit „Schwarzbetrag“. Die Prüfung der Angaben in der Steueranmeldung kann in diesen Fällen vor der ggf. automatisiert erteilten Zustimmung oder vergleichbar mit der Steueranmeldung mit „Schwarzbetrag“ nach der Zustimmung erfolgen.[204] Kommt der Steuerpflichtige seinen Anmeldungspflichten nicht nach, setzt die Finanzbehörde – durch Steuerbescheid – gem. § 167 Abs. 1 S. 2 2. Alt. AO die Steuer fest.

Zusammengefasst lässt sich somit feststellen: Sowohl bei der Steuererklärung als auch bei der Steueranmeldung finden Überprüfungen der Angaben des Steuerpflichtigen statt. Verfahrensrechtlich ist bei der Steuererklärung eine Steuerfestsetzung durch Steuerbescheid zwingend erforderlich, wohingegen bei der Steueranmeldung mit Eingang bei der Finanzbehörde bzw. Zustimmung zur Erstattung eine Steuerfestsetzung fingiert wird und nur bei einer Abweichung von der Steueranmeldung durch die Finanzbehörde eine Steuerfestsetzung durch „echten“ Verwaltungsakt erfolgt.

Mit dem Gesetz zur Modernisierung des Besteuerungsverfahrens wurde in § 155 Abs. 4 AO die Möglichkeit einer vollständig automationsgestützten Steuerfestsetzung eingefügt, die es der Finanzverwaltung rechtlich ermöglicht, ohne den Einsatz personeller Ressourcen einen vollautomatischen Steuerbescheid anhand der vorhandenen und vom Steuerpflichtigen übermittelten Daten zu erlassen.[205] Es wäre damit im Idealfall möglich, dass der Steuerpflichtige innerhalb weniger Sekunden, nachdem er seine Steuererklärung der Finanzbehörde

---

201 *Drüen*, Indienstnahme, S. 255, spricht in den Fällen des § 167 Abs. 1 S. 1 AO davon, dass die Finanzbehörde eine aus der staatlichen Gewährleistungsfunktion resultierende „Reservefunktion“ einnimmt.

202 Siehe dazu *Seer*, in: Tipke/Kruse, AO/FGO, § 168 AO Rn. 5 f. (Stand: Mai 2014).

203 *Landesrechnungshof NRW*, Jahresbericht 2016, S. 187; siehe auch EB FAGO 2.1.2.8.

204 *Landesrechnungshof NRW*, Jahresbericht 2016, S. 187 f.

205 Im Einzelnen sowie zu den Ausnahmen und Besonderheiten siehe *Seer*, in: Tipke/Kruse, AO/FGO, § 155 AO Rn. 43-47 (Stand: April 2017).

auf elektronischem Weg übermittelt hat, bereits einen gem. §§ 87a Abs. 1; 122a Abs. 1 AO übermittelten – wegen §§ 122 Abs. 2a; 122a Abs. 4 S. 1 AO aber erst drei Tage nach Bereitstellung oder Absendung bekannt gegebenen – und damit gem. § 124 Abs. 1 AO wirksamen Steuerbescheid in seinem elektronischen Postfach[206] vorfindet.[207] Obwohl der elektronische Steuerbescheid in zeitlich unmittelbarer Nähe zur Steuererklärung erstellt und bekanntgegeben wird, der Steuerverwaltungsakt also ähnlich schnell wie bei der Steueranmeldung existent ist, muss eine Trennung zur Steueranmeldung weiterhin aufrechterhalten werden. Denn es fehlt in den Fällen des vollautomatisierten Steuerbescheides nach Steuererklärung bereits an der für eine Steueranmeldung gem. § 150 Abs. 1 S. 3 AO notwendigen Berechnung der Steuer, die stattdessen weiterhin letztverantwortlich durch die Finanzbehörde durchgeführt wird.[208] Aber auch verfahrensrechtlich ist zu unterscheiden: Die Steuererklärung eines Steuerpflichtigen kann zwar in diesen Fällen dazu führen, dass ein Steuerbescheid erzeugt und versendet wird, ohne dass daran ein Bearbeiter in der Finanzbehörde beteiligt war. Dennoch ist dieser bekanntgegebene Steuerbescheid zwingende Grundlage für die Verwirklichung der Ansprüche aus dem Steuerschuldverhältnis und nicht etwa bereits die elektronische oder auf Papier abgegebene Steuererklärung des Steuerpflichtigen wie im Falle der Steueranmeldung mit Schwarzbetrag.[209]

Die von *P. Kirchhof* geäußerte Behauptung, dass die elektronische Steuererklärung einer Steueranmeldung gleich stehe und „nur" von einem Risikomanagementsystem oder nach dem Zufallsprinzip überprüft werde,[210] ist indes missverständlich: Nur weil eine Steueranmeldung rechtlich einer Steuerfestsetzung unter Vorbehalt der Nachprüfung gleichsteht und die elektronische Steuererklärung noch einer weiteren, ggf. vollautomatisierten Bearbeitung

---

206 Ein solches hält die Finanzverwaltung für die Steuerpflichtigen in „Mein Elster" unter www.elster.de vor; siehe dazu noch unten 2. Teil B. III. 3. d.

207 Siehe zum elektronischen Steuerbescheid *Seer*, in: FS BFH, 1717, 1729 f.

208 Eine Selbstberechnung der Steuer und sogar Ausgabe des zu erwartenden Erstattungsbetrages – freilich ohne Anrechnung der geleisteten (Sonder-)Vorauszahlungen, denn diese Daten stehen den Steuererklärungsprogrammen regelmäßig nicht zur Verfügung – wäre technisch auf Ebene des Steuerpflichtigen sogar möglich. Einschränkend ist lediglich festzustellen, dass die Berechnung der Steuer etwa mit Blick auf § 32a EStG nicht durch den Steuerpflichtigen selbst, jedoch mithilfe eines Rechenprogrammes bewerkstelligt werden könnte. Im Falle der elektronischen Steuererklärung ist diese Anforderung unproblematisch.

209 *Seer*, DStZ 2018, 605, 607 f.

210 *P. Kirchhof*, DStR 2018, 497, 503.

bedarf, bedeutet das nicht, dass grundsätzlich unterschiedliche Prüfparameter Anwendung finden. Sowohl eine Steueranmeldung als auch eine elektronisch eingereichte Steuererklärung können und werden mindestens durch digitale Prüfparameter bei der Finanzverwaltung und damit in jedem Fall[211] durch ein Risikomanagementsystem bewertet, sodass die Finanzverwaltung und nicht der Steuerpflichtige die Letztverantwortlichkeit bei der Veranlagung und der Selbstveranlagung trägt.[212] Dies führt aber nicht dazu, wie *P. Kirchhof* befürchtet, dass der Steuerpflichtige „nicht mehr einem Finanzbeamten gegenüber"[213] steht und, wie *Heintzen* meint, dem computergestützten Veranlagungssystem der Verwaltung hoffnungslos ausgeliefert ist;[214] vielmehr kann der Steuerpflichtige die Gegenüberstellung mit einer zuständigen Person aus Fleisch und Blut durch bestimmte Angaben in der Steuererklärung bereits im Veranlagungsverfahren „erzwingen".[215] Die Unterschiede zwischen Steuererklärung und Steueranmeldung reduzieren sich im Ergebnis auf die rechtliche Ausgestaltung des Existentwerdens des Steuerbescheides und führen nicht zu einer unterschiedlichen – auch mit Blick auf Art. 3 Abs. 1 GG verfassungsrechtlich unzulässigen – Überprüfung der Angaben des Steuerpflichtigen. Aus dem Betrachtungswinkel der Selbstregulierung des Steuervollzuges bestehen zwischen Steuererklärung und Steueranmeldung keine wesentlichen, sondern nur graduelle Unterschiede. Ob eine Steuererklärung bereits mit Eingang bei der Finanzbehörde kraft gesetzlicher Fiktion einen Verwaltungsakt darstellt oder ob die übermittelten Daten vollautomatisiert in den Erlass eines Verwaltungsaktes „Steuerbescheid" münden, der grundsätzlich gem. §§ 87a Abs. 1 AO; 122 Abs. 2a; 122a AO innerhalb von Sekunden elektronisch übermittelt werden kann, ist letztlich eine

---

211 Man muss hier sicherlich Einschränkungen bezüglich der Aussagekraft und Möglichkeiten der Prüfungen machen: Eine Lohnsteueranmeldung, in der die Lohnsteuer insgesamt in einer Kennziffer angemeldet wird, bietet naturgemäß weniger Prüfungsmöglichkeit als eine Umsatzsteuervoranmeldung oder eine vollständige Einkommensteuererklärung. Dennoch ändert sich dadurch die Aussage nicht.

212 *Seer*, Verständigungen in Steuerverfahren, S. 179 f.; *Drüen*, Indienstnahme, S. 255; siehe auch *Seer*, Diskussion – zu Anzinger und Waldhoff, DStJG 42 (2019), 87.

213 *P. Kirchhof*, DStR 2018, 497, 503.

214 Derartige Bedenken äußert *Heintzen*, DÖV 2015, 780, 786, der eine „vollmaschinellverkennzifferte" Kommunikation zwischen Steuerstaat und Bürger auf „computerchinesisch" fürchtet.

215 Siehe dazu das qualifizierte Freitextfeld i.S.d. §§ 150 Abs. 7 S. 1; 155 Abs. 4 AO und dazu die Auseinandersetzung unten 2. Teil B. VI. 3.

Differenzierung um wenige automatisierte Rechenoperationen.[216] Darauf aufbauend der Steuererklärung einen anderen kategoralen Stellenwert einräumen zu wollen als der Steueranmeldung, wird der tatsächlichen Angleichung von Steuererklärung und Steueranmeldung nicht gerecht.[217] Bezieht man darüber hinaus die tatsächlichen Begebenheiten des Steuerverfahrens als Massenverfahren mit ein, das unter gegebenen Personal- und Ausstattungsverhältnissen der Finanzverwaltung eine Überprüfung der einzelnen Steuererklärung nur punktuell ermöglicht, sodass eine Vielzahl der Steuerfälle veranlagt wie erklärt werden, lässt sich bereits die heutige hoheitliche Steuerveranlagung durch Steuerbescheid i.S.d. §§ 155 Abs. 1, 157 AO als faktische Selbstveranlagung bezeichnen.[218] Aus diesem Betrachtungswinkel ändert die vollautomatisierte Veranlagung i.S.d. § 150 Abs. 4 AO nichts, sie wirkt nur in technischer Weise auf den Prozess ein: Der die Steuerberechnung ohne Risikohinweise lediglich „freigebende" Bearbeiter wird durch einen maschinellen Prozess ersetzt.

2. *Vermittlungsfunktion zwischen Sachverhalt, materiellem Recht und Steuerverfahren*

Eingebettet in das eingangs erläuterte Verhältnis von Steuerverfahren und materiellem Steuerrecht ist die Steuererklärung als wesentliches Element zur Ermittlung des steuerlichen Sachverhaltes durch die Finanzbehörden heute nicht mehr wegzudenken.[219] Sie gewinnt in Zeiten, in denen sich die finanzbehördliche Ermittlungstätigkeit immer weiter vermindert und einer Mitwirkung des Steuerpflichtigen durch Deklaration weicht,[220] als primäre Mitwirkungspflicht des Steuerpflichtigen eine herausragende Bedeutung im modernen kooperativen Besteuerungsverfahren. Die Steuererklärung durch den Steuerpflichtigen ist die Schnittstelle zwischen Steuerverfahrensrecht und materiellem Steuerrecht und

216 Auf einen ähnlichen Gedanken wies bereits *Eckhoff*, Rechtsanwendungsgleichheit, S. 461, im Zusammenhang mit der Abgrenzung von Steuererklärung und Steueranmeldung zu einer Zeit hin, in der eine vollautomatisierte Bearbeitung noch in weiter Ferne stand.

217 Ähnlich *Seer*, Diskussion – zu Anzinger und Waldhoff, DStJG 42 (2019), 87.

218 *Seer*, StuW 2003, 40 ,42 f.; *ders.*, StuW 2015, 315, 322; *Drüen*, in: Zukunftsfragen, 1, 8; *Krumm*, in: Zukunftsfragen III, 1, 11; „jedenfalls im Bereich der Arbeitnehmerveranlagung" *Lanwehr*, Faktische Selbstveranlagung, S. 87; ebenso *Wernthaler*, Korrektur im digitalisierten Besteuerungsverfahren, S. 50, 55 f.

219 *Seer*, in: Tipke/Kruse, AO/FGO, Vor § 149 AO Rn. 1 (Stand: April 2017).

220 Siehe oben 2. Teil A. I. 2. c. und d.

damit Bestandteil des „Verwirklichungsmodus des Rechts“[221]: Durch Abfragen des wirtschaftlichen Sachverhaltes erfasst sie den Tatbestand, an den die Steuergesetze die Leistungspflicht i.S.d. § 38 AO knüpfen. Gleichzeitig stellt sie das Verfahrensmittel dar, mit dessen Hilfe die Durchsetzung eben dieser Leistungspflichten betrieben wird. Denn der Steuerpflichtige erfüllt durch Beantwortung der Fragen in den Steuererklärungsformularen eine Verfahrenshandlung gegen sich selbst, was in den Fällen der Steueranmeldung, wenn der Steuerpflichtige durch Abgabe der Steuererklärung mit Zahllast einen vollstreckbaren Verwaltungsakt gegen sich selbst erlässt, den er in einem zweiten Schritt sogar mit dem Einspruch anfechten kann, besonders deutlich wird. Während die Reichsabgabenordnung von 1931[222] noch in § 166 Abs. 1 RAO die Steuererklärung als eine Erklärung, „die nach Vorschrift der Gesetze oder Ausführungsbestimmungen als Unterlage für die Feststellung von Besteuerungsgrundlagen oder für die Festsetzung einer Steuer dien[t]“ definierte, fehlt in der heutigen Fassung der Abgabenordnung eine solche grundlegende Definition.[223] Dennoch hat die Steuererklärung heute immer noch diesen Zweck: Im Veranlagungsverfahren stellt sie oftmals sogar das einzige Ermittlungsmittel der Finanzbehörde dar.[224] Sie ist damit primärer Bestandteil des Besteuerungsverfahrens und wesentliche Voraussetzung für dessen verfassungsrechtlichen Auftrag, die Steuern gesetzmäßig und gleichmäßig festzusetzen.[225] Die Steuererklärung hat damit eine *Vermittlungsfunktion* zwischen dem Lebenssachverhalt, dem materiellen Steuerrecht und seiner Umsetzung durch das Steuerverfahren inne.

3. *Steuererklärung als Ausgangspunkt für weitere Ermittlungen*

Die Steuererklärung mag zwar im Besteuerungsverfahren häufig die einzige Erkenntnisquelle der Finanzbehörde und damit zeitgleich die eröffnende und abschließende Mitwirkungshandlung des Steuerpflichtigen sein. Zwingend ist dies jedoch nicht. In dem Besteuerungsverfahren stellt die Steuererklärung vielmehr nur einen „Aufschlag“ des Steuerpflichtigen dar: Mit der Steuererklärung macht der Steuerpflichtige Mitteilungen über die von ihm verwirklichten

221 *Wahl*, VVDStRL 41 (1983), 151, 153.

222 RGBl. I 1931, 161.

223 *Heuermann*, in: Hübschmann/Hepp/Spitaler, AO/FGO, Vor zu § 149 AO Rn. 3 (Stand: April 2014), bezeichnet diese Definition als nicht unrichtig, aber unvollständig, da auf die im Vordruck gestellten Fragen abzustellen sei.

224 *Seer*, in: Tipke/Kruse, AO/FGO, Vor § 149 AO Rn. 1 (Stand: April 2017).

225 *Tipke*, BB 2009, 636, 638; BVerfG v. 27.6.1991, 2 BvR 1493/89, BVerfGE 84, 239, 271.

wirtschaftlichen Sachverhalte und gibt der Finanzbehörde einen Überblick über diese, womit er ihr gleichzeitig Anknüpfungspunkte für eine weitere Prüfung bietet.[226] Soweit aus Sicht der Finanzbehörde Anlass besteht, wird sie weitere Ermittlungen anstellen, Beweise anfordern und diese mit den erklärten Angaben abgleichen bzw. diese ergänzen. Dabei ist die Finanzbehörde heute nicht mehr vollends von den Mitteilungen des Steuerpflichtigen abhängig: Datenübermittlungen von dritter Seite – nunmehr verfahrenstechnisch vereinheitlicht in § 93c AO[227] –, die etwa die Einnahmen aus nichtselbstständiger Tätigkeit oder den Bezug von Renten betreffen, geben ihr Anhaltspunkte für verwirklichte wirtschaftliche Sachverhalte. Sie können auch bereits dazu dienen, die Angaben des Steuerpflichtigen in der Steuererklärung zu verifizieren. Die Steuererklärung durch den Steuerpflichtigen stellt damit einen *Ausgangspunkt für die Sachverhaltsermittlung* durch die Finanzbehörde dar.

4. *Ausgestaltung des Untersuchungsgrundsatzes durch die Steuererklärung*

Die Finanzbehörde ermittelt gem. § 88 Abs. 1 S. 1 AO den Sachverhalt von Amts wegen und bestimmt dabei gem. § 88 Abs. 2 S. 1 1. Hs. AO Art und Umfang der Ermittlungen. Sie hat als Herrin des Verfahrens die Verfahrensherrschaft inne und gestaltet den Untersuchungsgrundsatz eigenverantwortlich im ihr zugesprochenen Zulässigkeitskorridor aus.[228] Diese Verfahrensherrschaft wird aber an den Stellen, an denen das Gesetz besondere Anforderungen an den Ermittlungsumfang oder die Ermittlungsart durch die Finanzbehörde stellt, eingeschränkt.[229] Eine solche Einschränkung könnte im Bereich der Steuererklärung durch § 150 Abs. 1 S. 1 AO i.V.m. den Einzelsteuergesetzen erfolgen. Der Wortlaut des § 150 Abs. 1 S. 1 AO i.V.m. den Einzelsteuergesetzen richtet sich indes nicht direkt an die Finanzbehörde, sondern verpflichtet den Steuerpflichtigen zur Übermittlung einer Steuererklärung: im Falle der schriftlichen Steuererklärung nach amtlich vorgeschriebenem Vordruck und im Falle der spezialgesetzlich angeordneten elektronischen Steuererklärung nach amtlich vorgeschriebenem Datensatz. Dieser Mitwirkungspflicht des Bürgers steht ein Mitwirkungsrecht gegenüber, den steuerlich erheblichen Sachverhalt der Finanzbehörde in der Steuererklärung mitzuteilen. Mittelbar schreibt § 150 Abs. 1 S. 1 AO damit erstens vor, dass

---

226 *Seer*, in: Tipke/Kruse, AO/FGO, § 162 AO Rn. 32 (Stand: Oktober 2017).
227 Siehe dazu noch unten 2. Teil B. IX. 2. c. aa. und cc.
228 Siehe oben 2. Teil A. I. 1.
229 *Seer*, in: Tipke/Kruse, AO/FGO, § 88 AO Rn. 19 (Stand: Januar 2017).

die Finanzbehörde Steuererklärungsformulare erstellt und zugänglich macht bzw. im Falle der sog. elektronischen Steuererklärung amtliche Schnittstellen zur Verfügung stellt und zu übermittelnde Datensätze grundlegend bestimmt. Zweitens ist damit die primäre Abfrage des steuerlich erheblichen Sachverhaltes via Steuererklärung determiniert. Da das Steuerverwaltungsverfahren auch dem Schutz der Grundrechtsposition des Betroffenen dient[230] und dieser auf die durch Verfahrensvorschriften erzeugte Transparenz und Vorhersehbarkeit des behördlichen Handelns vertrauen darf, muss sich die Finanzverwaltung bei der Ermittlung des Sachverhaltes der vorgegebenen Ermittlungsinstrumente in der gesetzlichen Reihenfolge bedienen. Aufbauend auf diese Erkenntnis wird vertreten, dass das Ermittlungsermessen der Finanzbehörde insoweit eingeschränkt wird, wie der zu ermittelnde Sachverhalt durch die vorgegebenen Ermittlungsinstrumente abgefragt wird bzw. abgefragt worden ist.[231] Diese sehr allgemein gehaltene Aussage bedarf zur Zustimmung einer Spezifizierung: So verstoßen auf § 93 Abs. 1 AO basierende Auskunftsersuchen vor Ablauf der Steuererklärungsfrist gegen den Grundsatz der Verhältnismäßigkeit, wenn sie sich inhaltlich mit Fragen beschäftigen, die im Rahmen einer Steuererklärung abgefragt werden.[232] Die Steuererklärung ist dann gesetzlich vorgegebene primäre Erkenntnisquelle der Finanzbehörde. Gestützt wird dieses Ergebnis durch eine teleologisch-systematische Auslegung der Vorschriften, die zur Abgabe der Steuererklärung verpflichten: §§ 149, 150 AO i.V.m. den Einzelsteuergesetzen konkretisieren die sphärenorientierte Mitwirkungspflicht des Steuerpflichtigen zur Mitteilung des steuerlich erheblichen Sachverhaltes.[233] Durch diese verfahrensgestaltenden Regelungen sind für den Steuerpflichtigen seine zunächst vorzunehmenden Mitwirkungspflichten klar vorgezeichnet und damit für ihn die Belastung und Verpflichtung im Besteuerungsverfahren vorhersehbar und planbar. Sie rechtfertigen die Entwicklung einer Vertrauensgrundlage bei dem Steuerpflichtigen, dass er den steuerlichen Sachverhalt (erst) in seiner Steuererklärung offenbart. Die Auskunftspflicht i.S.d. § 93 AO dient als allgemeine Beweisvorschrift ebenfalls der Ermittlung des Sachverhaltes. Im Gegensatz zur (vorgeschriebenen)

230 Für das Steuerrecht statt vieler *Seer*, DStJG 31 (2008), 7, 15; allgemein für das Verwaltungsrecht *Ramsauer*, in: Kopp/Ramsauer, VwVfG, § 9 Rn. 3a.

231 *Schick*, StuW 1988, 301, 305; *Heuermann*, in: Hübschmann/Hepp/Spitaler, AO/FGO, § 150 AO Rn. 4 (Stand: August 2010).

232 *Heuermann*, in: Hübschmann/Hepp/Spitaler, AO/FGO, Vor § 149 AO Rn. 5 (Stand: April 2014).

233 *Seer*, in: Tipke/Kruse, AO/FGO, Vor § 149 AO Rn. 1 (Stand: April 2017).

Steuererklärung ist ein Auskunftsersuchen der Finanzbehörde aber nicht obligatorischer Bestandteil eines Steuerfestsetzungsverfahrens, sondern anlass- und sachverhaltsbezogen.[234] Ein Auskunftsersuchen, das die Steuererklärung und mit ihr die Frage nach den dort zu erklärenden Sachverhalten vorwegnimmt, durchbricht daher die vom Steuerpflichtigen gebildete Vertrauensposition und bedarf einer Rechtfertigung. Für eine Rechtfertigung müsste zunächst ein geeigneter und erforderlicher Zweck vorliegen. Ein solcher Zweck kann sich bei Auskunftsverlangen, die Angaben aus der Steuererklärung abfragen, nur auf die vorgreifende Prüfung erstrecken, ob (partiell) eine Steuer entstanden ist oder ggf. potentiell erklärt wird. Der Sinn einer solchen vorgezogenen Prüfung ist nicht erkennbar und sie ist auch gesetzlich nicht vorgesehen, sodass bereits ein tauglicher Zweck abzulehnen ist. Hier spielt argumentativ auch § 149 Abs. 4 AO mit herein, der letztlich für das bisherige Ergebnis streitet. § 149 Abs. 4 AO gibt der Finanzbehörde nämlich unter bestimmten Voraussetzungen die Möglichkeit, die Steuererklärung vorab vom Steuerpflichtigen anzufordern. Dabei ist dem Steuerpflichtigen eine Frist von vier Monaten zu setzen, § 149 Abs. 4 S. 2, 3 AO, die ihrerseits nicht vor Ablauf der allgemeinen Erklärungsfrist i.S.d. § 149 Abs. 2 AO enden darf. Während die Möglichkeit der Vorweganforderung fiskalische Interessen des Staates bedient,[235] dient die viermonatige Frist insbesondere dem Schutz des Steuerpflichtigen und soll ihm ermöglichen, sich auf die Abgabe der Steuererklärung einzustellen und die notwendigen – im Einzelfall nicht unerheblichen – Vorkehrungen und Vorarbeiten treffen zu können. Dieses vom Gesetzgeber erkannte Schutzbedürfnis würde konterkariert, wenn die Finanzbehörde ggf. durch ein Bündel von Einzelauskunftsersuchen bereits Sachverhalte abfragt, deren Offenlegung Bestandteil der Steuererklärung ist.

Komplementär zur Einschränkung des Amtsermittlungsgrundsatzes durch das Instrument der Steuererklärung beschränkt sich auch die Mitteilungspflicht des Steuerpflichtigen auf das, was in der Steuererklärung abgefragt wird.[236] Die allgemeine Mitwirkungspflicht, den steuererheblichen Sachverhalt der Finanzbehörde zu offenbaren, wird durch die Steuererklärung auf die Beantwortung der dort gestellten Fragen reduziert.[237] Darüber hinaus muss der Steuerpflichtige – dies bestätigt auch der Bundesfinanzhof in seiner aktuellen

---

234 Siehe zum Auskunftsersuchen oben 2. Teil A. III. 1.

235 *Seer*, in: Tipke/Kruse, AO/FGO, § 149 AO Rn. 30 (Stand: April 2017).

236 *Peters*, NZWiSt 2012, 361, 366, 367.

237 *Wittman*, StuW 1987, 35, 46, mit Rückgriff auf FG Rheinland-Pfalz v. 23.3.1966, III 202-204/65, EFG 1966, 490, 491.

Rechtsprechung[238] – zunächst keine weiteren Angaben machen. Dies schließt jedoch nicht aus, dass die Finanzbehörde nach Erklärung durch den Steuerpflichtigen an diesen noch weitere Fragen in Form von Auskunftsersuchen i.S.d. § 93 AO stellt, soweit der Sachverhalt im Einzelnen noch nicht ausreichend ermittelt ist. Die gleiche Befugnis steht der Finanzbehörde ab dem Zeitpunkt zu, ab dem der Steuerpflichtige seiner Steuererklärungspflicht nicht nachgekommen ist, die gesetzliche oder ggf. behördlich verlängerte Frist zur Abgabe der Steuererklärung also abgelaufen ist. Ab diesem Zeitpunkt genießt der Steuerpflichtige keinen Vertrauensschutz mehr, sondern er befindet sich im „Verzug", was zur Schätzung der Besteuerungsgrundlagen und zu Verspätungszuschlägen führen kann.[239]

Festhalten lässt sich, dass die Abgabe der Steuererklärung bei der Ermittlung des Sachverhaltes primäre Erkenntnisquelle ist und die Finanzbehörde in ihrer Ermittlungstätigkeit grundsätzlich partiell bzw. temporär einschränkt. Die Steuererklärung hat somit eine *Begrenzungsfunktion* der grundsätzlichen Freiheit der Finanzbehörde bei Ausgestaltung des Untersuchungsgrundsatzes inne.

III. Einordnung der elektronischen Steuererklärung

1. *Begriffsbedeutung von ELSTER und der „elektronischen Steuererklärung"*

Die Möglichkeit, die Steuererklärung elektronisch an das Finanzamt zu übermitteln, ist in Deutschland von Beginn an mit dem Begriff ELSTER verknüpft. ELSTER ist ein Akronym für „ELektronische STeuerERklärung". Als Pilotprojekt in 1999 mit einigen Kinderkrankheiten[240] gestartet, ermöglicht es mittlerweile

238 Dies gilt selbst dann, wenn der Steuerpflichtige erkennt, dass das Finanzamt den Sachverhalt unvollständig abfragt, siehe BFH v. 29.11.2017, II R 52/15, BStBl. II 2018, 419 Rn. 27: „Der Steuerpflichtige ist nicht verpflichtet, auf der Grundlage der maßgebenden steuerrechtlichen Vorschriften zu prüfen, ob die vom Finanzamt erbetenen Angaben eine zutreffende Steuerfestsetzung ermöglichen oder ob dazu weitere Angaben erforderlich wären. Es fällt vielmehr in den Verantwortungsbereich des Finanzamts, die entscheidungserheblichen Fragen zu stellen."

239 Siehe dazu im Einzelnen 4. Teil F.

240 Am 20.3.2001 beanstandete die Zeitschrift Finanztest unter dem Titel „Kuckucksei im Elsternest" gravierende Sicherheitslücken im Programm ElsterFormular bei Download und Zwangs-Update des Programmes sowie beim Onlineversand der Steuererklärung, siehe auch *Viefhues/Scherf*, K&R 2002, 170; zu weiteren potentiellen Sicherheitslücken siehe *Kußmaul/Ruiner*, StB 2008, 238, 240; potentielle Fehlerquellen

die elektronische und damit medienbruchfreie Übermittlung der Steuererklärung für die Einkommen-, Körperschaft-, Gewerbe- und Umsatzsteuer inkl. der Feststellungserklärungen sowie der Kapitalertragsteueranmeldungen, Lohnsteueranmeldungen und Umsatzsteuervoranmeldungen. Zusätzlich versammelt die Finanzverwaltung heute unter dem Oberbegriff ELSTER diverse Dienstleistungen und elektronische Kommunikationsmöglichkeiten zwischen Bürger und Finanzbehörde.[241] Der Umfang der angebotenen Dienstleistungen und Programme wandelt sich stetig, sodass sich eine Beschreibung immer nur auf einen bestimmten aktuellen Zeitraum beziehen kann und sich im Folgenden auf die Möglichkeiten rund um die (elektronische) Steuererklärung beschränkt.

Obschon die Praxis bereits früher Möglichkeiten der „elektronischen Steuererklärung" bot, wird erst seit dem Gesetz zur Modernisierung des Besteuerungsverfahrens *expressis verbis* in § 150 Abs. 1 S. 1 Nr. 1 AO die „elektronische Steuererklärung" genannt. Die Einzelsteuergesetze sprachen vorher und sprechen heute noch z.B. in § 25 Abs. 4 S. 1 EStG von einer „Steuererklärung, die nach amtlich vorgeschriebenem Datensatz durch Datenfernübertragung zu übermitteln ist", verwendeten damals und verwenden heute den Begriff der „elektronischen Steuererklärung" aber nicht. Ebenso sah die Abgabenordnung vor dem Gesetz zur Modernisierung des Besteuerungsverfahrens in § 150 Abs. 6, Abs. 7 S. 1, Abs. 8 S. 1 AO a.F. eine „Steuererklärung, die nach amtlich vorgeschriebenem Datensatz durch Datenfernübertragung zu übermitteln ist" vor – von einer „elektronischen Steuererklärung" war jedoch im gesamten Gesetzestext nicht die Rede. In § 150 Abs. 7 S. 1, Abs. 8 S. 1 AO findet sich auch heute noch abweichend von § 150 Abs. 1 S. 1 Nr. 1 AO nur die „Steuererklärung, die nach amtlich vorgeschriebenem Datensatz durch Datenfernübertragung zu übermitteln ist". Der Terminus der „elektronischen Steuererklärung" bleibt somit insgesamt § 150 Abs. 1 AO in der Fassung seit dem Gesetz zur Modernisierung des Besteuerungsverfahrens vorbehalten.

Woher der Begriff der „elektronischen Steuererklärung" in § 150 Abs. 1 AO stammt, wird aus den Gesetzesunterlagen nicht ganz deutlich. Naheliegend erscheint die Übernahme des Begriffs aus dem Akronym ELSTER und damit aus der Praxis.[242] In den Gesetzesmaterialien zum Gesetz zur Modernisierung des Besteuerungsverfahrens wird die „elektronische Steuererklärung" der

zeigen auch *Hundsdoerfer/Siegmund*, DB 2003, 2460, 2463-2466 auf; siehe auch *Drüen*, in: Zukunftsfragen, 1, 10.

241 Siehe www.elster.de.

242 Siehe nur BT Drucks. 18/7457 S. 49.

„Papier-Erklärung“, also dem, was bis dato unter der Steuererklärung verstanden wurde, nämlich die Abgabe eines ausgefüllten Steuererklärungsvordrucks, gegenüber gestellt.[243] Daraus wird deutlich, dass die elektronische Steuererklärung keine Steuererklärung *sui generis* ist, sondern sich lediglich durch die Art der Übermittlung der Erklärung an die Finanzbehörde von der Papier-Steuererklärung und anders übermittelten Steuererklärungen unterscheidet. Dementsprechend differenziert § 150 Abs. 1 AO im Übrigen nur zwischen den verschiedenen Übermittlungsarten der Steuererklärung: nach amtlich vorgeschriebenem Vordruck, mündlich, konkludent oder an Amtsstelle. Und auch § 149 AO kennt nur die „Steuererklärung“ als Oberbegriff ohne nach der Art ihrer Übermittlung zu differenzieren. Das, was in § 150 Abs. 1 S. 1 Nr. 1 AO als „elektronische Steuererklärung“ bezeichnet wird, ist mithin – und dann ist die Terminologie auch gesetzesübergreifend einheitlich – eine Steuererklärung, die nach amtlich vorgeschriebenem Datensatz durch Datenfernübertragung zu übermitteln ist. Eine „elektronische Steuererklärung“ als separate Art der Steuererklärung existiert somit nicht. Diese Feststellung ist wichtig, damit deutlich wird, dass grundsätzliche Aussagen zur Steuererklärung die „elektronische Steuererklärung“ ebenfalls umfassen und diese keinen Sonderfall bildet, für den grundlegend abweichende Regelungen gelten. Trotzdem wird in der Literatur auf die „elektronische Steuererklärung“ rekurriert, wobei damit stets eine Steuererklärung gemeint ist, die nach amtlich vorgeschriebenem Datensatz durch Datenfernübertragung übermittelt worden ist. Der sprachlichen Vereinfachung halber wird der Terminus hier im Folgenden ebenfalls genutzt.

2. *Einführung der elektronischen Steuererklärung und Übermittlungsverpflichtung*

Zu Beginn war die elektronische Steuererklärung nur eine von mehreren Möglichkeiten für den Bürger, seine Steuererklärung an die Finanzbehörde zu übermitteln. Die Verpflichtung, Steuererklärungen elektronisch abzugeben, wurde vom Gesetzgeber erst nach einigen Jahren Anlaufphase schrittweise im Gesetz implementiert. Den Beginn machten die Lohnsteueranmeldungen[244] und Umsatzsteuervoranmeldungen[245] für nach dem 31.12.2004 endende (Vor-)

243 Deutlich wird dies in BR Drucks. 631/15, S. 95.

244 § 41a Abs. 1 S. 2 EStG, siehe BGBl. I 2003, 2645, 2648, 2652.

245 § 18 Abs. 1 S. 1 UStG, siehe BGBl. I 2003, 2645, 2660, 2662; siehe die Rechtsentwicklung speziell zur Umsatzsteuer-Voranmeldung bei *Drüen/Hechtner*, DStR 2006, 821, 821 f.

Anmeldungszeiträume, gefolgt von den Anmeldungen zur Kapitalertragsteuer[246] ab dem 1.1.2008. Ab dem Veranlagungszeitraum 2011 erfolgte der große Rundumschlag bei den jährlich abzugebenden Steuererklärungen: Neben der Erklärung zur gesonderten (und einheitlichen) Feststellung i.S.d. § 180 Abs. 1 Nr. 2 AO[247] sind seitdem die Umsatzsteuerjahresanmeldung,[248] die Gewerbesteuererklärung[249] nebst Zerlegungserklärung[250] und die Körperschaftsteuererklärung[251] der Finanzbehörde nach amtlich vorgeschriebenem Datensatz elektronisch zu übermitteln. Komplettiert wurde dies im Bereich der Einkommensteuer durch eine ab dem Veranlagungszeitraum 2011 bestehende Verpflichtung zur elektronischen Übermittlung für solche Steuerpflichtige, die Einkünfte aus Land- und Fortwirtschaft, Gewerbebetrieb oder selbstständiger Arbeit erzielen und bei denen keine Veranlagung gem. § 46 Abs. 2 Nr. 2 bis 8 EStG durchgeführt wird.[252] Verfahrensrechtlich wurde der elektronischen Steuererklärung in § 150 Abs. 1 S. 1 Nr. 1 AO mit dem Gesetz zur Modernisierung des Besteuerungsverfahrens der Vorrang vor der Steuererklärung auf Papier eingeräumt. Dem Steuerpflichtigen werden von der Finanzverwaltung und Drittanbietern verschiedene Softwarelösungen zur Erstellung und Übermittlung der elektronischen Steuererklärung angeboten.

3. *Die verschiedenen ELSTER-Anwendungen und der Drittanbieter-Support*

a. *Überblick über die einzelnen Programmbestandteile*

Gegenüber dem Bürger hat die Finanzverwaltung den Begriff ELSTER als feste Verknüpfung mit der elektronischen Steuererklärung etabliert. ELSTER umfasst als technischer Oberbegriff mehrere für den Steuerbürger sichtbare und unsichtbare Programmteile bzw. -bestandteile und geht dabei über die Möglichkeit, eine elektronische Steuererklärung zu erstellen und zu übermitteln, zum jetzigen Zeitpunkt durch die Implementierung von sonstigen Kommunikations- sowie Servicemöglichkeiten hinaus. Grundsätzlich zu unterscheiden sind aufseite der Finanzverwaltung die für die Erstellung und Übermittlung der Steuererklärung

---

246 § 45a Abs. 1 S. 1 EStG, siehe BGBl. I 2007, 3150, 3157.
247 § 180 Abs. 2a S. 1 AO, siehe BGBl. I 2008, 2850, 2857.
248 § 18 Abs. 3 UStG, siehe BGBl. I 2010, 1768, 1786.
249 § 14a GewStG, siehe BGBl. I 2008, 2850, 2855.
250 Soweit die Voraussetzungen des § 28 GewStG erfüllt sind.
251 § 31 Abs. 1a KStG, siehe BGBl. I 2008, 2850, 2854.
252 § 25 Abs. 4 EStG, siehe BGBl. I 2008, 2850, 2851, 2853.

genutzten Programmteile bzw. -bestandteile „Elster Rich Client" (ERiC), „Elster-Formular" und „Mein Elster".

b. Elster Rich Client (ERiC)

ERiC ist eine für den Steuerpflichtigen im Regelfall „unsichtbare" Clientsoftware und Schnittstellenspezifikation, die eine Kommunikation mit der Software der Finanzverwaltung der verschiedenen Bundesländer ermöglicht; sie verschlüsselt und übermittelt die Steuererklärungsdaten an die Zentrale Produktions- und Servicestelle Elster (ZPS) der Finanzverwaltung und entschlüsselt die von der Finanzverwaltung dem Bürger bereitgestellten Daten[253]. ERiC ist damit technischer Kern der Kommunikation zwischen Finanzverwaltung und Bürger,[254] ohne dass er mit eigener Benutzeroberfläche zu Tage tritt. Bei der Erstellung der Steuererklärung durch den Bürger ermöglicht ERiC programmseitig eine Plausibilitätsprüfung der eingegebenen Daten, die von der Finanzverwaltung aus Kapazitätsgründen serverseitig nicht zur Verfügung gestellt werden kann.[255] Eine elektronische Abgabe der Steuererklärung setzt unter anderem die Integrität der Daten und die Vertraulichkeit der Daten voraus, die technisch zurzeit ebenfalls nur mithilfe von ERiC sichergestellt wird.[256] ERiC wird von der Finanzverwaltung im eigenen Programm ElsterFormular eingesetzt, darüber hinaus aber auch Anbietern kommerzieller oder kostenloser Steuererklärungserstellungsprogramme zur Verfügung gestellt, damit diese von der Möglichkeit der elektronischen Übermittlung der Daten an die Finanzverwaltung ebenfalls Gebrauch machen können.

---

253 Zu nennen sind insbesondere die Daten, die im Rahmen des Belegabrufes angefordert und übermittelt werden können. Zur Bedeutung dieser Daten und der sog. vorausgefüllten Steuererklärung siehe unten 2. Teil B. IX. 2. C.

254 *Kußmaul/Ruiner*, StB 2008, 238, 239; siehe auch www.elster.de/elsterweb/infoseite/entwickler; als eine weitere Schnittstelle ist COALA zwar verfügbar, bietet aber keine volle Funktionalität, unterstützt insbesondere keine elektronische Übermittlung der Einkommensteuererklärungen, siehe Antwort der Bundesregierung auf die kleine Anfrage der DIE LINKE-Fraktion BT-Drucks. 19/1058 S. 1. Sie wurde nur bis zum 15.1.2019 unterstützt, sodass ERiC die einzig verbleibende Schnittstellenkommunikationsmöglichkeit darstellt, BT-Drucks. 18/1058 S. 7.

255 Siehe die Antwort der Bundesregierung auf die kleine Anfrage der DIE LINKE-Fraktion, BT-Drucks. 19/1058 S. 6.

256 Antwort der Bundesregierung auf die kleine Anfrage der DIE LINKE-Fraktion, BT-Drucks. 19/1058 S. 7; siehe zur Vertraulichkeit und Integrität der Daten auch noch später im Zusammenhang mit der elektronischen Signatur unten 2. Teil B. VI. 2. c.

c. *ElsterFormular*

aa. *Erstellen der Steuererklärung*

Um dem Bürger die Erstellung einer elektronischen Steuererklärung ohne Rückgriff auf die Software von Drittanbietern zu ermöglichen, bietet die Finanzverwaltung (noch) zwei unterschiedliche Programme an: das auf einem PC installierbare Programm ElsterFormular und den Online-Dienst Mein Elster. Das Programm ElsterFormular bietet im Kern eine elektronische Ausfüllhilfe für die Steuererklärung an, die im Folgenden anhand der Einkommensteuererklärung exemplarisch dargestellt wird.

Optisch knüpft ElsterFormular – beschrieben für den Veranlagungszeitraum 2019 – an die bekannten Einkommensteuererklärungsvordrucke an. D.h. die Eintragungen, die der Steuerpflichtige bisher auf den Steuererklärungsvordrucken handschriftlich vorgenommen hatte, werden in Eingabefenstern an identischer Stelle im Formular am PC vorgenommen. Derartige digitale Abbildungen von Vordrucken mit der Möglichkeit, digital Eintragungen in diese vorzunehmen zu können, wurden früher als „Formulare auf Glas" bezeichnet, während heute die Bezeichnung als „Web-Formular" üblich und gebräuchlich ist.[257] Technisch werden die Steuererklärungsvordrucke im Layout so, wie sie auf Papier gedruckt sind, auf dem Bildschirm abgebildet und der Steuerpflichtige kann durch Anklicken der einzelnen Eingabefelder über seinen PC Eingaben tätigen. Bei der Anwahl eines Feldes erhält er in einem Fenster auf der rechten Seite mit der Bezeichnung „Eingabehilfe" Hinweise und Informationen zu dem jeweiligen Eingabefeld, die mit den Angaben qualitativ und quantitativ identisch sind, welche die Finanzverwaltung auf den Anleitungen für die einzelnen Vordruckanlagen auf Papier bereithält. Vereinzelt bietet ElsterFormular bereits Vereinfachungen bei der Eintragung an, die sich von dem klassischen Vordruckdesign lösen: So kann die gem. § 41b Abs. 1 S. 3 EStG nach amtlichem Muster erstellte Lohnsteuerbescheinigung des Arbeitnehmers in ein digitales, die Bescheinigung abbildendes Fenster übertragen werden und ElsterFormular übernimmt die Daten automatisch in die richtigen Felder der verschiedenen Anlagen der Einkommensteuererklärung.

Weiterhin besteht die Möglichkeit, Daten des Steuerpflichtigen, die von dritter Seite an die Finanzbehörde übermittelt worden sind, nach Anmeldung abzurufen und automatisch in die richtigen Felder der Steuererklärung übernehmen

257 *Gantner*, Theorie der juristischen Formulare, S. 135, und *Brinckmann u.a.*, Formulare im Verwaltungsverfahren, S. 179-184.

zu lassen. Soweit von diesem Angebot Gebrauch gemacht wird, entsteht eine sog. vorausgefüllte Steuererklärung.[258] Steuererklärungsentwürfe können in Elster-Formular gespeichert, ggf. mit einem Passwort vor fremdem Zugriff geschützt und zu einem späteren Zeitpunkt weiterbearbeitet werden. Nach Fertigstellung der Einkommensteuererklärung ist direkt aus dem Programm heraus die elektronische Übermittlung an die Finanzverwaltung möglich. Eine Übermittlung wird allerdings nur dann durch das Programm zugelassen, wenn die eingegebenen Daten – soweit notwendig – vollständig und plausibel und damit für die Festsetzungsprogramme der Finanzverwaltung grundsätzlich „rechenbar" sind.[259] Bei bestehenden Unplausibilitäten oder Fehlern weist das Programm den Nutzer durch optisches Hervorheben und Hinweistexte auf diese hin.[260] Bevor die Steuererklärung übermittelt wird, kann sich der Steuerpflichtige eine vorläufige Steuerberechnung von ElsterFormular anfertigen lassen, die als pdf-Dokument erzeugt wird. Das Ergebnis erinnert optisch bereits an einen Steuerbescheid, nur dass es im Rubrum statt etwa „Bescheid für 2019 über Einkommensteuer und Solidaritätszuschlag" nur „Berechnung für 2019 über Einkommensteuer und Solidaritätszuschlag" heißt. Der „Festsetzungsteil" der Berechnung ist ähnlich dem des amtlichen Steuerbescheides und vermittelt durch Ausdrücke wie „festgesetzt werden" und „verbleibende Beträge" den Eindruck, dass es sich hierbei schon um einen (elektronischen) Steuerbescheid handelt, was mitnichten der Fall sein soll: Auf einem der Berechnung vorgeschalteten Hinweisblatt ist unter „Dokumentations-Hinweis" zu lesen, dass der Berechnung keine rechtliche Bindungswirkung zukommt. Dieses Dokument kann der Steuerpflichtige abspeichern und danach die Steuererklärung an die Finanzbehörde übermitteln. Für die Übermittlung der Steuererklärung an die Finanzbehörde stehen zwei Verfahren zur Verfügung: das sog. ELSTER I-Verfahren und das sog. ELSTER II-Verfahren.

---

258 Siehe dazu im Einzelnen unten 2. Teil B. IX. 2. c.

259 Kritisch dazu *Rätke*, in: Klein, AO, § 150 Rn. 13; siehe analog für die Übermittlung der E-Bilanz *Rust/Hülshoff/Kolbe*, BB 2011, 747, 751; diesen für den Steuerpflichtigen negativen Aspekt lassen *Lewandowski/Ackermann*, DStR 2014, 1646, 1652, unberücksichtigt und heben die – wohl primär für die Finanzverwaltung durch einen strafferen Bearbeitungsvorgang – positiven Folgen hervor, insbesondere die dann ausbleibenden Anfragen durch die Finanzbehörde; siehe dazu noch unten 4. Teil F. I.

260 Zur Behandlung dieser „Absendeblockade" siehe unten 4. Teil F. I.

bb. Übermittlung im ELSTER I-Verfahren

Im ELSTER I-Verfahren werden die Steuererklärungsdaten der Finanzverwaltung übermittelt und gleichzeitig eine komprimierte Steuererklärung erzeugt, die den amtlichen Steuererklärungsformularen nur vage ähnelt, da lediglich die Felder – nach Anlagen sortiert – abgedruckt werden, in die in der digitalen Eingabemaske Eingaben getätigt worden sind. Felder, in denen beim Ausfüllen der Steuererklärung am PC keine Eintragungen vorgenommen worden sind, tauchen auf der komprimierten Steuererklärung also nicht auf. Die komprimierte Steuererklärung enthält oben in der Mitte jedes Blattes unter der Steuernummer eine dreistellige sog. Telenummer und auf der ersten Seite, am Ende des Abschnitts für die Angaben aus dem Hauptvordruck, ein Feld für die Unterschrift des Steuerpflichtigen. Ohne die Telenummer ist ein Zugriff durch die Finanzbehörde auf die vom Steuerpflichtigen übermittelten Daten technisch nicht möglich und ohne die komprimierte Steuererklärung erhält die Finanzbehörde – ebenfalls technisch so vorgesehen – keine Kenntnis vom Eingang der Steuererklärungsdaten.[261] Die im ELSTER I-Verfahren übermittelte Steuererklärung ist zudem zwar nach amtlich vorgeschriebenem Datensatz übermittelt, erfüllt aber die Voraussetzung des § 87a Abs. 6 AO nicht, der eine Authentifizierung des Datenübermittlers fordert. Sie stellt damit keine elektronische Steuererklärung im Rechtssinne dar und Bedarf zur Wirksamkeit der Einreichung der komprimierten Steuererklärung in Papierform bei der Finanzbehörde, wobei die Einkommensteuererklärung in der Form des komprimierten Vordruckes gem. § 150 Abs. 3 AO i.V.m. § 25 Abs. 3 S. 1 EStG im dafür vorgesehenen Unterschriftenfeld auf der ersten Seite zu unterschreiben ist.[262]

cc. Übermittlung im ELSTER II-Verfahren

Das ELSTER II-Verfahren kommt demgegenüber ohne eine komprimierte Steuererklärung aus – es reicht die elektronische Datenübermittlung, damit die Finanzbehörde die Steuererklärungsdaten weiterbearbeiten kann. Die in diesem Verfahren übermittelte Steuererklärung kann damit als „echte" elektronische Steuererklärung bezeichnet werden. Um die Steuererklärung im

261 BMF-Schreiben v. 16.11.2011, BStBl. I 2011, 1063 Nr. 6; FG Baden-Württemberg v. 17.8.2015, 9 K 2505/14 Rn. 33 f.; FG Niedersachsen v. 13.3.2014, 4 K 32/12 Rn. 23; *Lewandowski/Ackermann*, DStR 2014, 1646, 1652; *v. Wedelstädt*, AO-StB 2015, 99, 101.

262 FG Baden-Württemberg v. 17.8.2015, 9 K 2505/14 Rn. 33 f.; FG Niedersachsen v. 13.3.2014, 4 K 32/12 Rn. 22 f.; *Schindler*, in: Gosch, AO/FGO, § 150 AO Rn. 25 (Stand: Juni 2017).

ELSTER II-Verfahren an die Finanzbehörde übermitteln zu können, muss sich der Nutzer vor Absendung der Steuererklärung über das Programm ElsterFormular authentifizieren. Dies erfolgt wahlweise via Zertifikatsdatei, via Personalausweis mit Online-Ausweisfunktion und Kartenlesegerät, via Sicherheitsstick oder via Signaturkarte. Erforderlich ist dafür weiterhin, dass sich der Nutzer unter www.elster.de mit einem Benutzerkonto und der gewählten Art der Authentifizierung registriert.[263] Bis auf den Zugang mit Zertifikatsdatei sind die Anmeldeoptionen mit zusätzlichen Anforderungen an die Hardware und ggf. Kosten für deren Anschaffung verbunden. Für den Login mit Personalausweis ist ein Kartenlesegerät oder ein NFC-fähiges mobiles Endgerät erforderlich,[264] der Sicherheitsstick kostet einmalig 49,11 Euro und eine Signaturkarte je nach Modell zwischen 50 und 150 Euro.[265] Empfohlen wird im Anmeldeprozess die kostenlose Variante der Anmeldung und Authentifizierung via Zertifikatsdatei.

Daher soll der Weg, wie der Nutzer an die Zertifikatsdatei gelangt, kurz dargestellt werden: Um die Zertifikatsdatei zu erhalten, muss der Nutzer zunächst unter Angabe seiner E-Mail-Adresse, seines Geburtsdatums und seiner Identifikationsnummer i.S.d. § 139b AO den Registrierungsvorgang auf www.elster.de unter „Benutzerkonto erstellen" starten. Im Anschluss wird an die angegebene E-Mail-Adresse eine Bestätigung gesendet, deren Erhalt durch Klick auf einen Link bestätigt wird. Danach erhält der Nutzer eine weitere Mail mit einer Aktivierungs-ID, die bis zum Erhalt des Aktivierungs-Codes per Post aufzubewahren ist. Der Aktivierungs-Code wird postalisch an die bei der Meldebehörde hinterlegte Wohnadresse gesendet. Mit Eingabe der Aktivierungs-ID und des Aktivierungs-Codes auf www.elster.de wird die Zertifikatsdatei mit einer selbst gewählten PIN erstellt und heruntergeladen. Die so erzeugte Zertifikatsdatei ist bei der Übermittlung der Steuererklärung im ELSTER II-Verfahren über ElsterFormular auszuwählen und die PIN einzugeben. Der Steuerpflichtige kann seine Steuererklärung nun authentifiziert an die Finanzbehörde übermitteln.

Unmittelbar nach Übermittlung der Steuererklärungsdaten erhält der Steuerpflichtige eine pdf-Datei angezeigt, welche die Steuererklärung in komprimierter Form mit digitalem „Eingangsstempel" der Finanzbehörde beinhaltet. Diese komprimierte Steuererklärung gleicht derjenigen aus dem ELSTER I-Verfahren,

---

263 Siehe die Übersicht hier: www.elster.de/eportal/registrierung-auswahl/kontotyp (abgerufen am 11.10.2021, 21:18 Uhr).

264 Siehe www.ausweisapp.bund.de/ausweisapp2/ (abgerufen am 11.10.2021, 21:18 Uhr).

265 Siehe die Übersicht hier: www.elster.de/eportal/registrierung-auswahl/kontotyp (abgerufen am 11.10.2021, 21:18 Uhr).

beinhaltet aber weder eine Telenummer noch ein Feld für die Unterschrift und ist nicht mehr bei der Finanzbehörde einzureichen, sondern nur für die eigenen Unterlagen des Steuerpflichtigen bestimmt. Dies wird durch den Aufdruck eines Wasserzeichens auf dieser mit dem Inhalt „Ausdruck – nicht für das Finanzamt bestimmt" deutlich gemacht.

dd. Der Übermittlung nachgelagerte Serviceleistungen

Hat die Finanzbehörde die Steuererklärung bearbeitet, kann unabhängig davon, ob die Übermittlung im ELSTER I- oder ELSTER II-Verfahren erfolgt ist, nach einer Benachrichtigung per E-Mail über ElsterFormular das Ergebnis der Steuerfestsetzung abgerufen werden und die letztendlich festgesetzten Beträge inkl. der Ermittlung der Besteuerungsgrundlagen mit den in der Einkommensteuererklärung übermittelten Werten abgeglichen werden. Dazu ist vor Übermittlung der Steuererklärung durch den Steuerpflichtigen ein Haken in dem Auswahlfenster zu setzen, das die Frage stellt, ob die Steuererklärungsdaten elektronisch zur Verfügung gestellt werden sollen. Dieses „elektronische Zur-Verfügung-Stellen" ist von der – gleich noch vorgestellten – Möglichkeit zu unterscheiden, weg vom klassischen Steuerbescheid auf Papier zum elektronischen Steuerbescheid zu optieren; es handelt sich bei den elektronisch zur Verfügung gestellten Daten um keinen Verwaltungsakt. Das auf diesem Weg bereitgestellte Dokument gleicht – jedenfalls in NRW – in Layout und Aufbau dem späteren Steuerbescheid vom Steuerfestsetzungsteil (ohne Abrechnungsverfügung) abwärts und kann den Eindruck erwecken, dass es sich um einen elektronisch bekanntgegebenen Verwaltungsakt handelt. Dies wird vor allem dadurch begünstigt, dass diesem Dokument eine – allerdings unvollständige – Rechtbehelfsbelehrung angefügt ist. Die Finanzverwaltung versucht diesem Eindruck entgegenzuwirken, indem sie dem Steuerberechnungsteil eine Anmerkung voranstellt, dass die Abbildung der Bescheiddaten lediglich Serviceleistung ist und keine Rechtswirkungen entfalten soll, vielmehr nur der Inhalt des auf Papier bekanntgegebenen Steuerbescheides maßgeblich ist.

ee. Nutzerfreundlichkeit und Einstellung von ElsterFormular

Die technischen Anforderungen, um ElsterFormular nutzen zu können, sind – soweit man Nutzer des Betriebssystems Microsoft Windows ist – gering[266] und

---

266 Auf der offiziellen Homepage werden als Anforderung lediglich die Microsoft Windows-Version 7, 8 und 10 (WinServer 2008 und 2012 sollen auch funktionieren, es wird aber kein Support geleistet) genannt sowie 800 MB notwendiger freier

es ist keine weitere Authentifizierung oder Anmeldungen zur Nutzung des Programmes erforderlich, sodass das Programm gerade für weniger technik-affine Menschen eine Einstiegsmöglichkeit in die elektronische Steuererklärung bietet und dabei an die bekannte Optik der Steuererklärungsvordrucke anknüpft. ElsterFormular wird jedoch letztmalig für den Veranlagungszeitraum 2019 von der Finanzverwaltung angeboten; das ELSTER I-Verfahren war nämlich von vornherein nur als Brückentechnologie vorgesehen und sollte in absehbarer Zeit durch die vollelektronische Steuererklärung ersetzt werden.[267] Mit Einstellung von ElsterFormular verschwindet gleichzeitig die Möglichkeit, die Steuersoftware der Finanzverwaltung zu nutzen, ohne den Authentifizierungsprozess durchlaufen zu haben. Den Nutzern verbleibt ab dem Veranlagungszeitraum 2020 nur noch die Möglichkeit, Mein Elster zu nutzen oder auf einen privaten Anbieter umzusteigen.

d. Mein Elster

aa. Zugang zu Mein Elster

Mein Elster ist eine webbasierte Anwendung, die unabhängig vom Betriebssystem in einem Internetbrowser (z.B. Microsoft Edge, Mozilla Firefox, Safari) bedient wird. Sie ermöglicht eine grundlegende elektronische Kommunikation mit dem Finanzamt, das Erstellen, Speichern und Übermitteln von elektronischen Steuererklärungen, Einsicht in die Elektronischen Steuerabzugsmerkmale (ELStAM) für den Lohnsteuerabzug und Zugriff auf dem Finanzamt vorliegende Daten von Dritter Seite zur Erzeugung der vorausgefüllten Steuererklärung.[268] Im Gegensatz zu ElsterFormular werden die Daten und Eingaben des Steuerpflichtigen bei der Verwendung von Mein Elster nicht lokal auf dem Endgerät gespeichert, sondern in der Cloud bzw. auf Servern unter einem Benutzerkonto abgelegt, auf das ein Zugriff über das Internet grundsätzlich von jedem Endgerät möglich ist. Diese Art des Zugriffs erfordert die bereits oben dargestellte Registrierung mit einem Benutzerkonto und die Wahl einer Authentifizierungsmethode. Nach Abschluss der Registrierung kann sich der Nutzer von Mein Elster unter www.elster.de anmelden und die dort angebotenen Dienstleistungen inkl. dem Erstellen und Übermitteln der Steuererklärung in Anspruch nehmen.

Speicherplatz auf der Festplatte angegeben, siehe www.elster.de/elsterweb/infoseite/anforderungen_elsterformular (abgerufen am 30.6.2020, 14:40 Uhr).

267 *Rolletschke*, in: GS Joecks, 571, 574.

268 Siehe zur Ausgestaltung der vorausgefüllten Steuererklärung im Einzelnen unten 2. Teil B. IX. 2. C.

Bei jedem Anmeldevorgang ist die Authentifizierung durchzuführen: Im Fall der Authentifizierung via Zertifikatsdatei also durch Hochladen dieser Datei und Eingabe der PIN.[269]

bb. Erstellen und Übermittlung der Steuererklärung

Das Erstellen und Übermitteln von Steuererklärungen in Mein Elster soll hier am Beispiel der Einkommensteuererklärung näher dargestellt werden. Hierzu wird unter dem Feld „Neues Formular" eine Einkommensteuererklärung für einen Veranlagungszeitraum ausgewählt. Nach einigen Zwischenschritten wählt der Nutzer die Anlagen für seine Steuererklärung aus. Ist der Nutzer unsicher, welche Anlagen er benötigt, bieten anklickbare Infokästen Informationen zu den einzelnen Anlagen. Die Darstellung der einzelnen Anlagen der Steuererklärung im Web-Formular von Mein Elster ist dabei optisch deutlich losgelöster von den amtlichen Steuererklärungsformularen und verfolgt einen anderen Ansatz als das ElsterFormular: Die einzelnen Zeilen, die auch in den Steuererklärungsformularen abgebildet sind, werden in Mein Elster nach Kategorien sortiert dargestellt. Die Kategorien entsprechen grundsätzlich den Abschnitten, nach denen auch die Steuererklärungsformulare unterteilt sind. Dass diesen Eingabefenstern layouttechnisch ursprünglich Steuererklärungsformulare zugrunde lagen, lässt sich jedoch isoliert betrachtet nur noch erahnen. Festgehalten werden kann, dass die auf den Steuererklärungsformularen enthaltenen schriftlichen Informationen zu den jeweiligen Feldern, soweit sie nicht formularspezifisch sind, in die Darstellung von Mein Elster übernommen werden. Der schriftliche Informationsgehalt der Steuererklärungsformulare und derjenige der Darstellungen im Web-Formular von Mein Elster ist somit identisch. Bei Fragen zu den einzelnen Formularabschnitten kann der Nutzer jeweils kleine Kreise mit Fragezeichensymbolen anklicken. Die darauf erscheinenden Informationen am rechten Fensterrand sind wiederum mit denen der gedruckten Anleitungen zur Steuererklärung identisch.

Die amtlichen Steuererklärungsformulare im ganzseitigen Layout mit allen Informationen werden – anders als bei ElsterFormular – bei Erstellung der

269 Bei Smartphones oder Tablets bietet die Finanzverwaltung die App ElsterSmart an, in die das Zertifikat eingelesen wird. Technisch notwendig ist diese jedoch nicht zwingend, sondern wird nur obligatorisch von www.elster.de verlangt, wenn von dem mobilen Endgerät die mobile Version der Seite abgefragt wird. Werden die Einstellungen des Smartphones oder Tablets so geändert, dass das mobile Gerät die Desktop-Seite von www.elster.de abfragt, ist der Anmeldevorgang analog zu dem am PC.

Steuererklärung über Mein Elster aber nicht mehr angezeigt, auch nicht vor oder nach Übermittlung der elektronischen Steuererklärung an die Finanzbehörde. Der Steuerpflichtige hat vielmehr nur noch die Möglichkeit, sich diese über das Formular-Management-System des Bundesministeriums für Finanzen anzeigen zu lassen,[270] findet dort aber beispielsweise nicht mehr die Anlage G für gewerbliche Einkünfte.

Nachdem der Steuerpflichtige die Fragen im Web-Formular beantwortet und seine Steuererklärung erstellt hat, kann er diese nach systemseitiger Überprüfung auf Plausibilität direkt an die Finanzbehörde übermitteln. Er bekommt vor dem Absenden der Steuererklärung noch eine Zusammenfassung der eingegebenen Daten angezeigt sowie den Text, dass er „versichere, die Angaben in dieser Steuererklärung wahrheitsgemäß nach bestem Wissen und Gewissen gemacht zu haben" – ein Passus der in der komprimierten Steuererklärung, die im ELSTER I-Verfahren für den gleichen Veranlagungszeitraum von ElsterFormular erstellt wird, fehlt und auch auf den Steuererklärungsformularen nicht auftaucht. Dadurch, dass der Nutzer sich bereits bei Anmeldung in seinem Benutzerkonto mit seiner Zertifikatsdatei und der PIN authentifiziert hat, ist vor Übermittlung der Daten keine weitere Authentifizierung mehr erforderlich. Über Mein Elster findet also ausschließlich eine Übermittlung im ELSTER II-Verfahren statt. Im Anschluss an die Übermittlung erhält der Steuerpflichtige in seinem elektronischen Postfach von Mein Elster eine Bestätigung und kann sich dort die übermittelten Daten nochmals – optisch angelehnt an die komprimierte Steuererklärung – ansehen.

Wie auch bei ElsterFormular besteht bei Mein Elster nach Bearbeitung der Steuererklärung durch die Finanzbehörde die Möglichkeit, die Steuerberechnung zum Abgleich vorab online einzusehen. Die Bekanntgabe von Steuerbescheiden durch Bereitstellung zum Datenabruf i.S.d. § 122a AO ist ab 2020 für die Einkommensteuerveranlagung möglich: Der Steuerpflichtige erhält bei Erstellung seiner Steuererklärung in Mein Elster die Möglichkeit auszuwählen, dass der Steuerbescheid elektronisch bekanntgegeben werden soll.[271]

---

270 www.formulare-bfinv.de (abgerufen am 11.10.2021, 21:55 Uhr).

271 www.elster.de/eportal/helpGlobal?themaGlobal=help_bescheiddaten (abgerufen am 11.10.2021, 21:57 Uhr).

cc. Nutzerfreundlichkeit

Mein Elster stellt keine hohen technischen Anforderungen an die Hardware[272] und kann mit den Betriebssystemen Microsoft Windows 7, 8, 10, MacOS 10.14, 10.15 und Ubuntu Linux 19.10 genutzt werden.[273] Das mehrschrittige Verfahren zur Erzeugung der Zertifikatsdatei kann jedoch gerade unerfahrene Nutzer abschrecken, sich mit dem Programm auseinanderzusetzen. Das Abweichen von der Optik der amtlichen Steuererklärungsformulare bedeutet für Nutzer, die bisher ElsterFormular genutzt haben oder ihre Steuererklärung nach amtlich vorgeschriebenem Vordruck abgegeben haben, eine Umstellung, die ggf. zu Ablehnung oder Verwirrung führen kann, es in jedem Fall aber erfordert, sich mit der neuen Art des Benutzerinterfaces vertraut zu machen.

Bisweilen ist auch die Menüführung in Mein Elster undeutlich: Möchte der Nutzer z.B. eine begonnene Steuererklärung oder einen angelegten Einspruch verlassen, ohne die eingegebenen Daten zu speichern, etwa, weil er sich das Programm nur anschauen wollte, bietet ELSTER hierfür zunächst kein klickbares Feld an. Zur Verfügung stehen lediglich die Felder „Eingeben und Daten übernehmen", „Prüfen und Steuer berechnen" und „Speichern und Formular verlassen". Ohne den Browser zu schließen oder sich komplett aus ELSTER abzumelden, bietet ELSTER somit auf den ersten Blick kein Verlassen des einmal begonnenen Projektes ohne Speichern an. Klickt der Nutzer auf „Speichern und Formular verlassen", öffnet sich allerdings ein weiteres Fenster mit den Auswahlmöglichkeiten „Ohne Speichern verlassen", „Zurück zum Formular" und „Speichern und Verlassen". Hier hat der Nutzer erst die Möglichkeit, die begonnene Einkommensteuererklärung zu verlassen und ins Hauptmenü zurückzukehren, ohne diese zu speichern. Um einen Steuererklärungsentwurf ohne Speicherung verlassen zu können, ist somit zwingend zunächst ein Feld mit einer gegenteiligen Aussage anzuklicken. Das ist verwirrend für den Nutzer und senkt seine Bereitschaft sich mit dem Programm auseinanderzusetzen, wenn bereits die simplen Navigationsmechanismen im Programm undeutlich gestaltet sind.

---

272 So kann Mein Elster nach einem Test durch den Autor auf einem mit MacOS betriebenen MacBook Air aus dem Jahr 2011 und auf einem ebenso alten mit Microsoft Windows 7 operierenden HP Elitebook 8440p ohne Weiteres genutzt werden.

273 www.elster.de/eportal/infoseite/systemanforderungen (abgerufen am 11.10.2021, 21:58 Uhr).

e. Software von Drittanbietern

Von Drittanbietern entwickelte Software zur Erstellung von Steuererklärungen war weit vor Einführung des ELSTER-Verfahrens erhältlich. So erschien beispielsweise die Steuersoftware WISO-Steuersparbuch 1991 erstmals für den Veranlagungszeitraum 1990 für das Betriebssystem MS-DOS. Bis zur Einführung der ELSTER-Schnittstelle war es den Steuerpflichtigen auf diesem Weg möglich, die Steuererklärung auszufüllen und auf den amtlichen Vordrucken nachempfundenen Formularen auszudrucken. Mit der Einführung von ELSTER haben Drittanbieter von der Finanzverwaltung die Möglichkeit erhalten, ERiC in ihre Steuererklärungsprogramme zu implementieren.[274] Dadurch wurde es den Anbietern kostenloser und kommerzieller Programme zur Erstellung der Steuererklärung ermöglicht, ebenfalls Leistungen wie die elektronische Übermittlung von Steuerdaten anzubieten. Das Layout, die Eingabemaske und die optische Darstellung variieren dabei von Anbieter zu Anbieter, sodass sich für den Steuerpflichtigen stets ein anderes Bild ergibt, wobei z.T. auch die klassischen Steuererklärungsformulare abgebildet werden. Letzteres ist insbesondere dann der Fall, wenn der Steuerpflichtige nicht verpflichtet ist, seine Steuererklärung elektronisch dem Finanzamt zu übermitteln und von dieser Möglichkeit auch keinen Gebrauch machen möchte.

f. Ergebnis

Der Steuerpflichtige findet sich einer Vielzahl von Programmen zur Erstellung der Steuererklärung gegenüber. Neben staatlichen Stellen vertreiben auch private Hersteller Software zur Erstellung der Steuererklärung, die über die Schnittstelle ERiC eine Kommunikation mit den Servern der Finanzverwaltung ermöglicht. Die optische Aufmachung der Steuererklärungsprogramme variiert dabei bereits bei den staatlichen Eigenprodukten ElsterFormular und Mein Elster nicht unerheblich. Dadurch, dass im Gegensatz zur Steuererklärung nach amtlich vorgeschriebenem Vordruck kein einheitliches optisches Erscheinungsbild für die Programme vorgegeben ist, mit denen die elektronische Steuererklärung erstellt wird, lässt sich die elektronische Steuererklärung von den Steuerpflichtigen nicht wirklich greifen. Abhängig von Hersteller, Programmart und ggf. auch individuell vorgenommenen Einstellungen, erfolgt die Darstellung der Steuererklärungsformulare bisweilen so, dass an die ursprünglichen amtlichen Steuererklärungsvordrucke bzw. -formulare nicht mehr viel erinnert. Es wäre

---

274 Eine Liste der Drittanbieter findet sich unter www.elster.de/elsterweb/softwareprodukt.

insoweit angezeigt, dass gewisse Mindestanforderungen auch mit Blick auf die Gestaltung gegenüber dem Bürger sichergestellt werden. Der Bundesfinanzhof geht davon aus, dass die Steuererklärungsformulare den Softwareherstellern als Maßstab dienen müsse, ohne diese Aussage jedoch zu vertiefen.[275] Sinnvoll wäre es beispielsweise, dass dem Nutzer in einem letzten Schritt vor Übermittlung der Daten an die Finanzbehörde die amtlichen Steuererklärungsformulare mit den eingegebenen Daten angezeigt werden, damit dieser die Möglichkeit hat, von den Formularen insgesamt Kenntnis zu nehmen, sodass er auch überblicken kann, ob er bisher Eintragungen vergessen hat, was bei den komprimierten Steuererklärungen nicht der Fall ist.[276]

4. Bedeutung für das Steuerverfahren

Da sich die Bürger bzw. die steuerlichen Berater schon vor der Einführung von ELSTER bei der Ausfüllung der Steuererklärung elektronischer Hilfsprogramme bedienten, um die eigene bzw. die Steuererklärungen ihrer Mandantschaft zu erstellen und zu verwalten, ist es aus Sicht der Finanzverwaltung sinnvoll, an die vorhandenen elektronischen Daten für das Veranlagungsverfahren anzuknüpfen und diese nicht zunächst via Medienbruch auf Papier zu erhalten, um sie dann abermals via Medienbruch durch Abtippen in das Festsetzungsprogramm zu digitalisieren. Die elektronische Steuererklärung vereinfacht daher die Arbeit der Finanzverwaltung,[277] ohne dass damit jedoch eine zwingende spiegelbildliche Mehrbelastung des Steuerpflichtigen einhergeht. Steuererklärungsformulare müssen in der Finanzbehörde nicht abgetippt oder – wie zuletzt auch geschehen, um die Massen an Steuererklärungen zu erfassen – eingescannt werden, sondern die Daten sind für den Sachbearbeiter direkt am PC mit einem Mausklick abrufbar und weiter bearbeitbar. Daneben treten schnellere Möglichkeiten zum Datenabgleich und zur Überprüfung von Erklärungsdaten, sodass die Auswertung für das Steuerverfahren sowohl mit Blick auf die Bescheiderstellung, aber auch für interne Kontrollzwecke beschleunigt wird.[278] Gleichzeitig ebnet die elektronische Steuererklärung den Weg in eine vollelektronische

---

275 BFH v. 16.4.2019, X B 16/19 Rn. 17.

276 Zur Bewertung dieses Problemkomplexes siehe unten 5. Teil C. II. 3. f. aa.

277 *Lewandowski/Ackermann*, DStR 2014, 1646, 1652; zu diesem Ergebnis gelangen nach Abwägung der Vor- und Nachteile des ELSTER-Programmes für die Finanzverwaltung und den Bürger auch *Hundsdoerfer/Siegmund*, DB 2003, 2460, 2460-2463.

278 BFH v. 14.3.2012, XI R 33/09, BStBl. II 2012, 477 Rn. 30; *v. Wedelstädt*, AO-StB 2015, 99, 100.

Steuerverwaltung, die den Bürger interaktiv „alternativlos“[279] auf digitalem Weg in den Verwaltungsprozess miteinbezieht.[280] Auch für den Steuerpflichtigen ergeben sich Vorteile: Statt auf Vordrucken auf Papier kann die Steuererklärung am PC erledigt werden; bereits bestehende Datensätze können mit entsprechenden Programmen medienbruchfrei übertragen werden. Als falsch erkannte Eintragungen sind vor Übermittlung ohne Weiteres korrigierbar, ohne dass ggf. ein neuer Vordruck ausgefüllt werden muss.[281] Zudem entfällt bei authentifizierter Übermittlung der Steuererklärung die Abgabe der Steuererklärung persönlich beim Finanzamt oder die Übersendung per Post. Hier ist allerdings relativierend anzumerken, dass – auch wenn die Finanzbehörden mittlerweile grundsätzlich auf die Übersendung von Belegen zusammen mit der Steuererklärung verzichten – für bestimmte Positionen weiterhin Belege postalisch einzureichen sind.[282] Für eine digitale Belegübermittlung per pdf-Datei ist nach einer Mitteilung auf www.elster.de[283] seit dem 30.4.2020 in Bayern und bis Ende 2020 in allen anderen Bundesländern ein Verfahren verfügbar, sodass der relativierende Kritikpunkt insoweit entfällt.

5. *Verzicht auf die elektronische Übermittlung*

Die Einzelsteuergesetze sehen bei gesetzlich vorgeschriebenen elektronischen Steuererklärungen im Regelfall vor, dass die Finanzbehörden auf Antrag zur Vermeidung unbilliger Härten auf eine Übermittlung durch Datenfernübertragung verzichten können (z.B. § 25 Abs. 4 S. 2 EStG; § 31 Abs. 1a S. 2 KStG, § 18 Abs. 1 S. 2, Abs. 3 S. 3 UStG, § 14a S. 2 GewStG, § 181 Abs. 2a S. 2 AO). Es handelt sich bei dem Verzicht auf die elektronische Übermittlung um eine Ermessensentscheidung der Finanzbehörde im konkreten Einzelfall.[284] § 150 Abs. 8 AO ergänzt bzw. modifiziert diese Regelungen und gibt der Finanzbehörde dann keinen Ermessensspielraum bei ihrer Entscheidung, wenn eine

---

279 *Seer*, DStJG 31 (2008), 7, 19.

280 *Seer*, DStJG 31 (2008), 7, 19 f.; *v. Wedelstädt*, AO-StB 2015, 99, 99; eine andere, negative Lesart verwendet S. *Schneider*, HFR 2013, 555, 555, der von einem „Hineindrängen“ in die elektronische Übermittlung spricht und beachtliche Nachteile für den Steuerpflichtigen annimmt; dazu noch unten 5. Teil C. II. 3.

281 *Lewandowski/Ackermann*, DStR 2014, 1646, 1652.

282 Siehe dazu noch unten 2. Teil B. IX. 2 b.

283 www.elster.de/elsterweb/infoseite/bereitstellungstermine (abgerufen am 11.10.2021, 22:00 Uhr).

284 *Pflüger*, in: Herrmann/Heuer/Raupach, EStG/KStG, § 25 EStG Rn. 70 (Stand: Juni 2016).

Erklärungsabgabe nach amtlich vorgeschriebenem Datensatz durch Fernübertragung für den Steuerpflichtigen wirtschaftlich oder persönlich unzumutbar ist. Eine wirtschaftliche Unzumutbarkeit ist gem. § 150 Abs. 8 S. 2 1. Hs. AO dann gegeben, wenn die Schaffung der technischen Möglichkeiten für eine Datenfernübertragung des amtlich vorgeschriebenen Datensatzes nur mit einem nicht unerheblichen finanziellen Aufwand möglich wäre. Notwendig ist es folglich, zu ermitteln, in welcher Relation der finanzielle Aufwand zur Anschaffung der technischen Geräte und Software sowie ihrer Pflege zu der wirtschaftlichen Situation des Steuerpflichtigen steht, wobei das laufende Einkommen des Steuerpflichtigen, das die elektronische Übermittlungspflicht auslöst, zu betrachten und den Kosten für Anschaffung, Betrieb und Wartung der technischen Vorrichtungen gegenüberzustellen ist.[285] Die persönliche Unzumutbarkeit knüpft gem. § 150 Abs. 8 S. 2 2. Hs. AO an die individuellen Kenntnisse und Fähigkeiten des Steuerpflichtigen an. Ist der Steuerpflichtige nach diesen nicht oder nur eingeschränkt in der Lage, die Möglichkeiten der Datenübertragung zu nutzen, sind die Voraussetzungen für einen Dispens von der elektronischen Steuererklärungspflicht erfüllt. Denkbar ist etwa, dass der Steuerpflichtige aufgrund seines Alters nicht mehr in der Lage ist, moderne Datenverarbeitungssysteme zu bedienen oder er mit diesen Arten der modernen Kommunikation nie vertraut war.[286] Hierbei ist allerdings zu berücksichtigen, dass sich die Beurteilungsparameter mit weiter voranschreitender Digitalisierung der Gesamtgesellschaft ändern und es daher zu keiner temporär unabhängigen Fixierung in der Beurteilung kommen kann.[287] Entscheidendes Merkmal für die persönliche Unzumutbarkeit ist damit die Medienkompetenz des Steuerpflichtigen im Einzelfall. Das Fehlen technischer Einrichtungen ist für sich genommen noch nicht ausreichend, damit

---

285 FG Rheinland-Pfalz v. 12.10.2016, 2 K 2352/15, EFG 2017, 40 Rn. 28 f., 32, in der Revision stellte BFH v. 16.6.2020, VIII R 29/17, klar, dass für die Verhältnismäßigkeitsprüfung nur die Einkünfte i.S.d. § 2 Abs. 1 S. 1 Nr. 1-3 EStG einzubeziehen sind; ebenso BFH v. 16.6.2020, VIII R 29/19; der Entscheidung des FG zustimmend *Schindler*, in Gosch, AO/FGO, § 150 AO Rn. 60 (Stand: Juni 2017); *Seer*, in: Tipke/Kruse, AO/FGO, § 150 AO Rn. 34 (Stand: April 2017); a.A. *Rätke*, in: Klein, AO, § 150 Rn. 96. Siehe zu dieser Frage noch unten 4. Teil G. I.

286 *Rätke*, in: Klein, AO, § 150 Rn. 97. Siehe zu dieser vergleichbaren Problematik im Zusammenhang mit der Eröffnung eines Zugangs zur elektronischen Kommunikation *Ortwald*, DStR 2017, 477, 478 f.

287 Siehe dazu auch exemplarisch *Mellinghoff*, DStJG 42 (2019), 287, 292; *Seer*, in: Tipke/Kruse, AO/FGO, § 150 AO Rn. 35 (Stand: April 2017).

§ 150 Abs. 8 AO einschlägig ist.[288] Anders als die Möglichkeit eines Rückgriffes auf Familien- oder Betriebsangehörige[289] bzw. Konzerngesellschaften[290], welche die persönliche Unzumutbarkeit nicht entfallen lässt, liegt keine persönliche Unzumutbarkeit vor, wenn ein Steuerberater mit der Wahrnehmung der steuerlichen Aufgaben bereits beauftragt ist.[291] Daraus auf eine Steuerberatungspflicht oder eine Pflicht zur (entgeltlichen) Inanspruchnahme von Übermittlungsdienstleistungen zu schließen, verträgt sich allerdings nicht mit dem Wortlaut des § 150 Abs. 8 S. 2 2. Hs. AO, der dann leerlaufen würde.[292] Dass bloße Bedenken gegen die datentechnische Sicherheit der elektronischen Übermittlung keine Härtefallregelung nach § 150 Abs. 8 AO und auch keine unbillige Härte nach den jeweiligen Einzelvorschriften begründen,[293] ist nachvollziehbar, da allgemein anerkannt ist, dass ab einem gewissen Komplexitätsgrad eine zu 100% fehlerfreie Software, die jegliche Manipulation von Dritter Seite ausschließt, nicht existiert bzw. nachweisbar ist[294] und eine Manipulation auch bei einer Steuererklärung auf Papier nicht mit entsprechender Sicherheit ausgeschlossen werden kann.

Der Antrag des Steuerpflichtigen auf Befreiung kann dabei ausdrücklich oder konkludent – etwa durch die Abgabe einer Steuererklärung auf Papier anstelle der vorgeschriebenen elektronischen Übermittlung – gestellt werden.[295] Die Finanzbehörde soll nach den Gesetzesmaterialien nur dann weiter ermitteln, wenn das Vorliegen eines Härtefalls nicht als glaubhaft angesehen werden kann.[296] Dies spricht insgesamt für eine eher großzügige Handhabung der

---

288 BFH v. 14. 3. 2012, XI R 33/09, BStBl. II 2012, 477 Rn. 58; *Seer*, in: Tipke/Kruse, AO/FGO, § 150 AO Rn. 35 (Stand: April 2017); *Rätke*, in: Klein, AO, § 150 Rn. 97.

289 FG Berlin-Brandenburg, v. 14. 2.2018, 3 K 3249/17, EFG 2018, 706 Rn. 67-69.

290 BFH v. 14.3.2012, XI R 33/09, BStBl. II 2012, 477 Rn. 79, da es sich um selbstständige Rechtssubjekte handelt.

291 BFH v. 15. 5. 2018, VII R 14/17 Rn. 21; eine dagegen gerichtete Verfassungsbeschwerde wurde von BVerfG v. 5.7.2019, 1 BvR 1656/18 nicht zur Entscheidung angenommen.

292 FG Berlin-Brandenburg, v. 14. 2.2018, 3 K 3249/17, EFG 2018, 706 Rn. 70 f.

293 BFH v. 15. 5. 2018, VII R 14/17 Rn. 22.

294 Siehe z.B. schon zu Anfang der 2000er Jahre das Handelsblatt v. 30.9.2001, abrufbar unter www.handelsblatt.com/archiv/fruehzeitiges-testen-wird-nur-unzureichend-genutzt-software-fehler-kosten-geld/2103754.html (zuletzt abgerufen am 25.9.2020, 23:18 Uhr); richtigerweise stellt daher auch das FG Baden-Württemberg v. 23.3.2016, 7 K 3192/15, EFG 2016, 723 Rn. 38, auf ein „hinreichendes Maß an Datensicherheit“ ab.

295 FG Nürnberg v. 5.8.2014, 2 V 676/14, EFG 2014, 1846, Rn. 18, 21; BT Drucks. 16/10490, S. 4.; BT Drucks. 16/10940, S. 10; *Schindler*, in: Gosch, AO/FGO, § 150 AO Rn. 59 (Stand: Juni 2017).

296 BT Drucks. 16/10940, S. 10.

Härtefallregelung durch die Finanzbehörden.[297] Um die Effektivität und Möglichkeiten des automatisierten Veranlagungsverfahrens nicht durch unzählige Ausnahmen von der elektronischen Steuererklärungspflicht zu gefährden bzw. auszubremsen, ist allerdings eine Behandlung mit Augenmaß geboten, welche die elektronische Übermittlung der Steuererklärung nicht zu einer freiwilligen Verpflichtung verkommen lässt.

Sind die Voraussetzungen des § 150 Abs. 8 AO nicht erfüllt, kann dennoch ein Anspruch auf Freistellung von der elektronischen Übermittlung aufgrund der Ermessensregelungen in den Einzelsteuergesetzen bestehen.[298] Die dazu geforderte unbillige Härte außerhalb der von § 150 Abs. 8 AO umfassten Fälle ist dann gegeben, wenn der zusätzliche Aufwand der elektronischen Übermittlung sich bei dem Steuerpflichtigen aufgrund der zu erwartenden zukünftigen Ersparnis nicht amortisiert und im Verhältnis zu den übrigen Verwaltungsaufwendungen des Steuerpflichtigen unangemessen hoch ist und die bezweckte Effizienzsteigerung des Verwaltungsverfahrens durch eine Befreiung nicht gänzlich ausgeschlossen ist.[299] Im Gesetzgebungsverfahren kamen vor allem Bedenken zur Sprache, dass aufgrund fehlender oder nicht ausreichender Internetanbindungen eine Datenübermittlung nicht möglich sei; auch darin soll eine unbillige Härte zu sehen sein, die zu einem Dispens von der elektronischen Übermittlung der Steuererklärung führen kann.[300]

IV. Zuständigkeit für die Erstellung der Steuererklärungsformulare

1. Grundgesetzliche Kompetenzverteilung

Zu klären ist die Frage, wer in der Bundesrepublik Deutschland für die Erstellung der Steuererklärungsformulare zuständig ist. In der Bundesrepublik Deutschland haben gem. Art. 30, 83 GG grundsätzlich die Länder die Kompetenz zur Ausführung der Bundesgesetze, soweit durch das Grundgesetz nichts anderes bestimmt ist. Eine solche andere Bestimmung könnte sich in Art. 108 GG finden, der *lex specialis* zu Art. 83 ff. GG ist.[301] Nach Art. 108 Abs. 5 S. 1, 2 GG kann der

---

297 Ebenso *Heuermann*: in Hübschmann/Hepp/Spitaler, AO/FGO, § 150 AO Rn. 55 (August 2010).

298 Der Steuerpflichtige hat Anspruch auf eine ermessensfehlerfreie Entscheidung der Finanzbehörde, siehe BFH v. 14.3.2012, XI R 33/09, BStBl. II 2012, 477 Rn. 72.

299 *Rolletschke*, in: GS Joecks, 571, 572.

300 BT Drucks. 16/10940, S. 3.

301 *Seer*, in: Bonner Kommentar, GG, Art. 108 Rn. 36 (Stand: Dezember 2020).

Bund das von Bundes- und Landesfinanzbehörden anzuwendende Verfahren mit Zustimmung des Bundesrates regeln, was mit der Abgabenordnung – ausgenommen die Regelungen zum Steuerstraf- und -bußgeldrecht – auch geschehen ist.[302] Folglich ist die Abgabenordnung auch die erste Anlaufstelle, wenn es um die Frage geht, wer die Formulare für die Steuererklärungen erstellt. Wie eine Steuererklärung abzugeben ist, schreibt § 150 Abs. 1 S. 1 AO vor, nämlich nach amtlich vorgeschriebenem *Vordruck*. Soweit eine elektronische Steuererklärung durch die Einzelgesetze vorgeschrieben ist, ist diese stattdessen nach *amtlich vorgeschriebenem Datensatz* zu übermitteln.[303]

Aus der Formulierung des § 150 Abs. 1 S. 1 AO bzw. aus den Formulierungen in den Einzelsteuergesetzen lässt sich der gesetzliche Auftrag ableiten, dass Erklärungsvordrucke bzw. -formulare zu erschaffen sind.[304] Von wem die Erklärungsvordrucke zu erstellen sind, ist in der Abgabenordnung gesetzlich aber nicht geregelt, sodass zunächst auf allgemeine Grundsätze zurückzugreifen ist. Der Blick auf den Zweck der Steuererklärungsformulare hilft hier weiter: Diese sind Grundlage für die Steuererklärung des Steuerpflichtigen an die Finanzbehörde und dienen somit der Ausführung der Steuergesetze und dabei insbesondere der Durchführung der Besteuerung.[305] Sie sind daher dem Gesetzesvollzug, also der Verwaltungstätigkeit der Exekutive, zuzuordnen. Damit stellt die Kompetenz zur Erstellung der Steuererklärungsvordrucke einen *Annex* zur jeweiligen Steuerverwaltung dar. Zuständig für die Erstellung der Steuererklärungsformulare ist damit diejenige Verwaltung, die gem. Art. 108 GG für die Verwaltung der jeweiligen Steuer zuständig ist. Dies sind in den Fällen des Art. 108 Abs. 1 GG der Bund und in den übrigen Fällen grundsätzlich die Länder gem. Art. 108 Abs. 2 GG. Art. 108 Abs. 1 GG weist dem Bund die Verwaltungszuständigkeit für die Zölle, Finanzmonopole, die bundesgesetzlich geregelten Verbrauchsteuern einschließlich der Einfuhrumsatzsteuer, die Kraftfahrzeugsteuer und sonstige auf motorisierte Verkehrsmittel bezogene Verkehrsteuern ab dem 1.7.2009 sowie die Abgaben im Rahmen der Europäischen Gemeinschaften zu. Die Umsatzsteuer ist zwar nach heutigem Verständnis materiell betrachtet eine Verbrauchsteuer, der Verfassungsgesetzgeber und auch der einfache Gesetzgeber der

---

302 *Seer*, in: Bonner Kommentar, GG, Art. 108 Rn. 155 (Stand: Dezember 2020); *Schwarz*, in: Maunz/Dürig, GG, Art. 108 Rn. 56 (Stand: März 2019); *Funke*, AöR 132 (2007), 168, 180 m.w.N.

303 Siehe z.B. § 25 Abs. 2 EStG, § 14a GewStG, § 18 Abs. 3 UStG, § 31 Abs. 1a S. 1 KStG.

304 *Schick*, StuW 1988, 301, 305 f., dazu auch im Folgenden.

305 Siehe oben 2. Teil B. II. 2.

Abgabenordnung 1977 verstanden die Umsatzsteuer jedoch als Verkehrsteuer, sodass ihre Verwaltung entgegen dem – vermeintlich – eindeutigen Wortlaut nicht gem. Art. 108 Abs. 1 GG dem Bund obliegt.[306] Daher wären grundsätzlich die Länder für die Erstellung der Steuererklärungsformulare der übrigen hier besprochenen Steuerarten zuständig. Etwas anderes könnte sich aber aus Art. 108 Abs. 3 GG ergeben.

Art. 108 Abs. 3 GG ordnet abweichend von Art. 108 Abs. 2 GG eine Landesverwaltung als Bundesauftragsverwaltung für Steuern an, deren Aufkommen ganz oder teilweise dem Bund zufließt. In Verbindung mit Art. 85 Abs. 3 S. 1 GG ergibt sich eine Wahrnehmungskompetenz der Länder mit umfassender, die Pflicht zu bundesfreundlichem Verhalten einhaltender Direktionskompetenz des Bundes.[307] Art. 108 Abs. 3 GG i.V.m. Art. 85 Abs. 3 GG gibt dem Bundesminister der Finanzen in diesem Rahmen die Befugnis, den Landesfinanzbehörden „Weisungen" zu erteilen. Hierunter könnten solche Weisungen zu verstehen sein, bestimmte Steuererklärungsformulare zu nutzen bzw. diese entsprechend einer Weisung zu gestalten, sodass über die Weisungsmöglichkeit die Kompetenz für die Erstellung der Steuererklärungsformulare bei dem Bundesminister der Finanzen liegt. Es handelt sich bei der Weisungsbefugnis i.S.d. Art. 108 Abs. 3 GG i.V.m. Art. 85 Abs. 3 GG allerdings nur um eine solche, die auf Einzelweisungen beschränkt ist:[308] Systematisch ist die Bundesregierung – nicht

306 BFH v. 24.6.1992, V R 130/89 Rn. 20; BFH v. 14.7.2015, XI B 41/15 Rn. 8-12 m.w.N.; *Seer*, in: Bonner Kommentar, GG, Art. 108 Rn. 67 (Stand: Dezember 2020); *Englisch*, in: Tipke/Lang, Steuerrecht, Rn. 17.10.

307 *Seer*, in: Bonner Kommentar, GG, Art. 108 Rn. 105, 109 (Stand: Dezember 2020); BVerfG v. 19.2.2002, BVerfGE 104, 249, 264 f.

308 Siehe dazu und auch zu den folgenden Ausführungen *Seer*, in: Bonner Kommentar, GG, Art. 108 Rn. 111-115 (Stand: Dezember 2020), und *ders.*, in: FS Ruppe, 533, 541-543, jeweils m.w.N.; *von Wedelstädt*, in: Gosch, AO/FGO, § 21a FVG, Rn. 2 (Stand: Dezember 2009); *Drüen*, FR 2008, 295, 299 f.; *Sauerland*, Die Verwaltungsvorschrift im System der Rechtsquellen, S. 174-179, und *ders.*, DStZ 2007, 668, 670-672, mit jeweils umfassender Auslegung; vgl. auch zu Art. 85 Abs. 3 GG *Suerbaum*, in: BeckOK GG (Stand: November 2020), Art. 85 Rn. 28; *Kluth*, in: Bonner Kommentar, GG, Art. 85 Rn. 117-122 (Stand: Dezember 2011), mit Blick auch auf das Steuerrecht; *Trute*, in: v. Mangoldt/Klein/Starck, GG, Art. 85 Rn. 23; für Weisungen in einer Vielzahl konkreter Fälle sind *Dittmann/Winkler*, in: Sachs, GG, Art. 85 Rn. 24, und *Broß/Meyer*, in: v. Münch/Kunig, GG, Art. 108 Rn. 21, wenn das Recht des Bundesrates nicht umgangen wird; *Kempny*, in: Berliner Kommentar, GG, Art. 108 Rn. 68-72 (Stand: Februar 2018); siehe zur a.A. die Darstellung bei *Orlopp*, in: FS Klein, 597, 598-600; apodiktisch die Bundesregierung in einer Antwort auf eine kleine Anfrage

der Bundesminister der Finanzen – gem. Art. 108 Abs. 7 GG mit Zustimmung des Bundesrates befugt, allgemeine Verwaltungsvorschriften zu erlassen. Würde es dem Bundesfinanzminister ebenfalls erlaubt sein, allgemeine Weisungen, die kaum von allgemeinen Verwaltungsvorschriften unterscheidbar sind,[309] zu erlassen, würde es zu der Umgehung des Bundesrates und einem Wertungswiderspruch kommen: Der Bundesminister der Finanzen wäre ohne Weiteres dazu in der Lage, während das höherrangige Kollektivorgan Bundesregierung auch noch der Zustimmung des Bundesrates bedürfte. Somit kann sich die Weisungsbefugnis des Bundesministers der Finanzen nur auf Einzelweisungen beziehen. Eine andere Wertung ergibt sich auch nicht mit Blick auf eine Notwendigkeit stärkerer Einflussnahmemöglichkeiten des Bundes auf die Länder im Bereich des Steuerrechts aus Gründen der Sicherung der Rechts- und Wirtschaftseinheit sowie der gleichmäßigen Anwendung der Steuergesetze.[310] Zutreffend führt *Sauerland* aus, dass stärkere Ingerenzrechte des Bundes im Bereich der Finanzverwaltung vonnöten sind und daher abschließend durch Art. 108 GG

---

der FDP Fraktion, BT Drucks. 14/6716, S. 3 (letztlich widerlegt durch *Sauerland*, a.a.O). Die Zulässigkeit von Weisungen im Ergebnis einschränkend auf „Fälle von nicht nur alltäglicher Bedeutung" *L. Müller/Zeitler*, DStZ 1975 (A), 467, 470-473.

309 So bereits *Ossenbühl*, Verwaltungsvorschriften und Grundgesetz, S. 373; eine Unterscheidung versuchen etwa *Orlopp*, in: FS Klein, 597, 598 f., und *Klein*, BB 1969, 1321, 1323, vorzunehmen.

310 So aber explizit *Stern*, Staatsrecht II, S. 1178, 1185; dem zustimmend *Weyhausen*, Steuerverwaltung und bundesstaatliche Verfassungsordnung, S. 128; ebenso, wenn auch weniger fundiert *Uelner*, in: FS Friauf, S. 217, 224 und *Klein*, BB 1969, 1321, 1323; auf dieser Argumentationsschiene fährt auch der Gesetzentwurf des Föderalismus-Begleitgesetzes, BT Drucks. 16/814, S. 19; ausdrücklich bejaht hat die Bundesregierung in einer kleinen Anfrage von Abgeordneten der FDP-Fraktion ein allgemeines Weisungsrecht des Bundesministers der Finanzen gegenüber den Landesfinanzbehörden ohne weitere Begründung, BT Drucks. 14/6716, S. 3; von einer Stärkung des allgemeinen fachlichen Weisungsrechts zur Verbesserung und Erleichterung des gleichmäßigen Steuervollzugs der Gesetze geht auch die Begründung zum Gesetz zur Neuregelung des bundesstaatlichen Finanzausgleichssystems […] mit Blick auf § 21a FVG aus, siehe BR Drucks. 814/16, S. 56. Gerade Letzteres zeigt das Selbstverständnis, faktische Zustände durch einfaches Gesetz zu schaffen, ohne grundgesetzliche Regelungen in den Prozess miteinzubeziehen. *L Müller/Zeitler*, DStZ 1975 (A), 467, 471 f., nutzen die Argumente der Gleichheit der Besteuerung – sie sehen eine ggf. bestehende Pflicht des Bundes zur Wahrung von Art. 3 Abs. 1 GG – für ihre vermittelnde Auffassung a.a.O., 472 f.

gegenüber Art. 85 GG Sonderregelungen getroffen werden.[311] Dort, wo Art. 108 GG aber keine Sonderregelungen bereithält, gelten die allgemeinen Grundsätze der Art. 83 bis 86 GG und es kann nicht auf andere Wertungen zurückgegriffen werden.[312] Das Aufkommen der Einkommen-, Körperschaft- und Umsatzsteuer steht dem Bund und den Ländern gem. Art. 106 Abs. 3 S. 1 GG gemeinsam zu. Folglich liegt auch auf diesen Steuerrechtsgebieten die Zuständigkeit der Formularerstellung grundsätzlich bei den Ländern mit Direktionsbefugnis des Bundes im Einzelfall durch Einzelweisung. Die Frage, ob es sich bei der Erstellung der Steuererklärungsformulare um einen Fall handelt, den der Bundesminister der Finanzen durch Einzelweisung regeln kann, ist zu verneinen, sind doch immerhin eine Vielzahl von Steuerfällen, das gesamte Veranlagungsverfahren eines Jahres betroffen, sodass abstrakt-individuelle Anweisungen vorlägen.[313] Art. 108 Abs. 3 GG ändert somit nichts an der grundsätzlichen Befugnis der Länder, die Steuererklärungsformulare zu erstellen.

2. *Einfachgesetzliche Durchbrechungen*

a. *Verfassungsrechtliche Ermächtigungsnorm*

Eine Möglichkeit, die es dem Bund erlaubt, bei der Erstellung der Steuererklärungsformulare beteiligt zu werden, könnte sich aus Art. 108 Abs. 4 S. 1 GG ergeben. Art. 108 Abs. 4 S. 1 GG bestimmt als Ausnahme vom grundsätzlichen Verbot der Mischverwaltung[314], dass für die Steuern i.S.d. Art. 108 Abs. 2 GG

---

311 *Sauerland*, Die Verwaltungsvorschrift im System der Rechtsquellen, S. 180 f.; *ders.*, DStZ 2007, 668, 672; siehe zum Hintergrund auch BVerfG v. 21.10.1971, 2 BvL 6/69, BVerfGE 32, 145, 151 f. und zu den Sonderrechten in Art. 108 GG BVerfG v. 21.10.1971, 2 BvL 6/69, BVerfGE 32, 145, 154 f., wobei die Aussage das ein Recht besteht, allgemeine Weisungen zu erteilen, nicht im Sinne des hiesigen Streites zu deuten ist; a.A. *L. Müller/Zeitler*, DStZ 1975 (A), 467, 473 f.

312 *Sauerland*, Die Verwaltungsvorschrift im System der Rechtsquellen, S. 180 f.; *ders.*, DStZ 2007, 668, 672; *Seer*, in: Bonner Kommentar, GG, Art. 108 Rn. 36 (Stand: Dezember 2020).

313 Ausdrücklich für die mit den Steuererklärungsformularen vergleichbare Anweisung, bestimmte Anträge nur in Schriftform anzunehmen *F. Kirchhof*, in: Maunz/Dürig, GG, Art. 84 Rn. 261 (Stand: Oktober 2020); freilich unter der Prämisse, dass der Begriff der Weisung als Einzelweisung verstanden wird und somit ein Bezug auf Art. 84 Abs. 5 S. 1 GG möglich ist; wohl auch *Trute*, in: v. Mangoldt/Klein/Stark, GG, Art. 85 Rn. 24; a.A. ohne weitere Erläuterung oder Begründung jedoch *Frizen*, Das Deklarationsprinzip im Einkommensteuerrecht, S. 72 f.

314 BVerfG v. 21.10.1971, 2 BvL 6/69 u.a., BVerfGE 32, 145, 156 Rn. 40; siehe auch BVerfG v. 20.12.2007, 2 BvR 2433 und 2434/04, BVerfGE 119, 331 Rn. 152 f.

durch Bundesgesetz, das der Zustimmung des Bundesrates bedarf, ein Zusammenwirken von Bundes- und Landesbehörden vorgesehen werden kann, wenn und soweit dadurch der Vollzug der Steuergesetze erheblich verbessert oder erleichtert wird. Art. 108 Abs. 4 GG ist in dieser Funktion für das Steuerrecht *lex specialis* zu Art. 91c GG.[315] Durch Einführung des Art. 108 Abs. 4 GG als Kooperationsermächtigung im Rahmen der Finanzreform 1969 wollte der verfassungsändernde Gesetzgeber zunächst bereits übertragene Verwaltungszuständigkeiten auf eine verfassungsrechtliche Grundlage stellen.[316] Gleichzeitig sollte aber auch eine Flexibilisierung der zwischen Bund und Ländern geteilten Steuerverwaltung ermöglicht werden, um die Gleichmäßigkeit der Besteuerung auf dem Bundesgebiet durch die verschiedenen Länderfinanzverwaltungen sicherzustellen.[317] Fraglich war seit jeher, in welcher Breite und Intensität Art. 108 Abs. 4 S. 1 GG Durchbrechungen der in Art. 108 Abs. 1 bis 3 GG aufgeführten Grundsätze zulässt. *Seer* gelangt nach einer teleologischen Auslegung zu dem Ergebnis, dass Art. 108 Abs. 4 S. 1 GG eine weitgehende Ermächtigung vorsehe, die grundsätzlich keinerlei Beschränkungen unterliege.[318] Er begründet seine Auffassung mit dem grundsätzlichen Ziel des Art. 108 GG, unter Durchbrechung der in Art. 30, 70 GG niedergelegten Länderfreiheiten eine Mindesthomogenität des Steuervollzugs durch entwicklungsoffene gesetzliche Gestaltungen zu gewährleisten.[319] Voraussetzung für eine verfassungsmäßige Durchbrechung sei allerdings, dass die jeweilige Maßnahme zur Verbesserung oder Erleichterung des Vollzugs im Sinne einer gleich- und gesetzmäßigen Umsetzung der Steuergesetze beitrage und damit dem gesteigerten Rechtfertigungsmaßstab des Konditionalsatzes in Art. 108 Abs. 4 S. 1 GG entspreche.[320] Eine Grenze der Ermächtigung des Art. 108 Abs. 4 S. 1 GG sei jedoch an der Stelle zu ziehen, an der das Normalbild des Art. 108 Abs. 1, 3, 5, 7 GG durchgreifend umgestaltet wird.[321] Diese Auffassung wird von der Literatur so oder leicht modifiziert vertreten, wobei

---

315 *Gröpl*, in: Maunz/Dürig, GG, Art. 91c Rn. 77 (Stand: August 2018); siehe auch *Waldhoff*, DStJG 42 (2019), 57, 73 f., der von einer Mischung aus Ergänzung und Spezialität spricht.

316 BT Drucks. V/2861, S. 38; den Begriff der Kooperationsermächtigung verwendet BVerfG v. 17.6.2002, 2 BvF 4/98, BVerfGE 106, 1, 20 (Rn. 83).

317 BT Drucks. V/2861, S. 37; BVerfG v. 17.6.2002, 2 BvF 4/98, BVerfGE 106, 1, 26; *Seer*, in: FS Ruppe, 533, 546.

318 *Seer*, in: FS Ruppe, 533, 547 f.

319 *Seer*, in: FS Ruppe, 533, 546 f.

320 *Seer*, in: FS Ruppe, 533, 547 f.

321 *Seer*, in: FS Ruppe, 533, 548.

immer wieder hervorgehoben wird, dass lediglich punktuelle Durchbrechungen und damit keine Umgestaltungen der allgemeinen systematischen Grundsätze möglich seien.[322] Dem ist zuzustimmen: Die historisch bedingte Trennung der Finanzverwaltung zwischen Bund und Ländern hat zu Ungleichheiten und teilweise konkurrierenden Ausgestaltungen insbesondere der technischen Veranlagungssysteme und damit des Veranlagungsverfahrens zwischen den einzelnen Bundesländern geführt, sodass von einer gleichmäßigen Besteuerung über Bundesländergrenzen hinweg nicht gesprochen werden kann.[323] Der erkennbare Wille des Gesetzgebers, durch Art. 108 Abs. 4 S. 1 GG Abhilfe schaffen zu wollen, ist nur dann effektiv durchsetzbar, wenn Art. 108 Abs. 4 S. 1 GG extensiv verstanden wird.

Der Vollzug der Steuergesetze, für die der Bund die Gesetzgebungskompetenz hat, die aber im Rahmen der Bundesauftragsverwaltung ausgeführt werden, wird vor allem dann gleichmäßig und gesetzmäßig ausgeübt, wenn die Landesfinanzbehörden mit gleichem Maß messen. Dies betrifft nicht nur die Normanwendung in den einzelnen Ländern, sondern auch das Steuerverfahren insgesamt. Die Steuererklärungsformulare als primäre Erkenntnisquelle der Finanzbehörde zur Ermittlung des steuerlichen Sachverhaltes stehen dabei am Beginn der behördlichen Amtsermittlung und legen den Grundstein für die weitere Ermittlungstätigkeit der Finanzbehörde im einzelnen Fall.[324] Es wäre der Gleichheit des Steuervollzuges abträglich, wenn die Steuererklärungsformulare in jedem Bundesland eine unterschiedliche Dichte an Sachverhaltsabfragen aufweisen würden und damit der Ausgangspunkt der Ermittlungen jeweils variierte. Auch aus der Sicht des Bürgers ist ein Verwaltungsverfahren einfacher zu handhaben, wenn beispielsweise nach einem Umzug oder einer Betriebsverlegung in ein anderes Bundesland die gewohnten Formulare zur Erfüllung der ebenfalls unverändert gebliebenen steuerlichen Pflichten genutzt werden. Gleiches gilt auch mit Blick auf die elektronische Steuererklärung. Somit fördern bundeseinheitliche Steuererklärungsformulare ein bundesweit gleichmäßiges Besteuerungsverfahren über Ländergrenzen hinweg. Ein Gesetz, dass das Zusammenwirken von Bund und

---

322 Siehe etwa *F. Kirchhof*, in: v. Mangoldt/Klein/Starck, GG, Art. 108 Rn. 61-65; *Heintzen*, in: v. Münch/Kunig, GG, Art. 108 Rn. 36 f.; *Siekmann*, in: Sachs, GG, Art. 108 Rn. 10 f.

323 Genannt seien nur die unterschiedlichen technischen Veranlagungssysteme, deren Vereinheitlichung im Rahmen der Fiskus-GmbH seinerzeit gescheitert ist (siehe nur die Mitteilung in AO-StB 2004, 119) und die seit nunmehr über einem Jahrzehnt im Rahmen des Programmes Konsens zusammengeführt und bundesweit vereinheitlich werden sollen.

324 Siehe oben 2. Teil B. II. 3.

Ländern für die Erstellung der Steuererklärungsformulare vorsieht, wäre demnach möglich. Fraglich ist, ob ein solches Gesetz in Kraft ist.

b. § 51 Abs. 4 Nr. 1 lit. b EStG

Nach Durchsicht der materiellen Steuergesetze findet sich mit § 51 Abs. 4 Nr. 1 lit. b EStG eine für den Bereich der Einkommensteuer vielversprechende Norm. Sie weist dem Bundesministerium der Finanzen die Kompetenz zu, im Einvernehmen mit den obersten Landesbehörden die Formulare für die Erklärung zur Einkommensbesteuerung zu bestimmen. Für die Körperschaft- und Umsatzsteuer fehlt eine solche einfachgesetzliche Befugnis.[325] Und auch die Bundesregierung hat von der in Art. 108 Abs. 7 GG vorgesehenen Möglichkeit, allgemeine Verwaltungsvorschriften mit Zustimmung des Bundesrates zur Ausgestaltung der Formulare zu erlassen, keinen Gebrauch gemacht. Somit findet sich in den materiellen Steuergesetzen nur eine gesetzliche Regelung i.S.d. Art. 108 Abs. 4 S. 1 GG, die ausdrücklich die Erstellung der Steuererklärungsformulare regelt.

c. § 21a Abs. 1 S. 1 FVG

Der Bund könnte somit nur noch[326] durch § 21a FVG allgemein befugt sein, an der Erstellung der Steuererklärungsformulare mitzuwirken bzw. diese mitzugestalten. Nach § 21a Abs. 1 S. 1 FVG bestimmt das Bundesministerium der Finanzen nämlich mit Zustimmung der obersten Finanzbehörden der Länder[327]

---

325 § 33 Abs. 2 Nr. 1 KStG ermächtigt das Bundesministerium der Finanzen allerdings, Muster für die Bescheinigungen nach § 27 Abs. 3 KStG und § 37 Abs. 3 S. 4 KStG im Einvernehmen mit den obersten Finanzbehörden der Länder zu bestimmen.

326 Auf das aus § 5 Nr. 25 FVG resultierende, Art. 108 Abs. 4 S. 1 GG konkretisierende Weisungsrecht des Bundesministeriums der Finanzen im Bereich der Versicherungssteuer wird hier mangels Breitenwirkung nicht näher eingegangen, siehe dazu *Seer*, in: Tipke/Kruse, AO/FGO, § 88 AO Rn. 55 (Stand: Januar 2017), und *Krumm*, in: Tipke/Kruse, AO/FGO, § 5 FVG Rn. 24 (Stand: Juni 2020).

327 Eine Zustimmung der obersten Finanzbehörden der Länder liegt gem. § 21a Abs. 1 S. 2 FVG dann vor, wenn nicht mindestens elf Länder widersprechen. Kritik zu dieser Auslegung des in Art. 108 Abs. 4 S. 3 GG genannten Mehrheitsbegriffes findet sich bei *Dütz*, ZRP 2017, 247, der zutreffend ausführt, dass eine Mehrheit – jedenfalls nach der einfachen Mehrheit – bereits bei dem Widerspruch von neun Ländern vorliegt und hier daher eine „absurde Fiktion, bei einem Widerspruch der Mehrheit habe [trotzdem] die Mehrheit […] zugestimmt“ (a.a.O., 248), vorliegt; Bedenken äußert ebenfalls der Bundesrat in einer Stellungnahme (BT Drucks. 18/11135, S. 137), in der er die Mehrheits-Regelung als „geradezu paradox“ bezeichnet.

einheitliche Verwaltungsgrundsätze und erteilt allgemeine fachliche Anweisungen und solche zur Zusammenarbeit des Bundes mit den Ländern. Ziel der Regelung ist die Verbesserung und Erleichterung des Gesetzesvollzugs auch in Bezug auf die Gleichmäßigkeit der Besteuerung.[328] Die auf diesem Weg gem. § 21a Abs. 1 S. 1 FVG zustande gekommenen Akte stellen mangels Ermächtigung zum Erlass von Rechtsverordnungen interbehördliche Weisungen dar. Unter diese Anweisungskompetenz zur Zusammenarbeit des Bundes mit den Ländern könnte auch das Verfahren und die Erstellung der Steuererklärungsformulare zu subsumieren sein. Dass deren Vereinheitlichung der Verbesserung des Gesetzesvollzuges dient und die Gleichmäßigkeit der Besteuerung fördern kann, wurde bereits erläutert, sodass die Voraussetzungen des § 21a Abs. 1 S. 1 FVG und des Art. 108 Abs. 4 S. 1 GG grundsätzlich als erfüllt anzusehen sind. Bedenken ergeben sich jedoch mit Blick auf die Verfassungsmäßigkeit des § 21a Abs. 1 S. 1 FVG. Denn Art. 108 Abs. 4 S. 1 GG ermächtigt den Gesetzgeber nur insoweit zum Erlass von kooperativen Gesetzen, wie die grundsätzliche Systematik unangetastet bleibt. Wie soeben erläutert, zeichnet sich die Systematik des Art. 108 Abs. 3, 7 GG auch dadurch aus, dass nur dem Kollegialorgan Bundesregierung mit Zustimmung des Bundesrates ein Recht zusteht, allgemeine Verwaltungsvorschriften zu erlassen, und es daher dem Bundesminister der Finanzen verwehrt ist, allgemeine Weisungen zu erteilen. Dieses Auslegungsergebnis wird ohne ausdrückliche Änderung des Grundgesetzes nicht von Art. 108 Abs. 4 S. 1 GG verdrängt. Eine allgemeine Weisungsbefugnis des Bundesministers der Finanzen gegenüber den Landesfinanzbehörden durch § 21a Abs. 1 S. 1 FVG einzuführen, ist somit nicht von Art. 108 Abs. 4 S. 1 GG gedeckt.

Über diesen Mangel hinaus ist § 21a FVG nicht auf bestimmte Steuern beschränkt und deckt sich somit mit den Anforderungen des Art. 108 Abs. 4 S. 1 GG, der eine Einschränkung auf Steuern i.S.d. Art. 108 Abs. 2 GG vorsieht, nicht.[329] Allerdings könnte man darüber nachdenken, die Norm im Rahmen einer verfassungskonformen Reduktion einzuschränken, sodass dieser Mangel für sich allein betrachtet noch nicht unbedingt zur Verfassungswidrigkeit der Norm führt. Aufgrund des bereits festgestellten Verstoßes gegen das Grundgesetz, kann hier eine Entscheidung dahinstehen.

An der Beurteilung der Verfassungswidrigkeit des § 21a Abs. 1 S. 1 FVG ändert auch die Ergänzung des Art. 108 Abs. 4 GG um einen dritten Satz durch

---

328 BT Drucks. 16/814, S. 19.

329 *Kempny*, in: Berliner Kommentar, GG, Art. 108 Rn. 73 (Stand: Februar 2018) und dort Fn. 179, der zwar von Steuern i.S.d. Abs. 3 spricht, wohl aber Abs. 2 meint.

das Gesetz zur Änderung des Grundgesetzes[330] vom 13.7.2017 nichts. Dieser neu eingefügte Art. 108 Abs. 4 S. 3 GG sieht vor, dass das Gesetz i.S.d. Art. 108 Abs. 4 S. 1 GG für ein Zusammenwirken von Bund und Ländern bestimmen kann, dass bei Zustimmung einer im Gesetz genannten Ländermehrheit Regelungen für den Vollzug von Steuergesetzen für alle Länder verbindlich werden. Im Gesetzesentwurf war die Regelung auf den Bereich der Informationstechnik beschränkt und hatte damit insbesondere die länderübergreifenden technischen Herausforderungen gleichmäßig agierender Landesfinanzverwaltungen im Blick.[331] Sie wurde aber auf Empfehlung des Haushaltsausschusses verallgemeinert auf Gesetze in allen Bereichen des Zusammenwirkens von Bund und Ländern bei der Verwaltung von Steuern.[332] Die grundsätzliche Systematik des Art. 108 Abs. 3, 7 GG wird durch Art. 108 Abs. 4 S. 3 GG allerdings nicht tangiert und soll durch die Regelung auch nicht tangiert werden. Denn die gem. Art. 108 Abs. 4 S. 1, 3 GG erforderliche Beteiligung des Bundesrates an der einfachgesetzlich geregelten Mehrheitsentscheidung ist nicht in der Lage, die weiterhin von Art. 108 Abs. 7 GG geforderte Zustimmung des Bundesrates zu ersetzen.[333] Deutlich wird dies vor allem dann, wenn die einfachgesetzliche Regelung zur Mehrheitsbestimmung von der in Art. 51, 52 Abs. 3 GG festgelegten Mehrheitsregelung des Bundesrates abweicht. Dies ist ohne Weiteres nach Art. 108 Abs. 4 S. 3 GG möglich. So geschieht es bei § 21a Abs. 1 S. 2 FVG, der eine Zustimmung vorsieht, wenn nicht mindestens elf Länder widersprechen. Eine entsprechende Zustimmung im Bundesrat bedürfte mindestens der Hälfte der Stimmen, wobei jedes Land dort je nach Einwohnerzahl gem. Art. 51 Abs. 2 GG drei bis sechs Stimmen hat. Stimmen in der Literatur, die § 21a FVG ohne weitere Begründung nunmehr für verfassungsgemäß halten,[334] können daher nicht überzeugen. § 21a Abs. 1 S. 1 FVG ist im Ergebnis verfassungswidrig.[335]

---

330 BGBl. I 2017, 2347.

331 BR Drucks. 769/16, S. 2, 14; BT Drucks. 18/11131, S. 18 f.

332 BT Drucks. 18/12588, S. 33.

333 *Seer*, in: Bonner Kommentar, GG, Art. 108 Rn. 121 (Stand: Dezember 2020); in diese Richtung auch *Erichsen*, in: FS Kruse, 39, 48.

334 So etwa *Schmieszek*, in: Hübschmann/Hepp/Spitaler, AO/FGO, § 21a FVG Rn. 6 (Stand: August 2018).

335 Im Ergebnis ebenfalls *Seer*, in: Bonner Kommentar, GG, Art. 108 Rn. 121 (Stand: Dezember 2020); *Krumm*, in: Tipke/Kruse, AO/FGO, § 21a FVG Rn. 2 f. (Stand: September 2020); *Kempny*, in: Berliner Kommentar, GG, Art. 108 Rn. 73 (Stand: Februar 2018); *Sauerland*, DStZ 2007, 668, 673; „verfassungsrechtlich keine nennenswerte Bedeutung" misst *Helbich*, Vertrauensschutz in Verwaltungsvorschriften des Steuerrechts, S. 82, § 21a FVG bei; zu dem gefunden Ergebnis tendiert auch

Unabhängig davon stellt sich die Frage, ob die Regelung des § 21a FVG inhaltlich den Anforderungen des Art. 108 Abs. 4 S. 1 GG entspricht. Denn fraglich ist, wie genau der Gesetzgeber eine auf Art. 108 Abs. 4 S. 1 GG fußende Regelung ausgestalten muss. Angesprochen ist damit die Wesentlichkeitstheorie. Wortlaut und Satzaufbau des Art. 108 Abs. 4 S. 1 GG geben zunächst keine Anhaltspunkte dafür, wie weitflächig eine Zusammenarbeit zwischen Bund und Ländern durch einfaches Gesetz angeordnet werden kann bzw. mit welcher Dichte ein entsprechendes Gesetz zu formulieren ist. Jedenfalls ist ein Parlamentsvorbehalt im Sinne eines generellen Verbotes der Delegation durch Rechtsverordnungsbefugnis nicht statuiert.[336] Systematisch spricht bereits die Tatsache, dass eine Regelung i.S.d. Art. 108 Abs. 4 S. 1 GG – anders als etwa Art. 86 S. 2 GG – einem Bundesgesetz vorbehalten ist, dafür, dass dem Gesetzgeber die Grundsatzentscheidung i.S.d. Wesentlichkeitslehre obliegt.[337] Eine Regelung, die ohne weitere Konkretisierung eine jede Zusammenarbeit von Bund und Ländern zur Disposition der Exekutive stellt, wäre danach nicht von Art. 108 Abs. 4 S. 1 GG gedeckt. So spricht auch das Bundesverfassungsgericht von „*einzelnen* [Hervorhebung durch den Verf.] Aufgabenübertragungen i.S.d. Art. 108 Abs. 4 S. 1 GG“[338]. Unter Beachtung dieser Prämisse steht es dem Gesetzgeber aber frei, eine Zusammenarbeit von Bund und Ländern anzuordnen und die Ausgestaltung im Einzelnen unter den Voraussetzungen des Art. 80 Abs. 1 S. 1 GG auf die Exekutive zu übertragen. § 21a FVG umfasst mit der Befugnis zur Bestimmung von „einheitlichen Verwaltungsgrundsätzen“ und „allgemeinen fachlichen Weisungen“ keine Einzelfälle, sondern erlaubt dem Bundesministerium der Finanzen einen Einfluss auf das gesamte Verwaltungshandeln der Finanzbehörden, sodass es sich um eine inhaltlich sehr weite, kaum durch den Gesetzgeber abgesteckte Regelung handelt. Anders als von Art. 108 Abs. 4 S. 1 GG vorgesehen, regelt § 21a Abs. 1 S. 1 FVG damit keine Änderung der Zuständigkeitsverteilung zwischen Bund und Ländern im Einzelfall, sondern gibt dem Bundesministerium der Finanzen im Ergebnis freie Hand, um weitere Weisungen unabhängig von weiteren Einzelgesetzen und außerhalb der parlamentarischen Kontrolle und derjenigen des

---

Kube, BeckOK GG (Stand: November 2020), Art. 108, Rn. 21.2, der § 21a FVG vor dem Hintergrund des Art. 108 Abs. 7 GG als „sehr weitgehend“ einstuft.

336 BVerfG v. 17.6.2002, 2 BvF 4/98, BVerfGE 106, 1, 22 Rn. 86-88.

337 BVerfG v. 17.6.2002, 2 BvF 4/98, BVerfGE 106, 1, 22 Rn. 87, das einen durch eine spezifische bundesstaatliche Funktion geprägten organisatorischen Gesetzesvorbehalt erkennt; zustimmend *F. Kirchhof*, in: v. Mangoldt/Klein/Starck, GG, Art. 108 Rn. 32.

338 BVerfG v. 17.6.2002, 2 BvF 4/98, BVerfGE 106, 1, 24 Rn. 95.

Bundesrates zu erlassen.[339] Somit verstößt § 21a Abs. 1 FVG zusätzlich zu der bereits festgestellten Verfassungswidrigkeit gegen Art. 108 Abs. 4 GG i.V.m. der Wesentlichkeitstheorie.

Im Ergebnis kann § 21a Abs. 1 FVG somit keine gesetzliche Grundlage für die Mitwirkung des Bundes bei der Erstellung der Steuererklärungsformulare darstellen.

3. *Die Erstellung der Steuererklärungsformulare in der Praxis*

In tatsächlicher Hinsicht wird im Sinne einer bundeseinheitlichen Verwaltung die Formularerstellung in der Praxis auf Bundesebene koordiniert: Vorarbeiten für die bundeseinheitlichen Steuererklärungsformulare leistet eine *Vordruckkommission*, die im Bundesministerium der Finanzen eingesetzt ist und die bei der Erstellung der Formulare einen Austausch mit dem Bund der Steuerzahler, der Deutschen Steuergewerkschaft, den Lohnsteuerhilfevereinen und den Verbänden der steuer- und wirtschaftsberatenden Berufe pflegt.[340] Die so durch das Bundesministerium der Finanzen im Einvernehmen mit den Ländern erstellten Formulare werden an die Länder weitergegeben, die diese ohne inhaltliche Änderungen verwenden.[341] Es lässt sich somit festhalten, dass die Formulare zur Einkommensteuer gem. § 51 Abs. 4 Nr. 1 lit. a EStG, die Formulare für die Umsatz- und Körperschaftsteuer gem. tatsächlicher Übung durch das Bundesministerium der Finanzen in Einvernehmen mit den Ländern bestimmt werden.

4. *Sonderfall: Gewerbesteuer*

Die Gewerbesteuer ist insoweit als Sonderfall zu behandeln, da ihr Aufkommen nicht dem Bund und den Ländern, sondern gem. Art. 106 Abs. 6 S. 1 GG allein den Gemeinden zusteht, woran die Beteiligung von Bund und Länder durch eine Umlage gem. Art. 106 Abs. 6 S. 4, 5 GG nichts ändert.[342] Einschränkend wird

---

339 So im Ergebnis auch *Seer*, in: Bonner Kommentar, GG, Art. 108 Rn. 121 (Stand: Dezember 2020).

340 *Schick*, StuW 1988, 301, 306; *Seer*, in Tipke/Kruse, AO/FGO (Stand: April 2017), § 150 AO Rn. 6; siehe auch BMF v. 24.5.2017, IV C 4-S 2532/17/10001.

341 *Schick*, StuW 1988, 301, 306; *Heuermann*, in: Hübschmann/Hepp/Spitaler, AO/FGO, § 150 AO Rn. 5 (Stand: August 2010).

342 *Seer*, in: Bonner Kommentar, GG, Art. 108 Rn. 103 (Stand: Dezember 2020); siehe auch BVerwG v. 29.09.1982, 8 C 48/82 Rn. 37 f., BVerfG v. 25.01.2005, 2 BvR 2185/04 (Ablehnung einstweilige Anordnung) Rn. 19 und BVerfG v. 27.01.2010, 2 BvR 2185/04, BVerfGE 125, 141 Rn. 52; zu dieser Rechtsauffassung kritisch *Sarrazin*, in: Lenski/Steinberg, GewStG, § 1 Rn. 87-91 (Stand: August 2021).

den Gemeinden durch Art. 106 Abs. 6 S. 2 GG aber nur das Recht eingeräumt, die Hebesätze der Gewerbesteuer innerhalb der bestehenden Gesetze zu bestimmen;[343] die Verwaltung der Gewerbesteuer steht demgegenüber grundsätzlich gem. Art. 108 Abs. 2 GG den Ländern zu.[344] Zwar besteht gem. Art. 108 Abs. 4 S. 2 GG die Möglichkeit, dass die Länder die ihnen originär zustehende Verwaltungskompetenz der Gewerbesteuer ganz oder zum Teil auf Gemeinden bzw. Gemeindeverbände übertragen. Jedoch haben die Flächenländer davon nur in Bezug auf die Anwendung des Hebesatzes, die Festsetzung der Gewerbesteuer und ihre Erhebung Gebrauch gemacht, während in den Stadtstaaten keine Übertragung auf die Gemeinden stattgefunden hat.[345] Die Verwaltungskompetenz der Gemeinden beschränkt sich daher auf die Anwendung der Hebesätze auf den Gewerbesteuermessbetrag sowie die Festsetzung und Erhebung der Gewerbesteuer. Darüber hinaus, also für die Feststellung des Gewerbesteuermessbetrages und dessen Zerlegung, sind gem. Art. 108 Abs. 2 GG abermals die Länder zuständig. Die Kompetenz zur Erstellung der Formulare für die Gewerbesteuererklärung, deren Ziel es ist, den Gewerbesteuermessbetrag zu ermitteln, liegt somit bei den Ländern. Mangels oben dargelegter Beteiligung des Bundes am Steueraufkommen der Gewerbesteuer besteht keine Bundesauftragsverwaltung gem. Art. 108 Abs. 3 GG, sodass sich die Befugnisse, auf das Verwaltungsverfahren einwirken zu können, nur aus Art. 108 Abs. 7 GG ergeben können. Nach Art. 108 Abs. 7 GG wäre die Bundesregierung befugt, für die Gewerbesteuer allgemeine Verwaltungsvorschriften mit Zustimmung des Bundesrates zu erlassen, soweit die Verwaltung den Gemeinden oder Landesfinanzbehörden obliegt.[346] Davon hat sie jedoch in Bezug auf die Ausgestaltung der Steuererklärungsformulare für die Gewerbesteuer, soweit ersichtlich, keinen Gebrauch gemacht. Dennoch wird der Bund tatsächlich auch hier im Einvernehmen mit den einzelnen Bundesländern tätig, sodass faktisch jedenfalls eine vergleichbare Situation wie bei den Formularen zur Umsatz- und Körperschaftsteuer besteht.

---

343 Daraus ergibt sich etwa auch die Befugnis des Bundes, Mindesthebesätze vorzuschreiben, wie es in § 16 Abs. 4 S. 2 GewStG erfolgt ist, siehe BVerfG v. 27.01.2010, 2 BvR 2185/04 und 2 BvR 2189/04.

344 *Sarrazin*, in: Lenski/Steinberg, GewStG (Stand: August 2021), § 1 Rn. 85, 98.

345 Siehe dazu ausführlich m.w.N. *Sarrazin*, in: Lenski/Steinberg, GewStG (Stand: August 2021), § 1 Rn. 99-102.

346 *Seer*, in: Bonner Kommentar, GG, Art. 108 Rn. 181 (Stand: Dezember 2020).

5. *Kein Recht auf eigene Steuererklärungsformulare der Länder oder Finanzbehörden?*

Fraglich ist allerdings, ob die Länder oder Finanzbehörden unabhängig von dem zuvor Gesagten die bundeseinheitlichen Steuererklärungsformulare um eigene Steuererklärungsformulare ergänzen können. *Frizen* kommt in ihrer Arbeit zu dem Ergebnis, dass zusätzliche Steuererklärungsformulare der Landesfinanzverwaltungen formell rechtswidrig seien.[347] Sie fußt diese Feststellung maßgeblich auf zwei Aussagen. Zunächst nimmt sie an, dass dem Bund ein Weisungsrecht gegenüber den Ländern im Bereich der Formularerstellung obliegt.[348] Danach argumentiert sie mit einem Urteil des Finanzgerichts Niedersachsen, in dem dieses judiziert, dass die Finanzverwaltung kein „Steuererklärungs-Erfindungsrecht" habe[349].[350] Allerdings bezieht sich das Finanzgericht Niedersachsen nicht auf die Kompetenz der Länder im Verhältnis zum Bund, Formulare zu erstellen, sondern stellt grundsätzlich fest, dass die Anforderung einer Steuererklärung nur dann möglich sei, wenn das Einzelsteuergesetz die Pflicht oder Möglichkeit zur Abgabe von Steuererklärungen und nicht, wie im entschiedenen Fall, lediglich Anzeige- und Mitteilungspflichten vorsähe.[351] Auch § 149 Abs. 1 S. 2 AO begründe nach dem Urteil des Finanzgerichts Niedersachsen weder für den Bund noch für die Länder eine Kompetenz zur Erstellung von einzelgesetzlich nicht vorgesehenen Steuererklärungen, was sich auch aus den Verweisen in § 150 AO in die Einzelsteuergesetze ergebe.[352] Das Urteil des Finanzgerichts Niedersachsen verschließt sich damit aber nicht grundsätzlich zusätzlichen Formularen von Länderfinanzverwaltungen, soweit die Einzelsteuergesetze Formulare vorsehen. Aus dem Urteil des Finanzgerichts Niedersachsen lässt sich damit nur die zutreffende Erkenntnis ziehen, dass kein Steuererklärungs-Erfindungsrecht ohne gesetzliche Grundlage im Einzelsteuergesetz besteht, was auch von der Literatur übernommen worden ist.[353] Unabhängig davon steht es

347 *Frizen*, Das Deklarationsprinzip im Einkommensteuerrecht, S. 74.

348 *Frizen*, Das Deklarationsprinzip im Einkommensteuerrecht, S. 72 f.

349 FG Niedersachsen v. 2.4.1987, III 48/86, EFG 1987, 473.

350 *Frizen*, Das Deklarationsprinzip im Einkommensteuerrecht, S. 73.

351 FG Niedersachsen v. 2.4.1987, III 48/86, EFG 1987, 473.

352 FG Niedersachsen v. 2.4.1987, III 48/86, EFG 1987, 473.

353 Aussage und Wortschöpfung gehen zurück auf FG Niedersachsen v. 2.4.1987, III 48/86, EFG 1987, 473; übernommen in großen Teilen der Literatur siehe *Seer*, in Tipke/Kruse, AO/FGO, § 149 AO Rn. 10 (Stand: April 2017); *Heuermann*, in: Hübschmann/Hepp/Spitaler, AO/FGO, § 149 AO Rn. 14 (Stand: April 2014); *Schindler*, in: Gosch, AO/FGO, § 149 AO Rn. 20 (Stand: August 2020); *Rätke*, in: Klein, AO, § 149 Rn. 5;

den Finanzbehörden frei, im Einzelfall die Voraussetzungen des § 93 AO erfüllende Auskunftsersuchen in Formularform zu stellen.[354] Zu denken ist etwa an formularmäßig gestaltete Fragebögen, wenn Aufwendungen im Zusammenhang mit einem Arbeitszimmer überprüft werden sollen – allerdings nur, soweit diese noch nicht über die Steuererklärung abgefragt worden sind.[355] Auf Äußerlichkeiten kann dabei nicht abgestellt werden: Nur weil eine Anfrage in Formularform ergeht, wird aus ihr keine Steuererklärung. Im Ergebnis kann damit der Aussage von *Frizen* in der Pauschalität nicht zugestimmt werden.

V. Die Rechtsnatur der Steuererklärungsformulare

1. *Über die Notwendigkeit der Bestimmung der Rechtsnatur*

Die Suche nach der Antwort auf die Frage, welche Rechtsnatur die Steuererklärungsformulare haben, hat vor allem Auswirkungen auf die Frage nach der Rechtmäßigkeit dieser Formulare und den Rechtsschutz gegen dieselben. Allerdings vermisst man in der Abgabenordnung oder in den Einzelsteuergesetzen jegliche Angaben zur Rechtsqualität der Steuererklärungsformulare. In der Literatur finden sich mehrere Stimmen, die sich mit der Rechtsnatur der Steuererklärungsformulare auseinandergesetzt haben, dabei aber zu divergierenden Ergebnissen gekommen sind. Bevor eine Bewertung und Gesamtauseinandersetzung erfolgt, sollen zunächst die verschiedenen Auffassungen dargestellt werden.

Haselmann, in: Koenig, AO, § 149 Rn. 17. Der BFH v. 11.10.1989, I R 101/87, BStBl. II 1990, 880 Rn. 19, sieht jedoch die Möglichkeit, soweit im Einzelfall Anhaltspunkte aufgrund konkreter Umstände oder allgemeiner Erfahrungen bestehen, die eine Sachverhaltsermittlung der Finanzbehörde aufgrund eines Auskunftsersuchens i.S.d. § 93 AO rechtfertigen, dieses mithilfe von Fragebögen durchzuführen. Voraussetzung für ein Auskunftsersuchen nach § 93 AO ist, dass die Heranziehung eines Auskunftspflichtigen aufgrund konkreter Umstände oder aufgrund allgemeiner Erfahrungen im Einzelfall geboten ist. Beispiele bei *Frizen*, Das Deklarationsprinzip im Einkommensteuerrecht, S. 73 f.

354 BFH v. 11.10.1989, BStBl. II 1990, 280 Rn. 19.

355 Rechtswidrig ist daher die in Nordrhein-Westfalen durchgeführte Praxis, in als prüfungswürdig erkannten Fällen mit einem Arbeitszimmer umfassende Fragebögen herauszuschicken, die neben einer Skizze des Arbeitszimmers und seiner Lage in der Wohnung nochmals die bereits in der Steuererklärung abgefragten und – dies bietet jedenfalls Mein Elster an – einzeln aufgeschlüsselten Aufwendungen abfragen.

2. Steuererklärungsformulare als Verwaltungsakt?

Schick klassifiziert die Steuererklärungsformulare in Anlehnung an die allgemeine Definition der Steuererklärung[356] als „gebündelte Auskunftsverlangen der Behörde gegenüber dem Steuerpflichtigen in seinem Steuerfall“[357]. Allerdings sind Auskunftsverlangen stets ein finanzbehördlicher Verwaltungsakt, sodass *Schick* dementsprechend auch die in den Steuererklärungsformularen gestellten Fragen als viele einzelne Verwaltungsakte ansieht.[358] *Schick* begründet die Qualifizierung der Fragen im Steuererklärungsformular als Verwaltungsakt damit, dass jedem Besteuerungsverfahren ein gesondertes Verfahren vorausgehe, in dem die Finanzbehörde die Einleitung des Besteuerungsverfahrens zu prüfen und bejahendenfalls den Steuerpflichtigen zur Abgabe einer Steuererklärung durch (separaten) Verwaltungsakt aufzufordern habe.[359] Dass dies notwendig ist, zieht er aus einer Auslegung der Erklärungspflichten im Lichte des Steuerverfahrens: Es sei nicht Aufgabe des Bürgers, sondern der Finanzbehörde, den Gegenstand des Besteuerungsverfahrens zu bestimmen und das Besteuerungsverfahren einzuleiten.[360] Dazu müsse die Behörde aber die Erklärungsformulare schaffen und auf den Einzelfall – z.B. durch Aufforderung zur Abgabe – für anwendbar erklären.[361] Dadurch seien sowohl die Aufforderung als auch die einzelnen Fragen in der Steuererklärung als Verwaltungsakte zu qualifizieren.[362] Dieses Verständnis werde in § 3 Abs. 1 der Verordnung über die gesonderte Feststellung von Besteuerungsgrundlagen nach § 180 Abs. 2 AO[363] deutlich, der eine Abgabe der Erklärung zur gesonderten Feststellung erst nach Aufforderung durch die Finanzbehörde vorsieht.[364]

Schick unterscheidet daher zwischen einer Erklärungspflicht nach Aufforderung durch die Finanzbehörde und einer Anzeigepflicht des Steuerpflichtigen, die ein Minus zur Erklärungspflicht darstelle, sich ebenfalls aus §§ 149 Abs. 1 S. 1; 150 Abs. 1 S. 1 AO ergebe und der Finanzbehörde die Möglichkeit eröffne,

356 Siehe oben 2. Teil B. I. 1.

357 *Schick*, StuW 1988, 301, 305.

358 *Schick*, StuW 1988, 301, 311; allgemein für die Qualifikation von Auskunftsverlangen *Seer*, in: Tipke/Kruse, AO/FGO, § 93 AO Rn. 1 (Stand: März 2018).

359 *Schick*, StuW 1988, 301, 304 f.

360 *Schick*, StuW 1988, 301, 304 f.

361 *Schick*, StuW 1988, 301, 304 f.

362 *Schick*, StuW 1988, 301, 304 f., 311.

363 BGBl. I 1987, 2663.

364 *Schick*, StuW 1988, 301, 304 und dort Fn. 25a.

das Besteuerungsverfahren im Regelfall durch Aufforderung zur Abgabe einer Steuererklärung einzuleiten.[365] Danach würde die Verpflichtung zur Abgabe einer Steuererklärung nicht kraft Gesetzes entstehen, sondern durch Gesetz würde zunächst lediglich eine Anzeigepflicht des Steuerpflichtigen bei der Finanzbehörde normiert, soweit keine Aufforderung der Finanzbehörde zur Abgabe einer Steuererklärung erfolgt ist.[366]

3. *Beurteilung der Steuererklärungsformulare als Verwaltungsakte im Einzelfall?*

Heuermann tendiert in eine ähnliche Richtung, modifiziert den von *Schick* gewählten Ansatz aber: So sollen in den Fällen, in denen die Aufforderung zur Abgabe der Steuererklärung einen Verwaltungsakt darstellt, auch die Fragen der Steuererklärung Teil dieses Verwaltungsaktes sein.[367] Er beschränkt seine Argumentation aber auf die Fragen, die sich mit steuererhöhenden Umständen auseinandersetzen, da nur diese einen Regelungscharakter aufweisen würden, während die Geltendmachung von steuervermindernden Sachverhalten lediglich Obliegenheiten seien und die darauf gerichteten Fragen im Formular daher mangels Regelungscharakter auch keine Verwaltungsakte darstellen würden.[368] Selbiges gelte auch für die in den Steuererklärungsformularen vorgesehenen Felder, welche die Ausübung von Wahlrechten durch den Steuerpflichtigen ermöglichen.[369]

4. *Steuererklärungsformular als Rechtsverordnungen?*

Bei den Steuererklärungsformularen könnte es sich auch um Rechtsverordnungen handeln, wie *App* in Betracht zieht.[370] Dazu prüft *App*, ob die Ermächtigungsgesetze zur Gestaltung und Bestimmung der Steuererklärungsformulare den Anforderungen des Art. 80 Abs. 1 S. 1 GG genügen. Letzterer sieht nur die Bundesregierung, einen Bundesminister oder eine Landesregierung als Adressat

365 *Schick*, StuW 1988, 301, 304.
366 *Schick*, StuW 1988, 301, 304.
367 *Heuermann*, in: Hübschmann/Hepp/Spitaler, AO/FGO, § 150 AO Rn. 9 (Stand: August 2010).
368 *Heuermann*, in: Hübschmann/Hepp/Spitaler, AO/FGO, § 150 AO Rn. 9 (Stand: August 2010).
369 *Heuermann*, in: Hübschmann/Hepp/Spitaler, AO/FGO, § 150 AO Rn. 9 (Stand: August 2010).
370 Siehe *App*, StVj 1989, 278, 280 f.

zum Erlass einer Rechtsverordnung an und fordert die Nennung des ermächtigten Organs im ermächtigenden Gesetz, was *App* für die Steuergesetze verneint.[371] Ebenso seien die Anforderungen des Art. 80 Abs. 1 S. 2 GG, der bestimmt, dass das zur Rechtsverordnung ermächtigende Gesetz Inhalt, Zweck und Ausmaß der erteilten Ermächtigung beinhalten müsse, bei steuerrechtlichen Vorschriften, welche die Erstellung eines Vordruckes anordnen bzw. dessen Existenz voraussetzen, „vielleicht" mit Ausnahme der § 46 AO, § 18 GrEStG nicht erfüllt.[372] Daraus schließt *App*, dass in den Steuererklärungsformularen keine Rechtsverordnungen zu sehen sind.[373] Eine identische Auffassung vertritt wohl *Clausen*, der im Hinblick auf § 51 Abs. 4 EStG keine Ermächtigungsgrundlage für den Erlass einer Rechtsverordnung erkennt, sondern lediglich die ausdrückliche Zuweisung einer Verwaltungsaufgabe.[374] Ebenso lehnt *Seiler* eine Delegation i.S.d. Art. 80 GG an dieser Stelle ab.[375]

5. Steuererklärungsformulare als Verwaltungshilfsmittel

Meinzenbach geht für das Steueranmeldungsverfahren davon aus, dass das Formular zur Abgabe der Steueranmeldung „seiner Rechtsnatur nach ein Verwaltungshilfsmittel ist."[376] Im weiteren Verlauf prüft *Meinzenbach* die rechtliche Verbindlichkeit eines Formulares für den Steuerpflichtigen und kommt zu dem Ergebnis, dass sich diese nicht aufgrund der gesetzlichen Verpflichtung, eine Steuererklärung bzw. Steueranmeldung abzugeben, ergebe, sondern (nur) durch eine Aufforderung der Finanzbehörde begründet werden könne.[377] Welche Rechtsnatur diese neutral als „behördliche Handlung"[378] bzw. „behördlicher Akt"[379] bezeichnete Verfahrenshandlung der Behörde hat, bleibt zunächst offen,

---

371 *App*, StVj 1989, 278, 280.

372 *App*, StVj 1989, 278, 280.

373 Dies sagt *App* zwar nicht ausdrücklich. Jedoch ist so wohl diese Aussage von *App*, StVj 1989, 278, 280, zu verstehen: „Die Finanzverwaltung selbst sieht die Bestimmungen des Inhalts von Vordrucken *ebenfalls* [Hervorhebung des Verf.] nicht als Verordnungen an."

374 *Clausen*, in: Herrmann/Heuer/Raupach, EStG/KStG, § 51 Rn. 30 EStG (Stand: April 2016).

375 *Seiler*, in: Kirchhof, EStG, § 51 Rn. 50.

376 *Meinzenbach*, Die Steueranmeldung, S. 179, der diese Aussage auf S. 180 wiederholt, sich dort aber auf die „Natur" des Vordrucks beschränkt.

377 *Meinzenbach*, Die Steueranmeldung S. 182.

378 *Meinzenbach*, Die Steueranmeldung, S. 184.

379 *Meinzenbach*, Die Steueranmeldung S. 186.

wird aber im Zusammenhang mit dem möglichen Rechtsschutz als Verwaltungsakt qualifiziert.[380] Eine Rückkopplung auf die Formulare insgesamt nimmt *Meinzenbach* dabei jedoch nicht vor; vielmehr könne dann eine Anfechtung einer einzelnen Formularfragen mit der Anfechtungsklage erfolgen. [381] Damit wird inzident die Aussage getroffen, dass erst zu diesem Zeitpunkt die einzelne Formularfrage einen Verwaltungsakt darstellt, wenn eine derartige Aufforderung zur Beantwortung der Frage durch die Behörde durch Verwaltungsakt erfolgt.

6. *Eigene Stellungnahme*

a. *Steuererklärungsformulare als Verwaltungsakte*

aa. *Zurverfügungstellung der Formulare als Steuerverwaltungsakt?*

Ob die Steuererklärungsformulare als Verwaltungsakte anzusehen sind, ist zweifelhaft: Ein Verwaltungsakt ist gem. § 118 S. 1 AO jede Verfügung, Entscheidung oder andere hoheitliche Maßnahme, die eine Behörde auf dem Gebiet des öffentlichen Rechts zur Regelung eines Einzelfalles trifft und die auf unmittelbare Rechtswirkung nach außen gerichtet ist. Wären die Steuererklärungsformulare und die in ihnen gestellten Fragen gebündelte Verwaltungsakte, müssten sie diese Merkmale erfüllen. Infrage stehen aber jedenfalls die Merkmale „Maßnahme“ und „Regelung“. Beide Begriffe sind eng miteinander verwandt.[382] Während die „Maßnahme“ das willentliche, zielgerichtete Verhalten der Finanzbehörde durch Tun, Dulden oder Unterlassen meint,[383] bezieht sich die „Regelung“ auf das Produkt dieser Handlung, nämlich das Setzen einer verbindlichen Rechtsfolge dergestalt, dass durch sie Rechte oder Pflichten begründet, geändert, aufgehoben oder verbindlich festgestellt werden.[384] Die Steuererklärungsformulare bzw. deren bloße Zurverfügungstellung in elektronischer Form oder als Vordruck an Amtsstelle mag zwar, soweit die Finanzbehörde selber auch handelt, als Verhalten zugerechnet werden können. Das Begründen von Rechtspflichten soll durch

380 *Meinzenbach*, Die Steueranmeldung, S. 186 f.

381 *Meinzenbach*, Die Steueranmeldung, S. 186 f.

382 *Maurer/Waldhoff*, Allgemeines Verwaltungsrecht, § 9 Rn. 7, bezeichnen den Ausdruck Regelung als doppeldeutig, meinen aber die enge begriffliche Verknüpfung von Regelung und Maßnahme.

383 *Söhn*, in: Hübschmann/Hepp/Spitaler, AO/FGO (Stand: November 2013), § 118 AO Rn. 9; *Seer*, in Tipke/Kruse, AO/FGO, § 118 AO Rn. 10 (Stand: Oktober 2015).

384 *Söhn*, in: Hübschmann/Hepp/Spitaler, AO/FGO, § 118 AO Rn. 116 (Stand: November 2013); *Seer*, in Tipke/Kruse, AO/FGO, § 118 AO Rn. 11 (Stand: Oktober 2015); *Maurer/Waldhoff*, Allgemeines Verwaltungsrecht, § 9 Rn. 6.

das bloße Erstellen und die Zurverfügungstellung der Vordrucke bzw. Formulare aber nicht erfolgen, sondern sie versetzen den Bürger nur in die Lage, die gesetzlich angeordneten Erklärungspflichten zu erfüllen. Somit liegen mit den Vordrucken bzw. Steuererklärungsformularen und ihrer Zurverfügungstellung online oder an Amtsstelle isoliert betrachtet keine Verwaltungsakte vor. Insoweit ergibt sich auch keine Abweichung zu *Schicks* und *Heuermanns* Auffassung, die der bloßen Zurverfügungstellung und der Zugänglichmachung der Vordrucke bzw. Formulare ebenfalls noch keine Verwaltungsaktqualität entnehmen.

bb. Pflicht der Finanzbehörde zur Aufforderung zur Abgabe der Steuererklärung

Um beurteilen zu können, ob die in den Steuererklärungsformularen gestellten Fragen dann Verwaltungsakte darstellen, wenn die Finanzbehörde den Bürger zur Abgabe der Steuererklärung auffordert und dadurch der von *Schick* geforderten Verfahrensinitiative nachkommt, muss man sich zunächst mit der Behauptung *Schicks* auseinandersetzen, dass die Steuererklärungspflichten kraft Gesetzes nur als Anzeigepflichten bestünden und erst mit Aufforderung durch die Finanzbehörde zu Steuererklärungspflichten erstarken würden.[385] *Schick* ist darin zuzustimmen, dass § 150 Abs. 1 S. 1 AO das Vorhandensein von Steuererklärungsvordrucken voraussetzt und daher die Exekutive verpflichtet wird,[386] diese zu entwickeln und in geeigneter Weise den Steuerpflichtigen zugänglich zu machen.[387] Ob § 150 Abs. 1 S. 1 AO über den Realakt der Zugänglichmachung der Steuererklärungsformulare hinaus die Finanzbehörde verpflichtet, die Abgabe der ausgefüllten Formulare im Einzelfall von dem Steuerpflichtigen anzufordern, ist demgegenüber fraglich. Dagegen spricht zunächst der Wortlaut der §§ 149 Abs. 1 S. 1, Abs. 2 S. 1; 150 Abs. 1 S. 1 AO. Denn § 149 Abs. 1 S. 1, Abs. 2 S. 1 AO delegiert die Bestimmung der subjektiven Steuererklärungspflicht auf die einzelnen Steuergesetze und legt dabei fest, soweit nichts anders geregelt ist, dass die Abgabe spätestens sieben Monate nach Ablauf des Kalenderjahres oder des gesetzlich bestimmten Zeitpunktes zu erfolgen hat.[388] So greifen dann

---

385 Zur Aussage siehe *Schick*, StuW 1988, 301, 304.

386 Siehe zur Kompetenz der Vordruckerstellung oben 2. Teil B. IV.

387 *Meinzenbach*, Die Steueranmeldung, S. 163 f., sieht diese Verpflichtung nur verklausuliert in § 150 Abs. 1 S. 1 AO, den er teleologisch unter Einbeziehung der Ermittlungspflichten der Finanzbehörde auslegt.

388 § 149 Abs. 2 S. 2 AO sieht noch besondere Vorschriften bei Einkünften aus Land- und Forstwirtschaft und § 149 Abs. 3 bis 6 AO sehen besondere Abgabefristen unter

die Einzelsteuergesetze wie etwa § 25 Abs. 3 EStG i.V.m. § 56 EStDV den Verweis aus § 149 Abs. 1 S. 1 AO auf und schreiben vor, dass die steuerpflichtige Person für den Veranlagungszeitraum eine eigenhändig unterschriebene Steuererklärung abzugeben hat. Einer besonderen Aufforderung des Steuerpflichtigen durch die Finanzbehörde bedarf es nach dem Wortlaut nicht, sondern der Steuerpflichtige ist bereits kraft Gesetzes dazu verpflichtet, z.B. eine Einkommensteuererklärung einzureichen.[389] § 150 Abs. 1 S. 1 AO spricht demgegenüber nur davon, wie die Steuererklärung abzugeben ist, nämlich grundsätzlich nach amtlich vorgeschriebenem Vordruck. Auch in der Zusammenschau mit § 149 Abs. 1 S. 1, Abs. 2 S. 1 AO ergibt sich mithin nichts anderes. Eine Aufforderung zur Abgabe der Steuererklärung durch die Finanzbehörde ist im Ergebnis also nicht erforderlich: Die Pflicht, eine Steuererklärung innerhalb bestimmter Fristen abzugeben, besteht kraft Gesetzes und bedarf grundsätzlich keines konkretisierenden Verwaltungsaktes.[390]

Das Steuerrecht kennt allerdings auch Ausnahmen, die eher *Schicks* Vorstellung von einer Anzeigepflicht und einer darauf folgenden Steuererklärungspflicht nach Aufforderung durch die Finanzbehörde entsprechen: Im Erbschaftsteuerrecht sieht § 30 Abs. 1 ErbStG zunächst eine schriftliche, im Übrigen aber formlose Anzeige des Erwerbers bzw. Beschwerten vor, bevor die Finanzbehörde die Abgabe einer Steuererklärung durch Verwaltungsakt anfordert und damit die Steuererklärungspflicht gem. § 31 ErbStG begründet.[391] Eine gesetzliche Steuererklärungspflicht besteht in diesen Fällen nicht. Dies findet seine Begründung in einer Verwaltungsrationalität, nur durch solche Erwerbe aufseiten von Steuerpflichtigen und Verwaltung Kapazitäten zu binden und ein ggf. komplexes Bewertungs-, Feststellungs- und Festsetzungsverfahren durchzuführen, bei denen die Entstehung einer Steuer immerhin möglich erscheint.[392] Diese Regelung stellt somit eine Ausnahme dar und ist im Gegenzug zu den

---

anderem bei steuerlich beratenden Steuerpflichtigen vor, auf die hier aus Vereinfachungsgründen nicht näher eingegangen wird.

389 Für die Einkommensteuer *Pflüger*, in: Herrmann/Heuer/Raupach, EStG/KStG, § 25 EStG Rn. 31, 35 (Stand: Juni 2016), mit Überblick über die Rechtsentwicklung; dies gilt analog für Körperschaftsteuer, Gewerbesteuer und Einkommensteuer; siehe auch *Wittmann*, StuW 1987, 35, 41.

390 So auch BFH v. 30.10.2004, IV R 61/11, BStBl. II 2005, 478 Rn. 34; wohl auch schon BFH v. 9.6.1999, II B 101/98, BStBl. II 1999, 529 Rn. 21.

391 BFH v. 9.6.1999, II B 101/98, BStBl. II 1999, 529 Rn 21; BFH v. 14.10.2009, X R 29/08, Rn. 15.

392 *Eisele*, in: Kapp/Ebeling, ErbStG, § 31 Rn. 3 (Stand: März 2019).

jährlich zu veranlagenden Steuern vom Gesetzgeber bewusst zweistufig ausgestaltet worden. Sie kann daher nicht dazu dienen, einen systematischen Grundgedanken in Bezug auf die Steuererklärungspflicht zu prägen. Anders könnten die Dinge bei dem von *Schick* ebenfalls bemühten § 3 Abs. 1 der Verordnung über die gesonderte Feststellung von Besteuerungsgrundlagen nach § 180 Abs. 2 AO liegen.[393] Nach dieser Norm besteht eine Feststellungserklärungspflicht in bestimmten Fällen der gesonderten (und einheitlichen) Feststellung erst nach Aufforderung durch die Finanzbehörde. Im Gegenzug zu den nicht periodischen erbschaft- und schenkungsteuerlichen Sachverhalten, ist die gesonderte und einheitliche Feststellung von Besteuerungsgrundlagen regelmäßig ein jährlich wiederkehrender Sachverhalt und mit den Erklärungspflichten bei der Umsatzsteuer und den Ertragsteuern vergleichbar. Dennoch trägt auch diese Regelung nicht *Schicks* Rechtsgedanken eines zwingend zweistufigen Veranlagungsverfahrens. Denn die grundsätzliche Aussage, dass eine Erklärungspflicht kraft Gesetzes ohne Aufforderung durch das Finanzamt auch in den Fällen der gesonderten (und einheitlichen) Feststellung besteht, ist durch das Steuerbereinigungsgesetz 1986[394] in § 181 Abs. 2 AO ausdrücklich aufgenommen worden. § 3 Abs. 1 der Verordnung über die gesonderte Feststellung von Besteuerungsgrundlagen nach § 180 Abs. 2 AO stellt demgegenüber eine Sonderregelung dar.[395] Sinn und Zweck der Verordnung ist es, in bestimmten Fallkonstellationen eine gesonderte und einheitliche Feststellung durchzuführen, wenn diese der Rechtsanwendungsgleichheit und gleichzeitig der Erleichterung des Besteuerungsverfahrens dient.[396] Die Entscheidung, ob eine gesonderte und einheitliche Feststellung durchgeführt wird, liegt somit in der Hand der Finanzbehörde, sodass eine Aufforderung zur Abgabe der Steuererklärung notwendig ist und nicht bereits kraft Gesetzes besteht. Diese Regelung ist nicht mit den periodisch wiederkehrenden Veranlagungen mit obligatorischer Steuererklärungspflicht vergleichbar. Daher ist auch unter Heranziehung dieser Norm kein allgemeiner Rechtsgrundsatz erkennbar, der *Schicks* These zu stützen vermag. Die Norm könnte im Hinblick auf ihre dem einfachen Gesetz untergeordnete Form der Rechtsverordnung dies auch normhierarchisch nicht leisten. Der Grundsatz der Steuererklärungspflicht kraft Gesetzes wird durch die Ausnahmen daher nicht tangiert, sodass die von

393 *Schick*, StuW 1988, 301, 304 und dort Fn. 25a.

394 BGBl. I 1985, 2436.

395 Die Einordnung als Sonderregelung bejaht auch *Söhn*, in: Hübschmann/Hepp/Spitaler, AO/FGO, § 181 AO Rn. 42 (Stand: November 2018).

396 Vgl. auch § 4 der Verordnung.

Schick durchgeführte Differenzierung zwischen Anzeige- und Erklärungspflichten mit Ausnahme der gesetzlich geregelten Fälle zu verwerfen ist.

cc. Verwaltungsakt durch Aufforderung zur Abgabe der Steuererklärung?

In den soeben genannten Ausnahmefällen fordert die Finanzbehörde den Steuerpflichtigen zur Abgabe der Steuererklärung gem. § 149 Abs. 1 S. 2 AO i.V.m. mit dem jeweiligen Einzelsteuergesetz auf. Diese Aufforderungen stellen als pflichtenbegründende Maßnahmen der Finanzbehörde einen Verwaltungsakt dar.[397] Aber auch in den Fällen der gesetzlichen Steuererklärungspflicht kann die Finanzbehörde den Steuerpflichtigen zur Abgabe einer Steuererklärung auffordern.[398] Grund für eine solche Anforderung aus Sicht der Finanzbehörde ist, dass die gesetzliche Verpflichtung, die Steuererklärung abzugeben, nicht mit Zwangsmitteln i.S.d §§ 328 ff. AO durchsetzbar ist, denn dies setzt gem. § 328 Abs. 1 S. 1 AO stets einen Verwaltungsakt voraus, der auf die Vornahme einer Handlung oder auf Duldung oder Unterlassung gerichtet ist.[399] Ob die Aufforderung zur Abgabe der Steuererklärung lediglich ein Hinweis auf die bestehenden Erklärungspflichten sein soll oder einen Verwaltungsakt darstellt, ist für den Einzelfall durch Auslegung des objektiven Erklärungswertes zu ermitteln.[400] Die mittlerweile nur noch selten praktizierte kommentarlose Übersendung von Steuererklärungsformularen durch die Finanzbehörde stellt mangels einer auf eine Rechtsfolge gerichteten Erklärung ohne Weiteres noch

---

397 Für Fälle des § 3 Abs. 1 der Verordnung über die gesonderte Feststellung von Besteuerungsgrundlagen nach § 180 Abs. 2 AO: *Söhn*, in: Hübschmann/Hepp/Spitaler, AO/FGO, § 180 AO Rn. 558 (Stand: November 2018); *Kunz*, in: Gosch, AO/FGO, § 180 Rn. 91 (Stand: November 2016), die Kommentierung scheint allerdings veraltet zu sein, da sie noch auf die ab 1996 entfallende Beschwer als zulässiges Rechtsmittel verweist; für § 31 ErbStG: *Eisele*, in: Kapp/Ebeling, ErbStG, § 31 Rn. 2 (Stand: März 2019).

398 § 149 Abs. 1 S. 2, 3 AO ist soweit lediglich deklaratorischer Natur, vgl. *Seer*, in: Tipke/Kruse, AO/FGO, § 149 AO Rn. 10 (Stand: April 2017); a.A. *Schindler*, in: Gosch, AO/FGO, § 149 AO Rn. 20 (Stand: August 2020), der § 149 Abs. 1 S. 2 AO insoweit als Ermächtigungsgrundlage ansieht, gesetzlich bestehende Erklärungspflichten zu konkretisieren.

399 Missverständlich insoweit *Geurts*, in: Kirchhof/Söhn/Mellinghoff, EStG, § 25 Rn. C 1 (Stand: Mai 2020), der bereits die „Verpflichtung“ – und meint damit aus dem Kontext die gesetzliche – als mit Zwangsmitteln nach § 328 AO durchsetzbar bezeichnet.

400 *Stelkens*, in: Stelkens/Bonk/Sachs, VwVfG, § 35 Rn. 71.

keinen Verwaltungsakt dar.[401] Gleiches wird man für eine bloße Erinnerung an gesetzlich bestehende Erklärungspflichten annehmen müssen. Erst in den Fällen, in denen der Durchsetzungs- und damit Regelungswille der Finanzbehörde erkennbar wird, liegt ein Verwaltungsakt vor;[402] zu denken ist etwa an die maschinelle oder personelle Aufforderung zur Abgabe der Steuererklärung, wenn diese mit einer Frist versehen ist, oder eine Aufforderung, die ergeht, nachdem der Steuerpflichtige die Abgabepflicht bestritten hat.[403] Gelangt man zu dem Ergebnis, dass in der Aufforderung der Finanzbehörde ein Verwaltungsakt liegt, stellt sich die Frage, was Bestandteil dieses Verwaltungsaktes ist. Man könnte etwa argumentieren, dass die Aufforderung durch die Bezugnahme auf die Abgabe der Steuererklärungsformulare auch die in den Steuererklärungsformularen gestellten Fragen umfasst und diese – ähnlich wie *Heuermann* dies vertritt – zu Verwaltungsakten werden. Dies wird in dem folgenden Beispielsfall zu bejahen sein:

Ein Steuerpflichtiger erzielt erstmals Einkünfte aus Vermietung und Verpachtung. Die Finanzbehörde möchte zur Erfassung des Vermietungsobjektes in den sog.

---

401 Im Ergebnis ebenso *Seer*, in: Tipke/Kruse, AO/FGO, § 149 AO Rn. 13 (Stand: April 2016); dazu auch im folgenden Satz; anders noch *Tipke/Kruse*, RAO (2.-3. Auflage), § 167 Rn. 1 zur Vorgängernorm.

402 Die Rechtsprechung stellt hierbei auf den Willen und die Zulässigkeit der Erzwingbarkeit nach §§ 328 AO ab, siehe BFH v. 12.9.1985, VIII R 371/83, BStBl. II 1986, 537 Rn. 19-25; BFH v. 10.11.1998, VIII R 3/98, BStBl. II 1999, 199 Rn. 12-14; BFH v. 16.11.2011, X R 18/09, BStBl. 2012, 129 Rn. 18. Dies überzeugt jedoch nicht, da die Erzwingbarkeit eines Verwaltungsaktes nach §§ 328 ff. AO kein konstitutives Merkmal desselben darstellt, sondern dessen Rechtsfolge ist; siehe *Söhn*, in: Hübschmann/Hepp/Spitaler, AO/FGO, § 118 AO Rn. 179-183 (Stand: November 2003), *Seer*, in: Tipke/Kruse, AO/FGO, § 118 AO Rn. 11 (Stand: Oktober 2015), und *Güroff*, in: Gosch, AO/FGO, § 118 AO Rn. 8 (Stand: Oktober 2017), die zusätzlich den in § 44a VwGO niedergelegten Rechtsgedanken anführen, dass auch ein vorbereitender Verwaltungsakt, der erst mit der endgültigen Verwaltungsentscheidung angefochten werden kann, die Merkmale des § 118 AO erfüllen kann (Aufschub statt Aussetzung des Rechtsschutzes). Zur Abgrenzung von Aufforderung durch Verwaltungsakte und öffentlicher Bekanntmachung nach § 149 Abs. 1 S. 3 AO siehe *Heibeyn*, Willens- und Erklärungstheorie, S. 93 f.: Die öffentliche Bekanntmachung erfüllt die inhaltlichen Anforderungen des § 149 Abs. 1 S. 2 AO nicht, sondern soll lediglich den Einwand des Steuerpflichtigen entkräftigen, nichts von der Erklärungspflicht gewusst zu haben; ähnlich auch *Seer*, in: Tipke/Kruse, AO/FGO, § 149 AO Rn. 14 (Stand: April 2017).

403 *Schindler*, in: Gosch, AO/FGO, § 149 AO Rn. 20 (Stand: August 2020); *Heuermann*, in: Hübschmann/Hepp/Spitaler, AO/FGO, § 149 AO Rn. 17 (Stand: April 2014).

Dauertatbestand und zur Vereinfachung der Veranlagungsarbeiten in künftigen Jahren diverse Angaben und Unterlagen von dem Steuerpflichtigen haben. Dazu hat die Finanzbehörde ein Formular mit einigen Fragen zum Erwerbszeitpunkt, den Anschaffungskosten und der Grundstücksnutzung erstellt, das sie in diesen Fällen des Neuerwerbs von Grundeigentum an den Steuerpflichtigen mit der Bitte um Beantwortung versendet.

Die bloß formale Ausgliederung der Fragen auf ein separates Formular ändert nichts daran, dass es sich bei den einzelnen Fragen um Auskunftsersuchen handelt, welche die Voraussetzungen des § 93 Abs.1, 2 AO erfüllen müssen.

Fraglich ist, ob man diese Lösung auf die Anforderung von Steuererklärungen durch Verwaltungsakt übertragen kann. Dazu müsste sich der Wille der Finanzbehörde aus objektiver Sicht entsprechend so auslegen lassen, dass sie die Fragen in den Formularen als einzelne Auskunftsersuchen in die Anforderung der Steuererklärung mit aufnehmen möchte. Die Steuererklärungsformulare werden aber von den Steuergesetzen, anders als die auf dem Vordruck zusammengefassten Fragen im Beispiel, als bestehend vorausgesetzt und durch die Aufforderung nicht erst rechtlich im Einzelnen existent, vor allem da die Aufforderung zur Einkommensteuererklärung in diesen Fällen durch den Sachbearbeiter allgemein erfolgt und keine einzelnen Anlagen geschweige denn Fragen näher bezeichnet werden, die der Steuerpflichtige nach Auffassung der Finanzbehörde auszufüllen bzw. zu beantworten hat. Das bedeutet zum einen, dass der Steuerpflichtige im Rahmen seiner Mitwirkungspflicht zur Beantwortung der Fragen verpflichtet ist, ohne dass diese noch einmal explizit durch die Finanzbehörde gestellt werden.[404] Zum anderen wird sich die Finanzbehörde bzw. der dortige Sachbearbeiter auch mangels bestehender Pflicht keinerlei Gedanken darüber machen, welche Fragen in dem konkreten Steuerfall zu stellen sind, sondern lediglich erreichen wollen, dass der Steuerpflichtige die Steuererklärung ausgefüllt einreicht. Somit werden die Fragen in den Steuererklärungsformularen nicht zu vielen einzelnen Auskunftsersuchen und damit Verwaltungsakten, wenn Steuererklärungen von der Finanzbehörde durch Verwaltungsakt angefordert werden. Die Aufforderung zur Abgabe der Steuererklärung durch die Finanzbehörde kann folglich keine Verwaltungsaktqualität der Steuererklärungsformulare zur Folge haben.

404 Zu den Auswirkungen einer nicht nachgekommenen Steuererklärungspflicht siehe unten 4. Teil F.

dd. Systematische Argumente für Verwaltungsaktqualität?

Das systematische Argument *Schicks* bezieht sich auf die Stellung der Finanzbehörde im Steuerverfahren: Diese sei dafür verantwortlich, Steuererklärungsformulare zu schaffen und das Steuerverfahren dadurch zu eröffnen, dass sie die Steuererklärungsformulare auf den einzelnen Fall für anwendbar erkläre, da ohne sie der Steuerpflichtige nicht wisse, welche Erklärungen er der Behörde gegenüber überhaupt zu machen habe.[405] Dass eine Anforderung der Steuererklärung im Fall der gesetzlichen Erklärungspflicht nicht erforderlich ist, wurde bereits erläutert. Aber auch darüber hinaus lässt sich an der behaupteten Hilflosigkeit des Steuerpflichtigen ohne Hilfe durch die Finanzbehörde zweifeln. Denn *Schick* übersieht in seiner Argumentation die Tatsache, dass durch die Steuererklärungsformulare der Steuerpflichtige ja gerade darauf hingewiesen wird, welche Angaben er zu machen hat. Es ist nicht überzeugend, dass die für den Steuerpflichtigen nach der Auffassung von *Schick* von allein nicht erbringbare Leistung, seine verwirklichten steuerlichen Sachverhalte zu erklären, nur dadurch beseitigt wird, dass die Finanzbehörde ihn ganz allgemein dazu auffordert, eine Steuererklärung abzugeben und dazu noch ganz allgemein die – potentiell – abzugebenden Anlagen benennt. Denn *Schick* geht es ja nicht darum, dass die Finanzbehörde dem Steuerpflichtigen konkrete Beratung in seinem Steuerfall zur Seite stellt – er äußert diesen Gedanken jedenfalls nicht. Vielmehr scheint die Aufforderung zur Abgabe der Steuererklärung durch die Finanzbehörde gegenüber dem Steuerpflichtigen eine bloße Formalie in der Argumentation zu sein, deren Existenzberechtigung darin besteht, die Verfahrenseinleitung durch die Finanzbehörde zu konstruieren. Auch überzeugt es mit Blick auf die jährlich wiederkehrenden Veranlagungsarbeiten nicht, dass die Finanzbehörde verpflichtet wäre, jeden Steuerpflichtigen jedes Jahr erneut auf seine steuerlichen Erklärungspflichten hinzuweisen. Geht man davon aus, dass die Pflicht zur Abgabe der Steuererklärung – außerhalb der Anwendung des § 149 Abs. 1 S. 2 AO und ohne vorheriges Auffordern durch die Finanzbehörde – dem eigentlichen Verwaltungsverfahren vorgeschaltet ist,[406] lässt sich auch damit die von *Schick* aufgestellte Annahme, dass die Finanzbehörde *in einem Verwaltungsverfahren* stets tätig werden müsse, bevor der Steuerpflichtige überhaupt in der Lage sei, seine steuerlichen Verhältnisse zu erklären, verwerfen.

---

405 *Schick*, StuW 1988, 301, 304.

406 So auch *Seer*, Verständigungen in Steuerverfahren, S. 176; *Wittmann*, StuW 1987, 35, 41; *Hensel*, Steuerrecht, S. 145, spricht davon, dass die Steuererklärungspflicht das Steuerverfahren einleite und vertritt damit einen vergleichbaren Standpunkt.

Etwas anderes könnte sich nur dann ergeben, wenn man die Tatbestandsmerkmale, an die das Einzelsteuergesetz die Steuererklärungspflicht knüpft, als so komplex ansieht, dass der Steuerpflichtige ohne eine ausdrückliche Aufforderung durch die Finanzbehörde nicht tätig werden kann. Insoweit wären die Gesetze nicht hinreichend bestimmt. Zwar schickt § 149 Abs. 1 S. 1 AO den Gesetzesadressaten auf die Suche nach der Steuererklärungspflicht in die Einzelsteuergesetze.[407] Schaut man sich die betreffenden Normen (§ 25 Abs. 3 EStG, § 56 EStDV, § 46 EStG, § 18 Abs. 1 und 3 UStG, § 31 KStG i.V.m. § 25 Abs. 3 EStG, § 14a GewStG) an, gelangt man zu dem Ergebnis, dass die Tatbestände für die reine Erklärungspflicht klar gefasst sind: So spricht § 25 Abs. 3 S. 1 EStG von der steuerpflichtigen Person, was auch entsprechend von § 31 KStG für die Körperschaftsteuer übernommen wird, § 18 Abs. 1 S. 1, Abs. 3 S. 1 UStG spricht vom Unternehmer und § 14a GewStG verweist auf den in § 5 GewStG näher definierten Steuerschuldner. In diesem Lichte scheint es für den jeweiligen Steuererklärungspflichtigen erkennbar, dass er zur Abgabe einer Steuererklärung verpflichtet ist, auch ohne ausdrückliche, aber inhaltlich allgemeine Aufforderung durch die Finanzbehörde. Welche Anlagen er mit der Steuererklärung auszufüllen und abzugeben hat, ergibt sich sodann aus den Anleitungen, etwa zur Einkommensteuererklärung.[408] Somit verfängt *Schicks* systematisches Argument hier nicht.

ee. Ergebnis

Durch die Zurverfügungstellung der Steuererklärungsformulare in analoger oder digitaler Form werden diese nicht zu Verwaltungsakten. Eine grundsätzliche Pflicht der Finanzbehörde, die Formulare im Einzelfall für anwendbar zu erklären und den Steuerpflichtigen zur Abgabe der Steuererklärung aufzufordern, besteht nicht. Selbst, wenn die Abgabe der Steuererklärung durch Verwaltungsakt angefordert wird, werden dadurch die einzelnen Fragen in den Steuererklärungsformularen nicht zu Auskunftsersuchen mit Verwaltungsaktcharakter.

Für dieses Ergebnis spricht auch folgende Kontrollüberlegung: Der Rechtsschutz gegen Steuerverwaltungsakte erfolgt zunächst durch den außergerichtlichen Rechtsschutz im Einspruchsverfahren (§§ 347 ff. AO) und an zweiter Stelle durch den gerichtlichen Rechtsschutz. Mangels den Steuererklärungsformularen beigefügter Rechtsbehelfsbelehrung betrüge die Einspruchsfrist gegen diese

---

407 Ganz passend spricht *Heuermann*, in: Hübschmann/Hepp/Spitaler, AO/FGO, § 149 AO Rn. 4 (Stand: April 2014), daher auch von einer „Suchanweisung".

408 Siehe dazu noch unten 2. Teil B. VI. 5. und 5. Teil C. II. 3.

gem. § 356 Abs. 2 S. 1 AO ein Jahr seit Bekanntgabe des Verwaltungsaktes. Für den Beginn der Einspruchsfrist lässt sich bereits kein konkreter Zeitpunkt sicher bestimmen: In Betracht kommen der Zeitpunkt der Bereitstellung der Formularmuster, die erstmalige Konfrontation des Steuerpflichtigen mit den (ggf. digitalen) Formularmustern oder die Übersendung des Steuererklärungsformulars durch die Finanzbehörde an den Steuerpflichtigen.[409] Je nachdem, welche Auffassung bezüglich der Verwaltungsaktqualität der Steuererklärungsformulare vertreten wird, wäre es von mehreren Faktoren und weitestgehend vom Zufall abhängig, ob die einzelne im Steuererklärungsformular gestellte Frage einen Verwaltungsakt darstellt und damit ein Einspruch mit ggf. nachfolgender Anfechtungsklage in Betracht kommt oder der Rechtsschutz über die Feststellungsklage i.S.v. § 41 FGO erfolgt. Noch gravierender wäre, dass nach Ablauf der einjährigen Rechtsbehelfsfrist eine Änderung des Verwaltungsaktes außerhalb des § 130 Abs. 1 AO nicht mehr in Betracht käme und dem Steuerpflichtigen dort das Versäumen der Einspruchsfrist entgegengehalten werden kann.[410] D.h., ein Steuerpflichtiger, der unter Zusendung der Vordrucke zur Abgabe aufgefordert wird und dieser Aufforderung – aus welchen Gründen auch immer – erst ein Jahr später nachkommt, hätte keine Möglichkeit, sich gegen eine unzulässige Frage im Steuererklärungsvordruck im außergerichtlichen Rechtsbehelfsverfahren zu wenden und müsste sie grundsätzlich beantworten. Das erscheint auch mit Blick auf die Funktion der Steuererklärungsformulare nicht zielführend: Der Bürger soll im Rahmen der Steuererklärung nur diejenigen Angaben machen, die er kraft Gesetzes zu tätigen hat. Sie formulieren die gesetzlichen Tatbestände in Fragen an den Steuerpflichtigen um und sollen kein darüberhinausgehendes ggf. unanfechtbares Recht schaffen.

b. Steuererklärungsformulare als Rechtsverordnung

aa. Kriterien zur Einordnung als Rechtsverordnungen

Zur Beantwortung der Frage, ob Steuererklärungsformulare Rechtsverordnungen darstellen, ist zunächst auf die Kriterien einzugehen, die Rechtsverordnungen

---

409 Man könnte sogar auf die Idee kommen, dass bei Verwendung bestimmter Programme, die dem Ausfüllen der Steuererklärung am Computer dienen, der Steuerpflichtige keinerlei Blickkontakt mit dem Steuererklärungsformular aufnimmt und nur die an ihn gestellten Fragen beantwortet, die von dem Programm weiterverarbeitet an die Finanzbehörde übermittelt werden und damit nie eine „Bekanntgabe“ ihm gegenüber stattfindet.

410 *Loose*, in: Tipke/Kruse, AO/FGO, § 130 AO Rn. 38 (Stand: August 2019).

ausmachen. Eine Rechtsverordnung bezeichnet ein materielles Gesetz, das nicht vom Parlament als Gesetzgeber, sondern von einem anderen Teil der öffentlichen Gewalt, nämlich der Exekutive einseitig erlassen wird, nachdem die Exekutive durch Parlamentsgesetz dazu ermächtigt worden ist, Art. 80 Abs. 1 S. 1 GG.[411] Ob eine Rechtsverordnung vorliegt, ist jedenfalls nicht danach zu beurteilen, ob verordnungsermächtigende Gesetze vorliegen, welche die Voraussetzungen des Art. 80 Abs. 1 S. 1, 2 GG erfüllen. Dies wäre eine Frage der Rechtmäßigkeit der Rechtsverordnung. Dabei ist zu konstatieren, dass eine Abgrenzung zwischen den Rechtmäßigkeitsvoraussetzungen einer Rechtsverordnung und der Definition einer Rechtsverordnung kaum möglich ist.[412] Der Begriff der Rechtsverordnung i.S.v. Art. 80 Abs. 1 S. 1 GG ist zudem umstritten und umfasst nach moderner Ansicht verschiedene formelle und materielle Merkmale.[413] Im Kern der Diskussion lässt sich aber feststellen, dass materielles

---

411 Besonderheiten ergeben sich dann, wenn nicht die in Art. 80 Abs. 1 S. 1 GG aufgeführten Organe tätig werden, sondern der parlamentarische Gesetzgeber ausnahmsweise eine Rechtsverordnung abändert oder an ihr Ergänzungen vornimmt. Ein Beispiel dafür ist im Steuerrecht § 60 EStDV, dessen vierter Absatz etwa durch den parlamentarischen Gesetzgeber im Rahmen des Kleinunternehmerförderungsgesetz (BGBl. I 2003, 1550) eingefügt worden ist. In derartigen Fällen ist eine Änderung bzw. Ergänzung durch den parlamentarischen Gesetzgeber nur zulässig, wenn es sich um eine Anpassung handelt, die der Gesetzgeber bei einer Gesetzesänderung im betroffenen Sachbereich vornimmt und eine – grundsätzlich mögliche – Rückholung des Verordnungsrechts mit Nachteilen in tatsächlicher Hinsicht verbunden ist. Obwohl die Rechtsverordnungsänderung bzw. -ergänzung durch den parlamentarischen Gesetzgeber stets im Verfahren nach den Art. 76 ff. GG und unter Beachtung der Ermächtigungsbefugnis des Art. 80 Abs. 1 S. 2 GG erfolgen muss, es sich also um ein formelles Gesetz handelt, ist das Produkt dieses Prozesses aus Rechtsschutzgründen und Gründen der Normenklarheit insgesamt Rechtsverordnung; vgl. zu dieser Problematik instruktiv BVerfG v. 13.9.2005, 2 BvF 2/03, BVerfGE 114, 196, 234-240; a.A. wohl noch BVerfG v. 15.11.1967, 2 BvL 7/64 u.a., BVerfGE 22, 330, 346, und BVerfG v. 9.10.1968, 2 BvE 2/66, BVerfGE 24, 184, 199; zu der Problematik im Steuerrecht *Seiler*, in: Kirchhof/Söhn/Mellinghoff, EStG, § 51 Rn. B 130-134 (Stand: Juli 2019), der jedoch erhebliche Rechtsunsicherheiten sieht.

412 Die Schwierigkeit bei Rechtsverordnungen zwischen Definition und Rechtmäßigkeitsvoraussetzungen zu unterscheiden, stellt auch *Remmert*, in: Maunz/Dürig, GG, Art 80 Rn. 30 (Stand: Dezember 2013), heraus; siehe auch *Seiler*, Parlamentsvorbehalt, S. 232 f., zur Abgrenzung von Verwaltungsvorschrift und Rechtsverordnung.

413 Siehe die Ausführungen von *Remmert*, in: Maunz/Dürig, GG, Art. 80 Rn. 24-32 (Stand: Dezember 2013), und *Nierhaus*, in: Bonner Kommentar, GG, Art. 80 Rn. 137-150, insb. Rn. 143 (Stand: November 1998) m.w.N.

Merkmal der Rechtsverordnung eine Rechtssetzung durch einen in Art. 80 Abs. 1 S. 1 GG genannten Teil der Exekutive ist und diese Rechtssetzung ihren Geltungsgrund in einer speziellen gesetzlichen Ermächtigung zum Erlass einer Rechtsverordnung findet, sodass deutlich wird, dass die Exekutive übertragene Rechtssetzungsmacht in Anspruch nimmt.[414] Die Bezeichnung des Rechtssatzes als Rechtsverordnung, die Einhaltung des Zitiergebotes und die Publikation des Rechtssatzes nach den Anforderungen des Art. 82 Abs. 1 S. 2 GG sind als formelle Kriterien bei der Auslegung von Bedeutung, ob eine Rechtsverordnung vorliegt oder nicht.[415]

bb. Beurteilung der Steuererklärungsformulare

Ausgehend von diesen Kriterien ergibt sich für die Steuererklärungsformulare folgende Beurteilung: Die Steuererklärungsformulare für die Einkommensteuer und die Körperschaftsteuer werden – soweit ersichtlich – weder in BMF-Schreiben noch im Bundessteuerblatt veröffentlicht – sie existieren einfach irgendwann z.B. auf der Seite des Formular-Management-Systems des Bundesministeriums der Finanzen[416] oder in dem ELSTER-Programm mit der zugehörigen, in die Software implementierten amtlichen Datensatzvorgabe und Schnittstelle. Eine Rechtsverordnung nach den vorgenannten Grundsätzen kann daher für die Einkommen- und Körperschaftsteuer bereits mangels Publikation nach den Anforderungen des Art. 82 Abs. 1 S. 2 GG nicht vorliegen.

Die Formulare für die Lohnsteueranmeldung hingegen veröffentlicht das Bundesministerium der Finanzen regelmäßig im Bundessteuerblatt unter der Überschrift „Bekanntmachung des Musters für die Lohnsteuer-Anmeldung“.[417] Dabei nimmt das Bundesministerium der Finanzen auf § 51 Abs. 4 Nr. 1 lit. d

---

414 *Remmert*, in: Maunz/Dürig, GG, Art. 80 Rn. 32 (Stand: Dezember 2013), und *Nierhaus*, in: Bonner Kommentar, GG, Art. 80 Rn. 144, 149 (Stand: November 1998).

415 *Remmert*, in: Maunz/Dürig, GG, Art. 80 Rn. 32, 124 (Stand: Dezember 2013): Einhaltung des Zitiergebotes als „Qualifikationshilfe“ m.w.N.; *Nierhaus*, in: Bonner Kommentar, GG, Art. 80 Rn. 146-149 (Stand: November 1998); eine Verletzung des Zitiergebotes i.S.d. Art. 80 Abs. 1 S. 3 GG führt – dann nach Einordnung der Norm als Rechtsverordnung – zur Nichtigkeit der Rechtsverordnung, BVerfG v. 6.7.1999, 2 BvF 3/90, BVerfGE, 101, 1, 41; kritisch zu dieser Rechtsprechung *Tillmanns*, NVwZ 2002, 1466, 1469 f.; die formellen Kriterien bzw. äußeren Merkmale sind nach *Seiler*, Parlamentsvorbehalt, S. 233 f., die einzigen, die bei der Abgrenzung von Verwaltungsvorschriften und Rechtsverordnungen Anwendung finden können.

416 www.formulare-bmf.de.

417 Für das Jahr 2020 siehe BStBl. I 2019, 830; für das Jahr 2021 siehe BStBl. I 2020, 665.

EStG Bezug, der seinerseits das Bundesministerium der Finanzen dazu ermächtigt, im Einvernehmen mit den obersten Landesfinanzbehörden die Vordrucke für die Lohnsteuer-Anmeldung zu bestimmen, und stellt nur fest, dass die Vordruckmuster bestimmt worden sind und im Bundessteuerblatt „hiermit bekannt gemacht“ werden. Die Bekanntmachung im Bundessteuerblatt entspricht nicht der in Art. 82 Abs. 1 S. 2 GG geforderten Verkündung im Bundesgesetzblatt und ist auch nicht durch andere Vorschriften, wie es Art. 82 Abs. 1 S. 2 GG ausdrücklich zulässt – etwa durch das Gesetz über die Verkündung von Rechtsverordnungen und Bekanntmachungen[418] –, vorgesehen. Ferner entspricht die verwendete Überschrift „Bekanntmachung“ auch nicht synonym einer „Verordnung“ und spiegelt eher die Form eines Handelns in Form einer Verwaltungsvorschrift wider. Diese Aspekte sprechen gegen das Vorliegen einer Rechtsverordnung. Andererseits kommt das Bundesministerium der Finanzen dem in Art. 80 Abs. 1 S. 3 GG für Rechtsverordnungen geforderten Zitiergebot nach und gibt mit § 51 Abs. 4 Nr. 1 lit. d EStG eine zugrunde liegende Norm an. Die Beachtung des Zitiergebotes kann allerdings allein für sich betrachtet noch nicht ausreichen, um eine Rechtsverordnung zu begründen.[419] Somit liegt auch in der Bekanntmachung des Formulars für die Lohnsteuer-Anmeldung 2018 keine Rechtsverordnung vor.

Identische Überlegungen greifen für die im Bundessteuerblatt veröffentlichen „Muster für die Umsatzsteuererklärung“[420], die keinerlei Aussagen zu Verordnungen oder – da nicht wie bei § 51 Abs. 4 Nr. 1 lit. d EStG vorhanden[421] – zugrundeliegenden Normen trifft, sodass auch insoweit keine Rechtsverordnung anzunehmen ist.

Insgesamt lässt sich aus dieser doch isolierten Betrachtung die Erkenntnis ziehen, dass die Formulare zu den Steuererklärungen nicht als Rechtsverordnungen ausgestaltet sind und damit keine Rechtsverordnungen darstellen.

cc. Kontrollüberlegung: Erfordernis einer Rechtsverordnung

Dass Steuererklärungsformulare nach dem hier gefundenen Ergebnis nicht den Charakter einer Rechtsverordnung aufweisen, hängt auch damit zusammen, dass die Nutzung von Steuererklärungsformularen nicht in der Form der Rechtsverordnung erfolgen muss. Denn eine Rechtsverordnung und mit ihr

---

418 BGBl. I 1950, 23, zuletzt geändert durch BGBl. I 2017, 2745.

419 So auch *Nierhaus*, in: Bonner Kommentar, GG, Art. 80 Rn. 146 (Stand: November 1998).

420 Für das Jahr 2020 siehe BStBl. I 2020, 600; für das Jahr 2021 siehe BStBl. 2021, 74.

421 Siehe oben 2. Teil B VI. 2. b.

eine verfassungsgemäße Ermächtigungsgrundlage sind nur dann rechtsstaatlich erforderlich, wenn durch diese Regelung die Grenzen vom Vorbehalt und Vorrang des Gesetzes überschritten werden, also sonst ein Eingriff in Rechte des Bürgers ohne bestehende Rechtsgrundlage erfolgt.[422] Die Steuererklärungspflicht anhand der amtlichen Steuererklärungsformulare besteht allerdings bereits entweder kraft Gesetzes bzw. die Finanzbehörde ist gesetzlich ermächtigt, den Steuerpflichtigen zur Abgabe der Steuererklärung aufzufordern. Ein weiterer Eingriff durch die Steuererklärungsformulare liegt damit dem Grunde nach nicht vor, sondern der Bürger wird nur in die Lage versetzt, der gesetzlich vorgeschriebenen Pflicht nachzukommen. Allerdings könnte man darüber nachdenken, ob die in den Steuererklärungsformularen gestellten Fragen und angeforderten Informationen einen neuen Eingriff darstellen. Doch auch dieser Gedanke trägt nicht, denn die Formulare setzen – jedenfalls idealtypisch[423] – lediglich die bestehenden Tatbestände der Einzelsteuergesetze in Fragen an den Steuerpflichtigen um, gehen also in Verbindung mit der Steuererklärungspflicht in der Tiefe nicht über die Eingriffsintensität aus, die bereits durch diese Gesetze besteht.[424] Damit fügt sich auch die Auffassung des Bundesfinanzhofs, dass es sich bei der Ermächtigung zum Bestimmen der Vordrucke zur Einkommensbesteuerung (§ 51 Abs. 4 Nr. 1 lit. b EStG) um keine Ermächtigung zum Erlass einer Rechtsverordnung handelt,[425] schlüssig in das Gesamtbild ein.

c. *Steuererklärungsformulare als Verwaltungshilfsmittel*

Das allgemeine Verwaltungsrecht lässt es zu, dass eine Behörde kraft ihres Organisationsermessens aus Zweckmäßigkeitsgründen Formulare zur Antragstellung durch den Bürger nutzt, ohne ausdrücklich dazu durch ein Gesetz ermächtigt zu sein.[426] Ziel ist, kurz gesagt, das Verwaltungsverfahren zu vereinfachen, zu

---

422 *Jarass*, in: Jarass/Pieroth, GG, Art. 80 Rn. 1.

423 Zum Inhalt der Steuererklärungsformulare siehe unten 2. Teil B. VI.

424 *Brinckmann u.a.*, Formulare im Verwaltungsverfahren, S. 229, stellen für die Abgrenzung zur Rechtsverordnung ebenfalls darauf ab, ob durch das Formular Daten erhoben werden, deren Verpflichtung zur Mitteilung sich unmittelbar aus dem Gesetz ergibt.

425 BFH v. 26.11.2011, X R 18/09, BFHE 235, 452 Rn. 76; zustimmend *Seiler*, in: Kirchhof/Söhn/Mellinghoff, EStG, § 51 Rn. C 321 (Stand: Juli 2019).

426 *Kallerhoff/Fellenberg*, in: Stelkens/Bonk/Sachs, VwVfG, § 24 Rn. 85, die auch darauf hinweisen, dass in den Fällen ohne gesetzliche Anordnung des Formulars der Antrag eines Bürgers nicht allein deswegen unzulässig ist, weil er nicht auf dem behördlichen Formular erfolgt; *Raumsauer*, in: Kopp/Ramsauer, VwVfG, § 10 Rn. 10, hebt

kanalisieren, dem Grundsatz der haushaltsrechtlichen Pflicht zur Wirtschaftlichkeit und Sparsamkeit zu genügen und so den Anforderungen des § 10 S. 2 VwVfG gerecht zu werden.[427] Wo die Verwendung eines Formulars nicht schon durch ein Gesetz vorgeschrieben wird, richten sich die Kriterien für die Entscheidung, ob Formulare Verwendung finden sollen, in der Praxis nach der Art des Verfahrens. Gerade wiederkehrende, immer gleich verlaufende (Routine-) Verfahren bieten sich für die Benutzung von Formularen an, sei es aufseiten des Antrags bzw. der Anzeige durch den Bürger oder aufseiten der Behörde bei der Bescheidung des Bürgers.[428]

Die Möglichkeit, mindestens aus Zweckmäßigkeitsgründen mit Vordrucken und Formularen zur Verfahrensvereinfachung arbeiten zu können, wird man auf das Steuerverfahren übertragen können.[429] Und auch die Einordnung der Steuererklärungsformulare unter die Verwaltungshilfsmittel gelingt unproblematisch: Das Steuerfestsetzungsverfahren ist ein Massenverfahren mit immer wiederkehrenden und festgeschriebenen Abläufen sowie behördlich abgesteckten Verfahrensgängen. Steuererklärungsformulare fassen die für die Ermittlung einer Steuer maßgeblichen Tatbestände eines Einzelsteuergesetzes in Kategorien zusammen und geben dem Bürger Orientierung, sodass dieser in die Lage

---

den Grundsatz der Formfreiheit in diesem Zusammenhang besonders hervor mit dem Ergebnis, dass die Behörde ohne gesetzliche Ermächtigung grundsätzlich keinen Antrag in bestimmter Form fordern darf. *Ramsauer* lässt sich aber mit der Auffassung von *Kallerhoff/Fellenberg* in den Rechtsfolgen vereinbaren; siehe auch *Püttner*, Verwaltungslehre, § 17 Rn. 34.

427 *Schmidt*, in: Stelkens/Bonk/Sachs, VwVfG, § 10 Rn. 26; der Grundsatz der Wirtschaftlichkeit ist, obschon in § 10 S. 2 VwVfG nicht ausdrücklich niedergeschrieben, in diesem mitenthalten, siehe *Ramsauer*, in: Kopp/Ramsauer, VwVfG, § 10 Rn. 4.

428 Bei der Bescheidung des Bürgers können Vordrucke, Formulare oder andere Hilfsmittel verwendet werden, um die inhaltliche Entscheidung zu treffen, z.B. im Steuerverfahren Ermessensorientierungspunkte bei der Festsetzung des Verspätungszuschlages, siehe BFH v. 18.8.1988, V R 19/83, BStBl. II 1988, 929 Rn. 17, und BFH v. 28.3.2007, IX R 22/05 Rn. 18. Es kommen aber auch Formulare bei der äußerlichen Gestaltung des Verwaltungsaktes in Betracht, die starre Textbausteine mit Ankreuzfenstern beinhalten oder auch ggf. zusätzlich Raum für Individualeintragungen lassen. Anwendungsbereich können auch rein behördeninterne Abläufe sein. Eine Übersicht über die Verwendung von Formularen im Verwaltungsverfahren findet sich bei *Püttner*, Verwaltungslehre, § 17 Rn. 37.

429 *Seer*, in: Tipke/Kruse, AO/FGO, § 150 AO Rn. 5 (Stand: April 2017), nennt die Arbeit mit Vordrucken in einem Massenverfahren wie dem Steuerverfahren „wenn nicht unentbehrlich, so doch zweckmäßig".

versetzt wird, u.a. die steuerlich erheblichen Tatsachen geordnet der Finanzbehörde mitzuteilen. Das Steuererklärungsformular vereinfacht zudem aufseiten der Finanzbehörde die Bearbeitung des Steuerfalles: Alle wesentlichen, für die Festsetzung der Steuer notwendigen Angaben werden durch die Steuererklärungsformulare in standardisierter Form so mitgeteilt, dass die Finanzbehörde diese in der Regel unmittelbar weiterverwenden kann, ohne dass es zu Verzögerungen im Bearbeitungsablauf kommt. *Schick* stellte zutreffend fest, dass „[d]ie Erklärungsvordrucke […] am Beginn des modernen Massenverwaltungsverfahrens überhaupt [stehen].“[430] Jedoch ist die Bezeichnung von Steuererklärungsformularen als „Verwaltungshilfsmittel“ für sich genommen nur eine Beschreibung ihrer Funktion im Verwaltungsverfahren, sagt aber nichts über deren Rechtsnatur aus. Sie ist damit untauglich, eine rechtliche Einordnung und Beurteilung der Steuererklärungsformulare vorzunehmen, sodass der Ansatz von *Meinzenbach*, die Formulare stellten ihrer Rechtsnatur nach Verwaltungshilfsmittel dar, zu verwerfen ist.

d. Verwaltungsverfahrensartenübergreifende Betrachtung

aa. Betrachtungsgruppe: Vergleichbare Verfahren

Die Feststellung, dass es sich bei den Formularen um Verwaltungshilfsmittel handelt, trifft zwar keine Auskunft darüber, welche Rechtsnatur die Steuererklärungsformulare haben. Der Blick in das allgemeine Verwaltungsrecht zeigt aber, dass das Steuerverfahren nicht als einziges die Verwendung von Vordrucken und Formularen möglich macht, sodass es sich anbietet, andere Verwaltungsverfahren mit Vordrucken und Formularen in den Blick zu nehmen. Der Fokus soll dabei auf Verfahren liegen, die vergleichbar mit dem Steuerverfahren sind. In Betracht kommen daher solche Verfahren, in denen Vordrucke bzw. Formulare dem Bürger zur Verfügung gestellt werden, um – ähnlich den Steuererklärungsformularen – Informationen von dem Bürger zu erhalten, die üblicherweise in ein Verwaltungsverfahren und dessen Bearbeitung überleiten. Dabei ist zwischen zwei Arten von Formularen zu unterscheiden: solche Formulare, die von einer Rechtsvorschrift vorausgesetzt werden, und solche Formulare, die eine Behörde ohne ausdrückliche gesetzliche Anordnung nutzt.

---

430 *Schick*, StuW 1988, 301, 305.

bb. Gesetzlich vorausgesetzte Formulare

Zur Gruppe der durch Gesetz vorausgesetzten Formulare gehören z.B. die Anzeigen nach § 14 GewO, die Angaben nach § 60 SGB I und der Antrag nach § 46 BAföG. Zu prüfen ist, wie die Vordrucke in den verschiedenen Verfahren rechtlich ausgestaltet sind.

Die Anzeigen nach § 14 GewO sind gem. § 14 Abs. 14 GewO i.V.m. § 1 S. 1 GewAnzV nach amtlichen Vordruckmustern auszufüllen und abzugeben. Die dazu notwendigen Vordruckmuster werden gem. der in § 14 Abs. 14 GewO niedergeschriebenen Rechtsverordnungsermächtigung durch das Bundesministerium für Wirtschaft und Energie mit Zustimmung des Bundesrates bestimmt. Aufgrund dieser Rechtsverordnungsermächtigung ist die GewAnzV im Bundesgesetzblatt verkündet worden.[431] In den Anlagen 1 bis 3 zur GewAnzV finden sich die Vordrucke für die Gewerbeanmeldung, die Gewerbeummeldung und die Gewerbeabmeldung. Die GewAnzV – und damit auch die in ihrem Anhang enthaltenen Vordrucke für die Gewerbean-, -um- und -abmeldung – erfüllt die oben aufgestellten Merkmale für eine Rechtsverordnung: Das Bundesministerium für Wirtschaft und Energie beruft sich auf die durch § 14 Abs. 14 GewO ihr gem. Art. 80 Abs. 1 GG übertragene Rechtssetzungsbefugnis, die GewAnzV ist als Verordnung bezeichnet und auch im Bundesgesetzblatt verkündet. Die Vordrucke für die Anzeigen nach § 14 GewO sind mithin als Rechtsverordnungen ausgestaltet.

Nach § 60 Abs. 1 SGB I hat derjenige, der Sozialleistungen beantragt oder erhält, Angaben zu machen und Änderungen in den Verhältnissen anzuzeigen, die sich auf die Gewährung von Sozialleistungen auswirken. Dabei sollen gem. § 60 Abs. 2 SGB I für die Angaben Vordrucke genutzt werden, soweit diese vorgesehen sind. In Sozialverfahren werden die Leistungsträger durch § 17 Abs. 1 Nr. 3 SGB I dazu verpflichtet, durch allgemein verständliche Antragsvordrucke, den Zugang zu Sozialleistungen möglichst einfach zu gestalten. In der Zusammenschau beider Normen ergibt sich daraus die Verpflichtung der Leistungsträger, entsprechende Vordrucke zu erstellen und bereit zu halten.[432] Anders als bei den Steuererklärungsformularen, ist die Benutzung der Formulare, die für Anträge nach § 60 Abs. 2 SGB I vorgesehen sind, grundsätzlich nicht zwingend für die Wirksamkeit des Antrages erforderlich, sondern die Formulare stellen lediglich ein Hilfsmittel für den Bürger dar.[433] Anhaltspunkte für die Rechtsqualität dieser

---

431 BGBl. I 2014, 1208.

432 *Voelzke,* in: Schlegel/Voelzke, jurisPK-SGB I, § 60 SGB I Rn. 79.

433 So explizit *Voelzke,* in: Schlegel/Voelzke, jurisPK-SGB I, § 60 SGB I Rn. 80; siehe auch m.w.N. *Wippermann-Kempf,* Leistungsantrag im Sozialrecht, S. 114, 144 f.

Vordrucke und Formulare finden sich weder im Gesetz noch – soweit ersichtlich – in der Literatur.

Anders sieht es dagegen beim Antrag auf Ausbildungsförderung nach § 46 Abs. 1 BAföG aus. § 46 Abs. 3 BAföG bestimmt, dass die zur Feststellung des Anspruchs erforderlichen Tatsachen auf den Formblättern anzugeben sind, die die Bundesregierung durch allgemeine Verwaltungsvorschrift mit Zustimmung des Bundesrates bestimmt hat.[434] So ist es mit der allgemeinen Verwaltungsvorschrift zur Bestimmung der Formblätter nach § 46 Absatz 3 des Bundesausbildungsförderungsgesetzes[435] geschehen. Der Bundesrat hat den von der Bundesregierung unter der Führung des Bundesministeriums für Bildung und Forschung erstellten Formularen zugestimmt, sodass die Formulare als Verwaltungsvorschrift in Kraft treten konnten.[436] Die Formulare im Verfahren auf Ausbildungsförderung stellen mithin Verwaltungsvorschriften dar.

cc. Behördliche genutzte Formulare ohne gesetzliche Bestimmung

Etwas anderes ergibt sich in den Fällen, in denen im Gesetz keine Verwendung eines Formulars vorgeschrieben ist. Entscheidet sich eine Behörde dazu, ein Formular zur Durchführung eines Verwaltungsverfahrens zu verwenden, ohne dass dies durch ein Gesetz vorgeschrieben ist, liegen nach der hier vertretenen Auffassung in der Übersendung an den Bürger mehrere Verwaltungsakte in Form von Auskunftsersuchen bzw. bei der Zurverfügungstellung an Amts- oder sonstiger Stelle mit der Bitte, diesen auszufüllen, mehrere Allgemeinverfügungen i.S.d. § 35 S. 2 VwVfG, § 118 S. 2 AO vor.

dd. Ergebnis

Es zeigt sich, dass in anderen Verwaltungsverfahren Vordrucke und Formulare rechtlich unterschiedlich ausgestaltet sind: In Betracht kommen die Einordnung als Rechtsverordnung, als Verwaltungsakte oder als Verwaltungsvorschriften. Die Einordnung der Steuererklärungsformulare als Rechtsverordnung bzw. Verwaltungsakt wurde bereits abgelehnt, daran ändert auch die Einordnung

---

434 Die Ablehnung einer Ausbildungsförderung nur aufgrund der Tatsache, dass keine Antragsvordrucke genutzt worden sind, verstößt dann gegen den Grundsatz von Treu und Glauben, wenn die Behörde bei fehlender Formularnutzung die Antragstellerin nicht auf dieses Erfordernis hinweist, OVG Hamburg, Urteil v. 18.12.1979, OVG Bf III 41/78, Hamb. JVBl. 1980, 104, 105.

435 GMBl. 2016, 211; GMBl. 2018, 517.

436 Siehe BR Drucks. 61/16 und 61/16 (Beschluss).

der Formulare und Vordrucke in anderen Verwaltungsverfahren nichts. Neu hinzugekommen ist die Möglichkeit, die Steuererklärungsformulare als Verwaltungsvorschriften einzuordnen, der im Folgenden in einem eigenen Ansatz nachgegangen wird.

e. *Eigener Ansatz: Steuererklärungsformulare als Verwaltungsvorschriften*

aa. *Merkmale von Verwaltungsvorschriften*

Verwaltungsvorschriften sind von der Exekutive erstellte, abstrakt-generelle Regelungen, die grundsätzlich von einer vorgesetzten Behörde an nachgeordnete Behörden gerichtet sind und die nachgeordneten Behörden sowie ihre Bediensteten binden.[437] Unabhängig von der Frage, ob Verwaltungsvorschriften mittelbare oder unmittelbare Außenwirkung entfalten, handelt es sich um Rechtssätze bzw. Rechtsnormen.[438] Im Steuerrecht firmieren Verwaltungsvorschriften unter verschiedenen Bezeichnungen:[439] Die von der Bundesregierung gem. Art. 108 Abs. 7 GG erlassenen allgemeinen Verwaltungsvorschriften werden als Richtlinien veröffentlicht und bedürfen grundsätzlich der Zustimmung des Bundesrates, soweit die Verwaltung den Landesfinanzbehörden oder Gemeinden obliegt.[440] Als Erlasse werden die Verwaltungsvorschriften des Bundesfinanzministeriums und der Länderfinanzministerien – darunter fallen auch

437 Zur Bindungswirkung siehe §§ 62, 63 BBG, §§ 37, 38 BRRG, im Bereich der Finanzverwaltung §§ 3, 8a Abs. 1 FVG; Verwaltungsvorschriften werden z.T. auch als „Verwaltungsverordnungen“ (siehe *Reiners*, JöR 28 (1974), 1, 11; Art. 56 Abs. 2 Verf NRW) oder „Verwaltungsanordnungen“ (*Wilke*, AöR 98 (1973), 196, 209) bezeichnet. Zur Definition der Rechtsverordnung siehe m.w.N. *Sauerland*, Die Verwaltungsvorschrift im System der Rechtsquellen, S. 38-43 und 44 und *Ossenbühl*, Verwaltungsvorschriften und Grundgesetz, S. 29-33.

438 Ausführlich unter verschiedenen Gesichtspunkten siehe *Sauerland*, Die Verwaltungsvorschrift im System der Rechtsquellen, S. 71-94; *Hey*, Steuerplanungssicherheit, S. 23; *Helbich*, Vertrauensschutz in Verwaltungsvorschriften des Steuerrechts, S. 34 f.; die Frage als geklärt ansehend *Vogel*, StuW 1991, 254, 254 f.; widersprüchlich *W. Leisner*, Verwaltungsvorschriften als „Nebengesetze“ im Steuerrecht?, S. 25-27 und S. 56, der die Normqualität zunächst bejaht (S. 25-27), um sie dann wiederum zu verwerfen (S. 56).

439 Siehe zur folgenden Aufzählung *Tipke*, Steuerrechtsordnung III, S. 1434; *Seer*, Verständigungen in Steuerverfahren, S. 239 f.; *Juchum*, ZG 1991, 56-68.

440 So die Einkommensteuerrichtlinien, Lohnsteuerrichtlinien, Gewerbesteuerrichtlinien, Körperschaftsteuerrichtlinien, Bewertungsrichtlinien und Erbschaftsteuerrichtlinien.

die gleich lautenden bzw. koordinierten Ländererlasse[441] – und als Verfügungen die ergänzenden Verwaltungsvorschriften der Oberfinanzdirektionen sowie die Verwaltungsvorschriften auf Ebene der einzelnen Finanzbehörde bezeichnet. Da sowohl die gleichlautenden Ländererlasse aufgrund des Einstimmigkeitsprinzips und der damit verbundenen Schwerfälligkeit[442] als auch der Erlass der Richtlinien etwa durch politische Unwägbarkeiten[443] und einen zu langen Überarbeitungsturnus[444] keine adäquaten Reaktionszeiten auf kurzfristige Änderungen in der Praxis ermöglichten,[445] haben der Bund und die Länder als Reaktion in einer Vereinbarung vom 15.1.1970[446] eine kooperative Grundlage für die sog. BMF-Schreiben gelegt.[447] Dabei handelt es sich um Anweisungen des Bundesministers der Finanzen, die in Zusammenarbeit mit den Bundesländern entstehen und von einer Mehrzahl der Länder gebilligt werden müssen.[448] Eine Bindung der nachfolgenden Landesbehörden an diese deutsche Sonderform der Verwaltungsvorschrift besteht erst nach Transformation zu einer landeseigenen Verwaltungsvorschrift.[449] Somit entfalten die BMF-Schreiben für die

---

441 Zu deren Zustandekommen siehe *Seer*, in: Bonner Kommentar, GG, Art. 108 Rn. 101 (Stand: Dezember 2020) und *Schöck*, StuW 1977, 22, 22-24.

442 Als Beispiel für Komplikationen bei der Erstellung der gleich lautenden Ländererlasse sei der „nur" koordinierte Ländererlass zur Erbschaftsteuerreform vom 22.6.2017 (BStBl. I 2017, 902) genannt, der seinerzeit im Einvernehmen mit allen Bundesländern mit Ausnahme des Freistaats Bayern ergangen ist. Zu den Hintergründen siehe *Geck*, ZEV 2017, 481, 481 f.; siehe bereits BT Drucks. V/2861, S. 37.

443 Siehe zu den politischen Unwägbarkeiten *Brodersen*, in: FS Selmer, 601, 610-612.

444 Vgl. dazu *Juchum*, ZG 1991, 56, 58-60.

445 *Erichsen*, in: FS Kruse, 39, 47, sieht den Gesetzgeber zwar als zügig reaktionsfähig an, schreibt die Elastizität der Verwaltungsvorschriften aber eher der Offenheit gegenüber dem atypischen Einzelfall zu.

446 Bund-Länder-Vereinbarung v. 15.1.1970, abgedruckt im Wortlaut bei *Helbich*, Vertrauensschutz in Verwaltungsvorschriften des Steuerrechts, S. 81, dort Fn. 27, und bei *Nose*, Die Schreiben des Bundesministers der Finanzen, S. 36 f.

447 Zur Entstehungsgeschichte siehe *Nose*, Die Schreiben des Bundesministers der Finanzen, S. 25-37; siehe auch *Sauerland*, Die Verwaltungsvorschrift im System der Rechtsquellen, S. 181-183; *Helbich*, Vertrauensschutz in Verwaltungsvorschriften des Steuerrechts, S. 80-82; *Orlopp*, in: FS Klein, 597, 601-605; *Brodersen*, in: FS Selmer, 601, 607-610. Der Rechtsnatur nach handelt es sich um ein Verwaltungsabkommen, siehe *Schöck*, StuW 1977, 22, 28.

448 Zum Entstehungsprozess in der Praxis siehe *Nose*, Die Schreiben des Bundesministers der Finanzen, S. 39-42, und *L. Müller/Zeitler*, DStZ 1975 (A), 467, 474.

449 *Drüen*, in: Tipke/Kruse, AO/FGO, § 4 AO Rn. 80 (Stand: Oktober 2020); *Seer*, in: Bonner Kommentar, GG, Art. 108 Rn. 117, 119 (Stand: Dezember 2020); *Tipke*,

Länderverwaltungen keine unmittelbare Bindungswirkung, sondern erst dann, wenn die Länder diese freiwillig umgesetzt haben. Wegen der grundsätzlichen Freiwilligkeit der Länder – denn darauf ist die Vereinbarung vom 15.1.1970 im Ergebnis gegründet[450] –, der letztlich aber aufgrund der Teilhabe am Verfahren regelmäßig bestehenden Bereitschaft, sich an die BMF-Schreiben zu binden, wird auch von einem „Gentlemen-Agreement" gesprochen.[451] Ob die Vereinbarung vom 15.1.1970 und damit ggf. auch die Praxis der BMF-Schreiben verfassungswidrig ist oder nicht, wird zwar diskutiert; insbesondere die Freiwilligkeit der Befolgung durch die Länder und die zulässige Ausgestaltung föderaler Spielräume sprechen jedoch für eine Verfassungsmäßigkeit.[452] Vielfach wird zudem behauptet, die Vereinbarung vom 15.1.1970 sei durch § 21a FVG nunmehr ersetzt worden und daher nicht mehr notwendig für den Erlass von BMF-Schreiben.[453] Unter Erinnerung an die oben festgestellte Verfassungswidrigkeit der Norm[454] kann dieser Auffassung hier nicht gefolgt werden. Stattdessen ist die Vereinbarung vom 15.1.1970 weiterhin der Boden, auf dem die Reglementierung durch BMF-Schreiben wächst und gedeiht.[455]

Steuerrechtsordnung III, S. 1434; *Schöck*, StuW 1977, 22, 29; *Juchum*, ZG 1991, 56, 64, der jedoch die sofortige „Bindung" der BMF-Schreiben in der Praxis hervorhebt.

450 *Seer*, in: Bonner Kommentar, GG, Art. 108 Rn. 116 (Stand: Dezember 2020); *ders.*, in: FS Ruppe, 533, 543 f., weist zutreffend auf eine tatsächliche verwaltungspsychologische Wirkung hin, die der Bindungswirkung eines Vertrages gleichkommen und diese sogar übersteigen kann.

451 *Deubel*, FR 2008, 293; *E. Schmidt*, FR 2008, 317, 319.

452 Siehe zu Einzelheiten exemplarisch für die Diskussion: *Nose*, Die Schreiben des Bundesministers der Finanzen, S. 128-136, gelangt zu einem Verstoß gegen den Grundsatz der Rechtssicherheit durch BMF-Schreiben und, a.a.O., S. 224-239, zu einem Verstoß gegen den Vorrang des Gesetzes aufgrund Verstoßes gegen Art. 108 GG und damit zur Verfassungswidrigkeit. *Helbich*, Vertrauensschutz in Verwaltungsvorschriften des Steuerrechts, S. 80-84, geht von einer Verfassungsmäßigkeit aus und hebt dabei die Freiwilligkeit der Befolgung durch die Länder und das zulässige Ausgestalten föderaler Spielräume in den Vordergrund; letzterer Auffassung schließt sich auch *Seer*, in: Bonner Kommentar, GG, Art. 108 Rn. 117 (Stand: Dezember 2020), bis auf die Nummer 4 der Bund-Länder-Vereinbarung vom 15.1.1970 an.

453 *Horlemann*, UR 2011, 334, 336; *Widmann*, UR 2011, 7, 8, spricht von BMF-Schreiben gem. § 21a FVG; *E. Schmidt*, FR 2008, 317, 319.

454 Siehe oben 2. Teil B. IV. 2. c.

455 So auch *Seer*, in: Bonner Kommentar, GG, Art. 108 Rn. 122 (Stand: Dezember 2020); nach *Kempny*, in: Berliner Kommentar GG, Art. 108 GG Rn. 73 (Stand: Februar 2018), bildet die Bund-Länder-Vereinbarung vom 15.1.1970 weiterhin die Grundlage für die Praxis der BMF-Schreiben, siehe auch *Sauerland*, DStZ 2008, 668, 672 f.

Verwaltungsvorschriften bedürfen selbst keiner gesetzlichen Ermächtigung, sondern sind der Verwaltungstätigkeit inhärent.[456] Im Steuerverfahren geben sie, soweit sie die Anwendung des Steuerrechts betreffen, Finanzbeamten, Intermediären und, soweit sie allgemein verständlich und zugänglich sind, den Bürgern Hilfestellungen und dienen der Umsetzung eines aus Art. 3 Abs. 1 GG resultierenden Vereinheitlichungsgebotes, damit das Steuerrecht trotz des Charakters als „individuelles Massenverfahren" gleichheitskonform angewendet wird.[457] Intermediäre und auch Bürger wenden etwa die in steuerlichen Verwaltungsvorschriften aufgezeigten Interpretationsmöglichkeiten der Gesetze oftmals wie Gesetze an.[458] Eine Reduzierung des Haftungsrisikos des Steuerberaters bei Beachtung der Verwaltungsvorschriften spielt dabei ebenfalls eine Rolle.[459] Dadurch erklärt sich auch die Maßgeblichkeit und Bedeutung der Verwaltungsvorschriften bei der Steuerberaterprüfung, bei der es regelmäßig darauf ankommt, die in Richtlinien und Erlassen niedergeschriebene Auffassung der Finanzverwaltung wiederzugeben und anzuwenden.[460]

---

456 BVerfG v. 15.7.1969, 2 BvF 1/64, BVerfGE 26, 338, 396; *Tipke*, Steuerrechtsordnung III, S. 1434; *Erichsen*, in: FS Kruse, 39, 48, fordert für intersubjektive Verwaltungsvorschriften, die über den Kompetenzbereich des Verwaltungsträger hinausgehen, eine (grund-)gesetzliche Grundlage. Dieser Fall kann aber nicht eintreten, denn wenn eine gesetzliche Grundlage zur Verwaltungstätigkeit vorliegt, begründet sie damit gleichzeitig die Kompetenz des ermächtigten Verwaltungsträgers zum Erlass von Verwaltungsvorschriften.

457 *Seer*, in: Bonner Kommentar, GG, Art. 108 Rn. 182 (Stand: Dezember 2020); die Unterstützung für Steuerpflichtige und Berater hebt BFH v. 4.4.1986, III R 245/83, BStBl. II 1986, 852 Rn. 35, hervor; ähnlich auch *Tipke*, Steuerrechtsordnung III, S. 1431; *Hey*, Steuerplanungssicherheit, S. 24-26; sehr lesenswert dazu *Martens*, DStJG 5 (1982), 165, 176, der Steuerplanungen ansonsten mit dem Wahrscheinlichkeitseintritt von langfristigen Wettervorhersagen vergleicht.

458 *Tipke*, Steuerrechtsordnung III, S. 1432; auch *Hey*, Steuerplanungssicherheit, S. 25 f.; siehe auch *Helbich*, Vertrauensschutz in Verwaltungsvorschriften des Steuerrechts, S. 78; *Seer*, Verständigungen in Steuerverfahren, S. 240; *Juchum*, ZG 1991, 56, 57; kritisch dazu *Tipke*, in: FS Kohlmann, 555, 565 f.

459 *Hey*, Steuerplanungssicherheit, S. 25 m.w.N.

460 *Helbich*, Vertrauensschutz in Verwaltungsvorschriften des Steuerrechts, S. 78 und dort insbesondere auch die Nachweise in Fn. 6; diesen Zusammenhang explizit herstellend *Hey*, Steuerplanungssicherheit, S. 25 und dort Fn. 56; *Tipke*, Steuerrechtsordnung III, S. 1432, spricht davon, dass Steuerberater sich so auf allgemeine Verwaltungsvorschriften verlassen würden, als handele es sich um Gesetze.

bb. Einordnung der Steuererklärungsformulare

Wie oben dargestellt, werden die Steuererklärungsformulare im Rahmen der Vordruckkommissionen durch den Bund im Einvernehmen mit den Ländern erstellt und sodann in allen Bundesländern angewendet.[461] Zwischen den einzelnen Formularen für die unterschiedlichen Steuerarten lässt sich aber noch differenzieren: So wurden die Formulare für das Umsatzsteuer-Voranmeldungs- und -Vorauszahlungsverfahren sowie das Formular für die Umsatzsteuererklärung durch BMF-Schreiben im Bundessteuerblatt bekannt gegeben.[462] Ebenso wurde mit den Formularen für die Lohnsteueranmeldung und der Anlage EÜR nebst Anlagen verfahren.[463] Für die Einkommensteuer-, die Körperschaftsteuer- und Gewerbesteuerformulare fehlen Veröffentlichungen als BMF-Schreiben im Bundessteuerblatt. Soweit ersichtlich, wird außerhalb des elektronischen Formular-Management-Systems der Finanzverwaltung[464] – und selbst dort nur beschränkt[465] – keine außenwirksame Veröffentlichung dieser Formularmuster durchgeführt. Die so veröffentlichten Steuererklärungsformulare werden von den Ländern ohne Änderungen übernommen und angewendet. Im Ergebnis veröffentlicht das Bundesministerium der Finanzen die Formulare damit als BMF-Schreiben oder formlos und die Landesfinanzverwaltungen wenden diese in den Fällen gesetzlich angeordneter Steuererklärungspflichten an. Es handelt sich somit bei den Steuererklärungsformularen um Verwaltungsvorschriften in der Form eines BMF-Schreibens oder – soweit eine förmliche Veröffentlichung unterbleibt – in einer mit der Entstehung eines BMF-Schreibens vergleichbaren Form. Zu kritisieren ist an dieser Stelle die Öffentlichkeitsarbeit der Finanzverwaltung mit Blick auf die Veröffentlichung bzw. Bekanntmachung der Steuererklärungsformulare. Schlicht nicht nachvollziehbar ist die teilweise förmliche

---

461 Siehe oben 2. Teil B. IV. 3.

462 Für die Voranmeldungen und das Vorauszahlungsverfahren zur Umsatzsteuer 2021 siehe BStBl. I 2021, 65; für die Umsatzsteuererklärung 2021 BStBl. I 2021, 74.

463 BMF-Schreiben v. 20.8.2020, IV C 5-S 2533/19/10026, BStBl. I 2020, 665, für die Lohnsteuer und für die Anlage EÜR BMF-Schreiben v. 16.9.2020, IV C 6-S 2142/19/10003, BStBl. I 2020, 995.

464 www.formulare-bfinv.de (abgerufen am 11.10.2021, 22:00 Uhr).

465 Die Formulare, die Einkünfte betreffen, die zur Verpflichtung der elektronischen Übermittlung gem. § 25 Abs. 4 EStG führen, werden mit Hinweis auf das ELSTER-Verfahren dort nicht zur Verfügung gestellt und können nur an Amtsstelle bezogen werden.

Bekanntmachung im Bundessteuerblatt und die teilweise Veröffentlichung durch schlichtes Bereitstellen in einem Internetportal bzw. durch das ELSTER-Programm. Im Sinne einer auch für den Bürger nachvollziehbaren Regelung sollten die Formulare daher zukünftig einheitlich im Bundessteuerblatt veröffentlicht werden.

cc. *Rechtsfolgen der Einordnung der Steuererklärungsformulare als Verwaltungsvorschrift*

(1) Unmittelbare Außenwirkung

Da nur die Legislative gem. Art. 76 ff. GG Recht setzen kann und die Exekutive nur unter den Voraussetzungen des Art. 80 GG zur Rechtsetzung befugt ist sowie mit Blick auf den Grundsatz der Gewaltenteilung haben Verwaltungsvorschriften grundsätzlich keine unmittelbare Außenwirkung.[466]

(2) Mittelbare Außenwirkung

Eine mittelbare Außenwirkung wird den Verwaltungsvorschriften nicht *per se* zugesprochen, sondern bei der Beantwortung dieser Frage wird nach den unterschiedlichen Arten von Verwaltungsvorschriften differenziert. Es ist somit notwendig, die Verwaltungsvorschriften zu systematisieren und die Steuererklärungsformulare einzuordnen.

(a) Grobeingrenzung nach den Arten von Verwaltungsvorschriften

Verwaltungsvorschriften lassen sich nach dem Funktionsbereich in Organisations- und verhaltenslenkende bzw. Gesetzesanwendungsvorschriften unterteilen.[467] Während die Organisationsvorschriften die innere

---

466 BVerfG v. 2.3.1999, 2 BvF 1/94, BVerfGE 100, 249, 258; *Helbich*, Vertrauensvorschuss in Verwaltungsvorschriften des Steuerrechts, S. 36-47; *W. Leisner*, Verwaltungsvorschriften als „Nebengesetze“ im Steuerrecht?, S. 29-32, S. 33, sieht sogar den Parlamentarismus in Gefahr; a.A. jedoch *Sauerland*, Die Verwaltungsvorschrift im System der Rechtsquellen, S. 361.

467 Grundlegend *Ossenbühl*, Verwaltungsvorschriften und Grundgesetz, S. 250-450; siehe auch *Sauerland*, Die Verwaltungsvorschrift im System der Rechtsquellen, S. 63-69 m.w.N.; *Helbich*, Vertrauensschutz in Verwaltungsvorschriften des Steuerrechts, S. 64-78 und 85-118; *Englisch*, in: Tipke/Lang, Steuerrecht, Rn. 5.31; für die Beurteilung wird an dieser Stelle die Differenzierung nach dem Geltungsbereich (intrasubjektive, intersubjektive, intrabehördliche oder interbehördliche Verwaltungsvorschriften

Organisation bzw. den Geschäftsgang von Behörden betreffen und somit für die Einordnung der Steuererklärungsformulare nicht maßgeblich sein können, teilen sich die verhaltenslenkenden Verwaltungsvorschriften in gesetzesakzessorische und gesetzesvertretende Verwaltungsvorschriften auf.[468] Gesetzesvertretende Verwaltungsvorschriften finden Anwendung in gesetzlich nicht normierten Sachbereichen, indem sie dort Entscheidungsmaßstäbe liefern; sie müssen sich dabei im grundgesetzlich vorgegebenen Rahmen bewegen und sind nur zulässig, soweit die Regelungen zum Gesetzesvorbehalt nicht einschlägig sind.[469] Da die Steuererklärungsformulare aufgrund des § 150 Abs. 1 AO i.V.m. den Einzelsteuergesetzen in einem gesetzlich normierten Sachbereich angesiedelt sind, können sie nur unter die gesetzesakzessorischen, d.h., die mit dem Vollzug der Gesetze befassten Verwaltungsvorschriften fallen. Diese lassen sich in ermessenslenkende, norminterpretierende, normkonkretisierende Verwaltungsvorschriften und solche zur Sachverhaltsermittlung einteilen.

(b) Steuererklärungsformulare und ermessenslenkende Verwaltungsvorschriften

Die Kategorie der ermessenslenkenden Verwaltungsvorschriften soll zuerst dargestellt werden. Diese finden im Steuerrecht dann Anwendung, wenn dem Amtsträger bei der Entscheidung über einen Sachverhalt Ermessen i.S.d. § 5 AO zusteht. Um zu verhindern, dass in dem Massenverfahren „Steuerverfahren" gleichgelagerte Fälle von verschiedenen Amtsträgern unterschiedlich nach der jeweiligen individuellen Einschätzung behandelt werden und es damit zu Ungleichbehandlungen von Verfahrensbeteiligten kommen kann, geben die ermessenslenkenden Verwaltungsvorschriften Ermessensentscheidungen in typisierten Fallkonstellationen und damit einen gemeinsamen Maßstab vor.[470] Die behördliche Entscheidung wird somit rationalisiert und

---

ausgeklammert, siehe im Einzelnen bei *Ossenbühl*, Verwaltungsvorschriften und Grundgesetz, S. 363-450).

468 Siehe wiederum die Nachweise in Fn. 467.

469 *Ossenbühl*, Verwaltungsvorschriften und Grundgesetz, S. 357-361; *Sauerland*, Die Verwaltungsvorschrift im System der Rechtsquellen, S. 68 f.; siehe auch *Maurer/Waldhoff*, Allgemeines Verwaltungsrecht, § 24 Rn. 14.

470 Vgl. *Eckhoff*, Rechtsanwendungsgleichheit im Steuerrecht, S. 492.

entsubjektiviert.[471] Die von der Behörde getroffene Ermessensentscheidung ist von den Gerichten gem. § 102 FGO nur eingeschränkt überprüfbar, sodass auch die ermessenslenkende Verwaltungsvorschrift nur der eingeschränkten Kontrolle der Gerichte unterliegen kann. Wenn die Behörde bei ihrer Ermessensentscheidung von der bisher umgesetzten Vorgabe, unter bestimmten Voraussetzungen bestimmte Ermessensentscheidungen zu fällen, abweicht, entfaltet die Anwendung der Verwaltungsvorschriften bzw. der in der Verwaltungsvorschrift manifestierte administrative Willensakt direkt eine mittelbare Außenwirkung, die zu einer Selbstbindung der Verwaltung aus Art. 3 Abs. 1 GG führt.[472] In diesen Fällen ist auch das Gericht über Art. 3 Abs. 1 GG an die Verwaltungsvorschrift bzw. deren Anwendung gebunden.[473]

Die Steuererklärungsformulare treffen keine Aussagen zum Ermessen des Finanzbeamten, vielmehr sollen sie ihn – wenn er denn überhaupt Ermessen ausüben darf – erst in die Lage versetzen, Ermessen auszuüben, indem durch die Steuererklärungsformulare die Tatbestände der materiellen Steuergesetze beim Steuerpflichtigen abgefragt werden. Eine Einordnung der Steuererklärungsformulare unter die ermessenslenkenden Verwaltungsvorschriften scheidet somit aus.

(c) Steuererklärungsformulare als norminterpretierende Verwaltungsvorschriften

Im Vergleich zu den ermessenslenkenden Verwaltungsvorschriften deutlich größere Bedeutung haben im Steuerrecht die norminterpretierenden

---

471 *Ossenbühl*, Verwaltungsvorschriften und Grundgesetz, S. 284 f.; *Erichsen*, in: FS Kruse, 39, 43.

472 BVerwG v. 10.12.1969, VIII C 104.69, BVerwGE 34, 278, 280; *Ossenbühl*, Verwaltungsvorschriften und Grundgesetz, S. 522, 546-548; *W. Leisner*, Verwaltungsvorschriften als „Nebengesetze" im Steuerrecht?, S. 43-45; zur Frage, ob die Anwendung der Verwaltungsvorschrift oder die Verwaltungsvorschrift selbst die mittelbare Außenwirkung begründet siehe *Eckhoff*, Rechtsanwendungsgleichheit im Steuerrecht, S. 492-494; *Seer*, Verständigungen in Steuerverfahren, S. 241 f.; *Drüen*, in: Tipke/Kruse, AO/FGO, § 4 AO Rn. 93 f. (Stand: Oktober 2020); *Sauerland*, Die Verwaltungsvorschrift im System der Rechtsquellen, S. 190-197; siehe auch *Maurer/Waldhoff*, Allgemeines Verwaltungsrecht, § 24 Rn. 27-29.

473 Ausdrücklich *W. Leisner*, Verwaltungsvorschriften als „Nebengesetze" im Steuerrecht?, S. 43 f.; siehe auch *Drüen*, in: Tipke/Kruse, AO/FGO, § 4 AO Rn. 93 (Stand: Oktober 2020).

Verwaltungsvorschriften, die sich mit der behördlichen Auslegung unbestimmter Rechtsbegriffe auf der Tatbestandsseite auseinandersetzen.[474] Die größere Bedeutung norminterpretierender Verwaltungsvorschriften im Steuerrecht findet ihren Grund darin, dass das behördliche Ermessen bei der Ermittlung der steuerlichen Bemessungsgrundlage und des anzuwendenden Steuersatzes nur eine untergeordnete Rolle einnimmt,[475] sich aber in nahezu jeder Norm des materiellen Steuerrechts unbestimmte Rechtsbegriffe finden, derer Auslegung es bedarf. Sinn und Zweck der norminterpretierenden Verwaltungsvorschriften ist im Ergebnis ähnlich wie bei den ermessenslenkenden Verwaltungsvorschriften eine gleichmäßige, entsubjektivierte und rationale Durchführung des Steuerverfahrens unter Einhaltung eines zeitnahen Gesetzesvollzuges.[476] Anders als ermessenslenkende Verwaltungsvorschriften sind norminterpretierende Verwaltungsvorschriften als Rechtsauffassungen der Verwaltung gerichtlich voll überprüfbar und damit „Gegenstand, nicht jedoch Maßstab richterlicher Kontrolle".[477] Trotz regelmäßiger Anwendung durch die Behörde begründen norminterpretierende Verwaltungsvorschriften weder aus dem Grundsatz des Vertrauensschutzes, noch aus dem Gleichheitssatz – auch wenn dies zum Teil in unterschiedlicher Intensität vertreten wird[478] – eine volle oder auch nur teilweise

474 Ausführlich *Ossenbühl*, Verwaltungsvorschriften und Grundgesetz, S. 283-311.

475 *Drüen*, in: Tipke/Kruse, AO/FGO, § 5 AO Rn. 24 (Stand: Oktober 2018).

476 BFH v. 23.8.2017, I R 52/14, BStBl. II 2018, 232 Rn. 16; BFH v, 28.11.2016, GrS 1/15, BStBl. II 2017, 393 Rn. 107; BVerfG v. 31.5.1988, 1 BvR 520/83, BVerfGE 78, 214, 228 f.; in ihrer Anmerkung zu dem Urteil des BVerfG spricht *Osterloh*, JuS 1990, 100, ganz zutreffend von einem „schematisierenden Gesetzesvollzug"; siehe auch *Ossenbühl*, Verwaltungsvorschriften und Grundgesetz, S. 284; *Erichsen*, in: FS Kruse, 39, 43.

477 Siehe, auch für das Zitat, BVerfG v. 31.5.1988, 1 BvR 520/83, BVerfGE 78, 214, 227; BVerfG v. 31.05.2011, 1 BvR 857/07, BVerfGE 129, 1, 21; *W. Leisner*, Verwaltungsvorschriften als „Nebengesetze" im Steuerrecht?, S. 46 f.; a.A. *Sauerland*, Die Verwaltungsvorschrift im System der Rechtsquellen, S. 369 f., der mit Blick auf Art. 20 Abs. 2 S. 2 GG und das Demokratieprinzip eine Rechtssetzungsfunktion der Exekutive durch Verwaltungsvorschrift bejaht.

478 *W. Schmidt*, Gesetzesvollziehung durch Rechtsetzung, S. 113, sieht die Verwaltungsvorschriften als einfach zu handhabendes Vollzugsprogramm an, das er dem „schwerfälligen Regelungsinstrument" der Rechtsverordnung als variabler und daher flexibler gegenüberstellt; die Entwicklung eines Vollzugsprogramms in Form von norminterpretierenden Verwaltungsvorschriften durch die Exekutive ergebe sich aus dem allgemeinen Gleichheitssatz (a.a.O., S. 103-106); in der Folge dürfe bei der Überprüfung

Außenbindung.[479]

von Normen durch die Verwaltungsgerichte nicht nur der reine Gesetzestext auf den Einzelfall angewendet werden, sondern das Gesetz unter Beachtung der durch die Exekutive entwickelten Vollzugsmaßstäbe sei gemeinsam betrachtet die entscheidungserhebliche „Norm" (a.a.O., S. 137, 140). Dementsprechend beschränke sich die Überprüfung der Gerichte auf das bereits durch die Exekutive angewendete Recht im Sinne einer Vertretbarkeitskontrolle der Auslegung (a.a.O., S. 147-149). Daher zieht *W. Schmidt* aus der Verwaltungsvorschrift eine Bindungswirkung: Der Bürger könne einen (nicht das Verwaltungsprogramm ändernden) Verwaltungsakt mit der Begründung anfechten, dass dieser der Verwaltungsvorschrift widerspreche (a.a.O., S. 144 f.). *Martens*, DStJG 5 (1982), 165, 183-188, möchte Verwaltungsvorschriften im Gerichtsverfahren als präsumtiv verbindlich ansehen, was eine Auseinandersetzung des entscheidenden Richters mit den Gründen der Verwaltungsvorschrift erfordert. Sehr ausgeprägt in diese Richtung auch *Sauerland*, Die Verwaltungsvorschrift im System der Rechtsquellen, S.363-375, der mit Blick auf Art. 20 Abs. 2, 92 GG eine Verbindlichkeit der durch die Exekutive gesetzten Rechtsnormen – darunter fasst er sämtliche Verwaltungsvorschriften – für die Judikative annimmt. Die Verwaltungsvorschrift müsse jedoch wirksam (d.h. mit den geltenden materiell-rechtlichen Rahmenbestimmungen vereinbar) und anwendbar sein (a.a.O., S. 375-389). Die Verwaltungsvorschriften seien somit Maßstab und Gegenstand richterlicher Kontrolle. Kritisch zur hohen Kontrolldichte der Gerichte bei unbestimmten Rechtsbegriffen auch *Lange*, DÖV 1981, 73, 80; für eine Vertretbarkeitsprüfung *Schmidt-Eichstaedt*, Bundesgesetze und Gemeinden, S. 174-178, 196 f.; siehe auch *Vogel*, VVDStRL 24 (1966), 121, 161 f.; *Starck*, Der Gesetzesbegriff des Grundgesetzes, S. 311 f., der für eine Bindung des Richters an eine rechtmäßige Verwaltungsvorschrift plädiert. Nicht eindeutig ist die Auffassung von *Osterloh*, JuS 1990, 100, 102 f., die dann eine Bindung von Behörden und Gerichten an Verwaltungsvorschriften andenkt, wenn ein gesetzlicher Konkretisierungsauftrag besteht. Ob sie damit lediglich konkretisierende Verwaltungsvorschriften meint oder auch norminterpretierende, ist nicht eindeutig, da sie auf beide Arten von Verwaltungsvorschriften in dem Abschnitt rekurriert; ihre Verweise in den Fußnoten sprechen eher für eine Beschränkung auf norminterpretierende Verwaltungsvorschriften – wirklich deutlich wird dies aber nicht.

479 Vorherrschende Meinung BVerfG v. 31.5.1988, 1 BvR 520/83, BVerfGE 78, 214, 227; BVerwG v. 10.12.1969, VIII C 104.69, BVerwGE 34, 278 Rn. 12-18; BFH v. 23.8.2017, I R 52/14, BStBl. II 2018, 232 Rn. 16; BFH v, 28.11.2016, GrS 1/15, BStBl. II 2017, 393 Rn. 107; BFH v. 16.12.2014, X R 29/13 Rn. 36 f.; BFH v. 24.9.2013, VI R 48/12 Rn. 19; BFH v. 5.9.2013, XI R 7/12, BStBl. II 2014, 37 Rn. 20; BFH v. 4.12.2008, XI B 250/07 Rn. 6; *Seer*, Verständigungen in Steuerverfahren, S. 244 f.; *Eckhoff*, Rechtsanwendungsgleichheit im Steuerrecht, S. 495 f.; *Ossenbühl*, Verwaltungsvorschriften und Grundgesetz, 522, 544 f.; *W. Leisner*, Verwaltungsvorschriften als „Nebengesetze" im Steuerrecht, S. 30-32, 46 f.; *Ossig*, Verwaltungsvorschriften zur Sachverhaltsermittlung, S. 102-108; *Wernsmann*, in: Hübschmann/Hepp/Spitaler, AO/FGO, § 4 AO Rn. 88

Eine Auslegung der in den materiellen Steuergesetzen unbestimmten Rechtsbegriffe findet durch die Steuererklärungsformulare bereits wegen ihrer Transformationsfunktion[480] statt. Denn jede nicht wörtliche Wiedergabe, Umschreibung oder Konkretisierung des Gesetzestextes stellt bereits eine Interpretation desselben dar.[481] Dies ließe sich nur vermeiden, wenn in den Steuererklärungsformularen lediglich gesetzliche Normen durch Angabe der Fundstelle oder Gesetzestexte abgedruckt würden.[482] Derartig gestaltete Formulare findet man hauptsächlich bei der Umsatzsteuer und Körperschaftsteuer. Sie rekurrieren nämlich in wesentlichen Teilen auf gesetzliche Vorschriften und kommen einer Transformation des Gesetzestextes damit nur sehr eingeschränkt nach. Soweit die Steuererklärungsformulare sich nicht darauf beschränken, kommt ihnen eine norminterpretierende Funktion zu. Allerdings handelt es sich bei den Steuererklärungsformularen um keine Norminterpretationen im unmittelbaren Sinne; schon gar nicht dienen die Steuererklärungsformulare dem Zweck, dem Bearbeiter in der Finanzbehörde bei der Auslegung unbestimmter Rechtsbegriffe zur Seite zu stehen und zum Erreichen dieses Ziels Weisungen zu erteilen. Die Steuererklärungsformulare wenden sich vielmehr nur direkt an den Bürger und sollen Hilfestellung zum Erklären der steuerlich erheblichen Tatsachen sein. In dieser Funktion erzeugen sie für den Adressaten, also den Bürger jedoch ebenfalls keine Bindungswirkung. Denn Letzterer ist frei darin, die Steuergesetze selbst auszulegen, muss diese abweichend von der Auffassung der Finanzverwaltung beurteilten Sachverhalte ggf. aber in einer Anlage zur Steuererklärung oder

---

(Stand: Oktober 2020); *Drüen*, in: Tipke/Kruse, AO/FGO, § 4 AO Rn. 84 (Stand: Oktober 2020); unklar mit Blick darauf, ob dies auch in den Fällen mit Beurteilungsspielräumen und rechtmäßigen Auslegungen durch die Verwaltungsvorschrift gilt, bleibt BVerwG v. 26.11.1970, VIII C 41.68, BVerwGE 36, 313, 315; differenzierend danach, ob ein Beurteilungsspielraum (zu dessen eingeschränktem Wirkbereich siehe *Ossenbühl*, Verwaltungsvorschriften und Grundgesetz, S. 328-343) gegeben ist, *Maurer/Waldhoff*, Allgemeines Verwaltungsrecht, § 24 Rn. 44 f., und *Helbich*, Vertrauensschutz in Verwaltungsvorschriften des Steuerrechts, S. 68-70, 87, der auch eine verbindliche Konkretisierungsbefugnis bei der gesetzlichen Verwendung von Typusbegriffen verneint, a.a.O., S. 88-91.

480 Siehe oben 2. Teil B. VI. 1.

481 Vgl. *Larenz*, Methodenlehre, S. 313, 343; so auch *Frizen*, Das Deklarationsprinzip im Einkommensteuerrecht, S. 79.

482 *Schick*, StuW 1988, 301, 310, 312, differenziert zwischen den Vordrucken, die die gesetzlichen Begriffe verwenden müssen und den Erläuterungen zu den Vordrucken mit denen die Steuerpflichtigen von der Finanzverwaltung „an die Hand genommen" werden.

dem qualifizierten Freitextfeld[483] mitteilen.[484] Im Ergebnis scheidet eine Subsumtion der Steuererklärungsformulare unter die norminterpretierenden Verwaltungsvorschriften daher aus.

(d) Steuererklärungsformulare als normkonkretisierende Verwaltungsvorschriften

Eine „jüngere" Sonderart der Verwaltungsvorschriften sind die normkonkretisierenden Verwaltungsvorschriften. Diese wurden in den Bereichen des Umwelt- und technischen Sicherheitsrechts entwickelt und sind in Rechtsgebieten anerkannt, in denen es um eine Anwendung möglichst aktueller wissenschaftlicher und technischer Kenntnisse geht.[485] Dabei interpretieren normkonkretisierende Verwaltungsvorschriften besonders weite unbestimmte Tatbestandsmerkmale, die an die neuesten wissenschaftlichen und technischen Kenntnisse anknüpfen und nur durch eine aus technischen Maßstäben und Parametern gebildete Zwischenschicht im Einzelfall anwendbar sind.[486] Deren ständige Anpassung an den aktuellen wissenschaftlichen Stand durch die Legislative wäre aufgrund der Schwerfälligkeit und Dauer des Gesetzgebungsverfahrens nicht ohne Weiteres möglich.[487] Der aus diesen Überlegungen folgende wesentliche Unterschied der normkonkretisierenden Verwaltungsvorschriften zu den norminterpretierenden Verwaltungsvorschriften, denen grundsätzlich eine Außenwirkung und Bindung der Gerichte versagt wird, ist, dass den normkonkretisierenden Verwaltungsvorschriften eine Außenwirkung und damit auch Bindung der Gerichte grundsätzlich zugesprochen wird.[488] Die normkonkretisierenden Verwaltungsvorschriften grenzen sich damit insbesondere mit Blick auf die Rechtsfolge von den norminterpretierenden Verwaltungsvorschriften ab. Ob die Rechtsfigur der normkonkretisierenden Verwaltungsvorschrift

---

483 § 150 Abs. 7 S. 1 AO, siehe unten 2. Teil B. VI. 3.

484 Siehe zum Erfordernis, Sachverhalte der Finanzbehörde bei lediglich geforderter Subsumtion offenzulegen unten 2. Teil B. IX. 2. a.

485 Siehe etwa BVerwG v. 19.12.1985, 7 C 65/82, BVerwGE 71, 300 Rn. 41, 44; BVerwG, v. 20.12.1999, 7 C 15/98, BVerwGE 110, 216 Rn. 9; BVerwG v. 21.6.2001, 7 C 21/00, BVerwGE 114, 342 Rn. 11, 14; zur anfänglichen Entwicklung der Rechtsprechung *Hill*, NVwZ 1989, 401, 401 f.

486 *Hill*, NVwZ 1989, 401, 406-408; *Gerhardt*, NJW 1989, 2233, 2235-2237; *Ossenbühl*, in: Isensee/Kirchhof, HStR V, § 104 Rn. 30.

487 *Degenhart*, NJW 1984, 2184, 2188.

488 Siehe BVerwG v. 9.12.1985, 7 C 65/82, BVerwGE 72, 300 Rn. 44; BVerwG v. 21.6.2001, 7 C 21/00, BVerwGE 114, 342 Rn. 11, 14; siehe auch die Nachweise in Fn. 486.

im Steuerrecht anzuwenden ist, ist allerdings zu bezweifeln: *Hey*, *Drüen* und *Müller-Franken* sehen das Bedürfnis für die aus dem Umwelt- und technischem Sicherheitsrecht stammenden normkonkretisierenden Vorschriften im Steuerrecht mangels tatsächlicher Komplexität bzw. mangels fachkundlichem Defizit zwischen der Exekutive und der Judikative nicht.[489] Dem ist zweifelsohne zuzustimmen, sodass der Anwendungsbereich für normkonkretisierende Verwaltungsvorschriften – unabhängig von ihrer grundsätzlichen rechtlichen Beurteilung[490] – im Steuerrecht nicht eröffnet ist. Noch weiter geht die unter anderem von *Helbig* vertretene Position, der die Rechtsfigur der normkonkretisierenden Verwaltungsvorschriften „mangels zusätzlichen Erkenntnisgewinns" mit der Begründung abgelehnt, dass diese Verwaltungsvorschriften lediglich Beurteilungsspielräume ausfüllten und daher über den Grundsatz der mittelbaren Außenwirkung ähnliche Wirkungen entfalten, wie sie auch anderen Verwaltungsvorschriften zugebilligt wird.[491] Auf Letzteres wird sogleich noch zurückzukommen sein.

(e) Steuererklärungsformulare als Verwaltungsvorschriften zur Sachverhaltsermittlung

Eine von den norminterpretierenden Verwaltungsvorschriften separate, im Einzelfall aber schwer abgrenzbare Kategorie sind die Verwaltungsvorschriften zur Sachverhaltsermittlung.[492] Darunter versteht man im Regelfall typisierende oder pauschalierende Verwaltungsvorschriften, die zum Ziel haben, die Ermittlungsarbeit der Finanzbehörden durch die Vorgabe bestimmter Annahmen und Bearbeitungsverfahren bzw. „Ermittlungswege"[493] zu vereinfachen.[494] Sie

489 *Hey*, Steuerplanungssicherheit, S. 664; *Drüen*, in: Tipke/Kruse, AO/FGO, § 4 AO Rn. 85 (Stand: Oktober 2020); *Müller-Franken*, Maßvolles Verwalten, S. 454.

490 Siehe nur *Hey*, Steuerplanungssicherheit, S. 663-666.

491 *Helbig*, Vertrauensschutz in Verwaltungsvorschriften des Steuerrechts, S. 75 f.; ähnlich *Jachmann*, StuW 1994, 347, 352 f.; *Wernsmann*, DStR-Beih 2011, 72, 75; *Drüen*, in: Tipke/Kruse, AO/FGO, § 4 AO Rn. 85 (Stand: Oktober 2020).

492 *Ossenbühl*, Verwaltungsvorschriften und Grundgesetz, S. 343-349; *Seer*, Verständigungen in Steuerverfahren, S. 247.

493 *Martens*, DStJG 5, 165, 206.

494 *Seer*, Verständigungen in Steuerverfahren, S. 247; *Osterloh*, Gesetzesbindung, S. 451; *Martens*, DStJG 5, 165, 195 f.; z.T. wird in diesem Zusammenhang auch von verfahrensleitenden Verwaltungsvorschriften gesprochen, siehe *Wernsmann*, in: Hübschmann/Hepp/Spitaler, AO/FGO, § 5 AO Rn. 188 (Stand: April 2018); siehe auch *Isensee*, StuW 1973, 199, 202-204.

knüpfen somit als Abgrenzung zu den norminterpretierenden Verwaltungsvorschriften vereinfacht gesagt an die Subsumtion eines Sachverhaltes unter eine Norm und nicht an die Auslegung eines unbestimmten tatbestandlichen Begriffes an.[495] Die Gruppe von Verwaltungsvorschriften zur Sachverhaltsermittlung ist recht heterogen und umfasst u.a. Pauschalierungen, Fallgruppeneinteilungen, typisierende Unterstellungen, AfA-Tabellen, Richtsatzsammlungen[496], Vereinfachungsanweisungen sowie Schätzungs- und Bewertungsrichtlinien.[497] In ihrer Wirkung lassen sich materielle Typisierungen und formelle Typisierungen voneinander abgrenzen. Unter der materiellen Typisierung werden unwiderlegbare Annahmen verstanden; bei einer formellen Typisierung kann der Gegenbeweis erbracht werden, sodass letztere den Beweislastregeln zuzuordnen sind.[498] Eine Bindung der Gerichte an pauschalierende und typisierende Verwaltungsvorschriften wurde vom Bundesfinanzhof in der Vergangenheit mit unterschiedlichen Argumenten bejaht.[499] Dabei knüpfte der Bundesfinanzhof als Begründung für die Bindung der Gerichte verschiedentlich an (Arbeits-)Vereinfachungseffekte[500], die Rechtssicherheit[501], das „Interesse der Einheitlichkeit

495 *Hey*, Steuerplanungssicherheit, S. 666.

496 Siehe die Richtsatzsammlung für das Kalenderjahr 2018 in BStBl. I 2019, 605, und für das Kalenderjahr 2019 BMF-Schreiben v. 20.1.2021, IV A 8 - S 1544/19/10001 :001.

497 *Seer*, Verständigungen in Steuerverfahren, S. 247; *Osterloh*, Gesetzesbindung, S. 451; *Sauerland*, Die Verwaltungsvorschrift im System der Rechtsquellen, S. 66; zur Zulässigkeit von Vereinfachungsanweisungen siehe *Isensee*, Die typisierende Verwaltung, S. 35, 112 f., 134-136, und *Ossenbühl*, Verwaltungsvorschriften und Grundgesetz, S. 346-348.

498 Siehe m.w.N. *Osterloh*, Gesetzesbindung, S. 26-28, 74-80, 327-329; *Jachmann*, StuW 1994, 347, 349.

499 BFH v. 11.12.1987, VI R 147/85, BStBl. II 1998, 445 Rn. 10 f.; BFH v. 11.5.1990, VI R 140/86, BStBl. II 1990, 777 Rn. 20-22; BFH v. 26.1.1994, VI R 118/89, BStBl. II 1994, 529 Rn. 7; BFH v. 11.12.1997, III R 214/94, BStBl. II 1998, 292 Rn. 16-18; Richtlinien einen besonderen Vertrauensschutz beimessend auch BFH v. 17.12.2007, GrS 2/04, BStBl. II 2008, 608 Rn. 103; siehe insgesamt auch die ausführliche Darstellung bei *Helbig*, Vertrauensschutz in Verwaltungsvorschriften des Steuerrechts, S. 93-97.

500 Etwa BFH v. 8.8.1986, VI R 195/82, BStBl. II 1986, 824 Rn. 27, sieht eine „Erleichterung und Vereinfachung für alle Beteiligten“; BFH v. 26.7.1991, V R 114/88, BStBl. II 1991, 105 Rn. 14, sieht eine solche „für Arbeitgeber, Arbeitnehmer und die Finanzbehörden“.

501 BFH v. 26.6.1981, BStBl. II 1981, 643 Rn. 18, jedoch mit einer Öffnungsklausel: So sollen Abweichungen unter engen Voraussetzungen möglich sein. Im Streitfall wurde dies bei einer Abweichung der durch Verwaltungsvorschrift zur Gebäudebewertung angenommenen Herstellungskosten von den tatsächlichen Gebäudeherstellungskosten um 100% bejaht.

und Praktikabilität"[502] sowie die „nach außen hin publizierte Selbstbindung der Verwaltung und [... die] Gleichmäßigkeit der Besteuerung"[503] an. Andererseits relativierte der Bundesfinanzhof diese Bekenntnisse mit dem Vorbehalt einer offensichtlich unzutreffenden Besteuerung und einer daraus resultierenden Prüfungsmöglichkeit der Verwaltungsvorschrift durch das Gericht und erteilt der Finanzverwaltung somit „keinen Freibrief"[504].[505] Die grundsätzliche Bindung der Gerichte an typisierende und pauschalierende Verwaltungsvorschriften ist in der Literatur vereinzelt mit Blick auf die Rechtsprechung des Bundesfinanzhofs auf Zustimmung gestoßen und der Versuch unternommen worden, ein dogmatisches Grundgerüst zu entwerfen.[506] Diese, der Exekutive einen „autonomen, nur eingeschränkt justitiablen Beurteilungsspielraum einräum[ende]"[507] Interpretation wird allerdings vielfach angezweifelt bzw. modifizierend so verstanden, dass eine Bindungswirkung für Gerichte nur insoweit eintritt, wie durch Auslegung einer gesetzlichen Vorschrift deutlich wird, dass der Exekutive eine Entscheidungsprärogative zuteilwerden soll.[508] Die großzügige Rechtsprechung des

502 BFH v. 2.4.2008, II R 59/06, BStBl. II 2009, 983 Rn. 16.

503 BFH v. 26.7.1991, VI R 82/89, BStBl. II 1992, 1000 Rn. 31; BFH v. 14.4.2011, IV R 46/09, BStBl. II 2011, 696 Rn. 32, und BFH v. 14.4.2011, IV R 8/10 Rn. 38.

504 Ganz zutreffend *Isensee*, StuW 1994, 3, 13.

505 BFH v. 26.7.1991, VI R 82/89, BStBl. II 1992, 1000 Rn. 32-38; siehe auch BFH v. 14.4.2011, IV R 46/09, BStBl. II 2011, 696 Rn. 32-44, und BFH v. 14.4.2011, IV R 8/10 Rn. 38-44, in Bezug auf die Richtigkeit von AfA-Tabellen; diese Rechtsprechung für richtig erkannt zuletzt durch BFH v 25.10.2018, IV R 35/16, BFHE 263, 22 Rn. 44.

506 *Vogel*, StuW 1991, 254, 261 f.; *ders.*, in: FS Thieme, 605, 609-614; *Osterloh*, Gesetzesbindung, S. 509-511; *dies.*, JuS 1990, 100, 102; *Jachmann*, StuW 1994, 347, 352 f.; *Sauerland*, Verwaltungsvorschriften im System der Rechtsquellen, S. 363-375; die Rechtsprechung billigend *Eckhoff*, Rechtsanwendungsgleichheit im Steuerrecht, S. 126-133.

507 *Seer*, in: Bonner Kommentar, GG, Art. 108 Rn. 189 (Stand: Dezember 2020); von einer autonomen Entscheidung der Exekutive spricht auch *Jachmann*, StuW 1994, 347, 352.

508 *Seer*, Verständigungen in Steuerverfahren, S. 247-250; *ders.*, in: Bonner Kommentar, GG, Art. 108 Rn. 189 (Stand: Dezember 2020); ebenso *Erichsen*, in: FS Kruse, 39, 54 f.; *W. Leisner*, Verwaltungsvorschriften als „Nebengesetze" im Steuerrecht?, S. 55-57, der die Bindung mit der Argumentation anzweifelt, dass dem Steuerpflichtigen stets der Gegenbeweis offen stehen müsse, da keinerlei rechtliche Grundlage für die Regelvermutung der Richtigkeit der Verwaltungsvorschrift bestünde und somit eine Waffenungleichheit im Prozess entstünde; dazu auch im folgenden Satz; *Jachmann*, StuW 1994, 347, 351, geht deutlich weiter und sieht bereits in bloßen Beurteilungsspielräumen durch den Gesetzgeber Ermächtigungen für die Exekutive, was jedoch für die angesprochene Einschätzungsprärogative nicht ausreichen dürfte.

Bundesfinanzhofs sei lediglich Ausdruck „beschränkter gerichtlicher Arbeitskapazität und mangelnder eigener Sachkenntnis, die es nicht erlauben, den behördlichen Erfahrungsschatz in das Reich des Unverbindlichen zu verweisen" und sei nicht Ergebnis einer einheitlichen dogmatischen Begründung.[509] Tatsächlich fällt es schwer, eine verfassungsrechtliche Grundlage für die Bindungswirkung typisierender Verwaltungsvorschriften auszumachen. Dabei ist auch die Rechtsprechung des Bundesverfassungsgerichts keine große Hilfe: Zwar stellt es in seinem Beschluss v. 11.5.1988[510] zur Kürzung des Höchstbetrages nach § 33a Abs. 1 EStG bei Unterhaltszahlungen ins Ausland fest, dass Verwaltungsvorschriften „grundsätzlich Gegenstand, jedoch nicht Maßstab" richterlicher Kontrolle seien.[511] Jedoch bedürften unbestimmte Rechtsbegriffe – im vorliegenden Fall „Notwendigkeit" und „Angemessenheit" – in der Verwaltungspraxis weiterer Konkretisierung, sodass Verwaltungsanweisungen, die diesem Bedürfnis nachkommen, verfassungsrechtlich nicht zu beanstanden seien.[512] Im Sinne der Herstellung eines gleichmäßigen und zeitnahen Gesetzesvollzuges seien die Regelungen daher auch für die behördliche und gerichtliche Prüfungstätigkeit zugrunde zu legen, auch wenn die Gerichte an diese nicht gebunden seien.[513] Ausdrücklich offen gelassen hat das Bundesverfassungsgericht, unter welchen Voraussetzungen der Bürger einen Anspruch auf Anwendung einer Verwaltungsvorschrift in seinem Fall hat.[514] Die Entscheidung des Bundesverfassungsgerichts stieß auf ein geteiltes Echo. *Vogel* sieht in der angesprochenen, aber offengelassenen Frage der Bindungswirkung den Ausgangspunkt eines Prozesses für die Akzeptanz der Bindungswirkung von pauschalierenden Verwaltungsvorschriften.[515] *Osterloh* tendiert in eine ähnliche Richtung.[516] *Helbich* beurteilt den Beschluss als halbherzig und wenig überzeugend und kritisiert die fehlenden Aussagen zur Verbindlichkeit von Verwaltungsvorschriften.[517] In Anbetracht

---

509 Zitat und Aussage von *Hey*, Steuerplanungssicherheit, S. 668 f.; zustimmend *Tipke*, Steuerrechtsordnung III, S. 1440-1442.

510 BVerfG v. 11.5.1988, 1 BvR 520/83, BVerfGE 78, 214.

511 BVerfG v. 11.5.1988, 1 BvR 520/83, BVerfGE 78, 214, 227.

512 BVerfG v. 11.5.1988, 1 BvR 520/83, BVerfGE 78, 214, 228.

513 BVerfG v. 31.5.1988, 1 BvR 520/83, BVerfGE 78, 214, 229.

514 BVerfG v. 31.5.1988, 1 BvR 520/83, BVerfGE 78, 214, 229.

515 *Vogel*, StuW 1991, 254, 261 f., angelehnt an die Entwicklung der norminterpretierenden Verwaltungsvorschriften durch den sog. Kalkar-Beschluss des BVerfG v. 1.8.1978, 2 BvR 1013/77 u.a., BVerfGE 49, 89.

516 *Osterloh*, StuW 1993, 342, 350.

517 *Helbig*, Vertrauensschutz in Verwaltungsvorschriften des Steuerrechts, S. 99.

der Praxis des Bundesfinanzhofs interpretiert *Isensee* in die Entscheidung des Bundesverfassungsgerichts „zugleich theoretische Ratlosigkeit und praktisches Verständnis".[518] Für eine notwendige Klarheit kann sie aber nicht sorgen, sodass auf Grundlagen zurückzugreifen ist.

Mit Blick auf den Grundsatz der Gewaltenteilung und die Garantie effektiven Rechtsschutzes aus Art. 19 Abs. 4 GG ist zu konstatieren, dass der Exekutive grundsätzlich keine gerichtlich unüberprüfbare Normsetzungsbefugnis zuzubilligen ist.[519] Untermauert wird diese Auffassung durch Art. 80 Abs. 1 GG, der die exekutive Normsetzung mit Bindung der Gerichte nur in einem bestimmten Verfahren nach vorheriger Ermächtigung durch die Legislative vorsieht. Art. 80 Abs. 1 GG beinhaltet jedoch kein striktes Verbot außenwirksamer Verwaltungsvorschriften der Exekutive außerhalb dieses Verfahrens, sondern lässt Ausnahmen dieses Grundsatzes zu.[520] Aus dem Gewaltenteilungsgrundsatz wird ebenfalls eine gewisse Ergänzungsfunktion der Exekutive im Verhältnis zur Legislative hergeleitet,[521] die der Exekutive einen grundsätzlichen Ausfüllungsspielraum zubilligt.[522] Warum nicht auch im beschränkten Maße durch Normsetzung mit Außenwirkung? Ausgangspunkt muss aber bleiben, dass die Exekutive gem. Art. 20 Abs. 3 GG an das formelle Gesetz gebunden ist,[523] sodass der Exekutive eine Entscheidungsprärogative bzw. eine Konkretisierungsermächtigung durch

---

518 Auch für das Zitat *Isensee*, StuW 1994, 3, 13.

519 Eine Bindungswirkung von Verwaltungsvorschriften ablehnend mit Hinweis auf Art. 19 Abs. 4 GG und Art. 97 Abs. 1 GG *Müller-Franken*, Maßvolles Verwalten, S. 442-445.

520 Ausführlich *Sauerland*, Die Verwaltungsvorschrift im System der Rechtsquellen, S. 311-322 m.w.N.; siehe auch *Böckenförde*, Gesetz und gesetzgebende Gewalt, S. 391-397; *Böckenfördes* Ansatz ablehnend *Seiler*, Parlamentsvorbehalt, S. 229-232.

521 *Maurer*, VVDStRL 43 (1985), 135, 158.

522 Grundsätzlich, allerdings im Zusammenhang mit der Suche nach einer verfassungsrechtlichen Grundlage für den Bestimmtheitsgrundsatz, *Gassner*, ZG 1996, 37, 43 f.; in diesem Sinne muss wohl auch *Seiler*, Parlamentsvorbehalt, S. 74, verstanden werden, der die Frage der Bestimmtheit einer Regelungsnorm von der Zuständigkeit der Legislative für die Gesetzgebung trennt; siehe auch *Degenhart*, NJW 1984, 2184, 2186, der insbesondere das Ermessen und das durch die Exekutive zu konkretisierende „öffentliche Interesse" nennt, aber gleichzeitig auch feststellt, dass dieses von der Anerkennung der Rechtsprechung abhängt; für einen Ausfüllungsspielraum der Exekutive durch Verwaltungsvorschriften auch *Hill*, ZG 1987, 238, 255, der allerdings eine Außenwirkung dieser ablehnt und insoweit nur die Rechtsverordnungen als Mittel der Wahl bezeichnet, a.a.O., 260 f.

523 *Isensee*, StuW 1973, 199, 201.

die Legislative im Gesetz notwendig vermittelt werden muss, die sich ausdrücklich oder durch Auslegung des Gesetzes ergibt.[524] In Ansehung des in Art. 19 Abs. 4 GG verbrieften Gebotes effektiven Rechtsschutzes darf sich die exekutive außenwirksame Normsetzung dann jedoch nur in einem Bereich bewegen, in dem eine gerichtliche Kontrolle nicht möglich ist bzw. an ihre Funktionsgrenzen stößt.[525]

Die Steuererklärungsformulare lassen sich auf den ersten Blick nur schwerlich unter die Verwaltungsvorschriften zur Sachverhaltsermittlung subsumieren, dienen sie doch lediglich der Erfassung des Sachverhaltes durch Abfragen bei dem Steuerpflichtigen. Diese Argumentation greift aber zu kurz. Denn die Steuererklärungsformulare gestalten den Amtsermittlungsgrundsatz aus und wirken somit auf die Art der Sachverhaltsermittlung durch die Finanzbehörde ein.[526] Dabei zeigen sich faktische Wirkungen der Steuererklärungsformulare: Wie auch Steuergesetze, können sie nicht jeden erdenklichen Einzellebenssachverhalt abfragen, sondern sind auf einem gewissen Level abstrakt und schaffen Kategorien, welche die materiell steuerrechtlichen Tatbestände umfassen. Ist das klassische Verständnis typisierender Verwaltungsvorschriften davon geprägt, dass sie an die Subsumtion des Sachverhaltes unter den Tatbestand anknüpfen, setzen die Steuererklärungsformulare bereits bei der Ermittlung des Sachverhaltes an. Das bedeutet, dass durch die Art der Formulargestaltung eine Typisierung bereits bei der Abfrage des Lebenssachverhaltes vorgenommen wird. Es handelt sich somit um keine typisierenden Verwaltungsvorschriften im hier genannten Sinne. Dann aber, wenn man den Begriff der typisierenden Verwaltungsvorschriften mit *Ossenbühl* erweitert, der darunter auch allgemeine Verwaltungsvorschriften zur Erledigung von Aufgaben gegenüber dem Bürger[527] – konkret: der Sachverhaltsermittlung – versteht, wird eine Subsumtion unter die Verwaltungsvorschriften zur Sachverhaltsermittlung möglich.

---

524 Ansatz der sog. normativen Ermächtigungslehre; aus der Rechtsprechung siehe BVerfG v. 8.7.1982, 2 BvR 1187/80, BVerfGE 61, 82, 111, 114 f.; BVerfG v. 20.02.2001, 2 BvR 1444/00, BVerfGE 103, 142, 156 f.; BVerfG v. 31.05.2011, 1 BvR 857/07, BVerfGE 129, 1, 21-23; aus der Literatur siehe *Schmidt-Aßmann*, in: Maunz/Dürig, Art. 19 Abs. 4 Rn. 186-187a (Stand: August 2020); *Seer*, Verständigungen in Steuerverfahren, S. 171-173, 249 f. m.w.N.; siehe auch *Degenhart*, NJW 1984, 2184, 2187; *Ossenbühl*, in: Isensee/Kirchhof, HStR V, § 104 Rn. 32.

525 *Seer*, in: Bonner Kommentar, GG, Art. 108 Rn. 189 (Stand: Dezember 2020); *Seiler*, Parlamentsvorbehalt, S. 140 f.

526 Siehe oben 2. Teil B. II. 4.

527 *Ossenbühl*, Verwaltungsvorschriften und Grundgesetz, S. 344 f., dort auch Fn. 281.

Unterstützend lässt sich noch der von *Martens* lediglich im Zusammenhang mit Bewertungsrichtlinien genutzte Begriff des „Ermittlungsweges" gangbar machen.[528] Denn nichts anderes ist die Steuererklärung für die Finanzbehörde: Ein Weg, die Ermittlungstätigkeit zu lenken.[529] Dann stellt sich aber noch die Frage, ob die Steuererklärungsformulare nun Außenwirkung erzeugen oder nicht. Wie dargestellt, erfordert dies eine Entscheidungsprärogative durch die Legislative und eine gerichtlich nicht in vollem Maße überprüfbare Sachmaterie. Die Legitimation durch die Legislative lässt sich in § 150 AO finden, der mehrfach von Steuererklärungsvordrucken bzw. Steuererklärungsformularen spricht, ohne diese näher zu konkretisieren. Ihre Ausgestaltung wird durch den Gesetzgeber bewusst offengelassen und als Regelungsmaterie der näherstehenden Exekutive erkannt. Dieser Befund deckt sich mit dem zu Beginn der Untersuchung festgestellten Gestaltungskorridor, welcher der Finanzbehörde bei der Erfüllung des Amtsermittlungsgrundsatzes zuteilwird.[530] Eine gesetzgeberisch vermittelte Entscheidungsprärogative zugunsten der Exekutive liegt somit vor. Weiterhin ist auch eine begrenzte gerichtliche Kontrolle der genutzten Formulare ebenfalls in Anknüpfung an die Gestaltungskompetenz der Finanzbehörde möglich: So ist die Ausgestaltung der Steuererklärungsformulare dem Grunde nach der gerichtlichen Kontrolle entzogen. Das Gericht kann die von der Exekutive erstellten Steuererklärungsformulare nicht verwerfen und durch ein eigens entworfenes Sachverhaltsermittlungsmittel ersetzen. Lediglich dann, wenn einzelne Fragen in den Steuererklärungsformularen über das rechtlich Zulässige hinaus gehen, bleibt eine gerichtliche Kontrolle möglich. Insoweit hätten die Finanzbehörden allerdings auch den ihnen zugesprochenen Gestaltungskorridor verlassen.[531] Eine gerichtliche Überprüfung und Suspendierung der Steuererklärungsformulare kann somit nur punktuell aufgrund inhaltlicher materieller Bedenken erfolgen. Damit genießen die Steuererklärungsformulare im Ergebnis dem Grunde nach Außenwirkung und sind somit für den Bürger und die Gerichte das durch die exekutive Finanzverwaltung verbindlich festgelegte Mittel, um den Steuererklärungspflichten nachzukommen.

---

528 *Martens*, DStJG 5 (1982), 165, 206.
529 Siehe oben 2. Teil B. II. 4.
530 Siehe oben 2. Teil A. I. 1.
531 Zum Inhalt der Steuererklärungsvordrucke siehe unten 2. Teil B. VII. 1.

7. Ergebnis – Die Rechtsnatur der Steuererklärungsformulare

Steuererklärungsformulare stellen weder allgemein durch bloße Zurverfügungstellung noch im Falle der – grundsätzlich fakultativen – Anforderung der Steuererklärung durch die Finanzbehörde Verwaltungsakte dar. Es mangelt insoweit an der für das Vorliegen eines Verwaltungsaktes notwendigen Regelungswirkung. Ebenso ist die Einordnung der Steuererklärungsformulare als Rechtsverordnung mangels Inanspruchnahme einer von der Legislative abgeleiteten Rechtssetzungsmacht abzulehnen. Die Auffassung, dass Steuererklärungsformulare Verwaltungshilfsmittel seien, ist für sich genommen zwar zutreffend, gibt aber keine Auskunft über die Rechtsnatur dieser. Vielmehr sind Steuererklärungsformulare als Verwaltungsvorschriften anzusehen, denen dem Grunde nach Außenwirkung zukommt, sodass auch die Bürger und Gerichte an diese Form der Steuererklärung gebunden sind. Lediglich dann, wenn einzelne Fragen in den Steuererklärungsformularen über das erforderliche Maß zur Ermittlung des Sachverhaltes hinausgehen, verlässt die Finanzbehörde den ihr im Amtsermittlungsgrundsatz zustehenden Gestaltungskorridor und es können insoweit Teile der Steuererklärungsformulare von den Gerichten überprüft und für unzulässig erklärt werden.

VI. Inhalt der Steuererklärungsformulare

1. Die Abbildung des materiellen Gesetzes durch das Steuererklärungsformular

Konkrete Aussagen dazu, wie die Formulare auszugestalten sind oder welche Voraussetzungen sie erfüllen müssen, finden sich in der Abgabenordnung nicht. Im Gegensatz zu der heute geltenden Abgabenordnung fasste sich § 166 Abs. 2 S. 2 RAO 1931 in dieser Hinsicht klarer. Danach waren die Fragen in den Steuererklärungsvordrucken so zu gestalten, dass die Prüfung, was steuerpflichtig ist und was nicht, der Finanzbehörde ermöglicht wird. Diese Formulierung macht die *Transformationsfunktion* der Steuererklärungsformulare deutlich, das materielle Recht in Fragen an den Steuerpflichtigen umzuformulieren, sodass die Finanzbehörde aus den erlangten Informationen die Steuer möglichst ohne weitere Nachforschungen ermitteln und festsetzen kann. Bereits *Hensel* stellte die besondere Wichtigkeit dieses Aspektes der Steuererklärungsformulare heraus, da „[e]in reibungsloses Steuerverfahren [...] nur dann möglich [ist], wenn die in den Formularen gestellten Fragen den zur Veranlagung wesentlichen Inhalt des

Gesetzes erschöpfen und zu Mißverständnissen keinen Anlass geben."[532] Darüber hinaus bestimmte § 166 Abs. 2 S. 3 RAO 1931, dass die Vordrucke deutlich machen müssen, dass die Überprüfung, was steuerpflichtig ist und was nicht, ausschließlich der Finanzbehörde und nicht dem Steuerpflichtigen obliegt. Dies spricht *prima facie* dagegen, dass der Steuerpflichtige gezwungen ist, materielles Steuerrecht anzuwenden.

Auch die heutigen Steuererklärungsformulare erfüllen noch vergleichbare Funktionen im Steuerverfahren und dienen dem Vollzug der materiellen Steuergesetze i.S.d. § 85 AO. Dazu sind die Formulare in Bögen gefasst, die im Idealfall das gesamte materielle Recht in Fragen an den Steuerpflichtigen umwandeln sollen, also „Gesetzesfassungen in Frageform"[533] darstellen.[534] Neben der Funktion, der Finanzbehörde den Gesetzesvollzug zu ermöglichen, eröffnen Sie dem Bürger gegenüber eine verständlichere Form der Steuergesetze.[535] Das bedeutet aber nicht, dass immer komplexer werdende Gesetze stets auf ein gleichbleibend leicht nachvollziehbares Niveau durch die Steuererklärungsformulare gebracht werden können. Denn komplexere Gesetze gehen auch mit komplexeren Vordrucken und Formularen einher, um den Lebenssachverhalt möglichst so erfassen zu können, dass eine Veranlagung anhand der gemachten Angaben erfolgen kann.[536] Deutlich wird dies vor allem in den Bereichen, in denen die amtlichen Formulare auf die spezialgesetzlichen Vorschriften verweisen. Ein Beispiel dafür sind etwa die aktuellen Formulare zur Körperschaftsteuer, die vielfach keine Sachverhalte von dem Steuerpflichtigen abfragen, sondern Zahlen im Sinne bestimmter Vorschriften der Einzelsteuergesetze fordern. Auch die aktuellen Formulare für die Umsatzsteuererklärung verzichten vielfach auf eine Transformation des Rechts und begnügen sich mit der Wiedergabe von gesetzlichen Vorschriften, denen entsprechende Zahlen zugeordnet werden sollen. Bei der Einkommensteuer nimmt etwa die Anlage KAP für die Erklärung der

---

532 *Hensel*, Steuerrecht, S. 155 dort Fn. 3.

533 So ganz zutreffend *Schick*, StuW 1988, 301, 309.

534 *Schick*, StuW 1988, 301, 304; *Seer*, in: Tipke/Kruse, AO/FGO, Vor § 149 AO Rn. 5 (Stand: April 2017); dass die Formulare der vollständigen Abbildung des Gesetzes nicht nachkommen, stellt *Seer*, in: Tipke/Kruse, AO/FGO, § 150 AO Rn. 37 (Stand: April 2017), in Bezug auf den Katalog des § 3 EStG zutreffend fest.

535 In diesem Sinne auch *Bos*, StuW 1989, 267, 272; diesen jedenfalls nicht auf Anhieb abwegigen Gedanken eines handhabbareren „Rechtslehrbuches" als allgemeine verständlichere Form eines Gesetzes hatte bereits *Karpen*, ZfG 1986, 5, 31, aufgeworfen.

536 Dazu *Hill*, ZG 1987, 238, 240, der die Kompliziertheit der Steuernormen in den Formularen und Mitwirkungspflichten fortgesetzt sieht.

Kapitalerträge vermehrt direkten Bezug auf die gesetzlichen Regelungen, ohne eine Transformation vorzunehmen. Frei von derartigen gesetzlichen Verweisen und damit positiv hervorzuheben ist dagegen etwa die Anlage N für die Einkünfte aus nichtselbstständiger Tätigkeit der Arbeitnehmer. Hier finden sich jeweils Umschreibungen der gesetzlichen Regelungen.

Nach dem Vorangegangenen wird deutlich, dass das materielle Steuergesetz die Finanzbehörden gem. §§ 85, 88 AO dazu ermächtigt, die zu seinem Vollzug notwendigen Informationen – und zwar zugunsten sowie auch zuungunsten – zu erheben.[537] Die Zulässigkeit von in den Formularen gestellten Fragen hängt aber davon ab, ob die auf sie gegebenen Antworten dazu geeignet sind, der Finanzbehörde die Festsetzung der Steuer zu ermöglichen. Sie dürfen ferner nicht unerfüllbar oder nur mit unverhältnismäßigem Aufwand leistbar sein.[538] Zulässige Fragen umfassen bei den Personensteuern auch Fragen zu persönlichen Lebensumständen und Krankheiten, soweit diese Merkmale zur Subsumtion unter das materielle Gesetz notwendig sind und das materielle Gesetz in zulässiger Weise an diese im Tatbestand anknüpft. Fragen zum Familienstand sind etwa bei der Einkommensteuererklärung zulässig, wenn es um die Anwendung des Splittingverfahrens zwischen Eheleuten oder die Anwendung des Witwensplittings nach § 32a Abs. 6 S. 1 Nr. 1 EStG geht. Ob Fragen, die der Sachaufklärung bloß mittelbar dienen, in den Steuererklärungsformularen abgefragt werden dürfen, ist in der Literatur umstritten. Zum Teil wird vertreten, dass Beweisanzeichen und Indizien abgefragt werden dürfen, die auf ein Vorliegen von Schwarzeinkommen schließen lassen, z.B. hohe Repräsentationsaufwendungen.[539] *Frizen* lehnt eine derart weite Fragebefugnis mit der Begründung ab, dass diese den Charakter einer Ausforschung der allgemeinen finanziellen Verhältnisse des Steuerpflichten annähme.[540] Hier sollte differenziert werden: Hilfstatsachen und Indizien dürfen in den Steuererklärungsformularen abgefragt werden, soweit sie mit einem steuerlich erheblichen Sachverhalt im Zusammenhang stehen. Die Frage,

537 *Frizen*, Das Deklarationsprinzip im Einkommensteuerrecht, S. 80.

538 Zutreffend *Tipke*, Die Steuerrechtsordnung III, S. 1420.

539 *Seer*, in: Tipke/Kruse, AO/FGO, § 150 AO Rn. 38 (Stand: April 2017), der dies explizit schreibt; in eine ähnliche Richtung tendieren wohl auch *Heuermann*, in: Hübschmann/Hepp/Spitaler, AO/FGO, § 150 AO Rn. 6 (Stand: August 2010), *Dißars*, in: Schwarz/Pahlke, AO/FGO, § 150 AO Rn. 16 (Stand: Mai 2019), und *Schindler*, in: Gosch, AO/FGO, § 150 AO Rn. 14 (Stand: Juni 2017), die jeweils zustimmend auf *Seer* verweisen, aber nur die Zulässigkeit von Hilfstatsachen und Indizien ansprechen, ohne auf die Nachforschungen zu Schwarzeinkommen einzugehen.

540 *Frizen*, Das Deklarationsprinzip im Einkommensteuerrecht, S. 80.

ob Aufwendungen für eine Jacht, Fischerei oder andere Luxusauswendungen i.S.d. § 4 Abs. 5 Nr. 3, 4 EStG vorliegen, ist im Bereich der Betriebsausgaben oder – wegen § 9 Abs. 5 EStG – bei den Werbungskosten daher möglich; sie hat sich allerdings inhaltlich auf die Ausgaben zu beschränken, die steuerlich geltend gemacht werden. Eine Frage nach allgemeinen Luxusaufwendungen im Privatbereich widerspricht nicht nur dem Verbot der anlasslosen Ausforschung, sondern führt auch zu einer ungleichen Behandlung verschiedener Bürger untereinander, wenn nicht von jedem Bürger eine entsprechende Auskunft angefordert wird, unabhängig davon, ob für den jeweiligen Veranlagungszeitraum eine Verpflichtung zur Abgabe der Steuererklärung besteht oder nicht.[541]

Andere Fragen an den Steuerpflichtigen im Steuererklärungsformular, die nicht dem Vollzug der materiellen Steuergesetze dienen, sind nur dann zulässig, wenn eine hierzu ermächtigende gesetzliche Grundlage vorliegt. Eine solche Ermächtigung findet sich beispielsweise in § 150 Abs. 5 AO, der Fragen zur Durchführung des BAföG und für Statistikzwecke in den Steuererklärungsformularen legalisiert.

2. Feld zur Unterzeichnung der Steuererklärung gem. § 150 Abs. 3 AO

a. Unterschriftsfeld bei Unterschriftserfordernis

Die Steuererklärungsformulare müssen neben der Transformation der rechtlichen Regelungen auch den Anforderungen entsprechen, die durch die Abgabenordnung an sie gestellt werden. Dies ist in erster Linie ein Feld für die ggf. eigenhändige Unterschrift, soweit diese gem. § 150 Abs. 3 S. 1 AO von dem Einzelsteuergesetz gefordert wird.[542] Die eigenhändige Unterschrift auf der Steuererklärung erfüllt mehrere Funktionen: Sie dient dazu, den inhaltlichen Urheber der Steuererklärung zu identifizieren und erfüllt somit eine *Identifikationsfunktion*.[543] Gleichzeitig führt die eigenhändige Unterschrift zu einer *Autorisierung*

541 Im Ergebnis so auch *Frizen*, Das Deklarationsprinzip im Einkommensteuerrecht, S. 81.

542 § 25 Abs. 3 S. 2 EStG, § 31 Abs. 1a S. 2 KStG, § 14a S. 2 GewStG und § 18 Abs. 3 S. 3 UStG fordern eine eigenhändige Unterschrift, wenn die Steuererklärung zulässigerweise auf Papier nach amtlichem Vordruck abgegeben wird; § 31 Abs. 4 S. 2 ErbStG fordert dagegen keine eigenhändige Unterschrift; siehe zum Merkmal der eigenhändigen Unterschrift auch *Heuermann*, in: Hübschmann/Hepp/Spitaler, AO/FGO, § 150 AO Rn. 3 (Stand: August 2010).

543 *Bos*, StuW 1989, 267, 269; *Schindler*, in: Gosch, AO/FGO, § 150 AO Rn. 37 (Stand: Juni 2017); *Schmieszek*, in: Gosch, AO/FGO, § 87a AO Rn. 73 (Stand: Februar 2020).

und damit Zurechnung des Erklärten an den Unterzeichner und zur Wirksamkeit der Steuererklärung.[544] Zusätzlich soll dem Unterzeichner die Bedeutung der Steuererklärung und der darin getätigten Angaben bewusst werden und er vor Übereilung geschützt werden, sodass die eigenhändige Unterschrift zugleich eine *Warnfunktion* erfüllt.[545] Bedeutung erlangt die Unterschrift nicht nur bei der Frage, ob eine wirksame Steuererklärung abgegeben worden ist und damit die daran anknüpfenden Rechtsfolgen (z.B. Beginn der Festsetzungsfrist gem. § 170 Abs. 2 Nr. 1 AO, Ende des Berechnungszeitraums für den Verspätungszuschlag gem. § 152 Abs. 2, 5 AO) eintreten,[546] sondern vor allem auch für die Zurechnung des Erklärten im Steuerstrafverfahren nach den §§ 369 ff. AO.[547]

b. Wahrheitsversicherung

Die Möglichkeit einer schriftlichen Wahrheitsversicherung, wie sie bis zur Aufhebung durch das Gesetz zur Modernisierung des Besteuerungsverfahrens zum 31.12.2016 in § 150 Abs. 2 S. 2 AO bestanden hatte, wird mittlerweile ebenfalls mit Blick auf die elektronische Steuererklärung und die dort fehlende Möglichkeit zur Versicherung nicht mehr gefordert.[548] Der Gesetzgeber ging daher

---

544 BFH v. 22.5.2007, IX R 55/06, BStBl. II 2007, 857 Rn. 14; BFH v. 14.1.1998, X R 84/95, BStBl. II 1999, 203 Rn. 17; *Bos*, StuW 1989, 267, 269; *Seer*, in: Tipke/Kruse, AO/FGO, § 150 AO Rn. 12 (Stand: April 2017); *Heuermann*, in: Hübschmann/Hepp/Spitaler, AO/FGO, § 150 AO Rn. 36 (Stand: August 2010); *Schindler*, in: Gosch, AO/FGO, § 150 AO Rn. 37 (Stand: Juni 2017).

545 *Schindler*, in: Gosch, AO/FGO, § 150 AO Rn. 37 (Stand: Juni 2017); *Schmieszek*, in: Gosch, AO/FGO, § 87a AO Rn. 73 (Stand: Februar 2020).

546 Unabhängig von der Frage, ob es sich um eine eigenhändige oder eine „einfache" Unterschrift handelt: BFH v. 14.1.1998, X R 84/95, BStBl. II 1999, 203 Rn. 13 f.; BFH v. 26.3.1999, X B 196/98 Rn. 3; BFH v. 10.11.2004, II R 1/03, BStBl. II 2005, 244, Rn. 12.

547 Eine Überprüfungspflicht der Angaben des Steuerberaters, insbesondere seiner rechtlichen Wertungen der Sachverhalte, durch den Steuerpflichtigen lehnen *Heuermann*, in: Hübschmann/Hepp/Spitaler, AO/FGO, § 150 AO Rn. 36 (Stand: August 2010), und *Seer*, in: Tipke/Kruse, AO/FGO, § 150 AO Rn. 12 (Stand: April 2017), mit Blick auf die Aufgabenverteilung zwischen Steuerberater und Mandanten bzw. mit Blick auf eine Überforderung des Steuerpflichtigen ab, wobei *Heuermann* kritisiert, dass aus einer unterlassenen Kontrolle der Angaben des steuerlichen Beraters durch den Steuerpflichtigen strafrechtliche Konsequenzen gezogen werden können, vielmehr noch, dass die Einschaltung eines steuerlichen Beraters eine Vermeidung oder Absenkung des steuerstrafrechtlichen Risikos nicht senken lässt. Siehe dazu unten 6. Teil A. V.

548 BT Drucks. 18/7457, S. 78. In den Formularen für die Einkommensteuererklärung ist ein entsprechender Hinweis auch nicht zu finden. In diesem Zusammenhang verwunderlich jedoch ist, dass vor Absendung der elektronischen Einkommensteuererklärung

folgerichtig davon aus, dass die Versicherung ohnehin obsolet sei und sich die Wahrheitspflicht allgemein bereits aus § 150 Abs. 2 S. 1 AO ergebe, der fordert, dass die Angaben in der Steuererklärung nach bestem Wissen und Gewissen zu machen sind.[549] Mit der Unterschrift unter der Steuererklärung erklärt der Steuerpflichtige somit, die Angaben nach bestem Wissen und Gewissen gemacht zu haben.[550] Zwar wurde der Wahrheitsversicherung – bzw. dem Hinweis auf Angaben nach bestem Wissen und Gewissen – von der Rechtsprechung eine besondere Bedeutung für das Steuerverfahren beigemessen. Sie sei im Interesse gerechter, gleichmäßiger Besteuerung, im Interesse möglichst vollständiger steuerrechtlicher Erfassung der Lebenssachverhalte auf möglichst einfache Weise und im Interesse der Steuermoral.[551] Denn die Wahrheitsversicherung führe dem Steuerpflichtigen die Wesentlichkeit der Steuererklärung und seine besondere Verantwortung vor Augen, die ihm durch seine Unterschrift bewusst werde.[552] Die Angaben in der Steuererklärung würden zudem für den Steuerpflichtigen erkennbar als seine eigenen behandelt, auch wenn sie von dritter Seite, z.B. einem Steuerberater, vorgenommen worden seien.[553] Gleichzeitig machte der Bundesfinanzhof jedoch in seinen Urteilen deutlich, dass er davon nur die „tatsächlichen Angaben" bzw. die „Wissenserklärungen" umfasst sah und folglich keinen Maßstab für eine Steuerrechtskenntnis setzen wollte.[554] Ein

---

für den Veranlagungszeitraum 2019 über Mein Elster der Steuerpflichtige über dem „Absenden" Feld den Text „Ich versichere, die Angaben in dieser Steuererklärung nach bestem Wissen und Gewissen gemacht zu haben" vorfindet. In Anbetracht der Tatsache, dass die Finanzverwaltung die Authentifizierung i.S.d. § 87a Abs. 6 AO i.V.m. § 87d AO als Ersatz für die Unterschrift ansieht (siehe dazu sogleich 2. Teil B. VI. 2. c. aa.), entspräche dies der Versicherung i.S.d. § 150 Abs. 2 S. 2 AO a.F. und wäre heute nicht mehr von einer gesetzlichen Regelung gedeckt.

549 BT Drucks. 18/7457, S. 78; zustimmend *Seer*, in: Tipke/Kruse, AO/FGO, § 150 AO Rn. 43 (Stand: April 2017); Näheres zum Inhalt der Angabe nach bestem Wissen und Gewissen siehe unten 2. Teil B. VI. 2. b.

550 BFH v. 7.7.2004, XI R 10/03, BStBl. II 2004, 911 Rn. 14; *v. Wedelstädt*, in: Gosch, AO/FGO, § 173 AO Rn. 68 (Stand: August 2019).

551 BFH v. 8.6.1971, VII R 75/68, BStBl. II 1971, 726, 728 Rn. 16.

552 BFH v. 8.6.1971, VII R 75/68, BStBl. II 1971, 726, 728 Rn. 16; BFH v. 8.7.1983, VI R 80/81 BStBl. II 1984, 13 Rn. 17; BFH v. 18.8.1998, BStBl. II 1999, 84 Rn. 19.

553 So explizit BFH v. 8.7.1983, VI R 80/81, BStBl. II 1984, 13 Rn. 17; über Exkulpationsversuche dergestalt, dass die Steuererklärung von einem Dritten hergestellt worden sei, ärgerte sich bereits *Michaelis*, VerwArch 1912, 65, 77.

554 Zu „tatsächlichen Angaben" siehe BFH v. 8.6.2971, VII R 75/68, BStBl. II 1971, 726, 728 Rn. 16 und BFH v. 8.7.1983, VI R 80/81 BStBl. II 1984, 13, 14 Rn. 17, der zugleich den Charakter als Wissenserklärung hervorhebt; zur „Wissenserklärung" siehe BFH v.

möglicher Verzicht auf die Wahrheitsversicherung wurde in der Literatur zum Teil als „höchst unzweckmäßig“[555] angesehen, da sich die zulässige und zweckmäßige Erinnerung nur zugunsten der Finanzbehörde auswirken könne und der Steuerpflichtige zur besonders sorgfältigen Überprüfung seiner Angaben angehalten werde.[556] Bewusst unvollständige bzw. falsche Angaben sowie aufgrund fehlenden Verständnisses oder mangelhaften Überblicks falsch beantwortete Fragen – und damit die wesentlichen Fehlerquellen beim Ausfüllen der Steuererklärung – kann eine Wahrheitsversicherung aber nicht verhindern: Es bestanden daher schon früh mit Blick auf eine fehlende Steuermoral Zweifel an der generellen Tauglichkeit einer Wahrheitsversicherung im Steuerverfahren, sodass derjenige, der Angaben nicht oder unzutreffend machen möchte, sich durch einen entsprechenden, das Gewissen ansprechenden Hinweis nicht umstimmen lasse.[557] Andere betonten, dass die Wahrheitsversicherung eine fehlende Steuerrechtskenntnis nicht zu beseitigen vermag[558] und sprachen von einer „Abnutzung“[559] bzw. „Strapazierung des Gewissens“[560]. Den Grundgedanken *Enno Beckers* folgend, dass eine Auskunft nach bestem Wissen und Gewissen nur fordert, „was anständige und rechtlich denkende Menschen sowieso empfinden“, nämlich, dass „wer Auskunft gibt, über Punkte, die er nicht genau weiß, die er aber [...] ohne sonderliche Mühe feststellen kann, [sich] durch Nachsehen vergewissert“, erscheint eine grundlegendere Auslegung geboten:[561] Mehr als eine Warnfunktion ist der Wahrheitsversicherung nicht zuzusprechen und sie erfüllt somit neben der Unterschrift auf dem Mantelbogen der Steuererklärung keinen eigenen Zweck.[562]

18.8.1998, BStBl. II 1999, 84, 86 Rn. 19. Die Auffassung von *Frizen*, Das Deklarationsprinzip im Einkommensteuerrecht, S. 84 f., dass damit eine Exkulpation bei steuerlicher Unkenntnis ausgeschlossen werden sollte, vermag damit nicht zu überzeugen.

555 *Bos*, StuW 1989, 267, 269.

556 *Schick*, StuW 1988, 301, 322; *Carl/Klos*, JuS 1996, 402, 405.

557 *Michaelis*, VerwArch 1912, 65, 67-77; siehe auch die Bestandsaufnahme von *Meisel*, Moral und Technik, S. 7-29.

558 *Tipke*, StuW 2004, 3, 6.

559 *Ehlers*, StbJb 1959/1960, 523, 530.

560 *Ehlers*, StbJb 1959/1960, 523, 532.

561 Beide Zitate aus *E. Becker*, Reichsabgabenordnung (7. Auflage), § 172 RAO Anm. 2.

562 *Frizen*, Das Deklarationsprinzip im Einkommensteuerrecht, S. 85.

c. *Das Unterschriftssurrogat in der vollelektronischen Steuererklärung (ELSTER II)*

aa. *Interpretation des Gesetzes*

Mit der elektronischen Steuererklärung (ELSTER II) ohne Unterschrift des Steuerpflichtigen auf einem Blatt Papier – jedenfalls gegenüber der staatlichen Obrigkeit[563] – und ohne einen Hinweis in den Erklärungsformularen oder den Anleitungen zu den Steuererklärungsformularen nehmen die Identifikation des Steuerpflichtigen bzw. des Unterzeichners, die Autorisation der Steuererklärung durch den Steuerpflichtigen und die Warnfunktion durch die Unterschrift im Verfahren eine weniger sichtbare Rolle ein. An die Stelle der unterschriebenen Steuererklärung, die nach gerade erfolgter Darstellung sämtliche dieser Voraussetzungen erfüllte, tritt im ELSTER II-Verfahren die elektronische Übermittlung eines amtlich vorgeschriebenen Datensatzes, in deren Zuge der Datenübermittler zu authentifizieren ist und die Vertraulichkeit und Integrität des Datensatzes zu gewährleisten ist, § 87a Abs. 6 S. 1 AO i.V.m. § 25 Abs. 4 S. 1 EStG, § 31 Abs. 1a S. 1 KStG, § 18 Abs. 1 S. 1; Abs. 3 S. 1 UStG, § 14a S. 1 GewStG. Vertraulichkeit bedeutet, dass die Daten vor unbefugten Zugriffen geschützt sind, während die Integrität des Datensatzes dessen Unveränderbarkeit umfasst.[564] Zerlegt man die Steuererklärung auf Papier und die elektronische Steuererklärung jeweils in ihre Einzelteile, ergeben sich folgende Elemente: Bei der Steuererklärung auf Papier ist das mit dem Vordruck bedruckte Papier das Medium, mit dem die Steuererklärungsdaten übermittelt werden. Die Unterschrift identifiziert den Steuerpflichtigen, erfüllt die Warnfunktion und führt zu einer Autorisation der per Papier übermittelten Daten. Bei der elektronischen Steuererklärung ist die Übermittlung nach amtlich vorgeschriebenem Datensatz das Medium zur Übermittlung der Steuererklärungsdaten. Eine Unterschriftsfunktion kann dieser Datensatz nicht leisten; er ist isoliert betrachtet nicht mehr als eine ausgefüllte, nicht unterschriebene Steuererklärung. Dies wird auch deutlich, wenn man sich das ELSTER I-Verfahren vor Augen führt. In diesem übermittelt der Steuerpflichtige der Finanzverwaltung auf elektronischem Wege seine Steuererklärungsdaten,

563 So empfiehlt beispielsweise – wohl auch mit Blick auf § 87d Abs. 3 AO – *Schindler*, in: Gosch, AO/FGO, § 150 AO Rn. 25 (Stand: Juni 2017), dass sich der Steuerberater aus Haftungsgründen von seinem Mandanten versichern lassen solle, dass die Angaben in der Steuererklärung zutreffend [sic!] und vollständig sind. Siehe dazu noch unten 6. Teil A. V. 2. C.

564 *Thürmer*, in: Hübschmann/Hepp/Spitaler, AO/FGO, § 87a AO Rn. 150 (Stand: Juli 2019); *Schmieszek*, in: Gosch, AO/FGO, § 87a AO Rn. 106 (Stand: Februar 2020).

ist aber noch verpflichtet, eine ausgedruckte, komprimierte und unterschriebene Steuererklärung bei der Finanzbehörde einzureichen, damit eine wirksame Steuererklärung vorliegt.[565] Als Unterschriftssurrogat bei der „echten", im ELSTER II-Verfahren übermittelten elektronischen Steuererklärung bleibt damit nur noch die Authentifizierung des Datenübermittlers, denn die Anforderungen an die Vertraulichkeit und Integrität des Datensatzes greifen nur Bedenken der technischen Datenauslesung und -veränderung von dritter Seite auf, die der elektronischen Übermittlung im Vergleich zur Übermittlung auf Papier immanent sind.[566] Diesem Ergebnis schließt sich auch das Bundesministerium der Finanzen an, das die Unterschrift durch die authentifizierte Übermittlung i.S.d. § 87a Abs. 6 AO und § 87d AO als verdrängt ansieht.[567] Zu klären ist daher im Folgenden, ob § 87a Abs. 6 AO ggf. i.V.m. § 87d AO die Unterschrift unter der Steuererklärung ersetzen kann.

bb. Anforderungen an das Unterschriftssurrogat

Zunächst ist zu erörtern, welche Anforderungen an das Unterschriftssurrogat im elektronischen Verfahren gestellt werden. Allgemeiner normativer Ausgangspunkt im Steuerverfahren ist § 87a Abs. 3 AO, der die Schriftform und ihre Ersetzung regelt. Was unter der Schriftform zu verstehen ist, ergibt sich mangels eigener Definition in der Abgabenordnung aus § 126 Abs. 1 BGB:[568]

> „Ist durch Gesetz schriftliche Form vorgeschrieben, so muss die Urkunde von dem Aussteller eigenhändig durch Namensunterschrift oder mittels notariell beglaubigten Handzeichens unterzeichnet werden."

Erforderlich für die Schriftform ist folglich eine eigenhändige Unterschrift. Ist also die Steuererklärung kraft gesetzlicher Anordnung mit eigenhändiger Unterschrift zu versehen, ist damit die Schriftform i.S.d. § 87a Abs. 3 S. 1 AO i.V.m. § 126 BGB angeordnet. Da nicht sämtliche Steuererklärungen kraft Gesetzes eine eigenhändige Unterschrift erfordern, ist nach den unterschiedlichen Steuererklärungen zu differenzieren: Die Einkommensteuererklärung ist eigenhändig von dem Steuerpflichtigen, die Gewerbesteuererklärung, die

565 Siehe dazu *Lewandowski/Ackermann*, DStR 2014, 1646, 1652.

566 *Viefhues/Scherf*, R&K 2002, 170, 172 f.

567 AEAO Nr. 3.2.1 zu § 87a in der Fassung des BMF-Schreibens v. 12.1.2017, BStBl. I 2017, 51.

568 Siehe *Thürmer*, in: Hübschmann/Hepp/Spitaler, AO/FGO, § 87a AO Rn. 95-98 (Stand: Juli 2017); *Schmieszek*, in: Gosch, AO/FGO, § 87a AO Rn. 70 (Stand: Februar 2020) m.w.N.

Umsatzsteuerjahreserklärung und die Körperschaftsteuererklärung sind eigenhändig von dem Steuerpflichtigen oder den in § 34 AO genannten gesetzlichen Vertretern zu unterschreiben, wenn sie zulässigerweise nach amtlich vorgeschriebenem Vordruck schriftlich abgegeben werden. Die Umsatzsteuervoranmeldung bedarf, auf Papier abgegeben, kraft Gesetzes keiner eigenhändigen Unterschrift.[569] Es kommt jedoch eine Auslegung dergestalt in Betracht, dass die Umsatzsteuervoranmeldung grundsätzlich eine Identifikation des Erstellers und eine Autorisation erfordert, sodass auch ohne ausdrückliche gesetzliche Regelung eine Unterschrift zu fordern ist und somit das Schriftformerfordernis erfüllt ist.[570] Die Lohnsteueranmeldungen sind vom Arbeitgeber oder einem zur Vertretung Berechtigten zu unterschreiben. Somit ist für die Abgabe der Einkommensteuer-, Umsatzsteuerjahres-, Körperschaftsteuer- und Gewerbesteuererklärung sowie auch für die Umsatzsteuervoranmeldung und die Lohnsteueranmeldung auf Papier die Schriftform vorgesehen.[571] In diesen Fällen kann gem. § 87a Abs. 3 S. 1, 2 AO die Übermittlung in Schriftform durch die elektronische Form ersetzt werden, die mit einer qualifizierten elektronischen Signatur zu versehen ist; dies entspricht auch der Regelung des § 126a Abs. 1 BGB. Notwendig ist somit die Verwendung einer qualifizierten elektronischen Signatur.

cc. *Merkmale einer qualifizierten elektronischen Signatur*

Bis zum 29.7.2017 galt das Signaturgesetz und dessen Definition der qualifizierten elektronischen Signatur in § 2 SigG i.V.m. § 17 SigG. Die nunmehr unmittelbar geltende eIDAS-VO[572] unterscheidet verschiedene Arten elektronischer

569 Der Vordruck für die Umsatzsteuervoranmeldung sieht gleichwohl ein Unterschriftsfeld vor, dass der Anmeldungsübermittler unterzeichnet.

570 Siehe zu den Auslegungskriterien BFH v. 13.5.2015, III R 26/14, BStBl. II 2015, 790 Rn. 15.

571 Die Unterzeichnung durch einen Vertreter ist für das Schriftformerfordernis unschädlich, siehe *Eisele*, in: Münchener Kommentar, BGB, § 126 Rn. 12. Daher sieht das Bundesministerium der Finanzen darüber hinaus in allen Fällen, in denen gesetzlich eine Unterschrift erforderlich ist, eine gesetzlich angeordnete Schriftform, siehe AEAO Nr. 3.2.1 zu § 87a in der Fassung des BMF-Schreibens v. 12.1.2017, BStBl. I 2017, 51. Für die Umsatzsteuervoranmeldung ist mangels Unterschriftserfordernis in § 18 Abs. 1 UStG keine Schriftform gesetzlich vorgeschrieben.

572 Verordnung (EU) Nr. 910/2014 des Europäischen Parlaments und des Rates vom 23.7.2014 über elektronische Identifizierung und Vertrauensdienste für elektronische Transaktionen im Binnenmarkt und zur Aufhebung der Richtlinie 1999/93/EG – kurz: eIDAS-VO (electronic Identification, Authentication and trust Services) –,

Signaturen: Die (einfache) elektronische Signatur, die fortgeschrittene elektronische Signatur und die qualifizierte elektronische Signatur. Unter der (einfachen) elektronischen Signatur sind gem. Art. 3 Nr. 10 eIDAS-VO Daten in elektronischer Form zu verstehen, die anderen elektronischen Daten beigefügt oder logisch mit ihnen verbunden werden und die der Unterzeichner zum Unterzeichnen verwendet.[573] Diese Voraussetzung erfüllt z.B. eine eingescannte Unterschrift, die einer E-Mail angehangen wird oder auch nur die Unterzeichnung unter einer E-Mail durch Namenswiedergabe. Einen Beweiswert, dass die übermittelten Daten tatsächlich von der Person stammen, die sich aus dem Namen ergibt, bietet die (einfache) elektronische Signatur nicht.[574] Anders die fortgeschrittene elektronische Signatur i.S.d. Art. 3 Nr. 11, Art. 26 eIDAS-VO, die als „Abfallprodukt der asymmetrischen Verschlüsselungstechnik“[575] eindeutig dem „Unterzeichner“ zugeordnet werden kann bzw. eine Identifizierung des Übermittlers ermöglicht, und so mit den unterzeichneten Daten verbunden ist, dass eine nachträgliche Veränderung der Daten erkannt werden kann, Art. 26 lit. a, b, d eIDAS-VO. Sie wird unter der Verwendung von Signaturerstellungsdaten erstellt, die der Übermittler in einem hohen Maß an Vertrauen unter seiner alleinigen Kontrolle verwenden kann, Art. 26 lit. c eIDAS-VO. Unter Letzteren ist ein nur einer Person zugeordneter Schlüssel zu verstehen, der es dem Übermittler erlaubt, das Dokument zu verschlüsseln, wodurch die Nachvollziehbarkeit einer eventuellen Datenveränderung sichergestellt ist.[576] Eine qualifizierte elektronische Signatur ist nach Art. 3 Nr. 12 eIDAS-VO eine fortgeschrittene elektronische Signatur, die von einer qualifizierten elektronischen Signaturerstellungseinheit erstellt wurde und auf einem qualifizierten Zertifikat für elektronische Signaturen beruht.[577] Die qualifizierte elektronische Signatur wird von Art. 25 Abs. 2 eIDAS-VO in ihrer Rechtswirkung mit einer handschriftlichen

---

Abl. L 257 v. 28.2014, 73; Ergänzung auf nationaler Ebene durch das Vertrauensdienstleistungsgesetz (VDG), BGBl. I 2017, 2745.

573 *Fett/Martin*, DStZ 2007, 175, 178.

574 Siehe zu dieser Problematik mit weiteren Beispielen *Rose*, K&R 2011, 439, 439 f.

575 *Fett/Martin*, DStZ 2007, 175, 178.

576 Zur Funktionsweise dieses Verschlüsselungsvorgangs siehe *Schmieszek*, in: Gosch, AO/FGO, § 87a AO Rn. 29-33 (Stand: Februar 2020), und – jedoch noch zum insoweit identischen § 2 Nr. 2 SigG – bei *Fett/Martin*, DStZ 2007, 175, 178 f.

577 Genaue Erläuterungen, welche Anforderungen an die qualifizierte elektronische Signatur zu stellen sind, finden sich bei *Schmieszek*, in: Gosch, AO/FGO, § 87a AO Rn. 25-28 (Stand: Februar 2020).

Unterschrift gleichgesetzt, sodass §§ 126, 126a BGB und § 87a Abs. 3 S. 1, 2 AO mit der Verordnung in Einklang stehen.

dd. ELSTER-Signatur i.S.d. § 87a Abs. 6 AO

Abweichend von dem allgemeinen Grundsatz des § 87a Abs. 3 AO setzt der Gesetzgeber bei der Übermittlung von amtlich vorgeschriebenen Datensätzen an die Finanzbehörden auf ein abweichendes, in § 87a Abs. 6 S. 1 AO geregeltes Verfahren. Die im Zuge dieses Verfahrens verwendete ELSTER-Signatur entsteht unter Verwendung elektronischer Signaturerstellungsdaten, die durch ein im Idealfall nur dem Nutzer bekanntes Passwort geschützt sind.[578] Somit ist die ELSTER-Signatur keine qualifizierte elektronische Signatur, sondern eine fortgeschrittene Signatur i.S.d. Art. 3 Nr. 11, Art. 26 eIDAS-VO.[579] Sie ermöglicht die Identifikation des Datenübermittlers bzw. die Zuordnung der Datenübermittlung zu einem Benutzerkonto. Die Voraussetzungen für eine qualifizierte elektronische Signatur erfüllt sie demgegenüber nicht, sodass die fortgeschrittene ELSTER-Signatur aus Sicht der eIDAS-VO und dem in § 87a Abs. 3 AO i.V.m. §§ 126, 126a BGB niedergelegten Grundsatz nicht in der Lage ist, das für eine Ersetzung der Schriftform durch die elektronische Form erforderliche Unterschriftssurrogat darzustellen.

ee. Zwischenergebnis: § 87a Abs. 6 AO entspricht den Anforderungen nicht

Die von § 87a Abs. 6 AO bei der Übermittlung von amtlich vorgeschriebenen Datensätzen an die Finanzbehörde geforderte und durch die ELSTER-Signatur umgesetzte Authentifizierung des Datenübermittlers geht über eine Identifikation desjenigen, der die Daten an die Finanzverwaltung übermittelt, nicht hinaus.[580] Damit kann die Authentifizierung die Funktionen der Unterschrift nicht ersetzen.[581] Genau genommen identifiziert sie nicht denjenigen, der die Steuererklärung inhaltlich verantworten möchte, sondern nur denjenigen, der die Steuererklärung übermittelt. Zwar mag diese Person in Fällen nicht beratener

578 *Schmieszek*, in: Gosch, AO/FGO, § 87a AO Rn. 21 (Stand: Februar 2020); siehe zum Erstellungsprozess der Signatur oben 2. Teil B. III. 3. c. cc.

579 *Schmieszek*, in: Gosch, AO/FGO, § 87a AO Rn. 13, 21 (Stand: Februar 2020).

580 *Musil/Burchard/Hechtner*, DStR 2007, 2290, 2294, konstatieren, dass selbst bei technischer Möglichkeit – etwa durch die im Rahmen von ELSTER ausgestellte Signaturkarte – nur eine Authentifizierung vorgenommen wird.

581 So schon Wissenschaftlicher Arbeitskreis des DWS-Instituts, DStR 2006, 1588, 1589.

Steuerpflichtiger oft identisch mit der verantwortlichen Person sein, jedoch nicht in den Fällen, in denen der Verantwortliche einen Dritten mit der Übermittlung seiner Daten an die Finanzbehörde beauftragt. Die Identifizierungsfunktion wird also nur bezüglich des Datenübermittlers vorgenommen und hat dabei eine äquivalente Aussagekraft wie zutreffende Absenderangaben auf einem Briefumschlag, in dem eine Steuererklärung auf Papier an die Finanzbehörde übermittelt worden ist.

Als § 87a AO durch das Dritte Gesetz zur Änderung verfahrensrechtlicher Vorschriften[582] in die Abgabenordnung eingefügt worden ist, wurde im Gesetzgebungsverfahren festgehalten, dass für die Finanzbehörde erkennbar sein muss, wer der Absender eines Antrags oder einer Erklärung ist, die Rechtsfolgen auslösen sollen oder können.[583] Im Zusammenhang mit der Abgabe von Steuererklärungen sollte nach den Gesetzesmaterialien eine Feststellung erfolgen, ob eine wirksame Steuererklärung vorliegt und diese auch dem Steuerpflichtigen zurechenbar ist, indem bereits im Zeitpunkt des Eingangs der Steuererklärung automationsgestützt geprüft wird, ob der Name des Steuerpflichtigen mit dem Namen des im Zertifikat angegebenen Signaturschlüssel-Inhabers identisch ist.[584] Dieser Abgleich von Datenübermittler und Steuerpflichtigem erfolgte und erfolgt jedenfalls in Nordrhein-Westfalen nach der Kenntnis des Verfassers grundsätzlich nicht.

Für das ELSTER II-Verfahren wurde die Möglichkeit der Abweichung von der qualifizierten elektronischen Signatur für einen – ursprünglich bis zum 31.12.2005, tatsächlich bis heute, also mehr als 15 Jahre später, währenden – Übergangszeitraum vorgesehen, um den Erfolg des Projektes nicht durch Umsetzungshürden zu gefährden.[585] Ob damit auch das kurz zuvor noch als bedeutsam herausgestellte Abgleichverfahren zwischen Datenübermittler und demjenigen, für den die Daten übermittelt werden, ebenfalls zur Disposition gestellt werden sollte, ist allerdings zu bezweifeln und zeigt, dass die derzeitige Regelung und ihre Umsetzung nicht den gesetzgeberischen Grundgedanken entspricht.

ff. Unterschriftssurrogat mit Blick auf § 87d Abs. 3 AO?

Fraglich ist jedoch, ob § 87a Abs. 6 AO im Zusammenspiel mit § 87d AO gemeinsam die dargestellten Anforderungen an eine Unterschrift erfüllen. § 87d Abs. 3

582 Gesetz vom 21.8.2002, BGBl. I 2002, 3322, 3327.
583 BT Drucks. 14/9000, S. 36.
584 BT Drucks. 14/9000, S. 36.
585 BT Drucks. 14/9000, S. 36.

AO schreibt für die Fälle, in denen die Datenübermittlung durch einen dritten Auftragnehmer erfolgt, eine Überprüfungspflicht vor: Der Auftragnehmer, also im Regelfall der Steuerberater, muss dem Auftraggeber, im Regelfall also dem Steuerpflichtigen, die zu übermittelnden bzw. bereits übermittelten Daten in leicht nachprüfbarer Weise entweder vor oder nach der Übermittlung an die Finanzverwaltung zur Verfügung stellen, § 87d Abs. 3 S. 1 AO. Daraufhin hat der Auftraggeber diese Daten unverzüglich auf Vollständigkeit und Richtigkeit zu überprüfen, § 87d Abs. 3 S. 2 AO. Auf diese Weise könnte man immerhin mittelbar über den Datenübermittler zu demjenigen gelangen, der den Inhalt der Steuererklärung gesichtet hat. Darauf aufbauend könnte man also die Auffassung vertreten, dass durch die Kombination aus Identifikation des Datenübermittlers und der Pflicht zur Überprüfung der übermittelten Daten durch den Auftraggeber ein in der Wirkung mit der Unterschrift vergleichbares Institut geschaffen worden ist. Dies ist aber in mehrfacher Hinsicht anzuzweifeln.

Erstens kann die in § 87d Abs. 3 AO angeordnete Pflicht zur Nachprüfung der Daten vor oder nach Übermittlung dieser Daten an die Finanzbehörde erfolgen.[586] Das Anbringen einer nachträglichen Unterschrift unter einer Steuererklärung wäre dagegen nicht möglich, sobald die Steuererklärung den Machtbereich des Steuerpflichtigen verlassen hat. Die Steuererklärung wäre unwirksam und erst mit Unterzeichnung etwa an Amtsstelle wirksam. Eine Vergleichbarkeit ist insoweit abzulehnen.

Zweitens erfolgt die Überprüfung i.S.d. § 87d Abs. 3 AO formlos. Eine Unterschrift oder ein Abzeichnen der Richtigkeit der Daten wird vom Gesetz nicht gefordert. Zwar wird in der Literatur dem Steuerberater bzw. dem Auftragnehmer aus Gründen der Haftung empfohlen, eine entsprechende schriftliche Bestätigung seines Auftraggebers einzuholen, dass die übermittelten bzw. die zu übermittelnden Daten zutreffend sind.[587] Wenn in diesen Fällen eine Unterschrift geleistet wird, kann diese sogar als ein der Unterschrift unter der Steuererklärung vergleichbarer Autorisationsakt des Steuerpflichtigen gesehen werden. Fraglich ist jedoch dessen Aussagekraft gegenüber der Finanzbehörde. In diesem Zusammenhang sind die Gesetzesmaterialien zu § 87d Abs. 3 AO

---

586 BT Drucks. 18/7457, S. 67; *Thürmer*, in: Hübschmann/Hepp/Spitaler, AO/FGO, § 87d AO Rn. 51 (Stand: Februar 2018); *Brandis*, in: Tipke/Kruse, AO/FGO, § 87d AO Rn. 4 (Stand: Januar 2017).

587 *Vetten*, NWB 2016, 3105, 3109; *Schindler*, in: Gosch, AO/FGO, § 150 AO Rn. 25 (Stand: Juni 2017); *Brandis*, in: Tipke/Kruse, AO/FGO, § 87d AO Rn. 4 (Stand: Januar 2017).

beachtenswert: Die Regelung soll dem Verhältnismäßigkeitsgrundsatz Rechnung tragen, indem sie die Pflicht zur Berichtigung von Erklärungen nach § 153 AO von dem Auftragnehmer – dem Datenübermittler – auf den Auftraggeber – den Steuerpflichtigen – verlagere.[588] Nur: Eine derartige Verpflichtung nach § 153 AO besteht für den Steuerberater oder anderen gewillkürten Bevollmächtigten unabhängig davon nicht, ob er eine Steuererklärung des Steuerpflichtigen postalisch an die Finanzbehörde schickt oder ob er eine Steuererklärung des Steuerpflichtigen elektronisch übermittelt und dabei seine eigene oder sogar die Signatur eines externen Softwareanbieters (z.B. DATEV[589]) nutzt.[590] § 87d Abs. 3 AO findet eher im Bereich der Frage nach der Erklärungsherrschaft über die in der Steuererklärung getätigten Angaben Anwendung und soll die Frage klären, wem die Steuererklärung als Urheber zuzurechnen ist, wer also inhaltlich diejenigen Angaben bestimmt hat, die durch die Übermittlung der Steuererklärung an die Finanzbehörde in den Rechtsverkehr gelangt sind.[591] Das ist aber

588 BT Drucks. 18/7457, S. 67.

589 Zum Übermittlungsverfahren bei DATEV und die Bereitstellung der DATEV Signatur *Rolletschke*, in: GS Joecks, 571, 574.

590 *Seer*, in: Tipke/Kruse, AO/FGO, § 153 AO Rn. 4-6 (Stand: Oktober 2016); *ders.*, SteuerStud 2016, 35, 37 f.; *Schindler*, in: Gosch, AO/FGO, § 153 AO Rn. 12 (Stand: Juni 2016); *Rätke*, in: Klein, AO, § 153 Rn. 6; *Haas*, in: GS Joecks, 447, 450; *Beyer*, NWB 2016, 1304, 1313 f.; *Brenner*, BB 1987, 1856, 1856 f., zum Verfahren ohne elektronische Übermittlung, der auch eine analoge Anwendung von § 153 AO prüft; grundsätzlich auch *Heuermann*, in: Hübschmann/Hepp/Spitaler, AO/FGO, § 150 AO Rn. 36e (Stand: August 2010); „sogar" die Finanzverwaltung in AEAO Nr. 4 zu § 153 (BStBl. I 2016, 490). Einschränkend siehe aber *Wissenschaftlicher Arbeitsrat des DWS-Instituts,* DStR 2006, 1588, 1589, der darauf hinweist, dass bei der Übermittlung von elektronischen Steuererklärungen über das DATEV-Rechenzentrum alle übermittelten elektronischen Steuererklärungen mit dem Zertifikat von DATEV versehen werden und somit die Identifikation des eigentlich übermittelnden Steuerberaters nicht erfolgen kann und der eine Anwendung des § 153 AO für den Steuerberater zumindest nicht vollends ablehnen möchte. Für eine Anwendung von § 153 AO OLG Koblenz v. 15.12.1982, 1 Ss 559/82, wistra 1983, 270, das ohne weitere Begründung die Verpflichtung nach § 153 AO auf den Steuerberater erweitert und BGH v. 1.11.1966, 5 StR 479/66, der zur insoweit inhaltsgleichen Vorgängernorm § 165e AO die Feststellung traf, dass es allgemein anerkannt sei und sich als Folge vorangegangenen Tuns von selbst verstehe, dass derjenige zur Berichtigung verpflichtet werde, der die mangelhafte Erklärung abgegeben habe; zustimmend dazu Tipke/Kruse, AO (2.-3. Auflage), § 165e Rn. 1; kritische Aufarbeitung bei *Brenner*, BB 1987, 1856.

591 *Volquardsen*, in: Schwarz/Pahlke, AO/FGO, § 87d AO Rn. 9 (Stand: März 2017), der annimmt, dass durch die Verpflichtung, die Daten dem Auftraggeber vorzulegen, die

keine Frage der Berichtigungspflicht nach § 153 AO, sondern der Täterschaft nach § 370 Abs. 1 Nr. 1 AO.[592] Es ist also für die Verantwortlichkeit der übermittelnden Person zwischen einer Berichtigungspflicht und einer Strafbarkeit zu unterscheiden.[593] Die Gesetzesbegründung ist damit zumindest inkonsequent und vermag nicht zu überzeugen. Im Ergebnis wird man Folgendes festhalten können: § 87d Abs. 3 AO ermöglicht die Zurechnung von Erklärungsdaten, ohne dass dabei ein besonderer Autorisationsakt vorgeschrieben ist. Die zwischen den Parteien eventuell vorgenommenen schriftlichen Bestätigungen sind eine vertraglich gewählte Gestaltung, die der Entlastung des Auftragnehmers dienen soll. Eine Erklärung gegenüber der Finanzbehörde wird damit zuvorderst nicht getätigt. Ein Äquivalent zur Unterschrift auf der Steuererklärung stellt diese Bestätigung – sei sie mündlich, konkludent oder schriftlich erfolgt – daher nicht dar. Zweifel an der Unterschriftsäquivalenz bestehen ebenso im Hinblick auf die Warnfunktion: Die Unterschrift unter der Steuererklärung ist vor allem durch ihre räumliche Nähe zu den erklärten Daten geprägt und verdeutlicht dem Steuerpflichtigen aufgrund der Tatsache, dass diese gemeinsam mit der Steuererklärung Inhalt der Akte bei der Finanzbehörde wird, ihre Bedeutung. *Einsele* spricht in diesem Zusammenhang zutreffend von einer psychologischen Barriere, die der Mausklick oder das Einfügen einer Datei samt Passwort nicht zu leisten vermag.[594] Letzteres mag sich dann ändern, wenn die Gesellschaft digital

---

Verantwortlichkeit für die Richtigkeit der Daten auf den Auftraggeber übergeht und eine Zurechnung an diesen ermöglicht.

592 Siehe dazu *Ransiek*, in: Kohlmann, Steuerstrafrecht, § 370 AO Rn. 107-109.4 (Stand: Mai 2019).

593 In diesem Sinne auch *Heuermann*, in: Hübschmann/Hepp/Spitaler, AO/FGO, § 153 AO Rn. 5 (Stand: April 2014); siehe *Rätke*, in: Klein, AO, § 153 Rn. 6; wohl auch *Seer*, in: Tipke/Kruse, AO/FGO, § 153 AO Rn. 3-7 (Stand: Oktober 2016); so arbeitet *Brenner*, BB 1987, 1856, 1857 f., heraus, dass statt einer Verletzung der Berichtigungspflicht nach § 153 AO der Steuerberater u.U. im Rahmen der Steuerhinterziehung in Form eines unechten Unterlassungsdelikts bestraft werden kann, wenn bei ihm eine Garantenstellung vorliegt. Es besteht daneben mit § 72a AO eine Haftung des Auftragnehmers bei unrichtiger oder unvollständiger Datenübermittlung oder bei Verletzung der nach § 87d Abs. 2 AO bestehenden Pflicht zur Identifizierung des Auftraggebers und dadurch eingetretener Steuerverkürzung oder Erlangung nicht gerechtfertigter Steuervorteile vorsieht. Hierbei kann sich der Auftragnehmer gem. § 72a Abs. 2 S. 2 AO exkulpieren, soweit er nachweist, dass die unrichtige bzw. unvollständige Datenübermittlung oder die Verletzung der Identifikationspflicht nach § 87d Abs. 2 AO nicht mindestens grob fahrlässig erfolgte.

594 *Einsele*, in: MüKo BGB, § 126a Rn. 25.

sozialisiert ist und die digitale Kommunikation einen ähnlichen gesellschaftlichen Stellenwert besitzt, wie die auf Papier stattfindende. Für § 87d Abs. 3 AO gilt daher: Die mündliche, konkludente oder schriftliche Versicherung gegenüber dem eigenen Steuerberater kann nicht der einer Unterschrift unter der Steuererklärung vergleichbare Bedeutungswert beigemessen werden, erfolgt sie doch bereits gegenüber einer privaten Person und keiner hoheitlichen Stelle.

gg. Ergebnis

Das vom Gesetzgeber avisierte Unterschriftssurrogat bestehend aus der authentifizierten Übermittlung nach § 87a Abs. 6 AO und der Vorlage- und Überprüfungspflicht zwischen Auftragnehmer und Auftraggeber bei der Datenübermittlung i.S.d. § 87d Abs. 3 AO sind nicht dazu geeignet, die Funktionen der eigenhändigen Unterschrift unter der Steuererklärung zu erfüllen. Erst recht kann die authentifizierte Übermittlung i.S.d. § 87a Abs. 6 AO allein diese Anforderungen nicht erfüllen. Im Zeitalter der Digitalisierung und der elektronischen Steuererklärung muss jedenfalls dann, wenn man elektronischer und Papiersteuererklärung keinen unterschiedlichen Erklärungswert beimessen möchte, die Unterschrift lediglich auf die Identifikationsfunktion reduziert werden. Denn an deren Stelle tritt bei der elektronischen Steuererklärung die authentisierte Übermittlung via persönlicher Signatur, die mit Blick auf die Funktionen der ggf. eigenhändigen Unterschrift lediglich eine Identifikationsfunktion verfolgt und der darüber hinaus kein weiterer Erklärungswert beigemessen werden kann.

§ 87a Abs. 6 AO ist in der Gesamtschau mit den sonstigen Anforderungen an die elektronische Kommunikation widersprüchlich. Bei anderen Mitteilungen, Anträgen oder Erklärungen, bei denen gesetzlich ebenfalls die Schriftform vorgeschrieben ist, gibt § 87a Abs. 3 S. 2 AO grundsätzlich vor, dass das elektronische Dokument mit einer qualifizierten elektronischen Signatur versehen sein muss. Es ist im Vergleich dazu nicht überzeugend, warum bei der Kernaufgabe der Mitwirkungspflichten, die letztlich zwingend von den Steuerpflichtigen zu erfüllen ist, nämlich die Abgabe von Steuererklärungen, geringere Anforderungen an die Datenübermittlung gestellt werden.

Der Gesetzgeber hatte die ELSTER-Signatur und den damit verbundenen geringeren Aufwand für den Nutzer deswegen implementiert, um die Akzeptanz des ELSTER-Verfahrens und damit auch den Vollzug im Massenverfahren nicht zu gefährden.[595] Es ist jedenfalls fraglich, ob diese aus dem Jahr 2002 stammende

---

595 Siehe BT Drucks. 14/9000, S. 36, wo insbesondere auf die Kosten für eine Signaturerstellungseinheit hingewiesen wird.

Einschätzung im Jahr 2021 immer noch trägt. Im Jahr 2015 wurde die Bewältigung des Massenverfahrens durch die Finanzbehörden jedenfalls in der Literatur noch als Begründung für die Abweichung von der qualifizierten elektronischen Signatur herangezogen[596] und man mag auch heute noch diese Beurteilung der Einschätzungsprärogative des Gesetzgebers zuordnen. Denn es ist zutreffend, dass der Vollzug im Massenverfahren von der elektronischen Steuererklärung und somit auch ihrer Akzeptanz durch die Bevölkerung abhängt. Dass die technischen und finanziellen Anforderungen daher in einem ausgewogenen Verhältnis zu den Möglichkeiten der Bevölkerung stehen müssen, ist nicht zu bestreiten. Selbst aber, wenn man dem Gesetzgeber den Gestaltungsspielraum eingesteht, der Unterschrift unter der Steuererklärung und der Authentifizierung keine deckungsgleichen Funktionen zuzuordnen, so bleibt er bei der Anwendung der ELSTER-Signatur weit hinter den Möglichkeiten zurück. Dies zeigt sich deutlich bei der – auch für den Massenvollzug im Steuerverfahren wichtigen – Zurechnung des der Finanzbehörde Erklärten. Hier nimmt der Gesetzgeber – siehe dazu im Einzelnen sogleich – ein unnötiges Zurechnungsvakuum in Kauf und schadet damit der Rechtssicherheit in der Breite.

d. *Zurechnungsvakuum im Verhältnis von Steuerpflichtigem und Steuerberater*

Die Übermittlung von Steuererklärungen an die Finanzbehörde unter Authentifizierung (nur) des Datenübermittlers führt zu einem gesetzlichen Zurechnungsvakuum im Innenverhältnis zwischen dem Steuerpflichtigem bzw. dem Verantwortlichen und dem Datenübermittler bzw. dem steuerlichen Berater, der die Steuererklärung an die Finanzbehörde elektronisch übermittelt. Denn die Zurechnung der mit der Steuererklärung übermittelten Angaben an den Steuerpflichtigen ist lediglich in § 87d Abs. 3 AO geregelt, der diese Funktion jedoch mangels ausdrücklicher gesetzlicher Vorgaben an die Mitteilung zu der Zustimmung zur Datenübermittlung nicht hinreichend erfüllen kann.[597] Ist die Zurechnung von in der Steuererklärung gemachten Daten im Einzelfall streitig, ist dieses *non liquet* Folge der gesetzlich unspezifischen Regelung und kann den Beteiligten nicht zum Nachteil gereichen.[598]

---

596 *Heintzen*, DÖV 2015, 780, 782.

597 Siehe oben 2. Teil B. VI. 2. c. ff.

598 Siehe dazu die strafrechtliche Auseinandersetzung unten 6. Teil A. V. 2. c., die dann folgerichtig auch zu einer *in dubio pro reo*-Entscheidung gelangt.

Dabei wäre bereits mit den vorhandenen ELSTER-Mitteln eine deutlich rechtssicherere Regelung auch im Massenvollzug möglich. Denn die ursprüngliche Idee des Gesetzgebers war es, die elektronisch übermittelten Steuererklärungen mit einer qualifizierten elektronischen Signatur zu versehen.[599] Bei der Übermittlung sollte dann durch Datenabgleich festgestellt werden, ob der Übermittler auch tatsächlich der Steuerpflichtige ist, für den die Steuererklärung abgegeben wird, und dadurch eine Zurechnung erfolgen.[600] Vorausgesetzt, dass jeder Steuerpflichtige nur Inhaber seiner Signaturerstellungseinheit ist und diese nicht weitergibt,[601] wäre so sichergestellt, dass der Steuerpflichtige die Steuererklärung wahrnimmt, bevor er sie letztverantwortlich an die Finanzbehörde übermittelt. Ein solches Verfahren wäre auch mit der ELSTER-Signatur denkbar und insbesondere in den wirtschaftlich und steuerlich bedeutenden Fällen sinnvoll, in denen ein Steuerberater oder in einem Konzern eine Steuerabteilung mit der Erstellung und Übermittlung der Steuererklärung an die Finanzbehörde beauftragt wird: Der Steuerberater bzw. die Steuerabteilung erstellen die Steuererklärung und übermitteln diese in einem ersten Schritt mit seiner bzw. ihrer Signatur an den Verantwortlichen bzw. an den Steuerpflichtigen. Dieser übermittelt die Steuererklärung – nachdem er von ihrem Inhalt Kenntnis genommen hat – dann mit seiner eigenen Signatur via ELSTER an die Finanzbehörde. So stünde die Zurechnung der Angaben in der Steuererklärung mit der bereits vorhandenen ELSTER-Signatur auf rechtlich festeren Beinen als über die heutige Regelung des § 87d Abs. 3 AO. Dass ein solches Verfahren nicht angestrebt wird, verwundert vor allem vor dem Hintergrund, dass die Steuerberatungsprogramme – hier sei beispielhaft DATEV genannt – bereits Möglichkeiten vorsehen, dass der Steuerpflichtige (Fern-)Zugriff auf seine Daten bei seinem steuerlichen Berater nimmt. Über diese Datenverbindung wäre es auch möglich, dass der Steuerpflichtige online seine dort bereit gestellte Steuererklärung mit seiner ELSTER-Signatur authentifiziert und über dieses Portal an die Finanzbehörde absendet. Auf diesem Wege wäre eine Zurechnung der erklärten Daten deutlich rechtssicherer gestaltet. Versähe man dieses Verfahren dann noch mit einem der Warnfunktion der Unterschrift inhaltsgleichen Hinweis, wären die Steuererklärung auf

599 BT Drucks. 14/9000, S. 36.

600 BT Drucks. 14/9000, S. 36.

601 Was *Lewandowski/Ackermann*, DStR 2014, 1642, 1653, durchaus für möglich halten, aber in der Wertung mit der ebenfalls bestehenden Möglichkeit der Unterschriftsfälschung auf der Papier-Steuererklärung vergleichen.

Papier und die elektronische Steuererklärung einander angeglichener als sie es heute sind.

3. *Qualifiziertes Freitextfeld gem. § 150 Abs. 7 S. 1 AO*

Mit dem Gesetz zur Modernisierung des Besteuerungsverfahrens wurde der Finanzbehörde in § 155 Abs. 4 S. 1 AO die Möglichkeit eingeräumt, Steuerbescheide vollautomatisiert zu erlassen und zu ändern. Im Veranlagungsverfahren kann die durch den Steuerpflichtigen eingereichte Steuererklärung somit vollautomatisch verarbeitet und ein Steuerbescheid nur aufgrund der erklärten und der dem Finanzamt vorliegenden Daten erzeugt werden. Der vollautomatisierte Steuerbescheid ist dabei kein „Privileg" der elektronischen Steuererklärung, sondern kann auch bei der Steuererklärung auf Papier Anwendung finden, nachdem die erklärten Daten durch maschinelle Erfassungssysteme (z.B. Scanner) oder durch personelle Eingaben digitalisiert worden sind.[602] Bei der Verarbeitung der elektronischen Steuererklärung, aber auch bei Digitalisierung der erklärten Daten in einer Steuererklärung auf Papier können in dem Veranlagungsprogramm der Finanzbehörde grundsätzlich nur solche Werte eingepflegt und berücksichtigt werden, die programmseitig vorgesehen sind. Dies sind neben einigen nur von Bearbeiterseite angewiesenen Kennziffern ausschließlich solche, die in den Steuererklärungsformularen an bestimmten Stellen in vorgegebener Form vom Steuerpflichtigen eingetragen sind. Individuelle Sachverhaltserläuterungen, Anregungen, Bitten oder sonstige Vorbringen des Steuerpflichtigen, für die die standardisierten Steuererklärungsformulare grundsätzlich keinen Raum vorsehen und die bisher klassisch auf Papier als Anlagen zur Steuererklärung eingereicht worden sind, bleiben bei der rein maschinellen Erfassung und Verarbeitung der Steuererklärungsdaten außer Betracht. Daher – und damit den Steuerpflichtigen auch im vollautomatisierten Verfahren rechtliches Gehör gewährt wird – sieht § 150 Abs. 7 S. 1 AO vor, dass eine Steuererklärung, die nach amtlich vorgeschriebenem Vordruck oder nach amtlich vorgeschriebenem Datensatz durch Datenfernübertragung übermittelt wird und gem. § 155 Abs. 4 S. 1 AO zu einer ausschließlich automationsgestützten Steuerfestsetzung führen kann, dem Steuerpflichtigen durch ein sog. qualifiziertes Freitextfeld im Steuererklärungsformular grundsätzlich die Möglichkeit bieten muss, Angaben einzutragen, die im maschinellen Verfahren nicht adäquat berücksichtigt werden und daher der Bearbeitung durch einen Amtsträger bedürfen.[603] Kongruent dazu sieht § 155

602 *Schmitz/Prell*, NVwZ 2016, 1273, 1276.
603 Dies übersehen wohl *Schmid/Ntamadaki*, DStR 2019, 1713, 1715.

Abs. 4 S. 3 AO in den Fällen, in denen Eintragungen im qualifizierten Freitextfeld erfolgen, soweit die Eintragungen im qualifizierten Freitextfeld reichen, eine personelle Überprüfung durch einen Amtsträger vor.

Entsprechend diesen Anforderungen haben die Steuererklärungsformulare Abschnitte bzw. im Fall der elektronischen Steuererklärung Datenfelder bereitzuhalten oder die Möglichkeit zu geben, dass der Steuerpflichtige außerhalb der vorgesehenen Formularfelder personelle Angaben machen kann. In der webbrowserbasierten Mein Elster Software können unter dem Stichpunkt „Ergänzende Angaben zur Steuererklärung" nach Setzen eines Hakens bis zu 999 Zeichen dazu genutzt werden, um individuelle Sachverhalte darzustellen, Rückfragen zu stellen oder auf Probleme hinzuweisen. In den Steuererklärungsformularen besteht jeweils kein „echtes" Freitextfeld für individuelle Angaben. Vielmehr ist über dem Feld für die Unterschrift – je nach Steuerartformular optisch anders gestaltet – die Möglichkeit vorgesehen, eine Kennziffer durch Eintragung einer „1" anzusprechen, die signalisiert, dass über die Angaben in der Steuererklärung hinaus weitere Angaben oder Sachverhalte zu berücksichtigen sind. Die Angaben als solche sollen dann auf „der beigefügten Anlage […], welche mit der Überschrift ‚ergänzende Angaben zur Steuererklärung' gekennzeichnet ist", erfolgen.[604]

Die Entscheidung, auf ein „echtes" Freitext*feld* bei den Steuererklärungsformularen zu verzichten und stattdessen für das Vorbringen des Steuerpflichtigen auf eine separate Anlage zu verweisen, widerspricht zwar dem Gesetzeswortlaut des § 150 Abs. 7 S. 1 AO. Dieser fordert nämlich, dass die Angaben, die nach Auffassung des Steuerpflichtigen durch einen Amtsträger zu beurteilen sind, *in einem vorgesehenen Abschnitt in dem Steuererklärungsformular* zu machen sind. Jedoch ist das Auslagern auf eine separate Anlage bei Betrachtung aus einem praktischen Blickwinkel sinnvoll: In den seltensten Fällen werden komplexe steuerliche Sachverhalte in einem kleinen Abschnitt – und auch nicht in einem auf 999 Zeichen begrenzen Datenfeld – adäquat ausgebreitet werden können. Dies gilt vor allem dann, wenn weitere Unterlagen eingereicht werden oder etwa Bilder eingefügt werden sollen. Hier auf eine separate Anlage zu verweisen, ist daher ein gangbarer Weg, der dem Steuerpflichtigen auch bei Nutzung der

604 Siehe Mantelbogen der Einkommensteuererklärung für den Veranlagungszeitraum 2019, S. 2 Zeile 40; bei der Umsatzsteuervoranmeldung für das Jahr 2020, S. 2 Zeile 75 f., ist der Passus entsprechend angepasst: „Geben Sie bitte [die ergänzenden Angaben] auf einem gesonderten Blatt an, welches mit der Überschrift ‚ergänzende Angaben zur Steueranmeldung' zu kennzeichnen ist".

elektronischen Steuererklärung im Rahmen von ELSTER durch entsprechenden schriftlichen Hinweis im Freitextfeld möglich sein muss. Diese Verlagerung der abweichenden Angaben auf ein außerhalb des Formulars bzw. der elektronisch übermittelten Daten liegendes Medium ist auch vom Sinn und Zweck des § 150 Abs. 7 S. 1 AO gedeckt: § 150 Abs. 7 S. 1 AO soll die Rechtsnachteile und Defizite beim rechtlichen Gehör ausgleichen, die aufgrund der vollautomatisierten Steuerbescheiderstellung bestehen können und gleichzeitig den Anforderungen eines Massenverfahrens genügen, das auch individuelle oder unklare Sachverhalte im Bearbeitungsverlauf berücksichtigen muss, wenn die Steuern gleichmäßig und gesetzmäßig festgesetzt werden sollen. Dazu ist es nicht notwendig, dass der Steuerpflichtige in dem Steuererklärungsformular selbst alle zu prüfenden Angaben zu atypischen Fällen tätigt oder Fragen stellt. Es reicht stattdessen einerseits für den Ausgleich der Nachteile beim Anspruch auf rechtliches Gehör und andererseits für die Aussteuerung im möglichen vollautomatisierten Veranlagungsverfahren i.S.d. § 155 Abs. 4 S. 1, 3 AO aus, dass der Steuerfall in einem ersten Schritt als prüfungswürdig gekennzeichnet wird, indem dort durch Aktivierung des qualifizierten Freitextfeldes bereits die Aussage enthalten ist, dass „dem Grunde nach" personell zu bearbeitende Daten vorliegen. Eine ausschließlich separat zur Steuererklärung eingereichte Anlage erzielt dieses Ergebnis nicht. Denn eine bloß beigefügte Anlage kann nicht maschinell i.S.d. § 155 Abs. 4 S. 1 AO verarbeitet werden und würde bei automatisierter Bearbeitung in Sekunden oder Minuten unbeachtet bleiben.[605] Nachdem der ausgesteuerte Fall dem Sachbearbeiter zur Prüfung vorliegt, werden dann die auf separatem Blatt gemachten Angaben in Gesamtschau mit der Steuererklärung von ihm konkret geprüft und der Fall danach ggf. wieder in die maschinelle Weiterverarbeitung „zurückgegeben". Es bestehen dahingehend mithin keine Bedenken bezüglich der derzeitigen Gestaltung der Steuererklärungsformulare.

4. *Angaben zu übermittelten Daten i.S.d. § 93c AO gem. § 150 Abs. 7 S. 2 AO*

Die sich aus § 150 Abs. 7 S. 2 AO ergebenden Anforderungen an die Ausgestaltung der Steuererklärungsformulare sind nicht auf den ersten Blick aus der

---

605 Insoweit anders und mit den Grundsätzen eines vollautomatisierten Verfahrens kaum vereinbar *Heuel/Harink*, AO-StB 2020, 49, 59 f., die das qualifizierte Freitextfeld als „bloße steuerrechtliche Formalie bezeichnen". Siehe zur ausführlichen Auseinandersetzung mit dieser – eher steuerstrafrechtlich geprägten – Auffassung unten 2. Teil B. IX. 2. a. cc.

Norm ersichtlich und eher deklaratorischer Natur, wenn man sich der gerade erläuterten Auffassung anschließt, dass die Steuererklärungsformulare die für Besteuerung erheblichen Sachverhalte erfassen und abfragen müssen. Hintergrund ist derjenige, dass die Finanzbehörde von dritter Seite steuerlich relevante Daten i.S.d. § 93c AO über den Steuerpflichtigen erhält, die gem. § 150 Abs. 7 S. 2 AO als Angaben des Steuerpflichtigen gelten, soweit dieser dazu keine abweichenden Angaben in einem dafür vorzusehenden Datenfeld oder Abschnitt in dem Steuererklärungsformular macht.[606] Mögliche Anwendungsgebiete sind etwa unrichtige übermittelte Daten, die der Steuerpflichtige korrigieren kann, sodass die richtigen Daten in die Besteuerungsgrundlagen einfließen. Für die Ausgestaltung der Steuererklärungsformulare ergibt sich damit im Umkehrschluss aus dem zweiten Halbsatz des § 150 Abs. 7 S. 2 AO, dass selbst für solche Daten des Steuerpflichtigen Eintragungsmöglichkeiten bestehen müssen, welche die Finanzbehörde schon von dritter Seite erhalten hat.

5. *Anleitungen, Erläuterungen und Hinweistexte zu den Steuererklärungsformularen*

Zusammen mit den amtlichen Steuererklärungsformularen bietet die Finanzverwaltung Anleitungen und Erläuterungen an, die in den ELSTER-Anwendungen der Finanzverwaltung ggf. durch Klick auf ein Fragezeichensymbol in Form von Hinweistexten an den jeweiligen Zeilen bzw. Eingabefeldern angezeigt werden. Diese Anleitungen umfassen z.B. für die Einkommensteuererklärung 2019 eine allgemeine Anleitung auf sechs Seiten mit Ausführungen zum Mantelbogen und einem Überblick über die einzelnen verfügbaren zusätzlichen Anlagen. Daneben existieren weitere 19 Anleitungen im Umfang von einer bis zu fünf Seiten zu den einzelnen Anlagen zur Einkommensteuererklärung.[607]

---

606 Inwieweit die Norm Auswirkung auf den Inhalt der Steuererklärung und die Steuererklärungspflicht hat, wird unten – dort 2. Teil B. IX. 2. c., dort insb. aa. und cc. – noch erläutert.

607 Es handelt sich um Anleitungen zu den Anlagen AUS (ausländische Einkünfte und Steuern), AV (Altersvorsorge durch Riester-Verträge), FW (Förderung des Wohnungseigentums), KAP (Einkünfte aus Kapitalvermögen), KAP-INV (Investmenterträge, die nicht dem inländischen Steuerabzug unterlegen haben), R (Einkünfte aus Renten), SO (sonstige Einkünfte), V (Einkünfte aus Vermietung und Verpachtung), WA-ESt (weitere Angaben und Anträge bei Fällen mit Auslandsbezug), N (Einkünfte aus nichtselbstständiger Tätigkeit), N-AUS (ausländische Einkünfte aus nichtselbstständiger Tätigkeit) SO (sonstige Einkünfte); U (Unterhaltsleistungen an den geschiedenen oder dauernd getrennt lebenden Ehegatten/Lebenspartner),

Zur Einkommensteuererklärung 2019 werden insgesamt 29 Anlagen angeboten; für zehn Anlagen[608] existiert also keine separate Anleitung. Die Anleitungen sind zweispaltig bedruckt und zum Teil mit Bildern von dem Formular und Eintragungsbeispielen versehen. In den Anleitungen werden Begriffe wie „Werbungskosten", „Erste Tätigkeitsstätte" oder „Kindschaftsverhältnis" näher umschrieben.

Die Anleitungen werden als Serviceleistungen gegenüber dem Steuerpflichtigen gesehen, mit der die Finanzbehörde eine Form der Beratung i.S.d. § 89 AO erbringt.[609] Als Begründung wird etwa angeführt, dass Fragen in der Steuererklärung für den steuerrechtlichen Laien schwer bis kaum verständlich seien.[610] Damit nehmen die Anleitungen, Erläuterungen und Hinweistexte auch an der für die Steuererklärungsformulare beschriebenen *Transformationsfunktion* teil. Hierauf wird bei der Untersuchung der Verfahrensleistungsfähigkeit noch zurückzukommen sein.[611]

VII. Übermittlung der Steuererklärung an das Finanzamt

1. Übersicht über die Übermittlungsarten

Von der Ausgestaltung der Steuererklärungsformulare zu unterscheiden ist, wie die auf dieser Grundlage erstellte Steuererklärung von dem Steuerpflichtigen an die Finanzbehörde zu übermitteln ist. § 150 Abs. 1 AO sieht für die Übermittlung der Steuererklärung an die Finanzbehörde verschiedene Möglichkeiten vor. Grundsätzlich, aber subsidiär, ist die Steuererklärung nach amtlich

---

Unterhalt (Unterhaltsleistungen an bedürftige Personen), Kind, Außergewöhnliche Belastungen, Sonderausgaben, Haushaltsnahe Aufwendungen, Sonstiges (sonstige Angaben und Anträge).

608 Es handelt sich um die Anlagen S (Einkünfte aus selbstständiger Tätigkeit), G (Einkünfte aus Gewerbebetrieb), 34b (Einkünfte aus außerordentlicher Holznutzung nach § 34b EStG), Zinsschranke, 34a (Begünstigung des nicht entnommenen Gewinns (§ 34a EStG)), N-Gre (Grenzgänger), AV13a, 13a (Gewinnermittlung nach Durchschnittssätzen), L (Einkünfte aus Land- und Forstwirtschaft), KAP-BET (Einkünfte aus Kapitalvermögen im Zusammenhang mit Beteiligungen).

609 *Frizen*, Das Deklarationsprinzip im Einkommensteuerrecht, S. 79; *Schick*, StuW 1988, 301, 311; *Schindler*, in: Gosch, AO/FGO, § 150 AO Rn. 16 (Stand: Juni 2017); *Heuermann*, in: Hübschmann/Hepp/Spitaler, AO/FGO, § 150 AO Rn. 10 (Stand: August 2010).

610 *Schindler*, in: Gosch, AO/FGO, § 150 AO Rn. 16 (Stand: Juni 2017).

611 Siehe unten 3. Teil B. III. 5 e., f. und g.

vorgeschriebenem Vordruck bei der Finanzbehörde einzureichen. Diese Steuererklärung auf Papier weicht nämlich immer weiter der elektronischen Steuererklärung, die in den Einzelsteuergesetzen vorgeschrieben sein kann und der Steuererklärung auf Papier in diesen Fällen vorgeht, § 150 Abs. 1 S. 1 Nr. 1 AO. Damit ist eine Tendenz hin zu einem Leitbild elektronischer Steuererklärungen zu erkennen, die sich im Wortlaut des § 150 Abs. 1 AO jedoch noch nicht vollständig abbildet.[612] Darüber hinaus lässt § 150 Abs. 1 S. 1 Nr. 3, 4 AO zu, dass eine mündliche oder konkludente Steuererklärung abgegeben wird, die der papiernen Steuererklärung ebenfalls vorgehen.[613] Letztere werden hier nicht vertieft, sondern es geht nur um die elektronische Steuererklärung im Vergleich zur Steuererklärung nach amtlich vorgeschriebenem Vordruck.

2. Abgabe nach amtlich vorgeschriebenem Vordruck

§ 150 Abs. 1 AO beschreibt mit der Steuererklärung, die nach amtlich vorgeschriebenem Vordruck abzugeben ist, die klassische schriftliche Variante der Steuererklärung auf Papier.[614] Die dafür notwendigen Steuererklärungsvordrucke werden von der Finanzverwaltung regelmäßig an Amtsstelle zur Verfügung gestellt oder können vom Steuerpflichtigen als Steuererklärungsformular aus dem Internet heruntergeladen und ausgefüllt beim Finanzamt abgegeben werden.[615] Das Ausfüllen der Steuererklärungsformulare bzw. -vordrucke erfolgt wahlweise handschriftlich, per Schreibmaschine oder mithilfe eines Computereingabeprogramms, das die Steuererklärungsformulare auf dem Computerbildschirm anzeigt und die Möglichkeit gibt, die offenen Felder durch manuelle Eingaben auszufüllen, oder diese aus einer Programmmaske heraus gemäß den Eingaben des Anwenders ausfüllt. Die einzelnen Felder der Steuererklärung, in denen der Steuerpflichtige seine Eingaben einträgt, sind dabei mit Kennziffern versehen, welche die maschinelle Erfassung der Daten vereinfachen und damit der computergestützten Bearbeitung in der Finanzbehörde dienen. Es kommt daher bei der Steuererklärung auf Papier zu einem bzw. mehreren Medienbrüchen, worunter

---

612 Dieses Leitbild sieht auch *Waldhoff*, DStJG 42 (2019), 57, 77, der es auf die vollautomatisierte Bearbeitung und den daraufhin ergangenen Steuerbescheid ausweitet, sodass es sich letztlich um das Leitbild eines vollelektronischen Verfahrens handelt.

613 Etwa die konkludente Steuererklärung für Zollanmeldungen im nichtkommerziellen Warenverkehr bei Verlassen des Flughafens durch den „roten" Ausgang – Bedeutung: nichts zu verzollen (siehe Art. 141 DelVO).

614 *Seer*, in: Tipke/Kruse, AO/FGO, § 150 AO Rn. 1 (Stand: April 2017).

615 Siehe https://www.formulare-bfinv.de/.

man den Wechsel vom elektronischen Dokument zum Papierdokument und *vice versa* versteht.[616] Wird die Steuererklärung also zunächst am PC erstellt und ausgedruckt, werden die digital vorliegenden Daten in eine analoge Form – nämlich das Papier – gebracht, um dann von der Finanzbehörde abermals über die Erfassung der Daten bei den jeweiligen Kennziffern in eine digitale Form umgewandelt zu werden. Es liegen in diesen Fällen zwei Medienbrüche vor – vom Digitalen zum Papier und anschließend vom Papier zum Digitalen. Medienbrüche erfordern im Regelfall das Eingreifen des Menschen als Überbrückungsinstanz und geben daher die Möglichkeit zu menschlichen Übertragungs- oder Erfassungsfehlern sowohl auf der Seite des Steuerpflichtigen als auch auf der Seite der Finanzbehörde.[617] Vor allem dann, wenn die Daten bereits elektronisch bei dem Steuerpflichtigen oder seinem steuerlichen Berater bzw. Intermediär vorliegen, etwa dann, wenn die gesamte Buchführung elektronisch abgewickelt worden ist, ist eine Umwandlung auf Papier, gefolgt von einer Wiederdigitalisierung, überflüssig.

3. *Übermittlung nach amtlich vorgeschriebenem Datensatz*

a. *Technische Beschreibung des amtlich vorgeschriebenen Datensatzes*

Im Gegensatz zur Steuererklärung auf Papier, die denklogisch physisch beim Finanzamt eingehen muss, schreibt das Gesetz für die elektronische Steuererklärung eine Übermittlung nach amtlich vorgeschriebenem Datensatz vor.[618] Unter einem Datensatz ist eine Zusammenfassung von Daten zu verstehen, die zu einem Objekt gehören und in einer Datei abgelegt sind.[619] Die vorgeschriebene Datensatzdefinition gibt Inhalt und Struktur der an die Finanzbehörde zu übermittelnden Daten durch Beschreibung der einzelnen Datenfelder vor.[620] Das bedeutet für die Übermittlung der elektronischen Steuererklärung, dass die von den Steuerpflichtigen in einem Softwareinterface eingegebenen Daten in dem Datensatz vorgegebenen Kennziffern bzw. Begriffen als Datenpaar

---

616 Zu Medienbrüchen allgemein und bei der Einkommensteuererklärung *Kußmaul/Ruiner*, StB 2008, 238, 240.

617 Siehe zur Berichtigung dieser Fehler aufseiten des Steuerpflichtigen unten 5. Teil C. III. 5, IV., V. und VI.

618 Siehe etwa § 25 Abs. 4 EStG, § 45a Abs. 1 S. 1 EStG, § 18 Abs. 1 S. 1; Abs. 3 S. 1 UStG, § 18a Abs. 1 S. 1 UStG, § 31 Abs. 1a KStG, § 181 Abs. 2a S. 1 AO.

619 *Wargowske*, in: Gosch, AO/FGO, § 87b AO Rn. 96 (Stand: April 2017).

620 Siehe zur Datensatzdefinition allgemein *Gantner*, Theorie der juristischen Formulare, S. 138.

zugeordnet werden. Diese Datensatzdefinition ist bei ELSTER als XML-Datei[621] ausgestaltet, die lediglich für Entwickler und Softwarefirmen über das ELSTER-Entwicklerportal[622] zugänglich ist.[623] Die so übermittelten Datenpaare können von der Finanzverwaltung technisch ausgelesen werden, sodass eine Übernahme in das Festsetzungsprogramm erfolgen kann.

b. Das Verhältnis von amtlich vorgeschriebenem Datensatz und Steuererklärungsformular

Beinhaltet das Steuererklärungsformular, welche Fragen von dem Steuerpflichtigen zu beantworten sind und gibt dabei das optische Muster sowie die sprachliche Aufmachung dieses Erklärungsdokumentes vor, ist der amtlich vorgeschriebene Datensatz viel weniger als das. Er dient in seiner derzeitigen Ausgestaltung dem technischen Vollzug der elektronischen Übermittlung der Steuererklärung. Die Übermittlung nach amtlich vorgeschriebenem Datensatz ist das Äquivalent zur physischen Übergabe der ausgefüllten Steuererklärungsvordrucke bei der Steuererklärung auf Papier. Der Datensatz ist Bestandteil der Regelungen, welche die Authentizität, Integrität und Vertraulichkeit der übermittelten Daten sicherstellen und soll die technische Weiterverarbeitung in der Finanzbehörde ermöglichen.[624] Letzteres wäre nämlich dann nicht oder nur erschwert möglich, wenn der Steuerpflichtige seine Steuererklärungsdaten „irgendwie“ elektronisch übermittelt. Die elektronische Steuererklärung ist nur dann für die Finanzbehörde praktikabel, wenn sie die Daten lesen und weiterverarbeiten kann. Daher bedarf es der technischen Spezifikation der Übermittlung. Aufgabe des amtlich vorgeschriebenen Datensatzes ist es also nicht, dass der Steuerpflichtige die Auskünfte vollständig erteilt oder aufgeklärt wird, denn er richtet sich nicht unmittelbar an den Steuerpflichtigen. Daher wird der amtlich vorgeschriebene (XML-) Datensatz für die Bürger auch nicht in nachvollziehbarer Weise veröffentlicht, sondern lediglich für Softwareentwickler im Entwicklerbereich von ELSTER zur

---

621 Siehe www.xml.org bzw. www.w3.org/xml (beide abgerufen am 15.10.2021, 10:54 Uhr).

622 www.elster.de/elsterweb/infoseite/entwickler (abgerufen am 15.10.2021, 10:54 Uhr).

623 Auf Antrag wurde dem Autor jedoch Zugriff auf das Entwicklerportal und Entwicklerforum gewährt; es ist unklar, ob dies jedem Bürger oder Interessierten möglich ist.

624 *Volquardsen*, in: Schwarz/Pahlke, Erstkommentierung BestVerfModG 2016, § 87b AO Rn. 5, 7; *Thürmer*, in: Hübschmann/Hepp/Spitaler, AO/FGO, § 87b AO Rn. 13 f. (Stand: Februar 2018); gefordert wird maximal ein Gleichstand bei der Manipulationsanfälligkeit im Vergleich zur abgegebenen Steuererklärung auf Papier, BFH v. 14.3.2012, VI R 33/09, BStBl. II 2012, 477 Rn. 69.

Verfügung gestellt,[625] damit diese ihre Steuererklärungssoftware entsprechend den Anforderungen der Finanzverwaltung programmieren können.

Nach der dargestellten Funktion ist der amtlich vorgeschriebene Datensatz lediglich technischer Annex zu den Steuererklärungsformularen und keine eigene Transformation des Rechts in eine für den Steuerpflichtigen verständlichere Form. Der elektronisch vorgeschriebene Datensatz definiert lediglich eine Kommunikation mit einer elektronischen Schnittstelle.

Dieses Annex-Schicksal eines amtlich vorgeschriebenen Datensatzes ist aber nicht zwingend. So stellt *Gantner* dar, dass ein Datensatz allein stehend „die abstrakteste Form eines elektronischen Formulars ist".[626] Die Ausgabe einer solchen Schnittstellenbeschreibung ohne ein dazugehöriges Formular würde Softwarefirmen in die Lage versetzen, ihre eigenen Programme mit individuellen Eingabemasken zu entwerfen.[627] Das bedeutet in der Konsequenz, dass die Entwickler zu dem Datensatz eigene Eingabefenster und Formulare entwerfen können, die optisch keinerlei Auflagen unterliegen, sondern lediglich in die technisch verarbeitbare und vollständige Übermittlung der Daten des Steuerpflichtigen münden. Diese Entwicklung lässt sich zurzeit im Bereich der Steuersoftware beobachten. Die Anbieter für Steuererklärungssoftware versuchen, die Abfrage der steuererheblichen Sachverhalte in unterschiedlicher Weise für die Anwender optisch darzustellen und einfacher zugänglich zu machen. Dennoch ist die Frage, ob der amtlich vorgeschriebene Datensatz nicht vielmehr selbstständig neben das Steuererklärungsformular tritt, als nur Annex zu sein, zu verneinen: Denn der amtlich vorgeschriebene Datensatz lässt sich nur in Verbindung mit dem Steuererklärungsformular sinnvoll verstehen und zeigt alleine nicht auf, welche Sachverhalte von dem Steuerpflichtigen abgefragt werden sollen: Die Angabe von einzelnen Begriffen in den Datensatzpaaren erfüllt diese Anforderungen nicht. Noch deutlicher machen es Datensatzpaare, die lediglich aus Kennziffern und den dazugehörigen Eingaben bestehen und somit bereits inhaltlich auf das Steuererklärungsformular verweisen. Dementsprechend ist nicht der amtlich

---

625 *Thürmer*, in: Hübschmann/Hepp/Spitaler, AO/FGO, § 87b AO Rn. 42 (Stand: Februar 2018), der darauf hinweist, dass bestimmte Datensätze auch in BMF-Schreiben umschrieben werden und darauf hingewiesen wird, wo diese abgerufen werden können, etwa für die Taxonomie der E-Bilanz im BMF-Schreiben v. 23.7.2020, BStBl. I 2020, 639. Für die amtlich vorgeschriebenen Datensätze der Steuererklärungen erfolgt eine solche Veröffentlichung aber bisher nicht.

626 *Gantner*, Theorie der juristischen Formulare, S. 138.

627 *Gantner*, Theorie der juristischen Formulare, S. 139.

vorgeschriebene Datensatz Maßstab für die Ausgestaltung von privater Steuererklärungssoftware, sondern das jeweilige Steuererklärungsformular.[628]

c. *Kompetenz für die Ausgestaltung des elektronischen Datensatzes*

Die Ausgestaltung des Datensatzes obliegt gem. § 87b Abs. 1 S. 1 AO dem Bundesministerium der Finanzen in Abstimmung mit den obersten Finanzbehörden der Länder, wobei die Abstimmung gem. § 87b Abs. 1 S. 2 AO in den Fällen der Datenübermittlung an Bundesbehörden nicht erforderlich ist. Die Vorschrift wird in Übereinstimmung nach den vorangegangenen Erläuterungen, dass der Datensatz lediglich Annex zu den Steuererklärungsformularen ist und nur die Übermittlung der dort eingetragenen Daten sicherstellen soll, als Regelung von technischen Einzelheiten aufgefasst, die § 1 Abs. 2 StDÜV entspricht und der darüber hinaus keine besondere Bedeutung zukommt.[629]

d. *Fehlende Publizität des amtlich vorgeschriebenen Datensatzes*

Der amtlich vorgeschriebene Datensatz kann nicht ohne Weiteres von einem Bürger auf den Seiten der Finanzverwaltung oder in amtlichen Bekanntmachungen eingesehen werden. Ein Zugriff ist nur über das ELSTER-Entwicklerportal möglich, für das man sich unter Beifügung einer Begründung registrieren muss. Die Taxonomie für die E-Bilanz ist dagegen als Datei downloadbar.[630] Unabhängig davon, ob der Inhalt der XML-Datei für den durchschnittlichen Bürger gelesen werden kann, ist von einer kooperativ eingestellten Verwaltung zu erwarten, dass sie ein derartiges Kernteil des steuerlichen Veranlagungsverfahrens jedenfalls dem interessierten Bürger zur Verfügung stellt. Vorbehalte, die mit einer möglichen Überforderung des Bürgers bei Anblick des XML-Datensatzes begründet werden, ließen sich jedenfalls dadurch beseitigen, dass der Datensatz nur auf spezielle Suche hin auffindbar ist und mit einem entsprechenden Hinweis auf seine technische und optische Beschaffenheit hin versehen ist.

---

628 BFH v. 16.4.2019, X B 16/19 Rn. 17.

629 *Wargowske*, in: Gosch, AO/FGO, § 87b AO Rn. 3 (Stand: April 2017); *Rätke*, in: Klein, AO, § 87b Rn. 1 f.; *Brandis*, in: Tipke/Kruse, AO/FGO, § 87b AO Rn. 2 (Stand: Oktober 2018).

630 http://www.esteuer.de/#finanzverwaltung (abgerufen am 15.10.2021, 10:55 Uhr).

VIII. Zwischenergebnis: Inkonsequenzen im Umbruch zur Digitalisierung

Die Digitalisierung führt im Steuerverfahren zu einem Umbruch, den es von Seiten der Finanzverwaltung und von Seiten der Bürger zu bewältigen gilt. Der Gesetzgeber nimmt dabei die Rolle des Gestalters ein, der durch gesetzliche Regelungen das Verfahren bestimmt und dessen Änderungen rechtlich und auch technisch umschreibt. Letzteres ist im Bereich der Steuererklärung so erfolgt, dass sowohl das bisherige Verfahren als auch dessen digitaler Nachfolger ineinander verschachtelt und miteinander verbunden bestehen bleiben. *O. Mayers* Feststellung für das deutsche Verwaltungsrecht im 19. Jahrhundert insgesamt beschreibt den Stand der Abgabenordnung inmitten der Digitalisierung 125 Jahre später daher noch treffend als „allmähliche Übergänge und alles durchzogen von stehenden Resten des Alten.“ [631]

Während die Abgabe der Steuererklärung auf Papier stets nach amtlich vorgeschriebenem Vordruck erfolgen muss und das Erfordernis der Unterschrift sicherstellt, dass der Steuerpflichtige die Vordrucke und ihren Inhalt sinnlich wahrnehmen kann, ist für die elektronische Steuererklärung nur die Übermittlung nach amtlich vorgeschriebenem Datensatz vorgesehen, der keine für den Steuerpflichtigen verwertbaren Informationen enthält. Die Abgabe einer elektronischen Steuererklärung setzt weder gesetzlich voraus, noch stellt sie anderweitig sicher, dass der Steuerpflichtige zu irgendeinem Zeitpunkt das amtliche Steuererklärungsformular jemals sinnlich wahrgenommen hat. Die Abgabenordnung und die Einzelsteuergesetze treffen auch keine anderweitigen Bestimmungen für das optische Erscheinungsbild der Abfragemaske, die die steuerlich erheblichen Sachverhalte bei dem Steuerpflichtigen erfasst, sondern stellen lediglich durch amtlich vorgeschriebenen Datensatz sicher, dass die Daten des Steuerpflichtigen in einer verarbeitbaren Form der Finanzbehörde vorliegen.

Es mangelt folglich an gesetzlicher Steuerung. Diese wird deutlich, wenn man die Regelungen zur elektronischen Steuererklärung auf die Abgabe der Steuererklärung auf Papier überträgt: Man würde einem Normenkomplex gegenüberstehen, der zwar sagt, dass die Daten des Steuerpflichtigen in irgendeiner Art und Weise geordnet auf Papier wiedergegeben sein müssen, um behördenintern weiter verarbeitet werden zu können. Zu dem Aussehen und Inhalt eines Vordruckes würden jedoch keine Aussagen getroffen. Dementsprechend finden sich

631 Siehe *O. Mayer*, Deutsches Verwaltungsrecht, 1. Band, dort das Vorwort zur ersten Auflage vom 3.10.1895.

auch in den verfügbaren käuflich erwerbbaren Steuerprogrammen oder Online-Dienstleistungen die Steuererklärungsformulare optisch nicht zwangsweise wieder. Die Funktionen der Steuererklärungsformulare können in diesen Situationen nicht erfüllt werden. Sieht man die Steuererklärungsformulare als rechtsstaatlich erforderliche Transformation des Gesetzestextes in die „Sprache des einfachen Bürgers" an, stellt der Verzicht auf sie im Verfahren der elektronischen Steuererklärung einen Mangel der Publizität des Steuergesetzes im Steuerverfahren dar.[632] Dass der Bundesfinanzhof daher – wenn auch nur in einem Nebensatz – fordert, dass die Steuererklärungsformulare den Softwareherstellern als Maßstab für die Programmierung dienen müssen,[633] ist daher zwar richtig, eine flächendeckende Umsetzung in der Praxis aber fraglich. Hier könnte der Gesetzgeber ohne großen Aufwand nachbessern und etwa die Anzeige der Steuererklärungsformulare zum Abschluss der Erklärungserstellung vorschreiben.

Inkonsequenzen zeigte zudem die Gegenüberstellung von der Unterschrift in der Steuererklärung auf Papier und der Authentifizierung der elektronischen Steuererklärung nach § 87a Abs. 6 S. 1 AO. Hier stehen sich zwei Regelungen gegenüber, die sich in ihren Funktionen nicht entsprechen und daher einander nicht ersetzen können, rechtlich aber Vergleichbares erreichen sollen. Dazu verhält sich die Finanzverwaltung inkonsequent, wenn sie die Wahrheitsversicherung i.S.d. § 152 Abs. 2 S. 2 AO a.F. im Zuge der Übermittlung im ELSTER II-Verfahren über Mein Elster wieder einführt,[634] in den Steuererklärungsformularen auf eine entsprechende Versicherung aber verzichtet. Bereits die in § 87d AO vorgesehene Möglichkeit, dass Datenübermittler und Erklärender nicht übereinstimmen müssen, zeigt die Absurdität der Wahrheitsversicherung bei der elektronischen Steuererklärung. Die Wahrheitsversicherung wäre vielmehr auf dem Steuererklärungsvordruck nachvollziehbar, auf dem der Steuerpflichtige eigenhändig unterschreibt, und würde dort die ihr zugesprochenen Funktionen erfüllen.

Es fehlt an einem schlüssigen Gesamtkonzept und es ist angezeigt, das Steuerverfahren neu zu gestalten. Die aus der Digitalisierung resultierenden

---

632 Dies stellen *P. Kirchhof*, DStR 2018, 497, 504, und *Waldhoff*, DStJG 42 (2019), 59, 70, für den Fall heraus, dass eine Computerprogrammierung maßgebliche Funktionen im Steuerverfahren übernimmt und kann auf den Fall des Datensatzes und die nicht eindeutige Anordnung zur Verwendung der Steuererklärungsformulare m.E. übertragen werden.

633 BFH v. 16.4.2019, X B 16/19 Rn. 17.

634 Siehe die Ausführungen in Fn. 548.

Bestandteile sind dabei nicht als bloße Zusatzregelung an bereits bestehende gesetzliche Systeme anzudocken, die auf grundsätzlich abweichenden Prämissen beruhen. Dabei hat der Gesetzgeber zwei verschiedene Möglichkeiten: Entweder er macht durch unterschiedliche Rechtsfolgen deutlich, dass die elektronische Steuererklärung etwas anderes ist als die Steuererklärung auf Papier, und nimmt damit Differenzierungen zwischen beiden Erklärungsarten als systembedingte Sonderarten in Kauf. Die Folge wäre ein partielles Nebeneinander von verschiedenen Steuerverfahren in Abhängigkeit von der Übermittlung der Steuererklärung. Der Gesetzgeber kann aber auch die elektronische Steuererklärung als neues Leitbild in das Gesetz einfügen und die Regelungen, die für das Veranlagungsverfahren mit der Steuererklärung auf Papier bestehen, insgesamt überarbeiten. Für Härtefälle, die ihre Steuererklärung noch auf Papier abgeben dürfen,[635] könnte übergangsweise eine Anwendbarkeit der jetzigen, dann alten Regelungen angeordnet werden.

Dass die elektronische Steuererklärung, wie *Waldhoff* sich einlässt, keine wirklichen Rechtsprobleme aufwirft, sondern hauptsächlich zu IT-basierten Rechtsfragen führt,[636] kann vor diesem Ergebnis nicht zugestimmt werden. Aber das Steuerverfahren ist nicht alleine, wenn es darum geht, den Übergang vom klassischen Verwaltungsverfahren auf Papier hin zu einem digitalen Verwaltungsverfahren nicht folgerichtig auszugestalten. In der Anfang 2020 in Kraft getretenen, zum Forschungszulagengesetz gehörenden Forschungszulagen-Bescheinigungsverordnung[637] ist in § 3 Abs. 1 die Rede von einem Antrag, der „nach amtlich vorgeschriebenem Vordruck […] elektronisch" bei der Behörde einzureichen ist. Nach den gerade dargestellten Grundsätzen handelt es sich dabei um einen Widerspruch in sich. In der Begründung zu der Verordnung geht die Behörde daher auch offenkundig von einem elektronischen Bildschirmformular aus und keinem papiernen Vordruck.[638] Es kann insoweit im Steuerrecht und angrenzenden Materien nur zu einer einheitlichen Begriffsverwendung geraten werden, um dem Bürger nach außen hin jedenfalls ansatzweise Orientierungssicherheit zu bieten, was in der konkreten Situation von ihm verlangt ist.

---

635 Zum Dispens nach § 150 Abs. 8 AO i.V.m. den Einzelsteuergesetzen siehe oben 2. Teil B. III. 5.

636 *Waldhoff*, DStJG 42 (2019), 59, 62.

637 Siehe BR-Drucks. 625/19; veröffentlicht in BGBl. I 2020, 118.

638 Siehe BR-Drucks. 625/19, S. 9.

IX. Rechtsnatur und Inhalt der Steuererklärung durch den Steuerpflichtigen

1. Rechtsnatur der Steuererklärung

In der Gesetzesbegründung zur AO 1977 wurde auf eine Definition der Steuererklärung im Gesetzestext verzichtet, da es „allgemein anerkannt [sei], daß es sich hier um – regelmäßig vordruckmäßige – Erklärungen über den für eine Steuerfestsetzung erheblichen Sachverhalt handelt."[639] Auch nach der aktuellen Rechtsprechung ist eine Steuererklärung eine formalisierte, innerhalb einer bestimmten Frist auf Papier oder digital abzugebende Auskunft des Steuerpflichtigen oder seines Vertreters, die der Finanzbehörde die Festsetzung der Steuer oder die Feststellung von Besteuerungsgrundlagen ermöglicht und in der Regel zum Erlass eines Steuerbescheides führt.[640] Diese beiden Definitionen beschränken sich inhaltlich jedoch auf die Angaben des Steuerpflichtigen zum Sachverhalt in der Steuererklärung. Dabei vereint die durch den Steuerpflichtigen eingereichte Steuererklärung mehrere heterogene Bestandteile.[641]

a. Verfahrenshandlung

Die Abgabe der Steuererklärung durch den Steuerpflichtigen stellt eine Verfahrenshandlung i.S.d. § 79 AO dar und wird spiegelbildlich zum Steuererklärungsformular als formalisierte Auskunft des Steuerpflichtigen bezeichnet.[642] Ist die Steuererklärung einmal wirksam abgegeben, kommt eine weitere, zweite Steuererklärung nicht in Betracht, denn die Verfahrenshandlung „Abgabe einer Steuererklärung" ist mit physischem Eingang der Steuererklärung bei der Finanzbehörde bzw. Empfang der elektronischen Daten durch die Finanzbehörde abgeschlossen. Hat die Finanzbehörde bis zu diesem Zeitpunkt noch kein Verwaltungsverfahren, etwa durch eine Aufforderung zur Abgabe der Steuererklärung eingeleitet, markiert der Eingang der Steuererklärung den Beginn des Verwaltungsverfahrens.[643]

---

639 BT-Drucks. VI/1982, S. 128.

640 Statt vieler BFH v. 28.7.2015, VIII R 50/14, BStBl. II 2015, 894 Rn. 19.

641 *Schick*, StuW 1988, 301, 318 f.

642 *Schindler*, in: Gosch, AO/FGO, § 150 AO Rn. 8 (Stand: Juni 2017); *Heuermann*, in: Hübschmann/Hepp/Spitaler, AO/FGO, Vor § 149 AO Rn. 53 (Stand: April 2014); *Seer*, in: Tipke/Kruse, AO/FGO, Vor § 149 AO Rn. 2, 8 (Stand: April 2017) m.w.N.

643 Man wird insoweit wohl vertreten können, dass die Veranlagung eines Steuerpflichtigen über mehrere Jahre stets je Zeitraum, auf den sich die Abgabe der Steuererklärung bezieht, ein separates Verwaltungsverfahren darstellt und nicht mit Neuaufnahme

b. *Wissenserklärungen...*

Die in der Einleitung durch den Gesetzgeber und den Bundesfinanzhof als wesentlich angesehenen Bestandteile der Steuererklärung, nämlich die Mitteilungen über den tatsächlichen Sachverhalt, sind auch Bestandteil der Steuererklärung. Diese Sachverhaltsmitteilung war noch prägend für die Steuererklärung in § 166 Abs. 2 S. 3 RAO 1931, der bestimmte, dass die Vordrucke deutlich machen müssen, dass die Überprüfung, was steuerpflichtig ist und was nicht, ausschließlich der Finanzbehörde und nicht dem Steuerpflichtigen obliegt. Dies zeugt von einem Verständnis, dass der Steuerpflichtige zwar den Sachverhalt zu offenbaren, aber keinerlei rechtliche Würdigungen vorzunehmen hat. Dafür streitet auch § 171 RAO 1931, der besagt, dass der Steuerpflichtige „den Sachverhalt aufzuklären" habe. Dies entspricht dem von *Enno Becker* gezeichneten Verständnis des subordinatorisch ausgestalteten Steuerermittlungsverfahrens, in dem die Ermittlung des Sachverhaltes durch den Staat erfolge.[644]

c. *...aber auch rechtliche Subsumtionen*

Tatsächlich fordern die Steuererklärungsformulare – und zwar auch schon die Vordrucke des Jahres 1932[645] – aber rechtliche Subsumtionen unter Begrifflichkeiten wie etwa den „Gewinn aus Gewerbebetrieb" oder eine Zuordnung von Einnahmen und Ausgaben zu einer bestimmten Einkunftsart.[646] Die

---

des Steuerpflichtigen bis zu seinem Tod lediglich ein „Gesamtverwaltungsverfahren" betrieben wird.

644 2. Teil A. I. 2. b.

645 Siehe bereits die Steuererklärung für das Jahr 1932, Beilage zu *Hensel*, Steuerrecht; daher ist auch *Tipke/Kruse*, 1965/1968, § 166 RAO Rn. 1, zuzustimmen, die neben Willenserklärungen und Wissenserklärungen auch rechtliche Schlussfolgerungen in der Steuererklärung abverlangt sehen.

646 Zutreffend *Eckhoff*, Rechtsanwendungsgleichheit, S. 322 f., 461; *Mellinghoff*, in: FS BFH, 421, 428; *Blumers*, DB 1987, 807, 807; *Tipke*, BB 2009, 636, 637; *Seer*, in: Tipke/Lang, Steuerrecht, Rn. 21.185; dies verkennt etwa *Birkenfeld*, StuW 1977, 31, 32, der postuliert, dass Steuererklärungen Wissenserklärungen seien und überwiegend Aussagen über Tatsachen zum Inhalt hätten; unreflektiert äußert sich auch *Müller-Franken*, StuW 2018, 113, 116, im Zusammenhang mit dem vollautomatisierten Steuerbescheid, dass der Bürger „lediglich" eine Steuererklärung einzureichen habe und damit zur Festsetzung der Steuer notwendigen Informationen herbei trage, von der Steuerberechnung aber verschont bleibe. *Rolletschke*, in: Graf/Jäger/Wittig, Wirtschafts- und Steuerstrafrecht, § 370 AO Rn. 42, geht davon aus, dass die Steuererklärung aus Wissenserklärungen besteht und, soweit Anträge gestellt werden, Willenserklärungen vorliegen.

Steuererklärung war also bereits zu Zeiten der Reichsabgabenordnung mehr als eine bloße Auskunft über Tatsachen. Die rechtliche Subsumtion durch den Steuerpflichtigen widerspricht allerdings den Anforderungen des § 166 Abs. 2 S. 2, 3 RAO 1931. Dementsprechend erscheint es im Lichte des jahrzehntelang praktizierten und insbesondere nach dem zweiten Weltkrieg gewandelten Steuerverwaltungsverfahrens[647] folgerichtig, dass § 166 Abs. 2 S. 2, 3 RAO 1931 in der Abgabenordnung von 1977 keine Entsprechung gefunden haben und dem Steuerpflichtigen daher neben Tatsachenangaben stillschweigend auch rechtliche Subsumtionen in der Steuererklärung abverlangt werden.

Um der Auffassung folgen zu können, dass vom Steuerpflichtigen lediglich Tatsachenangaben gefordert werden, wird vereinzelt argumentiert, man könne zwischen „reinen Tatsachenauskünften" – den bloßen Wissenserklärungen – und „qualifizierten Tatsachenauskünften" – Auskünften, die vorläufige rechtliche Qualifikationen oder Zuordnungen enthalten – unterscheiden.[648] Diese Argumentation wirkt indes ergebnisorientiert in die Richtung, die Steuererklärung insgesamt als Tatsachenauskunft bezeichnen zu können. Bei genauerer Betrachtung verstößt eine derartige Argumentation jedoch gegen § 93 AO, der den Steuerpflichtigen zur Auskunft gegenüber der Finanzbehörde verpflichtet.[649] Würde nämlich die Auskunft der gemeinsame Oberbegriff für Tatsachenauskünfte und qualifizierte Tatsachenauskünfte sein, müsste der Beteiligte nach Aufforderung durch die Finanzbehörde auch rechtliche Wertungen vornehmen, was aber von Literatur und Rechtsprechung[650] abgelehnt wird und auch nicht mit der in § 93 Abs. 3 S. 1 AO geforderten Wahrheitspflicht in Einklang zu bringen wäre.[651]

d. *Ausübung von Wahlrechten*

Letztlich äußert der Steuerpflichtige mit Abgabe seiner Steuererklärung auch konkludent oder ausdrücklich steuerrechtliche empfangsbedürftige Willenserklärungen in Form von Wahlrechten und wirkt damit auf das öffentlich-rechtliche

---

647 Siehe 2. Teil A. I. 2. c. und d.

648 *Schick*, StuW 1988, 301, 318.

649 Oben 2. Teil A. III. 1.

650 Für die Rechtsprechung siehe nur BFH v. 17.12.1963, VII R 182/60 Rn. 11; *Seer*, in: Tipke/Kruse, AO/FGO, § 93 AO Rn. 6 (Stand: Februar 2018), mit Verweis auf § 88 AO Rn. 20; *Volquardsen*, in: Schwarz/Pahlke, AO/FGO, § 93 AO Rn. 6 (Stand: März 2020); *Schuster*, in: Hübschmann/Hepp/Spitaler, AO/FGO, § 93 AO Rn. 6-8 (Stand: November 2017); *Roser*, in: Gosch, AO/FGO, § 93 AO Rn. 8, 33 (Stand: Januar 2018).

651 Oben 2. Teil A. III. 1.

Rechtsverhältnis „Steuerschuldverhältnis“ ein.[652] Unter einem Wahlrecht versteht man die Möglichkeit des Steuerpflichtigen, bei Vorliegen eines Tatbestandes zwischen verschiedenen Rechtsfolgen dieses Tatbestandes zu entscheiden.[653] Voraussetzung eines solchen Wahlrechtes ist, dass es von den Steuergesetzen vorgesehen ist. Bei der Wahlrechtsausübung ist es unerheblich, ob dieses ausdrücklich, etwa durch Ankreuzen eines Feldes (z.B. zur Wahl der Veranlagungsart im Einkommensteuerrecht), oder konkludent, z.B. durch Abgabe einer Umsatzsteuererklärung als Kleinunternehmer,[654] erfolgt. Als öffentlich-rechtliche Willenserklärung sind Wahlrechte zwar den zivilrechtlichen Zugangs- und Auslegungskriterien (§§ 130, 133 BGB) von Willenserklärungen zugänglich.[655] Auch ist eine Änderung von Wahlrechten, die erst durch einen Verwaltungsakt umgesetzt werden, bis zur Unanfechtbarkeit der behördlichen Entscheidung möglich.[656] Sie unterliegen jedoch im Bereich der Anfechtung nicht den zivilrechtlichen Vorschriften, denn diese werden durch die spezielleren Normen des Verfahrensrechtes – mit Ausnahme des Irrtums über die Erklärungshandlung[657] – verdrängt.[658] Dies bedeutet, dass für die Änderungen des

652 Einen umfassenden Überblick über die verschiedenen Wahlrechte findet sich bei *Heinen*, Wahl- und Antragsrechte, S. 231-238, und *Weber-Grellet*, DStR 1992, 1417; zum Wahlrecht als steuerrechtliche Willenserklärung *Birkenfeld*, StuW 1977, 31, 33; *Heinen*, Wahl- und Antragsrechte, S. 38 f., 48; zur steuerrechtlichen Willenserklärung und der Ausübung von Wahlrechten allgemein *Klemp*, StuW 1972, 217; siehe auch *v. Wedelstädt*, AO-StB 2012, 150, 150.

653 *Weber-Grellet*, DStR 1992, 1417, 1418; *v. Groll*, in: Hübschmann/Hepp/Spitaler, AO/FGO, Vor § 172 AO Rn. 126.

654 Dazu siehe BFH 24.7.2013, XI R 14/11, BStBl. II 2014, 210.

655 *Heinen*, Wahl- und Antragsrechte, S. 42-47.

656 *Weber-Grellet*, DStR 1992, 1417, 1418, differenziert hier zutreffend zwischen einer materiell-rechtlichen unbeschränkten Änderbarkeit und der verfahrensrechtlich eingeschränkten Änderbarkeit; *Klemp*, StuW 1972, 217, 222 m.w.N.; *Birkenfeld*, StuW 1977, 31, 35 f.; als Beispiele dienen etwa die Regelungen des § 26 Abs. 2 S. 4 EStG, der die Änderung der Veranlagungsart von Ehegatten nach Bestandskraft nur unter bestimmten Voraussetzungen zulässt, sodass im Umkehrschluss vor Bestandskraft jederzeit eine Wahlrechtsänderung stattfinden kann, und der nach hier vertretener Auffassung nur deklaratorische § 19 Abs. 2 S. 1 UStG.

657 BFH v. 9.4.1975, I R 55/73, BStBl. II 1975, 616.

658 BFH v. 9.4.1975, I R 55/73, BStBl. II 1975, 616; FG München v. 16.7.2018, 7 K 2547/17 Rn. 16; *Schick*, StuW 1988, 301, 319; a.A. *Birkenfeld*, StuW 1977, 31, 40 f., der im öffentlichen Recht weder überlagernde Regelungen, die eine Anfechtung wegen

Wahlrechtes auf die jeweilige Norm und ihre Änderungsmöglichkeiten abzustellen ist.[659]

e. Stellen von Anträgen

Begrifflich abzugrenzen von den Wahlrechten sind die Anträge.[660] Auch diese setzen wie die Wahlrechte eine Tatbestandsverwirklichung voraus, machen ein Tätigwerden der Finanzbehörde oder eine Rechtsfolge aber von einer zur Disposition des Steuerpflichtigen stehenden Handlung abhängig.[661] Während also bei einem Wahlrecht eine Auswahl zwischen verschiedenen Rechtsfolgen eines Tatbestandes erfolgt, macht der Antrag eine antragsabhängige Norm im Einzelfall überhaupt erst anwendbar. Voraussetzung für die Anwendung eines Antragstatbestandes ist daher, dass der Steuerpflichtige durch Willenserklärung den Anwendungswunsch zum Ausdruck bringt; der Antrag ist somit zwingende Voraussetzung für die Anwendung der jeweiligen Norm.[662] Im Bereich der Einleitung eines Steuerverwaltungsverfahrens ist der Antrag auf Steuerfestsetzung nach § 46 Abs. 2 Nr. 8 EStG zu nennen, der als Rechtsfolge das Veranlagungsverfahren in Gang setzt. Innerhalb der Steuererklärung sind bestimmte Abzugstatbestände dem Wortlaut nach als Antragstatbestände ausgestaltet – z.B. §§ 33, 33a EStG.[663] Eine Berücksichtigung von steuermindernden Beträgen ohne Antrag oder nach zurückgenommenem Antrag des Steuerpflichtigen darf selbst dann nicht erfolgen, wenn sich die Anwendung der Norm zu seinen Gunsten auswirkt.[664]

Irrtums ausschließen, noch an Stelle der zivilrechtlichen Irrtumsvorschriften tretende Regelungen sieht; a.A. wohl auch *Klemp*, StuW 1972, 217, 223 f.

659 Siehe dazu unten 5. Teil E.

660 Zum Teil werden diese den Wahlrechten zugeordnet, etwa bei *Gluth*, Der Einfluß von Wahlrechten, S. 30.

661 *v. Groll*, in: Hübschmann/Hepp/Spitaler, AO/FGO, Vor § 172 AO Rn. 126 (Stand: November 2016).

662 *Schick*, StuW 1969, 361, 362.

663 Weitere Wahlrechte und Anträge finden sich aufgelistet bei *Gluth*, Der Einfluß von Wahlrechten, S. 36-63.

664 BFH v. 14.4.1993, I R 120/91, BStBl. II 1993, 738 Rn. 11.

2. *Der Inhalt der Steuererklärung*

a. *Die Anforderungen des § 150 Abs. 2 AO und Offenbarungspflichten des Steuerpflichtigen*

aa. *Angaben nach bestem Wissen und Gewissen*

§ 150 Abs. 2 S. 1 AO schreibt vor, dass die Angaben in der Steuererklärung nach bestem Wissen und Gewissen durch den Steuerpflichtigen zu machen sind, wobei das individuelle subjektive Können und Wissen des Steuerpflichtigen Maßstab sind.[665] Angaben nach bestem Wissen setzen einen unmissverständlichen Ausdruck dessen voraus, was der Steuerpflichtige kognitiv erfasst hat. Der Steuerpflichtige darf sich nicht bewusst missverständlich ausdrücken, um so Sachverhaltselemente zu verschleiern und die Finanzbehörde daran zu hindern, Kenntnis von steuererheblichen Umständen zu erlangen.[666] Dabei ist allerdings zu berücksichtigen, dass die Eintragungen in Steuererklärungen zu wesentlichen Teilen nicht nur Sachverhalte abfragen, sondern auch voraussetzen, dass zuvor durch den Steuerpflichtigen eine rechtliche Einordnung des Sachverhaltes nebst Subsumtion unter einen Tatbestand – und sei es nur das Tatbestandsmerkmal „Gewinn" oder „Arbeitsmittel" – erfolgt ist.[667] Dennoch kann sich die Wahrheitspflicht des Steuerpflichtigen nur auf Tatsachen beziehen und auch nur die Wahrheitspflicht über Tatsachen kann späterer Anknüpfungspunkt für eine Steuerhinterziehung i.S.d. § 370 Abs. 1 AO sein.[668]

Bei der Erstellung seiner Steuererklärung hat der Steuerpflichtige alles Zumutbare zu tun, um sich nicht vorwerfen lassen zu müssen, nicht nach bestem Wissen und Gewissen gehandelt zu haben.[669] Dies umfasst vor allem, dass der Steuerpflichtige das Steuererklärungsformular, die Anleitungen zur Steuererklärung und die Hinweistexte gewissenhaft durchliest.[670] Auch bei der Zuhilfenahme eines steuerlichen Beraters zur Erstellung der Einkommensteuererklärung gelten diese Grundsätze entsprechend auf höherem Niveau: Dieser

---

665 *Schindler*, in: Gosch, AO/FGO, § 150 Rn. 33 (Stand: Juni 2017); siehe auch unten 3. Teil B. und C.

666 BFH v. 4.3.1999, II R 79/97 Rn. 10.

667 *Seer*, in: Tipke/Kruse, AO/FGO, Vor § 149 Rn. 9 (Stand: April 2017); *Flore*, in: Flore/Tsambikakis, Steuerstrafrecht, § 370 AO Rn. 134; siehe auch oben 2. Teil B IX. 1.

668 *Seer*, in: Tipke/Kruse, AO/FGO, § 150 AO Rn. 44 (Stand: April 2017); *Schindler*, in: Gosch, AO/FGO, § 150 AO Rn. 30 (Stand: Juni 2017).

669 So auch resümierend *Wendt*, in: FS Ritter, 637, 648.

670 *Seer*, in: Tipke/Kruse, AO/FGO, § 150 AO Rn. 48 (Stand: April 2017)

muss sogar diejenigen Wertungen zutreffend durchführen, die Steuerberatern allgemein bekannt sind.[671] Die Forderung, dass der Steuerpflichtige die Angaben „wahrheitsgemäß nach bestem Wissen und Gewissen" tätigt, ist aber nicht in der Weise zu überspannen, dass dem Steuerpflichtigen zu hohe Anforderungen aufgebürdet werden, wenn er sich der Hilfe eines steuerlichen Beraters bedient.[672] Eine Überwachungs- und Überprüfungspflicht des eigenen steuerlichen Beraters ist sinnwidrig und kann nicht Aufgabe des Steuerpflichtigen sein.[673] Durch die Einschaltung eines steuerlichen Beraters, der seinerseits Organ der Steuerrechtspflege ist, möchte der Steuerpflichtige ja gerade sicherstellen, dass die Steuererklärung den gesetzlichen Anforderungen entspricht; er muss seinem steuerlichen Berater daher insbesondere bei dessen rechtlichen Beurteilungen vertrauen können, sofern er keinen Anlass zu Zweifeln hat.[674] Da der steuerliche Berater im Mandantschaftsverhältnis einer Sachverhaltsermittlungspflicht unterliegt,[675] wird der Steuerpflichtige davon ausgehen können, dass der Steuerberater ihn zudem auf tatsächliche Unvollständigkeiten hinweist, soweit der Steuerpflichtige ihm keine Sachverhaltsinformationen vorenthält. Die Überprüfungspflicht bei Beauftragung eines steuerlichen Beraters durch den Steuerpflichtigen beschränkt sich daher grundsätzlich auf dasjenige, was § 87d Abs. 3 S. 2 AO für die elektronische Steuererklärung vorschreibt: Der Steuerpflichtige muss die in der Steuererklärung übermittelten Daten auf Vollständigkeit und – soweit nachvollziehbar – sachliche Richtigkeit überprüfen.[676] Eine Grenze zur Pflichtverletzung ist dort zu ziehen, wo der Wissensstand des Steuerpflichtigen bzw. seines Beraters nicht mit den Angaben in der Steuererklärung im Einklang steht.[677]

---

671 BFH v. 3.2.1983, IV R 153/80, BStBl. II 1983, 324 Rn. 29; BFH v. 28.6.1983, VIII R 37/81, BStBl. II 1984, 2 Rn. 24; *Heuermann*, in: Hübschmann/Hepp/Spitaler, AO/FGO, § 150 AO Rn. 28 (Stand: August 2010).

672 *Seer*, in: Tipke/Kruse, AO/FGO, § 150 AO Rn. 44 (Stand: April 2017); *Schindler*, in: Gosch, AO/FGO, § 150 Rn. 33 (Stand: Juni 2017).

673 *Seer*, in: Tipke/Kruse, AO/FGO, § 150 AO Rn. 44 (Stand: April 2017).

674 *Schindler*, in: Gosch, AO/FGO, § 150 Rn. 33 (Stand: Juni 2017).

675 BFH v. 16.5.2013, III R 12/12, BStBl. II 2016, 512 Rn. 29; zur Sachverhaltsaufklärungspflicht eines Rechtsanwaltes siehe BGH v. 7.2.2002, IX ZR 209/00 Rn. 11 f.; diese Rechtsprechung ist grundsätzlich auf den Steuerberater übertragbar, siehe *Wacker*, DStR 2013, 2025, 2027.

676 *Schindler*, in: Gosch, AO/FGO, § 150 Rn. 33 (Stand: Juni 2017).

677 *Wendt*, in: FS Ritter, 637, 643.

bb. Lehre vom typisierten Empfängerhorizont

Fraglich ist allerdings, ob aus der Pflicht, Angaben „nach bestem Wissen und Gewissen“ zu tätigen, sonstige Offenbarungspflichten gegenüber der Finanzbehörde herzuleiten sind. Dabei ist in Anlehnung an die Rechtsprechung des Bundesgerichtshofs festzustellen, dass Offenbarungspflichten gegenüber der Finanzbehörde jedenfalls dann bestehen, wenn der Steuerpflichtige eine nicht vertretbare Rechtsauffassung zugrunde legt und er Kenntnis davon hat.[678] Vertreter der *Lehre vom typisierten Empfängerhorizont*[679] fordern zudem, dass der Steuerpflichtige derartige Tatsachen nicht verschweigen dürfe, die für die Finanzbehörde entscheidungserheblich sind, wenn er von der Auffassung der Finanzbehörde abweichen möchte.[680] Welche Tatsachen aus dem Empfängerhorizont der Finanzbehörde entscheidungserheblich sind, ergibt sich für die Vertreter dieser Ansicht erstens aus den Verwaltungsanweisungen und Richtlinien, soweit diese im Bundessteuerblatt I veröffentlicht sind.[681] Zweitens seien die im

---

678 BGH v. 10.12.1990, 3 StR 90/90 Rn. 74; BGH v. 10.11.1999, 5 StR 221/99 Rn. 26; BGH v. 23.2.2000, 5 StR 570/99 Rn. 14; zustimmend BFH v. 26.12.2008, I R 23/07 OS 4; *Krumm*, in: Zukunftsfragen III, 1, 10; *Schick*, StuW 1988, 301, 319.

679 Auch gebräuchlich war die Bezeichnung als Erwartungshorizont des veranlagenden Finanzbeamten bzw. der Finanzverwaltung, siehe *Meilicke*, BB 1984, 1885, 1887, und *Blumers*, DB 1987, 807, 809.

680 BGH v. 10.12.1990, 3 StR 90/90 Rn. 74; BGH v. 10.11.1999, 5 StR 221/99 Rn. 26; BGH v. 23.2.2000, 5 StR 570/99 Rn. 14; zuerst in die finanzgerichtliche Rechtsprechung übernommen von FG München v. 16.8.2007, 13 V 1918/07, Rn. 16; BFH v. 26.12.2008, I R 23/07 OS 4, dort noch beschränkt auf Sachverhaltselemente, deren rechtliche Relevanz objektiv zweifelhaft war; konkreter dann im Sinne der BGH-Rechtsprechung BFH v. 22.11.2018, V R 65/17, BFHE, 263, 90 Rn. 48; *Kiesel/Theisen*, IStR 2006, 284, 285 f.; *Seer/Krumm*, DStR 2013, 1814, 1816; *Seer*, StuW 2015, 315, 322; *Krumm*, in: Zukunftsfragen III, 1, 7-10; *Seer*, in: Tipke/Kruse, AO/FGO, § 153 Rn. 11 (Stand: Oktober 2016) m.w.N.; *ders.*, in: Tipke/Kruse, AO/FGO, § 150 AO Rn. 47 (Stand: April 2017); *Krumm*, in: Tipke/Kruse, AO/FGO, § 370 AO Rn. 40-51 (Stand: April 2019); wohl auch *Flore*, in: Flore/Tsambikakis, Steuerstrafrecht, § 370 AO Rn. 133; auch *Rätke*, in: Klein, AO, § 150 Rn. 23, soweit der Steuerpflichtige „von allgemeinen Grundsätzen oder von den Erläuterungen zur Steuererklärung, die online von der Finanzverwaltung bereitgestellt werden, oder den Steuererklärungsvordrucken beigefügt sind, abweicht“; siehe eine Nachzeichnung der Rechtsprechung bei *Beuchert*, Anzeigepflichten bei Steuergestaltungen, S. 245-247, der ihr im Ergebnis, a.a.O., S. 248-253, folgt.

681 *Seer/Krumm*, DStR 2013, 1814, 1816; *Seer*, StuW 2015, 315, 322; *Krumm*, in: Zukunftsfragen III, 1, 10; *ders.*, in: Tipke/Kruse, AO/FGO, § 370 AO Rn. 40-51 (Stand: April 2019); *Seer*, in: Tipke/Kruse, AO/FGO, § 150 Rn. 47 (Stand: April 2017).

Bundessteuerblatt II veröffentlichten Urteile des Bundesfinanzhofs, die dadurch vom Bundesminister der Finanzen – wenn auch ohne Bindungswirkung[682] – als in gleichgelagerten Fällen allgemein anzuwenden gekennzeichnet sind, zu berücksichtigen.[683] Der so konkretisierte Empfängerhorizont bedürfe dann im kooperativen Steuerverfahren der Beachtung des Steuerpflichtigen.[684] Soweit der Empfängerhorizont, etwa im Falle eines neuen oder geänderten Gesetzes, nicht anhand dieser Veröffentlichungen konkretisierbar sei, sei unterste Grenze für die Forderung, den Sachverhalt offenzulegen, die juristische Vertretbarkeit der zugrunde gelegten Rechtsauffassung.[685] Es sei daher Aufgabe der Finanzverwaltung als Erstinterpret des geltenden Steuerrechts, ihren Empfängerhorizont nach außen für den Steuerpflichtigen deutlich zu machen.[686] Dort, wo sie untätig bleibt oder nicht ausreichend publizierte Verfügungen[687] erlässt, könne dies nicht zulasten des Steuerpflichtigen gehen.[688]

Nach anderer Auffassung ist die Lehre vom typisierten Empfängerhorizont abzulehnen. Die vereinzelten Entscheidungen des Bundesgerichtshofes, in denen sich dieser für die Lehre vom typisierten Empfängerhorizont ausspricht,[689] würden missverstanden.[690] Notwendig sei nicht, dass die Steuerpflichtigen etwa jeden Buchungssatz, der zwar von der Auffassung der Finanzverwaltung, aber nicht etwa von anderen seriösen Quellen, wie etwa der Rechtsprechung, abweicht, offenlegen.[691] Ausreichend ist nach der Gegenauffassung somit, dass das Auslegungsergebnis des Steuerpflichtigen rechtlich vertretbar ist. Außerdem sei die Lehre vom typisierten Empfängerhorizont nicht mit der Verfassung

---

682 *Seer*, in: Bonner Kommentar, GG, Art. 108 Rn. 195 (Stand: Dezember 2020).

683 Siehe die Nachweise in Fn. 681.

684 *Seer/Krumm*, DStR 2013, 1814, 1816.

685 *Seer/Krumm*, DStR 2013, 1814, 1816; *Krumm*, in: Zukunftsfragen III, 1, 10.

686 *Mellinghoff*, in: FS BFH, 241, 434.

687 *Krumm*, in: Zukunftsfragen III, 1, 10, nennt als Beispiel ggf. „abgestimmte" OFD-Verfügungen.

688 *Krumm*, in: Zukunftsfragen III, 1, 10, der, a.a.O, 13, dem Steuerpflichtigen eine Bewertungsprärogative zuspricht, wenn aus einer Bandbreite von vertretbaren Werten einer ausgewählt wird und die Finanzverwaltung diesbezüglich keine Präferenzen – wiederum als Bestandteil des typisierten Empfängerhorizonts – geäußert hat.

689 Siehe die Urteile in Fn. 680.

690 *Harms*, Stbg 2005, 12, 14, ehemals Vorsitzende Richterin des 5. Strafsenates des Bundesgerichtshofes von 1999 bis 2006, also zu der Zeit als die in Fn. 680 genannten Urteile des 5. Strafsenates ergangen sind.

691 *Harms*, Stbg 2005, 12, 14; *Blumers*, DB 1987, 807; *Bos*, Die Steuererklärung im internationalen Vergleich, S. 67-69, *ders.* StuW 1987, 267, 272, der selbst von der gefestigten Rechtsprechung abweichende Angaben als zulässig erachtet.

vereinbar, da die Steuergesetze keine solche Offenbarungspflicht vorschreiben würden.[692] Der Steuerpflichtige sei schließlich nur an das Gesetz und nicht an die Auffassung der Finanzverwaltung gebunden.[693] Die sich in einer Grauzone befindliche Auslegung einer Rechtsnorm durch den Steuerpflichtigen müsse sanktionsfrei und ohne negative Konsequenz für den Steuerpflichtigen möglich sein.[694] Negative Konsequenzen seien nur dann denkbar, wenn die Steuererklärungsformulare so verfasst seien, dass sie aus sich heraus verständlich seien und dem Steuerpflichtigen entsprechende Kenntnis von der Verwaltungsauffassung ermöglichen würden.[695] Andere argumentieren, dass sich der Steuerpflichtige in rechtlichen Zweifelsfällen für die ihn günstigere Auslegung entscheiden könne, da die abschließende Bewertung des Sachverhaltes der Behörde obliege.[696] Es wird auch darüber nachgedacht, eine Offenlegungspflicht um ein subjektives Element zu erweitern und nur in den Fällen als notwendig anzusehen, in denen der Steuerpflichtige davon ausgehen muss, in einem Rechtsbehelfsverfahren oder einem finanzgerichtlichen Urteil zu unterliegen.[697] Praktisch denkende Autoren sehen bei Erfüllung der angedachten Offenbarungspflichten zusätzlich zu den amtlichen Formularen seitenweise Sachverhaltsausführungen[698] oder gar die Notwendigkeit, „die Anlagen zu Steuererklärungen zukünftig mit Lastwagen beim Veranlagungsbezirk abzuliefern“[699], weil objektiv unbekannt sei, inwieweit in der Steuererklärung vom typisierten Empfängerhorizont der Finanzverwaltung abgewichen worden ist[700].

Letztlich sprechen die besseren Argumente für die Stimmen, die sich der Lehre vom typisierten Empfängerhorizont angeschlossen haben. Allem voran kann die Beurteilung nicht ohne Betrachtung des Steuerverfahrens erfolgen: Das Besteuerungsverfahren ist ein auf einem hohen Niveau automatisiertes Massenverfahren, das mit Risikomanagementsystemen arbeitet, die ihrerseits zurzeit noch keine hoch entwickelten kognitiven Fähigkeiten aufweisen und daher nur

---

692 *Bos*, StuW 1989, 267, 272 f.; *Tipke*, in: FS Kohlmann, 555, 566; *ders.*, BB 2009, 636, 639.
693 *F. Kirchhof*, StuW 2002, 185, 195.
694 *F. Kirchhof*, StuW 2002, 185, 195.
695 *Bos*, StuW 1989, 267, 272; *F. Kirchhof*, StuW 2002, 185, 195.
696 *Schick*, StuW 1988, 301, 319; *Bos*, StuW 1989, 267, 272 f.
697 *Meilicke*, BB 1984, 1885, 1889, der allerdings zutreffend einwendet, dass diese Einschätzung des Steuerpflichtigen kaum nachweisbar ist; *Schwedhelm*, DStR 2006, 1017, 1020.
698 *Theisen*, AO-StB 2008, 136, 138.
699 *Hild*, BB 2001, 493, 494.
700 *Hild*, BB 2001, 493, 494.

beschränkt in der Lage sind, Steuererklärungen zu prüfen.[701] In diesem Verfahren teilen sich der Steuerpflichtige und die Finanzbehörde die Sachverhaltsermittlung.[702] Erhält die Finanzbehörde von Sachverhalten keine Kenntnis, weil diese durch den Steuerpflichtigen nicht offengelegt worden sind und im Massenverfahren keine vertiefte Sachverhaltsermittlung in der Breite stattfindet, kann eine gleichheits- und gesetzeskonforme Besteuerung durch das Steuerverfahren nicht verwirklicht werden. Notwendig ist es, dass der Steuerpflichtige den von ihm verwirklichten Sachverhalt bei der Erstellung der Steuererklärung erstmalig einer Rechtsfolge zuführt, aber ggf. offenlegt, wenn er hierbei eine von der Verwaltungsauffassung abweichende Rechtsauffassung vertritt. Denn der Finanzbehörde muss immer die Möglichkeit gegeben werden, den Sachverhalt abweichend zu beurteilen und die Gegenposition zu dem von dem Steuerpflichtigen Erklärten einzunehmen.[703] Nähme man in diesen Fällen eine Offenbarungspflicht an, die sich nicht auf die tatsächlichen Begebenheiten, sondern bloß die rechtliche Beurteilung des Steuerpflichtigen bezieht, wäre diese Verpflichtung des Steuerpflichtigen ohne Wert, denn die Finanzbehörde könnte ihrer Aufgabe im Besteuerungsverfahren nicht nachkommen.[704] Die Offenlegung des Sachverhaltes durch den Steuerpflichtigen bei erkennbar von der Auffassung der Finanzverwaltung abweichender Rechtsanwendung ist somit bereits durch die dialogische Struktur des Steuerverfahrens[705] begründet und kann in die Wahrheitspflicht i.S.d. § 150 Abs. 2 AO hineingelesen werden.[706] An einem normativen Anknüpfungspunkt mangelt es damit nicht. Der Steuerpflichtige erleidet durch diese Auslegung auch keine unverhältnismäßigen Nachteile, wenn man die dargestellten Publizitätsanforderungen an den typisierten Empfängerhorizont konsequent anwendet. Heute ist es möglich, in elektronischen Steuererklärungsprogrammen die Richtlinien und Verwaltungserlasse zu einem Eingabefeld in der Steuererklärung anzeigen zu lassen und so den juristisch unbedarften Steuerpflichtigen, aber auch den erfahrenen Rechtsanwender über die Rechtsauffassung der Finanzverwaltung zu informieren. Gleiches gilt für Hinweise in den Anleitungen zur

---

701 Siehe zu Risikomanagementsystemen und ihrer Arbeitsweise noch unten 4. Teil C. II. 2. und 3.

702 Siehe die Beschreibung des auf Arbeitsteilung angelegten Verfahrens oben 2. Teil A. I. 2. c.

703 *Krumm*, in: Zukunftsfragen III, 1, 8; ähnlich *Seer*, in: FS BFH, 1717, 1725 f.

704 *Beuchert*, Anzeigepflichten bei Steuergestaltungen, S. 250.

705 Siehe dazu BVerfG v. 9.3.2004, 2 BvL 17/02 Rn. 88.

706 Ähnlich *Beuchert*, Anzeigepflichten bei Steuergestaltungen, S. 250; a.A. *Bos*, Die Steuererklärung im internationalen Vergleich, S. 65-80; *ders.* StuW 1989, 267, 272 f.

Steuererklärung und den Erläuterungstexten. Kurz gesagt und schon in Teilen vorweggegriffen, denn dies ist letztlich auch Frage der Verfahrensleistungsfähigkeit: Nur soweit die Informationen, aus denen sich der typisierte Empfängerhorizont zusammensetzt auch für den einzelnen Steuerpflichtigen verfügbar bzw. zugänglich und verständlich sind, kann sich die Finanzbehörde auf eine Offenbarungspflicht des Steuerpflichtigen berufen, an die dann bei Nichtbeachtung negative Folgen geknüpft werden können.[707] Die Grenze zur Pflichtverletzung – und damit zur Steuerhinterziehung i.S.v. § 370 Abs. 1 AO[708] – ist dann erreicht, wenn Informationen zurückbehalten werden, obwohl sie für die Finanzbehörde erkennbar für die Steuerfestsetzung von Bedeutung sind.[709]

All dies bedeutet nicht, dass der Steuerpflichtige dazu verpflichtet ist, in seiner Steuererklärung die Auffassung der Finanzverwaltung zu vertreten.[710] Allerdings ist es aus der Sicht des Bundesverfassungsgerichts „Steuerpflichtigen regelmäßig möglich und zumutbar, aus ihrer Sicht bestehende offene Rechtsfragen nach Aufdeckung des vollständigen und wahren Sachverhalts im Besteuerungsverfahren zu klären"[711]. Gefordert ist lediglich ein Erklärungsverhalten des Steuerpflichtigen „mit offenem Visier"[712]. Dass in Zukunft die Steuererklärung einen Umfang annehmen könnte, der es notwendig macht, einen umfassenden Anhang an Belegen beizufügen, kann indes auf zwei Wegen begegnet werden: Erstens können im Arbeitnehmer- und Kleinunternehmerbereich die Hinweise auf eine abweichende Behandlung bereits zum Teil jetzt als pdf-Datei in digitaler Form der Finanzbehörde übermittelt werden – ein größerer Papierberg entfällt damit auf der Seite des Steuerpflichtigen. Für größere Unternehmen bietet sich stattdessen eine laufende Begleitung durch die Finanzverwaltung im

---

707 Hierbei kommt es auch darauf an, welche Kenntnisse und Fähigkeiten der Steuerpflichtige hat und ob er steuerlich beraten ist; daher unterstellt *Beuchert*, Anzeigepflichten bei Steuergestaltungen, S. 252 f., bei steuerlich beratenen Steuerpflichtigen zutreffend einen regelmäßigen Zugang zu den entsprechenden Verwaltungsanweisungen und der maßgeblichen Rechtsprechung.

708 Siehe dazu noch unten 6. Teil A.

709 *Seer*, in: Tipke/Lang, Steuerrecht, Rn. 23.24; *Flore*, in: Flore/Tsambikakis, Steuerstrafrecht, § 370 AO Rn. 135; *Kruse*, StBJb 1978/1979, 443, 452; *Tipke*, Steuerrechtsordnung III, S. 1686.

710 *Beuchert*, Anzeigepflichten bei Steuergestaltungen, S. 250 f.; *Krumm*, in: Zukunftsfragen III, 1, 9.

711 BVerfG v. 16.6.2011, 2 BvR 542/09 Rn. 68.

712 *Krumm*, in: Zukunftsfragen III, 1, 9.

Horizontal Monitoring[713] an, um Besteuerungsfragen bereits im laufenden Veranlagungszeitraum klären zu können und Auseinandersetzungen im Veranlagungsverfahren vorzugreifen.

Eine weitergehende Auffassung, die einschränkungslos fordert, dass der Sachverhalt der Finanzbehörde – unabhängig davon, ob die Finanzbehörde ihn bei dem Steuerpflichtigen abfragt – offenzulegen ist, sodass diese ihn rechtlich würdigen kann,[714] ist aber abzulehnen, wenn man dadurch eine unbedingte Offenbarungspflicht über die Steuererklärungspflicht und die sonstigen konkret formulierten Anzeige- und Mitwirkungspflichten in der Abgabenordnung und den Einzelsteuergesetzen hinaus annimmt. Denn diese Auffassung verkennt den Sinn und Zweck der Steuererklärung als gesetzlich vorgeschriebenes Ermittlungsmittel, den steuerlich erheblichen Sachverhalt beim Steuerpflichtigen abzufragen und in das Steuerverfahren zu überführen. Würde man darüber hinaus noch umfassende Offenbarungspflichten fordern, wäre die Steuererklärung in ihrer Funktion als Ausgestaltung des Amtsermittlungsgrundsatzes[715] und in ihrer Funktion als abschließende Erklärungspflicht aus der Sicht des Steuerpflichtigen[716] untaugliches Mittel. Eine derart weite Auslegung würde außerdem dazu führen, dass das gesetzlich ausbalancierte System von Ermittlungs-, Mitwirkungs- und (Steuer-)Erklärungspflichten aufgehoben und durch eine stete Offenlegungspflicht ersetzt würde, die gem. § 370 Abs. 1 AO mit Strafe bedroht wäre. Eine derartige strafbewährte Ausweitung von Mitwirkungspflichten über den deutlichen Gesetzeswortlaut ist daher abzulehnen.[717]

---

713 Zum *Horizontal Monitoring* in den Niederlanden siehe: https://download.belastingdienst.nl/belastingdienst/docs/guide-horizon-monitoring-service-providers-dv4071z3pl.pdf (abgerufen am 3.7.2020, 10:10 Uhr); für Österreich: *Wenzel*, ISR 2018, 378, zum Konzept des Horizontal Monitoring; aktuell siehe *Richter/Welling*, FR 2020, 937; siehe dazu auch noch 3. Teil B. III. 5. a.

714 Eine derartig weite Offenbarungspflicht könnte man nach den Ausführungen von *Beuchert*, Anzeigepflichten bei Steuergestaltungen, S. 237, annehmen; offen gelassen von BGH v. 10.11.1999, 5 StR 221/99 Rn. 27; das FG Köln v. 18.01.2001, 7 K 9214/98, EFG 2001, 545 Rn. 51, führt dazu im Falle einer Entschädigungszahlung aus, dass „[e]ine solche gesetzliche Pflicht zur unaufgeforderten weiteren Erläuterung der näheren tatsächlichen Umstände einer Entschädigungszahlung sowie zur unaufgeforderten Vorlage der diesbezüglichen Unterlagen im Rahmen der Abgabe der Einkommensteuererklärung [...] jedoch nicht ersichtlich [ist]".

715 Siehe dazu oben 2. Teil B. II. 4.

716 Siehe dazu oben 2. Teil A. I. 2. c.

717 So im Ergebnis auch FG Köln v. 18.01.2001, 7 K 9214/98, EFG 2001, 545 Rn. 51, rekurrierend auf § 90 AO.

cc. Form der Offenbarung des Sachverhaltes

Nach dem zuvor Gesagten hat der Steuerpflichtige der Finanzbehörde diejenigen Sachverhaltsinformationen mitzuteilen, die erkennbar für die Finanzbehörde bei der Rechtsfindung erheblich sind, wenn er von ihrer Rechtsauffassung abweichen möchte. Darüber hinaus ist er in seinen Subsumtionen innerhalb des juristisch Vertretbaren frei. Die Steuererklärungsformulare bieten in diesem Zusammenhang verschiedenfach Möglichkeiten, in denen individuelle Eintragungen durch den Steuerpflichtigen vorgenommen werden können. Die Offenbarung des Sachverhaltes wird bei der Steuererklärung nach amtlich vorgeschriebenem Vordruck nebst maschinell verarbeitbarem Hinweis auf dem Mantelbogen primär durch eine beigefügte individuelle Anlage und bei der elektronischen Steuererklärung im qualifizierten Freitextfeld erfolgen bzw., soweit dieses, insbesondere im Unternehmensteuerrecht, nicht ausreicht, ebenfalls nebst Hinweis in der elektronischen Steuererklärung auf separater Anlage[718].[719]

Krumm vertritt in diesem Zusammenhang die Auffassung, dass eine „Offenbarung" der abweichenden Rechtsauffassung innerhalb der einzelnen Formulare in den Freitextfeldern zur Erläuterung einzelner Posten (etwa auf der Anlage N bei den Werbungskosten) nicht ausreiche, da Eintragungen dort im automatisierten Steuerverfahren nicht gem. § 155 Abs. 4 S. 3 AO zu einer Aussteuerung führen würden.[720] Diese Auffassung überzeugt nicht, denn für den Steuerpflichtigen erzeugen die Freitextfelder auf den einzelnen Anlagen, in denen Text eingegeben werden kann, den Eindruck, dass hier eine Möglichkeit besteht, der Finanzbehörde Angaben über den jeweils an dieser Stelle abgefragten Sachverhalt und seine rechtliche Beurteilung zu machen. Wenn diese Felder und die darin gemachten Angaben keine Relevanz für die Vollständigkeit und Richtigkeit der Angaben in der Steuererklärung haben, kann die Finanzverwaltung diese Felder aus den Steuererklärungsformularen gleichwohl entfernen. Es ist jedoch unzulässig, den Steuerpflichtigen mit dieser, dann wohl als verwirrend zu bezeichnenden Formulargestaltung in falscher Sicherheit zu wiegen; dann darf es nur noch sog. qualifizierte Freitextfelder i.S.d. § 150 Abs. 7 S. 1 AO geben mit entsprechender Aussteuerung i.S.d. § 155 Abs. 4 S. 3 AO.

Andere Stimmen missachten hingegen den Kern sowie Sinn und Zweck des automatisierten Veranlagungsverfahrens, wenn sie der Auffassung sind, dass es einer Eintragung in das qualifizierte Freitextfeld nicht bedürfe, sondern auch

718 *Krumm*, in: Zukunftsfragen III, 1, 12 f.

719 Siehe im Einzelnen zum qualifizierten Freitextfeld 2. Teil B. VI. 3.

720 *Krumm*, in: Zukunftsfragen III, 1, 12 f.

ein isoliertes Begleitschreiben zur Steuererklärung ohne einen entsprechenden Hinweis in derselben den gleichen Zweck erfüllen würde.[721] Auf diese Weise wird gerade die Automatisierung der Datenverarbeitung von der Steuererklärung zum Steuerbescheid „ausgehebelt", die idealerweise mit Dateneingang beginnt und kurz darauf abgeschlossen ist. Die Finanzbehörde kann nicht – das wäre abstrus – bei jeder Steuererklärung händisch prüfen, ob nicht noch ein Erläuterungsschreiben folgt, das die Offenlegung von verwaltungsfremden Rechtsansichten beinhaltet. Genau dafür ist das qualifizierte Freitextfeld bzw. die Eintragungsmöglichkeit auf dem Mantelbogen da: um maschinell erkennen zu können, ob eine personelle Bearbeitung wegen individueller Angaben erforderlich ist. Ob die Offenlegung dann im qualifizierten Freitextfeld spezifiziert wird oder von dort – dann aber für die Finanzbehörde ohne Weiteres auch im vollautomatisierten Verfahren erkennbar – auf Unterlagen verwiesen wird, die noch separat nachgereicht werden, ist ohne Belang. Das qualifizierte Freitextfeld ist aber nicht „eine bloße steuerrechtliche Formalie"[722], die im Übrigen irrelevant ist, sondern integraler Bestandteil des modernisierten Besteuerungsverfahrens.

Zusammenfassend hat der Steuerpflichtige seine abweichende Rechtsauffassung in der Steuererklärung offenzulegen, wobei primär das qualifizierte Freitextfeld zu nutzen ist, aber auch eine Eintragung zum konkret abgefragten Sachverhalt in den – selten vorhandenen – übrigen Freitextfeldern ausreichend ist.

b. Beizufügende Unterlagen nach § 150 Abs. 4 S. 1 AO

§ 150 Abs. 4 S. 1 AO bestimmt, welche Unterlagen mit der Steuererklärung durch den Steuerpflichtigen einzureichen sind. Nach dem Wortlaut sind der Steuererklärung Unterlagen beizufügen, die nach den Steuergesetzen vorzulegen sind. Es handelt sich bei der Regelung in § 150 Abs. 4 S. 1 AO für sich betrachtet analog zu § 150 Abs. 1 AO noch um keine konkrete Pflicht, mit der Steuererklärung Unterlagen einzureichen, sondern diese Regelung bedarf zur Ausgestaltung stets eines ausfüllenden konkretisierenden Einzelsteuergesetzes. § 150 Abs. 4 S. 1 AO begründet damit keine originäre Pflicht, Unterlagen mit der Steuererklärung einzureichen, sondern verweist nur deklaratorisch auf die in den Steuergesetzen normierten Pflichten.[723] Das Einzelsteuergesetz i.S.d. § 150 Abs. 4 S. 1

---

721 *Heuel/Harink*, AO-StB 2020, 49, 59 f.; ähnlich *Erb*, DB 2017, 1469, 1471.

722 So *Heuel/Harink*, AO-StB 2020, 49, 60.

723 *Seer*, in: Tipke/Kruse, AO/FGO, § 150 AO Rn. 54 f. (Stand: April 2017); *Schindler*, in: Gosch, AO/FGO, § 150 AO Rn. 45 (Stand: Juni 2017); *Haselmann*, in: Koenig, AO, § 150 Rn. 26.

AO muss dabei die eindeutige Aussage treffen, dass Unterlagen zusammen mit der Steuererklärung abzugeben oder ihr beizufügen sind, und somit schon den Bezug zwischen den einzureichenden Unterlagen und der Steuererklärung herstellen.[724] Für die Einkommensteuererklärung finden sich solche Vorschriften in § 4g Abs. 4 S. 4 EStG, § 13a Abs. 3 S. 5 EStG und § 60 EStDV.

Quittungen, Rechnungen oder sonstige Belege und Nachweise, die eine Angabe in der Steuererklärung belegen können, sind mangels gesetzlicher Anforderung keine Unterlagen i.S.v. § 150 Abs. 4 S. 1 AO. Das Finanzamt kann aber im Zweifelsfall gem. §§ 93, 97 AO Auskunft verlangen und einzelne Belege anfordern, um die Richtigkeit der Angaben in der Steuererklärung zu verproben.[725] Hängt eine steuerliche Begünstigung – etwa die erhöhten Absetzungen nach §§ 7h, 7i EStG – materiell davon ab, dass gewisse Bescheinigungen oder Unterlagen vorliegen, sind diese von einer Verpflichtung zur Abgabe mit der Steuererklärung nicht erfasst. Eine unaufgeforderte Vorlage weiterer Unterlagen ist mangels gesetzlicher Grundlage selbst dann nicht mit der Einkommensteuererklärung erforderlich, wenn der Sachverhalt von Seiten der Finanzbehörde ermittlungsbedürftig i.S.v. § 88 Abs. 1 S. 1 AO ist.[726]

Die seit dem Gesetz zur Modernisierung des Besteuerungsverfahrens oft zitierte Verfahrenserleichterung, dass Belegvorlagepflichten durch Belegvorhaltepflichten ersetzt werden,[727] hat für die Beifügung von Unterlagen zur Steuererklärung i.S.d. § 150 Abs. 4 S. 1 AO keine Bedeutung. Sie bezieht sich nur auf solche Nachweise, deren physische Existenz bei dem Steuerpflichtigen Tatbestandsmerkmal einer Norm ist, die der Finanzbehörde aber nur auf Verlangen vorzulegen sind.[728] Der Anwendungs- und damit auch Vereinfachungsbereich

---

724 *Heuermann*, in: Hübschmann/Hepp/Spitaler, AO/FGO, § 150 AO Rn. 41 (Stand: August 2010).

725 *Seer*, in: Tipke/Kruse, AO/FGO, § 150 Rn. 55 (Stand: April 2017).

726 FG Köln v. 18.01.2001, 7 K 9214/98, Rn. 51.

727 BT Drucks. 18/7457, S. 49; siehe exemplarisch die Äußerung der Finanzverwaltung NRW hierzu: „Gemeint sind hiermit Belege, die bisher zwingend im Original vorgelegt werden mussten (Spendenbescheinigung, Kapitalertragsteuerbescheinigung, Nachweis über den Grad der Behinderung), und auch sonstige einzureichende Unterlagen, Aufstellungen und Erläuterungen, die für das Besteuerungsverfahren von Bedeutung sind, für die es aber keine gesetzliche Vorlagepflicht gab." Abrufbar unter https://www.finanzverwaltung.nrw.de/de/wegfall-der-belegvorlagepflicht-fuer-die-steuererklaerung (abgerufen am 24.9.2021, 15:42 Uhr).

728 Abzulehnen ist die Auffassung von *Heintzen*, DÖV 2015, 780, 785, dass sich auch Belegvorlagepflichten aus BMF-Schreiben ergeben können. Diesem Typus von

ist im Einkommensteuerrecht jedoch denkbar gering: So erfasst die Erleichterung den Nachweis von Spenden i.S.d. §§ 10b, 34g EStG, § 50 EStDV, die erstmalige Geltendmachung einer Behinderung gem. § 33b EStG, § 65 EStDV und die vorher zwingend beizufügende Steuerbescheinigung über die Kapitalerträge zur Anrechnung der Kapitalertragsteuer gem. § 36 Abs. 2 Nr. 2 EStG in den Fällen des § 32d Abs. 4 oder Abs. 6 EStG.[729]

Die Auslegung des § 150 Abs. 4 S. 1 AO in der oben dargestellten Weise wird in der Literatur – obschon sie der herrschenden Auffassung[730] entspricht – nicht in Gänze als einzig vertretbare Wertung angesehen. So spricht *Heuermann* auch eine Auslegungsmöglichkeit des § 150 Abs. 4 S. 1 AO an, die eine konstitutive Wirkung insoweit annimmt, als der Steuerpflichtige steuermindernde Wahlrechte ausübt, die an die Vorlage einer Bescheinigung geknüpft sind; als Beispiele nennt *Heuermann* die §§ 7h Abs. 2; 7i Abs. 2 EStG oder auch die Spendenbescheinigung nach § 50 EStDV.[731] Diese Auslegung ist jedoch mit Blick auf die Funktion der Steuererklärung, die letztlich auch für die Auslegung des § 150 Abs. 4 S. 1 AO herangezogen werden muss, zu verwerfen. Funktion der Steuererklärung ist es, der Finanzbehörde die Ermittlung des Sachverhaltes zu ermöglichen, damit diese die Steuern festsetzen kann.[732] Für die angesprochenen Fälle der Bilanz bzw. Einnahmen-Überschuss-Rechnung (§ 60 EStDV, § 13a Abs. 3 S. 5 EStG) bzw. der Bildung eines Ausgleichpostens eines 4-III-Rechners bei Entnahmen nach dem Entstrickungstatbestand des § 4 Abs. 1 S. 3 EStG (§ 4g Abs. 4 S. 4 EStG) erschließt sich daher auch eine Anforderung der Unterlagen mit der Steuererklärung durch die Einzelsteuergesetze. Denn die Bilanz bzw. Gewinnermittlung schlüsselt die wohl am stärksten verdichtete Angabe in der Steuererklärung näher auf, nämlich die Einkünfte aus Gewerbebetrieb bzw.

Verwaltungsvorschrift mangelt es – wie oben bereits festgestellt – an der für die Begründung von Vorlagepflichten notwendigen Außenwirkung.

729 Siehe § 36 Abs. 2 Nr. 2 S. 3 EStG. Nicht hingegen zwingend vorzulegen für den Steuerabzug waren bzw. sind gem. § 35a Abs. 5 S. 3 EStG die Rechnung und ein bargeldloser Zahlungsbeleg bei der Inanspruchnahme von haushaltsnahen Dienstleistungen, *Apitz*, in: Herrmann/Heuer/Raupach, EStG/KStG, § 35a EStG Rn. 26 (Stand: August 2018). Es handelt sich dabei um eine ausnahmsweise schon vor dem Gesetz zur Modernisierung des Besteuerungsverfahrens gesetzlich normierte Belegvorhaltepflicht.

730 Siehe die vorigen Erläuterungen; zustimmend feststellend *Heuermann*, in: Hübschmann/Hepp/Spitaler, AO/FGO, § 150 AO Rn. 41a (Stand: August 2010).

731 *Heuermann*, in: Hübschmann/Hepp/Spitaler, AO/FGO, § 150 Rn. 41a (Stand: August 2010).

732 Siehe oben 2. Teil B. II. 2.

selbstständiger Tätigkeit. Eine Steuererklärung eines Gewerbetreibenden würde ohne Aufgliederung der Zusammensetzung des Gewinns wenige Möglichkeiten für die Finanzbehörde bieten, Anknüpfungspunkte für eine weitere Prüfung zu finden. Sie enthält lediglich die Aussage, dass Einkünfte aus Gewerbebetrieb vorliegen und eine bestimmte Höhe haben. Ähnlich kann man für § 4g Abs. 4 S. 4 EStG argumentieren, der letztlich eine Ergänzung der Anlage EÜR um Angaben zur Bildung eines Ausgleichspostens vorsieht, der in einer vollständigen Bilanz naturgemäß bereits auftaucht.[733] Nachweise, wie die von *Heuermann* angeführten, geben der Finanzbehörde dagegen keine weiteren Anhaltspunkte für eine Ermittlung des Sachverhaltes, sondern erlauben lediglich die Überprüfung der Voraussetzungen einer Steuervergünstigung. Wollte man die Überprüfung der geltend gemachten Vergünstigungen oder gar aller Angaben in der Steuererklärung bereits als von der Funktion der Steuererklärung umfasst ansehen, wäre § 150 Abs. 4 S. 1 AO wohl deutlich weiter gefasst worden und § 97 AO weitestgehend bedeutungslos.

Die Rechtsfolgen bei fehlenden, der Steuererklärung nach § 150 Abs. 4 S. 1 AO beizufügenden Unterlagen werden ebenfalls unterschiedlich beurteilt. Teile der Literatur sehen die Unterlagen i.S.d. § 150 Abs. 4 S. 1 AO nicht als Bestandteil der Steuererklärung an, sondern als deren Ergänzung, sodass ein Fehlen von Unterlagen nicht zur Unvollständigkeit der Steuererklärung führt und somit auch keine Möglichkeit für die Finanzbehörde besteht, Verspätungszuschläge gem. § 152 AO festzusetzen.[734] *Heuermann* und *Schick* nehmen an, dass es sich bei den Unterlagen i.S.d. § 150 Abs. 4 S. 1 AO um Teile der Steuererklärung handelt, die ihr Schicksal teilen, womit die §§ 152, 153 AO anwendbar seien.[735]

---

733 Zu Bilanzierungsfragen bei § 4g EStG siehe *Holzhäuser*, in: Kirchhof/Söhn/Mellinghoff, EStG, § 4g Rn. A 30 (Stand: Mai 2015).

734 *Schindler*, in: Gosch, AO/FGO, § 150 AO Rn. 45 (Stand: Juni 2017); *Seer*, in: Tipke/Kruse, AO/FGO, § 150 AO Rn. 56 (Stand: April 2017), und in: Tipke/Kruse, AO/FGO, § 152 AO Rn. 10 (Stand: Juli 2017); *Dißars*, in: Schwarz/Pahlke, AO/FGO, § 150 AO Rn. 31 (Stand: Mai 2019); *Rätke*, in: Klein, AO, § 152 Rn. 16a; unklar *Geurts*, in: Kirchhof/Söhn/Mellinghoff, EStG, § 25 Rn. C 35 f. (Stand: Mai 2020); *Mösbauer*, BB 1982, 1294, 1295.

735 *Heuermann*, in: Hübschmann/Hepp/Spitaler, AO/FGO, § 150 Rn. 42 (Stand: August 2010); *Schick*, BB 1987, 133, 134. *Heuermann*, in: Hübschmann/Hepp/Spitaler, AO/FGO, § 150 AO Rn. 41a (Stand: August 2010), weitet mit seiner oben abgelehnten Auffassung der konstitutiven Wirkung des § 150 Abs. 4 S. 1 AO auf tatbestandliche Nachweise den Anwendungsbereich für diese Rechtsfolge noch weiter aus: Er qualifiziert eine Steuererklärung, in der zwar z.B. erhöhte Absetzungen vorgenommen

Für die in der Literatur überwiegende Meinung spricht zunächst der Wortlaut des § 150 Abs. 4 S. 1 AO, der von einem „Beifügen" der Unterlagen spricht und damit von einer Annex-Funktion der Unterlagen zeugt. Systematisch lässt sich § 150 Abs. 4 S. 2 AO anführen, der eine öffentlich-rechtliche Verpflichtung eines Dritten gegenüber der Finanzbehörde beinhaltet, entsprechende Bescheinigungen auszustellen, während der Steuerpflichtige auf den ggf. langwierigen zivilrechtlichen Klageweg angewiesen ist.[736] Dies spricht gegen eine Einordnung der Unterlagen als Bestandteil der Steuererklärung und sieht diese Unterlagen als mit anderen Nachweisen und Beweisen vergleichbar an. Fraglich ist zudem, ob die Anwendung der §§ 152, 153 AO in diesen Fällen überhaupt möglich bzw. sachgerecht ist. Ein Verspätungszuschlag ist bei einer unvollständigen Steuererklärung nur in den Ausnahmefällen festzusetzen, in denen die Steuererklärung inhaltlich unbrauchbar ist oder formelle Mängel vorliegen.[737] Fehlt es an der Einnahmen-Überschuss-Rechnung, der Anlage nach § 4g Abs. 4 S. 4 EStG bzw. der Bilanz, sind die Ermittlungsmöglichkeiten der Finanzbehörde zwar eingeschränkt; Möglichkeiten für die weitere Erforschung des Sachverhaltes sind aber allemal gegeben, sodass die Steuererklärung nicht vollkommen unbrauchbar ist und damit die Festsetzung eines Verspätungszuschlags nicht in Betracht kommt. § 152 AO findet somit in den Fällen fehlender Unterlagen i.S.d. § 150 Abs. 4 S. 1 AO keine Anwendung. Die in § 153 AO beinhaltete Anzeige- und Berichtigungspflicht[738] von Erklärungen gegenüber der Finanzbehörde greift bei Unterlagen zur Steuererklärung ebenso wenig ein: Unabhängig davon, ob die Bilanz bzw. Einnahmen-Überschussrechnung als Erklärung i.S.d. § 153 AO anzusehen ist,[739] geht mit einer unrichtigen Bilanz bzw. Gewinnermittlung, die sich auf den steuerlichen Gewinn auswirkt, immer auch eine unrichtige Angabe in der Steuererklärung einher, sodass eine Berichtigung der Steuererklärung

---

bzw. beantragt worden sind, aber die entsprechende Bescheinigung etwa nach §§ 7h Abs. 2; 7i Abs. 2 EStG nicht eingereicht worden ist, als unvollständig.

736 *Schindler*, in: Gosch, AO/FGO, § 150 AO Rn. 48 (Stand: Juni 2017); *Dißars*, in: Schwarz/Pahlke, AO/FGO, § 150 AO Rn. 33 (Stand: Mai 2019); *Rätke*, in: Klein, AO, § 150 Rn. 61.

737 *Seer*, in: Tipke/Kruse, AO/FGO, § 150 AO Rn. 12 (Stand: Juli 2017); *Rätke*, in: Klein, AO, § 152 Rn. 16a; BFH v. 6.11.1969, IV 249/64, BStBl. II 1970, 168 Rn. 6, zur deutlich kürzeren, insoweit aber inhaltlich identischen Vorgängernorm des § 168 Abs. 2 AO.

738 Zum Inhalt der Anzeige- und Berichtigungspflicht siehe oben 2. Teil A. III. 5.

739 Siehe zum Streitstand *Knobbe*, Der Grundsatz der subjektiven Richtigkeit, S. 86-88; die besseren Gründe sprechen dafür, dass es sich um eine Erklärung i.S.d. § 153 AO handelt, siehe auch *Schlotter*, Ubg 2014, 22, 23 f. m.w.N.

ohnehin erfolgt.[740] Dem Zweck des § 153 AO, die gesetzmäßige Besteuerung zu verwirklichen, ist mit der Korrektur der Steuererklärung bereits genügt.[741] Dabei ist auch zu berücksichtigen, dass es nicht unmittelbar durch die Bilanz bzw. Gewinnermittlung zu der von § 153 Abs. 1 S. 1 Nr. 1 AO geforderten Steuerverkürzung kommt, sondern durch die Angaben in der Steuererklärung. Nimmt man keine Berichtigungspflicht der Bilanz gem. § 153 AO an, ergibt sich auch kein Widerspruch zu § 4 Abs. 2 S. 1 1. Hs. EStG, der von einer fakultativen Korrekturmöglichkeit („der Steuerpflichtige darf") einer fehlerhaften Bilanz durch den Steuerpflichtigen spricht[742] und *lex specialis* zu § 153 AO ist[743].[744] Die Korrektur der Steuererklärung und der Bilanz können somit auseinanderfallen.[745] Eine entsprechende Argumentation wird man auf die Einnahmen-Überschuss-Rechnung übertragen können: Es ist kein Grund ersichtlich, warum diese anders als eine Bilanz behandelt werden soll und bei einem Fehler nochmals korrigiert abzugeben ist, obwohl eine Gewinnkorrektur, ebenfalls wie bei der Bilanz, ausreicht. Danach scheidet die Anwendung des § 153 AO nach der hier vertretenen Auffassung auf die Bilanz und die Einnahmen-Überschuss-Rechnung jedenfalls aus. Somit bietet die Einordnung der Unterlagen zur Steuererklärung als Teil derselben auch aus dieser Perspektive keinerlei Mehrwert im Steuerverfahren, sodass im Ergebnis der Auffassung zu folgen ist, dass die Unterlagen i.S.d. § 150 Abs. 4 S. 1 AO kein Teil der Steuererklärung sind.

---

740 So auch zutreffend *Seer*, in: Tipke/Kruse, AO/FGO, § 153 AO Rn. 12 (Stand: Oktober 2016).

741 Siehe *Schlotter*, Ubg 2014, 22, 24.

742 Darauf weist auch *Thoma*, DStR 1988, 346, 347, hin, der mit Blick auf § 4 Abs. 2 S. 1 EStG und § 153 AO von einem nebeneinander von Wahlrecht und Pflicht zur Korrektur spricht – soweit sich die Unrichtigkeit der Bilanz auf die Steuererklärung ausgewirkt hat –, sich aber dennoch für eine Pflicht aus § 153 AO zur Berichtigung der Bilanz entscheidet.

743 *Schlotter*, Ubg 2014, 22, 23 f.; *Stapperfend*, in: Herrmann/Heuer/Raupach, EStG/KStG, § 4 EStG Rn. 354, 423 (Stand: Dezember 2019).

744 Inwieweit handelsrechtliche Korrekturpflichten hier einschlägig sind – so etwa der Hinweis von *Stadie*, StuW 1985, 101, 103 – kann mit Blick auf § 153 AO dahinstehen.

745 Ebenso im Ergebnis *Dißars*, in: Schwarz/Pahlke, AO/FGO, § 153 AO Rn. 20 (Stand: Februar 2019), der unter die Erklärung i.S.d. § 153 AO nur Steuererklärungen und Steueranmeldungen fasst, und *Knobbe*, Der Grundsatz der subjektiven Richtigkeit, S. 87-91 m.w.N.; siehe auch *Drüen*, GmbHR 2013, 505, 511, geht von keiner grundsätzlichen Berichtigungspflicht aus, sondern differenziert nach der Verantwortlichkeit des Erklärenden.

c. Die „vorausgefüllte" Steuererklärung

aa. Datenübermittlung und Verwendungsmöglichkeiten

Wichtiger Baustein zur Implementierung eines vollautomatisierten Veranlagungsverfahrens ist die Unabhängigkeit der Finanzbehörde allein von den Angaben des Bürgers.[746] Die Einzelsteuergesetze sehen daher – bisher hauptsächlich für Sachverhalte im Bereich der Einkommensteuer[747] – Datenübermittlungspflichten Dritter vor. § 93c AO regelt dazu einheitlich die allgemeinen Rechte und Pflichten der Datenübermittler sowie die Zuständigkeit der Finanzbehörde.[748] Die so übermittelten elektronischen Daten – sog. *eDaten* – können von der Finanzbehörde grundsätzlich auf zwei Wegen im Steuerverfahren verwendet werden: Entweder sie dienen als Indikatordaten bzw. Kontrollmitteilungen[749] zur Ermittlung des Risikos bei der Nutzung von Risikomanagementsystemen und damit der Verwirklichung des Verifikationsgrundsatzes,[750] indem die vom Steuerpflichtigen erklärten Werte mit den von dritter Seite übermittelten Werten abgeglichen werden und bei Nichtübereinstimmung ein Risiko der Unrichtigkeit dieser und auch anderer erklärter Daten erkannt wird.[751] Oder sie werden im Rahmen der Serviceleistung der „vorausgefüllten Steuererklärung" genutzt, um den Bürger von der Deklaration der Werte zu befreien, die der Finanzbehörde bereits bekannt sind. § 150 Abs. 7 S. 2 AO nimmt ausdrücklich nur auf die letzte Möglichkeit Bezug: Die gem. § 93c AO an die Finanzverwaltung übermittelten Daten werden nämlich als Angaben des Steuerpflichtigen angesehen, soweit dieser keine abweichenden Angaben in der Steuererklärung macht.[752]

---

746 *Rolletschke*, NZWiSt 2018, 185, 186. Zur Entwicklung der „vorausgefüllten" Steuererklärung siehe *Baum*, NWB 2014, 291.

747 Siehe die Übermittlungsverpflichtungen in § 10 Abs. 2a, 2b EStG; § 10 Abs. 4b S. 4 EStG; § 10a Abs. 5, 2a EStG; § 22a Abs. 1 EStG; § 32b Abs. 3 EStG; § 41b Abs. 1 EStG; § 43 Abs. 1 S. 6 EStG; § 43 Abs. 2 S. 7 EStG; § 45d Abs. 1 EStG; § 45d Abs. 3 EStG; § 50 Abs. 2 EStDV, § 65 Abs. 3a EStDV und § 15 Abs. 1 Fünftes VermBG.

748 *Seer*, in: FS BFH, 1717, 1732.

749 Zum Begriff der Kontrollmitteilung siehe *Humm*, Kontrollmitteilungen, S. 54-57; dazu kritisch *G. Kirchhof*, DStJG 40 (2017), 47, 68, der im Sinne eines kooperativen Steuervollzugs fordert, dass der Staat dem Bürger die Daten, die er über ihn hält, offenlegt und nicht „den Steuerpflichtigen das überkomplizierte Steuerrecht in einem zum Scheitern verurteilten Versuch zunächst anwenden [lässt], damit der Fiskus ihn dann mit seinem überlegenen Wissen korrigiert".

750 *Humm*, Kontrollmitteilungen, S. 326-328; ähnlich auch *Baum*, NWB 2016, 2636, 2641

751 Siehe zu den Risikomanagementsystemen unten noch ausführlich 3. Teil A. III. 2. b.

752 Trotzdem dies in der Praxis zum Teil anders gehandhabt wird – siehe nur den Praxisbericht von *Gebhardt*, AO-StB 2021, 32, 34 –, handelt es sich bei den übermittelten

Auch wenn der Gesetzgeber davon ausging, dass die elektronisch von den mitteilungspflichtigen Stellen übermittelten Daten in nahezu allen Fällen zutreffend sind,[753] muss der Steuerpflichtige Korrekturen vornehmen, wenn die elektronisch übermittelten Daten unzutreffend sind und er dies feststellen konnte;[754] den Steuerpflichtigen trifft damit eine grundsätzliche Überprüfungspflicht und im Falle der Feststellung der Unrichtigkeit eine Korrekturpflicht.[755] Die Pflicht zur Überprüfung der elektronisch übermittelten Daten setzt die Kenntnis des Steuerpflichtigen von diesen Daten voraus. Daher verpflichtet § 93c Abs. 1 Nr. 3 AO die mitteilungspflichtige Stelle, dem Steuerpflichtigen mitzuteilen, welche Daten sie an die Finanzbehörde übermittelt hat. Korrigiert der Steuerpflichtige eDaten in der Steuererklärung durch eigene Angaben, liegt gleichzeitig „soweit" Grund zur personellen Bearbeitung der Steuererklärung gem. § 155 Abs. 4 S. 3 AO vor, sodass eine vollautomatisierte Veranlagung i.S.d. § 155 Abs. 4 S. 1 AO nicht in Betracht kommt.

---

eDaten um keine Grundlagenbescheide i.S.d. § 171 Abs. 10 AO. Dies zeigt sich bereits an den speziell für sie eingeführten Sonderregelungen des § 171 Abs. 10a AO und § 175b AO, siehe auch *Nöcker*, AO-StB 2021, 35, 35; *Loose*, in: Tipke/Kruse, AO/FGO, § 175b AO Rn. 2 (Stand: Oktober 2020).

753 BT Drucks. 18/8434, S. 112.

754 Soweit *Gebhardt*, AO-StB 2021, 32, 33 f., mit Blick auf die Praktikabilität im Massenverfahren und die tatsächliche Praxis eine Überprüfung jeder einzelnen Zahl durch das „Abhaken" von Kontoauszügen als nicht leistbar und praxisfern abtut, mag dies zwar stimmen. Der Gedanke taugt aber nicht dazu, den Steuerpflichtigen davon zu entbinden, die Fehler, die er ohne unverhältnismäßigen Aufwand erkennen konnte, korrigierend klarzustellen und so seiner gem. § 150 Abs. 2 AO bestehenden Pflicht, wahre Angaben zu machen, nachzukommen (z.B. Renteneinnahmen von 1.000 Euro statt 10.000 Euro).

755 *Schindler*, in: Gosch, AO/FGO, § 150 AO Rn. 58; (Stand: Juni 2017); *Krumm*, in: Tipke/Kruse, AO/FGO, § 370 AO Rn. 65 (Stand: April 2019), der diese Pflicht aus § 153 Abs. 1 Nr. 1 AO herleitet; ebenso *Häger*, wistra 2017, 369, 371; *Roth*, wistra 2018, 152, 153; *Rolletschke*, NZWiSt 2018, 185, 186; *Nöcker*, AO-StB 2020, 261, 263 f.; *ders.*, AO-StB 2021, 35, 35 f.; a.A. *v. Wedelstädt*, in: Gosch, AO/FGO, § 175b AO Rn. 26 (Stand: Januar 2018); *Frotscher*, in: Schwarz/Pahlke, ErstKomm BestVerfModG 2016, § 175b Rn. 12; *Gebhardt*, AO-StB 2021, 32, 33 f. Siehe dazu noch die steuerstrafrechtliche Auseinandersetzung unten 6. Teil A. VI. 4.

bb. Umsetzung in elektronischer Steuererklärung und Steuererklärung auf Papier

Wie die Regelung des § 150 Abs. 7 S. 2 AO in der Praxis umgesetzt wird, hängt von der Art der Steuererklärung ab.

„Echte“ vorausgefüllte Steuererklärungen sind bei der Steuererklärung nach amtlich vorgeschriebenem Vordruck auf Papier nicht denkbar, wenn man nicht eine massenweise Zusendung vorausgefüllter Steuererklärungsvordrucke von Seiten der Finanzbehörden an die Steuerpflichtigen präferiert.[756] Hier behilft sich die Finanzverwaltung durch eine Anpassung der Steuererklärungsformulare: Seit dem Veranlagungszeitraum 2019 sind die Steuererklärungsformulare für die Einkommensteuer so gestaltet, dass die Felder optisch hervorgehoben und besonders gekennzeichnet werden, für die eDaten grundsätzlich übermittelt werden.[757] Dazu wird von der Finanzverwaltung eine Information bereitgestellt, dass die eDaten in der Einkommensteuererklärung nicht mehr anzugeben sind, es sei denn, dass der Steuerpflichtige erkennt, dass diese nicht oder unzutreffend übermittelt worden sind.[758] Obwohl § 150 Abs. 7 S. 2 AO gem. Art. 97 § 10a Abs. 4 S. 2 EGAO bereits für Veranlagungszeiträume, die nach dem 31.12.2016 beginnen, gilt, erfolgt die Abbildung der Regelung in den Formularen zur Einkommensteuer erst ab dem Veranlagungszeitraum 2019.[759]

Bei Nutzung der elektronischen Steuererklärung im webbrowserbasierten ELSTER-Programm Mein Elster, sind die Felder, für die eDaten übermittelt werden, nicht besonders gekennzeichnet. Es besteht aber seit dem Jahr 2014 die Möglichkeit, die von Dritten gem. § 93c AO übermittelten Daten nach online-Beantragung und postalischer Zusendung eines zwölfstelligen Codes abzurufen und die eDaten automatisch in die jeweils richtigen Felder des

756 Die Finanzverwaltung hatte diese Möglichkeit seinerzeit auch nicht in den Blick genommen, um der Digitalisierung weiteren Vorschub zu leisten, siehe *Baum*, NWB 2014, 291, 293.

757 Die Kennzeichnung erfolgt durch ein weißes kleines „e“, das von einem weißen Kreis umrandet ist und sich in einem grauen bzw. grünen Quadrat befindet.

758 Aus dem Infoblatt eDaten „Information zur Abgabe der Einkommensteuererklärung für die Jahre ab 2019“, Stand: August 2019.

759 Von der gem. Art. 97 § 10a Abs. 4 S. 3 EGAO i.V.m. Art. 97 § 8 Abs. 4 S. 4 EGAO vorgesehenen Möglichkeit, durch Rechtsverordnung mit Zustimmung des Bundesrates die Anwendung des § 150 Abs. 7 AO zu verschieben, hat das Bundesministerium der Finanzen – soweit ersichtlich – keinen Gebrauch gemacht; siehe dazu auch *Sowinski*, NWB 2018, 1076, 1080, der für den Veranlagungszeitraum 2017 jedenfalls noch die Empfehlung ausspricht, die eDaten in das Steuererklärungsformular einzutragen.

online dargestellten Steuererklärungsformulars übernehmen zu lassen, sodass eine „echte" vorausgefüllte Steuererklärung vorliegt.[760] Da der Steuerpflichtige sich mit der vorausgefüllten elektronischen Steuererklärung die übernommen Werte zu eigen macht und mit der Datenübermittlung an die Finanzbehörde selbst erklärt, besteht in diesen Fällen keine Notwendigkeit mehr für die Zurechnungsfiktion des § 150 Abs. 7 S. 2 AO. Diese wird nur dann genutzt, wenn der Steuerpflichtige den Datenabruf nicht durchführt und keine Angaben in den entsprechenden Feldern macht. Es ist allerdings unverständlich, warum in Mein Elster zurzeit nicht angezeigt wird, für welche Datenfelder eDaten vorliegen, wie es bei den Steuererklärungsformularen auf Papier und deren 1:1 digitalisierten Abbildungen gehandhabt wird. Eine Angleichung von Formularen und elektronischer Darstellung ist – da hier keine technischen Limitierungen Grund für die unterschiedliche Gestaltung sein können – eindringlich zu fordern.

cc. Keine Pflicht zur Abgabe einer Steuererklärung bei übermittelten eDaten?

(1) Beispiel: Vollständige Einnahmenübermittlung durch eDaten

Fraglich ist, ob die Pflicht zur Abgabe einer Steuererklärung in den Fällen entfällt, in denen die Einnahmen und ggf. Sonderausgaben der Finanzbehörde insgesamt durch Datenübermittlung der mitteilungspflichtigen Stellen bekannt sind.

> Als Beispiel sei die Rentnerin R genannt, die ausschließlich eine gesetzliche Rente in einer Höhe bezieht, dass eine Einkommensteuer festzusetzen und zu zahlen ist. Der Träger der gesetzlichen Rentenversicherung hat der Finanzbehörde gem. § 22a Abs. 1 EStG i.V.m. § 93c AO die für die Rentenbesteuerung notwendigen Daten durch Rentenbezugsmitteilung elektronisch mitgeteilt und der R die gem. § 93c Abs. 1 Nr. 3 AO vorgesehene Mitteilung über die gemeldeten Daten zugesendet. R stellt beim Abgleich der Daten keine Fehler fest.

Das Infoblatt zu den eDaten der Finanzverwaltung äußert sich in diesem Fall eindeutig: „Die Abgabe der Anlagen N, R und Vorsorgeaufwand entfällt, wenn die elektronisch übermittelten Daten zutreffend sind und in den nicht [besonders] gekennzeichneten Zeilen/Bereichen keine Eintragungen vorzunehmen sind. Der Hauptvordruck ESt 1A ist in jedem Fall abzugeben". Eine Steuererklärung in Form des Mantelbogens ist nach Auffassung der Finanzverwaltung somit auch

---

760 https://www.elster.de/eportal/infoseite/elster_eine_erfolgsstory, Unterpunkt „ELSTER – Zielsetzung und Inhalt des Verfahrens" (abgerufen am 15.10.2021, 10:57 Uhr).

dann erforderlich, wenn die auf den einzelnen Anlagen einzutragenden Werte sämtlich als inhaltlich zutreffende eDaten vorliegen.

(2) Auslegung nach dem Wortlaut

Dieser Auslegung steht der Wortlaut des § 150 Abs. 7 S. 2 AO nicht entgegen. Denn die Daten, die nach Maßgabe des § 93c AO an die Finanzverwaltung übermittelt wurden, „gelten als Angaben des Steuerpflichtigen, soweit dieser nicht in einem dafür vorgesehenen Abschnitt oder Datenfeld der Steuererklärung abweichende Angaben macht". Man könnte den Wortlaut dergestalt interpretieren, dass Voraussetzung für die Fiktion des § 150 Abs. 7 S. 2 AO ist, dass eine Steuererklärung überhaupt eingereicht wird und der Steuerpflichtige in dieser durch Unterlassen signalisieren muss, dass ihm keine Fehler der Daten bewusst sind und diese daher auch gegen sich gelten lassen möchte.[761] Andererseits ist dieser Schluss nicht zwingend. So kann man den ersten Halbsatz von § 150 Abs. 7 S. 2 AO auch isoliert als voraussetzungslose Zurechnungsvorschrift auslegen, sodass im Beispielsfall keine Steuererklärung abzugeben ist.[762] Die Auslegung nach dem Wortlaut der Norm führt somit zu keinem eindeutigen Ergebnis.

(3) „Historische" Auslegung anhand der Gesetzesmaterialien

Die im Gesetzgebungsverfahren geäußerten Erwägungen, dass die „Neuregelung es ermöglich[t], dass die Steuerpflichtigen in derartigen Fällen [mit übermittelten eDaten, Anm. d. Verf.] auf eine eigenständige Deklaration *dieser* Daten verzichten können"[763], spricht dafür, dass lediglich bezüglich der übermittelten Daten keine Eintragungen in der Steuererklärung vorzunehmen sind, die Steuererklärung aber gleichwohl einzureichen ist. Weiter führt die Gesetzesbegründung aus: „In diesem Fall gelten die der Finanzverwaltung von dritter Seite übermittelten Daten als vom Steuerpflichtigen angegebene Daten."[764] „In diesem Fall" bezieht sich sprachlich auf die vom Steuerpflichtigen wahrgenommene Möglichkeit, „auf eine eigenständige Deklaration dieser Daten [zu] verzichten" und nicht auf die „derartigen Fälle" insgesamt. § 150 Abs. 7 S. 2 AO und die Zurechnung der Daten kann danach nur dann eingreifen, wenn der Steuerpflichtige

---

761 So ähnlich argumentiert *Roth*, wistra 2018, 152, 153; auf die Frage, ob die Zurechnungsfiktion des § 150 Abs. 7 S. 2 AO ansonsten nicht greift, wird noch später zurückzukommen sein.

762 So *R. Schmitz*, in: GS Joecks, 615, 621.

763 BT Drucks. 18/8434, S. 112, Hervorhebung durch Verf.

764 BT Drucks. 18/8434, S. 112.

auf die Deklaration (nur) dieser Daten verzichtet. Bestätigt wird diese durch die Aussage, dass dadurch „die Erstellung der Steuererklärung wesentlich erleichtert“[765] werden soll. Anderenfalls hätte man wohl auch über einen Verzicht auf die Abgabe einer Steuererklärung insgesamt nachgedacht. Weiter ergibt sich aus den Gesetzesmaterialien, dass durch § 150 Abs. 7 S. 2 AO „[z]ugleich sichergestellt [werden soll], dass das Unterlassen der fraglichen Angaben keine Verletzung der Mitwirkungspflicht darstellt, weil die Steuererklärung als vollständig gilt“[766]. Auch hier spricht der Bezug auf die Vollständigkeit der Steuererklärung dafür, dass zumindest eine Steuererklärung „dem Grunde nach“ vorliegen muss. Einziger Anknüpfungspunkt für einen Verzicht auf die gesamte Steuererklärung beim Vorliegen der eDaten ist die Formulierung, dass „keine Verletzung der Mitwirkungspflicht“ vorliegen soll, wenn man an dieser Stelle die Mitwirkungspflicht allein als die gesamte Steuererklärungspflicht interpretiert. Naheliegender ist allerdings – vor allem aus dem Gesamtzusammenhang – ein anderes Verständnis: Die Steuererklärungspflicht erschöpft sich nicht in der Abgabe irgendeiner Steuererklärung, sondern verlangt gem. § 150 Abs. 2 AO eine vollständige und wahrheitsgemäße Steuererklärung. Eine Mitwirkungspflichtverletzung liegt somit bereits dann vor, wenn unvollständige Angaben gemacht werden. Soweit eDaten vorliegen, soll dieser Umstand nach der Drucksache nicht zu einer Mitwirkungspflichtverletzung führen. Die Steuererklärungspflicht als solche bleibt also bestehen.

Vereinzelt wird behauptet, dass die Gesamtkonzeption des Gesetzgebers dafür spreche, dass Steuerveranlagungen ohne vorangegangene Steuererklärung mit §§ 150 Abs. 7 S. 2; 155 Abs. 4 AO eingeführt werden sollen.[767] Für diese Absicht des Gesetzgebers lässt sich allerdings kein Anhaltspunkt in den Gesetzgebungsmaterialien finden.

(4) Systematische und teleologische Auslegung

Systematisch steht § 150 Abs. 7 S. 2 AO mit § 155 Abs. 4 AO und § 150 Abs. 7 S. 1 AO im Zusammenhang. Diese Vorschriften sind Teil des Kerns des Gesetzesvorhabens zur Modernisierung des Besteuerungsverfahrens und bieten der Finanzbehörde die Möglichkeit, in Abkehr von einer personellen Bearbeitung einen vollautomatisierten Verwaltungsakt zu erzeugen, ohne dass nur eine menschliche Aktion erforderlich ist. Dabei sieht § 155 Abs. 4 S. 1 AO eine ausschließlich

765 BT Drucks. 18/8434, S. 112.
766 BT Drucks. 18/8434, S. 112.
767 *R. Schmitz*, in: GS Joecks, 615, 622.

automationsgestützte Steuerfestsetzung anhand der Daten, die der Finanzbehörde vorliegen *und der Angaben des Steuerpflichtigen*, vor. Daraus lässt sich allerdings noch kein Rückschluss auf die Erklärungspflicht im gebildeten Beispielsfall ziehen. Maßgebend ist vielmehr die Einordnung des § 155 Abs. 4 S. 1 AO im Veranlagungsverfahren: Die Norm betrifft den Prozess der Bearbeitung und Entscheidungsfindung innerhalb der Finanzbehörde, der im Veranlagungsverfahren klassischerweise nach der Abgabe der Steuererklärung stattfindet.[768] Es soll durch die Regelungen zum vollautomatisierten Verwaltungsakt gerade nicht die Steuererklärungspflicht zur Disposition gestellt werden, sondern nur der – der Steuererklärungsabgabe nachgelagerte – Umgang mit dieser durch die Finanzbehörde geregelt werden.[769] Insoweit spricht die systematische Auslegung für das Bestehen einer Steuererklärungspflicht trotz der Finanzbehörde vorliegender eDaten.

Zusätzlich lässt sich noch die systematische Eingliederung des § 150 AO insgesamt, vor allem sein Verhältnis zu § 149 AO für eine trotz übermittelter eDaten weiterhin bestehende Steuererklärungspflicht anführen.[770] Denn nicht das in § 149 AO geregelte „Ob“ der Steuererklärungspflicht, sondern das „Wie“ der Steuererklärung wird durch § 150 AO bestimmt. Daher beschreibt § 150 Abs. 7 AO auch besondere Anforderungen an die Steuererklärungsformulare sowie an die amtlich vorgeschriebenen Datensätze und wendet sich somit an die Urheber der Formulare und Datensätze, die Exekutive: § 150 Abs. 7 S. 1 AO schreibt ein qualifiziertes Freitextfeld in den Steuererklärungsformularen und den elektronischen Datensätzen vor, das es dem Steuerpflichtigen ermöglichen soll, Angaben außerhalb der Formularfragen zu machen und so insbesondere offenzulegen, ob der Steuererklärung von der erkennbaren Auffassung der Finanzverwaltung abweichende Rechtsauslegungen zugrunde gelegt worden sind.[771] § 150 Abs. 7 S. 2 AO modifiziert zwar die Erklärungspflicht für die vorliegenden eDaten im ersten Halbsatz über eine Zurechnung, fordert aber im zweiten Halbsatz ähnlich wie in § 150 Abs. 7 S. 1 AO die Möglichkeit, im Datensatz bzw. auf den Formularen abweichende Angaben machen zu können, falls die eDaten nicht oder

768 Diese Einordnung beachtet *R. Schmitz*, in: GS Joecks, 615, 621, nicht, sondern sieht die automatisierte Veranlagung i.S.d. § 155 Abs. 4 AO weitestgehend abgekoppelt von dem „klassischen“ Verwaltungsverfahren.

769 Ähnlich in Argumentation und Ergebnis *Roth*, wistra 2018, 152, 153.

770 Siehe zum Verhältnis von §§ 149, 150 AO oben 2. Teil B. II. 2.

771 *Seer*, in: Tipke/Kruse, AO/FGO, § 150 AO Rn. 51 (Stand: April 2017); siehe 2. Teil B. IX. 2. a.

unzutreffend übermittelt sind. § 150 Abs. 7 S. 2 AO beschreibt damit auch die Ausgestaltung der Formulare.[772] Dass § 150 Abs. 7 S. 2 AO im ersten Halbsatz die Steuererklärungspflicht in bestimmten Fällen durch die Fiktion abschaffen möchte, erscheint aus systematischer Sicht unwahrscheinlich.

Darüber hinaus erscheint es fraglich, ob die Abgabenordnung generell der geeignete gesetzliche Ort ist, um eine Steuererklärungspflicht einzuschränken. Denn wie oben erläutert, wird die Steuererklärungspflicht durch § 149 AO nur grundlegend normiert, im Einzelnen aber durch die Einzelsteuergesetze begründet und ausgestaltet.[773] Das Einkommensteuergesetz enthält etwa in § 46 Abs. 2 EStG einen ausführlichen Katalog von Sachverhalten, die gem. § 56 S. 1 Nr. 1 lit. b Nr. 2 lit. c EStDV zu einer Steuererklärungspflicht führen. Wollte der Gesetzgeber in bestimmten – und wie auch bisher ausschließlich ertragsteuerlichen Fällen der eDaten – eine Steuererklärungspflicht zur Einkommensteuer suspendieren, wäre § 25 EStG, § 46 EStG i.V.m. § 56 EStDV der richtige Ort und nicht § 150 Abs. 7 S. 2 1. Hs. AO, was ebenfalls gegen eine teilweise Abschaffung der Steuererklärungspflicht in der AO spricht.

Die Steuererklärung ist zudem Kernstück der sphärenorientierten Mitwirkungspflicht des Steuerpflichtigen im Steuerverfahren. Durch sie teilt der Steuerpflichtige der Finanzbehörde die von ihm verwirklichten wirtschaftlichen Sachverhalte mit, subsumiert unter steuerrechtliche Normen, übt Wahlrechte aus und stellt Anträge.[774] Die Steuererklärung umfasst bei den persönlichen Angaben des Steuerpflichtigen bereits solche Daten, die über die erzielten Einkünfte – und damit auch über die ermittelten eDaten – hinausgehen, wie etwa den Familienstand oder den Wohnsitz, der nicht mit der Meldeadresse übereinstimmen muss. Bereits diese können die persönliche Steuerpflicht oder die Ermittlung der Bemessungsgrundlage bzw. die Berechnung der Steuer beeinflussen. Ferner würde der Steuerpflichtige seiner, in den Steuererklärungsvordrucken aufgeführten Wahlrechte und Antragsmöglichkeiten und damit auch seines Mitwirkungsrechts im Steuerverfahren beraubt, würde man eine Steuererklärungspflicht in bestimmten Fällen als aufgehoben ansehen. Inwieweit unter diesem Schlaglicht die Verweigerung des „Genusses der Zurechnung" der Vereinfachung des Verfahrens zuwiderlaufen soll, wenn keine Steuererklärung abgegeben wird,[775] bleibt fraglich. Die Abgabe der Steuererklärung sichert dem

772 Siehe oben 2. Teil B. VI. 3. und 4.

773 Siehe oben 2. Teil A. III. 2.

774 Siehe oben 2. Teil B. IX. 1.

775 So nämlich *Heuel/Harink*, AO-StB 2020, 49, 55, allerdings auch ohne tiefergehende Begründung; auch für das Zitat.

Steuerpflichtigen im Ergebnis die Teilhabe am Veranlagungsverfahren und ist daher auch in den Fällen zu fordern, in denen aufgrund der eDaten bereits eine Steuerfestsetzung erfolgen kann. Normativ lässt sich noch § 91 Abs. 1 AO heranziehen, der die Anhörungspflicht Beteiligter vorschreibt, bevor ein Verwaltungsakt erlassen wird, der in ihre Rechte eingreift. Wie diese Norm in den Fällen ohne Steuererklärungspflicht anzuwenden wäre, bleibt vollkommen offen. Es ist daher unwahrscheinlich, dass der Gesetzgeber mit § 150 Abs. 7 S. 2 AO die Grundfeste des Veranlagungsverfahrens ändern wollte.

(5) Ergebnis: Bestehen einer Steuererklärungspflicht

Die nach Historie, Systematik und Telos erfolgte Auslegung unterstützt somit insgesamt das Ergebnis, dass eine Steuererklärung trotz umfassend vorliegender eDaten weiterhin erforderlich ist. Die Steuererklärungspflicht wird durch § 150 Abs. 7 S. 2 AO nicht suspendiert, die Abgabe einer Steuererklärung ist vielmehr Voraussetzung für die Anwendung der Fiktion des § 150 Abs. 7 S. 2 AO.[776] Die Frage der Steuererklärungspflicht ist von der Frage der Strafbarkeit nach § 370 Abs. 1 Nr. 2 AO bei Nichtabgabe einer Steuererklärung und der Frage zu trennen, ob die Finanzbehörde „Unkenntnis" über elektronisch oder anders übermittelte Daten durch Dritte hat.[777] Auch die Möglichkeit von Schätzungen ist insoweit später noch zu diskutieren.[778]

C. Ergebnis

Die Steuererklärungspflicht stellt im steuerlichen Massenverfahren die wesentliche Mitwirkungspflicht des Steuerpflichtigen und das Kernstück des Veranlagungssystems dar. Mit ihr teilt der Steuerpflichtige der Finanzbehörde nicht nur den zu besteuernden Sachverhalt mit, sondern nimmt auch bereits Subsumtionen unter steuerrechtliche Begriffe vor, übt Wahlrechte aus und stellt Anträge. Die Steuererklärungspflicht wird dabei von anderen Mitwirkungspflichten flankiert, die den Steuerpflichtigen erst in die Lage versetzen, überhaupt der Steuererklärungspflicht nachzukommen, oder diese nachbereiten. So ermöglichen

---

776 So auch *Peters*, in: Hübschmann/Hepp/Spitaler, AO/FGO, § 370 AO Rn. 159 (Stand: Juli 2019); *Rolletschke*, in: Rolletschke/Kemper, Steuerstrafrecht, § 370 AO Rn. 135a (Stand: November 2020); *ders.*, NZWiSt 2018, 185, 188; a.A. und nicht weiter differenzierend OLG Oldenburg v. 10.7.2018, 1 Ss 51/18 Rn. 10; *Beyer*, NZWiSt 2018, 359, 360.

777 Siehe dazu noch unten 6. Teil B. VI. 4. b.

778 Siehe unten 4. Teil F. II. dort am Ende.

es die Aufzeichnungs- und Buchführungspflichten dem Steuerpflichtigen, zu ermitteln und zu erklären, wie hoch seine Einkünfte sind. Auch wenn diese Pflichten bei einem Kaufmann z.B. originär aus §§ 238 ff. HGB stammen und damit (auch) eigene, steuerrechtsfremde Zwecke verfolgen, wird die Buchführung über § 140 AO für das Steuerrecht umgeprägt und mitgenutzt. Wesentliche nachbereitende Mitwirkungspflicht zur Steuererklärung, aber nicht auf diese beschränkt, ist § 153 Abs. 1 Nr. 1 AO. Dieser verpflichtet den Steuerpflichtigen zur Korrektur der gemachten Angaben gegenüber der Finanzbehörde, wenn er nach Abgabe der Steuererklärung erkennt, dass darin gemachte Angaben unrichtig oder unvollständig sind und dass es dadurch zu einer Verkürzung von Steuern kommen kann oder bereits gekommen ist.

Funktionell ist die Steuererklärung Teil des Verwirklichungsprozesses, der den materiell-rechtlich entstandenen Steueranspruch in die Lebenswirklichkeit umsetzt. Sie formt den sonst aus einem Gestaltungskorridor bestehenden Amtsermittlungsgrundsatz der Finanzbehörde aus und gibt primär die Art der Ermittlung des Sachverhaltes vor. Gleichzeitig begrenzt die Steuererklärung die Mitwirkungspflicht des Steuerpflichtigen, der mit wahrheitsgemäßer Beantwortung der Fragen in der Steuererklärung und mit Offenlegung von Sachverhalten, welche die Finanzbehörde für ihn erkennbar rechtlich anders beurteilt hätte, seiner Mitteilungspflicht gegenüber der Finanzbehörde im Besteuerungsverfahren nachgekommen ist. Eine darüberhinausgehende allgemeine Offenbarungspflicht des Steuerpflichtigen besteht nicht. Weitere Sachverhaltsermittlungsmaßnahmen der Finanzbehörde werden durch die Steuererklärung aber nicht ausgeschlossen.

Zuständig für die Erstellung der Steuererklärungsformulare sind im Bereich der Umsatzsteuer, Gewerbesteuer und Körperschaftsteuer gem. der allgemeinen Kompetenzverteilung in Art. 108 Abs. 2, 3 GG die Bundesländer. Etwas anderes gilt gem. § 51 Abs. 4 Nr. 1 EStG für den Bereich der Einkommensbesteuerung: Hier bestimmt das Bundesministerium der Finanzen im Einvernehmen mit den obersten Finanzbehörden die Vordrucke und Muster. In tatsächlicher Hinsicht wird die Formularerstellung auf Bundesebene zwischen den Bundesländern koordiniert, sodass bundesweit einheitliche Steuererklärungsformulare verwendet werden. Bei den Steuererklärungsformularen handelt es sich um Verwaltungsvorschriften, die Außenwirkung entfalten, soweit sich ihr Inhalt und ihre Ausgestaltung im gesetzlichen Rahmen bewegt. Sie sollen inhaltlich die Sachverhalte abfragen, die nach den materiellen Steuergesetzen für die Festsetzung der Besteuerung von Bedeutung sind und transformieren das gesetzlich vorgesehene Veranlagungsprogramm in eine für den Bürger verständliche Form.

Rechtliche und praktische Inkonsequenzen zeigt der Vergleich zwischen der Steuererklärung nach amtlich vorgeschriebenem Vordruck auf Papier und der elektronischen Steuererklärung: Die Unterschrift und die Authentifizierung des Datenübermittlers sollen zwar nach der gesetzlichen Ausgestaltung und dem Verständnis der Finanzverwaltung die Unterschrift ersetzen, entsprechen sich aber rechtlich nicht und es bestehen auch tatsächliche Zweifel, ob die Authentifizierung des Datenübermittlers die gleiche Wirkung entfaltet wie die Unterschrift unter der Steuererklärung. Es ist zudem nicht sichergestellt, dass der Steuerpflichtige im Falle der elektronischen Steuererklärung die Steuererklärungsformulare sinnlich wahrnehmen und von ihrem Inhalt Kenntnis erlangen kann. Sollen die Steuererklärungsformulare nicht bloß die Mitwirkung des Steuerpflichtigen im Steuerverfahren ermöglichen, sondern ihn auch in die Lage versetzen, seine ihm im Besteuerungsverfahren zustehenden Rechte zu verstehen und ausüben zu können, ist von gesetzgeberischer Seite sicherzustellen, dass die Steuererklärungsformulare von den Steuerpflichtigen auch wahrgenommen werden können. Diesbezüglich besteht gesetzlicher Regelungsbedarf.

3. Teil: Grundlagen einer Verfahrensleistungsfähigkeit

A. Begriffsbildung und grundsätzliche Ausgestaltung

Der Begriff der Leistungsfähigkeit ist im Steuerrecht bisher hauptsächlich mit der *wirtschaftlichen bzw. finanziellen Leistungsfähigkeit* verknüpft. Diese dient als grundlegender Maßstab für die Ausgestaltung der Besteuerungslast der Individuen innerhalb der einzelnen Steuerarten.[779] Indikatoren für die wirtschaftliche Leistungsfähigkeit sind grundsätzlich das Einkommen, das bestehende Vermögen und der getätigte Konsum.[780] Derjenige, dessen Leistungsfähigkeitsindikatoren quantitativ höher ausfallen, ist damit grundsätzlich auch wirtschaftlich leistungsfähiger und er kann mit höheren Steuerzahlungen belastet werden. Im Zusammenhang mit dem Besteuerungsverfahren wurde der Begriff der Leistungsfähigkeit bzw. der Verfahrensleistungsfähigkeit erstmals 1980 durch *Schick* untersucht und geprägt.[781] In eine Art Dornröschenschlaf verfallen und über die Jahrzehnte wenig beachtet, wurde die Verfahrensleistungsfähigkeit kürzlich von *Drüen* im Zusammenhang mit der Leistungs- und Belastungsfähigkeit von Unternehmen wieder aufgegriffen.[782]

Mangels eindeutiger Begriffsprägung ist zunächst eine Definition für die weitere Bearbeitung aufzustellen, was unter der Verfahrensleistungsfähigkeit zu verstehen ist. Für das Steuerverfahren definierte *Schick* Verfahrensleistungsfähigkeit als die „Fähigkeit eines Steuerpflichtigen, die im Steuerverfahrensrecht festgelegten Verpflichtungen zu erfüllen und von den dort eingeräumten verfahrensrechtlichen Möglichkeiten Gebrauch zu machen."[783] Diese Definition soll hier als Arbeitsgrundlage übernommen werden.

---

779 *Hey*, in: Tipke/Lang, Steuerrecht, Rn. 3.41, 3.43.

780 *Hey*, in: Tipke/Lang, Steuerrecht, Rn. 3.55.

781 *Schick*, Verfahrensleistungsfähigkeit, passim.

782 *Drüen*, in: Größenneutralität, 123, 131-143.

783 *Schick*, Verfahrensleistungsfähigkeit, S. 5 f.; ähnlich definiert *Drüen*, in: Zukunftsfragen, 1, 4, was er unter der Verfahrensleistungspflicht des Steuerpflichtigen inhaltlich konkret versteht: nämlich die Fähigkeit des Steuerpflichtigen, sein Verhalten so den steuerlichen Regelungen anzupassen, dass ihn keine Belastungen im Rahmen der Zinsschranke, bei grenzüberschreitenden Leistungsbeziehungen im Konzern oder der Nachbesteuerung treffen.

Die Fähigkeit, im Verfahren auferlegten Verpflichtungen nachzukommen und die Möglichkeit, von bestimmten, im Verfahren eingeräumten Rechten und Handlungen Gebrauch zu machen, spricht dafür, die Verfahrensleistungsfähigkeit als eine Art Handlungsfähigkeit zu interpretieren. Verfahrensleistungsfähigkeit setzt danach zunächst voraus, dass der Steuerpflichtige in der Lage ist, bestimmte Handlungen auszuführen bzw. seine Rechte selbst gegenüber der Behörde wahrzunehmen.[784] Dem ist denklogisch vorgeschaltet, dass der Steuerpflichtige versteht, welche Handlungen von ihm vorzunehmen sind bzw. von ihm verlangt werden. Denn nur dann, wenn der Steuerpflichtige weiß, dass er handeln muss, kann er in Ansehung der ihn treffenden Handlungsverpflichtungen diese auch erfüllen. Im Folgenden wird das der Handlungsverpflichtung zugrunde liegende Verstehen als *kognitives bzw. intellektuelles Element* der Verfahrensleistungsfähigkeit bezeichnet. Hier zeigt sich ein Unterschied zur wirtschaftlichen Leistungsfähigkeit; diese ist grundsätzlich nicht von einem intellektuellen Element abhängig: Anknüpfungspunkt einer wirtschaftlichen Leistungsfähigkeit ist nicht, dass jemand weiß, dass oder wie er Einkommen generiert, Vermögen erwirbt oder konsumiert, sondern schlicht die Tatsache, dass er diese Indikatoren verwirklicht.[785]

Verfahrungsleistungsfähigkeit ist aber mehr als das bloße Verständnis davon, *was* zu tun ist. Sie erfasst darüber hinaus, ob das, was zu tun ist, dem Steuerpflichtigen zugemutet werden kann. Dafür wird im Folgenden der Begriff des *tatsächlichen Elementes* der Verfahrensleistungsfähigkeit genutzt. In ausschließlich diesem Sinne wird die Verfahrensleistungsfähigkeit von *Schick* und *Drüen* angesprochen. Obwohl nur in Grundzügen, versuchen beide für die Annäherung an die Verfahrensleistungsfähigkeit der Steuerpflichtigen eine wirtschaftliche Differenzierung: *Schick* definiert zwischen Arbeitnehmern und Gewerbetreibenden und innerhalb der Gewerbetreibenden nochmal zwischen Klein-, Mittel- und Großunternehmen.[786] Maßgebendes Kriterium für eine unterschiedliche Leistungsfähigkeit bei Gewerbetreibenden im Steuerverfahren soll die *Anonymität* der Unternehmenskonstruktion sein: Derjenige, der sein Unternehmen persönlich führt und seinen Verfahrenspflichten – *Schick* spricht von ‚schriftlichen Arbeiten' – weitestgehend ohne Unterstützung nachkommt, soll anders zu behandeln sein, als das Großunternehmen, in dem rechtlicher und verwaltender

784 *Schick*, Verfahrensleistungsfähigkeit, S. 7.

785 Zu den Indikatoren der finanziellen bzw. wirtschaftlichen Leistungsfähigkeit siehe nur *Hey*, in: Tipke/Lang, Steuerrecht, Rn. 3.55 f.

786 *Schick*, Verfahrensleistungsfähigkeit, S. 7.

Sachverstand ohnehin vorhanden ist.[787] Ähnlich argumentiert *Drüen* im Bereich der Gewerbebetriebe. *Drüen* erkennt zunächst, dass die Größenneutralität des wirtschaftlichen Leistungsfähigkeitsprinzips, das lediglich den wirtschaftlichen Erfolg, nicht aber die Unternehmensgröße zum Maßstab nimmt, nicht auf die Verfahrensleistungsfähigkeit übertragbar ist.[788] Allerdings sei ein großes Unternehmen mit einem vielköpfigen und leistungsstarken Mitarbeiterstab für die Leistungsfähigkeit im Steuerverfahren anders zu beurteilen, als ein kleines oder mittelgroßes Unternehmen.[789] Der Gleichheitssatz eröffne die sachgerechte und auch verhältnismäßige Differenzierung zwischen verschiedenen Pflichtenträgern im Steuervollzug.[790] Maßgebend für eine Differenzierung bei den Anforderungen an Steuerpflichtige im Steuerverfahren wäre danach eine Anknüpfung an bestehende Strukturen und bestehendes Know-How im Unternehmen. Wenn *Schick* von der Anonymität des Großunternehmens spricht, meint er im Ergebnis auch nichts anderes als die typisierte Annahme, dass entsprechende Kenntnisse und Fähigkeiten in Unternehmen vorliegen.[791]

Es lässt sich zunächst festhalten: Die Verfahrensleistungsfähigkeit umschreibt die Fähigkeit des Steuerpflichtigen, im Steuerverfahren seinen ihm auferlegten Verpflichtungen nachzukommen und von den ihm eingeräumten Verfahrensrechten Gebrauch zu machen. Die Verfahrensleistungsfähigkeit lässt sich in zwei Bestandteile aufgliedern: Das kognitive bzw. intellektuelle Element der Verfahrensleistungsfähigkeit fordert, dass der Steuerpflichtige seine ihm auferlegten Pflichten und Rechte im Verfahren versteht. Das tatsächliche Element der Verfahrensleistungsfähigkeit bedeutet eine zumutbare und in den Grenzen des Möglichen liegende Belastung mit Verfahrenspflichten. Beide Elemente sind im Folgenden noch weiter zu untersuchen.

B. Das kognitive bzw. intellektuelle Element der Verfahrensleistungsfähigkeit

I. Verfassungsrechtlicher Prüfungsort

Kern des kognitiven bzw. intellektuellen Elementes als Bestandteil der Verfahrensleistungsfähigkeit ist die Forderung danach, dass der Bürger als Verpflichteter

787 *Schick*, Verfahrensleistungsfähigkeit, S. 7.

788 *Drüen*, in: Größenneutralität, 123, 135.

789 *Drüen*, in: Größenneutralität, 123, 135.

790 *Drüen*, in: Größenneutralität, 123, 136.

791 Deutlich bei *Schick*, Verfahrensleistungsfähigkeit, S. 7.

im Steuerverfahren versteht, welche Pflichten er in welcher Art und Weise zu erfüllen hat. Ausgangspunkt für die verfassungsrechtliche Prüfung des kognitiven bzw. intellektuellen Elementes der Verfahrensleistungsfähigkeit ist somit die Verständlichkeit der Norm für den Steuerpflichtigen.

In Bezug auf die Steuererklärungspflichten könnte man allerdings die Auffassung vertreten, dass es auf eine Verständlichkeit der steuerrechtlichen Gesetze nicht ankomme. Denn die Steuererklärungspflichten sind nach den bisherigen Untersuchungsergebnissen von einer Transformationsfunktion der Steuererklärungsformulare geprägt,[792] die durch Abfragen der materiell-rechtlich relevanten Sachverhalte in Fragenform dem Steuerpflichtigen die Arbeit mit dem Gesetzestext abnimmt. Doch wurde für die Steuererklärungsformulare insbesondere im unternehmerischen Bereich festgestellt, dass dort die Steuererklärungsformulare einer Transformation des Gesetzestextes nur in geringem Maße nachkommen und sich stattdessen auf die Wiedergabe gesetzlicher Normen zu bestimmten Kennziffern beschränken. Auch unabhängig von den Steuererklärungspflichten ist der Gesetzesinhalt für die Steuerpflichtigen relevant: Im Bereich der Steuerplanung oder bei der Führung von Büchern und anderen Aufzeichnungen ist der Bürger darauf angewiesen, sich den Gesetzesinhalt zu erschließen. Ohne verständliche Gesetze wird der Steuerpflichtige von diesen Aufgaben überfordert.[793]

II. Verständlichkeit als rechtlicher Begriff und seine grundgesetzliche Verortung

1. Vorläufige Definition

Bevor eine rechtliche Einordnung des Begriffes „Verständlichkeit" erfolgen kann, ist eine Definition desselben sinnvoll. Anzuknüpfen ist an den Gedanken, dass es bei der Verständlichkeit einer Norm darum geht, dass der Adressat des Gesetzes versteht, was von ihm verlangt wird.[794] Dies bedeutet, dass die Information, die der Gesetzgeber durch Worte in die Form des Gesetzes eingekleidet hat, beim Empfänger in der Art und Weise entschlüsselt werden muss, dass am Ende die Information steht, die der Gesetzgeber ursprünglich vermitteln wollte. Es bietet sich also die folgende vorläufige Definition an: Verständlichkeit ist die kognitive Verarbeitung des Gesetzestextes durch den Adressaten in der Art und

792 Siehe oben 2. Teil B. VI. 1.

793 *G. Kirchhof*, DStJG 40 (2017), 47, 63.

794 Siehe auch *Braun*, VerwArch 76 (1985), 24, 45.

Weise, dass die vom Gesetzgeber in den Gesetzestext eingekleidete Information beim Empfänger von diesem zutreffend entschlüsselt wird.

2. Einordnung anhand der Rechtsprechung und Literatur

Das Bundesverfassungsgericht rekurriert in seiner Rechtsprechung auf den Begriff der „Verständlichkeit" einer Norm nur selten. In älteren Urteilen zieht es bei der Überprüfung einer Norm die „Verständlichkeit" heran, um zu überprüfen, ob die Norm dem aus dem Rechtsstaatsprinzip resultierenden Grundsatz der Rechtssicherheit genügt.[795] In vergleichbaren Fällen, in denen es sich der Frage widmet, ob eine Norm im Hinblick auf ihre Formulierung bzw. sprachliche Ausgestaltung noch verfassungsgemäß ist oder bereits gegen das Rechtsstaatsprinzip verstößt, spricht das Bundesverfassungsgericht zum Teil von der „Einfachheit" und „Klarheit" einer Norm[796] oder – neuerdings vermehrt – von „Normenklarheit und Normenbestimmtheit"[797].[798] Dies bedeutet eine Verortung der Verständlichkeit im Bestimmtheitsgrundsatz und im Bereich der Normenklarheit. Jedenfalls kommt eine Deutung dergestalt in Betracht, dass die Verständlichkeit einer Norm synonym zur Bestimmtheit oder Klarheit einer Norm ist oder dass jedenfalls die Verständlichkeit einer Norm als Teil der Normenklarheit bzw. Normenbestimmtheit zu verstehen ist. Eine klare und eindeutige dogmatische Herleitung und Einordnung sind jedoch mit Blick auf die Rechtsprechung des Bundesverfassungsgerichtes nicht ohne Weiteres möglich.

In der Literatur tritt die Verständlichkeit einer Norm als Notwendigkeit eines erfolgreichen Kommunikationsprozesses zwischen Staat und Bürger in

---

795 Deutlich BVerfG v. 19.2.1962, 2 BvR 650/60, BVerfGE 14, 13, 16; siehe auch BVerfG v. 14.2.1978, 2 BvR 406/77, BVerfGE 47, 239, 247.

796 Zu Einfachheit und (Norm- bzw. Normen-)Klarheit siehe BVerfG v. 3.2.1959, 2 BvL 10/56, BVerfGE 9, 137, 147, 149; BVerfG v. 1.4.1964, 1 BvL 12/63, BVerfGE 17, 306, 314; BVerfG v. 10.11.1998, 2 BvR 1057/91 u.a., BVerfGE 99, 216, 243; BVerfG v. 14.12.2000, 2 BvR 1741/99 u.a., BVerfGE 103, 21, 33.

797 Etwa BVerfG v. 26.9.1978, 1 BvR 525/77, BVerfGE 49, 168, 181 f.; aus der neueren Rechtsprechung BVerfG v. 3.3.2004, 1 BvF 3/92, BVerfGE 110, 33, 53 f.; BVerfG v. 13.6.2007, 1 BvR 1550/03 u.a., BVerfGE 118, 168, 186; BVerfG v. 24.4.2013, 1 BvR 1215/07, BVerfGE 133, 277, 336; BVerfG v. 7.3.2017, 1 BvR 1314/13 u.a., BVerfGE 145, 20, 69 f.; BVerfG v. 24.7.2018, 2 BvR 309/15 u.a., BVerfGE 149, 293, 323 f.; siehe auch die Auseinandersetzung bei *Jehke*, Bestimmtheit und Klarheit, S. 29 f.

798 Siehe zur Übersicht der vom Bundesverfassungsgericht verwendeten Begrifflichkeiten *Wolff*, Ungeschriebenes Verfassungsrecht, S. 265 f. m.w.N.

Erscheinung,[799] der für die Dispositionsplanung des Steuerpflichtigen von Bedeutung ist und die Gesetzesanwendung voraussehbar machen soll.[800] Es lassen sich damit Parallelen zur Einordnung des Begriffes durch das Bundesverfassungsgericht ziehen, dass die Verständlichkeit ein notwendiger Bestandteil der Rechtssicherheit ist. Darüber hinaus ist die Einordnung aber weniger klar: Dogmatisch wird das Erfordernis der Verständlichkeit der Norm nämlich z.T. der Normenklarheit zu- bzw. untergeordnet oder als synonym zu ihr verstanden.[801] Auch erfolgt teilweise eine Einordnung der Verständlichkeit als Gradmesser der Bestimmtheit[802] oder als selbstständiger Bestandteil des Rechtsstaatsprinzips[803]. Vereinzelt wird der Begriff der Verständlichkeit insgesamt – auch als Synonym – abgelehnt.[804] Ein „einheitliches Denken“ von Normenklarheit und Normenbestimmtheit wird ebenfalls gefordert, das zur zutreffenden Übermittlung der

---

799 *Waldhoff*, Verfassungsrechtliche Vorgaben, S. 136; *Luttermann*, FR 2007, 18, 21; zur Bedeutung von Sprache für die Kommunikation zwischen Staat und Bürger siehe *Jehke*, Bestimmtheit und Klarheit, S. 25-28; *Valta*, in: Rechtssprache, 273, 280 f.; *P. Kirchhof*, in: Isensee/Kirchhof, HStR II § 20 Rn. 35.

800 *Tipke*, Steuerrechtsordnung I, S. 142 f.; *Hey*, Steuerplanungssicherheit, S. 548, die diese Aufgabe sowohl der Bestimmtheit als auch der Verständlichkeit der Norm zuordnet; *Kunig*, Das Rechtsstaatsprinzip, S. 396, der die Verständlichkeit als Voraussetzung für Rechtsbefolgung ansieht.

801 *Grzeszick*, in: Maunz/Dürig, GG, Art. 20 VII. Rn. 53 (Stand: November 2006); *Jehke*, Bestimmtheit und Klarheit, S. 189 f.; *Hey*, Steuerplanungssicherheit, S. 554 und dort Fn. 42, S. 548, 554-558; *Sandrock*, in: FS Ipsen, 781, 795; *G. Kirchhof*, DStJG 40 (2017), 47, 63; *Waldhoff/Grefrath*, IStR 2013, 477, 478, sehen die Verständlichkeit neben der Normenklarheit als Bestandteil des Bestimmtheitsgrundsatzes.

802 Dies stellt *Gassner*, ZG 1996, 37, 38, fest. Die von ihm zitierte Fundstelle *H. Krüger*, Allgemeine Staatslehre, S. 290, vermag diese Behauptung jedoch nicht zu stützen, wird dort nämlich nur behauptet, dass Verständlichkeit Bestimmtheit verlange und Bestimmtheit somit ein Teilaspekt für Verständlichkeit sei.

803 *Hill*, ZG 1987, 238, 265; daneben nennt *Hill* noch die Normenklarheit, Transparenz und Erkennbarkeit. Letztere ordnet *Hill*, a.a.O., 266, auch als rechtsstaatliches Gebot neben der Bestimmtheit, Rechtssicherheit, Gerechtigkeit und Vorhersehbarkeit ein; *P. Kirchhof*, in: Isensee/Kirchhof, HStR II § 20 Rn. 35, 112, sieht die Verständlichkeit eines Gesetzes als Bedingung für seine Vollziehbarkeit und damit seine Geltung, spricht der Verständlichkeit also einen eigenen Stellenwert bei der Geltung eines Gesetzes zu.

804 *Beaucamp*, RT 42 (2011), 21, 61, der eine Einheit aus Bestimmtheitsgebot und Normenklarheit annimmt und die Forderung nach Allgemeinverständlichkeit im Zusammenhang damit ablehnt. Eine Herleitung aus dem Demokratieprinzip lehnt *Beaucamp*, a.a.O., 32-34, ab.

gesetzgeberisch gewollten Information führen soll.[805] Jedoch wird keine eindeutige Position der Verständlichkeit im Verhältnis zur Normenbestimmtheit und Normenklarheit deutlich. In der Gesamtschau lässt sich damit feststellen, dass sich auch in der Literatur ein einheitliches Bild nicht ergibt.

Eine Einordnung erscheint erfolgversprechender, wenn man die Verständlichkeit zunächst in ein Verhältnis mit den von Rechtsprechung und Literatur benannten Prinzipien der Normenbestimmtheit und Normenklarheit setzt.

3. *Verhältnis zum Bestimmtheitsgebot*

Um das Verhältnis der Verständlichkeit zum Bestimmtheitsgebot einordnen zu können, ist zu definieren, was unter dem Bestimmtheitsgebot zu verstehen ist. Dabei ist zunächst zu konstatieren, dass es keine einheitliche, allumfassende Definition des Bestimmtheitsgebotes gibt und zudem das Verhältnis von Normenbestimmtheit und Normenklarheit zueinander nicht einmütig beurteilt wird, sich die beiden Prinzipien in ihren Anforderungen also durchaus überschneiden können, synonym zueinander sind oder einander untergeordnet sind.[806] Trotz

---

805 So *Luttermann*, FR 2007, 18, 20 f.

806 Aus der Literatur: *Grzeszick*, in: Maunz/Dürig, GG, Art. 20 VII. Rn. 51-57 und 58-68 (Stand: November 2006); *Robbers*, in: Bonner Kommentar, GG, Art. 20 Rn. 2128-2278 und 2279-2319 (Stand: Oktober 2009), der die Normenklarheit als Teilbereich des Bestimmtheitsgebotes bezeichnet; *Papier*, DStJG 12 (1989), 61, 69, bezeichnet den Bestimmtheitsgrundsatz als aus der rechtsstaatlichen Maxime der Normenklarheit gespeist, sieht also die Klarheit als Oberbegriff an; *Tipke*, Steuerrechtsordnung I, S. 143, stellt Klarheit, Bestimmtheit, Widerspruchsfreiheit, Verständlichkeit, Einsichtigkeit, exakte Formulierung, Voraussehbarkeit in eine Linie; *Hey*, in: Tipke/Lang, Steuerrecht, Rn. 3.244; *dies.*, Steuerplanungssicherheit, S. 547-558, differenziert zwischen Bestimmtheit und Verständlichkeit, wobei sie unter Verständlichkeit das subsumiert, was in dieser Ausarbeitung als Normenklarheit bezeichnet wird; *Kunig*, Das Rechtsstaatsprinzip, S. 202, 396, differenziert nicht zwischen Bestimmtheitsgrundsatz und Normenklarheit; *Drüen*, ZG 2009, 60, 62 f., vermengt Bestimmtheit und Normenklarheit, z.T. gewinnt man den Eindruck, dass sich die Gesetzesbestimmtheit der Normenklarheit unterordnet, wenn *Drüen* vom Grundsatz der Normenklarheit spricht und direkt im Anschluss speziell für die Strafgewalt die in Art. 103 Abs. 2 GG konkretisierte Gesetzesbestimmtheit nennt; *Stern*, Staatsrecht I, S. 829 f., sieht Klarheit und Verständlichkeit Anforderungen an die Gesetzesgestaltung stellen, die Bestimmtheit gehe aber darüber hinaus, indem diese die Genauigkeit des Normeninhalts bedeute; *Beaucamp*, RT 42 (2011), 21, 37 f., sieht Normenklarheit und Normenbestimmtheit als synonym zueinander an; insgesamt siehe die Ausarbeitung von *Jehke*, Bestimmtheit und Klarheit, S. 28-30. Aus der Rechtsprechung siehe exemplarisch BVerfG v. 13.6.2007, 1 BvR 1550/03 u.a., BVerfGE 118, 168, 186, in dem das BVerfG

dieser uneinheitlichen Verwendung der Begriffe in Rechtsprechung und Literatur lassen sich grundsätzliche Merkmale des Bestimmtheitsgebotes – auch in Abgrenzung zur Normenklarheit – aufzeigen, mit deren Hilfe eine grundlegende Einordnung erfolgen kann. Einen Ausgangspunkt bieten dabei die verfassungsrechtlichen Grundsätze und Prinzipien, aus denen das Bestimmtheitsgebot abgeleitet wird.[807] Dabei lässt sich kein bestimmtes Prinzip bzw. kein bestimmter Grundsatz als tragend kennzeichnen, sondern der Bestimmtheitsgrundsatz findet sein Fundament in verschiedenen grundrechtlichen Normen wieder. Der Bestimmtheitsgrundsatz ist zunächst Ausprägung des Grundsatzes der Rechtssicherheit, der wiederum Element des in Art. 20 Abs. 1, 3 GG verorteten Rechtsstaatsprinzips ist und die Forderung aufstellt, dass der Bürger dem Gesetz entnehmen können muss, welche Sachverhalte zu welchen Rechtsfolgen führen.[808] In diese Kerbe schlägt auch die grundrechtliche Dimension des Bestimmtheitsgrundsatzes, die für eine effektive Grundrechtswahrnehmung verlangt, „grundrechtsrelevante Vorschriften in ihren Voraussetzungen und in ihrem Inhalt so klar zu formulieren, daß die Rechtslage für den Betroffenen erkennbar ist und er sein Verhalten danach einrichten kann“[809].[810] Die Grenzen der Grundrechte dürfen nicht im freien Ermessen der Exekutive liegen, sondern müssen aus dem Gesetz bereits ersichtlich sein.[811] *Kunig* geht sogar so weit, den Bestimmtheitsgrundsatz als „grundrechtliches Bestimmtheitsgebot“[812] zu qualifizieren und damit insgesamt aus den Grundrechten herzuleiten.[813] Durch diese

---

Normenbestimmtheit und Normenklarheit zunächst als nebeneinander stehende Prinzipien ansieht, im ersten Leitsatz des Urteils hingegen die Normenbestimmtheit der Normenklarheit unterordnet: „§ 93 Abs. 8 AO verstößt gegen das Gebot der Normenklarheit, da er […] nicht hinreichend bestimmt festlegt“; bei BVerfG v. 24.7.2018, 2 BvR 309/15 u.a., BVerfGE 149, 293, 323 f., verschwimmen die Grenzen zwischen Klarheits- und Bestimmtheitsanforderungen.

807 Einen Überblick gibt *Kunig*, Das Rechtsstaatsprinzip, S. 200-208.

808 *Robbers*, in: Bonner Kommentar, GG, Art. 20 Rn. 2128 (Stand: Oktober 2009); *Papier/Möller*, AöR 122 (1997), 177, 179.

809 BVerfG v. 3.11.1982, 1 BvR 210/79, BVerfGE 62, 169, 183.

810 Siehe auch *Papier/Möller*, AöR 122 (1997), 177, 181.

811 BVerfG v. 10.10.1961, 2 BvL 1/59, BVerfGE 13, 153, 160.

812 *Kunig*, Das Rechtsstaatsprinzip, S. 400.

813 Siehe insgesamt *Kunig*, Das Bestimmtheitsgebot, S. 396-415. Schließt man sich *Kunigs* Auffassung an, müsste man aus den Grundrechten keine separate Aussage für den Bestimmtheits- und Verständlichkeitsgrad einer Norm herleiten; siehe die Ausführungen von *Kreppel*, in: FS v. Simson, 119, 134, der über den Klarheits- und Bestimmtheitsgrundsatz hinaus (die Trennung zwischen beiden Begrifflichkeiten wird

grundrechtliche Verortung, mit der auch das Bundesverfassungsgericht bei bestimmten Grundrechten eine verschärfte Bestimmtheitsprüfung begründet,[814] wird der Fokus auf den Betroffenen, nämlich den Bürger, nochmals deutlicher.

Insoweit lässt sich aus den Quellen des Bestimmtheitsgebotes diesem eine Funktion zuordnen, die der genannten Definition der Verständlichkeit zuträglich ist. Denn das Erfordernis, die Rechtslage erkennen und Sachverhalten Rechtsfolgen zuordnen zu können, deckt sich mit der Anforderung der Verständlichkeit, dass der Gesetzesadressat in der Lage sein muss, die gesetzgeberische Intention zutreffend interpretieren zu können.

Die Herleitung des Bestimmtheitsgebots erfolgt jedoch nicht nur mit Blick auf den Gesetzesadressaten und sein Verständnis. Es dient ebenso als Vehikel zur Abgrenzung von Entscheidungs- und Handlungsspielräumen der Exekutive im Verhältnis zur Legislative im Sinne der Gewaltenteilung und wirkt damit in den Bereich von Gesetzes- bzw. Parlamentsvorbehalt mit ein.[815] Durch unbestimmte Gesetze – genauer in diesem Fall: unbestimmte Rechtsbegriffe – findet nämlich eine bewusste[816], aber „verdeckte Delegation“[817] von der Legislative auf die Exekutive bzw. im Rahmen des Rechtsschutzes auf die Judikative statt. Die

---

bei *Kreppel* nicht deutlich) grundrechtliche Gedanken für das Erfordernis der Verständlichkeit von Normen bemüht.

814 So bei dem allgemeinen Persönlichkeitsrecht aus Art. 2 Abs. 1, Art. 1 Abs. 1 GG sowie den Art. 10 GG und Art. 13 GG, siehe BVerfG v. 4.4.2006, 1 BvR 518/02, BVerfGE 115, 320, 365; BVerfG v. 13.6.2007, 1 BvR 1550/03 u.a., BVerfGE 118, 168, 186 f.

815 BVerfG v. 12.11.1958, 2 BvL 4/56 u.a., BVerfGE, 274, 325; BVerfG v. 8.8.1978, 2 BvL 8/77, BVerfGE 49, 89, 138, spricht sogar davon, dass „dessen [die des Bestimmtheitsgebotes] wesentliche verfassungsrechtliche Funktion in der Abgrenzung der Handlungsbereiche von Gesetzgeber und Exekutive besteht“; *Barth*, Rechtsfortbildung, S. 424-426; *Braun*, VerwArch 76 (1985), 24, 52; so auch *Gassner*, DÖV 1996, 10, 23 f., der das Verhältnis von Bestimmtheitsgrundsatz zu Parlamentsvorbehalt dergestalt sieht, dass Ersterer Letzteren dann konsumiere, wenn es um die Frage einer bestimmten Regelungsdichte geht – der Gesetzesvorbehalt setze bei der Frage der Kompetenzverteilung nur den äußeren Rahmen. Nach *Kunig*, Das Rechtsstaatsprinzip, S. 400, sind die Anforderungen an die Bestimmtheit und den Vorbehalt des Gesetzes aufgrund seiner einheitlichen Herleitung aus den Grundrechten identisch. Zur Schwierigkeit der Abgrenzung siehe *Denninger*, in: *Isensee/Kirchhof*, HStR IX, § 193 Rn. 13-18. Insgesamt zeigt sich damit auch in diesem Punkt kein einheitliches Bild.

816 *Geitmann*, Offene Normen, S. 48, spricht von planmäßiger Überlassung von Entscheidungsspielräumen.

817 Siehe zum Begriff *Barth*, Rechtsfortbildung, S. 424-426, der diesen auch auf unbestimmte Rechtsbegriffe anwendet.

beiden letzteren Gewalten füllen die Norm durch Auslegung aus und bestimmen sie somit inhaltlich, was bis zu einem bestimmten Punkt – nämlich dem, an dem keine Unbestimmtheit mehr vorliegt – die grundsätzliche Aufgabe der Legislative ist.[818] Unabhängig davon, ob man sich der These anschließt, dass ein (Kern-) Bereich der Exekutive nicht besteht[819] oder der These, dass einer besteht,[820] wird die Frage nach dem „Ob“ einer legislativen Regelung und dem „Wie genau“ nicht staatsorganisationsrechtlich durch Abgrenzung der positiv definierten Bereiche der Gewalten voneinander beurteilt. Die Abgrenzung erfolgt anhand der „Wesentlichkeit“ der geregelten Fragen, die aus Rechtsstaatsprinzip, Demokratieprinzip und den Grundrechten hergeleitet wird.[821] Dass hierbei zur Abgrenzung mit den Grundrechten operiert wird, bisweilen aus diesen sogar höhere Anforderungen an den Bestimmtheitsgrundsatz gestellt werden, bedeutet jedoch nicht, dass die Grundrechte in diesem Kontext als Grundlage für die Verständlichkeit der Norm herangezogen werden. Vielmehr definiert die Eingriffstiefe in Grundrechte den Grad der „Wesentlichkeit“ und hilft damit als Maßstab, den exekutiven vom legislativen Tätigkeitsbereich abzugrenzen.[822] Weiterhin herangezogen für die kompetenzverteilende Wirkung des Bestimmtheitsgrundsatzes wird Art. 19 Abs. 4 GG und der möglicherweise eingeschränkte effektive Rechtsschutz, der aus der beschränkten Möglichkeit der Judikative, die Handlungen der Exekutive auf ihre Rechtmäßigkeit hin zu überprüfen, resultiert, wenn die Normen zu unbestimmt sind.[823]

---

818 *Geitmann*, Offene Normen, S. 24 f.; *Barth*, Rechtsfortbildung, S. 425; *Jehke*, Bestimmtheit und Klarheit, S. 31; *Papier/Möller*, AöR 122 (1997), 177, 179 f.; *Osterloh*, Gesetzesbindung und Typisierungsspielräume, S. 113, spricht von „Entscheidungsdelegation“.

819 *Degenhart*, NJW 1984, 1984, 2186-2188 explizit 2189, jedoch mit Ausnahmen in bestimmten Bereichen; *Kunig*, Rechtsstaatsprinzip, S. 407 f.; *Jesch*, Gesetz und Verwaltung, S. 204 f.

820 Etwa *Seiler*, Parlamentsvorbehalt, S. 74; *Böckenförde*, Gesetz und gesetzgebende Gewalt, S. 392, 392; so auch das BVerfG v. 17.7.1996, 2 BvF 2/93, BVerfGE 95, 1, 15, das fordert, dass keine Gewalt den ihr von der Verfassung zugeschriebenen Aufgabenbereich verliert, ohne jedoch den Aufgabenbereich abgrenzbar zu definieren.

821 Siehe insgesamt die Darstellung bei *Seiler*, Parlamentsvorbehalt, S. 73-103 m.w.N.

822 Siehe etwa bei BVerfG v. 13.6.2007, 1 BvR 1550/03 u.a., BVerfGE 118, 168, 186 f.

823 Grundsatz der Justitiabilität siehe z.B. BVerfG v. 21.12.1966, 1 BvR 339/66, BVerfGE 21, 73, 79 f. und BVerfG v. 7.7.1971, 1 BvR 775/66, BVerfGE 31, 255, 264; BVerfG v. 26.7.2005, 1 BvR 782/94 u.a., BVerfGE 114, 1, 54; *Robbers*, in: Bonner Kommentar, GG, Art. 20 Rn. 2131 (Stand: Oktober 2009); *Braun*, VerwArch 76 (1985), 24, 53; *Papier*, DStJG 12 (1989), 61, 65 f.; *Papier/Möller*, AöR 122 (1997), 177, 180 f.; in diesem Zusammenhang gewinnt auch die Diskussion über die Bindung der Richter an

Somit lässt sich festhalten, dass das Bestimmtheitsgebot nicht ausschließlich die zutreffende Weitergabe einer Information von dem Gesetzgeber an den Gesetzesadressaten sicherstellen soll, sondern gleichzeitig andere rechtsstaatliche bzw. staatsorganisationsrechtliche Funktionen erfüllt, die ohne individualrechtliche Dimension daherkommen.[824] Die unterschiedlichen Herleitungen und Funktionen des Bestimmtheitsgebotes haben unterschiedliche Gesetzesadressaten im Blick: Im Bereich der Rechtssicherheit, der die Forderung nach verständlichen Normen zugeordnet wird, ist die Rede von den Betroffenen, also denjenigen die durch die Regelungen des Gesetzes in ihren Belangen tangiert werden. Geht es um die Abgrenzung der Befugnisse der einzelnen Gewalten voneinander, rücken Exekutive, Legislative und Judikative als Bezugspunkt für die Auslegbarkeit der Norm in den Mittelpunkt. Der bezugnehmende Adressat verändert sich also je nachdem aus welchem Blickwinkel das Bestimmtheitsgebot auf eine Norm strahlt.[825]

Dabei ist jedoch einem eventuell entstandenen Eindruck entgegenzutreten, dass der Bestimmtheitsgrundsatz umfassende Detailregelungen der Lebenssachverhalte durch den Gesetzgeber fordert. Die möglichst abstrakte Formulierung von Gesetzen und insbesondere von Steuergesetzen im Speziellen ist nämlich notwendig, um eine Vielzahl wirtschaftlich identischer Sachverhaltsvarianten

---

bestimmte Methoden bei der Auslegung von Gesetzen an Bedeutung, siehe *Rüthers/Fischer/Birk*, Rechtstheorie, Rn. 706 f. m.w.N.; *Seiler*, Parlamentsvorbehalt, S. 79 f., spricht sich gegen eine solche Bedeutung des Art. 19 Abs. 4 GG aus. Dieser lasse gerade unberührt, wer (Exekutive oder Legislative) eine entsprechende Regelung treffe und sei solange nicht verletzt, wie aus anderen Gründen „offene" Normen gerichtlich überprüfbar seien; allerdings führt die letzte Einschränkung *Seilers* wiederum zur Maßgeblichkeit des Art. 19 Abs. 4 GG bei der Frage der Bestimmtheit einer Norm. *Beaucamp*, RT 42 (2011), 21, 42, wirft ein, dass unbestimmte Gesetze eine Kontrolle zwar erschweren würden, aber nicht unmöglich machten, zumal „den Gerichten" – gemeint sind wohl die für formelle und materielle Gesetze mit Normverwerfungskompetenz ausgestatteten Landesverfassungsgerichte bzw. das Bundesverfassungsgericht – „als letzter Ausweg [bleibt], eine Vorschrift als zu unbestimmt und damit verfassungswidrig zu verwerfen", was zirkelschlüssig ist. Nach BVerfG v. 26.9.1978, 1 BvR 525/77, BVerfGE 49, 168, 182, sei gerichtlicher Rechtsschutz umgekehrt auch in der Lage, „mögliche Nachteile der Unbestimmtheit der gesetzlichen Regelung bis zu einem gewissen Grade auszugleichen".

824 Siehe *Kunig*, Das Rechtsstaatsprinzip, S. 400.

825 Separat zu erörtern ist damit an späterer Stelle noch die Frage, auf welchen Adressaten für die Verständlichkeit einer Norm abzustellen ist. Siehe dazu unten 3. Teil B. III.

einer bestimmten Rechtsfolge zuzuführen.[826] Ansonsten bliebe dem Gesetzgeber nur noch die Möglichkeit einer unübersichtlichen und vermutlich auch unvollständigen Kasuistik von Einzelfällen, deren Ausmaß wegen der Vielzahl wirtschaftlicher Sachverhalte kaum vorstellbar ist.[827] Ob ein derartiges Vorgehen überhaupt die Rechtssicherheit steigern würde, ist ebenfalls zu bezweifeln.[828] Die Notwendigkeit „offener Normen"[829] als „Spielraum zum Atmen"[830] wird daher auch vom Bundesverfassungsgericht anerkannt:[831] Erforderlich ist, dass der Gesetzgeber bei der Verwendung unbestimmter Rechtsbegriffe Merkmale an die Hand gibt, die einen Maßstab für die Auslegung der Norm

826 BVerfG v. 10.10.1984, 2 BvL 1/59, BVerfGE 13, 153, 164; BVerfG v. 24.7.2018, 2 BvR 309/15 u.a., BVerfGE 149, 293, 324. BVerfG v. 13.12.1966, 1 BvR 512/65, BVerfGE 21, 1, 3 f., stellt mit Blick auf die Verfassungsmäßigkeit von § 33 EStG fest, dass dessen offene Formulierung „mit Rücksicht auf die Vielgestaltigkeit der möglichen Sachverhalte" verfassungsrechtlich nicht zu beanstanden ist; siehe auch *Hey*, Steuerplanungssicherheit, S. 550 f., und *Hill*, ZG 1987, 238, 249.

827 Schon BVerfG v. 18.12.1953, 1 BvL 106/53, BVerfGE 3, 225, 243: „Die manchmal erhobene Forderung, das Gesetz müsse so speziell sein, daß die rechtliche Lösung des Einzelfalles nahezu mit Sicherheit vorausgesehen werden könne, ist, wie geschichtliche Beispiele lehren, unerfüllbar." Grundsätzlich ebenso *Hey*, Steuerplanungssicherheit, S. 550 f., und *Herzog*, NJW 1999, 25, 26, der feststellt, dass „[w]er diesen Anspruch perfekt verwirklichen will, [...] sich in einen immerwährenden Wettlauf mit dem praktischen Leben, das bekanntlich stets einen Fall mehr kennt als der klügste Theoretiker und damit auch als der klügste Gesetzgeber [, begibt]." Auch *Noll*, Gesetzgebungslehre, S. 187, sieht die Gefahr zwangsläufiger zahlreicher Regelungslücken.

828 Zweifel äußern auch *Bleckmann*, JZ 1995, 685, 686, und *Noll*, Gesetzgebungslehre, S. 187.

829 Zum Begriff der „offenen Normen" siehe grundlegend *Geitmann*, Offene Normen, S. 47-64: Dieser nutzt den Begriff der Offenheit aufgrund seiner Wertneutralität und unterscheidet zwischen planmäßiger Offenheit, unter die er unbestimmte Rechtsbegriffe subsumiert und planwidrige Offenheit, die er als Gesetzeslücke (ihrerseits wieder Voraussetzung für Rechtsfortbildung, siehe *Larenz*, Methodenlehre, S. 370-397) oder unklare Verweisung bzw. andere „Unklarheit" bezeichnet. Der Begriff der Klarheit ist dabei jedoch deckungsgleich mit dem hier verwendeten.

830 Begriff von *Herzog*, NJW 1999, 25, 26; *Kunig*, Das Rechtsstaatsprinzip, S. 401, bedient sich ähnlich bildlicher Sprache und spricht bei kasuistischen Regelungen von einem „Ersticken" des Spielraums der Judikative.

831 BVerfG v. 12.11.1958, 2 BvL 4/56 u.a., BVerfGE 8, 274, 326; BVerfG v. 26.9.1978, 1 BvR 525/77, BVerfGE 49, 168, 181; BVerfG v. 24.7.2018, 2 BvR 309/15 u.a., BVerfGE 149, 293, 324.

bilden.[832] Das müssen nicht zwangsweise geschriebene Worte im Gesetz sein, sondern der Maßstab kann sich auch aus der Systematik oder dem Sinn und Zweck der Norm in einem Normengefüge ergeben. Angesprochen ist damit das Merkmal der Auslegbarkeit der entsprechenden Tatbestände und Rechtsfolgen. Verkürzt gesagt: Ist eine Norm auslegbar, ist das Bestimmtheitsgebot insoweit nicht verletzt. Umgesetzt werden „offene" Normen auf Tatbestandsseite durch die Verwendung unbestimmter Rechtsbegriffe und Generalklauseln, auf Rechtsfolgenseite durch das Ermessen.[833] Erforderlich ist in diesem Zusammenhang somit eine Abgrenzung von unbestimmtem, aber zulässigem Recht zu unbestimmtem verfassungswidrigen Recht.[834] Diese Abgrenzung wird mithilfe des Bestimmtheitsgebotes durchgeführt, auch wenn es hierbei keine trennscharfe Formel bietet, sondern vielmehr nur ein grobes Raster zu geben vermag[835], sodass die Prüfung, ob ein Gesetz noch als hinreichend bestimmt anzusehen ist, stets einzelfallorientiert ist.[836]

Die Forderung nach der Verständlichkeit einer Norm liegt somit im Spannungsfeld des Bestimmtheitsgrundsatzes zwischen der möglichst deutlichen Formulierung von Tatbestand und Rechtsfolge einerseits und der Anforderung an die Gesetzgebung andererseits, möglichst vollständig alle Lebenssachverhalte in Form eines Tatbestandes und einer Rechtsfolge zu erfassen, was ohne „offene" und damit auslegungsbedürftige Normen nicht möglich ist. Beide Pole dieses Spannungsfeldes müssen somit Berücksichtigung finden und es kann vor

---

832 BVerfG v. 10.11.1981, 1 BvL 18/77 u.a., BVerfGE 59, 36, 52, für die Rechtsprechung; diese Anforderung lässt sich aber auf die Anwendung der Norm durch die Exekutive übertragen.

833 *Hey*, Steuerplanungssicherheit, S. 551; siehe auch *Drüen*, in: Tipke/Kruse, AO/FGO, § 5 AO Rn. 7 (Stand: Oktober 2018); *Seiler*, Parlamentsvorbehalt, S. 137-142; zutreffend stellte bereits *Geitmann*, Offene Normen, S. 53, dar, dass der Gesetzgeber durch unbestimmte Rechtsbegriffe nur eine „richtige" Deutungsmöglichkeit vorsieht, wohingegen Ermessen der Finanzbehörde verschiedene Handlungsmöglichkeiten einräumt. Dennoch sieht *Geitmann*, Offene Normen, S. 56 f., keinen prinzipiellen Unterschied zwischen „Ermessen" und „Bestimmtheit" mit Blick auf den Grad der Bestimmtheit.

834 *Jehke*, Bestimmtheit und Klarheit, S. 30.

835 Siehe *Gassner*, ZG 1996, 37, 42-45; in diesem Sinne wohl auch *Geitmann*, Offene Normen, S. 30 f., der auf die Unterschiede bei der Auslegung im Einzelfall und im Rahmen einer Bestimmtheitsprüfung hinweist.

836 So das BVerfG bereits in einer seiner ersten Entscheidungen v. 23.10.1951, 2 BvG 1/51, BVerfGE 1, 14 (Leitsatz 19) zur Bestimmtheit nach Art. 80 Abs. 1 GG; BVerfG v. 15.4.1970, 2 BvR 396/69, BVerfGE 28, 175, 183 zu Art. 103 Abs. 2 GG.

diesem Hintergrund nicht einseitig die Forderung nach der Verständlichkeit einer Norm aufgestellt werden. Dennoch lässt sich die Normverständlichkeit im Bestimmtheitsgrundsatz grundlegend verorten.

4. *Verhältnis zur Normenklarheit*

Bei dem Begriff der Normenklarheit begegnet man ähnlichen Problemen wie auch bei dem Begriff des Bestimmtheitsgebotes: Es findet sich – trotz Verfestigung in der Rechtsprechung des Bundesverfassungsgerichts[837] – keine einheitliche Definition und es besteht Uneinigkeit über die dogmatische und verfassungsrechtliche Einordnung der Normenklarheit insgesamt, aber auch mit Blick auf das Bestimmtheitsgebot.[838] Dies macht eine Auseinandersetzung mit ihr nicht leicht. Wie der Begriff der Bestimmtheit ist auch der Begriff der Normenklarheit Ausdruck der Forderung nach der Voraussehbarkeit und der – nicht in einem mathematischen Sinne gemeinten – Berechenbarkeit des Rechts.[839] Soweit die Normenklarheit nicht positiv als Ausprägung und damit Teil des Bestimmtheitsgrundsatzes definiert und verstanden wird, erfolgt in der Literatur oftmals eine Definition der Normenklarheit durch Abgrenzung vom Bestimmtheitsgrundsatz.[840] Unter den Anwendungsbereich der Normenklarheit werden solche Aspekte einer Norm subsumiert, die Ausdruck einer unvollkommenen Gesetzestechnik[841] bzw. unvollkommenen sprachlichen Ausgestaltung[842] sind.[843] Angesprochen wird eine Durchsichtigkeit im Zusammenspiel der Begriffe, Sätze und Paragraphen sowie eine Übersichtlichkeit im systematischen

---

837 So schon *Kunig*, Das Rechtsstaatsprinzip, S. 201.

838 Siehe oben Fn. 806; zutreffend resümierend auch *Towfigh*, Der Staat 48 (2009), 29, 38.

839 BVerfG v. 10.11.1998, 2 BvR 1057/91 u.a., BVerfGE 99, 219, 243; BVerfG v. 9.4.2003, 1 BvL 1/01, BVerfGE 108, 52, 75; *Grzeszick*, in: Maunz/Dürig, GG, Art. 20 VII. Rn. 53 und 58 (Stand: November 2006); *Robbers*, in: Bonner Kommentar, GG, Art. 20 Rn. 2130, 2280 (Stand: Oktober 2009); *Barth*, Rechtsfortbildung, S. 542 f.; *Jehke*, Bestimmtheit und Klarheit, S. 181; *Hey*, Steuerplanungssicherheit, S. 548.

840 Siehe die Zusammenstellung bei *Jehke*, Klarheit und Bestimmtheit, S. 180 f. m.w.N.

841 *Geitmann*, Offene Normen, S. 28; *Braun*, VerwArch, 76 (1985), 24, 46.

842 *Hey*, Steuerplanungssicherheit, S. 548.

843 A.A. *Beaucamp*, RT 42 (2011), 21, 37 f., der eine Differenzierung zwischen Normenbestimmtheit und Normenklarheit ablehnt, um nicht „in die gefährliche Nähe des […] Irrtums, Gesetze könnten stets allgemeinverständlich formuliert werden“ zu gelangen. Ferner sei das Zusammenspiel mehrerer Normen bereits bei der Normenbestimmtheit betrachtet und bedürfe keiner separaten Beurteilung durch das Konstrukt der Normenklarheit.

Aufbau,[844] wobei zutreffend eingewendet wird, dass Systemhaftigkeit und Widerspruchsfreiheit nicht formale, sondern materiale Gestaltungsprinzipien sind, die jedoch auf die formale Ausgestaltung des Gesetzes rückkoppeln.[845] Es sei die Normenklarheit daher eine Frage der Gesetzessprache und des „Wie" bei der Fassung von Gesetzen.[846]

Das Bundesverfassungsgericht nimmt in seinem Beschluss vom 10.11.1998[847] bei dem Versuch einer Konkretisierung des Gebotes der Normenklarheit insbesondere auf die nach § 370 AO strafbewehrten Erklärungspflichten des Steuerpflichtigen Bezug und fordert vor diesem Hintergrund einfache und klare gesetzliche Regelungen.[848] Was das Bundesverfassungsgericht damit konkret meint, verdeutlicht es anhand des Verhältnisses von Steuertatbestand und Aufgliederung desselben durch Tatbestandsmerkmale im Gesetz am Beispiel des Familienleistungsausgleiches: „Soweit ein Steuertatbestand sich nach personenbezogenen Daten wie Familienstand, Anzahl der Kinder und Alter bestimmt, kann der steuererhebliche Tatbestand so definiert werden, daß die bloße Angabe dieser Daten die Anwendung des Gesetzes möglich macht."[849] Normenklarheit ist damit die Forderung an den Gesetzgeber, die Anzahl von Tatbestandsmerkmalen qualitativ und quantitativ auf das zu begrenzen, was zur Regelung des Sachverhaltes erforderlich ist. Notwendig ist somit eine geringe Dichte an Tatbestandsmerkmalen und Rechtsfolgeanordnungen.[850] Von der konkreten Umsetzung hat das Bundesverfassungsgericht ebenfalls eine Vorstellung: „[E]in vereinheitlichter Entlastungstatbestand [kann ...] dazu dienen, komplizierte Lebenssachverhalte übersichtlicher und verständlicher zu machen, um so den steuerlichen Belastungsgrund zu verdeutlichen und in das Bewußtsein zu rücken."[851] Dies bedeutet eine Forderung, gesetzliche Tatbestände übersichtlicher zu gestalten, indem z.B. Grundtatbestände gebildet werden, die Grundaussagen beinhalten und gesetzliche Wertungen verdeutlichen. Darüber hinaus sollen dann einzelne Normen spezielle, von dem Grundsachverhalt divergierende bzw. ergänzende Lebenssachverhalte regeln. Dadurch wird die gesetzliche

844 *Geitmann*, Offene Normen, S. 28, 48; *Braun*, VerwArch 76 (1985), 24, 46.

845 *Hey*, Steuerplanungssicherheit, S. 249.

846 *Geitmann*, Offene Normen, S. 28; *Braun*, VerwArch 76 (1985), 24, 46.

847 BVerfG v. 10.11.1998, 2 BvR 1057/91 u.a., BVerfGE 99, 216.

848 BVerfG v. 10.11.1998, 2 BvR 1057/91 u.a., BVerfGE 99, 216, 243.

849 BVerfG v. 10.11.1998, 2 BvR 1057/91 u.a., BVerfGE 99, 216, 243.

850 Zum Begriff der Dichte als Bestandteil der Normenklarheit siehe *Towfigh*, Der Staat 28 (2009), 29, 31 f.

851 BVerfG v. 10.11.1998, 2 BvR 1057/91 u.a., BVerfGE 99, 216, 243.

Regelung in ihrem Aufbau deutlicher und vermittelt grundlegende rechtliche Wertungen. Dieses Wissen kann dem Gesetzesadressaten dabei helfen, die übrigen im Gesetz enthaltenen Informationen zu entschlüsseln. Diese Interpretation des Bundesverfassungsgerichts von der Normenklarheit ist in der Ecke zu verorten, in der auch die Forderung nach Verständlichkeit der Norm für den Bürger residiert, sodass die Normenklarheit insoweit der Verwirklichung der Verständlichkeit dient.

Eine weitere Konkretisierung durch das Bundesverfassungsgericht erfährt die Normenklarheit im Beschluss vom 9.4.2003[852]. „Soweit die praktische Bedeutung einer Regelung für den Normunterworfenen nicht nur von der Geltung und Anwendung einer Einzelnorm abhängt, sondern vom Zusammenspiel von Normen unterschiedlicher Regelungsbereiche [...] müssen die Klarheit des Norminhalts und die Voraussehbarkeit der Ergebnisse der Normanwendung gerade auch im Hinblick auf dieses Zusammenwirken gesichert sein."[853] Die Normenklarheit einer Regelung ist danach dann besonders gefährdet, wenn Normen aus mehreren Rechtsgebieten in der Art und Weise zusammenwirken, dass sie sich aufeinander beziehen und gegenseitig bedingen. Für diese Art von Verweisen wird der Begriff der externen Interdependenz verwendet.[854] Stammen die Normen dazu nicht aus einem, sondern aus mehreren verschiedenen Regelungsbereichen, wird von qualifizierten externen Interdependenzen gesprochen.[855] Die innerhalb einer Norm erfolgenden Bezugnahmen und Bedingungen werden dagegen als interne Interdependenzen bezeichnet.[856] Wie die Dichte einer Norm, ist auch die Frage nach internen und externen Norminterdependenzen letztlich eine Frage der Verständlichkeit der Norm, sodass insoweit die Normenklarheit für diese streitet. Diese Aussage muss allerdings insoweit begradigt werden, als dass Norminterdependenzen nicht stets der Verständlichkeit abträglich sind bzw. die Zusammenfassung aller Tatbestandsmerkmale in einer Norm nicht notwendigerweise zu einer verständlicheren Darstellung führen muss, als eine

852 BVerfG v. 9.4.2003, 1 BvL 1/01, BVerfGE 108, 52.

853 BVerfG v. 9.4.2003, 1 BvL 1/01, BVerfGE 108, 52, 75.

854 Zur Begriffsherleitung siehe *Towfigh*, Der Staat 48 (2009), 29, 32, der zwischen externen Interdependenzen und internen Interdependenzen unterscheidet. Letztere umfassen, dass sich verschiedene Fragmente einer Norm aufeinander beziehen und einander bedingen; siehe auch *Seer/Michalowski*, GmbHR 2017, 609, 615.

855 *Towfigh*, Der Staat 48 (2009), 29, 32.

856 *Towfigh*, Der Staat 48 (2009), 29, 32.

Regelungstechnik, die zwischen verschiedenen Normen bzw. Normkomplexen verweist.[857]

Die vom Bundesverfassungsgericht in jüngerer Vergangenheit zur Normenklarheit gezählte Normenwahrheit[858] ist im Zusammenhang mit der Verständlichkeit ebenfalls zu untersuchen. Inhaltlich setzt die Normenwahrheit in Ansehung der Regelungserwartung des Normadressaten zweierlei Bezugspunkte, die den Maßstab für die Normenwahrheit bilden.[859] Erstens die formale Normenwahrheit[860], die umfasst, dass sich eine Norm an ihren durch äußere sprachliche Merkmale gesetzten Determinanten festhalten lassen muss – kurz gesagt: „Eine Norm muss halten, was sie verspricht"[861]. Die Bezeichnung einer Norm etwa als Rechtsverordnung[862] oder Übergangsregelung[863] muss mit der tatsächlichen Regelungswirkung übereinstimmen; der Gesetzgeber darf nicht „links blinken und rechts fahren". Davon ist in der Folge jedoch eher ein effektiver Rechtsschutz im Sinne einer Rechtsmittelklarheit umfasst bzw. eine Rückkopplung der Normerwartung auf die materielle Regelung Gegenstand der formalen Normenwahrheit. Eine Verständlichkeit der Norm wird durch den Maßstab der formalen Normenwahrheit nicht gefördert. Die Normenwahrheit umfasst aber zweitens noch die materiale Normenwahrheit und mit ihr eine historisch-teleologisch fundierte Normerwartung, die das Bundesverfassungsgericht in der Entscheidung zur Rückmeldegebühr an baden-württembergischen Universitäten[864] formulierte. Dort hält das Bundesverfassungsgericht den Gesetzgeber an einer getroffenen Formulierung für die Begründung einer Rückmeldegebühr

---

857 BVerfG v. 3.3.2004, 1 BvF 3/92, BVerfGE 110, 33, 63.

858 BVerfG v. 19.3.2003, 2 BvL 9/98 u.a., BVerfGE 108, 1, 20; BVerfG v. 13.9.2005, 2 BvF 2/03, BVerfGE 114, 196, 236 f.; BVerfG v. 4.7.2007, 2 BvE 1/06 u.a., BVerfGE 118, 277, 366; BVerfG v. 6.11.2012, 2 BvL 51/06 u.a., BVerfGE 132, 334, 350, 355.

859 Siehe dazu insgesamt die Auseinandersetzung von *Drüen*, ZG 2009, 60; wichtig ist die Feststellung, dass Normenwahrheit keine Beurteilung der Norm im Sinne einer absoluten „wahren" oder „falschen" Regelung ist, sondern auf die Abweichung von der erwarteten Regelung der Norm zur tatsächlichen Regelung der Norm abstellt, siehe *Drüen*, a.a.O., 65 f.

860 Begriff nach *Drüen*, ZG 2009, 60, 68.

861 So treffend verkürzt von *Drüen*, ZG 2009, 60, 67, nach der Formulierung des BVerfG v. 13.9.2005, 2 BvF 2/03, BVerfGE 114, 196, 237: „Überschrift und Einleitung eines Regelungswerkes müssen auch nach zahlreichen Änderungen noch halten, was sie versprechen."

862 Siehe BVerfG v. 13.9.2005, 2 BvF 2/03, BVerfGE 114, 196, 237-240.

863 Siehe BVerfG v. 12.2.2003, 2 BvL 3/00, BVerfGE 107, 218, 256.

864 BVerfG v. 19.3.2003, 2 BvL 9/98 u.a., BVerfGE 108, 1.

fest und lässt eine spätere Ausdehnung auf weitere Zwecke nicht zu.[865] Ähnlich, ausgedehnt auf die Erwägungen im Gesetzgebungsverfahren, hatte das Bundesverfassungsgericht in der Entscheidung zur sog. „Pendlerpauschale erst ab dem 21. Entfernungskilometer“[866] entschieden. Nur, wenn „Förderungs- und Lenkungsziele von erkennbaren gesetzgeberischen Entscheidungen getragen werden, sind sie auch geeignet, rechtfertigende Gründe für steuerliche Belastungen oder Entlastungen zu liefern“[867]. Ist ein Grund für die gesetzliche Regelung im Gesetzgebungsverfahren nicht genannt, kann er folglich nicht mehr nachgeschoben werden und bleibt bei der Frage nach den – ggf. eine Ungleichbehandlung rechtfertigenden – Zwecken einer Norm unbeachtet.[868] Doch diese Ausprägung der Normenklarheit hat es ebenfalls nicht zum Ziel, eine Verständlichkeit des Gesetzes zu sichern. Denn die Ermittlung der Erwartung an eine Norm setzt bereits voraus, dass ihr Sinn und Zweck und ggf. auch ihre systematische Stellung im Gesetz verstanden worden ist. Normenwahrheit knüpft damit an einer Stelle an, an der Verständlichkeit besteht, und dient ihr somit nicht.

Auch wenn die aufgeführten Versuche des Bundesverfassungsgerichts, der Normenklarheit Struktur und Konturen zu verschaffen, Hoffnungen auf eine klarere Dogmatik weckten, verwischen andere Aussagen des Bundesverfassungsgerichts das Verhältnis von Bestimmtheit und Normenklarheit vor allem dann, wenn auch die Klarheit der Norm als Werkzeug zur Abgrenzung von legislativen zu exekutiven und judikativen Aufgabenbereichen herangezogen wird.[869] Es lässt sich dennoch festhalten, dass der Aufbau einer Norm, die sprachliche Ausgestaltung, die Widerspruchsfreiheit sowie der äußere Kontext, also das

---

865 BVerfG v. 19.3.2003, 2 BvL 9/98 u.a., BVerfGE 108, 1, 20 f.; im Streitfall ging es darum, dass die Gebühren „für die Rückmeldung“, nicht „anlässlich der Rückmeldung“ erhoben werden sollten und daher die Gebühr nur solche Kosten umfassen kann, die bei der Bearbeitung der Rückmeldung entstehen, BVerfG, a.a.O., 25. Siehe dazu auch den ähnlich gelagerten Fall zu Rückmeldegebühren nach dem Berliner Hochschulgesetz BVerfG v. 6.11.2012, 2 BvL 51/06 u.a., BVerfGE 132, 334, 350-355.

866 BVerfG v. 9.12.2008, 2 BvL 1/07 u.a., BVerfGE 122, 210.

867 BVerfG v. 9.12.2008, 2 BvL 1/07 u.a., BVerfGE 122, 210, 231 f., 238, mit Verweis auf seine vorangegangene Rechtsprechung.

868 Kritik zu dieser Art von Rechtsprechung (konkret zu BVerfG v. 19.3.2003, 2 BvL 9/98 u.a., BVerfGE 108, 1) bei *Schiller*, NVwZ 2003, 1337, 1340 f., der die Messlatte für den Gesetzgeber als zu hoch angesetzt sieht und für eine Austauschbarkeit von gesetzgeberischen Gründen plädiert, soweit diese nicht durch den Wortlaut der Norm festgeschrieben sind.

869 BVerfG v. 24.7.2018, 2 BvR 309/15, BVerfGE 149, 293, 323 f.

Zusammenspiel mit und die Verweisungen auf andere Normen oder Normenkomplexe als Merkmale eines Verständlichkeitsgedankens, eine Grundlage im Grundsatz der Normenklarheit finden.

5. *Ergebnis: Evaluation der vorläufigen Definition der Normenverständlichkeit*

Die Darstellung hat zu Tage gefördert, dass sich die Forderung nach der Verständlichkeit einer Norm sowohl im Grundsatz der Normenklarheit als auch im Grundsatz der Normenbestimmtheit verorten lässt. Während unter der Normenklarheit oft Anforderungen an die Widerspruchsfreiheit, die Übersichtlichkeit, die Verweisungen auf andere Normen und die sprachliche Ausgestaltung verstanden werden,[870] wird das Bestimmtheitsgebot als inhaltsbezogen bezeichnet, was bestimmbare Inhalte und begriffliche Präzision bei der Abfassung von Rechtsnormen umfasst.[871] Dabei sind die verfassungsrechtlichen Rahmenbedingungen der Normenklarheit und Normenbestimmtheit nicht vollkommen identisch: Die Frage der innerstaatlichen Kompetenzverteilung gewinnt bei der Normenbestimmtheit ein deutlich höheres Gewicht als bei der Normenklarheit.[872] Auch ist die Behauptung, dass sich Normenklarheit und der Bestimmtheitsgrundsatz widersprechen und gegenläufige Tendenzen haben können,[873] in der Sache sicherlich nicht von der Hand zu weisen, kann eine hohe gesetzliche Bestimmtheit doch zu unübersichtlichen Normkomplexen und damit unklaren Normen führen.[874]

Für die Verständlichkeit einer Norm lassen sich weder aus dem einen noch aus dem anderen Grundsatz absolute Anforderungen herleiten: Die Verständlichkeit als fixe Forderung „at all costs" wurde abgelehnt, denn zentrale

870 *Hey*, Steuerplanungssicherheit, 548; *Robbers*, in: Bonner Kommentar, GG, Art. 20 Rn. 2282, 2285 f. (Stand: Oktober 2009); *Geitmann*, Offene Normen, S. 28; *Kunig*, Das Rechtsstaatsprinzip, S. 203, ordnet die Widerspruchsfreiheit wiederum der Bestimmtheit einer Norm zu.

871 *Jehke*, Bestimmtheit und Klarheit, S. 30.

872 Siehe auch *Jehke*, Bestimmtheit und Klarheit, S. 30.

873 Siehe *Geitmann*, Offene Normen, S. 28; *Braun*, VerwArch 76 (1985), 24, 46; *Hey*, Steuerplanungssicherheit, S. 549; *Jehke*, Bestimmtheit und Klarheit, S. 182 f.; *Towfigh*, Der Staat 2009, 29, 45 f.; *Waldhoff/Grefrath*, IStR 2013, 477, 478.

874 A.A. *Strouhal*, ZG 1986, 117, 121, 129, dessen These lautet, dass sich nicht die juristische Fachsprache und Verständlichkeit gegenseitig ausschließen, sondern das Verständnis des Laien durch eine unzureichende Realisierung der juristischen Fachsprache hervorgerufen wird.

Handlungsinstrumente des Staates sind die abstrakt-generellen Gesetze, die zwangsweise die durch die Verwendung unbestimmter Rechtsbegriffe zur Reduzierung der Verständlichkeit führen. Vergegenwärtigt man sich die oben gebildete vorläufige Definition der Verständlichkeit, tritt zunächst Ernüchterung ein: Verständlichkeit wurde dort definiert als die kognitive Verarbeitung des Gesetzestextes durch den Adressaten in der Art und Weise, dass die vom Gesetzgeber in den Gesetzestext eingekleidete Information beim Empfänger von diesem zutreffend entschlüsselt wird. Diese absolute Forderung wird von den Geboten der Normenbestimmtheit und der Normenklarheit nicht gestützt und kann somit nicht aufrechterhalten werden, sondern ist zu modifizieren bzw. in ein Verhältnis zu den anderen Anforderungen zu setzen. Man könnte die Forderung nach der Verständlichkeit einer Norm als eine Art Beachtungsgebot an den Gesetzgeber betrachten. Diese müsste erstens die Normenklarheit und die Normenbestimmtheit so austarieren, dass beide Aspekte ausgeprägt sind und es nicht zu einem Widerspruch zwischen den Prinzipien kommt.[875] Zweitens müsste eine Forderung nach Verständlichkeit im Gestaltungsbereich zwischen dem „hinreichend bestimmten Gesetz" einerseits und dem „zu kasuistischen Gesetz" andererseits für Ausgleich sorgen. Die Aussage, dass der Begriff der Verständlichkeit frei von einer eigenständigen Bedeutung sei,[876] muss in diesem Zuge verworfen werden.

III. Subjektiver Bezugspunkt der Verständlichkeit oder: Für wen müssen Steuergesetze verständlich sein?

1. *Gesetzesadressat als notwendiger Bezugspunkt*

In der bisherigen Diskussion war von dem Adressaten oder dem Betroffenen die Rede, ohne dass herausgearbeitet worden ist, welcher Kreis von Personen darunter zu verstehen ist. Im Bereich des Steuerrechts existiert neben dem rechtlich

---

875 So wies auch schon *Hill*, ZG 1987, 238, 262 f., vor dem Hintergrund der Erkenntnis, dass unbestimmte Rechtsbegriffe nicht von vornherein unzulässig sind, darauf hin, dass das Bemühen um Präzision nicht zulasten der Verständlichkeit gehen darf. Auch *Noll*, Gesetzgebungslehre, S. 190, fordert eine Suche des Gesetzgebers nach dem optimalen Kompromiss zwischen Verständlichkeit und Präzision, übertragen auf die hiesige Terminologie: zwischen Normenklarheit und der Bestimmtheit einer Norm.

876 *Jehke*, Bestimmtheit und Klarheit, S. 22 f. und dort Fn. 16, der konstatiert, dass die Vielzahl schwammiger Begriffe aus der Unsicherheit über den dogmatischen Gehalt von Klarheits- und Bestimmtheitsgrundsatz resultiere und nennt in diesem Zusammenhang auch explizit den Begriff der Verständlichkeit.

nicht vorgebildeten Bürger eine Vielzahl bereits von Berufs wegen (steuer-)rechtlich gebildeter Personengruppen. Zu nennen sind etwa Rechtsanwälte, Steuerberater, Finanzbeamte oder Ministeriumsbeamte.[877] Auch die Möglichkeiten der Auseinandersetzung mit dem Recht sind durch verschiedene faktische Umstände beschränkt. So wird die Finanzverwaltung mit einem breiten Wissenspool mehr zeitliche und personelle Möglichkeiten haben, sich mit dem Inhalt der Gesetze auseinanderzusetzen, als es der einzelne Steuerpflichtige, aber auch der allein arbeitende Intermediär kann. Darüber hinaus sind Verständlichkeitsfragen, die Gesetze betreffen, dann auf bestimmte Adressatengruppen beschränkt, wenn sich die Normen ausdrücklich oder der Natur der Sache nach nur an bestimmte Adressaten wenden. Isoliert betrachtet für den Bereich der Steuererklärungspflicht kommen drei Gruppen an Adressaten in Betracht: Der Steuerpflichtige, die Finanzbehörde bzw. die Finanzverwaltung oder die Finanzgerichtsbarkeit.

Der Steuerpflichtige ist bei der Steuererklärungspflicht dem Grunde nach Gesetzesadressat, wenn es sich um eine gesetzliche Steuererklärungspflicht handelt. In den Ausnahmefällen, in denen vor Abgabe der Steuererklärung eine Aufforderung durch die Finanzbehörde ergeht, ist, soweit der Aufforderung der Finanzbehörde Anzeigepflichten vorweggehen, wie z.B. im Falle des § 30 ErbStG, eine Gesetzeskenntnis der Anzeigepflichten, nicht jedoch der Steuererklärungspflicht als solcher erforderlich. Die Darstellung der Steuererklärungsformulare hat gezeigt, dass der Steuerpflichtige in seiner Steuererklärung – soweit sich die dort gestellten Abfragen nicht in der bloßen Wiedergabe von Sachverhalten erschöpfen – nicht umhin kommt, sich mit dem Inhalt der materiellen Steuergesetze auseinanderzusetzen.[878] Deutlich wurde dies insbesondere dann, wenn die Abfragen in den Steuererklärungsvordrucken die Subsumtion eines Sachverhaltes unter das Gesetz verlangen, wie es etwa bei der Angabe des Gewinns aus Gewerbebetrieb ist, aber auch schon im Bereich der Subsumtion von Aufwendungen unter die Betriebsausgaben bzw. Werbungskosten.[879] Darüber hinaus kommt der Steuerpflichtige in den Fällen der wirksamen Ausübung von Wahlrechten nicht umhin, sich mit dem Inhalt des Steuergesetzes auseinanderzusetzen, wenn er die Rechtsfolgen seiner Wahlrechtsausübung nicht insgesamt dem Zufall überlassen möchte.[880] Auch bei der Frage, ob Anträge zu stellen sind oder

877 Wie *Tipke*, Steuerrechtsordnung III, S. 1338 f., ausführt, vermag die (allgemein-)juristische Ausbildung allein den Rechtsanwalt noch nicht dazu befähigen, das Steuerrecht zu durchdringen, sodass auch hier zu differenzieren ist.

878 Siehe oben 2. Teil B. IX. 1.

879 Siehe oben 2. Teil B. IX. 1. c.

880 Siehe oben 2. Teil B. IX. 1. d.

nicht, ist der Steuerpflichtige darauf hingewiesen zu verstehen, welche rechtlichen Folgen mit der Antragstellung verbunden sind.[881] Diese verschieden ausgeprägte Entscheidungsverantwortung des Steuerpflichtigen erfordert neben der Kenntnis der Steuergesetze auch eine Subsumtion unter diese, sodass sich die Steuergesetze an den einzelnen Steuerpflichtigen richten, dieser mithin als Adressat der Steuergesetze anzusehen ist.

Die Auffassung, dass sich die Gesetze ausschließlich an die Verwaltung richten und eine darüberhinausgehende Außenwirkung der Norm an die Bürger sekundärer Natur ist,[882] ist mittlerweile überholt und wird nicht mehr vertreten.[883] Dennoch hat die Finanzbehörde die Steuern gem. § 85 AO nach Maßgabe der Steuergesetze gleichmäßig festzusetzen, was die Kenntnis und das Verständnis der steuerrechtlichen Normen denklogisch voraussetzt. Ebenso bedürfen der Amtsermittlungsgrundsatz aus § 88 AO und die damit zusammenhängende Ausfüllung des Ermittlungsermessens der Kenntnis und des Verständnisses der steuerrechtlichen Normen. Es lässt sich damit festhalten, dass die Finanzbehörden ihren von Grundgesetz und den einfachen Steuergesetzen auferlegten Pflichten nur dann nachkommen können, wenn sich die Gesetze auch an die Finanzbehörden richten, diese somit ebenfalls Adressat steuerlicher Normen sind.

Bei der Überprüfung der behördlichen Handlung im Fall des gerichtlichen Rechtsschutzes ist es der Richter, der die steuerrechtliche Norm anwenden muss. Somit ist es nicht weiter erörterungswürdig, dass auch die Judikative in

---

881 Siehe oben 2. Teil B. IX. 1. e.

882 Wenn auch nicht grundlegend, jedoch diskussionsanstoßend *von Jhering*, Der Zweck im Recht, S. 257-264, der Normen als „abstrakten Imperativ für das menschliche Handeln“ ansieht und zwischen „internen Zwangsnormen“, die Organisation, Kompetenz und Geschäftsgang der verschiedenen Behörden „im Innern der Zwangsmaschinerie des Staates“ regeln, und „externen Zwangsnormen“, die sich auch, aber nur sekundär an das Volk richten, unterscheidet. Entscheidend sei der Charakter eines Rechtssatzes, „daß irgend ein Träger der staatlichen Gewalt mit der praktischen Verwirklichung desselben betraut ist“. Im Ergebnis seien damit „[a]lle gesetzlichen Imperative ohne Ausnahme und in erster Linie an die Behörde gerichtet“, denn sonst würde „unsere ganze Definition von der Rechtsnorm […] hinfällig werden“. Dieser Philosophie folgend *M. E. Mayer*, Rechtsnormen und Kulturnormen, Vorwort. Siehe auch *U. Krüger*, Der Adressat des Rechtsgesetzes, S. 19 f. m.w.N.

883 Siehe die Darstellung bei *Bull*, Verwaltung durch Maschinen, S. 75 f.

der konkreten Entscheidungssituation Adressatin des Gesetzestextes – wegen Art. 19 Abs. 4 GG Letztadressatin – ist.[884]

2. *Aussagen des Bundesverfassungsgerichts*

Das Bundesverfassungsgericht äußerte sich für das Steuerrecht erstmals 1961[885] im Rahmen der rechtsstaatlichen Anforderungen an ein Gesetz zu dem in Betracht kommenden Gesetzesadressaten:

„Die Grundsätze des Rechtsstaates fordern, daß die Norm, die eine Steuerpflicht begründet nach Inhalt, Gegenstand, Zweck und Ausmaß hinreichend bestimmt und begrenzt ist so daß die Steuerlast meßbar und in gewissem Umfang für den Staatsbürger voraussehbar und berechenbar wird. Das folgt einmal aus dem Grundsatz der Gesetzmäßigkeit der Verwaltung, der nicht nur irgendeine, sondern eine näher begrenzte und näher bestimmte Ermächtigung der Exekutive zur Vornahme belastender Verwaltungsakte fordert und der darüber hinaus gebietet, daß Eingriffe der öffentlichen Gewalt für den Staatsbürger möglichst berechenbar sein sollen. Das Gesetz muß die Tätigkeit der Verwaltung inhaltlich normieren und darf sich nicht darauf beschränken, allgemein gehaltene Grundsätze aufzustellen. Eine lediglich formelle rechtsatzmäßige Bindung der Eingriffsverwaltung genügt nicht. Insbesondere ist eine ‚vage Generalklausel', die es völlig dem Ermessen der Exekutive überläßt, die Grenzen von Freiheit und Eigentum des Staatsbürgers im einzelnen zu bestimmen, mit dem Grundsatz der Gesetzmäßigkeit der Verwaltung nicht vereinbar [...]. Diese Konsequenz ergibt sich weiter aus dem Prinzip der Gewaltenteilung, das die Exekutive auf die Ausführung der Gesetze beschränkt, und schließlich auch aus der rechtsstaatlichen Forderung nach möglichst lückenlosem gerichtlichen Schutz gegen die Verletzung der Rechtssphäre des Einzelnen durch Eingriffe der öffentlichen Gewalt, wie er durch Art. 19 Abs. 4 GG gewährleistet ist [...]. Ist der Steuertatbestand im Gesetz nicht hinreichend bestimmt, so kann der Richter die Anwendung der Norm durch die Verwaltung nicht nachprüfen."[886]

---

884 *Seiler*, Parlamentsvorbehalt, S. 139; hier sei noch auf die ebenfalls überholte These von *M. E. Mayer*, Rechtsnormen und Kulturnormen, S. 46, hingewiesen, der, in Anlehnung an *von Jherings* Philosophie, Gesetze als abstrakten Befehl an den Richter ansieht, der diesen Befehl in einem Einzelall auf die „Unterthanen" für anwendbar erklärt; zur Kritik daran siehe *U. Krüger*, Der Adressat des Rechtsgesetzes, S. 20-24.

885 BVerfG v. 10.10.1961, 2 BvL 1/59, BVerfGE 13, 153.

886 BVerfG v. 10.10.1961, 2 BvL 1/59, BVerfGE 13, 153, 160 f.

Diese Rechtsprechung zeigt die verschiedenen Herleitungsquellen des Bestimmtheitsgrundsatzes, wie sie auch hier oben dargestellt worden sind. Die in diesem Zusammenhang getroffenen Äußerungen zu Gesetzesadressaten lassen zunächst die Feststellung zu, dass Adressaten der steuerrechtlichen Regelung sowohl die Finanzbehörde als Exekutive, das Gericht als die Exekutive überprüfende Gewalt und letztlich der Bürger, für den die steuerliche Belastung zwar nicht auf einen genauen Betrag, aber doch in der Höhe grob abschätzbar sein muss, sind. Versucht man die Aussage des Bundesverfassungsgerichts auf der Suche nach einem Rangverhältnis der verschiedenen angesprochenen Adressaten zueinander zu interpretieren, gibt der Wortlaut des Urteils ein solches nicht her. Setzt man allerdings voraus, dass die Exekutive und Judikative über vorgebildetes Personal und entsprechende Ressourcen zur Auslegung und Verständniserlangung des Gesetzesinhaltes verfügen, kann diese mit komplizierteren Gesetzen belastet werden als der Bürger, sodass das grundsätzlich schwächere Verständnis des Bürgers maßgebend ist. Allerdings wird die – so gelesen – „privilegierte" Stellung des Bürgers insoweit vom Bundesverfassungsgericht revidiert, wie es fordert, dass die Steuer „in gewissem Umfang" und „möglichst" berechenbar sein soll. Es trägt damit womöglich genau dem Abstufungsverhältnis bei der Rechtskenntnis zwischen Exekutive und Judikative auf der einen Seite und dem Bürger auf der anderen Seite Rechnung, sodass die Anforderungen an ein Gesetz unter Annahme der unterschiedlichen Adressaten nicht variieren. Stützen lässt sich dieses Verständnis des Urteils auf ein anderes Urteil des Bundesverfassungsgerichts aus dem Jahr 1964 zur Zulässigkeit von sog. Mitfahrzentralen, in dem es die Erforderlichkeit, dass der Bürger die Rechtslage erkennen kann, nicht auf alle möglicherweise auftauchenden rechtlichen Zweifel und Unklarheiten beziehen möchte, aber zumindest auf den Grundgedanken des Gesetzgebers und das Ziel des gesetzgeberischen Wollens.[887] Dass der im Gegensatz zu Exekutive und Judikative niedrigere Verständnishorizont des Bürgers maßgeblich für die Ausgestaltung einer Rechtsnorm ist, lässt sich aus den beiden Urteilen des Bundesverfassungsgericht aus 1961 und 1964 damit nicht herleiten.

1965 hat das Bundesverfassungsgericht die eben dargestellte Formel für das Abgabenwesen zu einem Vorausberechnungsgebot verschärft:[888] Der Grundsatz der Tatbestandsmäßigkeit als Ausdruck des Rechtsstaatsprinzips im Bereich des Abgabenwesens fordere, dass steuerbegründende Tatbestände so bestimmt sein müssen, dass der Steuerpflichtige die auf ihn entfallende Steuerlast

887 BVerfG v. 7.4.1964, 1 BvL 12/63, BVerfGE 17, 306, 314.
888 BVerfG v. 14.12.1965, 1 BvR 571/60, BVerfGE 19, 253.

vorausberechnen kann.[889] Auch wenn die im Urteil im Anschluss durchgeführte Prüfung der im Fall streitigen Rechtsgrundlage[890] großzügig als oberflächlich bezeichnet werden kann und dem strengen soeben aufgestellten Prüfungsmaßstab nicht gerecht wird, lässt sich aus der Prüfung dennoch eine andere Erkenntnis ziehen. Das Vorausberechnungsgebot beschränkt sich nicht auf einzelne Aspekte des Steuergesetzes, sondern bezieht die Steuerpflicht, die Bemessungsgrundlage, die Höhe – und damit auch den Tarif[891] – sowie die Erhebung mit ein.[892] Nach dieser Rechtsprechung ist der Bezugspunkt für die Verständlichkeit der Norm der Steuerpflichtige und damit der betroffene Bürger, der nunmehr sogar in der Lage sein muss, die Steuerlast vorausberechnen zu können. Verschwunden ist die Einschränkung, dass dies nur in einem gewissen Umfang gewährleistet sein muss. Verdeutlicht wird Letzteres vor allem durch Bezugnahme auf die Bemessungsgrundlage und die Höhe der Steuer, die als Zahlenwerte ohne Wertungsmöglichkeit das Ergebnis der Belastung durch die Steuer darstellen. An dieser Stelle in der Rechtsprechung des Bundesverfassungsgerichts hat sich der Bürger als der Bezugspunkt herauskristallisiert, auf den es bei der Beurteilung der Verständlichkeit einer Norm ankommt.

In den nachfolgenden Jahren ist das Bundesverfassungsgericht von den engen Voraussetzungen, dass die Steuer für den Steuerpflichtigen voraussehbar und berechenbar sein muss, abgewichen und hat diese Aussagen relativiert. Erforderlich sei nur noch, dass „der Gesetzgeber die wesentlichen Bestimmungen über die Steuer oder Abgabe mit hinreichender Genauigkeit trifft; er braucht nicht jede einzelne Frage zu entscheiden und ist hierzu angesichts der Kompliziertheit der zu erfassenden Vorgänge vielfach auch gar nicht in der Lage“[893]. Es sei den Verwaltungsbehörden und Gerichten übertragen, die bei der Gesetzesanwendung mangels ausdrücklicher Regelungen auftauchenden Zweifelsfragen mithilfe der anerkannten Auslegungsmethoden zu beantworten.[894] Es reiche aus, dass die Betroffenen die Rechtslage erkennen und ihr Verhalten danach ausrichten können, was dann möglich sei, wenn der Inhalt der Norm sich mithilfe der anerkannten Auslegungsregeln hinreichend sicher erkennen lasse.[895]

889 BVerfG v. 14.12.1965, 1 BvR 571/60, BVerfGE 19, 253, 267.
890 BVerfG v. 14.12.1965, 1 BvR 571/60, BVerfGE 19, 253, 267.
891 Ansonsten käme der Aufzählung der Höhe der Steuer neben der Bemessungsgrundlage keine eigenständige Bedeutung zu.
892 BVerfG v. 14.12.1965, 1 BvR 571/60, BVerfGE 19, 253, 267.
893 BVerfG v. 14.3.1967, 1 BvR 334/61, BVerfGE 21, 209 Rn. 25.
894 BVerfG v. 14.3.1967, 1 BvR 334/61, BVerfGE 21, 209 Rn. 25.
895 BVerfG v. 8.3.1983, 2 BvL 27/81, BVerfGE 63, 312 Rn. 38.

Die Vorstellung von der (Voraus-)Berechenbarkeit der Steuer durch den Steuerpflichtigen wich somit der Einsicht, dass der „Gesetzgeber des Steuerrechts, der nicht auf die Kompliziertheit aller Lebensverhältnisse eingehen kann, [...] schon aus Gründen der Praktikabilität nur sehr beschränkt gehalten [ist], seine Regelungen jedem Einzelfall anzupassen."[896]

Die Verbindung zwischen Mitwirkungspflichtverletzungen, dem Steuerstrafverfahren und einem daraus resultierenden Gesetzesadressaten stellte das Bundesverfassungsgericht erstmals in einem Beschluss aus dem Jahr 1998[897] her, in dem es formulierte, dass das rechtsstaatliche Gebot der Voraussehbarkeit und Berechenbarkeit der Steuerlasten und die Besteuerungsgleichheit eine Einfachheit und Klarheit der gesetzlichen Regelungen fordern, die es dem nicht steuerrechtskundigen Pflichtigen erlauben, seinen wegen § 370 AO strafbewehrten Erklärungspflichten sachgerecht zu genügen.[898] Diese Rechtsprechung ist eine konsequente Weiterführung und Pointierung der bereits bestehenden Argumentationslinie des Bundesverfassungsgerichts, die zusätzlich die steuerstrafrechtlichen und steuerordnungsrechtlichen Folgen einer Verletzung der Mitwirkungspflichten, hier insbesondere der Erklärungspflichten,[899] mit in die Abwägung der Adressaten und Verständlichkeitsdiskussion einbezieht. Die bereits bestehende Aussage aus dem Jahr 1965 wird damit nicht inhaltlich verändert, sondern lediglich um eine Argumentation erweitert: Fordert der Staat unter Strafandrohung von dem Bürger Handlungen, muss er ihm auch deutlich machen, welche Handlungen vorzunehmen sind und worin diese Handlungen bestehen. In diesem Urteil gibt das Bundesverfassungsgericht auch einen Einblick, wann diese Voraussetzungen im Bereich des Steuerrechts nach seiner Auffassung ideal erfüllt sein sollen: Nämlich dann, wenn der Steuerpflichtige die ihm auferlegten Erklärungen gegenüber dem Staat aufgrund eigenen Wissens, mithin als Wissenserklärungen, abgeben kann und sich die abgefragten Wissensmerkmale auch aus dem Steuergesetz unmittelbar ergeben.[900] Daraus kann nicht

---

896 BVerfG v. 27.10.1975, 1 BvR 82/73, NJW 1976, 101.

897 BVerfG v. 10.11.1998, 2 BvR 1057/91 u.a., BVerfGE 99, 216.

898 BVerfG v. 10.11.1998, 2 BvR 1057/91 u.a., BVerfGE 99, 216, 243.

899 Siehe zu den steuerstraf- und steuerordnungsrechtlichen Folgen bei Verletzung der Steuererklärungspflicht noch unten 6. Teil A., B. und C.

900 BVerfG v. 10.11.1998, 2 BvR 1057/91 u.a., BVerfGE 99, 216, 243: „Soweit ein Steuertatbestand sich nach personenbezogenen Daten wie Familienstand, Anzahl der Kinder und Alter bestimmt, kann der steuererhebliche Tatbestand so definiert werden, daß die bloße Angabe dieser Daten die Anwendung des Gesetzes möglich macht. [...] Der

der Schluss gezogen werden, dass sämtliche Steuergesetze, die bei der Erfüllung der Erklärungspflichten anzuwenden sind, als bloße „Wissensabfragen" formuliert sein müssen; aber soweit dies möglich ist, ist der Gesetzgeber gehalten, eine entsprechende Gesetzesformulierung zu wählen. Herleiten lässt sich diese abwägende Lesart aus der Verwendung der Phrase „seinen Erklärungspflichten *sachgerecht* zu genügen"[901]. Das Wort „sachgerecht" setzt einen die Anforderungen und Umstände berücksichtigenden Bezugspunkt voraus. Im Zusammenhang mit den Steuererklärungspflichten meint das Bundesverfassungsgericht damit wohl die Erstellung der Steuererklärung unter Beachtung des zu besteuernden Sachverhaltes. Ein vergleichbarer Gedanke wird sogleich noch die Diskussion prägen.[902] An dieser Stelle ist zunächst die Feststellung ausreichend, dass sich die Verständlichkeit der dem Steuerpflichtigen durch Gesetz auferlegten Pflichten nach dem Bürger richtet.

In gewisser Weise bestätigt hat das Bundesverfassungsgericht diese Rechtsprechung durch einen Beschluss aus dem Jahr 2010, in dem es um die Frage ging, für wen ein Steuergesetz verständlich sein muss, wenn bei Nichtbeachtung die Bestrafung gem. § 370 Abs. 1 AO wegen Steuerhinterziehung droht.[903] Es stellte dabei auf die konkreten Adressaten des Steuergesetzes – im Fall Landwirte und andere beruflich mit der Milcherzeugung und der entsprechenden Abgabenerhebung in Berührung kommende Personen – ab, für die die Strafbarkeitsvoraussetzungen und damit auch der steuerliche Tatbestand[904] hinreichend bestimmt sein müssen.[905] Auch wenn es dabei wiederholt klarstellt, dass Generalklauseln oder unbestimmte, wertausfüllungsbedürftige Begriffe nicht von vornherein und immer verfassungsrechtlich zu beanstanden sind,[906] und der Sachverhalt insoweit besonders war, dass die Beschwerdeführer nach der Auffassung des Bundesverfassungsgerichts das System zu ihren Gunsten in betrügerischer Absicht ausgenutzt[907] und daher wohl verstanden hätten, verfestigt sich das dargestellte Grundverständnis des Bundesverfassungsgerichts. Dieses

---

Steuerpflichtige würde dadurch in die Lage versetzt, die ihm abverlangten Erklärungen aufgrund eigenen Wissens verläßlich abzugeben."

901 BVerfG v. 10.11.1998, 2 BvR 1057/91 u.a., BVerfGE 99, 216, 243.

902 Siehe dazu die Auseinandersetzung unten 3. Teil B. III. 5. e.

903 BVerfG v. 2.4.2010, 2 BvR 871/04.

904 Siehe zu der Frage, ob die materiellen Steuergesetze Teil des Tatbestandes der Steuerhinterziehung sind, noch ausführlich unten 6. Teil B. III. 2.

905 BVerfG v. 2.4.2010, 2 BvR 871/04 Rn. 67.

906 BVerfG v. 2.4.2010, 2 BvR 871/04 Rn. 55.

907 BVerfG v. 2.4.2010, 2 BvR 871/04 Rn. 67.

Verständnis hat das Bundesverfassungsgericht in anderen Urteilen immer wieder bekräftigt, in denen es auf den „Gebührenpflichtigen“[908] bzw. den „betroffenen Bürger“[909] abstellt. Dazu auf den ersten Blick konträr steht die ebenso vom Bundesverfassungsgericht geäußerte Auffassung, dass es ausreiche, eine Norm mit herkömmlichen juristischen Methoden auslegen zu können,[910] auch wenn keine fachmännische Auslegung, wie sie nur ein Experte leisten kann, von dem normalen Bürger verlangt wird.[911] Damit beurteilt das Bundesverfassungsgericht auch in diesen Fällen den Bürger als Adressaten des Gesetzes, sieht in dem normalen Bürger allerdings einen, die Grundlagen der juristischen Auslegung beherrschenden Menschen.

3. *Bewertung durch den Bundesfinanzhof*

Der Bundesfinanzhof hat sich in seinem – vom Bundesverfassungsgericht als unzulässig festgestellten[912] – Vorlagebeschluss vom 6.9.2006[913] vertieft mit der Frage des Normadressaten des Einkommensteuergesetzes auseinandergesetzt und dabei explizit auf die soeben dargestellte Rechtsprechung des Bundesverfassungsgerichts Bezug genommen. Inhaltlich ging es in dem Beschluss um die Frage der Verfassungswidrigkeit des § 2 Abs. 3 EStG a.F.

„Der Inhalt von Steuerrechtsnormen muss sich in Tatbestand und Rechtsfolge aus der – objektivierten – Sicht der Steuerpflichtigen erschließen. Der von einer Vorschrift des EStG ‚Betroffene‘ [...] ist der Steuerpflichtige, nicht sein Steuerberater [...]. Es reicht nicht aus, dass sich die Rechtsfolgen einer Norm allenfalls Experten erschließen [...]. Ebenso wie sich der Steuerpflichtige persönlich durch unrichtige oder unvollständige Angaben strafbar macht, muss er

---

908 BVerfG v. 19.3.2003, 2 BvL 9/98 u.a., BVerfGE 108, 1, 20.

909 BVerfG v. 3.3.2004, 1 BvF 3/92, BVerfGE 110, 33, 53; BVerfG v. 27.7.2005, 1 BvR 668/04, BVerfGE 113, 348, 375 f.; BVerfG v. 12.4.2005, 2 BvR 581/01, BVerfGE 112, 304, 315; BVerfG v. 4.11.1991, 1 BvR 79/85 u.a., BVerGE 87, 287, 318; BVerfG v. 15.12.1983, 1 BvR 209/83 u.a., BVerfGE 65, 1, 54; BVerfG v. 18.5.1988, 2 BvR 579/84, BVerfGE 78, 205, 212.

910 BVerfG v. 3.3.2004, 1 BvF 3/92, BVerfGE 110, 33, 53; BVerfG v. 14.12.2000, 2 BvR 1741/99 u.a., BVerfGE 103, 21, 33; BVerfG v. 15.12.1983, 1 BvR 209/83 u.a., BVerfGE 65, 1, 54; BVerfG v. 18.5.1988, 2 BvR 579/84, BVerfGE 78, 205, 212.

911 Dies erkennt BVerfG v. 3.3.2004, 1 BvF 3/92, BVerfGE 110, 33, 53, wenn es feststellt, dass es jedenfalls nicht ausreicht, wenn es allenfalls Experten möglich ist, sämtliche Eingriffsvoraussetzungen mit vertretbarem Aufwand zu erkennen.

912 BVerfG v. 12.10.2010, 2 BvL 50/06, BVerfGE 127, 335.

913 BFH v. 6.9.2006, XI R 26/04, BStBl. II 2007, 167.

grundsätzlich anhand des ihm zugehenden Steuerbescheids dessen Rechtmäßigkeit beurteilen können. Der Schluss, bei Steuergesetzen könne die Feststellung, ob eine Vorschrift noch dem Gebot der Klarheit entspreche, nicht mehr aus der Sicht des Steuerpflichtigen getroffen werden [...], steht mit der Rechtsprechung des BVerfG nicht im Einklang. Diese fordert für die Voraussehbarkeit und Berechenbarkeit der Steuerlasten eine Einfachheit und Klarheit der gesetzlichen Regelung, die es dem ‚nicht steuerrechtskundigen Pflichtigen' [...] erlaubt, seinen Erklärungspflichten nachzukommen. Der Betroffene muss anhand der gesetzlichen Regelung die Rechtslage so erkennen können, dass er sein Verhalten danach auszurichten vermag [...], denn die einmal entstandene Steuer ist unumkehrbar. Auch Rechtsanwendungsgleichheit und Sozialstaatsprinzip stehen der Annahme entgegen, von Verfassungs wegen reiche es aus, wenn der Inhalt eines Gesetzes für den Fachmann unter Aufbietung aller juristischen Interpretationsmöglichkeiten irgendwie verständlich ist [...]. Ausnahmen sind möglicherweise zu machen, wenn der Normadressat typischerweise steuerlich beraten ist [...]. Nicht ‚Betroffener' im Sinne der Rechtsprechung des BVerfG ist die die Steuergesetze vollziehende Finanzverwaltung [...].“[914]

Die Rechtsprechung des Bundesfinanzhofs zeigt eindeutig, dass aus seiner Sicht der Adressat einer steuerrechtlichen Regelung der Bürger als Betroffener ist und dabei keine zu hohen Anforderungen an seine Auslegungsfähigkeiten gestellt werden dürfen. Eine grundsätzliche Auslegungsbedürftigkeit der Norm steht ihrer Verfassungsmäßigkeit jedoch nach Auffassung des Bundesfinanzhofs nicht entgegen, wobei die Anforderungen des Bundesfinanzhofs hierbei variabel sind: Ausnahmen lässt er für Fallkonstellationen zu, in denen der steuerpflichtige Bürger typischerweise steuerlich beraten ist. Obwohl sich die Aussagen des Bundesfinanzhofs nur auf das Einkommensteuerrecht erstreckten, sind keine Anhaltspunkte ersichtlich, warum nicht auch eine Übertragung auf die übrigen Steuergesetze möglich sein soll.

4. *Aussagen der Literatur zum maßgeblichen Adressaten von (Steuer-)Gesetzen*

In der Literatur wurden über die Jahre verschiedene Positionen zum Adressaten der Steuergesetze und damit auch zum Bezugspunkt für die Ermittlung der notwendigen Verständlichkeit von Steuergesetzen vertreten. Hierbei lassen sich drei Kernthesen unterscheiden, die im Folgenden unter Bezugnahme auf

914 BFH v. 6.9.2006, XI R 26/04, BStBl. II 2007, 167 Rn. 42-45.

die Argumente von Vertretern dieser Thesen dargestellt werden: Das Abstellen auf den intellektuellen Horizont von Intermediären bzw. Rechtskundigen, die Notwendigkeit der Verständlichkeit für den rechtsunkundigen Bürger und eine zwischen beiden Positionen vermittelnde Auffassung.

a. Notwendigkeit der Verständlichkeit für Intermediäre

In der jüngeren Vergangenheit hatte sich *Towfigh* im Rahmen eines Beitrages zur Komplexität und Normenklarheit mit dem für das Verständnis einer Norm maßgebenden Normadressaten auseinandergesetzt.[915] *Towfigh* wendet darin ein, dass ein Verständnis, das den einzelnen Bürger als Adressaten des Steuergesetzes ansieht und eine entsprechende Ausgestaltung der steuerlichen Gesetze fordert, an der Realität vorbeiginge und nur mit rechtspolitischen Motiven zu erklären sei.[916] Der Bürger nehme das konkrete Gesetz nicht wahr, sondern richte sein Verhalten nach seinem Rechtsempfinden aus.[917] Das Gesetz sei ihm sowohl tatsächlich als auch sprachlich nicht zugänglich.[918] Selbst wenn es das sein würde, würde es ohne Beachtung der Rechtsprechung, der Durchführungsverordnungen – er meint hierbei wohl die Verwaltungsvorschriften, da Durchführungsverordnungen regelmäßig Rechtsverordnungen und damit materielle Gesetze sind – und systematischer Kenntnisse als Quelle zur Rechtsgewinnung nicht taugen.[919] Mangelhaftes Gesetzesverständnis sei daher verbunden mit und Ausdruck fehlenden rechtlichen Vorverständnisses.[920] Ökonomische Überlegungen und verhaltenswissenschaftliche Aspekte führen nach den Ausführungen von *Towfigh* nicht zu dem Ergebnis, dass weniger komplexes Recht mehr befolgt würde; zum Teil stiege das Vertrauen mit der Komplexität einer Entscheidungssituation.[921] Vielmehr sei eine objektivierte Adressatensicht, die auf der Idealisierung des Bürgers als Normadressaten fußt, als Bezugspunkt für die notwendige Verständlichkeit einer Norm abzulehnen; dies lasse sich bereits rechtsstaatlich begründen, denn die eingeschränkte Adressatensicht gewähre kategorisch nur denjenigen Bürgern den Schutz des Rechtsstaates, die mit

---

915 *Towfigh*, Der Staat 2009, 29.

916 *Towfigh*, Der Staat 2009, 29, 50.

917 *Towfigh*, Der Staat 2009, 29, 47; Ausnahmen sieht er etwa dann, wenn es um die Führerscheinprüfung oder Pflichtenhinweise für den Verbraucher geht – er spielt damit wahrscheinlich auf die Widerrufsbelehrung bei Fernabsatzverträgen an.

918 *Towfigh*, Der Staat 2009, 29, 47.

919 *Towfigh*, Der Staat 2009, 29, 48.

920 *Towfigh*, Der Staat 2009, 29, 48 f.

921 *Towfigh*, Der Staat 2009, 29, 53-57.

mindestens durchschnittlichen Fähigkeiten ausgestattet seien.[922] Maßgeblich für das Verständnis sei nicht der Normadressat, sondern derjenige, der das Recht zu vollziehen und den Vollzug zu kontrollieren habe, womit *Towfigh* auch zu seiner Kernthese gelangt: Das Recht diene zwar den Menschen, Gesetze seien demgegenüber jedoch für Juristen gemacht.[923] Es biete sich daher an, auf Juristen bzw. Intermediäre - und damit auch Steuerberater - als Adressaten von Gesetzen abzustellen und somit die auch vom Bundesfinanzhof geforderte „objektivierte Adressatenansicht" neu zu interpretieren.[924] Dies begründet *Towfigh* mit den auch hier dargestellten Anforderungen des Bundesverfassungsgerichts an den Normadressaten[925] und einer durch Bedienung von Rechtssprache möglichen Reduktion gesetzlicher Komplexität.[926] Ferner seien einheitlich ausgebildete Juristen, die als Intermediäre in verschiedenen Funktionen Gesetze für den Bürger übersetzen und als Richter Gesetze im Zweifel für verfassungswidrig erklären, der deutlich realitätsnähere Bezugspunkt für die Verständlichkeit von Gesetzen, auch wenn *Towfigh* der Gruppe der Juristen eine gewisse Heterogenität einräumt.[927] Nach *Towfigh* bleibt damit Adressat der Gesetze der Bürger. Für die Beurteilung, ob eine Norm im Lichte des Verfassungsrechts noch als hinreichend klar beurteilt werden kann, stellt er hingegen auf den fachlich vorgebildeten Juristen ab.

Auch *Tipke* erkennt mit Hinweis auf § 42 Abs. 5 GGO[928] an, dass Gesetze zwar für jedermann möglichst verständlich sein sollten. Ein Steuergesetz, das

922 *Towfigh*, Der Staat 2009, 29, 58 f.; diese Annahme setzt allerdings voraus, dass als typischer Normadressat ein Bürger mit durchschnittlichen Kenntnissen angesehen wird.

923 *Towfigh*, Der Staat 2009, 29, 66.

924 *Towfigh*, Der Staat 2009, 29, 67-70.

925 Unter Bezugnahme auf BVerfG v. 27.11.1990, 1 BvR 402/87, BVerfGE 93, 130, 145: „Dem Bestimmtheitserfordernis ist vielmehr genügt, wenn diese [die Auslegungsprobleme, Anm. d. Verf.] mit herkömmlichen juristischen Methoden bewältigt werden können" und der pointierten Formulierung des BFH v. 6.9.2006, XI R 26/04, BStBl. II 2007, 167 Rn. 43, dass „[a]uch Rechtsanwendungsgleichheit und Sozialstaatsprinzip [...] der Annahme entgegen [stehen], von Verfassungs wegen reiche es aus, wenn der Inhalt eines Gesetzes für den Fachmann unter Aufbietung aller juristischen Interpretationsmöglichkeiten irgendwie verständlich ist".

926 *Towfigh*, Der Staat 2009, 29, 68.

927 *Towfigh*, Der Staat 2009, 29, 68-70.

928 § 42 Abs. 5 GGO lautet: Gesetzentwürfe müssen sprachlich richtig und möglichst für jedermann verständlich gefasst sein. [...] Gesetzentwürfe sind grundsätzlich dem Redaktionsstab Rechtssprache zur Prüfung auf ihre sprachliche Richtigkeit und Verständlichkeit zuzuleiten.

jeder Laie versteht, sei aber nicht umsetzbar und daher als Normadressaten auf Mitglieder der steuerberatenden Berufe, die Steuerrichter oder die Fachbeamten abzustellen.[929] Dementsprechend würden auch die steuerberatenden Berufe nicht überflüssig werden.[930] Folgerichtig plädiert *Tipke* dann auch für eine verfassungsrechtliche Pflicht zur Konsultation eines Steuerberaters im Falle des Steuerlaien.[931]

Jehke unterscheidet bei der Ermittlung des Adressaten der Steuergesetze zwischen dem Adressaten im Bereich der Normenbestimmtheit und dem Adressaten im Bereich der Normenklarheit.[932] Bei der Auseinandersetzung mit der Bestimmtheit arbeitet *Jehke* heraus, dass die Vorhersehbarkeit des Rechts für den Bürger zwar in der Rechtsprechung des Bundesverfassungsgerichts gefordert worden sei, gleichzeitig aber ein Verzicht auf offene Normen eine „Utopie“ darstelle, die nicht verwirklicht werden könne, da ein „rechenbares“ Steuergesetz nicht vorstellbar sei.[933] Gleichzeitig ergebe sich aus der Tatsache, dass jede Rechtsnorm einer Auslegung bedürfe, die Forderung, dass die Ansprüche an die Bestimmtheit von Gesetzen nicht zu hoch gesteckt werden dürfen.[934] Die Auslegungsbedürftigkeit – und hier knüpft er an die Gesetzesanwendung durch die Exekutive und die Gerichte an[935] – einer Norm sei unschädlich, solange die Norm innerhalb gewisser Grenzen auslegbar sei.[936] Die aus den beiden Positionen resultierende Gegensätzlichkeit der Adressatenansicht löst *Jehke* mithilfe der Anknüpfung an die allgemeine staatsrechtliche Literatur und stellt auf

929 *Tipke*, StuW 1976, 293, 307; *ders.*, StuW 2004, 3, 6; *ders.*, Die Steuerrechtsordnung III, 1339 f.; dennoch fordert *Tipke*, StuW 2004, 3, 22: „Vordringliches Ziel des Gesetzgebers müsste es daher sein, das materielle Steuerrecht so zu vereinfachen, dass die Steuerpflichtigen in der Lage wären, sich selbst zu veranlagen.“ Zustimmend *Flockermann*, in: FS Ritter, 103, 104.

930 *Tipke*, StuW 2004, 3, 6 und dort auch Fn. 19.

931 *Tipke*, BB 2009, 636, 637-639; fraglich ist diesbezüglich jedoch, wer Steuerlaie ist und anhand welcher Aspekte und Wertungspunkte eine Einordnung erfolgen soll, wer einen Steuerberater in Anspruch nehmen muss und wer nicht.

932 *Jehke*, Bestimmtheit und Klarheit, S. 137-141 und 213-217.

933 *Jehke*, Bestimmtheit und Klarheit, S. 128-133.

934 *Jehke*, Bestimmtheit und Klarheit, S. 134.

935 Unter anderem unter Bezugnahme auf BVerfG v. 18.5.2004, 2 BvR 2374/99, BVerfGE 110, 370, 397: „Vielmehr ist es Sache der Behörden und Gerichte, die bei der Gesetzesanwendung mangels ausdrücklicher Regelungen auftauchenden Zweifelsfragen mit Hilfe der anerkannten Auslegungsmethoden zu beantworten. Auslegungsbedürftigkeit macht eine Norm nicht unbestimmt.“

936 *Jehke*, Bestimmtheit und Klarheit, S. 134 f.

die Perspektive eines Rechtskundigen ab.[937] Er begründet dies damit, dass es nicht die Eigenart des Rechts sei, ohne Vorwissen von jedermann verstanden zu werden.[938] Anders beurteilt *Jehke* die Lage bei der Normenklarheit.[939] Hier sei die Adressatenproblematik durch das Bundesverfassungsgericht eindeutiger beantwortet worden und auch das geringere Gewicht der Problematik der innerstaatlichen Kompetenzverteilung spreche für eine abweichende Beurteilung des Adressaten.[940] Notwendig sei eine Differenzierung nach der rechtstatsächlichen Relevanz einer Norm: Im Grundsatz gelte zwar eine objektivierte Erkenntnismöglichkeit, die jedoch dann durchbrochen – und der Bürger maßgeblicher Adressat der Norm werde –, wenn sich diese direkt an den Bürger wende und daher für diesen unmittelbar relevant sei.[941] Darunter fielen insbesondere die Erklärungspflichten, aber auch sozial motivierte Steuervergünstigungen und Normen, die eine hohe Grundrechtsrelevanz entfalten.[942] Im Übrigen sei es ausreichend, wenn der Bürger die Stellen im Gesetz ausmachen könne, die er aufgrund der Unbestimmtheit des Gesetzes nur mithilfe von Expertenrat rechtssicher beurteilen könne.[943]

b. Notwendigkeit der Verständlichkeit für den Bürger

Einen anderen Argumentationsweg schlägt *P. Kirchhof* ein. Nach seiner Auffassung sei bereits die Verfassungsmäßigkeit eines Gesetzes zweifelhaft, das die Abgeordneten als Vertreter des Volkes beschließen, dessen Inhalt sie aber nicht verstünden.[944] Für das maßgebende Verständnis stellt *P. Kirchhof* auf den Bürger und den Steuerpflichtigen ab.[945] Dies sei mit Blick auf die strafbewehrten Steuererklärungspflichten bei den Veranlagungssteuern geboten und ferner sei

---

937 *Jehke*, Bestimmtheit und Klarheit, S. 139.
938 *Jehke*, Bestimmtheit und Klarheit, S. 140.
939 *Jehke*, Bestimmtheit und Klarheit, S. 213-217.
940 *Jehke*, Bestimmtheit und Klarheit, S. 214.
941 *Jehke*, Bestimmtheit und Klarheit, S. 215.
942 *Jehke*, Bestimmtheit und Klarheit, S. 216.
943 *Jehke*, Bestimmtheit und Klarheit, S. 216 f.
944 *P. Kirchhof*, Bundessteuergesetzbuch, Leitgedanken der Steuerreform Rn. 14.; *ders.*, in: Isensee/Kirchhof, HStR V, § 118 Rn. 201; die Verkündung des Gesetzes im Bundesgesetzblatt nach Art. 82 Abs. 2 GG kritisiert *P. Kirchhof* ebenso als nicht ordnungsgemäß, weil kein die Steuerlast rechtfertigender Belastungsgedanke, sondern nur ein Text Inhalt sei.
945 *P. Kirchhof*, Bundessteuergesetzbuch, Leitgedanken der Steuerreform Rn. 15; *ders.*, in: Isensee/Kirchhof, HStR V, § 118 Rn. 201.

es rechtsstaatlich erforderlich, dass der Gesetzgeber den Dialog mit dem Steuerpflichtigen nicht verweigere.[946] In neueren Publikationen im Zusammenhang mit der Digitalisierung im Besteuerungsverfahren grenzt *P. Kirchhof* ohne Einschränkungen als Gesetzesadressaten den Steuerpflichtigen vom Programmierer ab und attestiert einzelnen Normen – etwa §§ 32a, 34 EStG – sowie am Beispiel des „Bilanzrechts als Quantifizierung der Grundsätze ordnungsgemäßer Buchführung" ganzen Rechtsgebieten eine Verweigerung des „Gesprächs mit dem Steuerpflichtigen", die in eine Abwendung des Steuerpflichtigen von der gesetzlichen Regelung münde.[947] Auch aus dieser Kritik lässt sich eine Bezugnahme auf den Bürger als denjenigen, der als Maßstab für die Verständlichkeit eines Gesetzes dienen soll, herauslesen.

Luttermann nimmt die Rechtsprechung des Bundesverfassungsgericht beim Wort und möchte nicht auf den Steuerberater, sondern den nicht steuerrechtskundigen Dritten abstellen.[948] Dies ergebe sich daraus, dass der Steuerpflichtige, nicht der Steuerberater, den sanktionsbewehrten Erklärungspflichten gegenüber der Finanzbehörde unterliege.[949] Daher sei zu fordern, dass die Besteuerungsnorm so bestimmt sein müsse, dass sich der Steuerpflichtige aus objektivierter Sicht Tatbestand und Rechtsfolge der Norm und damit den Normbefehl erschließen könne.[950] Nur auf diesem Wege sei es dem Bürger möglich, sein Verhalten eigenverantwortlich zu gestalten.[951]

Kamm erkennt, dass der Bürger oft mangels Fachverstand nicht in der Lage sei, mehrere Auslegungsalternativen gegeneinander abzuwägen.[952] Dies lasse jedoch nicht den Schluss zu, dass Gesetzesadressat die Verwaltung – im Konkreten: der Rechtspfleger – sei.[953] Vielmehr wendeten sich Eingriffsnormen, wie diejenigen des Steuerrechts, und das Steuerstrafrecht an den Staatsbürger, dem durch Veröffentlichung der Gesetze die Möglichkeit gegeben werde, diese zur Kenntnis zu nehmen.[954] Maßstab für die Verständlichkeit sei die im Gesetz tatbestandlich angesprochene „abstrakte Person", sodass es auf die objektivierte

---

946 *P. Kirchhof.*, in: Isensee/Kirchhof, HStR V, § 118 Rn. 201; ähnlich *Valta*, in: Rechtssprache, 273, 280 f.

947 *P. Kirchhof*, DStR 2018, 497, 501, auch für die Zitate.

948 *Luttermann*, FR 2007, 18, 19.

949 *Luttermann*, FR 2007, 18, 19.

950 *Luttermann*, FR 2007, 18, 19.

951 *Luttermann*, FR 2007, 18, 19.

952 *Kamm*, Grundlinien, S. 91.

953 *Kamm*, Grundlinien, S. 91.

954 *Kamm*, Grundlinien, S. 91 f.

Sicht eines durchschnittlichen Bürgers ankomme.[955] Dieser müsse aber bei der Anwendung des Gesetzes seine laienhaften Rechtsvorstellungen bewusst in Frage stellen und jedenfalls dem Wortsinn der Norm auch eine rein wirtschaftliche Betrachtung gegenüberstellen.[956] Kommt er bei dem Abgleich der jeweils gefundenen Rechtsfolgen zu Diskrepanzen, müssten sich für den Bürger ernsthafte Zweifel an allen Ergebnissen einstellen, sodass er – möchte er Vertrauensschutz genießen – Rechtsauskunft bei der Finanzbehörde einholen müsse.[957]

Drüen sieht, allerdings unter Bezugnahme auf das Sozialversicherungsrecht, höhere Anforderungen an die Normenklarheit, wenn der Bürger als „Erstadressat" mit der Anwendung – und damit auch der Subsumtion unter ein Gesetz – konfrontiert sei und seine Erstsubsumtion an zweiter Stelle von der Verwaltung überprüft werde.[958] Überträgt man die Gedanken auf das Steuerrecht und die steuerlichen Erklärungspflichten, die in vielen Fällen eine Subsumtion unter gesetzliche Begriffe erfordern, kommt man für das Steuerrecht zu ähnlichen Ergebnissen wie im Sozialrecht: Der Bürger ist „Erstadressat" der steuerrechtlichen Norm. Ähnlich fällt die Beurteilung bei dem Bürger auferlegten Verfahrenspflichten aus, die zunächst von ihm angewendet und umgesetzt werden und im Nachhinein von der Finanzbehörde beurteilt werden bzw. beurteilt werden können.

c. Vermittelnde Auffassungen

Braun legt sich nicht auf einen Adressaten der Gesetze fest, sondern fordert einen „Verstehbarkeitsmaßstab", der sich unter Beachtung der wechselnden Funktionen

---

955 *Kamm*, Grundlinien, S. 92, 94 f.: welche Anforderungen an einen durchschnittlichen Normadressaten gestellt werden, richte sich nach dem, was die „meisten" Normadressaten in der Lage seien zu verstehen.

956 *Kamm*, Grundlinien, S. 97; die Möglichkeit, eine wirtschaftliche Betrachtung zur Ermittlung einer Rechtsfolge anzustellen, bietet sich aber nur dann, wenn das zugrundeliegende Gesetz einer wirtschaftlichen Betrachtungsweise zugänglich ist, so wie es bei den Steuergesetzen der Fall ist. Die unter *Kamms* Maßgabe erfolgte Beurteilung des Sachverhaltes kommt einer auf der wirtschaftlichen Betrachtungsweise beruhenden teleologischen Auslegung bereits nahe, sodass *Kamm* über dieses Vehikel dennoch eine Auslegung am Wortlaut und Sinn und Zweck der Norm vom Bürger verlangt.

957 *Kamm*, Grundlinien, S. 97.

958 *Drüen*, ZG 2009, 60, 63, wo er beispielhaft das Sozialversicherungsrecht nennt; *Seer*, FR 2017, 161, 161, spricht mit Blick auf den Dispositionsschutz des Steuerpflichtigen auch vom Erstentscheider bzw. Erstkonkretisierer eines unbestimmten Steuergesetzes im Gegensatz zur grundsätzlich erst nachträglich beurteilenden Finanzbehörde.

der Gesetze an einem variablen Adressatenkreis ausrichte.[959] Dies spricht für die Maßgeblichkeit des Bürgers als Gesetzesadressaten jedenfalls dann, wenn das Gesetz direkte Anforderungen an den Steuerpflichtigen stellt bzw. auf diesen Bezug nimmt. Seine Ansicht schränkt *Braun* jedoch auf dem Weg zur Beantwortung der Frage, wann eine Norm wegen Unklarheit verfassungswidrig ist, mehrfach ein: Er beschränkt zum einen die verfassungsrechtlichen Anforderungen an die linguistische Darstellung des Gesetzestextes wegen der Ausrichtung der politischen Arbeit auf das „Machbare".[960] Zum anderen stellt *Braun* im Streitfall auf den entscheidenden Richter als „Interpreten" des Gesetzes ab – wobei unklar bleibt, ob und inwieweit sich dieser Interpret des Gesetzes vom Adressaten des Gesetzes unterscheidet –, der das Gesetz unter Anwendung der juristischen Auslegungsmethoden ermitteln können müsse, bevor eine Verfassungswidrigkeit vorliege.[961] Insgesamt bleibt der Leser somit etwas ratlos zurück, auch wenn sich die übrigen Aussagen von *Braun* eher so deuten lassen, dass es auf den Bürger als Gesetzesadressaten und Verständlichkeitsmaßstab ankäme.

Hill wählt zunächst einen identischen Ausgangspunkt wie *Tipke* und *Towfigh* und konstatiert, dass Steuergesetze nicht durchweg für Laien verständlich sein könnten.[962] Gleichzeitig lehnt er aber eine „Mediatisierung der Rechtserkenntnis und des Gesetzesverständnisses" durch Steuerberater, Fachbeamte und Steuerrichter mit dem Argument ab, dass dadurch dem Bürger der Zugang zum Staat und dem Recht verwehrt bliebe.[963] *Hill* sieht eine Verletzung des Rechtsstaatsprinzips und des Sozialstaatsprinzips darin, dass die Bürger mit Zahlungs- und Mitwirkungsverpflichtungen belastet werden und nicht jeder Bürger über die finanziellen Mittel verfüge, sich einen Steuerberater leisten zu können.[964] Außerdem sieht *Hill* eine grundrechtliche Komponente: Dann, wenn der Durchschnittsbürger den gesetzlichen Inhalt nur unter unzumutbarem informatorischen Aufwand ermitteln könne, liege ein willkürlicher Gesetzesbefehl

959 *Braun*, VerwArch 76 (1985), 24, 45.

960 *Braun*, VerwArch 76 (1985), 24, 49; ähnlich auch *Hill*, ZG 1987, 238, 245 f., der den politischen Willens- und Konsensbildungsprozess als nicht zuträglich für eine systematische Gesetzgebung ansieht; *Sandrock*, in: FS Ipsen, 781, 794, stellt ebenfalls mit Blick auf den politischen Machterhalt fest, dass Bundestag und Bundesrat *de facto* nicht in der Lage seien, ein klares und verständliches Steuersystem zu schaffen.

961 *Braun*, VerwArch 76 (1985), 24, 48.

962 *Hill*, ZG 1987, 238, 264.

963 *Hill*, ZG 1987, 238, 264 f.

964 *Hill*, ZG 1987, 238, 265.

vor, der einen Verstoß gegen Art. 3 Abs. 1 GG darstelle.[965] Ferner schränkten undeutliche Gesetze die grundrechtliche Freiheitsverwirklichung des einzelnen Bürgers ein, der sich auf mehrere Deutungsalternativen einstellen müsse und somit auch Handlungen unterließe, die eigentlich gesetzeskonform seien.[966] *Hill* plädiert daher für eine Adressatengerechtigkeit, die sich an dem individuellen Adressatenkreis und dessen Vorbildung orientiert; es sei jedoch nicht zu fordern, dass jede Einzelheit eines Steuergesetzes jedem verständlich sein müsse.[967] Ein mit steuerrechtlichem Sachverstand ausgerüstetes Großunternehmen könne Gesetzen mit mehr Fachwissen gegenübertreten als derjenige, der lediglich Wohneigentum vermiete.[968] Ausreichend aber auch notwendig ist nach *Hills* Argumentation folglich, dass ein objektivierter Durchschnittsbürger, der von der Norm im Einzelfall betroffen ist, in der Lage sein muss, den Inhalt der Norm zu verstehen.

Unter Heranziehung einer ansonsten erfolgenden Überdehnung des Gesetzesvorbehalts, der die Exekutive von jeglichen Entscheidungsspielräumen ausschließt, sieht *Seiler* den juristischen Laien nicht als denjenigen an, der die Rechtsfolge aus dem Gesetz ablesen können muss.[969] Vielmehr reiche es aus, wenn der Bürger anhand der gesetzlichen Regelung mit einer entsprechenden Entscheidung der Exekutive rechnen könne und sich daraufhin fachkundigen Rechtsrat einholen könne.[970] Daraus lässt sich aber nicht schließen, dass der als juristischer Laie bezeichnete Bürger nicht als Bezugspunkt für die Verständlichkeit des Gesetzes in Betracht kommt. Vielmehr ist *Seilers* Aussage so zu verstehen, dass das Gesetzesverständnis des Bürgers je nach Art der gesetzlichen Regelung in unterschiedlicher Intensität ausgestaltet sein muss. Dazu passt auch, dass *Seiler* insbesondere dann eine Vorhersehbarkeit der Rechtsentscheidung aus der Norm fordert, wenn sich „die Rechte und Pflichten des einzelnen (sic) nach dem Willen des Gesetzgebers unmittelbar aus dem Gesetz ergeben sollen,

965 *Hill*, ZG 1987, 238, 266; in diesem Zusammenhang lässt sich auch *Hills* Aussage einordnen, dass durch Gestaltungsmöglichkeiten und steuerliche Wahlrechte ungleiche Rechtsfolgen herbeigeführt werden könnten („kooperative Begründung einer Steuerlast durch Gesetzgeber und Betroffenen“), a.a.O., 248 f.

966 *Hill*, ZG 1987, 238, 266.

967 *Hill*, ZG 1987, 238, 265.

968 *Hill*, ZG 1987, 238, 265.

969 *Seiler*, Parlamentsvorbehalt, S. 75 und dort Fn. 231.

970 *Seiler*, Parlamentsvorbehalt, S. 75 und dort Fn. 231.

der Rechtszustand also nicht durch einen das Gesetz umsetzenden Verwaltungsakt näher bestimmt wird“[971].

Auf den Bürger als Gesetzesadressaten stellt ebenfalls *Hey* ab. Die Begründung für ihre Auffassung stellt sie auf drei Säulen. Erstens nennt *Hey* die Gebote der Bestimmtheit und Klarheit. Diese beinhalteten die grundsätzliche Gewährleistung, dass jeder Bürger die Steuergesetze ohne fremde Hilfe verstehen können müsse, um diese zur Grundlage seines Handelns machen zu können.[972] Dabei müsse das Gesetz die Sprache desjenigen sprechen, dessen Handlungen es verlange.[973] Ein Rückzug auf die Präzision der Fachsprachlichkeit sei kein taugliches Argument, um von diesem Grundsatz abzuweichen.[974] Zweitens zieht *Hey* Art. 3 Abs. 1 GG heran, der es nicht zulasse, dass das Recht nur noch von wenigen gut ausgebildeten oder gut beratenen Bürgern verstanden werden könne.[975] Dazu stellt sie dem Gebot der Rechtsanwendungsgleichheit ein Gebot der Rechtsbefolgungsgleichheit gegenüber, das den Zugang des Bürgers zum Staat und zum Recht sicherstelle.[976] An dritter Stelle erblickt *Hey* – ähnlich wie *Hill* – einen Verstoß gegen das Sozialstaatsprinzip: Weder sei jeder Bürger in der finanziellen Position, sich einen Steuerberater zu leisten, noch bestehe ein solcher Konsultationszwang.[977] Eine Kompensation durch eine Beratung durch die Finanzverwaltung sei mangels eines aus § 89 Abs. 1 AO herleitbaren Rechtsberatungsanspruchs ebenfalls nicht möglich.[978] Dennoch fordert *Hey* nicht, dass jedes Gesetz von jedem Steuerpflichtigen verstanden werden muss. Vielmehr unterscheidet sie im Rahmen einer Adressatengerechtigkeit nach der Art der durch den Bürger verwirklichten wirtschaftlichen Sachverhalte: Normen, die das alltägliche Wirtschaftsleben regeln, müssten vom steuerlich nicht gebildeten Laien verstanden werden, während der Gesetzgeber einer Regelung von komplexeren wirtschaftlichen Sachverhalten von einem typischerweise steuerberatenen Steuerpflichtigen als Gesetzesadressaten ausgehen könne.[979]

---

971 *Seiler*, Parlamentsvorbehalt, S. 75.
972 *Hey*, Steuerplanungssicherheit, S. 558.
973 *Hey*, Steuerplanungssicherheit, S. 561.
974 *Hey*, Steuerplanungssicherheit, S. 560 f.
975 *Hey*, Steuerplanungssicherheit, S. 561.
976 *Hey*, Steuerplanungssicherheit, S. 561.
977 *Hey*, Steuerplanungssicherheit, S. 561 f.
978 *Hey*, Steuerplanungssicherheit, S. 562.
979 *Hey*, Steuerplanungssicherheit, S. 562 f.

5. *Stellungnahme*

a. *Beachtung der Besonderheiten des Steuerverfahrens*

Die Auseinandersetzung mit der Verständlichkeit eines Gesetzes und der Bestimmung des maßgeblichen Gesetzesadressaten muss zwingend unter Beachtung der durch die zu beurteilenden Gesetze geregelten Sachverhalte – hier des Besteuerungsverfahrens – erfolgen.[980] Dabei sind erstens die dem Bürger auferlegten Pflichten und die ihm drohenden Sanktionen und Nachteile bei Verletzung der ihm auferlegten Pflichten zu berücksichtigen. Zweitens ist zu berücksichtigen, dass der Steuerpflichtige die ihm durch Gesetz zugebilligten Teilhaberechte und Mitwirkungsrechte nicht wahrnehmen kann, wenn er Antrags- und Wahlrechte zu seinen Gunsten nicht ausübt und dies darauf zurückzuführen ist, dass er das Gesetz entweder in Bezug auf das Wahlrecht dem Grunde nach oder in Bezug auf die unterschiedlichen Auswirkungen seines Wahlrechtes intellektuell nicht erfasst hat.

Das Besteuerungsverfahren, das haben die obigen Darstellungen gezeigt, ist ein Verfahren, das auf die Mitwirkung des Steuerpflichtigen, d.h. des Bürgers, angewiesen ist. Ohne die Erfüllung seiner ihm durch Gesetz auferlegten Mitwirkungspflichten ist eine Steuerfestsetzung und Steuererhebung nach den Regeln der Gesetzmäßigkeit und Gleichmäßigkeit kaum denkbar. Der Staat bildet daher mit dem Bürger eine sphärenorientierte Kooperationsgemeinschaft, die der Ermittlung des steuerlich relevanten Sachverhaltes und damit letztlich der Festsetzung der Steuer dient. Keine Rechtsmaterie spannt – soweit ersichtlich – den einzelnen Bürger so deutlich und umfangreich für staatliche Zwecke, hier konkret: der staatlichen Finanzierung dienenden Zwecke, ein. Deutlichstes Merkmal dieser Inanspruchnahme für die eigenen Zwecke ist die Steueranmeldung und der damit fingierte Verwaltungsakt des Bürgers gegen sich selbst. Die Gegenüberstellung von Steueranmeldung und vollautomatisiertem Steuerbescheid i.S.d. § 155

---

980 Siehe auch BVerfG v. 26.9.1978, 1 BvR 525/77, BVerfGE, 49, 168, 181: „Der Gesetzgeber ist aber gehalten, seine Regelungen so bestimmt zu fassen, wie dies nach der Eigenart der zu ordnenden Lebenssachverhalte und mit Rücksicht auf den Normzweck möglich ist. Der Grad rechtsstaatlich gebotener Bestimmtheit läßt sich dabei nicht allgemein festlegen: Er ist bei Straftatbeständen (vgl Art 103 Abs 2 GG) oder bei der Bestimmung des gesetzlichen Richters (vgl Art 101 Abs 1 GG) höher als etwa bei solchen Verwaltungsgesetzen, die im Blick auf die Eigenart der geregelten Materie Raum für die Berücksichtigung zahlreicher im voraus nicht normierbarer Gesichtspunkte durch die Behörden lassen müssen.“ Allgemein für die Verfahrensleistungsfähigkeit *Drüen*, in: Größenneutralität, 123, 141.

Abs. 4 AO hat offenbart, dass sich beide Verfahren nur graduell mit Blick auf die Selbstregulierung unterscheiden.[981] Dabei ist der Steuerpflichtige in doppelter Hinsicht mit dem Gesetz allein gelassen: Die Mitwirkungspflichten dem Grunde und dem Umfang nach, muss er sich grundsätzlich[982] aus dem Gesetz ohne weitere hoheitliche Aufforderung durch die Finanzbehörde herleiten. Den Einzelfall konkretisierende Verwaltungsakte, die auch im Steuerrecht gem. § 119 Abs. 1 AO hinreichend bestimmt sein müssen und die dem Steuerpflichtigen so Rechtssicherheit durch konkrete Handlungsanweisungen geben könnten, werden nicht erlassen und sind – bis auf Einzelfälle[983] – auch grundsätzlich vom Gesetz nicht vorgesehen. Die deutsche Vollzugspraxis legt ihren Schwerpunkt stattdessen auf eine zum Teil Jahre nachgelagerte Sanktionsreaktion bei der Verletzung von Mitwirkungspflichten.[984] Erst nachdem der Steuerpflichtige gehandelt hat, überprüft die Finanzbehörde die Richtigkeit der vorgenommenen Handlungen. Dieses Modell ist nicht zwingend oder dem Steuervollzug immanent, wie ein Blick in das europäische Ausland zeigt: In den Niederlanden werden z.B. Neugründer in persönlichen Erstberatungsgesprächen durch die Finanzverwaltung auf ihre steuerlichen Pflichten und wie sie diese erfüllen können hingewiesen; dort und in Österreich begleitet die Finanzbehörde Unternehmen im *Horizontal Monitoring* steuerrechtlich laufend.[985] Im Bereich der Steuererklärungspflichten in Deutschland ist die nachgelagerte Überprüfung der von dem Steuerpflichtigen gemachten Angaben durch das Verifikationsprinzip als wesentlicher Bestandteil des Steuerverfahrens verankert. Die noch in § 166 Abs. 2 S. 2, 3 RAO 1931 bestehende Forderung, dass die Fragen und Antworten in der Steuererklärung so zu fassen sind, dass nur (!) die Finanzbehörde überprüfen kann und darf, was steuerpflichtig ist und was nicht, wurde explizit nicht in die Abgabenordnung

981 Siehe oben 2. Teil B. V. 6. a. bb.

982 Als Ausnahme mag beispielsweise die originäre steuerliche Buchführungspflicht i.S.d. § 141 AO nach Aufforderung durch die Steuerbehörde gelten oder die Erinnerung an die Abgabe der Steuererklärung durch Verwaltungsakt.

983 Siehe zu einer Pflicht der Aufforderung zur Abgabe der Steuererklärung durch das Finanzamt oben 2. Teil B. V. 6. a. bb.

984 *Drüen*, in: Größenneutralität, 123, 141.

985 *Drüen*, in: Größenneutralität, 123, 141; *ders*, ifst 469, S. 19-22; vgl. auch *Ahrens*, Vollzug von Steuergesetzen, S. 144-152; zum *Horizontal Monitoring* in den Niederlanden siehe: https://download.belastingdienst.nl/belastingdienst/docs/guide-horizon-monitoring-service-providers-dv4071z3pl.pdf (abgerufen am 3.7.2020, 10:10 Uhr); für Österreich: *Wenzel*, ISR 2018, 378, zum Konzept des Horizontal Monitoring; aktuell siehe *Richter/Welling*, FR 2020, 937,

von 1977 übernommen.[986] Stattdessen trat – bildlich gesprochen[987] – an ihre Stelle die Pflicht zur Selbstberechnung der Steuer im Rahmen der Steueranmeldung, die zu einer unter dem Vorbehalt der Nachprüfung stehenden Steuerfestsetzung führt, und mit ihr verschob sich die gesetzliche Wertung: Der (gesamte) Erstsubsumtionsakt und auch das Festsetzungsverfahren wurden im Steueranmeldungsverfahren in die Sphäre des Steuerpflichtigen übertragen.[988] Zwar war auch vor Einfügung der Steueranmeldung in § 168 AO in der widerspruchslosen Annahme einer selbst berechneten Steuer ein formloser Steuerbescheid nach § 212 RAO 1931 erblickt worden,[989] ausdrücklich gesetzlich verankert war das Steueranmeldungsverfahren in der Reichsabgabenordnung jedoch nicht. Daher macht die Einführung des § 168 AO insbesondere deutlich, wie sehr sich das Verständnis von den grundlegenden Positionen der Finanzbehörde und des Steuerpflichtigen im steuerlichen Verfahren verändert hat. Deutlich wird durch den Wegfall der Regelung des § 166 Abs. 2 RAO 1931 und der Einfügung der Steueranmeldung die Akzeptanz des Gesetzgebers, dass es eben nicht die Finanzbehörde ist, der die Beurteilung vorbehalten bleibt, was steuerpflichtig ist und was nicht, sondern dass diese Beurteilung jedenfalls zunächst von dem Steuerpflichtigen vorzunehmen ist und erst in einem zweiten Schritt durch die Finanzbehörde je nach Ausprägung des Untersuchungsgrundsatzes im konkreten Fall überprüft wird. Der Steuerpflichtige wird bei der Steueranmeldung, aber auch bei der Steuererklärung im vollautomatisierten Veranlagungsverfahren zum „Erstadressaten"[990] des Steuergesetzes. Dabei stellt die nachgelagerte Überprüfung des Steuerpflichtigen durch die Finanzbehörde keine folgenlose, bloße Korrekturhandlung dar, sondern kann mit Verspätungszuschlägen (§ 152 AO) sowie steuerstraf- und -ordnungsrechtlichen Konsequenzen (§§ 369 ff. AO) belegt sein und den Steuerpflichtigen damit empfindlich treffen.[991] Aus der

986 Die Forderung war auch schon seinerzeit illusorisch, da Steuererklärungen vielfach rechtliche Schlussfolgerungen forderten, siehe *Tipke/Kruse*, RAO (2.-3. Auflage), § 166 Rn. 1.

987 Wenn man § 166 RAO 1931 als Vorgängernorm zu § 150 AO ansieht.

988 Diesen Wandel zeigt auch *Seer*, StuW 2015, 315, 321, auf, der auch darauf hinweist, dass mehr als zwei Drittel des gesamten Steueraufkommens auf Akte der Selbstveranlagung entfallen, siehe auch *ders.*, FR 2012, 1000, 1003.

989 Siehe die Übersicht zur Rechtsprechung und den Auffassungen in der Literatur zur Frage, inwieweit Steueranmeldungen, Selbsterrechnungserklärungen und Steuerzahlungen, die durch die Finanzbehörde entgegengenommen werden, zu konkludenten formlosen Steuerbescheiden führen können *Söhn*, StuW 1970, 185.

990 *Drüen*, ZG 2009, 60, 63.

991 Siehe dazu noch im Einzelnen unten 4. bis 6. Teil.

Feststellung, dass der Steuerpflichtige als Erstadressat bei der Erfüllung seiner Steuererklärungspflicht auf die Anwendung der Steuergesetze angewiesen ist, ließe sich mit *Luttermann*, *Kamm* und *Drüen* schon begründen, warum es bei der Frage nach dem richtigen Maßstab für die Verständlichkeit eines Gesetzes auf den nicht steuerrechtskundigen Bürger ankommt.

b. Besteht ein Beratungsanspruch bzw. eine Beratungspflicht?

Das bisherige Ergebnis, dass der Steuerpflichtige mit der Anwendung der Steuergesetze betraut ist und sich daraus ergibt, dass er als Adressat der Steuergesetze Maßstab für die Verständlichkeit der Gesetze ist, könnte jedoch dadurch relativiert werden, dass eine Beratungspflicht durch private Dritte oder ein Anspruch auf Beratung durch die Finanzverwaltung für den Steuerpflichtigen besteht. Eine solche Pflicht, sich in steuerlichen Angelegenheiten beraten zu lassen, ergibt sich, selbst wenn man rechtsunkundig ist, aus den Steuergesetzen *expressis verbis* nicht.[992] Dennoch ist es im Steuerrecht durchaus üblich, dass sich der Steuerpflichtige nicht selbst mit den Gesetzestexten auseinandersetzt, sondern für die Beurteilung und Einordnung der von ihm verwirklichten wirtschaftlichen Sachverhalte auf private Dienstleister (Steuerberater, Rechtsanwälte, Lohnsteuerhilfevereine) oder Softwarelösungen (Datenbanken, Programme zur Erstellung der Steuererklärung) zurückgreift. Man könnte also darüber nachdenken, ob sich nicht eine ungeschriebene Pflicht des Steuerpflichtigen ergibt, sich steuerlich beraten zu lassen, wenn er die Anforderungen der Steuergesetze an ihn nicht versteht. Unter diese Gedanken lässt sich der Ansatz von *Jehke* fassen, der verlangt, dass der Bürger an „kritischen Stellen" im Gesetz, die sich ihm nicht mehr erschließen, Expertenrat einzuholen hat.[993] Ähnlich argumentiert auch *Kamm*, der den Bürger bei Zweifeln bei der Auslegung einer gesetzlichen Norm an die Finanzbehörde verweist.[994]

Geht man mit *Kamms* Ansatz, der den Bürger bei Zweifeln über den Inhalt eines Gesetzes an die Finanzbehörde verweist, müsste von Seiten der Finanzbehörde

---

992 *Tipke*, BB 2009, 636, 638, formuliert daher pointiert die Gedanken eines Steuerlaien im Anblick der ihm obliegenden Steuererklärungspflicht: „Ich bin Steuerlaie, jedoch möchte ich meiner Staats- und Steuerbürgerpflicht durch Steuererklärungen nachkommen, die dem Gesetz entsprechen. Dazu benötige ich die Mitwirkung eines Steuerberaters. Wenn das Finanzamt aber annehmen sollte, Steuerlaien müssten sich auch dann nicht an einen Steuerberater halten, wenn sie selbst vom Steuerrecht keine Ahnung haben, dann erstaunt mich das zwar, ich werde dann aber danach verfahren."

993 *Jehke*, Bestimmtheit und Klarheit, S. 216.

994 *Kamm*, Grundlinien, S. 97.

eine korrespondierende Pflicht bestehen, den Bürgern mit steuerrechtlichem Rat zur Seite zu stehen. Eine solche Beratungspflicht könnte sich aus § 89 AO ergeben. Nach § 89 Abs. 1 S. 1 AO soll die Finanzbehörde zwar die Abgabe von Erklärungen, die Stellung von Anträgen oder die Berichtigung von Erklärungen oder Anträgen anregen, wenn der Steuerpflichtige diese nur versehentlich oder aus Unkenntnis nicht bzw. unrichtig abgegeben oder gestellt hat. Dieser allgemeine Aufklärungsgrundsatz folgt dem Gedanken, dass der Amtsträger dem Bürger zu seinem Recht verhilft, ohne Vor- und Nachteile der jeweiligen Handlung für den Steuerpflichtigen abzuwägen.[995] Die Handlungs- und Beratungspflicht des Amtsträgers ist dabei jedoch nach dem Wortsinn auf solche Hinweise beschränkt, die sich aus dem durch ihn Wahrgenommenen offensichtlich ergeben.[996] § 89 Abs. 1 S. 2 AO enthält die besondere Verfahrensfürsorgepflicht, dass durch die Finanzbehörde, soweit erforderlich, Auskunft über die den Beteiligten im Verwaltungsverfahren zustehenden Rechte und die ihnen obliegenden Pflichten erteilt werden.[997] Sinn und Zweck dieser auf das Verwaltungsverfahren – aber nicht auf Erklärungen des Verfahrensrechts – beschränkten Norm ist, dass die Rechtsdurchsetzung nicht an Form- oder Verfahrensfehlern scheitern soll.[998] Darunter fallen vor allem Auskünfte über Rechte (z.B. Fristverlängerungen und Wiedereinsetzungen in den vorigen Stand) und Handlungsmöglichkeiten (z.B. die Aussetzung der Vollziehung) im Verwaltungsverfahren, aber auch Auskünfte über die im Verwaltungsverfahren bestehenden Mitwirkungspflichten

---

995 *Seer*, in: Tipke/Kruse, AO/FGO, § 89 AO Rn. 1, 3 (Stand: Februar 2018); siehe im Einzelnen *Heinen*, Wahl- und Antragsrechte, S. 40-42.

996 BFH v. 10.3.2016, III R 29/15 Rn. 30, spricht von einem „sich aufdrängen". Zur restriktiven Auslegung der Norm siehe *Roser*, in: Gosch, AO/FGO, § 89 AO Rn. 14 f. (Stand: August 2018); *Seer*, in: Tipke/Kruse, AO/FGO, § 89 AO Rn. 6 (Stand: Februar 2018).

997 So bezeichnete der BGH v. 26.9.1957, III ZR 65/56, NJW 1957, 1873, den Beamten als „Helfer des Steuerbürgers"; *Noll*, Gesetzgebungslehre, S. 189, sieht in diesem Zusammenhang jedoch eine Tendenz des Staates, den Bürger eher über seine Pflichten als seine Rechte zu belehren.

998 *Seer*, in: Tipke/Kruse, AO/FGO, § 89 AO Rn. 3 f. (Stand: Februar 2018); *Söhn*, in: Hübschmann/Hepp/Spitaler, AO/FGO, § 89 AO Rn. 23 f. (Stand: August 2016); einige Stimmen in der Literatur erweitern den Anwendungsbereich auch auf den Fall, dass der Steuerpflichtige durch einen Steuerberater materiell-rechtlich beraten wird, mit der Begründung, dass der steuerliche Berater nur ab und zu Prozesse führe, *Rudloff*, BB 1984, 669, 669.

und materiell-rechtliche Antrags- und Wahlrechte.[999] Die Eingrenzung auf das Verwaltungsverfahren und das Erfordernis einer „Erforderlichkeit" begrenzt die behördlichen Pflichten der Finanzbehörde im Einzelfall nicht unerheblich, sodass hieraus keine umfassende Beratungspflicht resultiert. Ein Anspruch auf Auskunft über die steuerliche Beurteilung eines Sachverhaltes, d.h. über die Anwendung des materiellen Steuerrechts, besteht gem. § 89 Abs. 1 AO ebenso nicht.[1000] Somit lässt sich festhalten: § 89 Abs. 1 AO begründet keinen allgemeinen Rechtsberatungsanspruch des Bürgers gegen den Staat in Steuersachen.[1001] Lediglich zum Ausgleich der Unerfahrenheit im Verwaltungsverfahren und um zu verhindern, dass das Verfahrensrecht zu einem „Sieb" wird, das Verfahrenslaien von Verfahrensexperten absondert,[1002] bestehen Ansprüche auf Unterstützung durch die Amtsträger. § 89 Abs. 1 AO kann die These von *Kamm* somit nicht untermauern.

Es könnten sich allerdings Beratungsansprüche des Steuerpflichtigen über das materielle Steuerrecht aus anderen Vorschriften ergeben. Die verbindliche Auskunft nach § 89 Abs. 2 AO, die verbindliche Zusage nach §§ 204 ff. AO und die Lohnsteueranrufungsauskunft nach § 42e EStG sind gegenüber § 89 Abs. 1 AO Instrumente, die eine materiell-steuerrechtliche und sie bindende Beurteilung eines Sachverhaltes durch die Finanzbehörde vorsehen. Sie umfassen in der Praxis jedoch nur bestimmte Fallkonstellationen. Anwendungsbereich der (kostenpflichtigen) verbindlichen Auskunft sind nur genau bestimmte, noch nicht verwirklichte Sachverhalte, sodass eine verbindliche Aussage der Rechtslage bezüglich eines bereits verwirklichten Sachverhaltes von ihr nicht gedeckt ist. Auch die engen Voraussetzungen der verbindlichen Auskunft i.S.d. § 89 Abs. 2 S. 1 AO sowie die grundsätzliche Antwort-Frist von sechs Monaten gem. § 89

---

999 *Rönitz*, StbJb 1980/1981, 359, 362; *Söhn*, in: Hübschmann/Hepp/Spitaler, AO/FGO, § 89 AO Rn. 144 (Stand: August 2016); zur Korrektur von Antrags- und Wahlrechten siehe noch unten 5. Teil E.

1000 *Seer*, in: Tipke/Kruse, AO/FGO, § 89 AO Rn. 11 (Stand: Februar 2018); *Söhn*, in: Hübschmann/Hepp/Spitaler, AO/FGO, § 89 AO Rn. 144, 152 (Stand: August 2016); *Roser*, in: Gosch, AO/FGO, § 89 AO Rn. 21 (Stand: August 2018).

1001 *Hey*, Steuerplanungssicherheit, S. 562; *Seer*, Tipke/Kruse, AO/FGO, § 89 AO Rn. 4 (Stand: Februar 2018); auch *Tipke*, in: FS Kohlmann, 555, 564; *ders.*, BB 2009, 636, 639, resümiert zutreffend, dass § 89 Abs. 1 AO den Steuerberater nicht ersetzen kann; das Ergebnis geht somit auch mit der ursprünglichen gesetzgeberischen Intention konform, dass die Finanzverwaltung nicht in die Rolle des Beraters gedrängt werden darf, siehe BT-Drucks. VI/1982, S. 132.

1002 *Tipke*, StuW 2004, 3, 15, dort auch zum plastischen Begriff „Sieb".

Abs. 2 S. 4 AO machen die verbindliche Auskunft zum Ausgleich von Zweifeln bei Anwendung der Steuergesetze bei Erstellung der Steuererklärung ungeeignet. Die kostenfreie, aber für die Finanzbehörde nicht fristgebundene[1003] Lohnsteueranrufungsauskunft beschränkt sich auf das Lohnsteuerabzugsverfahren[1004] und eine verbindliche Zusage wird auf Antrag des Steuerpflichtigen nach einer Betriebsprüfung bezüglich eines geprüften Sachverhaltes erteilt, um diesen vor Änderungen der rechtlichen Würdigung in einem folgenden Veranlagungszeitraum zu schützen[1005]. Die Möglichkeit eines allgemeinen Rechtsberatungsanspruchs in materieller Hinsicht lässt sich aus diesen Normen somit nicht herleiten. Sie gelten nur in bestimmten, eingeschränkten Fallkonstellationen. Folglich ist ein Anspruch des Bürgers auf Rechtsberatung durch die Finanzbehörde zu verneinen. *Kamms* Ansatz zur Begründung einer Beratungspflicht durch den Steuerpflichtigen ist damit eine wesentliche Argumentationsgrundlage entzogen.

Es verbleibt noch die Frage, ob eine ungeschriebene Pflicht des Steuerpflichtigen besteht, bei Unklarheit über die Anwendung der Steuergesetze rechtlichen Rat durch dritte Dienstleister einzuholen.[1006] So überlegt *Tipke*, ob nicht aus § 150 AO eine Beratungspflicht des Steuerpflichtigen durch einen Steuerberater hergeleitet werden könne.[1007] In Anlehnung an die Rechtsprechung des Bundesverfassungsgerichts zum strukturellen Vollzugsdefizit, sieht er § 150 AO in einer Linie mit dem vom Bundesverfassungsgericht beanstandeten § 30a AO[1008].[1009] Er begründet dies damit, dass der von § 85 AO ausgedrückte Verfassungsauftrag der gesetzmäßigen und gleichmäßigen Besteuerung dann konterkariert werde, wenn Steuerlaien, denen die Fähigkeit zur Feststellung der steuerlich erheblichen Tatsachen fehlt, Steuererklärungen ohne externe Hilfe abgeben und diese Erklärungen wesentliche Grundlage für die Besteuerung würden.[1010] *Tipkes*

1003 Zur Kritik an einer fehlenden Frist, innerhalb derer die Finanzbehörde die Auskunft erteilt haben muss, siehe *Seer/Hardeck*, StuW 2016, 366, 368.

1004 Eine Wirkung auch für die Einkommensteuerveranlagung des Arbeitnehmers besteht nicht, BFH v. 16.12.1996, VI R 51/96, BStBl. II 1997, 222; BFH v. 13.1.2011, VI R 61/09, BStBl. II 2011, 479; *Gersch*, in: Herrmann/Heuer/Raupach, EStG/KStG, § 42e AO Rn. 25 (Stand: Juni 2016).

1005 *Seer*, in: Tipke/Kruse, AO/FGO, § 204 AO Rn. 1 (Stand: Februar 2018).

1006 Bei *Jehke* findet sich keine tiefere Auseinandersetzung mit einer Beratungspflicht des Bürgers, sodass im Folgenden nur auf den Ansatz von *Tipke* eingegangen wird.

1007 *Tipke*, BB 2009, 636, 637 f.

1008 BVerfG v. 9.3.2004, 2 BvL 17/02, BVerfGE 110, 94, 132, 136 f.

1009 *Tipke*, BB 2009, 636, 638.

1010 *Tipke*, BB 2009, 636, 638 f.

Argumentation lässt sich vor allem vor dem Hintergrund des dargestellten Steuerverfahrens nachvollziehen: Ist die Steuererklärung im Veranlagungsverfahren oft die einzige Erkenntnisquelle der Finanzverwaltung und genießen die Angaben des Steuerpflichtigen grundsätzlich einen Vertrauensvorschuss,[1011] wirken sich die Überforderung des Steuerpflichtigen mit der Steuererklärungspflicht direkt auf den festgesetzten Steuerbetrag aus. Dies gilt vor allem dann, wenn Risikomanagementsysteme, so wie es zurzeit (noch) der Fall ist, lediglich Zahlen verproben und keine Textfelder auslesen.[1012] Die Forderung *Seers*, Anreize zu schaffen und den Steuererklärungen von Steuerberatern einen weiteren Vertrauensvorschuss zu gewähren,[1013] mag zwar zum Teil gelebte Verwaltungspraxis sein, ist aber bisher nicht gesetzlich verankert. *Tipkes* systematische Überlegung, eine Steuerberatungspflicht aus § 150 AO herzuleiten, verstößt daher gegen den Vorbehalt des Gesetzes: Es bedarf zur Verpflichtung des Bürgers, sich mit Kosten verbundenen steuerlichen Rat zu suchen, einer ausdrücklichen gesetzlichen Grundlage.[1014] Aber: *Tipkes* Vorschlag, die Konsultation eines Steuerberaters jedenfalls ab einem gewissen Komplexitätsgrad des wirtschaftlichen Sachverhaltes verpflichtend vorzuschreiben, ist bei der derzeitigen unübersichtlichen und ausgefransten Gesetzeslage und der jetzigen Ausgestaltung des Verwaltungsverfahrens konsequent. Er kann aber an dieser Stelle nicht mehr als ein Ruf nach einer entsprechenden politischen Entscheidung gewertet werden.

Damit ist festzustellen, dass der Bürger weder ein grundsätzliches Beratungsrecht gegenüber der Finanzbehörde mit Blick auf das materielle Steuerrecht hat noch eine Pflicht des steuerunkundigen Bürgers besteht, sich steuerlich beraten zu lassen.[1015] Die Anforderungen, die an den Steuerpflichtigen bei Erfüllung

---

1011 Siehe zum Vertrauensvorschuss noch unten 4. Teil C. I. und dort insbesondere Fn. 1444.

1012 Siehe zur Funktionsweise der Risikomanagementsysteme im Einzelnen noch unten 4. Teil C. II. 2. und 3.

1013 *Seer*, StuW 2003, 40, 55 f.

1014 Dies ist kein Widerspruch zu der oben, unter 2. Teil B. IX. 2. a., vertretenen Auffassung, die Sachverhaltsoffenbarungspflichten des Steuerpflichtigen aus § 150 Abs. 2 AO herleitet. Denn dort ging es um die Frage, wann Angaben in der Steuererklärung unter Beachtung einer Subsumtionspflicht als wahrheitsgemäß anzusehen sind. Es waren damit aber keine weiteren Verpflichtungen verbunden. Insbesondere durch das Abstellen auf die Publizität des Empfängerhorizonts konnte dort auch einer übermäßigen Belastung des Steuerpflichtigen entgegengewirkt werden.

1015 Eine allgemeine Rechtspflicht, vor dem Ausfüllen der Steuererklärung fachkundigen Rat einzuholen, besteht auch nach der Rechtsprechung nicht, selbst wenn keine

seiner Steuererklärungspflicht gestellt werden, werden somit nicht durch eine Beratungspflicht oder einen Beratungsanspruch vermindert.

c. *Zwischenergebnis*

Der Bürger ist als wichtiger Bestandteil des Steuerverfahrens derjenige, der die gesetzlichen Regelungen zuerst anwendet und im selbstregulierenden Steuervollzug damit (Erst-)Adressat, sodass er in der Lage sein muss, die Normen, die auf ihn Anwendung finden, zu verstehen. Zementiert wird diese Feststellung durch die fehlende Verpflichtung, sich auch bei Unkenntnis steuerlich beraten zu lassen. Auf Grundlage dieser Feststellung müsste *Towfigh* zu einem identischen Ergebnis gelangen, denn seine These ist, dass Normadressat derjenige sei, der das Recht vollzieht.[1016] *Towfigh* zieht aber keine Verbindungslinie zur Selbstregulierung des Steuervollzugs durch den Steuerpflichtigen. Er geht vielmehr von einem Verfahren aus, in dem der Bürger durch eine Obrigkeit geleitet wird und mithilfe von Verwaltungsakten das Recht bei seinem Vollzug konkretisiert wird, der Bürger sich also letztlich eher in einer passiven statt in einer aktiven Rolle befindet. Das ist aber gerade im Steuerverfahren nicht der Fall und dieser Teil *Towfighs* Ergebnisses daher nicht schlüssig begründet. An dem hier vertretenen Lösungsansatz ändert auch die Tatsache nichts, dass sich viele Steuerpflichtige auch ohne gesetzliche Verpflichtung steuerlich beraten lassen oder dass der Steuerpflichtige als Rechtslaie eine richtige Anwendung des Gesetzes nicht sicherstellen kann. Dieses Zwischenergebnis ist noch nicht so zu verstehen, dass jeder Steuerpflichtige jedes Steuergesetz verstehen muss.[1017] Es soll vielmehr als Grundlage für die weitere Auseinandersetzung dienen.

d. *Keine Absage an offene Rechtsnormen*

Bei den Befürwortern der Auffassung, dass sich die Verständlichkeit eines Gesetzes an einem Rechtskundigen zu orientieren hat, klingt oft die auf der Rechtsprechung des Bundesverfassungsgerichts fußende Kritik mit, dass ein für den Bürger verständliches Gesetz nicht mehr in der Lage sei, die wirtschaftliche Realität wegen fehlender Auslegungsmöglichkeit in Gänze abzubilden. Unbestimmte Rechtsbegriffe werden dabei zu Recht als notwendiges Vehikel erkannt, damit das Gesetz auch im Einzelfall flexibel angewendet werden kann und

---

steuerrechtlichen Kenntnisse vorliegen, siehe BFH v. 23.1.2001, XI R 42/00, BStBl. II 2001, 379 Rn. 18 m.w.N.

1016 *Towfigh*, Der Staat 2009, 29, 66.

1017 So auch *Hey*, Steuerplanungssicherheit, S. 562 f.

Steuergesetzgebung nicht zu einer Einzelfallgesetzgebung verkommt, die zwar Einzelfälle ziemlich exakt abbildet, aber dafür entweder unzählige Einzelregelungen beinhalten muss oder einen großen Teil der Lebenssachverhalte und nicht gewünschte Gestaltungsmaßnahmen nicht erfasst. Daher bezeichnen *Jehke* und *Towfigh* Forderungen nach einer Verständlichkeit des Gesetzestextes als utopische und an der Realität vorbeigehende Forderungen, die nur mit politischen Motiven zu erklären seien.[1018] Den Kritikpunkten lässt sich aber begegnen:

Die Eigenschaft eines Gesetzes als abstrakt generelle Regelung und die damit verbundene Verlagerung der Konkretisierung auf den Rechtsanwender ist für sich betrachtet noch kein Ausschlusskriterium für eine verständliche Gesetzgebung, sodass die grundsätzliche Auslegungsbedürftigkeit einer Norm nicht bedeutet, dass die Norm für die Anwendung durch den Bürger als Gesetzesadressaten untauglich ist. Zu denken ist zuvorderst an eine Auslegung anhand des Wortlautes. Darüber hinaus kann ein Gesetz auch dann verständlich sein, wenn sich der Inhalt für den Bürger nach einer Erläuterung bzw. Einordnung der jeweiligen Regelung erschließt,[1019] wodurch sich wiederum eine Annäherung zur aktuellen Rechtsprechung des Bundesverfassungsgerichts[1020] ergibt. Derartige Informationen, die der Interpretation der Norm dienen, können, soweit sie nicht durch ein allgemeines Vorverständnis vorhanden sind,[1021] durch die Hinzuziehung der Gesetzesmaterialen[1022] und eine systematische Einordnung der Norm bzw. der Ziele des Gesetzes gewonnen und wahrnehmbar werden.

1018 *Towfigh*, Der Staat 2009, 29, 50; *Jehke*, Bestimmtheit und Klarheit, S. 133, 140 f.

1019 A.A. *Cagianut*, DStJG 2 (1979), 277, 277, der fordert, dass das Verständnis ohne Hilfsmittel direkt aus der Norm heraus möglich sein muss.

1020 Das BVerfG v. 24.7.2018, 2 BvR 309/15 u.a., BVerfGE 149, 293, 324, stellt für die Unbedenklichkeit unbestimmter Rechtsbegriffe „insbesondere" auf die Heranziehung anderer Vorschriften des Gesetzes, die Berücksichtigung des Normenzusammenhangs und eine gefestigte Rechtsprechung ab und spricht damit vergleichbare Methoden zur Ermittlung des Norminhaltes an.

1021 *Noll*, Gesetzgebungslehre, S. 188, denkt über ein allgemeines Vorverständnis nach, das die Befolgung einer Norm und (damit impliziert auch ihr Verständnis) gewährleiste, konstatiert aber auch, dass dieses je nach Bevölkerungsgruppe und Regelungsmaterie unterschiedlich ausfalle. Für das Steuerrecht wird ein allgemeines systematisches Vorverständnis eher zu verneinen sein; ein grundlegendes wirtschaftliches Verständnis, das auch der Bewältigung der Aufgaben des täglichen Lebens dient, wird man aber voraussetzen können.

1022 *Hohmann*, StuW 2017, 177, 183, dort auch Fn. 88, billigt Gesetzesmaterialen zu, dass diese die Verständlichkeit einer Norm erhöhen können, möchte diese Möglichkeit jedoch nicht zu hoch bewerten.

Für die Gesetzesmaterialen der Legislative in Deutschland gilt dies allerdings nur eingeschränkt. Diese sind zwar in der heutigen Zeit über das Internet der breiten Masse verfügbar, sie dienen jedoch ihrer Art und auch ihrer Aufmachung der Veröffentlichung nach nicht der Erläuterung der Gesetzesinhalte und -ideen für den Bürger, sondern adressieren den Normgeber.[1023] Anders hingegen sind etwa Richtlinien i.S.d. Art. 288 Abs. 3 AEUV gestaltet: Hier sind den einzelnen Rechtsakten gem. Art. 296 Abs. 2 AEUV Begründungen vorweg gestellt, die den Sinn und Zweck der Richtlinie erläutern sollen, Regelungsziele vorgeben und somit einen Kontext geben, der dem Verständnis dienlich sein kann.[1024] Ähnliche Erwägungen oder allgemeine Zielsetzungen eines Gesetzes wären in einem deutschen Gesetz jedenfalls nicht unvorstellbar[1025] und würden die Verständlichkeit und gleichzeitig auch die Rechtssicherheit – denn das (aus Gesetzgebersicht subjektive) Telos der Norm und das gewünschte Regelungsziel

---

1023 *Hohmann*, StuW 2017, 177, 179 f.; im juristischen Kontext ordnet *Hohmann*, StuW 2017, 177, 183, die Gesetzesmaterialien als Hilfsmittel der historischen Auslegung ein.

1024 *Krajewski/Rösslein*, in: Grabitz/Hilf/Nettesheim, EU-Recht, Art. 296 Rn. 19 f. (Stand: Juli 2017); *Köndgen/Mörsdorf*, in: Riesenhuber, Methodenlehre, § 6 Rn. 48 f., verorten die Begründungserwägungen in dem Bereich der Rechtsanwendung.

1025 So kennt die Schweizer Gesetzgebungslehre etwa Zweckartikel, die z.T. der eigentlichen gesetzlichen Regelungen vorweggestellt werden und Grundsätze des Gesetzes kurz abfassen. Als Beispiel soll Art. 1 des Schweizerischen Mehrwertsteuergesetzes dienen:

> „Der Bund erhebt eine allgemeine Verbrauchssteuer nach dem System der Netto-Allphasensteuer mit Vorsteuerabzug (Mehrwertsteuer). Die Steuer bezweckt die Besteuerung des nicht unternehmerischen Endverbrauchs im Inland.

Als Mehrwertsteuer erhebt er:

a. eine Steuer auf den im Inland von steuerpflichtigen Personen gegen Entgelt erbrachten Leistungen (Inlandsteuer);
b. eine Steuer auf dem Bezug von Leistungen von Unternehmen mit Sitz im Ausland durch Empfänger und Empfängerinnen im Inland (Bezugsteuer);
c. eine Steuer auf der Einfuhr von Gegenständen (Einfuhrsteuer).

Die Erhebung erfolgt nach den Grundsätzen:

a. der Wettbewerbsneutralität;
b. der Wirtschaftlichkeit der Entrichtung und der Erhebung;
c. der Überwälzbarkeit.“

stehen dann erkennbar fest[1026] – trotz im Gesetz verwendeter unbestimmter Rechtsbegriffe ermöglichen. Dadurch würde es auch möglich, ohne juristische Kenntnisse, eine gesetzliche Regelung systematisch einzuordnen, um sich ihren Kerninhalt im Sachzusammenhang zu erschließen. Außerdem kann der Gesetzgeber tätig werden und eine „Verständlichkeitsbrücke" zum Bürger, den er mit Pflichten beauftragt, auf unterschiedliche Weise bauen. Ein Beispiel dafür findet sich im Zivilrecht bei dem Abschluss von Fernabsatzverträgen i.S.d. § 312c BGB. Hier erkannte der europäische Richtliniengeber, dass der Verbraucher gegenüber dem Unternehmer schutzwürdig ist, sodass es einer Aufklärung des Verbrauchers im konkreten Schuldverhältnis durch den Unternehmer bedarf.[1027] Die dazu geschaffene Muster-Widerrufsbelehrung in der Verbraucherrechte-Richtlinie fasst die Rechte und Pflichten des Verbrauchers im Zusammenhang mit dem Widerruf eines Fernabsatzvertrages zusammen und ermöglicht dem Verbraucher dadurch ein Verstehen des gesetzlichen Inhaltes.[1028] Eine ähnliche Funktion – beschrieben als Transformationsfunktion – wurde oben zum Teil den Steuererklärungsformularen nebst ihren Anleitungen, Erläuterungen und Hinweistexten zugesprochen.[1029] Sie sollen die steuererheblichen Sachverhalte für den Steuerpflichtigen erkennbar machen und ihn bei der Erfüllung seiner steuerlichen Pflichten unterstützen.

Andererseits können offene Rechtsnormen auch dann unschädlich für die Verständlichkeit einer Norm sein, wenn im Verfahren anderweitig für einen Ausgleich gesorgt wird.[1030] Dies wäre im Steuerverfahren ohne Weiteres in bestimmten Bereichen denkbar. Informationsverknüpfung von Gesetzestext, Steuererklärungsformular, Rechtsprechung und Auffassung der Finanzverwaltung sind in den Zeiten der Digitalisierung theoretisch denkbar und könnten dem Bürger zur Verfügung gestellt werden, damit dieser bei der Erfüllung seiner

---

1026 *Köndgen/Mörsdorf*, in: Riesenhuber, Methodenlehre, § 6 Rn. 78, spricht bei den Begründungserwägungen von einem primären *policy statement*, das Richtschnur für jede teleologische Interpretation sei.

1027 Siehe RL 2011/83/EU des Europäischen Parlaments und des Rates vom 25.10.2011 über die Rechte der Verbraucher, Abl. L 304 S. 64, Erwägungsgründe 34-43.

1028 Siehe Anhang I der RL 2011/83/EU des Europäischen Parlaments und des Rates vom 25.10.2011 über die Rechte der Verbraucher, Abl. L 304 S. 64.

1029 Siehe oben 2. Teil B. VI. 1. und 5.

1030 BVerfG v. 3.5.1972, 1 BvL 32/70 u.a., BVerfGE 33, 303, 341 und BVerfG v. 29.9.1978, 1 BvR 525/77, BVerfGE 49, 168, 182, äußerten sich vorsichtig in die Richtung, dass die Unbestimmtheit einer Norm durch Verfahren und gerichtliche Kontrolle durch die Gerichte ausgeglichen werden könnten.

gesetzlichen Pflichten möglichst unterstützt wird.[1031] Mit dieser Herangehensweise ließen sich auch weitere Kritikpunkte *Towfighs* entkräften: Das Gesetz würde für den Bürger „sichtbar“ und ihm auch sprachlich zugänglich. Auch das fehlende Vorverständnis, das *Towfigh* – und dem kann man nicht widersprechen – den Steuerpflichtigen attestiert, könnte durch die Bereitstellung und Verknüpfung von Informationen ausgeglichen werden. Rechtssoziologisch würde sich ein solches Vorgehen ebenfalls positiv auswirken: Ein erheblicher Faktor für die Befolgung einer Rechtsnorm ist die Nachvollziehbarkeit der Norm für den Bürger.[1032] Wird diese durch den Erläuterungsprozess gesteigert, steigt damit der Umfang der Rechtsbefolgung.[1033] Ähnlich wird auch die Akzeptanz steuerlicher Abgaben steigen, wenn der Inhalt von Gesetzen von staatlicher Seite aus erläutert wird und so nicht der Eindruck entsteht, Zugang zum Gesetz und seinen Möglichkeiten habe nur derjenige, der sich die Beratung durch einen Steuerberater oder Rechtsanwalt leisten könne.[1034] *Tipkes* verfassungsrechtliche Bedenken der bestehenden Regelung zu den Steuererklärungspflichten des Bürgers im

1031 Ähnliche Gedanken stellt auch schon *Noll*, Gesetzgebungslehre, S. 190, an, der von einer generell statuierten Vermittlung der Rechtskenntnis spricht, siehe auch schon die konkreten Vorschläge für das Steuerverfahren von *Seer*, StuW 2003, 40, 53 f.

1032 Die Nachvollziehbarkeit einer Regelung und die Akzeptanz einer Regelung sind Grundlage für ein Verständnis des Bürgers für eine Norm, siehe *Raiser*, Beiträge zur Rechtssoziologie, S. 63; *Baer*, Rechtssoziologie, § 9 Rn. 15 f.

1033 Die Befolgung einer Norm meint die Unterwerfung des Individuums unter dieselbe. Befolgung und Verständnis sind nicht zwingend stets gemeinsam gegeben, eine Norm kann also trotz Verständnisses durch das Individuum von diesem – aus nicht in der Norm liegenden Gründen – bewusst nicht befolgt werden (*Raiser*, Beiträge zur Rechtssoziologie, S. 63). Dennoch ist die Akzeptanz und Nachvollziehbarkeit einer Norm geprägt von der Notwendigkeit der sprachlichen Verständlichkeit der Norm – denn nur, wenn das Individuum die durch das Medium Sprache übermittelte Regelung richtig versteht, kann sie die notwendigen gedanklichen Schritte vornehmen, um die Norm nachvollziehen und akzeptieren zu können (so auch bereits *Seiler*, Parlamentsvorbehalt, S. 75; *Kunig*, Das Rechtsstaatsprinzip, S. 396; *Hill*, ZG 1987, 238, 264, der sogar fordert, der Gesetzestext müsse die Kommunikation möglichst stimulieren). Selbiges gilt mit Einschränkungen für die Befolgung einer Norm: Möchte ein Individuum eine Norm befolgen, muss sie dafür zunächst ihren Inhalt verstehen.

1034 *Valta*, in: Rechtssprache, 273, 274, sieht die Gefahr, dass derjenige, der seine Steuererklärung selbst ausfüllt und keine Hilfe bei Fachkundigen in Anspruch nimmt, großzügige Pauschalierungsmöglichkeiten übersehen könne, deren Existenz für die Mehrheit der Bürger in den Tiefen der Verwaltungsanweisungen versteckt sei.

Hinblick auf einen gleichmäßigen Gesamtvollzug[1035] könnten hiermit ebenfalls zum Teil entkräftet werden, wenn das entsprechende Normverständnis gleichzeitig zu Normbefolgung führt. Damit ist gesagt, dass sich verständliche Rechtsnormen und offene Rechtsnormen nicht zwingend gegenseitig ausschließen.

e. *Notwendige Variabilität nach dem durch den Bürger verwirklichten Sachverhalt*

Bezieht man sich auf den Bürger als denjenigen, der als Maßstab für die Verständlichkeit eines Gesetzes herangezogen wird, bedeutet das nicht gleichzeitig, dass jeder Laie in der Lage ist oder in der Lage sein muss, jede steuergesetzliche Regelung zu verstehen.[1036] Der Bürger muss vielmehr das Gesetz verstehen, das auf ihn Anwendung findet. Der Ausdruck der „Adressatengerechtigkeit“[1037] bedeutet ein Bewusstsein für die unterschiedlichen Anforderungen an ein Gesetz mit Blick auf den jeweiligen Adressaten in seiner jeweiligen Situation.

Dies deckt sich nicht nur mit der Einlassung des Bundesverfassungsgerichts, das die erforderliche Bestimmtheit einer Norm nicht abstrakt festlegt, sondern von dem zu ordnenden Lebenssachverhalt, den Besonderheiten des jeweiligen Tatbestandes und den Umständen, die zur gesetzlichen Regelung geführt haben, abhängig macht.[1038] Es lässt sich auch aus Grundgedanken zur Finanzierung des Staates durch Steuern herleiten. Denn die Bundesrepublik Deutschland ist ein Steuerstaat, der strukturell auf eine eigene wirtschaftliche Tätigkeit zur Generierung von Staatseinnahmen verzichtet und seinen Finanzbedarf stattdessen grundsätzlich durch die steuerliche Teilhabe am wirtschaftlichen Erfolg der privaten Rechtssubjekte deckt.[1039] Den privaten Rechtssubjekten garantiert der Staat in den Art. 12 GG und Art. 14 GG Berufs- und Eigentümerfreiheiten, die eine staatliche Regulierung nur in eng gesetzten Grenzen erlaubt und

---

1035 *Tipke*, BB 2009, 636, 637 f.

1036 Siehe auch *Kreppel*, in: FS v. Simson, 119, 124.

1037 *Hey*, Steuerplanungssicherheit, S. 562.

1038 BVerfG v. 10.11.1998, 2 BvR 1057/91 u.a., BVerfGE 99, 216, 243; BVerfG v. 24.7.2018, 2 BvR 309/15 u.a., BVerfGE 149, 293, 323 f.

1039 *P. Kirchhof*, in: Isensee/Kirchhof, HStR V, § 118 Rn. 1, 5; zur Entscheidung für den Steuerstaat als eine dem Rechtsstaatsprinzip vergleichbare Strukturentscheidung siehe etwa *Vogel/Waldhoff*, in: Bonner Kommentar, GG, Vorbem. z. Art. 104a-115 Rn. 338 (Stand: November 1997), und die Nachweise bei *Drüen*, Indienstnahme, S. 220 und dort Fn. 306.

schafft mit gesamtgesellschaftlichen Voraussetzungen[1040] eine Erwerbskultur, derer sich der einzelne Bürger zur Erzielung von Einnahmen bedienen kann.[1041] Der Staat schafft damit die Voraussetzungen für die erwerbswirtschaftliche Freiheitsausübung des Bürgers.[1042] Die Belastung mit Steuern und Pflichten im Steuerverfahren rechtfertigt sich daher *auch* aus der Zurverfügungstellung dieser gesamtgesellschaftlichen Strukturen.[1043] Dadurch wird der Staat nicht „einseitig zu einer Wirtschaftsveranstaltung"[1044], sondern soll im Kontext der Mitwirkungspflichten einer Abstufung der Inanspruchnahme der Steuersubjekte verfassungsrechtlichen Boden bereiten. Je nach Umfang der Inanspruchnahme staatlicher Wirtschaftsstrukturen variiert die mögliche Verpflichtung des Steuerpflichtigen im *Steuerverfahren*. Derjenige, der die bestehenden gesamtgesellschaftlichen Wirtschaftsstrukturen durch komplexe wirtschaftliche Handlungen umfassender nutzt, kann in dem *Steuerverfahren*, das die verwirklichten wirtschaftlichen Sachverhalte wiederum für die Steuerfestsetzung ermitteln und aufdecken muss, höheren Anforderungen gegenübergestellt werden, als derjenige, der die bestehenden Strukturen weniger in Anspruch nimmt. Die Komplexität der wirtschaftlichen Betätigung und die Anforderungen im Steuerverfahren laufen somit gleich. Leistungsfähigkeit im Steuerverfahren knüpft danach nicht an eine durch die steuerliche Bemessungsgrundlage indizierte wirtschaftliche Leistungsfähigkeit an, sondern an mehr oder weniger wirtschaftlich komplexes Verhalten in dem durch den Staat gesicherten Erwerbssystem. Zutreffend ist der Einwand, dass im freiheitlichen Rechtsstaat die grundrechtlich geschützte Freiheit des Einzelnen eine originäre ist und den Bürgern nicht erst vom Staat gewährt werden muss.[1045] Der von staatlicher Seite geschaffene Rahmen für die individuelle Erwerbstätigkeit darf dabei nicht so verstanden werden, dass er

1040 Zu denken ist etwa an rechtliche Voraussetzungen durch gesetzliche Regelungen, die die Haftungsmöglichkeiten bei wirtschaftlicher Betätigung einschränken, aber auch die Ausstattung der Bevölkerung mit Allgemeinwissen zum wirtschaftlichen Leben, sodass diese in die Lage versetzt werden, auch an wirtschaftlich komplexeren Vorgängen teilzunehmen; zum letzten Gedanken auch *P. Kirchhof*, StuW 2017, 3, 6.

1041 *P. Kirchhof*, StuW 2017, 3, 6.

1042 *Jachmann-Michel*, StuW 2017, 209, 210.

1043 *P. Kirchhof*, StuW 2017, 3, 5 f.

1044 So *Tipke*, Besteuerungsmoral und Steuermoral, S. 34, zur Steuerrechtfertigungslehre von *P. Kirchhof*.

1045 *Jachmann-Michel*, StuW 2017, 209, 210.

Bedingung für die Freiheitsausübung der Bürger ist.[1046] Aber er fördert privatwirtschaftliches Handeln dem Grunde und dem Umfang nach.

Mit diesen Grundgedanken vereinbaren lässt sich letztlich auch, dass bei der Differenzierung nach den verschiedenen Adressaten nicht zwischen subjektiven Merkmalen der Individuen unterschieden wird. Die Einordnung des Adressaten erfolgt anhand der durch sie verwirklichten wirtschaftlichen Sachverhalte – oder für das kognitive bzw. intellektuelle Element der Verfahrensleistungsfähigkeit gesagt: Die Fähigkeiten des Adressaten, den Norminhalt zu verstehen, werden nach seinem wirtschaftlichen Handeln typisiert.[1047] Damit wird der Forderung Rechnung getragen, dass ein wirtschaftlicher Sachverhalt und die diesen Sachverhalt regelnden Gesetze in einem adäquaten Verhältnis zueinander stehen müssen.[1048] *Hey* differenziert darauf aufbauend nach einem Grundbestand steuerlicher Normen, die das alltägliche Wirtschaftsleben erfassen, und Spezialregeln für komplexere Sachverhalte.[1049] Verbunden mit dieser Differenzierung ist die Idee, dass derjenige, der komplexere wirtschaftliche Sachverhalte verwirklicht, über Ressourcen verfügt, die es ihm ermöglichen, auch entsprechend komplexere Regelungen zu verstehen, die der rechtlichen Bewältigung eben dieser wirtschaftlichen Sachverhalte dienen. Gleichsam bedeutet dies auch, dass derjenige, der komplexe wirtschaftliche Sachverhalte schafft, sich nicht darauf berufen kann, dass er die Dinge nicht mehr überschaue und ihm deshalb die Erfüllung von bestimmten Mitwirkungspflichten nicht zugemutet werden könne.[1050] Dabei daran anzuknüpfen, ob gewisse Personen oder Großunternehmen typischerweise steuerlich beraten sind,[1051] bedeutet jedoch eine

---

1046 So aber *Jachmann-Michel*, StuW 2017, 209, 210.

1047 *Waldhoff/Grefrath*, IStR 2013, 477, 479; dabei lässt sich wiederum die Rechtsprechung des BVerfG v. 24.7.2018, 2 BvR 309/15 u.a., BVerfGE 149, 293, 323 f., einbinden, denn der Bürger ist Bestandteil des geregelten Sachverhaltes; siehe auch die Überlegungen von *Kreppel*, in: FS v. Simson, 119, 131 f.

1048 *Noll*, Gesetzgebungslehre, S. 191: „Die Gesetzgebungstechnik soll der Regelungsmaterie adäquat sein und darf auf das Verständnis derjenigen Betroffenen, Verpflichteten und Berechtigten abstellen, die in den Verhältnissen stehen, welche das Gesetz regelt."

1049 *Hey*, Steuerplanungssicherheit, S. 562.

1050 Für die Steuererklärungspflicht FG Köln v. 22.4.1983, V 57/82 F, EFG 1984, 55.

1051 So argumentiert etwa *Hey*, Steuerplanungssicherheit, S. 562; ähnlich auch *Sandrock*, in: FS Ipsen, 871, 802 f., der fordert, dass der Steuerpflichtige beim Verständnis einer Norm (externe) Hilfe oder Mittel in Anspruch nehmen muss, soweit es ihm zumutbar ist bzw. soweit es die konkrete soziale Situation des Einzelnen zulässt.

Entfernung von der Forderung, dass es auf die Verständlichkeit für den Betroffenen ankommt, hin zu einem Verständnis, das auf Intermediäre abstellt. Ein solche Rolle rückwärts ist abzulehnen. Denn auch für Großunternehmen und Konzerne besteht keine Pflicht, einen Steuerberater zu konsultieren.[1052] Um diesen Widerspruch zu vermeiden, ist für die Differenzierung wie dargestellt auf die ausgeübte wirtschaftliche Tätigkeit dem Grunde nach abzustellen. Im Ergebnis bleibt es, trotz jeweilig variierender Anforderungen, bei dem Bürger als Adressaten der Steuergesetze.

f. Zur Kritik an der Variabilität der Bezugspunkte

Der Gedanke eines variablen Gesetzesadressaten wird von *Jehke* kritisiert und er trifft die Vertreter dieser vermittelnden Ansicht an einer empfindlichen Stelle, wenn er die Rückausnahmen und Relativierungen anspricht, die mit diesen Theorien regelmäßig einhergehen, damit im Ergebnis nicht jede gesetzliche Regelung für jeden Bürger verständlich sein muss.[1053] Daher strahlt *Jehkes* Ansatz, der auf der Idee einer Unterscheidbarkeit von Normenklarheit und Normenbestimmtheit basiert, einen gewissen Charme aus. Seine Forderung führt auch zu einem nachvollziehbaren Ergebnis: Für den Bürger muss das Recht so klar aufgebaut und strukturiert sein, dass dieser in die Lage versetzt wird, zu erkennen, wann er Rechtsbeistand einholen muss, weil er das Gesetz nicht mehr in Gänze aufgrund unbestimmter Rechtsbegriffe versteht. Die Forderung ist verwandt mit derjenigen von *Kamm*, der von dem Steuerpflichtigen fordert, sich die Mühe zu machen, „seine laienhaften Rechtsvorstellungen bewußt in Frage zu stellen“[1054], und damit feststellt, dass der Bürger die Norm bis zu diesem Punkt überhaupt verstehen können muss, das Gesetz somit einen gewissen sprachlichen und systematischen Zugang bietet.[1055] Aber auch *Jehke* lässt die hier stark gewichteten Eigenheiten des selbstregulierenden Steuervollzuges weitestgehend

---

1052 Davon abzugrenzen sind steuerunabhängige Pflichten zur Heranziehung externer Prüfer z.B. die Prüfung des (Konzern-)Jahresabschlusses und des (Konzern-)Lageberichtes durch einen Abschlussprüfer i.S.d. §§ 316, 317 HGB. Bei dieser Prüfung werden alle gesetzlichen Vorschriften über die Erstellung des Jahresabschlusses geprüft, mithin insbesondere die §§ 242 ff. HGB, die über § 140 AO auch für das Steuerrecht zu erfüllen sind. Aus diesen Regelungen lassen sich aber keine allgemeinen Erkenntnisse ableiten, die es rechtfertigen, im steuerrechtlichen Bereich auf die Kenntnisse eines Intermediärs abzustellen.

1053 *Jehke*, Bestimmtheit und Klarheit, S. 138 f.

1054 *Kamm*, Grundlinien, S. 97.

1055 So auch *Kreppel*, in: FS v. Simson, 119, 130.

unbeachtet.[1056] Außerdem machte man mit dieser Argumentation ein rechtsstaatliches Eingeständnis, dass die Kommunikation zwischen staatlicher Gesetzgebung und dem einzelnen Bürger, im Ergebnis also die Kommunikation zwischen Gesellschaft und Individuum,[1057] durch Normsetzung nicht gelingt und damit gescheitert ist. Denn für jedes Steuergesetz reichte es dann aus, dass die Unbestimmtheit einer Regelung offenbar und deutlich für den Bürger ist, ihm sein Mangel an Normverständnis im konkreten Fall also bewusst wird. Kein Steuergesetz müsste sich der Forderung gegenübersehen, von seinem Adressaten verstanden zu werden.[1058] Die geforderte „Adressatengerechtigkeit" ist das Vehikel, um dem zu begegnen. Außerdem: Welcher Mehrwert bietet sich für den Bürger durch *Jehkes* trennscharfe Differenzierung zwischen der eher auf den Bürger bezugnehmenden Normenklarheit und dem staatsorganisationsrechtlich dominierten Bestimmtheitsgebot? Zu der Erkenntnis, dass er ohne Expertenrat nicht weiterkommt, wird der Steuerpflichtige doch sowohl im Falle der offenen, für ihn nicht verständlichen Rechtbegriffe gelangen als auch – erst recht – bei einem bereits unklaren gesetzlichen Aufbau oder einer widersprüchlichen Ausgestaltung des Gesetzes. In einem Kontext, der eine ungeschriebene Beratungspflicht des Steuerpflichtigen mit der fehlenden Fähigkeit, unter eine offene Norm subsumieren zu können, begründet, wäre dieser Ansatz sinnvoll. Da aber hier eine ungeschriebene Beratungspflicht abgelehnt worden ist, trägt ein solcher Aspekt nicht. Vielmehr wird nach der hier vertretenen Ansicht die Verständlichkeit gemeinsam aus den Grundsätzen der Normenbestimmtheit

---

1056 *Jehke*, Bestimmtheit und Klarheit, S. 143-145, setzt sich zwar mit der Vollzugsgerechtigkeit in der Steuerverwaltung als Massenverwaltung auseinander und stellt, a.a.O., S. 215 f. die Forderung auf, dass Normen und Normenkomplexe, die für den Bürger unmittelbar relevant sind, klar genug sein müssen, beschränkt sich bei seinen Ausführungen aber auf die Steuererklärungspflichten dem Grunde nach und sozial motivierte Steuervergünstigungen.

1057 Siehe zu den verschiedenen Funktionen von Recht, die in unterschiedlicher Ausprägung nur dann Wirkung entfalten können, wenn das Recht von den Bürgern verstanden wird, *Rüthers/Fischer/Birk*, Rechtstheorie, § 3. Hier insbesondere die Verhaltensteuerung (a.a.O., Rn. 76-78a), die verschiedenen Funktionen zur Organisation und Legitimation sozialer Herrschaft (a.a.O., Rn. 80-85) und der auch hier ein hoher Rang eingeräumten Erwartungssicherung durch Rechtssicherheit und Vertrauensschutz (a.a.O., § 3 Rn. 87) sowie letztlich eine Rechtsgarantiefunktion (a.a.O., Rn. 90).

1058 Dass es sich insoweit aber um eine legitime Forderung handelt, wird auch bei *Lang*, Kölner Entwurf eines Einkommensteuergesetzes, S. V, deutlich.

und der Normenklarheit hergeleitet, aber mit einer eigenen Forderung versehen, die auch einen Ausgleich der zum Teil gegenläufigen Tendenzen von Normenbestimmtheit und Normenklarheit herbeiführen soll.

Einen weiteren Kritikpunkt äußert *Towfigh* in seinem Ansatz zur Neuinterpretation der „objektivierten Adressatensicht" auf die Intermediäre. Eine auf den jeweiligen Adressaten abgestimmte Regelung führe zu einer vollständigen Subjektivierung des Gebots der Normenklarheit, die einen unüberprüfbaren, unvorhersehbaren und damit nicht handhabbaren Maßstab hervorbringe, da jedes Gesetz so im Einzelfall mit Blick auf das konkrete Individuum zu beurteilen sei.[1059] Die Gedanken sind nicht von der Hand zu weisen, denn würde jedes Gesetz auf die Verständlichkeit für jedes Individuum im Einzelfall untersucht werden, würde zu den von *Towfigh* aufgezeigten praktischen Problemen noch eine abzulehnende partielle Individualverfassungswidrigkeit eines Gesetzes wegen Unbestimmtheit in Betracht kommen. Eine vollständige Subjektivierung der Adressatensicht wird aus diesen Gründen auch in dieser Auseinandersetzung nicht gefordert, sondern es ist in der jeweiligen Adressatengruppe auf einen durchschnittlichen Bürger abzustellen.[1060] Man mag insoweit von einer „Typensubjektivität" sprechen. Subjektive Aspekte können erst – und dann im einzelnen Steuerverfahren – eine Rolle spielen, wenn dies durch Einzelnormen angezeigt bzw. gefordert ist.[1061] Dass eine Orientierung der Gesetzesformulierung an dem durchschnittlichen Bürger nur denjenigen den rechtsstaatlichen Schutz gewähre, die mindestens mit diesen durchschnittlichen Fähigkeiten ausgestattet sind, und daher Zweifel an der Rechtsstaatlichkeit einer solchen Auffassung bestehen könnten,[1062] mag zwar auf den ersten Blick einleuchten. Jedoch setzt im Ergebnis jede staatliche Maßnahme gewisse Kenntnisse und Fähigkeiten voraus und orientiert sich dabei idealerweise an dem, was von den im jeweiligen Fall Adressierten erwartet werden kann. Darüber hinaus bleibt *Towfigh* auch eine Begründung schuldig, warum ein Gesetz, das nicht den Anspruch hat, von einem Bürger ohne Spezialkenntnisse verstanden zu werden, rechtsstaatlicher sei, als ein Gesetz, das jedenfalls von dem durchschnittlichen, von der Norm adressierten Bürger verstanden werde.[1063] Das würde – auf die Spitze

1059 *Towfigh*, Der Staat 2009, 29, 58.
1060 Siehe *Kamm*, Grundlinien, 94 f.
1061 Siehe später noch unten 3. Teil D. II.
1062 *Towfigh*, Der Staat 2009, 29, 59.
1063 *Towfigh*, Der Staat 2009, 29, 59.

getrieben – zu einer Pflicht führen, auch einfache, verständliche Gesetze komplizierter zu gestalten.

Im Ergebnis hat es der Gesetzgeber immer noch in der Hand, allgemein oder für bestimmte Situationen die Konsultation eines steuerlichen Beraters vorzuschreiben, um somit fehlender Normkenntnis beim Gesetzesadressaten vorzubeugen.[1064] Damit wäre dieser Diskussion dann der Boden entzogen. Bis dahin können aber die geäußerten Bedenken an der Variabilität der Bezugspunkte für die Beurteilung der Verständlichkeit eines Gesetzes nicht überzeugen.

g. Bestandteil zur Schaffung von Voraussetzungen für gleichmäßigen Vollzug

Die Schaffung von Voraussetzungen für einen gleichmäßigen Steuervollzug und die Bekämpfung des im Steuerverfahren herrschenden Vollzugsdefizits[1065] lassen sich an dieser Stelle ebenfalls als Argumente für die Auffassung anführen, die auf den Steuerbürger als maßgeblichen Adressaten für die Verständlichkeit einer Norm abstellt. Das Vollzugsdefizit basiert im Steuerrecht auf mehreren Faktoren: auf der verfahrensrechtlichen Ausgestaltung des Steuervollzugs, gesellschaftlicher Nichtakzeptanz der Steuerlast und des Steuervollzugs sowie fehlender Möglichkeiten des Gesetzgebers, gewünschte Belastungen oder Entlastungen mit den erreichten Zielen abzugleichen.[1066] Zum Teil wird auch der Rechtsprechung vorgeworfen, ihrer Aufgabe, das Steuerrecht zu einer möglichst widerspruchsfreien Materie zu entfalten, nicht nachzukommen.[1067] Daneben

---

1064 *Noll*, Gesetzgebungslehre, S. 186 f., mit Beispielen aus dem Zivilrecht, dass für bestimmte Geschäfte ein Notar aufzusuchen ist; hierfür reiche dann das Wissen über diesen Umstand aus.

1065 Siehe dazu etwa *Tipke*, BB 2009, 636, 638 f.; *Pezzer*, StuW 2007, 101, 102 f.; *Seer*, StuW 2003, 40, 44 f.; *Eckhoff*, Rechtsanwendungsgleichheit, S. 334-407, mit jeweiligen Gegenüberstellungen der gesetzlichen Regelungen und davon abweichendem praktischen Vollzug am Beispiel der Lohn- und Einkommensteuer.

1066 Siehe *Eckhoff*, Rechtsanwendungsgleichheit, S. 423-430.

1067 BVerfG v. 24.7.2018, 2 BvR 309/15 u.a., BVerfGE 149, 293, 324; siehe auch *Pezzer*, StuW 2007, 101, 108 f.; *Trossen*, FR 2015, 1021, 1022, wendet zu diesem Punkt zutreffend ein, dass die gerichtlichen Verfahren sich aufgrund der Risikomanagementsysteme in ihrer Struktur geändert haben: Fälle, die Aufklärungsmaßnahmen im Veranlagungsverfahren betreffen, kämen kaum noch vor, sodass es dem BFH an der Grundlage für eine mehrere Gesichtspunkte ein und derselben Rechtsfrage beleuchtende Beurteilung mangele. In der Folge sei eine einheitliche Rechtsprechung im Bundesgebiet erschwert.

führen die fehlende Kontrollmöglichkeit der privaten Selbstregulierung bzw. die nicht vorhandenen Ressourcen zur Erfassung aller steuerrelevanten Informationen oder der willentliche Verzicht, entsprechende Maßnahmen zu ergreifen, zu einer Steuerungsschwäche des Rechts, die nicht nur in Fehlern der Finanzbehörde, sondern auch in den zugrundeliegenden Steuergesetzen begründet ist.[1068] Neben der verfassungsrechtlichen Pflicht, dass keine grundsätzlich prüfungsfreien Räume im von Deklarationsprinzip und Verifikationsprinzip geprägten Steuerverfahren bestehen dürfen,[1069] sodass der Steuerpflichtige potentiell bei jeder Erklärung mit einer Überprüfung durch die Finanzbehörde rechnen muss,[1070] und der Forderung, ein serviceorientiertes System aus Kooperation und sanktionierter Nichtkooperation als Anreiz zur Mitwirkung des Steuerpflichtigen zu etablieren,[1071] ist auch eine Anknüpfung auf Ebene des Gesetzes möglich und sinnvoll. Denn das Gebot der Rechtsanwendungsgleichheit erstreckt sich nicht nur auf den Teil des Verfahrens, der von der Gesetzesanwendung durch die Finanzbehörde geprägt ist, sondern umfasst auch den Anteil, den der Steuerbürger an diesem Verfahren innehat.[1072] In einem Verfahren wie dem Steuerverfahren, in dem der Steuerpflichtige zu einem großen Teil die – jedenfalls nach der grundsätzlichen Ausgestaltung des Verwaltungsverfahren der Finanzbehörde obliegende – Rechtsanwendung übernimmt, muss das Steuerrecht für den selbstregulierenden Steuervollzug so ausgestaltet sein, dass es von den Steuerpflichtigen rechtmäßig und gleichmäßig angewendet werden kann.[1073] Durch Gesetze, die für den Steuerpflichtigen als faktischen Erst- und oft auch Letztanwender der steuerrechtlichen Vorschriften verständlich sind, wird überhaupt erst die Möglichkeit für ihn geschaffen, sich selbstständig gesetzeskonform zu verhalten.[1074] Aus dieser Perspektive effektuieren verständliche Gesetze die Gesetzesbindung.

1068 *Eckhoff*, Rechtsanwendungsgleichheit, S. 426 f., 431-434, 466.

1069 Davon umfasst sind die Fälle, in denen ein Vollzugsdefizit durch gegenläufige gesetzliche Verfahrensregelungen bereits als „strukturell" zu bezeichnen ist (siehe BVerfG v. 27.6.1991, 2 BvR 1493/89, BVerfGE 84, 239 und BVerfG v. 9.3.2004, 2 BvL 17/02, BVerfGE 110, 94), aber auch solche Vollzugsdefizite, die *de facto* bestehen (siehe hierzu etwa kritisch zu (unterlassenen) Betriebsprüfungen als Standortvorteil *Drüen*, StuW 2007, 112, 117 f.).

1070 *Eckhoff*, Rechtsanwendungsgleichheit, S. 465.

1071 *Seer*, StuW 2003, 40, 52-54.

1072 *Eckhoff*, Rechtsanwendungsgleichheit, S. 325.

1073 *Eckhoff*, Rechtsanwendungsgleichheit, S. 465 f., 535; *Weber-Grellet*, DB 2007, 1717, 1720; siehe auch *Präsident des Bundesrechnungshofes*, Probleme beim Vollzug, S. 160.

1074 *Thiemann*, StuW 2019, 295, 301.

Mit der Modernisierung bzw. Digitalisierung des Besteuerungsverfahrens und der Ausstattung der Finanzbehörde mit elektronischen Prüfsystemen[1075] kommt ein weiterer Aspekt hinzu, der für strukturell einfach gestaltete Normen streitet und damit die Schaffung eines gleichmäßigen Vollzuges aus der Perspektive der Verifikationsverwaltung unterstützt. Denn eine Unterstützung des Veranlagungsverfahrens mit technischen Programmen funktioniert umso besser, je einfacher und klarer die Gesetze strukturiert und formuliert sind.[1076] Die heute genutzten Programme in der Verifikationsverwaltung sind noch nicht in der Lage, eigenständig Subsumtionen vorzunehmen. Sie gleichen lediglich Daten ab und können auf Plausibilität überprüfen. Dazu ist es notwendig, dass die erklärten Daten in den Steuererklärungen so innerhalb der Finanzbehörde aufbereitet werden können, dass erklärte Daten innerhalb gewisser Prüfparameter miteinander abgeglichen werden können. Die Möglichkeit, die Vollziehbarkeit der materiellen Steuergesetze durch das Steuerverfahrensrecht sicherzustellen, ist vor dem Hintergrund des gesetzmäßigen und gleichmäßigen Gesamtvollzuges zwar primäre Aufgabe des Gesetzgebers: „Der Gleichheitssatz fordert materielles Recht, das dem Gleichheitssatz entspricht und formelles oder Verfahrensrecht, das die gleichmäßige Anwendung des materiellen Rechts, seine gleichmäßige Umsetzung und Durchsetzung, ermöglicht. Rechtssetzungs- und Rechtsanwendungsgleichheit müssen also zusammenkommen."[1077] Steuerverfahrensrecht und materielles Recht stehen als zwei Variablen in einem Abhängigkeitsverhältnis zueinander, das weder die eine noch die andere Position als *Fixum* festschreibt. Die Umsetzung von Gesetzen, die den gleichmäßigen und gesetzmäßigen Vollzug sicherstellen, hängt in dem System der vollautomatisierten Veranlagung im Lichte der Steuererklärungspflichten wesentlich von dem Aufbau und der Struktur der genutzten Steuererklärungsformulare als systematisierte Datenerfassungsformulare ab. Dadurch wird deutlich, dass nicht materielle Steuergesetze, die den gleichmäßigen und gesetzmäßigen Vollzug irgendwie sicherstellen, notwendig sind, sondern solche, die eine Umsetzung im automatisierten Veranlagungsverfahren ermöglichen, das wiederum den Steuerpflichtigen als Erstsubsumierer im Blick hat.

1075 Siehe zu Risikomanagementsystemen ausführlich unten 4. Teil C. II. 2. und 3.
1076 *Thiemann*, StuW 2018, 304, 307.
1077 *Tipke*, StuW 2004, 3, 21.

h. Ergebnis

Vor dem Hintergrund der Steuererklärungspflichten haben die Steuergesetze mehrere Adressaten: Die Finanzbehörden, die Gerichte und den Bürger selbst. Aus wessen Perspektive die Verständlichkeit einer gesetzlichen Regelung zu beurteilen ist, ist bis heute umstritten. Aus der Rechtsprechung des Bundesverfassungsgerichts ergibt sich auf der einen Seite zwar, dass es auf den Bürger als Steuerpflichtigen ankommt, der aus den Gesetzen ableiten können muss, was von ihm gefordert wird und welche Belastungen auf ihn zukommen. Andererseits sollen Auslegungs- und Anwendungsprobleme einer Norm solange nicht zur Verfassungswidrigkeit führen, wie der Inhalt der Norm mit juristischer Methodik ermittelt werden kann. Gerade Auslegungsfertigkeiten wird man in der breiten Masse der Bevölkerung bzw. bei jedem Bürger aber nicht antreffen. Dieser auch von *Jehke* festgestellte „Widerspruch der Perspektiven“[1078] in der Rechtsprechung des Bundesverfassungsgerichts zieht sich durch die Auffassungen in der Literatur und taugt sowohl den Stimmen, die auf das Intermediärverständnis als maßgebend abstellen, als auch den Stimmen, die auf den Bürger als Verständnisadressaten abstellen, als Argumentationspunkt. Die Feststellung, dass Steuergesetze, die wirtschaftliche oder Lebenssachverhalte erfassen und einer Rechtsfolge zuführen sollen, nicht für jedermann verständlich sein können, steht daneben häufig am Beginn der These, dass unter dieser Prämisse der Bürger nicht derjenige sein könne, der das Gesetz verstehen können muss. Die Vertreter der gegensätzlichen These, dass es nur auf den Bürger ankommen könne, nehmen das Bundesverfassungsgericht beim Wort und stellen rechtsstaatliche Erwägungen in den Vordergrund.

Die Auseinandersetzung hat indes gezeigt, dass eine vermittelnde Auffassung zu bevorzugen ist: Danach ist der Bürger als Adressat der Steuergesetze derjenige, auf den es bei der Beurteilung der Normenklarheit und Normenbestimmtheit ankommt. Der Grad der notwendigen Verständlichkeit der Gesetze hängt dabei von dem durch den Bürger jeweiligen verwirklichten wirtschaftlichen Sachverhalt und dessen Komplexität ab. Dabei können „Verständlichkeitsbrücken“ auch in Form von Steuererklärungsformularen und Erläuterungen bzw. eine intuitiv handhabbare Publikation des typisierten Empfängerhorizonts der Finanzbehörde helfen, die Lücke zwischen dem Gesetz und dem Bürger zu schlagen, sodass Ersterer in die Lage versetzt wird, die von ihm im Besteuerungsverfahren anzuwendenden Vorschriften zu verstehen. Dieses Ergebnis vereint

1078 *Jehke*, Bestimmtheit und Klarheit, S. 137.

rechtsstaatliche Anforderungen an das Verständnis einer Norm mit der Notwendigkeit durch abstrakt-generelle Regelungen die vielschichtigen wirtschaftlichen Lebenssachverhalte einer Rechtsfolge zuzuführen, ohne die Notwendigkeit von unbestimmten Rechtsbegriffen zu verleugnen.

IV. Ergebnis zum kognitiven bzw. intellektuellen Element der Verfahrensleistungsfähigkeit

Die vorangegangenen Erläuterungen haben gezeigt, dass eine Norm nach der Auffassung des Bundesverfassungsgerichts und einem nicht unerheblichen Teil in der Literatur nicht schon deswegen verfassungswidrig ist, weil sie von dem typisierten Adressatenkreis nicht verstanden wird, aber nach juristischen Auslegungsmethoden und mit juristischen Kenntnissen noch ausgelegt werden kann. Gleichwohl wurde aber festgestellt, dass dieses Ergebnis im von der Rechtsanwendung des Steuerpflichtigen geprägten Besteuerungsverfahren nicht ohne Einschränkungen übernommen werden kann. Dort, wo Mitwirkungspflichten des Bürgers bestehen und er in diesem Zuge gesetzliche Regelungen anwenden und Lebenssachverhalte darunter subsumieren muss, ist es notwendig, dass er die Rechtsvorschriften in der im Steuerverfahren geforderten Form ggf. unter Heranziehung von zusätzlichen Informationen und Unterstützungsleistungen anwenden kann. Hierbei spielen insbesondere die Steuererklärungsformulare, aber auch andere Service- und Informationsdienstleistungen von staatlicher Seite mit hinein. Ist die Gesetzesanwendung unter Berücksichtigung dieser Unterstützungsmaßnahmen dem Einzelnen nicht möglich und das entsprechende Gesetz nach der Rechtsprechung des Bundesverfassungsgerichts nicht verfassungswidrig, kann dem Steuerpflichtigen dieses Defizit nicht zur Last gelegt werden.

C. Das tatsächliche Element der Verfahrensleistungsfähigkeit

I. Verfassungsrechtlicher Prüfungsort

Das tatsächliche Element der Verfahrensleistungsfähigkeit beinhaltet die Frage danach, welche Mitwirkungspflichten dem Steuerpflichtigen im Besteuerungsverfahren zugemutet werden können. Die Zumutbarkeit der dem Steuerpflichtigen auferlegten Mitwirkungspflichten kann grundrechtlich in zwei Ausprägungen verstanden werden. Zum einen kann die geforderte Mitwirkungspflicht freiheitsgrundrechtlich innerhalb der Rechtfertigungsprüfung abgewogen und auf ihre Verhältnismäßigkeit untersucht werden. Zum anderen ist gleichheitsgrundrechtlich ein horizontaler Vergleich verschiedener Verfahrenssubjektive im Sinne von unterschiedlichen Steuerpflichtigen möglich.

Prüfungsort des tatsächlichen Elementes der Verfahrensleistungsfähigkeit sind damit die Freiheitsgrundrechte und der Gleichheitssatz. Im Folgenden soll daher untersucht werden, inwieweit die Freiheitsgrundrechte und das Gleichheitsgrundrecht sich für die Beurteilung einer Verfahrensleistungsfähigkeit heranziehen lassen. Dabei soll der Fokus wieder auf den Steuererklärungspflichten liegen.

II. Freiheitsgrundrechte im Steuerverfahren und Verfahrensleistungsfähigkeit

1. Einschlägige Freiheitsgrundrechte beim Steuerzugriff

Primär kommt durch den Steuereingriff als Zahlungsanspruch des Staates gegen den Bürger eine Beeinträchtigung der allgemeinen Handlungsfreiheit aus Art. 2 Abs. 1 GG, der Berufsfreiheit aus Art. 12 Abs. 1 GG und der Eigentumsfreiheit aus Art. 14 GG in Betracht.[1079] Art. 2 Abs. 1 GG hat dabei zum einen Bedeutung für den Gesetzesvorbehalt, indem er vor einem Steuerzugriff ohne verfassungsmäßige rechtliche Grundlage schützt,[1080] und ermöglicht zum anderen – mit dem Schutzniveau des Art. 12 Abs. 1 GG ausgestattet – eine Gleichbehandlung von EU-Ausländern, die sich aufgrund der Tatsache, dass es sich bei Art. 12 Abs. 1 GG im Gegensatz zu Art. 14 GG und Art. 2 Abs. 1 GG um ein „Deutschen-Grundrecht" handelt, nicht direkt auf den Schutzbereich des Art. 12 Abs. 1 GG berufen können[1081].

1079 Statt vieler nur *Seer*, DStJG 23 (2000), 87, 90. Obschon das Sozialstaatsprinzip begrifflich Art. 20 Abs. 1; 28 Abs. 1 S. 1 GG entspringt und damit für sich genommen nicht den Grundrechten zugeordnet wird, gewinnt es im Steuerrecht bei der Belastung durch den Steuerzugriff i.V.m. den Grundrechten der Menschenwürde aus Art. 1 Abs. 1 GG sowie Art. 3 Abs. 1; 6 Abs. 1 GG eine eigenständige, aber von den Grundrechten nicht losgelöste Bedeutung. Denn dem Sozialstaatsprinzip ist zu entnehmen, dass gewisse soziale Mindeststandards gewährleistet sein müssen, die es dem Bürger ermöglichen, Mindestvoraussetzungen für ein menschenwürdiges Dasein für sich und seine Familie zu schaffen (BVerfG v. 29.5.1990, 1 BvL 20/84 u.a., BVerfGE 82, 60, 85; BVerfG v. 13.2.2008, 2 BvL 1/06, BVerfGE 120, 125, 154 f.; *Tipke*, Steuerrechtsordnung I, S. 423, weist zutreffend darauf hin, dass die Freistellung des Existenzminimums dem Leistungsfähigkeitsprinzips entspricht).

1080 *Lang*, DStJG, 4 (1981), 45, 78; *Papier/Shirvani*, in: Maunz/Dürig, GG, Art. 14 Rn. 291 (Stand: April 2018); *Hey*, in: Tipke/Lang, Steuerrecht, Rn. 3.185.

1081 *Jarass*, in: Jarass/Pieroth, GG, Art. 12 Rn. 12.

An dem die Berufswahl und Berufsausübung umfassenden einheitlichen Grundrecht der Berufsfreiheit[1082] aus Art. 12 Abs. 1 GG soll der Steuereingriff als grundsätzlich berufsneutraler und damit nur mittelbarer Eingriff nach der Auffassung des Bundesverfassungsgerichtes nur dann zu messen sein, „wenn [die Steuern] infolge ihrer Gestaltung in einem engen Zusammenhang mit der Ausübung eines Berufes stehen und – objektiv – eine berufsregelnde Tendenz deutlich erkennen lassen."[1083] Außerhalb von Lenkungsnormen und besonderen Lenkungssteuern[1084] verweigert das Bundesverfassungsgericht jedoch eine Anwendung des Art. 12 Abs. 1 GG auf die allgemeinen Steuern, da diese „als Normen mit einem unspezifischen Adressatenkreis ohne unmittelbare Beziehung zu einem Beruf an generelle Merkmale wie Gewinn, Ertrag, Umsatz oder Vermögen"[1085] anknüpfen und damit keine objektiv regelnde Tendenz aufweisen würden.[1086] Diese enge Auffassung, die es schlechterdings ausschließt, dass der Steuereingriff am „Hauptgrundrecht jeder wirtschaftlichen Betätigung"[1087] gemessen wird, ist jedoch abzulehnen.[1088] Ob man sich dabei der Auffassung anschließt, welche die Anforderungen des Bundesverfassungsgerichts an eine objektiv berufsregelnde Tendenz generell verwirft bzw. eine berufsregelnde Tendenz durch Steuerzugriff auf das Ergebnis wirtschaftlichen Tätigwerdens grundsätzlich bejaht,[1089] oder derjenigen, die das Merkmal der objektiv

1082 BVerfG v. 11.6.1958, 1 BvR 596/56, BVerfGE 7, 377, 402; BVerfG v. 16.6.1959, 1 BvR 71/57, BVerfGE 9, 338, 344 f.; BVerfG v. 20.3.2001, 1 BvR 491/96, BVerfGE 103, 172, 183; BVerfG v. 14.1.2014, 1 BvR 2998/11 u.a., BVerfGE 135, 90 Rn. 63.

1083 BVerfG v. 5.3.1974, 1 BvL 27/72, BVerfGE 37, 1, 17; BVerfG v. 7.5.1988, 2 BvR 1991/95, BVerfGE 98, 106, 117; BVerfG v. 5.11.2014, 1 BvF 3/11, BVerfGE 137, 350 Rn. 69; siehe auch aus der Steuer- und Verwaltungsrechtsprechung BFH v. 23.10.2006, VII B 248/05 Rn. 12; BVerwG v. 14.10.2015, 9 C 22/14, BVerwGE 153, 116 Rn. 15.

1084 Dazu exemplarisch BVerfG v. 5.11.2014, 1 BvF 3/11, BVerfGE 137, 350 Rn. 70-73.

1085 BVerfG v. 11.10.1977, 1 BvR 343/73 u.a., BVerfGE 47, 1, 21.

1086 Siehe auch insgesamt zur Rechtsprechung des Bundesverfassungsgerichts zu Art. 12 GG *Seer*, DStJG 23 (2000), 87, 92 f.; *Hey*, in: Tipke/Lang, Steuerrecht, Rn. 3.188.

1087 *Seer*, DStJG 23 (2000), 87, 92.

1088 A.A. allgemein *Burgi*, in: Bonner Kommentar, GG, Art. 12 Abs. 1 Rn. 136 (Stand: Februar 2019).

1089 *Friauf*, DStJG 12 (1989), 3, 26, der ein zwangsläufig zugleich vorliegendes berufsregelndes Tätigwerden des Gesetzgebers annimmt, wenn dieses in das wirtschaftliche Ergebnis der Tätigkeit eingreift; *Seer*, DStJG 23 (2000), 87, 93 f., der den Begriff der objektiv berufsregelnden Tendenz als „in sich widersprüchlich" ansieht und eine darauf aufbauende Rechtsprechung kritisiert, „die nicht selten zu verwirrenden, rational kaum nachvollziehbaren unterschiedlichen Ergebnissen führt"; siehe zu unterschiedlichen Eingriffskriterien *Eckhoff*, Der Grundrechtseingriff, S. 236-303.

berufsregelnden Tendenz zwar grundsätzlich für tauglich, aber für zu restriktiv angewendet hält,[1090] ist im Ergebnis ohne Belang.[1091] Kernaussage ist in jedem Fall, dass der Steuereingriff in das durch den Bürger bei seiner beruflichen Tätigkeit Erwirtschaftete[1092] einen Eingriff in den Schutzbereich von Art. 12 Abs. 1 GG darstellt und daher an ihm zu messen ist.[1093]

Obwohl lange Zeit umstritten war, ob und unter welchen Voraussetzungen der Steuerzugriff den Schutzbereich des Art. 14 Abs. 1 GG betraf, ist der Eingriff in den Schutzbereich mittlerweile jedenfalls in der Literatur anerkannt.[1094] Denn der Steuerpflichtige muss in jedem Fall eigentumsrechtlich geschützte Geldmittel hergeben, um die festgesetzte Steuer zahlen zu können.[1095] Demgegenüber zwiegespalten ist bis heute die Rechtsprechung des Bundesverfassungsgerichts zum Steuerzugriff als Eingriff in die Grundrechte: Der 1. Senat des Bundesverfassungsgericht sieht grundsätzlich Art. 2 Abs. 1 GG als einschlägiges Grundrecht an, wenn es um den Steuerzugriff geht; das Vermögen als Inbegriff aller geldwerten Güter einer Person sei kein Eigentum i.S.d. Art. 14 GG.[1096] Erst dann, wenn durch die ggf. kumulierte Steuerbelastung eine erdrosselnde Wirkung

---

1090 So *Scholz*, in: Maunz/Dürig, GG, Art. 12 Rn. 426 (Stand: Juni 2006), etwa für die Einkommensteuer.

1091 Kritisch auch *Tipke*, Steuerrechtsordnung I, S. 432, 434-436; *Hey*, in: Tipke/Lang, Steuerrecht, Rn. 3.188.

1092 Unabhängig davon, welcher Einkunftsart dies entspringt, zur Vermietung oder Verpachtung von Immobilien siehe *Tipke*, Steuerrechtsordnung I, S. 435.

1093 Im Ergebnis ebenso *Papier/Shirvani*, in: Maunz/Dürig, GG, Art. 14 Rn. 286 (Stand: April 2018); siehe speziell zur Umsatzsteuer *M. Weber*, Die Zusage im Umsatzsteuerrecht, S. 111-113; a.A. *Heuermann*, in: Hübschmann/Hepp/Spitaler, AO/FGO, Vor § 149 AO Rn. 17.

1094 *Lang*, DStJG, 4 (1981), 45, 78-81; *Friauf*, DStJG 12 (1989), 3, 22; *Seer*, DStJG 23 (2000), 87, 97-100; *P. Kirchhof*, VVDStRL 39 (1981), 213, 226-242; *ders.*, Maunz/Dürig, GG, Art. 3 Abs. 1 Rn. 323 (Stand: September 2015); *Di Fabio*, JZ 2007, 749, 751 f.; ausführlich mit Nachzeichnung der Entwicklung *Tipke*, Steuerrechtsordnung I, S. 441-460; *Hey*, in: Tipke/Lang, Steuerrecht, Rn. 3.190; differenzierend *Papier/Shirvani*, in: Maunz/Dürig, GG, Art. 14 Rn. 286-289 (Stand: April 2018); bei überwälzbaren Steuern ist durchaus eine andere Wertung denkbar, siehe für die Umsatzsteuer etwa *M. Weber*, Die Zusage im Umsatzsteuerrecht, S. 115-117; a.A. *Birk*, Das Leistungsfähigkeitsprinzip, S. 180-187; *Wernsmann*, NJW 2006, 1169, 1172.

1095 *Seer*, DStJG 23 (2000), 87, 92; *Hey*, in: Tipke/Lang, Steuerrecht, Rn. 3.190; BVerfG v. 8.4.1997, 1 BvR 48/94 BVerfGE 95, 267, 300.

1096 BVerfG v. 8.4.1987, 2 BvR 909/82 u.a., BVerfGE 75, 108, 154-157; BVerfG v. 27.7.2000, 1 BvR 2218/97 Rn. 18 f.; BVerfG v. BVerfGE 108, 186, 233.

eintritt, sei der Schutzbereich des Art. 14 Abs. 1 GG berührt.[1097] Diese Rechtsprechung ist in sich widersprüchlich und mit der Grundrechtsdogmatik nicht vereinbar, da die Frage der Verhältnismäßigkeit einer staatlichen Maßnahme in der Rechtfertigung und dort in der Verhältnismäßigkeit zu erörtern, aber keine Frage des Schutzbereiches ist; wenn der Steuereingriff schon nicht den Schutzbereich des Art. 14 Abs. 1 GG berührt, kann bei einer – wie auch immer definierten – Steuerbelastungsgrenze Art. 14 Abs. 1 GG nicht als Schranke herangezogen werden.[1098] Der 2. Senat hatte hingegen in den Einheitswertbeschlüssen v. 22.6.1995[1099] den Steuerzugriff Art. 14 GG zugeordnet und aus Art. 14 Abs. 2 S. 2 GG den Schluss gezogen, dass „die steuerliche Gesamtbelastung des Sollertrages bei typisierender Betrachtung von Einnahmen, abziehbaren Aufwendungen und sonstigen Entlastungen in der Nähe einer hälftigen Teilung zwischen privater und öffentlicher Hand verbleibt"[1100] – der sog. Halbteilungsgrundsatz war damit begründet. Mit Urteil vom 18.1.2006 verwarf der zweite Senat zwar den von der Rechtsprechung missachteten[1101] und in der Literatur zum Teil kritisierten[1102]

1097 BVerfG v. 8.4.1997, 1 BvR 48/94 BVerfGE 95, 267, 300; BVerfG v. 27.7.2000, 1 BvR 2218/97 Rn. 18 f.

1098 *Friauf*, DStJG 12 (1989), 3, 22; *Seer*, DStJG 23 (2000), 87, 98 f.; a.A. *Wernsmann*, NJW 2006, 1169, 1172 f., der argumentiert, dass eine konfiskatorische Besteuerung von Vermögen – in seinem Beispielsfall Nachtigallen – dann zu einem Eingriff in Art. 14 Abs. 1 GG führt, wenn aufgrund der Höhe der Besteuerung des Haltens von Vermögen (im Beispielsfall: die Nachtigallen), das Eigentum an diesen aufgegeben wird. Würde ein Beruf durch konfiskatorische Steuern faktisch unterbunden, läge nach *Wernsmann* dann ein Eingriff in Art. 12 Abs. 1 GG vor.

1099 BVerfG v. 22.6.1995, 2 BvL 37/91 BVerfGE 93, 121; BVerfG v. 22.6.1995, 2 BvR 552/91, BVerfGE 93, 165.

1100 BVerfG v. 22.6.1995, 2 BvL 37/91 BVerfGE 93, 121, 138.

1101 BFH v. 11.8.1999, XI R 77/97, BStBl. II 1999, 171; BFH v. 25.2.2003, VIII B 253/02; BFH v. 18.9.2003, X R 2/00, BStBl. II 2004, 17; BFH v. 15.3.2005, IV B 91/04, BStBl. II 2005, 647.

1102 *Böckenförde*, Minderheitsvotum, BVerfGE 93, 149, 157; *Bull*, NJW 1996, 281, 282-284; *H.-W. Arndt/Schumacher*, NJW 1995, 2603, 2604; *Tipke*, Steuerrechtsordnung I, S. 449-459; *ders.*, Besteuerungsmoral und Steuermoral, S. 40-50; die Aufhebung der Rechtsprechung 2006 begrüßend *Wernsmann*, NJW 2006, 1169, 1175; als „einerseits verfassungsrechtlich untermauert, andererseits [...] nur mit erheblichen Schwierigkeiten justiziabel" resümiert *Seer*, DStJG 23 (2000), 87, 124, seine Untersuchung zum Halbteilungsgrundsatz; siehe auch *ders.*, StuW 1997, 283, 296 f.; weniger kritisch *Lang*, NJW 2000, 457, 459 f.; dem Bundesverfassungsgericht zustimmend etwa *W. Leisner*, NJW 1995, 2591; *Vogel*, NJW 1996, 1257 *Felix*, NJW 1997, 304; siehe

Halbteilungsgrundsatz, da sich aus Art. 14 Abs. 1 S. 1, Abs. 2 S. 2 GG „keine allgemein verbindliche, absolute Belastungsobergrenze in der Nähe einer hälftigen Teilung [...] ableiten“[1103] lasse, hielt aber an der Aussage fest, dass der Steuereingriff (auch) an Art. 14 Abs. 1 GG zu messen sei.[1104] Geblieben – und mittlerweile verfestigt[1105] – ist der mit der Rechtsprechung zum Halbteilungsgrundsatz vollzogene „Quantensprung“[1106], der die „verfassungsrechtliche Gewährleistung des Eigentums aus ihrer völligen Ineffizienz im Abgabenrecht heraus [führte]“[1107].

2. *Einschlägige Grundrechte mit Blick auf die Verfahrenspflichten*

a. *Unterschiedliche Eingriffsebenen*

Bei den dem Bürger auferlegten Verfahrenspflichten im Steuerverfahren ist zwischen solchen zu differenzieren, die allein die eigenen Angelegenheiten des Bürgers betreffen und solchen, bei denen die Verpflichtung darüber hinausgeht[1108] und somit eine *Indienstnahme Privater* vorliegt.[1109] Ferner ist – insbesondere im Bereich der Steuererklärungspflicht – zwischen der Mitwirkungspflicht dem Grunde und dem Umfang nach sowie der Mitwirkungspflicht dem Inhalt nach zu unterscheiden. Dem Grunde und dem Umfang nach bedeutet dabei die Frage nach der Arbeits- ggf. auch monetären Belastung durch die Erfüllung der Mitwirkungspflicht. Dem Inhalt nach bezieht sich auf die in Erfüllung der Mitwirkungspflicht mitgeteilten Informationen und ihre Qualität, also etwa, ob es sich um sensible Betriebsdaten handelt oder Daten aus dem privaten Lebensbereich des Steuerpflichtigen.

---

insgesamt die Darstellung m.w.N. bei *Hey*, in: Tipke/Lang, Steuerrecht, Rn. 3.195; *Lang*, in: FS Vogel, 173, 177-181.

1103 BVerfG v. 18.1.2006, 2 BvR 2194/99, BVerfGE 115, 97, 114.

1104 BVerfG v. 22.6.1995, 2 BvL 37/91 BVerfGE 93, 121, 110 f.

1105 Offen gelassen hatte das BVerfG v. 30.9.2015, 2 BvR 1066/10 Rn. 55, aber die Frage, ob und inwieweit das Rentenstammrecht oder die tatsächlich gezahlten Renten als wiederkehrende Bezüge, soweit sie auf eigenen Beiträgen beruhen, überhaupt durch Art. 14 GG vor dem Zugriff des Steuergesetzgebers geschützt sind.

1106 *Lang*, in: FS Vogel, 173, 185.

1107 *Lang*, in: FS Vogel, 173, 185.

1108 Siehe dazu *Drüen*, Indienstnahme, S. 113-118.

1109 Zur Definition der Indienstnahme Privater siehe *Drüen*, Indienstnahme, S. 49-97, insb. S. 95.

b. *Mitwirkungspflichten dem Grunde und Umfang nach in eigenen Angelegenheiten*

Mitwirkungspflichten und vor allem die Steuererklärungspflichten könnte man als bloßen *Annex* zur Steuerzahlungspflicht verstehen und daher kurzum die Einschlägigkeit der Schutzbereiche von Art. 2 Abs. 1, 14 Abs. 1 und Art. 12 Abs. 1 GG ebenfalls für die Mitwirkungspflichten dem Umfang und der Höhe nach bejahen. So liegt es für *Schick* nahe, „die wirtschaftlichen Auswirkungen der Verfahrenspflichten im Hinblick auf ihren Annex-Charakter zur materiellen Steuerpflicht zu der durch sie verursachten Belastung dazu zu addieren und die *Gesamtbelastung* den für die materielle Steuerbelastung geltenden Grenzen zu unterwerfen. Erforderlich ist also nicht nur eine kumulative Betrachtung verschiedener materieller steuerlicher Belastung, sondern zusätzlich eine Einbeziehung der durch Verfahrenspflichten hervorgerufenen materiellen Belastung."[1110] Allerdings droht eine derartige Betrachtung die Grenzen der grundrechtlichen Prüfungsdogmatik zu verwischen: Prozessualer Prüfungsgegenstand des Grundrechtseingriffs und der verfassungsrechtlichen Rechtfertigung ist grundsätzlich eine einzelne staatliche Maßnahme.[1111] Notwendig ist damit eine punktuelle Betrachtung der Mitwirkungspflichten und im Speziellen hier der Steuererklärungspflicht für die Frage danach, welche grundrechtlichen Schutzbereiche betroffen sind.

Unstreitig stellt die Pflicht des Steuerpflichtigen, im Steuerverfahren mitzuwirken, einen Eingriff in den Schutzbereich der allgemeinen Handlungsfreiheit nach Art. 2 Abs. 1 GG dar.[1112] Darüber hinaus könnten auch noch Eingriffe in die Berufsfreiheit des Art. 12 GG sowie in die Eigentumsfreiheit des Art. 14 Abs. 1 GG vorliegen.

Nach *Heuermann* ist zumindest Prüfungsmaßstab der eigenen Steuererklärungspflichten des Steuerpflichtigen, also dann wenn derjenige, der Steuererklärungspflichtige ist, auch Steuerschuldner ist,[1113] Art. 2 Abs. 1 GG und

---

1110 *Schick*, Verfahrensleistungsfähigkeit, S. 6 (Hervorhebung im Original).

1111 *Hufen*, NJW 1994, 2913, 2916; *G. Kirchhof*, Erfüllungspflichten des Arbeitgebers, S. 141 und dort Fn. 22; *ders.*, NJW 2006, 732, 732; *Lücke*, DVBl 2001, 1469, 1476; *Klement*, AöR 134 (2009), 35, 42; *Kaltenstein*, SGb 2016, 365, 365; *Hillgruber*, in: Isensee/Kirchhof, HStR IX, § 200 Rn. 100.

1112 Siehe dazu nur die „Reiten im Walde"-Entscheidung des BVerfG v. 6.6.1989, 1 BvR 921/85, BVerfGE 80, 137.

1113 Siehe mit einem Beispiel anhand des umsatzsteuerlichen Unternehmers, der Steuerschuldner (§§ 13a, 13b UStG), aber nicht Indienstgenommener ist, *Drüen*, Indienstnahme, S. 118-127: „Dabei ist durch Verfassungsauslegung zu bestimmen, inwieweit das Grundgesetz bei einer Steuerart einen personellen Rahmen für die „Wahl" des

nicht Art. 12 Abs. 1 GG, da die Steuererklärung mit der Berufsausübung des Steuerpflichtigen nichts zu tun habe.[1114] Dieser Auffassung kann nicht zugestimmt werden. Das Bundesverfassungsgericht erkennt an, dass „der besondere Freiheitsraum, den Art. 12 Abs. 1 GG sichern will, [...] auch durch solche Vorschriften berührt werden [kann], die mit der Ausübung eines Berufs eine zusätzliche, außerhalb der eigentlichen Berufsausübung liegende Tätigkeit verknüpfen, wenn diese Tätigkeit im inneren Zusammenhang mit dem Beruf steht und Rückwirkungen auf die Berufsausübung hat."[1115] Es kommt mit anderen Worten für die Eröffnung des Schutzbereiches von Art. 12 Abs. 1 GG darauf an, „dass die Verpflichtung aus der Erwerbstätigkeit folgt und somit Rechtsfolge der Erwerbsbetätigung ist, die Arbeitskraft bindet, die für den Erwerb eingesetzt werden sollte, gerade bestimmten Erwerbstätigen, nicht jedermann auferlegt ist und so die Ausübung des Berufs beschränkt."[1116] Eine wirtschaftliche Betätigung ist stets – soweit nicht Ausnahmen gelten[1117] – mit der Pflicht zur Abgabe der Steuererklärung und Deklaration der verwirklichten wirtschaftlichen Sachverhalte verbunden, jedenfalls erweitert sie die Steuererklärungspflicht um weitere Formularanlagen und ggf. Gewinnermittlungen bzw. Bilanzen. Wer einen Beruf ausübt, begründet oder erweitert dadurch in dem dann durchgeführten Steuerverfahren Mitwirkungspflichten und muss ggf. bereits zuvor (auch) für steuerliche Zwecke Aufzeichnungen und Bücher führen. Die wirtschaftliche Betätigung ist im Umkehrschluss sogar regelmäßig *conditio sine qua non* für die Durchführung eines Besteuerungsverfahrens und somit für die Mitwirkungspflicht im Steuerverfahren sowie für die Abgabe von Steuererklärungen. Derjenige, der keiner beruflichen Tätigkeit nachgeht, der keine Einnahmen erwirtschaftet, wird auch regelmäßig nicht Beteiligter in einem periodisch wiederkehrenden Steuerverfahren sein, das an das von ihm Erwirtschaftete anknüpft. Der vom Bundesverfassungsgericht geforderte notwendige innere Zusammenhang ist somit

---

Steuerschuldners eröffnet. *Soweit das Gesetz innerhalb dieses verfassungsrechtlichen Rahmens eine Person zum Steuerschuldner erklärt, scheidet die Qualifikation als Indienstnahme Privater aus.*" (Hervorhebung im Original, a.a.O., S. 120).

1114 *Heuermann*, in: Hübschmann/Hepp/Spitaler, AO/FGO, Vor § 149 AO Rn. 17; ähnlich auch für die Indienstnahme Privater *Ossenbühl*, VVDStRL 29 (1971), 137, 176-180; *Trzaskalik*, DStJG 12 (1989), 157, 162 f.

1115 BVerfG v. 19.11.1967, 1 BvR 175/66, BVerfGE 22, 380, 383.

1116 *G. Kirchhof*, Erfüllungspflichten des Arbeitgebers, S. 168.

1117 Dort ergibt sich für den Steuerpflichtigen allerdings die Notwendigkeit zu prüfen, ob seine wirtschaftliche Betätigung bzw. das Ergebnis seiner wirtschaftlichen Betätigung steuerliche Folgen und Mitwirkungspflichten auslöst.

gegeben. Die Kosten der Mitwirkung im Besteuerungsverfahren sind zudem – mindestens soweit die Ermittlung und Erklärung der erwirtschafteten Einkünfte betroffen ist – Kostenfaktoren, welche die Rentabilität der beruflichen Tätigkeit mindern.[1118] Somit tangieren die wegen der beruflichen Tätigkeit auferlegten Mitwirkungspflichten und die Steuererklärungspflicht im Grundfall den Schutzbereich von Art. 12 Abs. 1 GG.[1119]

Ob wegen der zuletzt genannten Kostenfaktoren und dem damit verbundenen Zugriff auf das Vermögen bereits der Schutzbereich der Eigentumsfreiheit i.S.d. Art. 14 Abs. 1 GG betroffen ist, ist fraglich. Schließt man sich der These an, dass Mitwirkungspflicht Steuerpflicht ist[1120] bzw. die dem Bürger auferlegte Naturalleistungspflicht die Kostentragungspflicht impliziert,[1121] dürfte der Vergleich mit dem Steuerzugriff und das Ergebnis, dass der Schutzbereich des Art. 14 Abs. 1 GG betroffen ist, naheliegen.[1122] Auch unter dem Aspekt, dass der Steuerpflichtige ihm auferlegte Mitwirkungspflichten im Steuerverfahren durch andere entgeltlich erledigen lässt, ist die Frage danach eröffnet, ob nicht das Kapital bzw. das Vermögen des Steuerpflichtigen und damit die Eigentumsfreiheit betroffen ist.[1123] Der die Substanz der Rechts- und Sachgesamtheit eines Unternehmens umfassende eingerichtete und ausgeübte Gewerbebetrieb als organisatorische Wirtschaftseinheit könnte als unter Art. 14 Abs. 1 GG fallendes Schutzgut[1124]

1118 BVerfG v. 19.11.1967, 1 BvR 175/66, BVerfGE 22, 380, 383.

1119 Die Mitwirkungspflichten fallen nicht unter Art. 12 Abs. 2 GG, siehe *Burgi/Wolff*, in: Bonner Kommentar, GG, Art. 12 Abs. 2 und 3 Rn. 46 (Stand: Februar 2019); *Scholz* in: Maunz/Dürig, GG, Art. 12 Rn. 492 (Stand: Juni 2006).

1120 In diesem Sinne wird man wohl *Elicker*, NVwZ 2003, 304, 307, verstehen müssen; dagegen explizit *Trzaskalik*, DStJG 12 (1989), 157, 162 f., und *Burgi*, Funktionale Privatisierung und Verwaltungshilfe, S. 263.

1121 Zu Letzterem *Drüen*, Indienstnahme, S. 206.

1122 In diesem Sinne *Lang*, RdA 1999, 64, 67, zur Pflicht des Arbeitgebers im Lohnsteuerabzugsverfahren.

1123 Diese Frage wirft zumindest auch *G. Kirchhof*, Erfüllungspflichten des Arbeitgebers, S. 188 f., auf.

1124 Das ist durchaus nicht unumstritten. Das Bundesverfassungsgericht hat die Frage, ob der ausgeübte und eingerichtete Gewerbebetrieb den Eigentumsschutz des Art. 14 Abs. 1 GG genießt, bisher offengelassen (BVerfG v. 12.11.1997, 1 BvR 479/92, BVerfGE 96, 375, 397; BVerfG v. 26.6.2002, 1 BvR 558/91 u.a., BVerfGE 105, 252, 278, BVerfG v. 6.12.2016, 1 BvR 2821/11 u.a., BVerfGE 143, 246, 331 f.). Von der Literatur wird der ausgeübte und eingerichtete Gewerbebetrieb überwiegend unter Art. 14 Abs. 1 GG subsumiert (siehe *Seer*, DStJG 23 (2000), 87, 94 f. m.w.N.; *Jarass*, in: Jarass/Pieroth, GG, Art. 14 Rn. 9; *Papier/Shirvani*, in: Maunz/Dürig, GG, Art. 14

ebenfalls durch die Auferlegung von Mitwirkungspflichten im Steuerverfahren beeinträchtigt sein.

Das Bundesverfassungsgericht sah in Anknüpfung an *Wittigs* Differenzierung, dass Art. 12 GG den Erwerb, Art. 14 GG dagegen das Erworbene schütze,[1125] zunächst in einem Gesetz, das dem Betroffenen ein bestimmtes wirtschaftliches Verhalten zur Pflicht macht, eine Regelung der beruflichen Tätigkeit und keine Regelung von Eigentumsbefugnissen, somit nur einen Eingriff in den Schutzbereich von Art. 12 GG, nicht in die Eigentumsfreiheit aus Art. 14 GG.[1126] Ein Eingriff in den Schutzbereich von Art. 14 GG sollte – wenn überhaupt – nur dann in Betracht kommen, „wenn die einem Unternehmen auferlegten Handlungspflichten so weit gingen, daß sie sich im wirtschaftlichen Ergebnis als Eingriff in die Substanz des Gewerbebetriebs darstellten."[1127] Diese strikte Trennung zwischen der Berufsfreiheit und der Eigentumsgarantie behielt das Bundesverfassungsgericht in späteren Entscheidungen jedoch nicht bei, sondern ließ Art. 12 GG und Art. 14 GG auch nebeneinander zur Anwendung gelangen,[1128] wenngleich diese Rechtsprechung nicht als stetig zu bezeichnen ist[1129]. In der Literatur ist ebenfalls die Auffassung verbreitet, dass Berufsfreiheit und Eigentumsgarantie dergestalt Hand in Hand gehen, dass die Beeinträchtigung der einen regelmäßig mit der Beeinträchtigung der anderen einhergehe und beide Grundrechte daher gemeinsam eine einheitlich geschützte Wirtschaftsfreiheit bilden, sodass die Formel von *Wittig* nur als Faustformel zur Abgrenzung beider Grundrechte voneinander herangezogen werden kann.[1130] Bei den Mitwirkungspflichten im Steuerverfahren zielt die staatliche Beeinträchtigung nicht – im Gegensatz zur Steuerzahlung – primär[1131] auf das Vermögen des Bürgers ab. Gefordert ist

---

Rn. 200-218, 353 (Stand: April 2018) m.w.N.; a.A. *Dederer*, in: Bonner Kommentar, GG, Art. 14 Rn. 161-164 (Stand: Dezember 2017)).

1125 *Wittig*, in: FS Müller, 575, 590.

1126 BVerfG v. 16.3.1971, 1 BvR 52/66 u.a., BVerfGE 30, 292, 335.

1127 BVerfG v. 16.3.1971, 1 BvR 52/66 u.a., BVerfGE 30, 292, 335; letztlich hatte das BVerfG die Frage an dieser Stelle offengelassen.

1128 BVerfG v. 27.6.1972, 1 BvL 34/70, BVerfGE 33, 240, 247; BVerfG v. 17.2.1977, 1 BvR 33/76, BVerfGE 44, 103, 104.

1129 BVerfG v. 1.3.1978, 1 BvR 786/70 u.a., BVerfGE 47, 285, 321.

1130 *Drüen*, Indienstnahme, S. 218 f.; *ders.*, in: Bochumer Lohnsteuertag, 59, 61; *Seer*, DStJG 23 (2000), 87, 92; *Uibeleisen*, Grenzen der Inpflichtnahme Privater, S. 229-249; *Scholz*, in: Maunz/Dürig, GG, Art. 12 Rn. 131, 138 f. (Stand: Juni 2006); *Papier/Shirvani*, in: Maunz/Dürig, GG, Art. 14 Rn. 361 (Stand: April 2018).

1131 BVerfG v. 30.7.2008, 1 BvR 3262/07 u.a., BVerfGE 121, 317, 345, stellt auf den Schwerpunkt der Beeinträchtigung ab.

vielmehr eine Dienstleistung bzw. es werden im unternehmerischen Bereich Betriebsmittel in Anspruch genommen und bereits deswegen könnte der Schutzbereich des Art. 14 Abs. 1 GG eröffnet sein.[1132] Die Schwelle, die erreicht werden muss, um einen Eingriff in den eingerichteten und ausgeübten Gewerbebetrieb anzunehmen, wird durch die dem Steuerpflichtigen auferlegten Mitwirkungspflichten aber wohl selten erreicht.[1133] Sind die Eigentums- und die Berufsfreiheit nach der Vorprüfung beide betroffen, gelten Art. 12 GG und Art. 14 GG nebeneinander.[1134]

c. *Mitwirkungspflichten dem Grunde und Umfang nach in fremden Angelegenheiten*

Für die betroffenen Schutzbereiche bei der Indienstnahme Privater kann zunächst grundlegend auf die Ausführungen zu den Mitwirkungspflichten dem Grunde und dem Umfang nach in eigenen Angelegenheiten verwiesen werden. Inwieweit durch das „Mehr" an Inanspruchnahme über die eigene Steuerpflicht hinaus die Schutzbereiche der Grundrechte betroffen sind, ist fraglich. Die Indienstnahme von Steuerpflichtigen für den Steuerabzug und damit in den Fällen, in denen Steuerschuldner und Steuerzahler auseinanderfallen, wie z.B. bei der Lohnsteuer und der Kapitalertragsteuer, wird von Teilen der Literatur an Art. 2 Abs. 1 GG gemessen.[1135] Dem ist zuzustimmen, soweit – wie etwa bei der Einbehaltung der Lohnsteuer – öffentliche Arbeitgeber oder bei der Beschäftigung im eigenen Haushalt ohne beruflichen Bezug private Arbeitgeber verpflichtet werden, den Lohnsteuereinbehalt durchzuführen.[1136] Im Übrigen bleibt es aber bei den oben getroffenen Feststellungen. Das Bundesverfassungsgericht hatte in einer Entscheidung zur Haftung des Arbeitgebers nach § 42d EStG für (Kirchen-)Lohnsteuer sogar explizit Art. 12 GG und Art. 14 GG nebeneinander

---

1132 *Ossenbühl*, VVDStRL 29 (1971), 137, 177 f.; *Drüen*, Indienstnahme, S. 218.

1133 Ebenso *Zirkl*, Neutralität der Umsatzsteuer, S. 103; *M. Weber*, Die Zusage im Umsatzsteuerrecht, S. 114; auch nur eine geringe Reichweite des Schutzes aus Art. 14 GG annehmend *Jarass*, in: Jarass/Pieroth, GG, Art. 14 Rn. 9; siehe aber *Schurowski*, Der automatische Austausch, S. 217-221, für den Fall, in dem IT-Infrastrukturen gebunden und ein Kundenbestand im EDV-System zu klassifizieren ist (im geprüften Fall durch das FKAustG).

1134 *Drüen*, Indienstnahme, S. 218 f.; *Uibeleisen*, Grenzen der Inpflichtnahme Privater, S. 243-249; *Jarass*, in: Jarass/Pieroth, GG, Art. 12 Rn. 3.

1135 *Ossenbühl*, VVDStRL 29 (1971), 137, 176-180; *Trzaskalik*, DStJG 12 (1989), 157, 162 f.

1136 Klarstellend BVerfG v. 26.5.1981, 1 BvL 56/78, BVerfGE 57, 139, 158; *Drüen*, Indienstnahme, S. 216.

angewendet, jedoch mangels erheblicher Belastungen und wegen seiner sozialstaatlich gebotenen Fürsorgepflicht gegenüber seinen Arbeitnehmern diesen Eingriff als mit den Grundrechten vereinbar angesehen.[1137]

In Abgrenzung zur vorherigen Diskussion wird insbesondere von *G. Kirchhof* die staatliche Inanspruchnahme des Arbeitgebers im Lohnsteuerverfahren an Art. 12 Abs. 2 GG und dem Verbot des Arbeitszwangs gemessen.[1138] Die seit dem Urteil zur Couponsteuer[1139] bestehende Auslegung des Bundesverfassungsgerichts, dass „die Inanspruchnahme der Banken zum Abzug der Kapitalertragsteuer ebensowenig wie die Heranziehung der Arbeitgeber beim Lohnsteuerabzug [...] in den Schutzbereich des Art. 12 Abs. 2 und 3 GG"[1140] falle, da „nicht schon jeder Zwang zu einer mit der Berufsausübung in Beziehung stehenden Tätigkeit unter den besonderen Regelungsbereich des Art. 12 Abs. 2 GG falle"[1141] und „die auferlegten Tätigkeiten schon nach ihrer Art und ihrem Umfang ersichtlich nicht dem Schutzbereich des grundsätzlichen Verbots erzwungener Arbeit zugerechnet werden konnten"[1142], sei nach *G. Kirchhof* mit dem Wortlaut des Art. 12 Abs. 2 GG schwer in Einklang zu bringen.[1143] Trotz Eröffnung des Schutzbereiches des Art. 12 Abs. 2 GG sieht *G. Kirchhof* mit Blick auf die Pflichten der Arbeitgeber letztlich keine Verletzung des Grundrechts, da Lohnsteuerpflichten eine herkömmliche, allgemeine, für alle gleiche öffentliche Dienstleistungspflicht seien.[1144] Insbesondere dann, wenn man der Auffassung folgt, dass Art. 12 Abs. 2 GG *lex specialis* zu Art. 12 Abs. 1 GG ist,[1145] wären wegen der Feststellung, dass die Indienstnahme der Arbeitgeber im Rahmen der Lohnsteuer als herkömmliche und verfassungsfeste Dienstleistungspflicht i.S.d. Art. 12 Abs. 2 GG zu qualifizieren sei, ein Schutz der Arbeitgeber nur noch über die grundgesetzlichen Wertentscheidungen vor allem der Art. 1 Abs. 1; 2 Abs. 1;

1137 BVerfG v. 17.2.1977, 1 BvR 33/76, BVerfGE 44, 103, 104.

1138 *G. Kirchhof*, Erfüllungspflichten des Arbeitgebers, S. 145-160.

1139 BVerfG v. 29.11.1967, 1 BvR 175/66, BVerfGE 22, 380.

1140 BVerfG v. 13.1.1987, 2 BvR 209/84, BVerfGE 74, 102, 119 f.; siehe auch BVerfG v. 29.11.1967, 1 BvR 175/66, BVerfGE 22, 380, 383.

1141 BVerfG v. 13.1.1987, 2 BvR 209/84, BVerfGE 74, 102, 120.

1142 BVerfG v. 13.1.1987, 2 BvR 209/84, BVerfGE 74, 102, 120.

1143 *G. Kirchhof*, Erfüllungspflichten des Arbeitgebers, S. 148.

1144 *G. Kirchhof*, Erfüllungspflichten des Arbeitgebers, S. 157-160; gegen eine Eröffnung des Schutzbereiches ist *Uibeleisen*, Grenzen der Inpflichtnahme Privater, S. 227-229.

1145 *Jarass*, in: Jarass/Pieroth, GG, Art. 12 Rn. 113; wohl auch BVerfG v. 1.7.1998, 2 BvR 441/90 u.a., BVerfGE 98, 169, 205; differenzierend *Scholz*, in: Maunz/Dürig, GG, Art. 12 Rn. 489 (Stand: Juni 2006).

20 GG möglich[1146].[1147] Die restriktive Auslegung von Art. 12 Abs. 2 GG durch das Bundesverfassungsgericht und die (stattdessen) erfolgende Einbeziehung in den Schutzbereich von Art. 12 Abs. 1 GG versprechen im Ergebnis – ggf. in Zusammenschau mit Art. 14 Abs. 1 GG – einen ausreichenden grundrechtlichen Schutz.

d. Mitwirkungspflichten dem Inhalt nach

aa. Unterschiedliche Regelungsbereiche

Die Ertragsteuern in Deutschland basieren auf dem Fundamentalprinzip gerechter Besteuerung, dem Grundsatz der Besteuerung nach der wirtschaftlichen Leistungsfähigkeit.[1148] Zur Ermittlung der steuerlichen Bemessungsgrundlage teilt sich die wirtschaftliche Leistungsfähigkeit in die Subprinzipien des objektiven Nettoprinzips und des subjektiven Nettoprinzips auf.[1149] Ersteres beinhaltet – grob gesagt –, dass bei Ermittlung der zu besteuernden Einkünfte von den zu erfassenden Einnahmen die mit diesen im wirtschaftlichen Zusammenhang stehenden Ausgaben abzuziehen sind.[1150] Insbesondere im Bereich der Einkommensbesteuerung für natürliche Personen findet darüber hinaus das subjektive Nettoprinzip Anwendung. Dieses umfasst alle unvermeidbaren privaten Aufwendungen wie etwa Aufwendungen für den eigenen Unterhalt, unvermeidbare Vorsorgeaufwendungen oder außergewöhnliche Belastungen.[1151] Zur Ermittlung der materiell-rechtlich zutreffenden Steuer müssen der Finanzbehörde damit Informationen aus dem beruflichen bzw. betrieblichen Bereich mitgeteilt werden. Soweit der Steuerpflichtige die steuermindernde Berücksichtigung von sich zu seinen Gunsten auswirkenden Sonderausgaben oder außergewöhnlichen

---

1146 *Scholz*, in: Maunz/Dürig, GG, Art. 12 Rn. 498 (Stand: Juni 2006).

1147 Kritisch auch *Drüen*, Indienstnahme, S. 214 f., der darauf hinweist, dass die Zuordnung zum Schutzbereich des Art. 12 Abs. 2 GG *de facto* von jeglichen Legitimationsanforderungen enthebt, da aus der Tradition einer Pflicht zugleich auf ihre Verfassungskonformität geschlossen werden würde.

1148 Zum Leistungsfähigkeitsprinzip als „Prinzip gleichmäßiger Besteuerung nach der Leistungsfähigkeit" siehe *Tipke*, Steuerrechtsordnung I, S. 479-481; *Hey*, in: Tipke/Lang, Steuerrecht, Rn. 3.41.

1149 *Tipke*, Steuerrechtsordnung I, S. 503-505; *ders.* Besteuerungsmoral und Steuermoral, S. 20.

1150 *Tipke*, Steuerrechtsordnung I, S. 503; *ders.*, Besteuerungsmoral und Steuermoral, S. 20; *Hey*, in: Tipke/Lang, Steuerrecht, Rn. 8.54.

1151 *Tipke*, Steuerrechtsordnung I, S. 505; *Hey*, in: Tipke/Lang, Steuerrecht, Rn. 8.70-8.99; siehe auch die Ausführungen in Fn. 1079.

Belastungen begehrt, muss er die entsprechenden Sachverhalte in der Steuererklärung angeben und somit etwa die Unterstützung von Parteien oder persönliche Notfälle und Krankheiten der Finanzbehörde offenbaren.[1152] Die Durchführung des Besteuerungsverfahrens bringt die Erhebung, Speicherung, Verwendung, Weitergabe und Vorhaltung von personenbezogenen und betrieblichen bzw. beruflichen Daten notwendigerweise mit sich. Als betroffene Grundrechte kommen im beruflichen und betrieblichen Bereich abermals Art. 12 Abs. 1 GG und Art. 14 GG in Betracht. Darüber hinaus könnte auch das Grundrecht auf informationelle Selbstbestimmung, das dem allgemeinen Persönlichkeitsrecht entspringt, gem. Art. 2 Abs. 1 i.V.m. Art. 1 Abs. 1 GG betroffen sein.

bb. Betriebs- und Geschäftsgeheimnisse

Der Schutz von Betriebs- und Geschäftsgeheimnissen unterfällt gleichermaßen dem Schutzbereich von Art. 12 Abs. 1 GG und Art. 14 Abs. 1 GG.[1153] Nach der Rechtsprechung des Bundesverfassungsgerichts sind Betriebs- und Geschäftsgeheimnisse „alle auf ein Unternehmen bezogenen Tatsachen, Umstände und Vorgänge, die nicht offenkundig, sondern nur einem begrenzten Personenkreis zugänglich sind und an deren Nichtverbreitung der Rechtsträger ein berechtigtes Interesse hat. Betriebsgeheimnisse umfassen im Wesentlichen technisches Wissen im weitesten Sinne; Geschäftsgeheimnisse betreffen vornehmlich kaufmännisches Wissen. Zu derartigen Geheimnissen werden etwa Umsätze, Ertragslagen, Geschäftsbücher, Kundenlisten, Bezugsquellen, Konditionen, Marktstrategien, Unterlagen zur Kreditwürdigkeit, Kalkulationsunterlagen, Patentanmeldungen und sonstige Entwicklungs- und Forschungsprojekte gezählt, durch welche die wirtschaftlichen Verhältnisse eines Betriebs maßgeblich bestimmt werden können."[1154] Bei der Erklärung der Besteuerungsgrundlagen für die Ertragsteuern gegenüber dem Finanzamt offenbaren Unternehmen

1152 *P. Kirchhof*, in: FS Tipke, 27, 30.

1153 BVerwG v. 15.8.2003, 20 F 8/03 Rn. 16; BVerwG v. 19.1.2009, 20 F 23/07 Rn. 16; offengelassen durch BVerfG v. 14.3.2006, 1 BvR 2087/03 u.a., BVerfGE 115, 205, 248, aber jedenfalls gehe der Schutz von Betriebs- oder Geschäftsgeheimnissen durch Art. 14 Abs. 1 GG nicht weiter als der durch Art. 12 Abs. 1 GG. *Burgi*, in: Bonner Kommentar, GG, Art. 12 Abs. 1 Rn. 259 (Stand: Februar 2019), stellt eine kaum mögliche genaue Zuordnung zum einen oder anderen Grundrecht fest. Zu den Unterschieden in der Definition des Geschäftsgeheimnisses durch die Richtlinie zum Schutz von Geschäftsgeheimnissen (RL 2016/943/EU) siehe *Goldhammer*, NVwZ 2017, 1809, 1810.

1154 BVerfG v. 14.3.2006, 1 BvR 2087/03 u.a., BVerfGE 115, 205, 230 f.

durch die Übermittlung einer Anlage EÜR bzw. der eBilanz in erster Linie Informationen zu den Umsätzen und zur Ertragslage des Unternehmens, mithin wichtige betriebswirtschaftliche Kennziffern. Ferner ergeben sich aus Einzel- und besonderen Aufzeichnungspflichten, die mit den Steuererklärungspflichten im Zusammenhang stehen, Verpflichtungen für die Unternehmen, Geschäftsgeheimnisse oder grundsätzlich berufsrechtlich geschützte Mandantenverhältnisse zu offenbaren.[1155]

cc. Geschäftsdaten und andere Daten

Das aus Art. 2 Abs. 1 i.V.m. Art. 1 Abs. 1 GG hergeleitete allgemeine[1156] Persönlichkeitsrecht soll den Bürger vor Eingriffen des Staates in seine Privatsphäre bewahren und „den engeren persönlicheren Lebensbereich und die Erhaltung seiner Grundbedingungen" schützen.[1157] Dadurch verbleibt dem Bürger ein von staatlicher Ausforschung unangetasteter Innenbereich, in den er sich zurückziehen kann.[1158] Als – auch weiterhin – entwicklungsoffenes eigenes Freiheitsrecht[1159] hat sich der Schutzbereich des allgemeinen Persönlichkeitsrechts seit Inkrafttreten des Grundgesetzes neben europarechtlichen Regelungen[1160]

1155 Dazu etwa die Fälle der Angabe der bewirteten Mandanten durch einen Rechtsanwalt (§ 4 Abs. 5 Nr. 2 EStG), siehe BFH v. 26.2.2004, IV R 50/01, BStBl. II 2004, 502 Rn. 15-27, oder die Abgabe der Zusammenfassenden Meldung i.S.d. § 18a UStG trotz Schweigepflicht durch Rechtsanwälte, siehe BFH v. 27.9.2017, XI R 15/15, BStBl. II 2018, 155 Rn. 22-37.

1156 *Leges speciales*, aber (Teil-)Ausprägungen des allgemeinen Persönlichkeitsrechts sind die Glaubens- und Gewissensfreiheit i.S.d. Art. 4 GG, die Meinungsfreiheit i.S.d. Art. 5 Abs. 1 GG, das Brief-, Post- und Fernmeldegeheimnis i.S.d. Art. 10 GG und die Unverletzlichkeit der Wohnung i.S.d. Art. 13 GG, *Di Fabio*, in: Maunz/Dürig, GG, Art. 2 Abs. 1 Rn. 127 (Stand: Juli 2001).

1157 BVerfG v. 3.6.1980, 1 BvR 185/77, BVerfGE 54, 148, 153; BVerfG v. 6.5.1997, 1 BvR 409/90, BVerfGE 96, 56, 61; BVerfG v. 1.4.2008, 1 BvR 1620/04, BVerfGE 121, 69, 90.

1158 BVerfG v. 16.7.1969, 1 BvL 19/63, BVerfGE 27, 1, 6.

1159 BVerfG v. 27.2.2008, 1 BvR 370/07 u.a., BVerfGE 120, 274, 302; BVerfG v. 19.4.2016, 1 BvR 3309/13, BVerfGE 141, 186 Rn. 32; *Jarass*, in: Jarass/Pieroth, GG, Art. 2 Rn. 36; *Di Fabio*, in: Maunz/Dürig, GG, Art. 2 Abs. 1 Rn. 148 (Stand: Juli 2001); kritisch zur Frage, ob das allgemeine Persönlichkeitsrecht ein eigenes von Art. 2 Abs. 1 GG unabhängiges Grundrecht darstellt *Kube*, in: Isensee/Kirchhof, HStR VII, § 148 Rn. 107-113; von einem „unbenannten Teil-Grundrecht" spricht *Dorn*, in: Isensee/Kirchhof, HStR VII, § 149 Rn. 31.

1160 Seit dem 25.5.2018 setzt sich das steuerliche Datenschutzrecht wegen des Wiederholungsverbotes (EuGH v. 7.2.1973, 39/72, Slg. 1973, 101 Rn. 17) aus den verschiedenen Vorschriften der Datenschutzgrundverordnung und der Abgabenordnung im

entwickelt[1161] und beinhaltet heute unterschiedliche Ausprägungen, die sich grundlegend als die Vertraulichkeit im privaten Bereich, die Selbstdarstellung in der Öffentlichkeit unter Einschluss der persönlichen Ehre, Grundbedingungen der Persönlichkeitsentfaltung- und Entwicklung und der sonstigen personalen Autonomie kategorisieren lassen[1162]. Unter die Kategorie der Selbstdarstellung in der Öffentlichkeit unter Einschluss der persönlichen Ehre lässt sich seit dem Volkszählungsurteil des Bundesverfassungsgerichts[1163] als eigenständige Ausformung das Recht auf informationelle Selbstbestimmung fassen.[1164] Letzterem hat das Bundesverfassungsgericht im Lichte der automatischen Datenverarbeitung eine besondere Rolle eingeräumt und festgestellt, dass die „[f]reie Entfaltung der Persönlichkeit [...] unter den modernen Bedingungen der Datenverarbeitung den Schutz des Einzelnen gegen unbegrenzte Erhebung, Speicherung,

---

Einzelfall unter Einbezug von Normen des Bundesdatenschutzgesetzes zusammen (*Myßen/Kraus*, FR 2019, 58, 62). Dazu wurde der originär nur für lebende natürliche Personen geltende persönliche Anwendungsbereich der Datenschutzgrundverordnung - siehe Art. 1 Abs. 1 DSGVO i.V.m. Erwägungsgrund 27 - für das Steuerrecht durch § 2a Abs. 5 AO auf verstorbene natürliche Personen und Körperschaften, rechtsfähige oder nicht rechtsfähige Personenvereinigungen oder Vermögensmassen erweitert, auch um eine steuerverfahrensrechtliche Rechtsformneutralität (wieder) herzustellen (BT Drucks. 18/12611, S. 76). Inwieweit eine sachliche Ausweitung auf Steuerarten erfolgen kann, die nicht europarechtlich harmonisiert sind, ist umstritten; siehe dazu etwa *Krumm*, DB 2017, 2182, 2186 f., und FG Niedersachsen v. 28.1.2020, 12 K 213/19, EFG 2020, 665, Rn. 18 (Revision anhängig beim BFH unter II R 15/20); kritisch auch *Seer*, DStJG 42 (2019), 247, 263 f. Die Datenschutzgrundverordnung wird bei der weiteren Auseinandersetzung mit der Verfahrensleistungsfähigkeit, die anhand nationaler Maßstäbe erfolgt, nicht weiter thematisiert.

1161 Siehe *Kube*, in: Isensee/Kirchhof, HStR VII, § 148 Rn. 2-27, zur Entwicklung des Persönlichkeitsrechts.

1162 *Di Fabio*, in: Maunz/Dürig, GG, Art. 2 Abs. 1 Rn. 148 (Stand: Juli 2001). Zu Ausprägungen des allgemeinen Persönlichkeitsrechts im Einzelnen siehe *Kube*, in: Isensee/Kirchhof, HStR VII, § 148 Rn. 36-17.

1163 BVerfG v. 15.12.1983, 1 BvR 209/83, BVerfGE 65, 1.

1164 Zur Einordnung des Rechts auf informationelle Selbstbestimmung siehe *Di Fabio*, in: Maunz/Dürig, GG, Art. 2 Abs. 1 Rn. 148, 173 (Stand: Juli 2001); *Kube*, in: Isensee/Kirchhof, HStR VII, § 148 Rn. 67, der das Recht auf informationelle Selbstbestimmung zu erheblichen Teilen in den überkommenen Kategorien „Vertraulichkeit im privaten Raum“ und „Selbstdarstellung in der Öffentlichkeit“ verortet; gleichwohl müsse es mit Blick auf die Möglichkeiten und Gefahren der modernen Informationstechnologie als eigenes Recht herausgehoben werden. Ein Unterschied in der rechtlichen Beurteilung ergibt sich durch die unterschiedliche Einordnung freilich nicht.

Verwendung und Weitergabe seiner persönlichen Daten [voraussetzt]“[1165]. Das Recht auf informationelle Selbstbestimmung geht dabei über den Schutz der Privatsphäre hinaus und gibt dem Einzelnen die Befugnis, grundsätzlich selbst über die Preisgabe seiner persönlichen Daten zu bestimmen.[1166] Sind Angaben zu familiären Verhältnissen betroffen, tritt neben das Recht auf informationelle Selbstbestimmung auch der Schutz von Ehe und Familie aus Art. 6 Abs. 1 GG.

Es wurden in der Vergangenheit verschiedene Ansätze verfolgt, um vor allem im Bereich des Steuerrechts bestimmte Daten aus dem Recht auf informationelle Selbstbestimmung auszuklammern. Eine Auffassung unterscheidet danach, ob staatliche Eingriffe in den höchstpersönlichen Lebensbereich erfolgen oder ob marktoffene Vorgänge, die auf ein Offenbaren gegenüber dem Markt angelegt sind, betroffen sind.[1167] Solche Vorgänge, die im Bereich eines allgemein zugänglichen Marktes bleiben und nach Bestimmung der Beteiligten und der objektiven Rechtsordnung sichtbar und kontrollierbar sind, die der Einzelne also nicht geheim halten möchte und die ihrem Inhalt nach keinen höchstpersönlichen Charakter haben, sollen vom Schutzbereich des Rechts auf informationelle Selbstbestimmung nicht umfasst sein.[1168] Das Ertragsteuerrecht verwirkliche diesen Gedanken insbesondere durch die Unterscheidung zwischen dem steuerunerheblichen Privatvermögen und dem steuererheblichen Betriebsvermögen.[1169] Leistungssteigerungen aus dem Privatvermögen seien nur dann relevant, wenn der Steuerpflichtige diese Erwerbsgrundlage der Privatheit entlasse, indem er um die Aufmerksamkeit des allgemeinen Marktes werbe.[1170] Dieser Gedanke folgt einer modifizierten marktbezogenen Sphärentheorie, bei der die Teilnahme am Markt gleichzeitig ein fehlendes schutzbedürftiges Interesse des Bürgers an der Geheimhaltung seiner Daten impliziert. Gleichzeitig wird – quasi als Umkehrschluss – versucht, dem Recht auf informationelle Selbstbestimmung eine Begrenzung für die Besteuerung der Ertragsteuern zu entlocken,[1171] und so

1165 BVerfG v. 15.12.1983, 1 BvR 209/83, BVerfGE 65, 1, 43.

1166 BVerfG v. 15.12.1983, 1 BvR 209/83 u.a., BVerfGE 65, 1, 43; BVerfG v. 11.6.1991, 1 BvR 239/90, BVerfGE 84, 192, 194 f.; BVerfG v. 27.2.2008, 1 BvR 370/01 u.a., BVerfGE 129, 274 Rn. 198.

1167 *P. Kirchhof*, in: Perspektiven der Finanzverwaltung, 1, 15; *ders.*, in: FS Tipke, 27, 34 f.

1168 *P. Kirchhof*, in: FS Tipke, 27, 34; ähnlich wohl auch *Puhl*, DStR 1991, 1173, 1774.

1169 *P. Kirchhof*, StuW 1985, 319, 328.

1170 *P. Kirchhof*, in: FS Tipke, 27, 34.

1171 Deutlich bei *P. Kirchhof*, in: FS Tipke, 27, 36, 40-42.

die – zu enge[1172] – Markteinkommenstheorie[1173] letztlich auch aus dieser verfahrensrechtlichen Perspektive zu untermauern.

Den Rücken gestärkt mit dem Zinsurteil des Bundesverfassungsgerichts vom 27.6.1991[1174], in dem das Bundesverfassungsgericht offen gelassen hat, ob marktoffenbare Vorgänge ohne besonderen persönlichkeitsgeprägten Gehalt überhaupt vom Gewährleistungsinhalt des Rechts auf informationelle Selbstbestimmung erfasst werden,[1175] sieht *Tipke* im Steuerrecht einen nur restriktiven Anwendungsbereich für das Recht auf informationelle Selbstbestimmung.[1176] Die Steuerpflicht sei eine Sozialpflicht und der materielle Steuereingriff stets Vorgang der Sozialsphäre.[1177] Die Bestimmung des gerechten Steueranteils habe daher mit der zu schützenden Privatsphäre des Bürgers nichts zu tun.[1178] Diese zum materiellen Steuerrecht getroffene Aussage[1179] müsste dann ebenfalls für das Verfahren gelten, welches das materielle Steuerrecht umsetzt. Pointiert wären nach dieser Auffassung Daten, die für die Erhebung der Steuern erheblich sind, nicht vom Recht auf informationelle Selbstbestimmung umfasst – jedenfalls nicht im Verhältnis zum Staat.[1180] Ebenso wie der zuvor genannte Ansatz, knüpft auch dieser an die Sphärentheorie des allgemeinen Persönlichkeitsrechts an, unterscheidet zwischen Sozial-, Privat- und Intimsphäre, wobei für Angelegenheiten in der Sozialsphäre und damit auch in steuerlichen Angelegenheiten kein Geheimhaltungsinteresse im Sinne des Rechts auf informationelle

---

1172 Siehe zur Kritik an der Markteinkommenstheorie etwa *Wittmann*, Das Markteinkommen, S. 108-123; *Söhn*, in: FS Tipke, 343, 349-352; insgesamt *Steichen*, in: FS Tipke, 365; *Tipke*, Steuerrechtsordnung II, S. 428-431.

1173 Siehe grundlegend *Ruppe*, DStJG 1 (1978), 7, 16, unter Rückgriff auf die Formulierung von *Neumark*, Theorie und Praxis der modernen Einkommensbesteuerung, S. 41: „Eine Einkunftsquelle liegt nur vor, wenn Einnahmen auf Grund einer Teilnahme des Empfängers an der Bildung des Sozialproduktes erzielt werden."; begriffsbegründend *Lang*, DStJG, 4 (1981), 45, 54 f., dort noch „Markteinkommenskonzept"; *P. Kirchhof*, DStJG 24 (2001), 9, 14 f.; *Wittmann*, Das Markteinkommen, S. 5-7.

1174 BVerfG v. 27.6.1991, 2 BvR 1493/89, BVerfGE 84, 239.

1175 BVerfG v. 27.6.1991, 2 BvR 1493/89, BVerfGE 84, 239, 280.

1176 *Tipke*, in: Perspektiven der Finanzverwaltung, 95, 116 f.; *ders.*, Steuerrechtsordnung I, S. 425-431.

1177 *Tipke*, Steuerrechtsordnung I, S. 428; so auch *Seer*, in: Tipke/Kruse, AO/FGO, § 88 AO Rn. 25 (Stand: Januar 2017).

1178 *Tipke*, Steuerrechtsordnung I, S. 428.

1179 Siehe *Tipke*, Steuerrechtsordnung I, S. 427.

1180 *Tipke*, Steuerrechtsordnung I, S. 428.

Selbstbestimmung zugebilligt wird.[1181] Im Gegensatz zum Ansatz von *P. Kirchhof* verzichtet *Tipke* folgerichtig auf einen Rückkehrschluss vom Recht auf informationelle Selbstbestimmung auf das materielle Steuerrecht, indem der darauf hinweist, dass der Begriff der „Privatsphäre im Steuerrecht" nicht mit dem vom Bundesverfassungsgericht geprägten Begriff der Privatsphäre vermengt werden dürfe; vielmehr richte sich der mögliche Informationszugriff nach dem materiellen Steuerrecht: „Alle Einkunftsarten, in denen sich steuerliche Leistungsfähigkeit ausdrückt, dürfen erfaßt werden"[1182] – sie müssen es sogar.

Nach beiden Ansätzen sind somit im steuerlichen Bereich bestimmte Daten nicht vom Recht auf informationelle Selbstbestimmung umfasst. Überzeugender dürfte es hingegen sein, sämtliche persönlichen und personenbezogenen Daten dem Recht auf informationelle Selbstbestimmung zu unterwerfen und nicht für das Steuerrecht oder Daten im Zusammenhang mit bestimmten marktoffenen Vorgängen Ausnahmen zuzulassen und stattdessen auf Rechtfertigungsebene Differenzierungen vorzunehmen.[1183] So hat auch das Bundesverfassungsgericht entschieden, dass der grundrechtliche Schutz der eigenen Daten nicht schon deshalb entfalle, weil eine Information öffentlich zugänglich ist[1184] und den Schutz des Rechts auf informationelle Selbstbestimmung über die Privatsphäre hinaus erweitert[1185]. *Per se* belanglose Daten sieht das Bundesverfassungsgericht ebenfalls nicht.[1186] Entscheidend für einen Eingriff in das Grundrecht auf informationelle Selbstbestimmung sei, dass „die aus öffentlich zugänglichen Quellen stammenden Daten durch ihre systematische Erfassung, Sammlung und Verarbeitung einen zusätzlichen Aussagewert erhalten, aus dem sich die für das Grundrecht auf informationelle Selbstbestimmung spezifische Gefährdungslage für die Freiheitsrechte oder die Privatheit des Betroffenen ergibt."[1187] Diese weite

---

1181 Dies wird deutlich bei *Seer*, in: Tipke/Kruse, AO/FGO, § 88 AO Rn. 25 (Stand: Januar 2017).

1182 Insgesamt, auch für das Zitat *Tipke*, Steuerrechtsordnung I, S. 428.

1183 Im Ergebnis ebenso *Frizen*, Das Deklarationsprinzip im Einkommensteuerrecht, S. 115; *Wilhelm*, Kontenabrufverfahren, S. 87-89, 244; *Drüen*, StuW 2003, 205, 212; *Seer*, DStJG 42 (2019), 247, 248; kritisch zu sphärentheoretischen Ansätzen auch *Dorn*, in: Isensee/Kirchhof, HStR VII, § 149 Rn. 32-35.

1184 BVerfG v. 11.3.2008, 1 BvR 2074/05 u.a., BVerfGE 120, 378, 399.

1185 Siehe Nachweise in Fn. 1166.

1186 BVerfG v. 24.1.2012, 1 BvR 1299/05, BVerfGE 130, 151, 183 f.

1187 BVerfG v. 10.3.2008, 1 BvR 2388/03, BVerfGE 120, 351, 361 f.

Auslegung umfasst dann auch solche Unternehmensdaten, die als wirtschaftliche Größen das Ergebnis eines marktoffenen Erwerbs sind.[1188]

Eine andere Frage ist, ob eine Freiwilligkeit der Offenbarung von Daten im Steuerverfahren einen Eingriff in das Recht auf informationelle Selbstbestimmung entfallen lässt.[1189] Dies wird bzw. wurde auf Eingriffsebene durchaus und insbesondere in dem Zusammenhang vertreten, dass die Finanzbehörde oder das Finanzgericht die weitere Ermittlung eines Sachverhaltes, der sich zugunsten des Steuerpflichtigen auswirkt, mit der Begründung einstellt, dass ansonsten ein Eindringen in die Intimsphäre vorliege.[1190] Andere Stimmen sprechen von einer fehlenden „Verletzung" bei Einwilligung durch den Steuerpflichtigen, sodass nicht deutlich wird, ob bereits ein Eingriff verneint wird oder dieser und eine Rechtfertigung desselben bejaht wird.[1191] Nach hier vertretener Auffassung liegt durch die Offenbarung von Daten durch Abgabe der Steuererklärung regelmäßig jedenfalls keine Freiwilligkeit in dem Sinne vor, dass sie einen Eingriff in das Recht auf informationelle Selbstbestimmung entfallen lassen würde: Das gilt

1188 *Seer*, in: DStJG 42 (2019), 247, 248.

1189 Grundsätzlich zur Einwilligung und den Auswirkungen auf das Recht auf informationelle Selbstbestimmung *Jarass*, NJW 1989, 857, 860; *Di Fabio*, in: Maunz/Dürig, GG, Art. 2 Abs. 1 Rn. 228 (Stand: Juli 2001).

1190 BFH v. 14.11.1958, VI 91/57 U, BFHE 68, 122, 122; BFH v. 26.4.1985, VI R 68/82, BStBl. II 1985, 467, 469; *Rönitz*, DStJG 3 (1980), 297, 310; *Söhn*, in: Hübschmann/Hepp/Spitaler, AO/FGO, § 88 AO Rn. 204 (Stand: März 2010); siehe auch *Heuer*, FR 1975, 209, 210 f. Ein Eingriff in das allgemeine Persönlichkeitsrecht wird von dem FG Berlin-Brandenburg v. 17.11.2016, 13 K 13119/15, EFG 2017, 207 Rn. 17, in den Fällen verneint, in denen an die Verweigerung der Übermittlung personenbezogener Krankenversicherungsdaten des Steuerpflichtigen durch Dritte negative steuerliche Konsequenzen in Form einer nur begrenzten Abzugsfähigkeit der Aufwendungen im Gegensatz zur vollständigen Berücksichtigung bei Einwilligung geknüpft werden. Denn tatsächlich sei der Steuerpflichtige nicht gezwungen, Daten von sich preisgeben zu müssen, sondern das Gesetz regele nur die Folge der fehlenden Einwilligung. Soweit *Grunow*, Die verfassungsrechtliche Rechtfertigung, S. 265, die rechtspolitische Forderung aufstellt, dass die Steuererhebung dem Steuerpflichtigen die Möglichkeit bieten solle, sich von dem Datenzugriff mittels Besteuerungsnachteilen „freizukaufen", ist diese Forderung schon zu Teilen umgesetzt.

1191 *Seer*, in: Tipke/Kruse, AO/FGO, § 88 AO Rn. 204 (Stand: Januar 2017); deutlicher *Seer*, DStJG 42 (2019), 247, 248: „Auch Angaben, die ein Steuerpflichtiger aufgrund des geltenden Abgabenrechts zu machen hat, fallen in den Schutzbereich des Rechts auf informationelle Selbstbestimmung." ; *Roser*, in: Gosch, AO/FGO, § 88 AO Rn. 26 (Stand: Juni 2018).

erstens für Daten, deren Nichtdeklaration zu verfahrensrechtlichen Nachteilen und Sanktionen oder zur Einleitung eines Steuerstraf- oder -bußgeldverfahrens führt bzw. führen kann. In diesen Fällen offenbart der Steuerpflichtige seine Daten gerade nicht freiwillig, sondern aufgrund der gesetzlichen und sanktionierten Offenbarungspflichten, ohne dass ihm dabei ein Entscheidungsspielraum zugebilligt wird.[1192] Zweitens gilt dies aber auch für solche Daten, deren Nichtoffenbarung zwar nicht verfahrens- oder straf- bzw. bußgeldrechtlich sanktioniert wird, aber an eine höhere Steuerfestsetzung geknüpft ist, auch wenn der Steuerpflichtige durch – ggf. ungeschriebene[1193] – materielle Antrags- und Wahlrechte die Dispositionsbefugnis über die Offenbarung dieser Sachverhalte und der damit verbundenen Daten gegenüber der Finanzbehörde hat und somit den Eingriff in seine Privatsphäre selbst steuern kann.[1194] Betroffen sind im Regelfall Sachverhalte, die in Anwendung des subjektiven Nettoprinzips zur Minderung der steuerlichen Zahllast führen. Zu denken ist etwa an Fälle, in denen in der Steuererklärung aus der Intimsphäre des Steuerpflichtigen heraus Angaben gemacht werden, um steuerliche Entlastungen zu erhalten, z.B. die Offenbarung von körperlichen Gebrechen zur Abzugsfähigkeit von Krankheitskosten als außergewöhnliche Belastungen oder einer künstlichen Befruchtung[1195]. Es dürfte jedoch auch insoweit bereits zweifelhaft sein, inwieweit eine freiwillige Offenbarung von Daten vorliegt, wenn bei Nichtoffenbarung eine höhere Steuerlast droht. Auch wird durch die Freiwilligkeit der Offenbarung des Sachverhaltes die Zudringlichkeit des vorgelagerten Fragens und des ggf. nachfolgenden Ermittelns kaum gemindert.[1196] Somit erscheint auch dieser Ansatz nicht geeignet, unter bestimmten Bedingungen herausgegebene bzw. abgefragte Daten aus dem Recht auf informationelle Selbstbestimmung auszuklammern.[1197]

1192 *Hey*, in: FS Kruse, 269, 276; *Tipke*, BB 1986, 601, 603; *Drüen*, StuW 2003, 205, 211 f.; *Frizen*, Das Deklarationsprinzip im Einkommensteuerrecht, S. 117.

1193 *Puhl*, DStR 1991, 1173, 1775.

1194 Zur Differenzierung kann an den Gedanken von *Heuermann* im Zusammenhang mit der Qualifizierung der Fragen in den Steuererklärungsformularen als Verwaltungsakte abgestellt werden: Die Geltendmachung von steuervermindernden Tatbeständen ist danach lediglich Obliegenheit der Steuerpflichtigen sowie nicht durch Verwaltungsakt abzufragen und – dann folglich – die Offenbarung auch nicht mit Zwang durchsetzbar, siehe oben 2. Teil B. V. 3.

1195 Z.B. Aufwendungen für eine In-Vitro-Fertilisation als außergewöhnliche Belastung BFH v. 17.5.2017, VI R 34/15, BStBl. II 2018, 344; dass dies kein exotischer Einzelfall ist, zeigt die Darstellung der Rechtsprechung bei *Teller*, DStR 2018, 2318.

1196 *P. Kirchhof*, in: Perspektiven der Finanzverwaltung, 1, 17.

1197 Ebenso *Frizen*, Das Deklarationsprinzip im Einkommensteuerrecht, S. 116-118.

dd. *Datensammlung für Zwecke außerhalb des konkreten Besteuerungsverfahrens*

Ergänzend zu den vorangegangenen Ausführungen sei darauf verwiesen, dass nicht nur die Datenerhebung als solche in das Recht auf informationelle Selbstbestimmung eingreift, sondern auch die Speicherung und Auswertung von Daten über das konkrete Besteuerungsverfahren, in dem sie erhoben worden sind, hinaus. Der durch Datenerhebung festgestellte Eingriff perpetuiert sich so, wobei der Perpetuierung eine selbstständige Eingriffsqualität zukommt. In der Praxis anzutreffen sind zum einen Fälle, in denen Daten aus einem Besteuerungsverfahren als Vergleichsdaten für den gleichen Steuerpflichtigen in einem späteren Veranlagungszeitraum herangezogen werden.[1198] Zum anderen werden in einem Besteuerungsverfahren erhobene Daten aber auch für den Vergleich mit anderen Steuerpflichtigen herangezogen sowohl für den identischen Veranlagungszeitraum als auch periodenübergreifend.[1199]

3. *Additiver Grundrechtseingriff durch Steuerzugriff und verschiedene Belastungen im Verfahren?*

a. *Entwicklung und Grundgedanke der Rechtsfigur des additiven Grundrechtseingriffs*

Der Rechtsfigur des additiven Grundrechtseingriffs[1200] und seiner dogmatischen Aufarbeitung wurden seit Beginn der 2000er Jahre in der Literatur vermehrt Aufmerksamkeit gewidmet.[1201] Seine Bedeutung für den heutigen rechtswissenschaftlichen Diskurs zeigt sich vor allem in der verhältnismäßig hohen Anzahl an aktuellen Dissertationen, die sich unter verschiedenen Gesichtspunkten mit der Thematik umfassend auseinandersetzen.[1202] Die Ausprägungen

---

1198 Dies geschieht heute regelmäßig vollautomatisiert bei der Verwendung von Risikomanagementsystemen, siehe dazu noch die Ausführungen unten 4. Teil C. II. 2. und 3.

1199 Als Beispiel mag die Richtsatzsammlung dienen, zuletzt für 2019, siehe BMF-Schreiben v. 20.1.2021, IV A 8 - S 1544/19/10001 :001.

1200 Der Begriff geht – soweit ersichtlich – auf *Lücke*, DVBl 2001, 1469, zurück und wurde wohl durch BVerfG v. 12.4.2005, 2 BvR 581/01, BVerfGE 112, 304, 320, erstmals in die verfassungsrechtliche Judikatur übernommen.

1201 Siehe *Lücke*, DVBl 2001, 1469; *Winkler*, JA 2014, 881. Siehe aber auch schon *Hufen*, NJW 1994, 2913, 2916.

1202 Siehe z.B. die aktuellen, seit 2018 veröffentlichten Dissertationen zu dem Thema von *Kromrey*, Belastungskumulation; *Heu*, Kulminierende Grundrechtseingriffe;

und Voraussetzungen des additiven Grundrechtseingriffs sind im Einzelnen umstritten. Dies gilt auch für die Terminologie: Statt vom „additiven Grundrechtseingriff" wird auch von „kulminierenden Grundrechtseingriffen" oder – in Anlehnung an *Kloepfer*[1203] – von „Belastungskumulation" gesprochen.[1204] An anderer Stelle ist von einem „kumulativen Grundrechtseingriff"[1205], von einer „Kumulation von Grundrechtsbelastungen"[1206], von „summativer Betrachtungsweise"[1207] oder schlicht von „kumulativer Belastung"[1208] die Rede. *Klement* kritisiert beide begrifflichen Bestandteile des „additiven Grundrechtseingriffs": Das Adjektiv „additiv" verleite zu einer mathematischen Betrachtungsweise im Sinne eines schlichten Zusammenrechnens, worum es bei der verfassungsrechtlichen Beurteilung nicht gehe.[1209] Im Übrigen verleite der Singular „Grundrechtseingriff" zu dem Missverständnis, es gehe um ein Bündel von Hoheitsakten, die erst in ihrer Zusammenschau als Grundrechtseingriff beschreibbar werden würden oder jedenfalls in der grundrechtsdogmatischen Rechtmäßigkeitsprüfung als ein einzelner Grundrechtseingriff zu behandeln seien.[1210] Wo mehrere Eingriffe zusammenwirken, passe der Ausdruck „Kumulation von Grundrechtseingriffen" besser; als Oberbegriff sei die Bezeichnung „Belastungskumulation" geeignet.[1211] *G. Kirchhof* sieht den Begriff der „kumulativen Belastung" als sinnvollere Umschreibung an, da eine kumulative Belastung nicht nur durch verschiedene Eingriffe entstehen könne, sondern z.B. auch durch sich ergänzende Begünstigungen von Konkurrenten; der Betroffene werde zudem gerade durch verschiedene staatliche Maßnahmen und nicht nur einen Eingriff belastet.[1212]

Zutreffend ist, dass der „additive Grundrechtseingriff" vereinzelt auch in anderen Zusammenhängen in der Literatur verwendet wird und daher einer

---

Ruschemeier, Der additive Grundrechtseingriff; *Sandner*, Verstärkungswirkungen unter Grundrechten; *Brade*, Additive Grundrechtseingriffe.

1203 *Kloepfer*, VerwArch 74 (1983), 201, 213 f.

1204 Siehe nur die Titel der Schriften in Fn. 1202.

1205 *Hillgruber*, in: Isensee/Kirchhof, HStR IX, § 200 Rn. 97 und dort in der Überschrift.

1206 *Hufen*, NJW 1994, 2913, 2916.

1207 Siehe die Nachweise bei *Heu*, Kulminierende Grundrechtseingriffe, S. 196.

1208 *G. Kirchhof*, Erfüllungspflichten des Arbeitgebers, S. 140; *ders.*, NJW 2006, 732, 732.

1209 Siehe insgesamt zur Aussage *Klement*, AöR 134 (2009), 35, 41 f.

1210 *Klement*, AöR 134 (2009), 35, 41.

1211 *Klement*, AöR 134 (2009), 35, 41. Gegen diese Kritik von *Klement* siehe *Brade*, Additive Grundrechtseingriffe, S. 140-144.

1212 *G. Kirchhof*, NJW 2006, 732, 732 und dort Fn. 9.

genauen begrifflichen Abgrenzung bedarf.[1213] Da es weniger um eine Neudefinition des Eingriffsbegriffes, sondern um eine Umgewichtung bei der Prüfung der Verhältnismäßigkeit geht – dazu noch sogleich –, erscheinen die Begriffe der „kumulativen Belastung" oder der „Belastungskumulation" grundsätzlich passender.[1214] Es bestehen jedoch keine grundlegenden Bedenken gegen den Begriff des „additiven Grundrechtseingriffs", solange dieser einheitlich genutzt und verstanden wird. Hier soll daher und aufgrund des Gebrauchs durch das Bundesverfassungsgericht[1215] und Teilen der Literatur an dem Begriff des „additiven Grundrechtseingriffs" festgehalten werden.

Unabhängig von terminologischen Streitigkeiten ist gemeinsamer Ausgangspunkt der Literatur die Erkenntnis, dass der Zugriff des Staates auf den Bürger im modernen Staat dicht und feinmaschig ist.[1216] An die Stelle des „idealtypischen Zustandes", dass den Einzelnen eine punktuelle, grobe, aber zugleich auch greifbare Maßnahme trifft, tritt eine feingestrickte Steuerung, die in ihren isolierbaren Bestandteilen zu vernachlässigen ist, in ihren Belastungswirkungen jedoch kumuliert, sodass die Einzelmaßnahmen aus der Sicht des Einzelnen als Teile einer großen Gesamtmaßnahme erscheinen.[1217] Vor dem Hintergrund der bisher erläuterten Pflichten des Steuerpflichtigen im Besteuerungsverfahren könnten daher verschiedene Mitwirkungspflichten oder sogar verschiedene Mitwirkungspflichten und der Steuerzugriff zu einem additiven Grundrechtseingriff zusammengeführt werden.[1218]

Erste Gedanken zur Berücksichtigung der Gesamtbelastung verschiedener staatlicher Eingriffe stellte das Bundesverfassungsgericht im Zusammenhang mit strafrechtlichen und wehrdisziplinarischen Strafen 1967 an:[1219] Die im Rechtsstaatprinzip enthaltene Idee der Gerechtigkeit verbiete es, einen Soldaten wegen

---

1213 Z.B. im Zusammenhang mit der Schutzbereichsverstärkung und Grundrechtskonkurrenz, siehe *Hofmann*, AöR 133 (2008), 523, der die kumulative Belastung mehrerer staatlicher Maßnahmen explizit ausklammert, a.a.O., 525 und dort Fn. 6.

1214 Siehe *M. Weber*, Die Zusage im Umsatzsteuerrecht, S. 45 und dort Fn. 165; a.A. insoweit wiederum *Brade*, Additive Grundrechtseingriffe, S. 319-321, 398, der durch die Gesamtbelastung einen „neuartigen Gesamteingriff" einführen möchte.

1215 BVerfG v. 12.4.2005, 2 BvR 581/01, BVerfGE 112, 304, 320.

1216 Siehe statt vieler nur *Winkler*, JA 2014, 881, 881.

1217 Etwa *Kromrey*, Belastungskumulation, S. 2 f.; *Ruschemeier*, Der additive Grundrechtseingriff, S. 18 f.; *Winkler*, JA 2014, 881, 881.

1218 *Dürrschmidt*, in: FS Lehner, 393, 394, bezeichnet das Steuerrecht als „wichtiges Anwendungsfeld für eine Gesamtbetrachtung mehrerer Belastungen".

1219 BVerfG v. 2.5.1967, 2 BvR 391/64 u.a., BVerfGE 21, 378, 387-389.

ein und derselben Tat zunächst eine Freiheitsstrafe nach der Wehrdisziplinarordnung und dann noch eine vom Strafgericht für tatangemessen gehaltene weitere Freiheitsstrafe voll verbüßen zu lassen; vielmehr sei bei der Bemessung der Kriminalstrafe, die, wenn auch aus anderen Gesichtspunkten ausgesprochene, ihrer Wirkung nach aber gleichartige, disziplinare Freiheitsstrafe anzurechnen.[1220] Im wissenschaftlichen Diskurs wurde die Gesamtbelastung des Bürgers durch mehrere staatliche Maßnahmen nach einem nicht aufgegriffenen Impuls von *Lerche* aus dem Jahr 1961[1221] vor allem im Steuer- und Umweltrecht ab Ende der 1970er Jahre thematisiert[1222] – die bereits angesprochene Rechtsprechung zum Halbteilungsgrundsatz des Bundesverfassungsgerichts[1223] folgt letztlich keinen anderen Gedanken[1224]. Eine umfassende dogmatische Aufarbeitung des additiven Grundrechtseingriffs blieb jedoch, trotzdem das Bundesverfassungsgericht mittlerweile bereits eine Norm unter Anwendung des additiven

---

1220 BVerfG v. 2.5.1967, 2 BvR 391/64 u.a., BVerfGE 21, 378, 388.

1221 Soweit ersichtlich thematisierte *Lerche*, DÖV 1961, 486, 486, erstmals, dass „sich die Eingriffsvorstellung nicht mehr so recht am isoliert gesehenen Eingriffsakt als Einzelpunkt orientieren kann, sondern immer stärker auf Gesamtordnungen innerhalb einer überschaubaren Materie Bedacht nehmen muss. Wie soll denn z.B. die Frage gelöst werden, ob sich ein ganz bestimmter staatlicher Interventionsakt innerhalb der Grenzen zulässiger Wirtschaftsbeeinflussung verhält, ohne daß der Blick sofort auf das ganze System der benachbarten oder sonstwie mit dieser Intervention untrennbar verschränken Maßnahmen gerichtet wird?“

1222 Siehe für das Steuerrecht z.B. *Friauf*, StuW 1977, 59; *P. Kirchhof*, VVDStRL 39 (1981), 213, 238-240, zur Belastung durch mehrere Steuern: „Umsomehr muß das Problem der Steuerhäufung in einer zweistufigen Verfassungsprüfung sichtbar gemacht werden: zunächst muß die gesonderte Belastung des speziellen Steuergegenstandes als angemessen dargetan werden; sodann ist die steuerliche Gesamtbelastung des gesamten Individualvermögens zu rechtfertigen“ (a.a.O., 240). Eine Belastungskumulation durch das Verwaltungsverfahren und das materielle Recht sah bereits *Wahl*, VVDStRL 41 (1983), 151, 155: „Die Gesamtbelastung die das öffentliche Recht einem einzelnen Bürger auferlegt, ergibt sich aus der Summe der Belastungen durch das Verfahren und durch die inhaltlichen Eingriffsermächtigungen. [...] Jedesmal ist das Verwaltungsverfahren Teil des Verwirklichungsprozesses.“ Für das Umweltrecht beispielhaft *Kloepfer*, VerwArch 74 (1983), 201, 213 f., ebenfalls für die kumulative Belastungen mit verschiedenen finanziellen abwasserbezogenen Gebühren, Beiträgen und eigenen Aufwendungen.

1223 Siehe oben 3. Teil C. II 1. und BVerfG v. 22.6.1995, 2 BvL 37/91 BVerfGE 93, 121, 135, 136, 138, das von einer Gesamtbelastung durch mehrere Steuern ausgeht.

1224 Dies stellen auch *Lücke*, DVBl 2001, 1476, 1479; *Kaltenstein*, SGb 2016, 365, 366, und *Brade*, Additive Grundrechtseingriffe, S. 27, fest.

Grundrechtseingriffs für verfassungswidrig erklärt hat,[1225] bis in die jüngere Vergangenheit aus.[1226]

b. Dogmatische Einordnung

Prüfungsgegenstand der Verfassungsbeschwerde ist grundsätzlich nur die einzelne hoheitliche Maßnahme.[1227] Dieser Grundsatz wird durch die Rechtsfigur des additiven Grundrechtseingriffs nicht verändert, sodass in dem grundrechtlichen dreischrittigen Prüfungsaufbau - Schutzbereich, Eingriff, Rechtfertigung - die Prüfung des Schutzbereiches und des Eingriffs unangetastet bleiben.[1228] Das bedeutet aber auch gleichzeitig, dass das „Gesamtgewicht" der Belastung des Bürgers nicht durch den Prüfungsgegenstand - die einzelne hoheitliche Maßnahme - vorbestimmt und abgedeckt wird.[1229] Fraglich bleibt dann aber, an welcher Stelle die Gesamtbelastung des Bürgers zu berücksichtigen ist, wenn jedenfalls die Einzelmaßnahme als angefochtener Hoheitsakt nicht verändert wird. Das Grundgesetz gibt an mehreren Stellen Hinweis darauf, dass Belastungskumulationen des Bürgers durch den Staat auftreten können und dass

---

1225 BVerfG v. 27.3.2012, 2 BvR 2258/09, BVerfGE 130, 372 Rn. 59-83.

1226 So die Feststellungen etwa von *Ruschemeier*, Der additive Grundrechtseingriff, S. 18 f.; *Brade*, Additive Grundrechtseingriffe, S. 26-30; *Bernsdorff*, SGb 2011, 121, 123.

1227 *Hufen*, NJW 1994, 2913, 2916; *G. Kirchhof*, Erfüllungspflichten des Arbeitgebers, S. 141 und dort Fn. 22; *ders.*, NJW 2006, 732, 732; *Lücke*, DVBl 2001, 1469, 1476; *Klement*, AöR 134 (2009), 35, 42; *Bernsdorff*, SGb 2011, 121, 125; *Kaltenstein*, SGb 2016, 365, 365; *Hillgruber*, in: Isensee/Kirchhof, HStR IX, § 200 Rn. 100.

1228 Zum Teil a.A. *Brade*, Additive Grundrechtseingriffe, S. 319-321, der bereits auf Eingriffsebene eine Zusammenfassung vornehmen möchte, auch soweit erst mehrere Belastungen, die für sich betrachtet unterhalb der Eingriffsschwelle bleiben, diese erst in einer Gesamtbetrachtung erreichen. Gleichwohl sieht *Brade*, a.a.O., S. 375, dies nicht stets als Muss an, um später in der Verhältnismäßigkeit auf die Gesamtbelastung zurückgreifen zu können. Dies setzte nämlich voraus, dass der Bürger verschiedene Akte angreift und rechtlich auch angreifen kann; zu einer solchen Verpflichtung kritisch *G. Kirchhof*, Erfüllungspflichten des Arbeitgebers, S. 141 und dort Fn. 22. Insoweit die kumulative Betrachtung bereits auf Eingriffsebene ablehnend *Klement*, AöR 134 (2009), 35, 64-66, 81; siehe auch *Winkler*, JA 2014, 881, 886 f.

1229 Dies ist auch nicht zwingend notwendig, denn das BVerfG v. 26.6.2002, 1 BvR 670/91, BVerfGE 105, 279, 300, stellt fest, dass [d]as Grundgesetz [...] den Schutz vor Grundrechtsbeeinträchtigungen nicht an den Begriff des Eingriffs gebunden oder diesen inhaltlich vorgegeben [hat]". Siehe auch *Brade*, Additive Grundrechtseingriffe, S. 149 f.; *Lücke*, DVBl 2001, 1469, 1476; *Kaltenstein*, SGb 2016, 365, 365.

diese aufzulösen sind: Ausprägungen sind etwa das Verbot der Mehrfachbestrafung wegen derselben Tat durch Art. 103 Abs. 3 GG oder die – an dieser Stelle lediglich für den Steuerzugriff gemeinte[1230] – Vermeidung der Überbelastung des Steuerpflichtigen in Art. 106 Abs. 3 S. 4 Nr. 2 GG[1231].[1232] Insbesondere verhindert der Grundsatz der Verhältnismäßigkeit eine übermäßige Gesamtbelastung des Bürgers.[1233] Sachgerechter verfassungsrechtlicher Anknüpfungspunkt für eine Gesamtsaldierung der unterschiedlichen staatlichen Eingriffe stellt

1230 In diesem Sinne jedenfalls BVerfG v. 18.1.2006, 2 BvR 2194/99, BVerfGE 115, 97, 115 f.

1231 Dazu lässt die Norm wegen ihrer Unbestimmtheit dem Gesetzgeber einen weiten Entscheidungsspielraum, *Pieroth*, in: Jarass/Pieroth, GG, Art. 106 Rn. 8a. Als „kaum hilfreich" bezeichnet *Seiler*, in: Maunz/Dürig, GG, Art. 106 Rn. 149 (Stand: September 2017), die Regelung des Art. 106 Abs. 3 S. 4 Nr. 2 GG in Bezug auf die Vermeidung der Überbelastung des Steuerpflichtigen.

1232 *Brade*, Additive Grundrechtseingriffe, S. 151; *Lücke*, DVBl 2001, 1469, 1477; *Kaltenstein*, SGb 2016, 365, 366.

1233 *Lücke*, DVBl 2001, 1469, 1477. Zum Teil wird eine solche Beschränkung der Gesamtbelastung auch aus der Wesensgehaltsgarantie der Grundrechte aus Art. 19 Abs. 2 GG hergeleitet (angedacht bei *Lee*, Umweltrechtlicher Instrumentenmix und kumulative Grundrechtseinwirkungen, S. 105 f.; *Ruschemeier*, Der additive Grundrechtseingriff, S. 194-214, die sich a.a.O., S. 187-193, gegen eine Verortung in der Verhältnismäßigkeitsprüfung ausspricht; *Schaks*, DÖV 2015, 817, 817 f., 825; *Kaltenstein*, SGb 2016, 365, 366; siehe auch die grundlegenden Gedanken bei *Friauf*, StuW 1977, 59, 62 f.), die von der Verhältnismäßigkeit grundsätzlich zu trennen ist (siehe BVerfG v. 26.1.1991, 1 BvR 779/85, BVerfGE 84, 212, 228: „Die […] Beschränkung ihrer Aussperrungsbefugnis verletzt weder den Wesensgehalt der Koalitionsfreiheit (Art. 19 Abs. 2 GG) noch greift sie in unverhältnismäßiger Weise in das Grundrecht ein"; siehe dazu auch *Remmert*, in: Maunz/Dürig, GG, Art. 19 Abs. 2 Rn. 38 (Stand: Mai 2018)). Bedenken gegen die (alleinige) Stützung des additiven Grundrechtseingriffs auf Art. 19 Abs. 2 GG bestehen dahingehend, dass die Wesensgehaltsgarantie geringe praktische Bedeutung hat und auch durch das Bundesverfassungsgericht und die Fachgerichte nicht vertieft aufgegriffen wird oder gar deutliche Strukturen herausgearbeitet worden sind (dazu *Huber*, in: v. Mangoldt/Klein/Starck, GG, Art. 19 Rn. 107-109, und *Jarass*, in: Jarass/Pieroth, GG, Art. 19 Rn. 9), sodass die handhabbarere und weitreichend spezifizierte Schranken-Schranke der Verhältnismäßigkeit als verfassungsrechtliche Grundlage vorzuziehen ist (siehe dazu und insgesamt kritisch zu Art. 19 Abs. 2 GG als Grundlage für den additiven Grundrechtseingriff auch *Brade*, Der additive Grundrechtseingriff, S. 281-288, insb. S. 287 f., der aber, a.a.O., S. 340-347, die Wesensgehaltsgarantie als weitere – neben die Verhältnismäßigkeitsprüfung – tretende Grenze bei der Prüfung der additiven Gesamtbelastung in der Rechtfertigung des Grundrechtsangriffs heranzieht).

daher die Schranken-Schranke der Verhältnismäßigkeit und im grundrechtlichen Prüfungsschema daher auch die Prüfungsstufe der Verhältnismäßigkeit innerhalb der Eingriffsrechtfertigung dar.[1234] Es tun sich dort zwei Prüfungsschritte auf:[1235] Erstens ist die Verhältnismäßigkeit der einzeln angefochtenen Maßnahme zu prüfen, die zuvor als Prüfungsgegenstand und Eingriff qualifiziert worden ist; insoweit ergibt sich keine Abweichung von einer normalen Grundrechtsprüfung. Sodann ist zweitens eine die Gesamtbelastung durch additive Grundrechtseingriffe berücksichtigende Verhältnismäßigkeitsprüfung durchzuführen. Bei der Prüfung der Verhältnismäßigkeit werden also weitere Eingriffsmaßnahmen des Staates miteinbezogen. Diese Durchbrechung der grundsätzlichen Bindung des Bundesverfassungsgerichts an den Antragsgegenstand wird bei Verfassungsbeschwerden durch analoge Anwendung von § 78 S. 2 BVerfGG[1236], bei der konkreten Normenkontrolle durch §§ 82 Abs. 1; 78 S. 2 BVerfGG rechtlich möglich gemacht.[1237] Davon macht das Bundesverfassungsgericht – auch im Steuerrecht – Gebrauch: In dem Beschluss aus dem Jahr 2006, in dem es den Halbteilungsgrundsatz als absolute Obergrenze der Besteuerungslast revidierte, bezog es in die Abwägung die Gesamtbelastung aus Einkommen- und Gewerbesteuer mit ein, obwohl der Beschwerdeführer seinerseits nur den Einkommensteuerbescheid und die dort festgesetzte Einkommensteuer angefochten hatte.[1238] Gleichwohl erlaubt diese Prüfungserweiterung in der Verhältnismäßigkeit es dem Bundesverfassungsgericht nicht, über die zusammen betrachteten Einzelmaßnahmen in der Weise zu entscheiden, dass die der

1234 Ebenso *Lücke*, DVBl 2001, 1469, 1477; *Lee*, Umweltrechtlicher Instrumentenmix und kumulative Grundrechtseinwirkungen, S. 141-143; *Jesse*, Instrumentenverbund als Rechtsproblem, S. 181 f.; *M. Weber*, Die Zusage im Umsatzsteuerrecht, S. 52 f.; *Klement*, AöR 134 (2009), 35, 66, 81; *Voßkuhle/Kaiser*, JuS 2009, 313, 314; *Bernsdorff*, SGb 2011, 121, 123; *Hillgruber*, in: Isensee/Kirchhof, HStR IX, § 200 Rn. 100; siehe aber die Einwände in Fn. 1233.

1235 Siehe schon grundlegend *P. Kirchhof*, VVDStRL 39 (1981), 213, 240; daran anknüpfend *Lücke*, DVBl 2001, 1469, 1476; *Dürrschmidt*, in: FS Lehner, 393, 396; siehe z.B. auch die Prüfung durch das BVerfG v. 10.6.2009, 1 BvR 706/08 u.a., BVerfGE 123, 186.

1236 BVerfG v. 21.6.2011, 1 BvR 2035/07, BVerfGE 129, 49, 75 f.

1237 *Bernsdorff*, SGb 2011, 121, 125; *Brade*, Additive Grundrechtseingriffe, S. 375; siehe *Karpenstein*, in: BeckOK BVerfGG, § 78 Rn. 18 f. zur Funktion von § 78 S. 2 BVerfGG.

1238 BVerfG v. 18.1.2006, 2 BvR 2194/99, BVerfGE 115, 97, 110 und 98 f., ohne jedoch auf die vom Beschwerdeführer vorgebrachte Möglichkeit des Bundesverfassungsgerichts, nach § 78 S. 2 BVerfG entsprechend zu verfahren (a.a.O., 101 f.), einzugehen.

Belastungskumulation zugrundeliegenden Maßnahmen oder Gesetze gem. § 95 Abs. 2; 3 S. 1, 2 BVerfGG[1239] für nichtig erklärt bzw. aufgehoben werden; dies muss selbst dann gelten, wenn das gesamte Maßnahmenbündel Prüfungsgegenstand ist und nur in seiner Gesamtschau zur Unverhältnismäßigkeit führt.[1240] Denn wie eine Situation der unverhältnismäßigen Belastungskumulation aufgelöst wird, ist zuvorderst Aufgabe der Legislative, der insoweit eine Entscheidungsprärogative zuteilwird, darüber zu entscheiden, welche Maßnahmen ergriffen – insbesondere welche gesetzlichen Verpflichtungen bestehen, welche aufgehoben, welche angepasst – werden, um die Gesamtbelastung auf ein mit dem Grundgesetz verträgliches Niveau herabzusetzen.[1241] Nur dann, wenn die angefochtene Maßnahme in der zweistufigen Prüfung bereits auf der ersten Stufe, also bei isolierter Betrachtung, als nicht mit dem Grundgesetz vereinbar angesehen wird, kommt eine Aufhebung bzw. Nichtigkeitserklärung gem. § 95 Abs. 2, 3 S. 1, 2 BVerfGG in Betracht.[1242] Im Übrigen ist das Bundesverfassungsgericht – bei aller Kritik[1243] – nur dazu berechtigt, eine Unvereinbarkeitserklärung nach § 31 Abs. 2 S. 2, 3 BVerfGG auszusprechen.[1244]

1239 Im Falle der konkreten Normenkontrolle i.S.d. Art. 100 Abs. 1 GG gilt Entsprechendes für das zur Prüfung vorgelegte Gesetz gemäß §§ 82 Abs. 1; 78 BVerfGG.

1240 Im Ergebnis ebenso, wenn auch kritisch mit Blick auf einen effektiven Rechtsschutz *Winkler*, JA 2014, 881, 887; nicht grundsätzlich gegen eine Nichtigerklärung der Angriffsgegenstände *Klement*, AöR 134 (2009), 35, 80.

1241 *G. Kirchhof*, Erfüllungspflichten des Arbeitgebers, S. 141; *ders.*, NJW 2006, 732, 733, 735; *Heu*, Kulminierende Grundrechtseingriffe, S. 273; *Brade*, Additive Grundrechtseingriffe, S. 389; *M. Weber*, Die Zusage im Umsatzsteuerrecht, S. 53 f.; *Schaks*, DÖV 2015, 817, 826; *Kaltenstein*, SGb 2016, 365, 371 f.; *Hillgruber*, in: Isensee/Kirchhof, HStR IX, § 200 Rn. 101; fehlende rechtliche Maßstäbe für die erforderliche Auswahl unter mehreren noch verfassungsmäßigen Einzelakten sieht auch *Klement*, AöR 134 (2009), 35, 79.

1242 *Brade*, Additive Grundrechtseingriffe, S. 388 f.

1243 *Klement*, AöR 134 (2009), 35, 80, der selbst auf dann bestehende Unklarheiten hinweist; *Winkler*, JA 2014, 881, 887, die unter dem Gesichtspunkt der Effektivität des Rechtsschutzes bei isoliertem Eingriff einzelner Maßnahmen einer verfassungswidrigen Gesamtmaßnahme fordert, dass der Feststellung der Verfassungswidrigkeit der Gesamtbelastung die Aufhebung der einzelnen angefochtenen Maßnahme folgen müsse.

1244 BVerfG v. 29.5.1990, 1 BvL 20/86, BVerfGE 82, 60, 84; BVerfG v. 30.5.1990, 1 BvL 2/83 u.a., BVerfGE 82, 126, 154 f.; *Heu*, Kulminierende Grundrechtseingriffe, S. 272-275; *Kromrey*, Belastungskumulation, S. 189 f., 194-196; *Brade*, Additive Grundrechtseingriffe, S. 389 f.; *M. Weber*, Die Zusage im Umsatzsteuerrecht, S. 54; *Dürrschmidt*, in: FS Lehner, 393, 411 f.; *Hillgruber*, in: Isensee/Kirchhof, HStR IX, § 200 Rn. 101.

c. Voraussetzungen der Rechtsfigur des additiven Grundrechtseingriffs

aa. Der grundlegende Ansatz von Lücke

Nach *Lückes* Ansatz ist eine Gesamtbeeinträchtigung dann als einfacher additiver Grundrechtseingriff bedeutsam, wenn mehrere Grundrechtseingriffe gegenüber einem Bürger oder mehreren Bürgern denselben Zwecken dienen und dasselbe Grundrecht bzw. Grundrechtsgut berühren.[1245] Den einfachen additiven Grundrechtseingriff ergänzt *Lücke* um einen fortgesetzten additiven Grundrechtseingriff. Dieser grenzt sich vom einfachen additiven Grundrechtseingriff dadurch ab, dass die einzelnen Eingriffe den Bürger nicht zeitgleich zum ersten Mal beeinträchtigen, sondern zu unterschiedlichen Zeitpunkten.[1246] Notwendig für eine Berücksichtigung im Rahmen des additiven Grundrechtseingriffs ist dann, dass, obwohl der Eingriff bereits in der Vergangenheit begründet wurde, von ihm bei Hinzutreten einer neuen Maßnahme noch eine anhaltende Belastung ausgeht.[1247] *Lücke* formuliert folglich eine Adressatenidentität, eine Grundrechts- bzw. Grundrechtsgutidentität, eine Zweckidentität und ein zeitliches Zusammentreffen der verschiedenen Maßnahmen.

bb. Ansätze in der übrigen Literatur

Weitgehende Einigkeit besteht in der Literatur dahingehend, dass die jeweiligen Maßnahmen zumindest auch denselben Adressaten betreffen müssen, mithin eine so bezeichnete „vertikale" Kumulation[1248] von staatlichen Maßnahmen gegeben ist, damit eine Zusammenfassung zu einem additiven Grundrechtseingriff in Betracht kommt.[1249]

Weniger einmütig ist die Literatur bei der Frage danach, ob für einen kumulativen Grundrechtseingriff nur ein Grundrecht betroffen sein darf oder ob auch Belastungen, die in mehrere Grundrechte eingreifen, zusammengezogen

---

1245 *Lücke*, DVBl 2001, 1469, 1470.

1246 *Lücke*, DVBl 2001, 1469, 1470.

1247 *Lücke*, DVBl 2001, 1469, 1471.

1248 Begriffsbegründend insoweit *Kloepfer*, VerwArch 74 (1983), 201, 214.

1249 *Lee*, Umweltrechtlicher Instrumentenmix und kumulative Grundrechtseinwirkungen, S. 143, 157; *Kromrey*, Belastungskumulation, S. 106; *Ruschemeier*, Der additive Grundrechtseingriff, S. 140 f.; *Brade*, Additive Grundrechtseingriffe, S. 188-190; *M. Weber*, Die Zusage im Umsatzsteuerrecht, S. 50; *Dürrschmidt*, in: FS Lehner, 393, 398 f.; *Kloepfer*, VerwArch 74 (1983), 201, 214; *Kirchhof*, NJW 2006, 732, 734; *Bernsdorff*, SGb 2011, 121, 122; *Schaks*, DÖV 2015, 817, 819; *Kaltenstein*, SGb 2016, 365, 369; *Hillgruber*, in: Isensee/Kirchhof, HStR IX, § 200 Rn. 97.

betrachtet werden dürfen. Insoweit hat *G. Kirchhof* gegen *Lückes* Ansatz eingewandt, dass dieser die Gesamtlast des Betroffenen nicht realitätsgerecht erfasse, wenn Voraussetzung sei, dass die Maßnahmen zwangsweise dasselbe Grundrecht beeinträchtigen müssen.[1250] Es sei unerheblich, ob nur in ein Grundrecht oder in verschiedene Freiheiten eingegriffen würde.[1251] Die Merkmale, um mehrere Belastungen zu einem additiven Grundrechtseingriff zusammenfassen zu können, dienten letztlich der Abgrenzung zu einer einfachen Mehrfachbelastung, sodass der Fokus der Prüfung nicht darauf liegen müsse, ob verschiedene Schutzbereiche betroffen seien, sondern ob die Belastungsfolgen eine einheitliche Realität teilten.[1252] Dazu sei aber nur erforderlich, dass der gleiche Adressat in vergleichbaren Gegenständen betroffen sei.[1253] Einige Autoren sprechen in ähnlicher Weise wie *G. Kirchhof* von einem „einheitlichen Lebensbereich" der betroffen sein müsste[1254] oder einem „grundrechtlichen Schutzgut", das sich auch aus mehreren Grundrechten speisen könne[1255].[1256] Das „Eingriffsumfeld" möchte *Klement* berücksichtigen und meint damit im Ergebnis nichts anderes.[1257] Ein additiver Grundrechtseingriff setzt nach *Kaltenstein* mehrere Grundrechtseingriffe infolge verschiedener staatlicher Maßnahmen voraus, die entweder in dasselbe oder dieselben Grundrechte oder in verschiedene Grundrechte eingreifen, aber im Hinblick auf ihre belastende Gesamtwirkung in realitätsgerechter Erfassung den gleichen Lebensbereich oder vergleichbare Gegenstände betreffen.[1258] Ziel der zitierten Autoren ist letztlich, wenn auch die Terminologie differiert, ein Ähnliches: Es geht ihnen darum, eine Verknüpfung staatlicher Maßnahmen in der Lebenswirklichkeit zu finden.[1259] Andere schließen sich *Lücke* mit unterschiedlichen Argumenten an und fordern eine

---

1250 *G. Kirchhof*, NJW 2006, 732, 734.

1251 *G. Kirchhof*, NJW 2006, 732, 734.

1252 *G. Kirchhof*, NJW 2006, 732, 734, fordert hierzu eine Analyse der „Normwirklichkeit", siehe zu ihrem Inhalt *G. Kirchhof*, Erfüllungspflichten des Arbeitgebers, S. 137-139; kritisch dazu *Heu*, Kulminierende Grundrechtseingriffe, S. 229-232.

1253 *G. Kirchhof*, NJW 2006, 732, 734.

1254 *Heu*, Kulminierende Grundrechtseingriffe, S. 233 f.; *Dürrschmidt*, in: FS Lehner, 393, 400; *Hillgruber*, in: Isensee/Kirchhof, HStR IX, § 200 Rn. 97.

1255 *Winkler*, JA 2014, 881, 885, die dort auch die Voraussetzung der Grundrechtsidentität ausdrücklich ablehnt.

1256 Im Ergebnis vergleichbar *Jesse*, Instrumentenverbund als Rechtsproblem, S. 188 f.

1257 *Klement*, AöR 134 (2009), 35, 66.

1258 *Kaltenstein*, SGb 2016, 365, 369 f.

1259 *Kromrey*, Belastungskumulation, S. 131.

Betroffenheit desselben Grundrechts.[1260] *Brade* und *Ruschemeier* argumentieren, dass die Überschreitung der Grundrechtsgrenzen die Rechtsanwendung vor kaum lösbare Schwierigkeiten stelle.[1261] Mit dem Abstellen auf eine „Normwirklichkeit“ oder „vergleichbare Gegenstände“ sei nichts gewonnen und „grundrechtliche Schutzgüter“ würden durch die Schutzbereiche, nicht ihren Verbund bestimmt, sodass hierauf begründete Auffassungen abzulehnen seien.[1262] Ähnlich sieht *Lee* keine schärfere Konturierung und ungeklärte Folgefragen bei einem Abstellen auf *G. Kirchhofs* Normwirklichkeit.[1263]

Uneinigkeit in der Literatur besteht außerdem in dem Punkt, ob nur solche staatlichen Maßnahmen gemeinsam als additiver Grundrechtseingriff betrachtet werden dürfen, die von einem gemeinsamen Zweck getragen sind. Hierbei wird die Auffassung vertreten, dass die unterschiedlichen vom Staat verfolgten Zwecke durch die verschiedenen Maßnahmen für den Bürger letztlich ohne Bedeutung seien, die Gesamtbelastung des Bürgers sich daran jedenfalls nicht realitätsgerecht erkennen lasse.[1264] *Klement* sieht mit dem Rekurs auf den Zweck das „Tor für Irrationalitäten“ als geöffnet an und lehnt eine Anknüpfung an denselben Zweck als Voraussetzung für eine zusammenfassende Betrachtung verschiedener Maßnahmen ab.[1265] Denn der ermittelte Zweck einer Maßnahme hänge von verschiedenen Faktoren ab und könne auf unterschiedlichen Abstraktionshöhen formuliert werden, wovon letztlich die Einbeziehung verschiedener Maßnahmen abhänge.[1266] Angesprochen ist damit eine befürchtete Willkürlichkeit

---

1260 *Lee*, Umweltrechtlicher Instrumentenmix und kumulative Grundrechtseinwirkungen, S. 135-139; *Schaks*, DÖV 2015, 817, 819.

1261 *Ruschemeier*, Der additive Grundrechtseingriff, S. 138 f.; *Brade*, Additive Grundrechtseingriffe, S. 200.

1262 *Brade*, Additive Grundrechtseingriffe, S. 200; siehe auch *Ruschemeier*, Der additive Grundrechtseingriff, S. 137-139.

1263 *Lee*, Umweltrechtlicher Instrumentenmix und kumulative Grundrechtseinwirkungen, S. 138 f.

1264 *M. Weber*, Die Zusage im Umsatzsteuerrecht, S. 50; *G. Kirchhof*, NJW 2006, 732, 734; *Bernsdorff*, SGb 2011, 121, 122; *Schaks*, DÖV 2015, 817, 823; *Ruschemeier*, Der additive Grundrechtseingriff, S. 142, befürchtet, dass „durch ‚die Hintertür‘ der Verhältnismäßigkeit die Kriterien des klassischen Eingriffsbegriffs wieder“ eingeführt werden sollen.

1265 *Klement*, AöR 134 (2009), 35, 64 f., auch für das Zitat.

1266 *Klement*, AöR 134 (2009), 35, 65; ähnlich auch *Kromrey*, Belastungskumulation, S. 117; *Ruschemeier*, Der additive Grundrechtseingriff, S. 143; *Sandner*, Verstärkungswirkungen unter Grundrechten, S. 97-100; *Winkler*, JA 2014, 881, 884; *Schaks*, DÖV 2015, 817, 823.

in der grundrechtlichen Prüfung verschiedener Maßnahmen als ein Belastungsbündel. *Drüen* fordert dagegen eine materielle Zusammenrechnung aller Lasten von Indienstnahmen, soweit diese auf demselben Rechtfertigungsgrund aufbauen[1267] bzw. sich für den Adressaten als vergleichbare Pflicht darstellen[1268], und tendiert damit in die Richtung, dass die Maßnahmen einen vergleichbaren Zweck verfolgen müssen. *Dürrschmidt* sieht als Voraussetzung an, dass die Einzelakte im Wesentlichen denselben Zwecken dienen müssten, wobei er Zweck im Sinne von „Auswirkungen auf einen bestimmten Lebensbereich" verstehen möchte.[1269] Anderenfalls sei es nicht möglich, etwa Fiskalzwecknormen mit verhaltenslenkenden Steuerbelastungsnormen gemeinsam zu betrachten.[1270] Andere Autoren fordern, dass die verschiedenen staatlichen Maßnahmen für eine gemeinsame Betrachtung – jedenfalls in ihrem Kerngehalt – mindestens eine partielle Zwecküberschneidung aufweisen müssen.[1271]

Weitgehende Einigkeit herrscht in der Literatur bezüglich des Merkmals der Gleichzeitigkeit. Voraussetzung für eine Zusammenfassung verschiedener Maßnahmen zu einer gesamtheitlichen Belastung sei – mehr oder weniger –, dass die verschiedenen Maßnahmen gleichzeitig wirken, selbst dann, wenn sie den Bürger zu unterschiedlichen Zeitpunkten erstmalig betreffen.[1272]

1267 *Drüen*, Indienstnahme, S. 382.

1268 *Drüen*, DStJG 32 (2008), 167, 200.

1269 *Dürrschmidt*, in: FS Lehner, 393, 400 f., auch für das Zitat.

1270 *Dürrschmidt*, in: FS Lehner, 393, 401; dies spricht – allerdings mit anderem Ergebnis – auch *Ruschemeier*, Der additive Grundrechtseingriff, S. 143 f., an.

1271 *Lee*, Umweltrechtlicher Instrumentenmix und kumulative Grundrechtseinwirkungen, S. 145; *Jesse*, Instrumentenverbund als Rechtsproblem, S. 182 f., siehe aber auch S. 192 f., wo *Jesse* feststellt, dass durch diese Verklammerung nicht zwingend die reale Belastungswirkung abgebildet wird; *Kaltenstein*, SGb 2016, 365, 369 f.; *Hillgruber*, in: Isensee/Kirchhof, HStR IX, § 200 Rn. 97.

1272 *Kromrey*, Belastungskumulation, S. 111-115.; als „Aktualität" bezeichnet bei *Heu*, Kulminierende Grundrechtseingriffe, S. 236 f.; *Ruschemeier*, Der additive Grundrechtseingriff, S. 148-150; *Sandner*, Verstärkungswirkungen unter Grundrechten, S. 90 f.; grundsätzlich ebenso mit einigen Ausnahmen *Brade*, Additive Grundrechtseingriffe, S. 193-200; *M. Weber*, Die Zusage im Umsatzsteuerrecht, S. 54; *Dürrschmidt*, in: FS Lehner, 393, 399 f.; *G. Kirchhof*, NJW 2006, 732, 734; von „Parallelität" spricht *Klement*, AöR 134 (2009), 35, 66; *Schaks*, DÖV 2015, 817, 823; *Kaltenstein*, SGb 2016, 365, 369.

cc. Ansätze in der Rechtsprechung

Das Bundesverfassungsgericht hat, das wurde bereits angedeutet, mehrfach über die verschiedenen Maßnahmen, die gemeinsam betrachtet eine Gesamtbelastung ergeben, entschieden. Es hat in seinen Entscheidungen bisher zwar keine positiven Merkmale für das Vorliegen eines additiven Grundrechtseingriffs definiert und damit so manche Hoffnung auf verfassungsrechtliche Konkretisierung nicht erfüllt,[1273] allerdings lassen sich aus den getroffenen Entscheidungen einige Aussagen extrahieren:

Bei der Beurteilung der Gesamtbelastung durch die Einkommensteuer und die Gewerbesteuer hatten zwei Ehegatten Verfassungsbeschwerde erhoben, wobei das Bundesverfassungsgericht die Klage der Ehefrau als unzulässig angesehen hat, da diese persönlich nicht mit der Gewerbesteuer belastet sei, sondern lediglich mit der Einkommensteuer i.H.v. 41,78 %.[1274] Im Übrigen fasste das Bundesverfassungsgericht die Belastung durch die Gewerbe- und Einkommensteuer beim Ehemann aber zusammen.[1275] Daraus lässt sich auf das Erfordernis einer Adressatengleichheit schließen. Soweit in der Literatur für die Gewerbe- und Einkommensteuer unterschiedliche Adressatenkreise behauptet werden,[1276] kann dem in den Fällen des Einzelgewerbebetriebs bzw. der Personengesellschaft nicht zugestimmt werden. Es wäre Haarspalterei, hier auf die unterschiedlichen Steuersubjekte – Einkommensteuer: natürliche Person, Gewerbesteuer: stehender Gewerbebetrieb – abzustellen, wenn sich die steuerliche Belastung letztlich bei ein- und derselben Person kumuliert.[1277] Im vom Bundesverfassungsgericht entschiedenen Fall zur GPS-Überwachung hatte es ebenfalls den einzelnen Grundrechtsträger im Blick.[1278] Ebenso verfuhr es in den Entscheidungen zur Doppelbestrafung,[1279] zu

---

1273 Siehe nur den Beitrag von *Bernsdorff*, SGb 2011, 121, im Vorausgang zu BVerfG v. 3.6.2014, 1 BvR 79/09 u.a. (Nichtannahmebeschluss).

1274 BVerfG v. 18.1.2006, 2 BvR 2194/99, BVerfGE 115, 97, 107.

1275 BVerfG v. 18.1.2006, 2 BvR 2194/99, BVerfGE 115, 97, 110.

1276 So aber *Brade*, Additive Grundrechtseingriffe, S. 162, mit Rückgriff auf *Jesse*, Instrumentenverbund als Rechtsproblem, S. 187 f.

1277 Bzw. im Falle der Personengesellschaft die gezahlte Gewerbesteuer wegen des Transparenzprinzips auch rechtlich auf den einzelnen Gesellschafter durchschlägt und daher für Zwecke der Gewerbesteueranrechnung gem. § 35 Abs. 2 S. 1 GewStG gesondert und einheitlich festzustellen ist.

1278 BVerfG v. 12.4.2005, 2 BvR 581/01, BVerfGE 112, 304, 320 f., siehe dazu auch *Brade*, Additive Grundrechtseingriffe, S. 162 f.

1279 BVerfG v. 2.5.1967, 2 BvR 391/64 u.a., BVerfGE 21, 378, 388.

Maßregelvollzugszeiten[1280] und zur Zulässigkeit von Rabattverpflichtungen[1281].[1282] Ausdrücklich Stellung bezog das Oberverwaltungsgericht für das Land Nordrhein-Westfalen in einem Fall, in dem es auf einen Grundrechtsträger abstellte.[1283] Im Zusammenhang mit der Spielvergnügungsteuer hatten sich das Finanzgericht Bremen[1284] und das Finanzgericht Hamburg[1285] der Auffassung des Oberverwaltungsgerichts für das Land Nordrhein-Westfalen angeschlossen.

Grundsätzlich sei es nach dem Urteil des Bundesverfassungsgerichts zu dem PKV-Basistarif aus 2009 „möglich, dass verschiedene einzelne, für sich betrachtet geringfügige Eingriffe in grundrechtlich geschützte Bereiche in ihrer Gesamtwirkung zu einer schwerwiegenden Beeinträchtigung führen, die das Maß der rechtsstaatlich hinnehmbaren Eingriffsintensität überschreitet“[1286]. Diese Formulierung spricht *prima facie* dafür, dass es für die Zusammenfassung von Eingriffen nach Auffassung des Bundesverfassungsgerichts nicht darauf ankommt, dass nur *ein* Grundrecht des mehrfach Belasteten betroffen ist.[1287] Der Bundesgerichtshof und der Staatsgerichtshof Baden-Württemberg differenzieren in ihrer Rechtsprechung ebenfalls nicht danach, ob ein Grundrecht oder mehrere Grundrechte durch die verschiedenen Maßnahmen betroffen sind.[1288] Das Oberverwaltungsgericht für das Land Nordrhein-Westfalen sieht, in Anknüpfung an *Hillgruber* und übernommen vom Finanzgericht Hamburg und dem Finanzgericht Bremen, es als erforderlich an, dass es sich um einen Eingriff in den gleichen Lebensbereich handelt.[1289] Dagegen nimmt das Bundessozialgericht in diesem Prüfungspunkt eine Sonderstellung ein und ist der Auffassung,

---

1280 BVerfG v. 27.3.2012, 2 BvR 2258/09, BVerfGE 130, 372 Rn. 60.

1281 BVerfG v. 13.9.2005, 2 BvF 2/03, BVerfGE 114, 196, 247 f.

1282 Siehe dazu insgesamt *Brade*, Additive Grundrechtseingriffe, S. 162 f.

1283 OVG NRW v. 26.11.2013, 14 A 2401/13 Rn. 17.

1284 FG Bremen v. 20.2.2014, 2 K 84/13 (1), EFG 2014, 964 Rn. 128.

1285 FG Hamburg v. 27.8.2014, 2 K 257/13, EFG 2014, 2098 Rn. 55.

1286 BVerfG v. 10.6.2009, 1 BvR 706/08 u.a., BVerfGE 123, 186, 265; ebenso BVerfG v. 3.6.2014, 1 BvR 79/09 Rn. 83.

1287 So auch *Heu*, Kulminierende Grundrechtseingriffe, S. 234 f; a.A. *Brade*, Additive Grundrechtseingriffe, S. 171.

1288 BGH v. 14.8.2009, 3 StR 552/08 Rn. 99-103, der Eingriffe in das allgemeine Persönlichkeitsrecht und die Unverletzlichkeit der Wohnung in eine Gesamtbetrachtung miteinbezieht; StGH Baden-Württemberg v. 17.6.2014, 1 VB 15/13 Rn. 370; siehe auch insgesamt *Brade*, Additive Grundrechtseingriffe, S. 172.

1289 OVG NRW v. 26.11.2013, 14 A 2401/13 Rn. 17; FG Bremen v. 20.2.2014, 2 K 84/13 (1), EFG 2014, 964 Rn. 128; FG Hamburg v. 27.8.2014, 2 K 257/13, EFG 2014, 2098 Rn. 55.

dass die jeweiligen Maßnahmen, um als additiver Grundrechtseingriff angesehen werden zu können, in ein und dasselbe Grundrecht eingreifen müssen.[1290]

Die Frage danach, ob durch die unterschiedlichen Maßnahmen derselbe Zweck verfolgt werden soll, ist nach der Rechtsprechung des Bundesverfassungsgerichts weniger problematisch. Es sieht die Verfolgung von identischen Zielen durch unterschiedliche Maßnahmen nicht als Voraussetzung für das Vorliegen eines additiven Grundrechtseingriffs an.[1291] Das Oberverwaltungsgericht für das Land Nordrhein-Westfalen äußerte sich demgegenüber im Sinne von *Lückes* Ansatz: Voraussetzung für eine kumulative Gesamtbetrachtung sei, „dass es sich um Eingriffe mit gleichem Regelungsziel […] handelt"[1292]. Die Finanzgerichte Hamburg und Bremen folgten auch dem.[1293]

In Bezug auf das zeitliche Element und die Frage danach, ob die Eingriffe zeitgleich vorliegen müssen, ist die Rechtsprechung des Bundesverfassungsgerichts nicht einheitlich.[1294] Zieht es einerseits die Prüfung von mehreren Maßnahmen, die in einem engen zeitlichen Zusammenhang liegen zusammen[1295], knüpft es etwa bei der Rechtsprechung zur Doppelbestrafung an zwingend nacheinander gelagerte Eingriffe an[1296].

In der Rechtsprechung des Bundesverfassungsgerichts wird die Kumulation von Belastungen aufseiten des Bürgers zwar erkannt und in bestimmten Fällen bei der Urteilsfindung berücksichtigt. Eine tatbestandliche Ausarbeitung unter welchen Voraussetzungen eine solche Kumulation vorliegen soll, die eine Gesamtbetrachtung rechtfertigt und wann ein solche Kumulation gerade nicht

---

1290 Siehe z.B. BSG v. 18.7.2007, B 12 R 21/06 R Rn. 29, das kumulative Effekte außer Betracht lässt, wenn diese nicht in dasselbe Grundrecht – im vorliegenden Fall Art. 14 GG – eingreifen. Siehe auch BSG v. 21.1.2009, B 12 R 11/06 R Rn. 18.

1291 Siehe BVerfG v. 10.11.1998, 1 BvR 2296/96 u.a., BVerfGE 99, 202, 214 f., zum Zusammentreffen von Vorschriften des Sozialrechts und des Handelsrechts; BVerfG v. 27.3.2012, 2 BvR 2258/09, BVerfGE 130, 372, 392 f., zu unterschiedlichen Zwecken von Freiheitsstrafen und freiheitsentziehenden Maßregeln der Besserung und Sicherung, die es im Anschluss gemeinsam wertet.

1292 OVG NRW v. 26.11.2013, 14 A 2401/13 Rn. 17.

1293 Siehe die Nachweise in Fn. 1284 und 1285.

1294 Siehe dazu insgesamt die Auseinandersetzung bei *Brade*, Additive Grundrechtseingriffe, S. 179-181.

1295 BVerfG v. 16.10.2018, 2 BvL 2/17, BVerfGE 149, 382 Rn. 22; auch die Prüfung der Belastung von Einkommen- und Gewerbesteuer erfolgte in BVerfG v. 18.1.2006, 2 BvR 2194/99, BVerfGE 115, 97, für einen Zeitraum.

1296 BVerfG v. 2.5.1967, 2 BvR 391/64 u.a., BVerfGE 21, 378, 388; BVerfG v. 27.3.2012, 2 BvR 2258/09, BVerfGE 130, 372 Rn. 59 f.

mehr besteht, verschiedene Maßnahmen also weiterhin isoliert zu betrachten sind, liegt in der Rechtsprechung dagegen bis auf die einzelne – jedoch argumentativ nicht weiter vertiefte oder weiter ausgearbeitete – Aussage des Oberverwaltungsgerichts für das Land Nordrhein-Westfalen nicht vor. Insgesamt zeigt auch die Rechtsprechung, wie bereits oben die Literatur, ein uneinheitliches Bild.

dd. Stellungnahme

Die Implementierung einer neuen Rechtsfigur, die den umfassenden Schutz des Bürgers durch die Grundrechte ermöglichen soll, ist mit dem Spagat verbunden, einerseits in den Tatbestandsvoraussetzungen nicht so unbestimmt zu sein, dass eine sichere Abgrenzung ihrer Anwendbarkeit kaum möglich ist und andererseits im Rahmen falsch verstandener Rationalisierungssicherung nicht so enge Voraussetzungen zu setzen, dass letztlich nur ein enger Anwendungskorridor verbleibt, der keine faktische Auswirkung entfaltet. Dementsprechend gehen die Überlegungen in der Literatur mal dahingehend, dass die Rechtsfigur des additiven Grundrechtseingriffs enger Voraussetzungen bedarf, damit sie handhabbar bleibt und nicht zu weit ausufert,[1297] und mal in die Richtung, dass der verfolgte Zweck durch zu enge Tatbestandsvoraussetzungen nicht erreicht wird[1298].

Ziel der Rechtsfigur des additiven Grundrechtseingriffs soll es sein, die Gesamtbelastung des einzelnen Betroffenen realitätsgerecht im prozessualen Verfahren abzubilden, um diese einer einheitlichen verfassungsrechtlichen Prüfung und vor allem nur einer Verhältnismäßigkeitsprüfung unterwerfen zu können. Das bedeutet gleichzeitig, dass es im Sinne von *Kloepfers* Differenzierung[1299] nur auf eine vertikale Belastungskumulation[1300] ankommt, die einen Adressaten oder eine gleichsam belastete Gruppe von Adressaten im Blick hat, in der auch jeder isoliert betrachtet kumuliert belastet ist, ohne dass eine Überkreuzzurechnung von Belastungen innerhalb der Gruppe stattfindet.[1301] Ob hierbei ein Hoheitsträger oder mehrere Hoheitsträger tätig werden, muss schon

---

1297 *Lücke*, DVBl 2011, 1469, 1470; *Brade*, Additive Grundrechtseingriffe, S. 213.

1298 *G. Kirchhof*, NJW 2006, 732, 734.

1299 *Kloepfer*, VerwArch 74 (1983), 201, 214.

1300 Im Gegensatz zur horizontalen Belastungskumulation bei der ein staatliches Verhalten in die Grundrechte mehrerer Personen eingreift und es dadurch zu einer Eingriffsbündelung in der Breite kommt; siehe zur horizontalen Eingriffsaddition ausführlich *Brade*, DÖV 2019, 852 und *Kromrey*, Belastungskumulation, S. 107 f.

1301 Im Ergebnis ebenso *Brade*, Additive Grundrechtseingriffe, S. 188-190.

mit Blick auf Art. 106 Abs. 3 S. 4 Nr. 2 GG unerheblich bleiben, sodass Belastungen durch unterschiedliche Hoheitsträger gemeinsam zu betrachten sind.[1302]

In Anknüpfung an die in diesem Punkt relativ einige Literatur ist es für additive Grundrechtseingriffe erforderlich, dass diese gleichzeitig wirken. Damit einher geht gleichsam ein Ausschluss bereits abgeschlossener und künftiger Belastungen.[1303] Unter Rückgriff auf *Lückes* „einfachen" und „fortgesetzten" additiven Grundrechtseingriff[1304] sind sowohl simultane als auch sukzessive Belastungen erfasst.

Breiter diskutiert und damit problematisch ist erstens, ob eine kumulative Gesamtbelastung den Eingriff in ein und dasselbe Grundrecht voraussetzt, und zweitens, ob verschiedene Maßnahmen durch einen (teil-)identischen Zweck miteinander zu einer Gesamtmaßnahme verklammert werden müssen, um einheitlich beurteilt werden zu können. Zum Streitentscheid in diesen beiden Punkten ist es erforderlich, sich den Sinn und Zweck des additiven Grundrechtseingriffs zu verdeutlichen: Er soll die Gesamtbelastung des einzelnen Betroffenen realitätsgerecht im verfassungsgerichtlichen Verfahren abbilden. Das ist nur dann möglich, wenn man nicht stur an den von den grundrechtlichen Schutzbereichen gezogenen Grenzen festhält. Denn versagt man hier eine Gesamtbetrachtung mit dem Hinweis auf den ausdifferenzierten Grundrechtekatalog und die Schwierigkeiten in der Rechtsanwendung,[1305] verkehrte man letztlich die Funktion der Grundrechte in ihr Gegenteil: Die Differenzierung zwischen verschiedenen Grundrechten führte dann zu einem geringeren Schutzniveau. Freilich müssen die sich ergebenden Probleme in der Rechtsanwendung und im Prüfungsaufbau einer Lösung zugeführt werden. Diese kann jedoch nicht lauten, dem Anwendungsbereich der additiven Grundrechtseingriffe weitreichend den Boden zu entziehen, nur weil beispielsweise verschiedene Maßnahmen ein und desselben Sachverhalts einmal den Schutzbereich von Art. 14 GG und einmal den Schutzbereich von Art. 12 GG berühren. Die Verknüpfung verschiedener staatlicher Maßnahmen anhand des konkreten Lebenssachverhaltes[1306] im

---

1302 *M. Weber*, Die Zusage im Umsatzsteuerrecht, S. 50; *Klement*, AöR 134 (2009), 35, 66.

1303 *Kromrey*, Belastungskumulation, S. 113.

1304 *Lücke*, DVBl 2001, 1469, 1470 f.

1305 So *Brade*, Additive Grundrechtseingriffe, S. 200 f.; *Lee*, Umweltrechtlicher Instrumentenmix und kumulative Grundrechtseinwirkungen, S. 138 f.

1306 Diesen Begriff verwendet ebenfalls *Kromrey*, Belastungskumulation, S. 131 f., da der Begriff des Schutzgutes oft mit dem Schutzbereiches gleichgesetzt wird und der Begriff der Normwirklichkeit aus sich heraus nicht auf Anhieb verständlich ist. Synonym kann auch – wie oben dargestellt – vom Lebensbereich gesprochen werden.

Einzelfall erscheint vielversprechender, das Ziel des additiven Grundrechtseingriffs zu erreichen.

Die Forderung, dass lediglich solche Maßnahmen mit einem vergleichbaren Zweck in den additiven Grundrechtseingriff miteinbezogen werden, beruht auch darauf, dass der durch die Punktualität des Eingriffsbegriffs erzielte „Rationalitätsgewinn auf der Verhältnismäßigkeitsebene“[1307] wieder verloren geht oder in eine ufer- bzw. konturenlose Prüfung ausfranst. Die Vorteile zeigen sich insbesondere, wenn man sich die Verhältnismäßigkeitsprüfung innerhalb der Grundrechtsprüfung vor Augen führt: Müssen die verschiedenen Maßnahmen, um als additiver Grundrechtseingriff behandelt werden zu können, einen gemeinsamen Zweck verfolgen, verändert sich die aus der Gegenüberstellung bzw. Abwägung von Eingriffszweck und Eingriffsintensität bestehende Verhältnismäßigkeitsprüfung dergestalt, dass der Eingriffsintensität durch die Zusammenfassung verschiedener Maßnahmen ein höheres Gewicht zukommt, während der Eingriffszweck gleich bleibt.[1308] Es ist also durch das Abstellen auf einen gemeinsamen Zweck sichergestellt, dass auf der „Zweckseite“ durch die Hinzuziehung weiterer Belastungsmaßnahmen kein weiteres Rechtfertigungspotential besteht, während auf der „Eingriffsseite“ mehr Gewicht hinzukommt und die Verhältnismäßigkeitsprüfung letztlich zur Seite der Verfassungswidrigkeit „kippen“ könnte. Vermehrt man die verfolgten Zwecke, kann es dagegen dazu kommen, dass einen identischen Zweck verfolgende kulminierende Belastungen dadurch verhältnismäßig werden, dass mit dem hinzutretenden Zweck, der lediglich eine zusätzliche leichte Beeinträchtigung durch eine weitere hoheitliche Maßnahme mit sich bringt, Rechtfertigung aller Maßnahmen eintritt. Dieses Dilemma[1309] lässt sich auch nicht mit dem – im Übrigen aber zutreffenden – Einwand entkräften, dass die zweistufige Prüfung erst der Einzelmaßnahme und dann des Gesamtaktes sicherstellt, dass eine für sich genommen unverhältnismäßige Einzelmaßnahme nicht durch eine Gesamtschau gerechtfertigt wird.[1310] Denn diese betrifft nur die auf erster Stufe festgestellte Unverhältnismäßigkeit eines Einzelaktes, greift aber nicht bei mehreren einen Zweck verfolgenden – insoweit

1307 *Winkler*, JA 2014, 881, 883.

1308 *Lücke*, DVBl 2001, 1469, 1476.

1309 Die Probleme einer Zulassung von mehreren Zwecken in der Verhältnismäßigkeitsprüfung hat auch *Jesse*, Instrumentenverbund als Rechtsproblem, S. 182-186, aufgezeigt.

1310 *Kromrey*, Belastungskumulation, S. 133; *M. Weber*, Die Zusage im Umsatzsteuerrecht, S. 52 f.

isoliert betrachteten – Maßnahmen. Dies führt auf das weite Feld der Saldierung von Vor- und Nachteilen bei der Rechtfertigung von verschiedenen Grundrechtseingriffen. In diesem Zusammenhang fordert *Hey* – allerdings im Rahmen einer gleichheitsrechtlichen Auseinandersetzung – als Voraussetzung jeder Saldierung, dass zwischen dem zu rechtfertigenden Nachteil und dem zur Rechtfertigung gezogenen Vorteil ein Legitimationszusammenhang besteht.[1311] Ein solcher soll dann vorliegen, wenn ein zwingender unmittelbarer Zusammenhang zwischen dem Vorteil einerseits und dem Nachteil andererseits besteht.[1312] Nimmt man sich dieses Gedanken an und überträgt ihn auf die hiesige Problemstellung, ergibt sich daraus für die aufgeworfene Frage die folgende Feststellung: Auf einen verfolgten einheitlichen Zweck kann es für die Zusammenfassung von mehreren hoheitlichen Maßnahme zu einer kumulierten Belastung nicht ankommen. Vielmehr ist unabhängig vom staatlich verfolgten Zweck der Lebenssachverhalt zu betrachten und die tatsächliche Belastung des Einzelnen zu berücksichtigen. Treten zu einem Maßnahmenbündel, das lediglich von einem Rechtfertigungsgrund getragen wird, weitere Maßnahmen hinzu, deren Rechtfertigungszweck noch „Potential übertragen kann"[1313], der also bisher – wenn man so möchte für den Einzelnen noch begünstigend ist, weil insoweit auch noch eine stärker in die Grundrechte eingreifende hoheitliche Maßnahme in Betracht käme – kommt eine Zusammenfassung dieser verschiedenen Maßnahmen im Rahmen des additiven Grundrechtseingriffs nur dann in Betracht, wenn ein Legitimationszusammenhang besteht.

d. Ergebnis und Anwendbarkeit der Rechtsfigur des additiven Grundrechtseingriffs im Steuerrecht

Nach der hier vertretenen Ansicht setzt ein additiver Grundrechtseingriff voraus, dass mehrere hoheitliche Maßnahmen von einem oder mehreren Hoheitsträgern zeitgleich oder sukzessiv einen oder in gleicher Weise mehrere Adressaten und einen im Einzelfall zu bestimmenden Lebenssachverhalt betreffen, wobei

---

1311 *Hey*, AöR 128 (2003), 226, 245 f.

1312 *Hey*, AöR 128 (2003), 226, 246.

1313 Der Ausdruck ist – zugegeben – sehr technisch, beschreibt aber das, was in der verfassungsrechtlichen Prüfung geschieht, nämlich ein Abwägen von verschiedenen Mitteln mit verschiedenen Zwecken, zutreffend. Man könnte analog auch von einem Säulenmodell ausgehen, in dem jeder Zweck Maßnahmen bis zu einem gewissen Grad rechtfertigt; dort, wo die Säule eines Zweckes noch nicht mit Maßnahmen „gefüllt" ist, können noch andere Maßnahmen bei einer gemeinsamen Betrachtung durch das verbleibende Säulenvolumen gerechtfertigt werden.

zwischen Maßnahmen, die verschiedene Zwecke verfolgen, ein Legitimationszusammenhang bestehen muss.

Das Steuerverfahren erscheint für die Anwendung des additiven Grundrechtseingriff prädestiniert. Die Steuererklärungspflicht, Mitwirkungspflichten, die die Steuererklärungspflicht vorbereiten oder begleiten, aber auch andere Mitwirkungspflichten im Besteuerungsverfahren belasten den Steuerpflichtigen in einem einheitlichen Lebenssachverhalt und zeitgleich bzw. sukzessiv. Fraglich ist allerdings, ob der Steuerzugriff und die Verpflichtungen im Steuerverfahren gemeinsam oder getrennt zu betrachten sind. *Wahl* stellt dazu für das allgemeine Verwaltungsrecht fest, dass „[d]ie Gesamtbelastung, die das öffentliche Recht einem einzelnen Bürger auferlegt, [...] sich aus der Summe der Belastungen durch das Verfahren und durch die inhaltlichen Eingriffsermächtigungen [ergibt]. [...] Jedesmal ist das Verwaltungsverfahren Teil des Verwirklichungsprozesses."[1314] Verfahrenspflichten und der Steuerzugriff als inhaltliche Eingriffsermächtigung wären danach gemeinsam zu betrachten. Ähnlich forderte auch *Schick* in seiner bereits oben zitierten Aussage, dass „die wirtschaftlichen Auswirkungen der Verfahrenspflichten im Hinblick auf ihren Annex-Charakter zur materiellen Steuerpflicht zu der durch sie verursachten Belastung dazu zu addieren und die *Gesamtbelastung* den für die materielle Steuerbelastung geltenden Grenzen zu unterwerfen [sind]. Erforderlich ist also nicht nur eine kumulative Betrachtung verschiedener materieller steuerlicher Belastung, sondern zusätzlich eine Einbeziehung der durch Verfahrenspflichten hervorgerufenen materiellen Belastung."[1315] Und auch *Smith* addierte schon zu der eigentlichen Steuerzahlung jede Belästigung hinzu, die den Steuerpflichtigen trifft, insbesondere wenn sie das Steueraufkommen des Staates nicht äquivalent erhöht,[1316] wobei er unter „Belästigung" die Unannehmlichkeiten verstand, die den Steuerpflichtigen im Zusammenhang mit der Steuererhebung treffen: *Smith* hatte zu seiner Zeit noch die Besuche und Untersuchungen von Steuereintreibern bzw. Steuerbeamten („taxgatherers") bei den Bürgern als Ärgernis, Belästigung und Unterdrückung („trouble, vexation and oppression") vor Augen.[1317] Darunter fallen, überträgt man *Smiths* Aussagen auf die heutige Zeit, auch die Mitwirkungspflichten im Besteuerungsverfahren und vorneweg die Steuererklärungspflichten. Um diese nicht in Zahlungen bestehende Belastung greifbar zu machen, setzt *Smith* für

---

1314 *Wahl*, VVDStRL 41 (1983), 151, 155.
1315 *Schick*, Verfahrensleistungsfähigkeit, S. 6 (Hervorhebung im Original).
1316 *Smith*, An Inquiry into the Nature and Causes of the Wealth of Nations, S. 827.
1317 *Smith*, An Inquiry into the Nature and Causes of the Wealth of Nations, S. 827.

die jeweilige Pflicht den Preis an, der jeweils von dem Bürger gezahlt werden müsste, um sich von der ihm auferlegten Pflicht freizukaufen.[1318] Aus der aktuellen Literatur sieht etwa *Grunow* das Steuerverfahrensrecht neben der Belastung durch den Steuerzugriff als wesentliches Element einer Gesamtbelastung an, fasst also die Belastung durch den Steuerzugriff und die Belastung durch die Mitwirkungspflichten zusammen.[1319]

Nach den oben aufgestellten Grundsätzen, dass ein additiver Grundrechtseingriff zeitgleich oder sukzessiv einen Adressaten und einen Lebenssachverhalt betrifft, wird man den Steuereingriff und die Belastung durch die Mitwirkungspflichten im Besteuerungsverfahren wohl als additiven Grundrechtseingriff zusammenfassen können: Die Belastungen resultieren im Regelfall aus einer wirtschaftlichen Betätigung des Steuerpflichtigen. Die Aufzeichnungspflichten bereiten die Steuererklärung vor, welche letztlich Grundlage für die Steuerfestsetzung ist bzw. im Falle der Steueranmeldung bei Zahllast regelmäßig mit Eingang bei der Finanzbehörde eine Steuerfestsetzung darstellt, aus der die Steuerzahlungspflicht resultiert. Steuerzahlungspflicht und Mitwirkungspflichten wirken auch sukzessive, bedingen einander regelmäßig sogar. Dennoch bereitet die Zusammenfassung von Steuerzahlungspflicht und Mitwirkungspflichten Schwierigkeiten, wenn man mit Obergrenzen einer maximalen Belastung, wie etwa dem Halbteilungsgrundsatz, darüber hinaus aber auch anderen, höheren absoluten Belastungsgrenzen arbeitet:

Erstens ergeben sich Probleme bei der betragsmäßigen Bemessung der Mitwirkungspflichten des Steuerpflichtigen. Für jede Art der Mitwirkungspflicht müsste ein adäquater Geldbetrag festgestellt werden, was zwar nicht gänzlich undenkbar ist, aber dennoch auf praktische Hindernisse stößt.[1320] Durch die Erfüllung von Aufzeichnungs-, Auskunfts-, Anzeige- und Steuererklärungspflichten treten bei den Steuerpflichtigen finanzielle Belastungen auf. Speziell im Bereich der Quellensteuern (Lohnsteuern, Kapitalertragsteuer, Bauabzugsteuer, Abzugsteuer nach § 50a EStG für beschränkt Steuerpflichtige) überwälzt der

1318 *Smith*, An Inquiry into the Nature and Causes of the Wealth of Nations, S. 827: „[…] and though vexation is not, strictly speaking, expense, it is certainly equivalent to the expense at which every man would be willing to redeem himself from it."

1319 *Grunow*, Die verfassungsrechtliche Rechtfertigung, S. 256, 281; weiter sieht *Elicker*, NVwZ 2003, 304, passim, allerdings im Zusammenhang mit dem Grundsatz der Belastungsgleichheit und Art. 3 Abs. 1 GG vor, alle Naturalleistungen des Bürgers für den Staat am Grundsatz der Belastungsgleichheit zu messen.

1320 *Dürrschmidt*, in: FS Lehner, 393, 407.

Staat Bürokratieaufwand auf Private und erzeugt damit Kosten,[1321] obwohl der Steuerentrichtungspflichtige nicht zugleich auch der Steuerschuldner ist, sondern die Steuern für fremde Rechnung abführt.[1322] Aber auch bei den Mitwirkungspflichten, die sich aufgrund der eigenen Steuerschuldnerschaft ergeben, entstehen Kosten, die etwa dann individuell betragsmäßig festgestellt werden können, wenn beispielsweise ein Steuerberater mit der laufenden Buchführung, dem Jahresabschluss oder der Erstellung der Steuererklärung beauftragt wird oder wenn die Kostenstellen im Unternehmen eine entsprechende Aufteilung zulassen. Unabhängig davon, ob sich die Erfüllung der Mitwirkungspflichten in einem Jahresabschluss oder der Rechnung eines Steuerberaters niederschlägt oder nicht buchhalterisch festgestellt wird, kann der Mitwirkung des Steuerpflichtigen am Besteuerungsverfahren jedenfalls ein Geldwert beigemessen werden. Der Wert der Mitwirkungspflicht ist so zwar subjektiv ermittelt und nicht objektiv vergleichbar. Dies könnte allerdings durch den Ansatz von Typisierungswerten und Pauschalwerten behoben werden.[1323] Diese Werte würden sich aber voraussichtlich lediglich an dem Betrag orientieren, der der jeweiligen Mitwirkungspflicht am freien Markt als Beratungsdienstleistung oder unternehmensintern als Kostenfaktor zugeordnet wird, wären aber nicht in der Lage, verfahrensrechtliche Risiken abzubilden, die von Steuerpflichtigem zu Steuerpflichtigem variieren können.

Zweitens ergäben sich für denjenigen, der mit hohen Steuersätzen belastet ist, für die zusätzliche Belastung mit steuerlichen Mitwirkungspflichten geringere Spielräume des Gesetzgebers als bei jemandem der eine geringere Steuerbelastung zu tragen hat. Dieses Ergebnis wirkt zwar mit Blick auf die Gesamtbelastung folgerichtig. Es führt aber zu ungerechten Ergebnissen, wenn nicht – wie auch bereits beim kognitiven bzw. intellektuellen Element vorgeschlagen[1324] – die Angemessenheit der Inanspruchnahme im Steuerverfahren am Umfang der wirtschaftlichen Tätigkeit gemessen wird. Da hier explizit nicht die Markteinkommenstheorie wegen der sie betreffenden berechtigten Kritik[1325] als Steuerrechtfertigungslehre herangezogen werden soll, bleibt somit nur eine

---

1321 Zu Kosten im Lohnsteuerabzugsverfahren *Drüen*, FR 2004, 1134, 1137, und *Geißler*, Der Unternehmer im Dienste des Steuerstaates, S. 46-50.

1322 Für die Lohnsteuer § 38 Abs. 2 EStG, für die Kapitalertragsteuer § 44 Abs. 1 S. 1 EStG; für die Bauabzugsteuer § 48 Abs. 1 S. 1 EStG und für die Abzugsteuer bei beschränkter Steuerpflicht § 50a Abs. 5 S. 1 EStG.

1323 *Dürrschmidt*, in: FS Lehner, 393, 407.

1324 Siehe oben 3. Teil B. III. 5. e.

1325 Siehe nur Fn. 1172.

mehrstufige Betrachtung der Gesamtbelastung möglich: Auf einer ersten Stufe sind die Mitwirkungspflichten ohne die steuerliche Belastung zu betrachten und in Abhängigkeit von der wirtschaftlichen Tätigkeit zu bewerten. Auf einer zweiten Stufe erfolgt eine Verhältnismäßigkeitsprüfung gemeinsam mit der steuerlichen Belastung. Ob *Schick* ähnliche Gedanken trieben, als er zu Beginn seiner Auseinandersetzung zur Verfahrensleistungsfähigkeit – anders als nach dem gerade genannten Zitat aus demselben Werk – feststellt, dass „die Verfahrenspflichten des Steuerpflichtigen [...] eine *zusätzliche selbstständige Belastung*"[1326] darstellen, „die auch der selbstständigen Kontrolle bedarf"[1327], und damit auf nebeneinander von der Prüfung der Steuerbelastung sowie der Prüfung durch Mitwirkungspflichten anspielt, kann nur gemutmaßt werden. Die Prüfung der Gesamtbelastung von Steuerbelastung und Verfahrenspflichten begegnet aber methodischen Bedenken und kann damit nur noch als „allerletzte" Verhältnismäßigkeitsprüfung erfolgen und nur an der Grenze zur Konfiskation bejaht werden, da eine absolute vorkonfiskatorische Belastungsgrenze freiheitsrechtlich nicht zwingend erforderlich ist.[1328]

Inwieweit die Belastung mit dem Risiko der ersten Rechtsanwendung und damit die hier als kognitives bzw. intellektuelles Element der Verfahrensleistungsfähigkeit bezeichnete Subsumtionspflicht in die Beurteilung der Gesamtbelastung miteinbezogen werden muss, ist ebenfalls fraglich. Als unstreitig kann gelten, dass die Unwägbarkeit der gesetzlichen Auslegung und die Frage des Steuerpflichtigen danach, welche Auslegung des Steuergesetzes nicht in steuerverfahrens-, steuerstraf- oder steuerbußgeldrechtliche Nachteile mündet, ihn zusätzlich belasten. Deutlich zeigt sich dies in der steuerlichen Gestaltungsberatung, die nicht nur für den Steuerpflichtigen Entscheidungsmöglichkeiten aufzeigt und von ihm die Abwägung des steuerlichen Risikos verlangt, sondern auf der anderen Seite auch den steuerlichen Berater einem Haftungsrisiko aussetzt.[1329] Eine klare Trennung zwischen kognitivem bzw. intellektuellem Element und tatsächlichem Element der Verfahrensleistungsfähigkeit in einer verfassungsrechtlichen Prüfung der Gesamtbelastung ist mithin kaum denkbar. Dennoch bietet die separate Betrachtung des kognitiven bzw. intellektuellen

---

1326 *Schick*, Verfahrensleistungsfähigkeit, S. 3 (Hervorhebung im Original).

1327 *Schick*, Verfahrensleistungsfähigkeit, S. 3.

1328 Zum letzten Halbsatz *Tipke*, Steuerrechtsordnung I, S. 451, 457; *Grunow*, Die verfassungsrechtliche Rechtfertigung, S. 261, sieht mit Blick auf die Forderung von *Smith* auch keine fassbaren Grenzen.

1329 *Geuß*, BB 2013, 599, 602 f.

Elementes der Verfahrensleistungsfähigkeit eine weitere Hürde bei der verfassungsrechtlichen Prüfung der einzelnen gesetzlichen Regelung: nämlich, ob die konkrete gesetzliche Regelung überhaupt mit Blick auf die Normenklarheit und Normenbestimmtheit verfassungsgemäß ist und damit bereits eventuell auf einer früheren Stufe ausscheidet. Nicht zur Verfassungswidrigkeit führende Defizite in der Verständlichkeit der Norm sind unter Berücksichtigung der angesprochenen „Verständlichkeitsbrücken" in die Abwägung bei der Verhältnismäßigkeitsprüfung zu übertragen. Beide Elemente der Verfahrensleistungsfähigkeit sind somit bei der Beurteilung einer Gesamtbelastung zu berücksichtigen.

4. *Rechtfertigung von Mitwirkungspflichten und der Steuerklärungspflicht*

a. *Rechtfertigung des Eingriffs in das allgemeine Persönlichkeitsrecht*

Das Recht auf informationelle Selbstbestimmung als hier einschlägige Ausprägung des allgemeinen Persönlichkeitsrechts aus Art. 2 Abs. 1 i.V.m. Art. 1 Abs. 1 GG ist nicht schrankenlos gewährleistet; eine uneingeschränkte, absolute Herrschaft über „seine" Daten hat der Einzelne nicht.[1330] Der Einzelne ist eine sich in der sozialen Gemeinschaft entfaltende, auf Kommunikation angewiesene Persönlichkeit, deren personenbezogene Informationen ein Abbild sozialer Realität darstellen, die nicht ausschließlich dem Betroffenen allein zugeordnet werden können.[1331] Die Spannung zwischen Individuum und Gemeinschaft wird durch das Grundgesetz im Sinne der Gemeinschaftsbezogenheit und der Gemeinschaftsgebundenheit aufgelöst, sodass auf einer verfassungsmäßigen gesetzlichen Grundlage basierende Einschränkungen des Rechts auf informationelle Selbstbestimmung durch den Einzelnen im überwiegenden Allgemeininteresse hinzunehmen sind.[1332] Erforderlich für die Rechtfertigung des Zwangs zur Angabe personenbezogener Daten ist wegen des Schrankenerfordernisses im Sinne eines umfassenden Gesetzesvorbehaltes[1333] eine gesetzliche Regelung, die eine bereichsspezifische und präzise Bestimmung des Verwendungszwecks enthält, und dass die Daten bzw. die Datenerhebungen für diesen Zweck

---

1330 BVerfG v. 15.12.1983, 1 BvR 209/83, BVerfGE 65, 1, 43 f.

1331 BVerfG v. 15.12.1983, 1 BvR 209/83, BVerfGE 65, 1, 44.

1332 BVerfG v. 15.12.1983, 1 BvR 209/83, BVerfGE 65, 1, 44; *E. Schmidt*, DStJG 31 (2008), 37, 45, formuliert in diesem Zusammenhang: „Es gibt kein von der Verfassung geschütztes Recht, das Finanzamt anzulügen."

1333 *Wilhelm*, Kontenabrufverfahren, S. 116-126.

geeignet und erforderlich sind.[1334] Die Frage der Erforderlichkeit beurteilt sich danach, ob und inwieweit die Erhebung und Verwendung der Daten notwendig ist, um die Aufgabe rechtmäßig, vollständig und in angemessener Zeit erfüllen zu können.[1335] Auf eine besondere, noch strengere datenschutzrechtliche Ausprägung des Bestimmtheitsgrundsatzes bzw. der Normenklarheit konnte sich das Bundesverfassungsgericht noch nicht einigen: Es hatte unter Rückgriff auf den Grundsatz der Normenklarheit aber darüber nachgedacht, noch strengere Anforderungen an den Gesetzgeber zu stellen und von der hier bereits dargestellten Rechtsprechung abzurücken, dass eine Norm solange nicht gegen den Grundsatz der Normenklarheit verstößt, wie sie auslegbar ist, wenn es um bestimmte Eingriffe in den grundrechtlichen Datenschutz geht; eine Mehrheit konnte sich für diese Auffassung im Senat aber nicht finden.[1336] Neben der Geeignetheit und Erforderlichkeit müssen Datenerhebung und Ziel zudem in einem angemessenen Verhältnis zueinander stehen.[1337]

Für die Steuererklärungspflichten ergibt sich eine Rechtsgrundlage für die Datenverarbeitung, die als Oberbegriff unter anderem die Datenerhebung, -speicherung und -verknüpfung umfasst,[1338] aus §§ 149; 150 AO i.V.m. den jeweiligen Einzelsteuergesetzen.[1339] Der Zweck der Datenverarbeitung ist im Steuerrecht spezifiziert durch §§ 29b Abs. 1, 29c Abs. 1 AO[1340], welche die Öffnungsklauseln des Art. 6 Abs. 1 S. 1 lit. e, Abs. 3 S. 1 lit. b DSGVO bzw. des Art. 6 Abs. 4 DSGVO auf nationaler Ebene aufgreifen und ausfüllen. Zulässig ist die Datenverarbeitung gem. § 29b Abs. 1 AO durch eine Finanzbehörde dann, wenn sie zur Erfüllung der ihr obliegenden Aufgabe oder in Ausübung öffentlicher Gewalt, die ihr übertragen wurde, erforderlich ist. Maßgebend sind also die gesetzlichen Pflichten der Finanzbehörden.[1341] Die Finanzbehörden verarbeiten die mit der Steuererklärung abgefragten Daten primär dafür, um die Steuern

1334 BVerfG v. 15.12.1983, 1 BvR 209/83, BVerfGE 65, 1, 46; siehe auch BFH v. 18.1.2012, II R 49/10, BStBl. II 2012, 168 Rn. 73.

1335 BFH v. 18.1.2012, II R 49/10, BStBl. II 2012, 168 Rn. 73.

1336 Siehe die abweichende Meinung in BVerfG v. 24.4.2013, 1 BvR 1215/07, BVerfGE 133, 277, 345 f.

1337 BVerfG v. 11.3.2008, 1 BvR 2074/05 u.a., BVerfGE 120, 378, 401 f.; siehe auch BFH v. 18.1.2012, II R 49/10, BStBl. II 2012, 168 Rn. 73.

1338 Art. 4 Nr. 2 DSGVO; *Krumm*, DB 2017, 2182, 2182.

1339 *Krumm*, DB 2017, 2182, 2182.

1340 Zur verfassungsrechtlichen Beurteilung im Einzelnen siehe *Krumm*, DB 2017, 2182, 2188-2191.

1341 *Erkis*, DStR 2018, 161, 164.

festzusetzen. Die Datenerhebung und Datenverarbeitung dienen also der gleichmäßigen und gesetzmäßigen Durchführung der Steuergesetze.[1342] Sie ist somit Schranke des allgemeinen Persönlichkeitsrechts und damit auch des Rechts auf informationelle Selbstbestimmung: Ein „Recht auf steuerliche Selbstbestimmung" ist somit zu verneinen.[1343] Die inhaltlich dazu in den Steuererklärungsformularen abzufragenden und für diesen Zweck erforderlichen Daten ergeben sich aus den materiellen Steuergesetzen,[1344] die bisher vom Bundesverfassungsgericht nur zurückhaltend wegen eines Verstoßes gegen die Normenklarheit oder den Bestimmtheitsgrundsatz für verfassungswidrig erklärt worden sind[1345]. Datenschutzrechtliche Bedenken, die sich aufgrund der Ausgestaltung der Steuererklärungsformulare durch die Finanzbehörde[1346] – und eben nicht durch den parlamentarischen Gesetzgeber – ergeben können,[1347] greifen jedenfalls dann nicht durch, wenn man sich der hier vertretenen Auffassung[1348] anschließt, dass der Inhalt der Steuererklärungsformulare durch die materiellen Steuergesetze, die im Regelfall formelle Gesetze sind, determiniert wird und darüber hinausgehende Datenerhebungen nur durch formelle Gesetze, wie z.B. § 150 Abs. 5 AO, zugelassen sind.[1349]

Der sich einmal im Zugriffsbereich der Finanzbehörde befindende Datenbestand wird im Steuerrecht bereichsspezifisch – gem. § 355 StGB strafbewehrt – vor unbefugter Weitergabe insbesondere durch das Steuergeheimnis i.S.d. § 30 AO geschützt.[1350] Eine Weitergabe von Daten ist nur unter bestimmten Voraussetzungen zulässig, die im Wesentlichen in § 30 Abs. 4, 5 AO benannt sind.[1351] Die als Weiterverarbeitung gem. § 29c Abs. 1 AO legaldefinierte Verarbeitung personenbezogener Daten zu einem anderen Zweck als zu demjenigen, zu dem die Daten von einer Finanzbehörde erhoben oder erfasst wurden, ist in § 29c

1342 BVerfG v. 13.6.2007, 1 BvR 1550/03 u.a., BVerfGE 118, 168, 196-202; BVerfG v. 10.3.2008, 1 BvR 2388/03, BVerfGE 120, 351, 366-371; *Seer*, in: FS Meilicke, 687, 692; *ders.*, DStJG 42, 247, 249 f.; *Krumm*, DB 2017, 2182, 2182.

1343 *Seer*, DStJG 42 (2019), 247, 249.

1344 Siehe dazu oben 2. Teil B. VI. 1.

1345 Siehe dazu oben 3. Teil B. III. und IV.

1346 Siehe oben 2. Teil B. IV.

1347 Siehe *Seer*, DStJG 42 (2019), 247, 265 f.

1348 Siehe oben 2. Teil B. VI. 1.

1349 So dann im Ergebnis wohl auch *Seer*, DStJG 42 (2019), 247, 266.

1350 *Seer*, in: FS Meilicke, 687, 692; *ders.*, DStJG 42 (2019), 247, 252; *ders.*, in: FS BFH, 1717, 1742.

1351 Siehe dazu noch im Lichte des *Nemo tenetur*-Grundsatzes unten 6. Teil C. II.

Abs. 1 AO nur bei Vorliegen verschiedener Zulässigkeitsgründe möglich.[1352] Denn die Datenverarbeitung ist grundsätzlich nur zweckgebunden erlaubt; ein Zweckwechsel bedarf einer gesetzlichen Grundlage.[1353] Ebenso ist die veranlagungszeitraumübergreifende Verarbeitung von Daten, z.B. zur Gewinnung von Vergleichswerten ausdrücklich gem. § 88a AO vorgesehen, soweit dies zur Sicherstellung einer gleichmäßigen Festsetzung und Erhebung der Steuern erforderlich ist.[1354] In der Gesamtschau lässt das steuerliche Datenschutzrecht keine grundlegende Unverhältnismäßigkeit mit Blick auf den Eingriff in das Recht auf informationelle Selbstbestimmung erkennen.[1355] Die Verpflichtung zur Abgabe der Steuererklärung verstößt daher grundsätzlich nicht gegen das allgemeine Persönlichkeitsrecht i.S.d. Art. 2 Abs. 1 GG i.V.m. Art. 1 Abs. 1 GG und somit auch nicht gegen das daraus abgeleitete Recht auf informationelle Selbstbestimmung.[1356] Gleiches gilt letztlich dem Grunde[1357] nach auch für andere Mitwirkungspflichten, die der Durchführung des Steuerverfahrens dienen und in deren Zuge persönliche Daten vom Steuerpflichtigen selbst mitgeteilt oder diese Daten von Dritten übermittelt werden.[1358]

b. Rechtfertigung des Eingriffs in die Berufsfreiheit und Eigentumsfreiheit

Die Mitwirkung des Steuerpflichtigen im Steuerverfahren ist wesentliche Voraussetzung für einen gleichheitsgerechten und gesetzmäßigen Steuervollzug; ohne die Mitwirkung des Steuerpflichtigen wäre der Steuerstaat nicht durchsetzbar.[1359] Mit der verfassungsrechtlichen Entscheidung, die Bundesrepublik

---

1352 Siehe *Erkis*, DStR 2018, 161, 164; *Myßen/Kraus*, FR 2019, 58, 60.

1353 *Krumm*, DB 2017, 2182, 2189; *Mues*, in: Gosch, AO/FGO, § 29c AO Rn. 15 (Stand: August 2018).

1354 Nach *E. Schmidt*, DStJG 31 (2008), 37, 45, verstehe es sich von selbst, „[d]ass die Daten des einzelnen Steuerfalls auch über mehrere Jahre hin verglichen und ausgewertet werden dürfen".

1355 *Seer*, in: FS Meilicke, 687, 688; *Krumm*, DB 2017, 2182, 2182 f.

1356 BVerfG v. 27.6.1991, 2 BvR 1493/89, BVerfGE 84, 239, 272 f.; *Pflüger*, in: Herrmann/Heuer/Raupach, EStG/KStG, § 25 EStG Rn. 4 (Stand: Juni 2016).

1357 Siehe aber z.B. *Wilhelm*, Kontenabrufverfahren, S. 145-242, zum Kontenabruf nach § 93 Abs. 7, 8 AO.

1358 Siehe dazu etwa FG Berlin-Brandenburg v. 17.11.2016, 13 K 13119/15, EFG 2017, 207 Rn. 18-20; BFH v. 18.1.2012, II R 49/10, BStBl. II 2012, 168 Rn. 46-64, setzt sich im Zusammenhang mit der Steueridentifikationsnummer i.S.d. § 139b AO mit der Speicherung und Verwendung von Daten unter verschiedenen Gesichtspunkten auseinander, erkennt aber keinen Verstoß gegen das Grundgesetz.

1359 Siehe oben 2. Teil A. I. 2.

Deutschland als Steuerstaat zu gestalten, ergibt sich gleichsam eine Grundpflicht des Bürgers, die den Kern der steuerlichen Mitwirkungspflichten bildet.[1360] Steuererklärungspflichten sowie die Aufzeichnungs- und Aufbewahrungspflichten als die Steuererklärungspflicht sichernde, ihr vorgelagerte Mitwirkungspflichten sind wesentlicher Teil dieses Mitwirkungspflichtenkerns.[1361] Zweck der Steuererklärungs- und Mitwirkungspflichten im Besteuerungsverfahren ist also bei Art. 12 Abs. 1; 14 Abs. 1 GG, wie auch zuvor beim Recht auf informationelle Selbstbestimmung aufgeführt, die gleichmäßige und gesetzmäßige Durchführung des Besteuerungsverfahrens. Dass die Steuererklärungspflichten sowie die Aufzeichnungs- und Aufbewahrungspflichten im Steuerverfahren bei isolierter Betrachtung keinen allgemeinen Bedenken im Hinblick auf Geeignetheit, Erforderlichkeit und Angemessenheit begegnen, ist als allgemeiner Konsens anzusehen.[1362] Inwieweit daneben einzelne spezielle Mitwirkungspflichten bereits für sich betrachtet als unverhältnismäßiger Eingriff in die Berufs- und Eigentumsfreiheit anzusehen sind, soll hier nicht vertieft werden.

Die Indienstnahme Privater bedarf über die Verhältnismäßigkeit hinaus einer besonderen Rechtfertigung.[1363] Dies ergibt sich daraus, dass Lasten die durch die Erfüllung öffentlicher Aufgaben anfallen, grundsätzlich von der Allgemeinheit zu tragen sind.[1364] Der Grundsatz der Gleichheit der Bürger bei der Auferlegung öffentlicher Lasten ist auch bei der Indienstnahme Privater für öffentliche Aufgaben zu beachten.[1365] Notwendig ist daher ein Zurechnungsgrund, der etwa in

---

1360 *Drüen*, Indienstnahme, S. 268.

1361 *Drüen*, Indienstnahme, S. 268; ähnlich auch *Reiter*, Nemo tenetur und Steuererklärungspflicht, S. 112, der die Steuererklärungspflicht als unabdingbar für die Durchführung des Besteuerungsverfahrens und daher grundsätzlich als verhältnismäßig ansieht.

1362 BVerfG v. 27.6.1991, 2 BvR 1493/89, BVerfGE 84, 239; *Reiter*, Nemo tenetur und Steuererklärungspflicht, S. 112; *Dürrschmidt*, Umsatzsteuer-Kongress-Bericht 2014, 33, 69 f.; *M. Weber*, Die Zusage im Umsatzsteuerrecht, S. 119; *Pflüger*, in: Herrmann/Heuer/Raupach, EStG/KStG, § 25 EStG Rn. 4 (Stand: Juni 2016).

1363 *Jarass*, in: Jarass/Pieroth, GG, Art. 12 Rn. 84; *Burgi*, in: Bonner Kommentar, GG, Art. 12 Abs. 1 Rn. 264 (Stand: Februar 2019).

1364 BGH v. 22.10.1996, KZR 19/95 Rn. 65.

1365 BVerfG v. 10.12.1980, 2 BvR 3/77, BVerfGE 55, 274, 303; BGH v. 22.10.1996, KZR 19/95 Rn. 65; ähnlich auch BFH v. Rn. 11.

einer besonderen Verantwortungsbeziehung zwischen dem Belasteten und der zu erfüllenden Aufgabe liegen kann.[1366]

c. *Rechtfertigung der Gesamtbelastung*

Die obige Auseinandersetzung mit dem additiven Grundrechtseingriff hat ergeben, dass die kumulativen Belastungen des Steuerpflichtigen durch Mitwirkungspflichten im Steuerverfahren für die Beurteilung der Verhältnismäßigkeit auf der Ebene der Rechtfertigung zusammengefasst werden können. Es wäre jedoch verfrüht und zu undifferenziert, in diesem Zuge pauschale Aussagen mit dem Ergebnis einer verhältnismäßigen oder unverhältnismäßigen Belastung des Steuerpflichtigen im Steuerverfahren zu tätigen. Eine Betrachtung muss stets auf den Einzelfall bezogen erfolgen, der nicht zwingend nur einen einzigen Steuerpflichtigen umfasst, sondern durchaus eine identisch belastete Gruppe umfassen kann, und die Gesamtbelastung beachten. Bei einer solchen Untersuchung können auch außersteuerliche Belastungen in die Gesamtbelastung miteinbezogen werden, wenn sie als Folge der steuerlichen Mitwirkungspflichten anzusehen sind. So muss die grundrechtliche Relevanz von steuerlichen Mitwirkungspflichten dann schwerer wirken, wenn aus ihrer Verletzung nicht nur Konsequenzen im Steuerverfahren gezogen werden, sondern z.B. auch auf die gewerberechtliche Unzuverlässigkeit i.S.d. § 35 GewO des Gewerbetreibenden geschlossen wird.[1367] Man kann insoweit von derivativen steuerlichen Belastungen sprechen. Knüpft das Steuerrecht hingegen an bereits nach anderen Rechtsgebieten bestehende Pflichten an und macht diese nur für das Steuerrecht ebenfalls fruchtbar, müssen in die Abwägung der Verhältnismäßigkeit entweder die durch das andere Rechtsgebiet verfolgten Zwecke miteinbezogen werden oder die Belastung, soweit steuerrechtlich keine originäre geschaffen wird, muss bei der Gesamtabwägung unberücksichtigt bleiben. Instruktives Beispiel hierfür sind die nach §§ 238 ff. HGB bestehenden Buchführungspflichten der Kaufleute, die über § 140 AO auch für das Steuerrecht zu erfüllen sind. Hierbei entsteht

1366 BVerfG v. 11.9.1992, 1 BvR 890/84 u.a., BVerfGE 85, 226. 237; BGH v. 22.10.1996, KZR 19/95 Rn. 65; *Burgi*, in: Bonner Kommentar, GG, Art. 12 Abs. 1 Rn. 264 (Stand: Februar 2019).

1367 So zeigt *M. Weber*, Die Zusage im Umsatzsteuerrecht, S. 121-124, auf, dass sich die gewerberechtliche Unzuverlässigkeit i.S.d. § 35 GewO des Gewerbetreibenden erst durch eine Überforderung durch umsatzsteuerliche Pflichten ergeben kann, die Verletzung einer steuerrechtlichen Norm mithin Auswirkungen über das Steuerrecht hinaus haben kann.

keine eigenständige steuerliche Belastung durch Mitwirkungspflichten, soweit nicht aufgrund von steuerlichen Spezialvorschriften vom Handelsrecht abweichende Ansatz- und Bewertungsregeln gelten, die zur Anpassung der Handelsbilanz bzw. zur Aufstellung einer Steuerbilanz i.S.d. § 60 Abs. 2 EStDV führen. Anders ist es zu beurteilen, wenn die Buchführungspflicht steuerrechtlich originäre Pflicht ist, also ein Fall des § 141 AO vorliegt. Dann ist die zusätzliche Mitwirkungspflicht durch das Steuerrecht (nur) für das Steuerverfahren geschaffen worden und bei einer Gesamtbetrachtung miteinzubeziehen.

Die Rechtfertigung der Gesamtbelastung muss in einer Gesamtschau aber auch staatliche Maßnahmen berücksichtigen, die den Bürger an einzelnen Stellen entlasten oder sogar die Belastung aufheben. Hiermit ist freilich in erster Linie nicht ein Geldausgleich[1368] gemeint, der den Freiheitsverlust durch die Auferlegung der Mitwirkungspflicht nicht ungeschehen machen kann.[1369] Die Idee ist vielmehr – insbesondere auch mit Blick auf den Untersuchungsgegenstand –, den Fokus darauf zu legen, inwieweit die grundsätzlich durch die legislative Regelung dem Steuerpflichtigen aufgebürdete Belastung durch Maßnahmen der Exekutive in ihrer Intensität gemindert werden kann, sodass diese in einer Gesamtbetrachtung mit geringerem Gewicht zu werten sind oder ggf. eine Belastung auch insgesamt aufgehoben werden kann. Dass eine Maßnahme einer Staatsgewalt die Eingriffsintensität einer hoheitlichen Maßnahme einer anderen Staatsgewalt „über Kreuz“ vermindern können muss, ergibt sich bereits als Umkehrschluss daraus, dass die Gesamtbetrachtung verschiedener hoheitlicher Maßnahmen im additiven Grundrechtseingriff ohne Ansehung der handelnden Staatsgewalt erfolgte.[1370] Die Steuererklärung bietet auch deswegen bei dieser Überlegung einen gangbaren Ansatzpunkt, da sie gesetzlich ausdrücklich vorgesehen ist und anders als etwa ohne ausdrückliche normative Verpflichtung erbrachte Informationsdienstleistungen über die Anwendung der deutschen Gesetze kein freiwillig implementiertes Instrumentarium der Exekutive darstellt. Eine ausgleichsfähige Belastung ist dabei primär im kognitiven bzw. intellektuellen Element der Verfahrensleistungsfähigkeit zu verorten: Durch Transformation der Gesetze durch Steuererklärungsformulare, Erläuterungen und Hinweistexte wird die Anwendung der Steuergesetze erleichtert und das

---

1368 Etwa im Steuerverfahren denkbar durch Anrechnung von Steuerberatungskosten auf die Steuerschuld, siehe dazu *Seer*, StbJb 2004/2005, 53, 78.

1369 BVerfG v. 2.3.2010, 1 BvR 256/08 u.a., BVerfGE 125, 260, 360; *Hey*, AöR 128 (2003), 226, 238; *Drüen*, Indienstnahme, S. 209 f.

1370 Siehe oben 3. Teil C. II. 3. c. dd.

Rechtsanwendungsrisiko vermindert. Gleichsam können Verwaltungsrichtlinien und -erlasse als Ausgleichsinstrumente in Betracht kommen, die ebenfalls den Risikofaktor Rechtsanwendung beherrschbar machen, ohne den Bürger in seiner Möglichkeit einzuschränken, eine aus seiner Sicht richtige Rechtsanwendung gerichtlich durchzusetzen. Eine entsprechende gegenläufige Wirkung der exekutiven Maßnahmen setzt aber voraus, dass diese im Verfahren auch eine entsprechende entlastende Wirkung entfalten und sich die von der exekutiven Handlung ergebenden hypothetischen Minderbelastungen in der tatsächlichen Rechtsanwendung und Rechtswirklichkeit auch wiederfinden. Inwieweit dies für die Steuererklärung der Fall ist, wird im Folgenden noch im 4. bis 6. Teil der Auseinandersetzung untersucht.

Die Untersuchung, inwieweit der Steuerpflichtige bzw. der Indienstgenommene durch Mitwirkungspflichten in einzelnen Fallkonstellationen unverhältnismäßig in Anspruch genommen wird, bleibt im Einzelnen jedoch anderen Arbeiten vorbehalten.[1371]

5. *Verwertbarkeit für das tatsächliche Element der Verfahrensleistungsfähigkeit*

Die Untersuchung hat gezeigt, dass sich das tatsächliche Element der Verfahrensleistungsfähigkeit im Verhältnismäßigkeitsgrundsatz verorten lässt. Durch die Figur des additiven Grundrechtseingriffs im hier verstandenen Sinne wird zudem sichergestellt, dass die Gesamtbelastung des Steuerpflichtigen durch unterschiedliche Mitwirkungspflichten realitätsgerecht in der verfassungsrechtlichen Prüfung abgebildet ist. Die „Umrechnung“ von Mitwirkungspflichten in eine finanzielle Belastung und die Hinzufügung zur bereits monetären Belastung durch den Steuerzugriff hat zwar den Vorteil, dass man sich im „gewohnten Bereich“ der Zahlen und damit auch in dem Bereich wiederfindet, der es in jedenfalls theoretischen Bahnen ermöglicht, im Sinne des Halbteilungsgrundsatzes oder einer anderen prozentualen Grenze noch verhältnismäßige Höchstbelastungen aufzustellen und die auferlegten Gesamtpflichten mit ihrem Zahlenwert anhand derer zu verproben. Doch ergeben sich nicht nur Probleme

---

1371 Z.B. für die Inanspruchnahme des Arbeitgebers im Lohnsteuerabzugsverfahren *Drüen*, Indienstnahme, S. 278-298; *G. Kirchhof*, Erfüllungspflichten des Arbeitsgebers, passim; *Hendel*, ifst 359, passim. Für die Umsatzsteuer etwa *Dürrschmidt*, Umsatzsteuer-Kongress-Bericht 2014, 33, 69-75; *M. Weber*, Die Zusage im Umsatzsteuerrecht, S. 109-139. Für die Inanspruchnahme der Finanzdienstleistungsbranche durch das FKAustG siehe *Schurowski*, Der automatische Austausch, S. 139-222.

bei der monetären Quantifizierung der unterschiedlichen Mitwirkungspflichten, für die im Massenverfahren wie dem Steuerverfahren dann häufig nur eine pauschale Wertermittlung in Betracht kommt,[1372] die jedoch regelmäßig das Rechtsanwendungsrisiko nicht adäquat abbilden kann. Nicht nur hat die Vergangenheit gezeigt, dass die Suche nach einer Höchstbelastungsgrenze nicht zwingend erfolgversprechend für eine Begrenzung von Steuerlasten ist, sodass bereits fraglich ist, ob sich dieser Umstand dadurch ändert, dass die Mitwirkungspflichten nunmehr in eine monetäre Gesamtbelastung miteinbezogen werden. Viel schwerwiegender dürfte hingegen der bereits oben geäußerte Einwand wiegen, dass die zahlenmäßige Zusammenrechnung von monetisierten Mitwirkungspflichten und der steuerlichen Zahlpflicht zu dem Ergebnis führt, dass derjenige, der eine hohe steuerliche Belastung trägt, nur noch geringe gesetzgeberische Freiräume für eine Belastung durch Mitwirkungspflichten hat. Eine Unterscheidung der Intensität der Inanspruchnahme im Rahmen der Mitwirkungspflichten im Besteuerungsverfahren nach der Art der ausgeübten wirtschaftlichen Betätigung wäre so nicht möglich, erscheint aber nach dem bisher Untersuchten sachdienlicher. Dieses Ergebnis deckt sich auch mit der Feststellung von *Schick* und *Drüen*, dass wirtschaftliche Leistungsfähigkeit und die Verfahrensleistungsfähigkeit voneinander unabhängige Größen sind.[1373] Eine Grundlage für den Belastungsvergleich mit Verfahrenspflichten zwischen verschiedenen Steuerpflichtigen könnte deutlicher durch Art. 3 Abs. 1 GG abgebildet werden, der daher im Folgenden mit dem Fokus auf das tatsächliche Element der Verfahrensleistungsfähigkeit untersucht wird.

III. Gleichheitsgrundrechte im Steuerverfahren und Verfahrensleistungsfähigkeit

1. Gleichheitsgerechte Besteuerung

Die Prüfung der Gleichheitsgrundrechte lässt sich nach überkommenem Verständnis nicht in ein Schema einfügen, das mit den Kategorien Schutzbereich, Eingriff und Rechtfertigung umschrieben und ausgefüllt werden kann.[1374] Der

---

1372 *Dürrschmidt*, in: FS Lehner, 393, 407.

1373 *Schick*, Verfahrensleistungsfähigkeit, S. 6; *Drüen*, in: Größenneutralität, 123, 131 f., 134 f.

1374 *Jarass*, in: Jarass/Pieroth, GG, Vor Art. 1 Rn. 15, dort auch m.w.N. zu unterschiedlichen Möglichkeiten des Prüfungsaufbaus; *Poscher*, Grundrechte als Abwehrrechte, S. 157, der aber sodann eine entsprechende Behandlung möglich macht, indem er „[d]as Gebot des allgemeinen Gleichheitssatzes, Gleiches gleich und Ungleiches

allgemeine Gleichheitssatz in Art. 3 Abs. 1 GG beschreibt vielmehr, dass alle Menschen vor dem Gesetz gleich sind. Dem Wortlaut nach handelt es sich dabei nur um eine Gleichheit vor dem Gesetz, also eine Rechtsanwendungsgleichheit, die Judikative und Exekutive betrifft. Der Gleichheitssatz spricht aber trotz des missverständlichen Wortlautes nicht nur die Rechtsanwender an, sondern er formt jeden Rechtssatz und bindet über Art. 1 Abs. 3; 20 Abs. 3 GG auch die Legislative und fordert damit ebenso Rechtssetzungsgleichheit.[1375] Inhaltlich verbietet Art. 3 Abs. 1 GG die Ungleichbehandlung von wesentlich Gleichem und die Gleichbehandlung von wesentlich Ungleichem. Um die Feststellung treffen zu können, ob eine Gleich- oder Ungleichbehandlung vorliegt, ist die Bildung von Vergleichsgruppen und das Heranziehen eines Vergleichsmaßstabes notwendig.[1376] Anhand des tatsächlichen Belastungserfolges der einzelnen Norm wird dann die Beurteilung vorgenommen, ob eine Gleich- bzw. Ungleichbehandlung gegeben ist. Bedeutend ist, dass eine Ungleichbehandlung i.S.d. Art. 3 Abs. 1 GG nur dann vorliegt, wenn die Vergleichsfälle dem gleichen Träger öffentlicher Gewalt zuzurechnen sind.[1377] *A priori* scheidet damit eine Zusammenfassung verschiedener Belastungen durch unterschiedliche Hoheitsträger und auch ein gegensätzlich überkreuz wirkender Entlastungsgedanke, wie er bei der Darstellung der Freiheitsgrundrechte angestellt worden ist, aus.

Wie bei den Freiheitsgrundrechten ist eine Gleichbehandlung jedoch nicht ausnahmslos gewährleistet, sondern eine Ungleichbehandlung von wesentlich Gleichem bzw. eine Gleichbehandlung von wesentlich Ungleichem kann gerechtfertigt sein. Für die Intensität der Rechtfertigung wird idealtypisch

---

ungleich zu behandeln, [als Gebot versteht], ohne zureichenden Grund keine Ungleichbehandlung vorzunehmen", und damit eine Gleichschaltung zu den Freiheitsrechten herstellt, in dessen Rahmen die Differenzierungsverbote des Art. 3 Abs. 2, 3 GG analog Schranken-Schranken darstellen.

1375 Grundlegend BVerfG v. 23.10.1951, 2 BvG 1/51, BVerfGE 1, 14, Leitsatz 18, seitdem ständige Rechtsprechung; *Canaris*, Systemdenken und Systembegriff, S. 125; *P. Kirchhof*, in: Maunz/Dürig, GG, Art. 3 Abs. 1 Rn. 1-3 (Stand: September 2015); *Jarass*, in: Jarass/Pieroth, GG, Art. 3 Rn. 3; *Hey*, in: Tipke/Lang, Rn. 3.110 m.w.N.; *Poscher*, Grundrechte als Abwehrrechte, S. 160-163 m.w.N.; Nachweise zur Auffassung zur „Vorgängernorm" Art. 109 WRV, dass der Gesetzgeber nicht durch den Gleichheitsgrundsatz gebunden sei, finden sich bei *Funke*, AöR 132 (2007), 168, 176 dort Fn. 38.

1376 BVerfG v. 9.11.2017, 1 BvR 1489/16 Rn. 24; *Jarass*, in: Jarass/Pieroth, GG, Art. 3 Rn. 10.

1377 BVerfG v. 21.12.1966, 1 BvR 33/64, BVerfGE 21, 54, 68; BVerfG v. 23.11.1988, 2 BvR 1619/83 u.a., BVerfGE 79, 127, 158; *Jarass*, in: Jarass/Pieroth, GG, Art. 3 Rn. 13.

zwischen der Willkürformel und der sog. „neuen Formel“ unterschieden. Nach der Willkürformel ist eine Verletzung des Gleichheitssatzes im Sinne einer Evidenzprüfung nur gegeben, „wenn sich ein vernünftiger, sich aus der Natur der Sache ergebender oder sonstwie sachlich einleuchtender Grund für die gesetzliche Differenzierung oder Gleichbehandlung nicht finden läßt, kurzum, wenn die Bestimmung als willkürlich bezeichnet werden muß.“[1378] Nach der sog. „neuen Formel“ findet eine Verhältnismäßigkeitsprüfung statt, bei der geprüft wird, ob „eine Gruppe von Normadressaten im Vergleich zu anderen Normadressaten anders behandelt wird, obwohl zwischen beiden Gruppen keine Unterschiede von solcher Art und solchem Gewicht bestehen, dass sie die ungleiche Behandlung rechtfertigen könnten“[1379]. Der Übergang zwischen Willkürformel und der „neuen Formel“ ist fließend und es „ergeben sich je nach Regelungsgegenstand und Differenzierungsmerkmalen unterschiedliche Grenzen für den Gesetzgeber, die vom bloßen Willkürverbot bis zu einer strengen Bindung an Verhältnismäßigkeitserfordernisse reichen.“[1380] Sind personenbezogene Merkmale Anknüpfungspunkt für die Ungleichbehandlung, erfolgt die Prüfung der Verhältnismäßigkeit umso strenger, je mehr die personenbezogenen Merkmale sich denen i.S.d. Art. 3 Abs. 3 GG annähern.[1381] Eine Verschiebung des Prüfungsumfangs von der Willkür bis zur strengen Verhältnismäßigkeit kann sich auch aus den durch das staatliche Handeln jeweils betroffenen Freiheitsgrundrechten ergeben,[1382] wobei die Verhältnismäßigkeitsprüfung umso strenger ausfällt, „je stärker sich die Ungleichbehandlung auf die Ausübung grundrechtlich geschützter Freiheiten nachteilig auswirken kann“[1383]. Willkürprüfung und Verhältnismäßigkeitsprüfung sind in diesem Sinne daher nicht als Gegensätze zueinander zu verstehen, sondern sind Teil eines einheitlichen Rechtfertigungsmaßstabes. Im Bereich des Steuerverfahrens wurde die Betroffenheit der Freiheitsgrundrechte der Art. 2, 12, 14 GG oben aufgezeigt, sodass bei der Prüfung der Rechtmäßigkeit der Gleich- bzw. Ungleichbehandlung im Sinne von Art. 3

1378 BVerfG v. 23.10.1951, 2 BvG 1/51, BVerfGE 1, 14, 52, seitdem ständige Rechtsprechung.

1379 BVerfG v. 7.10.1980, 1 BvL 50/79 u.a., BVerfGE 55, 72, 88; BVerfG v. 7.5.2013, 2 BvR 909/06 u.a., BVerfGE 133, 377, 408.

1380 BVerfG v. 26.1.1993, 1 BvL 38/92 u.a., BVerfGE 88, 87, 96 f.

1381 BVerfG v. 26.1.1993, 1 BvL 38/92 u.a., BVerfGE 88, 87, 97; zum Gestaltungsspielraum bei Verschonungsregelungen BVerfG v. 17.12.2004, 1 BvL 21/12, BVerfGE 138, 136.

1382 BVerfG v. 11.1.2005, 2 BvR 167/02, BVerfGE 112, 164 Rn. 32; BVerfG v. 17.12.2014, 1 BvL 21/12, BVerfGE 138, 136, 180 f.

1383 BVerfG v. 29.10.2002, 1 BvL 17/95 u.a., BVerfGE 106, 166, 176; BVerfG v. 6.7.2004, 1 BvL 4/97, BVerfGE 111, 160, 169.

Abs. 1 GG auf die „neue Formel“ in Gestalt der Verhältnismäßigkeitsprüfung zurückzugreifen ist.

Im materiellen Steuerrecht gilt das Leistungsfähigkeitsprinzip als primärer Belastungsgrundsatz und Vergleichsmaßstab des Gleichheitssatzes.[1384] Indikatoren der Leistungsfähigkeit sind die Stromgrößen Einkommen und Konsum sowie die Bestandsgröße Vermögen.[1385] Unterschiede in der Belastung des einzelnen Steuerpflichtigen zeigen sich im materiellen Steuerrecht im Ergebnis an der zu zahlenden Steuerlast. Zu deren Ermittlung fließt der Gegenstand der Besteuerung regelmäßig als Zahlenwert in eine steuerliche Bemessungsgrundlage ein, aus der unter Durchführung einer mehr oder minder komplexen Multiplikationsrechnung mit einem Steuersatz die zu zahlende Steuer und damit die steuerliche Belastung errechnet wird.[1386] Daraus ergibt sich die steuerrechtliche Besonderheit, dass der wirtschaftliche Sachverhalt als Anknüpfungspunkt für die steuerliche Belastung quantitativ ermittelbar[1387] ist bzw. ermittelt wird und als Zahlenwert eine Vergleichsmöglichkeit zwischen verschiedenen Steuersubjekten bietet, nämlich die der wirtschaftlichen Leistungsfähigkeit.

Die daran anknüpfenden gleichheitsrechtlichen Fragestellungen, die ihren Kern in der Feststellung finden, dass Steuerpflichtige mit gleicher wirtschaftlicher Leistungsfähigkeit grundsätzlich eine gleiche Steuerlast zu tragen haben, können danach – den Steuergegenstand an dieser Stelle ausgeschlossen – an

---

1384 Siehe nur *Hey*, in: Tipke/Lang, Steuerrecht, Rn. 3.14, 3.40-3.48.

1385 *Hey*, in: Tipke/Lang, Steuerrecht, Rn. 3.55.

1386 BVerfG v. 27.6.1991, 2 BvR 1493/89, BVerfGE 84, 239, 271.

1387 Dass die Wertermittlung, die Bewertung von Wirtschaftsgütern und wirtschaftlichen Vorteilen beim Steuerpflichtigen, keine triviale Aufgabe ist, die insbesondere vor der Schwierigkeit steht, die einzelfallgerechte Bewertung in einen gesetzlichen Rahmen zu gießen, zeigen die Unternehmensbewertung im Erbschaft- und Schenkungsteuerrecht sowie die insoweit aktuellere Diskussion um die Art und Weise der Bewertung von (bebauten) Grundstücken für die grundsteuerlich Bemessungsgrundlage. Dabei führen komplexe gesetzliche Bewertungsmodelle nicht zwingend zur von Gesetzgeberseite erhofften gleichheitsgerechten Besteuerung (für die Grundsteuernovellierung *Eichholz*, DStR 2020, 1217, passim, insb. 1227), sondern zu komplexen Wertermittlungsmethoden, deren Ergebnisse nicht immer schlüssig und nur schwer durch eine auf Masse ausgelegte Verifikationsverwaltung zu überprüfen sind (für die Unternehmensbewertung im Erbschaftsteuerrecht siehe die Darstellung von *Seer/Michalowski*, GmbHR 2017, 609, 614-622, 623 dort insbesondere 617, mit der Feststellung, dass sich beim Brutto-Verwaltungsvermögenstest des § 13b Abs. 2 S. 2 ErbStG eine Verwaltungsvermögensquote von – mathematisch eigentlich ausgeschlossen – mehr als 100% ergeben kann).

zwei Stellen anknüpfen: Zum einen kann sich eine Verletzung von Art. 3 Abs. 1 GG auf die Festlegung des Steuersatzes beziehen.[1388] Hierbei ist insbesondere der Gedanke der vertikalen Steuergerechtigkeit zu nennen, die zum Inhalt hat, dass diejenigen, die unterschiedlich steuerlich leistungsfähig sind, auch in entsprechender Weise unterschiedlich besteuert werden.[1389] Art. 3 Abs. 1 GG findet hierbei Anwendung in der Form der angemessenen Ungleichbehandlung von wesentlich Ungleichem. Zum anderen erfährt der Gleichheitsgrundsatz aus Art. 3 Abs. 1 GG bei der steuerlichen Bemessungsgrundlage in Form des Folgerichtigkeitsgebotes in Verbindung mit dem Leistungsfähigkeitsprinzip eine besondere Ausprägung.[1390] Zwar gewährt das Bundesverfassungsgericht dem

---

1388 Siehe für degressive Steuersätze, die vom Leistungsfähigkeitsprinzip abweichen BVerfG v. 15.1.2014, 1 BvR 1656/09, BVerfGE 135, 126, 147 f.

1389 Das BVerfG v. 24.6.1958, 2 BvF 1/57, BVerfGE 8, 51, 68 f., sah in Art. 3 Abs. 1 GG als Ausprägung einer verhältnismäßigen Gleichheit noch die Notwendigkeit unterschiedlicher Steuersätze bei der Besteuerung von wirtschaftlich Leistungsfähigeren im Vergleich zu wirtschaftlich Schwächeren. Demgegenüber wird in der Literatur vertreten, der progressive Einkommensteuertarif sei Ausdruck der umverteilenden Sozialstaatlichkeit und könne nicht durch Gleichheitssatz und Leistungsfähigkeitsprinzip (allein) gerechtfertigt werden, siehe *Hey*, in: Tipke/Lang, Steuerrecht, Rn. 3.212 und Rn. 8.802-8.804; *Tipke*, Steuerrechtsordnung I, S. 403 f. m.w.N.

1390 Grundlegend BVerfG v. 16.10.1957, 1 BvL 13/56 u.a., BVerfGE 7, 129, 153; ähnlich auch schon BVerfG v. 21.7.1955, 1 BvL 33/51, BVerfGE 4, 219, 243-246; maßstabsbildend BVerfG v. 7.11.2006, 1 BvL 10/02, BVerfGE 117, 1, 30-33; aktuell BVerfG v. 29.3.2017, 2 BvL 6/11, BVerfGE 145, 106, 143 f.; die Entwicklung der Rechtsprechung nachzeichnend *Thiemann*, in: Linien der Rechtsprechung, 179; *Canaris*, Systemdenken und Systembegriff, S. 125-129; Kritik am Folgerichtigkeitsgebot aus der Literatur findet sich u.a. bei *Tappe*, JZ 2016, 27, der stattdessen eine Auflösung widerstreitender Normen nach den Grundsätzen der Methodenlehre bevorzugt und das Folgerichtigkeitsgebot unter Berufung auf *Fögen*, Das Lied vom Gesetz, S. 112, als „Weitermachen wie immer" bezeichnet und, a.a.O., 31, formuliert, dass „ein im einfachen Recht geregeltes System [...] nicht dadurch zum Maßstab [wird], dass es ein solches System gibt." Diese Überlegungen überzeugen allerdings nicht, denn das Folgerichtigkeitsgebot und generell der Gleichheitsgrundsatz verbieten und verhindern keine Interessenabwägungen oder Änderungen der gesetzlichen Leitlinien, sondern zwingen den Gesetzgeber zu rational nachvollziehbarem Handeln, siehe *Hey*, in: Tipke/Lang, Steuerrecht, Rn. 3.120; in diesem Lichte bezeichnet *Thiemann*, in: Linien der Rechtsprechung, 179, 211 f., das Folgerichtigkeitsgebot als Kriterium von Rationalität, mahnt aber an, dass sich das Folgerichtigkeitsgebot nicht verselbstständigen dürfe. *Drüen*, in: Zukunftsfragen, 1, 7, spricht neutral davon, dass das Folgerichtigkeitsgebot die Steuerpolitik zur Selbstdisziplin zwinge. *Di Fabio*, JZ 2007, 749, 754, sieht den Gesetzgeber durch vorangegangene Systementscheidungen als

Gesetzgeber im Steuerrecht einen weitreichenden Gestaltungsspielraum bei der Auswahl des Steuergegenstandes und der Bestimmung des Steuersatzes.[1391] Hat der Gesetzgeber jedoch eine Belastungsentscheidung getroffen, muss „[u]nter dem Gebot möglichst gleichmäßiger Belastung der betroffenen Steuerpflichtigen […] die Ausgestaltung des steuerrechtlichen Ausgangstatbestandes folgerichtig im Sinne von belastungsgleich erfolgen"[1392]. „Ausnahmen von einer belastungsgleichen Ausgestaltung der mit der Wahl des Steuergegenstandes getroffenen gesetzgeberischen Entscheidung (folgerichtigen Umsetzung des steuerrechtlichen Ausgangstatbestandes) bedürfen eines besonderen sachlichen Grundes, der die Ungleichbehandlung nach Art und Ausmaß zu rechtfertigen vermag" [1393], wobei der rein fiskalische Zweck staatlicher Einnahmenerhöhung nicht als besonderer sachlicher Grund in diesem Sinne anerkannt ist.[1394]

2. *Anwendbarkeit von Art. 3 Abs. 1 GG auf die Belastung im Steuerverfahren*

a. *Eingeschränkte Anwendbarkeit des Gleichheitssatzes*

Denkbar wäre es, den Gleichheitssatz auf die Verfahrenspflichten im Steuerverfahren zu übertragen, um sicherzustellen, dass die unterschiedliche Inanspruchnahme der Steuerpflichtigen im Vergleich nicht gegen die Forderung des Art. 3 Abs. 1 GG verstößt, wesentlich Ungleiches auch verhältnismäßig ungleich zu behandeln.[1395] Das Bundesverfassungsgericht hat Art. 3 Abs. 1 GG bei der

„Gefangenen seiner eigenen Entscheidung", ohne dies jedoch im Speziellen gegen das Folgerichtigkeitsgebot anzuführen. Im Zusammenhang mit den Gründen für die Komplexität von steuerrechtlichen Normen spricht *Valta*, in: Rechtssprache, 273, 282 f., das Folgerichtigkeitsgebot i.V.m. dem Leistungsfähigkeitsprinzip an, stellt aber gleichzeitig klar, dass die Ausdifferenzierung nach der Leistungsfähigkeit nicht uferlos erfolgen müsse, sondern sich insbesondere Typisierungen und Pauschalierungen komplexitätsreduzierend auswirken können.

1391 BVerfG v. 27.6.1991, 2 BvR 1493/89, BVerfGE 84, 239, 271; BVerfG v. 22.6.1995, 2 BvL 37/91 BVerfGE 93, 121, 136; BVerfG v. 17.12.2004, 1 BvL 21/12, BVerfGE 138, 136, 181; siehe aktuell die sehr lesenswerte Entscheidung des BVerfG v. 29.3.2017, 2 BvL 6/11, BVerfGE 145, 106, 143 f.

1392 BVerfG v. 29.3.2017, 2 BvL 6/11, BVerfGE 145, 106, 144.

1393 BVerfG v. 29.3.2017, 2 BvL 6/11, BVerfGE 145, 106, 144.

1394 BVerfG v. 29.3.2017, 2 BvL 6/11, BVerfGE 145, 106, 144 f.

1395 Siehe nur *P. Kirchhof*, in: Maunz/Dürig, GG, Art. 3 Abs. 1 Rn. 296 (Stand: September 2015) m.w.N.

Beurteilung der Indienstnahme neben den Freiheitsgrundrechten miteinbezogen:[1396] Dann, wenn „innerhalb der betroffenen Berufsgruppe nicht nur einzelne, aus dem Rahmen fallende Sonderfälle, sondern bestimmte, wenn auch zahlenmäßig begrenzte Gruppen typischer Fälle ohne zureichende sachliche Gründe wesentlich stärker als andere belastet [werden]“, komme eine Verletzung von Art. 3 Abs. 1 GG in Betracht.[1397] Dies ließe sich über die Indienstnahme hinaus auch auf die Fälle der allgemeinen Belastung durch Mitwirkungspflichten im Steuerverfahren erweitern, sodass Art. 3 Abs. 1 GG für die Verfahrensleistungsfähigkeit soweit nutzbar gemacht werden kann.[1398] Dies setzt aber Belastungsfaktoren oder jedenfalls Belastungskategorien voraus, die in einem abgestuften Verhältnis zueinanderstehen und so eine Vergleichbarkeit bzw. Beurteilung der Ungleichbehandlung erst ermöglichen. Dass diese nicht Ausprägung einer wirtschaftlichen Leistungsfähigkeit als ausschließlicher Verfassungsmaßstab sind,[1399] wurde bereits angesprochen und stattdessen eine Vergleichbarkeit anhand wirtschaftlicher Betätigung vorgeschlagen, die auch bei Art. 3 Abs. 1 GG gangbar gemacht werden kann.

b. Anwendbarkeit des Leistungsfähigkeitsprinzips auf die Belastung im Steuerverfahren

Das im materiellen Steuerrecht angewendete Leistungsfähigkeitsprinzip kann nach den bisher gefundenen Ergebnissen – obschon der Begriff „Verfahrensleistungsfähigkeit“ anderes vermuten lässt – keine unmittelbare Anwendung im Steuerverfahren finden. Denn das „materielle“ Leistungsfähigkeitsprinzip beruht auf Indikatoren – wie soeben dargestellt auf den Stromgrößen Einkommen und Konsum sowie der Bestandsgröße Vermögen –, aus denen sich keine zwingenden Schlüsse auf eine Erfüllungsfähigkeit von Mitwirkungspflichten und Belastbarkeit im Steuerverfahren ziehen lassen.[1400]

Unabhängig von der Bestimmung des Vergleichsmaßstabes ist auch die Belastung durch das Steuerverfahren nur umständlich und nicht ohne tatsächliche

---

1396 BVerfG v. 16.3.1971, 1 BvR 52/66 u.a., BVerfGE 30, 292, 327, 333; BVerfG v. 17.2.1977, 1 BvR 33/76, BVerfGE 44, 103, 104; BVerfG v. 17.10.1984, 1 BvL 18/82, BVerfGE 68, 155, 173.

1397 BVerfG v. 16.3.1971, 1 BvR 52/66 u.a., BVerfGE 30, 292, 327; BVerfG v. 17.10.1984, 1 BvL 18/82, BVerfGE 68, 155, 173; beide Fundstellen auch für das Zitat.

1398 Wohl ähnlich *Drüen*, in: Größenneutralität, 123, 135 f.

1399 Auch für eine nicht ausschließliche Orientierung an der wirtschaftlichen bzw. finanziellen Leistungsfähigkeit *Drüen*, Indienstnahme, S. 233.

1400 Ebenso *Drüen*, in: Größenneutralität, 123, 131 f., 134 f.

und rechtliche Unsicherheiten quantifizierbar. Im Vergleich mit dem Steuereingriff stellt die vom Steuerpflichtigen zu erbringende Mitwirkungspflicht zwar das Äquivalent zu der zu zahlenden Steuer dar. Bei der Erfüllung von Mitwirkungspflichten im Steuerverfahren fehlt allerdings die steuerliche Zahllast oder die Ermittlung der steuerlichen Bemessungsgrundlage als Bezugspunkt für die Vergleichbarkeit der Belastung.[1401] Diesen kann im Schätzungswege nur ein Annäherungswert beigemessen werden. Alternativ kommt die Einordnung der Mitwirkungspflichten im Sinne einer Kaskadenform in Betracht, sodass eine nachfolgende, mehr belastende Mitwirkungspflicht zwingend die ihr vorangegangene, weniger belastende Mitwirkungspflicht in sich aufnehmen bzw. in ihrer Belastungswirkung enthalten muss. Auf diesem Wege wäre eine Vergleichbarkeit einer einzelnen Mitwirkungspflicht als Belastung zwar denkbar. So würde eine Vergleichbarkeit erreicht, die derjenigen von Geldbelastungen entspricht, wenn die Summe aus Geldwert X und Geldwert Y stets beide Geldwertkomponenten enthält, die Mehrbelastung Y aus der Gesamtsumme also herausrechenbar ist. Allerdings sind Mitwirkungspflichten nicht zwingend so aufgebaut, dass stets zu einem feststehenden Element nur neue Elemente hinzukommen, sondern es können auch einzelne Belastungselemente ausgetauscht und damit die Vergleichbarkeit faktisch erschwert bzw. unmöglich gemacht werden.

c. *Anwendbarkeit des Folgerichtigkeitsgebotes*

Soweit es um eine Anwendung des Folgerichtigkeitsgebotes geht, ist eine Übertragung auf das Steuerverfahren nicht grundsätzlich ausgeschlossen.[1402] Als einmal getroffene Belastungsentscheidung könnte die Auferlegung einer bestimmten Mitwirkungspflicht bzw. Art von Mitwirkungspflicht bei einer bestimmten Verfahrensleistungsfähigkeit angesehen werden, auf die sodann folgerichtig bei verfahrensleistungsfähigeren Steuerpflichtigen nicht ohne besonderen sachlichen Rechtfertigungsgrund verzichtet werden darf. Eine Abstufung

---

1401 Siehe auch BVerfG v. 27.6.1991, 2 BvR 1493/89, BVerfGE 84, 239, 271, das die ermittelbare Bemessungsgrundlage und die daraufhin erfolgende tatsächliche Ermittlung der Bemessungsgrundlage durch die Vollzugsbehörden in den Mittelpunkt seiner Prüfung der Belastungsgleichheit stellt.

1402 Das rein steuerverfahrensrechtlich verstandene Folgerichtigkeitsgebot darf nicht mit dem Folgerichtigkeitsgebot gleichgesetzt werden, das materielle Steuergesetze und das Steuerverfahren miteinander verknüpft und fordert, dass das materielle Recht und das Steuervollzugsrecht aufeinander bezogen sind und sich entsprechen müssen, siehe dazu *Drüen*, in: Zukunftsfragen, 1, 7.

in folgerichtig gestalteten (Kleinst-)Übergängen[1403] wird aber durch die Unwägbarkeit bei der Bewertung und der Bezifferung von Verfahrensleistungsfähigkeit und Verfahrensbelastung kaum möglich sein. Ebenso stößt die Anwendung des Folgerichtigkeitsgebotes auf das zuvor beschriebene Problem, dass Mitwirkungspflichten nicht zwingend so aufeinander aufbauen, dass eine „schwerere" Mitwirkungspflicht, anders als eine Geldzahlung, stets die vorangegangene Mitwirkungspflicht und damit ihre Belastung enthält und ergänzt. Somit bleibt das Folgerichtigkeitsgebot nur im größeren Maßstab anwendbar.

3. Verwertbarkeit für das tatsächliche Element der Verfahrensleistungsfähigkeit

Art. 3 Abs. 1 GG kann in seiner allgemeinen Ausprägung für das tatsächliche Element der Verfahrensleistungsfähigkeit herangezogen werden. Für den Abwägungsmodus ist im Steuerverfahrensrecht auf die „neue Formel" abzustellen. Die Übertragung des Leistungsfähigkeitsprinzips auf die Belastung im Steuerverfahren wird an praktischen Erwägungen scheitern und nicht die Präzision erlangen, wie man sie im materiellen Steuerrecht erreicht hat. In engen Grenzen ist es aber denkbar, dass das Folgerichtigkeitsgebot Anwendung findet. Dafür sowie für eine Anwendung des allgemeinen Gleichheitssatzes des Art. 3 Abs. 1 GG, in dessen Rahmen jedenfalls ein Vergleich der Belastungen verschiedener Steuerpflichtiger untereinander möglich erscheint, ist es erforderlich, Kriterien zu bilden, die die Verfahrensleistungsfähigkeit des Steuerpflichtigen determinieren.

D. Verfahrensleistungsfähigkeit des Steuerpflichtigen

I. Indikatoren der Verfahrensleistungsfähigkeit des Steuerpflichtigen

In Übereinstimmung mit dem hier an einzelnen Stellen bereits vorweggenommenem[1404] Ergebnis, dass eine Bemessung der Verfahrensleistungspflichten nach der wirtschaftlichen Leistungsfähigkeit in der praktischen Umsetzung wenig vielversprechend ist und auch auf methodische Grenzen stößt, haben sowohl *Schick*[1405] als auch *Drüen*[1406] in ihren eingangs genannten Auseinandersetzungen

---

1403 *P. Kirchhof*, in: Maunz/Dürig, GG, Art. 3 Abs. 1 Rn. 422 (Stand: September 2015); *Jarass*, in: Jarass/Pieroth, GG, Art. 3 Rn. 59.

1404 Siehe oben 3. Teil B. III. 5. e. und 3. Teil C. II. 3. d.

1405 *Schick*, Verfahrensleistungsfähigkeit, S. 6-8.

1406 *Drüen*, in: Größenneutralität, 123, 131 f., 134 f.

an das finanzielle Äquivalenz der Mitwirkungspflichten keine unterschiedlichen Belastungen im Verfahren geknüpft. Sie gingen stattdessen davon aus, dass den Unternehmen in Ansehung ihrer Unternehmensführung, Unternehmensgröße bzw. anhand von Indikatoren wie der Mitarbeiterzahl, der Umsätze und der Bilanzsumme jeweils bestimmte – typisierte – Möglichkeiten zur Erfüllung ihrer Mitwirkungspflichten zur Verfügung stehen.[1407] *Drüen* erkannte in den soeben genannten Merkmalen explizit für die Indikation einer wirtschaftlichen Leistungsfähigkeit untaugliche Merkmale, die jedoch bei der Beurteilung einer Verfahrensleistungsfähigkeit zu berücksichtigen sein können,[1408] ohne dass dieser Aufzählung allerdings ein abschließender Charakter für die Bemessung der Verfahrensleistungsfähigkeit zukommt. Auch andere Stimmen aus der Literatur argumentieren in eine ähnliche Richtung und fordern, dass geringfügige Tätigkeiten von umfassenden Erklärungspflichten verschont werden sollen, um zu verhindern, dass die berufliche Betätigung nur aufgrund von Mitwirkungspflichten unterlassen wird,[1409] und knüpfen damit an den wirtschaftlichen Umfang der Tätigkeit als maßgebliches Indiz für die Auferlegung von Mitwirkungspflichten an. Einer im Ergebnis vergleichbaren Argumentation folgt auch *Hey*:[1410] Sie differenziert zwischen Grundregeln des Wirtschaftslebens und Regelungen, die komplexe wirtschaftliche Sachverhalte erfassen, und ordnet die zulässige Belastung mit komplexen und weniger komplexen Normen danach zu, wie komplex das wirtschaftliche Handeln des Steuerpflichtigen ist.[1411] Diese zur Komplexität der Norm aufgestellte These wird auf die Belastung im Verfahren übertragbar sein. Ähnlich wie *Hey* positioniert sich auch *Sandrock*.[1412] *Hey* und *Sandrock* knüpfen jedoch mittelbar bzw. unmittelbar an die wirtschaftliche Situation und damit auch an die Zahlungsfähigkeit des Steuerpflichtigen an.[1413] Für die Frage, welche Anforderungen an einen Steuerpflichtigen im Hinblick auf die Verständlichkeit eines Gesetzes gestellt werden müssen, lassen sich beide von dem Gedanken leiten, dass es Steuerpflichtigen ab dem Erreichen einer gewissen wirtschaftlichen Situation zugemutet werden kann, externe personelle oder materielle Mittel in Anspruch zu nehmen, worunter auch der Bezug

1407 *Schick*, Verfahrensleistungsfähigkeit, S. 7 f.; *Drüen*, in: Größenneutralität, 123, 134-136.

1408 *Drüen*, in: Größenneutralität, 123, 135 f.

1409 *Grunow*, Die verfassungsrechtliche Rechtfertigung, S. 258.

1410 Siehe dazu bereits ausführlich oben 3. Teil B. III. 5. c. und e.

1411 *Hey*, Steuerplanungssicherheit, S. 562.

1412 *Sandrock*, in: FS Ipsen, 781, 802 f.

1413 *Hey*, Steuerplanungssicherheit, S. 562; *Sandrock*, in: FS Ipsen, 781, 802 f.

von Steuerberatungsleistungen zählt. *Sandrock* macht dies deutlich, indem er den Verständnishorizont mit der sozialen Lage des Einzelnen in Verbindung bringt[1414] und auch *Hey* argumentiert unter Heranziehung des Sozialstaatsprinzips gegen zu komplexe Normen[1415]. Bereinigt um die auch von *Hey* vorgenommene Verknüpfung des wirtschaftlichen Handelns mit dem typischerweise vorliegenden Bezug von steuerlichen Beratungsleistungen,[1416] die Indikator auch einer wirtschaftlichen Leistungsfähigkeit sein können, und auch um die Verknüpfung mit dem Sozialstaatsprinzip[1417] – denn dieses folgt wegen des Ausdrucks des Existenzminimums durch Zahlenwerte gleichen Bedenken, wie eine etwaige prozentuale Höchstbelastung, wenn es um die Bemessung von Mitwirkungspflichten geht – sind die Ansätze von *Hey* und *Sandrock* im Kern aber mit denen von *Schick* und *Drüen* vergleichbar.

Und tatsächlich scheint ein Unterscheidungsmerkmal, das an den Umfang der wirtschaftlichen Tätigkeit anknüpft und verfassungsrechtlich verortet werden kann,[1418] auch besser geeignet als die Anknüpfung an eine in Geldwerte „übersetzte" Leistungsfähigkeit, um sich in das Kooperationsverhältnis zwischen dem Steuerpflichtigen auf der einen Seite und dem Staat auf der anderen Seite einzugliedern: Nicht mit steigender wirtschaftlicher Leistungsfähigkeit, sondern mit steigender Komplexität des der Besteuerung zugrundeliegenden Sachverhaltes wachsen die Anforderungen an den Gesetzgeber, diesen Sachverhalt im Sinne der verfassungsrechtlichen Grundsätze steuerrechtlich gleichheitsgerecht zu besteuern und dieses gesetzliche Besteuerungsideal auch in das Verfahren zu übertragen. Sprich: Der komplexe wirtschaftliche Sachverhalt muss nicht nur durch die materiellen Steuergesetze einer gleichheitsgerechten Rechtsfolge zugeführt werden, sondern das materielle Steuergesetz und sein Ergebnis müssen im Steuerverfahren auch gleichheitsgerecht umgesetzt werden. Einer adäquaten rechtlichen Regelung eines wirtschaftlichen Sachverhaltes durch die Legislative im materiellen Steuerrecht und formellen Steuerrecht kann nicht von Seiten der Steuerpflichtigen entgegengehalten werden, dass die gesetzliche Regelung zu komplex sei. Für die Steuererklärungspflicht fasste es das Finanzgericht Köln daher bereits im Jahr 1983 zutreffend zusammen: „Wenn jemand zu steuerlichen Sparzwecken einen komplizierten Tatbestand schafft, kann er sich bei Abgabe

1414 *Sandrock*, in: FS Ipsen, 781, 802 f.
1415 *Hey*, Steuerplanungssicherheit, S. 561 f.
1416 *Hey*, Steuerplanungssicherheit, S. 562.
1417 *Hey*, Steuerplanungssicherheit, S. 561 f.
1418 Siehe oben 3. Teil B. III. 5. e.

der Steuererklärung nicht darauf berufen, er überschaue die Dinge nicht mehr und deshalb könne ihm die Abgabe einer zutreffenden Steuererklärung nicht mehr zugemutet werden."[1419]

II. Ergänzung der typisierten Verfahrensleistungsfähigkeit um ein subjektives Element

Oben bei der Diskussion des Gesetzesadressaten wurde dem Einwand, dass eine subjektive Betrachtung des Verständlichkeitshorizontes jedes einzelnen Steuerpflichtigen zur Bestimmung der Anforderungen an die Gesetze nicht praktikabel sei, entgegengehalten, dass eine nach verschiedenen Adressatengruppen differenzierende Sichtweise auf das durchschnittliche Gruppenmitglied abstellt, ohne weiter zwischen den Mitgliedern der jeweiligen Gruppe zu differenzieren.[1420] Zur Umschreibung wurde dafür der Begriff der „Typensubjektivität" genutzt. Diese gruppenbezogene Betrachtung stellt auf die ausgeübte wirtschaftliche Tätigkeit ab und typisiert Kenntnisse ausgehend von der wirtschaftlichen Komplexität der Handlung. Solch eine innerhalb der jeweiligen Gruppe generalisierende Betrachtung ist notwendig, damit das Steuerverfahren und die Steuergesetze einheitlich ausgestaltet sind und nicht für jedes Subjekt andere materiell-steuerrechtliche und Verfahrensvorschriften erforderlich werden. Diese Sichtweise wird auch letztlich den Anforderungen eines Massenverfahrens, wie es das Steuerverfahren ist, gerecht: Nicht jeder Steuerfall kann unter Beachtung der subjektiven Kenntnisse und Fähigkeiten des Einzelnen unter Leitung durch die Finanzbehörde verwirklicht werden.

Gleichwohl sieht auch das Steuerverfahren die Berücksichtigung von individuellen Kenntnissen und Fähigkeiten vor, etwa wenn es um die Frage geht, ob es dem Steuerpflichtigen gem. § 150 Abs. 8 S. 1 AO i.V.m. den Einzelsteuergesetzen zumutbar ist, seine Steuererklärung nach amtlich vorgeschriebenem Datensatz zu übermitteln[1421] oder ob ihn ein Verschulden i.S.d. § 173 Abs. 1 Nr. 2 AO am nachträglichen Bekanntwerden einer Tatsache trifft[1422]. Hier kann das Tatbestandsmerkmal der persönlichen Unzumutbarkeit oder das des Verschuldens Einfallstor für die Berücksichtigung der Verfahrensleistungsfähigkeit sein, die ausgehend von dem verwirklichten wirtschaftlichen Sachverhalte zunächst

---

1419 FG Köln v. 22.4.1983, V 57/82 F, EFG 1984, 55, 55.
1420 3. Teil B. III. 5. f.
1421 Siehe unten 4. Teil G. I.
1422 Siehe unten 5. Teil C. III. 7. c.

typisierend festzustellen und sodann um subjektive Elemente zu erweitern ist.[1423] Vergleichbar besteht ein Anwendungsspielraum im Steuerstrafrecht bei der Frage des Vorsatzes und besonders bei der Frage, ob der Steuerpflichtige Kenntnis vom Bestehen des Steueranspruchs hatte, den er verkürzt hat.[1424]

E. Ergebnis

I. Zusammenfassung des Untersuchungsbefundes

Eine Verfahrensleistungsfähigkeit des Steuerpflichtigen im Steuerrecht lässt sich in eine kognitive bzw. intellektuelle Komponente und eine tatsächliche Komponente aufteilen. Für das kognitive bzw. intellektuelle Element der Verfahrensleistungsfähigkeit lassen sich verfassungsrechtliche Anleihen im rechtsstaatlichen Bestimmtheitsgrundsatz und dem Grundsatz der Normenklarheit ausmachen. Aufgrund der Tatsache, dass über diese Grundsätze, ihre Abgrenzung und Beziehung zueinander sowie ihren vollständigen Inhalt noch keine Einigkeit in Literatur und Rechtsprechung besteht, bleibt die Verortung verhältnismäßig vage. Inhaltlich ist das kognitive bzw. intellektuelle Element der Verfahrensleistungsfähigkeit eng mit der Frage danach verknüpft, für wen Steuergesetze verständlich sein müssen. Nach der zu bevorzugenden Ansicht ist hierbei als Maßstab auf den Steuerbürger in Abhängigkeit von den von ihm verwirklichten wirtschaftlichen Sachverhalten abzustellen. Ein Missverhältnis zwischen der Komplexität des wirtschaftlichen Sachverhaltes und der Komplexität der diesen Sachverhalt steuerrechtlich umsetzenden Gesetzesnorm führt aber nicht zwingend zur Verfassungswidrigkeit der entsprechenden Norm. Hierfür sind immer noch die vom Bundesverfassungsgericht großzügig gesetzten und nicht immer einheitlich beurteilten Grenzen des Bestimmtheitsgrundsatzes und des Grundsatzes der Normenklarheit maßgebend. Eine komplexere und damit in der Rechtsanwendung schwierigere und im Regelfall mit mehr Rechtsunsicherheiten behaftete Norm belastet den Steuerpflichtigen aber insoweit über Obligo und ist in eine freiheitsrechtliche Gesamtverhältnismäßigkeitsabwägung miteinzubeziehen.

Neben dem kognitiven bzw. intellektuellen Element der Verfahrensleistungsfähigkeit besteht eine zweite Komponente: das tatsächliche Element der Verfahrensleistungsfähigkeit. Dieses ist in den Freiheitsgrundrechten und dort im Grundsatz der Verhältnismäßigkeit verortet. Es beinhaltet primär die

---

1423 Siehe zu der Vorgehensweise am Beispiel des Verschuldens in § 173 Abs. 1 Nr. 2 AO unten 5. Teil C. III. 7. c.

1424 Siehe unten 6. Teil D.

Beurteilung der Intensität und des Umfangs der vorzunehmenden Handlungen des Steuerpflichtigen, die ihm als Mitwirkungspflichten auferlegt werden. Es berücksichtigt aber auch die Unsicherheit in der Rechtsanwendung, die den Steuerpflichtigen dann trifft, wenn er als „Erstanwender" die von ihm verwirklichten wirtschaftlichen Sachverhalte – etwa bei der Abgabe von Steuererklärungen – mit dem Risiko der falschen rechtlichen Beurteilung unter die steuerrechtliche Norm subsumieren muss. Belastungsaspekte aus dem kognitiven bzw. intellektuellen Element und dem tatsächlichen Element werden somit als Gesamtbelastung betrachtet. Möglich ist diese Gesamtbetrachtung mehrerer Mitwirkungspflichten und Belastungen des Steuerpflichtigen durch das Steuerverfahren wegen der Rechtsfigur des additiven Grundrechtseingriffs.

Obwohl in der Literatur vielfach die Auffassung vertreten wird, dass auch der Steuerzugriff und die Mitwirkungspflichten im Steuerverfahren ein gemeinsames Belastungsbündel bilden, und auch unter dem Aspekt der Rechtsfigur des additiven Grundrechtseingriffs eine Gesamtbetrachtung gerechtfertigt werden kann, hat die Untersuchung gezeigt, dass dies unter Umständen zu Wertungswidersprüchen führt. Die gemeinsame Betrachtung von dem Steuerzugriff und der Belastung durch Mitwirkungspflichten sollte somit nur als letzte Grenze Berücksichtigung finden, wenn eine konfiskatorische Gesamtbelastung droht.

Der allgemeine Gleichheitsgrundsatz kann im Zusammenhang mit der Verfahrensleistungsfähigkeit nur bedingt Geltung entfalten. Insbesondere die steuerrechtliche Ausprägung des allgemeinen Gleichheitssatzes, das Gebot der Belastung nach der (wirtschaftlichen) Leistungsfähigkeit, lässt sich wegen fehlender Beurteilungsfixpunkte nur eingeschränkt anwenden. Im Übrigen muss sich die Prüfung einer Ungleichbehandlung durch Mitwirkungspflichten an dem Grundsatz von Art. 3 Abs. 1 GG orientieren, dass wesentlich Gleiches gleich und wesentlich Ungleiches ungleich zu behandeln ist. Maßgebendes Merkmal für die Beurteilung, was wesentlich gleich oder ungleich ist, müssen wiederum die von dem Steuerpflichtigen verwirklichten wirtschaftlichen Lebenssachverhalte sein.

Es wurde deutlich, dass die Frage, ob ein Steuerpflichtiger im einzelnen Fall noch verhältnismäßig oder bereits unverhältnismäßig durch das Besteuerungsverfahren in Anspruch genommen wird, nicht allgemein, sondern stets nur im Einzelfall beantwortet werden kann. Damit zeigt sich gleichzeitig, dass die Berücksichtigung der Verfahrensleistungsfähigkeit des Steuerpflichtigen kein neues dogmatisches Konstrukt, sondern eine bereichsspezifische Ausprägung des Verhältnismäßigkeitsgrundsatzes im Steuerverfahrensrecht ist. Die Belastungen des Steuerpflichtigen im Steuerverfahren sind in das Verhältnis zu der Verfahrensleistungsfähigkeit zu setzen und das Ergebnis bei der Auslegung von entsprechend wertungsoffenen Normen im Steuerverfahren und in daran anknüpfenden Verfahren zu berücksichtigen.

II. Verfahrensleistungsfähigkeit des Steuerpflichtigen

Als nach außen in Erscheinung tretende Indikatoren für die Verfahrensleistungsfähigkeit des Steuerpflichtigen sind die von ihm verwirklichten wirtschaftlichen Sachverhalte zu betrachten. Je komplexer die von ihm verwirklichten wirtschaftlichen Sachverhalte sind, desto höhere Anforderungen dürfen an die Verständlichkeit einer Norm und den Umfang der Mitwirkungspflichten des Steuerpflichtigen im Steuerverfahren gestellt werden. Dort, wo die Steuergesetze im Steuerverfahren Rückgriff auf Kenntnisse und Fähigkeiten des Steuerpflichtigen nehmen, ist die bis dahin nur typensubjektiviert ermittelte Verfahrensleistungsfähigkeit um subjektive Merkmale zu erweitern.

III. Ausgleich der Belastung im Steuerverfahren

Die Belastung des Steuerpflichtigen mit Mitwirkungspflichten im Steuerverfahren speist sich zuvorderst aus dem Risiko, einen Lebenssachverhalt rechtlich einordnen zu müssen, wenn es um die Deklaration gegenüber der Finanzbehörde geht. Dass sich diese Belastung nicht durch allgemein für jeden Bürger verständliche Gesetze ausgleichen lässt und dass dies auch nicht vom Grundgesetz gefordert wird, ist in der oben geführten Diskussion deutlich geworden. Zu denken ist aber vornehmlich an einen Ausgleich im Steuerverfahren, wie er im Rahmen des kognitiven bzw. intellektuellen Elementes bei der „Verständlichkeitsbrücke" oder bei Darstellung der Gesamtbelastung beim additiven Grundrechtseingriff kurz angerissen worden ist. Eine Möglichkeit dieses Ausgleiches ist die Steuererklärung, die den Gesetzestext in eine für den Steuerpflichtigen verständlichere und rechtssicher handhabbare Form übersetzt und somit die Erfüllung der Steuererklärungspflichten nicht nur erst ermöglicht, sondern auch vereinfachen soll. Die Steuererklärung wird bei dieser Transformationsaufgabe ergänzt durch Hinweistexte und Erläuterungen zur Steuererklärung sowie auch durch die Erlasse und Richtlinien der Finanzverwaltung, soweit diese dem Bürger in Abhängigkeit von seiner Verfahrensleistungsfähigkeit ggf. bei der Verwendung von ELSTER zugänglich gemacht worden sind. Systematisch wird die Finanzverwaltung durch diese Instrumente als *staatseigener Intermediär* im Steuerverfahren tätig und kann die Lücken schließen, die zwischen Gesetzestext und dem Bürger bestehen. Eine gegenläufige, entlastende Wirkung dieser exekutiven Maßnahmen hat zur Voraussetzung, dass sich die Entlastung im Steuerverfahren für den Steuerpflichtigen entfaltet, sich also die von der exekutiven

Handlung ergebenden hypothetischen Minderbelastungen in der tatsächlichen Rechtsanwendung und Rechtswirklichkeit auch wiederfinden. Anderenfalls ist die unverhältnismäßige Belastung bei der Beurteilung von verfahrensrechtlichen Handlungen zugunsten des Steuerpflichtigen berücksichtigen.

IV. Fortgang der Untersuchung

Die weitere Untersuchung soll daher den Fokus auf die Steuererklärungspflicht in den verschiedenen Verfahrensstadien legen: dem Verwaltungsverfahren bis zum Erlass eines Steuerbescheides (4. Teil), dem Verwaltungsverfahren nach Erlass eines Steuerbescheides bei dessen Korrektur (5. Teil) und dem Steuerstraf- bzw. Steuerbußgeldverfahren (6. Teil). Der Schwerpunkt der Untersuchung soll hierbei auf den Steuererklärungspflichten und dem kognitiven bzw. intellektuellen Element der Verfahrensleistungsfähigkeit liegen. Denn dieses umfasst mit der Frage danach, *was* gesetzlich verlangt ist, das Rechtsanwendungsrisiko des Steuerpflichtigen, das als wesentliche Belastung des Steuerpflichtigen im Zusammenhang mit den Steuererklärungspflichten genannt herausgestellt worden ist. Gelingt es auf Ebene der Steuererklärungspflicht mit Blick auf die Verfahrensleistungsfähigkeit in den verschiedenen Verfahrensstadien bereits, das Risiko der ersten Rechtsanwendung ausgleichende Elemente auszumachen und diese in den Verfahrensstadien fruchtbar zu machen, ist dies bei einer Beurteilung der Gesamtbelastung durch das Steuerverfahren entsprechend belastungsmindernd zu berücksichtigen. Anderenfalls sind Wege aufzuzeigen, wie die Verfahrensleistungsfähigkeit in den einzelnen Verfahrensstationen Berücksichtigung finden kann.

4. Teil: Steuererklärungspflicht, Verfahrensleistungsfähigkeit und Beweis im Verfahren bis zum Erlass des Steuerbescheides

A. Beweisregeln im Steuerverfahren

Im Steuerverfahren muss der Sachverhalt ermittelt und unter einen gesetzlichen Tatbestand subsumiert werden, um eine Aussage darüber treffen zu können, ob ein Steueranspruch entstanden ist oder nicht. Dazu muss festgestellt werden, ob der Sachverhalt sich tatsächlich ereignet hat bzw. – knapp gesagt – „wahr" oder „unwahr" ist.[1425] Die dazu ermittelten Beweismittel müssen mit Blick auf den Sachverhalt, d.h. auf die Tatfrage, nicht die Rechtsfrage, im Rahmen der Beweiswürdigung bewertet werden.[1426] Ziel der Beweiswürdigung ist es, eine Überzeugung des Entscheidungsträgers herbeizuführen.[1427] Dazu gibt das Beweismaß den notwendigen Gewissheitsgrad vor, mit dem die entscheidungserheblichen Tatsachen festzustellen sind, bestimmt also die Überzeugungsbildung beim Rechtsanwender.[1428] Die Beweislast hingegen schreibt vor, wer verpflichtet ist, einen Beweis zu führen, und legt für den Fall der Unaufklärbarkeit des Sachverhaltes fest, zu wessen Lasten die Unaufklärbarkeit geht.

B. Beweiswürdigung im Steuerverfahren

Im finanzgerichtlichen Verfahren schreibt § 96 Abs. 1 S. 1 1. Hs. FGO – insoweit inhalts-, wenn auch nicht wortgleich zu § 108 Abs. 1 S. 1 VwGO und § 286 Abs. 1 S. 1 ZPO[1429] – eine Entscheidung „nach der freien, aus dem Gesamtergebnis des Verfahrens gewonnenen Überzeugung" des Gerichts vor. Die Norm stellt also auf einen in der Person des Richters stattfindenden subjektiven Vorgang

1425 *M. Schmidt*, Die Problematik der objektiven Beweislast im Steuerverfahren, S. 27; *Seer*, in: Tipke/Kruse, AO/FGO, § 96 FGO Rn. 64 (Stand: August 2018).

1426 *Seer*, in: Tipke/Kruse, AO/FGO, § 88 AO Rn. 35 (Stand: Januar 2017).

1427 Mit Blick auf den Richter *M. Schmidt*, Die Problematik der objektiven Beweislast im Steuerrecht, S. 33.

1428 *Jansen*, Das Steuerverfahren, S. 60.

1429 Zum gleichen Inhalt der Normen trotz z.T. unterschiedlichen Wortlauts *M. Schmidt*, Die Problematik der objektiven Beweislast, S. 32 m.w.N.

ab, der keine starren Würdigungs- und Wertungsregeln kennt und der der Entscheidung über den zugrundeliegenden Sachverhalt dient.[1430] Mangels entsprechender Vorschrift in der Abgabenordnung, aber aufgrund der Wertungen und Aussagen in der Finanzgerichtsordnung,[1431] gelten diese Grundsätze auch im finanzbehördlichen Verfahren.[1432]

C. Beweismaß im Steuerverfahren

I. Kein Regelbeweismaß, sondern zweistufiges Verfahren

Das Beweismaß beschreibt den notwendigen Grad von Gewissheit oder Wahrscheinlichkeit, mit dem der Sachverhalt festzustellen ist, damit eine Subsumtion unter den gesetzlichen Tatbestand erfolgen darf.[1433] Obschon die Abgabenordnung und die Finanzgerichtsordnung im Gegensatz zu § 286 ZPO kein Regelbeweismaß *de lege lata* vorsehen,[1434] sprechen Variationen im Beweismaß dafür, dass der Gesetzgeber ein Regelbeweismaß im Steuerverfahren stillschweigend vorausgesetzt hat.[1435] Die Frage, welcher Maßstab dabei anzuwenden ist, lässt sich nicht einheitlich beantworten, sondern ist differenziert zu betrachten. Steuersystematische Überlegungen lassen eine Annäherung an den notwendigen Maßstab allerdings zu: Das Steuerverfahren als Massenverfahren verbietet es schlechterdings, einen generellen Maßstab der Sachverhaltsermittlung zu fordern, der an eine 100%-Doktrin und eine volle Überzeugung des zuständigen Sachbearbeiters von jedem einzelnen für die Besteuerung maßgeblichen Sachverhalt anknüpft bzw. der eine Übereinstimmung jedes festgestellten Sachverhaltes mit der Wahrheit mit an Sicherheit grenzender Wahrscheinlichkeit

---

1430 *Seer*, in: Tipke/Kruse, AO/FGO, § 88 AO Rn. 35 (Stand: Januar 2017); *M. Schmidt*, Die Problematik der objektiven Beweislast im Steuerrecht, S. 32 f.; siehe auch *Nierhaus*, Beweismaß und Beweislast, S. 36.

1431 *Seer*, Verständigungen in Steuerverfahren, S. 188 f.; ähnlich auch *Osterloh*, Gesetzesbindung, S. 314 f.

1432 Siehe auch *Söhn*, in: Hübschmann/Hepp/Spitaler, AO/FGO, § 88 AO Rn. 210 (Stand: März 2010), der darauf verweist, dass sich dies für ein Verfahren mit Untersuchungsgrundsatz, wie es das Steuerverfahren ist, bereits aus sich heraus ergebe.

1433 *Seer*, in: Tipke/Kruse, AO/FGO, § 88 AO Rn. 41 (Stand: Januar 2017).

1434 *Seer*, in: Tipke/Kruse, AO/FGO, § 88 AO Rn. 41 (Stand: Januar 2017); es mangelt § 96 FGO insoweit an einer Aussage wie in § 286 ZPO, „ob eine tatsächliche Behauptung für wahr oder für nicht wahr zu erachten sei".

1435 *Osterloh*, Gesetzesbindung, S. 227 f. m.w.N.

fordert.[1436] Vielmehr erfordern begrenzte Verwaltungsressourcen und auch das Verfassungsrecht[1437] eine Beschränkung auf die „größtmögliche Realisierung der Gesetzmäßigkeit im Gesamtvollzug“[1438], ohne dabei jedoch den prüfungswürdigen Einzelfall aus den Augen zu verlieren. Eine allgemeine Herabsetzung des Beweismaßes bei fehlender Sachverhaltsaufklärung – aus praktischen Erwägungen[1439] oder § 162 AO hergeleitet – lässt sich weder mit dem *Telos* der in § 162 AO niedergeschriebenen *anlassbezogenen* Schätzungsbefugnis vereinbaren, noch verträgt sich diese im Hinblick auf eine fehlende Abgrenzung zu einer drohenden Besteuerung auf Verdacht mit den Freiheitsgrundrechten des Steuerpflichtigen.[1440] *Hensel* differenzierte bereits in einer abgestuften Prüfung, wonach eine Überzeugung der Finanzbehörde über den Sachverhalt erst dann notwendig sei, wenn Bedenken gegen die sachliche Richtigkeit der Angaben des Steuerpflichtigen in der Steuererklärung bestünden und daher ein Ermittlungsverfahren im engeren Sinne einzuleiten sei.[1441] Diese auch heute in Literatur[1442] und Rechtsprechung[1443] vertretene Auffassung, die auf einem auf § 158

1436 *Seer*, Verständigungen in Steuerverfahren, S. 182-190; *ders.*, DStJG 31 (2008), 7, 11 f.; zustimmend *Söhn*, in: Hübschmann/Hepp/Spitaler, AO/FGO, § 88 AO Rn. 223 (Stand: März 2010); a.A. *M. Schmidt*, Die Problematik der objektiven Beweislast im Steuerrecht, S. 42-55; *Müller-Franken*, Maßvolles Verwalten, S. 272-302; im Grundsatz forderte dies auch schon *Hensel*, Steuerrecht. S. 157, siehe aber die Ausführungen im Folgenden.

1437 *Seer*, in: Tipke/Kruse, AO/FGO, § 88 AO Rn. 42 (Stand: Januar 2017), mit Blick auf einen unverhältnismäßigen Freiheitseingriff und auf die Notwendigkeit der Wirtschaftlichkeit der Verwaltung; auch *Söhn*, in: Hübschmann/Hepp/Spitaler, AO/FGO, § 88 AO Rn. 223 (Stand: März 2010), erkennt, dass die Ermittlung der Wahrheit mit an Sicherheit grenzender Wahrscheinlichkeit nicht mit verhältnismäßigen und zumutbaren Mitteln durchführbar ist.

1438 *Seer*, DStJG 31 (2008), 7, 11; statt von „Gesamtvollzug“ sprechen einige auch von „maßvollem Verwalten“, *Buciek*, DStZ 1995, 513, unter Rückgriff auf *Spitaler*, StBJb 1961/1962, 461.

1439 Etwa *Hensel*, Steuerrecht, S. 157.

1440 *Seer*, Verständigungen in Steuerverfahren, S. 191 f.

1441 *Hensel*, Steuerrecht, S. 156 f.

1442 *Söhn*, in: Hübschmann/Hepp/Spitaler, AO/FGO, § 88 AO Rn. 146 (Stand: März 2010); *Schick*, StuW 1988, 301, 328; *Buciek*, DStZ 1995, 513, 514 f.; *Müller-Franken*, StuW 2018, 113, 119; AEAO zu § 88 Nr. 6; siehe auch die Nachweise zu Fn. 1444; a.A. *Streck*, DStJG 12 (1989), 187, 199 f., der davon ausgeht, dass die Abgabenordnung den „störrischen Steuerzahler voraus[setzt], der zur Unehrlichkeit neigt“.

1443 BFH v. 7.8.1974, II R 177/73, BStBl. II 1975, 119, Rn. 21; BFH v. 11.7.1978, VIII R 120/75, BStBl. II 1979, 57 Rn. 11; FG Düsseldorf v. 29.11.2000, 17 K 2101/98 Rn. 27;

AO basierenden Vertrauensvorschuss zugunsten der Richtigkeit der Angaben des Steuerpflichtigen aufbaut,[1444] macht deutlich, dass das Steuerverfahren kein in jeder Situation allgemeingültiges Beweismaß kennt, sondern zur Verwirklichung des Verifikationsgedankens zwischen einer auf Plausibilität basierenden Vorprüfung auf der ersten Stufe und einer sich ggf. anschließenden Einzelfallprüfung auf der zweiten Stufe zu differenzieren ist.[1445]

II. Erste Stufe: Plausibilitätsprüfung

1. *Ziel der Plausibilitätsprüfung*

Die Plausibilitätsprüfung dient der Erfüllung des Verifikationsprinzips im steuerlichen Massenverfahren und soll Klarheit darüber bringen, ob im einzelnen Fall Vertrauensvorschuss zu gewähren ist oder ob dieser verbraucht ist.[1446] Es geht also darum, die Prüfungswürdigkeit eines Steuerfalles insgesamt oder einzelner Sachverhaltselemente zu ermitteln und damit das normabweichende Verhalten – *non-compliance* – des Steuerpflichtigen zu beherrschen, das letztlich

---

BFH v. 24.1.2002, XI R 2/01, BStBl. II 2004, 444, Rn. 13; BFH v. 5.8.2004, VI R 90/02 Rn. 18; BFH v. 7.7.2004, XI R 10/03, BStBl. II 2004, 911 Rn. 12.

1444 Zur Herleitung mit Rückgriff auf den Rechtsgedanken des § 158 AO siehe *Osterloh*, Gesetzesbindung, S. 290-305; *Seer*, Verständigungen in Steuerverfahren, S. 186 f.; *ders.* DStR 2008, 1553, 1555; in der früheren Rechtsprechung des BFH wird eine aus der Versicherung, die Angaben nach bestem Wissen und Gewissen richtig und vollständig gemacht zu haben, der Grundsatz des Vertrauensvorschusses hergeleitet, siehe BFH v. 17.4.1969, V R 21/66, BStBl. II 1969, 474 Rn. 7; historisch wurde der Vertrauensvorschuss deutlich strenger „bis zum Beweis des Gegenteils" verstanden, siehe *Meisel*, Moral und Technik, S. 14, der diesen Gedanken, a.a.O., bereits kritisiert. Kritik am Grundsatz des Vertrauensvorschusses findet sich zudem bei *Frizen*, Das Deklarationsprinzip im Einkommensteuerrecht, S. 218-220, und *Müller-Franken*, Maßvolles Verwalten, S. 339-341: Sie kritisieren zwar, dass der Anknüpfungspunkt für den Vertrauensvorschuss sich nach dem äußerlichen Erscheinungsbild der Steuererklärung und dabei insbesondere nach ihrer Widerspruchsfreiheit bestimmt. Gerade *Frizen*, a.a.O., S. 220, erkennt aber die Notwendigkeit des Grundsatzes des Vertrauensvorschusses an, wenn die Besteuerungsgrundlagen nicht durch die Finanzverwaltung ausermittelt werden sollen. *Frizen*, a.a.O., S. 220 f., und *Müller-Franken*, a.a.O., S. 342 f., nehmen daher eine Ergänzung des Grundsatzes des Vertrauensvorschusses durch das Stichprobenprinzip vor, siehe dazu auch schon die Erläuterungen oben 2. Teil A. I. 2.

1445 So auch *Seer*, in: Tipke/Kruse, AO/FGO, § 88 AO Rn. 43 (Stand: Januar 2017); siehe auch *v. Wedelstädt*, in: Gosch, AO/FGO, § 173 AO Rn. 30.2 (Stand: August 2019).

1446 *Seer*, DStJG 31 (2008), 7, 16 f.

zu einem Steuerausfall führen kann.[1447] Der Steuerausfall kann darauf zurückzuführen sein, dass Angaben unrichtig sind, also der erklärte Sachverhalt nicht dem tatsächlichen entspricht oder die in der Steuererklärung vorgenommene Subsumtion fehlerhaft ist. Ziel ist dabei nicht die Verhinderung jeder abstrakt denkbaren Steuerverkürzungsgefahr, sondern eine mit Blick auf die verfügbaren Ressourcen möglichst effektive Verhinderung von Steuerverkürzungen unter Beachtung der Notwendigkeit eines zeitnahen Gesamtvollzugs.[1448] Bei der Plausibilitätsprüfung kommen grundsätzlich zwei Arten von Kriterien in Betracht: Erstens solche, die objektiver Natur sind, sich also auf eine potentielle Richtigkeit der gemachten Angaben in der Steuererklärung beziehen.[1449] Denkbar ist der Abgleich mit allgemeinen Erfahrungswerten – z.B. Richtsätzen[1450] –, aber auch mit Erklärungsdaten des Steuerpflichtigen aus den vergangenen Jahren. Eine Abweichung kann aus Sicht der Finanzverwaltung für ein Risiko der unrichtigen Sachverhaltsangabe oder der unrichtigen Subsumtion sprechen. Zweitens können solche Kriterien berücksichtigt werden, die im engeren und weiteren Sinne an die Person des Steuerpflichtigen anknüpfen.[1451] Dazu zählt das steuerliche Vorverhalten, aber auch die Zugehörigkeit zu einer Risikogruppe, etwa die Zugehörigkeit zu bestimmten Branchen, die nach Erfahrungssätzen der Finanzverwaltung risikobehaftet sind. [1452] An dieser Stelle liegt zwar

1447 *Ahrens*, Vollzug von Steuergesetzen, S. 158 f.

1448 Vgl. die Gesetzesmaterialien zu den Risikomanagementsystemen in § 88 Abs. 5 AO, BT Drucks. 18/7457, S. 69 f. und BT Drucks.18/8434, S. 99; ein zeitnaher Gesamtvollzug ist insbesondere wichtig für die vollendete Verkürzung einer Steuer im Fall der Nichtabgabe der Steuererklärung durch den Steuerpflichtigen. Die Vollendung der Steuerstraftat tritt erst dann ein, wenn für die Veranlagungsarbeiten bestimmte Erledigungsquoten erfüllt sind, siehe dazu im Einzelnen unten 6. Teil A. VI. 1.

1449 Siehe dazu insgesamt *Ahrens*, Vollzug von Steuergesetzen, S. 352-359, auch zu den folgenden beiden Sätzen.

1450 Siehe zuletzt die Richtsatzsammlung für das Kalenderjahr 2019, BMF-Schreiben v. 20.1.2021, IV A 8 - S 1544/19/10001 :001.

1451 Siehe *Ahrens*, Vollzug von Steuergesetzen, S. 350-352.

1452 *Ahrens*, Vollzug von Steuergesetzen, S. 350-352. Denkbar ist auch, die Konsultation eines Steuerberaters als vertrauensvorschussfördernd einzuordnen, siehe *Seer*, DStJG 31 (2008), 7, 34 f.; *ders.*, in FS BFH, 1717, 1745; a.A. *Mann*, DStR 2009, 506, 507 f., der den bedingungslosen Vertrauensvorschuss bei Konsultation eines Steuerberaters als „recht sorglose Annahme“ ansieht und Bedenken im Hinblick auf Art. 12 GG äußert, wenn der Steuerberater bei erkannten Berufspflichtverletzungen als negativer Compliance-Faktor angesehen wird. *Mann* fürchtet, a.a.O, dass das Risikomanagementsystem zu einer unmittelbaren Berufsaussicht mutiert.

eine Ungleichbehandlung durch die Anknüpfung an die Zugehörigkeit zu einer bestimmten Gruppe von Menschen i.S.v. Art. 3 Abs. 1 GG vor, die auch mittelbar in eine die Merkmale des Art. 3 Abs. 2, 3 GG betreffende Ungleichbehandlung umschwenken kann, wenn bestimmte Tätigkeiten z.B. nur von Frauen oder nur von Männern ausgeübt werden oder sich die Ausübung bestimmter Tätigkeiten bei Menschen anderer Herkunft konzentriert. Maßgebender Differenzierungsfaktor ist aber nicht ein in Art. 3 Abs. 2, 3 GG genanntes Merkmal, sondern ein objektiv festgestelltes Risiko der steuerlichen Zuverlässigkeit, sodass selbst die Annahme eines strikten Anknüpfungsverbotes[1453] die Bedenken im Ergebnis nicht durchgreifen lassen.[1454] Die Plausibilitätsprüfung wird ergänzt durch eine zufallsbasierte Stichprobenkontrolle, die verhindern soll, dass – obwohl nach den oben dargestellten Kriterien glaubhaft – unrichtige Steuererklärungen durch das Prüfraster fallen, und die der Evaluierung des Prüfrasters dient.[1455] Gleichzeitig dienen die Stichproben dazu, die Steuerpflichtigen prophylaktisch durch die Möglichkeit einer jederzeitigen Vollüberprüfung zu vollständigen und richtigen Angaben anzuhalten.[1456]

2. *Einsatz von Risikomanagementsystemen*

Im Rahmen der Plausibilitätsprüfung auf der ersten Stufe nutzt die Finanzverwaltung heute in wesentlichen Teilen elektronische Risikomanagementsysteme. Unter einem Risikomanagementsystem wird die systematische Erfassung und Bewertung von Risikopotentialen sowie die Steuerung von Reaktionen in Abhängigkeit von den festgestellten Risikopotentialen verstanden.[1457] Die elektronischen Risikomanagementsysteme als Weiterentwicklung der durch Verwaltungsvorschriften geregelten und eher fiskalisch orientierten[1458] personellen gewichtenden Arbeitsweise[1459] wurden

---

1453 Siehe *Langenfeld*, in: Maunz/Dürig, GG, Art. 3 Abs. 3 Rn. 21 (Stand: Mai 2015).

1454 Im Ergebnis identisch *Ahrens*, Vollzug von Steuergesetzen, S. 351 f.

1455 *Ahrens*, Vollzug von Steuergesetzen, S. 359; *Seer*, DStJG 31 (2008), 7, 17.

1456 *Ahrens*, Vollzug von Steuergesetzen, S. 359; *Seer*, DStJG 31 (2008), 7, 17.

1457 Siehe BT Drucks. 18/7457, S. 69.

1458 Siehe *Hoffmann*, DStR 1997, 1189, 1192, und den Leitgedanken der GNOFÄ 1997: „Bei der Bearbeitung der Steuerfälle muß auf das Wesentliche abgestellt werden. Der Aufwand bei der Bearbeitung eines Falles richtet sich nach dessen steuerlicher Bedeutung."

1459 Eine ausführliche Beschreibung der Entwicklung der „gewichtenden Arbeitsweise" (GAW) der Finanzverwaltung anhand der zugrundeliegenden Verwaltungsvorschriften bis 2007/2008 mit besonderem Fokus auf das Land Nordrhein-Westfalen findet

bundesweit[1460] – seit 2007 auch bundeseinheitlich im Projekt KONSENS[1461] – zunächst im Bereich der Überschusseinkünfte[1462], mittlerweile aber auch bei den Gewinneinkünften eingesetzt. Sie sind in die Festsetzungssoftware der Veranlagungsstellen integriert. Bevor diese auf einen Fall angewendet werden können, müssen die Steuerfälle jedoch vorkategorisiert werden. Dazu werden die Steuerfälle in Risikoklassen einsortiert. Grob lassen sich drei Risikoklassen unterteilen: Risikoklasse 1 für ein hohes, im Regelfall den Gesamtfall umfassendes Risiko, die Risikoklasse 2 für ein mittleres, möglicherweise auch nur einzelne Sachverhalte umfassendes Risiko und die Risikoklasse 3 für Steuerfälle mit einem geringen Risiko.[1463] Die Einordnung der einzelnen Steuerfälle in die Risikoklassen

---

sich bei *Haumann*, Gewichtende Arbeitsweise, S. 49-157; im ehemaligen Bereich der OFD Rheinland wurde zuletzt als fortentwickelter Teil der gewichtenden Arbeitsweise „RMS 2.0" praktiziert.

1460 Der Bundesrechnungshof stellte im Jahr 2012 fest, dass im Wesentlichen einheitliche Risikomanagementsysteme flächendeckend in allen Bundesländern in Arbeitnehmerfällen eingesetzt werden, siehe *Bundesrechnungshof*, Vollzug Arbeitnehmerbereich, S. 5, 21.

1461 *Seer*, DStR 2008, 1553, 1557 m.w.N.

1462 Die Risikomanagementsysteme arbeiten nur mit den Zahlen, die aus der Steuererklärung oder auf anderem Wege maschinell bereitgestellt werden und damit auswertbar sind. Klassischerweise stehen bei den Einkünften aus nichtselbstständiger Arbeit und bei Vermietungseinkünften und Kapitaleinkünften aufgrund der Struktur der Erklärungsvordrucke, die dabei viel mehr Einzelposten abfragen, mehr Daten zur Verfügung als bei den Gewinneinkunftsarten, bei denen der laufende Gewinn regelmäßig in einer Kennzahl verdichtet ist, siehe dazu mit einem instruktiven Beispiel *Haumann*, Gewichtende Arbeitsweise, S. 199. Diese ungleichen Prüfungsmöglichkeiten haben sich im Bereich der 4-III-Rechnung durch die Anlage EÜR zum Teil angeglichen und sollen durch die E-Bilanz (siehe hierzu die Überlegungen zu Risikokriterien von *Henselmann/Haller*, DStR 2018, 1033) auch mit den übrigen Gewinneinkünften vergleichbar gemacht werden.

1463 Diese können durch weitere Fallkennzeichnungen modifiziert werden: BP (= Betriebsprüfungsfall), QS (= Qualitätssicherungsfall, d.h. im Regelfall Überprüfung der Fallbearbeitung durch eine weitere Stelle zur Qualitätssicherung) und Intensivprüfungsfall. Die Ausgestaltung der Verwaltungsabläufe im Veranlagungsbezirk (etwa das Aussehen und die Gestaltung der Bearbeitungsbögen für die unterschiedlicher Risikoklassen) wurden zu Beginn der 2010er Jahre in NRW den Finanzbehörden im Einzelnen überlassen und evaluiert. Siehe zu dem Inhalt der einzelnen Risikoklassen die Beschreibung bei *Sediqi*, Der Untersuchungsgrundsatz im Lichte des § 88 AO n.F., S. 197-199, und die – nicht von der Finanzverwaltung zugänglich publizierten! – EB FAGO 2.1.2.4.7 (abgedruckt bei *Sediqi*, Der Untersuchungsgrundsatz im Lichte des § 88 AO n.F., Anhang).

erfolgt anhand objektiver und subjektiver Merkmale[1464] („Steuervita“[1465]) und kann maschinell oder personell erfolgen. Aufgrund dieser Einstufung werden die einzelnen Angaben in der Steuererklärung bei Verarbeitung maschinell ausgewertet. Der dabei durchgeführte Abgleich der erklärten Werte erfolgt entweder mit absoluten, relativen oder Vorjahreszahlen, und sortiert bzw. steuert die Fälle aus, in denen entweder einzelne Angaben oder Steuererklärungen in ihrer Gesamtheit unplausibel von Erfahrungswerten abweichen und damit risikobehaftet sind.[1466] Je nach Risikoklasse können dabei die Prüfparameter variieren und einzelne Sachverhalte *per se* zur personellen Prüfung ausgesteuert werden. Die Rechtsanwendungsgleichheit in der Breite wird durch maschinelle oder personelle Zufallsaussteuerungen von grundsätzlich risikoarmen Fällen sichergestellt, sodass ein nicht vorausberechenbares Entdeckungsrisiko besteht und den

---

1464 Subjektive Merkmale meint hier Zweierlei: Zum einen die Einordnung anhand von Merkmalen, die auf die Person des Steuerpflichtigen zurückgeführt werden könne, etwa das Abgabeverhalten, das Zahlungsverhalten und die Frage, ob Steuerstrafverfahren durchgeführt werden oder durchgeführt worden sind, kurz: die steuerliche Zuverlässigkeit oder auch Steuervita; siehe dazu *E. Schmidt*, DStJG 31 (2008), 37, 43 f. Zum anderen meint es Einschätzungen des jeweiligen Sachbearbeiters aus seiner Erfahrung heraus. *Haumann*, Gewichtende Arbeitsweise, S. 135, bezieht bei den subjektiven Kriterien nur die Bearbeiterkriterien ein; siehe dazu *E. Schmidt*, DStJG 31 (2008), 37, 48.

1465 *Seer*, StbJb 2004/2005, 53, 67 f.; *ders.*, DStR 2008, 1553, 1555; kritisch zur Einbeziehung subjektiver Merkmale *Mellinghoff*, in: FS BFH, 421, 436, der fordert, dass z.B. das Einlegen von Einsprüchen oder Rechtsmitteln gegenüber der Finanzbehörde in der Vergangenheit nicht in die Steuervita einfließen und damit zu einem höheren Risiko führen dürfe; eine fehlende gesetzliche Grundlage zur Berücksichtigung des steuerlich relevanten Vorverhaltens im aktuellen Recht sieht *Sediqi*, Der Untersuchungsgrundsatz im Lichte des § 88 AO n.F., S. 312-323.

1466 Allgemein zu Aufbau und Ausgestaltung von Risikomanagementsystemen in der Verwaltung im Einzelnen auch *E. Schmidt*, DStJG 31 (2008), 37, 43-52, *Nagel/Waza*, DStZ 2008, 312, und *Marx*, Ubg 2016, 358, 358 f., sowie mit besonderem Blick auf Objekt- und Subjektrisiko *Seer*, StbJb 2004/2005, 53, 67; *ders.*, DStR 2008, 1553, 1555 f.; obwohl es sich bei den Risikomanagementsystemen nur um grobe Erkennungsraster handelt, sind weitere Ermittlungen der Behörden ohne weitere Anhaltspunkte nicht durchzuführen, *Osterloh*, Gesetzesbindung, S. 303 f.; zu den Mindestanforderungen an ein Risikomanagementsystem *Seer*, in: Tipke/Kruse, AO/FGO, § 88 AO Rn. 73 f. (Stand: Januar 2017); kritisch zu den Werten aus den Vorjahren als alleinigen Kontrollmaßstab zutreffend *Drüen*, DStJG 42 (2019), 193, 217.

Bürger daran erinnert, dass ihn eine intensive Prüfung jederzeit treffen kann.[1467] Darüber hinaus legen die Finanzverwaltungen jedes Jahr besondere variable Prüffelder fest, die einer intensiven Bearbeitung unterliegen und die – jedenfalls in Nordrhein-Westfalen[1468] – veröffentlicht werden und zu einer Aussteuerung führen.[1469] Weiterhin soll durch die Risikomanagementsysteme erreicht werden, dass die vor der Masse an zu bearbeitenden Fällen unterschiedlich gehandhabte Gesetzesanwendung durch die einzelnen Finanzbeamten vereinheitlicht wird und weniger von individuellen Sachbearbeitererfahrungen bzw. -einschätzungen abhängig ist.[1470] Dieser lange Zeit ohne ausdrückliche gesetzliche Grundlage[1471] praktizierte Einsatz von elektronischen Risikomanagementsystemen[1472] ist seit

---

1467 Auch vor der Einführung des § 88 Abs. 5 AO, der dies nunmehr in § 88 Abs. 5 S. 3 Nr. 1 AO explizit vorschreibt, hatten die elektronischen Risikomanagementsysteme in der Finanzverwaltung diese Funktion; *Seer*, in: Tipke/Kruse, AO/FGO, § 88 AO Rn. 76 (Stand: Januar 2017); *Söhn*, in: Hübschmann/Hepp/Spitaler, AO/FGO, § 88 AO Rn. 196 (Stand: März 2010); *E. Schmidt*, DStJG 31 (2008), 37, 48; mit Blick auf ein umfassendes Risikomanagement *Huber/Seer*, StuW 2007, 355, 362.

1468 Siehe die Prüffelder für das Jahr 2020 unterteilt nach den einzelnen Finanzämtern unter https://www.finanzverwaltung.nrw.de/sites/default/files/asset/document/20200113_liste_internet_prueffelder.pdf (abgerufen am 21.1.2021, 20:30 Uhr) und für 2021 unter https://www.finanzverwaltung.nrw.de/sites/default/files/asset/document/20210114_-_liste_internet.pdf (abgerufen am 21.1.2021, 20:30 Uhr).

1469 Z.B. „Vermietung und Verpachtung im Erstjahr“, „die Geltendmachung von Werbungskosten für ein Arbeitszimmer“ oder „die Geltendmachung von Investitionsabzugsbeträgen nach § 7g EStG und die ihre Hinzurechnung“.

1470 BT Drucks. 18/8434, S. 99; siehe aber oben die Möglichkeit, subjektive Bearbeitererfahrungen – jedenfalls bis zu einem gewissen Grad – mit in die Risikobewertung, einfließen zu lassen, was ordnungsgemäß dokumentiert m.E. sinnvoll ist. Dazu auch zutreffend *Mellinghoff*, in: FS BFH 421, 434.

1471 Eine seit dem 1.1.2009 in § 88 Abs. 3 AO bestehende Ermächtigung zum Erlass einer Rechtsverordnung, um Art und Umfang der Ermittlung bei Einsatz automatischer Einrichtungen zu bestimmen, hatte das Bundesministerium der Finanzen nicht wahrgenommen bzw. eine Steuer-Ermittlungs-Verordnung kam über einen Referentenentwurf (v. 5.8.2011) – wohl aufgrund kritischer Beurteilung aus der Praxis und der Finanzgerichtsbarkeit (siehe *Drüen*, in: DFGT 8/9 (2011/2012), 253, 255 f., 261 f.) – nicht hinaus.

1472 Die Notwendigkeit einer gesetzlichen Grundlage wurde zum Teil abgelehnt, siehe *E. Schmidt*, DStJG 31 (2008), 37, 53; *Drüen*, in: Zukunftsfragen, 1, 13 f.; für die GNOFÄ bzw. FAGO ebenfalls einen Verstoß gegen den Vorbehalt des Gesetzes verneinend *Haumann*, Gewichtende Arbeitsweise, S. 181 f., der, a.a.O., S. 182-201, einen Einfluss der Rechtsprechung zum strukturellen Vollzugsdefizit auf die gewichtende Arbeitsweise weitestgehend – bis auf die Einkünfte aus privaten

dem Gesetz zur Modernisierung des Besteuerungsverfahrens durch § 88 Abs. 5 AO in der Abgabenordnung mit Mindestanforderungen[1473] verankert. Spätestens mit Einführung der §§ 88 Abs. 5; 155 Abs. 4 AO wird die Zweistufigkeit der Prüfung der Steuerfälle rechtlich perpetuiert. Denn durch die jetzt gesetzlich in § 155 Abs. 4 AO vorgesehene Möglichkeit, Steuerfälle maschinell ohne Mitwirkung eines Amtsträgers zu erlassen, werden bei Wahrnehmung dieser Möglichkeit nur noch solche Fälle überhaupt für einen Amtsträger wahrnehmbar, die durch ein elektronisches Risikomanagementsystem auf Ebene der Plausibilitätsprüfung bzw. im Einzelfall durch einen Bearbeiter[1474] als risikobehaftet ausgesteuert worden sind oder die Eintragungen in einem sog. qualifizierten

---

Veräußerungsvorgängen – ablehnt und, a.a.O., S. 201-211, auch eine Konformität mit Art. 3 Abs. 1 GG bescheinigt; lediglich in den als E-Fällen bezeichneten nur computergeprüften Schnellbearbeitungsfällen sieht *Haumann*, a.a.O., S. 132 f., einen Verstoß gegen den § 88 AO a.F. (und wohl auch gegen den aktuell geltenden § 88 AO), da keinerlei Amtsermittlung mehr stattfinde und auch nicht auf die im Vorhinein erfolgte Programmierung der Aussteuerungskriterien abgestellt werden könne. Dieser Argumentation kann bei dem hier vertretenen weiten Verständnis des Amtsermittlungsgrundsatzes (siehe oben 2. Teil A. I. 2.) nicht gefolgt werden. *Seer*, StuW 2015, 315, 319, ist zuzustimmen, der durch die Regelung in § 88 Abs. 5 AO eine lediglich „gewisse gesetzliche Steuerungsschwäche" als beseitigt ansieht. Der Bundesrechnungshof kritisierte eine unzureichende Beachtung der Grundsätze der Gesetz- und Gleichmäßigkeit der Besteuerung durch Risikomanagementsysteme der einzelnen Länder und plädierte für eine gesetzliche Regelung, BT Drucks. 17/77, S. 176-179. *Spindler*, FR 2011, 122, 123, sah die Gefahr, dass die Finanzbehörde ohne gesetzliche Regelung – damals ohne Rechtsverordnung i.S.d. § 88 Abs. 3 AO – ein Vollzugsdefizit institutionalisieren würde. Heute sieht *Sediqi*, Der Untersuchungsgrundsatz im Lichte des § 88 AO n.F., S. 312-323, die Notwendigkeit einer rechtlichen Regelung, soweit es um die Einbeziehung des steuerlichen Vorverhaltens des Steuerpflichtigen in die Steuervita geht.

1473 Siehe § 88 Abs. 5 S. 3 AO: Das Risikomanagementsystem muss mindestens folgende Anforderungen erfüllen:

1. die Gewährleistung, dass durch Zufallsauswahl eine hinreichende Anzahl von Fällen zur umfassenden Prüfung durch Amtsträger ausgewählt wird,
2. die Prüfung der als prüfungsbedürftig ausgesteuerten Sachverhalte durch Amtsträger,
3. die Gewährleistung, dass Amtsträger Fälle für eine umfassende Prüfung auswählen können,
4. die regelmäßige Überprüfung der Risikomanagementsysteme auf ihre Zielerfüllung.

1474 Siehe § 88 Abs. 5 S. 3 Nr. 3 AO, der sicherstellt, dass eine individuell erkannte Prüfung eines Falles auch zur Prüfung des Falles führt, das Risikomanagementsystem also den einzelnen Bearbeiter und seine Entscheidung nicht kategorisch ausschließen darf.

Freitextfeld i.S.d. § 150 Abs. 7 AO beinhalten und gem. § 155 Abs. 4 S. 3 AO zwingend „soweit“ durch einen Amtsträger zu bearbeiten sind. Damit wird auch einzelgesetzlich deutlich, dass erst dann Raum für eine Ermittlung und Überzeugung des zuständigen Beamten am einzelnen Sachverhalt ist, nachdem die mithilfe von Risikomanagementsystemen durchgeführte Plausibilitätskontrolle zur Aussteuerung eines Falles geführt hat, sodass auch erst zu diesem Zeitpunkt ein Rückgriff auf die prozessuale Beweismaßdoktrin möglich ist.[1475] Die Aussteuerung eines Steuerfalles durch einen Sachbearbeiter oder das Risikomanagementsystem bedeutet aber nicht, dass der Steuerpflichtige unter einen „steuerlichen Verdacht“ gestellt wird.[1476] Es ist lediglich singulärer Ausdruck des finanzbehördlichen Prüfsystems.

Beweisrechtlich vermindert die Plausibilitätsprüfung dem Gedanken des Vertrauensvorschusses gegenüber dem Steuerpflichtigen folgend auf dieser ersten Stufe faktisch das fallbezogene Gesamtschau-Beweismaß, um den Massenvollzug gleichheitskonform bewältigen zu können. An dieser Stelle von einem Beweismaß zu sprechen, ist bereits Ausdruck der Ansicht, dass auch die maschinelle Plausibilitätsprüfung durch Risikomanagementsysteme Teil der Erfüllung des Amtsermittlungsgrundsatzes ist.[1477] Konkret differenziert die Finanzbehörde damit zwischen untersuchungswürdigen und nicht untersuchungswürdigen Fällen und bewegt sich im Regelungsbereich des § 88 Abs. 2 S. 1 AO, Art und Umfang ihrer weiteren Ermittlungen zu bestimmen. Diese Entwicklung wird zum Teil kritisch gesehen, insbesondere wird das herkömmliche Bild einer Amtsermittlung angeführt, das auf der Ermittlung und rechtlichen Beurteilung eines Sachverhaltes durch eine natürliche Person fußt und durch die vollautomatisierte Bearbeitung limitiert oder jedenfalls modifiziert wird.[1478] In diesem

1475 *Seer*, in: Tipke/Kruse, AO/FGO, § 88 AO Rn. 43 (Stand: Januar 2017).

1476 So aber *G. Kirchhof*, in: FS BFH, 361, 378 f.

1477 Dafür spricht der Wortlaut des § 88 Abs. 5 S. 1 AO, der von „weiteren Ermittlungen“ spricht; so auch *Ahrendt*, NJW 2017, 537, 537; wohl auch *Seer*, StuW 2015, 315, 317, der allerdings a.a.O., 324, zutreffend darauf hinweist, dass das Risikomanagementsystem nicht in der Lage ist, die eigentliche Prüfung, also die Ermittlung des Sachverhaltes, zu erledigen, aber wiederum unklar *Seer*, in: FS BFH, 1717, 1728; ebenso wohl *Drüen*, DStJG 42 (2019), 193, 215 f.; unklar *Pestalozza*, in FS Boorberg Verlag, 185, 193 f., der das Vorliegen von Zweifeln als Anfangspunkt für den Beginn von Ermittlungen i.S.d. Untersuchungsgrundsatzes ansieht, aber nicht deutlich macht, wie er die Feststellung, dass Zweifel vorliegen, einordnet.

1478 *Thiemann*, StuW 2018, 304, 304 f., geht nicht von einer auf den PC übertragenen Amtsermittlung aus, sondern sieht eine systematische Limitierung der klassischen amtswegigen Prüfung; *Baldauf*, DStR 2016, 833, 836; widersprüchlich

Zusammenhang wird in Anlehnung an die Gesetzesmaterialien[1479] von einem neuen Leitbild der vollautomatischen Veranlagung gesprochen[1480] und einem – allerdings in der Form illusorischen[1481] – Leitbild der vollen Nachprüfung der Steuererklärung gegenübergestellt[1482].[1483] Die Diskussion entzündet sich daran, dass die Prüfung einer Steuererklärung durch ein Risikomanagementsystem als „Nichtprüfung" bezeichnet und dadurch das Verifikationsprinzip als verletzt angesehen wird.[1484] Dabei stellt das Risikomanagementsystem bei Prüfung eines Steuerfalles im Grunde keine anderen – jedenfalls im übertragenen Sinne – Überlegungen an, als es auch ein Sachbearbeiter bei grobschlächtiger Beurteilung der Prüfungswürdigkeit eines Falles in der Finanzbehörde machen würde. Die Schwerpunkte liegen nur an anderer Stelle. Das Risikomanagementsystem beurteilt die zur Verfügung stehenden Werte in der Steuererklärung unter Beachtung objektiver und subjektiver, in das System eingespeister Prüfkriterien und gibt als Ergebnis eine Einschätzung der Prüfungsbedürftigkeit einzelner Angaben aus. Bei Risikofreiheit mündet die weitere Datenverarbeitung durch eine andere Programmkomponente in dem Erlass eines Steuerbescheides. Freilich, ein Bauchgefühl oder einen Prüferinstinkt hat ein Risikomanagementsystem nicht und auch die Fähigkeit, Freitextfelder umfassend oder überhaupt auszuwerten, fehlt ihm (noch), betrifft aber auch nur solche Steuererklärungen, bei denen entsprechende Eintragungen möglich sind, ohne dass es zu einer Aussteuerung kraft Gesetzes gem. § 150 Abs. 7 S. 1, 2 AO i.V.m. § 155 Abs. 4 S. 3 AO kommt (etwa zurzeit die Anlage N für die nichtselbstständige Tätigkeit im

---

Müller-Franken, StuW 2018, 113, 116 f., der zum einen von einer Modifikation des Amtsermittlungsgrundsatzes spricht, zum anderen aber a.a.O., 119 davon ausgeht, dass der Untersuchungsgrundsatz im „Standby-Modus" verharre und durch maschinelle oder persönliche Aussteuerung aktiviert werde.

1479 BT Drucks. 18/7457, S. 48.

1480 Z.B. *Heintzen*, DÖV 2015, 780, 780; *Müller-Franken*, StuW 2018, 113, 115; auch „Leitbild der vollautomatisierten Steuerbescheidung", siehe *Maier*, JZ 2017, 614, 614, der dieses dem „Leitbild eines lediglich computerunterstützten Amtsträgers" gegenüberstellt.

1481 Siehe oben 2. Teil A. I. 2. c.

1482 *Thiemann*, StuW 2018, 304, 307.

1483 Jedenfalls eine „Vollautomatisierung" des Untersuchungsgrundsatzes zutreffend ablehnend *Drüen*, DStJG 42 (2019), 193, 216.

1484 So *Thiemann*, StuW 2018, 304, 307; differenzierender *Müller-Franken*, StuW 2018, 113, 116, der von einer Prüfung durch eine Maschine spricht; eine Prüfung durch den Computer sieht auch *Baldauf*, DStR 2016, 833, 834.

Bereich der Werbungskosten).[1485] Im Gegensatz dazu wird der personell prüfende Sachbearbeiter kaum kurzfristig umfassend mit veranlagungszeitraumübergreifenden Vergleichswerten operieren können oder in der Kürze der Zeit Ermittlungen beispielsweise zur Plausibilität des ausgewiesenen Vorsteuerabzugs in der Anlage EÜR anhand bestimmter Betriebsausgabenkennziffern anstellen können.[1486] Das kann aber ein computergesteuertes Risikomanagementsystem leisten.[1487] Es liegt somit nur eine Verlagerung der Art der Plausibilitätsprüfung von einer eher subjektiv geprägten, durch menschliche Faktoren beeinflussten, hin zu einer sachlich-mathematischen vor.[1488] Beide sind in der Lage, in einem gewissen Maße die Plausibilität einer Steuererklärung zu verproben,[1489] wobei keine empirischen Beweise dafür existieren, dass die initiale Bearbeitung durch Amtsträger zu einem gleichheitsgerechteren Besteuerungsverfahren führt als die Prüfung durch Risikomanagementsysteme[1490].

3. *Limitierungen von Risikomanagementsystemen*

Dennoch darf dieser Befund nicht darüber hinwegtäuschen, dass die derzeit in der Finanzverwaltung eingesetzten Risikomanagementsysteme noch eher

---

1485 *Bundesrechnungshof*, Vollzug Arbeitnehmerbereich, S. 23. Die IT-Fähigkeiten stecken insoweit noch in den Kinderschuhen, wie *Müller-Franken*, StuW 2018, 113, 122, zutreffend feststellt. Dennoch ist eine unglaubliche Entwicklungsgeschwindigkeit in diesem Bereich auszumachen, sodass es durchaus nicht unwahrscheinlich ist, dass auch auf dem Gebiet der künstlichen Intelligenz bis 2030 beachtliche Fortschritte gemacht werden. *Heintzen*, DÖV 2015, 780, 784, spricht nüchtern von einer „Automatisierungseuphorie", die bald praktischer Ernüchterung und dem Wunsch nach Repersonalisierung der Finanzverwaltung weichen könnte.

1486 Dies hebt der BFH v. 16.11.2011, X R 18/09, BStBl. II 2012, 129 Rn. 64, insbesondere für solche Konstellationen hervor, in denen routinemäßig Plausibilitätskontrollen von Angaben, die jährlich sowie bei einer größeren Anzahl von Steuerpflichtigen wiederkehren, durchzuführen sind; kritisch zur Verwendung von vergangenheitsbezogenen Daten als Modell für die Gegenwart, *Marx*, Ubg 2015, 358, 361.

1487 *G. Kirchhof*, DStJG 40 (2017), 47, 64.

1488 Ähnlich auch *Nagel/Waza*, DStZ 2008, 321, 324, die von einem maschinellen, objektiven Risikomanagementsystem sprechen, das sich aus verfügbaren Daten speist.

1489 Dies bezweifelt *Thiemann*, StuW 2018, 304, 306 f., der eine Lücke in der fehlenden Beurteilung durch Sachbearbeiter sieht, die durch Risikomanagementsysteme nie vollständig geschlossen werden könne; ähnlich kritisch sieht das *Marx*, Ubg 2016, 358, 361.

1490 Zutreffend *Ahrendt*, NJW 2017, 537, 539; dafür sprechen auch die Befunde, die der *Bundesrechnungshof*, Vollzug Arbeitnehmerbereich, S. 29 f., herausstellt.

rudimentär sind und von einer künstlichen, sich selbst weiterentwickelnden Intelligenz weit entfernt sind. Die Grenzen der Möglichkeiten von Risikomanagementsystemen wurden im Zusammenhang mit der Einführung des § 88 Abs. 5 AO im Gesetz zur Modernisierung des Besteuerungsverfahrens in der Literatur daher häufig dargestellt und kritisch gewürdigt. Die Rede ist u.a. von der „Schwachstelle des Konzepts“[1491], von einer „rechtsstaatlich prekären“[1492] Situation, die durch den Einsatz von Risikomanagementsystemen geschaffen würde. Zum Teil wird über die Anwendung der Rechtsprechung des Bundesverfassungsgerichts zum strukturellen Vollzugsdefizit nachgedacht.[1493]

Dabei ist einzugestehen: Eine Prüfung im Sinne einer Wertung, welcher konkrete Lebenssachverhalt vorliegt und welche rechtlichen Folgen zu ziehen sind – also der Subsumtionsakt –, erfolgt durch das Risikomanagementsystem nicht, sondern bedarf immer noch der Ermittlungshandlungen einer natürlichen Person und erfolgt bei Aussteuerung des jeweiligen Steuerfalles.[1494] Fordert man an dieser Stelle zwingend auch in der Vorprüfung eine Schlüssigkeitsprüfung

---

1491 *Müller-Franken*, StuW 2018, 113, 113.

1492 *Thiemann*, StuW 2018, 304, 308.

1493 So hält etwa *Müller-Franken*, StuW 2018, 113, 117, ein durch den Einsatz von Risikomanagementsystemen erzeugtes strukturelles Vollzugsdefizit für durchaus möglich, wenn beispielsweise die Risikoparameter offengelegt würden; ähnlich auch *Thiemann*, StuW 2019, 295, 302; *ders.*, StuW 2018, 304, 313, aber für das aktuelle Risikomanagementsystem verneinend, solange gewisse Kriterien eingehalten werden. Dagegen hält *Heintzen*, DÖV 2015, 780, 785, die Rechtsprechung zum strukturellen Vollzugsdefizit mangels konkreter Vergleichsrelation grundsätzlich nicht für anwendbar. *Maier*, JZ 2017, 614, 616 f., hält ein strukturelles Vollzugsdefizit dann für möglich, wenn die Prüfparameter lediglich einfache schematische Grenzen enthalten und verhältnismäßig leicht umgangen werden können. *G. Kirchhof*, in: FS BFH, 361, 367, sieht das strukturelle Vollzugsdefizit als Grenze der Digitalisierung der Besteuerung.

1494 *Krumm*, in: Zukunftsfragen III, 1, 11; *Drüen*, in: DFGT 8/9 (2011/2012), 253, 271; wohl auch *G. Kirchhof*, DStJG 40 (2017), 47, 65, der eine Subsumtion von komplizierten steuerrechtlichen Normen in atypischen Fällen durch einen Rechner als nicht leistbar ansieht. Zutreffend ist, dass der geistige Subsumtionsakt zurzeit nie von einer Maschine (nach-)vollzogen wird und dies auch in absehbar Zeit durch sie nicht geleistet werden kann. Die Subsumtion erfolgt entweder durch den Steuerpflichtigen bei Erstellung der Steuererklärung oder nachgelagert, bei Prüfung der Steuererklärung, durch die Finanzbehörde; siehe insoweit auch *G. Kirchhof*, in: FS BFH, 361, 364 f. Ein Rechner kann lediglich anhand vorgefertigter Programmierung bestimmten (verkennzifferten) Angaben bestimmte Rechtsfolgen zuordnen, siehe auch *Drüen*, DStJG 42 (2019), 193, 214.

in Bezug auf die Rechtsanwendung des Steuerpflichtigen,[1495] kann diese daher von Risikomanagementsystemen nicht geleistet werden und würde auch bei der „Vorprüfung“ durch einen Sachbearbeiter in eine Einzelfallprüfung umschlagen. Die Entwicklung der Risikomanagementsysteme in eine Richtung, welche die Erläuterungsfelder in den Steuererklärungen ausliest und etwaige Unplausibilitäten aussteuert – etwa das „berühmte“ Hochzeitskleid bei den Werbungskosten – ist allerdings zu fordern und der nächste Schritt.[1496] Ein weiterer menschlicher Faktor, der die Funktionsweise der Risikomanagementsysteme unterstützt, wird in Auseinandersetzungen mit den Risikomanagementsystemen auf der einen Seite oft unterschlagen: Bei der Neuaufnahme bzw. Erstübernahme eines Falles, aber auch bei dem Hinzutreten neuer Einkünfte oder dem Wegfall von Einkünften erfolgt im Regelfall eine intensivere Prüfung.[1497] Dies ist zum einen notwendig, um sog. Dauertatbestände einzupflegen, die für mehrere Veranlagungszeiträume relevante Daten beinhalten und einen Abgleich mit den erklärten Angaben durchführen können. Klassisches Beispiel sind die Angaben zu vermieteten Objekten, die mit einer Ermittlung der AfA und der Art der Finanzierung inkl. Zinszahlungen ausgefüllt werden und so in jedem Jahr maschinelle Prüfungen ermöglichen: Steigen die erklärten Zinszahlungen oder die erklärte AfA, kann durch einen Risikohinweis der Bearbeiter darauf hingewiesen werden und der Fall ausgesteuert werden. Weiterhin kann von Sachbearbeiterseite aus eine Risikoeinschätzung des Falles ausgegeben werden, die wiederum die Kontrolle durch das Risikomanagementsystem in den nächsten Jahren beeinflusst. Der im einzelnen Veranlagungszeitraum dem Risikomanagementsystem fehlende Faktor Mensch wird somit jedenfalls zum Teil aus der personellen Erst- oder Weiterbearbeitung vorgetragen. Zurzeit sollte daher zwingend eine bei erstmaliger Veranlagung durchgeführte, überschlägige personelle Prüfung der Rechtsanwendung des Steuerpflichtigen erfolgen, um auch für folgende

---

1495 So *Thiemann*, StuW 2018, 304, 308.

1496 Diese Forderung stellte auch schon *Seer*, StbJb 2004/2005, 53, 65, der forderte, dass das Computersystem Rechen-, Schreibfehler und Unplausibilitäten herauszufiltern habe. Dem ist dahingehend einschränkend zuzustimmen, dass Rechen- und Schreibfehler nur dann herausgefiltert werden können, wenn sich aus ihnen eine Unplausibilität ergibt; bei einer isoliert betrachteten Zahl dürfte ohne Kontext keine Plausibilität ermittelt werden können. *Drüen*, in: Zukunftsfragen, 1, 11, sieht das Erfordernis, dass sich die Deklaration den Verifikationsmöglichkeiten anpasst: Werden auf Verifikationsebene Risikomanagementsysteme genutzt, müssen auf Deklarationsebene die Mechanismen so angepasst werden, dass die Verifikation überhaupt ermöglicht wird.

1497 *Bundesrechnungshof*, Vollzug Arbeitnehmerbereich, S. 22.

Veranlagungszeiträume eine Prognose erstellen zu können, die sich in der Einordnung in die unterschiedlichen Risikoklassen widerspiegelt und die dargestellten Defizite des Risikomanagementsystems zum Teil ausgleicht. Auf der anderen Seite kann der Faktor Mensch durch nicht angemessene personelle Bearbeitung der durch das Risikomanagement ausgesteuerten Sachverhalte die Gesamtbilanz und Wirkungsweise der Risikomanagementsysteme verschlechtern: Gehen die Sachbearbeiter Risikohinweisen der Risikomanagementsysteme nicht nach oder prüfen sie diese nur dem Grunde, aber nicht der Höhe nach, bleiben Fehler in den Steuererklärungen unentdeckt und das Risikomanagementsystem geht in den Folgejahren von potentiell unrichtigen Vergleichszahlen aus, was die Aussagekraft der veranlagungszeitraumübergreifenden Risikobeurteilung vermindert.[1498] Für den wirksamen Einsatz von Risikomanagementsystemen ist es daher essentiell, dass die Bearbeiter entsprechend mit dessen Arbeitsweise vertraut sind und die Risikohinweise gewissenhaft bearbeiten.

Durch die Computerprogramme darf aber andererseits keine Bevormundung des einzelnen Sachbearbeiters eintreten. Auf diesem Gedanken fußend sieht § 88 Abs. 5 S. 3 Nr. 3 AO vor, dass das Risikomanagementsystem insgesamt die Gewährleistung bieten muss, dass Amtsträger Fälle für eine umfassende Prüfung auswählen können. Diese Prüfungsmöglichkeit darf auch nicht mit dem Argument der Wirtschaftlichkeit der Verwaltung i.S.d. § 80 Abs. 5 S. 2 AO durch Verwaltungsanweisungen abgeschnitten werden.[1499] Dem Sachbearbeiter in der Finanzbehörde muss somit – unter Berücksichtigung der Bedürfnisse des Massenvollzugs[1500] – ohne Rücksicht auf das Ergebnis der maschinellen Vorprüfung die Möglichkeit gegeben werden, nach individueller Einschätzung als prüfungswürdig eingestufte Einzelfälle aufzugreifen und anhand sachgerechter Einzelmaßnahmen auszuermitteln.[1501] Der Verfasser kann aus der Praxis berichten, dass dies vor der gesetzlichen Kodifikation durch § 88 Abs. 5 S. 3 Nr. 3 AO nicht

---

1498 Siehe den ernüchternden Befund bei *Bundesrechnungshof*, Vollzug Arbeitnehmerbereich, S. 25-27, 29 f.

1499 *Drüen*, DStJG 42 (2019), 193, 215.

1500 Unter Beachtung der Bedürfnisse des Massenvollzuges ist es nämlich nicht ausgeschlossen, von finanzbehördlicher Seite „prüfungswütigen“ Sachbearbeitern Weisungen zu erteilen, ausufernde Prüfungstätigkeiten in beinahe jedem Steuerfall zulasten des Massenvollzugs zu unterlassen – insoweit kann für den einzelnen Sachbearbeiter kein anderer Maßstab gelten als für die Finanzverwaltung und ihren Vollzugsauftrag insgesamt, siehe oben 2. Teil A. I.

1501 *Drüen*, DStJG 42 (2019), 193, 215.

immer der Fall war,[1502] sondern in einem Fall mit Verweis auf die „Bescheinigung" des Falles als risikofrei durch das Risikomanagementsystem und den Massenvollzug auch die Anschaffung eines offensichtlich nicht für berufliche Zwecke angeschafften „Surfbretts" als Werbungskosten sehenden Auges veranlagt worden ist.

Ob durch die Anwendung von Risikomanagementsystemen ein strukturelles Vollzugsdefizit besteht, ist demgegenüber allerdings fraglich. Das Bundesverfassungsgericht hat ein strukturelles Vollzugsdefizit dann angenommen, wenn das materielle Steuergesetz in ein normatives Umfeld im Erhebungsverfahren eingebettet ist, das die Gleichheit der Belastung hinsichtlich des tatsächlichen Erfolgs nicht gewährleistet.[1503] Dabei standen sich in den beiden Urteilen des Bundesverfassungsgerichts jeweils eine Norm des materiellen Steuerrechts (§ 20 Abs. 1 Nr. 8 EStG bzw. §§ 22 Nr. 2; 23 Abs. 1 Nr. 1 lit. b EStG) und mit dem Bankenerlass bzw. § 30a AO eine verfahrensrechtliche Regelung gegenüber, jeweils also zwei konkrete Vorschriften. Unabhängig von der Frage, ob sich diese Konstellation auf das weitere Verhältnis der einzelnen Steuerarten und der Verwendung von Risikomanagementsystemen übertragen lässt[1504] oder nicht[1505], streiten die Mindestanforderungen des § 88 Abs. 5 S. 3 AO an die Ausgestaltung von Risikomanagementsystemen gegen ein strukturelles Vollzugsdefizit, wenn sie umgesetzt werden.[1506] Denn zum einen erkannte auch das Bundesverfassungsgericht eine im Massenverfahren notwendige sachgerechte Konzentration behördlicher Ermittlungsmaßnahmen mit Blick auf die dem Staat nur begrenzt verfügbaren personellen und finanziellen Mittel an.[1507] Risikomanagementsysteme setzen

---

1502 Ähnlich beschrieben bei *Deckers/Fiethen*, FR 2015, 913, 914, die sagen, dass sich die Prüfung grundsätzlich auf die als risikoträchtig identifizierten Sachverhalte erstreckt; kritisch dazu zu Recht *Sediqi*, Der Untersuchungsgrundsatz im Lichte des § 88 AO n.F., S. 201-203.

1503 BVerfG v. 27.6.1991, 2 BvR 1493/89, BVerfGE 84, 239, 1. Leitsatz; BVerfG v. 9.3.2004, 2 BvL 17/02, BVerfGE 110, 94, 1. Leitsatz.

1504 *Müller-Franken*, StuW 2018, 113, 117; *Thiemann*, StuW 2019, 295, 302; *ders.*, StuW 2018, 304, 313.

1505 *Heintzen*, DÖV 2015, 780, 785.

1506 Ähnlich auch *Mellinghoff*, in: FS BFH, 421, 428 f., mit Hinweis darauf, dass die vollautomatisierte Veranlagung gem. § 155 Abs. 4 S. 3 AO von verschiedenen Verifikationsmöglichkeiten abhängig ist und daher bei dem vollautomatisierten Veranlagungsverfahren nicht grundlegend von einem strukturellen Vollzugsdefizit ausgegangen werden kann.

1507 BVerfG v. 9.3.2004, 2 BvL 17/02, BVerfGE 110, 94, 115.

diese Anforderungen maschinell um und sind somit ein möglicher Mechanismus, um den Anforderungen des Massenverfahrens zu begegnen. Zum anderen forderte das Bundesverfassungsgericht für das strukturelle Vollzugsdefizit widersprüchliches, auf Ineffektivität angelegtes Recht,[1508] was hier mit § 88 Abs. 5 AO gerade nicht vorliegt. In diesem Zusammenhang kann der Zufallsauswahl i.S.d. § 88 Abs. 5 S. 3 Nr. 1 AO kein zu großes Gewicht beigemessen werden, die als „Drohkulisse“[1509] oder über dem Steuerpflichtigen schwebenden Damoklesschwert[1510] zur Steuerehrlichkeit anmahnt und der Umsetzung des vom Bundesverfassungsgericht geforderten „angemessenen Entdeckungsrisikos“[1511] dient.[1512] Dass die Prüfungsauswahl zufällig erfolgt und der geprüfte Steuerpflichtige dabei ungleich gegenüber anderen Steuerpflichtigen behandelt wird, verstößt nicht gegen Art. 3 Abs. 1 GG: Die Ungleichbehandlung ist i.S.d. Generalprävention zur Sicherung der Gesetzmäßigkeit des Steuervollzuges gerechtfertigt, denn die Drohkulisse der jederzeitigen Überprüfbarkeit eines Steuerfalles und die Willkür der Auswahl halten den Steuerpflichtigen grundsätzlich zur Ehrlichkeit an.[1513] Wann der Umfang der Zufallsauswahlen hingegen als „hinreichend“ anzusehen ist, ist umstritten und kann hier nicht abschließend erörtert werden.[1514] Solange die Risikomanagementsysteme darüber hinaus aber keine grundsätzlich prüfungsfreien Räume beinhalten – worunter allerdings nicht grundsätzlich Aufgriffsgrenzen zu subsumieren sind[1515] – und die der Prüfung hinterlegten Risikokriterien, wie von § 88 Abs. 5 S. 4 AO gefordert, nicht im Einzelnen – und auch nicht in Einzelfällen[1516] – öffentlich

1508 BVerfG v. 9.3.2004, 2 BvL 17/02, BVerfGE 110, 94, 113.

1509 *Thiemann*, StuW 2018, 304, 305, 306.

1510 *Müller-Franken*, StuW 2018, 113, 120.

1511 BVerfG v. 9.3.2004, 2 BvL 17/02, BVerfGE 110, 94, 114.

1512 *Seer*, StuW 2015, 315, 324; siehe auch *Drüen*, FR 2011, 101, 106.

1513 *Seer*, DStJG 31 (2008), 7, 17; *Heintzen*, DÖV 2015, 780, 785; *Müller-Franken*, StuW 2018, 113, 117.

1514 Eine Quote der Zufallsausfälle von 2% wird als zu gering angesehen, siehe *Bundesrechnungshof*, Vollzug Arbeitnehmerbereich, S. 28 f.; *Thiemann*, StuW 2018, 304, 308; allgemeine Anforderungen an die Stichprobe äußert *Marx*, Ubg 2018, 358, 361; *Maier*, JZ 2017, 614, 617, sieht eine Quote von 2-3% im Falle einer einfachen Möglichkeit zur Umgehung der Risikokriterien als zu gering an, um das dann entstehende strukturelle Vollzugsdefizit zu überwinden.

1515 *Müller-Franken*, StuW 2018, 113, 120; kritisch etwa *Mellinghoff*, in: FS BFH, 421, 435.

1516 Ein Interesse des Steuerpflichtigen an seiner Risikoeinordnung und den damit verbundenen Informationen über die Prüfintensität im einzelnen Fall sind dem

gemacht und damit wirkungslos werden, spricht wenig für ein strukturelles Vollzugsdefizit.[1517]

Aus dem Grundsatz der Publizität der Exekutive bzw. aus dem Prinzip der Verwaltungstransparenz als Teilprinzip des Demokratieprinzips[1518] und damit aus dem Rechtsstaatsprinzip ist die Veröffentlichung der Arten von Risikoparametern allerdings zu fordern, damit nicht durch das Etablieren einer „Geheimwissenschaft" die Akzeptanz in der Bevölkerung in Bezug auf die Anwendung von Risikomanagementsystemen vermindert wird.[1519] Die Veröffentlichung von einzelnen Risikoparametern würde demgegenüber den Grundsatz der Gleichmäßigkeit der Besteuerung tangieren; insoweit findet eine Durchbrechung des Grundsatzes der Publizität statt.[1520] Eine besondere Ausprägung des Grundsatzes der Publizität findet sich in Nordrhein-Westfalen in Form der bereits angesprochenen Prüffelder: Die Finanzverwaltung NRW gibt dabei allgemeine Prüfungsschwerpunkte der einzelnen Finanzämter in den einzelnen Kalenderjahren *ex ante* bekannt, ohne dabei jedoch einzelne Risikoparameter zu offenbaren.[1521]

Geheimhaltungsinteresse der Finanzverwaltung untergeordnet und nicht schützenswert, siehe zutreffend *Münch*, DStR 2013, 2150, 2153.

1517 *Heintzen*, DÖV 2015, 780, 786.

1518 Siehe grundlegend *Wegener*, Der geheime Staat, S. 390-475, insbesondere für die Geheimhaltung der Verwaltung, a.a.O., 449-455, wo *Wegener* herausstellt, dass dem Bild der durch fehlende Geheimhaltung bedrohten Funktionsfähigkeit der Verwaltung eine tradierte spezifisch obrigkeitsstaatliche Auffassung einer Verwaltung zugrunde liegt, die hier in dieser Arbeit gerade zugunsten einer kooperativen Ausgestaltung abgelehnt worden ist; differenzierend in Abhängigkeit von der gesetzlichen Determination des Verwaltungshandelns – je mehr die exekutive Tätigkeit gesetzlich vorbestimmt sei, desto weniger Raum bleibe für eine Konkretisierung des demokratischen Öffentlichkeitsprinzips – *Grzeszick*, in: Maunz/Dürig, GG, Art. 20 II. Rn. 26-33 (Stand: Januar 2010). Siehe auch *Kopp*, Verfassungsrecht und Verwaltungsverfahrensrecht, S. 191-196.

1519 Siehe insbesondere *Seer*, StuW 2015, 315, 324 f., und *ders.*, DStJG 31 (2008), 7, 35, auch zu einer Kooperation mit den steuerberatenden Berufen; siehe auch *Müller-Franken*, StuW 2018, 113, 121.

1520 *Müller-Franken*, StuW 2018, 113, 121; eher kritisch zur Veröffentlichung von Risikoparametern allgemein *Trossen*, FR 2015, 1021, 1023. *Marx*, Ubg 2016, 358, 362, denkt darüber nach, die Risikofilter abgelaufener Zeiträume zu veröffentlichen und Prüfungsschwerpunkte *ex ante* bekanntzugeben; Letzteres wird bereits seit einigen Jahren unternommen, siehe die folgende Fn. und den dazugehörigen Text.

1521 Siehe die Prüffelder für das Kalenderjahr 2020 https://www.finanzverwalt-ung.nrw.de/sites/ default/files/asset/document/20200113_liste_internet_prueffelder.pdf.

Steuerberater und Steuerpflichtige sollen die notwendigen Unterlagen ggf. direkt mit der Steuererklärung einreichen, sodass es zu einer Beschleunigung des Verwaltungsverfahrens kommt.[1522]

Die von *Maier* geäußerte Vermutung, dass Steuerberater willentlich oder zufällig durch ihre arbeitsbedingten Erfahrungswerte mit Risikomanagementsystemen die Prüfparameter herausfinden und diese daraufhin allgemeine Bekanntheit erlangen könnten, sodass Steuerpflichtige ihre Steuererklärungen entsprechend präparieren,[1523] deckt sich nicht mit der Funktion des Steuerberaters als Organ der Steuerrechtspflege, das ebenso wie die Finanzverwaltung an die Steuergesetze gebunden ist und das eine Wahrheitspflicht trifft.[1524] Ein proaktives Verhalten, das die Kenntnisse über Aufgriffsgrenzen ausnutzt oder verbreitet, hätte bei einer Entdeckung wohl nicht nur berufsrechtliche Konsequenzen, sondern stellte auch den gesamten, auf Kooperation ausgelegten Steuervollzug in Frage.[1525] Einzelpersonen können darüber hinaus ein derartiges *reverse engineering* mangels umfassender Erfahrungswerte wohl kaum leisten, sodass *Maiers* Ansatz zur Begründung eines strukturellen Vollzugsdefizits hier auch nicht weiter verfolgt wird.

Vereinzelt stellt die Literatur überbordende Anforderungen an Risikomanagementsysteme, die so weit reichen, dass ein beinahe umfassendes tatsächliches Wissen des Risikomanagementsystems als ideal angesehen wird. Deutlich wird dies an folgendem Beispiel:

> *Bull*[1526] berichtet von einem Fall, in dem bei der Überprüfung der Steuererklärung Rückfragen an den Steuerpflichtigen zu seinen gesunkenen Einnahmen aus selbstständiger

---

1522 Siehe https://www.finanzverwaltung.nrw.de/de/prueffelder-fuer-das-kalenderjahr-2021 (abgerufen am 24.1.2021, 16:25 Uhr).

1523 *Maier*, JZ 2017, 614, 617; ähnlich, aber weniger vorwurfsvoll auch *Drüen*, in: Zukunftsfragen, 1, 14, der davon ausgeht, dass sich das Erklärungsverhalten auf Risikokriterien einstellen könnte und Steuererklärungen sodann nur noch risikogefiltert bei der Finanzbehörde eingereicht werden, und der deswegen Flexibilität für die Finanzbehörde fordert.

1524 Siehe dazu *Seer*, DStR 2008, 1553, 1553 f.; *ders.* DStJG 31 (2008), 7, 34 f.; siehe auch *Tipke*, in: FS Kohlmann, 555, 565 f.

1525 §§ 57 Abs. 2; 89 Abs. 1 StBerG. Würde man den steuerberatenden Berufen derartiges Verhalten unterstellen, wären auch Ansätze abzulehnen, welche die Beauftragung eines Steuerberaters bei der Einordnung in die Risikoklassen des Risikomanagementsystems risikomindernd werten, siehe zu diesem Ansatz etwa *Seer*, StbJb 2004/2005, 53, 77 f.; *ders.*, DStJG 31 (2008), 7, 35

1526 *Bull*, DVBl 2017, 409, 416.

Tätigkeit gestellt worden seien. Der Sachbearbeiter habe dabei das gestiegene Alter des Steuerpflichtigen übersehen, was im konkreten Fall Ursache für die Einschränkung der Tätigkeit und damit auch für die sinkenden Einnahmen war. *Bull* folgert daraus, dass das Geburtsdatum in dem Prüfsystem nicht enthalten gewesen sei, die Rückfrage also nur deswegen aufgekommen sei, weil das Risikomanagementsystem die vorhandenen Daten unvollständig ausgewertet habe.

Bull nimmt hier eine Verknüpfung des ihm wohl bekannten Sachverhaltes „Verminderung von Einnahmen" und dem „gestiegenen Lebensalter" als logisch und zwingend an, weil beide Elemente in seinem beschriebenen Sachverhalt kausal verknüpft auftreten.[1527] Diesen generalisierenden Schluss kann ein Risikomanagementsystem aber nur dann anstellen, wenn das Zusammentreffen beider Parameter („weniger Einnahmen" und „höheres Lebensalter") mit einer entsprechenden, das Zusammentreffen beider Faktoren als Normalfall ansehenden Programmierung als schlüssig betrachtet wird. Dass das gestiegene Lebensalter und sinkende Einnahmen aus einer beruflichen Tätigkeit generell zueinander gehören, ist aber nicht zwingend der Fall, sondern hängt von der Art der konkreten Tätigkeit und den persönlichen Lebensumständen im einzelnen Fall ab, mithin von Informationen, die mit der Steuererklärung nicht bzw. nur in Teilen übermittelt werden und auch nicht aus anderen Quellen der Finanzbehörde vorliegen. Eine entsprechende Programmierung fehlt also in einem solchen Fall nicht, sondern hat bewusst nicht stattgefunden, sie wird kaum möglich sein. Der Fall wird vom Risikomanagementsystem ausgesteuert, um den konkreten Sachverhalt personell überprüfen zu lassen. Dem Risikomanagementsystem kann hier also nicht vorgeworfen werden, vorliegende Daten nicht ausgewertet zu haben, sondern es konnte die Schlüssigkeit der erklärten Werte im Einzelfall richtigerweise nicht kontrollieren und stellte nur eine personelle Prüfungswürdigkeit fest. *Bulls* Schlussfolgerung, dass das Risikomanagementsystem die Daten unvollständig auswertet und deswegen den konkreten Fall als nach seiner Auffassung unberechtigt ausgesteuert hat, resultiert aus der Tatsache, dass *Bull* den Sachverhalt kennt und Ursache sowie Folge als generell übertragbar ansieht. Das ist aber – wie gezeigt – nicht der Fall. Anhand dieses Beispiels wird deutlich, dass

1527 In einem anderen Zusammenhang (etwa, wenn man die Faktoren „gestiegenes Alter" mit „verminderter Anpassungsfähigkeit an moderne technische Entwicklungen" verbindet) könnte man aber genauso auf die Idee kommen, dass das gestiegene Alter mit einer Überforderung der Erfassung der Einnahmen und dem Erledigen der steuerlichen Verpflichtungen einhergeht. In diesem Fall wäre eine Aussteuerung wiederum nachvollziehbarer.

die Wirksamkeit eines Risikomanagementsystems nicht danach beurteilt werden kann, ob in einem singulären Sachverhalt ein subjektiv nachvollziehbares Ergebnis erzielt worden ist oder nicht, sondern die Effektivität kann nur unter Betrachtung der programmierten Risikoparameter, der eingegebenen Fälle und der ausgegebenen Ergebnisse beurteilt werden.

§ 88 Abs. 5 S. 3 Nr. 4 AO fordert daher als weitere Mindestvoraussetzung für ein Risikomanagementsystem auch die regelmäßige Überprüfung, ob das eingesetzte System die gewünschten Ziele erreicht. Dieser Prozess kann aber nur von demjenigen durchgeführt werden, der Zugriff auf die Risikoparameter hat.[1528] Weiterhin ist es für einen solchen Prozess notwendig, dass die ausgesteuerten Fälle dahingehend ausgewertet werden, ob diese zu Recht ausgesteuert worden sind (*false-positive-rate*) und dass bei den Zufallsauswahlen überprüft wird, ob diese zu Recht nicht vom Risikomanagementsystem ausgesteuert worden sind (*false-negative-rate*), sodass die Risikoparameter dauerhaft weiterentwickelt werden.[1529]

4. *Rechtsschutz gegen Risikomanagementsysteme*

Inwieweit Kontrollen der Risikomanagementsysteme und ihrer Prüfparameter und Aufgriffsgrenzen durch Gerichte oder andere externe Stellen geboten sind, wird ebenfalls diskutiert. Dabei wird der gesetzlichen Regelung des § 88 Abs. 5 AO die der Exekutive vorbehaltene konkrete Ausgestaltung der Risikomanagementsysteme als Recht in Computersprache, sog. *code law* gegenübergestellt und in ein Konkurrenz- oder jedenfalls Nichtvereinbarkeitsverhältnis gesetzt.[1530] Allerdings bleibt die Ausgestaltung des Steuervollzugs Domäne der Exekutive, in der ihr ein nicht unerheblicher Gestaltungsspielraum als Verfahrensermessen

---

1528 Zutreffend *Müller-Franken*, StuW 2018, 113, 119.

1529 Zu den Anforderungen siehe die Sachverständigenauskunft zum Entwurf eines Gesetzes zur Modernisierung des Besteuerungsverfahrens vom Chaos Computer, Club S. 5, abrufbar unter https://www.bundestag.de/resource/blob/418340/12b32b644b23a76c653b5fa1d2814e53/07-ccc-data.pdf; siehe auch *Seer*, StuW 2015, 315, 324: „Gedanke des selbstlernenden Systems"; *Maier*, JZ 2017, 614, 615 f., der, a.a.O., 616, aus negativen Erfahrungen in der Vergangenheit mit NEPTUN und NEPOMUK (selbstlernende Prüfsysteme im Bereich der Umsatzsteuer) davon ausgeht, dass auf lediglich theoriegeleitete Risikomanagementsysteme zurückgegriffen wird.

1530 Siehe etwa bei *Ahrendt*, NJW 2017, 537, 540; *Maier*, JZ 2017, 614, 618; siehe dazu auch *Mellinghoff*, DStJG 42 (2009), 287, 304-307, 309 f.

zusteht.[1531] Der Einsatz von Risikomanagementsystemen ist unter dem Gesichtspunkt einer in diesem Zuge getroffenen finanzbehördlichen Ressourcen- und Instrumentenverteilungsentscheidung[1532] daher grundsätzlich nicht zu beanstanden. Ob die Ausgestaltung dieses Verfahrensermessens durch eine schriftliche Anordnung erfolgt oder durch die Anwendung eines technischen Programmes direkt umgesetzt wird, kann für die rechtliche Beurteilung keine Rolle spielen, solange die abstrakte Wirkweise des Programmes nachvollziehbar ist.[1533] Auch stellt die Möglichkeit eines vollautomatisierten Änderungsbescheides gem. § 155 Abs. 4 S. 1 AO, anders als vereinzelt behauptet,[1534] kein Eingeständnis des Gesetzgebers in Bezug auf ein fehleranfälliges *code law* oder fehlerhaft arbeitende Risikomanagementsysteme dar. Tatsächlich wird es bei dieser Regelung darum gehen, elektronisch übermittelte Datenänderungen (§ 175b Abs. 1 AO) und – wenn die technischen Voraussetzungen vorliegen – Grundlagenbescheide (§ 175 Abs. 1 Nr. 1 AO) elektronisch ohne Zutun eines Sachbearbeiters auswerten zu können. Die Kritik zum *code law* ist daher nicht stichhaltig. Unabhängig davon, ob man die Regelungen der Risikomanagementsysteme als originären Bestandteil von § 88 Abs. 5 AO[1535] oder als Verwaltungsvorschriften[1536] vergleichbar ansieht, spricht aber Art. 19 Abs. 4 GG für

1531 *Seer*, DStJG 31 (2008), 7, 12, 14 f.; *Hill*, NVwZ 1985, 449, 453, der den Begriff des Verfahrensermessens anhand der Vorschriften des VwVfG ausarbeitet.

1532 Zum Begriff der Verteilungsentscheidung in diesem Zusammenhang *Drüen*, in: Zukunftsfragen 1, 15.

1533 Ähnlich wohl auch *Mellinghoff*, DStJG 42 (2019), 287, 308 f. Damit wäre auch der Kritikpunkt von *G. Kirchhof*, DStJG 40 (2017), 47, 63, entkräftet, dass ein Beamter die Prüfergebnisse des Rechners nur schwer überprüfen kann. Ebenso kritisch aber *Braun Binder*, DÖV 2016, 891, 894, die feststellt, dass der Softwarecode in aller Regel nicht von der Behörde selbst programmiert wird und nicht wie ein Text gelesen und verstanden werden kann. Dem ist allerdings für die Finanzverwaltung entgegenzuhalten, dass diese die Software selbst in ihren Rechenzentren durch „umgeschulte" Finanzbeamte des gehobenen Dienstes entwickelt und pflegt, auch wenn sie sich dabei der Hilfe externer Dritter bedient. An einer von *Braun Binder*, a.a.O., auch kritisierten fehlenden Transparenz und Nachvollziehbarkeit für den Betroffenen ändert dies freilich nichts.

1534 So aber *Maier*, JZ 2017, 614, 618.

1535 So *Maier*, JZ 2017, 614, 618.

1536 Nach der oben (siehe 2. Teil B. V. 6. e. (2)) gebildeten Typologie von Verwaltungsvorschriften handelt es sich bei den Risikomanagementsystemen um solche zur Sachverhaltsermittlung, denen nach den Grundsätzen der normativen Ermächtigungslehre Außenwirkung zukommt, sodass Gerichte „lediglich" ihre Rechtmäßigkeit überprüfen können.

die notwendige Möglichkeit einer gerichtlichen Kontrolle. Eine Überprüfung der Risikomanagementsysteme kann dann nur in Bezug darauf erfolgen, ob die durch das Untermaßverbot gesetzte Untergrenze der finanzbehördlichen Sachaufklärung gewahrt bleibt, und ist auf eine Evidenzkontrolle beschränkt.[1537] Dies ist später bei der Frage der Ermittlungspflichtverletzung der Finanzbehörde bei Anwendung der Grundsätze von Treu und Glauben als Korrekturhindernis im Rahmen des § 173 Abs. 1 Nr. 1 AO[1538] und der Frage, wann ein Sachverhaltsermittlungsfehler der Finanzbehörde eine Korrektur nach § 129 AO ausschließt, noch von Bedeutung[1539]. Inwieweit in diesen Verfahren die Risikoparameter offen zu legen sind, wird mit Blick auf den Geheimnisschutz diskutiert,[1540] muss hier aber offen gelassen werden.

5. *Zulässige Verwendung von Risikomanagementsystemen*

Die Verwendung von Risikomanagementsystemen zur Trennung der prüfungswürdigen von nicht prüfungswürdigen Fällen ist zulässig und grundsätzlich nicht zu beanstanden, solange die durch den Gesetzgeber in § 88 Abs. 5 AO gestellten Anforderungen umgesetzt werden.[1541] Die Akzeptanz von Risikomanagementsystemen und damit die Abgabe von Entscheidungen an einen programmierten Algorithmus ruft zwar noch Störgefühle und kritische Stimmen hervor. Es ist aber damit zu rechnen, dass sich diese in Zukunft aufseiten der

---

1537 Allgemein zum Untermaßverbot im Steuerverfahren siehe *Seer*, DStJG 31 (2008), 7, 13-15.

1538 Siehe dazu unten 5. Teil C. IV.

1539 Siehe dazu unten 5. Teil C. V. 2. e.

1540 Siehe *Thiemann*, StuW 2018, 304, 310-313, der das *in-camera*-Verfahren i.S.d. § 86 Abs. 3 FGO nicht als wirksames Mittel zur Kontrolle struktureller Mängel von Risikomanagementsystemen ansieht (a.a.O., 311 f.); *Trossen*, FR 2015, 1021, 1023, sieht bei Streitigkeiten über materielles Steuerrecht das Risikomanagementsystem nicht als Bestandteil des Verfahrens an; wenn es jedoch um einen Verstoß gegen die Gleichmäßigkeit der Besteuerung geht, sieht *Trossen*, a.a.O., eine aus Art. 19 Abs. 4 GG resultierende Pflicht der Finanzbehörde, die einzelnen Risikokriterien (z.B. Aufgriffsgrenzen, Prüffelder, Prüffilter, Risikoklassen) offen zu legen; ähnlich *Marx*, Ubg 2016, 358, 362, und *Maier*, JZ 2017, 614, 617, für den Fall einer Gleichheitsprüfung; pragmatisch *Bull*, DVBl 2017, 409, 416: Maßgeblich sei nur, ob die Abläufe zu gesetzeskonformen Ergebnissen führten, solange blieben die technischen Details für den Rechtsschutz irrelevant.

1541 Im Ergebnis ebenso *Sediqi*, Der Untersuchungsgrundsatz im Lichte des § 88 AO n.F., S. 215-222.

Finanzbehörde, aber auch der Bevölkerung, mindern werden, wenn eine entsprechend transparente Kommunikation und Erläuterung erfolgt.[1542] Dass ein Risikomanagementsystem nicht „out of the box" einwandfrei funktioniert, sondern einen Zeitraum zur Einstellung braucht, in dem das Pendel der Effektivität in unterschiedliche Richtungen ausschlagen kann, ist zum einen der Natur der Sache geschuldet, findet aber auch Gründe in der Akzeptanz und Anwendung von Risikomanagementsystemen in der Finanzverwaltung selbst.

III. Zweite Stufe: Überprüfung des Einzelfalles mit variablem Beweismaß

Ist die Prüfung der Steuererklärung auf der zweiten Stufe angelangt, der Steuerfall also ausgesteuert worden und damit einer Einzelfallprüfung unterzogen, ist kein starres Beweismaß im Sinne einer vollen Überzeugung, sondern ein an der Sphärenverantwortlichkeit von Finanzbehörde und Steuerpflichten orientiertes Beweismaß maßgebend.[1543] Typisierende Verwaltungsvorschriften[1544] senken z.B. das Beweismaß für das Vorliegen eines tatsächlichen Umstandes bzw. Tatbestandsmerkmals auf das Vorliegen bestimmter Hilfstatsachen ab.[1545] Im Übrigen ist das Maß der Überzeugung über den steuerbegründenden bzw. steuererhöhenden Sachverhalt dann entsprechend der Pflichtverletzung auf eine größtmögliche Wahrscheinlichkeit zu mindern, wenn das Sachaufklärungsdefizit aus einer Mitwirkungspflichtverletzung des Steuerpflichtigen resultiert.[1546] Normativer Anknüpfungspunkt ist § 162 Abs. 2 S. 1 AO, der in den Fällen der unzureichenden Mitwirkung des Steuerpflichtigen eine Herabsenkung des Beweismaßes auf eine größtmögliche Wahrscheinlichkeit zulässt.[1547] In den anderen Fällen bleibt es bei dem Regelbeweismaß der an Sicherheit grenzenden Wahrscheinlichkeit.[1548] Es wäre dem Steuerpflichtigen unzumutbar, sich einer

---

1542 Ähnlich *Marx*, Ubg 2016, 358, 362.

1543 Grundlegend *Seer*, Verständigungen in Steuerverfahren, S. 191-196; *ders.*, in: Tipke/Kruse, AO/FGO, § 88 AO Rn. 43 (Stand: Januar 2017).

1544 Siehe dazu oben 2. Teil B. V. 6. e. cc. (2) (d).

1545 Zur Einordnung und Abgrenzung zu Beweislastentscheidungen siehe *Osterloh*, Gesetzesbindung, S. 327-329; BVerfG v. 11.5.1988, 1 BvR 520/83, BVerfGE 78, 214, 229, billigt fallgruppenbildende Verwaltungsvorschriften zur Sicherstellung des gleichmäßigen Gesetzesvollzugs.

1546 *Loschelder*, AO-StB 2003, 25, 26.

1547 *Seer*, in: Tipke/Kruse, AO/FGO, § 88 AO Rn. 43 (Stand: Januar 2017).

1548 *Seer*, in: Tipke/Kruse, AO/FGO, § 88 AO Rn. 43 (Stand: Januar 2017).

Minderung des Beweismaßes zu seinen Ungunsten gegenüber zu sehen, obwohl er sich keiner Verfehlung im Steuerverfahren schuldig gemacht hat.[1549] Bei steuerbefreienden bzw. steuermindernden Tatsachen wird bei einer Mitwirkungspflichtverletzung des Steuerpflichtigen – um diesen nicht ungerechtfertigt zu bevorteilen[1550] – dennoch das Regelbeweismaß angewendet, während ein Aufklärungsdefizit trotz erfolgter Mitwirkung des Steuerpflichtigen das Beweismaß zu seinen Gunsten auf die größtmögliche Wahrscheinlichkeit senkt.[1551]

Es ist auch denkbar, dass die Unaufklärbarkeit eines Sachverhaltes ihren Ursprung in der Sphäre der Finanzbehörde findet, dann nämlich, wenn eine Verletzung der Ermittlungspflicht gegeben ist.[1552] In diesen Fällen verschiebt sich das Beweismaß zulasten der Finanzbehörde.[1553]

D. Beweislast im Steuerverfahren

I. Subjektive Beweislast

Die subjektive Beweislast umfasst die Belastung – aber nicht die Verpflichtung – einer Partei mit der Aufgabe, den Beweis streitiger Tatsachen zu erbringen.[1554] Die subjektive Beweislast ist prägend für Verfahren, in denen der Beibringungsgrundsatz bzw. der Verhandlungsgrundsatz vorherrscht, also insbesondere das zivilrechtliche Gerichtsverfahren.[1555] Grundlegend ist in diesem, dass das Gericht – unter Modifikation durch §§ 138 f. ZPO – nur diejenigen Tatsachen bei seiner Entscheidungsfindung berücksichtigen darf, die von den einzelnen Parteien vorgetragen worden sind.[1556] Verfahren, die vom Untersuchungsgrundsatz beherrscht werden, wie das Steuerverfahren, kennen im Gegensatz dazu im Grundsatz keine subjektive Beweislast.[1557] Denn der Untersuchungsgrundsatz

---

1549 *Loschelder*, AO-StB 2003, 25, 26.

1550 *Seer*, in: Tipke/Kruse, AO/FGO, § 162 AO Rn. 6 (Stand: Oktober 2017), spricht von einem „Verbot der Prämierung einer Mitwirkungsverweigerung".

1551 *Seer*, in: Tipke/Kruse, AO/FGO, § 88 AO Rn. 43 (Stand: Januar 2017).

1552 *Loschelder*, AO-StB 2003, 25, 26.

1553 *Loschelder*, AO-StB 2003, 25, 26.

1554 *Söhn*, in: Hübschmann/Hepp/Spitaler, AO/FGO, § 88 AO, Rn. 346 (Stand: März 2010); siehe auch *Seer*, in: Tipke/Kruse, AO/FGO, § 96 FGO Rn. 78 (Stand: August 2018).

1555 *Weber-Grellet*, StuW 1981, 48, 48.

1556 *Greger*, in: Zöller, ZPO, Vor § 128 Rn. 10.

1557 BFH v. 5.11.1970, V R 71/67, BStBl. II 1971, 220, 224, dort allerdings offen gelassen für das finanzgerichtliche Verfahren; FG Hamburg v. 16.8.2006, 1 K 45/06 Rn. 38; *Osterloh*, Gesetzesbindung, S. 307 f.; *Seer*, in: Tipke/Kruse, AO/FGO, § 96 FGO Rn. 78 (Stand: August 2018) m.w.N.; *Söhn*, in: Hübschmann/Hepp/Spitaler, AO/

verpflichtet die Behörde gem. § 88 Abs. 1 S. 1 AO von Amts wegen, den Sachverhalts zu ermitteln, wenn ein Verwaltungsverfahren gem. § 86 AO begonnen wird. Dabei hat die Finanzbehörde gem. § 88 Abs. 1 S. 2 AO alle für den Einzelfall bedeutsamen und auch die für den Beteiligten günstigen Umstände zu ermitteln. Die Mitwirkungspflichten des Steuerpflichtigen, der Finanzbehörde den steuerlich erheblichen Sachverhalt zu offenbaren, ergänzen den Untersuchungsgrundsatz.[1558] Die Mitwirkungspflichten des Steuerpflichtigen statuieren jedoch grundsätzlich keine Beweisführungslast, sondern verdrängen bzw. ersetzen gemeinsam mit dem Untersuchungsgrundsatz die nur einer Partei auferlegte subjektive Beweislast.[1559] Von diesem Grundsatz abweichend sind aber zahlreiche Einzelausnahmen gesetzlich normiert.[1560] Diese Ausnahmen in Form von Beweisführungs- und Nachweispflichten durchbrechen den Untersuchungsgrundsatz und legen demjenigen, der beweisführungs- bzw. nachweisverpflichtet ist, das Beweisrisiko der rechtserheblichen Tatsache auf.[1561]

II. Objektive Beweislast

Die objektive Beweislast beantwortet die Frage, zu wessen Ungunsten zu werten ist, wenn ein Sachverhalt unaufklärbar ist (*non liquet*), sich also die Finanzbehörde

---

FGO, § 88 AO, Rn. 348 (Stand: März 2010); *Roser*, in: Gosch, AO/FGO, § 88 AO Rn. 31 (Stand: Juni 2018); a.A. auch mit Blick auf die unzähligen Durchbrechungen des Untersuchungsgrundsatzes *Martens*, StuW 1981, 322, 330 f.; *Pestalozza*, in: FS Boorberg Verlag, 185, 196 f., argumentiert, dass im vom Untersuchungsgrundsatz geprägten Verfahren die Beweisführungslast grundsätzlich bei der verfahrensbeherrschenden Behörde liegt.

1558 Siehe 2. Teil A. I. 2.

1559 *Frotscher*, in: Fortentwicklung, 167, 187; *Weber-Grellet*, StuW 1981, 48, 48; *Seer*, in: Tipke/Kruse, AO/FGO, § 88 AO Rn. 44 (Stand: Januar 2017); *Söhn*, in: Hübschmann/Hepp/Spitaler, AO/FGO, § 88 AO, Rn. 346 (Stand: März 2010). Für § 90 Abs. 2 AO siehe BFH v. 6.11.1987, III R 231/83, BStBl. II 1988, 438 Rn. 15.

1560 *Seer*, in: Tipke/Kruse, AO/FGO, § 88 AO Rn. 44 (Stand: Januar 2017); *Söhn*, in: Hübschmann/Hepp/Spitaler, AO/FGO, § 88 AO, Rn. 345 (Stand: März 2010); *Lange*, in: Hübschmann/Hepp/Spitaler, AO/FGO, § 96 FGO Rn. 152 (Stand: Juli 2013); zu den Ausnahmen siehe oben 2. Teil A. III. 4.

1561 *Seer*, in: Tipke/Kruse, AO/FGO, § 96 FGO Rn. 82 (Stand: August 2018); *M. Schmidt*, Die Problematik der objektiven Beweislast im Steuerrecht, S. 134, letzterer diskutiert, a.a.O., S. 131-134, die Frage ausführlich, ob ein Verfahren mit Untersuchungsgrundsatz und eine subjektive Beweislast sich gegenseitig ausschließen, und nimmt dabei auch auf die in Fn. 89 zitierte „Anfang-Ende-Rechtsprechung" Bezug; siehe auch *Weber-Grellet*, StuW 1981, 48, 57 f.

„aufgrund der aus dem Gesamtergebnis des Verfahrens gewonnenen Erkenntnisse keine Überzeugung über den Geschehensablauf bilden kann“[1562], die zeitlich vorangehende Beweiswürdigung also gescheitert ist.[1563] Sie weist folglich den Rechtsnachteil, der sich aus der fehlenden Erweislichkeit einer Tatsache ergibt, im Sinne einer Alles-oder-Nichts-Entscheidung der Finanzbehörde oder dem Steuerpflichtigen zu.[1564] Subjektive Beweislast und objektive Beweislast hängen in Verfahren, in denen der Beibringungsgrundsatz/Verhandlungsgrundsatz gilt, regelmäßig zusammen, d.h., die Partei, die den Beweis zu führen hat, trägt auch die negativen Folgen, wenn die Beweisführung nicht gelingt.[1565] Für das Steuerverfahren ist ein derartiger Zusammenhang durch die dargestellte Limitierung des subjektiven Beweismaßes bereits fraglich. Dann aber, wenn der Steuerpflichtige aufgrund einer Beweisführungs- und Nachweispflicht mit der Forderung belegt ist, das Vorliegen eines Sachverhaltes nachzuweisen, wird folgerichtig auch im Steuerverfahren bei Ausbleiben des Nachweises die Entscheidung regelmäßig zulasten des Steuerpflichtigen ausfallen müssen.[1566]

Fraglich ist dagegen, wie in den Fällen, in denen keine Nachweis- oder Beweisführungspflicht in dem materiellen Steuergesetz angeordnet wird, zu entscheiden ist. Die Tatsache vorausgesetzt, dass die Ungewissheit des Vorliegens eines steuergesetzlichen Tatbestandsmerkmals nicht aus sich heraus bereits zu einer Ablehnung der Rechtsfolge führt und vielmehr die steuerschuldrechtlichen Normen durch separat geregelte Beweislastregeln, welche die Beweisrisiken zwischen den Parteien verteilen, ergänzt werden,[1567] gelangt man im Steuerrecht

---

1562 BFH v. 5.3.1980, II R 148/76, BStBl. II 1980, 402, 403.

1563 *Söhn*, in: Hübschmann/Hepp/Spitaler, AO/FGO, § 88 AO Rn. 346 (Stand: März 2010); *Nierhaus*, Beweismaß und Beweislast, S. 38, bezeichnet das Scheitern der Beweiswürdigung und damit das *non liquet* als Bedingung für die Anwendung der Beweislastnormen.

1564 *M. Schmidt*, Die Problematik der objektiven Beweislast im Steuerrecht, S. 22, 128; zur Kritik an Beweislastentscheidungen, da diese eine Rechtsfolge feststellt, für die es keine gesetzliche Grundlage gibt, siehe *Martens*, StuW 1981, 322, 327.

1565 *Frotscher*, in: Fortentwicklung, 167, 187; *M. Schmidt*, Die Problematik der objektiven Beweislast im Steuerrecht, S. 130; siehe auch *Greger*, in: Zöller, ZPO, Vor § 284 Rn. 18.

1566 So im Ergebnis auch *Seer*, in: Tipke/Kruse, AO/FGO, § 88 AO Rn. 44 (Stand: Januar 2017), der dies aber insgesamt unter den Anwendungsbereich der subjektiven Beweislast subsumiert.

1567 *Osterloh*, Gesetzesbindung, S. 260-264 und S. 264-285, unter Ablehnung einer ansonsten „nicht haltbaren ‚Nichtanwendungtheorie‘“ (S. 263); zustimmend auch *Seer*, Verständigungen in Steuerverfahren, S. 185; a.A. *Nierhaus*, Beweismaß und Beweislast, S. 62 f., unter Annahme eines Verstoßes gegen den in Art. 20 Abs. 3 GG

zu Problemen, da der Gesetzgeber keine ausdrücklichen allgemeinen Vorschriften über die objektive Beweislast in die Abgabenordnung oder die materiellen Steuergesetze implementiert hat.[1568] Als Beweislastgrundregel wird daher von der h.M.[1569] die durch Rechtsprechung und Literatur ursprünglich für die Zivilprozessordnung entwickelte Normbegünstigungstheorie angewendet.[1570] Diese besagt, dass denjenigen die Nichtfeststellbarkeit von Tatsachen trifft, der das entsprechende Recht für sich in Anspruch nimmt.[1571] Auf das Steuerverfahren übertragen ergibt sich damit folgende Grundregel: Grundsätzlich trägt die Finanzbehörde die objektive Beweislast für steuerbegründende bzw. steuererhöhende Sachverhalte und der Steuerpflichtige die objektive Beweislast für steuerbefreiende bzw. steuermindernde Sachverhalte.[1572] Diese Grundregel erfährt

---

hinterlegten Grundsatz des Vorrangs des Gesetzes, wonach „nur solche Sachverhalte unter das Gesetz subsumiert werden, die nach der Überzeugung des Rechtsanwenders wirklich existieren. Die Gesetz- und Tatbestandsmäßigkeit verbieten mithin eine Beweiswürdigung, die Sachverhalte aufgrund nur möglicher oder wahrscheinlicher Tatsachen und Geschehensabläufe feststellt. [...] Der Maßstab der Wahrheitsüberzeugung verlangt für die Rechtsanwendung die Zugrundelegung von Sachverhalten, die mit Sicherheit im Sinne von persönliche ernsthafte Zweifel ausschließender Überzeugung festgestellt sind."

1568 Statt vieler *Seer*, in: Tipke/Kruse, AO/FGO, § 96 FGO Rn. 83 (Stand: August 2018) m.w.N.

1569 BFH v. 5.11.1970, V R 71/67, BStBl. II 1971, 220 Rn. 29-33; *Weber-Grellet*, StuW 1981, 48, 53; *Seer*, in: Tipke/Kruse, AO/FGO, § 96 FGO Rn. 83 (Stand: August 2018); *Volquardsen*, in: Schwarz/Pahlke, AO/FGO, § 88 AO Rn. 31 (Stand: März 2017); *Roser*, in: Gosch, AO/FGO, § 88 AO Rn. 31 (Stand: Juni 2018); *Lange*, in: Hübschmann/Hepp/Spitaler, AO/FGO, § 96 FGO Rn. 154 (Stand: Februar 2020), dort auch zur unterschiedlichen Terminologie in Fn. 4.

1570 Grundlegend für das Zivilprozessrecht *Rosenberg*, Die Beweislast, S. 27, und dies aufgreifend BFH v. 5.11.1970, V R 71/67, BStBl. II 1971, 220, 224; kritisch dazu und eine modifizierte Normbegünstigungstheorie ablehnend *M. Schmidt*, Die Problematik der objektiven Beweislast im Steuerrecht, S. 220-246.

1571 *Rosenberg*, Die Beweislast, S. 27; *Lange*, in: Hübschmann/Hepp/Spitaler, AO/FGO, § 96 FGO Rn. 154 (Stand: Februar 2020).

1572 Wobei *Osterloh*, Gesetzesbindung, S. 274-279, insb. S. 279, zutreffend darauf hinweist, dass eine Bestimmung, ob sich ein Sachverhalt steuererhöhend oder steuermindernd auswirkt, nicht immer zweifelsfrei möglich ist und von verschiedenen Faktoren abhängt; plakativ anhand eines Beispiels bei dem es darum geht, ob ein Sachverhalt Entnahme (steuererhöhend und damit Beweislast der Finanzbehörde) oder Betriebsausgabe (steuermindernd und damit Beweislast des Steuerpflichtigen) auch *Weber-Grellet*, StuW 1981, 48, 53; die h.M. stellt daher auf den konkreten Einzelfall ab, ob der Sachverhalt konkret steuererhöhend oder steuermindernd wirkt,

aber in der Rechtsprechung des Bundesfinanzhofs vielfache Durchbrechungen und Ausnahmen.[1573]

Die Möglichkeit der Anwendung der Beweislastentscheidungen ist denklogisch eingeschränkt, wenn bei der Ermittlung des Sachverhaltes das notwendige Beweismaß durch die Möglichkeit einer Schätzung gem. § 162 Abs. 1, Abs. 2 S. 1 AO herabgesetzt wird.[1574] Dies ist z.B. in den Fällen denkbar, in denen ein zugunsten des Steuerpflichtigen wirkender Sachverhalt trotz nicht zu beanstandender Mitwirkung des Steuerpflichtigen nicht aufgeklärt werden kann. Beweismaß und Beweislast stehen nämlich in einem einseitigen Abhängigkeitsverhältnis bzw. „Komplementärverhältnis"[1575] zueinander: Je höher die bei dem Beweismaß geforderte Wahrscheinlichkeit bzw. Sicherheit ist, mit welcher der Sachverhalt feststehen muss, desto mehr Raum bleibt für die Anwendung einer Beweislastentscheidung und *vice versa*.[1576] Der objektiven Beweislast bleibt im Steuerverfahren als *ultima ratio* nach einer Sachaufklärung mit Überzeugungsbildung und einer an der Sphärenverantwortung orientierten Beweismaßreduzierung im Ergebnis wenig Raum.[1577]

Seer, in: Tipke/Kruse, AO/FGO, § 96 FGO Rn. 84 (Stand: August 2018) m.w.N.; anders noch *Hensel*, Steuerrecht, S. 157, der argumentierte, dass in dem Fall, in dem sich „alle Mittel zur Erforschung der Wahrheit als erfolglos [erweisen], [...] die Behörde [sich] mit dem höchsten ihr erreichbaren Maß von Wahrscheinlichkeit begnügen [muss], wenn sie ihrer Aufgabe gerecht werden soll, zur zahlenmäßigen Festsetzung des gesetzlichen Steueranspruchs *(und einer gleichmäßigen Anwendung der Steuergesetze!)* [Hervorhebung durch Verf.] unter allen Umständen zu gelangen" und damit den Grundgedanken einer Beweislastentscheidung zugunsten einer Absenkung des Beweismaßes ablehnte.

1573 BFH v. 15.7.1986, VII R 145/85, BStBl. I 1986, 857 Rn. 14; BFH v. 1.10.1998, VII B 1/98, Rn. 12 m.w.N.

1574 Siehe die Auseinandersetzung bei *Martens*, StuW 1981 322, 326-329 m.w.N.

1575 *Seer*, Verständigungen in Steuerverfahren, S. 185.

1576 *Nierhaus*, Beweismaß und Beweislast, S. 39; *Seer*, Verständigungen in Steuerverfahren, S. 185.

1577 BFH v. 15.2.1989, X R 16/86, BStBl. II 1989, 462; BFH v. 8.8.1991, V R 19/88, BStBl. II 1991, 939 Rn. 17; BFH v. 24.6.2014, VIII R 54/10 Rn. 28; *Seer*, in: Tipke/Kruse, AO/FGO, § 88 AO Rn. 45 (Stand: Januar 2017) und § 96 FGO Rn. 79 (Stand: August 2018); *Loschelder*, AO-StB 2003, 25, 27; *Osterloh*, Gesetzesbindung, S. 323 f.; *M. Schmidt*, Die Problematik der objektiven Beweislast im Steuerverfahren, S. 258 m.w.N., der, a.a.O., S. 223 f., auch m.w.N., darauf hinweist, dass der Gesetzgeber die objektive Beweislast bei steuerrechtlichen Normen regelmäßig nicht mitbedacht hat; *Jansen*, Das Steuerverfahren, S. 63.

E. Beweisvermutungen im Steuerverfahren

Das Steuerrecht kennt neben den dargestellten allgemeinen Beweisregeln auch Beweisvermutungen. Von wesentlicher Relevanz im Zusammenhang mit den auch die Steuererklärung vorbereitenden Mitwirkungspflichten ist § 158 AO, der hier beispielhaft herangezogen werden soll. Unterliegt die Finanzbehörde außerhalb besonderer gesetzlicher Beweisregeln[1578] einer in bestimmten Grenzen liegenden freien Beweiswürdigung, schreibt § 158 AO für die Bücher und die sonstigen – auch gem. § 140 AO für das Steuerrecht maßgeblichen außersteuerlichen – Aufzeichnungen[1579] eine Beweisvermutung vor:[1580] Die Buchführung und die Aufzeichnungen des Steuerpflichtigen, die den Vorschriften der §§ 140 bis 148 AO entsprechen, sind der Besteuerung zugrunde zu legen, soweit nach den Umständen des Einzelfalls kein Anlass besteht, ihre sachliche Richtigkeit zu beanstanden. Erfüllen die Buchführung und die Aufzeichnungen des Steuerpflichtigen diese Anforderungen, liegt eine formell ordnungsgemäße Buchführung vor, die eine widerlegbare Rechtsvermutung für die sachliche Richtigkeit der Buchführung als Gesamtwerk begründet.[1581] Dies ist abzugrenzen von der materiell ordnungsgemäßen Buchführung des einzelnen Geschäftsvorfalles, die nicht bereits durch die formelle Ordnungsmäßigkeit der Buchführung indiziert wird, sondern separat zu beurteilen ist.[1582] Auswirkungen auf die Steuerfestsetzung ergeben sich dann, wenn das Finanzamt von dem Ergebnis der Buchführung bzw. der Aufzeichnungen abweichen möchte: Sind die Buchführung bzw. die Aufzeichnungen des Steuerpflichtigen formell ordnungsgemäß, ist wegen

1578 In der Abgabenordnung etwa die §§ 158-162 AO, vgl. – auch zu deren systematischer Deplatzierung, da es sich um Vorschriften des Ermittlungsverfahrens handelt – *Seer*, in: Tipke/Kruse, AO/FGO, Vor §§ 155-168 AO Rn. 1 (Stand: April 2017).

1579 Zum Anwendungsbereich des § 158 AO auf grundsätzlich alle Aufzeichnungen, unabhängig davon, ob ihnen steuerliche oder außersteuerliche und über § 140 AO transformierte Pflichten zugrunde liegen, siehe *Seer*, in: Tipke/Kruse, AO/FGO, § 158 AO Rn. 2 (Stand: April 2017).

1580 Zur Qualifikation des § 158 AO als Beweisvermutung siehe *Seer*, in: Tipke/Kruse, AO/FGO, § 158 AO Rn. 2 (Stand: April 2017); *ders.*, in: Tipke/Lang, Steuerrecht, Rn. 21.205; *Schuster*, in: Hübschmann/Hepp/Spitaler, AO/FGO, § 158 AO Rn. 2 (Stand: Mai 2017); umfassend zum Regelungsgehalt des § 158 AO und die verschiedenen Standpunkte in der Literatur auch über die Zeit siehe *Jansen*, Das Steuerverfahren, S. 61 dort Fn. 267 m.w.N.

1581 *Seer*, in: Tipke/Kruse, AO/FGO, § 158 AO Rn. 3 (Stand: April 2017).

1582 *Seer*, in: Tipke/Kruse, AO/FGO, § 158 AO Rn. 5 (Stand: April 2017); eingehend *Osterloh*, Gesetzesbindung, S. 295.

des im Rahmen des § 158 AO gewährten Vertrauensvorschusses eine Schätzung i.S.d. § 162 Abs. 2 S. 2 AO nur möglich, soweit mit an Sicherheit grenzender Wahrscheinlichkeit die Buchführung bzw. die Aufzeichnungen sachlich unrichtig sind.[1583] Entsprechen die Buchführung bzw. Aufzeichnungen nach dem Gesamtbild aller Umstände im Einzelfall nicht den Anforderungen der §§ 140 ff. AO oder weisen sie wesentliche Mängel[1584] auf, sind sie formell ordnungswidrig und es genügen bereits ernsthafte Zweifel an der sachlichen Richtigkeit, damit eine Schätzung durchgeführt werden kann.[1585] Das Vorliegen bzw. Nichtvorliegen einer formell ordnungsgemäßen Buchführung bzw. formell ordnungsgemäßer Aufzeichnungen, wirkt damit auf das für die Überzeugungsbildung notwendige Beweismaß ein.[1586] Eine formell ordnungsgemäße Buchführung und formell ordnungsgemäße Aufzeichnungen sind damit für die Position des Steuerpflichtigen im Steuerverfahren von Bedeutung, sodass auch ein Interesse daran besteht, die vom Gesetzgeber gestellten Anforderungen zu erfüllen.

F. Auswirkung der Verletzung von Steuererklärungspflichten

I. Verspätungszuschlag bei zu später oder nicht erfolgter Abgabe der Steuererklärung

Gibt der Steuerpflichtige seine Steuererklärung zu spät ab, kommt die Festsetzung eines Verspätungszuschlages gem. § 152 AO in Betracht. Der Verspätungszuschlag wirkt in zweierlei Richtung als Druckmittel eigener Art.[1587] Repressiv

---

1583 *Seer*, in: Tipke/Kruse, AO/FGO, § 158 AO Rn. 12 (Stand: April 2017); dazu auch *Schuster*, in: Hübschmann/Hepp/Spitaler, AO/FGO, § 158 AO Rn. 5 (Stand: Mai 2017); zur Möglichkeit der Schätzung bei einer formell ordnungsmäßigen Buchführung siehe *Seer*, in: Tipke/Kruse, AO/FGO, § 162 AO Rn. 38 f. (Stand: Oktober 2017).

1584 Zu den „wesentlichen Mängeln" siehe *Drüen*, in: Tipke/Kruse, AO/FGO, Vor § 140 AO Rn. 18 (Stand: Oktober 2012).

1585 Dazu *Seer*, in: Tipke/Kruse, AO/FGO, § 162 AO Rn. 40-43 (Stand: Oktober 2017); *Oellerich*, in: Gosch, AO/FGO, § 162 Rn. 233 (Stand: November 2017).

1586 *Seer*, in: Tipke/Kruse, AO/FGO, § 158 AO Rn. 9 (Stand: April 2017); Kritik an einer Einstufung als Beweislastregel bei *Osterloh*, Gesetzesbindung, S. 292-296, insb. S. 295: „Die Vorlage einer formell ordnungsgemäßen Buchführung führt nicht etwa zu einer Veränderung der durch Beweismaß- und Beweislastregeln generell vorgegebenen Risikoverteilung im Verhältnis zwischen Steuerpflichtigem und Steuergläubiger".

1587 BT Drucks. VI/1982, S. 129; BFH v. 10.10.2001, XI R 41/00, BStBl. II 2002, 124 Rn. 21; *Seer*, in: Tipke/Kruse, AO/FGO, § 152 AO Rn. 1 f. (Stand: Juli 2017).

knüpft er an ein in der Vergangenheit liegendes Verhalten an und präventiv soll er den Steuerpflichtigen dazu anhalten, zukünftig seine Steuererklärungspflichten ordnungsgemäß zu erfüllen.[1588] Während vor dem Gesetz zur Modernisierung des Besteuerungsverfahrens der Verspätungszuschlag fakultativ vorgesehen war[1589] und dem Grunde, aber auch der Höhe nach mit vorgegebenen Grenzwerten in das Ermessen der Finanzbehörde gestellt worden ist, hat sich das System des Verspätungszuschlages mit Wirkung vom 1.1.2017 geändert: Ein fakultativer Verspätungszuschlag kommt nur noch dann in Betracht, wenn § 152 Abs. 2 und 7 AO keinen obligatorischen Verspätungszuschlag in einer durch Gesetz vorgeschriebenen Höhe vorsehen. Die Finanzverwaltung ist ihres vormals bestehenden Ermessens, „ob“ und „wie“ ein Verspätungszuschlag festzusetzen ist, verlustig geworden und findet sich – gemeinsam mit dem Steuerpflichtigen – gesetzlich festgelegten Rahmenbedingungen gegenüber. Diese betten sich als Puzzleteil in die von gesetzgeberischer Seite verfolgte Digitalisierung des Besteuerungsverfahrens ein. Insbesondere vor dem Hintergrund, dass es sich beim Steuerverfahren um ein Massenverfahren handelt, das möglichst maschinell durch vollautomatisierte Steuerbescheide i.S.d. § 155 Abs. 4 S. 1 AO zu einer Steuerfestsetzung führen soll, wäre es kontraproduktiv, wenn verspätete Steuererklärungen nunmehr alleine deswegen personell bearbeitet werden müssten, damit der Sachbearbeiter, sein Ermessen ausübend, über den Verspätungszuschlag entscheidet. Der Änderung vorangegangen waren bereits lange zuvor Forderungen aus der Literatur, das personelle Verfahren des Verspätungszuschlages durch ein gesetzlich festgeschriebenes Zuschlagsystem zu ersetzen, das ein tauglicheres Instrument in einem Massenvollzug ist.[1590]

Der obligatorische Verspätungszuschlag ist gem. § 152 Abs. 2 Nr. 1 AO im Grundsatz dann festzusetzen, wenn die Steuererklärung nicht binnen 14 Monaten nach Ablauf des Kalenderjahres bzw. Besteuerungszeitpunktes abgegeben wurde, und beträgt dann im Grundsatz gem. § 152 Abs. 5 S. 2 AO etwa für die Einkommensteuererklärung, Körperschaftsteuererklärung und

---

1588 BT Drucks. VI/1982, S. 129; BFH v. 10.10.2001, XI R 41/00, BStBl. II 2002, 124 Rn. 21; *Seer*, in: Tipke/Kruse, AO/FGO, § 152 AO Rn. 1 f. (Stand: Juli 2017).

1589 Siehe für Einzelheiten die Kommentierung zu § 152 AO a.F. bei *Seer*, in: Tipke/Kruse, AO/FGO, § 152 AO Rn. 7-43a (Stand: Juli 2017), dort auch im Vergleich zum aktuellen Recht und insgesamt – da zurzeit noch auf altem Stand – *Heuermann*, in: Hübschmann/Hepp/Spitaler, AO/FGO, § 152 AO (Stand: April 2014).

1590 Siehe etwa *Seer*, Rechtsvergleich USA-Deutschland, Rn. 155; *ders.*, DStJG 31 (2008), 7, 33 f.

Umsatzsteuerjahresanmeldung[1591] 0,25% der festgesetzten Steuer abzüglich der festgesetzten Vorauszahlungen und abzuziehenden Steuerabzugsbeträge für jeden angefangenen Monat der Verspätung, mindestens jedoch 25 Euro je angefangenem Monat. Wird die Steuer auf null Euro oder einen Erstattungsbetrag festgesetzt oder übersteigt die festgesetzte Steuer nicht die Summe der festgesetzten Steuervorauszahlungen und Steueranrechnungsbeträge, kommt ein obligatorischer Verspätungszuschlag gem. § 152 Abs. 3 Nr. 2 und 3 AO nicht in Betracht. In diesen Fällen kann jedoch ein fakultativer Verspätungszuschlag gem. § 152 Abs. 1 AO festgesetzt werden.

Nur für den Fall, dass ein Verspätungszuschlag fakultativ festgesetzt werden kann, sieht § 152 Abs. 1 S. 2 AO vor, dass von der Festsetzung abgesehen werden soll, wenn der Erklärungspflichtige glaubhaft macht, dass die Verspätung entschuldbar ist, wobei das Verschulden eines Vertreters oder Erfüllungsgehilfen dem Steuerpflichtigen zuzurechnen ist. Wie auch beim obligatorischen Verspätungszuschlag vermutet der Gesetzgeber zwar das Verschulden der verspäteten Abgabe, überlasst es dem Steuerpflichtigen jedoch, sich durch Glaubhaftmachung zu entlasten.[1592] Maßgeblich sind dabei die individuellen Verhältnisse des Steuerpflichtigen, sodass denjenigen kein Verschulden trifft, der aufgrund seiner Kenntnisse und Erfahrungen, der ihm zur Verfügung stehenden Hilfsmittel sowie unter Beachtung seiner besonderen Belastungen körperlicher, geistiger und seelischer Art die ihm mögliche Sorgfalt anwendet.[1593]

Im Zusammenhang mit der elektronischen Steuererklärung wird in der Literatur angeführt, dass nicht nachvollziehbare Fehlermeldungen in der Steuersoftware, die eine elektronische Übermittlung verhindern, entschuldigend wirken können,[1594] zum Teil eingeschränkt um die Forderung, dass der Steuerpflichtige die erforderlichen Angaben richtig eingetragen hat[1595]. Dieser Forderung

---

1591 Für Umsatzsteuervoranmeldungen gilt wiederum § 152 Abs. 8 AO, der der Finanzbehörde die Kriterien des § 152 Abs. 2 AO a.F. zur Bemessung der Höhe des Verspätungszuschlages an die Hand gibt, siehe *Seer*, in: Tipke/Kruse, AO/FGO, § 152 AO Rn. 74 (Stand: Juli 2017). Die Verpflichtung, einen Verspätungszuschlag festzusetzen, besteht aber weiterhin, da § 152 Abs. 8 AO gerade § 152 Abs. 2 AO unangetastet lässt, siehe *Schober*, in: Gosch, AO/FGO, § 152 AO Rn. 91 (Stand: Mai 2020).

1592 *Schober*, in: Gosch, AO/FGO, § 152 AO Rn. 25 (Stand: Mai 2020).

1593 BFH v. 26.4.1989, I R 10/85, BStBl. II 1989, 693 Rn. 8; *Seer*, in: Tipke/Kruse, AO/FGO, § 152 AO Rn. 17 (Stand: Juli 2017); *Schober*, in: Gosch, AO/FGO, § 152 AO Rn. 25 (Stand: Mai 2020).

1594 *Schober*, in: Gosch, AO/FGO, § 152 AO Rn. 25 (Stand: Mai 2020).

1595 *Rätke*, in: Klein AO, § 152 Rn. 18.

ist zuzustimmen, soweit es sich um einen programmtechnischen Fehler handelt, der aus der Sphäre der Finanzverwaltung stammt, was nur dann gegeben ist, wenn die von ihr zur Verfügung gestellten Programme zur Erstellung der Steuererklärung genutzt werden. Bedient sich der Steuerpflichtige Programmen von Drittanbietern gilt dies nur, soweit der Fehler in den Programmkomponenten besteht, die finanzverwaltungsseitig zur Verfügung gestellt und von den Softwareanbietern lediglich in ihre Steuersoftware implementiert worden sind. Zuzumuten ist es dem Steuerpflichtigen aber in solchen Fällen, sich an die Finanzverwaltung zu wenden, auf den Fehler hinzuweisen und Rat einzuholen. Der Chatroboter „ELIAS"[1596], der als erste Anlaufstelle auf www.elster.de Fragen des Steuerpflichtigen beantworten soll, ist hierbei allerdings keine große Hilfe: Auf die Frage „Ich bekomme in Elster eine Fehlermeldung angezeigt und kann meine Steuererklärung nicht absenden. Was soll ich tun?" antwortet ELIAS beinahe schnippisch „Hm, alle Softwarehersteller haben ja eigentlich die gleichen Möglichkeiten, ELSTER in ihre Software einzubauen. ELSTER funktioniert seit 1. Januar 1999 und wird seitdem angeboten. Falls das von Ihnen genutzte Steuerprogramm ELSTER unterstützen soll, es aber tatsächlich nicht korrekt tut, liegt das höchstwahrscheinlich nicht an ELSTER. Obwohl manche als Lösung sagen... ‚ELSTER ist schuld'. Tut mir trotzdem leid für Sie!".[1597] Es erfolgt trotz empathischer Beileidsbekundung kein Hinweis auf die eingerichtete ELSTER-Hotline, die jedoch unter „Weitere Hilfe"[1598] auf www.elster.de gefunden werden kann, sodass hier im Einzelfall ein Verschulden des Steuerpflichtigen durchaus fraglich sein kann. Andersherum wird man beim Auftreten eines die Übermittlung verhindernden Fehlerhinweises es nicht als zulässig erachten können, dass der Steuerpflichtige jegliche Ambitionen zur Abgabe einer Steuererklärung aufgibt.

Eine zweite, wegen der Einstellung des ELSTER I-Verfahrens zukünftig jedoch versiegende Fehlerquelle, die zu einem Verspätungszuschlag führen kann, ist der Fall, dass der Steuerpflichtige zwar die elektronische Übermittlung der Steuererklärungsdaten durchführt, es jedoch unterlässt, den komprimierten Ausdruck der Steuererklärung, der auch die für die Bearbeitung in der Finanzbehörde notwendige dreistellige Telenummer enthält, unterschrieben an die Finanzbehörde zu schicken. In diesen Fällen wird zu Recht in der

---

1596 Akronym für ElsterInformationsAssistent.

1597 Wörtliche Wiedergabe des „Chatprotokolls" vom 24.9.2020, 9:45 Uhr auf https://elias.elster.de/nmIQServer/.

1598 Direktlink: https://www.elster.de/eportal/infoseite/kontakt (abgerufen am 24.9.2020, 9:56 Uhr).

Rechtsprechung davon ausgegangen, dass der Steuerpflichtige keine wirksame Steuererklärung abgegeben hat und somit seine aus §§ 149, 150 AO i.V.m. den Einzelsteuergesetzen bestehende Pflicht zur Abgabe einer Steuererklärung verletzt hat.[1599] Dann, wenn der Steuerpflichtige programmseitig oder anderweitig durch die Finanzbehörde darauf hingewiesen wird, dass die Übermittlung im ELSTER I-Verfahren alleine nicht ausreichend ist, damit die Steuererklärung bei der Finanzbehörde eingegangen ist, ist ein Verschulden grundsätzlich anzunehmen.[1600] Im Ergebnis ähnlich führt auch die Abgabe einer Steuererklärung nach amtlich vorgeschriebenem Vordruck zu einem Verspätungszuschlag bzw. kann zu einem solchen führen, wenn keine elektronische Steuererklärung eingereicht worden ist und die Finanzbehörde auf die Abgabe auf elektronischem Weg nicht ausdrücklich verzichtet hat.[1601] Durch vorschriftswidrige Abgabe der Steuererklärung auf Papier wird der Zweck des elektronischen Verfahrens durchkreuzt, das zur Bewältigung und Bearbeitung der Steuererklärungsmassen auf ein möglichst medienbruchfreies Steuererklärungssystem angewiesen ist.[1602]

1599 FG Niedersachsen v. 13.3.2014, 4 K 32/12, EFG 2014, 1257 Rn. 22 f.; FG Baden-Württemberg v. 17.8.2015, 9 K 2505/14, EFG 2015, 1815 Rn. 34.

1600 FG Baden-Württemberg v. 17.8.2015, 9 K 2505/14, EFG 2015, 1815 Rn. 39-42.

1601 BFH v. 15.12.2015, V B 102/15 Rn. 14-19; FG Nürnberg v. 5.8.2014, 2 V 676/14, EFG 2014, 1846 Rn. 12, 20, das, a.a.O. Rn. 18, 21, zwar in der Abgabe der Steuererklärung auf Papiervordruck einen konkludenten Antrag des Steuerpflichtigen nach § 150 Abs. 8 AO i.V.m. dem jeweiligen Einzelsteuergesetz auf Verzicht der Datenübermittlung sieht, diesen Antrag aber gleichzeitig – wiederum konkludent – durch Festsetzung des Verspätungszuschlages durch die Finanzbehörde als abgelehnt ansieht; ähnlich *Heuel/Harink*, AO-StB 2020, 49, 51, die in der widerspruchslos erfolgten Veranlagung ein Akzeptieren der Steuererklärung als ordnungsgemäß sehen, auch wenn die Übermittlung nicht wie vorgeschrieben elektronisch erfolgte, sondern lediglich eine Steuererklärung auf Papier abgegeben worden ist; *v. Wedelstädt*, AO-StB 2015, 99, 100; *Seer*, in: Tipke/Kruse, AO/FGO, § 152 AO Rn. 11, 13 (Stand: Juli 2017), der eine alsbaldige Nachholung der elektronischen Übermittlung nach Hinweis durch die Finanzbehörde als unschädlich erachtet, aber auch anerkennt, dass dies dann nicht gelten kann, wenn ein obligatorischer Verspätungszuschlag anfällt; *Schober*, in: Gosch, AO/FGO, § 152 AO Rn. 25 (Stand: Mai 2020).

1602 *v. Wedelstädt*, AO-StB 2015, 99, 100.

II. Schätzung der Besteuerungsgrundlagen bei zu später oder nicht erfolgter Abgabe der Steuererklärung

Eine Schätzung der Besteuerungsgrundlagen kommt gem. § 162 Abs. 1 S. 1 AO in Betracht, soweit die Finanzbehörde die Besteuerungsgrundlagen nicht ermitteln oder berechnen kann. Die Schätzung ist somit subsidiär zur Ermittlung des Sachverhaltes[1603] und ihr oberstes Ziel ist die Verwirklichung der Gesetzmäßigkeit und Gleichmäßigkeit der Besteuerung[1604]. Durch die Nichtabgabe einer Steuererklärung wird der Amtsermittlungsgrundsatz nicht grundsätzlich aufgehoben; im einzelnen Fall können sich aber rechtliche und tatsächliche Grenzen der Amtsermittlung ergeben.[1605] Insbesondere ist durch die Finanzbehörde dann zu schätzen, wenn der Steuerpflichtige über seine Angaben keine ausreichende Aufklärung zu geben vermag oder weitere Auskünfte verweigert, § 162 Abs. 2 S. 1 AO. Hierbei kommt der Steuererklärung als primäre Mitwirkungspflicht des Steuerpflichtigen im Steuerverfahren besondere Bedeutung zu. § 162 Abs. 1 S. 1 AO und § 162 Abs. 2 S. 1 AO stehen dabei nicht in einem rechtlichen, aber in einem faktischen Wechselwirkungsverhältnis zueinander,[1606] das auch schon oben für die Steuererklärung beschrieben worden ist:[1607] Die unterlassene Abgabe einer Steuererklärung oder die unvollständige Steuererklärung gibt der Finanzbehörde weniger Anknüpfungspunkte für weitere Ermittlungshandlungen und beschränkt somit ihre faktischen Ermittlungsmöglichkeiten.[1608]

Die „Gefahr“ für den Steuerpflichtigen, dass seine Besteuerungsgrundlagen von der Finanzbehörde geschätzt werden, ohne dass er im Steuerverfahren auf die Möglichkeit der Schätzung hingewiesen worden ist und somit die Gelegenheit bekommt, der Schätzung durch Sachverhaltsmitteilung entgegenzutreten, ist relativ gering, wenn man sich den Untersuchungsgrundsatz der Finanzbehörde in das Gedächtnis ruft: Gibt der Steuerpflichtige keine Steuererklärung ab, wird die Finanzbehörde ihn zunächst an die Abgabe der Steuererklärung erinnern und ggf. Zwangsgelder gem. §§ 328 ff. AO androhen und festsetzen. Die

---

1603 *Seer*, in: Tipke/Lang, Steuerrecht, Rn. 21.207.

1604 Ausführlich *Gombert*, Schätzung der Besteuerungsgrundlagen, S. 22-28.

1605 *Seer*, Verständigungen in Steuerverfahren, S. 177; *Gombert*, Schätzung der Besteuerungsgrundlagen, S. 32-35, 43-46.

1606 *Seer*, in: Tipke/Kruse, AO/FGO, § 162 AO Rn. 32 (Stand: Oktober 2017); siehe auch *Gombert*, Schätzung der Besteuerungsgrundlagen, S. 78-80.

1607 Siehe 2. Teil B. II. 3.

1608 Vgl. auch allgemein *Seer*, in: Tipke/Kruse, AO/FGO, § 162 AO Rn. 32 (Stand: Oktober 2017).

Androhung und Festsetzung von Zwangsgeldern ist allerdings keine Voraussetzung für die Schätzung der Besteuerungsgrundlagen.[1609] Vielmehr unterscheiden sich beide Instrumente grundsätzlich und funktional zueinander: Während die Zwangsgeldandrohung und die Zwangsgeldfestsetzung den Steuerpflichtigen dazu anhalten sollen, seinen Mitwirkungspflichten nachzukommen,[1610] dient die Schätzung der möglichst realitätsnahen Festsetzung der Steuer und hat keinen Straf- oder Zwangscharakter[1611]. Bleiben die Aufforderung zur Abgabe der Steuererklärung und ein eventuell durchgeführtes Zwangsgeldverfahren erfolglos und ergeben sich auch keine anderen Anhaltspunkte für eine konkrete Ermittlung des Sachverhaltes, schätzt die Finanzbehörde die Besteuerungsgrundlagen, wobei sowohl steuererhöhende als auch steuermindernde Besteuerungsgrundlagen Berücksichtigung finden.[1612] Das Beweismaß ist dabei nach den dargestellten Beweisgrundsätzen freilich herabgesetzt.[1613] Gibt der Steuerpflichtige zwar eine Steuererklärung ab, lässt diese aber aus Sicht der Finanzbehörde

---

1609 BFH v. 23.10.1958, IV 203/57 U, BStBl. III 1959, 10, 11; *Gombert*, Schätzung der Besteuerungsgrundlagen, S. 81 f., die zutreffend darauf hinweist, dass der Steuerpflichtige nicht geltend machen könne, dass er dadurch in seinen Rechten verletzt sei, dass er vor einer Schätzung nicht einem Zwangsverfahren ausgesetzt worden wäre und daher eine Schätzung (zunächst) zu unterbleiben habe; *Seer*, in: Tipke/Kruse, AO/FGO, § 162 AO Rn. 13 (Stand: Oktober 2017); *Oellerich*, in: Gosch, AO/FGO, § 162 Rn. 65 (Stand: November 2017); einer Schätzung kann allerdings ein Zwangsgeldverfahren in derselben Sache folgen, wenn der Steuererklärungspflicht danach nicht nachgekommen worden ist, siehe FG Bremen v. 28.3.2000, 299355K 2, EFG 2000, 720 Rn. 21-26; in Fällen der unterlassenen Abgabe der Steuererklärung agiert die Finanzverwaltung überwiegend auf der Grundlage von Schätzungen, ohne ein vorheriges Zwangsgeldverfahren zu betreiben, siehe *Neumann*, in: Gosch, AO/FGO, § 328 AO Rn. 3 (Stand: Mai 2013); a.A. und für das grundsätzliche Erfordernis, dass eine Zwangsgeldandrohung vor Schätzung der Besteuerungsgrundlagen zu ergehen hat *Rüsken*, in: Klein, AO, § 162 Rn. 20.

1610 *Drüen*, in: Tipke/Kruse, AO/FGO, § 328 AO Rn. 27 (Stand: August 2019); *Hohrmann*, in: Hübschmann/Hepp/Spitaler, AO/FGO, § 328 AO Rn. 3 (Stand: November 2014).

1611 *Seer*, in: Tipke/Kruse, AO/FGO, § 162 AO Rn. 7 (Stand: Oktober 2017); a.A. für § 162 Abs. 3 AO *Oellerich*, in: Gosch, AO/FGO, § 162 Rn. 65 (Stand: November 2017); zum sog. Sicherheitszuschlag bei Schätzungen, der allerdings nicht den Charakter einer „Strafsteuer" (*Tipke/Kruse*, AO/FGO (10. Auflage 1980), § 162 AO Rn. 6) oder „Strafschätzung" (*Trzaskalik*, in: Hübschmann/Hepp/Spitaler, AO/FGO, § 162 AO Rn. 39 (Stand: November 1997)) bekommen darf, siehe *Gombert*, Schätzung der Besteuerungsgrundlagen, S. 92-95.

1612 *Seer*, in: Tipke/Lang, Steuerrecht, Rn. 21.207.

1613 Siehe soeben 4. Teil C. III.

Fragen offen, wird sich die Finanzbehörde durch Einzelauskunftsersuchen i.S.d. § 93 AO an den Steuerpflichtigen wenden und um weitere Aufklärung einzelner Sachverhaltskomponenten bitten.[1614] Eine Einbeziehung des Steuerpflichtigen in das Steuerverfahren bzw. die Möglichkeit, dass der Steuerpflichtige in das Steuerverfahren einbezogen wird und dort auch proaktiv tätig werden kann, wird somit bei einer Schätzung im Zusammenhang mit einer nicht abgegebenen Steuererklärung bzw. bei einer unvollständigen Steuererklärung durch den insoweit immer noch bestehenden Untersuchungsgrundsatz der Finanzbehörde gewährleistet.[1615] Die Schätzung aufgrund nicht abgegebener Steuererklärung lässt die Steuererklärungspflicht des Steuerpflichtigen indes gem. § 149 Abs. 1 S. 4 AO nicht entfallen. Sie ist also kein Aliud zur Steuererklärung und beendet auch nicht den Zeitraum, in dem ein Verspätungszuschlag gem. § 152 AO festgesetzt werden kann. Standardmäßig weist die Finanzbehörde hierauf in den Erläuterungstexten eines Schätzungsbescheides hin.

In den Fällen, in denen statt einer elektronischen Steuererklärung eine Steuererklärung auf Papier abgegeben worden ist, liegt eine unwirksame Steuererklärung vor[1616] und die Finanzbehörde wird regelmäßig anhand der erklärten Werte eine Schätzung vornehmen. Der dann erstellte Steuerbescheid stellt allerdings keinen konkludenten Verzicht auf eine elektronische Steuererklärung dar, wenn die Finanzbehörde dies durch einen Erläuterungstext zum Steuerbescheid verdeutlicht.[1617] Soweit dieser Hinweistext fehlt und vielmehr die „unrichtig" übermittelte Steuererklärung widerspruchslos zur Grundlage eines Steuerbescheides gemacht wird und auch kein anderer Hinweis an den Steuerpflichtigen erfolgt, dass noch eine Steuererklärung elektronisch zu übermitteln ist, ist von einem konkludenten Verzicht der Finanzbehörde auf die elektronische Übermittlung bzw. einem punktuellen Dispens i.S.d. jeweiligen Einzelsteuergesetzes ggf. i.V.m. § 150 Abs. 8 AO auszugehen,[1618] dem außerhalb eines

---

1614 Siehe dazu auch *Gombert*, Schätzung der Besteuerungsgrundlagen, S. 82 f.

1615 *Gombert*, Schätzung der Besteuerungsgrundlagen, S. 82, weist zutreffend darauf hin, dass es für § 162 Abs. 2 S. 1 AO keinen Unterschied mache, ob der Steuerpflichtige in diesem Zuge keine Angaben machen könne oder keine Angaben machen wolle; so auch schon *Tipke/Kruse*, AO/FGO (10. Auflage 1980), § 162 AO Rn. 5.

1616 Siehe die Nachweise in Fn. 1601.

1617 Der in Schätzungsfällen von der Finanzbehörde genutzte Erläuterungstext findet sich abgedruckt bei *Rolletschke*, in: GS Joecks, 571, 575.

1618 *Heuel/Harink*, AO-StB 2020, 49, 51; die auf Papier abgegebene Steuererklärung stellt in diesen Fällen gleichsam den konkludenten Antrag auf Befreiung von der elektronischen Übermittlungspflicht dar, FG Nürnberg v. 5.8.2014, 2 V 676/14, EFG 2014,

Vertrauensschutztatbestandes keine Bedeutung für zukünftige Steuererklärungen zukommt.

Die Schätzung gewinnt an anderen Stellen für den Steuerpflichtigen größere Bedeutung, etwa wenn im Rahmen von Betriebsprüfungen festgestellt wird, dass die Buchführungs- oder Aufzeichnungspflichten verletzt sind und damit ein Fall des § 162 Abs. 2 S. 2 AO vorliegt.[1619] Auf diese Konstellationen soll hier aber nicht eingegangen werden, sondern der Fokus auf den Steuererklärungspflichten und ihrer Verletzung liegen.

Offen ist zuletzt noch, wie die der Finanzbehörde übermittelten eDaten bei einer durchzuführenden Schätzung zu berücksichtigen sind. Oben wurde dazu bereits dargestellt, dass die Fiktion des § 150 Abs. 7 S. 2 AO, der besagt, dass Daten, die von mitteilungspflichtigen Stellen nach Maßgabe des § 93c AO an die Finanzverwaltung übermittelt wurden, als Angaben des Steuerpflichtigen gelten, soweit er nicht in einem dafür vorzusehenden Abschnitt oder Datenfeld der Steuererklärung abweichende Angaben macht, nur bei Abgabe einer Steuererklärung zugunsten des Steuerpflichtigen Wirkung entfaltet.[1620] Dennoch dürfen die übermittelten Daten bei der Schätzung der Besteuerungsgrundlagen nicht von der Finanzbehörde unbeachtet bleiben. Die Frage, ob sie der Finanzbehörde vorliegen und von ihr zur Kenntnis genommen werden und damit auch für die Schätzung verwertet werden können, ist nämlich von der in § 150 Abs. 7 S. 2 AO getroffenen Zurechnungsregelung unabhängig.[1621] Da der Gesetzgeber davon ausging, dass die übermittelten eDaten einen hohen Wahrscheinlichkeitsgrad der materiellen Richtigkeit besitzen,[1622] und auch die Finanzverwaltung den eDaten – jedenfalls in Bezug auf die Mitwirkungspflicht des Steuerpflichtigen – faktische Wirkung zuspricht,[1623] steht einer grundsätzlichen Übernahme dieser

---

1846 Rn. 18, 21; *Schindler*, in: Gosch, AO/FGO, § 150 AO Rn. 59 (Stand: Juni 2017); siehe zum Verzicht auf die elektronische Übermittlung durch die Finanzbehörde auf Antrag oben 2. Teil B. III. 5.

1619 Siehe dazu *Gombert*, Schätzung der Besteuerungsgrundlagen, S. 83-88.

1620 Siehe ausführlich oben 2. Teil B. IX. 2. c. cc.

1621 Siehe dazu auch die steuerstrafrechtliche Diskussion unten 6. Teil A. VI. 4. b., die in den Kernaussagen auf die Schätzung übertragen werden kann.

1622 BT Drucks. 18/8434, S. 112: „Interne Untersuchungen wie auch Untersuchungen der Rechnungsprüfungsbehörden haben ergeben, dass diese Daten [die eDaten, die gem. § 93c AO übermittelt werden, Anm. d. Verf.] auch in nahezu allen Fällen zutreffend sind."

1623 Siehe AEAO Nr. 3 zu § 150, wo sie dem Steuerpflichtigen die Verantwortung für die Richtigkeit der eDaten nicht aufbürdet und damit auch im Falle einer eingereichten

Daten für den Schätzungsbescheid nichts im Weg, soweit der Finanzbehörde keine Anhaltspunkte dafür vorliegen, dass die Daten unrichtig sind.[1624]

G. Aspekte der Verfahrensleistungsfähigkeit in diesem Verfahrensstadium

I. Steuererklärungspflicht

Fraglich ist, inwieweit das bestehende Steuerverfahrensrecht eine geringere Verfahrensleistungsfähigkeit berücksichtigt, wenn es um die Abgabe der Steuererklärung dem Grunde nach und die rechtzeitige Abgabe der Steuererklärung geht.

In Bezug auf die Abgabe einer elektronischen Steuererklärung finden sich in § 25 Abs. 4 S. 1 EStG Differenzierungen zwischen verschiedenen Steuerpflichtigen: Danach sind nur solche Steuerpflichtige zur Abgabe einer elektronischen Steuererklärung verpflichtet, die Einkünfte i.S.d. § 2 Abs. 1 S. 1 Nr. 1 bis 3 EStG erzielen, also Einkünfte aus Land- und Forstwirtschaft, aus gewerblicher Tätigkeit oder aus selbstständiger Tätigkeit – kurz gesagt: solche Steuerpflichtigen, die Gewinneinkünfte erzielen.[1625] Ausdrückliche Gedanken über eine unterschiedliche Verfahrensleistungsfähigkeit von Beziehern von Gewinneinkünften und solchen, die lediglich Überschusseinkünfte beziehen, wurden im Gesetzgebungsverfahren zwar nicht geäußert. Dennoch können die unterschiedlichen Anforderungen an die unterschiedlichen Typen von Steuerpflichtigen als grobe Typisierung dergestalt verstanden werden, dass man Unternehmen, die ihre Gewinnermittlung regelmäßig mithilfe elektronischer Datenverarbeitung erledigen und die Steuererklärungen im Regelfall durch einen Steuerberater ebenfalls elektronisch erstellen lassen,[1626] es zumutet, auch die Übermittlung der Steuererklärungen nach amtlich vorgeschriebenem Datensatz durchzuführen,

---

Steuererklärung diese, soweit keine gegenteiligen Anhaltspunkte für deren Unrichtigkeit sprechen, ohne Weiteres als Besteuerungsgrundlagen heranzieht.

1624 *Nöcker*, AO-StB 2021, 35, 35, stellt richtigerweise die Möglichkeit der Finanzbehörde in den Raum, die übermittelten eDaten auch überprüfen zu können und somit hiervon abweichende Daten einer Schätzung zugrunde zu legen, da die übermittelten eDaten keine *rechtliche* Bindungswirkung entfalten, siehe Fn. 752.

1625 Eine Ausnahme gilt gem. § 25 Abs. 4 S. 1 EStG dann, wenn ein Fall des § 46 Abs. 2 Nr. 1-8 EStG vorliegt, die Gewinneinkünfte als Nebeneinkünfte also einen Gewinn von 410 Euro nicht überschreiten. Auf diese Regelung wird im Folgenden nicht näher eingegangen.

1626 *Pflüger*, in: Herrmann/Heuer/Raupach, EStG/KStG, § 25 EStG Rn. 66 (Stand: Juni 2016).

da sie insoweit eine höhere Verfahrensleistungsfähigkeit haben. Die Ausnahmeregelungen für Fälle der unbilligen Härte in den Einzelsteuergesetzen i.V.m. § 150 Abs. 8 AO korrigiert diese Typisierung in Einzelfällen. Entsprechend ist auch die Rechtsprechung, die sich mit der Frage beschäftigt, unter welchen Voraussetzungen eine wirtschaftliche Unzumutbarkeit i.S.d. § 150 Abs. 8 S. AO gegeben ist, als eine solche zu betrachten, die sich mit Aspekten der Verfahrensleistungsfähigkeit auseinandersetzt.[1627] Dabei ist allerdings zu berücksichtigen, dass die Beurteilung, ob die elektronischen Steuererklärungspflichten dem Steuerpflichtigen zumutbar sind, von der Relation des finanziellen Aufwandes, den die Erfüllung der elektronischen Steuererklärungspflichten auslöst, zu den erwirtschafteten Einkünften abhängig gemacht wird, die eben gerade die Pflicht zur elektronischen Übermittlung auslösen.[1628] Der VIII. Senat des Bundesfinanzhofs verneinte vor dem Hintergrund, dass § 150 Abs. 8 AO eine großzügige Ausnahmeregelung darstellen soll, die Einbeziehung der übrigen Einkünfte und des vorhandenen Vermögens in die Abwägung der wirtschaftlichen Unzumutbarkeit.[1629] Damit berücksichtigt diese Rechtsprechung etwas als Indikator für die Verfahrensleistungsfähigkeit, was in dieser Untersuchung abgelehnt worden ist, nämlich die wirtschaftliche bzw. finanzielle Leistungsfähigkeit. Diese Abweichung ist aber singulär und nicht verallgemeinerungsfähig, da von gesetzgeberischer Seite in § 150 Abs. 8 S. 2 AO vorgegeben ist, dass wirtschaftliche Aspekte und dabei insbesondere ein nicht unerheblicher finanzieller Aufwand in die Abwägung miteinbezogen werden sollen. Man könnte hingegen sogar umgekehrt argumentieren, dass die Abhängigkeit der Verfahrensleistungsfähigkeit von wirtschaftlichen und finanziellen Aspekten explizit gesetzlich angeordnet werden muss, um zu gelten, und es im Übrigen bei dem Maßstab der wirtschaftlichen Betätigung, nicht des wirtschaftlichen Erfolges bleibt.

Soweit die Festsetzung von Verspätungszuschlägen nur fakultativ vorgesehen ist und es somit gem. § 152 Abs. 1 S. 2 AO möglich ist, dass der Steuerpflichtige glaubhaft macht, dass ihn kein Verschulden daran trifft, dass die Steuererklärung zu spät eingegangen ist, kann bei den dafür zu ermittelnden Kenntnissen und Fähigkeiten des Steuerpflichtigen auf die Verfahrensleistungsfähigkeit Rücksicht genommen werden. Wie eine derartige Berücksichtigung aussehen kann, ist – da es dort thematisch sinnhafter ist – unten im Zusammenhang mit dem groben

---

1627 Siehe die Rechtsprechung oben in Fn. 285.

1628 BFH v. 16.6.2020, VIII R 29/17 Rn. 16; BFH v. 16.6.2020, VIII R 29/17 Rn. 14; FG Rheinland-Pfalz v. 12.10.2016, 2 K 2352/15, EFG 2017, 40 Rn. 28 f., 32.

1629 BFH v. 16.6.2020, VIII R 29/17 Rn. 17; BFH v. 16.6.2020, VIII R 29/19 Rn. 15.

Verschulden i.S.d. § 173 Abs. 1 Nr. 2 AO ausführlich dargestellt.[1630] Die Gedanken können entsprechend auf das Verschulden i.S.d. § 152 Abs. 1 S. 2 AO übertragen werden. Hierbei ist zu bedenken und zugunsten des Steuerpflichtigen zu berücksichtigen, dass die Pflicht zur Abgabe einer Steuererklärung im Einzelfall von relativ schwierig zu durchdringenden Normen abhängen kann, z.B. wenn aufgrund einer Erstattung von privaten Krankenversicherungsbeiträgen im Folgejahr des Abflusses wegen § 10 Abs. 4b S. 1, 2 EStG i.V.m. § 46 Abs. 2 Nr. 3 EStG i.V.m. § 39b Abs. 2 S. 5 Nr. 3 lit. d EStG eine Steuererklärungspflicht besteht.[1631] Andererseits sind die amtlichen Aushänge und Bekanntmachungen, die auf die Steuererklärungspflichten hinweisen – in Abhängigkeit von ihrer Verständlichkeit und ihrer Zugänglichkeit – ebenso in die Abwägung miteinzubeziehen und können die Waage eher in die Richtung eines Verschuldens des Steuerpflichtigen bewegen.

II. Beweisprobleme im Steuerfestsetzungsverfahren

Für gewerbliche Unternehmen, die als Kaufleute dazu verpflichtet sind, gem. §§ 238 ff. HGB Bücher zu führen, oder Steuerpflichtige, die nach § 141 AO oder freiwillig Bücher führen, gilt dass die Bücher einem sachverständigen Dritten innerhalb angemessener Zeit einen Überblick über die Geschäftsvorfälle vermitteln müssen. § 238 Abs. 1 S. 2 HGB bzw. § 145 Abs. 1 S. 1 AO. § 146 Abs. 1 S. 1 AO spezifiziert zudem, dass die Buchungen und die sonst erforderlichen Aufzeichnungen einzeln, vollständig, richtig, zeitgerecht und geordnet vorzunehmen sind. § 22 UStG enthält Aufzeichnungspflichten für Unternehmer i.S.d. § 2 UStG. Für solche Steuerpflichtigen, die Gewinneinkünfte erzielen und hierbei den Gewinn zulässigerweise nach § 4 Abs. 3 EStG durch Einnahmen-Überschuss-Rechnung ermitteln, besteht gem. § 146 Abs. 1, Abs. 5 S. 1 2. Hs. AO die Verpflichtung, dass die Höhe der Betriebseinnahmen bzw. der Betriebsausgaben durch Belege so nachgewiesen wird, dass sie dem konkreten Besteuerungszweck entsprechen.[1632]

1630 Siehe unten 5. Teil C. III. 7. c.

1631 Dies gilt trotzdem der Gesetzgeber davon ausging, dass der Ausweis der in Abzug gebrachten Vorsorgepauschale i.S.d. § 39b Abs. 2 S. 5 Nr. 3 lit. d EStG im Lohnsteuerabzugsverfahren durch den Arbeitgeber auf der Lohnsteuerkarte gem. § 41b Abs. 1 S. 2 Nr. 15 EStG den Arbeitnehmer in die Lage versetzen würde, zu ermitteln, ob eine Verpflichtung zur Abgabe der Steuererklärung besteht, siehe BT Drucks. 16/12254, S. 31. Dies würde nämlich voraussetzen, dass der Steuerpflichtige § 10 Abs. 1 Nr. 3, 3a, Abs. 4 EStG zutreffend anwendet – eine für den steuerlichen Laien nur mit viel Mühe und Grundsachenkenntnissen zu bewältigende Aufgabe.

1632 BFH v. 12.12.2017, VIII R/14 Rn. 54; BFH v. 12.2.2020, X R 8/18 Rn. 20.

Werden diese Grundregeln eingehalten, ist es dem Steuerpflichtigen im Falle einer Überprüfung durch die Finanzbehörde im Festsetzungsverfahren oder in einer Außenprüfung möglich, Beweis über seine steuermindernden (und steuererhöhenden) Lebenssachverhalte anzubieten. Den gesetzlichen Vorschriften der §§ 140-148 AO entsprechende Buchführungen und Aufzeichnungen führen zudem zu der soeben angesprochenen Beweisvermutung des § 158 AO.[1633] Werden die Voraussetzungen nicht erfüllt, droht gleichwohl die Schätzung der Besteuerungsgrundlagen gem. § 162 Abs. 2 S. 2 2. Hs. AO. Dass folglich ein Interesse der Unternehmen an mangelfreier Dokumentation besteht, kann als unbestritten gelten. Die unbestimmten Rechtsbegriffe der §§ 238 ff. HGB, §§ 140 ff. AO nutzt die Finanzverwaltung ihrerseits dazu, eigene Konkretisierungen zu entwerfen. Unter den „Grundsätzen zur ordnungsmäßigen Führung und Aufbewahrung von Büchern, Aufzeichnungen und Unterlagen in elektronischer Form sowie zum Datenzugriff“[1634] – kurz: GoBD – interpretiert die Finanzverwaltung die Anforderungen des § 146 Abs. 1 AO in einer Verwaltungsvorschrift und nimmt dabei inhaltliche Verschärfungen vor.[1635] Diese können jedoch, da Verwaltungsvorschriften grundsätzlich keine Außenwirkung entfalten[1636] und auch für die GoBD kein von diesem Grundsatz abweichender Fall erkennbar ist, den Steuerpflichtigen nicht verpflichten. Soweit die GoBD also über die gesetzlichen Regelungen hinausgehen, bleiben sie ohne Auswirkung für den Steuerpflichtigen und begründen keine Schätzungsbefugnis der Finanzbehörde, soweit der Steuerpflichtige von ihnen abweicht. Etwas anderes kann nur dann gelten, wenn die GoBD als Handelsbrauch Einzug in die Grundsätze ordnungsgemäßer Buchführung finden.[1637] Von Haus aus ist die Finanzbehörde als Teil der Exekutive nicht diejenige Gewalt, die Grundsätze ordnungsgemäßer Buchführung schafft, sondern sich nach den von Rechtsprechung und Gesetzgeber geschaffenen Grundsätzen zu richten hat.[1638] BMF-Schreiben und auch die GoBD sind nicht dazu geeignet, als Rechtsquellen zur Bestimmung und Auslegung der handelsrechtlichen Grundsätze ordnungsgemäßer Buchführung herangezogen

---

1633 Siehe 4. Teil E.

1634 BMF-Schreiben v. 28.11.2019, IV A 4-S 0316/19/10003:001, BStBl. I 2019, 1269, gültig ab dem 1.1.2020.

1635 *Brete*, DStR 2019, 258, passim; *Drüen*, in: Tipke/Kruse, AO/FGO, § 146 AO Rn. 3a (Stand: April 2018).

1636 Siehe dazu oben 2. Teil B. V. 6. e. cc.

1637 *Goldshteyn/Thelen*, DStR 2015, 326, 331.

1638 *Goldshteyn/Thelen*, DStR 2015, 326, 331.

zu werden.[1639] Faktisch kann die Anwendung der GoBD in der Praxis jedoch zu einer Drucksituation führen, die den Steuerpflichtigen dazu treibt, Verhandlungen über Schätzungen einzugehen, obwohl er unter Umständen *de lege lata* alles richtig gemacht hat.[1640] Richtigerweise wird man hier fordern müssen, dass Ungenauigkeiten in der gesetzlichen Regelung der Formvorschriften und den Grundsätzen ordnungsgemäßer Buchführung die Verfahrensleistungsfähigkeit des Steuerpflichtigen herabsetzen und daraus resultierende Verstöße nicht im Sinne des § 162 Abs. 2 S. 2 2. Hs. AO zu einer Schätzung führen können. Soweit die GoBD Handlungsanweisung geben, können diese aber, wenn sie nicht wiederum selbst zu „Rechts"-Unsicherheit führen,[1641] dem Steuerpflichtigen eine rechtsanwendungsrisikofreie Buchführung und auch Planungssicherheit bei der Anschaffung und Einrichtung informationstechnischer Anlagen bieten, ohne dass ihm dadurch freilich die Möglichkeit genommen wird, seine von den GoBD abweichende rechtliche Auffassung gerichtlich durchzusetzen.

Problematisch ist ebenso die Kommunikation der Finanzverwaltung und auch die Gesetzeslage, wenn es um den Nachweis von steuermindernden Tatsachen durch den Steuerpflichtigen geht, der mit seinen Einkünften nicht unter die zuvor genannten Aufzeichnungsvorschriften fällt. Seit dem Gesetz zur Modernisierung des Besteuerungsverfahrens wird durch die Finanzverwaltung und den Gesetzgeber kommuniziert, es bestünden keine Belegvorlagepflichten mehr, sondern lediglich Belegvorhaltepflichten.[1642] Die Finanzverwaltung dies für Belege verstanden wissen, „die bisher zwingend im Original vorgelegt werden mussten [...] und auch sonstige einzureichende Unterlagen, Aufstellungen und Erläuterungen, die für das Besteuerungsverfahren von Bedeutung sind, für die es aber keine gesetzliche Vorlagepflicht gab."[1643] Tatsächlich existierte keine gesetzliche Belegvorlagepflicht mit der Abgabe der Steuererklärung außerhalb von Kapitalertragsteuerbescheinigungen, Spendenbescheinigungen und Nachweisen über den Grad der Behinderung. Ein Steuerpflichtiger, der lediglich Überschusseinkünfte erzielt und sich auf die Suche danach begibt, welche Unterlagen er im laufenden Jahr sammeln muss, damit die ihm angefallenen Aufwendungen von der Finanzbehörde bei Prüfung seiner Steuererklärung berücksichtigt werden, wird

1639 Zutreffende Kritik bei *Goldshteyn/Thelen*, DStR 2015, 326, 330-332.

1640 So beschrieben von *Brete*, DStR 2019, 258, 258.

1641 So etwa berichtet bei *Herrfurth*, StuB 2018, 167, 167 f.

1642 Siehe dazu oben 2. Teil B. IX. 2. b.

1643 www.finanzverwaltung.nrw.de/de/wegfall-der-belegvorlagepflicht-fuer-die-steuererklaerung (abgerufen am 15.10.2021, 11:01 Uhr).

nur selten fündig werden: § 35a Abs. 5 S. 3 EStG schreibt etwa vor, dass der Steuerpflichtige eine Rechnung des Dienstleisters besitzen muss und die Zahlung unbar auf das Konto des Dienstleisters erfolgt sein muss, und statuiert damit neben der Funktion als Tatbestandsmerkmal eine Belegvorhaltepflicht.[1644] § 4 Abs. 5 Nr. 2 EStG lässt den Abzug von Bewirtungskosten nur dann zu, wenn ein Eigenbeleg mit Angaben zu Ort, Tag, Teilnehmern und Anlass der Bewirtung sowie der Höhe der Aufwendungen erstellt wird bzw. fordert, wenn die Bewirtung in einer Gaststätte stattgefunden hat, Anlass, Teilnehmer und das Beifügen der Rechnung. Solche besonderen Nachweispflichten, die den Nachweis durch ein bestimmtes Beweismittel fordern, setzen den Untersuchungsgrundsatz außer Kraft und bürden dem Steuerpflichtigen die Last auf, den Nachweis zu erbringen, ohne den er die für ihn günstige Steuerrechtsfolge nicht herbeiführen kann.[1645] Besondere Nachweispflichten in diesem Sinne sind damit vollwertiges Tatbestandsmerkmal, da „[d]ie Nichterfüllung der formellen Obliegenheit [...] auf den materiell-rechtlichen Status des Steuerpflichtigen durch[schlägt]“[1646].[1647] Kommt der Steuerpflichtige besonderen Nachweispflichten nicht nach, trägt er durch Versagung der damit im Zusammenhang stehenden Minderung der Bemessungsgrundlage die negativen Folgen, ohne dass die Finanzbehörde die Pflicht trifft, den Sachverhalt weiter zugunsten des Steuerpflichtigen zu ermitteln. Es handelt sich somit in diesen Fällen um eine der angesprochenen Durchbrechungen des Untersuchungsgrundsatzes, in denen im Steuerverfahren eine subjektive Beweislast eingreift. Die „alles oder nichts“-Rechtsfolge der besonderen Nachweispflichten rechtfertigt sich dann, wenn die Rechtsfolge im Gesetz für den jeweils Betroffenen verständlich ist und die Voraussetzungen, wie er die Nachweispflicht zu erbringen hat, ebenfalls ohne Weiteres ersichtlich sind. Bei den allgemeinen Nachweispflichten, die kein bestimmtes Beweismittel fordern, ist eine Differenzierung vorzunehmen. Dabei ist im Einzelfall durch Auslegung zu ermitteln, ob durch eine Norm eine subjektive Beweislast angeordnet werden

---

1644 *Apitz*, in: Herrmann/Heuer/Raupach, EStG/KStG, § 35a EStG Rn. 26 (Stand: August 2018).

1645 *Seer*, in: Tipke/Kruse, AO/FGO, § 90 AO Rn. 7 (Stand: Oktober 2017), spricht daher bei Nachweispflichten auch von gesteigerten Mitwirkungspflichten, da diese den Untersuchungsgrundsatz durchbrechen können.

1646 *Lehner/Waldhoff*, in: Kirchhof/Söhn/Mellinghoff, EStG, § 1 Rn. D 151 (Stand: Dezember 2018), in Bezug auf § 1 Abs. 3 S. 4, 5 EStG.

1647 Allgemein dazu BFH v. 9.11.2011, VIII R 18/08 Rn. 21 f.; BFH v. 17.5.2017, II R 60/15 Rn. 21, *Jansen*, Das Steuerverfahren, S. 52 f.; für die Zuwendungsbestätigung i.S.d. § 50 Abs. 1 EStDV BFH v. 6.3.2003, XI R 13/02, BStBl. II 2003, 554 Rn. 14 m.w.N.

soll und damit der Untersuchungsgrundsatz ebenfalls durchbrochen wird oder ob trotz Verletzung der Mitwirkungspflicht des Steuerpflichtigen die Finanzbehörde weiterhin verpflichtet ist, den Sachverhalt von Amts wegen zu ermitteln und damit auch die Möglichkeit einer Schätzung – zugunsten des Steuerpflichtigen – weiterhin offen steht.[1648] Für den im Bereich der Überschusseinkünfte wohl wichtigsten Fall der Werbungskosten i.S.d. § 9 EStG sind die Rechtsprechung und Teile der Literatur trotz der Formulierung des § 9a S. 1 EStG, dass der Werbungskostenpauschbetrag abgezogen wird, soweit nicht höhere Werbungskosten *nachgewiesen* werden, der Auffassung, dass es ausreicht, dass der Steuerpflichtige die Werbungskosten so glaubhaft macht, dass diese zumindest im Wege der Schätzung angesetzt werden können.[1649] Dies setzt nach der Art des Vortrags mindestens plausible Angaben über die entstandenen Werbungskosten voraus.[1650] Auch aus Verfahrensleistungsfähigkeitsgesichtspunkten ist dieses Ergebnis zu unterstützen: Schreibt das Gesetz keine konkreten Anforderungen an den Nachweis des Steuerpflichtigen vor, kann sich die Finanzbehörde bei der Prüfung der Steuererklärung nicht auf den Standpunkt zurückziehen, dass nunmehr ausschließlich bestimmte Belege vorgelegt werden müssen, um den Nachweis höherer Werbungskosten zu erbringen. Das in diesem Prozedere herabgesetzte Beweismaß bringt aber die Gefahr mit sich, dass der Verifikationsauftrag der Finanzverwaltung nur mangelhaft erfüllt werden kann, wenn die Belegaufbewahrungspflicht allein in das Belieben des Steuerpflichtigen gestellt wird,[1651] und so letztlich derjenige ggf. höhere Werbungskosten abziehen kann, der diese „besser" glaubhaft machen kann. In der Literatur wird daher die Forderung aufgestellt, dass eine gesetzliche Pflicht zur Aufbewahrung von Belegen erforderlich sei, die es dem Steuerpflichtigen ermögliche, abzusehen, für welchen Zeitraum er entsprechende Vorkehrungen treffen muss.[1652] Diese Forderung ist

---

1648 *Seer*, in: Tipke/Kruse, AO/FGO, § 96 FGO Rn. 83 (Stand: August 2018); siehe z.B. die Auseinandersetzung zur Einordnung von §§ 9a, 10c EStG bei *M. Schmidt*, Die Problematik der objektiven Beweislast im Steuerrecht, S. 146-161.

1649 BFH v. 1.3.2002, VI R 141/00 Rn. 8; FG Hamburg v. 16.8.2006, 1 K 45/06 Rn. 38; *v. Bornhaupt*, in: Kirchhof/Söhn/Mellinghoff, EStG, § 9 Rn. A 261, 265-267 (Stand: Juli 2003); *Kreft*, in: Herrmann/Heuer/Raupach, EStG/KStG, § 9 EStG Rn. 54 (Stand: September 2020) m.w.N.

1650 FG Hamburg v. 16.8.2006, 1 K 45/06 Rn. 38.

1651 Siehe auch die Bedenken bei den 56. Berliner Steuergesprächen, wiedergegeben bei *Richter/Welling*, FR 2015, 1014, 1018.

1652 *E. Schmidt*, DStJG 31 (2008), 37, 55; so auch bei den 56. Berliner Steuergesprächen geäußert, wiedergegeben bei *Richter/Welling*, FR 2015, 1014, 1018.

zu unterstützen unter der Bedingung, dass sich eine einfache Erkennbarkeit der jeweiligen Voraussetzungen für den Steuerpflichtigen ergibt und diese ggf. in entsprechender Weise nicht nur in Gesetzen, sondern auch auf anderen Wegen kommuniziert werden.

5. Teil: Steuererklärungspflicht, Verfahrensleistungsfähigkeit und Bestandskraft

A. Grundsatz der Bestandskraft

I. Formelle und materielle Bestandskraft

Der Steuerverwaltungsakt stellt, wie auch der Verwaltungsakt im allgemeinen Verwaltungsrecht, die konkret-individuelle Umsetzung des abstrakt-generellen Gesetzes durch die Exekutive dar.[1653] Gem. § 124 Abs. 1 S. 1 AO wird der Verwaltungsakt gegenüber demjenigen, für den er bestimmt ist, mit Bekanntgabe wirksam. Der bekanntgegebene Inhalt des Verwaltungsaktes wird in seiner Rechtsbeständigkeit durch die Bestandskraft gesichert. Eine Änderung des einmal bekanntgegebenen Verwaltungsaktes kommt grundsätzlich nicht in Betracht. Damit wird dem Prinzip der Rechtssicherheit, das dem Rechtsstaatsprinzip aus Art. 20 Abs. 3 GG entspringt, sowohl aus der Sicht des Bürgers als auch aus der Sicht des Staates nachgekommen.[1654] In diesem Zuge wird dem Bürger als Ausdruck der individualrechtlichen Komponente der Rechtssicherheit durch die Bestandskraft ein eigentums- und erwerbssichernder Dispositionsschutz zuteil.[1655] Auch wenn der Steuerverwaltungsakt unrichtig ist, bleibt er damit bestehen, soweit die Bestandskraft reicht. Die Reichweite der Bestandskraft wird jedoch durch solche Normen eingeschränkt, die eine Korrektur des Verwaltungsaktes zulassen oder den Eintritt der Bestandskraft von vornherein verhindern. Das Spannungsverhältnis zwischen dem Vertrauen auf die Beständigkeit des erlassenen Verwaltungsaktes und dem Prinzip der Rechtsrichtigkeit, das sich in dem Anspruch äußert, dass eine durch Verwaltungsakt getroffene Regelung mit dem materiellen Recht übereinstimmt, den tatsächlichen Sachverhalt also der richtigen Rechtsfolge zuführt, wird durch die Bestandskraft zunächst zugunsten des Vertrauensschutzes entschieden; Durchbrechungen dieser Grundsatzentscheidung und der Bestandskraft zugunsten der

1653 BVerwG v. 29.4.1988, IX C 54/87, BVerwGE 79, 291, 293; *Seer*, in: Tipke/Kruse, AO/FGO, Vor § 118 Rn. 1 (Stand: Oktober 2015); *Söhn*, in: Hübschmann/Hepp/Spitaler, AO/FGO, § 118 AO Rn. 13 (Stand: November 2013).

1654 Siehe zur verfassungsrechtlichen Herleitung *Holz*, Bestandskraft, S. 20-24.

1655 *Seer*, in: Tipke/Lang, Steuerrecht, Rn. 21.50.

Rechtsrichtigkeit sind allerdings möglich.[1656] Begrifflich wird zwischen der formellen und der materiellen Bestandskraft unterschieden.

Die formelle Bestandskraft tritt zu dem Zeitpunkt ein, zu dem der Verwaltungsakt mit förmlichen Rechtsbehelfen nicht mehr angefochten werden kann. Dies ist regelmäßig dann der Fall, wenn der Steuerverwaltungsakt durch den Einspruchs- bzw. Klageberechtigten innerhalb der Einspruchs- bzw. Klagefrist nicht angefochten wird, ein wirksamer Einspruchs- bzw. Klageverzicht i.S.v. § 354 AO, § 50 FGO gegenüber der Finanzbehörde erklärt wird, der Rechtsbehelf zurückgenommen wird (§ 362 AO, § 72 FGO) oder übereinstimmende Erledigungserklärungen (§ 138 FGO) abgegeben werden. Die Einspruchs- bzw. Klagefrist beträgt grundsätzlich einen Monat (§ 355 Abs. 1 AO, § 47 FGO) und verlängert sich auf maximal ein Jahr, wenn die Rechtsbehelfsbelehrung unterblieben oder unrichtig erteilt worden ist (§ 356 AO, § 55 FGO). Verpasst der Einspruchs- bzw. Klageberechtigte die Frist ohne Verschulden, ist Wiedereinsetzung in den vorigen Stand unter bestimmten Voraussetzungen gem. § 110 AO, § 56 FGO zu gewähren. Mit Eintritt der formellen Bestandskraft verliert der Einspruchs- bzw. Klageberechtigte die Möglichkeit, den Verwaltungsakt im förmlichen Verfahren anzugreifen, und ist für Änderungen darauf beschränkt, die materielle Bestandskraft punktuell zu durchbrechen.[1657]

In der Literatur ist umstritten, ob die materielle Bestandskraft bereits mit Wirksamkeit des Verwaltungsaktes eintritt[1658] oder ob die materielle Bestandskraft die formelle Bestandskraft voraussetzt und sich der Dispositionsschutz bis dahin aus einer Selbstbindungswirkung für die erlassende Behörde ergibt[1659]. Dabei wird zur Argumentation bei der letzteren Auffassung die materielle Bestandskraft zum Teil mit der materiellen Rechtskraft von Urteilen gleichgesetzt, die

1656 Weder der Vertrauensschutz noch das Prinzip der Rechtsrichtigkeit können *eo ipso* einen Vorrang beanspruchen, siehe *Drüen*, StuW 2009, 97, 98 f.; *Merten*, NJW 1983, 1993, 1994.

1657 *Balmes/Graessner*, AO-StB 2015, 139, 141, gehen davon aus, dass die formelle Bestandskraft mithilfe der Korrekturvorschriften durchbrochen werden kann und sehen als materielle Bestandskraft erst den Eintritt der Festsetzungsfrist an. Dieser Auffassung wird jedoch nicht gefolgt, wie noch im Folgenden deutlich wird.

1658 So *Maurer/Waldhoff*, Allgemeines Verwaltungsrecht, § 10 Rn. 8, die lediglich von einer Verfestigung durch Eintritt der formellen Bestandskraft sprechen; *Birk/Desens/Tappe*, Steuerrecht, Rn. 397.

1659 Siehe etwa die Auseinandersetzung bei *Wernsmann*, in: Hübschmann/Hepp/Spitaler, AO/FGO, Vor § 130 AO Rn. 12-17 (Stand: Mai 2017) m.w.N.; *Erichsen/Knoke*, NVwZ 1983, 185, 188.

erst nach formeller Rechtskraft eintritt und im Interesse der Rechtssicherheit und des Rechtsfriedens dazu führen soll, dass die rechtskräftige Entscheidung nicht erneut in Zweifel gezogen werden kann.[1660] Die Fragen der Rechtskräftigkeit im Gerichtsverfahren sind aber andere als im Verwaltungsverfahren,[1661] in dem es darum geht, den Dispositionsschutz des Bürgers ab Wirksamkeit des Verwaltungsaktes rechtlich zu untermauern. Im Verwaltungsverfahren dient die materielle Bestandskraft nämlich auch dazu, die Unabänderbarkeit des Verwaltungsaktes durch die Behörde ab dem Zeitpunkt seiner Wirksamkeit zu kennzeichnen.[1662] Eine systematische Stütze findet die Auffassung, dass materielle Bestandskraft bereits mit Wirksamkeit des Verwaltungsaktes eintritt, in der Überschrift „Bestandskraft" vor den §§ 172 ff. AO: Die §§ 172 ff. AO regeln unter welchen Voraussetzungen ein Steuerbescheid aufgehoben oder geändert werden kann und damit die Durchbrechung der Bestandskraft. Eine Einschränkung auf den Zeitraum nach formeller Bestandskraft besteht hier nicht, sodass die materielle Bestandskraft schon zuvor eingetreten sein muss. Dagegen spricht auch nicht, dass das Gesetz zwischen Wirksamkeit und Bestandskraft unterscheidet,[1663] denn während Wirksamkeit bedeutet, dass der Verwaltungsakt Rechtswirkungen entfaltet,[1664] schützt die Bestandskraft das Vertrauen auf diese[1665]. Nach der hier vertretenen Auffassung tritt die materielle Bestandskraft daher

1660 Die ursprüngliche Anlehnung an den Zivilprozess wird deutlich bei *O. Mayer*, AöR 21 (1907), 1, 21-29; heute siehe bei *Loose*, in: Tipke/Kruse, AO/FGO, Vor § 172 AO Rn. 1 (Stand: September 2020), unter Verweis auf *Krumm*, in: Tipke/Kruse, AO/FGO, § 110 FGO Rn. 1 und 2 FGO (Stand: April 2019); auch *Wernsmann*, in: Hübschmann/Hepp/Spitaler, AO/FGO, Vor § 130 AO Rn. 17 (Stand: Mai 2017).

1661 Zutreffend für das allgemeine Verwaltungsrecht *Detterbeck*, Allgemeines Verwaltungsrecht, Rn. 563; *Erichsen/Knoke*, NVwZ 1983, 155, 187 f.; siehe auch mit ausführlicher historischer Herleitung *Domke*, Bestandskraft, S. 32-44, die jedoch, a.a.O., S. 50-54, andere Folgen daraus zieht; siehe auch *Holz*, Bestandskraft, S. 19, der auf die unterschiedliche Stellung der Finanzbehörde in Verwaltungs- und Gerichtsverfahren hinweist.

1662 So *Maurer/Waldhoff*, Allgemeines Verwaltungsrecht, § 10 Rn. 19; ebenso *Tehler*, DStR 2009, 1019, 1020; siehe auch *Seer*, DStR 1993, 307, 308; zustimmend *Musil*, DStZ 2005, 362, 363; *Busch*, §§ 164, 165 AO als Nebenbestimmung, S. 77-81, der auch noch die Bindung anderer Behörden an die im Verwaltungsakt getroffene Entscheidung aufzählt.

1663 So auch *Nothnagel*, StuW 1984, 60, 61.

1664 *Seer*, in: Tipke/Kruse, AO/FGO, § 124 AO Rn. 1 (Stand: Oktober 2015).

1665 *Seer*, in: Tipke/Kruse, AO/FGO, § 124 AO Rn. 17 (Stand: Oktober 2015).

mit Bekanntgabe des Verwaltungsakts gem. §§ 122, 122a AO ein.[1666] Diese führt zu seiner Wirksamkeit und schreibt seinen Inhalt für beide Seiten – vorbehaltlich der Anfechtungsmöglichkeit durch Rechtsbehelf und Korrekturmöglichkeiten – gem. § 124 Abs. 1 S. 1, 2 AO verbindlich fest.[1667] Ohne ausdrückliche Ermächtigungsgrundlage kann der Verwaltungsakt durch die Finanzbehörde ab dem Zeitpunkt der Wirksamkeit nicht mehr zugunsten oder zuungunsten des Inhaltsadressaten geändert oder aufgehoben werden. Er bleibt gem. § 124 Abs. 2 AO mit dem bekanntgegebenen Inhalt wirksam. Die materielle Bestandskraft sichert somit die Beständigkeit der im Verwaltungsakt getroffenen Regelung und wirkt als Aufhebungs- und Änderungsbeschränkung.[1668] Als weiteres Element beinhaltet die materielle Bestandskraft ein inhaltsbezogenes Abweichungsverbot, das die Finanzbehörde sowie andere Behörden und Gerichte an den Regelungsinhalt des Verwaltungsaktes in Bezug auf den geregelten Gegenstand bindet.[1669] Während dieses Abweichungsverbot in der prozessualen Rechtskraft eine größere Rolle einnimmt als die Änderungs- und Aufhebungsbeschränkung, kommt ihr in der materiellen Bestandskraft keine übergewichtige Rolle zu.[1670]

II. Verhinderung des Eintritts der materiellen Bestandskraft durch § 164 AO

1. Voraussetzungen und Wirkung des Vorbehalts der Nachprüfung

Der Eintritt der materiellen Bestandskraft kann durch Verbindung der Steuerfestsetzung mit einer Nebenbestimmung i.S.d. § 120 Abs. 1 AO teilweise oder in Gänze suspendiert werden. Eine solche Nebenbestimmung ist gem. § 164

1666 A.A. *Wernsmann*, in: Hübschmann/Hepp/Spitaler, AO/FGO, Vor § 130 AO Rn. 14 (Stand: Mai 2017); *Domke*, Bestandskraft, S. 50-54; *Holz*, Bestandskraft, S. 34. Für das hier gefundene Ergebnis siehe auch *Saßenroth*, Bestandskraft, S. 42-44, *Zaumseil*, vr 2017, 73, 76, *Musil*, DStZ 2005, 362, 363, *Krumm*, DStR 2005, 631, 631, und *Busch*, §§ 164, 165 AO als Nebenbestimmung, S. 71-87 insb. S. 86 f. Den Begriff der materiellen Bestandskraft ablehnend *Wernthaler*, Korrektur im digitalisierten Besteuerungsverfahren, S. 64, die lediglich eine mit Wirksamkeit des Verwaltungsaktes in Kraft tretende *ad hoc*-Bindungswirkung annimmt.

1667 *Maurer/Waldhoff*, Allgemeines Verwaltungsrecht, § 10 Rn. 18; Rechtssicherheit ist, wie *Merten*, NJW 1983, 1993, 1998, richtig feststellt, auch für den Staat angesichts knapper werdender Ressourcen im Bereich der Verwaltung von Bedeutung.

1668 *Domke*, Bestandskraft, S. 47 f.

1669 *Busch*, §§ 164, 165 AO als Nebenbestimmung, S. 79 f.

1670 *Busch*, §§ 164, 165 AO als Nebenbestimmung, S. 80 f.

Abs. 1 S. 1 AO der Vorbehalt der Nachprüfung.[1671] Er hemmt den Eintritt der materiellen Bestandskraft des Steuerbescheides i.S.d. § 157 Abs. 1 S. 1 AO insgesamt.[1672] Die Steuerfestsetzung unter Vorbehalt der Nachprüfung wurde mit der Steueranmeldung in die Abgabenordnung aufgenommen und soll – wie auch die Steueranmeldung[1673] – der Beschleunigung des Steuerverfahrens dienen und so den Konflikt zwischen schneller und richtiger Steuerfestsetzung zugunsten einer raschen ersten Steuerfestsetzung auflösen.[1674] Die kraft Gesetzes gem. § 168 S. 1 AO einer Steuerfestsetzung unter Vorbehalt der Nachprüfung gleichstehende Steueranmeldung betrifft einen erheblichen Teil des Steuervollzugs, sodass es sich um kein ausnahmsweise bestehendes Randphänomen handelt.[1675] Neben der Steueranmeldung stehen auch Vorauszahlungsbescheide gem. § 164 Abs. 1 S. 2 AO kraft Gesetzes unter dem Vorbehalt der Nachprüfung. Außer in den Fällen der gesetzlichen Anordnung kann bei jeder Steuerfestsetzung, die noch nicht abschließend geprüft ist, bei der eine weitere Prüfung aber auch nicht von vornherein ausgeschlossen ist,[1676] durch Nebenbestimmung ein Vorbehalt

---

1671 Siehe die ausführliche Auseinandersetzung bei *Busch*, §§ 164, 165 AO als Nebenbestimmung, S. 151-168; BFH v. 30.10.1980, IV R 168/79 u.a., BStBl. II 1981, 150 Rn. 17; BFH v. 1.6.1983, III B 40/82, BStBl. II 1983, 622 Rn, 7; BFH v. 6.11.2012, VIII R 15/10, BStBl. II 2013, 307 Rn. 14; BFH v. 11.4.2018, X R 39/16 Rn. 21; *Seer*, in: Tipke/Kruse, AO/FGO, § 164 AO Rn. 24 (Stand: Juli 2017); *Rüsken*, in: Klein, AO, § 164 Rn. 8; a.A. *Heuermann*, in: Hübschmann/Hepp/Spitaler, AO/FGO, § 164 AO Rn. 26 (Stand: August 2019).

1672 Ausführlich *Busch*, §§ 164, 165 AO als Nebenbestimmung, S. 146-148; *Seer*, in: Tipke/Kruse, AO/FGO, § 164 AO Rn. 2 (Stand: Juli 2017); *Heuermann*, in: Hübschmann/Hepp/Spitaler, AO/FGO, § 164 AO Rn. 45 (Stand: August 2019). *Hey*, Steuerplanungssicherheit, S. 770, wendet dagegen ein, dass sich eine komplizierte Rechtslage, die eine schnelle und zuverlässige Rechtsanwendung ausschließe, nicht zulasten des Steuerpflichtigen auswirken dürfe, indem die Steuerfestsetzung offenbliebe. Vielmehr bestehe ein gesteigertes Interesse nach einer verbindlichen behördlichen Entscheidung. Widersprüchlich *Carlé*, KÖSDI 2011, 17588 Rn. 7 und 8.

1673 BT Drucks. IV/1982, S. 149.

1674 BT Drucks. IV/1982, S. 148.

1675 In 2017 machten die Lohnsteuer und die Umsatzsteuer gemeinsam einen Anteil von 68,2% an den Steuereinnahmen aus, siehe dazu die Tabelle: https://www.bundesfinanzministerium.de/Content/DE/Standardartikel/Themen/Steuern/Steuerschaetzungen_und_Steuereinnahmen/2018-08-28-steuereinnahmen-nach-steuergruppen-2014-2017.pdf.

1676 *Busch*, §§ 164, 165 AO als Nebenbestimmung, S. 117-121; *Seer*, in: Tipke/Kruse, AO/FGO, § 164 AO Rn. 17 (Stand: Juli 2017); *Drüen*, StuW 2009, 97, 104.

der Nachprüfung gesetzt werden. Die Notwendigkeit der Prüfung ist nach dem Wortlaut der Norm nicht näher spezifiziert und damit auf Rechts- und Sachfragen gleichermaßen bezogen, die sich regelmäßig nicht im Einzelnen voneinander trennen lassen.[1677] In Bezug auf ein weites uneingeschränktes Ermessen bei der Setzung einer Nebenbestimmung konsequent ist die Rechtsprechung der Finanzgerichte, nach der der Steuerpflichtige keinen Anspruch darauf hat, dass eine Steuerfestsetzung unter Vorbehalt der Nachprüfung erfolgt.[1678] Allerdings stellt sich dann die Frage, warum ein Antrag, den Vorbehalt der Nachprüfung aufzuheben, grundsätzlich denkbar sein soll.[1679] Denn die gem. § 164 Abs. 3 S. 1 AO jederzeitige Aufhebungsmöglichkeit des Vorbehalts der Nachprüfung hat keine andere rechtliche Qualität als das Entscheidungsermessen bei Erlass des Steuerbescheides, das Vorzeichen ist lediglich invertiert. Etwas anderes gilt nur dann, wenn man eine auf den Vorbehalt der Nachprüfung aufbauende Vertrauensposition des Steuerpflichtigen bejaht. Dieser Gedanke dürfte allerdings aufgrund der offenen gesetzlichen Formulierung („kann jederzeit") nicht durchschlagen, soweit zwischen Finanzbehörde und Steuerpflichtigem keine anderen Aussagen getroffen worden sind, die einen Vertrauensschutz begründen können.

Die Prüfung der Angaben des Steuerpflichtigen sowie die Ermittlung und rechtliche Beurteilung des Sachverhaltes sind stets eine Überprüfung, ob der

---

1677 *Seer*, in: Tipke/Kruse, AO/FGO, § 164 AO Rn. 12 (Stand: Juli 2017); *Heuermann*, in: Hübschmann/Hepp/Spitaler, AO/FGO, § 164 AO Rn. 21 (Stand: August 2019); a.A. *Hey*, Steuerplanungssicherheit, S. 770, die anführt, dass eine komplexe Rechtslage, die eine schnelle zuverlässige Rechtsanwendung ausschließt, nicht einseitig zulasten des Steuerpflichtigen wirken darf. Für diese Auffassung findet sich aber keine Anknüpfung im Gesetzeswortlaut. Auch die Argumentation, dass § 164 Abs. 3 S. 2 AO, der die Aufhebung des Vorbehalts der Nachprüfung nach einer Außenprüfung vorsieht, für eine Beschränkung auf Sachverhaltsermittlungen spreche (*Hey*, a.a.O., S. 770 f.), trägt nicht. Denn die Ermittlung der steuerlichen Verhältnisse (§ 194 Abs. 1 S. 1 AO) umfasst nicht ausschließlich tatsächliche Fragen, sondern erfordert eine explizite Einordnung zur steuerlichen Relevanz, mithin eine Beurteilung der Rechtslage; wie *Hey* auch *Busch*, §§ 164, 165 AO als Nebenbestimmung, S. 118 f., der davon ausgeht, dass sich tatsächliche und rechtliche Ermittlungen trennen lassen.

1678 FG Rheinland-Pfalz v. 18.12.2007, 2 K 2211/06; FG Niedersachsen v. 25.9.2009, 13 K 100/09; FG Sachsen-Anhalt v. 11.3.2013, 4 K 205/12. Zur fehlenden Begründungspflicht der Finanzbehörde *Busch*, §§ 164, 165 AO als Nebenbestimmung, S. 135-141.

1679 Siehe die Aussage in BFH v. 14.6.2011, V B 24/10 Rn. 15; die Erfolgsaussichten offen gelassen hat BFH v. 30.6.1997, V B 131796 Rn. 16, einen Einspruch aber grundsätzlich als zulässig erachtet; kritisch ebenso *Heuermann*, in: Hübschmann/Hepp/Spitaler, AO/FGO, § 164 AO Rn. 83 (Stand: August 2019).

Steuerpflichtige seinen Mitwirkungspflichten ordnungsgemäß nachgekommen ist. Ein Vorbehalt der Nachprüfung bedeutet damit auch, dass die aus fehlerhaften Mitwirkungspflichten resultierenden steuerlichen Folgen voraussetzungslos durch die Änderung des Steuerverwaltungsaktes umgesetzt werden können. Dabei liegt die Einschätzung der Prüfbedürftigkeit und die Notwendigkeit einer Vorbehaltsfestsetzung allein in den Händen der Finanzbehörde. Möchte der Steuerpflichtige die Veranlagung bewusst offenhalten, etwa um bei Rechtsfragen in Bezug auf die Mitwirkungspflichten auch Korrekturen zu seinen Gunsten zu ermöglichen, kann dies mangels Anspruchs auf Vorbehaltsfestsetzung nicht einseitig von ihm durchgesetzt werden.

2. Vorbehalt der Nachprüfung im vollautomatisierten Verfahren

Die Regelung des Vorbehaltes der Nachprüfung könnte durch die Digitalisierung des Besteuerungsverfahrens und der in diesem Zuge größeren Bedeutung der Steuererklärung einen noch breiteren Anwendungsbereich erlangen, als es bisher der Fall ist: Bei Umsetzung des vollautomatisierten Veranlagungsverfahrens i.S.d. § 155 Abs. 4 AO ermöglicht § 155 Abs. 4 S. 2 Nr. 2 AO nach Verwaltungsanweisung des Bundesministeriums der Finanzen oder der obersten Landesfinanzbehörden, dass die vollständig automationsgestützt erlassenen Steuerfestsetzungen allgemein mit einer Nebenbestimmung verbunden werden können, wozu auch der Vorbehalt der Nachprüfung zählt.[1680] Diese Regelung erinnert an den bereits 2005 im *Kölner Entwurf eines Einkommensteuergesetzes*[1681] geäußerten Vorschlag, das Steuerverwaltungsverfahren im Wege einer elektronischen Selbstveranlagung zu organisieren, in der vollautomatisierte Steuerbescheide grundsätzlich unter – zeitlich verkürztem – Vorbehalt der Nachprüfung ergehen, um die bestehenden Verwaltungsressourcen weg von der personellen Erfassung und Verarbeitung von Daten hin zu einer Überprüfung der erklärten Werte zu verlagern. In einem so automatisierten Veranlagungsverfahren wäre es vorstellbar, dass die Prüfung risikobehafteter und daher ausgesteuerter Fälle nicht vor der erstmaligen Festsetzung, sondern kapazitätsbedingt nachgelagert erfolgt. Dadurch könnten auch Programm- oder Rechtsanwendungsfehler des Steuerpflichtigen bei Erstellung der Steuererklärung voraussetzungslos korrigiert werden, die sich zu seinen Gunsten auswirken.[1682] Ein modifizierter

1680 Siehe Fn. 1671.

1681 *Lang*, Kölner Entwurf eines Einkommensteuergesetzes, S. 26 (dort § 52 EStG-E), 107 f.; siehe auch *Seer*, DStJG 31 (2008), 7, 32; *ders.* FR 2012, 1000, 1004.

1682 *Wernthaler*, Korrektur im digitalisierten Besteuerungsverfahren, S. 279.

Ansatz umfasst, dass alle oder bestimmte Fallgruppen von vollautomatisiert erlassenen Steuerbescheiden unter Vorbehalt der Nachprüfung gesetzt werden, um der geringeren Prüfungsdichte im Veranlagungsverfahren und dem höheren Fehlerrisiko durch Eingaben des Steuerpflichtigen eine Korrekturmöglichkeit entgegenzusetzen.[1683] *Münch* hatte über eine ähnliche Regelung *de lege ferenda* nachgedacht, die Bescheide unter Vorbehalt der Nachprüfung setzt, soweit diese inhaltlich noch nicht im maschinellen Verfahren durch die Finanzbehörde geprüft worden sind.[1684]

Fraglich ist jedoch, ob die Systematik und das Telos des § 155 Abs. 4 AO i.V.m. den in § 88 Abs. 5 AO vorgesehenen Risikomanagementsystemen sowie § 150 Abs. 7 AO mit einem Vorgehen im Einklang stehen, das dann einen automatisch gesetzten Vorbehalt der Nachprüfung möglich macht, wenn das Risikomanagementsystem eine Prüfbedürftigkeit erkennt. Der Gesetzgeber hatte bei der Regelung des § 155 Abs. 4 S. 2 Nr. 2 AO vor allem den Fall vor Augen, dass bei einer vollautomatischen Steuerfestsetzung – wie bisher auch bei einer Bearbeitung durch einen Amtsträger – automatisch Vorläufigkeitsvermerke in den Fällen des § 165 Abs. 1 S. 2 AO angefügt werden können.[1685] Der gesetzgeberische Wille, Steuerfestsetzungen generell unter dem Vorbehalt der Nachprüfung zu erlassen, sobald diese vom Risikomanagementsystem als risikobehaftet erkannt worden sind, ist dabei nicht zu erkennen. Dies widerspräche auch den Grundgedanken des modernisierten Besteuerungsverfahrens: Eine vollautomatisierte Steuerfestsetzung nach § 155 Abs. 4 S. 1 AO, die Voraussetzung für die Anwendung des § 155 Abs. 4 S. 2 Nr. 2 AO ist, soll nur möglich sein, soweit kein Anlass zur Bearbeitung durch einen Amtsträger besteht. Wann ein Anlass zur Bearbeitung durch einen Amtsträger vorliegt, entscheidet grundsätzlich die Finanzbehörde im Rahmen ihres Ermessens.[1686] Allerdings sieht der Gesetzgeber *expressis verbis* in § 155 Abs. 4 S. 3 AO insbesondere dann einen Anlass zur Bearbeitung durch einen Amtsträger, wenn der Steuerpflichtige Angaben i.S.d. § 150 Abs. 7 AO in

1683 *Seer*, StuW 2015, 315, 323; *Wernthaler*, Korrektur im digitalisierten Besteuerungsverfahren, S. 279, die, a.a.O., S. 288, zum schonenden Ausgleich mit dem Prinzip der Rechtssicherheit umfassende Korrekturmöglichkeiten gem. § 172 Abs. 1 Nr. 1 AO von Steuerbescheiden andenkt, die lediglich auf Angaben des Steuerpflichtigen basieren, dafür aber analog zu den Regelungen zu Verbrauchsteuerbescheiden für eine einjährige Festsetzungsfrist i.S.d. § 169 Abs. 2 Nr. 1 AO plädiert.

1684 *Münch*, DStR 2013, 2150, 2156.

1685 BT Drucks. 18/7457, S. 83.

1686 *Frotscher*, in: Schwarz/Pahlke, ErstKomm BestVerfModG 2016, § 155 Rn. 12; auch *Güroff*, in: Gosch, AO/FGO, § 155 AO Rn. 42.1 (Stand: April 2017).

einem Datenfeld getätigt hat. Ein weiterer Anlass zur personellen Bearbeitung ergibt die systematische Zusammenschau zweier Kernpunkte der Modernisierung des Besteuerungsverfahrens, nämlich der Einfassung der Risikomanagementsysteme in den Amtsermittlungsgrundsatz (§ 88 Abs. 5 AO) und der vollautomatisierten Steuerfestsetzung:[1687] Die Risikomanagementsysteme sollen das Veranlagungsverfahren beschleunigen, indem mit ihrer Hilfe festgestellt wird, wann ein Anlass zur personellen Bearbeitung vorliegt und anhand welcher Anhaltspunkte der Sachbearbeiter Ermittlungen anstellen kann bzw. anstellen muss.[1688] Wird ein Fall durch Risikomanagementsysteme als prüfungswürdig ausgesteuert, wird damit ein Anlass zur personellen Bearbeitung begründet.[1689] Die vollautomatische Verarbeitung des risikobehafteten Steuerfalles zu einem Steuerbescheid mit einem Vorbehalt der Nachprüfung scheidet dann aus.

Davon zu unterscheiden sind Fälle bzw. Fallgruppen, für die durch eine Verwaltungsanweisung des Bundesministeriums der Finanzen oder der obersten Landesfinanzbehörden i.S.d. § 155 Abs. 4 S. 2 Nr. 2 AO allgemein angeordnet wird, dass diese mit einem Vorbehalt der Nachprüfung versehen werden sollen. Dies sind z.B. und hauptsächlich die sog. „BP-Fälle“, die für eine Prüfung durch die amtsinterne Betriebsprüfung oder eine Prüfung durch die Groß- und Konzernbetriebsprüfung vorgesehen sind und deren Kontrolle grundsätzlich insgesamt der Betriebsprüfung obliegt.[1690] In diesen Fällen besteht dann kein Anlass i.S.d. § 155 Abs. 4 S. 1 AO zur Prüfung der Steuererklärung durch einen Sachbearbeiter des Veranlagungsbezirks, sodass eine vollautomatisierte Steuerfestsetzung unter dem Vorbehalt der Nachprüfung gem. § 155 Abs. 4 S. 2 Nr. 2 AO möglich ist. Soweit dennoch im Ausnahmefall eine teilweise vorgelagerte Prüfung durch den Veranlagungsbezirk erfolgt,[1691] beschränkt sich die Automatisation – wie bisher – auf das Setzen des Vorbehalts der Nachprüfung.[1692]

1687 BT Drucks. 18/7457, S. 67.

1688 BT Drucks. 18/7457, S. 82.

1689 *Güroff*, in: Gosch, AO/FGO, § 155 AO Rn. 43.1 (Stand: April 2017).

1690 Siehe EB FAGO 2.1.2.4.7 und dort Nr. 6 (abgedruckt bei *Sediqi*, Der Untersuchungsgrundsatz im Lichte des § 88 AO n.F., Anhang).

1691 Siehe EB FAGO 2.1.2.4.7 und dort Nr. 6 (abgedruckt bei *Sediqi*, Der Untersuchungsgrundsatz im Lichte des § 88 AO n.F., Anhang), wo ein Aufgriff durch den Veranlagungsbezirk im Ausnahmefall vorgesehen ist.

1692 Dieser Mechanismus war bereits vor Einführung des § 155 Abs. 4 AO in den Festsetzungsprogrammen der Finanzverwaltung NRW implementiert: Ein als „BP-Fall“ klassifizierter Fall erging dort maschinell gesteuert mit einem Vorbehalt der Nachprüfung, ohne dass es einer Eingabe des Sachbearbeiters in das Veranlagungsprogramm bedurfte.

Es bleibt noch zu prüfen, ob die letzte Variante, generell alle vollautomatisierten Steuerbescheide unter dem Vorbehalt der Nachprüfung zu erlassen, möglich ist. Aufgrund der Feststellung, dass dies für als risikobehaftet erkannte Steuerbescheide gesetzlich nicht vorgesehen ist, bleiben als Anwendungsbereich nur noch solche Steuerbescheide übrig, die durch die Risikomanagementsysteme als risikolos eingestuft sind. Diese risikolosen Steuerfälle sollen nach der Gesamtkonzeption der Risikomanagementsysteme aber gerade nicht mehr durch die Finanzbehörde geprüft werden, sodass es an der Anforderung an den Vorbehalt der Nachprüfung, dass jedenfalls eine Überprüfung des Steuerfalles nicht von vornherein ausgeschlossen sein darf, mangelt. Erst dann, wenn die Finanzverwaltung von diesem Veranlagungskonzept abweicht – wofür keine Anhaltspunkte bestehen – wäre eine automatisierte Vorbehaltsfestsetzung denkbar. Ein genereller Vorbehalt der Nachprüfung in allen Fällen ist aber grundsätzlich ausgeschlossen. Dieses Ergebnis deckt sich auch mit der gesetzgeberischen Entscheidung, kein der Selbstveranlagung durch Steueranmeldung i.S.d. § 168 S. 1 AO gleichendes Konzept für die klassischen Veranlagungssteuern in der Abgabenordnung anzusiedeln.

Allgemeine Vorbehaltsfestsetzungen wären auch aus einem anderen Blickwinkel kritisch zu beurteilen, als dass das Eintreten eines Vertrauensschutzes für den gesamten Steuerbescheid gehemmt wird, selbst wenn nur einzelne Fragen noch offen sind bzw. als prüfungswürdig erkannt worden sind oder gar keine Prüfungswürdigkeit von Seiten der Finanzbehörde erkannt worden ist. Die Rechtssicherheit würde dabei einseitig zugunsten einer raschen Veranlagung geopfert werden, obwohl – anders als bei der Steueranmeldung – eine Risikoeinschätzung durch die Plausibilitätsprüfung des elektronischen Risikomanagementsystems vor Erlass des Steuerbescheides stattgefunden hat. Eine derartige Umsetzung des vollautomatischen Steuerbescheides sollte daher den *status quo* des Vertrauensschutzes nicht unterschreiten: Um die nachgelagerte Prüfung risikobehafteter Fälle zu ermöglichen, mag eine Vorbehaltsfestsetzung zwar das richtige Mittel sein, wenn man sie für rechtlich zulässig erachtet. Risikofreie Steuerfälle, die voraussichtlich nicht einer Einzelfallprüfung unterzogen werden, müssen jedoch mit Blick auf die genannte Voraussetzung der Vorbehaltsfestsetzung, dass eine Prüfung jedenfalls nicht ausgeschlossen sein darf, so oder so weiterhin ohne Vorbehalt der Nachprüfung veranlagt werden.

3. *Korrekturumfang und Vertrauensschutz*

Solange der Vorbehalt der Nachprüfung besteht, kann die Steuerfestsetzung jederzeit aufgehoben oder geändert werden, § 164 Abs. 2 S. 1 AO; eine Korrektur nach den §§ 172-175b AO scheidet in dem Zeitraum aus, in dem der Vorbehalt der Nachprüfung besteht.[1693] Der Steuerpflichtige kann damit grundsätzlich kein Vertrauen in den Bestand des Verwaltungsaktes entwickeln. Mitwirkungspflichtverletzungen können daher, soweit sie sich in der festgesetzten Steuer niedergeschlagen haben, zulasten, aber auch zugunsten des Steuerpflichtigen korrigiert werden.[1694] Diese zunächst paritätische Rechtsfolge des § 164 Abs. 2 S. 1 AO ist in der Praxis jedoch an die Aufdeckung des Fehlers geknüpft. Erfolgt eine Prüfung des Steuerfalles durch die Finanzbehörde also gar nicht oder prüft sie den Steuerfall nur punktuell mit Bezug auf steuererhöhende Sachverhalte, wandelt sich die theoretische Parität zu einer faktischen Einseitigkeit zugunsten der Finanzbehörde. Dennoch steht es auch dem Steuerpflichtigen offen, zu seinen Ungunsten im Steuerbescheid enthaltene Fehler zu finden und eine Änderung nach § 164 Abs. 2 S. 2 AO zu beantragen, der die Finanzbehörde im Ergebnis zu folgen hat. Obwohl durch den Vorbehalt der Nachprüfung keine materielle Bestandskraft eintritt, kann aus Vertrauensschutzgründen die Änderung einer Vorbehaltsfestsetzung zulasten des Steuerpflichtigen abzulehnen sein. Zwei Konstellationen kommen in Betracht:[1695] Zum einen gewährt – und

1693 *Loose*, in: Tipke/Kruse, AO/FGO, Vor § 172 AO Rn. 27 (Stand: September 2020); *v. Groll*, in: Hübschmann/Hepp/Spitaler, AO/FGO, Vor § 172 AO Rn. 37 (Stand: November 2016); einschränkend BFH v. 10.5.2007, IX R 30/06, BStBl. II 2007, 807 Rn. 15: „Der Einleitungssatz des § 172 Abs. 1 AO stellt nicht klar, dass die §§ 172 ff. AO nicht gelten, soweit ein Bescheid unter dem Vorbehalt der Nachprüfung oder vorläufig (§§ 164, 165 AO) ergangen ist", allerdings wiederum beschränkt auf den Fall, dass die Vorläufigkeit wegen Ablauf der Festsetzungsfrist gem. § 171 Abs. 8 AO eine Korrektur nicht mehr ermöglicht, während die Festsetzungsfrist i.S.d. § 175 Abs. 1 S. 2 AO noch nicht abgelaufen ist und damit eine Korrektur gem. § 175 Abs. 1 Nr. 2 AO möglich ist; a.A. *Zaumseil*, vr 2017, 73, 74 f.

1694 *Trzaskalik*, StuW 1993, 371, 372, sieht daher die Vorbehaltsfestsetzung als nicht den Steuerpflichtigen einseitig belastende Maßnahme an, wohingegen *Hey*, Steuerplanungssicherheit, S. 780 und dort Fn. 396, der verlorenen Rechtssicherheit deutlich mehr Gewicht beimisst, als der Korrekturmöglichkeit auch zugunsten des Steuerpflichtigen; *Drüen*, StuW 2009, 97, 100, führt insbesondere das Interesse des Bürgers an, an positiven rechtlichen Änderungen durch gerichtliche Urteile partizipieren zu können, und sieht daher eine Verkehrung der traditionellen Vorzeichen der Interessenlage.

1695 Auf § 251 Abs. 2 AO i.V.m. den rechtsgestaltenden und abschließenden Regelungen eines Insolvenzplanes i.S.d. §§ 217, 257 InsO, die einer Änderung nach § 164 Abs. 2 AO entgegenstehen, wird hier nicht näher eingegangen, siehe dazu *Heuermann*, in: Hübschmann/Hepp/Spitaler, AO/FGO, § 164 AO Rn. 58 (Stand: August 2019).

darin liegt sein Hauptanwendungsfall[1696] – § 176 AO Vertrauensschutz bei Steuerfestsetzungen unter Vorbehalt der Nachprüfung gegen die Verschärfung der höchstrichterlichen Rechtsprechung und von allgemeinen Verwaltungsvorschriften.[1697] Zum anderen kommt die Bildung einer Vertrauensposition durch den Steuerpflichtigen, die einer Änderung des Steuerbescheides entgegensteht, dann in Betracht, wenn Äußerungen von der Finanzbehörde gegenüber dem Steuerpflichtigen getätigt worden sind, die den Schluss zulassen, dass es zu keiner Änderung der Steuerfestsetzung mehr kommen soll.[1698]

1696 Bei den übrigen Korrekturnormen ist die Befugnis zur Korrektur bei Änderung der Rechtslage und Rechtsauffassung bereits – z.T. durch das ungeschriebene Tatbestandsmerkmal der Rechtserheblichkeit – eingeschränkt, siehe unten 5. Teil C. III. 4.; BT Drucks. VI/1982, S. 155: „Die Vorschrift ist besonders wichtig für die Fälle der Steuerfestsetzung unter Vorbehalt der Nachprüfung" (zur geringen Aussagekraft der Gesetzesmaterialien in diesem Fall siehe jedoch *A. Leisner*, DStZ 1999, 358, 362 f). Siehe auch BFH v. 23.11.1987, GrS 1/86, BStBl. II 1988, 180 Rn. 42; *Helbich*, Vertrauensschutz in Verwaltungsvorschriften des Steuerrechts, S. 249; *Rüsken*, in: Klein, AO, § 176 Rn. 6; *Holz*, Bestandskraft, S. 47 f., spricht § 176 AO bei Steuerfestsetzungen unter dem Vorbehalt der Nachprüfung die Funktion eines Korrelates zu, das der Rechtssicherheit dient.

1697 *Loose*, in: Tipke/Kruse, AO/FGO, § 176 AO Rn. 3 (Stand: Januar 2017); *Helbich*, Vertrauensschutz in Verwaltungsvorschriften des Steuerrechts, S. 249; *A. Leisner*, DStZ 1999, 358, 363-365; dieser Vertrauensschutz begründet sich aber nicht in dem Steuerbescheid selbst, sondern in der dem Steuerbescheid zugrundeliegenden Rechtslage, siehe *Hey*, Steuerplanungssicherheit, S. 595 f. m.w.N. und S. 776-778; a.A. in der Literatur – soweit ersichtlich nur – *Rößler*, BB 1981, 842, 845, und *ders.*, DStZ 1999, 603, 603 f., und aus der Rechtsprechung z.B. FG Rheinland-Pfalz v. 24.11.1980, V 220/78, EFG 1981, 511 Rn. 67 f.

1698 Siehe dazu grundlegend *Venturini*, ifst 228, S. 62-64; zustimmend *Hey*, Steuerplanungssicherheit, S. 776, die einen Verstoß gegen Treu und Glauben annimmt, wenn sich die Behörde nach außen hin erkennbar bezüglich einzelner Sachverhaltselemente und Wertungen festgelegt hat (a.A. dazu BFH v. 4.2.2009, VI B 142/08 Rn. 2, und *Loose*, in: Tipke/Kruse, AO/FGO, § 176 AO Rn. 3 (Stand: Januar 2017)); *Günther*, FR 1983, 36, 38; *Drüen*, StuW 2009, 97, 104-106; *A. Müller*, AO-StB 2013, 114, 119; siehe auch BFH v. 21.4.2005, III B 40/04 Rn. 11. Allerdings muss in diesen Fällen eine Korrektur möglich sein, wenn eine der eigenständigen Korrekturvorschriften der §§ 172 ff. AO einschlägig ist, da die von der h.M. angenommene Sperrwirkung des § 164 AO für die §§ 172 ff. AO (statt vieler nur *Loose*, in: Tipke/Kruse, AO/FGO, Vor § 172 AO Rn. 27 (Stand: September 2020)) insoweit ansonsten zu einer stärkeren partiellen Bestandskraft führen würde, als sie ohne Vorbehalt der Nachprüfung bestünde; siehe in diese Richtung auch BFH v. 10.5.2007, IX R 30/06, BStBl. II 2007,

4. *Aufhebung des Vorbehalts der Nachprüfung*

Der Vorbehalt der Nachprüfung kann grundsätzlich jederzeit aufgehoben werden, ist jedoch zwingend nach einer Außenprüfung aufzuheben, § 164 Abs. 3 S. 1, 3 AO. Wird der Vorbehalt der Nachprüfung nicht aktiv durch die Finanzbehörde aufgehoben, bleibt er wirksam. Erst mit Ablauf der Festsetzungsfrist, bei deren Berechnung § 171 Abs. 7, 8, 10 AO und die verlängerte Festsetzungsfrist für leichtfertige Steuerverkürzung und Steuerhinterziehung nicht anzuwenden sind, entfällt der Vorbehalt der Nachprüfung gem. § 164 Abs. 4 S. 1, 2 AO kraft Gesetzes. Diesem langgezogenen Prüfungszeitraum steht ein relativ kurzer Zeitraum gegenüber, der dem Steuerpflichtigen bei der Erfüllung seiner Mitwirkungspflichten zur Verfügung steht. Insbesondere im Anwendungsbereich der Anmeldungssteuern sieht das Gesetz kurze (Tages-)Fristen für die Abgabe der Steueranmeldung vor, der sich Jahre der Ungewissheit anschließen können.[1699] Positiv für den Steuerpflichtigen ist: Anträge und Wahlrechte, die nicht an besondere Fristen gebunden sind, können im Rahmen einer Vorbehaltsfestsetzung erstmalig ausgeübt oder geändert werden.[1700] Die lange Wirkung des Vorbehaltes der Nachprüfung und der damit ausbleibende Vertrauensschutz wurden bereits an unterschiedlichen Stellen zu Recht kritisiert und für eine kürzere Vorbehaltsfrist plädiert, die aber bisher nicht umgesetzt worden ist.[1701] Die Diskussion gewinnt jedoch aus der Sicht des vollautomatisierten Steuerbescheides i.S.d. § 155 Abs. 4 AO einen neuen Anschwung: Erfolgt die Vorbehaltsfestsetzung entgegen der hier vertretenen Auffassung maschinell automatisch, sobald in einem Steuerfall Risikoparameter ausschlagen, ist aus Vertrauensschutzgründen zu fordern, dass in diesen Fällen eine zeitnahe Überprüfung der

---

807 Rn. 15-17. Für ein generelles Nebeneinander von §§ 172 ff. AO und §§ 164, 165 AO *Zaumseil*, vr 2017, 73, 74 f.

1699 Siehe zu den Erklärungspflichten des Unternehmers im Umsatzsteuerrecht etwa *Kemper*, UR 2015, 373, 374-378.

1700 Siehe dazu unten 5. Teil E. II.

1701 *Seer*, in: Tipke/Lang, Steuerrecht, Rn. 21.287, spricht von einer „unerträglich" langen Rechtsunsicherheit; *Drüen*, StuW 2009, 97, 101-103; vielmehr war kürzlich im Gesetzgebungsverfahren zum Dritten Bürokratieentlastungsgesetz (BGBl. I 2019, 1746) wegen Einführung einer fünfjährigen Frist in § 147 Abs. 6 S. 6 AO die Klage aus dem Bundestag zu vernehmen, dass die fünfjährige Frist nicht ausreiche, um eine Betriebsprüfung für einen vorangegangenen Zeitraum abzuschließen, siehe BR Drucks. 454/19 (Beschluss), S. 7; a.A. *A. Müller*, AO-StB 2013, 114, 118, der dem „nur vier Jahre lang" wirkenden Vorbehalt der Nachprüfung eine „kurze Wirkungszeit" bescheinigt.

klärungsbedürftigen Sachverhalte erfolgt oder aber der Vorbehalt der Nachprüfung, wenn schon nicht von Gesetzes wegen, dann aber im Rahmen des Verwaltungsermessens nach einem angemessenen Zeitraum gem. § 164 Abs. 3 S. 1 AO ebenfalls gem. § 155 Abs. 4 S. 1 AO aufgehoben wird.

III. Verhinderung des Eintritts der materiellen Bestandskraft durch § 165 AO

Die Vorläufigkeit nach § 165 AO als Nebenbestimmung zum Steuerbescheid lässt die Steuerfestsetzung, soweit die Vorläufigkeit reicht, partiell nicht in materielle Bestandskraft erwachsen.[1702] Allerdings ist der Anwendungsbereich des § 165 Abs. 1 S. 1 AO eingeschränkt auf tatsächliche Ungewissheiten, die gegenwärtig noch nicht oder nur mit unverhältnismäßigem Aufwand ausgeräumt werden können, und wird durch § 165 Abs. 1 S. 2 AO auf bestimmte rechtliche, aber nicht im engeren Sinne steuerrechtliche Ungewissheiten ausgedehnt.[1703] Die Fälle des § 165 AO sind weniger dazu vorgesehen, Mitwirkungspflichtverletzungen aufzudecken, sodass die Norm im Folgenden ausgeklammert wird.

IV. Sonderfall § 129 AO: Kein Eintritt oder Durchbrechung der Bestandskraft?

§ 129 AO gibt der Finanzbehörde die Möglichkeit, Schreibfehler, Rechenfehler und ähnliche offenbare Unrichtigkeiten, die bei Erlass eines Verwaltungsaktes unterlaufen sind, jederzeit – innerhalb der Festsetzungsfrist – zu berichtigen. Der von § 129 AO umfasste Fehler liegt dabei nicht im Bereich der rechtlichen Subsumtion oder tatsächlichen Wertung, d.h., es handelt sich nicht um einen Rechts- oder Ermittlungsfehler, sondern er betrifft grundsätzlich „die Umsetzung des Gewollten in das Gesagte".[1704] Umstritten ist, ob durch die Möglichkeit

---

1702 *Seer*, in: Tipke/Kruse, AO/FGO, § 165 AO Rn. 37 (Stand: Juli 2017); *Heuermann*, in: Hübschmann/Hepp/Spitaler, AO/FGO, § 165 AO Rn. 130 (Stand: August 2019). Zur Einordnung der Vorläufigkeit als Nebenbestimmung siehe *Busch*, §§ 164, 165 AO als Nebenbestimmung, S. 228-234.

1703 *Busch*, §§ 164, 165 AO als Nebenbestimmung, S. 222; *Seer*, in: Tipke/Kruse, AO/FGO, § 165 AO Rn. 1 (Stand: Juli 2017); *Heuermann*, in: Hübschmann/Hepp/Spitaler, AO/FGO, § 165 AO Rn. 8 (Stand: August 2019).

1704 BFH v. 13.6.2012, VI R 85/10, BStBl. II 2013, 5 Rn. 16 f.; BFH v. 17.5.2017, X R 45/16 Rn. 25; *Seer*, StuW 2015, 315, 325 f.; *Wernsmann*, in: Hübschmann/Hepp/Spitaler, AO/FGO, § 129 AO Rn. 12 (Stand: Mai 2017); siehe dazu aber noch einschränkend unten 5. Teil C. V. 3.

der Berichtigung nach § 129 AO die Bestandskraft des Verwaltungsaktes durchbrochen wird oder ob die Bestandskraft, soweit der Fehler reicht, von vornherein nicht eingetreten ist. Dabei soll hier der für die Untersuchung relevante Fall der Darstellung zugrunde gelegt werden, dass im Tenor des Steuerbescheides der festgesetzte Steuerbetrag durch § 129 AO geändert wird.[1705]

Rechtssystematisch fußt § 129 AO in Übereinstimmung mit den § 42 VwVfG, § 38 SGB X, § 118 VwGO, § 319 ZPO, § 107 Abs. 1 FGO, § 138 S. 1 SGG auf dem allgemeinen Rechtsgedanken, dass ein bekanntgegebener staatlicher Akt keinen Vertrauensschutztatbestand bildet, soweit das Erklärte erkennbar von dem Gewollten abweicht.[1706] Also entsteht, soweit der Fehler i.S.d. § 129 AO reicht, kein Vertrauen auf den Bestand des Verwaltungsaktes. Daraus schließen Stimmen in der Literatur und der Rechtsprechung, dass eine Berichtigung nach § 129 AO nur das äußerliche Erscheinungsbild des Verwaltungsaktes verändere und nicht die Bestandskraft, also die durch den Verwaltungsakt getroffene inhaltliche Aussage, betreffe.[1707] Zur Unterstützung wird der Wortlaut herangezogen: § 129 AO spreche von einer „Berichtigung" des Verwaltungsaktes, was dem Wortsinn

---

1705 Zu anderen Arten der Unrichtigkeit, etwa bei unrichtigen Bezeichnungen der Bescheide oder der Steuerschuldner siehe *Wernthaler*, Korrektur im digitalisierten Besteuerungsverfahren, S. 77-84.

1706 *Seer*, StuW 2015, 315, 325; *ders.*, in: Tipke/Lang, Steuerrecht, Rn. 21.389; siehe auch die umfassende Darstellung bei *Wernthaler*, Korrektur im digitalisierten Besteuerungsverfahren, S. 38-40.

1707 BFH v. 8.3.1989, X R 116/87, BStBl. II 1989, 531 Rn. 26, der feststellt, dass die Bestandskraft des Verwaltungsaktes nicht tangiert werde, aber an anderer Stelle ausführt, dass „offenbare Unrichtigkeiten [...] unzutreffende Steuerfestsetzungen auslösen können", zur Widersprüchlichkeit der getroffenen Aussagen im Urteil siehe *Kuhfus*, Berichtigung offenbarer Unrichtigkeiten, S. 64; BFH v. 10.10.2002, VI R 13/01, BStBl. II 2003, 156, 159; *Frotscher*, in: Schwarz/Pahlke, AO/FGO, § 129 AO Rn. 1 (Stand: Februar 2017); *Brandt-Pollmann*, BB 1981, 1209, 1211 f.; *Wernsmann*, in: Hübschmann/Hepp/Spitaler, AO/FGO, § 129 AO Rn. 16 f. (Stand: Mai 2017), der eine Bestandskraftdurchbrechung davon abhängig macht, ob der Fehler für den Adressaten aus dem Verwaltungsakt erkennbar ist; *Zaumseil*, vr 2017, 73, 75; so auch ohne weitere Begründung *Holz*, Bestandskraft, S. 78 f.; wohl auch *Birkenfeld*, DStR 1991, 729, 729; nicht explizit angesprochen wird die Problematik bei *Saßenroth*, Bestandskraft. Aufgrund des Aufbaus der Arbeit kann aber geschlossen werden, dass § 129 AO die Bestandskraft nach ihrer Ansicht nicht durchbrechen soll, denn a.a.O., 55-58 (dort auch Fn. 346), sieht *Saßenroth* nur die §§ 172 ff. AO und Korrekturnormen aus den Einzelsteuergesetzen für die Durchbrechung der Bestandskraft als einschlägig an.

nach eine nur äußerlich wirkende, formale Richtigstellung umfasse.[1708] Im Gegensatz dazu sei bei den §§ 172-176 AO von „Aufhebung“ oder „Änderung“ bzw. bei den §§ 130, 131 AO vom „Widerruf“ oder von der „Rücknahme“ die Rede, was eine ggf. vollständige Reduzierung oder Erweiterung der Rechtswirksamkeit des Verwaltungsaktes bedeute.[1709]

Gegen diese Auffassung spricht allerdings die Regelung des § 124 Abs. 1 S. 2 AO, wonach der Verwaltungsakt mit dem Inhalt wirksam wird, mit dem er bekanntgegeben wird. Bei der Bestimmung des Inhalts eines Verwaltungsaktes findet nach der Intention des Gesetzgebers die dem Zivilrecht entspringende Erklärungstheorie und nicht die Willenstheorie Anwendung.[1710] Inwieweit bei der zahlenmäßigen Festsetzung einer Steuer Auslegungsspielraum aus Sicht des objektiven Empfängerhorizonts besteht,[1711] ist durchaus zweifelhaft. Ausgangspunkt jeder Auslegung einer schriftlichen Willenserklärung ist immer das geschriebene Wort bzw. im Fall der festgesetzten Steuer die geschriebene Zahl. Eine Zahl ist für sich genommen eindeutig. Ein Auslegungsspielraum besteht daher grundsätzlich nicht, wenn sich nicht aus der Begründung zum Verwaltungsakt Zweifel an der Zahl ergeben, wie an diesem Beispiel deutlich wird:

> Im Einkommensteuerbescheid wird bei der Ermittlung der Steuer erläutert, dass die Steuer aus dem zu versteuernden Einkommen von 50.000 Euro x 30% = 15.000 Euro beträgt und die gem. § 2 Abs. 5b EStG i.V.m. § 32d Abs. 1 EStG ermittelte Steuer von 20.000 Euro x 25% = 5.000 Euro beträgt. Im Tenor wird eine Einkommensteuer von 2.000 Euro festgesetzt.

Für den Empfänger dieser Steuerfestsetzung ergeben der Tenor und die Begründung ein uneinheitliches Bild. Aus Gesamtschau von Tenor und Begründung ließe sich aber der Schluss ziehen, dass nicht 2.000 Euro, sondern 20.000 Euro festgesetzt werden sollten. Allerdings kommt einem eindeutigen Tenor vor einer

---

1708 *Wernsmann*, in: Hübschmann/Hepp/Spitaler, AO/FGO, § 129 AO Rn. 59 (Stand: Mai 2017); *Frotscher*, in: Schwarz/Pahlke, AO/FGO, § 129 AO Rn. 1 (Stand: Februar 2017).

1709 *Wernsmann*, in: Hübschmann/Hepp/Spitaler, AO/FGO, § 129 AO Rn. 51-55 (Stand: Mai 2017); *Frotscher*, in: Schwarz/Pahlke, AO/FGO, § 129 AO Rn. 1 (Stand: Februar 2017).

1710 BT Drucks. VI/1982, S. 141 f. zu § 130 EAO 1974; der noch bei § 91 RAO herrschende Theorienstreit zwischen Willenstheorie und Erklärungstheorie wurde damit zugunsten der Erklärungstheorie entschieden.

1711 Zur grundsätzlichen Auslegungsbedürftigkeit des Inhalts des Verwaltungsaktes siehe *Müller-Franken*, in: Hübschmann/Hepp/Spitaler, AO/FGO, § 124 AO Rn. 182-194 (Stand: Februar 2017); *Wernthaler*, Korrektur im digitalisierten Besteuerungsverfahren, S. 76 f.

Begründung im Widerspruchsfall Vorrang zu.[1712] Dies gilt vor allem dann, wenn es sich um eine Zahl handelt, die eine Zahlungspflicht bzw. Inanspruchnahme des Bürgers durch den Staat zum Gegenstand hat.[1713] Maßgeblich für die rechtswirksame Regelung der Steuerfestsetzung ist somit der erklärte und nicht der gewollte Tenor.

Würde man in den Fällen der offenbaren Unrichtigkeit i.S.d. § 129 AO der Steuerfestsetzung einen anderen rechtswirksamen Inhalt zugrunde legen wollen, als sich nach der Regelung des § 124 Abs. 1 AO ergibt – nämlich einen dem ausdrücklichen Wortlaut widersprechenden fehlerfreien –, müsste die Abgabenordnung Anhaltspunkte dafür bereithalten, durch § 129 AO von der in § 124 Abs. 1 AO verankerten Erklärungstheorie abweichen zu wollen. Allein aus der Verwendung des Wortes „Berichtigung" in § 129 AO wird sich eine derartige grundlegende Abweichung von der in § 124 Abs. 1 AO getroffenen Entscheidung nicht herleiten lassen.[1714] Auch die systematische Stellung des § 129 AO innerhalb des Abschnitts über die Verwaltungsakte ist wenig aussagekräftig. Ein Vergleich von § 129 AO mit der Parallelnorm im allgemeinen Verwaltungsrecht – § 42 VwVfG – zeigt, dass zwischen dem Verwaltungsverfahrensgesetz und der Abgabenordnung systematische Unterschiede bestehen, die hier bei der Auslegung behilflich sein können: Im allgemeinen Verwaltungsrecht wird der Berichtigung nach § 42 VwVfG nur eine klarstellende Funktion eingeräumt, der gewollte Inhalt gelte aber bereits ohne Berichtigung.[1715] Die Berichtigung

---

1712 *Kuhfus*, Berichtigung offenbarer Unrichtigkeiten, S. 41; *Wernthaler*, Korrektur im digitalisierten Besteuerungsverfahren, S. 82; dies wird auch deutlich, wenn man sich vor Augen führt, dass die Begründung gem. §§ 126, 127 AO berichtigt oder ausgetauscht werden kann und der Verwaltungsakt durch eine fehlende oder unrichtige Begründung grundsätzlich nicht nichtig wird.

1713 So muss man wohl auch den Einwand von *Maurer/Waldhoff*, Allgemeines Verwaltungsrecht, § 10 Rn. 97, verstehen, dass ein Abgabenbescheid, der auf 1.000 Euro lautet, obwohl die Begründung auf eine Höhe von 100 Euro schließen lässt, einer Korrektur bzw. Berichtigung bedarf; a.A. für den Beispielsfall wohl *Wernsmann*, in: Hübschmann/Hepp/Spitaler, AO/FGO, § 129 AO Rn. 23 (Stand: Mai 2017).

1714 Einen nicht eindeutigen Wortlaut stellt *Kuhfus*, Berichtigung offenbarer Unrichtigkeiten, S. 67-71, fest; ebenso *Nothnagel*, Die Bekanntgabe von Verwaltungsakten, S. 36 f., 49 f.; *Seer*, in: Tipke/Kruse, AO/FGO, § 129 AO Rn. 6 (Stand: Oktober 2015), hingegen sieht in der Terminologie „Berichtigung" ein Indiz gegen eine Durchbrechung der Bestandskraft.

1715 *Sachs*, in: Stelkens/Bonk/Sachs, VwVfG, § 42 Rn. 2; *Wernsmann*, in: Hübschmann/Hepp/Spitaler, AO/FGO, § 129 AO Rn. 16 (Stand: Mai 2017); im Ergebnis ebenso *Ramsauer*, in: Kopp/Ramsauer, VwVfG, § 42 VwVfG Rn. 2; ähnlich wohl *Schemmer*,

nach § 42 VwVfG ist somit lediglich deklaratorischer Natur. Als Begründung für dieses Ergebnis wird die systematische Stellung des § 42 VwVfG im Abschnitt über das Zustandekommen des Verwaltungsaktes vor dem Abschnitt über die Bestandskraft und damit vor der Vorschrift über die Wirksamkeit des Verwaltungsaktes (§ 43 VwVfG) angeführt.[1716] In der Abgabenordnung befindet sich § 129 AO im allgemein gehaltenen Abschnitt über die Verwaltungsakte, allerdings hinter § 124 AO, der die Wirksamkeit des Verwaltungsaktes regelt. Die Stellung des § 129 AO nach der Regelung zur Wirksamkeit des Verwaltungsaktes spricht somit gegen eine Wertung parallel zu der des § 42 VwVfG. Darüber hinaus bestehen erhebliche Unterschiede zwischen § 42 VwVfG im allgemeinen Verwaltungsrecht und § 129 AO im Steuerverfahren, die einen Vergleich bzw. eine Angleichung nicht ohne Weiteres zulassen:[1717] Die Berichtigung nach § 42 VwVfG stellt im allgemeinen Verwaltungsrecht – konsequent in Bezug auf die ihr dort beigemessene lediglich klarstellende Funktion[1718] – keinen Verwaltungsakt dar.[1719] Die Rechtsbehelfsfrist soll aber nach teilweise vertretener Auffassung erst mit der Berichtigung zu laufen beginnen, wenn diese eine erstmalige Beschwer erkennen lässt.[1720] Im Steuerrecht hingegen stellt die Berichtigung wegen ausgeübter Ermessensüberlegungen einen Verwaltungsakt dar,[1721] der

---

in: BeckOK VwVfG (Stand: Oktober 2020), § 42 Rn. 15, nach dem die Berichtigung keinen Verwaltungsakt darstellt; differenzierend *Maurer/Waldhoff*, Allgemeines Verwaltungsrecht, § 10 Rn. 97, der im Falle eines offenbar unrichtigen Abgabenbescheides von einer Berichtigungspflicht spricht, bevor der richtige Betrag eingefordert werden könne; *Nothnagel*, Die Bekanntgabe von Verwaltungsakten, S. 87 f.; *Jachmann*, Berichtigung von Verwaltungsakten gem. § 42 VwVfG, S. 77-80, differenziert danach, ob der Inhalt des Verwaltungsaktes vorher ersichtlich war oder erst durch die Berichtigung ersichtlich wird; allerdings ist fraglich, ob in der zweiten Variante überhaupt noch ein Fall des § 42 VwVfG vorliegt, siehe *Musil*, DÖV 2001, 947, 950 f.

1716 *Wernsmann*, in: Hübschmann/Hepp/Spitaler, AO/FGO, § 129 AO Rn. 16 (Stand: Mai 2017); siehe *Kuhfus*, Berichtigung offenbarer Unrichtigkeiten, S. 73 f., auch für einen Vergleich mit dem sozialrechtlichen Normengefüge.

1717 So aber z.B. *Nothnagel*, StuW 1984, 60, 67-70; wie hier *Musil*, DÖV 2001, 947, 952. Auf die Unterschiede wird noch später (siehe unten 5. Teil C. V. 3.) zurückzukommen sein.

1718 Siehe die Nachweise in Fn. 1715.

1719 *Schemmer*, in: BeckOK VwVfG (Stand: Oktober 2020), § 42 Rn. 15; *Ramsauer*, in: Kopp/Ramsauer, VwVfG, § 42 VwVfG Rn. 18 f.; *Musil*, DÖV 2001, 947, 951.

1720 *Sachs*, in: Stelkens/Bonk/Sachs, VwVfG, § 42 Rn. 41.

1721 *Seer*, in: Tipke/Kruse, AO/FGO, § 129 AO Rn. 27 (Stand: Oktober 2015); *Wernsmann*, in: Hübschmann/Hepp/Spitaler, AO/FGO, § 129 AO Rn. 97 f. (Stand: Mai 2017); *Ratschow*, in: Klein, AO, § 129 Rn. 46; differenzierend *Musil*, DÖV 2001, 947, 952.

innerhalb der Beschränkungen des § 351 Abs. 1 AO angefochten werden kann und daher auch zu einem Korrekturrahmen nach § 177 AO führen muss.[1722] Die Systematik spricht zudem dafür, dass § 129 AO (nur) als Berichtigungsnorm die Änderung des einmal bekanntgegebenen Verwaltungsaktes zulässt und keine Auswirkung auf ihren Inhalt hat; dieser wird alleine durch § 124 Abs. 1 S. 2 AO bestimmt.[1723] Andere Regelungen in der Abgabenordnung, etwa § 234 Abs. 1 S. 2 AO oder § 240 Abs. 1 S. 4 AO, verlören zudem ihren Sinn, wenn eine Berichtigung nach § 129 AO die Regelungswirkung des Steuerverwaltungsaktes nicht betreffen würde.[1724] Somit ist auch aus teleologischer sowie systematischer Sicht davon auszugehen und insgesamt festzuhalten, dass durch eine Korrektur gem. § 129 AO die Bestandskraft durchbrochen wird und die Norm damit eine inhaltsverändernde Wirkung hat.[1725] § 124 Abs. 1 S. 2 AO und § 129 AO stehen damit als Vorschriften nebeneinander.[1726]

Dass das gefundene Ergebnis zutreffend ist, verdeutlicht auch folgender Gedanke: Berührte die Änderung nach § 129 AO die Regelungswirkung des Verwaltungsaktes nicht, sondern änderte nur sein äußeres Erscheinungsbild, könnte aus einem mit einer offenbaren Unrichtigkeit behafteten Steuerbescheid bereits ohne Berichtigung der gewollte, nicht der tatsächlich festgesetzte Betrag

---

1722 *Kuhfus*, Berichtigung offenbarer Unrichtigkeiten, S. 185-189; *von Wedelstädt*, in: Gosch, AO/FGO, § 177 AO Rn. 11 (Stand: Mai 2018); a.A. *Rüsken*, in: Klein, AO, § 177 Rn. 5; *Loose*, in: Tipke/Kruse, AO/FGO, § 177 AO Rn. 1a (Stand: Januar 2017).

1723 Siehe *Kuhfus*, Berichtigung offenbarer Unrichtigkeiten, S. 71-75; *R. Schmidt*, Korrekturen von Verwaltungsakten, S. 70 f.; *Wernthaler*, Korrektur im digitalisierten Besteuerungsverfahren, S. 73 f.; a.A. BFH v. 8.3.1989, X R 116/87, BStBl. II 1989, 531 Rn. 26.

1724 Zutreffend *Kuhfus*, Berichtigung offenbarer Unrichtigkeiten, S. 93-97.

1725 Dieses Ergebnis ebenfalls bevorzugend *Seer*, in: Tipke/Kruse, AO/FGO, § 129 AO Rn. 6 (Stand: Oktober 2015); ebenso *Nothnagel*, Die Bekanntgabe von Verwaltungsakten, S. 99; *Friedrich*, UR 1984, 49, 50; *Heibeyn*, Willens- und Erklärungstheorie, S. 39-52, die auch die Frage verneint, ob die Trennung in Entstehung und Wirksamkeit des Verwaltungsaktes die Willenstheorie wieder aufleben lässt. Als Begründung verknüpft *Heibeyn*, a.a.O., die Entstehung und den Erlass des Verwaltungsaktes und sieht damit den Verwaltungsaktinhalt als maßgeblich an, den die Finanzbehörde erlässt; *Wernthaler*, Korrektur im digitalisierten Besteuerungsverfahren, S. 73 f.; a.A. *Goutier*, Die Änderung von Steuerverwaltungsakten, S. 274-277; *J.-A. Weber*, DStR 2007, 1561, 1563.

1726 Ebenso *R. Schmidt*, Korrekturen von Verwaltungsakten, S. 70 f.; *Wernthaler*, Korrektur im digitalisierten Besteuerungsverfahren, S. 73 f.; *Wernsmann*, in: Hübschmann/Hepp/Spitaler, AO/FGO, § 129 AO Rn. 21 (Stand: Mai 2017).

vollstreckt werden. Dies würde zu einem Wiederaufleben der Willenstheorie durch die Hintertür führen, die der gesetzgeberischen Intention zuwiderliefe. Die Verbindung der dem Zivilrecht entstammenden *falsa demonstratio non nocet* mit der Regelung des § 129 AO[1727] ist daher nach dem hier vertretenen Ergebnis missverständlich und abzulehnen: Die verkürzt als *falsa demonstratio* bezeichnete Rechtsregel beschreibt gerade nicht die Art eines Irrtums, sondern eine Rechtsfolge. Sie bestimmt nämlich, dass das Gewollte, nicht das objektiv Gesagte ohne eine „korrigierte" Willenserklärung gelten soll.[1728] Einer Korrektur bedürfte es in diesem Fall also nicht, was für § 129 AO und die zahlenmäßige Steuerfestsetzung soeben abgelehnt worden ist: Denn im Falle des § 129 AO ist eine Korrektur des Steuerbescheides unerlässlich, wenn der fehlerfreie, gewollte Inhalt gelten soll.[1729]

B. Durchbrechung der Bestandskraft im dualistischen Korrektursystem

Die durch die Bekanntgabe des Steuerbescheides gegenüber dem Adressaten eintretende materielle Bestandskraft schützt das Vertrauen des Steuerpflichtigen auf den bekanntgegebenen Inhalt des Verwaltungsaktes. Eine Durchbrechung der Bestandskraft und damit die stärkere Gewichtung des Grundsatzes der Rechtsrichtigkeit über den Grundsatz der Rechtssicherheit ist aber möglich, soweit eine Norm die Korrektur des Steuerbescheides zulässt und die Festsetzungsfrist i.S.d. §§ 169-171 AO noch nicht abgelaufen ist. Von Verfassungs wegen ist dabei weder dem einen noch dem anderen Prinzip ein Vorrang eingeräumt; dem Gesetzgeber

---

1727 Zuerst im Zusammenhang mit § 42 VwVfG bei *Jachmann*, Berichtigung von Verwaltungsakten gem. § 42 VwVfG, S. 77 f.; im Zusammenhang mit § 129 AO zumindest missverständlich bei *Seer*, StuW 2015, 315, 325 f., der mit Verweis auf FG Sachsen-Anhalt v. 15.8.2012, 3 K 325/08, EFG 2013, 996, 998, lediglich von *falsa demonstratio* spricht und damit die Fehlerart beschreibt; zuletzt bei *Wernthaler*, Korrektur im digitalisierten Besteuerungsverfahren, S. 82-84, sie kritisiert die wörtliche Übernahme aus dem Zivilrecht jedoch und lehnt einen Rückgriff auf den Erklärungsirrtum i.S.d. § 119 Abs. 1 2. Alt. BGB – wie etwa bei FG Sachsen-Anhalt v. 15.8.2012, 3 K 325/08, EFG 2013, 996, 998 – zur Definition der ähnlichen offenbaren Unrichtigkeit, a.a.O., S. 124, ab.

1728 *Singer*, in: Staudinger, BGB (Neubearbeitung 2017), § 133 BGB Rn. 13.

1729 Anders ist es bei § 42 VwVfG: Nach dem dargestellten Verständnis der Norm ist der Begriff *falsa demonstratio non nocet* hierbei zutreffend angewendet siehe *Wernthaler*, Korrektur im digitalisierten Besteuerungsverfahren, S. 90 f.

steht es daher frei, welchem von beiden Grundsätzen er den Vorrang einräumen möchte.[1730] Eine die Bestandskraft durchbrechende Korrekturnorm hat damit die Funktion, das Vertrauen auf den Bestand des Verwaltungsaktes auf der einen Seite und den Grundsatz der Rechtsrichtigkeit auf der anderen Seite im Steuerverfahren auszugleichen.[1731] Bei der Anwendung und Auslegung der Korrekturvorschriften ist stets das Steuerverfahren und seine konkrete Ausgestaltung zu betrachten. Verändert sich die Sphärenverantwortung von Finanzbehörde und Steuerpflichtigem im Steuerverfahren, muss sich dies auch auf den Ausgleich von Vertrauensschutz und dem Grundsatz der Rechtsrichtigkeit und damit inzident auf die Auslegung des Korrekturregimes auswirken.[1732] Im Wirkbereich der Steuererklärungspflicht ist daher insbesondere die Digitalisierung durch ELSTER zu berücksichtigen, aber auch die gesetzlichen Änderungen durch das Gesetz zur Modernisierung des Besteuerungsverfahrens und mit ihnen die gesetzlich geänderte Ausrichtung des Steuerverwaltungs- bzw. des Steuerfestsetzungsverfahrens.[1733]

Als Korrekturvorschriften für Steuerverwaltungsakte kommen die §§ 129-131 AO und die §§ 172-175b AO in Betracht. Die genannten Normen sind jedoch nicht auf alle Steuerverwaltungsakte anwendbar, sondern es ist mit Blick auf die Steuererklärung zu differenzieren.

Die durch den Steuerpflichtigen bei der Finanzbehörde eingereichte bzw. elektronisch übermittelte Steuererklärung mündet grundsätzlich in den Erlass von mehreren Steuerverwaltungsakten. Wichtigster Steuerverwaltungsakt ist dabei der „Steuerbescheid im Rechtssinne" gem. § 155 Abs. 1 S. 1, 2 AO als Verwaltungsakt, der die Steuer festsetzt und dessen inhaltliche Bestimmtheit i.S.d. § 119 Abs. 1 AO durch § 157 Abs. 1 S. 2 AO modifiziert wird: Der Steuerbescheid i.S.d. § 155 Abs. 1 S. 1, 2 AO muss die festgesetzte Steuer nach Art und Betrag

---

1730 BVerfG v. 18.12.1953, 1 BvL 106/53, BVerfGE 3, 225, 237 f.; BVerfG v. 12.12.1957, 1 BvR 678/57, BVerfGE 7, 194 Rn. 5; *Merten*, NJW 1983, 1993, 1994; *Bowitz*, UR 1984, 180, 180; a.A. *Tehler*, DStR 2009, 1019, 1022, der aus dem Urteil des BVerfG v. 1.7.1953, 1 BvL 23/51, BVerfGE 2, 380, 403-405, einen grundsätzlichen Vorrang der Rechtssicherheit herausliest. Allerdings ist das Urteil so zu interpretieren, dass Rechtsfriede und Rechtssicherheit nicht stets schwerer wiegen, sondern eine Abwägung im Einzelfall zu treffen ist, die im abgeurteilten Fall aufgrund der Offenheit der Wiederaufnahmegründe nicht gegeben war, a.a.O., BVerfGE 2, 380, 405 f.

1731 *Seer*, in: Tipke/Lang, Steuerrecht, Rn. 21.381.

1732 So auch *Wernthaler*, Korrektur im digitalisierten Besteuerungsverfahren, S. 269-271.

1733 *Wernthaler*, Korrektur im digitalisierten Besteuerungsverfahren, S. 270.

bezeichnen und den Steuerschuldner angeben.[1734] Ferner ist abweichend von der Formfreiheit des § 119 Abs. 2 S. 1 AO gem. § 157 Abs. 1 S. 1 AO die Schriftform oder elektronische Form für den Steuerbescheid vorgeschrieben. Die Steuerfestsetzung wird regelmäßig mit der Festsetzung von Zuschlagsteuern etwa dem Solidaritätszuschlag oder bei Kirchensteuerpflicht der Kirchensteuer und anderen Steuerverwaltungsakten auf einem Papierstück als Sammelbescheid verbunden, das umgangssprachlich in seiner Gesamtheit als „Steuerbescheid" bezeichnet wird und inhaltlich über den „Steuerbescheid im Rechtssinne" hinausgeht.[1735] Andere, sonstige Steuerverwaltungsakte, die mit der Steuerfestsetzung verbunden werden, sind z.B. die Anrechnungsverfügung zur Anrechnung einbehaltener Quellensteuern (§ 36 Abs. 2 EStG ggf. i.V.m. § 31 Abs. 1 S. 1 KStG), das Leistungsgebot i.S.d. § 254 Abs. 1 S. 1 AO, die Zinsfestsetzung gem. § 239 AO und die Festsetzung des Verspätungszuschlages i.S.d. § 152 AO.

Obschon die Steuerverwaltungsakte allesamt auf einem Stück bzw. mehreren Stücken Papier miteinander verbunden sind und die Bestandskraft für die Verwaltungsakte – Nebenbestimmungen außer Acht gelassen – in gleicher Weise gilt, ist für ihre Korrektur und damit für die Durchbrechung der Bestandskraft zwischen Steuerfestsetzungen und diesen gleichgestellten Steuerverwaltungsakten einerseits sowie sonstigen Steuerverwaltungsakten andererseits zu unterscheiden. Für Steuerbescheide finden die steuerrechtsspezifischen[1736]

1734 Siehe zur Bestimmtheit von Steuerbescheiden, die mehrere Steuerfälle zusammenfassen *Drüen*, in: GS Trzaskalik, 95, 98-111; umfasst ein Steuerbescheid nicht einen Zeitraum, wie etwa die Einkommensteuer, Körperschaftsteuer und Gewerbesteuer, sondern speziellere Steuerentstehungstatbestände, die an unterschiedliche Zeitpunkte anknüpfen – wie etwa bei der Schenkungsteuer, bei der die Steuer gem. § 9 Abs. 1 Nr. 2 ErbStG mit jedem Vermögensübergang entsteht – fordert § 157 Abs. 1 S. 2 AO grundsätzlich die Bezeichnung des einzelnen besteuerten wirtschaftlichen Sachverhaltes, siehe *Drüen*, a.a.O., 98-100, der, a.a.O., 112-117, herausarbeitet, dass die Rechtsfolge einer fehlenden Bestimmtheit jedoch nicht stets die Nichtigkeit nach sich zieht, sondern eine einzelfallbezogene Betrachtung geboten ist.

1735 Statt vieler nur *Seer*, in: Tipke/Kruse, AO/FGO, Vor § 155 AO Rn. 3 (Stand: April 2017), der auch bei dem Sammelbescheid von einem „Steuerbescheidformular" spricht.

1736 Ohne im Speziellen auf das Steuerrecht einzugehen, steht *Merten*, NJW 1983, 1993, 1997 f., fachbereichsspezifischen Korrekturregimen kritisch gegenüber und fürchtet eine „Privilegierung durch Verfahren" gegenüber den Regelungen zum allgemeinen Verwaltungsrecht, obwohl der (identische) Typus des Verwaltungsaktes allen Verfahren zugrunde liege. Diese Wertung ist jedoch zu pauschal: Vielmehr spiegeln sich die Besonderheiten der jeweiligen Rechtsmaterie auch in den Korrekturvorschriften

§§ 172-177 AO und der bereits oben dargestellte, allgemeinen Rechtsgedanken folgende § 129 AO Anwendung, für sonstige Steuerverwaltungsakte die an die §§ 42, 48, 49 VwVfG angelehnten §§ 129-131 AO. Die mit der Steuererklärung übermittelten Angaben schlagen sich auf den Inhalt der verschiedenen Arten der Steuerverwaltungsakte nieder. Die Erklärung der Besteuerungsgrundlagen inkl. eventueller Wahlrechte und Anträge fließt in die Steuerfestsetzung ein. Einbehaltene Quellensteuer, etwa für Arbeitslöhne oder Kapitalerträge, wird zum Bestandteil der Anrechnungsverfügung, die wiederum Einfluss auf das Leistungsgebot hat.[1737] Es ist daher im Folgenden zu differenzieren, ob durch Fehler in der Steuererklärung eine Steuerfestsetzung bzw. ein ihr gleichgestellter Steuerverwaltungsakt betroffen ist oder ein sonstiger Steuerverwaltungsakt.

C. Korrektur einer Steuerfestsetzung bzw. eines gleichgestellten Steuerverwaltungsaktes (§§ 129, 172-177 AO)

I. Gemeinsame Voraussetzungen der §§ 172 ff. AO

Der gem. § 38 AO nach den Regelungen der einzelnen Steuergesetze[1738] entstehende Steueranspruch steht objektiv fest[1739] und wird durch den einzelnen Steuerbescheid gem. § 218 Abs. 1 AO bis zur Höhe der entstandenen Steuer

---

wider und es ist nicht alleine der fachbereichsübergreifende Typus des Verwaltungsaktes als Vergleichsmaßstab heranzuziehen. Für die Möglichkeiten einer Angleichung der Korrekturregime von allgemeinem Verwaltungsrecht und Steuerrecht unter verschiedenen Aspekten siehe *M. Arndt*, Rücknahme und Widerruf, S. 54-210.

1737 Obschon § 34c Abs. 1 EStG wie auch § 36 Abs. 2 EStG von einer „Anrechnung" spricht, erfolgt die Anrechnung der ausländischen Steuer nach § 34c Abs. 1 EStG als Teil der Steuerfestsetzung und findet sich damit im Ergebnis im „Steuerbescheid im Rechtssinne" wieder und nicht in der Anrechnungsverfügung, die ein sonstiger Steuerverwaltungsakt ist, siehe § 2 Abs. 6 S. 1 EStG und *Kuhn*, in: Herrmann/Heuer/Raupach, EStG/KStG, § 34c EStG Rn. 79 (Stand: Oktober 2019). Das Wahlrecht i.S.d. § 34c Abs. 2 EStG, die ausländische Steuer von der Bemessungsgrundlage abzuziehen, führt also nicht zu einer Änderung der Berücksichtigung der ausländischen Steuer aus einem Steuerbescheid in einen sonstigen Verwaltungsakt.

1738 Für die gängigen Steuerarten: §§ 36 Abs. 1; 25 Abs.1 EStG; §§ 30, 31 Abs. 1 S. 1 KStG i.V.m. § 25 Abs. 1 EStG; §§ 18, 14 GewStG, §§ 13, 13b UStG.

1739 Kritisch und im Ergebnis ablehnend *Martens*, StuW 1993, 335, 340: Besteuerungsgrundlagen, die von allen übersehen werden, seien nicht in der Lage einen Steueranspruch zu beeinflussen.

deklaratorisch bzw. – soweit die Festsetzung über die materiell-rechtlich entstandene Steuer hinausgeht – konstitutiv festgesetzt.[1740] Richtige Steuerart und Steuerschuldner vorausgesetzt, ist somit die Höhe der Steuer die maßgeblich getroffene Aussage in der Steuerfestsetzung, welche die Regelungswirkung des Verwaltungsakts ausmacht und die daher als Korrekturgegenstand in Betracht kommt. Zwar geht die Höhe der Steuer auf die Anwendung eines Steuersatzes auf eine Bemessungsgrundlage und die anschließend ggf. gewährten Steuerermäßigungen zurück, dennoch ist die Feststellung der Besteuerungsgrundlagen gem. § 157 Abs. 2 AO nicht selbstständig anfechtbarer Teil des Steuerbescheides.[1741] Die Korrekturvorschriften der §§ 172 ff. AO setzen daher als ungeschriebenes Tatbestandsmerkmal voraus, dass die im Steuerbescheid festgesetzte Steuer nicht rechtmäßig ist, d.h., die festgesetzte Steuer darf nicht der materiell richtigen Steuer, die gem. § 85 AO durch die Finanzbehörde zu ermitteln und festzusetzen ist, entsprechen.[1742] Die Korrekturvorschriften sind somit Vehikel, um die

---

1740 *Kruse*, in: FS Tipke, 277, 279; *v. Groll*, in: DStJG 18 (1995), 49, 61 f.; *Güroff*, in: Gosch, AO/FGO, § 155 AO Rn. 6 (Stand: April 2017); *Seer*, in: Tipke/Kruse, AO/FGO, § 155 AO Rn. 1 (Stand: September 2020); *Schuster*, in: Hübschmann/Hepp/Spitaler, AO/FGO, § 155 AO Rn. 16 (Stand: März 2011), bezeichnet die Unterscheidung in deklaratorische und konstitutive Wirkung des Steuerbescheides als „wenig ergiebig"; siehe aber die kritische Darstellung bei *Martens*, StuW 1993, 335, 337 f.

1741 Die festgestellten Besteuerungsgrundlagen i.S.d. § 157 Abs. 2 AO sind eine „qualifizierte" Form der Begründung des Verwaltungsaktes, die der Bestandskraft grundsätzlich nicht fähig sind, siehe BFH v. 9.12.1987, I R 1/85, BStBl. II 1988, 463 Rn. 16; *Wernthaler*, Korrektur im digitalisierten Besteuerungsverfahren, S. 75; *Busch*, §§ 164, 165 AO als Nebenbestimmung, S. 103; grundsätzlich auch *Krumm*, DStR 2005, 631, 631, der, a.a.O., 632-634, aber weitreichende Ausnahmen zulässt, die auf die Verbindlichkeit der rechtlichen Entscheidung des Sachverhaltes durch die Behörde abzielen – jedenfalls soweit keine gesonderte Feststellung verpflichtend vorgeschrieben ist. Es trete Bestandskraft auch für die Besteuerungsgrundlagen ein, soweit durch diese ein Sachverhalt als schenkungsteuerpflichtig eingeordnet wurde, sodass die spätere Heranziehung des gleichen Sachverhaltes zur Einkommensteuer ausscheide, soweit keine Korrekturvorschrift vorliege. Die Heranziehung von § 174 Abs. 1 AO, die *Krumm*, a.a.O., 632 Fn. 11, in diesem Fall als einschlägig ansieht, vermag die Bestandskraft der Besteuerungsgrundlagen – und vor allem die Durchbrechung in seinem Beispielsfall – aber nicht zu begründen. Denn § 174 Abs. 1 AO lässt nicht den Erlass eines Steuerbescheides zu, der einen bereits berücksichtigten Sachverhalt nochmals regelt, sondern setzt diesen voraus und lässt dann eine Aufhebung des unrichtigen Bescheides zu; a.A. *Martens*, StuW 1993, 335, 340 f.

1742 *Seer*, in: Tipke/Lang, Steuerrecht, Rn. 21.394; *Musil*, DStZ 2005, 362, 363; *Zaumseil*, vr 2017, 73, 77.

Diskrepanz zwischen gesetzlich bestehendem Steueranspruch und im Steuerbescheid festgesetzter Steuer zu beseitigen, ihnen kommt aber keine eigenständige materiell-rechtliche Gestaltungswirkung zu.[1743] Weiterhin kommt eine Korrektur der Steuerfestsetzung nur dann in Betracht, wenn der Steueranspruch noch nicht gem. § 47 AO erloschen ist, insbesondere also die Festsetzungsfrist noch nicht abgelaufen ist, da ab diesem Zeitpunkt dem Grundsatz der Rechtssicherheit absoluter Vorrang vor dem Grundsatz der Rechtsrichtigkeit einzuräumen ist.[1744]

Nach der hier vertretenen Auffassung, dass die Änderung der Steuerfestsetzung der Höhe nach stets auch eine inhaltliche Änderung des Steuerbescheides und damit auch eine Durchbrechung der Bestandskraft darstellt, gelten die für die §§ 172 ff. AO dargestellten Voraussetzungen auch für die Anwendung des § 129 AO.

II. Unrichtige oder unvollständige Angaben in der Steuererklärung

1. Relevanz von unrichtigen oder unvollständigen Angaben in der Steuererklärung

Die Angaben in der Steuererklärung als regelmäßig einzige Erkenntnisquelle der Finanzbehörde im Steuerverfahren fließen in die Besteuerungsgrundlagen ein und wirken sich somit auf die Steuerfestsetzung aus. Unrichtige oder unvollständige Angaben in der Steuererklärung perpetuieren sich so zu Fehlern in der Steuerfestsetzung. Eine Steuererklärung soll nach dem für die Untersuchung maßgebenden Verständnis dann unrichtig oder unvollständig sein, wenn nicht alle steuerlich relevanten wirtschaftlichen Sachverhalte, die der Steuerpflichtige verwirklicht hat und die sich zu seinen Gunsten oder seinen Ungunsten auswirken, in der Steuererklärung an der vorgesehenen Stelle in der gesetzlich vorgeschriebenen betragsmäßigen Höhe Berücksichtigung gefunden haben, obwohl aus objektiver Sicht ein Feld in der Steuererklärung für diesen wirtschaftlichen Sachverhalt vorgesehen war. Dabei können unterschiedliche Fehlerquellen ausgemacht werden, die zu unrichtigen oder unvollständigen Angaben in der Steuererklärung führen.

1743 *v. Groll*, in: Hübschmann/Hepp/Spitaler, AO/FGO, Vor § 172 AO Rn. 127 (Stand: November 2016).

1744 *Seer*, in: Tipke/Lang, Steuerrecht, Rn. 21.393; *Zaumseil*, vr 2017, 73, 77.

2. *Der Mensch als Fehlerquelle*

Primär kommt der Mensch bzw. menschliches Verhalten als Fehlerquelle in Betracht. Ausgeklammert werden dabei solche Fehler, die vorsätzlich begangen werden. D.h., Fehler, die auf dem absichtlichen Nichtdeklarieren von wirtschaftlichen Sachverhalten basieren, obwohl Kenntnisse über die steuerliche Behandlung und die richtige Eintragung in die Steuererklärung vorlagen, werden nicht berücksichtigt. Darüber hinaus kann eine Steuererklärung aber vielfach Fehler enthalten, die dem Steuerpflichtigen ohne Absicht unterlaufen sind. Es lassen sich dabei folgende Fehlerkategorien herausstellen:

Erstens sind *mechanische Fehler* denkbar, die beim Erstellen der Steuererklärung durch den Steuerpflichtigen auf verschiedenen Ebenen unterlaufen können. In ihrer konkreten Ausprägung zeigen sie sich als Übertragungsfehler, Tippfehler, Schreibfehler oder sonstige Fehler, bei denen keine rechtliche Fehlleistung vorliegt, sondern der Fehler in einem unbewussten, gedankenlos-gewohnheitsmäßigen, unwillkürlichen Vertun besteht.[1745] Mechanische Fehler können bei dem Ausfüllen der Steuererklärung oder bei Vorbereitungshandlungen – z.B. dem Zusammenstellen von Belegen – auftreten.

Zweitens können Angaben *vergessen* oder *übersehen* worden sein, weil der Steuerpflichtige sie im Zeitpunkt der Erstellung der Steuererklärung nicht mehr im Bewusstsein hatte oder weil er die als steuerlich relevant erkannten und für die Steuererklärung aufbereiteten Sachverhalte bei der finalen Erstellung seiner Steuererklärung übersehen bzw. *schlicht vergessen* hat.

Unter der Voraussetzung, dass eine Steuererklärung inhaltlich nur dann vollständig und richtig ist, wenn die verwirklichten wirtschaftlichen Sachverhalte der vom Gesetz vorgesehen Rechtsfolge zugeführt werden, ergeben sich drittens dann Fehlerquellen, wenn die Subsumtion durch den Steuerpflichtigen unrichtig ist, er also eine Norm als einschlägig ansieht, die im vorliegenden Fall keine Anwendung findet oder eine Norm als nicht einschlägig ansieht oder nicht kennt, obwohl diese im vorliegenden Fall anzuwenden ist. Insofern ist im Folgenden von einem *Rechtsanwendungs- bzw. Subsumtionsfehler* die Rede.

1745 Siehe zu dieser Definition der mechanischen Fehler *Seer*, in: Tipke/Kruse, AO/FGO, § 129 AO Rn. 10 (Stand: Oktober 2015), und *v. Wedelstädt*, in: Gosch, AO/FGO, § 129 AO Rn. 9 (Stand: Januar 2018).

3. *Formulare als Fehlerquelle*

Neben menschlichen Fehlern kommen auch amtliche Formulare als Fehlerquelle in Betracht. Zunächst können Formulare objektiv unvollständig sein. Objektiv unvollständig sind solche Formulare, die ihrer Aufgabe, den steuerlichen Sachverhalt abzufragen, aus objektiver Sicht nicht vollständig nachkommen. Objektiv unvollständige Steuerformulare führen aber nicht zu unrichtigen oder unvollständigen Steuererklärungen nach der vorgenannten Definition, da die Steuererklärungsformulare nach Beantwortung aller enthaltenen Fragen selbst dann vollständig ausgefüllt worden sind, wenn das Steuererklärungsformular steuererhebliche Sachverhalte nicht abfragt.

Steuererklärungsformulare können aber auf anderen Wegen Quelle für Fehler sein. Dabei gilt zunächst, dass der Steuerpflichtige bei der Erfüllung seiner Steuererklärungspflicht die in den Steuererklärungsformularen gestellten Fragen, die Erläuterungen und die Hinweistexte zu den Steuererklärungsformularen grundsätzlich zu beachten hat.[1746]

Wenn von den Steuererklärungsformularen die Rede ist, meint dies im Regelfall einen Mantelbogen und die Anlagen zu diesem Mantelbogen. Die Einkommensteuererklärungsformulare sehen neben dem Mantelbogen für den Veranlagungszeitraum 2019 29 weitere Anlagen zur Steuererklärung vor, die unterschiedliche Einkunftsarten, aber auch besondere Abzugs- oder Steuerermäßigungstatbestände abbilden und Angaben vom Steuerpflichtigen abfragen; die Körperschaftsteuerformulare unter Mein Elster halten 23 Anlagen neben dem Mantelbogen vor. Bereits die im individuellen Fall notwendigen Anlagen aus der schieren Masse der Formulare herauszusuchen, ist für den Steuerpflichtigen eine anspruchsvolle Aufgabe, bei der ein Fehler weitreichende Konsequenzen nach sich ziehen kann. Denn die Sachverhalte, die in den Anlagen abgefragt werden, bleiben dann in der Steuererklärung unerwähnt, wenn der Steuerpflichtige bei den Anlagen einen Auswahlfehler begeht. Daher hat die Rechtsprechung in der jüngeren Zeit zur Einkommensteuererklärung den Steuererklärungsformularen und den Anleitungen eine gewisse Leitungsfunktion zugesprochen, die sich sternförmig von dem Mantelbogen und den allgemeinen Erläuterungen zu den einzelnen speziellen Anlagen erstreckt und eine „Bearbeitungserwartung" an den Steuerpflichtigen skizziert, aber auch eine

---

1746 BFH v. 29.6.1984, VI R 181/80, BStBl. II 1984, 693; BFH v. 22.5.1992, VI R 17/91, BStBl. II 1993, 80 Rn. 12 f.; BFH v. 21.1.2001, XI R 42/00, BStBl. II 2001, 379 Rn. 19; BFH v. 20.3.2013, VI R 5/11, BFHE 240, 504 Rn. 15.

Leitung von der Finanzverwaltung fordert: [1747] Ausgangspunkt der Erstellung der Steuererklärung durch den Steuerpflichtigen ist stets der Mantelbogen und die allgemeine Anleitung zur Steuererklärung.[1748] Der Mantelbogen und die allgemeine Anleitung müssen hinreichend klar und deutlich formulieren, welche Anlagen der Steuerpflichtige einzureichen hat, den Steuerpflichtigen also durch das Steuererklärungsformularprogramm führen. Liegen hier Mängel vor, etwa indem für den Steuerpflichtigen in bestimmten Fällen nicht deutlich wird, dass er eine weitere Anlage einzureichen hat, kann es zur Nichtberücksichtigung von steuererhöhenden und steuermindernden Sachverhalten kommen.

Daneben können Steuererklärungsformulare inhaltlich unübersichtlich gestaltet sein, einzeln oder in Zusammenschau mit den Hinweistexten und Erläuterungen widersprüchliche Angaben oder Abfragen beinhalten und durch mangelhafte Transformation des Gesetzestextes nicht verständlich genug sein oder durch die Anordnung der Fragen ein falsches Verständnis begünstigen.[1749] Die daraus resultierenden Fehler sind, soweit rechtliche Begriffe aufgrund unverständlicher oder widersprüchlicher Angaben durch den Steuerpflichtigen falsch interpretiert und ausgelegt werden, gleichzeitig auch Rechtsfehler und können nicht strikt voneinander getrennt werden. Daher variiert an dieser Stelle auch die Fehlerqualität, was bei Anwendung der Korrekturvorschriften zur Durchbrechung der materiellen Bestandskraft zu berücksichtigen ist.

Formularspezifische Fehler sind nicht allein auf Steuererklärungen nach amtlich vorgeschriebenem Vordruck beschränkt, sondern umfassen auch die elektronischen Steuererklärungen, die mithilfe der ELSTER-Programme der Finanzverwaltung oder mithilfe von Drittanbietersoftware erstellt werden, soweit sich diese inhaltlich mit den Steuererklärungsformularen überschneiden. Darüber hinaus könnten sich aber spezielle, nur bei Erstellung der elektronischen Steuererklärung via ELSTER auftretende Fehlerquellen ergeben, was im folgenden Unterpunkt untersucht werden soll.

1747 FG Hamburg v. 27.9.2011, 1 K 43/11, EFG 2012, 488 Rn. 15; FG Bremen v. 22.2.2018, 1 K 7/17 (5), EFG 2018, 1086 Rn. 49-54; BFH v. 20.3.2013, VI R 5/11, BFHE 240, 504 Rn. 16; BFH v. 20.3.2013, VI R 9/12, BFHE 240, 507 Rn. 15 f.

1748 FG Hamburg v. 27.9.2011, 1 K 43/11, EFG 2012, 488 Rn. 15; FG Bremen v. 22.2.2018, 1 K 7/17 (5), EFG 2018, 1086 Rn. 49-54; BFH v. 20.3.2013, VI R 5/11, BFHE 240, 504 Rn. 16; BFH v. 20.3.2013, VI R 9/12, BFHE 240, 507 Rn. 15 f.

1749 FG Niedersachsen v. 21.1.2003, 13 K 389/99, EFG 2003, 749 Rn. 35; so auch der Befund von *Schindler*, in: Gosch, AO/FGO, § 150 AO Rn. 16 (Stand: Juni 2017).

4. *Das ELSTER-Verfahren als Fehlerquelle*

a. *Mögliche Fehlerquellen nach Ansichten in der Literatur*

Man könnte darüber nachdenken, die Besonderheiten des ELSTER-Verfahrens und dabei die Verwendung der von der Finanzverwaltung zur Verfügung gestellten ELSTER-Programme als separate, besondere Fehlerquelle aufzuführen. Für Teile der Literatur nimmt dieser Aspekt mit der Einführung der elektronischen Steuererklärung, die mithilfe des ELSTER-Programms erstellt wird, eine größere Rolle ein.[1750] Es wird – z.T. mit Verweis auf die Rechtsprechung[1751] – angeführt, dass statt eines Veranlagungsbeamten der Steuerpflichtige seine Daten selbst eingebe,[1752] die mechanische Eingabe- und Ablesearbeit so Sache des Steuerpflichtigen werde und sich das Risiko mechanischer Fehler im Rahmen der Datenerfassung von der Finanzbehörde auf den Steuerpflichtigen verlagere.[1753] Beim Ausfüllen von Online-Formularen würden typischerweise Fehler wie Zahlendreher, eine Null zu viel oder ein Komma an der falschen Stelle unterlaufen.[1754] Jedenfalls würden Fehler durch die Nutzung von ELSTER wahrscheinlicher werden.[1755] Zudem bestünde stets die Gefahr, dass Daten falsch gespeichert werden, bei der Übertragung Fehler auftreten[1756] oder das Programm schlicht falsch

---

1750 So ganz allgemein *Lewandowski/Ackermann*, DStR 2014, 1646, 1653; *Bültmann*, DStR 2017, 1, 7; für das Gesetz zur Modernisierung des Besteuerungsverfahrens sieht *G. Kirchhof*, DStJG 40 (2017), 47, 62 f., insgesamt eine einseitige Entlastung der Finanzverwaltung und eine Hauptlast bei den Steuerbetroffenen.

1751 BFH v. 10.2.2015, IX R 18/14, BStBl. II 2017, 7 Rn. 24; FG Münster v. 15.2.2018, 8 K 1923/15 F, EFG 2018, 801 Rn. 78; siehe auch FG Rheinland-Pfalz v. 13.12.2010, 5 K 2099/09, EFG 2011, 685 Rn. 19.

1752 *Nöcker*, DStR 2018, 1417, 1417; *Lanwehr*, Faktische Selbstveranlagung, S. 189, 212 f.

1753 *Wernthaler*, Berichtigung im digitalisierten Besteuerungsverfahren, S. 24, 164 f.; *Lanwehr*, Faktische Selbstveranlagung, S. 170, spricht von einer Verlagerung der Veranlagungsarbeiten; so wohl auch *Lewandowski/Ackermann*, DStR 2014, 1646, 1652; *S. Schneider*, HFR 2013, 555, 556; unkritisch zur Rechtsprechung ebenso *Weßling*, NWB 2015, 2582, 2584.

1754 *Wernthaler*, Berichtigung im digitalisierten Besteuerungsverfahren, S. 24, mit Verweis auf einen Zeitungsartikel von *Jalsovec*, Wenn Zahlendreher teuer werden, Süddeutsche Zeitung v. 13.02.2012, abrufbar unter www.sueddeutsche.de/wirtschaft/elektronische-steuererklaerung-mit-elster-wenn-zahlendreher-teuer-werden-1.1281240 (abgerufen am 15.10.2021, 11:03 Uhr).

1755 *Bruschke*, StB 2017, 334, 339; *Rätke*, in: Klein, AO, § 150 Rn. 13.

1756 *Hundsdoerfer/Siegmund*, DB 2003, 2460, 2464; *Wernthaler*, Berichtigung im digitalisierten Besteuerungsverfahren, S. 275.

bedient werde[1757]. Diesen Fehlern komme auch deswegen eine besondere Rolle zu, weil die gesetzlichen Korrekturvorschriften – vielleicht mit Ausnahme des § 173a AO, dazu später – auf „Papierverfahren" ausgelegt seien.[1758] Die Behauptungen sind im Einzelnen zu überprüfen.

b. Übertragung von Verfahrensverantwortung auf den Steuerpflichtigen?

Zunächst wird der Kritikpunkt untersucht, dass die Daten des Steuerpflichtigen von ihm selbst elektronisch eingegeben würden, sodass in der Folge eine separate Datenerfassung in der Finanzbehörde durch Sachbearbeiter oder mittels Scanner unterbleiben könne und es dabei zu einer Verlagerung des bei der Datenerfassung bzw. Datenübertragung bestehenden Risikos, insbesondere in Bezug auf mechanische Fehler, auf den Steuerpflichtigen komme.[1759] Bei Interpretation dieser Kritik gewinnt man den Eindruck, dass der Steuerpflichtige mit der elektronischen Steuererklärung ein „Mehr" an Arbeit erfüllt, als es bei der Steuererklärung auf Papier der Fall war. Der Vorwurf der Verlagerung setzt dazu ein „Minder" an Arbeit bei einer anderen Partei – im hiesigen Fall der Finanzbehörde – voraus. „Minder" und „Mehr" an Arbeit müssen sich zudem inhaltlich decken, quasi „Stoffgleichheit" bestehen. Vergegenwärtigt man sich die Steuererklärungspflicht in ihrer Urform, stellt sich die Annahme von Mehrarbeit aufseiten des Steuerpflichtigen aber als Trugschluss heraus: Der Steuerpflichtige macht in seiner Steuererklärung Angaben zu den von ihm verwirklichten wirtschaftlichen Sachverhalten. Dazu ist das Steuererklärungsformular in verschiedene Abschnitte und die Abschnitte sind ihrerseits in ausfüllbare Felder aufgeteilt. Bei der Erstellung der Steuererklärung durch den Steuerpflichtigen ist es notwendig, dass der jeweilige wirtschaftliche Sachverhalt dem richtigen Feld im Steuererklärungsformular zugeordnet wird. Dieser Bearbeitungsvorgang hat sich von der Steuererklärung nach amtlich vorgeschriebenem Vordruck bis zur Steuererklärung, die nach amtlich vorgeschriebenem Datensatz zu übermitteln ist, nicht geändert oder erweitert.[1760] Die Dateneingabe erfolgt nur nicht

---

1757 *Wernthaler*, Berichtigung im digitalisierten Besteuerungsverfahren, S. 165.

1758 *Lewandowski/Ackermann*, DStR 2014, 1646, 1653; wohl auch *Bruschke*, StB 2017, 334, 339.

1759 Siehe die Nachweise in Fn. 1752 und 1753.

1760 Siehe auch *Seer*, StbJb 2004/2005, 53, 72, der bei auftretenden rechtlichen Ungewissheiten bei der steuerrechtlichen Sachverhaltswürdigung in einem Selbstveranlagungssystem nur auf den ersten Blick Unterschiede zum hoheitlichen Veranlagungsverfahren ausmacht. Ähnlich *Drüen*, in: Zukunftsfragen, 1, 12.

mehr fakultativ händisch – denn auch vor ELSTER bestand die Möglichkeit, mit Steuererklärungssoftware seine Steuererklärung zu erstellen und anschließend auszudrucken – sondern obligatorisch am Computer bzw. mobilen Endgerät. Der Vorgang der Dateneintragung und alle damit verbundenen Fehlerrisiken – Ablesefehler, Übertragungsfehler sowie Tipp- und Schreibfehler – sind dem grundsätzlichen Übertragungsvorgang von Daten in ein Formular immanent, unabhängig davon, ob es sich um ein digitales Formular oder einen Vordruck auf Papier handelt. Die obige Darstellung der unterschiedlichen von der Finanzverwaltung angebotenen ELSTER-Programme ElsterFormular und Mein Elster[1761] hat gezeigt, dass Ersteres die Steuererklärungsformulare auf dem Bildschirm abbildet, also die digitale Form der Vordrucke dem Steuerpflichtigen zeigt und damit an die von den Vordrucken gewohnte Optik anknüpft. Mein Elster verwendet zwar ein abweichendes Layout, versorgt den Steuerpflichtigen aber inhaltlich mit den gleichen Informationen und den gleichen Texten, wie es auch in den Steuererklärungsformularen der Fall ist. Insoweit fordert die elektronische Steuererklärung vom Steuerpflichtigen im Deklarationsvorgang nicht mehr, als es auch die Steuererklärung auf Papier tut. Die reine Umstellung auf ein digitalisiertes Verfahren vermag daher kein „Mehr" an Fehlern begründen zu können. Das Vergessen von Eingaben in der Steuererklärung ist nicht dem Verfahren der elektronischen Steuererklärung vorbehalten.[1762] Eine bisher bei der Steuererklärung auf Papier bestehende Fehlerquelle, nämlich die aufseiten der Finanzbehörde beim Abtippen einer Steuererklärung nach Vordruck möglichen mechanischen Fehler, entfällt durch die elektronische Steuererklärung aber tatsächlich.[1763] Daraus bereits eine Nutzenasymmetrie des ELSTER-Verfahrens zulasten des Steuerpflichtigen herzuleiten und von einer Verlagerung zu sprechen,[1764] überzeugt aber nicht.

c. *Bedienungsfehler bzw. Programmfehler als Fehlerquelle*

Der zweite Kritikpunkt stellt Bedienungsfehler des Steuerpflichtigen bzw. Programmfehler der ELSTER-Software in den Vordergrund.[1765] Hierbei müssen

1761 Siehe oben 2. Teil B. III. 3.

1762 Siehe nur BFH v. 13.6.1989, VIII R 174/85, BStBl. II 1989, 789 Rn. 27.

1763 Zutreffend *Seer*, in: Tipke/Kruse, AO/FGO, § 150 AO Rn. 24 (Stand: April 2017); *Frotscher*, in: Schwarz/Pahlke, AO/FGO, § 173 AO Rn. 192a (Stand: Februar 2018).

1764 *Wernthaler*, Berichtigung im digitalisierten Besteuerungsverfahren, S. 265.

1765 Zu den Fehlerquellen bei der Verwendung von „Rechenmaschinen" *Bull*, Verwaltung durch Maschinen, S. 141 f.

aber zunächst die Fehler ausgeklammert werden, die auf einem technischen Versagen der Programme beruhen, also die falsche Übermittlung und Verarbeitung von durch den Steuerpflichtigen richtig erfassten Daten. Denn in diesen Fällen unterläuft dem Steuerpflichtigen kein Fehler, er kommt seinen Mitwirkungspflichten also ordnungsgemäß nach, vielmehr liegt die Fehlerquelle in der Sphäre desjenigen, der die Programme vertreibt, im Falle der ELSTER-Software also in der Sphäre der Finanzverwaltung.[1766]

Damit verbleiben noch die Bedienungsfehler des Steuerpflichtigen als Teildisziplin der möglichen Fehlerquellen bei der Arbeit mit Computerprogrammen. Unter einem Bedienungsfehler versteht man nach allgemeiner Ansicht unter anderem, wenn der Anwender einer Anlage zur computertechnischen Verarbeitung von Daten eine Funktion oder Rechen- bzw. Bearbeitungsvorgänge aktiviert, die er nicht aktivieren wollte. Diese Fehler lassen sich – versehentliche mechanische Fehler ausgeklammert[1767] – vor allem darauf zurückführen, dass es dem Steuerpflichtigen an Informationen über den Programmablauf des Steuererklärungsprogrammes – nicht des Steuerfestsetzungsprogrammes! – mangelt. Davon abzugrenzen sind solche Fehler, die unterlaufen, weil der Steuerpflichtige einen rechtlichen Begriff falsch interpretiert und deswegen eine Eingabe tätigt oder unterlässt. Wer also im Bereich des Mantelbogens der Einkommensteuererklärung statt der gewollten Zusammenveranlagung eine Einzelveranlagung anklickt, unterliegt keinem Bedienfehler im hier gemeinten Sinne, sondern entweder einem mechanischen Fehler im Sinne eines Verklickens oder einem Rechtsfehler im Sinne einer falschen rechtlichen Interpretation der Begriffe Zusammen- und Einzelveranlagung. Bedienungsfehler umfassen somit Irrtümer über den Programmablauf aufgrund einer Eingabe, nicht die Fehlinterpretation des Inhalts der Eingabe selber. Damit beschränken sich Bedienfehler auf den Programmrahmen einer Software. Bedienfehler liegen z.B. vor, wenn der Steuerpflichtige glaubt, dass er durch das Speichern der Steuererklärung bereits eine Übermittlung an die Finanzbehörde vornimmt, diese tatsächlich aber noch nicht durchgeführt wird.[1768]

1766 Siehe aber die Einschränkung bzüglich einer Pflicht, Hilfe zu ersuchen, oben 4. Teil F. I.

1767 Dazu oben 5. Teil C. II. 1.

1768 Ähnlich gelagert der Fall des FG Niedersachsen v. 13.3.2014, 4 K 32/12, EFG 2014, 1257, in dem der Steuerpflichtige davon ausging, dass bereits durch die elektronische Übermittlung im ELSTER I-Verfahren eine wirksame Steuererklärung abgeben wird.

Das Feld der reinen Programmbedienungsfehler durch den Steuerpflichtigen ist damit verhältnismäßig klein; es nimmt im Vergleich zu den übrigen Fehlerquellen nur einen geringen Umfang ein.[1769] Es würde an dieser Stelle nicht überzeugen, den Bereich der Bedienungsfehler auszuweiten, indem wieder von einer Verlagerung der Veranlagungstätigkeiten von der Finanzbehörde auf den Steuerpflichtigen ausgegangen wird und dabei die Rechtsprechung zu Programmbedienungsfehlern in der Finanzbehörde herangezogen wird. Denn die ELSTER-Software bzw. die Erstellung der elektronischen Steuererklärung durch den Steuerpflichtigen hat bis auf die Eintragung der Besteuerungsgrundlagen keine optischen oder tatsächlichen Überschneidungen mit den Veranlagungsprogrammen WinGF bzw. ELFE in KDialog[1770] der Finanzverwaltung.[1771] Der Steuerpflichtige macht das, was er auch bei einer Steuererklärung auf Papier gemacht hat: Er beantwortet Fragen in Formularen sowie Eingabefeldern und übermittelt diese Daten an die Finanzverwaltung. Terminologisch mag der auch in dieser Ausarbeitung verwendete Begriff der „Selbstveranlagung des Steuerpflichtigen" zu der Annahme verleiten, dass der Steuerpflichtige die

1769 A.A. wohl *Wernthaler*, Berichtigung im digitalisierten Besteuerungsverfahren, S. 275 f., allerdings (ebenfalls) ohne belastbares Zahlenmaterial. *Wernthaler* geht von einer Risikokumulation durch Hackerangriffe, Schadsoftware und Hardware-Abstürzen bei dem Steuerpflichtigen aus, die aus der Nutzung seines privaten Computers und ELSTER resultieren. Dieses behauptete Risiko bildet sich bisher in der Rechtsprechung aber nicht als Fehlerquelle ab, sondern die Probleme aufseiten der Steuerpflichtigen liegen an anderen Stellen, die in dieser Untersuchung auch dargestellt werden.

1770 Die einzelnen Bestandteile des Festsetzungsprogramms der Finanzverwaltung finden sich unter https://www.finanz-verwaltung.nrw.de/sites/default/files/asset/document/konsens_broschuere_2015_web_reduziert_0.pdf (abgerufen am 1.5.2020, 15:55 Uhr).

1771 Eine Auseinandersetzung mit den einzelnen Programmfunktionen ist hier in Gänze aus Platzgründen nicht leistbar. Einige Beispiele sollen dennoch eine Idee von der Komplexität geben: So ist z.B. zu Beginn einer Veranlagung in der Finanzbehörde die Entscheidung zu treffen, ob lediglich die Festsetzung gerechnet werden soll oder auch die laufenden bzw. nachträglichen Vorauszahlungen angepasst werden sollen. Ein Verlustrücktrag verlangt eine bestimmte Reihenfolge von Prüfberechnungen und Kennzifferanweisungen, damit ein Bescheid erzeugt wird. Das sog. „Kurzbescheidverfahren", indem etwa ein Vorbehalt der Nachprüfung aufgehoben wird, benötigt spezifische Eingabe von Kennzahlen, bei denen durch Vertippen andere Programmabläufe angestoßen werden können als von dem Bearbeiter beabsichtigt. Siehe auch noch 5. Teil C. V. 2. a. und b.

hochkomplexen, einstiegsunfreundlichen – weil hochspezialisierten, und in der Darstellung minimalisierten – Steuerfestsetzungsprogramme der Finanzverwaltung nunmehr in Form von ELSTER selbst anwendet. Aber das ist nicht der Fall; der Steuerpflichtige bedient kein Festsetzungsprogramm. Selbstveranlagung bedeutet nur die über die Jahrzehnte rechtlich und technisch entwickelte Möglichkeit, aus den Daten in der Steuererklärung in der Sphäre der Finanzbehörde vollautomatisiert einen Steuerbescheid zu erstellen und an den Steuerpflichtigen zu übermitteln, ohne dass sich gerade dessen Verpflichtungen im Bereich der Steuererklärungspflicht qualitativ erhöhen. Eine Verlagerung der Möglichkeiten, Bedienfehler zu begehen, liegt mithin nicht vor.

d. Mehr Informationsbedarf über auszufüllende Formulare im ELSTER-Verfahren?

Zwei Entscheidungen des VI. Senats des Bundesfinanzhofs zu Steuererklärungen im ELSTER-Verfahren beleuchten die Frage, inwieweit durch das ELSTER-Verfahren bei dem Steuerpflichtigen Nachteile entstehen, die zu unvollständigen Steuererklärungen führen können.[1772] Beiden im Ergebnis konträren Entscheidung lag ein vergleichbarer Lebenssachverhalt zugrunde: Der Steuerpflichtige leistete jeweils Unterhaltszahlungen an seine Lebensgefährtin, mit der er ein gemeinsames Kind hat. Das zur Erstellung der Steuererklärung vom jeweiligen Kläger verwendete Programm ElsterFormular enthielt in Zeile 102 des Mantelbogens die Angabe „Unterhalt für bedürftige Personen" und verwies ohne weitere Erläuterungen auf die Anlage Unterhalt. Die Sachverhalte unterschieden sich aber im betroffenen Veranlagungszeitraum: Im ersten Urteil ging es um den Veranlagungszeitraum 2006, im zweiten Urteil um den Veranlagungszeitraum 2008.

Für den Veranlagungszeitraum 2006 sah der VI. Senat des Bundesfinanzhofs keine grundsätzlichen Nachteile des Programmes ElsterFormular im Vergleich zur Steuererklärung nach amtlich vorgeschriebenem Vordruck. Die Qualität und der Umfang der Erläuterungen im ELSTER-Programm zu den einzelnen Feldern und Anlagen seien identisch mit denen der Anleitung zur Einkommensteuererklärung auf Papier und vom Steuerpflichtigen ebenso sorgfältig zur Kenntnis zu nehmen.[1773] Insbesondere lasse der Erläuterungstext zur Anlage Unterhalt in der Anleitung zur Einkommensteuererklärung 2006 keine Zweifel, dass diese von

---

1772 BFH v. 20.3.2013, VI R 5/11, BFHE 240, 504 und BFH v. 20.3.2013, VI R 9/12, BFHE 240, 507.

1773 BFH v. 20.3.2013, VI R 5/11, BFHE 240, 504 Rn. 15; ebenso BFH v. 18.3.2014, X R 8/11 Rn. 23.

dem Steuerpflichtigen auszufüllen ist, wenn er die Unterhaltszahlungen an die Mutter des gemeinsamen Kindes steuerlich geltend machen möchte.[1774] Anders beurteilte der VI. Senat den Sachverhalt für den Veranlagungszeitraum 2008. Hier stellte er zunächst fest, dass ein Überblick über die ausfüllbaren Felder bei der Verwendung von ElsterFormular deutlich schwieriger zu erlangen sei, als dies bei einer Steuererklärung in Papierform der Fall sei.[1775] Daher müssten die Erläuterungstexte zu den einzelnen Anlagen genaue und vollständige Informationen beinhalten, unter welchen Voraussetzungen diese vom Steuerpflichtigen auszufüllen sind.[1776] In diesem Punkt unterschieden sich die Erläuterungstexte zur Einkommensteuererklärung in den Veranlagungszeiträumen 2006 und 2008 nämlich, was auch den Bundesfinanzhof zu differierenden Entscheidungen bewogen hat. Im ersten entschiedenen Fall für den Veranlagungszeitraum 2006 enthielt der Erläuterungstext zur Anlage Unterhalt in der allgemeinen Anleitung zur Einkommensteuererklärung den Hinweis darauf, dass auch die Mutter des Kindes gegenüber dem Vater bis zur Vollendung des dritten Lebensjahres des Kindes unterhaltsberechtigt sein kann, sodass es dem Steuerpflichtigen möglich war, zu erkennen, dass er die Anlage Unterhalt abgeben musste. Der Erläuterungstext zur Anlage Unterhalt in der allgemeinen Anleitung zur Einkommensteuererklärung für den Veranlagungszeitraum 2008 führte die gesetzlich unterhaltsberechtigten Personen zwar beispielhaft auf („z.B. Eltern, Großeltern und Kinder"), nannte dort aber nicht mehr die Mutter eines gemeinsamen Kindes als mögliche Unterhaltsberechtigte.[1777] Die unübersichtliche Formulargestaltung und die unvollständig erläuternden Hilfstexte veranlassten den Steuerpflichtigen daher nicht dazu, die notwendigen Anlagen zu verwenden.[1778]

Interessant ist an diesen beiden Fällen, dass sich die Rechtsprechung auf die Sachverhalte übertragen lässt, in denen der Steuerpflichtige seine Steuererklärung handschriftlich auf Papier erstellt.[1779] Denn die Erläuterungen zur

---

1774 BFH v. 20.3.2013, VI R 5/11, BFHE 240, 504 Rn. 15.

1775 BFH v. 20.3.2013, VI R 9/12, BFHE 240, 507 Rn. 16.

1776 BFH v. 20.3.2013, VI R 9/12, BFHE 240, 507 Rn. 15 f.

1777 BFH v. 20.3.2013, VI R 9/12, BFHE 240, 507 Rn. 2.

1778 BFH v. 20.3.2013, VI R 5/11, BFHE 240, 504 Rn. 16, mit Verweis auf BFH v. 20.3.2013, VI R 9/12, BFHE 240, 507.

1779 Etwas kryptisch bleibt, ob auch der BFH v. 20.3.2013, VI R 9/12, BFHE 240, 507 Rn. 14, dies vor Augen hatte, wenn er formuliert „Zutreffend hat [das Finanzgericht die allgemeinen] Grundsätze auch auf eine im elektronischen Wege über das ElsterFormular abgegebene Steuererklärung angewandt und deshalb auch *zu Recht Besonderheiten der elektronischen Steuererklärung* hinsichtlich ihrer Übersichtlichkeit

Einkommensteuererklärung auf Papier weisen grundsätzlich – und auch in den Veranlagungszeiträumen 2006 und 2008 – identische Inhalte auf wie ihr digitales Pendant: Für den Veranlagungszeitraum 2006 ist der Hinweis auf die Mutter des Kindes als unterhaltsberechtigte Person enthalten; für den Veranlagungszeitraum 2008 fehlt dieser Hinweis. Das Differenzierungsmerkmal für die unterschiedliche Behandlung ist also entgegen des ersten Anscheins beim Lesen der Urteile nicht ELSTER-spezifisch, sondern allgemein formularspezifisch. Stellt man sich einen Steuerpflichtigen vor, der mithilfe der amtlichen Anleitung zur Einkommensteuererklärung vor den die Vordrucke beinhaltenden Ausgabebehältern im Finanzamt steht, wäre er mit der gedruckten Anleitung zur Einkommensteuererklärung aus dem Veranlagungszeitraum 2008 wohl ähnlich überfordert wie ein Steuerpflichtiger, der mit einem identischen, elektronischen Hilfstext vor der Frage steht, welche Anlage er im ELSTER-Programm anwählen muss. Eine Entscheidung des Finanzgerichts Bremen vom 22.2.2018[1780] bestätigt diesen Befund. Dort ging es ebenfalls um nicht erklärte Unterhaltsleistungen eines Steuerpflichtigen an die mit ihm nicht verheiratete Mutter des gemeinsamen Kindes. Die Steuererklärung wurde – davon ist mangels anderer Angaben im Tatbestand und aus dem Sachzusammenhang auszugehen – nach amtlich vorgeschriebenem Vordruck eingereicht. Das Finanzgericht Bremen erkannte, dass die Vordrucke für den Mantelbogen keinen Hinweis auf die Abziehbarkeit von Unterhaltsbeiträgen an bedürftige Personen als außergewöhnliche Belastungen beinhalteten.[1781] Lediglich bei den Sonderausgaben befand sich ein abschließend wirkender Hinweis auf die Anlage U – eine separate Anlage für die Geltendmachung von Sonderausgaben i.S.d. § 10 Abs. 1a Nr. 1 EStG, die neben die den Bereich der außergewöhnlichen Belastungen umfassende Anlage Unterhalt tritt.[1782] Dass die Anlage Unterhalt für den Fall des Steuerpflichtigen einschlägig war, konnte er nur der Anlage Unterhalt selbst entnehmen, wozu das Finanzgericht Bremen aber konstatiert: „Ein Anlass, die Erläuterungen zur Anlage Unterhalt durchzulesen, bestand jedoch im Hinblick auf die Gestaltung des Mantelbogens sowie der Erläuterungen in der Anleitung zum Mantelbogen nicht.“[1783]

---

berücksichtigt, wie sie gleichermaßen auch für solche in Papierform gelten [Hervorhebung durch Verfasser].“

1780 FG Bremen v. 22.2.2018, 1 K 7/17 (5), EFG 2018, 1086.

1781 FG Bremen v. 22.2.2018, 1 K 7/17 (5), EFG 2018, 1086 Rn. 52.

1782 FG Bremen v. 22.2.2018, 1 K 7/17 (5), EFG 2018, 1086 Rn. 53.

1783 FG Bremen v. 22.2.2018, 1 K 7/17 (5), EFG 2018, 1086 Rn. 54.

Die beiden Urteile des VI. Senats des Bundesfinanzhofs lassen somit – bis auf die pauschale Aussage, „dass am Computerbildschirm ein Überblick über die ausfüllbaren Felder im ElsterFormular deutlich schwieriger zu erlangen ist, als in einer Steuererklärung in Papierform"[1784] – keine entscheidungserheblichen ELSTER-spezifischen Fehlerquellen erkennen. Vielmehr gelten die allgemeine formular-spezifische Leitungsfunktion des Mantelbogens und die Leitungsfunktion der allgemeinen Anleitung zur Einkommensteuererklärung ebenso im ELSTER-Verfahren, sodass insoweit keine höheren Anforderungen an den Steuerpflichtigen gestellt werden und damit keine zusätzlichen Fehlerquellen generiert werden.[1785]

e. *Nicht nachvollziehbare ELSTER-Programmführung als Fehlerquelle*

Nachteilig für den Steuerpflichtigen kann sich die Erstellung der Steuererklärung mit den ELSTER-Programmen der Finanzverwaltung aber dann erweisen, wenn die Programmführung den Steuerpflichtigen irreleitet. Als Beispiel dient ein Fall, den das Finanzgericht Rheinland-Pfalz[1786] zu entscheiden hatte: Ein selbstständiger Notar und eine angestellte Buchhalterin hatten für 2006 ihre gemeinsame Steuererklärung zur Zusammenveranlagung mit dem von der Finanzverwaltung angebotenen Programm ElsterFormular erstellt und im ELSTER I-Verfahren übermittelt. Bei Erstellung der Steuererklärung hatte der Ehemann seine Beiträge an die berufsständische Versorgungseinrichtung im Gegensatz zum Vorjahr nicht erklärt. Die Eheleute beantragten später die Änderung der bestandskräftigen und insoweit endgültigen Festsetzung, da die Erfassung der Beiträge an die berufsständische Versorgungseinrichtung irrtümlich nicht erfolgt sei. Das Gericht stellte bei seiner Prüfung fest, dass beim Fragenkomplex Sonderausgaben[1787] in dem Programm ElsterFormular ein kontinuierliches Arbeiten an genau der streitigen Stelle erschwert gewesen sei.[1788] Denn für die Eingabe der vom Arbeitslohn der Ehefrau einbehaltenen Beiträge zur Rentenversicherung in die Zeile 61 des Mantelbogens, zwingt das Programm den Anwender, in die

1784 BFH v. 20.3.2013, VI R 9/12, BFHE 240, 507 Rn. 16.

1785 FG Hamburg v. 27.9.2011, 1 K 43/11, EFG 2012, 488 Rn. 15.

1786 FG Rheinland-Pfalz v. 13.12.2010, 5 K 2099/09, EFG 2011, 685; das Urteil wurde in der Revision durch BFH v. 18.3.2014, X R 8/11, aufgehoben, dennoch soll der Sachverhalt hier als Beispiel dienen.

1787 Im strittigen Fall für den Veranlagungszeitraum 2006 befanden sich diese Angaben auf dem Mantelbogen zur Einkommensteuererklärung, Zeile 61 ff., in 2021: Anlage Vorsorgeaufwand Zeile 4 ff.

1788 FG Rheinland-Pfalz v. 13.12.2010, 5 K 2099/09, EFG 2011, 685 Rn. 18.

Maske der Lohnsteuerbescheinigung zu wechseln.[1789] Diese separate, der ausgedruckten Lohnsteuerbescheinigung nachempfundene Maske soll die Erstellung der Steuererklärung für den Bürger vereinfachen, da an dieser Stelle lediglich die Daten der Lohnsteuerbescheinigung übertragen werden sollen.[1790] Nachdem der Steuerpflichtige die Angaben aus der Lohnsteuerbescheinigung übertragen hatte – und ElsterFormular die eingetragenen Werte automatisch in die richtigen Formularfelder der Steuererklärung übernommen hatte – wechselte das Programm aber im Anschluss nicht zu den Vorsorgeaufwendungen auf dem Mantelbogen zurück, sondern leitete den Steuerpflichtigen auf die Anlage N zur weiteren Bearbeitung weiter. ElsterFormular war also so programmiert, dass es nach Eingabe der elektronischen Lohnsteuerbescheinigung immer in die Anlage N wechselte, unabhängig davon, in welcher Anlage sich der Steuerpflichtige vorher befand. Die Beiträge des Ehemannes zu den berufsständischen Versorgungseinrichtungen hätten in die auf die Zeile 61 folgende Zeile 62 auf dem Mantelbogen eingetragen werden müssen. Dazu hätte der Steuerpflichtige im Programm erneut das Formular „Mantelbogen" auswählen müssen. Die Programmführung mit dem automatisierten Wechsel auf die Anlage N konnte aus Sicht des Nutzers so verstanden werden, dass die Eintragungen auf dem Mantelbogen zu den Sonderausgaben nach Eingabe der Lohnsteuerbescheinigung vollständig seien, was aber *de facto* nicht der Fall war. Dadurch begünstigte das Programm unvollständige Angaben durch den Steuerpflichtigen. Die Art der Programmführung in den ELSTER-Programmen der Finanzverwaltung kann damit als separate Fehlerquelle angesehen werden.

f. Zusammenfassende Darstellung bzw. komprimierte Steuererklärung als Fehlerquelle

aa. Steuerpflichtiger erstellt seine Steuererklärung selbst

Ein wesentliches Merkmal der ELSTER-Programme ist, dass die komprimierte Steuererklärung (ElsterFormular – ELSTER I-Verfahren), der komprimierte Ausdruck der übermittelten Daten (ElsterFormular – ELSTER II-Verfahren) und die zusammenfassende Darstellung der übermittelten Daten (Mein Elster – ELSTER II-Verfahren) optisch nicht die Steuererklärungsformulare in Gänze abbilden, sondern lediglich die Eingabefelder und Zeilen anzeigen, in die auch im Steuererklärungsprozess Eingaben durch den Steuerpflichtigen getätigt

1789 FG Rheinland-Pfalz v. 13.12.2010, 5 K 2099/09, EFG 2011, 685 Rn. 18.
1790 Siehe die Beschreibung dieses Programmbestandteils oben 2. Teil. B. III. 3. c. aa.

worden sind.[1791] Hat der Steuerpflichtige also in ein bestimmtes Feld oder eine bestimmte Anlage keine Eintragungen eingepflegt, wird dieses Feld bzw. die gesamte Anlage auf der ggf. ausgedruckten Zusammenfassung nicht mehr angezeigt. Folglich sind die komprimierten Ausdrucke bzw. die zusammengefasste Darstellung der eingegebenen Werte nicht dazu geeignet, dass der Steuerpflichtige überprüfen kann, ob die Angaben vollständig sind.[1792] Diese Prüfung kann der Steuerpflichtige nämlich nur dann wirksam vornehmen, wenn er das gesamte Steuererklärungsformular mit den dort aufgeführten Fragen sinnlich wahrnehmen kann und somit auch Lücken in seiner Erklärung erkennt. Fraglich ist also, welche Funktion die zusammenfassende Darstellung und die komprimierte Steuererklärung bzw. der komprimierte Ausdruck der übermittelten Daten haben und ob durch die fehlende Möglichkeit der Überprüfung eine ELSTER-spezifische Fehlerquelle besteht. An dieser Stelle ist es sinnvoll, zwischen den beiden ELSTER-Programmen der Finanzverwaltung und zwischen dem ELSTER I-Verfahren und dem ELSTER II-Verfahren zu unterscheiden.

Die Datenübermittlung im ELSTER I-Verfahren über das Programm Elster-Formular stellt noch keine wirksame Steuererklärung dar; diese liegt erst mit Eingang der unterschriebenen komprimierten Steuererklärung vor.[1793] Die komprimierte Steuererklärung hat im Steuerverfahren mehrere Funktionen: Erstens wird der Finanzbehörde technisch durch die dreistellige Telenummer der Zugriff auf die durch den Steuerpflichtigen übermittelten Daten ermöglicht.[1794] Zweitens dient die auf der komprimierten Steuererklärung notwendige Unterschrift der Identifikation des Steuerpflichtigen sowie der Zurechnung des Erklärten an den Steuerpflichtigen und die Unterschrift erfüllt eine Warnfunktion.[1795] Damit nimmt die komprimierte Steuererklärung als verifizierendes und eine Zurechnung der Angaben an den Steuerpflichtigen begründendes Übermittlungsmedium *im Prozess der Erstellung der Steuererklärung* eine untergeordnete Rolle ein und gibt bewusst nicht die amtlichen Formulare, sondern nur eine Zusammenfassung der eingegebenen Daten wieder. Denn damit erreicht sie bereits ihren Zweck. Im Vergleich mit der Steuererklärung nach amtlich vorgeschriebenem Vordruck hat sie kein wirkliches Pendant, sondern ist

1791 Zutreffend dargestellt bei BFH v. 18.3.2014, X R 8/11 Rn. 27.

1792 BFH v. 18.3.2014, X R 8/11 Rn. 29; BFH v. 16.5.2013, III R 12/12, BStBl. II 2016, 512 Rn. 28 f.; *v. Wedelstädt*, AO-StB 2015, 99, 103.

1793 Siehe oben 2. Teil B. III. 3. c. bb.

1794 Siehe oben 2. Teil B. III. 3. c. bb.

1795 Siehe oben 2. Teil B. VI. 2. a.

verfahrenstechnisch notwendiger Zusatz in einem Verfahren, dass sich zwischen elektronischer Steuererklärung und herkömmlicher Steuererklärung auf Papier bewegt. Der Steuerpflichtige benötigt auch aus Gründen der Interessenwahrung im Steuerverfahren keinen Ausdruck der amtlichen Vordrucke nach Abschluss der Steuererklärung, denn er arbeitet bereits bei der Eingabe seiner Daten in ElsterFormular mit einem digitalen Abbild der amtlichen Formulare und erhält ausreichende Möglichkeit, die einzelnen Anlagen wahrzunehmen und mit den Erläuterungstexten durchzulesen. Er hat auch die Möglichkeit, die Steuererklärung in ElsterFormular zu überprüfen, bevor er die ausgedruckte komprimierte Steuererklärung unterschreibt. Der Steuerpflichtige sieht sich somit durch den lediglich komprimierten Ausdruck keiner weiteren Fehlerquelle gegenüber, als im Vergleich zur Steuererklärung auf Papier. Dementsprechend hat auch der X. Senat des Bundesfinanzhofs den komprimierten Steuererklärungsausdruck als „Nachteil" der elektronischen Steuererklärung angesehen, diesen aber relativiert, da die amtlichen Steuererklärungsvordrucke auf dem Bildschirm angezeigt und durch den Steuerpflichtigen zur Kenntnis genommen werden können.[1796]

Anders könnte es sich im ELSTER II-Verfahren darstellen, das in den Programmen ElsterFormular und Mein Elster zur Übermittlung der Steuererklärung genutzt werden kann. Im Programm ElsterFormular stellt der optisch der komprimierten Steuererklärung nachempfundene Ausdruck der übermittelten Daten lediglich eine Übersicht für den Steuerpflichtigen dar, ihm kommt aber keine besondere verfahrensrechtliche Bedeutung wie bei der Übermittlung im ELSTER I-Verfahren zu. So wie bei der Übermittlung im ELSTER I-Verfahren hat der Steuerpflichtige auch im ELSTER II-Verfahren über ElsterFormular die Möglichkeit, anhand der auf dem Bildschirm abgebildeten Formulare zu überprüfen, ob die Steuererklärung vollständig ist. Ein Nachteil zur Steuererklärung auf Papier und Raum für eine zusätzliche Fehlerquelle sind daher im Ergebnis ebenfalls nicht gegeben. Das Programm Mein Elster zeigt dem Steuerpflichtigen die durch ihn an die Finanzverwaltung übermittelten Daten ebenfalls vor und nach Übermittlung der elektronischen Daten, geordnet nach Mantelbogen und einzelnen Anlagen, an. Allerdings nimmt der Steuerpflichtige im ELSTER II-Verfahren zu keinem Zeitpunkt die amtlichen Formulare wahr, sondern sieht nur die Transformation in das webbasierte Online-Angebot. Dieses hat zwar die gleichen Inhalte wie die Steuererklärungsformulare, zeigt aber immer nur anklickbare Teilausschnitte und nie das gesamte Steuererklärungsformular auf dem Bildschirm an. Allerdings sieht der Nutzer zu jedem Zeitpunkt auf der

1796 BFH v. 18.3.2014, X R 8/11 Rn. 27.

linken Seite eine Untergliederung der Anlage, auf der er sich gerade befindet, sodass in der Gesamtschau ein identischer Informationsgrad gegeben ist wie bei der Arbeit mit den amtlichen Formularen. Daher werden auch hier die Nachteile der lediglich zusammenfassenden Darstellung durch die Informationen bei Erstellung der Steuererklärung ausgeglichen.

Die Nachteile der komprimierten Steuererklärung bzw. der zusammenfassenden Darstellung der übermittelten Daten werden stets dann ausgeglichen, wenn der Steuerpflichtige bei der Erstellung der Steuererklärung die Möglichkeit hatte, die amtlichen Formulare bzw. die auf ihnen enthaltenen Informationen sowie die Erläuterungstexte zur Steuererklärung wahrzunehmen.

bb. Steuerpflichtiger bedient sich Intermediären und Datenübermittlern

Fraglich ist daher, wie Fälle zu beurteilen sind, in denen der Steuerpflichtige die amtlichen Formularinhalte und die Erläuterungstexte beim Ausfüllen der Steuererklärung nicht wahrnimmt, weil sie ihm nicht angezeigt werden oder weil der Steuerpflichtige die Steuererklärung selbst nicht erstellt, sondern diese Aufgabe auf einen Dritten überträgt. Angesprochen sind damit die Fälle, in denen sich der Steuerpflichtige eines Intermediärs – entweder in Form eines Steuerberaters oder in Form einer Drittanbieter-Software – zur Erfüllung seiner Steuererklärungspflichten bedient.

Es ist allgemeiner Grundsatz im Steuerverfahren, dass sich der Steuerpflichtige das Verschulden seines Vertreters zurechnen lassen muss.[1797] Bei der Erstellung der Steuererklärung ergibt sich die Zurechnung des Verschuldens eines steuerlichen Beraters, der nicht Vertreter des Steuerpflichtigen ist, aus der Verantwortung des Steuerpflichtigen für die Vollständigkeit und Richtigkeit seiner Angaben in der Steuererklärung.[1798] Der Steuerpflichtige kann sich nicht durch Übertragung der Ausarbeitung der Steuererklärung auf seinen

---

1797 Siehe die ausführliche Herleitung mit Rückgriff auf § 152 Abs. 1 S. 3 AO a.F. (heute Abs. 1 S. 2 2. Hs.) BFH v. 3.2.1983, IV R 153/80, BStBl. II 1983, 324 Rn. 11-22; BFH v. 7.11.1990, X R 143/88, BStBl. II 1991, 325 Rn. 20; BFH v. 26.11.2004, VIII B 77/03 Rn 2; *Seer*, in: Tipke/Kruse, AO/FGO, § 110 AO Rn. 15 (Stand: Oktober 2018); *v. Groll*, in: Hübschmann/Hepp/Spitaler, AO/FGO, § 173 AO Rn. 233 (Stand: September 2017) m.w.N.; a.A. *Loose*, in: Tipke/Kruse, AO/FGO, § 173 AO Rn. 79, 82 f. (Stand: September 2020); kritisch zur Herleitung anhand von § 110 AO und § 152 AO *Kottke*, FR 1998, 9, 13.

1798 Ständige Rechtsprechung, siehe BFH v. 16.5.2013, III R 12/12, BStBl. II 2016, 512 Rn. 23 und BFH v. 17.11.2005, III R 44/04, BStBl. II 2006, 412 Rn. 21 m.w.N.

steuerlichen Berater der Verschuldenszurechnung entziehen.[1799] Entsprechendes gilt dann, wenn zwischen dem Steuerpflichtigen und der Steuererklärung nicht ein menschlicher Faktor eingeschaltet ist, sondern die Steuererklärung mithilfe einer Steuererklärungssoftware erstellt wird: Hier muss sich der Steuerpflichtige das Verschulden derjenigen Personen zurechnen lassen, die diese von ihm gekaufte und verwendete Steuererklärungssoftware konzipiert und in den Handel gebracht haben, soweit diese andere Steuererklärungssoftware nicht über den Funktionsumfang der amtlich bereitgestellten Steuererklärungssoftware verfügt.[1800] Ein Steuerpflichtiger, der die Erstellung seiner Steuererklärung auf andere Instanzen überträgt, wird somit nicht besser gestellt als ein Steuerpflichtiger, der seine Steuererklärung mithilfe der amtlich zur Verfügung gestellten Formulare oder Programme erstellt.[1801]

Aus diesem Zurechnungsgedanken folgt, dass der Steuerberater bzw. die genutzte Software dem Steuerpflichtigen die Informationen zur Verfügung stellen muss, die ihm auch durch die amtlichen Formulare und Programme zur Verfügung gestellt werden.[1802] Dies kann bei der komprimierten Steuererklärung im

---

1799 Ständige Rechtsprechung, siehe BFH v. 16.5.2013, III R 12/12, BStBl. II 2016, 512 Rn. 23; BFH v. 17.11.2005, III R 44/04, BStBl. II 2006, 412 Rn. 21 m.w.N.; i.E. ebenso *Seer*, in: Tipke/Lang, Steuerrecht, Rn. 21.415.

1800 FG Rheinland-Pfalz v. 20.8.2011, 3 K 2674/10, EFG 2012, 15 Rn. 32; *v. Wedelstädt*, in: Gosch, AO/FGO, § 173 AO Rn. 88.3 (Stand: August 2019); *ders.*, AO-StB 2015, 99, 102 f.; das gilt auch für den Fall, dass die Steuererklärung nach amtlich vorgeschriebenem Vordruck abgegeben wird, aber der Ausdruck durch ein Steuerprogramm, wie z.B. DATEV erzeugt wird. Es kann an dieser Stelle nicht von einer elektronischen Steuererklärung gesprochen werden; missverständlich bei BFH v.10.2.2015, IX R 18/14, BStBl. II 2017, 7 Rn. 14.

1801 BFH v. 16.5.2013, III R 12/12, BStBl. II 2016, 512 Rn. 22, 29.

1802 So auch BFH v. 15.5.2013, III R 12/12, BStBl. II 2016, 512 Rn. 29 f.; kritisch zu dieser Rechtsprechung *Wacker*, DStR 2013, 2025, 2027 f., mit Blick darauf, dass der BFH die Anforderungen an die Steuerberater überspanne, da diese bei der Ermittlung des Sachverhaltes keine Anfragen an ihre Mandanten „ins Blaue“ hinein tätigen müssten. Die Kritik trägt hier aber nicht, da es der BFH „zwischen den Zeilen“ wohl ausreichen lässt, dass dem Steuerpflichtigen die amtlichen Formulare zur Verfügung gestellt werden und der Steuerberater keine „echte“ Sachverhaltsermittlung tätigen muss („Indem er dem insoweit steuerlich unerfahrenen Kläger lediglich die komprimierte Einkommensteuererklärung zur Prüfung überließ, ohne den für die Abgabe einer vollständigen Steuererklärung maßgebenden Sachverhalt zu ermitteln, handelte er grob fahrlässig. Denn damit nahm er dem Kläger die Möglichkeit zur Kenntnisnahme, dass – wie in den Zeilen 35 ff. der ‚Anlage Kind‘ aufgeführt – ein Entlastungsbetrag für Alleinerziehende gewährt werden kann und insoweit weitere

ELSTER I-Verfahren in dem Zuge erfolgen, in dem auch die Unterschrift eingefordert und die Steuererklärung im Anschluss per Post an die Finanzbehörde gesendet wird. Im ELSTER II-Verfahren bietet sich die Möglichkeit der Zurverfügungstellung der amtlichen Informationen im Rahmen der nach § 87d Abs. 3 AO bestehenden Vorlagepflicht.[1803] Denn nur dann wird dem Steuerpflichtigen die Möglichkeit gegeben, die geringe Aussagekraft der komprimierten Steuererklärung und des zusammenfassenden Datensatzes auszugleichen und die amtlichen Vordrucke und Erläuterungstexte wahrzunehmen. Im Ergebnis stellt die komprimierte Steuererklärung bzw. die zusammenfassende Darstellung auch dann keine ELSTER-spezifische Fehlerquelle dar, wenn die Steuererklärung durch einen Steuerberater oder eine Steuersoftware von einem Drittanbieter erstellt wird.

g. Ergebnis: ELSTER-spezifische Fehlerquellen

Teilen der Literatur ist eine gewisse Bereitschaft zu attestieren, das ELSTER-Verfahren pauschal kritisch zu sehen, ohne sich vertieft mit den einzelnen ELSTER-Programmen und ihrem Erscheinungsbild für den Steuerpflichtigen auseinandergesetzt zu haben anstatt den Unterschied bzw. das Mehr an Verantwortung des Steuerpflichtigen nicht nur zu behaupten, sondern auch aufzuzeigen.[1804] Die Darstellung der einzelnen Kritikpunkte führt indes unter Beachtung der konkreten Ausgestaltung der ELSTER-Programme zu dem Ergebnis, dass die Transformation der Steuererklärung auf den Bildschirm des Steuerpflichtigen

---

Angaben zur vollständigen Beantwortung der in dem amtlichen Vordruck gestellten Fragen erforderlich sind.", BFH v. 16.5.2013, III R 12/12, BStBl. II 2016, 512 Rn. 28). Der ohne weitere Erläuterungen erfolgte Verweis auf das ELSTER II-Verfahren überzeugt bei *Wacker*, DStR 2013, 2025, 2028, ebenfalls nicht, da für dieses keine anderen Regelungen gelten können. Siehe auch BFH v. 16.4.2019, X B 16/19 Rn. 17: Die amtlichen Formulare für die Einkommensteuererklärung müssen den Softwareherstellern als Maßstab dienen.

1803 Siehe zu § 87d Abs. 3 AO oben 2. Teil B. VI. 2. c. ff.

1804 Siehe z.B. die Darstellung des ELSTER-Verfahrens bei *Wernthaler*, Berichtigung im digitalisierten Besteuerungsverfahren, S. 164 f., 258 f., oder bei *Lanwehr*, Faktische Selbstveranlagung, S. 189, 212 f.; auch *Bültmann*, DStR 2017, 1, 7. Siehe auch *Rätke*, in: Klein, AO, § 150 Rn. 13, der kritisiert, dass verschiedene Zahlen nicht automatisch in ElsterFormular zusammengerechnet würden, sondern erst ein Taschenrechnersymbol gedrückt werden müsse; dieses Verhalten lässt sich in der Version für die Einkommensteuer für den Veranlagungszeitraum 2019 nicht reproduzieren und *Rätke* gibt keine näheren Angaben dazu, welchen Programmbestandteil er genau meint.

keine grundsätzlich neuen Fehlerquellen schafft. Insbesondere dann, wenn die im ELSTER-Verfahren angebotenen Informationen zu den Steuererklärungen nicht hinter denen der Steuererklärung nach amtlich vorgeschriebenem Vordruck zurückbleiben, sind ELSTER-spezifische Fehlerquellen insoweit abzulehnen. Lediglich dann, wenn die Programmführung nicht nachvollziehbar ist, etwa indem Anlagen übersprungen werden, liegt eine ELSTER-spezifische Fehlerquelle vor, die im Folgenden zu berücksichtigen ist. Es ist unbedingt sicherzustellen, dass sich für die elektronische Steuererklärung nicht pauschale Sonderrechtssituationen ergeben, ohne dass dies im Einzelfall begründet und gerechtfertigt werden kann.[1805]

Inwieweit darauf zurückgehende Fehler unter die Anwendung einer der Korrekturnormen der §§ 172 ff., 129 AO fallen und damit korrigiert werden können, ist im Folgenden bei den einzelnen Korrekturvorschriften zu untersuchen.

III. Korrektur zugunsten des Steuerpflichtigen nach § 173 Abs. 1 Nr. 2 AO

1. Überblick über den Tatbestand

§ 173 Abs. 1 Nr. 2 AO löst den Prinzipienwiderspruch zwischen dem Grundsatz der Rechtsrichtigkeit und dem Grundsatz der Rechtssicherheit auf und ermöglicht eine punktuelle Korrektur des Steuerbescheides zugunsten des Steuerpflichtigen.[1806] Voraussetzung für eine Korrektur ist, dass Tatsachen oder Beweismittel, die zu einer niedrigeren Steuer führen, der sachlich und örtlich zuständigen Finanzbehörde[1807] nachträglich bekannt werden.

1805 Siehe dazu auch die Auseinandersetzung mit dem Begriff der elektronischen Steuererklärung oben 2. Teil B. III. 1: Die elektronische Steuererklärung ist auch primär Steuererklärung und kein Rechtskonstrukt *sui generis*.

1806 *Seer*, in: Tipke/Lang, Steuerrecht, Rn. 21.403; *Neckels*, DStZ 1993, 321, 325; zirkelschlüssig *Emmerich*, BB 1986, 1755, 1756, der den Sinn und Zweck der Norm darin sieht, dem Prinzip der Gesetzmäßigkeit Vorrang vor dem der Bestandskraft einzuräumen und daraus Argumentationsmaterial gewinnt (siehe noch unten bei der Diskussion der Rechtserheblichkeit als ungeschriebenes Tatbestandsmerkmal).

1807 BFH v. 29.6.1984, VI R 34/82, BStBl. II 1984, 694 Rn. 9 m.w.N.; *Loose*, in: Tipke/Kruse, AO/FGO, § 173 AO Rn. 28, 31 (Stand: September 2020); unbehandelt muss hier der Streit um die Frage bleiben, auf *wessen* Kenntnis es *innerhalb* der Finanzbehörde ankommt, siehe dazu die Auseinandersetzung und Kritik bei *v. Groll*, in: Hübschmann/Hepp/Spitaler, AO/FGO, § 173 AO Rn. 183-199 (Stand: September 2017), und *Seer*, in: Tipke/Lang, Steuerrecht, Rn. 21.411; a.A. *Mittmann*, DStZ 1989, 505, 506, der im Falle des § 173 Abs. 1 Nr. 2 AO fordert, dass die steuermindernde

Maßgebender Zeitpunkt für die Beurteilung, ob eine Tatsache „nachträglich“ bekannt geworden ist, ist im Falle der vollautomatisierten Bearbeitung i.S.d. § 155 Abs. 4 S. 1 AO der Abschluss der maschinellen Verarbeitung.[1808] Bei der personellen Bearbeitung stellen Teile der Rechtsprechung und Literatur auf den Abschluss derselben durch Freigabe der elektronischen Daten ab,[1809] während für andere Stimmen maßgebend ist, wann der Steuerbescheid den Machtbereich der Finanzbehörde verlässt[1810]. Zugunsten der ersten Auffassung spricht, dass es nicht konsequent wäre, bei der personellen Bearbeitung auf das Verlassen des Machtbereiches der Finanzbehörde i.S.d. § 169 Abs. 1 S. 3 AO abzustellen – was regelmäßig die Versendung des Steuerbescheides durch das Rechenzentrum ist[1811] –, bei der vollautomatisierten Veranlagung aber einen Zeitpunkt davor[1812] heranzuziehen, obwohl sich auch diesem ein Versandprozess anschließt.[1813] Soweit von Vertretern der zweiten Auffassung angeführt wird, dass nach Freigabe der elektronischen Daten durch den Sachbearbeiter noch ein „Anhalten“ oder „Ändern“ des Bescheides möglich ist,[1814] ist dem entgegenzuhalten, dass dies faktisch nicht umsetzbar ist. Die Steuerbescheide werden – jedenfalls in Nordrhein-Westfalen – täglich zu tausenden im Rechenzentrum der Finanzverwaltung zentral gedruckt und grundsätzlich auch von dort an den Steuerpflichtigen versendet. Ein „Aussortieren“ eines bereits freigegebenen Bescheides ist für

---

Tatsache dem Steuerpflichtigen nachträglich bekannt werden müsse; die Tatsache wird dem Steuerpflichtigen aber im Regelfall bekannt sein, ihre steuermindernde Auswirkung hingegen nicht.

1808 Siehe § 155 Abs. 4 S. 4 AO. Siehe auch *v. Wedelstädt*, in: Gosch, AO/FGO, § 173 AO Rn. 47 (Stand: August 2019); *Seer*, in: Tipke/Lang, Steuerrecht, Rn. 21.410.

1809 BFH v. 18.3.1987, II R 226/84, BStBl. II 1987, 416 Rn. 18 f.; BFH v. 9.3.2016, X R 9/13, BStBl. II 2016, 815 Rn. 24; FG Düsseldorf v. 28.1.2020, 10 K 546/19 E Rn. 30; *v. Wedelstädt*, in: Gosch, AO/FGO, § 173 AO Rn. 47 (Stand: August 2019).

1810 Siehe *Loose*, in: Tipke/Kruse, AO/FGO, § 173 AO Rn. 45-48 (Stand: September 2020); *v. Groll*, in: Hübschmann/Hepp/Spitaler, AO/FGO, § 173 AO Rn. 209-211 (Stand: September 2017); *Seer*, in: Tipke/Lang, Steuerrecht, Rn. 21.410 und dort Fn. 786.

1811 Siehe dazu *Drüen*, in: Tipke/Kruse, AO/FGO, § 169 AO Rn. 27 (Stand: Oktober 2017).

1812 Siehe zum Zeitpunkt i.S.d. § 155 Abs. 4 S. 4 AO *Seer*, in: Tipke/Kruse, AO/FGO, § 155 AO Rn. 60 (Stand: April 2017).

1813 Siehe dazu auch den Diskussionsentwurf des BMF v. 21.10.2014 zur „Modernisierung des Besteuerungsverfahrens“ Rn. 76 und den dortigen Vorschlag einer gesetzlichen Regelung in § 173 Abs. 1a AO, die letztlich nur teilweise, nämlich für den Fall der vollautomatisierten Bearbeitung, in § 155 Abs. 4 S. 4 AO umgesetzt worden ist.

1814 *Loose*, in: Tipke/Kruse, AO/FGO, § 173 AO Rn. 47 (Stand: September 2020).

den Bearbeiter vor Versand faktisch nicht mehr möglich.[1815] Der zweiten Auffassung ist allerdings zuzugestehen, dass die Abgabenordnung nur den wirksam bekanntgegebenen Verwaltungsakt i.S.d. § 124 Abs. 1 AO und kein Vorprodukt dieses Verwaltungsaktes kennt.[1816] Letztlich spricht aber § 155 Abs. 4 S. 4 AO dafür, dass der Willensbildungsakt maßgeblich ist, der beim Bearbeiter, sofern er den Verwaltungsakt nicht aus dem Zentralversand im Einzelfall aussteuert, mit Datenfreigabe vorliegt, sodass sich hier im Grundsatz der ersten Auffassung angeschlossen wird. Maßgebend bei der personellen Bearbeitung ist somit grundsätzlich die Freigabe der elektronischen Daten durch den Sachbearbeiter.

Weiterhin darf den Steuerpflichtigen kein grobes Verschulden daran treffen, dass die Tatsachen oder Beweismittel erst nachträglich bekannt geworden sind. Unter einer Tatsache ist dabei jeder Lebensvorgang, der insgesamt den gesetzlichen Steuertatbestand oder ein einzelnes Merkmal dieses Tatbestandes erfüllt, zu verstehen; also Zustände und Vorgänge der Seinswelt und die gegenseitigen Beziehungen zwischen diesen Gegenständen.[1817] Beweismittel, sind Erkenntnismittel, die geeignet sind, das Vorliegen oder Nichtvorliegen von Tatsachen zu beweisen, ohne jedoch nur Schlussfolgerungen zu enthalten.[1818] Keine Tatsachen sind in Abgrenzung dazu Schlussfolgerungen aller Art, insbesondere juristische Subsumtionen und Rechtsauffassungen, also die Bewertung bereits bekannter Tatsachen, da die fehlerhafte Rechtsanwendung nicht zu einer Korrekturmöglichkeit führen soll.[1819] Hiervon wiederum ausgenommen sind vorgreifliche Rechtsverhältnisse aus einem anderen Rechtsgebiet, die Tatbestandsmerkmal

---

1815 Technisch besteht in NRW die Möglichkeit, einen Steuerfall *am Tag der Datenfreigabe* „abzuschießen". Alle an diesem Tag erfolgten Eingaben in dem Steuerfall werden dann nicht für die Verarbeitung im Rechenzentrum freigegeben.

1816 *Loose*, in: Tipke/Kruse, AO/FGO, § 173 AO Rn. 47 (Stand: September 2020).

1817 Ständige Rechtsprechung mit minimalen Variationen im Wortlaut BFH v. 28.3.1985, IV R 159/82, BStBl. II 1986, 120 Rn. 10; BFH v. 26.2.2008, II R 82/05, BStBl. II 2008, 629, 631 m.w.N.

1818 BFH v. 20.12.1988, VIII R 121/83, BStBl. II 1989, 585, 587; BFH v. 27.10.1992, VIII R 41/89, BStBl. II 1993, 569, 572; BFH v. 1.4.1998, X R 150/95, BStBl. II 1998, 569, 571.

1819 Ständige Rechtsprechung, siehe nur BFH v. 24.7.1984, VIII R 304/18, BStBl. II 1984, 785 Rn. 20 m.w.N.; BFH v. 28.6.2006, III R 13/06, BStBl. II 2007, 714 Rn. 28; BFH v. 9.4.2014, X R 1/11 Rn. 12; *Loose*, in: Tipke/Kruse, AO/FGO, § 173 AO Rn. 3 (Stand: September 2020); *v. Groll*, in: Hübschmann/Hepp/Spitaler, AO/FGO, § 173 AO Rn. 66, 101 (Stand: September 2017); *v. Wedelstädt*, in: Gosch, AO/FGO, § 173 AO Rn. 6 (Stand: August 2019).

einer steuerlichen Vorschrift sind, etwa aus dem Zivilrecht die Bezeichnung eines Vorgangs als „Kauf", „Miete", „Pacht" oder „Schenkung".[1820]

2. Der Finanzbehörde durch die Steuererklärung bekannte Tatsachen

Die durch den Steuerpflichtigen angefertigte und der Finanzbehörde übermittelte Steuererklärung enthält verschiedene Angaben, die ihr in unterschiedlicher Ausprägung und Erläuterungsintensität Tatsachen mitteilen. Je nach Art der gestellten Frage und der Eintragungsmöglichkeiten dazu variiert die damit getätigte Aussage über den Lebenssachverhalt und damit auch der Grad, inwieweit ein Lebenssachverhalt als Teil oder Merkmal eines steuergesetzlichen Tatbestandes dem Finanzamt bekannt ist.[1821] Dies ist vor allem deshalb erwähnenswert, weil eine Tatsache der Finanzbehörde erst bei positiver Kenntnis „bekannt" ist und damit hohe Anforderungen an die Bekanntheit einer Tatsache gestellt werden.[1822] Beurteilt der Steuerpflichtige eine Tatsache, nimmt er durch die Eintragung in der Steuererklärung eine Subsumtion vor und teilt nicht zwingend den der Subsumtion zugrundeliegenden Sachverhalt mit.[1823] Folgende Beispiele verdeutlichen die unterschiedliche Aussagekraft verschiedener Informationen des Steuerpflichtigen in der Steuererklärung: Einen hohen Informationsgehalt über den zugrunde liegenden Sachverhalt erhält die Finanzbehörde in den Fällen, in denen Freitextfelder von dem Steuerpflichtigen mit aussagekräftigen Inhalten gefüllt werden. Trägt der Steuerpflichtige beispielsweise bei den Werbungskosten zur Anlage N „Anschaffung eines neuen Computers am 15.1.2019 für die berufliche Tätigkeit im Außendienst" und in das Feld für den Wert „750 Euro" ein, erlangt das Finanzamt über den Sachverhalt Kenntnis, dass der Steuerpflichtige

---

1820 *v. Groll*, in: Hübschmann/Hepp/Spitaler, AO/FGO, § 173 AO Rn. 4 (Stand: September 2017).

1821 Unklar bleibt die Konzeption bei *Zaumseil*, AO-StB 2012, 311, 314, der zutreffend die Steuererklärung als „Tatsache" i.S.d. § 173 Abs. 1 AO ablehnt, aber nicht untersucht, welche Tatsachen der Finanzbehörde durch die Steuererklärung bekannt werden. Auch *Wernthaler*, Korrektur im digitalisierten Besteuerungsverfahren, S. 252, setzt die Angaben des Steuerpflichtigen in der Steuererklärung ohne weitere Differenzierungen mit der Mitteilung eines Sachverhaltes gleich.

1822 BFH v. 29.11.2008, II R 10/08 Rn. 13; BFH v. 26.2.2009, II R 4/08, Rn. 13; *Rüsken*, in: Klein, AO, § 173 Rn. 50; *v. Groll*, in: Hübschmann/Hepp/Spitaler, AO/FGO, § 173 AO Rn. 174 (Stand: September 2017).

1823 BFH v. 13.9.1990 V R 110/85, BStBl. II 1991, 124 Rn. 15; FG Köln v. 14.2.2001, 14 K 5161/00, EFG 2001, 1016 Rn. 27; BGH v. 10.11.1999, 5 StR 221/99 Rn. 25; *Neckels*, DStZ 1993, 321, 327; *Fried. Breuer*, AO-StB 2004, 14, 15.

am 15.1.2019 einen Computer für 750 Euro angeschafft hat und diesen nach eigener Angabe zu 100% beruflich nutzt. Der Informationsgehalt dieser Eintragung in der Steuererklärung ist hoch. Erklärt der Steuerpflichtige hingegen in seiner Steuererklärung im Feld „Bruttoarbeitslohn" der Anlage N eine Zahl, teilt er damit der Finanzbehörde mit, dass er nach seiner Auffassung in der erklärten Höhe Arbeitslohn i.S.d. § 19 Abs. 1 Nr. 1 EStG, § 3 LStDV bezogen hat. Gemeinsam mit den übermittelten Lohnsteuerbescheinigungen erhält die Finanzbehörde dadurch die Kenntnis von der Tatsache, dass der Steuerpflichtige für eine andere juristische oder natürliche Person tätig war und dafür eine Summe Geld erhalten hat. Die Qualifikation als Arbeitslohn und damit als Einnahme aus nichtselbstständiger Tätigkeit ist – wenn auch übereinstimmend von Arbeitnehmer und Arbeitgeber gegenüber der Finanzbehörde erklärt – lediglich Subsumtion dieses Sachverhaltes unter gesetzliche Normen. Ob der Steuerpflichtige tatsächlich selbstständig oder nichtselbstständig tätig ist, erfährt die Finanzbehörde nicht. Die übermittelten Informationen über den Sachverhalt durch die Eintragung des Arbeitslohns sind damit geringer als im obigen Beispiel zu den Werbungskosten. Ähnliches ergibt sich auch bei Betrachtung des Bereiches der Gewinneinkünfte: Die Erklärung des betrieblichen Gewinns ist, wie auch die Bilanz und die Bilanzierung an sich, keine Tatsache, die der Finanzbehörde mitgeteilt wird, sondern eine Zusammenfassung von rechtlichen Bewertungen und damit Schlussfolgerungen des Verfassers über die Gewichtung und Zuordnung verschiedener Geschäftsvorfälle, die ihrerseits jeweils einzelne Tatsachen darstellen oder beinhalten.[1824] Auch in diesem Zusammenhang fällt es schwer, der Finanzbehörde eine positive Tatsachenkenntnis über einzelne Geschäftsvorfälle oder die Summe der Geschäftsvorfälle zu unterstellen, sodass die Informationslage aus der eingereichten Steuererklärung inkl. Bilanz gering ist.[1825] Ambivalent

---

1824 BFH v. 20.1.1988, I R 1/84 Rn. 10; *v. Groll*, in: Hübschmann/Hepp/Spitaler, AO/FGO, § 173 AO Rn. 72 (Stand: September 2017); *v. Wedelstädt*, in: Gosch, AO/FGO, § 173 AO Rn. 13.1 (Stand: August 2019); *Loose*, in: Tipke/Kruse, AO/FGO, § 173 AO Rn. 12 (Stand: September 2020); unklar FG Brandenburg v. 4.9.1996, 5 K 687/96 E, EFG 1997, 383, zur Einreichung eines Jahresabschlusses nach einer Schätzungsveranlagung durch die Finanzbehörde: „Tatsachen i. S. des § 173 AO sind jedenfalls einzelne Geschäftsvorfälle. Mithin stellen auch die in einem Jahresabschluß enthaltenen steuererheblichen Sachverhalte Tatsachen dar [...]. Entgegen der Ansicht des Kl. sind die in den Konten eines Jahresabschlusses ausgewiesenen Zahlen keine Schlußfolgerungen aus Tatsachen, der Jahresabschluß gibt vielmehr in gedrängter Form eine Zusammenfassung steuererheblicher Geschäftsvorfälle (= Tatsachen)."

1825 In diesem Sinne auch BFH v. 25.1.2017, I R 79/15, BStBl. II 2017, 780 Rn. 11.

und in jedem Einzelfall zu beurteilen sind die Eintragungen in die Steuererklärungen zur Körperschaftsteuer und Umsatzsteuer: So verlangt das Formular zur Umsatzsteuererklärung 2019 in der Zeile 63 die Mitteilung über „Innergemeinschaftliche Lieferungen (§ 4 Nummer 1 Buchstabe b UStG) an Abnehmer mit USt-Identifikationsnummer"; die Anlage ZVE zur Körperschaftsteuererklärung fragt in Zeile 37 den „nach § 8c KStG nicht berücksichtigungsfähige[n] Verlust des laufenden Veranlagungszeitraums (gegebenenfalls in Verbindung mit § 2 Absatz 4 Satz 1 und 2, § 20 Absatz 6 Satz 4 UmwStG)" ab. Macht der Steuerpflichtige an diesen Stellen Angaben, ist dies zunächst in beiden Fällen Subsumtion unter die im Formular jeweils angegebene Norm. Bei der Umsatzsteuer kann der dahinterstehende Sachverhalt nur erahnt werden – eine aus dem Inland ins europäische Ausland physische Warenbewegung gegen Entgelt an einen anderen Unternehmer –, konkrete Kenntnis, ob diese „rückwärtige" Überlegung von der Rechtsanwendung auf den Sachverhalt den Tatsachen entspricht oder eine fehlerhafte Beurteilung des Sachverhaltes durch den Steuerpflichtigen vorliegt, erhält die Finanzbehörde aber nicht. Bei der Körperschaftsteuer dagegen kann aus der Eintragung auf eine Änderung im Gesellschafterbestand von mehr als 50% geschlossen werden, die sich über die Angaben auf der Anlage WA[1826] und den bei Gesellschafterwechseln durch die Notare zu übermittelnden Kontrollmaterialen[1827] zu einer positiven Kenntnis verdichtet.[1828]

Versteht man eine Tatsache wie hier erst dann als „bekannt", wenn die Finanzbehörde positive Kenntnis von ihr hat, ist im Einzelfall zu prüfen, ob der Finanzbehörde durch die Steuererklärung des Steuerpflichtigen Sachverhalte bekannt geworden sind oder bereits aus Vorjahren oder anderer Quelle bekannt

1826 Zeile 11a: „Die Voraussetzungen des § 8c Absatz 1 Satz 1 KStG wurden in diesem Veranlagungszeitraum erfüllt, weil innerhalb der letzten fünf Jahre mittelbar oder unmittelbar mehr als 50 Prozent des gezeichneten Kapitals, der Mitgliedschaftsrechte, der Beteiligungsrechte oder der Stimmrechte an der Körperschaft an einen Erwerber oder diesem nahe stehende Personen übertragen wurden oder ein vergleichbarer Sachverhalt vorliegt." Ein Drop-Down-Menü in Mein Elster lässt die Beantwortung mit „ja" oder „nein" zu.

1827 § 15 Abs. 3 GmbHG, § 54 Abs. 1 S. 1 EStDV.

1828 Anschaulich sind die Erläuterungen des BFH v. 22.5.2019, XI R 9/18, BStBl. II 2020, 37 Rn. 25 f., inwieweit dem Finanzamt aus der Anlage WA, der Gewinn- und Verlustrechnung und einer beigefügten Steuerbescheinigung Tatsachen über eine Ausschüttung bekannt sein müssen und daher unterlassene Eintragungen in der Körperschaftsteuererklärung als offenbare Unrichtigkeiten i.S.d. § 129 AO einzuordnen sind.

waren.[1829] Aufgrund der in der Steuererklärung vom Steuerpflichtigen in vielen Fällen verlangten Subsumtionen eines Sachverhaltes unter eine steuerliche Norm, teilt dieser gerade keine Tatsache, sondern nur die rechtliche Beurteilung eines Sachverhaltes mit, aus der nicht ohne Weiteres zweifelsfrei auf den Sachverhalt selbst geschlossen werden kann. Eindeutig bekannt werden der Finanzbehörde Sachverhalte im Regelfall durch Ermittlungsmaßnahmen – insbesondere Betriebsprüfungen, aber auch Auskunftsverlangen.[1830] Die neu bekannt gewordene Tatsache als Tatbestandsmerkmal kann damit in vielen Fällen kaum eine begrenzende Funktion für die Anwendung des § 173 Abs. 1 AO entfalten, wenn der Finanzbehörde lediglich die vom Steuerpflichtigen eingereichte Steuererklärung vorliegt.[1831]

3. *Grobes Verschulden des Steuerpflichtigen bei Erfüllung der Steuererklärungspflicht*

a. *Sinn und Zweck des Tatbestandsmerkmals*

Möchte man die Vorschrift des § 173 Abs. 1 AO als eine die Bestandskraft durchbrechende und nicht aufgrund des geringen Umfangs der Sachverhaltsmitteilungen in der Steuererklärung als eine die Bestandskraft in großen Teilen aufhebende Norm kategorisieren, müssen nach dem bisherigen Befund andere Tatbestandsmerkmale neben dem der „nachträglich bekannt gewordenen Tatsache“ eine korrekturbeschränkende Funktion entfalten und in gestaltender und ausgleichender Wirkung auf die Auflösung des Widerstreites zwischen dem Grundsatz der Rechtsrichtigkeit und dem Grundsatz der Rechtssicherheit einwirken.[1832] Diese Funktion könnte bei der Anwendung des § 173 Abs. 1 Nr. 2 AO dem korrekturausschließenden Merkmal des groben Verschuldens des

---

1829 Siehe etwa die Ausführungen zum „Tatsachenkomplex Kindesunterhalt“ bei *Neckels*, DStZ 1993, 321, 328.

1830 Daher schlägt *Hey*, Steuerplanungssicherheit, S. 762, vor, durch Ausgestaltung der Steuererklärungsformulare den Steuerpflichtigen dazu zu verpflichten, „die Tatsachenbasis so umfassend zu dokumentieren, daß die nackten Zahlenangaben in der Steuererklärung und die hinter ihnen verborgenen rechtlichen Wertungen für die Behörde nachvollziehbar werden“.

1831 Für die Fälle des § 173 Abs. 1 Nr. 1 AO ebenso *Hey*, Steuerplanungssicherheit, S. 763.

1832 So auch *Loose*, in: Tipke/Kruse, AO/FGO, § 173 AO Rn. 57b (Stand: September 2020) m.w.N.; *v. Wedelstädt*, in: Gosch, AO/FGO, § 173 AO Rn. 31 (Stand: August 2019) m.w.N.; *v. Groll*, in: Hübschmann/Hepp/Spitaler, AO/FGO, § 173 AO Rn. 128 (Stand: September 2017) m.w.N.

Steuerpflichtigen zukommen. Die Korrektur eines Steuerbescheides ist nämlich dann gem. § 173 Abs. 1 Nr. 2 AO ausgeschlossen, wenn den Steuerpflichtigen ein grobes Verschulden daran trifft, dass die Tatsache nachträglich bekannt geworden ist. Unter grobem Verschulden sind Vorsatz, also absichtliches und bedingt vorsätzliches Verhalten, und grobe Fahrlässigkeit zu verstehen, die dann vorliegt, wenn der Steuerpflichtige die ihm nach seinen persönlichen Fähigkeiten und Verhältnissen zumutbare Sorgfalt in ungewöhnlichem Maße verletzt.[1833] Eine Untergrenze bilden das Nichtanstellen von einfachsten Überlegungen und was im jeweiligen Fall jedem hätte einleuchten müssen.[1834] Der Sinn und Zweck, eine Korrektur des Steuerbescheides bei Vorliegen von einem groben Verschulden des Steuerpflichtigen zu versagen, wird von Teilen der Literatur darin gesehen, den Steuerpflichtigen zu disziplinieren.[1835] Dem Korrekturhindernis des groben Verschuldens einen Präventiv- oder Sanktionscharakter zuzuschreiben, mag zwar ein gefühlter Nebeneffekt des Tatbestandsmerkmals sein, geht allerdings über seine tatsächliche Funktion hinaus, die zwischen Steuerpflichtigem und Finanzbehörde aufgeteilte Sphärenverantwortlichkeit auszutarieren:[1836] Das grobe Verschulden regelt somit lediglich, zu wessen Nachteil sich der Pflichtverstoß des Steuerpflichtigen auswirkt.[1837]

1833 Ständige Rechtsprechung, siehe BFH v. 28.6.1983, VIII R 37/81, BStBl. II 1984, 2, 3; BFH v. 10.2.2015, IX R 18/14, BStBl. II 2017, 7 Rn. 14 m.w.N.

1834 FG Düsseldorf v. 1.2.2001, 11 K 1902/99 E, EFG 2001, 729 Rn. 28; *v. Wedelstädt*, in: Gosch, AO/FGO, § 173 AO Rn. 85 (Stand: August 2019); *Loose*, in: Tipke/Kruse, AO/FGO, § 173 AO Rn. 76a (Stand: September 2020); *v. Groll*, in: Hübschmann/Hepp/Spitaler, AO/FGO, § 173 AO Rn. 128 (Stand: September 2017); jeweils m.w.N. Eine enge Auffassung betreffend das, was jedem einleuchten muss, vertreten *Jacobsen/Stöhr*, BB 2008, 2776, 2779, die darunter auch Schuldzinsen und AfA-Beträge subsumieren.

1835 So explizit bei *Wernthaler*, Korrektur im digitalisierten Besteuerungsverfahren, S. 253; die von ihr genannte Fundstelle *v. Wedelstädt*, in: Gosch, beinhaltet diese Aussage nicht (mehr); wohl auch *Huxol*, DStR 1982, 220, 225; *Beck*, DStR 1984, 671, 672, spricht von „bestrafen"; in diese Richtung wohl auch *Buciek*, DStZ 1985, 580, 583 f.

1836 Ebenso *v. Groll*, in: Hübschmann/Hepp/Spitaler, AO/FGO, § 173 AO Rn. 262 (Stand: September 2017); siehe auch BT Drucks. VI/1982, S. 153: „Dies [das Tatbestandsmerkmal des groben Verschuldens, Anm. d. Verf.] ist damit zu rechtfertigen, daß die steuerlich relevanten Tatsachen oder Beweismittel zum Verantwortungsbereich des Stpfl. gehören und von ihm rechtzeitig vorgebracht werden müssen."

1837 *v. Groll*, in: Hübschmann/Hepp/Spitaler, AO/FGO, § 173 AO Rn. 262 (Stand: September 2017).

b. Verschuldensmaßstab

Abzustellen bei der Beurteilung, ob ein grobes Verschulden vorliegt oder nicht, ist auf die individuellen Fähigkeiten und Kenntnisse des einzelnen Steuerpflichtigen im jeweils konkreten Fall und damit auf einen subjektiven Verschuldensmaßstab, wobei sich der Steuerpflichtige nach dem oben erläuterten Zurechnungsgedanken die Kenntnisse und Fähigkeiten eines Erfüllungsgehilfen zurechnen lassen muss.[1838] Verfügt dieser über steuerrechtliches Fachwissen, verschiebt sich der Anforderungsmaßstab bei der Prüfung, ob ein grobes Verschulden vorliegt.[1839] Dies ist insofern beachtlich, da der Steuerpflichtige sich im Rahmen des § 173 AO in eine verfahrensrechtlich *schwächere* Position begibt, wenn er einen Steuerrechtskundigen zu Rate zieht, da die Anforderungen an das grobe Verschulden sinken.[1840] Zur Rechtfertigung dieser Verschiebung lässt sich nicht ohne Weiteres die obige Wertung bei der Bedienung von Intermediären zur Erstellung der Steuererklärung heranziehen:[1841] Dort ging es darum, zu verhindern, dass sich der Steuerpflichtige in eine *günstigere* Verfahrensposition begibt, indem er die Erstellung der Steuererklärung delegiert und nur noch die zusammengefassten Daten bzw. die komprimierte Steuererklärung abzeichnet bzw. unterschreibt; auf diese Weise sollte es nicht möglich sein, sich den amtlichen Steuererklärungsformularen und Erläuterungstexten und damit auch dem Vorwurf des groben Verschuldens zu entziehen. Es ging dort also um eine Gleichstellung des steuerlich beratenen Steuerpflichtigen mit dem Steuerpflichtigen, der seine Steuererklärung ohne Hilfe eines steuerlichen Beraters erstellt. Bei der Verschuldenszurechnung im groben Verschulden des § 173 Abs. 1 Nr. 2

1838 BFH v. 10.2.2015, IX R 18/14, BStBl. II 2017, 7 Rn. 19; BFH v. 9.5.2017, VIII R 40/15, BStBl. II 2017, 1049 Rn. 29; *v. Groll*, in: Hübschmann/Hepp/Spitaler, AO/FGO, § 173 AO Rn. 275 (Stand: September 2017); *v. Wedelstädt*, in: Gosch, AO/FGO, § 173 AO Rn. 86 (Stand: August 2019); *Seer*, in: Tipke/Lang, Steuerrecht, Rn. 21.414 f.; a.A. *Loose*, in: Tipke/Kruse, AO/FGO, § 173 AO Rn. 83 (Stand: September 2020).

1839 BFH v. 3.2.1983, IV R 153/80, BStBl. II 1983, 324 Rn. 29; BFH v. 25.11.1983, VI R 8/82, BStBl. II 1984, 256 Rn. 15; BFH v. 26.8.1987, I R 144/86, BStBl. II 1988, 109 Rn. 17 f.; BFH v. 9.5.2001, XI R 25/99, BStBl. II 2002, 817 Rn. 24; *v. Groll*, in: Hübschmann/Hepp/Spitaler, AO/FGO, § 173 AO Rn. 275 (Stand: September 2017).

1840 BFH v. 16.5.2013, III R 12/12, BStBl. II 2016, 512 Rn. 29. Diese Unterscheidung wird bei *Wernthaler*, Korrektur im digitalisierten Besteuerungsverfahren, S. 255, nicht deutlich, wenn sie sich auf die Argumentation zurückzieht, „dass sich die rechtliche Stellung [des Steuerpflichtigen] nicht dadurch verbessern kann, dass die Erfüllung der eigenen Verpflichtungen auf einen Dritten übertragen wird."

1841 Siehe oben 5. Teil C. II. 3. f. bb.

AO wird von dieser Gleichstellung gerade zuungunsten des steuerlich Beratenen abgewichen, indem dem steuerlich Beratenen auch die Kenntnisse und Fähigkeiten des steuerlichen Beraters zugerechnet werden. Dennoch ist die Zurechnung der steuerrechtlichen Kenntnisse desjenigen, der bei der Erstellung der Steuererklärung zu Rate gezogen wird, gerechtfertigt. Dies lässt sich nicht nur durch Normauslegung herleiten,[1842] sondern es entspricht der Einordnung und Wertung der steuerlichen Berater im Steuerverfahren insgesamt: Der Steuerberater als Organ der Steuerrechtspflege nimmt der Finanzbehörde durch die gewissenhafte gesetzmäßige Betreuung seiner Mandanten Arbeit ab; ihm kommt auch in diesem Verhältnis eine Sachverhaltsermittlungspflicht zu und die von einem Steuerberater erstellte Steuererklärung ist daher grundsätzlich vertrauenswürdiger als die eines steuerrechtlichen Laien. [1843] Das Vorliegen eines Beratungsverhältnisses ist daher bei der Bewertung des Vertrauensvorschusses positiv zu berücksichtigen, soweit keine Anhaltspunkte vorliegen, die gegen die ordnungsgemäße Arbeit des Steuerberaters sprechen.[1844] Es ist daher nur folgerichtig, bei Beurteilung des grobes Verschuldens innerhalb der Prüfung des § 173 Abs. 1 Nr. 2 AO nicht auf den Wissens- und Kenntnisstand des Steuerpflichtigen abzustellen, sondern auf denjenigen des steuerlichen Beraters.

c. *Das Verhältnis von Steuererklärungsformulargestaltung und Verschulden*

Die Beurteilung des Verschuldens des Steuerpflichtigen bei unrichtigen oder unvollständigen Angaben in seiner Steuererklärung kann nicht ohne wertende Einbeziehung der Steuererklärungsformulare und der amtlichen Hinweistexte und Erläuterungen zur Steuererklärung in ihrer konkreten Gestaltung erfolgen.[1845] Denn die Steuererklärungsformulare sind das vom Gesetzgeber gewählte Mittel, um den steuerlich erheblichen Sachverhalt bei dem Steuerpflichtigen abzufragen, und leiten den Steuerpflichtigen bei der Mitteilung des steuerlich erheblichen Sachverhaltes an die Finanzbehörde an. Wo eine unvollständige Steuererklärung auf die Formulare, Hinweistexte und Erläuterungen

1842 Siehe die Nachweise in Fn. 1839, 1840.

1843 BFH v. 16.5.2013, III R 12/12, BStBl. II 2016, 512 Rn. 29; zur Sachverhaltsaufklärungspflicht eines Rechtsanwaltes siehe BGH v. 7.2.2002, IX ZR 209/00 Rn. 11 f.; diese Rechtsprechung ist grundsätzlich auf den Steuerberater übertragbar, siehe *Wacker*, DStR 2013, 2025, 2027.

1844 *Seer*, DStJG 31 (2008), 7, 34 f.; a.A. *Mann*, DStR 2009, 506, 507 f.

1845 *Schick*, StuW 1988, 301, 332 f.

zurückgeht, kann dem Steuerpflichtigen daher kein grobes Verschulden vorgeworfen werden.[1846] Fehlerhafte Steuererklärungsformulare gehen zulasten der Finanzbehörde. Dies ergibt sich nicht nur aus dem allgemeinen Rechtsgedanken, dass Unklarheiten im Text zulasten des Verfassers gehen.[1847] Es kann ebenso aus der Funktion der Steuererklärungsformulare, der Hinweistexte und Erläuterungen als Instrument zur Herstellung bzw. Förderung einer Verfahrensleistungsfähigkeit hergeleitet werden: Diese dienen nämlich insgesamt dazu, den Steuerpflichtigen in die Lage zu versetzen, seinen steuerlichen Pflichten nachzukommen, und sollen für den Laien unverständliche Steuergesetze zugänglich machen. Dort, wo sie dieser Aufgabe nicht oder nur unzureichend nachkommen, dürfen aus den im 3. Teil dargelegten Überlegungen keine negativen Folgen an Fehler des Steuerpflichtigen geknüpft werden: An die Stelle eines unverständlichen Gesetzes dürfen keine unverständlichen Formulare und Erläuterungstexte treten, an die negative verfahrensrechtliche Folgen angeknüpft werden können. Aber der Steuerpflichtige ist kein „dummer", sondern mit Verfahrensteilhaberechten ausgestatteter mündiger Bürger im Steuerverfahren. Aus dieser Position heraus muss er bei der Erfüllung der ihm gesetzlich auferlegten Mitwirkungspflichten diejenigen Überlegungen anstellen, die ihm zumutbar sind, und sich dabei der Hilfsmittel bedienen, die er von der Finanzbehörde erhält. Neben die objektive Komponente der Hilfsmittelqualität tritt daher eine subjektive Komponente der individuellen Leistungsfähigkeit, um das grobe Verschulden nicht zu einem objektiven Merkmal verkommen zu lassen.

Auf diese Grundsätze aufbauend dienen folgende Baken der horizontalen Orientierung bei der Beurteilung, inwieweit ein Verschulden des Steuerpflichtigen anzunehmen ist: Zunächst muss und kann der Steuerpflichtige nur diejenigen Sachverhalte offenbaren, die in der Steuererklärung abgefragt werden.[1848] Sind die Steuererklärungsformulare unvollständig, kann folglich eine fehlende Angabe des Steuerpflichtigen nicht zu seinen Ungunsten ausgelegt werden. Ein grobes Verschulden ist in diesen Fällen zu verneinen. Steuererklärungsformulare können aber nicht nur unvollständig, sondern auch unverständlich oder

---

1846 FG Niedersachsen v. 24.7.2013, 9 K 29/12, EFG 2013, 1810 Rn. 41; *Schick*, StuW 1988, 301, 332; *v. Groll*, in: Hübschmann/Hepp/Spitaler, AO/FGO, § 173 AO Rn. 281 (Stand: September 2017); *Loose*, in: Tipke/Kruse, AO/FGO, § 173 AO Rn. 77 (Stand: September 2020).

1847 *v. Groll*, in: Hübschmann/Hepp/Spitaler, AO/FGO, § 173 AO Rn. 297 (Stand: September 2017); *Loose*, in: Tipke/Kruse, AO/FGO, § 173 AO Rn. 77 f (Stand: September 2020).

1848 Siehe oben 2. Teil B. VI. 7.

kompliziert gestaltet sein. In diesen Fällen ist im Einzelnen zu würdigen, wie die Darstellung, Anordnung und Formulierungen in den Steuererklärungsformularen ein Missverständnis aufseiten des Steuerpflichtigen begünstigen können. Das objektive Element ist durch ein subjektives Element zu ergänzen, das sich auf einer vertikalen Linie bewegt und die persönlichen Kenntnisse und Fähigkeiten des Steuerpflichtigen berücksichtigt. Auf der Suche nach der Grenze zwischen leichtem und grobem Verschulden gilt es dabei einen Ausgleich zwischen zwei Polen zu finden: Einerseits darf sich der Steuerpflichtige bei der Erfüllung seiner Steuererklärungspflicht „nicht dümmer stellen, als er ist“[1849]: Eindeutige und klar formulierte Fragen hat er klar und möglichst eindeutig interpretierbar zu beantworten.[1850] Dabei hat der Steuerpflichtige sich mit den Formularen und den Erläuterungen und Hinweistexten auseinanderzusetzen, indem er diese sorgfältig liest und Zweifelsfragen in dem ihm zumutbaren Umfang nachgeht.[1851] Informationen über den Sachverhalt hat er so ausführlich mitzuteilen, wie es ihm möglich und zumutbar ist. Das resultiert aus der Wissensherrschaft über den Lebenssachverhalt. Andererseits dürfen die Anforderungen an den Steuerpflichtigen nicht überspannt und das Merkmal des groben Verschuldens bis zur Unkenntlichkeit aufgeweicht werden, indem bereits die objektive Nichtbeachtung eines jedweden abstrakten Hinweises in einem Erläuterungstext oder einer Anleitung zur Bejahung eines groben Verschuldens führt.[1852] Somit ist im Einzelfall zu beurteilen, ob unter Beachtung der Fähigkeiten und Lebensumstände des Steuerpflichtigen bereits ein subjektives grobes Verschulden vorliegt. Voraussetzung für ein an die Nichtbeachtung der Erläuterungen und Hinweistexte angeknüpftes grobes Verschulden ist grundsätzlich deren ausreichend

1849 Wortwahl bei *Schick*, StuW 1988, 301, 333.

1850 BFH v. 21.4.1988, IV R 215/85, BStBl. II 1988, 863 Rn. 22; BFH v. 28.7.2011, IX B 47/11 Rn. 4; *Schick*, StuW 1988, 301, 333; *v. Groll*, in: Hübschmann/Hepp/Spitaler, AO/FGO, § 173 AO Rn. 280 (Stand: September 2017); *Loose*, in: Tipke/Kruse, AO/FGO, § 173 AO Rn. 76a (Stand: September 2020); *v. Wedelstädt*, in: Gosch, AO/FGO, § 173 AO Rn. 88 (Stand: August 2019).

1851 BFH v. 21.1.2004, VIII R 15/02 Rn. 29; BFH v. 9.11.2011, X R 53/09 Rn. 19; *Schick*, StuW 1988, 301, 333; *v. Wedelstädt*, in: Gosch, AO/FGO, § 173 AO Rn. 88 (Stand: August 2019).

1852 *v. Groll*, in: Hübschmann/Hepp/Spitaler, AO/FGO, § 173 AO Rn. 294 (Stand: September 2017); *v. Wedelstädt*, in: Gosch, AO/FGO, § 173 AO Rn. 88 (Stand: August 2019); ein grobes Verschulden in diesen Fällen nur ausnahmsweise annehmend *Loose*, in: Tipke/Kruse, AO/FGO, § 173 AO Rn. 77 (Stand: September 2020).

klare, eindeutige und verständliche sprachliche Abfassung.[1853] Dort aber, wo überdurchschnittliche persönliche Fähigkeiten und Kenntnisse in der Lage sind, missverständliche Steuererklärungsformulare und Erläuterungstexte zu kompensieren, kann dennoch ein grobes Verschulden im Einzelfall gegeben sein.[1854]

Die Grundsätze sind bei Abgabe einer elektronischen Steuererklärung keine anderen, als bei Abgabe einer Steuererklärung nach amtlich vorgeschriebenem Vordruck, soweit ein identischer Informations- und Wissensstand übermittelt wird, der die Formulare selbst und ihre Erläuterungen und Hinweistexte umfasst. Die Übermittlung als elektronische Steuererklärung rechtfertigt keine pauschale Herabsetzung des geforderten Sorgfaltsmaßstabs, sodass die allgemeinen Ausführungen grundsätzlich übernommen werden können.[1855] Lediglich dort, wo ELSTER-spezifische Besonderheiten wirken,[1856] kommt eine Verschiebung des Beurteilungsmaßstabes in Betracht.

d. Betrachtungszeitraum für das grobe Verschulden

Von der Rechtsprechung wird ein die Korrektur nach § 173 Abs. 1 Nr. 2 AO ausschließendes grobes Verschulden des Steuerpflichtigen auch dann angenommen, wenn es (erstmalig) in dem Zeitraum zwischen Erlass des Steuerbescheides bis zum Eintritt der formellen Bestandskraft auftritt, regelmäßig indem der Steuerpflichtige keinen Einspruch gegen den ihm bekanntgegebenem

---

1853 BFH v. 22.5.1992, VI R 17/91, BStBl. II 1993, 80 Rn. 12; BFH v. 21.1.2004, VIII R 15/02 Rn. 29; BFH v. 9.11.2011, X R 53/09 Rn. 19; *Rüsken*, in: Klein, AO, § 173 Rn. 113a; *v. Groll*, in: Hübschmann/Hepp/Spitaler, AO/FGO, § 173 AO Rn. 281 (Stand: September 2017); *Loose*, in: Tipke/Kruse, AO/FGO, § 173 AO Rn. 77 (Stand: September 2020).

1854 Anders lässt sich die Rechtsprechung zum Vertreterverschulden nicht interpretieren, die von einem steuerlichen Berater „die Kenntnis und sachgemäße Anwendung der einschlägigen steuerrechtlichen Normen erwartet", siehe BFH v. 3.2.1983, IV R 153/80, BStBl. II 1983, 324 Rn. 30; BFH v. 9.5.2012, I R 73/10, BStBl. II 2013, 566 Rn. 14; BFH v 10.2.2015, IX R 18/14, BStBl. II 2017, 7 Rn. 30; FG Münster v. 14.12.2015, 7 K 2772/14 Rn. 30. Es wäre treuwidrig, könnte sich dieser trotz steuerrechtlich „besserer" Kenntnis auf einen nicht eindeutigen oder unvollständigen Hinweis- oder Erläuterungstext berufen.

1855 BFH v. 20.3.2013, VI R 5/11, BFHE 240, 504 Rn. 17; BFH v. 16.5.2013, III R 12/12, BStBl. II 2016, 512 Rn. 30; BFH v 10.2.2015, IX R 18/14, BStBl. II 2017, 7 Rn. 30; *v. Wedelstädt*, in: Gosch, AO/FGO, § 173 AO Rn. 88.2 (Stand: August 2019); *Loose*, in: Tipke/Kruse, AO/FGO, § 173 AO Rn. 77a (Stand: September 2020); *Frotscher*, in: Schwarz/Pahlke, AO/FGO, § 173 AO Rn. 192a (Stand: Februar 2018).

1856 Siehe dazu oben 5. Teil C. II. 3.

fehlerhaften Steuerbescheid einlegt.[1857] Der Bundesfinanzhof begründet diese Rechtsprechung mit der auch im Einspruchsverfahren gem. § 367 Abs. 2 S. 1 AO bestehenden umfassenden Sachverhaltsermittlungspflicht durch die Finanzbehörde[1858] und mit einem Vergleich mit der Wiedereinsetzung in den vorigen Stand i.S.d. § 110 AO i.V.m. dem Einspruchsverfahren: Bei Versäumung der Einspruchsfrist würde eine Wiedereinsetzung in den vorigen Stand bei jedem auch nur einfachen Verschulden ausscheiden.[1859] Eine spätere Änderung nach § 173 AO zuzulassen, ließe ein schuldhaftes Verstreichen der Einspruchsfrist in diesen Fällen bedeutungslos werden und könne daher nicht vom Gesetzgeber gewollt sein.[1860] Es können dann nach Auffassung des Bundesfinanzhofs zwei „Pflichtverstöße" i.S.d. § 173 Abs. 1 Nr. 2 AO vorliegen: Ein Pflichtverstoß im ersten Verfahrensstadium, der in der Nicht- oder unzureichenden Abgabe der Steuererklärung vor Bescheiderlass besteht, und ein weiterer Pflichtverstoß, wenn die Tatsachen nicht bis zum Eintritt der formellen Bestandskraft der Finanzbehörde im Einspruchsverfahren angezeigt werden.[1861] Ein grobes Verschulden des Steuerpflichtigen vor Erlass des Steuerbescheides soll dabei ein Verschulden nach Erlass des Bescheides überlagern.[1862] Dadurch soll sich der Steuerpflichtige nicht auf ein nur leichtes Verschulden bei der versäumten Einlegung des Einspruchs berufen können, wenn er bereits vor Erlass des Bescheides grob fahrlässig Tatsachen nicht mitgeteilt hat.[1863] Damit wird deutlich, dass nach dieser Auffassung ein grobes Verschulden innerhalb der Einspruchsfrist nur dann eine Korrektur verhindern kann, wenn nicht bereits zuvor bei Erfüllung der Steuererklärungspflicht durch ein grobes Verschulden Tatsachen nicht mitgeteilt worden sind.[1864] Zum Teil erweitert der Bundesfinanzhof den Beurteilungszeitraum, in dem ein grobes Verschulden vorliegen kann, bis zur Aufhebung eines Vorbehalts der

1857 BFH v. 25.11.1983, VI R 8/82, BStBl. II 1984, 256 Rn. 17; BFH v. 20.1.1988, I R 1/84 Rn. 12-15; BFH v. 21.2.1991, V R 25/87, BStBl. II 1991, 496 Rn. 19; BFH v. 10.12.1997, VIII R 17/97 Rn. 5; BFH v. 16.9.2004, IV R 62/02, BStBl. II 2005, 75 Rn. 17; BFH v. 22.5.2006, VI R 17/05, BStBl. II 2006, 806 Rn. 14; BFH v. 10.12.2013, VIII R 10/11 Rn. 20.

1858 BFH v. 21.2.1991, V R 25/87, BStBl. II 1991, 496 Rn. 19.

1859 BFH v. 25.11.1983, VI R 8/82, BStBl. II 1984, 256 Rn. 17.

1860 BFH v. 25.11.1983, VI R 8/82, BStBl. II 1984, 256 Rn. 17.

1861 BFH v. 20.1.1988, I R 1/84 Rn. 12, 15; BFH v. 10.12.2013, VIII R 10/11 Rn. 17, 20.

1862 Siehe BFH v. 10.12.2013, VIII R 10/11 Rn. 20.

1863 BFH v. 16.9.2004, IV R 62/02, BStBl. II 2005, 75 Rn. 15.

1864 BFH v. 16.9.2004, IV R 62/02, BStBl. II 2005, 75 Rn. 17.

Nachprüfung und nimmt dieses bei einem nicht gestellten Antrag auf Änderung nach § 164 Abs. 2 AO ebenfalls an.[1865]

Die Auffassung der Rechtsprechung wird von Teilen der Literatur abgelehnt.[1866] Es wird argumentiert, dass sich das Verschulden i.S.d. § 173 AO nach dem Wortlaut nur auf das nachträgliche Bekanntwerden beziehe. Das Merkmal „nachträglich" wiederum setze eine zeitliche Grenze vor der Steuerfestsetzung, sodass ein Verschulden nach Steuerfestsetzung unbeachtlich sei. Würde man dies im Falle des § 173 Abs. 1 Nr. 2 AO anders auslegen wollen, bestünde eine unterschiedliche Auslegung des Terminus „nachträglich" in den beiden Fallalternativen des § 173 Abs. 1 Nr. 1 und Nr. 2 AO, die nicht mit dem Gesetzeswortlaut vereinbar sei.[1867] Der Steuerpflichtige habe außerdem, um sich nicht grobes Verschulden vorwerfen zu lassen, lediglich seinen Mitwirkungspflichten zu genügen, die das Einlegen eines Einspruches nicht umfassen würden; bei der Möglichkeit, einen Einspruch einzulegen, handele es sich lediglich um eine eingeräumte rechtliche Befugnis, die – aus unterschiedlichsten Beweggründen – vom Steuerpflichtigen nicht ausgeübt werden müsse.[1868]

Andere Autoren[1869] und – mittlerweile[1870] – die Finanzverwaltung[1871] stellen sich hinter die Rechtsprechung. Die Vertreter aus der Literatur sehen einen Sinn und Zweck des § 173 AO auch darin, dass der Steuerpflichtige bei Kenntnis über neue Tatsachen, diese im Einspruchsverfahren vorzubringen habe.[1872]

1865 BFH v. 25.11.1983, VI R 8/82, BStBl. II 1984, 256 Rn. 16.

1866 *Huxol*, DStR 1982, 220, 225; *Heinke*, DStZ 1999, 789, 790 f.; *Tipke*, StuW 2004, 3, 7; *Tiedtke/Szczesny*, DStR 2005, 1122, 1123-1125; *Loose*, in: Tipke/Kruse, AO/FGO, § 173 AO Rn. 76b (Stand: September 2020); *v. Groll*, in: Hübschmann/Hepp/Spitaler, AO/FGO, § 173 AO Rn. 291 (Stand: September 2017); *v. Wedelstädt*, in: Gosch, AO/FGO, § 173 AO Rn. 54 (Stand: August 2019); *Seer*, in: Tipke/Lang, Steuerrecht, Rn. 21.414; siehe dazu auch in den folgenden zwei Sätzen.

1867 *Loose*, in: Tipke/Kruse, AO/FGO, § 173 AO Rn. 76b (Stand: September 2020); *v. Groll*, in: Hübschmann/Hepp/Spitaler, AO/FGO, § 173 AO Rn. 291 (Stand: September 2017); *v. Wedelstädt*, in: Gosch, AO/FGO, § 173 AO Rn. 54 (Stand: August 2019).

1868 Siehe Nachweise in Fn. 1866.

1869 *Domann*, BB 1979, 516, 518; *Buchheister*, DStZ 1980, 446, 447; *Rüsken*, in: Klein, AO, § 173 Rn. 131; wohl auch *Martens*, StuW 1989, 365, 372; die Rechtsprechung unkritisch billigend *Mittmann*, DStZ 1989, 505, 507, und *R. Schmidt*, Korrekturen von Verwaltungsakten, S. 54, der jedenfalls dann auf den Zeitpunkt der Einspruchsentscheidung abstellen möchte, wenn das Einspruchsverfahren betrieben worden ist.

1870 Siehe die Ausführungen bei Fn. 1893, 1894, 1896.

1871 AEAO Nr. 5.5 zu § 173.

1872 *Rüsken*, in: Klein, AO, § 173 Rn. 131.

§ 173 Abs. 1 Nr. 2 AO räume dem Steuerpflichtigen insbesondere keine weiteren Rechte ein, als ihm im Einspruchsverfahren zustehen würden.[1873] Das Einspruchsverfahren sei damit vorrangiger Verfahrensteil, in dem der Steuerpflichtige bisher nicht mitgeteilte Tatsachen zu berichtigen und Irrtümer klarzustellen habe.[1874] Manche fordern sogar, dass es Sache des Steuerpflichtigen sei, seine Interesse dadurch zu wahren, dass er sich vor Eintritt der Unanfechtbarkeit des Steuerbescheides über die materielle Rechtslage informiere.[1875] Zuletzt dürfe die Bestandskraft nicht durch jedwedes Versehen des Steuerpflichtigen untergraben werden.[1876]

Bei der Rechtsprechung und den sich ihrer Auffassung angeschlossenen Literaturstimmen kommt dem Vergleich des § 173 Abs. 1 Nr. 2 AO mit dem Einspruchsverfahren ein besonderer argumentativer Stellenwert zu. Der Steuerpflichtige dürfe bei einer Korrektur nach § 173 Abs. 1 Nr. 2 AO nicht bessergestellt werden als im Einspruchsverfahren.[1877] Dabei ist bereits fraglich, ob das Einspruchsverfahren und § 173 Abs. 1 Nr. 2 AO in einem konkurrierenden Stufenverhältnis zueinanderstehen und damit überhaupt von einer systemwidrigen Besserstellung des Steuerpflichtigen durch § 173 Abs. 1 Nr. 2 AO gesprochen werden kann. Zwar haben sowohl das Einspruchsverfahren als auch die Korrektur nach § 173 Abs. 1 Nr. 2 AO gemeinsam, dass sie auf die Richtigstellung von unrichtigen Verwaltungsakten bzw. Steuerbescheiden gerichtet sind.[1878] Darüber hinaus sind aber keine Überschneidungen zu erkennen – vor allem ermöglicht das Einspruchsverfahren eine Vollüberprüfung des Bescheides bei der auch grob verschuldete Fehler berücksichtigt werden können, § 173 Abs. 1 Nr. 2 AO lediglich eine punktuelle Korrektur[1879] –, sodass beide Verfahren grundsätzlich nebeneinanderstehen und sich nicht beeinflussen.[1880] Vor dem Hintergrund der unterschiedlichen Arten der Bestandskraft lässt sich diese Koexistenz auf verschiedenen Ebenen verdeutlichen: Die Möglichkeit, das Einspruchsverfahren i.S.d. §§ 347 ff. AO zu betreiben, bedeutet, dass noch keine formelle Bestandskraft eingetreten ist, während § 173 Abs. 1 Nr. 2 AO seinerseits die materielle Bestandskraft durchbricht. Aus der Wiedereinsetzungsregel

---

1873 *Buchheister*, DStZ 1980, 446, 447; *Rüsken*, in: Klein, AO, § 173 Rn. 132.
1874 *Domann*, BB 1979, 516, 618; *Buchheister*, DStZ 1980, 446, 447.
1875 *Buciek*, DStZ 1985, 580, 585; *Mittmann*, DStZ 1989, 505, 507.
1876 *Domann*, BB 1979, 516, 618.
1877 Siehe die Nachweise in Fn. 1869 und 1859.
1878 *Heinke*, DStZ 1999, 789, 790.
1879 Das erkennt auch der BFH v. 16.9.2004, IV R 62/02, BStBl. II 2005, 75 Rn. 17.
1880 *Heinke*, DStZ 1999, 789, 790; *Tiedtke/Szczesny*, DStR 2005, 1122, 1124 f.

im Einspruchsverfahren argumentatives Material für die Nichtanwendung einer Korrekturnorm zur Durchbrechung der materiellen Bestandskraft zu extrahieren, überzeugt daher wegen des unterschiedlichen systematischen Standortes nicht.[1881] Vielmehr ist davon auszugehen, dass § 173 Abs. 1 Nr. 2 AO den Steuerpflichtigen bewusst mit diesen rechtlichen Möglichkeiten ausstattet.[1882]

Warum der Bundesfinanzhof und die ihm folgende Literatur dennoch eine „Besserstellung" des Steuerpflichtigen verhindern möchten, lässt sich nur historisch erklären: § 222 Abs. 1 Nr. 2 RAO 1931 ermöglichte im Rahmen einer Gesamtaufrollung, deren Durchführung aber im billigen Ermessen der Finanzbehörde lag, die Korrektur eines Steuerbescheides zugunsten des Steuerpflichtigen in den Fällen, in denen neue Tatsachen oder Beweismittel durch eine Buch- oder Betriebsprüfung bekannt werden.[1883] Dabei verletzte die Finanzbehörde durch die Ablehnung einer Betriebsprüfung insbesondere dann das ihr zustehende billige Ermessen unter Berücksichtigung der Grundsätze von Treu und Glauben nicht, wenn es der Steuerpflichtige versäumt hatte, gegen den erkannt falschen Steuerbescheid im Rechtsbehelfsverfahren vorzugehen.[1884] Eine vergleichbare Rechtsprechung etablierte der Bundesfinanzhof bei § 94 Abs. 1 Nr. 1 RAO 1931.[1885] § 94 Abs. 1 Nr. 1 RAO 1931 stellte eine Korrektur von Steuerbescheiden voraussetzungslos in das Ermessen der Finanzbehörde, wenn sie Zölle oder Verbrauchsteuern betrafen. Heute findet sich eine vergleichbare, seit dem Steueränderungsgesetz 2001[1886] allerdings auf die Verbrauchsteuern begrenzte Regelung in § 172 Abs. 1 Nr. 1 AO, die ebenfalls von einem weiten, durch den Bundesfinanzhof verwaltungsfreundlich interpretierten Korrekturermessen geprägt ist, das dann zulasten des Steuerpflichtigen ausgeübt werden kann, wenn dieser nicht bereits im Rechtsbehelfsverfahren gegen einen rechtswidrigen Bescheid vorgegangen ist.[1887] Eine vom Gesetzgeber

1881 Ähnlich *Tiedtke/Szczesny*, DStR 2005, 1122, 1124 f.

1882 *Tiedtke/Szczesny*, DStR 2005, 1122, 1125.

1883 *v. Groll*, in: Hübschmann/Hepp/Spitaler, AO/FGO, § 173 AO Rn. 8 (Stand: September 2017); verfassungsgemäß gem. BVerfG v. 4.11.1965, 2 BvR 91/64 u.a., BVerfGE 19, 290; *Neckels*, DStZ 1993, 321, 326, 330, der aus § 79 Abs. 2 BVerfGG ein für das Steuerrecht umfassendes Wiederaufrollungsverbot folgert; *Tiedtke/Szczesny*, DStR 2005, 1122, 1124.

1884 BFH v. 13.8.1970, V R 56/67, BStBl. II 1970, 767 Rn. 12.

1885 BFH v. 7.12.1960, VII 104/60 U, BFHE 72, 225 Rn. 13; BFH v. 16.6.1976, BFHE 119, 326 Rn. 10.

1886 BGBl. I 2001, 3794, 3804.

1887 BFH v. 31.3.1981, VII R 1/79, BStBl. II 1981, 507 Rn. 27 f.; BFH v. 25.2.1986, VII R 14/83, BFHE 146, 18 Rn. 10, der aber, a.a.O. Rn. 20, hierfür mit Rückkopplung auf

gewollte Übertragung dieser Rechtsprechung auf das grobe Verschulden i.S.d. § 173 Abs. 1 Nr. 2 AO hätte seinen Niederschlag im Gesetz oder Ausdruck im Gesetzgebungsverfahren gefunden.[1888] Stattdessen ergibt sich aus den Gesetzgebungsmaterialien und dem Einführungserlass zur Abgabenordnung ein genau gegenteiliges Bild: Nach dem Bericht des *Arbeitskreises für die Reform der Reichsabgabenordnung und ihrer Nebengesetze*, dessen Gedanken im Wesentlichen in den Gesetzesentwurf der Bundesregierung übernommen worden sind,[1889] muss sich der Steuerpflichtige entgegenhalten lassen, dass er es schuldhaft versäumt habe, die zu seinen Gunsten wirkenden neuen Tatsachen rechtzeitig mitzuteilen.[1890] Es sei Teil seines Verantwortungsbereiches, dass die steuerlich relevanten Tatsachen und Beweismittel von ihm rechtzeitig vorgebracht werden.[1891] Diese allgemein gehaltenen Äußerungen stützen eine Übertragung der Rechtsprechung zu den §§ 93, 222 RAO 1931 auf § 173 Abs. 1 Nr. 2 AO, wie der Bundesfinanzhof sie vornimmt, nicht.[1892] Dass auch die Finanzverwaltung ursprünglich nicht von einer Übertragbarkeit der Rechtsprechung ausging, wird bei Blick auf den Einführungserlass der Finanzverwaltung zur Abgabenordnung deutlich.[1893] Die dortigen Beispiele für grobes Verschulden umfassen allesamt vorgelagerte Pflichtverletzungen aus den Bereichen der Steuererklärung und der Buchführung.[1894] Sogar noch im AO-Handbuch aus dem Jahr 1992 und damit

---

§ 173 Abs. 1 Nr. 2 AO nur grobes Verschulden ausreichen lassen möchte; kritisch zu dieser Rechtsprechung mit Verweis auf die fehlende Pflicht des Steuerpflichtigen, durch Bescheidüberprüfung die Schwächen des summarischen Eilverfahrens in Verbrauchsteuersachen auszugleichen *Loose*, in: Tipke/Kruse, AO/FGO, § 172 AO Rn. 14 (Stand: September 2020).

1888 *Tiedtke/Szczesny*, DStR 2005, 1122, 1124; a.A. *Buchheister*, DStZ 1980, 446, 447.

1889 BT Drucks. IV/1982, S. 153, dort noch zu § 154 AO.

1890 BMF Schriftenreihe, Heft 13 Reform der RAO, S. 337.

1891 BMF Schriftenreihe, Heft 13 Reform der RAO, S. 337.

1892 Ebenso FG Köln v. 29.4.1997, 7 K 2156/94, EFG 1997, 1219, 1222; aufgehoben durch BFH v. 4.2.1998, XI R 47/97, der sich die Kritik an der Rechtsprechung des Bundesfinanzhofs – ohne weitere Stellungnahme, a.a.O. Rn. 11, mit Verweis auf die ständige Rechtsprechung des Bundesfinanzhofs nicht annimmt. *Heinke*, DStZ 1999, 789, 789, weist auch bezüglich dieses Revisionsurteils darauf hin, dass sich der Bundesfinanzhof nie mit der gegenteiligen Auffassung auseinandergesetzt habe und dass die Behauptung des Bundesfinanzhofs, die anderen Ansichten der Literatur würden aus der Zeit vor Ergehen der höchstrichterlichen Rechtsprechung stammen, nicht stimme.

1893 BStBl. I 1976, 576.

1894 BStBl. I 1976, 576, Rn. 4 zu § 173 AO.

acht Jahre nach Veröffentlichung des Initialurteils des Bundesfinanzhofs aus dem Jahr 1983 im Bundessteuerblatt[1895] verkündete die Finanzverwaltung: „Das grobe Verschulden des Steuerpflichtigen muss daher vor der Steuerfestsetzung liegen. Grob schuldhaftes Verhalten des Steuerpflichtigen nach der Steuerfestsetzung, z.B. die grob schuldhafte Überschreitung der Rechtsbehelfsfrist, hindert die Aufhebung oder Änderung der Steuerfestsetzung nach § 173 Abs. 1 Nr. 2 AO nicht."[1896] Aus historischer Sicht ist eine Ausweitung des Zeitraums für die Betrachtung des groben Verschuldens auf den Zeitraum bis zur formellen Bestandskraft damit abzulehnen.

Ein weiteres Argument für die Ausweitung des Beurteilungszeitraums aus der Literatur, ist die Befürchtung, dass die Bestandskraft durch eine zu lasche Auslegung des groben Verschuldens „gegenstandslos" werde.[1897] Diese Argumentation schlägt in die Kerbe des oben geäußerten Befundes, dass die der Finanzbehörde durch die Steuererklärung mitgeteilten „bekannten Tatsachen" gering sind und es daher anderer Tatbestandsmerkmale bedarf, um die Korrekturnorm des § 173 Abs. 1 Nr. 2 AO nicht zu einer faktischen Aufhebung der materiellen Bestandskraft werden zu lassen. Nur ist dieses Argument ein schwaches, wenn es um die Einbeziehung der Einspruchsfrist in den Zeitraum für das grobe Verschulden geht. Denn weder wird durch die Verlängerung des Betrachtungszeitraums eine bestandskraftsichernde Funktion in der Breite der Fälle erreicht, noch lässt sich damit die dem § 173 Abs. 1 Nr. 2 AO gerade festgestellte systemfremde Zeitraumverlängerung rechtfertigen.

Interessant ist letztlich noch die vom Bundesfinanzhof angesprochene Erweiterung des Betrachtungszeitraums in den Fällen, in denen ein Vorbehalt der Nachprüfung gesetzt ist,[1898] der Eintritt der materiellen Bestandskraft also nach hinten rückt[1899]. Hier soll nach der Rechtsprechung des Bundesfinanzhofs bereits ein nicht gestellter Änderungsantrag nach § 164 Abs. 2 AO zu einem groben Verschulden führen können. Dieser Rechtsprechung ist zwar in der Begründung und im konkreten Ergebnis zu widersprechen, die generelle Aussage ist

---

1895 BFH v. 25.11.1983, VI R 8/82, BStBl. II 1984, 256.

1896 Zitiert nach *Tiedtke/Szczesny*, DStR 2005, 1122, 1123; dort auch zu dem Problem der Nichtberücksichtigung von im Bundessteuerblatt veröffentlichten Urteilen in den dem Sachbearbeiter in der Finanzbehörde zur Verfügung gestellten Verwaltungsanweisungen.

1897 *Domann*, BB 1979, 516, 518.

1898 BFH v. 25.11.1983, VI R 8/82, BStBl. II 1984, 256 Rn. 16.

1899 Zur Wirkung des Vorbehalts der Nachprüfung auf den Eintritt der materiellen Bestandskraft siehe oben 5. Teil A. II.

aber zutreffend: Die Steuerfestsetzung unter Vorbehalt der Nachprüfung i.S.d. § 164 AO lässt die materielle Bestandskraft des Steuerbescheides insgesamt nicht eintreten, sodass auch § 173 Abs. 1 Nr. 2 AO solange keine Anwendung finden kann, wie der Vorbehalt der Nachprüfung besteht. Es besteht in diesem Zeitraum keine materielle Bestandskraft, die § 173 Abs. 1 Nr. 2 AO durchbrechen könnte. Insoweit greifen in diesem Zeitraum auch keine Überlegungen, ob eine Erweiterung des Betrachtungszeitraumes stattfindet.[1900] Korrekturnorm ist, solange der Vorbehalt der Nachprüfung besteht, § 164 Abs. 2 S. 1 AO.[1901] Der erstmalige Bescheid, der nach § 173 Abs. 1 AO geändert werden kann, ist folglich derjenige, der den Vorbehalt der Nachprüfung gem. § 164 Abs. 3 S. 1 AO – im Wege der Änderungsfestsetzung oder als Kurzbescheid – aufhebt und der gem. § 164 Abs. 3 S. 2 AO einem Steuerbescheid ohne Vorbehalt der Nachprüfung gleichsteht. „Nachträglich" i.S.d. § 173 Abs. 1 AO bezieht sich dann auf den Zeitpunkt nach Abschluss der personellen bzw. maschinellen Bearbeitung des Bescheides, der den Vorbehalt der Nachprüfung aufhebt.[1902] Folglich ist auch ein grobes Verschulden i.S.d. § 173 Abs. 1 Nr. 2 AO bis zu diesem Zeitpunkt für eine spätere Änderung des Bescheides beachtlich.[1903]

1900 Wohl auch FG Köln v. 29.4.1997, 7 K 2156/94, EFG 1997, 1219, 1222.

1901 *Loose*, in: Tipke/Kruse, AO/FGO, Vor § 172 AO Rn. 27 (Stand: September 2020); *v. Groll*, in: Hübschmann/Hepp/Spitaler, AO/FGO, Vor § 172 AO Rn. 37 (Stand: November 2016); einschränkend BFH v. 10.5.2007, IX R 30/06, BStBl. II 2007, 807 Rn. 15: „Der Einleitungssatz des § 172 Abs. 1 AO stellt nicht klar, dass die §§ 172 ff. AO nicht gelten, soweit ein Bescheid unter dem Vorbehalt der Nachprüfung oder vorläufig (§§ 164, 165 AO) ergangen ist", allerdings beschränkt auf den Fall, dass die Vorläufigkeit wegen Ablauf der Festsetzungsfrist gem. § 171 Abs. 8 AO eine Korrektur nicht mehr ermöglicht, während die Festsetzungsfrist i.S.d. § 175 Abs. 1 S. 2 AO noch nicht abgelaufen ist und damit eine Korrektur gem. § 175 Abs. 1 Nr. 2 AO möglich ist; a.A. *Zaumseil*, vr 2017, 73, 74 f.

1902 Ebenso FG Köln v. 29.4.1997, 7 K 2156/94, EFG 1997, 1219, 1222; zustimmend *Heinke*, DStZ 1999, 789, 791; richtig erkannt von BFH v. 4.11.1998, IV B 147/97 Rn. 10, im Falle des § 175 Abs. 1 Nr. 2 AO, dessen Anwendungsbereich sich von dem des § 173 Abs. 1 AO dadurch abgrenzt, dass ein Ereignis „nachträglich" erst eintritt, sodass dieser Zeitpunkt zur Abgrenzung beider Normen maßgeblich ist (siehe auch *Seer*, in: Tipke/Lang, Steuerrecht, Rn. 21.433, und *ders.*, DStR 1993, 307, 312).

1903 Ebenso *Heinke*, DStZ 1999, 789, 791.

e. Beweislast und gesetzliche Ausnahme

Das grobe Verschulden als Hindernis einer Korrektur zugunsten des Steuerpflichtigen wirkt faktisch steuererhöhend, sodass die objektive Beweislast[1904], ob den Steuerpflichtigen ein grobes Verschulden trifft, der Finanzbehörde obliegt.[1905]

Eine gesetzliche Ausnahme von dem Korrekturhindernis wegen groben Verschuldens beinhaltet § 173 Abs. 1 Nr. 2 S. 2 AO. Danach ist ein Verschulden unbeachtlich, wenn die nachträglich bekannt gewordene steuermindernde Tatsache bzw. das Beweismittel in einem unmittelbaren oder mittelbaren Zusammenhang mit steuererhöhenden Tatsachen oder Beweismitteln stehen, die ebenfalls der Finanzbehörde nachträglich bekannt werden und isoliert zu einer Korrektur nach § 173 Abs. 1 Nr. 1 AO führen können.

4. Das (un)geschriebene Tatbestandsmerkmal der Rechtserheblichkeit

a. Die Entscheidung des Großen Senats vom 23.11.1987

Der Große Senat des Bundesfinanzhofs hat in seinem Beschluss vom 23.11.1987[1906] entschieden, dass über die geschriebenen Tatbestandsmerkmale hinaus Voraussetzung für eine Korrektur nach § 173 Abs. 1 AO ist, dass die Finanzbehörde bei rechtzeitiger Kenntnis der nachträglich vorgebrachten Tatsachen oder Beweismittel mit an Sicherheit grenzender Wahrscheinlichkeit über die ursprüngliche Steuerfestsetzung anders entschieden hätte.[1907] Dieses Erfordernis der Rechtserheblichkeit der nachträglich bekannt gewordenen Tatsache bzw. des nachträglich bekanntgewordenen Beweismittels soll bewirken, dass die Bestandskraft von Steuerbescheiden durch § 173 AO nur aufgrund nachträglich bekannt gewordener Tatsachen und nicht aufgrund von Rechtsfehlern oder einer Rechtsprechungsänderung durchbrochen wird.[1908] Es ist

---

1904 Siehe oben 3. Teil A. IV. 2.

1905 BFH v. 10.2.2015, IX R 18/14, BStBl. II 2017, 7 Rn. 18; *Loose*, in: Tipke/Kruse, AO/FGO, § 173 AO Rn. 85 (Stand: September 2020); *v. Groll*, in: Hübschmann/Hepp/Spitaler, AO/FGO, § 173 AO Rn. 298 (Stand: September 2017).

1906 BFH v. 23.11.1987, GrS 1/86, BStBl. II 1988, 180.

1907 BFH v. 23.11.1987, GrS 1/86, BStBl. II 1988, 180 Rn. 36-43; seitdem ständige Rechtsprechung, siehe aus der jüngeren Rechtsprechung BFH v. 25.1.2017, I R 70/15, BStBl. II 2017, 780 Rn. 12; BFH v. 21.2.2017, VIII R 46/13, BStBl. II 2017, 745 Rn. 40.

1908 BFH v. 23.11.1987, GrS 1/86, BStBl. II 1988, 180 Rn. 37 f.; siehe auch *Seer*, in: Tipke/Lang, Steuerrecht, Rn. 21.412; siehe zur unterschiedlichen Konzeption der AO 1977 im Verhältnis zur RAO in Bezug auf die Berichtigung von Rechtsfehlern *Neckels*, DStZ 1993, 321, 326.

somit als Kausalitätsmerkmal zwischen dem nachträglich bekannt gewordenen Tatsächlichen und der Unrichtigkeit der Steuerfestsetzung zu verstehen.[1909] In der Begründung zu seiner Entscheidung misst der Große Senat der Systematik der Steuerfestsetzung wesentliche Bedeutung bei, die beinhalte, dass die Berichtigung von Rechtsfehlern ausschließlich mit den dafür vorgesehenen außergerichtlichen und gerichtlichen Rechtsbehelfen unter Inkaufnahme des Kostenrisikos im gerichtlichen Verfahren bestritten werden müsse.[1910] Mache der Steuerpflichtige von diesen keinen Gebrauch, müsse er es hinnehmen, dass ein Bescheid auch bei späterer Änderung der Rechtskenntnis grundsätzlich unabänderbar bliebe.[1911] Als weitere Argumente führt der Große Senat auf, dass § 173 AO im Gegensatz zu § 222 RAO 1931 explizit keine Aufdeckung (rechtlicher) Fehler vorsehe, sondern nur an neue Tatsachen und Beweismittel anknüpfe, sodass eine scharfe Abgrenzung zwischen Tatsachen bzw. Beweismitteln auf der einen Seite und Rechtsfehlern auf der anderen Seite zu erfolgen habe, um eine Korrektur von Rechtsfehlern über den Umweg des § 173 Abs. 1 AO zu verhindern.[1912] Zuletzt sei ansonsten ein Wertungswiderspruch zu § 79 Abs. 2 BVerfGG anzunehmen.[1913] § 79 Abs. 2 BVerfGG bestimmt, dass durch die Nichtigerklärung einer Norm nicht mehr anfechtbare Entscheidungen unberührt bleiben. Es widerspreche nach Ansicht des Großen Senats § 79 Abs. 2 BVerfGG, wenn man bei Nichtigerklärung eines Gesetzes durch das Bundesverfassungsgericht über die Anwendung des § 173 Abs. 1 Nr. 2 AO erreichen könnte, dass aufgrund dieser Nichtigkeit relevant gewordene und der Finanzbehörde bisher unbekannte Tatsachen oder Beweismittel zur Korrektur eines unanfechtbaren Steuerbescheids herangezogen werden könnten.[1914]

b. Überflüssigkeit der Rechtserheblichkeit als ungeschriebenes Tatbestandsmerkmal?

Auch wenn das Tatbestandsmerkmal der Rechtserheblichkeit zu Beginn der 1990er Jahre vereinzelt durch Ausdehnung des Tatsachenbegriffes auf gesetzliche

---

1909 BFH v. 23.11.1987, GrS 1/86, BStBl. II 1988, 180 Rn. 38; siehe auch *v. Groll*, in: Hübschmann/Hepp/Spitaler, AO/FGO, § 173 AO Rn. 125, 127 (Stand: September 2017); *Seer*, in: Tipke/Lang, Steuerrecht, Rn. 21.412.

1910 BFH v. 23.11.1987, GrS 1/86, BStBl. II 1988, 180 Rn. 37.

1911 BFH v. 23.11.1987, GrS 1/86, BStBl. II 1988, 180 Rn. 37; siehe auch *Wernthaler*, Korrektur im digitalisierten Besteuerungsverfahren, S. 236.

1912 BFH v. 23.11.1987, GrS 1/86, BStBl. II 1988, 180 Rn. 39.

1913 BFH v. 23.11.1987, GrS 1/86, BStBl. II 1988, 180 Rn. 43.

1914 BFH v. 23.11.1987, GrS 1/86, BStBl. II 1988, 180 Rn. 43.

Neuregelungen zur Belanglosigkeit degradiert wurde,[1915] hat sich der Beurteilung des Großen Senats der überwiegende Teil der Literatur angeschlossen.[1916] Jedoch mehrten sich über die Jahre auch die kritischen Stimmen in der Literatur.[1917] Von einem „überflüssigen wie sinnlosen“[1918] Tatbestandsmerkmal ist vereinzelt bis heute die Rede.

Ausgangspunkt der Kritik an dem ungeschriebenen Tatbestandsmerkmal der Rechtserheblichkeit der Tatsache bzw. des Beweismittels ist die – ebenfalls vom Großen Senat erkannte[1919] – fehlende Anknüpfung an den Wortlaut des § 173 AO. Wo der Große Senat aber eine Auslegungsbedürftigkeit des § 173 AO unter Einordnung der Vorschrift in das Korrektursystem der Abgabenordnung, vor allem in Abgrenzung zu § 222 RAO 1931 sieht,[1920] wird von *Krebs* eine Auslegungsbedürftigkeit verneint und ein Verstoß gegen Art. 20 Abs. 3 GG aufgrund der dennoch erfolgten Auslegung durch den Großen Senat aufgezeigt[1921]. *Krebs* übersieht, dass eine teleologische Reduktion – denn nichts anderes ist die

---

1915 FG Niedersachsen v. 10.4.1992, VIII 314/91, FR 1992, 692, aufgehoben durch BFH v. 11.2.1994, III R 50/92, BStBl. II 1994, 389; dem im Ergebnis zustimmend *Felix*, FR 1992, 693, der als Tatsache das Vorliegen von Unterhaltsaufwendungen für Kinder ansieht, aber nicht den Schluss zieht, dass diese Tatsachen bereits bekannt waren und daher nicht zu einer Änderung hätten führen dürfen. Diese Argumentation als „listig gedacht“, aber „ins Abseits“ führend bezeichnend und zutreffend insgesamt kritisch zur finanzgerichtlichen Rechtsprechung *Neckels*, DStZ 1993, 321 (Replik zu *Felix*, a.a.O., 328); kritisch zum Urteil und *Felix* auch *Seer*, DStR 1993, 307, 312 f., und *Wernsmann*, Das gleichheitswidrige Steuergesetz, S. 23 und dort Fn. 24.

1916 Siehe etwa *v. Groll*, in: Hübschmann/Hepp/Spitaler, AO/FGO, § 173 AO Rn. 125-130 (Stand: September 2017); *Rüsken*, in: Klein, AO, § 173 Rn. 71; *v. Wedelstädt*, in: Gosch, AO/FGO, § 173 AO Rn. 27 (Stand: August 2019); *Frotscher*, in: Schwarz/Pahlke, AO/FGO, § 173 AO Rn. 76, 181 (Stand: Februar 2018); *Neckels*, DStZ 1993, 321, 325 f.; *Kottke*, FR 1998, 9, 10; *Geserich*, NWB 2010, 2366, 2366 f.; *Habel/S. Müller*, DStR 2016, 2791, 2793; *Goutier*, Die Änderung von Steuerverwaltungsakten, S. 126; *Wernthaler*, Berichtigung im digitalisierten Besteuerungsverfahren, S. 235-238.

1917 *Emmerich*, BB 1986, 1755; *Martens*, StuW 1989, 365, 365-368; *Mittmann*, DStZ 1989, 505, 506 f. (siehe aber zu *Mittmanns* Auffassung Fn. 1807); *Krebs*, AO-StB 2005, 77; *Graw/Loose*, AO-StB 2008, 336, 337-339; *Loose*, AO-StB 2013, 313, 314; *ders.*, in: Tipke/Kruse, AO/FGO, § 173 AO Rn. 56 (Stand: September 2020).

1918 *Loose*, in: Tipke/Kruse, AO/FGO, § 173a AO Rn. 9 (Stand: September 2020), was ebenso für § 173 AO gelte.

1919 BFH v. 23.11.1987, GrS 1/86, BStBl. II 1988, 180 Rn. 34.

1920 BFH v. 23.11.1987, GrS 1/86, BStBl. II 1988, 180 Rn. 36-39.

1921 *Krebs*, AO-StB 2005, 77, 77 f.

Einfügung eines ungeschriebenen Tatbestandsmerkmals[1922] – keinen sprachlichen *malus* im Wortlaut voraussetzt.[1923] Somit ist das Hinzufügen eines ungeschriebenen Tatbestandsmerkmals zur Berücksichtigung eines im Wortlaut nicht genügend zum Ausdruck kommenden Normzwecks durchaus möglich.[1924] Unabhängig davon lässt der Wortlaut des § 173 Abs. 1 Nr. 2 AO unterschiedliche Auslegungen darüber zu, wem die Tatsache nachträglich bekannt werden muss oder wie der Vorsatz zu definieren ist, sodass der behauptete klare und eindeutige Wortlaut nicht besteht.[1925] Die eigens von *Krebs* durchgeführte Wortlauslegung kann zudem im Einzelnen nicht überzeugen, wenn er behauptet, dass der mit „soweit" eingeleitete Bedingungssatz im Tatbestand des § 173 Abs. 1 AO keine Voraussetzung der Korrektur sei, sondern deren Umfang beschreibe.[1926] Wäre dies so, hätte die Korrekturvorschrift nach § 173 Abs. 1 AO keine Tatbestandsvoraussetzung, sondern nur eine Rechtsfolge („Steuerbescheide sind aufzuheben oder zu ändern") und eine Begrenzung eines umfassenden ungeschriebenen Korrekturauftrags („soweit…").

Graw/Loose und *Loose* sehen keine Notwendigkeit für die Auslegung hin zu einem ungeschriebenen Tatbestandsmerkmal, da das Kriterium des „groben Verschuldens" bereits als ausreichendes Korrektiv bei § 173 Abs. 1 Nr. 2 AO wirke.[1927] Allerdings werden von dem Verschulden jene Fälle nicht erfasst, in denen Tatsachen oder Beweismittel erst aufgrund eines Urteils oder einer Gesetzesänderung überhaupt von steuerlicher Relevanz sind.[1928] Wenn keine steuerliche Relevanz der Sachverhalte bestand, werden diese auch nicht in den Steuererklärungsformularen abgefragt und der Steuerpflichtige kann seine Mitwirkungspflicht nicht verletzen, wenn er keine zu diesem Zeitpunkt steuerlich irrelevanten Sachverhalte mitteilt.[1929] Ein grobes Verschulden dahingehend, dass

---

1922 *Larenz*, Methodenlehre, S. 391 f.; *Zippelius*, Methodenlehre, § 11 II b.

1923 *Larenz*, Methodenlehre, S. 391 f.; *Zippelius*, Methodenlehre, § 11 II b.

1924 Wohl auch *v. Groll*, in: Hübschmann/Hepp/Spitaler, AO/FGO, § 173 AO Rn. 125 (Stand: September 2017).

1925 Siehe dazu *Mittmann*, DStZ 1989, 505, 506, und die Darstellung bei *Buciek*, DStZ 1985, 580, 582 f.; *v. Groll*, in: Hübschmann/Hepp/Spitaler, AO/FGO, § 173 AO Rn. 125 (Stand: September 2017).

1926 *Krebs*, AO-StB 2005, 77, 77 f.

1927 *Graw/Loose*, AO-StB 2008, 336, 337; *Loose*, AO-StB 2013, 313, 314; *ders.* in: Tipke/Kruse, AO/FGO, § 173 AO Rn. 56 (Stand: September 2020).

1928 Beispiele aus „seiner" Zeit bei *Buciek*, DStZ 1985, 580, 581 f.

1929 Dies übersieht *Martens*, StuW 1989, 365, 367, in seinem Beispiel, in dem in der Steuererklärung nach Heimfahrten gefragt wird und der Steuerpflichtige nur solche Heimfahrten angibt, die steuerlich berücksichtigt werden können, andere aber

in vorauseilendem Gehorsam unter Berücksichtigung einer zukünftigen gesetzlichen Regelung oder Rechtsprechungsänderung bisher rechtlich unbeachtliche Tatsachen nicht mitgeteilt worden sind, wäre wohl stets zu verneinen,[1930] und das Merkmal „des groben Verschuldens“ damit seines Korrektivmerkmals beraubt. Somit lässt sich festhalten, dass dem Hinzufügen des Merkmals der Rechtserheblichkeit keine grundsätzlichen methodischen Bedenken entgegenstehen, dieses zudem eine den Anwendungsbereich der Norm einschränkende Funktion hat und damit nicht überflüssig ist.

c. *Ermittlung des Normzwecks*

Fraglich ist aber, ob denn tatsächlich der Normzweck die Rechtserheblichkeit als ungeschriebenes Tatbestandsmerkmal fordert. Dazu führte der Große Senat erstens den Gedanken an, dass Rechtsfehler im Einspruchs- bzw. Klageverfahren zu bestreiten sind, zweitens den bewussten gesetzgeberischen Verzicht auf die Korrektur von Rechtsfehlern durch § 173 AO und drittens einen ansonsten bestehenden Wertungswiderspruch zu § 79 Abs. 2 BVerfGG. Alle drei Begründungserwägungen werden von *Krebs* abgelehnt.

Es ergebe sich, so *Krebs*, aus Art. 19 Abs. 4 GG keine Pflicht, vorsorglich Rechtsbehelfe einzureichen und derjenige, der ihm bekannte Tatsachen vorträgt, gebe keine Rechtsposition auf.[1931] Vielmehr stünden ihm das Rechtsbehelfsverfahren und § 173 AO als „doppelte Chance“ auf Korrektur zu.[1932] Zuzustimmen ist *Krebs* darin, dass eine Pflicht, Rechtsbehelfe auszuüben, nicht im Sinne einer Mitwirkungspflicht besteht.[1933] Gleichzeitig ist die Ergreifung von Rechtsbehelfen aber Voraussetzung für gerichtlichen Rechtsschutz gegen die Rechtsanwendung durch die Exekutive und ggf. durch die Judikative. Der Nachteil, dass bestimmte Tatsachen in einem Steuerverfahren nicht zugunsten des Steuerpflichtigen berücksichtigt werden, wenn die Exekutive der Auffassung ist, dass diese nicht zu berücksichtigen seien, ist somit einem nicht betriebenen Rechtsbehelfsverfahren immanent. Insoweit lässt sich hieraus kein Argument gegen

---

bewusst nicht angibt, da sie nach der geltenden Rechtslage nicht zu berücksichtigen sind. In diesem Fall fragt die Steuererklärung zufällig nach einem steuerlich irrelevanten Sachverhalt, weil sich der Sachverhalt „Heimfahrt“ zufällig mit steuerlich relevanten Angaben deckt.

1930 Anschaulich *Neckels*, DStZ 1993, 321, 328 f.; *Krebs*, AO-StB 2005, 77, 78; *Huxol*, DStR 1982, 220, 225; darauf weist auch *Martens*, StuW 1989, 365, 366 f., hin.

1931 *Krebs*, AO-StB 2005, 77, 78.

1932 *Krebs*, AO-StB 2005, 77, 78.

1933 Siehe die Nachweise in Fn. 1866.

die Aussage des Großen Senates ziehen, allerdings auch nicht zwingend dafür. Denn der Gesetzgeber könnte hiervon ohne Weiteres eine abweichende Regelung treffen. *Krebs´* These, dass eine „doppelte Chance" auf Korrektur bestehe, wenn Tatsachen mitgeteilt werden, ist ebenfalls zu widersprechen, denn die im Veranlagungsverfahren mitgeteilten Tatsachen können der Finanzbehörde nicht mehr i.S.d. § 173 Abs. 1 AO nachträglich bekannt werden.

Damit ist aber noch nicht geklärt, ob sich denn Argumente für die Behauptung des Großen Senats finden lassen, dass Rechtsfehler im Einspruchs- bzw. Klageverfahren zu bestreiten sind. Dass nur derjenige, der die Durchsetzung seiner Rechte aktiv durch Rechtsmittel bemüht, in den Genuss einer Korrektur der fehlerhaften Rechtsanwendung durch Rechtsprechung oder Verwaltung kommen soll, wird als Grundgedanke dem römischen Recht aus dem Grundsatz *ius scriptum est vigilantibus* – auf Deutsch etwa: das Recht ist für den Wachsamen geschrieben[1934] – entnommen und als Argument für die Entscheidung des Großen Senates herangezogen.[1935] Tatsächlich lautet der Ausspruch vollständig *ius civile scriptum est vigilantibus*[1936], entstammt der Feder von *Scaevola* und ist Teil einer zivilrechtlichen Auseinandersetzung, die einen Fall der Gläubigerkonkurrenz in der Nachlassinsolvenz behandelte.[1937] Ratio der dort dargestellten Entscheidung ist „die Erwägung, dass im Verhältnis zu den später ausfallenden Mitgläubigern nicht rechtswidrig handele, wer vor Eintritt des Insolvenzfalles den Schuldner zur Zahlung bringe"[1938]. „Die anderen Gläubiger können dem Schnelleren nicht entgegenhalten, dass er weniger Rücksicht auf den Schuldner genommen hat als sie"[1939]. Überträgt man die Aussage auf das Steuerverwaltungsverfahren, sind Gläubiger die Steuerzahler, die zu Unrecht gezahlte Steuern von dem Staat als Schuldner verlangen oder sich gegen ihre Eintreibung wehren. So recht passt der dem Ausspruch zugrundeliegende Sachverhalt nicht zur hiesigen Problematik. Denn es geht bei dem unterschiedlichen Betreiben von

---

1934 *Baldus*, AcP 210 (2010), 2, 3.

1935 *Wernthaler*, Korrektur im digitalisierten Besteuerungsverfahren, S. 236; im Zusammenhang mit der Nichtigerklärung von Gesetzen durch das Bundesverfassungsgericht und zur Rechtfertigung des § 79 Abs. 2 BVerfGG *Wernsmann*, Das gleichheitswidrige Steuergesetz, S. 20, dort Fn. 25 m.w.N.; ähnlich für die Stellung von Anträgen allgemein *A. Müller*, AO-StB 2016, 106, 106.

1936 Dig. 42, 8, 24 (*Scaevola*, libro singulari quaestionum publice tractatarum); übersetzt etwa: „Das Zivilrecht ist für den Wachsamen geschrieben".

1937 *Baldus*, AcP 210 (2010), 2, 14.

1938 *Baldus*, AcP 210 (2010), 2, 16.

1939 *Baldus*, AcP 210 (2010), 2, 17.

Rechtsbehelfsverfahren – anders als bei *Scaevola* – um keinen Ausgleich von Steuerpflichtigen untereinander, wer etwas aus dem begrenzten Vermögen des Schuldners vor dessen Verbrauch erhält, sondern um einen Anspruch gegen den grundsätzlich zahlungsfähigen Staat. Letztlich ließe sich der Aussage *Scaevolas* lediglich eine Rechtfertigung für die Ungleichbehandlung der Gläubiger aus Sicht des Schuldners herleiten und damit im Bereich des Art. 3 Abs. 1 GG verorten.[1940] Für die Begründung einer allgemeinen Rechtsbehelfs- oder Antragspflicht steht die Aussage aber auf einem zu unebenen Grund und ist daher abzulehnen.[1941]

Allerdings kommt dem Gesetzgeber ein Gestaltungsspielraum bei der gewichtenden Abwägung der Grundsätzen der Rechtssicherheit und der Rechtsrichtigkeit bei den Korrekturvorschriften zu. Der historische Gesetzgeber[1942] der Abgabenordnung 1977 könnte den Gestaltungsspielraum zugunsten einer Nichtberücksichtigung von rechtlichen Fehlern durch die Korrekturnormen und damit zugunsten einer einfachgesetzlich statuierten Rechtsbehelfspflicht zur Berichtigung von Rechtsfehlern ausgestaltet haben. Dabei darf nicht davon ausgegangen werden, dass das bloße Vorhandensein einer Korrekturnorm bereits dafür spricht, dass der Gesetzgeber die Rechtsrichtigkeit grundsätzlich der Rechtssicherheit vorziehen wollte.[1943] Täte man dies, folgte man einem Zirkelschluss, denn bereits die bloße Existenz einer Korrekturnorm würde für eine stärkere Gewichtung einer bestandskraftdurchbrechenden Interpretation streiten. Vielmehr ist die Korrekturnorm als Auflösung des Konfliktes zwischen Rechtssicherheit und Rechtsrichtigkeit zunächst neutral ohne vorgelagerte Wertung zur einen oder anderen Seite zu betrachten.[1944] Anhaltspunkte dafür, ob § 173 Abs. 1 Nr. 2 AO eher restriktiv zugunsten der Bestandskraft oder eher extensiv zugunsten der Rechtsrichtigkeit auszulegen ist, bieten Aussagen im Gesetzgebungsverfahren und der historische Vergleich mit der Vorgängerregelung des

---

1940 Siehe auch die Ausführungen in diese Richtung – allerdings wiederum im Zusammenhang mit § 79 Abs. 2 BVerfGG – bei *Wernsmann*, Das gleichheitswidrige Steuergesetz, S. 20-22.

1941 Ob dem Grundsatz *ius civile scriptum est vigilantibus* im römischen Recht überhaupt ein Grundsatzgedanke beikommt, ist mangels häufiger Erwähnung in den Quellen wohl ebenso zu bezweifeln, so *Baldus*, AcP 210 (2010), 2, 19.

1942 Bei der Ermittlung des Willens des Gesetzgebers ist zunächst auf den „historischen" Gesetzgeber abzustellen, *Larenz*, Methodenlehre, S. 328 f.

1943 So aber *Emmerich*, BB 1986, 1755, 1756; zutreffend dargestellt bei *Neckels*, DStZ 1993, 321, 325, und *Loose*, in: Tipke/Kruse, AO/FGO, Vor § 130 AO Rn. 11 (Stand: August 2019).

1944 Siehe die Nachweise in Fn. 1806.

§ 222 RAO 1931. Aus den Gesetzesmaterialen ergibt sich, dass mit § 173 AO gegenüber § 222 RAO 1931 der Grundsatz der Gesamtaufrollung abgeschafft werden sollte.[1945] Gesamtaufrollung bedeutete eine einer „Neuveranlagung" gleichstehende Korrektur bestandskräftiger Bescheide, bei der neue Tatsachenerkenntnisse genauso Berücksichtigung fanden wie neue rechtliche Erkenntnisse.[1946] § 173 AO als Gegenentwurf, der sich für eine lediglich punktuelle Korrektur ausschließlich an Tatsächlichkeiten orientiert, könnte daher mit der Abkehr von der Gesamtaufrollung zu dem Schluss verleiten, dass eine geänderte Rechtsauffassung bei der Korrektur gar keine Rolle spielen darf und daher stets auf den ursprünglichen Beurteilungsstand abzustellen ist. Diese Interpretation ist allerdings ohne weitere Anhaltspunkte zu ungenau, um als alleinige Grundlage für eine Argumentation zu dienen. Bei Betrachtung der Gesetzesunterlagen wird man festhalten können, dass der Gesetzgeber den strittigen Fall, für den die Rechtserheblichkeit Ausschlusskriterium sein soll, nicht vor Augen hatte: eine erst nachträglich durch Änderung der rechtlichen Beurteilung entstehende steuerliche Erheblichkeit eines Lebenssachverhaltes. Somit ist auch nicht deutlich, ob dieser Aspekt bei dem Verzicht auf eine Gesamtaufrollung des Verfahrens eine Rolle gespielt hat.

Es verbleibt noch ein systematischer Blick auf das Korrektursystem der Abgabenordnung 1977 für Steuerbescheide insgesamt. Im Anschluss an die Trennung zwischen formeller Bestandskraft und materieller Bestandskraft könnte man hier die Auffassung vertreten, dass die §§ 164, 165 AO als die materielle Bestandskraft verhindernde Normen auch grundsätzlich die Korrektur von Rechtsfehlern zulassen,[1947] während die §§ 129, 172 Abs. 1 Nr. 2 lit. a, 173, 174, 175 AO[1948] gerade die Korrektur von Rechtsfehlern ausschließen. Dies gilt es zu untersuchen. § 129 AO lässt jedenfalls eine Korrektur mechanischer Fehler zu, ist aber gerade dann nicht anwendbar, wenn die Möglichkeit eines Rechtsirrtums besteht.[1949] § 172 Abs. 1 Nr 2 lit. a AO lässt – parallel zum Einspruchsverfahren,

---

1945 BT Drucks. IV/1982, S. 153 zu § 154 AO.

1946 *v. Groll*, in: Hübschmann/Hepp/Spitaler, AO/FGO, § 173 AO Rn. 126 (Stand: September 2017) und dort Fn. 6.

1947 Siehe dazu oben 5. Teil C. II. und III.

1948 Zu §§ 173a, 175b AO siehe im nächsten Unterabschnitt wegen der ausdrücklichen Nennung der Rechtserheblichkeit im Tatbestand. § 175a AO als Korrekturnorm zur Lösung von Konflikten im internationalen Steuerrecht soll hier ausgeklammert werden.

1949 *Seer*, in: Tipke/Lang, Steuerrecht, Rn. 21.390; *Buciek*, DStZ 1985, 580, 585.

aber demgegenüber mit deutlichen Defiziten im Rechtsschutz[1950] – die Korrektur eines Steuerbescheides mit Zustimmung des Steuerpflichtigen oder auf dessen Antrag zu, wobei eine Korrektur zu seinen Gunsten voraussetzt, dass der Antrag vor Ablauf der Rechtsbehelfsfrist gestellt worden ist bzw. einer Änderung vor Ablauf der Rechtsbehelfsfrist zugestimmt worden ist. Eine inhaltliche Beschränkung der Änderung besteht nicht, sodass auf diesem Weg Tatsächlichkeiten aber auch rechtliche Fehler korrigiert werden können.[1951] § 172 Abs. 1 Nr. 2 lit. a AO kommt allerdings über ihre Parallelfunktion zum Einspruchsverfahren nicht hinaus und ihre Rolle im Steuerverfahren ist, insbesondere nach Ablauf der Rechtsbehelfsfrist, von geringer Bedeutung.[1952] § 174 Abs. 1, 2 AO ermöglicht die Korrektur der mehrfachen Berücksichtigung eines Sachverhaltes in mehreren Steuerbescheiden, soweit sich die gleichzeitige Berücksichtigung des Sachverhaltes in diesen Bescheiden durch Alternativität zwingend ausschließt.[1953] Durch § 174 Abs. 1, 2 AO wird aber nur der jeweilige Widerstreit beseitigt; die Korrektur anderer Fehler, die mit den doppelt berücksichtigten Sachverhalten im Zusammenhang stehen, ist indes nicht möglich.[1954] Ähnlich erlaubt § 174 Abs. 3 AO der Finanzbehörde, die Fälle negativer Kollision, also der Nichtberücksichtigung eines steuerlichen Sachverhaltes, zu korrigieren, schließt allerdings eine andere rechtliche Beurteilung eines steuerlichen Sachverhaltes ebenfalls aus.[1955] Anders gestaltet es sich im Fall des § 174 Abs. 4 AO, dessen Tatbestand bereits voraussetzt, dass der Finanzbehörde ein Rechtsirrtum in einem Bescheid unterlaufen ist, der aufgrund eines Rechtsbehelfes oder sonst auf Antrag des Steuerpflichtigen geändert worden ist.[1956] Dort können als Rechtsfolge aus dem Sachverhalt nach dem Wortlaut der Norm „nachträglich

---

1950 Siehe dazu die Kritik bei *v. Groll*, in: Hübschmann/Hepp/Spitaler, AO/FGO, § 172 AO Rn. 101-107 (Stand: Mai 2017).

1951 Zur Berücksichtigung und Änderung von Wahlrechten und Anträgen siehe unten 5. Teil E.

1952 Siehe Fn. 1950.

1953 *Seer*, in: Tipke/Lang, Steuerrecht, Rn. 21.422.

1954 *v. Groll*, in: Hübschmann/Hepp/Spitaler, AO/FGO, § 174 AO Rn. 123 (Stand: Februar 2019); *Loose*, in: Tipke/Kruse, AO/FGO, § 174 AO Rn. 18 (Stand: Januar 2017); *v. Wedelstädt*, in: Gosch, AO/FGO, § 174 AO Rn. 39 (Stand: September 2019).

1955 *Loose*, in: Tipke/Kruse, AO/FGO, § 174 AO Rn. 18 (Stand: Januar 2017); *Seer*, in: Tipke/Lang, Steuerrecht, Rn. 21.424.

1956 *v. Groll*, in: Hübschmann/Hepp/Spitaler, AO/FGO, § 174 AO Rn. 235 (Stand: Februar 2019); *Loose*, in: Tipke/Kruse, AO/FGO, § 174 AO Rn. 45 f. (Stand: Januar 2017); *Seer*, in: Tipke/Lang, Steuerrecht, Rn. 21.430.

die richtigen steuerlichen Folgen durch Erlass oder Änderung eines [anderen] Steuerbescheides gezogen werden", was eine erneute Prüfung der streitigen Rechtsfrage durch die Finanzbehörde und die Berücksichtigung neuer rechtlicher Erkenntnisse bedeutet.[1957] § 175 Abs. 1 Nr. 1 AO berücksichtigt die aufgrund des gestuften Besteuerungsverfahrens zwischen Grundlagen- und Folgebescheid bestehende Akzessorietät und sieht daher eine Anpassung des Folgebescheides an die im Grundlagenbescheid getroffenen Aussagen vor.[1958] Eine rechtliche Beurteilungskompetenz des Sachverhaltes durch die Finanzbehörde, die den Folgebescheid erlässt, besteht nicht.[1959] Im Regelungsbereich des § 175 Abs. 1 Nr. 2 AO ist streitig, ob das nach der Steuerfestsetzung eintretende rückwirkende Ereignis auch eine Korrektur rechtlicher Fehler erlaubt[1960] oder nicht auch dabei eine Rechtserheblichkeit dergestalt zu fordern ist, dass das Finanzamt den Sachverhalt zutreffend behandelt hätte, wenn das Ereignis bereits zum Zeitpunkt der Steuerfestsetzung eingetreten wäre[1961]. Da die Beantwortung dieses Streites auf den gleichen Argumenten basieren müsste, die auch die Entscheidung zur Rechtserheblichkeit im Fall des § 173 Abs. 1 AO beeinflussen,[1962] kann die Normbehandlung hier nicht als Argumentation herangezogen werden. Der knappe Überblick zeigt aber bereits, dass bis auf den zu vernachlässigenden § 172 Abs. 1 Nr. 2 lit. a AO und § 174 Abs. 4 AO die Korrekturvorschriften die materielle Bestandskraft durchbrechen und dabei die Berücksichtigung von Rechtsfehlern nicht zulassen. Somit spricht die Systematik der Korrekturvorschriften eher dafür, dass Rechtsfehler nicht durch Anwendung der Korrekturnormen

---

1957 *Loose,* in: Tipke/Kruse, AO/FGO, § 174 AO Rn. 48 (Stand: Januar 2017).

1958 Siehe nur *Seer,* in: Tipke/Lang, Steuerrecht, Rn. 21.432.

1959 Siehe zu den Fällen des negativen Feststellungsbescheides, der die Sachverhaltsbeurteilung nunmehr der Finanzbehörde, die den Folgebescheid erlässt, überträgt, *v. Groll,* in: Hübschmann/Hepp/Spitaler, AO/FGO, § 175 AO Rn. 184 (Stand: Oktober 2019).

1960 BFH v. 21.11.2000, IV R 85/99, BStBl. II 2001, 122 Rn. 13; BFH v. 16.6.2015, IX R 30/14, BStBl. II 2017, 94 Rn. 22; *Seer,* in: Tipke/Lang, Steuerrecht, Rn. 21.434; *Loose,* in: Tipke/Kruse, AO/FGO, § 175 AO Rn. 55 (Stand: Juli 2017).

1961 *v. Groll,* in: Hübschmann/Hepp/Spitaler, AO/FGO, § 175 AO Rn. 300 (Stand: Oktober 2019); *Rüsken,* in: Klein, AO, § 175 Rn. 50; in diese Richtung wohl auch FG Köln v. 24.8.2010, 12 K 1839/07, EFG 2011, 210 Rn. 31, auch wenn nicht klar wird, ob das auch für den Fall gelten soll, dass ein rückwirkendes Ereignis mit einem Rechtsfehler zusammentrifft. Dies nimmt aber *Pfützenreuter,* EFG 2011, 211, 212 f., an und stimmt dem unter Heranziehung der Rechtsprechung zu § 173 AO zu. Offen gelassen in der Revision von BFH v. 26.7.2012, III R 72/10, BStBl. II 2013, 670 Rn. 10.

1962 Siehe *Pfützenreuter,* EFG 2011, 211, 212.

korrigiert werden sollen, soweit eine Norm wie § 174 Abs. 4 AO die Korrektur von Rechtsfehler nicht *ausdrücklich* zulässt.

Inwieweit die Regelung des § 79 Abs. 2 BVerfGG taugliches Argument bei Beantwortung der Frage ist, ob es auf die Rechtserheblichkeit einer nachträglich bekanntgewordenen Tatsache ankommt, ist ebenfalls umstritten. Vertreter der jeweiligen unterschiedlichen Positionen werfen sich gegenseitig vor, den Bedeutungsgehalt der Norm misszuverstehen.[1963] Der Wortlaut des § 79 Abs. 2 S. 1 BVerfGG besagt, dass vorbehaltlich einer besonderen gesetzlichen Regelung die nicht mehr anfechtbaren Entscheidungen, die auf einer gemäß § 78 BVerfGG für nichtig erklärten Norm[1964] beruhen, unberührt bleiben. Daraus schließt *Krebs*, dass die Norm keine Aussage über die Bestandskraft eines steuerlichen Verwaltungsaktes treffe, sondern sich der Umfang der materiellen Bestandskraft eines Steuerverwaltungsaktes unabhängig davon nach den Vorschriften der Abgabenordnung, im konkreten Fall also nach § 173 Abs. 1 AO richte.[1965] Lässt dieser eine Korrektur zu, stehe dem folglich § 79 Abs. 2 BVerfGG nicht entgegen. *v. Groll* sieht in § 79 Abs. 2 S. 1 BVerfGG eine generelle Wertentscheidung, dass schon die abschließende Regelung eines Einzelfalles im Interesse des Rechtsfriedens ihre Rechtsgeltung nicht dadurch verliert, dass die Regelung, auf der sie basiert, verfassungswidrig ist, sodass qualitativ geringere Verstöße wie eine geänderte rechtliche Beurteilung erst recht in Abwägung mit dem Rechtsfrieden hintanstehen.[1966] *Krebs* ist darin zuzustimmen, dass § 79 Abs. 2 S. 1 BVerfGG es jedenfalls nicht verbietet, dass eine spezialgesetzliche Regelung bei einer verfassungswidrigen Ermächtigungsgrundlage die Bestandskraft trotzdem durchbricht.[1967]

1963 So *Krebs*, AO-StB 2005, 77, 78, zur Auffassung des Großen Senats („Fehlinterpretation") und *v. Groll*, in: Hübschmann/Hepp/Spitaler, AO/FGO, § 173 AO Rn. 126 (Stand: September 2017) und dort Fn. 6, zur Auffassung von *Krebs* („offensichtlich […] missverstanden").

1964 § 79 Abs. 2 BVerfGG ist analog auf Unvereinbarkeitserklärungen des Bundesverfassungsgerichts anzuwenden, siehe BVerfG v. 21.5.1974, 1 BvL 22/71 u.a., BVerfGE 37, 217, 262 f.; BVerfG v. 7.5.2013, 2 BvR 909/06 u.a., BVerfGE 133, 377, 423; siehe auch *Karpenstein*, in: Walter/Grünewald, BeckOK BVerfGG (Stand: 1.1.2020), § 79 Rn. 39 f. m.w.N.; *Seer*, DStR 1993, 307, 312.

1965 *Krebs*, AO-StB 2005, 77, 79.

1966 *v. Groll*, in: Hübschmann/Hepp/Spitaler, AO/FGO, § 173 AO Rn. 126 (Stand: September 2017).

1967 *Karpenstein*, in: Walter/Grünewald, BeckOK BVerfGG (Stand: 1.1.2020), § 79 Rn. 40; *Neckels*, in: DStZ 1993, 321, 330; *Seer*, DStR 1993, 307, 309; *Wernsmann*, Das gleichheitswidrige Steuergesetz, S. 24.

Das ist aber nicht der maßgebliche Punkt, denn eine solche Norm gibt es in der Abgabenordnung nicht und es besteht auch keine Korrekturpflicht von Steuerbescheiden wegen einer zugrundeliegenden verfassungswidrigen Norm.[1968] Vielmehr spricht die Tatsache, dass der Gesetzgeber eine solche, die materielle Bestandskraft durchbrechende Norm[1969] in der Abgabenordnung nicht vorgesehen hat,[1970] dafür, dass bei Auslegung der bestehenden Normen die gesetzgeberische Grundentscheidung zu berücksichtigen ist: Wenn schon nicht die schwerwiegende Nichtigkeit der Rechtsgrundlage die materielle Bestandskraft eines Steuerbescheides durchbricht, soll dies erst recht nicht bei einer bloßen Änderung der Rechtsanwendung möglich sein. Daher ist sich der Auffassung des Großen Senates und *v. Groll* in diesem Punkt anzuschließen.[1971] Somit lässt sich aus § 79 Abs. 2 BVerfGG eine Wertung herleiten, die für ein Merkmal der Rechtserheblichkeit streitet.

d. *Klarstellung durch Aufnahme der Rechtserheblichkeit in § 173a und § 175b AO?*

In den Tatbestand des durch das Gesetz zur Modernisierung des Besteuerungsverfahrens[1972] eingeführten § 173a AO[1973] wurde das Merkmal der Rechtserheblichkeit ausdrücklich aufgenommen. Eine Korrektur des Steuerbescheides

---

1968 So unausgesprochen vorausgesetzt von BVerfG v. 25.9.1992, 2 BvL 5/91 u.a., BVerfGE 87, 153, 180, denn ansonsten ergäbe die dort vorgenommene Differenzierung zwischen rechtsförmig anhängigen und abgeschlossenen Verfahren keinen Sinn; zustimmend *Wernsmann*, Das gleichheitswidrige Steuergesetz, S. 22.

1969 Anders hingegen in den Fällen der §§ 164, 165 AO, die die materielle Bestandskraft nicht bzw. nur partiell eintreten lassen und auch die entsprechende Korrektur ermöglichen, wenn eine Norm nachträglich als verfassungswidrig erkannt worden ist, sowie in den Fällen, in denen die formelle Bestandskraft wegen der Beschreitung des außergerichtlichen bzw. gerichtlichen Rechtsbehelfsverfahrens verhindert worden ist, siehe *Neckels*, DStZ 1993, 321, 330; siehe explizit für § 165 AO *Seer*, DStR 1993, 307, 309.

1970 Im Ergebnis ebenso *Seer*, DStR 1993, 307, 313; *Wernsmann*, Das gleichheitswidrige Steuergesetz, S. 23, der sich allerdings, a.a.O., S. 24-27, auch die Frage stellt, ob nicht eine Ungleichbehandlung durch Weitergeltung der verfassungswidrigen Norm in Betracht kommt, dies aber unter dem Gesichtspunkt der Rechtsfortbildung *contra legem* und der Tatsache, dass der Kläger dann von seiner erstrittenen Entscheidung nicht profitieren könnte und ggf. dennoch auf den Kosten sitzen bliebe, kritisch sieht.

1971 Siehe auch *Neckels*, DStZ 1993, 321, 330.

1972 BGBl. I 2016, 1679.

1973 Siehe zur Fehlerkorrektur durch § 173a AO noch unten 5. Teil C. VI.

nach § 173a AO ist dann möglich, wenn dem Steuerpflichtigen in seiner Steuererklärung Schreib- oder Rechenfehler unterlaufen sind und er deshalb der Finanzbehörde bestimmte, nach den Verhältnissen zum Zeitpunkt des Erlasses des Steuerbescheides rechtserhebliche Tatsachen unzutreffend mitgeteilt hat. Der Gesetzgeber ließ sich in diesem Zuge dazu verleiten, in den Gesetzesmaterialien unter Bezugnahme auf die Rechtsprechung des Bundesfinanzhofs[1974] zur Rechtserheblichkeit bei § 173 AO klarzustellen, dass § 173a AO „nämlich – ebenso wie § 173 AO – nicht den Sinn [hat], dem Steuerpflichtigen das Risiko eines Rechtsbehelfsverfahrens dadurch abzunehmen, dass ihm gestattet wird, sich auf Tatsachen gegenüber dem Finanzamt erst dann zu berufen, wenn etwa durch eine spätere Änderung der Rechtsprechung eine Rechtslage eintritt, die eine bisher nicht oder nicht zutreffend vorgetragene Tatsache nunmehr als relevant erscheinen lässt."[1975] Auch wenn nicht deutlich wird, welches „Risiko" der Steuerpflichtige mit einem außergerichtlichen Rechtsbehelfsverfahren eingeht – damit kann wegen der Kostenfreiheit des Einspruchsverfahrens jedenfalls kein monetäres durch Verfahrensgebühren gemeint sein[1976] – gibt die Aussage dennoch deutlich die heutige Auffassung des Gesetzgebers wieder.

Wiederholt hat der Gesetzgeber diese Gedanken im Gesetzgebungsverfahren im Zuge der Einführung des § 175b Abs. 4 AO durch das Steuerumgehungsbekämpfungsgesetz[1977]. § 175b AO ermöglicht – grob gesagt – eine Korrektur bezüglich der von Dritten übermittelten Daten i.S.d. § 93c AO, damit diese sachlich zutreffend in der Steuererklärung berücksichtigt werden können.[1978] Der Gesetzgeber möchte eine Korrektur aber nur dann ermöglichen, wenn die Daten bereits bei der ursprünglichen Steuerfestsetzung bei der zu diesem Zeitpunkt geltenden Rechtslage berücksichtigt worden wären.[1979] Daher soll gem. § 175b Abs. 4 AO eine Korrektur nur dann möglich sein, wenn die Daten zum Zeitpunkt der ursprünglichen Festsetzung rechtserheblich waren, also von der Finanzbehörde steuerändernd berücksichtigt worden wären.[1980] Der Begriff

---

1974 Explizit genannt wird die Entscheidung des BFH v. 22.4.2010, VI R 40/07, BStBl. II 2010, 951.

1975 BT Drucks. 18/7457, S. 88.

1976 Mit Blick auf bei dem Steuerpflichtigen entstehende Arbeits- oder Beratungskosten könnte man ein solches Risiko aber begründen.

1977 BGBl. I 2017, 1682.

1978 Siehe dazu oben 2. Teil B. IX. 2. c.

1979 BT Drucks. 18/12127, S. 55.

1980 Siehe BT Drucks. 18/12127, S. 54 f.; siehe dazu auch *v. Groll*, in: Hübschmann/Hepp/Spitaler, AO/FGO, § 175 AO Rn. 26 f. (Stand: April 2018); *v. Wedelstädt*, in: Gosch,

der Rechtserheblichkeit soll nach dem gesetzgeberischen Willen „dem von der Rechtsprechung zu § 173 AO entwickelten und auch in § 173a AO ausdrücklich verwendeten Begriff“[1981] entsprechen.

Die wiederholte Bezugnahme auf das von der Rechtsprechung entwickelte Tatbestandsmerkmal der Rechtserheblichkeit ist Indiz dafür, dass sich der Wille des heutigen Gesetzgebers zu der oben gefundenen Interpretation hin verdichtet, er nur deshalb von einer Änderung des Wortlautes von § 173 AO absieht, da er die durch die Rechtsprechung vorgenommene Einschränkung für ausreichend hält. Somit kann jedenfalls die Diskussion um das ungeschriebene Tatbestandsmerkmal der Rechtserheblichkeit in § 173 Abs. 1 AO dem Grunde nach zugunsten des Merkmals als abgeschlossen bezeichnet werden.[1982]

e. *Hypothetische Entscheidung der Finanzbehörde als Vergleichsmaßstab*

Bejaht man die Erforderlichkeit der Rechtserheblichkeit der Tatsache als ungeschriebenes Tatbestandsmerkmal bei § 173 Abs. 1 AO dem Grunde nach, ist im Anschluss zu klären, nach welchen Kriterien die Kausalität zwischen nachträglichem Bekanntwerden der Tatsache und der unrichtigen Steuerfestsetzung zu bestimmen ist. Dabei ist zwischen der Frage, mit welchem Wahrscheinlichkeitsgrad eine andere Steuerfestsetzung durchgeführt worden wäre, und der Frage, anhand welcher Kriterien der Inhalt der hypothetischen Entscheidung bestimmt wird, zu unterscheiden.

Zur ersten Frage hatte der Große Senat in seiner Entscheidung zwei Formeln dargeboten, die er nebeneinanderstellt: Zum einen soll Rechtserheblichkeit dann gegeben sein, wenn die Finanzbehörde „schon bei der ursprünglichen Veranlagung mit an Sicherheit grenzender Wahrscheinlichkeit zu einer anderen Steuer gelangt wäre“[1983]. Zum anderen sei die Rechtserheblichkeit zu verneinen, wenn die Finanzbehörde „auch bei rechtzeitiger Kenntnis der Tatsache schon bei der ursprünglichen Veranlagung mit an Sicherheit grenzender Wahrscheinlichkeit zu keiner anderen Steuer gelangt wäre“[1984]. Je nachdem, welcher Satz angewendet

---

AO/FGO, § 175b AO Rn. 39 (Stand: Januar 2018); *Loose*, in: Tipke/Kruse, AO/FGO, § 175b AO Rn. 15 (Stand: Oktober 2017).

1981 BT Drucks. 18/12127, S. 54.

1982 Ebenso *Wernthaler*, Korrektur im digitalisierten Besteuerungsverfahren, S. 237; a.A. *Loose*, in: Tipke/Kruse, AO/FGO, § 173a AO Rn. 9 (Stand: September 2020).

1983 BFH v. 23.11.1987, GrS 1/86, BStBl. II 1988, 180 Rn. 33.

1984 BFH v. 23.11.1987, GrS 1/86, BStBl. II 1988, 180 Rn. 40.

wird, ändert sich der Betrachtungswinkel:[1985] Im Falle des ersten Satzes reicht bereits die bloße Möglichkeit, dass die Finanzbehörde zu keiner anderen Steuer gelangt, aus, um die Rechtserheblichkeit zu verneinen. Bei Anwendung des zweiten Satzes ist die Rechtserheblichkeit zu bejahen, wenn nur die Möglichkeit besteht, dass die Finanzbehörde zu einer anderen Steuerfestsetzung gelangt wäre. Für einen Steuerpflichtigen, der die Rechtserheblichkeit einer die steuerliche Bemessungsgrundlage mindernden Tatsache behauptet, ist das Beweismaß, mit dem die Rechtserheblichkeit feststehen muss, geringer, wenn er sich isoliert auf den zweiten Satz beruft und somit lediglich die Möglichkeit nachgewiesen werden muss, dass die Finanzbehörde zu einer anderen Steuer gelangt wäre. Die Finanzbehörde müsste nachweisen, dass sie mit an Sicherheit grenzender Wahrscheinlichkeit zu keiner anderen Steuer gelangt wäre, sieht sich also einem höheren Beweismaß gegenüber. Beruft sich die Finanzbehörde auf den ersten Satz, reichte es für das Ablehnen der Rechtserheblichkeit aus, dass bloß die Möglichkeit besteht, dass die Finanzbehörde zu keiner anderen Entscheidung gekommen wäre, das Beweismaß wäre also wieder abgesenkt. Beide Sätze aus der Entscheidung des Großen Senats führen hier auf den ersten Blick zu unterschiedlichen Ergebnissen.[1986] Daher leiten auch die Literatur und die Rechtsprechung unterschiedliche Folgen aus dem Urteil ab: Entweder weisen sie dem ersten Satz in der Entscheidung des Großen Senats eine höhere Bedeutung zu[1987] oder dem zweiten

---

1985 Siehe dazu die zutreffenden Formulierungen bei *Graw/Loose*, AO-StB 2008, 336, 339; weniger deutlich aber bei *Loose*, AO-StB 2013, 313, 314, wo es den Eindruck macht, dass in beiden Fällen die Möglichkeit einer anderen Entscheidung die Rechtserheblichkeit entfallen lassen würde. Jedenfalls dann, wenn man darauf abstellt, dass die *Rechtserheblichkeit* einer nachträglich bekannt gewordenen Tatsache *verneint* wird, wenn die Finanzbehörde auch bei rechtzeitiger Kenntnis der Tatsache schon bei der ursprünglichen Veranlagung mit an Sicherheit grenzender Wahrscheinlichkeit zu keiner anderen Steuer gelangt wäre (zweite Aussage des BFH v. 23.11.1987, GrS 1/86, BStBl. II 1988, 180 Rn. 40), reicht die bloße Möglichkeit einer anderen Festsetzung durch die Finanzbehörde bei ursprünglicher Kenntnis des Sachverhaltes aus, um die Rechtserheblichkeit zu bejahen.

1986 Von einer zu Missverständnissen führenden Formulierung spricht *Pfützenreuter*, EFG 2008, 1349, 1349.

1987 BFH v. 15.12.1999, XI R 22/99 Rn. 4; BFH v. 20.6.2001, VI R 70/00 Rn. 10; BFH v. 14.9.2005, VI R 18/03 Rn. 4; BFH v. 13.4.2010, IX R 10/09 Rn. 10; *Frotscher*, in: Schwarz/Pahlke, AO/FGO, § 173 AO Rn. 74a (Stand: Februar 2018); *Wernthaler*, Korrektur im digitalisierten Besteuerungsverfahren, S. 238, unter Berufung auf die Regierungsbegründung zu § 173a AO in BT Drucks. 18/7457, S. 87.

Satz[1988].[1989] Begreift man die beiden vom Großen Senat genutzten Sätze als Ausprägungen des steuerlichen Beweismaßes, ist eine Auflösung des Widerspruchs durchaus möglich, wenn man sich auf die Grundsätze des Beweismaßes im Steuerverfahren rückbesinnt.[1990] Im Steuerverfahren ist die Frage, ob eine Korrektur nach § 173 Abs. 1 AO durchgeführt wird, nicht im Massenverfahren verortet, sondern Einzelfallentscheidung, sodass eine Absenkung des Beweismaßes, wie es oben auf der ersten Stufe des zweistufigen Verifikationsprinzips dargestellt worden ist,[1991] nicht in Frage kommt.[1992] Vielmehr ist grundsätzlich auf das Regelbeweismaß der an Sicherheit grenzenden Wahrscheinlichkeit abzustellen.[1993] Das bedeutet, dass die Rechtserheblichkeit stets zu verneinen wäre, wenn nicht mit an Sicherheit grenzender Wahrscheinlichkeit nachgewiesen werden könnte, dass die Finanzbehörde bereits bei der ursprünglichen Festsetzung zu einem anderen steuerlichen Ergebnis gelangt wäre, wenn ihr die Tatsache bekannt gewesen wäre. Während dieses Ergebnis im Anwendungsbereich des § 173 Abs. 1 Nr. 1 AO zuungunsten des Steuerpflichtigen einleuchtet und die an die Finanzbehörde gestellte Anforderung auch durch diese umsetzbar ist, da die dazu notwendigen Informationen sich allesamt in ihrer Sphäre befinden,[1994] erscheint eine entsprechende Anwendung im Bereich des § 173 Abs. 1 Nr. 2 AO bei Korrekturen zugunsten des Steuerpflichtigen aus dem Blickwinkel der

---

1988 *v. Wedelstädt*, in: Gosch, AO/FGO, § 173 AO Rn. 27.1 (Stand: August 2019); *v. Groll*, in: Hübschmann/Hepp/Spitaler, AO/FGO, § 173 AO Rn. 129 f. (Stand: September 2017); *Rüsken*, in: Klein, AO, § 173 AO Rn. 71; BFH v. 14.12.1994, XI R 80/92, BStBl. II 1995, 293; BFH v. 13.5.1998, II R 67/96 Rn. 14; BFH v. 29.7.1998, II R 39/96 Rn. 20; FG Düsseldorf v. 5.5.2008, 17 K 692/07 E, EFG 2008, 1346 Rn. 26, 28; FG Hamburg v. 17.1.2012, 2 K 132/11 Rn. 33; BFH v. 25.1.2017, I R 79/15, BStBl. II 2017, 780 Rn. 12.

1989 Eine Ausnahme bilden *Graw/Loose*, AO-StB 2008, 336, 339 f., und *Loose*, in: Tipke/Kruse, AO/FGO, § 173 AO Rn. 57a (Stand: September 2020), die versuchen, beide Sätze unter Heranziehung des allgemeinen Beweismaßes im Steuerrecht zusammenzuführen; ebenso offen gelassen unter Heranziehung beider Entscheidungssätze des Großen Senats BFH v. 22.4.2010, VI R 27/08 Rn. 13.

1990 Siehe dazu oben 2. Teil A. III. 3.

1991 Siehe oben 2. Teil A. III. 2.

1992 Zutreffend *v. Wedelstädt*, in: Gosch, AO/FGO, § 173 AO Rn. 30.2 (Stand: August 2019); im Ergebnis identisch *Graw/Loose*, AO-StB 2008, 336, 340.

1993 Ebenso *Graw/Loose*, AO-StB 2008, 336, 340; *v. Wedelstädt*, in: Gosch, AO/FGO, § 173 AO Rn. 30.2 (Stand: August 2019).

1994 *Graw/Loose*, AO-StB 2008, 336, 340; *Loose*, AO-StB 2013, 313, 315; *ders.*, in: Tipke/Kruse, AO/FGO, § 173 AO Rn. 57a (Stand: September 2020); *v. Wedelstädt*, in: Gosch, AO/FGO, § 173 AO Rn. 30.2 (Stand: August 2019).

Sphärenverantwortlichkeit ungerecht[1995]. Tatsächlich wird man das Beweismaß der Rechtserheblichkeit im Fall des § 173 Abs. 1 Nr. 2 AO vor dem Hintergrund der Sphärenverantwortlichkeit daher reduzieren müssen, um auf diese Weise berücksichtigen zu können, dass der Steuerpflichtige nicht in der Lage ist, zu beurteilen, welche Überlegungen bei Erlasslage in der Finanzbehörde getätigt worden sind.[1996] Eine Absenkung des Beweismaßes ist – dann wiederum in Übereinstimmung mit der Wertung des Großen Senates in seiner zweiten Formel – so vorzunehmen, dass es aus Sicht des Steuerpflichtigen ausreicht, in den Fällen des § 173 Abs. 1 Nr. 2 AO nachzuweisen, dass die bloße Möglichkeit einer anderen Steuerfestsetzung bestand.[1997] Infolgedessen sinkt wegen des Komplementärverhältnisses zwischen Beweismaß und Beweislast[1998] der Raum für eine Entscheidung zulasten des Steuerpflichtigen.

Bei der zweiten Frage nach den Kriterien für die Beurteilung der hypothetischen Entscheidung der Finanzbehörde dem Inhalt nach, wird zwischen einer objektiven Beurteilung und einer subjektiven Beurteilung unterschieden. Nach der objektiven Beurteilung ist die hypothetische Entscheidung der Finanzbehörde anhand der Gesetzeslage, der Rechtsprechung des Bundesfinanzhofs und der die Finanzbehörde bindenden Verwaltungsanweisungen, ggf. auch unter Einbeziehung von konkreten Einzelanweisungen, durchzuführen.[1999] Die von

---

1995 *Graw/Loose*, AO-StB 2008, 336, 340; *Loose*, AO-StB 2013, 313, 315.

1996 *Graw/Loose*, AO-StB 2008, 336, 340; *Loose*, AO-StB 2013, 313, 315; *ders.*, in: Tipke/Kruse, AO/FGO, § 173 AO Rn. 57a (Stand: September 2020); *v. Wedelstädt*, in: Gosch, AO/FGO, § 173 AO Rn. 30.3 (Stand: August 2019).

1997 *Graw/Loose*, AO-StB 2008, 336, 340; *Loose*, AO-StB 2013, 313, 315; *ders.*, in: Tipke/Kruse, AO/FGO, § 173 AO Rn. 57a (Stand: September 2020); *v. Wedelstädt*, in: Gosch, AO/FGO, § 173 AO Rn. 30.3 (Stand: August 2019), allerdings beschränkt auf den Fall, dass keine gefestigte Rechtsprechung besteht; a.A. wohl *Wernthaler*, Korrektur im digitalisierten Besteuerungsverfahren, S. 238, unter Berufung auf die Regierungsbegründung zu § 173a AO in BT Drucks. 18/7457, S. 87.

1998 Siehe oben 3. Teil A. IV. 2.

1999 *Loose*, in: Tipke/Kruse, AO/FGO, § 173 AO Rn. 57b (Stand: September 2020) m.w.N.; *v. Wedelstädt*, in: Gosch, AO/FGO, § 173 AO Rn. 31 (Stand: August 2019) m.w.N.; *v. Groll*, in: Hübschmann/Hepp/Spitaler, AO/FGO, § 173 AO Rn. 128 (Stand: September 2017) m.w.N.; so auch die Äußerungen im Gesetzgebungsverfahren zur Modernisierung des Besteuerungsverfahrens und zum Steuerumgehungsbekämpfungsgesetz, siehe BT Drucks. 18/7457, S. 87 f. und BT Drucks. 18/12127, S. 54. Bei umstrittenen Rechtsfragen können Parallelentscheidungen zur Wertung herangezogen werden, siehe *v. Wedelstädt*, a.a.O.; *Loose*, a.a.O., weist darauf hin, dass ohne konkrete Weisungen an den Sachbearbeiter die Möglichkeit einer anderen Entscheidung häufig jedoch nicht auszuschließen sei, sodass im Fall des § 173 Abs. 1

dem Großen Senat vorgesehene Ursächlichkeit der nachträglich bekannt gewordenen Tatsache bzw. des nachträglich bekannt gewordenen Beweismittels für eine andere Steuerfestsetzung[2000] fordert bei einer hypothetischen Betrachtung der Entscheidung der Finanzbehörde auch die Einbeziehung des Sachbearbeiters sowie seiner konkreten Fähigkeiten und damit ein subjektives Element.[2001] Die von der Rechtsprechung ohne weitere Begründung geäußerte Annahme, dass das Finanzamt grundsätzlich die nach der rechtlichen Lage zutreffende Entscheidung im Sachverhalt getroffen hätte,[2002] wird in der Literatur kritisiert[2003] und als Abkehr von den Wurzeln des Grundsatzes der Ursächlichkeit bzw. Rechtserheblichkeit verurteilt[2004]. Unter Berücksichtigung der Schwierigkeit der Ermittlung des subjektiven Elementes, spricht aber nichts dagegen, soweit nicht andere Anhaltspunkte vorliegen, mit der Rechtsprechung davon auszugehen, dass der Sachbearbeiter *de lege artis* über den Sachverhalt entschieden hätte.

f. Ergebnis

Das von großen Teilen der Literatur und der Rechtsprechung dem § 173 Abs. 1 AO hinzugefügte ungeschriebene Tatbestandsmerkmal der Rechtserheblichkeit dient der Sicherstellung, dass lediglich das nachträgliche Bekanntwerden von Tatsachen und Beweismitteln, nicht aber eine geänderte Rechtsauffassung primär ausschlaggebend für eine Korrektur sind. Der Vergleich mit den übrigen Korrekturvorschriften für Steuerbescheide und ihnen gleichgestellte Verwaltungsakte hat gezeigt, dass die Korrektur von Rechtsfehlern in Steuerbescheiden – soweit nicht geschriebene Ausnahmen bestehen – nicht durch Korrekturnormen, sondern in außergerichtlichen Rechtsbehelfsverfahren und gerichtlichen Verfahren

---

Nr. 2 AO in diesen Fällen die Rechtserheblichkeit zu bejahen ist. Zur Beurteilung bei Einzelweisungen, etwa durch den Sachgebietsleiter, siehe BFH v. 10.3.1999, II R 99/97, BStBl. II 1999, 433 Rn. 12-14.

2000 BFH v. 23.11.1987, GrS 1/86, BStBl. II 1988, 180 Rn. 38.

2001 So etwa *Martens*, StuW 1989, 365, 368.

2002 BFH v. 23.11.1987, GrS 1/86, BStBl. II 1988, 180 Rn. 40 unter Berufung auf BFH v. 13.4.1972, IV R 27/70, BStBl. II 1972, 648 Rn. 4; BFH v. 14.12.1994, XI R 80/92, BStBl. II 1995, 293 Rn. 13; BFH v. 19.6.2013, II R 5/11, BStBl. II 2013, 926 Rn. 28; BFH v. 25.1.2017, I R 79/15, BStBl. II 2017, 780 Rn. 12.

2003 *Mittmann*, DStZ 1989, 505, 506; *v. Groll*, in: Hübschmann/Hepp/Spitaler, AO/FGO, § 173 AO Rn. 129 (Stand: September 2017); a.A. wohl *Günther*, AO-StB 2010, 337, 338 f.

2004 *Martens*, StuW 1989, 365, 368, sieht gar die Ursächlichkeit als Anforderung wie der Große Senat sie aufgestellt hat „vom Tisch“.

umgesetzt wird. Weiterhin stritten der Vergleich mit § 79 Abs. 2 BVerfGG sowie die Gesetzesmaterialien zu § 173a AO und § 175b Abs. 4 AO für die Rechtserheblichkeit als teleologisch reduzierendes Korrektiv. Bei der Beantwortung der Frage, wie die hypothetische Entscheidung der Finanzbehörde zum Zeitpunkt der ursprünglichen Steuerfestsetzung zu ermitteln ist, ist auf die zu diesem Zeitpunkt geltenden Gesetze, Urteile des Bundesfinanzhofs und die den Bearbeiter bindenden Verwaltungsvorschriften abzustellen. Das Beweismaß wird bei der Frage, ob eine Tatsache oder ein Beweismittel rechtserheblich ist, sphärenorientiert gespalten: Zugunsten des Steuerpflichtigen wird das Beweismaß bei § 173 Abs. 1 Nr. 2 AO auf die bloße Möglichkeit einer anderen Steuerfestsetzung reduziert, der Raum für eine Beweislastentscheidung zulasten des Steuerpflichtigen daher verringert, während im Bereich des § 173 Abs. 1 Nr. 1 AO die Finanzbehörde weiterhin an das Regelbeweismaß der an Sicherheit grenzenden Wahrscheinlichkeit gebunden ist.

5. *Korrektur mechanischer Fehler*

Unterläuft dem Steuerpflichtigen ein mechanischer Fehler dergestalt, dass er sich bei der Eingabe einer für die Steuerberechnung erheblichen Zahl oder eines für die Steuerberechnung erheblichen Wortes in das Steuererklärungsformular vertippt, verschreibt, verklickt oder es zu einem Zahlendreher kommt, wird durch die Mitteilung dieses Tipp-, Klick-, Schreib-, oder Rechenfehlers der Finanzbehörde eine neue Tatsache i.S.d. § 173 Abs. 1 AO bekannt[2005] – und zwar unabhängig davon, ob man der Auffassung ist, dass bereits durch die ursprüngliche Erklärung der Finanzbehörde eine Tatsache bekannt wird oder diese erstmalig durch die Erläuterung bei Anzeige des Tippfehlers erfolgt. Dies ergibt sich daraus, dass der Lebenssachverhalt durch Worte und Zahlen mitgeteilt wird und auch die Höhe oder Art einer Einnahme oder einer Ausgabe beinhaltet, die bei dem Vorliegen eines mechanischen Fehlers der Finanzbehörde erst nachträglich bekannt wird.[2006] Voraussetzung für das nachträgliche Bekanntwerden der

---

2005 Ebenso *Wernthaler*, Korrektur im digitalisierten Besteuerungsverfahren, S. 235; *Wernsmann*, in: Hübschmann/Hepp/Spitaler, AO/FGO, § 129 AO Rn. 74 (Stand: Mai 2017); *Seer*, in: Tipke/Kruse, AO/FGO, § 129 AO Rn. 15 (Stand: Oktober 2015); a.A. *Zaumseil*, AO-StB 2012, 311, 314, der dann aber eine analoge Anwendung des § 173 Abs. 1 Nr. 2 AO vorschlägt; diese ist bei der hier vertretenen Auffassung nicht notwendig, es bestehen dazu bereits Zweifel an der planwidrigen Regelungslücke.

2006 Übernommen wurde diese Wertung zudem in den Gesetzestext des § 173a AO, nach dem auch durch Schreib- oder Tippfehler rechtserhebliche Tatsachen unzutreffend mitgeteilt werden können.

Tatsache ist freilich, dass die Finanzbehörde nicht von anderer Stelle von dem Sachverhalt Kenntnis erlangt.

Aber nicht nur Zahlenwerte können durch ein mechanisches Versehen unzutreffend mitgeteilt werden. Mechanische Fehler umfassen auch sonstige Fehler, bei denen keine rechtliche Fehlleistung vorliegt, sondern der Fehler in einem unbewussten, gedankenlos-gewohnheitsmäßigen, unwillkürlichen Vertun besteht.[2007] In Frage kommt das Verklicken in Drop-Down-Menüs, das Verwechseln von verschiedenen Worten, Zahlen oder Vorgängen. Dadurch können ebenfalls Sachverhalte unvollständig oder überhaupt nicht mitgeteilt werden, sodass sie für die Finanzbehörde erst bei späterer Anzeige erstmalig und nachträglich bekannt werden.

Es stellt sich bei der Änderung gem. § 173 Abs. 1 Nr. 2 AO aber die Frage, ob dem Steuerpflichtigen nicht grobes Verschulden vorzuwerfen ist, wenn ihm ein mechanischer Fehler unterläuft, der Steuerpflichtige also die ihm nach seinen persönlichen Fähigkeiten und Verhältnissen zumutbare Sorgfalt in ungewöhnlichem Maße verletzt hat.[2008] Ein mechanischer Fehler ist etwas, das in jedem noch so organisierten und konzentrierten Arbeitsablauf geschehen kann bzw. sogar üblicherweise vorkommt und mit dem immer gerechnet werden muss, ohne dass dies in irgendeiner Art als eine grobe Sorgfaltspflichtverletzung anzusehen ist.[2009] Dementsprechend erreicht ein mechanischer Fehler den für das grobe Verschulden notwendigen Verschuldensgrad nicht.

Fraglich ist allerdings, ob eine fehlende oder unzureichende Kontrolle des von einem mechanischen Fehler betroffenen Abschnittes in der Steuererklärung als grob verschuldet angesehen werden kann. Dass die Beurteilung, ob ein grobes Verschulden i.S.d. § 173 Abs. 1 Nr. 2 AO bei Vorliegen eines mechanischen

2007 Siehe die Nachweise in Fn. 1745.

2008 Siehe oben 5. Teil C. III. 3. b.

2009 BFH v. 4.2.1998, XI R 47/97 Rn. 10; BFH v. 10.2.2015, IX R 18/14, BStBl. II 2017, 7 Rn. 16; FG Münster v. 15.2.2018, 8 K 1923/15 F, EFG 2018, 801 Rn. 78; *Schick*, StuW 1988, 301, 332, spricht von „normalen“ Fehlern, die jedem unterlaufen können; *Loose*, in: Tipke/Kruse, AO/FGO, § 173 AO Rn. 78 (Stand: September 2020) m.w.N.; *v. Wedelstädt*, in: Gosch, AO/FGO, § 173 AO Rn. 31 (Stand: August 2019) m.w.N.; *v. Groll*, in: Hübschmann/Hepp/Spitaler, AO/FGO, § 173 AO Rn. 281 (Stand: September 2017) m.w.N.; enger BFH v. 10.2.2015, IX R 18/14, BStBl. II 2017, 7 Rn. 16: „Bei unbewussten – mechanischen – Fehlern, die selbst bei sorgfältiger Arbeit nicht zu vermeiden sind, kann grobe Fahrlässigkeit – nicht stets, aber im Einzelfall – ausgeschlossen sein“; ähnlich schon FG Münster v. 23.1.2014, 8 K 2198/11 F, EFG 2014, 1748 Rn. 62.

Fehlers gegeben ist, nicht allein an dem Merkmal „mechanischer Fehler" festgemacht werden kann, ergibt sich zunächst aus der genannten, wohl allgemeinen Erkenntnis, dass mechanische Fehler immer vorkommen können, und es daher bereits aus diesem Gedanken folgend einer Kontrolle der erstellten Steuererklärung vor Übermittlung an die Finanzbehörde bedarf. Außerdem wurde oben zwar die Auffassung vertreten, dass die ausdrückliche Wahrheitsversicherung in der Steuererklärung überflüssig sei und keinen eigenen Zweck verfolge, weil sich die Pflicht des Steuerpflichtigen zur Erklärung nach bestem Wissen und Gewissen bereits aus § 150 Abs. 2 S. 1 AO ergebe und die Unterschrift unter der Steuererklärung die Warnfunktion erfülle.[2010] Das bedeutet aber nicht, dass dadurch die dahinterstehende Pflicht, Angaben in der Steuererklärung nach bestem Wissen und Gewissen zu tätigen, aufgehoben oder eingeschränkt wird. Vielmehr lässt sich die Erstellung nach bestem Wissen und Gewissen i.S.d. § 150 Abs. 2 AO nicht auf das bloße Übertragen bzw. Eintragen von Zahlen und Worten beschränken, sondern fordert insbesondere dort eine Kontrolle, wo mechanische Fehler üblicherweise auftreten.[2011] Folglich wird man den Prozess zur Erfüllung der Steuererklärungspflicht nicht bloß auf das Tätigen von Eintragungen in die Felder des Steuererklärungsformulars reduzieren können, sondern den gesamten Entstehungsprozess des Produktes „Steuererklärung" betrachten müssen, um die Frage eines groben Verschuldens auch bei einem nur mechanischen Fehler beurteilen zu können. Das Gesamtprodukt „Steuererklärung" lässt sich für die Untersuchung des Verschuldens in drei Abschnitte oder Phasen gliedern:[2012] Erstens eine Vorbereitungsphase, die der Eintragung in das Formular der Steuererklärung vorgelagert ist und in der es um die Einordnung und Sortierung der Sachverhalte bzw. der Unterlagen geht; ggf. umfasst diese Phase eine Subsumtion von Sachverhalten unter das Gesetz durch den Steuerpflichtigen oder seinen steuerlichen Berater.[2013] Zweitens die

---

2010 Siehe oben 2. Teil B. VI. 2. b.

2011 Ähnlich BFH v. 21.4.1998, BStBl. II 1998, 863 Rn. 24; a.A. *Zaumseil*, AO-StB 2012, 311, 315.

2012 Siehe dazu insgesamt FG Münster v. 15.2.2018, 8 K 1923/15 F, EFG 2018, 801 Rn. 83-98, das allerdings eine vierte Phase nach Ergehen des Steuerbescheides vorsieht. Auf diese vierte Phase wird hier nicht weiter eingegangen, da dieser Zeitraum als für die Beurteilung des groben Verschuldens nicht mehr maßgeblich angesehen worden ist, siehe 5. Teil C. III. 3. d.

2013 FG Münster v. 15.2.2018, 8 K 1923/15 F, EFG 2018, 801 Rn. 83; ähnlich auch schon BFH v. 10.2.2015, IX R 18/14, BStBl. II 2017, 7 Rn. 24.

Phase, in der die Steuererklärung durch Eintragungen mit Inhalt gefüllt wird.[2014] An dritter Stelle folgt eine Verifikations- bzw. Überprüfungsphase, in der die eingegebenen Daten vor Übermittlung an die Finanzbehörde auf ihre Vollständigkeit und Richtigkeit hin kontrolliert werden.[2015] Für die Prüfung des groben Verschuldens bei Vorliegen eines mechanischen Fehlers in der Steuererklärung bedeutet dies: Das fehlende Verschulden des mechanischen Fehlers in der zweiten Phase, der Eintragungsphase, kann durch ein grobes Verschulden in der dritten Phase, der Verifikations- bzw. Überprüfungsphase, überlagert werden, sodass im Ergebnis ein Korrekturhindernis trotz mechanischen Fehlers eintreten kann. Es ist folglich im Einzelfall nicht nur zu prüfen, ob ein mechanischer Fehler vorliegt, sondern auch, ob dieser nicht bei Beachtung der nach den persönlichen Fähigkeiten und Verhältnissen zumutbaren Sorgfalt in gewöhnlichem Maße bei Verifikation der Angaben in der Steuererklärung hätte auffallen müssen.[2016] Die Aussage, dass der klassische Schreib- oder Rechenfehler weit überwiegend nicht zu einem groben Verschulden führt,[2017] ist daher

---

2014 FG Münster v. 15.2.2018, 8 K 1923/15 F, EFG 2018, 801 Rn. 84.

2015 FG Münster v. 15.2.2018, 8 K 1923/15 F, EFG 2018, 801 Rn. 85-91; in dem dem Urteil des FG Münster zugrundeliegenden Sachverhalt hatte ein Steuerberater die Steuererklärung für den Steuerpflichtigen über DATEV erstellt. Nach Eingabe der Daten in das DATEV-Programm stellt dieses dem Steuerberater eine Prüfberechnung zur Verfügung, die dem Steuerberater die Überprüfung der Daten ermöglicht. Dabei handele es sich gerade nicht um eine mechanische Tätigkeit, sondern sie erfordere ein intellektuelles Werten (a.a.O. Rn. 87). Unabhängig davon, ob das genutzte Programm eine Prüfberechnung erstellt oder nicht – die Programme ElsterFormular und Mein Elster ermöglichen dies ebenfalls – wird man für gewissenhafte Angaben in der Steuererklärung grundsätzlich verlangen können, dass in der Zusammenfassung oder Prüfberechnung eine irgendwie geartete Kontrolle der eingegebenen Daten stattfinden muss. Daher lässt sich die grundlegende Wertung des FG Münster hier durchaus verallgemeinern. Einen ähnlichen Gedanken äußert auch BFH v. 28.6.1983, VIII R 37/81, BStBl. II 1984, 2 Rn. 21, der eine Überprüfungspflicht des Steuerpflichtigen bezüglich der durch den Steuerberater erstellten Steuererklärung jedenfalls dem Grunde nach annimmt. Siehe die ähnliche Argumentation bei FG Münster v. 23.1.2014, 8 K 2198/11 F, EFG 2014, 1748 Rn. 65.

2016 So auch BFH v. 3.8.2016, X R 20/15, Rn. 28, für einen Fall des „schlichten Vergessens" (dazu im nächsten Abschnitt), bei dem grobes Verschulden vorliegen soll, wenn – offenbar nach einer Einordnung der Sachverhaltskomplexität – sich bereits bei nur flüchtiger Kontrolle des Mantelbogens der Fehler feststellen ließe.

2017 So aber *Wernthaler*, Korrektur im digitalisierten Besteuerungsverfahren, S. 257, die, a.a.O., S. 267, aber bei Fehlern, die auf „schlichtes Vergessen" zurückzuführen sind, hiesiger Auffassung folgt.

einzuschränken.[2018] Diese Gewichtung der verschiedenen Mitwirkungsphasen bei Erfüllung der Steuererklärungspflicht bringt den Vorteil mit sich, auch die teilweise divergierende – strengere[2019] – Rechtsprechung und Kritik aus der Literatur, dass die unbedingte Verknüpfung von mechanischen Versehen mit bloß leichter Fahrlässigkeit sich nicht mit dem subjektiven Verschuldensbegriff vereinbaren ließe,[2020] miteinbeziehen zu können. Denn so kann flexibel gewertet werden, ob sich das *prima facie* angenommene nur leichte Verschulden bei mechanischen Fehlern durch Einbeziehung der subjektiven Komponente in Form der Verfahrensleistungsfähigkeit – dazu noch sogleich[2021] – nicht doch in ein grobes Verschulden verkehrt, um sich nicht apodiktische Beurteilungen vorwerfen lassen zu müssen.

6. *Korrektur (schlicht) vergessener Angaben*

Vergisst[2022] der Steuerpflichtige, bestimmte Sachverhalte in der Steuererklärung anzugeben, und teilt er dies später der Finanzbehörde gemeinsam mit den Lebenssachverhalten mit, handelt es sich um neue Tatsachen i.S.d. § 173 Abs. 1 AO. Fraglich ist allerdings, wie eine vergessene Eintragung in der Steuererklärung mit Blick auf das Korrekturhindernis des groben Verschuldens zu behandeln ist. Bei vergessenen Eintragungen in der Steuererklärung lässt sich grundsätzlich zwischen einem „normalen Vergessen“ und einem sog. „schlichten Vergessen“ unterscheiden. Das sog. „schlichte Vergessen“ von Eintragungen, das zu den mechanischen Fehlern gezählt wird,[2023] grenzt sich von einem „normalen Vergessen“ dadurch ab, dass ein mechanisches Versehen prägend

---

2018 Siehe dazu aber noch unten zu § 173a AO.

2019 Siehe oben Fn. 2009 a.E.

2020 Siehe nur *v. Groll*, in: Hübschmann/Hepp/Spitaler, AO/FGO, § 173 AO Rn. 281 (Stand: September 2017).

2021 Siehe unten 5. Teil C. III. 7. c.

2022 „Vergessen“ setzt begrifflich voraus, dass der Steuerpflichtige Kenntnis von einem Sachverhalt hat oder jedenfalls hätte haben müssen; siehe für einen Fall, in dem der Steuerpflichtige noch keine Kenntnis von der Geburt seines Sohnes hatte, FG Köln v. 7.8.2002, 11 K 406/02, EFG 2003, 209 Rn. 32.

2023 BFH v. 10.2.2015, IX R 18/14, BStBl. II 2017, 7 Rn. 16; wohl auch BFH v. 5.3.2018, X B 44/17 Rn. 20; *Loose*, in: Tipke/Kruse, AO/FGO, § 173 AO Rn. 77a (Stand: September 2020); *v. Groll*, in: Hübschmann/Hepp/Spitaler, AO/FGO, § 173 AO Rn. 281 (Stand: September 2017); *v. Wedelstädt*, in: Gosch, AO/FGO, § 173 AO Rn. 87 (Stand: August 2019); differenzierend *Wernthaler*, Korrektur im digitalisierten Besteuerungsverfahren, S. 265-267.

ist, indem ein bei Vorbereitung der Steuererklärung zur Eintragung aufbereiteter Sachverhalt bzw. eine selbst ermittelte steuerliche Bemessungsgrundlage lediglich unbewusst nicht in das Steuererklärungsformular bzw. das jeweilige Eingabefeld übertragen worden ist.[2024] Prägendes Merkmal des „normalen Vergessens" ist, dass es der Steuerpflichtige in der Vorbereitungsphase zur Steuererklärung oder bereits im laufenden Steuerjahr versäumt hat, den Sachverhalt auf seine steuerliche Relevanz hin zu überprüfen und ggf. für den Zeitpunkt der Erstellung der Steuererklärung vorzuhalten, sodass er sich bis zum Zeitpunkt der Erstellung der Steuererklärung keine weiteren Gedanken zu dem Sachverhalt gemacht hatte.

Fraglich ist wieder, ob dem Steuerpflichtigen jeweils ein grobes Verschulden vorzuwerfen ist. Zu beachten ist bei unterlassenen Eintragungen die Besonderheit im Vergleich mit den übrigen mechanischen Fehlern, dass es an einem objektiven Anhaltspunkt in der Steuererklärung selbst fehlt und die Gründe für die unterbliebene Eintragung in der Sphäre des Steuerpflichtigen liegen, sich oftmals sogar nur in seinem Geiste abspielen, sodass Behauptungen des Steuerpflichtigen zu Art und Weise des Vergessens kaum überprüfbar und widerlegbar sind.[2025] Der Bundesfinanzhof verknüpfte die Frage nach dem groben Verschulden bei vergessenen Eintragungen in der Steuererklärung daher regelmäßig mit der leicht zugänglicheren Feststellung, ob das Steuerformular für den vergessenen Sachverhalt eine explizite Nachfrage vorsah. War dies der Fall, hatte die Rechtsprechung ein grobes Verschulden grundsätzlich bejaht,[2026] ansonsten in Übereinstimmung mit den hier erarbeiteten Grundsätzen,[2027] dass unvollständige oder unverständliche Steuererklärungsformulare, Hinweistexte und Erläuterungen zulasten der Finanzbehörde gehen und gegen grobes Verschulden auf der Seite des Steuerpflichtigen sprechen, verneint[2028]. Die überwiegende Anknüpfung an lediglich objektive Anhaltspunkte durch die Rechtsprechung hat in der Literatur zu der Kritik geführt, dass sich der Verschuldensmaßstab hin

2024 Deutlich bei BFH v. 10.2.2015, IX R 18/14, BStBl. II 2017, 7 Rn. 16.

2025 So *Schmieszek*, AO-StB 2014, 266, 267.

2026 BFH v. 13.6.1989, VIII R 174/85, BStBl. II 1989, 789 Rn. 27; BFH v. 21.7.1989, III R 303/84, BStBl. II 1989, 960 Rn. 15, letztlich kompensiert durch einen nicht verschuldeten Rechtsirrtum, den der BFH auch mit einer häufigen Änderung der Rechtslage begründete; BFH v. 21.1.2004, VIII R 15/02 Rn. 29; BFH v. 18.3.2014, X R 8/11 Rn. 26.

2027 Siehe oben 5. Teil C. III. 3. c.

2028 BFH v. 2.8.1994, VIII R 65/93, BStBl. II 1995, 264 Rn. 26; BFH v. 9.11.2011, X R 53/09 Rn. 20; BFH v. 20.3.2013, VI R 9/12, BFHE 240, 507 Rn. 14-16.

von einem subjektiven zu einem objektiven bewege und eine Prüfung des individuellen Verschuldensmaßstabs nicht mehr stattfinde.[2029] Mit entsprechend positiver Würdigung wurde dann eine Änderung in der jüngeren Rechtsprechung des IX. Senats des Bundesfinanzhofs durch Urteil vom 10.2.2015[2030] zur Kenntnis genommen.[2031]

In dem der Entscheidung zugrundeliegenden Sachverhalt hatte der Steuerpflichtige einen Liquidationsverlust aus der Beteiligung an einer GmbH i.S.d. § 17 Abs. 4 EStG in 2007 erlitten. Dieser wurde in der Steuererklärung für den Veranlagungszeitraum 2007 nicht erklärt, obwohl die Anlage GSE (in 2021: Anlage G) ein entsprechendes Feld beinhaltete.[2032] Allerdings hatten sich der Steuerpflichtige und sein steuerlicher Berater vor Abgabe der Steuererklärung für den Veranlagungszeitraum 2007 wegen des Verlustes und dem Zeitpunkt seiner Berücksichtigung mehrfach besprochen. Der Steuerberater war dabei zu dem materiell-rechtlich zutreffenden Ergebnis gelangt, dass der Verlust in dem Jahr 2007 steuerlich zu berücksichtigen sei und hatte die entsprechende Sachverhaltsermittlung inkl. der Berechnung des Liquidationsverlustes vorgenommen. Nach eigenem Vortrag hatte der steuerliche Berater im Anschluss „schlicht vergessen", den Verlust in das Steuerformular zu übernehmen. Die Finanzbehörde hatte dem Antrag auf Änderung der formell bestandskräftigen Steuerfestsetzung nicht entsprochen und auch das Finanzgericht Münster[2033] sah die Voraussetzungen des § 173 Abs. 1 Nr. 2 AO wegen groben Verschuldens als nicht gegeben an. In der Revisionsentscheidung wies der Bundesfinanzhof die Sache an die Vorinstanz zurück und formulierte Kriterien, nach denen das grobe Verschulden des Steuerpflichtigen als individuelles Verschulden bei vergessenen Eintragungen im Einzelfall zu beurteilen sei: Zunächst stellte der IX. Senat des Bundesfinanzhofs in Übereinstimmung mit der hier vertretenen Auffassung fest, dass Fehler und Nachlässigkeiten, die üblicherweise vorkommen und mit denen immer gerechnet werden müsse, keine grobe Fahrlässigkeit darstellten.[2034] Widersprüchlich erscheint aber, wenn im Anschluss nach Ansicht des IX. Senats „insbesondere"

2029 *Wernthaler*, Korrektur im digitalisierten Besteuerungsverfahren, S. 257; *Lanwehr*, Faktische Selbstveranlagung, S. 212 f., 216.

2030 BFH v. 10.2.2015, IX R 18/14, BStBl. II 2017, 7.

2031 *Wernthaler*, Korrektur im digitalisierten Besteuerungsverfahren, S. 265-269; *Hildebrand*, BB 2015, 1960; *Schauf*, ZWH 2015, 284, 284.

2032 Zeile 23: „Veräußerungsverluste bei Veräußerung von Anteilen an Kapitalgesellschaften nach § 17 EStG, § 13 EStG und in gesetzlich gleichgestellten Fällen".

2033 FG Münster v. 23.1.2014, 8 K 2198/11 F, EFG 2014, 1748.

2034 BFH v. 10.2.2015, IX R 18/14, BStBl. II 2017, 7 Rn. 16.

unbewusste mechanische Fehler die selbst bei sorgfältigster Arbeit nicht zu vermeiden seien, nur noch „nicht stets, aber im Einzelfall" die grobe Fahrlässigkeit ausschließen würden, nur um dann im nächsten Satz ohne weitere Prüfung des nämlichen Einzelfalls die grobe Fahrlässigkeit bei schlichtem Vergessen in der hier genutzten Definition zu verneinen.[2035] Weiter verwässert werden die Aussagen, wenn nach Auffassung des IX. Senats „Fehler des Steuerpflichtigen im Regelfall auf einem Versehen, also auf leichter Fahrlässigkeit beruhen"[2036]. Der Rechtsanwender bleibt nach der Lektüre etwas ratlos zurück. Letztlich wird man aus diesen auf den ersten Blick nicht miteinander zu vereinbarenden Gedanken nur die Notwendigkeit einer Einzelfallprüfung herleiten können, ohne dass ein pauschales Abstellen auf die Art des Fehlers bereits ein Ergebnis der Prüfung des groben Verschuldens indiziert. Dazu passt dann auch die Feststellung des IX. Senats, dass stets eine konkrete Prüfung im Rahmen der tatrichterlichen Würdigung durchzuführen ist, bei der zwischen einem einfachen Pflichtenverstoß als Ausdruck leichter Fahrlässigkeit und einem schweren Pflichtenverstoß als Ausdruck grober Fahrlässigkeit zu differenzieren ist.[2037] Dabei gibt der IX. Senat folgende Leitlinien vor: Zunächst sei nicht allein auf äußere Fallumstände – etwa die Komplexität des Steuerfalles oder ein irreführendes Verhalten der Finanzbehörde – abzustellen, sondern es müsse das individuelle Fehlverhalten des Steuerpflichtigen und seines steuerlichen Beraters untersucht werden.[2038] In diesem Zuge müsse festgestellt werden, ob die Nachfragen im Vordruck „bewusst" durch den Steuerpflichtigen oder seinen steuerlichen Berater nicht beachtet worden seien, um ein grobes Verschulden bejahen zu können.[2039] Das grobe Verschulden beziehe sich dann aber nicht mehr auf einen Eingabefehler, sondern auf eine vorangegangene Pflichtverletzung[2040] – analog zur oben genannten ersten Phase. Verbleibende Zweifel an der groben Fahrlässigkeit des Steuerpflichtigen gingen letztlich zulasten der Finanzbehörde.[2041] Obwohl im vorliegenden Fall eine Steuererklärung nach amtlich vorgeschriebenem Vordruck abgegeben worden

2035 BFH v. 10.2.2015, IX R 18/14, BStBl. II 2017, 7 Rn. 16.

2036 BFH v. 10.2.2015, IX R 18/14, BStBl. II 2017, 7 Rn. 18, auch wenn die Aussage im Zusammenhang mit der Beweislast steht, hebt dies nicht den Widerspruch zu den vorangegangenen Aussagen auf.

2037 BFH v. 10.2.2015, IX R 18/14, BStBl. II 2017, 7 Rn. 19.

2038 BFH v. 10.2.2015, IX R 18/14, BStBl. II 2017, 7 Rn. 19.

2039 BFH v. 10.2.2015, IX R 18/14, BStBl. II 2017, 7 Rn. 24, unter Bezug auf BFH v. 9.8.1991, III R 24/87, BStBl. II 1992, 65 (dort wohl Rn. 22).

2040 BFH v. 10.2.2015, IX R 18/14, BStBl. II 2017, 7 Rn. 24

2041 BFH v. 10.2.2015, IX R 18/14, BStBl. II 2017, 7 Rn. 18.

ist und nur die Erstellung der Papiersteuererklärung durch Eingaben in das Programm DATEV erfolgt, äußerte sich der IX. Senat auch zum Sorgfaltsmaßstab bei der elektronischen Steuererklärung. Die mangels Relevanz im einschlägigen Verfahren als *obiter dictum* einzuordnende Aussage,[2042] die es immerhin zum ersten amtlichen Leitsatz des Urteils gebracht hat, beinhaltet, dass der „Umstand, dass am Computerbildschirm ein Überblick über die ausfüllbaren Felder der elektronischen Steuererklärung mitunter schwieriger zu erlangen ist, als in einer Steuererklärung in Papierform", bei der Beurteilung der Frage, ob ein grobes Verschulden vorliegt, zu berücksichtigen ist[2043]. Die Einlassung lässt sich gemeinsam mit einem Hinweis auf bei der Beurteilung eines Verschuldens zu berücksichtigende „erschwerte Arbeitsbedingungen"[2044] nur als Maßgabe einer Gesamtbetrachtung interpretieren.

Das nachfolgende Urteil des Finanzgerichts Münster führte im Übrigen zu keiner anderen Entscheidung in der Sache als das erstmalige Urteil, das der Bundesfinanzhof noch zurückgewiesen hatte.[2045] Denn das Finanzgericht wendete die bei den mechanischen Fehlern dargestellte dreistufige – beim Finanzgericht Münster waren es durch die Einbeziehung der Zeit zwischen Erlass des Steuerbescheides und formeller Bestandskraft vier Stufen[2046] – Prüfung an und gelangte zu dem Ergebnis, dass dem Steuerberater bei der Überprüfung der Eingaben in den Steuererklärungsvordruck mangels ausreichender Kontrolle grobes Verschulden vorzuwerfen sei.[2047]

Fraglich ist allerdings, ob aus der Entscheidung weitgehende Erkenntnisse für die Praxis herzuleiten sind. Wird aus einer falsch verstandenen Nutzenasymmetrie[2048] des modernisierten Besteuerungsverfahrens inkl. der elektronischen Steuererklärung in dem Urteil ein zu begrüßender Schritt in Richtung Waffengleichheit von Finanzbehörde und Steuerpflichtigem gesehen,[2049] müssen die Zweifel und Unklarheiten, die nach der Entscheidung bleiben, dennoch

---

2042 Dies bemerkt auch das FG Münster in seiner nachfolgenden Entscheidung v. 15.2.2018, 8 K 1923/15 F, EFG 2018, 801 Rn. 85.

2043 BFH v. 10.2.2015, IX R 18/14, BStBl. II 2017, 7 Rn. 14, auch zum Zitat.

2044 BFH v. 10.2.2015, IX R 18/14, BStBl. II 2017, 7 Rn. 16.

2045 FG Münster v. 15.2.2018, 8 K 1923/15 F, EFG 2018, 801.

2046 Zur hier abgelehnten Pflicht des Steuerpflichtigen, seinen Steuerbescheid innerhalb der Einspruchsfrist zu prüfen und innerhalb dieser der Finanzbehörde bisher nicht mitgeteilte Sachverhalte anzuzeigen, siehe oben 5. Teil C. III. 3. c.

2047 FG Münster v. 15.2.2018, 8 K 1923/15 F, EFG 2018, 801 Rn. 89 f.

2048 Siehe oben 5. Teil C. II. 3.

2049 *Wernthaler*, Korrektur im digitalisierten Besteuerungsverfahren, S. 265 f.

herausgestellt werden. Denn jedenfalls dann, wenn man die Objektivierung des Verschuldensmaßstabes durch Anknüpfung an die Tatsache, dass ausdrückliche Fragen im Vordruck nicht beantwortet worden sind, ablehnt,[2050] wird man umgekehrt auch aus der bloßen Tatsache, dass der Steuerpflichtige einen Fehler begangen hat, nicht schließen können, dass dieser nur leicht fährlässig erfolgt ist. Dass der IX. Senat diese Verbindung dennoch hergestellt hat, lässt sich nur unter Einbeziehung der im gleichen Atemzug abgehandelten Beweislastfeststellung zulasten der Finanzbehörde deuten.[2051] Zur Veranschaulichung der Problematik soll folgender Beispielsfall dienen:

Ein Steuerpflichtiger, der es – aus welchen Gründen auch immer – vergessen hat, eine ausdrücklich in der Steuererklärung nachgefragte Ausgabe zu erklären, zeigt diese der Finanzbehörde nachträglich an.

Folgt man der Rechtsprechung des IX. Senats wäre dieser Fehler zunächst als lediglich leicht fahrlässig zu betrachten und die Beweislast für ein grobes Verschulden des Steuerpflichtigen läge bei der Finanzbehörde. Aber die Finanzbehörde hat keine Möglichkeit nachzuweisen, welche in einer vorgelagerten Phase der Erstellung der Steuererklärung vorgenommenen oder nicht vorgenommenen Gedanken des Steuerpflichtigen zu dem Fehler geführt haben.[2052] Sie kann sich nur an dem orientieren, was in ihrer Sphäre vorhanden und einer Wertung durch sie zugänglich ist. Das sind die Steuererklärungsformulare und die vorgenommenen Eintragungen des Steuerpflichtigen, eventuell noch bei der Finanzbehörde eingereichte Unterlagen zur Steuererklärung. Daraus ließe sich ein individuelles subjektives Verschulden des Steuerpflichtigen nur in seltenen Fällen herleiten;[2053] die vom IX. Senat aufgestellte Vermutung des leichten Verschuldens ließe sich letztlich nicht widerlegen. Die Folge wäre eine Bedeutungslosigkeit des Tatbestandsmerkmals des groben Verschuldens bei vergessenen Eintragungen. Das kann nicht gewollt sein, sondern es ist ein sphärenorientierter

---

2050 Siehe die Nachweise in Fn. 2029.

2051 BFH v. 10.2.2015, IX R 18/14, BStBl. II 2017, 7 Rn. 18.

2052 *Schmieszek*, AO-StB 2014, 266, 267; *Wernthaler*, Korrektur im digitalisierten Besteuerungsverfahren, S. 268.

2053 BFH v. 3.8.2016, X R 20/15, Rn. 28, knüpft etwa an die Überschaubarkeit der steuerlichen Verhältnisse des Steuerpflichtigen, d.h. den Umfang und die Komplexität der von ihm sonst im Erklärungsvordruck vorgenommenen Eintragungen und der dazu ins Verhältnis zu setzenden wirtschaftlichen Bedeutung des nicht oder unvollständig erklärten Sachverhaltes an, um darauf auf das individuelle Verschulden des Steuerpflichtigen schließen zu können.

Ausgleich zu finden, der die Verfahrensleistungsfähigkeit des Steuerpflichtigen berücksichtigt.[2054] Dabei ist allerdings anzumerken, dass die Behörde die Beweislast trägt. Spricht nach der sphärenorientierten Abwägung die Lage des Sachverhaltes für ein grobes Verschulden des Steuerpflichtigen, kann dieser darlegen, warum ihn kein grobes Verschulden trifft, wobei es durch eine Senkung des Beweismaßes ausreicht, wenn er die Möglichkeit nachweisen kann, dass ihn kein grobes Verschulden trifft.[2055]

Für die Beurteilung des groben Verschuldens bei (schlicht) vergessenen Angaben in der Steuererklärung lassen sich folgende Aussagen formulieren: Das bloße, einem mechanischen Fehler nahestehende „schlichte Vergessen" von Eintragungen ist im Übertragungsprozess nicht als grob fahrlässig einzuordnen, kann aber isoliert betrachtet mangels Indikation in der Steuererklärung grundsätzlich nicht verifiziert werden. Die Frage, ob dem Steuerpflichtigen grobes Verschulden vorgeworfen werden kann, ist daher unter Beachtung des Gesamtkontextes anhand vorgelagerter und nachgelagerter Mitwirkungspflichterfüllung zu beurteilen, wobei wieder der ggf. verwirklichte jeweilige Fahrlässigkeitsgrad zu berücksichtigen ist.[2056] Liegt in dem Stadium, das dem Ausfüllen der Steuererklärung vorausgeht, eine grobe Pflichtverletzung vor, indem etwa die Formulare und Hinweistexte bewusst nicht gewissenhaft gelesen werden, scheidet eine Korrektur aus. In diesen Fällen wird aus dem „schlichten Vergessen" ein vorwerfbares Vergessen im Sinne eines groben Verschuldens.[2057] Es fehlt dann auch an dem bloßen mechanischen Übertragungsfehler. Werden nur Pflichtverletzungen nach dem Ausfüllen der Steuererklärung begangen, etwa durch Nichtkontrolle der in der Steuererklärung gemachten Angaben auf Zahlendreher und

---

2054 Siehe zur Berücksichtigung der Verfahrensleistungsfähigkeit sogleich 5. Teil C. III. 7. c.

2055 Diese Darlegungspflicht zählt *Schauf*, ZWH 2015, 284, 284, sogar zu den Mitwirkungspflichten des Steuerpflichtigen; *Hildebrand*, BB 2015, 1960, 1960, empfiehlt in der Praxis zeitnah Beweisvorsorgemaßnahmen zu treffen, um darlegen zu können, dass lediglich ein unbewusster mechanischer Fehler im Raum steht; a.A. wohl *Weßling*, NWB 2015, 2582, 2585.

2056 So kann auch eine vorgelagerte Mitwirkungspflichtverletzung auf einem bloßen mechanischen Versehen beruhen, etwa ein im falschen Veranlagungszeitraum abgehefteter Beleg, siehe FG Köln v. 5.9.1991, 7 K 4769/90, EFG 1992, 171 Rn. 20 f.

2057 Diesen Abgrenzungskriterien lassen sich letztlich auch die von *Jacobsen/Stöhr*, BB 2008, 2776, gebildeten Fallgruppen der einmaligen und regelmäßigen Aufwendungen als Ausprägungen der leichten bzw. groben Fahrlässigkeit unterordnen; man gelangt auf diesem Weg zu identischen Ergebnissen.

Tippfehler vor Absendung an die Finanzbehörde, liegt im Eintragungsakt zwar immer noch ein isoliert betrachtet nicht vorwerfbares „schlichtes Vergessen" vor, das aber durch die unterlassene Überprüfung der Eingaben vor Absendung grob fahrlässig eingefärbt werden kann. Die Verwendung des Merkmales der „bewussten" Außerachtlassung von Hinweisen und Fragen im Steuererklärungsformular kann auf seine Tauglichkeit zur Abgrenzung von leichter und grober Fahrlässigkeit durchaus in Zweifel gezogen werden.[2058] Allerdings enthält es eine individuelle Komponente und bietet damit einen Anknüpfungspunkt für die tatsächlichen Ermittlungen.

7. Subsumtions- bzw. Rechtsfehler des Steuerpflichtigen

a. Korrekturmöglichkeit und Korrekturrahmen

Eine andere Fehlerqualität ist Subsumtions- bzw. Rechtsfehlern durch den Steuerpflichtigen zuzusprechen. Fehlerquelle ist hierbei nicht ein mechanisches Versehen oder vorwerfbares Verhalten in der Vorbereitung oder im Nachgang zur Eintragung in die Steuererklärung wie bei den mechanischen Fehlern bzw. den vergessenen Eintragungen. Fehlerquelle ist stattdessen eine individuelle Fehlleistung bei Anwendung gesetzlicher Vorschriften oder Umsetzung der Anweisungen in den Steuererklärungsformularen, Hinweistexten und Erläuterungen. Für die Beurteilung, ob eine neue Tatsache vorliegt, ist bei Subsumtions- und Rechtsfehlern genau zu differenzieren. § 173 AO bewegt sich auf Ebene der Sachverhaltsermittlung, nicht auf Ebene der Rechtsanwendung.[2059] Der Lebenssachverhalt ist Anknüpfungspunkt für die Korrektur nach § 173 Abs. 1 AO. Daher dürfen Rechtsanwendungsfehler nicht alleine deswegen zu einer Korrektur der Steuerfestsetzung führen, weil ein Sachverhalt nicht nach der geltenden Rechtslage beurteilt worden ist. Nur wenn der der unrichtigen Beurteilung zugrundeliegende Sachverhalt der Finanzbehörde vor Erlass des Steuerbescheides nicht bekannt gewesen ist, liegt überhaupt eine nachträglich bekanntgewordene Tatsache vor, kommt mithin eine Korrektur zugunsten des Steuerpflichtigen in Betracht. Wie erläutert worden ist, variiert der Grad der Sachverhaltsmitteilung durch den Steuerpflichtigen bei Erfüllung der Steuererklärungspflicht im Einzelfall.[2060] Es ist also im Einzelfall zu prüfen, ob, und wenn ja, in welchem Umfang der Finanzbehörde durch die Mitteilung einer fehlerhaften Rechtsanwendung

---

2058 So *Wernthaler*, Korrektur im digitalisierten Besteuerungsverfahren, S. 268.

2059 Siehe dazu die Ausführungen oben 5. Teil C. III. 4. c.

2060 Siehe oben 5. Teil C. III. 2.

neue Sachverhalte bzw. Sachverhaltselemente bekannt werden. Nach der hier vertretenen Ansicht ist zusätzliche Voraussetzung für eine Korrektur, dass der Sachverhalt rechtserheblich ist. Fraglich ist also, ob die Finanzbehörde bereits bei Kenntnis des Sachverhaltes zum Zeitpunkt des Erlasses des Steuerbescheides, unter Anwendung der zu diesem Zeitpunkt geltenden und die Finanzbehörde bindenden Gesetze und Verwaltungsanweisungen sowie unter Beachtung der zu diesem Zeitpunkt geltenden Rechtsprechung, mit einer gewissen Wahrscheinlichkeit zu einer für den Steuerpflichtigen günstigeren Steuerfestsetzung gelangt wäre.[2061] Erst danach stellt sich die Frage, inwieweit den Steuerpflichtigen ein grobes Verschulden daran trifft, dass der Sachverhalt ganz oder teilweise erst nachträglich bekannt geworden ist.

In der Rechtsprechung treten Subsumtions- bzw. Rechtsfehler des Steuerpflichtigen regelmäßig nicht als separate Fehlerart in Erscheinung, sondern dienen bei der Prüfung des groben Verschuldens bei „vergessenen" Eintragungen als Kontraindikation der individuellen Vorwerfbarkeit.[2062] Das bedeutet: Teilt der Steuerpflichtige einen Sachverhalt nicht oder unvollständig mit und ist dieser Mangel auf einen Subsumtions- oder Rechtsfehler zurückzuführen, spricht dies grundsätzlich gegen ein grobes Verschulden des Steuerpflichtigen.[2063] Dieser Grundsatz ist Ausprägung eines Verfahrensleistungsfähigkeitsgedankens: Dort, wo der Steuerpflichtige bei der Rechtsanwendung an Grenzen stößt, kann ihm *prima facie* kein Vorwurf gemacht werden, soweit die Gesetze für ihn nicht verständlich und damit umsetzbar sind.[2064] Genauso wenig wird man ihm einen Vorwurf machen können, wenn die Transformation der für ihn nicht verständlichen Gesetze durch die Exekutive in Steuererklärungsformulare und Anleitungen dieses Manko aufweist. Für den Steuerpflichtigen unverständliche Gesetze werden nicht durch unverständliche Steuererklärungsformulare, Hinweistexte

---

2061 Siehe oben 5. Teil C. III. 4. e.

2062 BFH v. 10.8.1988, IX R 219/84 Rn. 17; BFH v. 21.7.1989, III R 303/84, BStBl. II 1989, 960 Rn. 17; BFH v. 22.5.1992, VI R 17/91, BStBl. II 1993, 80 Rn. 16; BFH v. 23.1.2001, XI R 42/00, BStBl. II 2001, 379 Rn. 18; BFH v. 18.3.2014, X R 8/11 Rn. 21; BFH v. 10.2.2015, IX R 18/14, BStBl. II 2017, 7 Rn. 15.

2063 Siehe die Nachweise in Fn. 2062.

2064 Siehe auch FG Köln v. 30.1.2013, 7 K 1654/12, EFG 2013, 822 Rn. 27: „[D]er Vorwurf des groben Verschuldens im Rahmen des § 173 Abs. 1 Satz 1 Nr. 2 AO [bezieht sich] auf die Verletzung der Mitwirkungs- und Erklärungspflichten in Form des nachträglichen Bekanntwerdens einer Tatsache und nicht auf die sich daraus ergebenden rechtlichen Konsequenzen".

und Erläuterungen für ihn zugänglich.[2065] Die Annahme eines groben Verschuldens fußt daher auf der individuell zu beurteilenden Fragestellung, ob es dem Steuerpflichtigen möglich war, das Formular richtig zu verstehen. Dafür ist es erforderlich, zweierlei festzustellen: Erstens ist zu prüfen, inwieweit die Steuererklärungsformulare, Hinweistexte und Erläuterungen hinreichend klar und verständlich formuliert sind, welche Verständnisschwierigkeiten bestehen und inwieweit ggf. Unvollständigkeiten, Widersprüche oder Ungereimtheiten vorhanden sind. Zweitens ist die Frage zu beantworten, welche rechtlichen Erwägungen dem Steuerpflichtigen im konkreten Steuerverfahren zuzutrauen gewesen wären bzw. wo die Grenze liegt, an welcher der Steuerpflichtige sich ihm ergebenden Zweifeln hätte nachgehen müssen. Ist beides ermittelt, werden die Feststellungen in ein Verhältnis zueinander gesetzt, das die Beurteilung des Verschuldensgrades erlaubt. Dabei bedeutet das Vorliegen eines Mangels der Steuererklärungsvordrucke nicht automatisch, dass kein grobes Verschulden vorliegt; genauso wenig sprechen fehlerfreie Formulare und Erläuterungen pauschal für ein grobes Verschulden des Steuerpflichtigen.

b. Berücksichtigung der individuellen Fähigkeiten in der Rechtsprechung

Während die Beurteilung der Formulare, Hinweistexte und Erläuterungen durch die Rechtsprechung nach objektiv nachvollziehbaren Kriterien durchgeführt werden kann und in einem bestimmten Umfang auch nachprüfbar und nachvollziehbar ist,[2066] fällt eine Beurteilung der Kenntnisse des Steuerpflichtigen

---

2065 Die Rechtsprechung sieht daher nur dann ein grobes Verschulden trotz grundsätzlich entschuldbaren Rechtsirrtums als gegeben an, wenn Fragen im Formular nicht beantwortet worden sind, obwohl die Formulare klar, verständlich und eindeutig formuliert sind, siehe BFH v. 22.5.1992, VI R 17/91, BStBl. II 1993, 80 Rn. 12; BFH v. 23.1.2001, XI R 42/00, BStBl. II 2001, 379 Rn. 19; BFH v. 21.1.2004, VIII R 15/02 Rn. 29; mit zutreffendem subjektivem Einschlag „für ihn nicht verständlich" BFH v. 16.5.2013 III R, 12/12, BStBl. II 2016, 512 Rn. 21, 29; ebenso die Literatur, siehe *Loose*, in: Tipke/Kruse, AO/FGO, § 173 AO Rn. 77 (Stand: September 2020); *v. Groll*, in: Hübschmann/Hepp/Spitaler, AO/FGO, § 173 AO Rn. 281, 297 (Stand: September 2017); *v. Wedelstädt*, in: Gosch, AO/FGO, § 173 AO Rn. 88 (Stand: August 2019); *Rüsken*, in: Klein, AO, § 173 Rn. 113a.

2066 Siehe dazu etwa die Beschreibungen der Erläuterungen zur Steuererklärung und der Steuererklärungsformulare bei BFH v. 22.5.1992, VI R 17/91, BStBl. II 1993, 80 Rn. 12 f.; BFH v. 20.3.2013, VI R 9/12, BFHE 240, 507 Rn. 15 f.; FG Köln v. 19.12.2007, 5 K 1194/07, EFG 2008, 509 Rn. 23; FG Hamburg v. 27.9.2011, 1 K 43/11, EFG 2012, 488 Rn. 15; FG Bremen v. 22.2.2018, 1 K 7/17 (5), EFG 2018, 1086 Rn. 49-54.

deutlich schwerer und läuft Gefahr, durch subjektive, nicht nachprüfbare Einschätzungen des beurteilenden Senats verzerrt zu werden. Zu ermitteln sind nach der Rechtsprechung grundsätzlich die persönlichen Umstände, Fähigkeiten und Kenntnisse des Steuerpflichtigen und die besonderen Umstände des Einzelfalles, wobei das Verhalten des weniger gewandten Steuerpflichtigen anders beurteilt und gewichtet wird als das des gewandten und erfahrenen.[2067]

Orientierungspunkt bietet zunächst die Art der Ausbildung: Dort, wo sich die Rechtsprechung jemandem gegenüber sieht, dessen rechtliche Expertise sich durch die Art und Breite seiner Ausbildung definieren lässt, nimmt sie diese und prüft, ob die Ausbildung auf dem Gebiet des Steuerrechts erfolgt ist oder mit ihr vergleichbar ist: So soll die allgemeinjuristische Ausbildung einerseits nicht ausreichen, um zu erkennen, dass vorweggenommene Werbungskosten im Veranlagungszeitraum der Zahlung anzusetzen sind[2068] oder um das steuerrechtliche Begriffsverständnis der „auswärtigen Unterbringung“ i.S.d. § 33a Abs. 2 EStG zu erfassen[2069]. Andererseits wird das Absolvieren des juristischen Studiums als hoher Ausbildungsstand anerkannt, der den Steuerpflichtigen intellektuell in die Lage versetze, die Felder in der Einkommensteuererklärung zu den verschiedenen ausdrücklich genannten Vorsorgeaufwendungen zutreffend auszufüllen.[2070] Zweifeln über verfahrenstechnische Abläufe – der Steuerpflichtige in dem Verfahren hatte sich vorgestellt, dass die Beiträge zum Versorgungswerk der Rechtsanwälte bereits bei der gesonderten Feststellung der anwaltlichen Sozietätseinkünfte berücksichtigt worden seien – müsste ein juristisch Vorgebildeter jedenfalls nachgehen, um sicherzugehen, dass er die erforderlichen Angaben in der Steuererklärung tätigt.[2071] Eine Steuerfachangestellte, die zwar nicht über eine allgemeinjuristische Ausbildung, aber über nicht nur oberflächliche steuerrechtliche Kenntnisse verfügt und Zugriff auf BMF-Schreiben hat, die den streitigen Fall betreffen, muss sich hingegen grobes Verschulden vorwerfen lassen, wenn sie bestimmte Angaben im konkreten Fall unterlässt.[2072] Den rechtlichen

---

2067 BFH v. 9.2.2017, VI B 58/16 Rn. 10.

2068 BFH v. 10.8.1988, IX R 219/84, BStBl. II 1989, 131 Rn. 18.

2069 FG Düsseldorf v. 4.3.1993, 14 K 1457/91 E, EFG 1993, 663, 664.

2070 FG Köln v. 19.12.2007, 5 K 1194/07, EFG 2008, 509 Rn. 23.

2071 FG Köln v. 19.12.2007, 5 K 1194/07, EFG 2008, 509 Rn. 23.

2072 BFH v. 9.2.2017, VI B 58/16 Rn. 10 f.; die Steuerpflichtige hatte Pflegekosten nicht als haushaltsnahe Dienstleistungen nach § 35a EStG angegeben. Dass in den Erläuterungen zur Einkommensteuererklärung für die betreffenden Jahre (2011 und 2012) Pflegekosten explizit als haushaltsnahe Dienstleistungen aufgeführt waren, thematisierte der BFH nicht.

Ausbildungsstand des Berufsjuristen zieht die Rechtsprechung als vergleichendes Merkmal für die Fähigkeiten anderer Berufsgruppen heran. Folglich dürfen an einen Unternehmer nicht „ausnahmslos höhere Anforderungen“ gestellt werden als an einen Berufsjuristen: Die fehlerhafte Beurteilung, dass der Begriff „Gewinn“ in der Steuererklärung keinen Verlust umfasst, sei einem Unternehmer nicht als grob fahrlässig vorzuwerfen.[2073] In Abgrenzung dazu führt ein bei Lesen der insoweit eindeutig formulierten Anleitung zur Steuererklärung vermeidbarer Irrtum über die Berücksichtigung von Unterhaltsaufwendungen gem. § 33a Abs. 1 statt Abs. 2 EStG beim Steuerrechtsunkundigen zum Vorwurf grober Fahrlässigkeit.[2074] Aus diesen Entscheidungen lässt sich herleiten, dass die Abwesenheit von steuerrechtlichen Kenntnissen aufgrund mangelnder Ausbildung gegen ein grobes Verschulden spricht, wenn der Rechtsirrtum auf einer fehlerhaften Interpretation eines rechtlichen Begriffes beruht und dieser in den Formularen, Hinweistexten und Erläuterungen nicht weiter aufgeschlüsselt ist. Bei Hinzuziehung eines steuerlichen Beraters verschiebt sich dieser Beurteilungsmaßstab aber.[2075] Von dem steuerlichen Berater wird nämlich verlangt, dass er die einschlägigen steuerlichen Vorschriften, Verwaltungsanweisungen und Urteile kennt und zutreffend anwendet.[2076]

Etwas aus dem Rahmen fällt eine Entscheidung des Bundesfinanzhofs, in der ein Ingenieur ohne steuerrechtliche Vorbildung ein Disagio nicht als Vorkosten zur Förderung des Eigenheims nach § 10e Abs. 6 EStG in seiner Steuererklärung geltend gemacht hatte, da nach Aussage des Steuerpflichtigen im Vordruck nur nach einem „Damnum“ gefragt war.[2077] Nach den vorangegangenen Aussagen müsste man zu dem Ergebnis kommen, dass an den Steuerpflichtigen mangels

---

2073 BFH v. 23.1.2001, XI R 42/00, BStBl. II 2001, 379 Rn. 16.

2074 BFH v. 20.11.2008, III R 107/06 Rn. 15; das vorinstanzliche FG Baden-Württemberg v. 4.5.2006, 14 K 90/02, EFG 2007, 1132 Rn. 26-30, kam noch zu dem Ergebnis, dass der Vorwurf grober Fahrlässigkeit trotz eindeutiger Formulare und Erläuterungen und subjektiver Fähigkeit des Steuerpflichtigen, die Formulare richtig zu verstehen, nicht gemacht werden könne, da der Steuerpflichtige unter Zugrundelegung seines Rechtsirrtums die Steuererklärung richtig und vollständig ausgefüllt hätte.

2075 BFH v. 21.7.1989, III R 303/84, BStBl. II 1989, 960 Rn. 17; BFH v. 9.2.2017, VI B 58/16 Rn. 10; BFH v. 17.5.2017, X R 45/16 Rn. 32; siehe auch *v. Groll*, in: Hübschmann/Hepp/Spitaler, AO/FGO, § 173 AO Rn. 275 (Stand: September 2017).

2076 BFH v. 3.2.1983, IV R 153/80, BStBl. II 1983, 324 Rn. 29; BFH v. 9.5.2012, I R 73/10, BStBl. II 2013, 566 Rn. 14; BFH v. 26.10.2016, X R 1/14 Rn. 30; FG Köln v. 11.5.2017, 10 K 1732/16 Rn. 35.

2077 BFH v. 6.10.2004, X R 14/02.

steuerrechtlicher Kenntnisse keine hohen Anforderungen zu stellen sind und somit ein grobes Verschulden aus subjektiver Sicht aufgrund eines Rechtsirrtums über die Bedeutung des Disagios grundsätzlich ausscheidet. Zusätzlich gelangte der X. Senat zu der Feststellung, dass der Steuerpflichtige sich „mit Hilfe der Anlage FW und den zugegebenermaßen komplizierten und für einen Laien nicht ohne Weiteres nachvollziehbaren Erläuterungen im einschlägigen Merkblatt kein abschließendes Bild machen konnte“[2078], und somit auch das objektive Element, nämlich die Formulare und Erläuterungen, Mängel aufwiesen. Dennoch nahm der X. Senat an, dass den Steuerpflichtigen ein grobes Verschulden am nachträglichen Bekanntwerden der durch das Disagio geleisteten Zahlung treffe. Entscheidend waren aus Sicht des X. Senates die Gesamtumstände des Einzelfalls: So hätte dem Steuerpflichtigen nach einer unrichtigen Erklärung von Vorkosten i.S.d. § 10e Abs. 6 EStG im Vorjahr als Werbungskosten und einer daraufhin erfolgten Erläuterung der Finanzbehörde im Steuerbescheid klar sein müssen, dass vorab abgeflossene Aufwendungen berücksichtigt werden können.[2079] Dass zu solchen Vorkosten auch vorweggenommene Zinsen zählen, hätte ihm nach den Verhandlungen mit seiner Bausparkasse deutlich werden müssen, in denen das Disagio statt einer höheren laufenden Zinszahlung gewählt wurde.[2080] Weiterhin sei dem Steuerpflichtigen eine Bescheinigung ausdrücklich für die Steuererklärung ausgestellt worden, die das Disagio beinhaltete.[2081] Wenn er sich über dessen wirtschaftliche Bedeutung unklar gewesen sei, hätte er bei der Bausparkasse, die ihm das Darlehen gewährt hatte, nachfragen können, was es mit dem Disagio auf sich habe.[2082] Daneben stünde ihm bei Zweifeln, welche Eintragungen in der Steuererklärung vorzunehmen seien, auch das Finanzamt nach vollständiger Unterbreitung des Sachverhaltes zur Seite.[2083] Trotz der umfangreichen Berücksichtigung und Würdigung der umliegenden Umstände des Einzelfalls, wird die Entscheidung in der Literatur kritisch betrachtet, da der Bundesfinanzhof sehr hohe Anforderungen an die Erfüllung der Sorgfaltspflichten des Steuerpflichtigen stellen würde.[2084] Im Grunde ist die Entscheidung aber zu begrüßen, denn sie knüpft nicht pauschal an die Ausbildung oder die

2078 BFH v. 6.10.2004, X R 14/02 Rn. 28.
2079 BFH v. 6.10.2004, X R 14/02 Rn. 27.
2080 BFH v. 6.10.2004, X R 14/02 Rn. 23.
2081 BFH v. 6.10.2004, X R 14/02 Rn. 24.
2082 BFH v. 6.10.2004, X R 14/02 Rn. 26.
2083 BFH v. 6.10.2004, X R 14/02 Rn. 26.
2084 *Lanwehr*, Faktische Selbstveranlagung, S. 182.

Erläuterungstexte an, sondern setzt sich mit den individuellen Fähigkeiten des Steuerpflichtigen auseinander, die aus dem bisherigen Verhalten und individueller Kommunikation mit ihm hergeleitet werden. Damit bildet sie eine individuelle Verschuldensprüfung deutlich ab.

Ein weiterer besonderer Erwägungsgrund für die Einordnung der subjektiven Fähigkeiten und Kenntnisse des Steuerpflichtigen tritt in einem Urteil aus dem Jahr 1984 hervor. Hier hatte der Steuerpflichtige ein Berlindarlehen gewährt, dieses aber in der Steuererklärung nicht angegeben, obwohl – wenn auch „der Aufbau des Erklärungsformulars, in dem nach Darlehen i.S. der §§ 16, 17 BerlinFG gefragt werde, für einen steuerlichen Nichtfachmann Irrtümer hervorrufen könne“[2085] – ausdrücklich danach gefragt wurde.[2086] Wenn wirtschaftliche Vorgänge in erster Linie betrieben würden, um einen steuerrechtlichen Vorteil zu erlangen, so der damalige VI. Senat, steigere dies die Anforderungen an die Sorgfaltspflichten des Steuerpflichtigen bei Erstellung seiner Steuererklärung.[2087]

c. *Grobes Verschulden als Ankerpunkt für die Berücksichtigung einer Verfahrensleistungsfähigkeit*

Die Fähigkeit, zu verstehen, was im Rahmen der Steuererklärungspflicht von dem Steuerpflichtigen erwartet wird, konkret: das Verstehen, welche Felder in der Steuererklärung zu den vom Steuerpflichtigen verwirklichten Lebenssachverhalten passen und daher von ihm auszufüllen sind sowie die Frage, wie diese auszufüllen sind, ist Bestandteil der kognitiven bzw. intellektuellen Komponente der Verfahrensleistungsfähigkeit. Fehler, die dem Steuerpflichtigen bei Anwendung der Gesetze und der sie transformierenden Formulare, Erläuterungen und Hinweistexte unterlaufen, können Ausdruck einer nicht oder nur gering ausgeprägten Verfahrensleistungsfähigkeit sein. Um diesen Nachteil im Steuerverfahren auszugleichen, könnte das grobe Verschulden als interpretationsoffenes Tatbestandsmerkmal im Bereich der Bestandskraft taugliches Vehikel zur Berücksichtigung der Verfahrensleistungsfähigkeit sein. Bei dessen Auslegung ist es dann erforderlich, dass sich die Finanzbehörde und im Fall der Klage das Finanzgericht mit den Fähigkeiten des Steuerpflichtigen auseinandersetzen und seine Verfahrensleistungsfähigkeit berücksichtigen.

Die oben aufgestellte Forderung, die Beurteilung der Verfahrensleistungsfähigkeit davon abhängig zu machen, welche wirtschaftlichen Sachverhalte

---

2085 BFH v. 29.6.1984, VI R 181/80, BStBl. II 1984, 693 Rn. 9.

2086 BFH v. 29.6.1984, VI R 181/80, BStBl. II 1984, 693 Rn. 9 f.

2087 BFH v. 29.6.1984, VI R 181/80, BStBl. II 1984, 693 Rn. 9 f.

der Steuerpflichtige verwirklicht, erinnert an eine Aussage des X. Senats im Zusammenhang mit einer vergessenen Eintragung in der Steuererklärung bei der Verschuldensprüfung i.S.d. § 173 Abs. 1 Nr. 2 AO. Danach ist für die Frage des groben Verschuldens unter anderem an die „Überschaubarkeit der steuerlichen Verhältnisse des Steuerpflichtigen, d.h. den Umfang und die Komplexität der von ihm sonst im Erklärungsvordruck vorgenommenen Eintragungen und der – dazu ins Verhältnis zu setzenden – wirtschaftlichen Bedeutung des nicht berücksichtigten [Sachverhaltes]“ [2088], anzuknüpfen.

In Anlehnung an die und zur Berücksichtigung der im 3. Teil dargestellten Grundsätze der Verfahrensleistungsfähigkeit ist der Prüfungsauftrag des X. Senats für das grobe Verschulden i.S.d. § 173 Abs. 1 Nr. 2 AO wie folgt zu ergänzen:

Zunächst ist die Verfahrensleistungsfähigkeit des Steuerpflichtigen nach den im 3. Teil dargestellten Grundsätzen zu ermitteln. Das Ergebnis dieser Prüfung ist ein objektiver Ausgangswert und gibt wieder, welche Verfahrensleistungsfähigkeit dem Steuerpflichtigen im Verfahren anhand objektivierter Wertungen zuzusprechen ist. Dieser Prüfungsschritt ist notwendig, da der Finanzbehörde im Regelfall kein umfassendes Bild der steuerlichen Kenntnisse und Fähigkeiten des Steuerpflichtigen vorliegen wird und es eines Ausgangspunktes für die Bewertung bedarf. Daran anschließend ist, da ein objektiver Wert bei einer Verschuldensprüfung nicht bzw. nicht allein maßgebend sein kann, die subjektive Kenntnis des Steuerpflichtigen zu würdigen, die sich etwa aus seiner Ausbildung, den Eintragungen in der Steuererklärung und den sonstigen Erklärungen sowie seinem Auftreten im Steuerverfahren ergibt. Mit diesem Prüfungsschritt wird an die Bildung des Sorgfaltsmaßstabs in der Rechtsprechung des X. Senats angeknüpft. Eine Beratung durch einen Steuerberater „erhöht“ auf dieser Stufe beispielsweise die zuvor ermittelte Leistungsfähigkeit, unbeholfene Eintragungen senken sie hingegen. Die zuvor objektiviert ermittelte Verfahrensleistungsfähigkeit wird auf dieser Stufe folglich auf den Steuerpflichtigen angepasst, soweit Informationen vorliegen. Als Ergebnis ergibt sich die subjektivierte Verfahrensleistungsfähigkeit des Steuerpflichtigen, die gleichzeitig seinen Sorgfaltsmaßstab bildet.

Im Anschluss ist die Komplexität und der Umfang der konkreten Mitwirkungspflichten im Steuerverfahren zu ermitteln. Bei der Korrektur nach § 173 Abs. 1 Nr. 2 AO stehen mithin die Steuererklärungspflicht und die für die Erfüllung dieser Mitwirkungspflicht notwendige Gesetzeskenntnis im Mittelpunkt.

2088 BFH v. 3.8.2016, X R 20/15 Rn. 28.

Dabei sind Erleichterungen der Anforderungen an den Steuerpflichtigen, die sich etwa aus den Steuererklärungsformularen, den Hinweisen und Erläuterungstexten ergeben, zu berücksichtigen. Damit verbunden ist die Forderung der Rechtsprechung an den Steuerpflichtigen, sich die Formulare, Hinweise und Erläuterungstexte durchzulesen,[2089] wobei allerdings eine Evidenzkontrolle durch die Finanzbehörde und die Gerichte durchzuführen ist, ob die Hilfestellungen bei verständiger Würdigung unter Beachtung der (subjektivierten) Verfahrensleistungsfähigkeit des Steuerpflichtigen verständlich sind und somit eine entlastende Wirkung entfalten können.

Als nächster Schritt ist eine hypothetische Prüfung durchzuführen, in welchem Umfang und welcher Qualität bei der ermittelten subjektivierten Verfahrensleistungsfähigkeit im konkreten Fall Eintragungen unter Beachtung der Komplexität der geforderten Mitwirkungspflicht hätten erwartet werden können. Bleibt der Steuerpflichtige deutlich dahinter zurück, kann von einem groben Verschulden ausgegangen werden. Die vom X. Senat formulierte Untergrenze, dass grobes Verschulden dann zu bejahen ist, wenn sich die Fehler „bei einer nur flüchtigen Kontrolle des Mantelbogens […] unschwer feststellen lassen"[2090], kann dabei als allgemeingültig bestehen bleiben.

Befolgt man gedanklich diese Prüfungsschritte, setzt man sich zwangsweise mit den wesentlichen Faktoren, die auch sonst als maßgeblich für die Beurteilung des groben Verschuldens angesehen werden, auseinander und erhält nachvollziehbare und belastbare Ergebnisse. Durch die Ermittlung der Komplexität der gegenständlichen Mitwirkungspflichten und dem Vergleich mit der subjektivierten Verfahrensleistungsfähigkeit ist zudem sichergestellt, dass keine pauschalen Behauptungen oder Feststellungen aus anderen Verfahren herangezogen werden und die individuelle Betrachtung des Einzelfalles unterbleibt. Auf diese Weise können die Aspekte der Verfahrensleistungsfähigkeit bei der Prüfung des groben Verschuldens im Rahmen von § 173 Abs. 1 Nr. 2 AO anknüpfen und Wirkung entfalten.

2089 BFH v. 13.6.1989, VIII R 174/85, BStBl. II 1989, 789 Rn. 23; BFH v. 23.10.2002, III R 32/00 Rn. 23; BFH v. 16.5.2013, III R 12/12, BStBl. II 2016, 512 Rn. 21; BFH v. 10.2.2015, IX R 18/14, BStBl. II 2017, 7 Rn. 15; siehe auch FG Niedersachsen v. 3.5.2011, 8 K 295/09 Rn. 25.

2090 BFH v. 3.8.2016, X R 20/15 Rn. 28.

8. *Formular- und ELSTER-spezifische Fehler*

Beim Erstellen der Steuererklärung auf Papier verwendet der Steuerpflichtige die amtlichen Vordrucke, beim Erstellen der elektronischen Steuererklärung kann der Steuerpflichtige – muss aber nicht – die ELSTER-Programme der Finanzverwaltung verwenden. Dabei können dem Steuerpflichtigen aufgrund widersprüchlicher Gestaltung der Formulare, Hinweistexte und Erläuterungen sowie einer nicht nachvollziehbaren, irreführenden Programmführung in der ELSTER-Software Fehler unterlaufen, indem Tatsachen nicht bereits mit der Steuererklärung erklärt und der Finanzbehörde damit erst nach Erlass des erstmaligen Steuerbescheides bekannt werden. Ähnlich wie bei den soeben besprochenen Fehlern, die auf Rechts- und Subsumtionsirrtümern des Steuerpflichtigen beruhen, tritt der formular- und ELSTER-spezifische Fehler in der Rechtsprechung häufig nicht als separate, allein verantwortliche Quelle für eine unvollständige Steuererklärung in Erscheinung.[2091] Vielmehr überschneidet sich diese Fehlerart regelmäßig mit der Fehlerart der vergessenen Angaben, es tritt allerdings zum Vergessen ein weiterer Fehleraspekt hinzu. Bei der Abwägung, ob den Steuerpflichtigen ein grobes Verschulden trifft, erhält die Frage nach formular- und ELSTER-spezifischen Fehlern wieder Gewicht.[2092] Denn die Verantwortlichkeit für fehlerfreie und allgemeinverständliche Steuererklärungsformulare, Hinweistexte, Erläuterungen und staatliche Softwareprodukte liegt in der Sphäre der Finanzbehörde. Sie dient dazu, den Steuerpflichtigen in die Lage zu versetzen, seiner Mitwirkungspflicht in Form der Steuererklärungspflicht nachzukommen. Im Vergleich zur Auseinandersetzung mit den Formularen bei den Rechtsfehlern, bei denen der Schwerpunkt der Betrachtung auf einer fehlerhaften Transformation der rechtlichen Begriffe in eine für den steuerlichen Laien verständliche Sprache lag, geht es hier jedoch eher um die Aufgabe der Formulare, den Bürger faktisch in die Lage zu versetzen, seinen Steuererklärungspflichten nachzukommen, indem Programme und Formulare klare Wege zur Bearbeitung vorgeben. Nachteile, die sich aus einer unzureichenden Umsetzung der Transformationsaufgabe und Bearbeitungsleitlinien in den Steuererklärungsformularen ergeben, sind dem Steuerpflichtigen nicht negativ anzulasten. Dabei bedeutet ein formular- bzw. ELSTER-spezifischer Fehler nicht

---

2091 Eine Ausnahme bildet die Entscheidung des FG Niedersachsen v. 13.3.2014, 4 K 32/12, EFG 2014, 1257, in der der Steuerpflichtige der Auffassung war, dass bereits die Übermittlung im ELSTER I-Verfahren eine wirksame Steuererklärung darstellen würde.

2092 *Schick*, StuW 1988, 301, 333.

unbedingt, dass ein grobes Verschulden des Steuerpflichtigen in jedem Fall ausscheidet. Die Ausgestaltung der Formulare und der Software fließt vielmehr in die Gesamtbeurteilung des Verhaltens des Steuerpflichtigen ein und streitet dort für ein lediglich leichtes Verschulden des Steuerpflichtigen. Je nach Lage des Einzelfalles, insbesondere auch unter Berücksichtigung der persönlichen fachlichen Kenntnisse, kann das durch die Formulare und die Software gesetzte Manko ausgeglichen werden, sodass im Ergebnis trotz einer einen Irrtum begünstigenden Programmführung[2093] oder Formulargestaltung[2094] ein grobes Verschulden des Steuerpflichtigen unter Umständen angenommen werden kann.[2095]

Fraglich ist, wie Fälle zu beurteilen sind, in denen der formular- oder ELSTER-spezifische Fehler ausschlaggebender Grund für die Nichtabgabe einer Steuererklärung und damit für die fehlende Mitteilung von Sachverhalten an die Finanzbehörde ist. Als Beispiel mag der Fall des Finanzgerichts Niedersachsen vom 13.3.2014[2096] dienen, in dem der Steuerpflichtige der Auffassung war, dass eine im ELSTER I-Verfahren übermittelte Steuererklärung auch ohne Einreichung der unterschriebenen komprimierten Steuererklärung bereits eine wirksame Steuererklärung bzw. im Streitfall jedenfalls eine wirksame, als Einspruch zu interpretierende Verfahrenshandlung darstellte. Tatsächlich liegt eine wirksame Steuererklärung im ELSTER I-Verfahren erst dann vor, wenn die unterschriebene komprimierte Steuererklärung bei der Finanzbehörde eingegangen ist.[2097] Auch wenn im entschiedenen Fall lediglich ein zulässiger Einspruch und eine Wiedereinsetzung in den vorigen Stand gem. § 110 AO geprüft und im Ergebnis abgelehnt worden sind,[2098] eine Auseinandersetzung mit den Möglichkeiten einer Korrektur nach § 173 AO aber nicht angesprochen worden ist, lohnt es sich, den Fall auch unter diesem Aspekt zu betrachten. Denn

---

2093 Siehe FG Rheinland-Pfalz v. 13.12.2010, 5 K 2099/09, EFG 2011, 685 Rn. 18

2094 BFH v. 29.6.1984, VI R 181/80, BStBl. II 1984, 693 Rn. 9; BFH v. 6.10.2004 X R 14/02 Rn. 28.

2095 Siehe die Nachweise in Fn. 2094 und BFH v. 18.3.2014, X R 8/11 Rn. 27, als Revisionsurteil zu dem in Fn. 2093 genannten Urteil, in dem der BFH jedoch keine Umstände des Einzelfalles ermittelt und gewichtet, sondern bloß auf die Sorgfaltspflichtverletzung durch Nichtbeachtung der Fragen im Steuererklärungsformular abstellt; Kritik an dieser Entscheidung bei *Lanwehr*, Faktische Selbstveranlagung, S. 223-225.

2096 FG Niedersachsen v. 13.3.2014, 4 K 32/12, EFG 2014, 1257.

2097 Siehe oben 2. Teil B. III. 3. c. bb.

2098 Hierbei spielte vor allem die Möglichkeit eine Rolle, dass der Steuerpflichtige den Einspruch auch per formlosem Einspruchsschreiben oder zur Niederschrift hätte erklären können, FG Niedersachsen v. 13.3.2014, 4 K 32/12, EFG 2014, 1257 Rn. 24.

der Steuerpflichtige hatte das Finanzamt nicht deswegen über Tatsachen in Unkenntnis gelassen, weil er eine steuerrechtliche Norm falsch angewendet hat,[2099] sondern weil er sich schlicht über das, was das ELSTER I-Verfahren als Software leistet, geirrt hat. Das Urteil lässt jedoch eine Einschätzung zu, wie der Fall im Lichte des § 173 Abs. 1 Nr. 2 AO zu beurteilen gewesen wäre, „[d]enn auf der Internetseite www.elster.de wird ausdrücklich darauf hingewiesen, dass die Telenummer auf der komprimierten Erklärung für die Bediensteten des FA den Schlüssel bildet, um die übermittelten Daten bearbeiten zu können, und aus diesem Grund dringend empfohlen, die komprimierte Steuererklärung möglichst zeitnah nach der Datenübermittlung bei dem FA einzureichen."[2100] Ein Vertrauen darauf, dass bereits die – nach seiner Vorstellung – erfolgreiche Übermittlung der Daten eine Kenntnisnahme der Finanzbehörde vom Inhalt der Steuererklärungen ermöglichen würde, lehnte das Finanzgericht ab.[2101] Ähnlich könnte man bei der Beurteilung des groben Verschuldens argumentieren, dass die eindeutige Beschreibung des Programmumfangs und der Programmbedienung für ein grobes Verschulden des Steuerpflichtigen spricht. Allerdings wird man bei der Abwägung auch individuelle Schwierigkeiten berücksichtigen müssen, die aufseiten des Steuerpflichtigen bestehen, etwa nicht vorwerfbare Fehler im Umgang mit EDV-Systemen. Ob diese Abwägung jedoch zwingend zur Korrektur der bestandskräftigen Steuerfestsetzung nach § 173 Abs. 1 Nr. 2 AO führt, darf im Zusammenhang mit der bisherigen Darstellung und der insoweit eindeutigen Formulierung der Programmumschreibung auf www.elster.de bezweifelt werden.

Gerade der zuletzt dargestellte Fall zeigt, dass die Regelungen zur Bestandskraft nicht stets der richtige Ort sind, um Mängel des Steuerpflichtigen im Umgang mit EDV-Anlagen und Softwareprogrammen zu beseitigen. Vor diesem Hintergrund gewinnt die Erkenntnis an Bedeutung, dass die Verfahrensleistungsfähigkeit bei formular- und ELSTER-spezifischen Fehlern nicht zwingend

---

2099 Man könnte freilich darüber nachdenken, ob der Steuerpflichtige § 87a AO unzutreffend interpretiert hat oder § 150 Abs. 1 AO i.V.m. § 25 Abs. 3, 4 EStG, sodass letztlich ein Rechtsfehler vorliegt. Allerdings wird in dem beschriebenen Fall der Irrtum über die Programmfunktion den Rechtsfehler überlagern.

2100 FG Niedersachsen v. 13.3.2014, 4 K 32/12, EFG 2014, 1257 Rn. 25.

2101 FG Niedersachsen v. 13.3.2014, 4 K 32/12, EFG 2014, 1257 Rn. 25; ein solches Vertrauen wäre auch nur dann denkbar, wenn der untypische Fall vorliegt, in dem die Telenummer in anderer Form an die Finanzbehörde übermittelt wird, etwa fernmündlich, durch E-Mail oder – ggf. als Papierschnipsel – in einem Brief, siehe dazu die Gedanken bei *Rolletschke*, in: GS Joecks, 571, 577.

(nur) auf der Ebene des kognitiven Elementes, sondern auch in unterschiedlicher Ausprägung auf der Ebene des tatsächlichen Elementes angesprochen wird: Ist es wie im dargestellten Fall gelagert, weiß der Steuerpflichtige, dass er eine Steuererklärung abzugeben hat, ihm unterläuft auch primär zunächst kein Rechtsirrtum bei Beurteilung eines Begriffes oder der Einordnung eines Sachverhaltes, sondern er scheitert schlicht an den Anforderungen, die in tatsächlicher Hinsicht an ihn gestellt werden. Ein Ausgleich verfahrensrechtlicher Belastungen bzw. Nachteile kann hier durch einen Dispens der elektronischen Steuererklärungspflicht gem. § 150 Abs. 8 AO, § 25 Abs. 4 S. 2 EStG, § 18 Abs. 1 S. 2; Abs. 3 S. 3 UStG eher erreicht werden, als es unter verfahrensleistungsfähigkeitsspezifischer Anwendung des „groben Verschuldens" i.S.d. § 173 Abs. 1 Nr. 2 AO möglich wäre.[2102]

9. *Nachträglich übermittelte Daten i.S.d. § 150 Abs. 7 S. 2 AO i.V.m. § 93c AO*

Eine besondere Rolle, weil sie sich nicht zwingend einer der gebildeten Fehlerkategorien zuordnen lassen, spielen Fehler in der Steuererklärung, die sich aufgrund unrichtig übermittelter Daten i.S.d. § 150 Abs. 7 AO i.V.m. § 93c AO ergeben. Denn gem. § 150 Abs. 7 S. 2 AO gelten von Dritten gem. § 93c AO übermittelte Daten als Daten des Steuerpflichtigen unter der Voraussetzung, dass der Steuerpflichtige eine Steuererklärung abgegeben hat.[2103] Dem Steuerpflichtigen werden also Daten zugerechnet, die von dritter Seite ermittelt und der Finanzbehörde übermittelt werden, soweit er keine abweichenden Angaben in der Steuererklärung macht. Die von dritter Stelle übermittelten Daten i.S.d. § 93c AO stellen regelmäßig eine Mitteilung von Lebenssachverhalten – etwa Zahlungen von dem oder an den Steuerpflichtigen – dar und sind mithin Tatsachen i.S.d. § 173 Abs. 1 AO. Wird der Finanzbehörde nach der erstmaligen Steuerfestsetzung unter Berücksichtigung der übermittelten Daten bekannt, dass diese unrichtig sind, liegt eine nachträglich bekanntgewordene Tatsache vor. Mindern diese Angaben die steuerliche Bemessungsgrundlage und wirken sich zugunsten des Steuerpflichtigen aus, kommt eine Korrektur nach § 173 Abs. 1 Nr. 2 AO nur dann in Betracht, wenn den Steuerpflichtigen kein grobes Verschulden an deren nachträglichen Bekanntwerden trifft. Ein solches könnte darauf beruhen,

---

2102 Zum Dispens der Übermittlung der Steuererklärung nach vorgeschriebenem Datensatz siehe oben 2. Teil B. III. 5.

2103 Siehe zu Einzelheiten oben 2. Teil B. IX. 2. c. cc.

dass der Steuerpflichtige es unterlassen hat, die übermittelten und ihm gem. § 93c Abs. 1 Nr. 3 AO mitgeteilten Daten auf Richtigkeit zu überprüfen.[2104] Da dem Steuerpflichtigen aus der Datenübermittlung keine verfahrensrechtlichen Nachteile erwachsen sollen, ermöglicht § 175b Abs. 2 AO in diesen Fällen eine verschuldensunabhängige Korrektur, soweit gem. § 93c AO übermittelte Daten gem. § 150 Abs. 7 S. 2 AO als Angaben des Steuerpflichtigen gelten und sich deren Unrichtigkeit im Nachhinein herausstellt.[2105]

10. Bewertung der Fehlerkorrektur durch § 173 Abs. 1 Nr. 2 AO

Die Korrektur von Steuerfestsetzungen gem. § 173 Abs. 1 Nr. 2 AO wird nur in seltenen Fällen daran scheitern, dass der Finanzbehörde die steuerbegünstigenden Tatsachen bereits bekannt waren. Als korrekturbegrenzende Merkmale gewinnen daher vor allem die Rechtserheblichkeit der nachträglich bekannt gewordenen Tatsache und die Frage, ob den Steuerpflichtigen ein grobes Verschulden am nachträglichen Bekanntwerden der Tatsachen trifft, an Bedeutung. Die Notwendigkeit, dass die Tatsache bereits zum Zeitpunkt der ursprünglichen Steuerfestsetzung zu einer anderen Steuer geführt hätte, rechtfertigt sich aus dem Gedanken, dass das Korrekturregime der §§ 172 ff. AO bis auf explizit geschriebene Ausnahmen keine Korrektur eines Steuerbescheides aufgrund geänderter Rechtsauffassungen zulässt und dass eine bisher der Finanzbehörde nicht bekannte Tatsache nicht als „trojanisches Pferd" zur Korrektur eines Steuerbescheides genutzt werden kann. Das Tatbestandsmerkmal der Abwesenheit von einem groben Verschulden des Steuerpflichtigen ist Kern der Korrekturnorm, der eine Wertung der unterschiedlichen Verfahrensbeiträge durch Finanzbehörde und Steuerpflichtigen zulässt. Hierbei sind mehrere objektive und subjektive Faktoren wertend einzubeziehen. Auf objektiver Seite stehen die von Seiten der Finanzbehörde zur Verfügung gestellten Steuererklärungsformulare, Erläuterungen und Hinweistexte auf Papier oder in digitaler Form samt der von der Finanzverwaltung zur Verfügung gestellten Software. Weisen diese Mängel auf, etwa indem sie durch ihre Gestaltung oder Programmführung Irrtümer begünstigen, ist dies zugunsten des Steuerpflichtigen zu berücksichtigen. Zulasten des Steuerpflichtigen wirkt es sich hingegen aus, wenn er ausdrücklich gestellte

2104 Siehe zu einer entsprechenden Pflicht *Schindler*, in: Gosch, AO/FGO, § 150 AO Rn. 58 (Stand: Juni 2017); *Krumm*, in: Tipke/Kruse, AO/FGO, § 370 AO Rn. 65 (Stand: April 2019), der diese Pflicht aus § 153 Abs. 1 Nr. 1 AO herleitet; ebenso *Häger*, wistra 2017, 369, 371.

2105 Siehe zu § 175b AO noch unten 5. Teil C. VII.

Fragen in den Steuererklärungsformularen nicht beantwortet. Auf subjektiver Seite ist die subjektivierte Verfahrensleistungsfähigkeit des Steuerpflichtigen annäherungsweise festzustellen. Dazu sind die Fähigkeiten des Steuerpflichtigen, ggf. durch Zurechnung der Fähigkeiten und Kenntnisse eines steuerlichen Beraters, im dargestellten zweistufigen Verfahren zu ermitteln. Die verschiedenen Faktoren sind in Ausgleich zueinander zu bringen, um beurteilen zu können, ob ein individuelles Verschulden des Steuerpflichtigen vorliegt oder nicht. Hierbei genügt es nicht, wenn pauschal von einer Irrtümer begünstigenden Formulargestaltung oder einer ausdrücklich gestellten Frage in einem Formular auf ein nur leichtes bzw. grobes Verschulden geschlossen wird. Durch diese Abwägung im Rahmen des § 173 Abs. 1 Nr. 2 AO ist es möglich, die individuelle Verfahrensleistungsfähigkeit des Steuerpflichtigen zu berücksichtigen.

IV. Korrektur zuungunsten des Steuerpflichtigen gem. § 173 Abs. 1 Nr. 1 AO

1. Die Berufung auf Treu und Glauben als Korrekturhindernis

§ 173 Abs. 1 Nr. 1 AO ermöglicht ebenso wie § 173 Abs. 1 Nr. 2 AO die punktuelle, allerdings zulasten des Steuerpflichtigen wirkende Korrektur eines Steuerbescheides, wenn neue Tatsachen oder Beweismittel nachträglich bekannt werden, die zu einer höheren Steuer führen. Im Gegensatz zur steuermindernden Korrektur, die als Korrektiv im Wortlaut vorsieht, dass den Steuerpflichtigen kein grobes Verschulden treffen darf, findet sich eine entsprechende Einschränkung bei der Korrektur zulasten des Steuerpflichtigen in § 173 Abs. 1 Nr. 1 AO nicht. Die Korrektur ist vielmehr nach dem Wortlaut, eine neue Tatsache vorausgesetzt, ohne Einschränkung möglich. Der Steuerpflichtige könnte sich jedoch auf die Grundsätze von Treu und Glauben als Hindernis für eine Korrektur zu seinen Ungunsten berufen. Die dem Zivilrecht entstammenden[2106] und im

---

2106 Gegen eine unmittelbare Übertragung des § 242 BGB aus dem Zivilrecht in das öffentliche Recht, aber für eine entsprechende Anwendung des § 242 BGB im öffentlichen Recht hatte sich *Mattern*, Treu und Glauben im Steuerrecht, S. 26-29, ausgesprochen; dem zustimmend *Sporbeck*, Neue Tatsachen im Steuerrecht, S. 29 f.; *Bunjes*, Die Bindung des Steuerpflichtigen an Treu und Glauben, S. 18 f., lehnt dies aber zutreffend mit der Begründung ab, dass die Anwendung des Begriffes der Verkehrssitte im Steuerrecht als Über-/Unterordnungsverhältnis nicht anwendbar sei, eine Modifikation des Begriffes hingegen entweder zu einer Übergewichtung zugunsten der Verwaltung führe oder nicht mehr mit der Regelung des § 242 BGB vergleichbar sei.

Rechtsstaatsprinzip verankerten[2107] Grundsätze von Treu und Glauben finden, als im Kern vom Sittlichen her beeinflusste Gebote mitmenschlichen Verhaltens in den mitmenschlichen Beziehungen, ebenfalls in einem konkreten Steuerrechtsverhältnis Anwendung, in dem die Beteiligten in einer gewissen „inneren Nähe" zueinanderstehen.[2108] Denn das konkrete Steuerrechtsverhältnis als von Kooperation, Dauer und Nähe geprägte „Schicksalsgemeinschaft" umfasst ein Bündel von Rechtsbeziehungen zwischen der Behörde und dem Steuerpflichtigen als Privatperson, die mit gesteigerter Ausprägung dieser Merkmale eine gesteigerte gegenseitige Rücksichtnahme erforderlich machen, sodass eine für die Anwendung der Grundsätze von Treu und Glauben erforderliche Vertrauenssituation besteht.[2109] Dabei können sich grundsätzlich sowohl der Steuerpflichtige als auch die Finanzbehörde im Steuerverfahren auf die Grundsätze von Treu und Glauben berufen.[2110] Im Bereich des § 173 Abs. 1 AO finden die ungeschriebenen Grundsätze jedoch nur in der Tatbestandsvariante des § 173 Abs. 1 Nr. 1 AO Anwendung, da sie im Rahmen des § 173 Abs. 1 Nr. 2 AO bereits über das „grobe Verschulden" Eingang in den Normtext gefunden haben.[2111] Wie die Grundsätze von Treu und Glauben das einzelne Rechtsverhältnis zwischen Steuerpflichtigem und Finanzbehörde beeinflussen[2112], hängt von der

---

2107 *Drüen*, in: Tipke/Kruse, AO/FGO, § 4 AO Rn. 125 (Stand: Oktober 2020); *Klein*, DStR 1985, 391, 391.

2108 BFH v. 5.3.1964, IV 133/63 S, BStBl. III 1964, 311 Rn 12; BFH v. 9.8.1989, I R 181/85, BStBl. II 1989, 990 Rn. 16; BFH v. 7.10.2010, V R 17/09 Rn. 20; *Mattern*, Treu und Glauben im Steuerrecht, S. 35 f.; *Drüen*, in: Tipke/Kruse, AO/FGO, § 4 AO Rn. 132, 135 (Stand: Oktober 2020).

2109 *Seer*, Verständigungen in Steuerverfahren, S. 81; *Spanner*, StuW 1972, 303, 306 f.; siehe auch *Hill*, NJW 1986, 2602, 2608; BFH v. 9.8.1989, I R 181/85, BStBl. II 1989, 990 Rn. 16, spricht von Steuerpflichtigem und Finanzbehörde als Partner.

2110 Ständige Rechtsprechung, siehe etwa BFH v. 22.4.1966, VI 37/65, BStBl. III 1966, 368 Rn. 9; BFH v. 10.6.2010, IV R 19/07 Rn. 18; *Mattern*, Treu und Glauben im Steuerrecht, S. 36; *v. Groll*, FR 1995, 814, 814; *Drüen*, in: Tipke/Kruse, AO/FGO, § 4 AO Rn. 132 (Stand: Oktober 2020); *v. Groll*, in: Hübschmann/Hepp/Spitaler, AO/FGO, § 173 AO Rn. 231 (Stand: September 2017).

2111 *v. Groll*, in: Hübschmann/Hepp/Spitaler, AO/FGO, § 173 AO Rn. 231 (Stand: September 2017).

2112 Auch wenn teilweise behauptet, wird das geltende Recht nicht durch die Grundsätze von Treu und Glauben verdrängt – so etwa *Hülsmann*, DStR 2018, 1850, 1852 –, sondern die Grundsätze von Treu und Glauben sind Rechtsquellen und Erkenntnisgrund für etwas als Recht, siehe *Drüen*, in: Tipke/Kruse, AO/FGO, § 4 AO Rn. 125 (Stand: Oktober 2020) m.w.N.

konkreten Rechtsbeziehung und den diese Rechtsbeziehung ausgestaltenden Rechten und Pflichten ab.[2113] Maßgebend ist damit der rechtliche Rahmen, aber auch die individuellen Beiträge der Beteiligten. Bei der Korrektur eines Steuerbescheides nach § 173 Abs. 1 Nr. 1 AO gelten die Grundsätze, die in dem Verfahren galten, das zur Fehlerhaftigkeit des Steuerbescheides geführt hat – also dem Festsetzungsverfahren –, fort: aufseiten der Finanzbehörde der Untersuchungsgrundsatz i.S.d. § 88 AO, aufseiten des Steuerpflichten die Mitwirkungspflichten, insbesondere die Steuererklärungspflicht, sowie die gemeinsame Verantwortung für die Ermittlung des entscheidungserheblichen Sachverhaltes.[2114] Unterlässt die Finanzbehörde es, den Sachverhalt im ursprünglichen Festsetzungsverfahren mit den ihr zur Verfügung stehenden Mitteln unter Berücksichtigung der gesetzlichen Ermittlungsvorgaben[2115] zu ermitteln und kommt sie damit den ihr vom Amtsermittlungsgrundsatz auferlegten Aufgaben nicht nach, kann die Finanzbehörde dies dem Steuerpflichtigen bei einer Korrektur des Steuerbescheides nicht entgegenhalten ohne gegen die Grundsätze von Treu und Glauben in der Erscheinungsform des *venire contra factum proprium* zu verstoßen, wenn ihr der Sachverhalt bei Erfüllung der Amtsermittlungspflicht nicht verborgen geblieben wäre.[2116] Verletzt die Finanzbehörde im Festsetzungsverfahren ihre Ermittlungspflicht, kann dies der Steuerpflichtige also grundsätzlich der Finanzbehörde bei einer Korrektur gem. § 173 Abs. 1 Nr. 1 AO zu seinen Ungunsten entgegenhalten.[2117] Deutlich wird an dieser Stelle bereits die partielle Spiegelbildlichkeit zum

2113 *v. Groll*, in: Hübschmann/Hepp/Spitaler, AO/FGO, § 173 AO Rn. 238 (Stand: September 2017); *ders.*, FR 1995, 814, 815.

2114 *v. Groll*, in: Hübschmann/Hepp/Spitaler, AO/FGO, § 173 AO Rn. 238 (Stand: September 2017).

2115 Etwa die Ermittlung des Sachverhaltes unter Nutzung von Steuererklärungsformularen, siehe 2. Teil A. II. 4.

2116 BFH v. 3.7.2002, XI R 27/01 Rn. 11; BFH v. 28.6.2006, XI R 58/05, BStBl. II 2006, 835 Rn. 15; BFH v. 29.11.2017, II R 52/15, BStBl. II 2018, 419 Rn. 26 f.; *v. Groll*, in: Hübschmann/Hepp/Spitaler, AO/FGO, § 173 AO Rn. 238 (Stand: September 2017); *Rüsken*, in: Klein AO, § 173 Rn. 80; *Seer*, in: Tipke/Lang, Steuerrecht, Rn. 21.405; zu den einzelnen Erscheinungsformen von Treu und Glauben siehe *A. Müller*, AO-StB 2013, 114, 115.

2117 Kritisch zur Anwendung der Grundsätze von Treu und Glauben bei § 173 Abs. 1 Nr. 1 AO insgesamt *Friedl*, DStR 1988, 98, der die Grenzen der Gesetzesauslegung als berührt ansieht. Denn § 173 AO zeige bereits ein System von Korrekturausnahmen und Rückausnahmen (namentlich: das grobe Verschulden des Steuerpflichtigen in § 173 Abs. 1 Nr. 2 AO, die Korrektursperre nach der Außenprüfung gem. § 173 Abs. 2 S. 1 AO und die dazu bestehende Rückausnahme im Fall der Steuerhinterziehung

„groben Verschulden" in § 173 Abs. 1 Nr. 2 AO, dessen Voraussetzungen und damit eine Versagung der Korrektur zugunsten des Steuerpflichtigen grundsätzlich dann gegeben waren, wenn der Steuerpflichtige seinen Steuererklärungspflichten nicht oder nur unzureichend nachgekommen ist.

Fraglich ist allerdings, wann die Finanzbehörde ihre Amtsermittlungspflicht verletzt oder – positiv formuliert – welche Anforderungen an die Finanzbehörde im Rahmen der Sachverhaltsermittlung im Steuerverfahren gestellt werden. Oben wurde gezeigt, dass sich das finanzbehördliche Ermessen bei der Ausgestaltung des Amtsermittlungsgrundsatzes in einem durch den Vollzugsauftrag definierten Gestaltungskorridor zwischen Untermaßgebot und Übermaßverbot bewegt.[2118] Es ist also nicht möglich, der Finanzbehörde ein konkretes umfassendes Handlungspflichtenprogramm vorzuschreiben, das sie im Besteuerungsverfahren zu erfüllen hat. Wann die Finanzbehörde ihre Amtsermittlungspflicht in vorwerfbarer Weise verletzt, dass man ihr mit Blick auf die Grundsätze von Treu und Glauben die Möglichkeit zur Korrektur eines Steuerbescheides zuungunsten des Steuerpflichtigen abspricht, lässt sich letztlich nur durch die Determinante des Untermaßgebots bestimmen.[2119] Damit sind die Begebenheiten im individuellen Fall für die Bestimmung einer Ermittlungspflichtverletzung von Bedeutung[2120] und die Darstellung muss sich an dieser Stelle auf grob vorgezeichnete, im Einzelnen aber schwer zu fassende Leitlinien beschränken.

Nähert man sich zunächst dem Begriff des Untermaßgebotes an, lässt sich folgende Erkenntnis aus Literatur und Rechtsprechung entnehmen: Die Grenze des

---

oder leichtfertigen Steuerverkürzung), das so zu werten sei, dass im Übrigen das Verhalten der Finanzbehörde als Tatbestandsmerkmal außer Acht zu bleiben habe. Auch sei es nicht gerechtfertigt aus einem systematischen Zusammenhang, etwa mit § 164 AO, zu einem anderen Ergebnis zu gelangen. Die Übertragung der zu § 222 Abs. 1 Nr. 1 RAO ergangenen Rechtsprechung sei wegen der erheblichen Unterschiede zwischen § 222 RAO zu § 173 AO nicht möglich. Eine Änderung könne nur im Ausnahmefall an den Grundsätzen von Treu und Glauben scheitern, wenn die Finanzbehörde gegenüber dem Steuerpflichtigen durch nachhaltiges oder nachdrückliches Verhalten einen Vertrauenstatbestand geschaffen habe; siehe dazu die Auseinandersetzung zur Gegenüberstellung des Rechtsstaatsprinzips zu anderen Rechtsgrundsätzen bei *Bunjes*, Die Bindung des Steuerpflichtigen an Treu und Glauben, S. 25-36, 40-49, und *Spanner*, StuW 1972, 303, 303-306; einen Überblick über kritische Stimmen findet sich auch bei *Klein*, DStR 1985, 391, 391.

2118 Siehe oben 2. Teil A. I.

2119 FG Mecklenburg-Vorpommern v. 13.12.2017, 1 K 191/14 Rn. 25.

2120 BFH v. 7.7.2004, XI R 10/03, BStBl. II 2004, 911 Rn. 13, 20; BFH v. 18.6.2006, XI R 50/05, BStBl. II 2006, 835 Rn. 17.

Untermaßgebotes ist dort zu verorten, wo die Finanzbehörde auf offenkundige Unklarheiten oder Zweifelsfragen bzw. sich nach der Sachlage aufdrängende Zweifel trifft und diesen nicht nachgeht.[2121] Sonst wäre es ihr faktisch möglich, die Bestandskraft nach eigenem Belieben zu verschieben.[2122] Andererseits muss sie keine Ermittlungen tätigen, die noch nicht oder nur mit unverhältnismäßigem Aufwand realisiert werden können.[2123] Die Konkretisierung hilft allerdings kaum auf der Suche nach einem Prüfungsmaßstab für die Ermittlungstätigkeit der Finanzbehörde. Notwendig ist wieder eine Betrachtung des Steuerverfahrens als Ganzes und die Berücksichtigung der Anpassungen an die Massenverwaltung für einen gleichmäßigen Gesamtvollzug. Dabei ist die abgestufte Prüfungsintensität der Steuerfälle nach ihrem steuerlichen Risiko unter Zuhilfenahme von Risikomanagementsystemen[2124] und unter Gewährung eines Vertrauensvorschusses[2125] als Ausgestaltung des Untersuchungsgrundsatzes zu berücksichtigen:[2126] Billigt man dem Steuerpflichtigen einen Vertrauensvorschuss zu, sodass die Finanzbehörde den Steuererklärungen der Steuerpflichtigen nicht mit grundsätzlichem Misstrauen begegnen muss,[2127] kann eine Verletzung der Ermittlungspflicht nicht an diese geringere Prüfungsintensität angeknüpft werden. Das bedeutet aber im Umkehrschluss, dass die Finanzbehörde dort in jedem Fall Sachverhaltsermittlungen anstellen muss, wo

---

2121 BFH v. 20.12.1988, VIII R 121/83, BStBl. II 1989, 585 Rn. 51; BFH v. 7.7.2004, XI R 10/03, BStBl. II 2004, 911 Rn. 12; BFH v. 18.6.2006, XI R 50/05, BStBl. II 2006, 835 Rn. 16; BFH v. 25.1.2017, I R 70/15, BStBl. II 2017, 780 Rn. 14; *v. Wedelstädt*, in: Gosch, AO/FGO, § 173 AO Rn. 69 (Stand: August 2019); *Loose*, in: Tipke/Kruse, AO/FGO, § 173 AO Rn. 62, 65 f. (Stand: September 2020); *Rüsken*, in: Klein, AO, § 173 Rn. 81; *Seer*, in: Tipke/Lang, Steuerrecht, Rn. 21.405; *Fried. Breuer*, AO-StB 2004, 14, 15; *A. Müller*, AO-StB 2013, 141, 117.

2122 BFH v. 12.3.2019, IX R 29/17 Rn. 19.

2123 BFH v. 11.7.1978, VIII R 120/75, BStBl. II 1979, 57 Rn. 11; BFH v. 12.7.2001, VII R 68/00, BStBl. II 2002, 44 Rn. 8; *v. Wedelstädt*, in: Gosch, AO/FGO, § 173 AO Rn. 68 (Stand: August 2019).

2124 Siehe oben 4. Teil C. II.

2125 Siehe oben 4. Teil C. I. und dort insbesondere Fn. 1444.

2126 Kritisch zur Reduzierung der Ermittlung im Massenverfahren, allerdings ohne Differenzierung, *A. Müller*, AO-StB 2007, 19, 23.

2127 Zur Aussage, dass die Finanzbehörde einer Steuererklärung grundsätzlich nicht mit Misstrauen gegenübertreten muss, siehe die ständige Rechtsprechung, etwa BFH v. 20.12.1988, VIII R 121/83, BStBl. II 1989, 585 Rn. 51; BFH v. 10.4.1997, IV R 47/96 Rn. 13; BFH v. 25.1.2017, I R 70/15, BStBl. II 2017, 780 Rn. 14; FG Sachsen-Anhalt v. 8.1.2020, 3 V 177/19 Rn. 39; *Günther*, FR 1983, 36, 36.

gesetzlich eine Überprüfungspflicht gefordert wird, wo eine Schwerpunktüberprüfung durch die Finanzbehörde öffentlich bekanntgemacht wird[2128] und wo die genutzten Risikomanagementsysteme eine Prüfungswürdigkeit anzeigen[2129]. Gesetzliche Überprüfungspflichten ergeben sich seit dem Gesetz zur Modernisierung des Besteuerungsverfahrens aus § 155 Abs. 4 S. 3 AO insbesondere in den Fällen, in denen der Steuerpflichtige Eintragungen in einem qualifizierten Freitextfeld i.S.d. § 150 Abs. 7 S. 1 AO vornimmt oder abweichende Angaben zu übermittelten Daten i.S.d. § 93c AO gem. § 150 Abs. 7 S. 2 AO in der Steuererklärung macht. Mit § 88 Abs. 5 S. 3 Nr. 2 AO wird bestimmt, dass von Risikomanagementsystemen als prüfungswürdig ausgesteuerte Fälle ebenfalls durch die Finanzbehörde zu prüfen sind.[2130] An dieser Stelle kann dann auch die Antwort auf die oben aufgeworfene Frage, inwieweit Risikomanagementsysteme im finanzgerichtlichen Verfahren offenzulegen sind,[2131] partiell spezifiziert werden: Es muss für die Finanzgerichte die Möglichkeit bestehen, nachvollziehen zu können, welche Prüfparameter von den auf finanzbehördlicher Seite eingesetzten automatisierten Risikomanagementsystemen ausgegeben worden sind, um beurteilen zu können, ob eine Verletzung der Ermittlungspflicht vorliegt. Bestimmte Determinanten der finanzbehördlichen Ermittlungspflicht lassen sich somit feststellen und sind auch in einem gewissen Umfang nachvollziehbar und gerichtlich überprüfbar.

Besonders erwähnenswert und für die Bearbeitung von Relevanz ist in diesem Zusammenhang die Funktion der Steuererklärungsformulare und die rechtlichen Konsequenzen, wenn die Finanzbehörde auf deren Anwendung im Einzelfall verzichtet. Nach den Feststellungen zu Beginn der Ausarbeitung[2132] konkretisieren §§ 149 Abs. 1 S. 1; 150 Abs. 1 AO i.V.m. den Einzelsteuergesetzen den Amtsermittlungsgrundsatz des § 88 AO dergestalt, dass sich die Finanzbehörde primär den Steuererklärungsformularen zur Ermittlung des steuerlich relevanten Sachverhaltes bedienen muss. Folglich verletzt die Finanzbehörde ihre Ermittlungspflicht, wenn sie ausdrücklich vorgeschriebene Steuererklärungsformulare zur Sachverhaltsermittlung nicht nutzt. Fraglich ist aber, wie

---

2128 Sog. Prüffelder, siehe oben 4. Teil C. II. 2.

2129 *v. Groll*, in: Hübschmann/Hepp/Spitaler, AO/FGO, § 173 AO Rn. 238a (Stand: September 2017); *Loose*, in: Tipke/Kruse, AO/FGO, § 173 AO Rn. 63 f. (Stand: April 2017); *v. Wedelstädt*, in: Gosch, AO/FGO, § 173 AO Rn. 69.1 (Stand: August 2019).

2130 *Seer*, in: Tipke/Kruse, AO/FGO, § 88 AO Rn. 78 (Stand: Januar 2017); *Roser*, in: Gosch, AO/FGO, § 88 AO Rn. 64 (Stand Juni 2018).

2131 Siehe oben 4. Teil C. II. 4.

2132 Siehe oben 2. Teil A. I.

die Rechtslage sich gestaltet, wenn der Finanzbehörde lediglich die Möglichkeit eingeräumt wird, eine Steuererklärung anzufordern.[2133] Dazu ist in jüngerer Vergangenheit ein interessanter Fall durch die Finanzgerichte entschieden worden: In einem vor dem Finanzgericht Köln[2134] und in der Revision vor dem Bundesfinanzhof[2135] verhandelten Fall ging es um eine gesonderte und einheitliche Feststellung eines Grundbesitzwertes für ein sich im Gesamthandsvermögen einer Kommanditgesellschaft befindendes bebautes Grundstück im Rahmen einer Erbschaftsteuerfestsetzung. Die Finanzbehörde verzichtete ausdrücklich auf die Einreichung einer fakultativen Feststellungserklärung gem. § 138 Abs. 6 S. 1 BewG a.F. durch die Steuerpflichtigen und erbat von den Erben stattdessen nur die Mitteilung des Steuerbilanzwertes, um den Grundbesitzwert des bebauten Grundstücks im Sachwertverfahren gem. § 147 Abs. 2 BewG a.F. feststellen zu können.[2136] Nach Eintritt der materiellen und formellen Bestandskraft[2137] stellte die Finanzbehörde fest, dass die Gebäude noch nutzbar waren und eine Bewertung im Ertragswertverfahren gem. § 146 BewG a.F. durchzuführen gewesen wäre, die zu einem deutlich höheren Grundbesitzwert geführt hätte. Sie änderte daraufhin den Feststellungsbescheid. Das Finanzgericht Köln sah die Korrektur des Feststellungsbescheides gem. § 173 Abs. 1 Nr. 1 AO als rechtmäßig an und wies die Klage als unbegründet zurück. Die Entscheidung, auf eine Feststellungserklärung zu verzichten, läge im Ermessen der Finanzbehörde und sei aufgrund der besonderen Umstände, dass das Gebäude bisher nur durch die Kommanditgesellschaft des Erblassers genutzt worden war, diese ihre Produktion seit einigen Jahren eingestellt hatte und keine Anhaltspunkte dafür vorlagen, dass das Gebäude an eine GmbH vermietet worden sei, nicht ermessensfehlerhaft gewesen.[2138] Eine Verletzung der Ermittlungspflicht wurde damit verneint; allerdings hätte der steuerlich beratene Steuerpflichtige auf Grundlage

---

2133 Siehe zu möglichen Fällen oben 2. Teil B. V. 6. a. bb.

2134 FG Köln v. 26.8.2015, 4 K 4035/10, EFG 2016, 13.

2135 BFH v. 29.11.2017, II R 52/15, BStBl. II 2018, 419.

2136 FG Köln v. 26.8.2015, 4 K 4035/10, EFG 2016, 13 Rn. 1-4, dazu auch in den folgenden Sätzen.

2137 Tatsächlich war im entschiedenen Fall bereits die Feststellungsfrist gem. § 151 Abs. 1 S. 1 Nr. 1 BewG, §§ 179 Abs. 1; 181 Abs. 1; 169 Abs. 2 S. 1 Nr. 2 AO und damit auch ein bestehender Vorbehalt der Nachprüfung gem. § 164 Abs. 4 S. 1 AO abgelaufen, sodass eine Änderung der gesonderten und einheitlichen Feststellung nur auf Grundlage von § 181 Abs. 5 S. 1 AO möglich war und als Korrekturnorm § 173 Abs. 1 Nr. 1 AO in Betracht kam.

2138 FG Köln v. 26.8.2015, 4 K 4035/10, EFG 2016, 13 Rn. 32.

der § 90 Abs. 1 S. 1 und 3 AO der Finanzbehörde mitteilen müssen, dass das Grundstück mittlerweile vermietet sei, um sich nicht treuwidrig zu verhalten.[2139] In der durch das Finanzgericht Köln zugelassenen Revision – zur Klärung der entscheidungserheblichen Rechtsfrage der Reichweite der Ermittlungspflicht im Zusammenhang mit dem Verzicht auf eine Steuererklärung[2140] – entschied der II. Senat des Bundesfinanzhofs zugunsten der Steuerpflichtigen und hob die Vorentscheidung sowie die angefochtenen Feststellungsbescheide auf.[2141] Zu der Reichweite der Ermittlungspflicht äußert sich der II. Senat deutlich zugunsten des Steuerpflichtigen: „Verzichtet das Finanzamt gegenüber dem Steuerpflichtigen ausdrücklich auf die Abgabe einer förmlichen Erklärung und fordert ihn stattdessen zu bestimmten Angaben auf, verletzt es seine Ermittlungspflicht, wenn die geforderten Angaben für die Ermittlung des für die Steuerfestsetzung maßgebenden Sachverhalts nicht ausreichen und es auch später vor Erlass des Steuerbescheids keine weiteren Fragen stellt. Erfüllt der Steuerpflichtige in einem solchen Fall seinerseits seine Mitwirkungspflichten, indem er die vom Finanzamt gestellten Fragen zutreffend und vollständig beantwortet, ist das Finanzamt nach Treu und Glauben an einer Änderung der bestandskräftigen Steuerfestsetzung nach § 173 Abs. 1 Nr. 1 AO gehindert, wenn es später Kenntnis von steuererhöhenden Tatsachen erlangt. Der Steuerpflichtige ist nicht verpflichtet, auf der Grundlage der maßgebenden steuerrechtlichen Vorschriften zu prüfen, ob die vom Finanzamt erbetenen Angaben eine zutreffende Steuerfestsetzung ermöglichen oder ob dazu weitere Angaben erforderlich wären. Es fällt vielmehr in den Verantwortungsbereich des Finanzamts, die entscheidungserheblichen Fragen zu stellen."[2142] Zu Recht misst der II. Senat der Frage, ob die Finanzbehörde ermessensfehlerhaft gehandelt hat, als sie keine Feststellungserklärung angefordert hat, im Ergebnis keine Bedeutung zu. Denn eigentlich geht es gar nicht um die Frage, ob eine Feststellungserklärung durch die Finanzbehörde anzufordern gewesen wäre oder nicht. Es geht vielmehr um die Feststellung, dass die Finanzbehörde bei Verzicht auf die Abgabe einer Feststellungserklärung solche Ermittlungsmaßnahmen – z.B. Einzelauskunftsersuchen i.S.d. § 93 AO – zu ergreifen hat, die den Vollzug der Steuergesetze im konkreten Fall ermöglichen. Zur Feststellung des notwendigen Umfangs der dann individuellen Ermittlungen der Finanzbehörde können im Ausgangspunkt die Steuererklärungsformulare

2139 FG Köln v. 26.8.2015, 4 K 4035/10, EFG 2016, 13 Rn. 33.
2140 FG Köln v. 26.8.2015, 4 K 4035/10, EFG 2016, 13 Rn. 37.
2141 BFH v. 29.11.2017, II R 52/15, BStBl. II 2018, 419 Rn. 13.
2142 BFH v. 29.11.2017, II R 52/15, BStBl. II 2018, 419 Rn. 27.

herangezogen werden, sodass eine gewisse Orientierung möglich ist. Damit lässt sich zur Ermittlungspflicht der Finanzbehörde festhalten: Die unterlassene Anforderung einer fakultativen Steuererklärung begründet isoliert betrachtet keine Ermittlungspflichtverletzung der Finanzbehörde. Wendet die Finanzbehörde aber nicht ein gesetzlich mögliches Hilfsmittel in Form der Steuererklärung bei der Ermittlung des Sachverhaltes an, geht die Verantwortung für die Art der Ermittlung des Sachverhaltes auf sie über und sie muss Vorkehrungen durch taugliche, selbst gewählte Ermittlungsmaßnahmen treffen, um den für die Besteuerung erheblichen Sachverhalt ermitteln zu können.

Wo sich darüber hinaus keine gesetzlichen Prüfungspflichten, keine Anhaltspunkte in fakultativen Steuererklärungsformularen oder nach außen bekanntgegebenen „Prüfversprechen" der Finanzbehörde finden, müssen andere Anhaltspunkte dazu dienen, eine Ermittlungspflicht der Finanzbehörde zu begründen. Mit der eingangs genannten, allgemeinen Formel, dass die Finanzbehörde Zweifeln nachgehen muss, die sich ihr aufdrängen, ist ein genaues weiteres Arbeiten auch an dieser Stelle erschwert. Es könnte aber aus den bisherigen Entscheidungen und Fällen eine Leitlinie zu erkennen sein, die Orientierung ermöglicht. Die in Rechtsprechung und Literatur aufgeführten Fälle, z.B. dass die Finanzbehörde Zweifeln, die sich aus einer offensichtlich unvollständigen, widersprüchlichen oder ähnliche Anhaltspunkte bietenden Steuererklärung ergeben, nachgehen muss,[2143] dass sie unter Umständen bisher unbekannte oder eingelagerte Akten bei der Bearbeitung eines Steuerfalles hinzuziehen muss,[2144] dass der Akteninhalt vorhandener Akten als bekannt vorausgesetzt wird,[2145] dass Aktenvermerke angefertigt werden müssen[2146] oder dass zu einer fremdsprachigen Bescheinigung eine Übersetzung angefordert werden muss,[2147] stellen

2143 BFH v. 15.11.1974, VI R 58/72, BStBl. II 1975, 369 Rn. 5; BFH v. 9.10.1992, VI R 97/90, BStBl. II 1993, 166 Rn. 11; *Loose*, in: Tipke/Kruse, AO/FGO, § 173 AO Rn. 66 (Stand: April 2017); *Rüsken*, in: Klein, AO, § 173 Rn. 83 f.

2144 BFH v. 27.9.1963, III 135/61; BFH v. 13.7.1990, VI R 109/86, BStBl. II 1990, 1047 Rn. 18; BFH v. 13.6.2012, VI R 85/10, BStBl. II 2013, 5 Rn. 28; *Loose*, in: Tipke/Kruse, AO/FGO, § 173 AO Rn. 66 (Stand: April 2017); *v. Wedelstädt*, in: Gosch, AO/FGO, § 173 AO Rn. 71 (Stand: August 2019); *Rüsken*, in: Klein, AO, § 173 Rn. 83; *Günther*, FR 1983, 36, 37 f.

2145 BFH v. 9.12.1998, II R 9/96 Rn. 16; BFH v. 12.3.2019, IX R 29/17 Rn. 19; *Loose*, in: Tipke/Kruse, AO/FGO, § 173 AO Rn. 66 (Stand: April 2017); *Günther*, FR 1983, 36, 38.

2146 BFH v. 7.6.1987, V R 108/79 Rn. 27.

2147 BFH v. 5.10.1966, VI 328/65, BStBl. III 1967, 401 Rn. 15.

allerdings vielmehr ein unvollständiges Sammelsurium von Einzelfallentscheidungen als verallgemeinerungsfähige Leitsätze dar.[2148] Auch die Feststellung, dass die schwierige tatsächliche oder rechtliche Beurteilung keine besonderen Ermittlungspflichten der Finanzbehörde begründet,[2149] wehrt sich gegen eine konkrete Einordnung von Einzelfällen. Es bleibt damit bei der Feststellung, dass in diesen Fallkonstellationen eine Abwägung im Einzelfall stattfinden muss, ob die Finanzbehörde ihre Ermittlungspflicht verletzt hat. Dass insoweit keine eindeutigen Voraussetzungen formuliert werden können, ist der Anwendung der Grundsätze von Treu und Glauben, die als tatbestandsloses Einzelfallrecht weder abstrakt generell fixierbare Tatbestandsmerkmale noch Rechtsfolgen haben, aber nicht abträglich.[2150]

Wenn teilweise gefordert wird, dass es der Finanzbehörde möglich sei, einen Steuerbescheid unter dem Vorbehalt der Nachprüfung zu erlassen und damit eine noch nicht abgeschlossene Sachverhaltsermittlung zu kennzeichnen, sodass im Fall eines endgültigen Bescheides die Sachverhaltsermittlung nach außen hin als abgeschlossen gekennzeichnet wird,[2151] muss dem widersprochen werden, soweit damit eine Vertrauensposition des Steuerpflichtigen begründet werden soll. Denn wenn eine Steuer unter dem Vorbehalt der Nachprüfung festgesetzt ist, findet § 173 AO keine Anwendung;[2152] der Anwendungsbereich des § 173 AO ist somit von vornherein auf endgültige Festsetzungen beschränkt. Liegt eine solche endgültige Steuerfestsetzung vor, begründet dies alleine ohne weitere Aussage oder Zusage der Finanzbehörde, etwa, dass die Prüfung im Fall als abgeschlossen anzusehen ist, noch keine Vertrauensposition zugunsten des Steuerpflichtigen, sondern es kommt weiterhin auf die davon unabhängige Frage an, ob die Finanzbehörde ihrer Ermittlungspflicht nachgekommen ist oder nicht.[2153]

2148 Siehe insgesamt auch die Einzelfallentscheidungen m.w.N. bei *v. Wedelstädt*, in: Gosch, AO/FGO, § 173 AO Rn. 71 (Stand: August 2019), und *Frotscher*, in: Schwarz/Pahlke, AO/FGO, § 173 AO Rn. 149 (Stand: Februar 2018).

2149 BFH v. 28.6.2006, XI R 58/05, BStBl. II 2006, 835 Rn. 17.

2150 *v. Groll*, in: Hübschmann/Hepp/Spitaler, AO/FGO, § 173 AO Rn. 249 (Stand: September 2017).

2151 Etwa bei BFH v. 13.11.1985, II R 208/82, BStBl. II 1986, 241 Rn. 13; ähnlich auch *Frotscher*, in: Schwarz/Pahlke, AO/FGO, § 173 AO Rn. 138 (Stand: Februar 2018).

2152 Siehe oben 3. Teil C. B. II. 2. b. dd. (3) (d).

2153 So auch *A. Müller*, AO-StB 2007, 19, 22; ähnlich auch *Friedl*, DStR 1988, 98, 99, der es ablehnt, aus der Art der Steuerfestsetzung ein zusätzliches Tatbestandsmerkmal für die Änderung nach § 173 Abs. 1 Nr. 1 AO herzuleiten; siehe noch *Günther*, FR 1983, 36, 36.

2. *Erfüllung der Mitwirkungspflicht als Voraussetzung für die Berufung auf Treu und Glauben*

Eine Berufung auf die Verletzung der Amtsermittlungspflicht durch die Finanzbehörde und die Grundsätze von Treu und Glauben als Korrekturhindernis ist dem Steuerpflichtigen aber nur dann möglich, wenn er seinen Mitwirkungspflichten im Steuerfestsetzungsverfahren nachgekommen ist. Denn es erfolgt – wie bei dem Tatbestandsmerkmal des groben Verschuldens in § 173 Abs. 1 Nr. 2 AO – eine Berücksichtigung der beiderseitigen Pflichtverstöße. In welchem Umfang der Steuerpflichtige seinen Mitwirkungspflichten nachgekommen sein muss, wird von Rechtsprechung und der Literatur unterschiedlich beurteilt. Mal wird gefordert, dass der Steuerpflichtige seinen Mitwirkungspflichten vollumfänglich nachgekommen sein muss.[2154] An anderer Stelle wird eine Erfüllung der Mitwirkungspflichten in zumutbarem Umfang und damit erweitert um eine individuelle Komponente als ausreichend angesehen.[2155] Bisweilen finden sich auch Formulierungen, die sich im Zwischenraum beider Aussagen verorten lassen.[2156]

Im Steuerfestsetzungsverfahren tritt als wesentliche Mitwirkungspflicht die Steuererklärungspflicht zu Tage, sodass sich nach den bisherigen Ergebnissen die Frage stellt, welche Anforderungen letztlich an den Steuerpflichtigen zu stellen sind, damit ihm nicht die Möglichkeit verwehrt wird, sich auf die Grundsätze von Treu und Glauben bei der Korrektur zu seinen Ungunsten berufen zu können. Macht man sich auch aufseiten des Steuerpflichtigen deutlich, dass im Rahmen der Grundsätze von Treu und Glauben der Umfang seiner Mitwirkungspflichten so zu beurteilen ist wie in dem Steuerfestsetzungsverfahren, muss man konstatieren, dass sich hieraus keine pauschale Antwort ergibt. Fordern Teile

---

2154 Siehe z.B. BFH v. 13.11.1985, II R 208/82, BStBl. II 1986, 241 Rn. 12 f.; BFH v. 19.5.1998, I R 140/97, BStBl. II 1998, 599 Rn.13; BFH v. 15.12.2005, III R 82/04, BStBl. II 2008, 621 Rn. 23; BFH v. 9.3.2016, X R 9/13, BStBl. II 2016, 815 Rn. 27; FG Mecklenburg-Vorpommern v. 13.12.2017, 1 K 191/14 Rn. 23; *Kottke*, FR 1998, 9, 10; *Loose*, in: 15. DFGT (2018), 87, 93; *ders.* in: Tipke/Kruse, AO/FGO, § 173 AO Rn. 62 (Stand: April 2017), anders aber in Rn. 68: „zumutbarem Umfang".

2155 Siehe z.B. BFH v. 11.11.1987, I R 108/85, BStBl. II 1988, 115, 116 Rn. 20; BFH v. 16.6.2004, X R 56/01 Rn. 21; BFH v. 8.12.2011, VI R 49/09 Rn. 14; *v. Groll*, in: Hübschmann/Hepp/Spitaler, AO/FGO, § 173 AO Rn. 250 (Stand: September 2017); *v. Wedelstädt*, in: Gosch, AO/FGO, § 173 AO Rn. 74 (Stand: August 2019); *Seer*, in: Tipke/Lang, Steuerrecht, Rn. 21.405; AEAO Nr. 4.1 zu § 173; *Günther*, FR 1983, 36, 38.

2156 BFH v. 25.2.2002, X B 77/01 Rn. 7, mit Zwitterformulierung „in zumutbarem Umfang voll erfüllt".

der Rechtsprechung und der Literatur, dass der Steuerpflichtige seinen Steuererklärungspflichten in vollem Umfang nachkommen muss,[2157] und verstehen sie diese Anforderung in pauschaler Weise so, dass bereits das Nichtbeantworten einer Frage in den Steuererklärungsformularen eine Verletzung der Mitwirkungspflichten nach sich zieht, ist diese Auffassung abzulehnen. Auch hier sind einem Verfahrensleistungsfähigkeitsgedanken folgend verschiedene Aspekte miteinander abzuwägen, wobei sich spiegelbildlich die Auseinandersetzung zum groben Verschulden i.S.d. § 173 Abs. 1 Nr. 2 AO heranziehen lässt:[2158] Neben der Gestaltung der Steuererklärungsformulare und der ggf. eingesetzten, von staatlicher Seite bereitgestellten ELSTER-Software und der Frage danach, ob der Steuerpflichtige die für seinen Fall einschlägigen Fragen beantwortet hat, sind auch seine individuellen steuerrechtlichen Fähigkeiten und Kenntnisse und in diesem Zuge auch zu berücksichtigen, ob ein steuerlicher Berater bei der Erfüllung der Steuererklärungspflicht mitgewirkt hat. Zu beachten sind auch die oben im konkreten Fall dargestellten Aussagen des II. Senats:[2159] Der Steuerpflichtige ist nicht gehalten, von sich aus weitere Informationen über den Sachverhalt mitzuteilen, welche die Finanzbehörde nicht abfragt, soweit keine explizite gesetzliche Verpflichtung – die sich jedenfalls nicht aus § 90 Abs. 1 AO ergibt – dazu besteht.[2160] Vor allem verletzt er seine Mitwirkungspflicht nicht dadurch, dass er die Finanzbehörde nicht auf untaugliche Ermittlungsinstrumente aufmerksam macht. Von den beiden dargestellten Auffassungen ist daher diejenige zu bevorzugen, die eine Erfüllung der Mitwirkungspflichten des Steuerpflichtigen dann annimmt, wenn der Steuerpflichtige diesen im individuellen Fall im zumutbaren Umfang nachgekommen ist.

3. Grundsätze bei beiderseitigen Pflichtverletzungen

Für die Anwendung der Grundsätze von Treu und Glauben ist stets der beiderseitige Umfang der Pflichterfüllung zu betrachten. Ist der Steuerpflichtige seinen Mitwirkungspflichten im geforderten Umfang nachgekommen, aber hat die Finanzbehörde ihre Ermittlungspflicht verletzt, kommt eine Korrektur zulasten des Steuerpflichtigen nicht in Betracht. Problematisch und diskutiert sind die Fälle, in denen sowohl der Steuerpflichtige seine Mitwirkungspflicht verletzt hat als auch die Finanzbehörde sich eine Verletzung der Ermittlungspflicht

---

2157 Siehe die Nachweise in Fn. 2154.

2158 Siehe oben 5. Teil C. III. 7. c.

2159 Siehe bei Fn. 2142.

2160 BFH v. 29.11.2017, II R 52/15, BStBl. II 2018, 419 Rn. 27.

vorwerfen lassen muss. Die Grundsätze von Treu und Glauben gebieten es, die verschiedenen Pflichtverletzungen wertend einander gegenüberzustellen. Eine Abwägung der gegenseitigen Pflichtverstöße setzt dabei zunächst einen inneren Zusammenhang zwischen der Mitwirkungspflichtverletzung und der Ermittlungspflichtverletzung voraus, d.h., die Pflichtverstöße müssen sich auf dieselbe Tatsache bzw. dasselbe Beweismittel beziehen.[2161] Eine Mitwirkungspflichtverletzung, die in keinem Zusammenhang zur Ermittlungspflichtverletzung steht, kann in einer wertenden Gegenüberstellung nicht dazu führen, dass sich der Steuerpflichtige nicht auf die Ermittlungspflichtverletzung als Korrekturhindernis berufen kann.

Ist dieser innere Zusammenhang gegeben, müssen die Pflichtverstöße, ohne das Gesamtverfahren und die dortigen herrschenden Begebenheiten aus den Augen zu verlieren, gegeneinander abgewogen werden. Dabei wurden und werden unterschiedliche Auffassungen vertreten, wie die Abwägung von beiderseitigen Pflichtverstößen zu erfolgen. So wird in der Rechtsprechung des Bundesfinanzhofs vertreten, dass bereits jede Verletzung seiner Mitwirkungspflicht durch den Steuerpflichtigen dazu führen müsse, dass ihm die Berufung auf die Grundsätze von Treu und Glauben verwehrt bliebe.[2162] Große Teile der Rechtsprechung und Literatur sehen hingegen die Möglichkeit, dass sich bei beiderseitiger Pflichtverletzung der Steuerpflichtige auf die Grundsätze von Treu und Glauben berufen könne, wenn der Verstoß der Finanzbehörde den Verstoß des Steuerpflichtigen deutlich überwiege; wiegen beide Verstöße gleich viel, komme eine Anwendung der Grundsätze von Treu und Glauben zugunsten des Steuerpflichtigen dagegen nicht in Betracht.[2163] Ohne vertieft in die Rechtsprechung

2161 *Seer*, in: Tipke/Lang, Steuerrecht, Rn. 21.405.

2162 Siehe z.B. BFH v. 13.11.1985, II R 208/82, BStBl. II 1986, 241 Rn. 12 f; unklar jedoch BFH v. 13.6.2012, VI R 85/10, BStBl. II 2013, 5 Rn. 22, mit Berufung auf die ebenso unklare Formulierung in BFH v. 28.6.2006, XI R 58/05, BStBl. II 2006, 835 Rn. 15.

2163 BFH v. 15.10.1992 III R 74/92, Rn. 24; BFH v. 24.3.2004, X B 110/03 Rn. 4; BFH v. 21.2.2017, VIII R 46/13, BStBl. II 2017, 745 Rn. 45 (die dagegen gerichtete Verfassungsbeschwerde wurde gem. §§ 93a, 93b BVerfGG nicht zur Entscheidung angenommen, siehe BVerfG, Beschluss v. 12.9.2018, 1 BvR 2667/17); FG Düsseldorf v. 28.01.2020, 10 K 546/19 E Rn. 49; *Sporbeck*, Neue Tatsachen im Steuerrecht, S. 41, gewichtet den Beitrag des Steuerpflichtigen grundsätzlich mehr; *v. Wedelstädt*, in: Gosch, AO/FGO, § 173 AO Rn. 77 (Stand: August 2019); *Loose*, in: Tipke/Kruse, AO/FGO, § 173 AO Rn. 71 (Stand: April 2017); *Frotscher*, in: Schwarz/Pahlke, AO/FGO, § 173 AO Rn. 150 f. (Stand: Februar 2018); *Rüsken*, in: Klein AO, § 173 Rn. 86; *Günther*, FR 1983, 36, 39. *A. Müller*, AO-StB 2007, 19, 22.

und die einzelnen Fallentscheidungen einzusteigen – denn dafür ist hier nicht der geeignete Ort[2164] –, verträgt es sich nicht mit den auf gegenseitige Rücksichtnahme gepolten Grundsätzen von Treu und Glauben, wenn jede Verletzung der Mitwirkungspflicht durch den Steuerpflichtigen stets eine Berufung auf die Grundsätze von Treu und Glauben durch den Steuerpflichtigen unmöglich macht. Hier ist zwingend eine Abwägung vorzunehmen und somit der letzteren der soeben genannten Auffassungen der Vorzug zu gewähren. Dabei sind die gegenseitigen Pflichtverstöße gegeneinander abwägend vor dem Hintergrund zu beurteilen, dass den Steuerpflichtigen und die Finanzbehörde gemeinsam die Verantwortung für die Ermittlung des entscheidungserheblichen Sachverhaltes trifft und dass die Grundsätze der Verfahrensleistungsfähigkeit des Steuerpflichtigen Beachtung finden müssen.

Inwieweit es hierbei notwendig ist, dass die Ermittlungspflichtverletzung der Finanzbehörde die Mitwirkungspflichtverletzung des Steuerpflichtigen deutlich überwiegen muss, damit sich Letzterer auf die Grundsätze von Treu und Glauben berufen kann, oder ob es nicht bereits ausreichend ist, dass die Ermittlungspflichtverletzung die Mitwirkungspflichtverletzung überwiegt, ist außerdem fraglich. Ausgehend von den normativen Vorgaben, die das Näheverhältnis zwischen Steuerpflichtigem und Finanzbehörde grundsätzlich ausgestalten und daher bei der Frage nach einem treuwidrigen Verhalten einer Partei zu berücksichtigen sind, lässt sich eine solche Vorgabe jedenfalls nicht gesetzlich in der Abgabenordnung verorten. Denn der Amtsermittlungsgrundsatz in § 88 AO und die allgemeine Mitwirkungspflicht des Steuerpflichtigen aus § 90 Abs. 1 AO stehen in keinem Stufenverhältnis zueinander, das dem Beitrag der einen oder der anderen Partei strukturell mehr Gewicht zuweist.[2165] Auch aus den Grundsätzen von Treu und Glauben lässt sich ein derartiges Ungleichgewicht bei der Bemessung der verschiedenen Beiträge der Parteien nicht verorten, denn diese

---

2164 Siehe aber z.B. die umfassende Darstellung verschiedenster Rechtsprechung noch zur RAO bei *Sporbeck*, Neue Tatsachen im Steuerrecht, S. 40-58.

2165 So *v. Groll*, in: Hübschmann/Hepp/Spitaler, AO/FGO, § 173 AO Rn. 249 (Stand: September 2017); das gilt jedenfalls dann, wenn man der Finanzverwaltung nur die Letztverantwortung bei der Ermittlung des Sachverhaltes zuweist; soweit man eine hier nicht vertretene Alleinverantwortung der Finanzbehörde annimmt (siehe dazu die Nachweise der a.A. in Fn. 86), müsste man bei der Abwägung im Rahmen der Grundsätze von Treu und Glauben zu dem Ergebnis gelangen, dass der Ermittlungspflichtverstoß der Finanzbehörde grundsätzlich schwerer wiegt als eine gleichgelagerte Mitwirkungspflichtverletzung.

stehen dem Steuerpflichtigen und der Finanzbehörde in gleicher Weise zu[2166] und können im öffentlich-rechtlichen Schuldverhältnis nicht dergestalt modifiziert werden, dass der Behörde ein grundsätzlicher Vorrang eingeräumt wird. Eine grundsätzliche Besserstellung der Finanzbehörde bei Abwägung der beiderseitigen Pflichtverstöße ist damit abzulehnen.

4. *Abwägung mit Blick auf eine Verfahrensleistungsfähigkeit des Steuerpflichtigen*

Es bietet sich vielmehr an, die Abwägung unter Heranziehung der Sphärenverantwortlichkeit bei Beachtung der Verfahrensleistungsfähigkeit des Steuerpflichtigen durchzuführen.[2167] Ein Grundsatz der Sphärentheorie besagt, dass diejenige Partei, die dem Gefahrenbereich am nächsten steht, für die daraus entstehenden Risiken die Verantwortung trägt.[2168] Im Besteuerungsverfahren könnte man der Meinung sein, dass die Mitteilung des steuerlich erheblichen Sachverhaltes alleinig in der Sphäre des Steuerpflichtigen zu verorten ist, sodass Mängel, die sich aus einer Nichtaufklärung des Sachverhaltes ergeben grundsätzlich zuungunsten des Steuerpflichtigen zu entscheiden sind. Dies verkennt aber die Kooperationsgemeinschaft von Finanzbehörde und Steuerpflichtigem, die gemeinsam den Sachverhalt aufdecken: Die Finanzbehörde ist im Besteuerungsverfahren verpflichtet, den Sachverhalt zu ermitteln und der Steuerpflichtige ist verpflichtet, auf die in diesem Ermittlungsverfahren gestellten Fragen inhaltlich zutreffende Antworten zu geben.[2169] Die Abfrage des steuerlich erheblichen Sachverhaltes durch die Steuererklärung bedeutet auch an dieser Stelle eine notwendige Bewertung der Ausgestaltung und Verständlichkeit der Steuererklärungsformulare, Hinweistexte und Erläuterungen unter besonderer Beachtung der steuerrechtlichen Fähigkeiten und Kenntnisse des Steuerpflichtigen und seines ggf. vorhandenen steuerlichen Beraters.

Dabei sind die bereits dargestellten Begebenheiten der Steuererklärungsformulare zu berücksichtigen. Der Auffassung, dass die richtige, vollständige und deutliche Darstellung des steuerlich relevanten Sachverhaltes durch den

---

2166 *Drüen*, in: Tipke/Kruse, AO/FGO, § 4 AO Rn. 132 (Stand: Oktober 2020).

2167 So bereits *v. Groll*, in: Hübschmann/Hepp/Spitaler, AO/FGO, § 173 AO Rn. 249 (Stand: September 2017).

2168 *Keller*, Das Finanzamt als Partner, S. 132 f.

2169 Unbeachtet davon hat der Steuerpflichtige selbstverständlich separat normierte Mitwirkungspflichten ohne Mitwirkung der Finanzbehörde zu erfüllen, etwa die Anzeige- und Buchführungspflichten.

Steuerpflichtigen in die Waagschale geworfen wird, kann nur unter einer Bedingung zugestimmt werden.[2170] Dann nämlich, wenn die Steuererklärungsformulare von dem Steuerpflichtigen ausschließlich Sachverhaltsangaben fordern. Dort, wo sie nur Subsumtionen in ggf. verdichteten Zahlenangaben verlangen, kann dem Steuerpflichtigen eine fehlende Sachverhaltsaufklärung außerhalb der Offenbarungspflichten nach den Grundsätzen des objektiven Empfängerhorizonts der Finanzbehörde[2171] jedenfalls nicht ohne Weiteres vorgeworfen werden. Stellt man sich hingegen auf den Standpunkt, dass das Steuerpflichtigenverhalten nur in Bezug auf das Vorbringen des Sachverhaltes, nicht aber in Bezug auf die steuerliche Subsumtion in die Abwägung miteinzubeziehen ist,[2172] gerät man wiederum vor dem Hintergrund der Feststellung, dass mit der Steuererklärung nicht nur Sachverhalte mitgeteilt werden, in eine starke und der Veranlagungsrealität nicht gerecht werdende Schieflage zugunsten des Steuerpflichtigen.

Es ist daher eine vermittelnde Ansicht zu wählen, die den individuellen Fähigkeiten des Steuerpflichtigen Rechnung trägt. Soweit dem Steuerpflichtigen bei Erstellung der Steuererklärung Rechtsanwendungsfehler unterlaufen, können diese Fehler dann Berücksichtigung in einer Abwägung finden, wenn der Steuerpflichtige nach seinen steuerrechtlichen Kenntnissen und Fähigkeiten bzw. sein steuerlicher Berater in der Lage war, die Frage richtig zu beantworten. Wenn der Steuerpflichtige nach seinem individuellen Kenntnisstand erkennen musste, dass er die von ihm in den Steuererklärungsformularen geforderte Subsumtion nicht durchführen kann oder wenn er an der steuerlichen Relevanz eines Sachverhaltes zweifelt, ist es ihm nur vorzuwerfen, dass er die Finanzbehörde nicht in einer Anlage zur Steuererklärung oder im qualifizierten Freitextfeld über den Sachverhalt informiert.[2173] Dies bedarf einer separaten Einzelfallprüfung, kann aber keinesfalls pauschal entschieden werden.

2170 Z.B. bei BFH v. 13.11.1985, II R 208/82, BStBl. II 1986, 241 Rn. 12; BFH v. 7.5.1987, V R 108/79 Rn. 29; BFH v. 24.3.2004, X B 110/03 Rn. 4; BFH v. 21.2.2017, VIII R 46/13, BStBl. II 2017, 745 Rn. 45; FG Rheinland-Pfalz v. 22.6.2011, 2 K 1441/10, EFG 2012, 218 Rn. 78; *Klein*, DStR 1985, 391, 392, dort zum Fall der Verbindlichkeit einer Zusage.

2171 Siehe oben 2. Teil B. IX. 2. a.

2172 *A. Müller*, AO-StB 2007, 19, 22; ähnlich wohl auch FG Köln v. 12.6.1996, 10 K 1473/91, EFG 1996, 1073 Rn. 34.

2173 FG Rheinland-Pfalz v. 22.6.2011, 2 K 1441/10, EFG 2012, 218 Rn. 78; ähnlich *Günther*, FR 1983, 36, 39, der jedenfalls fordert, dass der Steuerpflichtige das Finanzamt auf einen nicht ohne Weiteres erkennbaren Vorgang hinzuweisen hat, wenn er diesen für steuerlich bedeutsam hält.

Unvollständige oder irreführende Angaben des Steuerpflichtigen sind jedenfalls als treuwidriges Verhalten zu betrachten.[2174] Vor allem solche unvollständigen oder irreführenden Angaben, die auf der speziellen Kenntnis von Bearbeitungsabläufen und Programmhinweisen innerhalb der Finanzbehörde beruhen und versuchen, diese auszunutzen,[2175] oder die unrichtige Bearbeitungsabläufe aus den Vorjahren auch für Folgejahre zu perpetuieren versuchen,[2176]

2174 *Sporbeck*, Neue Tatsachen im Steuerrecht, S. 51; *Günther*, FR 1983, 36, 38 f.; *Peters*, NZWiSt 2012, 361, 363 f.

2175 Siehe z.B. FG Baden-Württemberg v. 14.12.2016, 4 K 1870/16, EFG 2019, 1953, zwar in einem Fall zu § 129 AO, der Sachverhalt ist aber gut zur Beschreibung des gemeinten Steuerpflichtigenverhaltens geeignet: In dem zu entscheidenden Fall hatte der steuerlich beratene Kläger Verpflegungsmehraufwendungen und damit im Zusammenhang stehende steuerfreie Arbeitgebererstattungen nicht in die korrespondierenden Felder eingetragen. Vielmehr wurden die Eintragungen zu den Verpflegungsmehraufwendungen bei den allgemeinen Reisekosten aus Auswärtstätigkeit eingetragen, die steuerfreien Erstattungen des Arbeitgebers allerdings (zutreffend) im Bereich der Verpflegungsmehraufwendungen. Die zu diesem Zeitpunkt eingesetzte Programmversion des Festsetzungsprogrammes der Finanzverwaltung verrechnete die Aufwendungen wegen ihrer grundsätzlichen Andersartigkeit nicht – sondern produziert einen Bearbeitungshinweis –, was dem Bevollmächtigten des Klägers auch bewusst war (Rn. 17 des Urteils). Aufgrund einer fehlerhaften technischen Umsetzung des vom Festsetzungsprogramm ausgegebenen Bearbeitungshinweises durch den Bearbeiter wurden im Steuerbescheid lediglich die erklärten Reisekosten, nicht jedoch die Erstattungen zu den Verpflegungsmehraufwendungen berücksichtigt. Deutlich ratlos stand das Finanzgericht dem Grund der nicht korrespondierenden Eintragung durch den Steuerberater gegenüber (Rn. 41 des Urteils: „Was auch immer den [Bevollmächtigten] dazu bewogen haben mag [...]“). Es erweckt nach den Erläuterungen im Urteil den Anschein, als seien die Eintragungen in der Steuererklärung in Kenntnis der Programmabläufe erfolgt, um einen Bearbeitungsfehler zu provozieren. Siehe auch FG München v. 11.12.2002, 1 K 1881/02, EFG 2003, 616 Rn. 31-35.

2176 Hier mag ein Beispiel aus der Praxis illustrativ sein: Ein Steuerpflichtiger hatte in seiner Steuererklärung Einkünfte aus einer Beteiligung im mittleren sechsstelligen Bereich erklärt. Die Steuererklärung wurde im Finanzamt durch die Stelle für die Schnellbearbeitung risikoarmer Fälle zur Umsetzung der gewichtenden Arbeitsweise bearbeitet. Aus nicht mehr nachvollziehbaren Gründen wurden die rechtlich und sachlich zutreffenden Angaben des Steuerpflichtigen in der Steuererklärung durch die Bearbeiterin nicht in das Festsetzungsprogramm eingetragen, sodass die Einkünfte aus der Beteiligung im Steuerbescheid nicht auftauchten und dementsprechend auch nicht versteuert worden sind. Der Fehler wurde erst nach Ablauf der Festsetzungsfrist bemerkt, eine Änderung des Steuerbescheides konnte nicht

verwehren es dem Steuerpflichtigen, sich auf die Grundsätze von Treu und Glauben berufen zu können.

V. Korrektur nach § 129 AO

1. *Die offenbare Unrichtigkeit als Korrekturgegenstand*

Oben wurde bereits angerissen, dass § 129 AO die Korrektur von Schreibfehlern, Rechenfehlern und ähnlichen offenbaren Unrichtigkeiten ermöglicht. Gemeinsamer Oberbegriff dieser Fehler ist die „offenbare Unrichtigkeit".[2177] Eine „Offenbarkeit" der Unrichtigkeit setzt voraus, dass der Fehler bei Offenlegung des Sachverhaltes für jeden unvoreingenommenen Dritten klar und eindeutig erkennbar bzw. durchschaubar oder augenfällig ist.[2178] Die Diskussion, ob Schreib- und Rechenfehler ebenfalls wie die ihnen ähnlichen Unrichtigkeiten offenbar sein müssen[2179] oder diese vielmehr Beispiele für offenbare Unrichtigkeiten darstellen und eine Offenbarkeit bei Schreib- und Rechenfehlern daher nicht weiter zu prüfen ist[2180], ist müßig. Denn im Ergebnis dürften

---

mehr erfolgen. Allerdings wurde eine Änderung im Erklärungsverhalten bezüglich dieser Einkünfte in den Steuererklärungen für den folgenden Veranlagungszeitraum festgestellt: Der Steuerpflichtige hatte nämlich für den folgenden Veranlagungszeitraum in seiner Steuererklärung die Einkünfte aus seiner Beteiligung zwar erklärt. Die Eintragung erfolgte allerdings in einem nicht verkennzifferten Feld, das mit den Einkünften aus Beteiligungen inhaltlich auch wenig zu tun hatte. Die fehlerhafte Erklärung in diesem Veranlagungszeitraum wurde allerdings bei Bearbeitung des Falles korrigiert. Warum die Eintragung nunmehr an dieser falschen Stelle erfolgte, konnte nicht aufgeklärt werden. Jedenfalls ergab sich kein ersichtlicher Grund, den Ort für die Eintragungen zu ändern und es liegt nahe, anzunehmen, dass hier aus Sicht des Steuerpflichtigen die Hoffnung bestand, den Fehler auf behördlicher Seite aus dem Vorjahr zu reproduzieren. Siehe zu ähnlichen Fallkonstellationen auch BFH v. 24.3.2004, X B 110/03 Rn. 5.

2177 *v. Wedelstädt*, in: Gosch, AO/FGO, § 129 AO Rn. 7 (Stand: Januar 2018).

2178 Ständige Rechtsprechung, siehe BFH v. 29.1.2003, I R 20/02 Rn. 14; BFH v. 4.6.2008, X R 47/07 Rn. 13; BFH v. 27.8.2013, VIII R 9/11, BStBl. II 2014, 439 Rn. 14; BFH v. 26.10.2016, X R 1/14 Rn. 17; *Wernsmann*, in: Hübschmann/Hepp/Spitaler, AO/FGO, § 129 AO Rn. 69 f. (Stand: Mai 2017); *v. Wedelstädt*, in: Gosch, AO/FGO, § 129 AO Rn. 38 (Stand: Januar 2018); *Ratschow*, in: Klein, AO, § 129 Rn. 12.

2179 *Seer*, in: Tipke/Kruse, AO/FGO, § 129 AO Rn. 9 (Stand: Oktober 2015); so wohl auch *v. Groll*, in: Hübschmann/Hepp/Spitaler, AO/FGO, § 173a AO Rn. 21 (Stand: April 2018).

2180 BFH v. 8.4.1987, II R 236/84, BStBl. II 1988, 164, 165 (Rn. 11); *Wernthaler*, Korrektur im digitalisierten Besteuerungsverfahren, S. 116 f.; *Birkenfeld*, DStR 1991, 729, 729; *v.*

die unterschiedlichen Ansichten zu keiner anderen Rechtsfolge führen, wenn man sich über den Sinn und Zweck der Norm einig ist. Wer die Offenbarkeit von Schreib- und Rechtsfehlern annimmt, muss die Tatbestandsmerkmale der Schreib- und Rechenfehler aus teleologischer Sicht eher eng auslegen und dabei bereits berücksichtigen, dass der Fehler nach außen treten und erkennbar sein muss; wer hingegen die Offenbarkeit bei Schreib- und Rechenfehlern als zusätzliches Tatbestandsmerkmal prüft, kann eingangs bei der Frage, ob ein Schreib- oder Rechenfehler vorliegt, großzügiger sein und die Offenbarkeit als Korrektiv nutzen.

Schwierigkeiten bereitet insbesondere die Frage, wann eine (offenbare) Unrichtigkeit vorliegt, die gem. § 129 AO korrigiert werden kann. Dazu werden unterschiedliche Ansätze in Literatur und Rechtsprechung angeboten. In Anknüpfung an die in § 129 AO genannten Schreib- und Rechenfehler werden Unrichtigkeiten i.S.d. § 129 AO als mechanische Fehler im Sinne eines Vertippens und Verschreibens in Abgrenzung zu rechtlichen und tatsachenbezogenen Fehlern definiert.[2181] Ein weiterer Ansatz für eine positive Definition bietet die Anknüpfung an einen Fehler bei der Erklärungshandlung, also eine fehlerhafte Umsetzung von dem Gewollten in das Gesagte, z.T. kombiniert mit der von den mechanischen Fehlern bekannten Konkretisierung, dass der Fehler auf einem unbewussten, gedankenlos-gewohnheitsmäßigen, unwillkürlichen Vertun beruhen muss.[2182] An anderer Stelle wird an die Qualität der zu dem Fehler führenden Handlung für die Frage einer Korrekturfähigkeit des Fehlers angeknüpft.[2183] Aufgrund der unterschiedlichen positiven Definitionsansätze und einer dadurch bestehenden Gefahr der uneinheitlichen Beurteilung von Fehlern bei Prüfung des § 129 AO, bietet sich auch aufgrund der offeneren Entwicklungsmöglichkeit die Arbeit mit einer negativen Definition an: *Wernthaler* hat in diesem

---

Wedelstädt, in: Gosch, AO/FGO, § 129 AO Rn. 8 (Stand: Januar 2018); *Wernsmann*, in: Hübschmann/Hepp/Spitaler, AO/FGO, § 129 AO Rn. 21 (Stand: Mai 2017); dieses Verständnis wird auch von den Gesetzesmaterialien zu § 173a AO gestützt, BT Drucks. 18/7457, S. 87.

2181 *Tehler*, DStR 2009, 1019, 1019; *Seer*, in: Tipke/Lang, Steuerrecht, Rn. 21.390; *Wernsmann*, in: Hübschmann/Hepp/Spitaler, AO/FGO, § 129 AO Rn. 40 (Stand: Mai 2017).

2182 BFH v. 13.6.2012, VI R 85/10, BStBl. II 2013, 5 Rn. 16 f.; BFH v. 17.5.2017, X R 45/16 Rn. 25; *Seer*, StuW 2015, 315, 325 f.; *ders.*, in: Tipke/Kruse, AO/FGO, § 129 AO Rn. 10 (Stand: Oktober 2015); *Wernsmann*, in: Hübschmann/Hepp/Spitaler, AO/FGO, § 129 AO Rn. 12 (Stand: Mai 2017); siehe die Kritik bei *Wernthaler*, Korrektur im digitalisierten Besteuerungsverfahren, S. 123-125,

2183 *Ratschow*, in: Klein, AO, § 129 Rn. 7.

Zusammenhang jüngst herausgearbeitet, dass die offenbare Unrichtigkeit i.S.d. § 129 AO sich als Gegenbegriff zum Rechtsfehler bestimmt.[2184] Dieser Auffassung wird hier im Ergebnis gefolgt. Methodisch geht *Wernthaler* dabei von den Schreib- und Rechenfehlern aus, deren Offenbarkeit sie unterstellt und definiert darauf aufbauend die Fehlerquelle des „technischen“[2185] Fehlers, der sich vom Rechtsfehler dadurch abgrenze, dass eine rechtliche Fehlleistung gerade fehle.[2186] Dementsprechend sei auch die ähnliche offenbare Unrichtigkeit als Gegenbegriff zum Rechtsfehler zu definieren.[2187] Eine Korrektur nach § 129 AO ausschließende Rechtsfehler seien in Anknüpfung an die Rechtsprechung des Bundesfinanzhofs[2188] solche, die bei der Auslegung oder Anwendung einer Rechtsnorm auftreten, eine unrichtige Tatsachenwürdigung oder die unzutreffende Annahme eines in Wirklichkeit nicht vorliegenden Sachverhaltes.[2189] Diese Definition wird im Folgenden auch hier für den Rechtsfehler übernommen. Ein eine Korrektur nach § 129 AO ausschließender Rechtsfehler ist damit die fehlerhafte Subsumtion unter eine materielle Rechtsnorm und die fehlerhafte Anwendung einer verfahrensrechtlichen Rechtsnorm, z.B. der Vorschriften über die Ermittlung des Sachverhaltes durch die Finanzbehörde, sodass auch Fehler bei der Sachverhaltsaufklärung unter den „Rechtsfehler“ fallen.[2190] Das Merkmal der „Offenbarkeit“ bedeutet bei *Wernthaler* – obwohl zunächst nicht in der Deutlichkeit formuliert –, dass die Fehlerursache sich eindeutig als „technischer“ Fehler nachvollziehen lassen muss.[2191] Somit sind die Merkmale der „Unrichtigkeit“ und der

---

2184 *Wernthaler*, Korrektur im digitalisierten Besteuerungsverfahren, S. 121-131, insb. S. 127-129. Terminologisch bildet sie das Begriffspaar von „technischem Fehler“ und „Rechtsfehler“. Sie grenzt sich damit explizit von dem Terminus des „mechanischen Fehlers“ ab, dessen Kriterien sie als nicht geeignet für die Abgrenzung ansieht (a.a.O., S. 127). Hier in dieser Arbeit wird allerdings zusätzlich der Terminus des „mechanischen“ Fehlers verwendet, da der „technische“ Fehler im Zusammenhang mit der elektronischen Verarbeitung innerhalb der Finanzbehörde und der elektronischen Steuererklärung aufseiten des Steuerpflichtigen zu Missverständnissen führen kann. Wie hier auch die Terminologie bei *Ratschow*, in: Klein, AO, § 129 Rn. 20.

2185 Zur Verwendung des Terminus des „technischen Fehlers“ siehe Fn. 2184.

2186 *Wernthaler*, Korrektur im digitalisierten Besteuerungsverfahren, S. 121-131.

2187 *Wernthaler*, Korrektur im digitalisierten Besteuerungsverfahren, S. 129.

2188 BFH v. 16.1.2018, VI R 41/16, BStBl. II 2018, 378 Rn. 13; zuletzt BFH v. 22.5.2019, XI R 9/18, BStBl. II 2020, 37 Rn. 18.

2189 *Wernthaler*, Korrektur im digitalisierten Besteuerungsverfahren, S. 132.

2190 *Wernthaler*, Korrektur im digitalisierten Besteuerungsverfahren, S. 132.

2191 Siehe insbesondere *Wernthaler*, Korrektur im digitalisierten Besteuerungsverfahren, S. 156 f.

„Offenbarkeit“ voneinander wie folgt zu separieren: Eine Unrichtigkeit i.S.d. § 129 AO liegt dann vor, wenn es sich nicht um einen Rechtsfehler handelt. Dieses Ergebnis liegt von der Rechtsprechung des Bundesfinanzhofs grundsätzlich nicht weit entfernt, die „technische“ Fehler und Rechtsfehler ebenfalls als sich ausschließende Gegensätze prüft, ohne dies jedoch explizit zu formulieren.[2192] Die Feststellung, dass ein „technischer“ Fehler vorliegt, muss demgegenüber mit der oben genannten Definition bei Offenlegung des Sachverhaltes für jeden unvoreingenommenen Dritten klar und eindeutig erkennbar bzw. durchschaubar oder augenfällig sein. Dass hierzu Ermittlungen erforderlich sind, über die Beweis erhoben werden kann und muss, spricht nicht gegen die „Offenbarkeit“ der Tatsache.[2193] Die „Offenbarkeit“ bewegt sich in diesem Zusammenhang nach Offenlegung der Fehlerumstände weg von der Funktion eines Tatbestandsmerkmals hin zu einer Erhöhung des erforderlichen Beweismaßes für das Vorliegen eines „technischen“ bzw. mechanischen Fehlers.[2194] Auf diesem Wege lassen sich dann zum einen die Stimmen aus der Literatur miteinbeziehen, die eine Beweiserhebung für die Frage, ob eine Unrichtigkeit offenbar ist, ablehnen[2195]. Zum anderen lässt sich ein Gleichlauf mit der allgemein gefestigten Aussage herstellen, dass, sobald eine – nicht bloß theoretische – Möglichkeit eines Rechts- oder Tatsachenirrtums besteht, § 129 AO nicht mehr anwendbar ist.[2196]

2192 Siehe BFH v. 5.2.1998, IV R 17/97, BStBl. II 1998, 535 Rn. 10; BFH v. 29.1.2003, I R 20/02 Rn. 15-17, insb. Rn. 17; BFH v. 26.10.2016, X R 1/14 Rn. 13 f.

2193 *Wernsmann*, in Hübschmann/Hepp/Spitaler, AO/FGO, § 129 AO Rn. 71 (Stand: Mai 2017).

2194 So spricht *Prütting*, Gegenwartsprobleme der Beweislast, S. 83 f., im Zusammenhang mit den zivil- und arbeitsrechtlichen Begriffen „offenbar“, „offenkundig“ und „offensichtlich“ von Normen, die das Regelbeweismaß steigern, während *Nierhaus*, Beweismaß und Beweislast, S. 65 f., dem entgegenhält, dass das Regelbeweismaß kaum steigerungsfähig ist. Stattdessen sieht *Nierhaus*, a.a.O., 66, die Begriffe im Verfassungs- und Verwaltungsprozessrecht als die Kontrolldichte und Prüfungskompetenz des Gerichts gegenüber dem Gesetzgeber und der Verwaltung beschreibende an und spricht ihnen keine beweisrechtliche Funktion im engeren Sinne zu. Der Auffassung von *Prütting* zustimmend *R. Schmidt*, Korrekturen von Verwaltungsakten, S. 63. Im Sinne einer Beweismaßerhöhung, jedoch ohne dies konkret zu benennen, wohl auch *Wernthaler*, Korrektur im digitalisierten Besteuerungsverfahren, S. 156.

2195 *Wernsmann*, in: Hübschmann/Hepp/Spitaler, AO/FGO, § 129 AO Rn. 81 (Stand: Mai 2017); *Seer*, in: Tipke/Kruse, AO/FGO, § 129 AO Rn. 16 (Stand: Oktober 2015); *Offerhaus*, FR 2016, 145, 146.

2196 BFH v. 27.3.1996, I R 83/94, BStBl. II 1996, 509 Rn. 20; BFH v. 11.7.2007, XI R 17/05 Rn. 15; FG Köln v. 3.7.2014, 4 K 2025/11, EFG 2015, 1582 Rn. 22; *Seer*, in: Tipke/Lang, Steuerrecht, Rn. 21.390; *ders.*, in: Tipke/Kruse, AO/FGO, § 129 AO Rn. 12

Eine Abgrenzung der verschiedenen Fehlerquellen in der Praxis ist ohne Weiteres nicht immer möglich, da die Grenzen zwischen den einzelnen Fehlerquellen fließend sind.[2197] In der Rechtsprechung hat sich eine umfassende Kasuistik gebildet, die im Einzelnen hier nicht vertieft besprochen werden kann.[2198] Für die Bearbeitung von Interesse – besonders im Hinblick auf die Auseinandersetzung bei § 173a AO[2199] – sind im Zusammenhang mit der Steuererklärung und der Verarbeitung der Steuererklärung in der Finanzbehörde die im folgenden Abschnitt dargestellten Entscheidungsleitlinien des Bundesfinanzhofs im Zusammenhang mit Fehlern, die innerhalb der Finanzbehörde bei der Arbeit mit den Festsetzungsprogrammen der Finanzverwaltung auftreten und die den Fehlern des Steuerpflichtigen ähnlich sind, die ihm beim Erstellen seiner Steuererklärung unterlaufen können. Zu untersuchen ist damit die Behandlung von Tippfehlern, vergessenen Eingaben und programmbedingten Fehlern. Rechtsfehler als weitere Fehlerquelle auf Ebene des Steuerpflichtigen müssen außen vor bleiben, da diese gerade nicht zu einer Korrektur nach § 129 AO führen können.

2. *Beurteilung offenbarer Unrichtigkeiten aus der Sphäre der Finanzverwaltung*

a. *Erscheinungsbild und Funktionsweise der Festsetzungsprogramme der Finanzverwaltung*

Damit die folgenden Ausführungen verständlicher sind, ist es sinnvoll, sich grob zu verdeutlichen, wie die Software in der Finanzbehörde optisch gestaltet ist und funktioniert.[2200] Das Festsetzungsprogramm der Finanzverwaltung bietet keine optische Benutzeroberfläche, wie man sie von den am Markt befindlichen Programmen zur Erstellung der Steuererklärung kennt. Die Benutzeroberfläche, in die die Eingaben zur Festsetzung der Ertragsteuern und der Umsatzsteuer getätigt werden, gleicht optisch vielmehr einer Excel-Tabelle, in der, in nebeneinander liegenden Feldern, einzelnen Kennziffern bestimmte Werte zugewiesen

---

(Stand: Oktober 2015); *v. Wedelstädt*, in: AO/FGO, § 129 AO Rn. 11 (Stand: Januar 2018); *Wernsmann*, in: Hübschmann/Hepp/Spitaler, AO/FGO, § 129 AO Rn. 41 (Stand: Mai 2017); *Ratschow*, in: Klein, AO, § 129 Rn. 20.

2197 *Seer*, in: Tipke/Kruse, AO/FGO, § 129 AO Rn. 10 (Stand: Oktober 2015).

2198 Siehe die Einzelfälle m.w.N. bei *v. Wedelstädt*, in: Gosch, AO/FGO, § 129 AO Rn. 47 f. (Stand: Januar 2018).

2199 Siehe dazu sogleich 5. Teil C. VI.

2200 Die Beschreibung bezieht sich auf die zurzeit noch genutzte Software WinGF/ELFE unter Konsens in der Finanzverwaltung des Landes Nordrhein-Westfalen.

werden. Diese Eintragungen lösen dann einen vorprogrammierten Programmablauf aus, der allerdings im Programm nicht näher bezeichnet oder beschrieben wird, sondern letztlich nur programmtechnisch umgesetzt wird. Das Ergebnis der Eingaben wird regelmäßig als Steuerberechnung bzw. partieller Steuerbescheid am Bildschirm dargestellt.[2201] Einzelne Rechenschritte, wie das Programm zu dem angezeigten Steuerbescheid kommt, werden nicht angezeigt.

Möchte der Finanzbeamte also z.B. eine laufende Festsetzung unter dem Vorbehalt der Nachprüfung durchführen, muss er dazu drei Zahlen eingeben: Erstens die Zahl 17 in der Sachbereichswahl und daraufhin die Kennziffer mit dem Wert 10. Jetzt befindet er sich an der Stelle, an der die Nebenbestimmung über dem Festsetzungsteil des Steuerbescheides angewiesen wird. Gibt er hier eine 13 ein, wird der Bescheid unter dem Vorbehalt der Nachprüfung erlassen. Handelt es sich um eine Änderungsfestsetzung, ist der Sachbereich 17 und die Kennziffer 10 auch der Ort, an dem die Korrekturvorschriften angewiesen werden. Eine Eintragung mit der Ziffer 32 bedeutet, dass der Bescheid nach § 172 Abs. 1 Nr. 2 lit. a AO geändert wird und dies entsprechend als Angabe in den Bescheid übernommen wird. Die Ziffer 24 setzt im Rechenprogramm eine Änderung unter Vorbehalt der Nachprüfung um, bei der der Vorbehalt der Nachprüfung bestehen bleibt. Die Ziffer 25 ändert den Steuerbescheid nach § 164 Abs. 2 S. 1 AO und hebt den Vorbehalt der Nachprüfung auf. Die jeweilige Umsetzung der eingegebenen Kennziffer sieht der Finanzbeamte in der daraufhin programmseitig erzeugten Darstellung des Steuerbescheides. Auf diese Art und Weise funktionieren auch andere Programmabschnitte; die Eingabe von Kennziffern löst rechnergesteuerte Programmabläufe aus. Diese Art der Programmphilosophie ermöglicht es den Finanzbehörden, bestimmte Rechtsfolgen innerhalb kürzester Zeit umzusetzen: Die programmgesteuerte Änderung einer Steuerfestsetzung ist so in Sekunden möglich.

b. Eingabefehler und Irrtümer über den Programmablauf

Aus der dargestellten Funktionsweise des Programmes lassen sich bestimmte Fehlerarten herausstellen, die häufig im Veranlagungsverfahren in der Sphäre der Finanzbehörde auftreten: Tippfehler, die bestehen, weil Daten falsch abgetippt werden, weil dem Bearbeiter beim Eintippen von Kennzahlen ein Zahlendreher unterläuft oder weil er schlicht vergisst eine Kennziffer einzugeben.

2201 Die Anzeige ist optisch in etwa vergleichbar mit derjenigen, die Nutzer des Programms ElsterFormular bei einer Probeberechnung erhalten, allerdings erweitert um verwaltungsinterne Prüf- und Programmlaufhinweise.

Die Auswirkungen dieser Fehler auf die Steuerfestsetzung können ganz unterschiedlich sein. Dies hängt davon ab, ob es sich um Kennzahlen handelt, die die steuerliche Bemessungsgrundlage betreffen – allen voran die Angaben des Steuerpflichtigen in der Steuererklärung, die in das Festsetzungsprogramm übertragen werden –, oder ob es sich um solche Eingaben handelt, die bestimmte Programmabläufe anstoßen oder beeinflussen. Für die Korrektur nach § 129 AO sieht der Bundesfinanzhof keine wesentlichen Unterschiede zwischen den verschiedenen Fehlerarten: Tippfehler, also etwa Zahlendreher, die bei der Eingabe von Daten in das Steuerfestsetzungsprogramm auftreten können, stellen nach der Rechtsprechung des Bundesfinanzhofs mögliche offenbare Unrichtigkeiten i.S.d. § 129 AO dar, soweit jeweils ausgeschlossen ist, dass ein Rechtsfehler im hier vertretenen Sinne vorliegt.[2202] Vergessene Eintragungen in die Eingabemasken, die eine Steuerfestsetzung unter Vorbehalt der Nachprüfung zur Folge gehabt hätten, wenn sie bereits bei der ursprünglichen Bearbeitung berücksichtigt worden wären, hat der Bundesfinanzhof ebenfalls als mögliche Unrichtigkeit i.S.d. § 129 AO qualifiziert.[2203] Gleiches hat er für nicht aus der Steuererklärung übernommene Angaben des Steuerpflichtigen,[2204] die Nichtberücksichtigung eines feststehenden Sachverhaltes[2205] und die fehlende Übernahme von Werten aus einem Grundlagenbescheid entschieden[2206]. Weiterhin ordnet er einen Irrtum über den Ablauf des Festsetzungsprogramms bei bestimmten Kennziffereingaben einer Unrichtigkeit i.S.d. § 129 AO zu, wenn auf der Hand liegt, dass ein Rechtsfehler ausgeschlossen werden kann.[2207] Damit bewegt sich der Bundesfinanzhof auf der Linie des Gesetzgebers, der als Anwendungsbereich des § 129 AO insbesondere die Erstellung von Steuerbescheiden mithilfe von EDV-Anlagen im Blick hatte.[2208]

2202 BFH v. 29.1.2003, I R 20/02, zum Tatbestand siehe Rn. 1-4.

2203 BFH v. 1.7.2010, IV R 56/07 Rn. 24; BFH v. 6.11.2012, VIII R 15/10, BStBl. II 2013, 307 Rn. 15; zur Kritik an dieser Rechtsprechung siehe nur *Busch*, §§ 164, 165 AO als Nebenbestimmung, S. 124-129, und *Seer*, in: Tipke/Lang, Steuerrecht, Rn. 21.288, 21.391.

2204 BFH v. 19.3.1985, VIII R 156/80 Rn. 13; BFH v. 29.3.1985, VI R 140/81 Rn. 13.

2205 BFH v. 13.11.1997, V R 138/92 Rn. 13; BFH v. 13.9.2005, X B 55/05 Rn. 11; BFH v. 16.1.2018, VI R 41/16, BStBl. II 2018, 378 Rn. 13 f.

2206 BFH v. 16.7.2003, X R 37/99, BStBl. II 2003, 867 Rn. 17.

2207 BFH v. 5.10.1967, IV R 84/67, BFHE 90, 106 Rn. 10; BFH v. 7.3.2002, VI B 4/02 Rn. 4; BFH v. 5.1.2005, III B 79/04 Rn. 7 f.; BFH v. 30.10.2009, III B 6/08 Ls. 1.

2208 BT Drucks. 7/4292, S. 29.

c. Ermittlung der Fehlerursache in der Rechtsprechung

aa. Grundlinien der Rechtsprechung

Ob eine Korrektur nach § 129 AO möglich ist, hängt davon ab, ob ein „technischer“ bzw. mechanischer Fehler oder ein Rechts- bzw. Tatsachenirrtum vorliegt. Damit ist die Frage nach der Korrektur eines Steuerbescheides auf der Grundlage von § 129 AO letztlich die Frage nach der Art des Fehlers. Im Anwendungsbereich des § 129 AO bedient sich die Rechtsprechung – da die positive Feststellung, ob ein „technischer“ bzw. mechanischer Fehler oder ein Tatsachen- bzw. Rechtsirrtum vorliegt, auf subjektive Einstellungen und Beweggründe abstellt und daher in den seltensten Fällen durch das Gericht erfolgen kann[2209] – mittelbarer Beweise bei der Frage, ob ein korrigierbarer Fehler i.S.d. § 129 AO vorliegt und stellt dabei maßgeblich auf den Akteninhalt des Steuerfalles bei der Finanzbehörde ab.[2210] Die Definition der korrigierbaren Unrichtigkeit als Gegenbegriff zum Rechts- bzw. Tatsachenfehler ermöglicht es der Rechtsprechung, den Tatbestand von „von zwei Seiten“ zu ermitteln: Durch das Verneinen eines Rechts- bzw. Tatsachenfehlers oder durch das Bejahen eines „technischen“ bzw. mechanischen Fehlers. Ausgeschlossen ist nach der Rechtsprechung des Bundesfinanzhofs eine Korrektur nach § 129 AO dann, wenn die ernsthafte Möglichkeit eines Rechts- oder Tatsachenfehler besteht und diese Möglichkeit nicht bloß theoretischer Natur ist.[2211] Allerdings müsse sich diese Möglichkeit, dass ein

---

2209 So zur Subjektivität bei der Fehlerermittlung auch *Hering*, DStZ 1984, 220, 222 f.; *Ratschow*, in: Klein, AO, § 129 Rn. 8.

2210 Zur Beurteilung nach Aktenlage siehe BFH v. 11.7.2007, XI R 17/05 Rn. 17 f.; BFH v. 28.5.2015, VI R 63/13, Rn. 17; BFH v. 10.12.2019, IX R 23/18, BStBl. II 2020, 371 Rn. 21.

2211 BFH v. 13.6.2012, VI R 85/10, BStBl. II 2013, 5 Rn. 17; BFH v. 16.1.2018, VI R 41/16, BStBl. II 2018, 378 Rn. 13; BFH v. 16.1.2018, VI R 38/16 Rn. 13. Zum Teil finden sich unklare und unnötig komplizierte Formulierungen in der Rechtsprechung, etwa BFH v. 18.6.2014, X B 222/13 Rn. 20: „Ist aus der Sicht des objektiven Dritten in tatsächlicher Hinsicht (positiv) festzustellen und damit nachgewiesen, dass dem Bearbeiter ein nicht mechanischer Fehler unterlaufen ist, so bewendet es dabei. Das gilt unabhängig davon, wie absonderlich dieser Fehler bei Rekonstruktion des Bearbeitungsvorgangs erscheinen mag. Die ernsthafte Möglichkeit eines Tatsachen- oder Rechtsirrtums, eines sachverhaltsbezogenen Denk- oder Überlegungsfehlers oder unvollständiger Sachverhaltsaufklärung besteht nicht und kann – erst recht – nicht ausgeschlossen werden, wenn umgekehrt positiv feststeht, dass ein derartiger, die Anwendung von § 129 AO ausschließender nicht mechanischer Fehler tatsächlich vorliegt.“

Rechts- bzw. Tatsachenfehler vorliegt und damit eine Korrektur nach § 129 AO nicht möglich ist, „durch vom Gericht festgestellte Tatsachen belegen lassen.“[2212] Für das Vorliegen eines „technischen“ bzw. mechanischen Fehlers wird z.T. ein Indizienbeweis als ausreichend angesehen.[2213] Zusammengefasst sind die Voraussetzungen für eine Korrektur nach § 129 AO nach ständiger Rechtsprechung dann gegeben, wenn die Gesamtumstände auf ein mechanisches Versehen *hindeuten* und keine objektiven Anhaltspunkte für tatsächliche oder rechtliche Fehlererwägungen sprechen.[2214] Drei Beispiele aus der jüngeren Rechtsprechung sollen die Arbeit der Gerichte mit dieser Grundaussage verdeutlichen.

bb. Finanzgericht Baden-Württemberg v. 11.7.2007

Als erstes Beispiel sei der Fall eines nicht gesetzten Vorbehalts der Nachprüfung genannt, über den das Finanzgericht Baden-Württemberg zu entscheiden hatte:[2215] Die fragliche Steuererklärung wurde in der den Veranlagungsbezirk begleitenden Stelle besonders gekennzeichnet. Diese Kennzeichnung sollte nach einer internen Dienstanweisung zu einer lediglich überschlägigen Prüfung und nachfolgenden Festsetzung unter dem Vorbehalt der Nachprüfung führen. Entgegen der internen Dienstanweisung erließ der Sachbearbeiter einen zwar teilweise vorläufigen, im Übrigen aber endgültigen Steuerbescheid. Im Zuge der nachfolgenden Betriebsprüfung und des darauffolgenden Einspruchsverfahrens stützte die Finanzbehörde eine Änderung der Steuerfestsetzung direkt auf § 164 Abs. 2 AO mit der Begründung, dass lediglich eine offenbare Unrichtigkeit i.S.d. § 129 AO zum Fehlen des Vorbehaltsvermerks geführt habe. Das Finanzgericht Baden-Württemberg stellte bei seiner Entscheidung zugunsten der Finanzbehörde darauf ab, dass kein Grund ersichtlich sei, dass der Bearbeiter bewusst entgegen einer Dienstanweisung und entgegen gängiger Praxis gehandelt habe, als er es unterlassen hat, den Vorbehalt der Nachprüfung zu setzen.[2216] Hätte es einen Grund für die Handlung des Sachbearbeiters gegeben, „hätte ein korrekt arbeitender Bediensteter diesen bestimmt in den Akten nieder- und dem

2212 BFH v. 13.6.2012, VI R 85/10, BStBl. II 2013, 5 Rn. 17; BFH v. 16.1.2018, VI R 41/16, BStBl. II 2018, 378 Rn. 13.

2213 BFH v. 6.11.2012, VIII R 15/10, BStBl. II 2013, 307 Rn. 25, spricht von Indizien.

2214 BFH v. 13.6.2012, VI R 85/10, BStBl. II 2013, 5 Rn. 17; BFH v. 16.1.2018, VI R 41/16, BStBl. II 2018, 378 Rn. 13; BFH v. 16.1.2018, VI R 38/16 Rn. 13; BFH v. 15.10.2018, VIII B 79/18 Rn. 10; BFH v. 22.5.2019, XI R 9/18, BStBl. II 2020, 37 Rn. 18.

2215 Zum Sachverhalt siehe FG Baden-Württemberg v. 11.7.2007, 5 K 328/04, EFG 2007, 1659 Rn. 3-6, 13.

2216 FG Baden-Württemberg v. 11.7.2007, 5 K 328/04, EFG 2007, 1659 Rn. 18.

Sachgebietsleiter den Fall vorgelegt".[2217] Weiterhin sei einem unvoreingenommenen Dritten erkennbar gewesen, dass bei der Lage des Falles – Kennzeichnung der Steuererklärung und die damit zusammenhängende Dienstanweisung, keine abweichende Festsetzung zu den gleichzeitig veranlagten Steuerarten – der Sachbearbeiter die Kennziffer lediglich vergessen hatte einzugeben.[2218]

Das Finanzgericht stellt hier eine doppelte Vermutung auf: Zum einen vermutet es, dass der Sachbearbeiter, der den Fall bearbeitet hat, ein durchschnittlich befähigter Sachbearbeiter ist. Zum anderen vermutet es, dass ein durchschnittlicher Sachbearbeiter sich entsprechend der nach außen tretenden und den lediglich im Binnenbereich der Finanzbehörde bekanntgegebenen Regelungen bzw. Anweisungen verhalten hätte. Die Abwesenheit eines Aktenvermerkes spricht dann gegen das Vorliegen eines Rechtsfehlers. Zusammengefasst bedeutet dies im Endeffekt, dass ein Rechtsfehler dann auszuschließen ist, wenn entgegen einer innerdienstlichen Anweisung gehandelt wird und kein entgegenstehender Aktenvermerk vorliegt. Deutet sich dann noch ein „technisches" bzw. mechanisches Versehen auch nur an – ohne positiv bewiesen zu sein – kann der Steuerbescheid gem. § 129 AO korrigiert werden.[2219]

Der Bundesfinanzhof bestätigte das finanzgerichtliche Urteil in der anschließenden Revision und fügte noch hinzu, dass der Schluss, dass der Sachbearbeiter keinen Anlass hatte, entgegen der internen Anweisung zu handeln auch *deshalb* nahe liege, „weil auch die Klägerin [also die Steuerpflichtige!, Anm. d. Verf.] keine für ein (bewusst) regelwidriges Verhalten des Sachbearbeiters sprechenden Gesichtspunkte vorgetragen" hatte.[2220] Wie die Klägerin ein bewusst regelwidriges Verhalten des Sachbearbeiters, also eine innere Tatsache in einer ihr nicht zugänglichen Sphäre, überhaupt substantiiert darlegen kann, bleibt allerdings offen.[2221] Das Urteil ist symptomatisch für eine lange Rechtsprechungstradition des Bundesfinanzhofs, der schon in den 1980er Jahren judiziert hat, dass ein

---

2217 FG Baden-Württemberg v. 11.7.2007, 5 K 328/04, EFG 2007, 1659 Rn. 18.

2218 FG Baden-Württemberg v. 11.7.2007, 5 K 328/04, EFG 2007, 1659 Rn. 18.

2219 In diese Richtung ist wohl auch BFH v. 6.12.2005, VIII R 99/02 Rn. 21, zu verstehen, in dem jegliche Anhaltspunkte für das Vorliegen eines mechanischen Versehens für die Ablehnung der Korrektur herangezogen werden.

2220 BFH v. 1.7.2010, IV R 56/07 Rn. 23, dort auch zum Zitat.

2221 Von einer Verschiebung der Verantwortung bei der Überwachung der Sachbearbeiter auf den Steuerpflichtigen spricht *Friedrich*, DStZ 1984, 112, 114; *Tehler*, DStR 2009, 1019, 1022, weist daraufhin, dass für den Steuerpflichtigen bei dieser Auslegung keine Möglichkeit bestehe, der Finanzbehörde einen Tatsachen- oder Rechtsirrtum nachzuweisen.

Rechts- oder Tatsachenirrtum dann ausgeschlossen sei, wenn der Sachbearbeiter keine Vermerke in der Akte getätigt hat, die erläutern, warum er bestimmte Eintragungen vorgenommen bzw. nicht vorgenommen hat.[2222]

cc. Finanzgericht Düsseldorf v. 16.2.2017

Ein zweites Beispiel greift einen Fall des Finanzgerichts Düsseldorf aus dem Jahr 2017[2223] auf, der Anfang 2020 vom Bundesfinanzhof im Revisionsverfahren[2224] entschieden worden ist. Thematisch geht es um die Schnittstelle zwischen Sachverhaltsermittlung und den Prüfhinweisen der Risikomanagementsysteme:[2225] Der Ehemann zusammenveranlagter Ehegatten hatte sowohl Einkünfte aus einer nichtselbstständigen Tätigkeit als auch Einkünfte aus einer selbstständigen Tätigkeit erzielt und diese in seiner Steuererklärung zutreffend erklärt. Nach dem Einscannen der auf amtlichem Vordruck abgegebenen Steuererklärung waren die Einkünfte des Ehemannes aus selbstständiger Tätigkeit nicht in das EDV-System eingetragen worden. Trotz mehrerer Risiko- und Prüfhinweise des finanzbehördlichen Risikomanagementsystems, die ein allgemeines Prüfungspotential des Falles – auch aufgrund erstmaliger Zusammenveranlagung – feststellten, aber auch konkret monierten, dass der Ehemann weniger als 4.200 Euro verdiene und daher zu prüfen sei, ob er ohne eigene Beiträge zur gesetzlichen Krankenversicherung familienversichert sei, blieben die Einkünfte aus selbstständiger Tätigkeit im Steuerbescheid unberücksichtigt. Nachdem die Finanzbehörde den Fehler entdeckt hatte, korrigierte sie den Bescheid nach § 129 AO und berief sich auf ein „unbewusstes Übersehen bzw. Vergessen“ der Eingabe zu den Einkünften aus selbstständiger Tätigkeit. Die Entscheidung zugunsten der Finanzbehörde begründet das Finanzgericht mit der Überlegung, „dass im Steuerbescheid […] die von den Klägern erklärten selbständigen Einkünfte *ohne erkennbaren Grund* nicht erfasst sind“[2226] und dies „(f)ür jeden unvoreingenommenen Dritten […] bei Einsichtnahme in die Steuerakten ersichtlich“ sei.[2227]

2222 BFH v. 29.3.1985, VI R 140/81, BStBl. II 1985, 569 Rn. 13; BFH v. 18.4.1986, VI R 4/83, BStBl. II 1986, 541 Rn. 21; ähnlich auch BFH v. 26.4.1989, VI R 39/85 Rn. 15; siehe auch FG Nürnberg v. 21.2.2008, IV 279/2006 Rn. 19.

2223 FG Düsseldorf v. 16.2.2017, 14 K 3554/14 E, EFG 2017, 1315.

2224 BFH v. 14.1.2020, VIII R 4/17.

2225 Zum nachfolgenden Sachverhalt siehe FG Düsseldorf v. 16.2.2017, 14 K 3554/14 E, EFG 2017, 1315 Rn. 3-12.

2226 FG Düsseldorf v. 16.2.2017, 14 K 3554/14 E, EFG 2017, 1315 Rn. 25, Hervorhebung durch Verf.

2227 FG Düsseldorf v. 16.2.2017, 14 K 3554/14 E, EFG 2017, 1315 Rn. 25.

Ein rechtlicher Fehler sei zudem ausgeschlossen, da die Bearbeiterin neben den betriebsbezogenen Prüfhinweis zur Einkommensteuer einen Vermerk geschrieben hatte („EM=Eink. § 18 EStG“[2228]) und die betriebsbezogenen Prüfungen in der Bilanzakte sowie auf der Umsatzsteuererklärung dokumentiert hatte.[2229] Zwar sprach das Finanzgericht Düsseldorf auch die Möglichkeit eines eine Korrektur nach § 129 AO ausschließenden Sachverhaltsermittlungsfehlers an und ließ in Bezug darauf auch die Revision vor dem Bundesfinanzhof zu. Es erkannte aber trotz „einer oberflächlichen grob unachtsamen Bearbeitung des Steuerfalles“ keine neue Willensbildung bei der Sachbearbeiterin, sondern dass sich stattdessen der Fehler beim Einscannen der Erklärungswerte lediglich perpetuiert habe.[2230] Eine mangelhafte Sachaufklärung, die zu einem nicht korrigierbaren Sachverhaltsermittlungsfehler führt, sei erst im Falle eines ausdrücklichen Hinweises auf im Vorjahr erfasste Einkünfte aus selbstständiger Tätigkeit oder auf die Höhe des Erstattungsbetrages anzunehmen.[2231]

Nimmt man diese Rechtsprechung zur Grundlage, führt diese in Bezug auf Prüfhinweise zu folgendem Beurteilungsgrundsatz: In den Fällen einer Prüfbedürftigkeit aufgrund indizierender Prüfhinweise ist von einer offenbaren Unrichtigkeit auszugehen, wenn der Fall auch personell geprüft wurde und ein Erfassungsfehler dabei nicht korrigiert worden ist, solange keine geänderte Willensbildung erkennbar wird.[2232] Eine Ausnahme ist dann zu machen, wenn sich aus dem Prüfhinweis hinreichend konkrete Handlungsaufträge an den Sachbearbeiter ergeben.

Der Bundesfinanzhof ist dem Finanzgericht in seiner Revisionsentscheidung nicht gefolgt und hat das Urteil und den Steuerbescheid aufgehoben.[2233] Grundsätzlich perpetuiere sich zwar nur der mechanische Fehler bei Nichtbeachtung eines Prüfhinweises des Risikomanagementsystems.[2234] Anders sei dies jedoch, wenn sich dem Sachbearbeiter aufgrund der angezeigten Prüfhinweise Zweifel an der Richtigkeit seiner Eingabe ergeben müssten und der mechanische Fehler von einem Sachverhaltsermittlungsfehler überlagert werde.[2235] Ungeachtet

2228 FG Düsseldorf v. 16.2.2017, 14 K 3554/14 E, EFG 2017, 1315 Rn. 5.
2229 FG Düsseldorf v. 16.2.2017, 14 K 3554/14 E, EFG 2017, 1315 Rn. 27.
2230 FG Düsseldorf v. 16.2.2017, 14 K 3554/14 E, EFG 2017, 1315 Rn. 31, auch zum Zitat.
2231 FG Düsseldorf v. 16.2.2017, 14 K 3554/14 E, EFG 2017, 1315 Rn. 31.
2232 Ähnlich auch *Bleschick*, EFG 2017, 1318, 1318 f., der allerdings die Notwendigkeit einer Einzelfallprüfung herausstellt.
2233 BFH v. 14.1.2020, VIII R 14/17.
2234 BFH v. 14.1.2020, VIII R 14/17 Rn. 24.
2235 BFH v. 14.1.2020, VIII R 14/17 Rn. 25.

des Einsatzes von Risikomanagementsystemen bliebe die Finanzbehörde zur Ermittlung des Sachverhaltes verpflichtet, sodass kein Schreib- oder Rechenfehler und auch keine ähnliche offenbare Unrichtigkeit gegeben sei, wenn eine Sachverhaltsermittlung unterbleibt, obwohl sich eine weitere Prüfung des Falles aufgrund der im Rahmen des Risikomanagementsystems ergangenen Prüf- und Risikohinweise hätte aufdrängen müssen.[2236] Die Anforderungen an die Prüfhinweise schraubte der Bundesfinanzhof dabei herunter: So sei bereits der Hinweis des Festsetzungsprogramms auf den technisch nicht durchführbaren Abgleich der Daten mit dem Vorjahr aufgrund der erstmaligen Zusammenveranlagung ausreichend gewesen, um einen hinreichenden Anlass zur Überprüfung der Eingaben durch den Sachbearbeiter anzustoßen.[2237]

dd. Finanzgericht Köln v. 14.6.2018

Dem vom Finanzgericht Köln entschiedenen Fall lag folgender Sachverhalt zugrunde:[2238] Drei Mitarbeiter in der Finanzbehörde – Sachbearbeiter, Sachgebietsleiter und eine Sachbearbeiterin in der Qualitätssicherungsstelle – hatten eine als Risiko-Fall eingestufte Steuererklärung mit einem Gewinn nach § 17 EStG geprüft. Da die Veräußerungen von Kapitalgesellschaftsanteilen risikobehaftet sind, wurden zusätzliche Checklisten angefertigt und der vom Steuerpflichtigen erklärte steuerpflichtige Gewinn als zutreffend nachvollzogen. Irgendwann und durch irgendwen – Einzelheiten konnten durch das Finanzgericht zwar nicht aufgeklärt werden,[2239] es ging aber davon aus, dass der Sachbearbeiter die unrichtigen Eingaben getätigt hatte[2240] – wurde im Zuge der Bearbeitung im Steuerfestsetzungsprogramm personell der gesamte Gewinn aus § 17 EStG als steuerfrei eingegeben und entsprechend veranlagt. Das Finanzgericht sah es als erwiesen an, dass ein mechanischer Erfassungsfehler maßgebliche Fehlerquelle war, auch weil die Eintragung im Widerspruch zu dem in den Akten dokumentierten Willen stehe.[2241] Ein Rechtsfehler sei nach den Checklisten und Eintragungen ausgeschlossen, der Sachbearbeiter habe sogar erkannt,

2236 BFH v. 14.1.2020, VIII R 14/17 Rn. 25.

2237 BFH v. 14.1.2020, VIII R 14/17 Rn. 26.

2238 Zum Sachverhalt siehe BFH v. 10.12.2019, IX R 23/18, BStBl. II 2020, 371 Rn. 2-13, und ausführlich in der Vorinstanz FG Köln v. 14.6.2018, 15 K 271/16, EFG 2018, 1771 Rn. 2-20.

2239 BFH v. 10.12.2019, IX R 23/18, BStBl. II 2020, 371 Rn. 25.

2240 FG Köln v. 14.6.2018, 15 K 271/16, EFG 2018, 1771 Rn. 37-40.

2241 FG Köln v. 14.6.2018, 15 K 271/16, EFG 2018, 1771 Rn. 37, 40.

dass das Teileinkünfteverfahren Anwendung findet.[2242] Bei seiner Prüfung stellte das Finanzgericht fest, dass ein Fehler i.S.d. § 129 AO umso unwahrscheinlicher wird, „je intensiver die Prüfung des Steuerfalles sein soll und üblicherweise dann auch ist",[2243] falsch eingegebene Kennziffern dennoch auch bei Intensivprüfungen unentdeckt bleiben können[2244].

Der Bundesfinanzhof hob Urteil und Änderungsbescheid der Finanzbehörde auf und stellte heraus, dass nicht eindeutig geklärt sei, wer die falsche Eintragung vorgenommen habe, sodass rechtlich fehlerhafte Erwägungen nicht auszuschließen seien und verbleibende Unklarheiten zulasten der Finanzbehörde gingen.[2245] Auf eine mögliche Fehlerübernahme bei einer durch die Sachgebietsleiterin oder die Qualitätssicherungsstelle durchgeführten Prüfung komme es daher nicht mehr an.[2246]

d. Bewertung der Rechtsprechung mit Blick auf das Beweismaß

aa. Voraussetzungen von Anscheinsbeweis und Indizien- bzw. Anzeichenbeweis

Das Regelbeweismaß i.S.d. § 96 Abs. 1 S. 1 FGO fordert für die Überzeugungsbildung, dass der Tatrichter, ohne Bindung an gesetzliche Beweisregeln und nur seinem Gewissen unterworfen, persönliche Gewissheit in einem Maße erlangt, dass er an sich mögliche Zweifel überwindet und sich von einem bestimmten Sachverhalt als wahr überzeugen kann.[2247] Gefordert ist aber keine von allen Zweifeln freie Überzeugung im Sinne einer „absoluten" oder „objektiven Gewissheit"; der Richter muss den Sachverhalt aber mit einem so hohen Grad der Wahrscheinlichkeit feststellen, dass kein vernünftiger, die Lebensverhältnisse klar überschauender Mensch Zweifeln noch Bedeutung zumisst.[2248] Nach der Normbegünstigungstheorie trägt auch im Anwendungsbereich des § 129 AO derjenige die objektive Beweislast, also die negativen Folgen eines *non liquet*,

---

2242 FG Köln v. 14.6.2018, 15 K 271/16, EFG 2018, 1771 Rn. 39 f.

2243 FG Köln v. 14.6.2018, 15 K 271/16, EFG 2018, 1771 Rn. 35.

2244 FG Köln v. 14.6.2018, 15 K 271/16, EFG 2018, 1771 Rn. 36.

2245 BFH v. 10.12.2019, IX R 23/18, BStBl. II 2020, 371 Rn. 27, 29.

2246 BFH v. 10.12.2019, IX R 23/18, BStBl. II 2020, 371 Rn. 27.

2247 *Lange*, in: Hübschmann/Hepp/Spitaler, AO/FGO, § 96 FGO Rn. 55 (Stand: Februar 2020) m.w.N.

2248 *Lange*, in: Hübschmann/Hepp/Spitaler, AO/FGO, § 96 FGO Rn. 55 (Stand: Februar 2020) m.w.N.; *Seer*, in: Tipke/Kruse, AO/FGO, § 96 FGO Rn. 66 (Stand: August 2018).

der das Vorliegen einer offenbaren Unrichtigkeit behauptet.[2249] In den Fällen der steuererhöhenden Korrektur ist dies regelmäßig die Finanzbehörde, in den Fällen einer steuermindernden Korrektur regelmäßig der Steuerpflichtige. Soll sich die Korrektur nach § 129 AO zulasten des Steuerpflichtigen auswirken, trägt folglich die Finanzbehörde die Beweislast.[2250] Wie bereits dargestellt, sinkt die Möglichkeit einer Beweislastentscheidung mit der Absenkung des Beweismaßes. Eine Absenkung des Beweismaßes wirkt sich bei einer Korrektur zulasten des Steuerpflichtigen also zugunsten der Finanzbehörde aus; die Absenkung des Beweismaßes muss aber im einzelnen Fall zulässig sein.[2251] Dabei ist einleitend für die Anwendung von § 129 AO festgestellt worden, dass die Ermittlung, ob ein „technischer" bzw. mechanischer Fehler oder ein Rechts- bzw. Tatsachenirrtum vorliegt, im einzelnen Fall nur schwer möglich ist, da beide Fehlerarten fließend ineinander übergehen und die Untersuchung, von welchen Gedanken sich der zuständige Bearbeiter im Einzelfall hat leiten lassen, wenig vielversprechend erscheint und daher auch von den Gerichten kaum praktiziert wird.[2252] Stattdessen wird auf die Akten und ihren Inhalt abgestellt, aus denen im Idealfall durch Protokollierung des Gewollten auf den Willen des Bearbeiters geschlossen werden kann. Im Zusammenhang mit diesem Beweisführungsproblem gewinnt das auch bei § 129 AO zulässige Abstellen auf Anscheinsbeweise an Bedeutung.[2253] Denn solange mithilfe des Anscheinsbeweises die Überzeugung des Gerichts über das Vorliegen eines Sachverhaltes erlangt werden kann, scheidet eine Beweislastentscheidung aus.[2254] Dabei wird aufgrund von Erfahrungssätzen von gewissen typischen Sachverhalten auf gewisse typische Folgen bzw. von bestimmten Folgen auf einen typischen Geschehensablauf geschlossen.[2255]

2249 Siehe die allgemeinen Nachweise in Fn. 1570; für § 129 AO speziell BFH v. 19.3.2009, IV R 84/06 Rn. 21; *Seer*, in: Tipke/Kruse, AO/FGO, § 129 AO Rn. 16 (Stand: Oktober 2015).

2250 BFH v. 4.6.1986, IX R 52/82, BStBl. II 1987, 3 Rn. 20; BFH v. 10.12.2019, IX R 23/18, BStBl. II 2020, 371 Rn. 29.

2251 *Seer*, in: Tipke/Kruse, AO/FGO, § 96 FGO Rn. 2 (Stand: August 2018).

2252 *Hering*, DStZ 1984, 220, 222 f.; *Wernthaler*, Korrektur im digitalisierten Besteuerungsverfahren, S. 133.

2253 BFH v. 19.3.2009, IV R 84/06 Rn. 21; FG Saarland v. 23.5.1996, 2 K 272/95, EFG 1996, 961 Rn. 21; *Seer*, in: Tipke/Kruse, AO/FGO, § 129 AO Rn. 16 (Stand: Oktober 2015); *Wernsmann*, in: Hübschmann/Hepp/Spitaler, AO/FGO, § 129 AO Rn. 41 (Stand: Mai 2017).

2254 *Seer*, in: Tipke/Kruse, AO/FGO, § 96 FGO Rn. 39 (Stand: August 2018); *Loschelder*, AO-StB 2003, 25, 27.

2255 *Seer*, in: Tipke/Kruse, AO/FGO, § 96 FGO Rn. 37 (Stand: August 2018).

Voraussetzung für die Anwendung eines Anscheinsbeweises ist, dass der ihm zugrundeliegende Erfahrungssatz eine besondere Überzeugungskraft besitzt, genügend stringent und beweiskräftig ist.[2256] Zum Teil werden *höchste* Anforderungen an den Erfahrungssatz gestellt.[2257] Dies rechtfertigt es dann, auf die Ermittlung und Einbeziehung atypischer Sachverhaltsalternativen zu verzichten und unter Abstraktion des Sachverhaltes das verbleibende „Kerngeschehen" dem Anscheinsbeweis zu unterstellen.[2258] Ein anderer mittelbarer Beweis ist der Indizien- oder Anzeichenbeweis. Hierbei wird von bewiesenen Hilfstatsachen anhand der Logik, Lebenserfahrung sowie Sach- und Fachkunde auf eine Haupttatsache geschlossen.[2259] Im Gegensatz zum Anscheinsbeweis, bei dem bei der Beweisführung Feststellungen über Tatsachen nur mithilfe eines einzigen Indizes und eines einzigen darauf aufbauenden Erfahrungssatzes getroffen werden, werden beim Anzeichenbeweis mehrere Indizien und auf ihnen aufbauende Erfahrungssätze in die Beweiswürdigung einbezogen.[2260] Dies bedingt sich dadurch, dass die dem Anzeichenbeweis zugrundeliegenden Erfahrungssätze eine geringere Qualität aufweisen als die des Anscheinsbeweises, sodass es einer umfassenden Würdigung der Umstände des Einzelfalls bedarf.[2261] Ausgehend von diesen Grundlagen wird die dargestellte Rechtsprechung beurteilt.

bb. Herabsetzung des Beweismaßes in der Rechtsprechung

Die in der Rechtsprechung geläufige Definition, nach der die Voraussetzungen für eine Korrektur nach § 129 AO dann gegeben sind, wenn die Gesamtumstände auf ein mechanisches Versehen *hindeuten* und keine Anhaltspunkte für tatsächliche oder rechtliche Fehlererwägungen sprechen,[2262] dient hierbei als erste Anlaufstelle. Das Gericht überzeugt sich anhand dieser Definition nicht von dem Vorliegen einer Unrichtigkeit i.S.d. § 129 AO, sondern versucht – grob

---

2256 *Seer*, in: Tipke/Kruse, AO/FGO, § 96 FGO Rn. 41 (Stand: August 2018); *Dawin*, in: Schoch/Schneider, VwGO, § 108 Rn. 67 (Stand: April 2013).

2257 *Müller-Franken*, Maßvolles Verwalten, S. 275 f.; *Sassmann*, Verfahrensrechtliche Regelungen, S. 78 m.w.N.

2258 *Sassmann*, Verfahrensrechtliche Regelungen, S. 78; *Seer*, in: Tipke/Kruse, AO/FGO, § 96 FGO Rn. 37 (Stand: August 2018); *Dawin*, in: Schoch/Schneider, VwGO, § 108 Rn. 64, 68 (Stand: April 2013).

2259 *Seer*, in: Tipke/Kruse, AO/FGO, § 96 FGO Rn. 36 (Stand: August 2018).

2260 *Sassmann*, Verfahrensrechtliche Regelungen, S. 76 m.w.N.

2261 *Lange*, in: Hübschmann/Hepp/Spitaler, AO/FGO, § 96 FGO Rn. 106 (Stand: Februar 2020).

2262 Siehe Nachweise in Fn. 2214.

gesagt – das Gegenteil, den Rechtsfehler, zu negieren.[2263] Dabei operiert die Rechtsprechung auf zwei Ebenen mit Begrifflichkeiten, die auf eine Herabsetzung des Regelbeweismaßes i.S.d. § 96 Abs. 1 S. 1 FGO hinweisen: zum einen dann, wenn es darum geht, dass es ausreicht, wenn die Umstände auf einen „technischen" bzw. mechanischen Fehler *hindeuten*; zum anderen dann, wenn das Gericht prüft, ob lediglich keine *Anhaltspunkte* für einen Rechtsfehler vorliegen, und damit das Beweismaß von der an Sicherheit grenzenden Wahrscheinlichkeit auf eine bloße Möglichkeit herabstuft.[2264]

cc. Mangelhafte Qualität der zugrundeliegenden Erfahrungssätze

Das Abstellen auf Anhaltspunkte und Andeutungen könnte sich als zulässige Anwendung von Anscheins- bzw. Anzeichenbeweisen darstellen. Der Streit, ob die Anwendung von Anscheins- oder Anzeichenbeweisen ein Fall der Reduzierung des Beweismaßes ist[2265] oder nicht[2266], kann an dieser Stelle dahingestellt bleiben, wenn die Rechtsprechung sich nicht oder nur scheinbar Anscheins- oder Anzeichenbeweisen bedient. Anscheins- und Anzeichenbeweise erhalten als mittelbare Beweise Anwendungslegitimität durch die Überzeugungskraft ihrer zugrundeliegenden Erfahrungssätze, sodass diese im Einzelfall zu betrachten sind. Aus der dargestellten Rechtsprechung lassen sich mehrere Erfahrungssätze entnehmen, die bei der gerichtlichen Entscheidungsfindung zugrunde gelegt worden sind: Im Urteil des Finanzgerichts Baden-Württemberg[2267] wendet das Finanzgericht den Erfahrungssatz an, dass ein Bearbeiter stets durchschnittliche

---

2263 *R. Schmidt*, Korrekturen von Verwaltungsakten, S. 62; *Wernthaler*, Korrektur im digitalisierten Besteuerungsverfahren, S. 134.

2264 So auch *R. Schmidt*, Korrekturen von Verwaltungsakten, S. 61-63; *Wernthaler*, Korrektur im digitalisierten Besteuerungsverfahren, S. 134 f.

2265 *M. Schmidt*, Die Problematik der objektiven Beweislast im Steuerrecht, 311-314; *Leipold*, Beweismaß und Beweislast im Zivilprozeß, S. 12 f.; wohl auch *Wernthaler*, Korrektur im digitalisierten Besteuerungsverfahren, S. 134.

2266 *Seer*, in: Tipke/Kruse, AO/FGO, § 96 FGO Rn. 40 (Stand: August 2018); *Schell*, Subjektive Besteuerungsmerkmale im Einkommensteuerrecht, S. 46 f.; *Sassmann*, Verfahrensrechtliche Regelungen, S. 79 f., die jedoch darauf hinweist, dass das Schließen auf subjektive Merkmale anhand von Anscheinsbeweisen aufgrund der Individualität und Subjektivität von Absichten, Beweggründen faktisch ausgeschlossen sei. Eine volle Überzeugung könne auf diesem Wege nicht erlangt werden. Vielmehr seien weitere Indizien heranzuziehen. Geschehe dies nicht, verringere das Gericht bzw. die Behörde faktisch das Beweismaß.

2267 Siehe oben 5. Teil C. V. 2. c. bb.

Fähigkeiten besitzt, nach den internen Richtlinien handelt und Abweichungen von den internen Richtlinien separat in der Akte dokumentiert. Ein fehlender Aktenvermerk spricht dann nach Ansicht des Finanzgerichts für die Abwesenheit eines Rechtsfehlers. Der Bundesfinanzhof bestärkt in der Revisionsentscheidung diesen Erfahrungssatz mit der Begründung, dass die Klägerin keine Anhaltspunkte für ein bewusst regelwidriges Verhalten des Sachbearbeiters vorgetragen habe. Die Frage danach, ob das Abstellen auf einen durchschnittlichen Bearbeiter mit bestimmten Fähigkeiten von einem qualitativ hohen Erfahrungssatz gedeckt ist, darf bezweifelt werden, wenn die Bearbeiterfähigkeiten eine den bestehenden Verwaltungsvorschriften entsprechende Bearbeitung des Sachverhaltes umfassen sollen. Im Bericht des Bundesrechnungshofs über den Vollzug der Steuergesetze, insbesondere im Arbeitnehmerbereich aus dem Jahr 2012, stellte dieser eine Fehlerquote im Zusammenhang mit der Bearbeitung von risikoautomationsgestützten Fällen i.H.v. 36% bis 68% fest.[2268] Zu einem in der Gesamtschau bestätigenden, gleichlaufenden Ergebnis gelangt der Landesrechnungshof NRW in seinem Jahresbericht 2016: Die Dokumentation der Ermittlungshandlungen und Ermittlungsergebnisse in den elektronischen Datensammlungen erfolgte in den geprüften Finanzämtern nur teilweise.[2269] Bei 1.152 von insgesamt geprüften 3.940 Umsatzsteuervoranmeldungen wurden Ermittlungsergebnisse nicht festgehalten.[2270] Somit lässt sich ein einheitliches Arbeiten der Sachbearbeiter nach den Verwaltungsvorschriften gerade nicht bejahen. Vielmehr zeigt diese Stichprobe bereits, dass das Abstellen auf einen durchschnittlichen Bearbeiter, der durchschnittliche Kenntnisse besitzt, sich stets nach den innerbehördlichen Anweisungen richtet und bei Abweichen von diesen einen Aktenvermerk tätigt, nicht den Tatsachen in der Finanzbehörde entspricht und daher untauglich zur Begründung oder Steigerung der Überzeugungskraft eines solchen Erfahrungssatzes ist.[2271] Das ist auch unter Beachtung der kurzen Bearbeitungszeiten und der knappen Personalressourcen für eine

---

2268 *Bundesrechnungshof*, Vollzug Arbeitnehmerbereich, S. 29 f.

2269 *Landesrechnungshof NRW*, Jahresbericht 2016, S. 191.

2270 *Landesrechnungshof NRW*, Jahresbericht 2016, S. 191. Dabei zählte der Landesrechnungshof bereits kommentarlose Haken an Prüfhinweisen und Vermerke wie „ok“ und „nichts zu veranlassen“ zu einer Dokumentation von Ermittlungsergebnissen.

2271 Prägnant auch *Friedrich*, DStZ 1984, 112, 114, und *Wernthaler*, Korrektur im digitalisierten Besteuerungsverfahren, S. 153: Ein Rechtsirrtum eines unterdurchschnittlichen Sachbearbeiters bleibt auch dann ein Rechtsirrtum, wenn ihn ein durchschnittlicher Sachbearbeiter nicht begangen hätte, und man bei Letzterem eher dazu geneigt wäre, eine Unrichtigkeit i.S.d. § 129 AO anzunehmen.

Steuererklärung eine auf der Hand liegende Schlussfolgerung.[2272] Somit kann ein fehlender Aktenvermerk nicht dazu herangezogen werden, einen Rechtsfehler zu verneinen. Dies hat zur Folge, dass die Gerichte eine Entscheidung unter grundsätzlich unzulässiger[2273] Herabsetzung des Beweismaßes fällen, ohne dies kenntlich zu machen und zu rechtfertigen, sodass letztlich eine Verletzung von § 96 Abs. 1 S. 1 FGO anzunehmen ist.[2274]

Die Rechtsprechung bietet Fehlanreize bei der Bearbeitung der Steuererklärungen innerhalb der Finanzbehörde. § 129 AO führt auf dieser Grundlage nämlich zu dem abstrusen Ergebnis, dass umso mehr Berichtigungsmöglichkeiten zur Verfügung stehen, je oberflächlicher der Fall durch die Finanzbehörde bearbeitet bzw. dokumentiert worden ist.[2275] Denn fehlt es an einem Vermerk am maschinell erzeugten Prüfhinweis oder in der Akte, steht der Finanzbehörde nach der Rechtsprechung grundsätzlich eine Korrekturmöglichkeit mangels Rechts- oder Tatsachenirrtums zu.[2276] Sind Bearbeitungsvermerke hingegen umfangreich und lassen damit auch Interpretationsspielraum für einen rechtlichen Fehler, kommt eine Korrektur nicht mehr in Betracht.[2277] Die Rechtsprechung zu § 129 AO ist somit im Ergebnis zu überdenken. Denn die Nachteile,

2272 Ebenso *Wernthaler*, Korrektur im digitalisierten Besteuerungsverfahren, S. 151.

2273 *Prütting*, Gegenwartsprobleme der Beweislast, S. 84.

2274 So auch *Sassmann*, Verfahrensrechtliche Regelungen, S. 79 f., in dem Fall, dass durch das Gericht mittels Erfahrungssätzen auf subjektive Merkmale geschlossen werden soll: Zwar könne die Lebenserfahrung für oder gegen bestimmte innere Einstellungen und Beweggründe sprechen; jedoch sei es aufgrund der Individualität und Subjektivität von Absichten, Beweggründen etc. ausgeschlossen, dass aufgrund dieser Lebenserfahrung eine volle Überzeugung des Rechtsanwenders erlangt werden könne. Vielmehr sei dies nur in Ausnahmefällen vorstellbar, da grundsätzlich im Bereich der subjektiven Merkmale lediglich einfache Erfahrungssätze vorlägen, die dem Rechtsanwender aber keine volle Wahrheitsüberzeugung vermitteln können.

2275 So auch *Wernthaler*, Korrektur im digitalisierten Besteuerungsverfahren, S. 143.

2276 Siehe auch BFH v. 18.4.1986, VI R 4/83, BStBl. II 1986, 541 Rn. 21.

2277 Siehe hingegen insbesondere FG Baden-Württemberg v. 14.12.2016, 4 K 1870/16, EFG 2019, 1953 Rn. 47-50, und den dortigen hohen, mit entsprechenden Unsicherheiten in der Rechtsfolge verbundenen Begründungsaufwand dafür, dass noch eine korrigierbare Unrichtigkeit vorliegt, obwohl umfangreiche Bearbeitungsvermerke vorgenommen worden sind. Wesentliche Erwägung war, dass der Bearbeiter den Hinweis nicht verstanden habe, aber vollkommen auszuschließen sei, dass er aufgrund eigener Überlegungen zu dem Ergebnis gekommen sein könnte, dass die materiell-rechtlich unzutreffenden Eintragungen in der Steuererklärung richtig gewesen sein könnten, siehe auch *Hennigfeld*, EFG 2019, 1957, 1958.

die der Steuerpflichtige durch die Rechtsprechung bei der Korrektur des Steuerbescheides nach § 129 AO zu seinen Ungunsten erleidet, sind evident und zeigen sich in der fehlenden Möglichkeit der Steuerpflichtigen, die Schlussfolgerungen der Gerichte zu widerlegen.[2278] Dieses Ergebnis lässt sich auch nicht dadurch „gerade rücken", dass die Norm „zweischneidig"[2279] zugunsten wie zulasten des Steuerpflichtigen wirkt, der Steuerpflichtige mithin auch von der ausufernden Korrektur profitiert, da diese in der Mehrzahl der Fälle zu seinen Lasten ausfallen wird. Im Massenverfahren, vor allem im automationsgestützten, werden sich im Normalfall keine Vermerke des Sachbearbeiters in der Akte befinden.[2280] Dies führt nach der Rechtsprechung zu einer Pauschalvermutung, dass eine offenbare Unrichtigkeit vorliegt, ohne dass dem Steuerpflichtigen eine einfach zugängliche Möglichkeit bleibt, einen Rechts- oder Tatsachenirrtum überhaupt nachzuweisen.[2281] Nach der hier vertretenen Auffassung verbietet die Forderung nach der Offenbarkeit der Fehlerquelle gerade jegliche Minderung der Überzeugungskraft, die durch die Heranziehung mittelbarer Beweise aber gerade herbeigeführt bzw. begünstigt wird, sodass im Ergebnis eine evidente Sichtbarkeit des vom Veranlagungsbeamten Gewollten gefordert werden muss, die dann eine Korrektur zulässt, wenn die Eintragungen im Festsetzungsprogramm hiervon abweichen. Ansonsten bliebe man bei der Auslegung des § 129 AO sogar hinter der – scharf kritisierten, dazu sogleich nach Beurteilung der Sachverhaltsermittlungsfehler – Auffassung zurück, dass eine Offenbarkeit insbesondere dann gegeben ist, wenn Aktenverfügung und bekanntgegebener Steuerbescheid voneinander abweichen.[2282]

e. *Bewertung der Rechtsprechung mit Blick auf die Beurteilung von Sachverhaltsermittlungsfehlern*

Neben dem Rechtsirrtum schließt auch das Vorliegen eines Sachverhaltsermittlungsfehlers eine Korrektur nach § 129 AO aus. Die Frage ist also, wann ein Sachverhaltsermittlungsfehler der Finanzbehörde vorliegt. Nach der Rechtsprechung

---

2278 So auch *Tehler*, DStR 2009, 1019, 1022.

2279 FG Köln v. 14.6.2018, 15 K 271/16, EFG 2018, 1771 Rn. 51. So auch *Wernthaler*, Korrektur im digitalisierten Besteuerungsverfahren, S. 197, im Zusammenhang mit der weiten Auslegung der Offenbarkeit, die Argumentation dürfte allerdings auch auf die hiesige Auseinandersetzung übertragen werden können.

2280 Zutreffend *Tehler*, DStR 2009, 1019, 1022.

2281 Ebenfalls *Tehler*, DStR 2009, 1019, 1022.

2282 Siehe dazu BT Drucks. IV/1982, S. 142 zu § 130 Abs. 1 S. 1 AO-E, heute § 124 Abs. 1 S. 2 AO.

und Literatur bildet im Anwendungsbereich des § 129 AO der § 88 AO den Maßstab zur Beantwortung der Frage des Umfangs der Sachverhaltsermittlungspflicht in Abgrenzung zum Sachverhaltsermittlungsfehler.[2283] Mit der Anwendung von § 88 AO ist auch der weite Gestaltungsspielraum der Finanzbehörde zwischen Übermaßverbot und Untermaßgebot anzuerkennen.[2284] Die zugrundeliegende Fragestellung und die damit verbundenen Probleme sind letztlich vergleichbar mit denjenigen der Verletzung der Sachverhaltsermittlungspflicht im Rahmen der Grundsätze von Treu und Glauben bei der Korrektur nach § 173 Abs. 1 Nr. 1 AO.[2285] Dieser Gleichlauf wird zum Teil auch von der Rechtsprechung jedenfalls begrifflich ins Auge gefasst, wenn sie sich bei § 129 AO zur Abgrenzung eines Sachverhaltsermittlungsfehlers von einem „technischen" bzw. mechanischen Fehler der Formulierung des „Sichaufdrängens" der Prüfungsbedürftigkeit bedient.[2286]

Maßgebend ist somit wiederum die konkrete Ausgestaltung des Amtsermittlungsgrundsatzes durch die Finanzbehörde mit dem dabei genutzten Risikomanagementsystem. Die Finanzbehörde organisiert die internen Abläufe eigenständig, vor allem wie dem Amtsermittlungsgrundsatz durch die einzelnen Bearbeiter in den Veranlagungsstellen nachzukommen ist, und konkretisiert damit auch für das Außenverhältnis – insbesondere über § 88 Abs. 5 S. 3 Nr. 2 AO – den Amtsermittlungsgrundsatz. Diese Konkretisierungsbefugnis bedeutet aber gleichzeitig auch die Pflicht, den so selbst konkretisierten Ermittlungsauftrag umzusetzen. Kommt die Finanzbehörde also bei Einsatz ihrer maschinellen Risikomanagementsysteme zu dem Ergebnis, dass ein Fall oder ein einzelner Sachverhalt prüfungswürdig ist, verletzt sie ihre Ermittlungspflicht dann, wenn sie einer Prüfung des Sachverhaltes nicht oder nicht in einem tauglichen Umfang nachkommt. Dieses Ergebnis erscheint diametral zur bisherigen Rechtsprechung, dass ein Organisationsverschulden der Finanzbehörde im Anwendungsbereich des § 129 AO kein Korrekturhindernis sei[2287] und dass eine (noch

2283 BFH v. 18.4.1986, VI R 4/83, BStBl. II 1986, 541 Rn. 19; BFH v. 3.3.2011, IV R 8/08 Rn. 24; *v. Wedelstädt*, in: Gosch, AO/FGO, § 129 AO Rn. 13 (Stand: Januar 2018); *Wernsmann*, in: Hübschmann/Hepp/Spitaler, AO/FGO, § 129 AO Rn. 43, 61 (Stand: Mai 2017); wohl auch *Seer*, in: Tipke/Kruse, AO/FGO, § 129 AO Rn. 11 (Oktober 2015); unklar *Meinert*, EFG 2015, 1330, 1331.

2284 Siehe oben 2. Teil A. I.

2285 Siehe oben 5. Teil C. IV. 1.

2286 BFH v. 4.11.1992, XI R 40/91 Rn. 12; BFH v. 7.11.2013, IV R 13/11 Rn. 26.

2287 BFH v. 11.7.2007, XI R 17/05 Rn. 24; BFH v. 21.1.2010, III R 22/08 Rn. 18; FG Köln v. 14.6.2018, 15K 271/16, EFG 2018, 1771 Rn. 30.

so) oberflächliche Bearbeitung der Steuererklärung durch die Finanzbehörde die Berichtigungsmöglichkeit nach § 129 AO grundsätzlich nicht einschränke,[2288] ist aber unter systematischer Betrachtung der Risikomanagementsysteme und ihrer gestaltenden Einwirkung auf den Amtsermittlungsgrundsatz konsequent. Weitergedacht bedeutet dies auch, dass die undeutliche oder missverständliche Formulierung von Prüfhinweisen, die komplizierte programmseitige Umsetzung von Steuerfestsetzungen und Begleittätigkeiten oder Mängel in der Ausbildung der Sachbearbeiter und eine daraus resultierende mangelhafte Umsetzung der notwendigen Ermittlungstätigkeit der Finanzbehörde als systematische, institutionalisierte, mangelhafte Sachverhaltsaufklärung zugerechnet werden muss.

Zurückbesonnen auf das oben dargestellte Urteil des Finanzgerichts Düsseldorf v. 16.2.2017[2289] ergibt sich folgende Beurteilung: Der gemutmaßte Erfassungsfehler beim Einscannen der Steuererklärung wird sich unproblematisch als mechanischer, einem Tippfehler vergleichbarer Fehler einordnen lassen,[2290] auch wenn keinerlei Anhaltspunkte hierzu im Sachverhalt gegeben waren. Als ausreichend erachtet wurde an dieser Stelle durch das Finanzgericht unausgesprochen der Anscheinsbeweis, dass beim Scannen ein derartiger Fehler auftreten kann.[2291] Dies zugestanden bleibt die entscheidende Frage aber, ob sich dieser Fehler der Erfassungsstelle weiter vorträgt oder von einem Sachverhaltsermittlungsfehler in der Veranlagungsstelle überlagert wird. Die Rechtsprechung geht davon aus, dass die fortlaufende Übernahme einer offenbaren Unrichtigkeit ihrer Korrektur grundsätzlich nicht entgegensteht.[2292] Häuften sich aber die Unachtsamkeiten bei der Bearbeitung des Falles und wird Zweifeln, die sich aufdrängen, nicht nachgegangen, so ist kein einem Schreib- oder Rechenfehler ähnliches mechanisches Versehen mehr gegeben.[2293] Diese vagen Beurteilungen sind indes durch die Prüfkriterien zu ersetzen, die sich die Finanzverwaltung selbst aufgibt.

2288 BFH v. 28.11.1985, IV R 178/83, BStBl. II 1986, 293 Rn. 21; BFH v. 16.1.2018, VI R 41/16, BStBl. II 2018, 378 Rn. 15; FG Köln v. 14.6.2018, 15 K 271/16, EFG 2018, 1771 Rn. 30, 51.

2289 5. Teil C. V. 2. c. cc.

2290 So auch *Bleschick*, EFG 2017, 1318, 1318.

2291 FG Düsseldorf v. 16.2.2017, 14 K 3554/14 E, EFG 2017, 1315 Rn. 26, 31.

2292 BFH v. 29.3.1985, VI R 140/81, BStBl II 1985, 569 Rn. 14; BFH v. 10.9.1987, V R 69/84, BStBl. II 1987, 834 Rn. 14; Fehlerquelle bleibt die erstmalige offenbare Unrichtigkeit, siehe BFH v. 8.3.1989, X R 116/87, BStBl. II 1989, 531 Rn. 16.

2293 BFH v. 4.11.1992, XI R 40/91 Rn. 12.

Nach der Regelung des neuen § 88 Abs. 5 AO würde man auf der Grundlage von § 88 Abs. 5 S. 3 Nr. 2 AO der hier vertretenen Auffassung folgend eine Verletzung der finanzbehördlichen Ermittlungspflicht im vom Finanzgericht Düsseldorf entschiedenen Fall annehmen. Das finanzbehördliche Risikomanagementsystem hat eine Prüfbedürftigkeit entdeckt, den Amtsermittlungsgrundsatz dadurch einzelfallbezogen konkretisiert und die Sachbearbeiterin ist diesem Prüfhinweis nicht in adäquater Weise nachgegangen: Trotz einkünftebezogener Hinweise des Risikomanagementsystems hat die Sachbearbeiterin nicht „geprüft" – wobei diese „Prüfung" lediglich Sekunden in Anspruch genommen hätte –, ob überhaupt Einkünfte aus selbstständiger Tätigkeit des Ehemannes in den Eingabefeldern des Steuerfestsetzungsprogramms eingetragen sind.[2294] Hält das Finanzgericht also die Missachtung oder das bloße Abhaken eines Prüfhinweises ohne erkennbare Ermittlungstätigkeit nicht für eine Verletzung der Amtsermittlungspflicht, bewegt es sich zwar auf der Linie der bis zu diesem Zeitpunkt ergangenen Rechtsprechung,[2295] die Grenze für eine mangelhafte Sachaufklärung ist aber so hoch angesetzt, dass diese kaum „gerissen" werden kann. Vielmehr noch verleitet die Rechtsprechung des Finanzgerichts Düsseldorf, nur bei möglichst konkreten Prüfhinweisen eine Ermittlungspflicht anzunehmen, die Finanzbehörden dazu, Prüfhinweise der Risikomanagementsysteme möglichst offen zu gestalten, um einen verfahrensrechtlichen Vorteil bei einer späteren Korrektur nach § 129 AO zu erlangen.

Die von der Finanzverwaltung genutzten Risikomanagementsysteme sind wichtiger Baustein im Steuerverfahren als Massenverfahren und dienen der

---

2294 FG Düsseldorf v. 16.2.2017, 14 K 3554/14 E, EFG 2017, 1315 Rn. 31. Dass diese Ermittlungspflichtverletzung bei „eigenmächtiger" Ausgestaltung des Untersuchungsgrundsatzes durch Risikomanagementsysteme vor Einführung des § 88 Abs. 5 AO – denn zu dieser Zeit ereignete sich der entschiedene Sachverhalt – nicht gegolten haben soll, mag diskutiert werden. Verneint man eine Geltung der Ausgestaltung, dürfen die Risikohinweise aber auch nicht entlastend herangezogen werden, wie es das FG Düsseldorf, a.a.O., getan hat. So muss sich die Finanzbehörde an ihrer Ausgestaltung des Amtsermittlungsgrundsatzes festhalten lassen.

2295 Siehe BFH v. 7.11.2013, IV R 13/11 Rn. 25; BFH v. 28.5.2015, VI R 63/13 Rn. 17; wohl auch BFH v. 16.1.2018, VI R 41/16, BStBl. II 2018, 378 Rn. 15; FG Nürnberg v. 7.7.2016, 6 K 468/16, EFG 2017, 360 Rn. 38; FG Baden-Württemberg v. 6.10.2016, 3 K 2691/15 Rn. 28; im Ergebnis ebenso wie der hier besprochene Fall FG Niedersachsen v. 28.7.2014, 3 V 226/14, EFG 2014, 1743 Rn. 20 f., da dort die Nichtbeachtung eines *ausdrücklichen* Prüfhinweises eine Korrektur des Steuerbescheides nach § 129 AO ausschließe.

Umsetzung des gleichmäßigen und gesetzmäßigen Steuervollzugs. Sollen sie diese Funktion erfüllen, sind Prüf- und Risikohinweise konkret zu formulieren, denn diese gestalten die nachfolgende Sachverhaltsermittlung durch die einzelnen Sachbearbeiter grundlegend aus. Maßgeblich für die Frage, ob ein Sachverhaltsermittlungsfehler vorliegt, ist daher nicht nur der isoliert betrachtete Sachbearbeiter, wie es das Finanzgericht Düsseldorf annimmt.[2296] Mit in die Betrachtung einzubeziehen ist das „Verhalten" der gesamten Finanzbehörde, folglich der gesamte bürokratische Prozess, der zur entsprechenden Handlung oder Nichthandlung auf Sachbearbeiterebene geführt hat; dazu zählen auch die verwendeten technischen hard- und softwareseitigen Hilfsmittel sowie die verwaltungsinterne Kommunikation und damit letztlich auch ein undeutlicher oder nicht ausreichend zu einer bestimmten Prüfungstätigkeit anweisender Prüfhinweis durch das Risikomanagementsystem. Unklare oder offen formulierte Risikohinweise können dabei nicht zugunsten der Finanzbehörde ausgelegt werden, sondern sprechen ebenfalls grundsätzlich für einen Sachverhaltsermittlungsfehler, der seinen *Ursprung* dann zwar nicht beim Sachbearbeiter haben mag – sich insoweit nur perpetuiert –, aber bei der vorgelagerten Programmierung der Risikomanagementsysteme hat.

Die Revision des Bundesfinanzhofs zum Urteil des Finanzgerichts Düsseldorf[2297] bleibt zwar hinter diesen Forderungen zurück, bewegt sich aber bereits auf die hier vertretene Argumentation zu. Die Rechtsprechung des Bundesfinanzhofs aus dem dritten Beispielsfall[2298] geht ebenfalls in die hier vertretene Richtung, wenn sie konsequent die Beweislast berücksichtigt und feststellt, dass überhaupt kein positiver Nachweis des „technischen" bzw. mechanischen Fehlers im entschiedenen Fall gegeben war. Auch wenn keine zu hohen Anforderungen an die Dokumentationspflichten des Sachbearbeiters gestellt werden dürfen,[2299] muss doch erkennbar sein, welche Sachverhaltsermittlungen er unternommen und welche Eintragungen er in das Festsetzungsprogramm vorgenommen hat. Auf diesem Wege ließe sich auch Bedenken gegen die verfassungsmäßige Anwendung von § 129 AO begegnen, die dann einen Vorrang der Bestandskraft vor der Rechtsrichtigkeit fordern, wenn der Finanzbehörde „vorwerfbare" Fehler unterlaufen.[2300]

2296 FG Düsseldorf v. 16.2.2017, 14 K 3554/14 E, EFG 2017, 1315 Rn. 31.

2297 BFH v. 14.1.2020, VIII R 14/17.

2298 5. Teil C. V. 2. c. dd.

2299 *Hennigfeld*, EFG 2019, 1957, 1958.

2300 So *Tehler*, DStR 2009, 1019, 1021, der, a.a.O., 1022, in der heutigen Auslegung des § 129 AO auch ein strukturelles Vollzugsdefizit „in entsprechender" Anwendung

Festhalten lässt sich: Jede offenbare Unrichtigkeit der Finanzbehörde ist ein Veranlagungsfehler, aber nicht jeder Veranlagungsfehler ist eine offenbare Unrichtigkeit i.S.d. § 129 AO. Bei der Anwendung von § 129 AO zugunsten der Finanzbehörde ist somit Zurückhaltung geboten, damit die Norm nicht systemwidrig zum „trojanischen Pferd“[2301] gegenüber der Bestandskraft ausgeweitet wird.[2302] Insbesondere bei der Frage, ob ein Sachverhaltsermittlungsfehler vorliegt, ist miteinzubeziehen, welche Bearbeitungshinweise durch das maschinelle Risikomanagementsystem der Finanzverwaltung zu dem Fall ausgegeben worden sind. Insoweit ist die Aussage des Finanzgerichts Düsseldorf, dass die Risikoklasseneinteilung für das Gericht nicht maßgeblich sei,[2303] unvollständig, wenn es um die Beurteilung eines Sachverhaltsermittlungsfehlers geht. Dazu müssen die Prüfhinweise in der Akte vorhanden sein, denn ohne die Prüfhinweise kann nicht ermittelt werden, wie die Finanzbehörde den Amtsermittlungsgrundsatz im einzelnen Fall verbindlich für sich konkretisiert hat. Fehlen diese Hinweise, ist die Frage, ob eine Sachverhaltsermittlungspflichtverletzung vorliegt, im Massenverfahren grundsätzlich nicht aufklärbar und eine Beweislastentscheidung zulasten der Finanzbehörde zu fällen.

3. *Die Frage nach der Erkennbarkeit des Fehlers für den Steuerpflichtigen*

Eine Korrektur von Schreibfehlern, Rechenfehlern und ähnlichen offenbaren Unrichtigkeiten ist nach dem Wortlaut des § 129 AO nur dann möglich, wenn der Fehler „beim Erlass eines Verwaltungsakts“ unterlaufen ist. Diese Formulierung weicht von derjenigen in § 42 VwVfG („in einem Verwaltungsakt“) bewusst ab.[2304] Sie soll den Begebenheiten des steuerlichen Massenverfahrens Rechnung tragen, indem auch offenbare Unrichtigkeiten, die sich im Laufe der Entstehung des Verwaltungsaktes ergeben haben, berichtigt werden können.[2305]

vermutet. Letzteres dürfte allerdings abzulehnen sein, da nicht ersichtlich ist, wie die Gleichheit der Belastung hinsichtlich des tatsächlichen Erfolgs nicht gewährleistet ist (BVerfG v. 27.6.1991, 2 BvR 1493/89, BVerfGE 84, 239, 1. Leitsatz; BVerfG v. 9.3.2004, 2 BvL 17/02, BVerfGE 110, 94, 1. Leitsatz); dazu müsste § 129 AO gerade fehleranfällig für bestimmte Einkunftsarten sein, was nicht der Fall ist.

2301 So bereits befürchtet von *Friedrich*, DStZ 1984, 112, 112.

2302 *Wernthaler*, Korrektur im digitalisierten Besteuerungsverfahren, S. 141.

2303 FG Düsseldorf v. 16.2.2017, 14 K 3554/14 E, EFG 2017, 1315 Rn. 31.

2304 Siehe BT Drucks. 7/4292, S. 29.

2305 So explizit BT Drucks. 7/4292, S. 29.

Das bedeutet aber auch, dass sich die offenbare Unrichtigkeit nicht nur aus dem Steuerbescheid bzw. dem Verwaltungsakt, mithin aus den Unterlagen, die dem Steuerpflichtigen zur Verfügung stehen, ergeben muss. Sondern es reicht aus, wenn sich der Fehler aus den bei der Finanzbehörde geführten Akten für einen unbeteiligten Dritten ergibt.[2306] Dagegen argumentiert *Seer*, dass auf diese Weise der Vertrauensschutz und die Rechtssicherheit zu weit zurückgedrängt würden.[2307] § 129 AO trete mit einem extensiven Anwendungsbereich neben den bereits bestehenden weitreichenden Anwendungsbereich des § 164 AO, sodass ohne Rücksicht auf die die Grundsätze von Rechtssicherheit und Rechtsrichtigkeit austarierenden Korrekturnormen in den §§ 172 ff. AO Fehler korrigiert werden könnten.[2308] Eine widersprüchliche Auslegung sieht *Seer* darin, dass § 129 AO als bloße Klarstellung der inhaltlichen Regelung angesehen werde, im Gegenzug aber auf fehlerhafte Vorgänge abgestellt werde, die außerhalb der Sphäre des Steuerpflichtigen liegen.[2309] *Nothnagel* gelangt mit einer an § 42 VwVfG angelehnten Argumentation ebenfalls zu dem Ergebnis, dass die Unrichtigkeit dem Betroffenen offenbar sein muss.[2310] *J.-A. Weber* fürchtet gar eine Veränderung der Akten durch das Finanzamt zulasten des Steuerpflichtigen und eine Rechtsschutzlosstellung desselben.[2311]

Nothnagel ist zu widersprechen, denn bereits der oben vorgenommene Vergleich mit § 42 VwVfG[2312] spricht für eine abweichende Auslegung des § 129 AO. Im Anwendungsbereich des § 42 VwVfG soll ja gerade der gewollte und nicht

---

2306 BFH v. 31.3.1987, VIII R 46/83, BStBl. II 1987, 588 Rn. 14-16; BFH v. 22.2.2006, I R 125/04, BStBl. II 2006, 400 Rn. 20; BFH v. 6.11.2012, VIII R 15/10, BStBl. II 2013, 307 Rn. 16; BFH v. 10.12.2019, IX R 23/18, BStBl. II 2020, 371 Rn. 20; *R. Schmidt*, Korrekturen von Verwaltungsakten, S. 71; *Wernthaler*, Korrektur im digitalisierten Besteuerungsverfahren, S. 203; *v. Wedelstädt*, Gosch, AO/FGO, § 129 AO Rn. 28 (Stand: Januar 2018); *Ratschow*, in: Klein, AO, § 129 Rn. 13.

2307 *Seer*, in: Tipke/Kruse, AO/FGO, § 129 AO Rn. 6a (Stand: Oktober 2015); *ders.*, in: Tipke/Lang, Steuerrecht, Rn. 21.391; so auch *Friedrich*, UR 1984, 49, 50; *ders.* DStZ 1984, 112, 112 f.; *Tehler*, DStR 2009, 1919, 1022; zustimmend *Carlé*, KÖSDI 2011, 17588 Rn. 45; ähnlich *Hey*, Steuerplanungssicherheit, S. 747, und *Kuhfus*, Berichtigung offenbarer Unrichtigkeiten, S. 151, sowie *J.-A. Weber*, DStR 2007, 1561, 1565.

2308 *Seer*, in: Tipke/Kruse, AO/FGO, § 129 AO Rn. 6a (Stand: Oktober 2015); siehe zum weitreichenden Anwendungsbereich des § 164 AO auch oben 5. Teil A. II.

2309 *Seer*, in: Tipke/Kruse, AO/FGO, § 129 AO Rn. 6a (Stand: Oktober 2015).

2310 *Nothnagel*, Die Bekanntgabe von Verwaltungsakten, S. 87-99.

2311 *J.-A. Weber*, DStR 2007, 1561, 1564.

2312 Siehe oben 5. Teil A. IV.

der erklärte Inhalt gelten, mithin die „Berichtigung" letztlich nur klarstellender, kosmetischer Natur sein.[2313] Das setzt aber voraus, dass sich die offenbare Unrichtigkeit aus dem Verwaltungsakt ergibt, eine *falsa demonstratio*-Situation vorliegt. Für § 129 AO wurde hier eine Inhaltsänderung bei Berichtigung und damit eine Durchbrechung der materiellen Bestandskraft vertreten.[2314] Der Bescheid muss mithin geändert werden, wenn das Gewollte gelten soll; es gilt nicht ohne Inhaltsänderung. Damit sind § 42 VwVfG und § 129 AO aber bereits in einem entscheidenden Punkt unterschiedlich, was einer gleichlaufenden Auslegung wie der von *Nothnagel* widerspricht. Die konsequente Auslegung von § 129 AO als bestandskraftdurchbrechende Korrekturnorm und die damit verbundene weitere Auslegung, dass sich die Unrichtigkeit für den Betroffenen nicht zwingend nur aus dem Steuerbescheid und den ihm bekannten Unterlagen ergeben muss, billigt im Ergebnis auch *Seer*.[2315]

J.-A. Webers Befürchtung, dass die Finanzbehörde Akteninhalte nachträglich ändert, ist nicht gänzlich unbegründet.[2316] Denn gerade durch die fehlende Paginierung sind Änderungen der Papierakten in der Finanzbehörde kaum nachvollziehbar. Zudem besteht mangels Möglichkeit, Gedanken und Anmerkungen elektronisch an jeder Stelle in das Festsetzungsprogramm eingeben zu können, die Gelegenheit der Manipulation von Akteninhalten. Durch die schlichte Hinzufügung etwa einer Anmerkung, dass der Steuerbescheid unter den Vorbehalt der Nachprüfung gesetzt werden soll, könnte so der Grund für eine Änderung nach § 129 AO gelegt werden. Die Finanzbehörden sollten zwar nicht unter Generalverdacht gestellt werden, gesetzeswidrig zu handeln. Ebenso wie den Steuerberatern als Organe der Steuerrechtspflege ein grundsätzlich gesetzeskonformes Verhalten unterstellt wird,[2317] ist dies ebenfalls für die Finanzbehörde anzunehmen. Allerdings ist die einfache Manipulationsmöglichkeit bei der Urteilsfindung durch die Rechtsprechung zu berücksichtigen. Die Gerichte haben es letztlich auch in der Hand, hier eine genauere Dokumentation auf Ebene der Finanzbehörde zu fordern und zur Voraussetzung für die Änderung eines Steuerbescheides nach § 129 AO zu machen.

2313 Siehe dazu oben die Nachweise und den Text zu Fn. 1715.

2314 Siehe oben 5. Teil A. IV.

2315 *Seer*, StuW 2015, 315, 326; *ders.*, in: Tipke/Kruse, AO/FGO, § 129 AO Rn. 6 a.E. (Stand: Oktober 2015).

2316 So ist auch der nüchterne Aufklärungsauftrag des BFH v. 6.11.2012, VIII R 15/10, BStBl. II 2013, 307 Rn. 26, an das Finanzgericht zu verstehen.

2317 Siehe oben 4. Teil C. II. 3.

Dem Argument von *Seer*, dass mit § 129 AO eine extensive Korrekturnorm besteht und Vertrauensschutz sowie Rechtssicherheit in unangemessenem Umfang hinter das Prinzip der Rechtsrichtigkeit zurückgedrängt würden,[2318] kann bei der derzeitigen extensiven Auslegung des § 129 AO durch die Rechtsprechung wenig entgegengehalten werden. Notwendig ist daher die Besinnung der Rechtsprechung auf eine zweifelsfreie Feststellung der Fehlerquelle bei der Anwendung des § 129 AO ohne den Rückgriff auf willkürlich wirkende Beweismaßminderungen – im Regelfall zulasten des Steuerpflichtigen.[2319] Würde die Unrichtigkeit i.S.d. § 129 AO als „technischer" bzw. mechanischer Fehler positiv festgestellt und nicht nur bei Abwesenheit eines erkennbaren Rechtsfehlers vermutet, wäre das Anwendungsfeld des § 129 AO bereits deutlich eingegrenzter und konturierter. Dazu gehört auch die Berücksichtigung der soeben angesprochenen fehlenden Änderungsbeständigkeit der Akten und der fehlenden Nachvollziehbarkeit der technischen Bearbeitung. Kann das hier geforderte hohe Beweismaß der „Offenbarkeit" nicht erreicht werden, geht die Beweislastentscheidung bei steuererhöhenden Fehlern zulasten der Finanzbehörde.

Nur wenn an dieser Stellschraube gedreht und sich damit der hier vertretenen Auffassung angeschlossen wird, dass die Offenbarkeit i.S.d. § 129 AO ein gesteigertes Beweismaß bezüglich der Frage bedeutet, ob ein mechanischer bzw. „technischer" Fehler vorliegt, lässt es sich letztlich rechtfertigen, dass der Fehler i.S.d. § 129 AO nicht zwingend für den Steuerpflichtigen erkennbar sein muss. Diese Auslegung widerspricht zunächst nicht dem Verfassungsrecht. Ein Verstoß gegen Art. 3 Abs. 1 GG als äußere Grenze des gesetzlichen Gestaltungskorridors zwischen Rechtsrichtigkeit und Rechtssicherheit[2320] durch die unterschiedlichen Regelungen in § 42 VwVfG und § 129 AO ist wegen der unterschiedlichen Verfahrenstypen, in denen beide Normen Anwendung finden,[2321] nicht ersichtlich. Auch die Anknüpfung unterschiedlicher Rechtsfolgen an das Vorliegen von Rechtsfehlern und „technischen" bzw. mechanischen Fehlern im Rahmen von § 129 AO ist nicht sachfremd und verstößt somit nicht gegen Art. 3 Abs. 1 GG.[2322] Fraglich ist, ob sich aus der Systematik der Korrekturnormen in

2318 *Merten*, NJW 1983, 1993, 1994, und *Bowitz*, UR 1984, 180, 181, weisen beide darauf hin, dass Vertrauensschutz die Folge von Bestandskraft ist und mithin nicht zur Begründung einer solchen herangezogen werden kann. Die Frage kann hier aber offen bleiben.

2319 Siehe im Einzelnen oben 5. Teil C. V. 2. d.

2320 Siehe Fn. 1730 und 1731 sowie den dazugehörigen Text.

2321 *Bowitz*, UR 1984, 180, 181.

2322 Ebenso *Wernthaler*, Korrektur im digitalisierten Besteuerungsverfahren, S. 191.

der Abgabenordnung aufgrund der weiten Auslegung der Erkennbarkeit der Unrichtigkeit eine nicht vertretbare – systemwidrige – Gewichtung zulasten des Vertrauensschutzes ergibt. § 129 AO ist im dualistischen Korrektursystem der Abgabenordnung die einzige Korrekturnorm, die sowohl auf Steuerbescheide und ihnen gleichgestellte Verwaltungsakte als auch auf sonstige Steuerverwaltungsakte Anwendung findet. Im letzteren Fall sind auch die §§ 130, 131 AO einschlägig, die für die Abwägung zwischen den Grundsätzen der Rechtssicherheit und Rechtsrichtigkeit in Anlehnung an die §§ 48, 49 VwVfG nach rechtmäßigen, rechtswidrigen, begünstigenden und belastenden Verwaltungsakten differenzieren.[2323] Dabei ist festzustellen, dass die Erkennbarkeit der Rechtswidrigkeit eines Verwaltungsaktes durch den Steuerpflichtigen in § 130 Abs. 2 Nr. 4 AO Ausdruck gefunden hat. Eine derartige Aussage oder Wertung findet im Bereich der §§ 164, 165, 172 ff. AO keine Berücksichtigung. Dort ist die Wertung vorherrschend, dass die Bestandskraft sich in Abhängigkeit von der durchgeführten oder unter Verletzung der Ermittlungspflicht unterlassenen Sachverhaltsermittlung verstärkt:[2324] § 164 AO setzt nicht abgeschlossene Sachverhaltsermittlungen und eine beabsichtigte spätere Ermittlung voraus, § 165 Abs. 2 AO schreibt eine Änderung, Aufhebung oder Endgültigerklärung der Steuerfestsetzung unter Einbeziehung einer verhältnismäßig kurzen Ablaufhemmung von einem Jahr gem. § 171 Abs. 8 S. 1 AO vor, sobald die Ungewissheit über den Sachverhalt beseitigt ist. § 173 Abs. 1 Nr. 1 AO lässt eine Korrektur zuungunsten des Steuerpflichtigen nach den Grundsätzen von Treu und Glauben nicht zu, wenn die Ermittlungspflicht durch die Finanzbehörde verletzt worden ist und der Steuerpflichtige seinen Mitwirkungspflichten in zumutbarem Umfang nachgekommen ist.[2325] Nach einer Außenprüfung als umfassende und abschließende Sachverhaltsermittlung ist eine Korrektur gem. § 173 Abs. 2 S. 1 AO nur noch in den Fällen einer Steuerhinterziehung oder leichtfertigen Steuerverkürzung möglich. Dort, wo Sachverhaltsermittlung – wenn überhaupt – nur in geringem

---

2323 *Wernsmann*, in: Hübschmann/Hepp/Spitaler, AO/FGO, Vor § 130 AO Rn. 97 (Stand: Mai 2017); *Loose*, in: Tipke/Kruse, AO/FGO, Vor § 130 AO Rn. 11 (Stand: August 2019).

2324 *Holz*, Bestandskraft, S. 66 f.; *Wernsmann*, in: Hübschmann/Hepp/Spitaler, AO/FGO, Vor § 130 AO Rn. 28, 97 (Stand: Mai 2017); *v. Groll*, in: Hübschmann/Hepp/Spitaler, AO/FGO, Vor § 172 AO Rn. 37 (Stand: November 2016); *Loose*, in: Tipke/Kruse, AO/FGO, Vor § 130 AO Rn. 11 (Stand: August 2019); *Lanwehr*, Faktische Selbstveranlagung, S. 179; *Wernthaler*, Korrektur im digitalisierten Besteuerungsverfahren, S. 192-194.

2325 Siehe oben 5. Teil C. IV.

Umfang betrieben wird, etwa bei den gem. § 93c AO übermittelten Datensätzen, findet sich mit § 175b Abs. 1 und 2 AO eine weitestgehend voraussetzungslose Korrekturnorm, soweit übermittelte Daten unzutreffend im Steuerbescheid ausgewertet worden sind. §§ 130, 131 AO und §§ 172 ff. AO lösen den Prinzipienwiderspruch zwischen Rechtssicherheit und Rechtsrichtigkeit folglich aufgrund unterschiedlicher Kriterien auf, die keinen gemeinsamen Nenner haben. Ein übergreifendes Gesamtkonzept, dem sich § 129 AO unterordnen ließe, besteht im Gegensatz zum allgemeinen Verwaltungsrecht, in dem § 42 VwVfG in das abwägungsbezogene Korrektursystem der §§ 48, 49 VwVfG eingeordnet werden kann, mithin im Steuerrecht nicht.[2326] Die Norm stellt vielmehr ein *Aliud* dar, das einem allgemeinen Rechtsgedanken folgend im Steuerrecht dem gesetzgeberischen Willen entsprechend weit in Bezug auf die Erkennbarkeit des Fehlers für den Steuerpflichtigen ausgelegt wird und damit die Belange und Fehleranfälligkeit des Massenverfahrens im Steuerrecht berücksichtigt.[2327] Eine systemwidrige Gewichtung zugunsten der Rechtsrichtigkeit durch § 129 AO besteht somit nicht.

Für die anfangs aufgeworfene Frage ist als Ergebnis festzuhalten, dass es unter Beachtung der hier geäußerten Bedingungen ausreicht, wenn für einen Dritten bei Durchsicht der bei der Entscheidung herangezogenen und neu erzeugten Unterlagen die Unrichtigkeit i.S.d. § 129 AO erkennbar ist.

4. *Korrektur von Fehlern des Steuerpflichtigen gem. § 129 AO*

a. *Grundsätze des Übernahmefehlers*

Nach den bisherigen Ausführungen ist deutlich, dass ein nach § 129 AO berichtigungsfähiger Fehler nicht durch den Steuerpflichtigen, sondern „beim Erlass eines Verwaltungsakts“ durch die Finanzbehörde getätigt wird und sie mithin Urheberin der Fehlerhaftigkeit des Steuerbescheides ist.[2328] In Bezug auf die Steuererklärungspflicht des Steuerpflichtigen lässt sich somit zunächst festhalten, dass Schreibfehler, Rechenfehler und ähnliche offenbare Unrichtigkeiten

---

2326 So auch *Wernthaler*, Korrektur im digitalisierten Besteuerungsverfahren, S. 195 f.; *App*, UR 1984, 251, weist darauf hin, dass es der Rechtsordnung nicht fremd ist, dass ein Mangel in der Willensentäußerung nicht erkennbar sein muss, um rechtlich korrigiert bzw. beseitigt werden zu können.

2327 Siehe ausführlich *Wernthaler*, Korrektur im digitalisierten Besteuerungsverfahren, S. 198 f.; ebenso *Bowitz*, UR 1984, 180, 181.

2328 So auch BFH v. 31.7.2002, X R 49/00 Rn. 12; BFH v. 3.5.2017, X R 4/16 Rn. 13; *Wernsmann*, in: Hübschmann/Hepp/Spitaler, AO/FGO, § 129 AO Rn. 73 (Stand: Mai 2017).

des Steuerpflichtigen, die ihm bei Erstellung seiner Steuererklärung oder bei den Vorbereitungshandlungen zur Steuererklärung unterlaufen, grundsätzlich nicht gem. § 129 AO korrigiert werden können. Warum der Berichtigung nach § 129 AO in dieser Ausarbeitung dennoch Raum zugesprochen wird, erschließt sich nur, wenn man den sog. Übernahmefehler mit in die Betrachtung einbezieht. Das Einfallstor für seine Berücksichtigung liegt gleichsam in der weiten Auslegung des Tatbestandsmerkmals „beim Erlass eines Verwaltungsakts", dass die Unrichtigkeit i.S.d. § 129 AO nicht lediglich in dem bekanntgegebenen Steuerbescheid erkennbar sein muss, sondern sich auch aus der eingereichten Steuererklärung und den übrigen eingereichten Unterlagen des Steuerpflichtigen sowie aus dem Akteninhalt bei der Finanzbehörde ergeben kann.[2329] Ein Übernahmefehler liegt nach allgemeiner Definition dann vor, wenn die Finanzbehörde offenbar fehlerhafte Angaben des Steuerpflichtigen als eigene übernimmt, was voraussetzt, dass die Fehlerquelle des „technischen" bzw. mechanischen Fehlers für die Finanzbehörde sichtbar ist und sie sich diesen Fehler durch nachvollzogene Übernahme zu eigen macht.[2330] Zum Teil wird auch von einem „doppelten mechanischen Fehler"[2331] gesprochen, der das mechanische Fehlversagen auf zwei Ebenen, einmal auf der Ebene des Steuerpflichtigen und einmal auf der Ebene der Finanzbehörde, verdeutlicht. Rechtsfehler des Steuerpflichtigen können auf diesem Wege selbst dann nicht korrigiert werden, wenn sie im Gewand einer Unrichtigkeit i.S.d. § 129 AO auftreten.[2332] Ein Übernahmefehler scheidet ebenfalls aus, wenn die Fehlerquelle für die Finanzbehörde nicht ohne Weiteres

2329 BFH v. 27.5.2009, X R 47/08, BStBl. II 2009, 946 Rn. 15, 19; BFH v. 27.2.2014, X B 157/13 Rn. 10; BFH v. 16.9.2015, IX R 37/14, BStBl. II 2015, 1040 Rn. 16; BFH v. 3.8.2016, X R 20/15, Rn. 15; BFH v. 22.5.2019, XI R 9/18, BStBl. II 2020, 37 Rn. 17; FG Hessen v. 10.9.2019, 4 K 1018/19 Rn. 17 (bestätigt in der Revision durch BFH v. 26.5.2020, IX R 30/19 Rn. 20); *Kuhfus*, Berichtigung offenbarer Unrichtigkeiten, S. 172-175.

2330 BFH v. 25.2.1972, VIII R 141/71, BStBl. II 1972, 550 Rn. 11; BFH v. 2.4.2987, IV R 255/84, BSBl. II 1987, 762 Rn. 9; BFH v. 31.7.2002, X R 49/00 Rn. 12; BFH v. 27.8.2013, VIII R 9/11, BStBl. II 2014, 439 Rn. 15 m.w.N.; BFH v. 3.5.2017, X R 4/16 Rn. 13; *Birkenfeld*, DStR 1991, 729, 731; *Wernsmann*, in: Hübschmann/Hepp/Spitaler, AO/FGO, § 129 AO Rn. 75 (Stand: Mai 2017); *Seer*, in: Tipke/Kruse, AO/FGO, § 129 AO Rn. 14 (Stand: Mai 2015); *Ratschow*, in: Klein, AO, § 129 Rn. 16; a.A. FG Berlin v. 16.4.1971, III 121/70, EFG 1971, 510, 510.

2331 BFH v. 22.5.2019, XI R 9/18, BStBl. II 2020, 37 Rn. 30.

2332 BFH v. 24.7.1984, VIII R 304/81, BStBl. II 1984, 785 Rn. 16; BFH v. 16.9.2015, IX R 37/14, BStBl. II 2015, 1040 Rn. 17.

erkennbar ist oder der Fehler durch rechtliche Erwägungen oder eine Verletzung des Amtsermittlungsgrundsatzes innerhalb der Finanzbehörde die Qualität eines Rechts- bzw. Tatsachenirrtums erlangt.[2333]

Nicht weiter begründete Einwände, dass bereits diese Auslegung des § 129 AO gegen den Wortlaut der Norm verstößt,[2334] überzeugen mit Blick auf das von Deklarations- und Verifikationsprinzip geprägte Steuerverfahren, in dem der Steuerpflichtige die Sachverhaltsangaben nicht nur mitteilt, sondern auch bereits unter rechtliche Normen subsumiert und dabei Rechen- und Schreibschritte unternimmt, die Quelle für „technische" bzw. mechanischer Fehler sein können, nicht. Denn die Übernahme z.B. eines Rechenfehlers durch den Sachbearbeiter in der Finanzbehörde bei gedanklicher Nachverfolgung der dem Rechenfehler zugrundeliegenden Rechenoperation des Steuerpflichtigen beschreibt keine andere Fehlerqualität als die Erzeugung des Rechenfehlers in eigener Urheberschaft „bei Erlass eines Verwaltungsaktes".

b. Übernahmefehler bei eingeschränkter Verifikation

Anders mag es zu beurteilen sein, wenn der grundsätzlich aus den Unterlagen erkennbare Fehler des Steuerpflichtigen nicht nachvollzogen worden ist, etwa weil der Fall oder die fehlerbehaftete Angabe nicht als verifikations- bzw. prüfbedürftig innerhalb der Finanzbehörde erkannt worden ist und somit keine geistige Verarbeitung der Angaben des Steuerpflichtigen durch einen Sachbearbeiter stattgefunden hat. Die Behandlung dieser Fallgruppe hängt davon ab, ob sich die Finanzbehörde den Rechenfehler des Steuerpflichtigen auch dann zurechnen lassen muss, wenn sie auf dessen Richtigkeit individuell oder durch Algorithmen vertraut hat und deswegen keine Überprüfung vorgenommen hat. *Kuhfus* bejaht dies, wenn der Fehler aus den Unterlagen des Steuerpflichtigen erkennbar war.[2335] Denn es könne keinen Unterschied machen, ob dem Sachbearbeiter die

2333 BFH v. 31.7.2002, X R 49/00 Rn. 12 f.; BFH v. 13.1.2006, XI B 19/05 Rn. 4; BFH v. 3.8.2016, X R 20/15 Rn. 19, 21 f.; a.A. FG Berlin v. 16.4.1971, III 121/70, EFG 1971, 510, 510, das annahm, dass auch bei Verstoß des Sachbearbeiters gegen die gem. § 204 Abs. 1 S. 2 RAO 1931 bestehende Aufklärungspflicht eine offenbare Unrichtigkeit in Betracht kommt.

2334 BFH v. 16.9.2015, IX R 37/14, BStBl. II 2015, 1040 Rn. 17; *Zaumseil*, AO-StB 2012, 311, 312.

2335 *Kuhfus*, Berichtigung offenbarer Unrichtigkeiten, S. 174; ebenso FG Berlin v. 16.4.1971, III 121/70, EFG 1971, 510, 510; ähnlich wohl auch *Birkenfeld*, DStR 1991, 729, 731, in einem Beispiel (a.a.O., Beispiel 2); direkt darunter formuliert er aber zwei weitere Beispiele mit „übernommenen Fehlern", die sich beide auf

Unrichtigkeit selbst unterlaufe oder ob er auf eine Nachprüfung der gemachten Angaben in dem Vertrauen auf die Richtigkeit der vom Steuerpflichtigen durchgeführten mechanischen Tätigkeit verzichte.[2336] *v. Wedelstädt* lehnt in den Fällen, in denen die Steuererklärung nur durch das Risikomanagementsystem geprüft worden ist und im Übrigen ohne personelle Prüfung übernommen worden ist, einen Übernahmefehler ab.[2337]

Der Gedanke der Zurechnung eines erkennbaren „technischen" bzw. mechanischen Fehlers des Steuerpflichtigen an die Finanzbehörde ist in der Tat nicht unproblematisch, wenn man sich die Entwicklung der Rechtsprechung zum Übernahmefehler vor Augen führt: Die Konstruktion des Übernahmefehlers stammt noch aus der Zeit der Reichsabgabenordnung und war bereits dort nicht unumstritten.[2338] § 92 Abs. 2 RAO 1931 sah ebenso wie § 129 AO die Korrektur von Schreibfehlern, Rechenfehlern und ähnlichen offenbaren Unrichtigkeiten vor. Zu dieser Zeit und weit bis in die 2000er Jahre hinein tippte der Sachbearbeiter in der Finanzbehörde die einzelnen Angaben des Steuerpflichtigen aus der Steuererklärung ab bzw. übertrug diese und entfaltete dabei eine eigene Willensbildung insbesondere auch im Hinblick darauf, ob die Angaben des Steuerpflichtigen übernommen werden sollen oder nicht.[2339] Im späteren Massenverfahren wird es aber gerade an dieser Willensbildung über jede einzelne Zahl fehlen, wenn die erklärten Werte in der Finanzbehörde schlicht mechanisch ohne Willensbildungsprozess abgetippt bzw. durch Scanner erfasst werden und die Steuererklärung insgesamt nur einer Plausibilitätsprüfung unterzogen wird.[2340] Mehr sogar noch, wenn die Daten im modernisierten Besteuerungsverfahren per elektronischer Steuererklärung übermittelt und direkt in die Steuerfestsetzungssoftware übernommen und – ggf. unter Einbeziehung von

---

Steueranmeldungen beziehen (jeweils die „Umsatzsteuererklärung"), für die aber Sonderregelungen gelten, siehe dazu sogleich unter 5. Teil C. V. 4. c.

2336 *Kuhfus*, Berichtigung offenbarer Unrichtigkeiten, S. 174.

2337 *v. Wedelstädt*, in: Gosch, AO/FGO, § 129 AO Rn. 44 (Stand: Januar 2018); ähnlich wohl auch *Nöcker*, AO-StB 2017, 317, 317; *ders.*, DStR 2018, 1417, 1420.

2338 Siehe dazu insgesamt die Darstellung der Diskussion zu Beginn der 1960er Jahre bei *Hippe*, Die Änderung und Berichtigung von Steuerbescheiden, S. 58-62, dort noch zu § 92 Abs. 3 AO.

2339 BFH v. 25.2.1972, VIII 141/71, BStBl. II 1972, 550 Rn. 14; auf diese Willensbildung stellt wohl auch *Friedrich*, DStZ 1984, 112, 114, ab, wenn er fordert, dass das Finanzamt den Fehler des Steuerpflichtigen in seinen Erklärungswillen aufgenommen hat.

2340 Siehe auch die Beschreibung bei *Eckhoff*, Rechtsanwendungsgleichheit im Steuerverfahren, S. 461.

Risikomanagementsystemen – weiter verarbeitet werden. Fehlt es an dem Willensbildungsprozess des Sachbearbeiters, kann es zu keiner originären Unrichtigkeit i.S.d. § 129 AO in der Sphäre der Finanzbehörde „beim Erlass eines Verwaltungsakts“ kommen, sondern der Fehler des Steuerpflichtigen wird lediglich perpetuiert. Diese Perpetuierung eines Fehlers begründet nach der allgemeinen Dogmatik des § 129 AO aber keine Korrektur des Steuerbescheides; Grund für den fehlerhaften Steuerbescheid ist in diesen Fällen immer der ursprüngliche Fehler, der durch eine Übernahme lediglich fortgeschrieben, aber nicht neu begründet wird.[2341] *Kuhfus* nimmt daher eine (weitere) Unrichtigkeit des Sachbearbeiters an, indem dieser die Angaben des Steuerpflichtigen ungeprüft übernimmt, obwohl diese für ihn erkennbar an einer Unrichtigkeit leiden.[2342] Doch auch dafür ist eine sinnliche Wahrnehmung des Fehlers durch den Bearbeiter erforderlich. Würde man darauf verzichten, würde der Fehler des Steuerpflichtigen nicht übernommen. Vollends überzeugen kann die Auffassung von *Kuhfus* an dieser Stelle daher nicht.

Zusätzliche Unsicherheiten ergeben sich aus einem aktuellen Urteil des Finanzgerichts Niedersachsen von Anfang 2020, wonach ein Übernahmefehler nicht davon abhängig sein soll, dass eine inhaltliche Prüfung der vom Steuerpflichtigen eingereichten Unterlagen erfolgt.[2343] Danach wäre ein Übernahmefehler auch gerade dann möglich und die Auffassung insoweit deckungsgleich mit der von *Kuhfus*, wenn auf die Verifikation und sinnliche Wahrnehmung der Unterlagen verzichtet wird.[2344] Das Finanzgericht beruft sich dabei auf ein Urteil des Bundesfinanzhofs aus dem Jahr 2013[2345]. In diesem, von dem IV. Senat des Bundesfinanzhofs entschiedenen Fall, waren einer Sachbearbeiterin durch unrichtige Eingaben mechanische Versehen unterlaufen, die nachgelagert von einer Sachgebietsleiterin geprüft oder nicht geprüft wurden; insoweit war der Sachverhalt ungeklärt.[2346] Nach Auffassung des IV. Senats könne sich die Sachgebietsleiterin die Fehler der Sachbearbeiterin zu eigen gemacht haben, wenn

---

2341 Siehe etwa BFH v. 29.3.1985, VI R 140/81 Rn. 14; BFH v. 8.3.1989, X R 116/87, BStBl. II 1989, 531 Rn. 16, für den Fall der Ablaufhemmung nach § 171 Abs. 2 AO, die lediglich für den originären Fehler, nicht aber für seine Wiederholung in einem Folgebescheid Anwendung findet.

2342 *Kuhfus*, Berichtigung offenbarer Unrichtigkeiten, S. 174; in diese Richtung tendiert wohl auch *Hering*, DStZ 1984, 220, 226.

2343 FG Niedersachsen v. 19.2.2020, 3 K 323/19, EFG 2020, 569 Rn. 41.

2344 So *Vorbeck*, EFG 2020, 570, 571.

2345 BFH v. 7.11.2013, IV R 13/11.

2346 BFH v. 7.11.2013, IV R 13/11 Rn. 29.

sie die Eingaben der Sachbearbeiterin nicht geprüft habe.[2347] Bei einer Überprüfung der Eingaben verhindere dagegen die mehr als bloß theoretische Möglichkeit eines Rechtsfehlers die Korrektur nach § 129 AO.[2348] Der Sachverhalt ist allerdings nicht mit demjenigen eines Übernahmefehlers aus der Sphäre des Steuerpflichtigen durch die Finanzbehörde vergleichbar, sondern spielt sich rein in der Sphäre der Finanzbehörde ab. Die Aussagen des IV. Senats dienen daher vielmehr der Beantwortung der Frage, unter welchen Umständen bei einer Bearbeitung durch mehrere Individuen innerhalb der Finanzbehörde ein auf erster Stufe entstandener mechanischer Fehler auf einer weitere Prüfstufe zu einem rechtlichen Fehler umgeprägt werden kann.[2349] Dennoch lässt sich der IV. Senat im Urteil dazu verleiten, die vorliegende, rein innerbehördliche Fehlersituation mit einem Übernahmefehler zu vergleichen.[2350] Die Urteile, auf die er dabei rekurriert, sind aber – selbst im übertragenen Sinne – mit dem Sachverhalt nicht vergleichbar, da entweder eine Prüfung durch einen Bearbeiter innerhalb der Finanzbehörde erfolgte[2351] oder bereits keine offenbare Unrichtigkeit gegeben war[2352]. Wirklich deutlich wird daher nicht, ob der IV. Senat in seinem Urteil den Fall des Übernahmefehlers positiv mitentscheiden wollte oder nur eine – dann wohl eher untaugliche – Argumentation für seine Auffassung zur Behandlung des zweistufigen Fehlers innerhalb der Finanzbehörde gesucht hat.

Es bleibt damit weiter fraglich, inwieweit erkennbare Fehler aus den Angaben des Steuerpflichtigen von der Finanzbehörde als eigene Unrichtigkeiten i.S.d. § 129 AO übernommen werden können, wenn keine Wahrnehmung durch den einzelnen Sachbearbeiter aufgrund individuell oder automatisiert bestimmter Nichtprüfung erfolgt.

c. Übernahmefehler im Bereich der „echten" Selbstveranlagung

Unter Umständen lässt sich ein Lösungsansatz aus der Behandlung von „echten" Selbstveranlagungen, also Steueranmeldungen i.S.d. §§ 150 Abs. 1 S. 3; 168 S. 1 AO, herleiten. Bei Anwendung der gerade genannten Grundsätze erscheint

---

2347 BFH v. 7.11.2013, IV R 13/11 Rn. 25.

2348 BFH v. 7.11.2013, IV R 13/11 Rn. 24.

2349 Siehe zu dieser Überlagerung eines ursprünglich mechanischen Fehlers durch einen Rechtsfehler die Rechtsprechung des VIII. Senats in BFH v. 14.1.2020, VIII R 4/17 Rn. 25.

2350 BFH v. 7.11.2013, IV R 13/11 Rn. 28.

2351 So im Fall des BFH v. 17.6.2004, IV R 9/02 Rn. 16.

2352 So bei BFH v. 2.6.1987, X R 61/81 Rn.19.

es nicht möglich, in den Fällen der Steueranmeldung mit Schwarzbetrag, die bei ihrem Eingang bei der Finanzbehörde gem. § 168 S. 1 AO einer Steuerfestsetzung unter Vorbehalt der Nachprüfung gleichsteht, einen Übernahmefehler zu begründen. Denn der fingierte Steuerverwaltungsakt „gegen sich selbst" wird von dem Steuerpflichtigen ohne Beteiligung der Finanzbehörde erstellt, sodass die Finanzbehörde bzw. ein Sachbearbeiter die erklärten Angaben des Steuerpflichtigen nach der gesetzlichen Regelung in keiner Art und Weise vor der Existenz des Steuerverwaltungsaktes prüft oder auch nur sinnlich wahrnimmt. Somit besteht auch keine Möglichkeit der Finanzbehörde, Rechenfehler, Schreibfehler oder ähnliche offenbare Unrichtigkeiten des Steuerpflichtigen als eigene „bei Erlass eines Verwaltungsaktes" zu übernehmen. Der Bundesfinanzhof sah in den Fällen der Selbstberechnung der Steuer – vor Kodifikation des heutigen § 168 S. 1 AO[2353] – jedoch keine Entbindung der Finanzbehörde von der sachlichen Prüfung der Angaben des Steuerpflichtigen und urteilte, dass sich die Finanzbehörde den Inhalt der Selbstberechnung zu eigen mache, sodass ein Fehler des Steuerpflichtigen zu einem Fehler der Finanzbehörde werde.[2354] Diese Rechtsprechung steht allerdings in einem Kontext, in dem eine widerspruchslose Entgegennahme der Steuererklärung über § 212 RAO 1931 als Steuerbescheid der Finanzbehörde fingiert wurde, aber keine gesetzliche Fiktion i.S.d. heutigen § 168 S. 1 AO bestanden hatte. Dennoch wurde die Rechtsprechung durch den Bundesfinanzhof auf das Verfahren der Steueranmeldung der Abgabenordnung 1977 übertragen.[2355] Obwohl sie dort wegen der Tatsache, dass Steueranmeldungen gem. § 168 S. 1 AO stets Steuerfestsetzungen unter dem Vorbehalt der Nachprüfung gleichstehen und damit die ansonsten voraussetzungslose Korrektur nach § 164 Abs. 2 S. 1 AO in Betracht kommt, kaum noch eine praktische Rolle spielt und eher zur Randbemerkung verkommt, gewinnt sie und der ihr zugrunde liegende Rechtsgedanke in dieser Diskussion wieder an Bedeutung.

Dieser Rechtsprechung, die eine Übernahme des Fehlers des Steuerpflichtigen durch die Finanzbehörde im Falle der Steueranmeldung annimmt, ist dem Grunde nach aus mehreren Gründen zuzustimmen. Im Bereich der Selbstveranlagung durch Steueranmeldung nimmt der Steuerpflichtige dem Staat nicht

2353 Siehe zur Herleitung der Wirkung der Selbstberechnung über § 212 RAO als eine Steuerfestsetzung vor „Erfindung" der Steueranmeldung in § 168 S. 1 AO *Söhn*, StuW 1970, 185.

2354 BFH v. 26.7.1979, V R 108/76, BStBl. II 1980, 18 Rn. 7-9.

2355 BFH v. 3.6.1987, X R 61/81 Rn. 19; BFH v. 10.9.1987, V R 69/84, BStBl. II 1987, 834 Rn. 11 f.; BFH v. 31.7.2002, X R 49/00 Rn. 12.

nur die Ermittlung des steuerlich erheblichen Sachverhalts und die Subsumtion unter steuerrechtliche Normen ab, sondern er berechnet die Steuer selbst und zahlt diese, ohne eine weitere Aufforderung zu erhalten, fristgemäß an die Finanzkasse. Er wird somit als „Hilfsorgan der Veranlagungsstelle“[2356] tätig. Überträgt der Staat *qua* Gesetz Aufgaben auf den Bürger, die originär der Exekutive obliegen, wäre es widersprüchlich, wenn sich die Exekutive den in dem Erstellungsprozess entstehenden Fehlern entziehen könnte; sie muss sich also die Fehler des Steuerpflichtigen grundsätzlich zurechnen lassen.[2357] Die Lösung lässt sich außerdem mit dem Wortlaut der Norm vereinbaren, nach der ein Fehler i.S.d. § 129 AO „bei Erlass eines Verwaltungsaktes“ unterlaufen muss. Denn ist die vom Steuerpflichtigen erstellte Steueranmeldung mit Schwarzbetrag mit Eingang bei der Finanzbehörde einer Steuerfestsetzung unter Vorbehalt der Nachprüfung gleichgestellt, „erlässt“ der Steuerpflichtige den Steuerbescheid gegen sich selbst, sodass Fehler, die ihm dabei unterlaufen auch „bei Erlass eines Verwaltungsaktes“ unterlaufen sind. In den Fällen mit Rotbetrag, bei dem die Finanzbehörde gem. § 168 S. 2 AO zustimmen muss, gelten wiederum die allgemeinen Regelungen. Dass sich die Finanzbehörde grundsätzlich Fehler des Steuerpflichtigen, die ihm im Prozess der Erstellung der Steueranmeldung mit Schwarzbetrag unterlaufen, zu eigen macht, ist somit zu bejahen.

Streitig ist an dieser Stelle letztlich nur die quantitative Frage, welche Fehler die Finanzbehörde als eigene übernimmt: sämtliche Fehler, die dem Steuerpflichtigen bei der Erstellung seiner Steuererklärung unterlaufen, oder nur bestimmte, der Finanzbehörde *ex post* erkennbare Fehler. *Kuhfus* stellt heraus, dass die Steueranmeldung im Vergleich zur Steuererklärung lediglich um eine Steuerberechnung erweitert ist, sich der übrige Erklärungsakt aber nicht von demjenigen einer Steuererklärung unterscheidet.[2358] Dementsprechend soll für den Teil der Steueranmeldung, der mit der Steuererklärung deckungsgleich ist, das gelten, was auch für die übrigen Steuererklärungen gilt, nämlich dass nur die Fehler von der Finanzbehörde als eigene übernommen werden können, die sich aus den Angaben in der Steueranmeldung oder den beigefügten Unterlagen

---

2356 BFH v. 25.2.1972, VIII R 141/71, BStBl. II 1972, 550 Rn. 11.

2357 In der Argumentation ebenso *Wernthaler*, Korrektur im digitalisierten Besteuerungsverfahren, S. 227; *Zaumseil*, AO-StB 2012, 311, 313; *Wernsmann*, in: Hübschmann/Hepp/Spitaler, AO/FGO, § 129 AO Rn. 76 (Stand: Mai 2017); im Ergebnis ebenso *Seer*, in: Tipke/Kruse, AO/FGO, § 129 AO Rn. 14 (Stand: Mai 2015); *v. Wedelstädt*, in: Gosch, AO/FGO, § 129 AO Rn. 46 (Stand: Januar 2018); *Ratschow*, in: Klein, AO, § 129 Rn. 19; siehe auch FG Berlin v. 16.4.1971, III 121/70, EFG 1971, 510, 510.

2358 *Kuhfus*, Berichtigung offenbarer Unrichtigkeiten, S. 176.

ergeben.[2359] Für den Steuerberechnungsteil hingegen soll es – jedenfalls bei der Steueranmeldung mit Schwarzbetrag – nicht darauf ankommen, ob die Fehler für die Finanzbehörde aus der Steueranmeldung ersichtlich sind.[2360] *Wernsmann* hingegen möchte die Fehler i.S.d. § 129 AO, die dem Steuerpflichtigen bei Erstellung der Steueranmeldung – unabhängig vom Stadium – unterlaufen, als Übernahmefehler ansehen und eine Korrektur gem. § 129 AO zulassen.[2361] *Seer* und *v. Wedelstädt* wollen dagegen nur solche Korrekturen zulassen, bei denen sich die Unrichtigkeit des Steuerpflichtigen für die Finanzbehörde aus der eingereichten Steueranmeldung und ggf. mitübermittelten Unterlagen ergibt.[2362]

Die weite, von *Wernsmann* vertretene Auffassung behandelt die Steueranmeldung, soweit sie einer Steuererklärung gleicht, ohne sachliche Rechtfertigung anders als eine Steuererklärung, sodass die Auffassung wegen Verstoßes gegen Art. 3 Abs. 1 GG abzulehnen ist. *Kuhfus´* vermittelnde Auffassung hat den Charme, sich in das bestehende System einzufügen und dennoch den Besonderheiten der Selbstveranlagung durch den Steuerpflichtigen und dem damit zusammenhängenden Fehlerrisiko Rechnung zu tragen. Sie ist allerdings von *Kuhfus´* Prämisse getragen, der Steueranmeldung ein noch höheres Korrekturpotential zuzusprechen, als er es bereits den einfachen Steuererklärungen zugesprochen hatte: Diese weite Korrekturbefugnis bei Übernahmefehlern in einfachen Steuererklärungen wurde hier allerdings als nicht überzeugend abgelehnt.[2363] Die Auffassung von *Seer* und *v. Wedelstädt* gewinnt im Gegenzug im Bereich der Steueranmeldung eine eigenständige Bedeutung: Sie ermöglicht die Korrektur jedes Fehlers, der aus der Steueranmeldung oder den mit eingereichten Unterlagen bei der Finanzbehörde ersichtlich war. Enger wurde es hier für die Steuererklärung vertreten, die keine Steueranmeldung ist: In diesen Fällen war es erforderlich, dass der Fehler des Steuerpflichtigen durch sinnliche Wahrnehmung durch den Sachbearbeiter übernommen worden ist. Somit bestünde für die Fälle der Steueranmeldung eine weitere Korrekturmöglichkeit als für die Fälle der Steuererklärung und es ließe sich die Auffassung von *Kuhfus*, dass jeder

---

2359 *Kuhfus*, Berichtigung offenbarer Unrichtigkeiten, S. 176 f.

2360 *Kuhfus*, Berichtigung offenbarer Unrichtigkeiten, S. 177.

2361 *Wernsmann*, in: Hübschmann/Hepp/Spitaler, AO/FGO, § 129 AO Rn. 76 (Stand: Mai 2017); ebenso wohl *Wernthaler*, Korrektur im digitalisierten Besteuerungsverfahren, S. 228, mit Blick auf die erhebliche Arbeitserleichterung, die durch die Selbstveranlagung der Finanzbehörde verschafft werde.

2362 *Seer*, in: Tipke/Kruse, AO/FGO, § 129 AO Rn. 14 (Stand: Mai 2015); *v. Wedelstädt*, in: Gosch, AO/FGO, § 129 AO Rn. 46 (Stand: Januar 2018).

2363 Siehe oben 5. Teil C. V. 4. b.

aus der Steuererklärung erkennbare Fehler einen Übernahmefehler darstellt,[2364] ablehnen und die Kompensation für die Verlagerung der Veranlagungstätigkeit im Bereich der Steueranmeldung genau an dieser Stelle verorten.

Für einen finalen Streitentscheid geben die Gesetzesmaterialien keinen Anhaltspunkt, sodass letztlich auf den Sinn und Zweck der Norm abzustellen ist. Bei den Fehlern, die in der Sphäre der Finanzbehörde entstehen, wurde oben eine enge Auffassung vertreten, um § 129 AO nicht zu einer Auffangkorrekturnorm für einen großen Teil von Veranlagungsfehlern werden zu lassen. Es ist daher angezeigt und in der Folge konsequent, auch bei (Übernahme-)Fehlern, die aus der Sphäre des Steuerpflichtigen stammen, hohe Anforderungen an die Korrekturmöglichkeit zu stellen. Diese Weiterführung der oben entwickelten restriktiven Auslegung des § 129 AO spricht letztlich für das Ergebnis von *Seer* und *v. Wedelstädt*.

In der Zusammenschau mit der im vorangegangenen Abschnitt noch offen gelassenen Frage, ob die Finanzbehörde auch solche Schreibfehler, Rechenfehler und ähnlichen offenbaren Unrichtigkeiten übernehmen kann, die nicht sinnlich innerhalb der Finanzbehörde wahrgenommen werden, lässt sich hier ein gemeinsames Ergebnis formulieren: Fehler des Steuerpflichtigen können nur dann korrigiert werden, wenn der Sachbearbeiter in der Finanzbehörde die Möglichkeit hatte, den „technischen“ bzw. mechanischen Fehler des Steuerpflichtigen als eigenen zu übernehmen. Besteht diese Möglichkeit nicht, weil die Steuererklärung bzw. die erklärten Tatsachen und Zahlen insoweit nicht sinnlich wahrgenommen werden – wobei es keinen Unterschied macht, aus welchem Grund diese Wahrnehmung unterbleibt – kommt ein Übernahmefehler und damit eine Korrektur gem. § 129 AO nicht in Betracht.[2365] Im Bereich der Steueranmeldung, die gem. § 168 S. 1 AO mit ihrem Eingang bei der Finanzbehörde einer Steuerfestsetzung unter Vorbehalt der Nachprüfung gleichsteht, besteht diese Beschränkung nicht, denn eine Überprüfung der übermittelten Unterlagen findet vor dem „Erlass“ des Steuerbescheides durch Fiktion generell nicht statt. Es wird in diesen Fällen zugunsten des Steuerpflichtigen fingiert, dass jeder aus den Unterlagen erkennbare „technische“ bzw. mechanische Fehler des Steuerpflichtigen ein solcher der Finanzbehörde ist, der zu einer Korrektur gem. § 129 AO führt.

2364 Siehe oben zu Fn. 2335 und 2336.

2365 Ebenso wohl *Nöcker*, DStR 2018, 1417, 1420.

d. Zwischenergebnis: Korrektur von Fehlern in der Steuererklärung

Schreibfehler, Rechenfehler und ähnliche offenbare Unrichtigkeiten, die dem Steuerpflichtigen bei Erstellung seiner Steuererklärung unterlaufen, kann sich die Finanzbehörde als übernommenen Fehler zu eigen machen. Nach den oben gebildeten Fehlerkategorien[2366] kommen damit die mechanischen Fehler und die schlicht vergessenen Angaben als korrigierbare Fehler in Betracht.[2367] Dabei macht es grundsätzlich keinen Unterschied, ob die Steuererklärung nach amtlich vorgeschriebenem Datensatz elektronisch übermittelt worden ist oder nach amtlich vorgeschriebenem Vordruck eingereicht wird.[2368] Voraussetzung ist, dass der Fehler für die Finanzbehörde aus den Unterlagen des Veranlagungszeitraums erkennbar war und – nach der hier vertretenen Auffassung auch – dass der Fehler durch einen Sachbearbeiter innerhalb der Finanzbehörde nachvollzogen bzw. sinnlich wahrgenommen und so zu eigen gemacht worden ist.[2369] Bei der Erstellung der Steuererklärung wird der Steuerpflichtige regelmäßig jedoch nicht dazu angehalten, Rechenschritte offenzulegen, zu erläutern, wie er zu seinen Zahlen kommt, oder die Belege einzureichen, aus denen er die erklärten Zahlen übernimmt. Daher besteht in der Praxis in einer großen Zahl der Fälle für die Finanzbehörde keine Möglichkeit, Fehler aus der Sphäre des Steuerpflichtigen zu übernehmen, da der Fehler schlicht in den Unterlagen nicht offen zu Tage tritt. Diese Praxis ist aber letztlich nicht auf eine eigenverantwortliche bzw. selbstgewählte Handlung des Steuerpflichtigen zurückzuführen, sondern findet seinen Grund zum einen in der Gestaltung der Steuererklärungsformulare, die in vielen Fällen keine einzelnen Einnahme- und Ausgabeposten und Offenlegung von

---

2366 Siehe oben 5. Teil C. II.

2367 Siehe zu den schlicht vergessenen Angaben als korrigierbarer Fehler i.S.d. § 129 AO vor allem das Urteil vom FG Niedersachsen v. 19.2.2020, 3 K 323/19, EFG 2020, 569 Rn. 30-37, nach dem ein fehlender Eintrag von in der Steuerbescheinigung aufgeführten Verlusten aus Aktienveräußerungen in der Anlage Kap auf Ebene des Steuerpflichtigen eine offenbare Unrichtigkeit darstellt, wenn ausgeschlossen werden kann, dass der Betrag aus rechtlichen Gründen nicht erklärt worden ist und dieser Fehler bei gleichbleibendem Sachverhalt von der Finanzbehörde übernommen worden ist. Siehe auch die Entscheidung des BFH v. 22.5.2019, XI R 9/18, BStBl. II 2020, 37 Rn. 25-30.

2368 *v. Wedelstädt*, AO-StB 2015, 99, 101 f. m.w.N.

2369 Dies setzt bei fehlenden Angaben in der Steuererklärung, die sich aber aus beigefügten Bescheinigungen ergeben voraus, dass die Unterlagen vollständig sind und keinen Grund zu Zweifeln aufwerfen, siehe *Nöcker*, DStR 2018, 1417, 1419, und BFH v. 3.8.2016, X R 20/15 Rn. 21-23.

Rechenschritten verlangen, sondern im Regelfall Rechenergebnisse als Inhalt der Steuererklärung fordern. Mit dem Gesetz zur Modernisierung des Besteuerungsverfahrens sollen zum anderen Belege und Einzelaufstellungen nicht mit oder neben der elektronischen Steuererklärung eingereicht, sondern lediglich vorgehalten und nur bei konkreter Nachfrage der Finanzbehörde eingereicht werden.[2370] Je weiter das Steuerverfahren modernisiert wird und sich von der „klassischen" Veranlagungsarbeit – Abtippen und Prüfen der Steuererklärung – und damit auch einer sinnlichen Wahrnehmung der Fehler des Steuerpflichtigen durch den Sachbearbeiter wegbewegt, desto geringer wird der Raum für korrigierbare Übernahmefehler. Im vollautomatisierten Besteuerungsverfahren i.S.d. § 155 Abs. 4 S. 1 AO wird der Übernahmefehler und eine Korrektur nach § 129 AO folglich nur in wenigen Fällen in Betracht kommen.[2371]

e. *Anwendung der Steueranmeldungsgrundsätze im vollautomatisierten Veranlagungsverfahren?*

Fraglich ist daher, ob das Ergebnis zu den Steueranmeldungen auf das vollautomatisierte Veranlagungsverfahren i.S.d. § 150 Abs. 4 S. 1 AO übertragen werden kann, um dieses „Korrekturvakuum"[2372] auszugleichen. Das würde bedeuten, dass alle für die Finanzbehörde hypothetisch aus den Unterlagen zum jeweiligen Veranlagungszeitraum erkennbaren Schreibfehler, Rechenfehler und ähnliche offenbare Unrichtigkeiten gem. § 129 AO korrigiert werden können. Dies wurde jüngst von *Wernthaler* mit der Begründung bejaht, dass kein wertungsmäßiger Unterschied zwischen der faktischen Selbstveranlagung und der „echten" Selbstveranlagung i.S.d. § 168 S. 1 AO bestehe, der eine eingeschränkte Zurechenbarkeit rechtfertige.[2373] Da *Wernthaler* der oben dargestellten Auffassung von *Wernsmann* folgt und bei der Steueranmeldung *alle Schreibfehler, Rechenfehler und ähnliche offenbare Unrichtigkeiten des Steuerpflichtigen*, unabhängig davon, ob sie für die Finanzbehörde erkennbar sind oder nicht, korrigieren möchte, kommt sie zu dem Ergebnis, dass auch im Bereich der faktischen Selbstveranlagung ein solcher Korrekturhorizont zu ziehen sei.[2374] Eine effizientere Gestaltung

---

2370 Siehe oben 2. Teil B. IX. 2. b.

2371 *Münch/Sendke*, DStZ 2015, 487, 492; *Baldauf*, DStR 2016, 833, 838 f.; *v. Wedelstädt*, in: Gosch, AO/FGO, § 129 AO Rn. 3.1 (Stand: Januar 2018).

2372 *Wernthaler*, Korrektur im digitalisierten Besteuerungsverfahren, S. 274.

2373 *Wernthaler*, Korrektur im digitalisierten Besteuerungsverfahren, S. 230.

2374 *Wernthaler*, Korrektur im digitalisierten Besteuerungsverfahren, S. 230.

des Veranlagungsverfahrens durch die Finanzbehörde dürfe nicht zulasten des Steuerpflichtigen gehen.[2375]

Das Besteuerungsverfahren hat sich in den letzten Jahrzehnten mit fortschreitender Digitalisierung gewandelt. Die elektronische Unterstützung der Sachbearbeiter innerhalb der Finanzbehörde durch Risikomanagementsysteme begann schon, bevor diese in der heutigen Form in § 88 Abs. 5 AO kodifiziert und mit Mindestanforderungen formuliert worden sind. Durch das Gesetz zur Modernisierung des Besteuerungsverfahrens[2376] wurde schließlich eine neue Art der Steuerveranlagung eingeführt, nämlich der vollautomatisierte Steuerbescheid, der gem. § 155 Abs. 4 S. 1 AO aus den von dem Steuerpflichtigen erklärten Daten ohne Zwischenschalten eines Sachbearbeiters erzeugt und an den Steuerpflichtigen elektronisch oder postalisch per Brief übermittelt werden kann. In diesem Zuge verändert sich die Tätigkeit des Sachbearbeiters in der Finanzbehörde: Er wird nicht mehr als Datenerfassungskraft tätig, d.h., seine Tätigkeit ist nicht mehr durch das Erfassen der von den Steuerpflichtigen erklärten Daten wesentlich mitgeprägt, sondern die vom Steuerpflichtigen erklärten Daten werden ihm medienbruchfrei am Computer sichtbar zur Verfügung gestellt und von der finanzverwaltungsinternen Software auf ihr Risikopotential untersucht und bewertet.[2377] Ihm bleibt daher mehr Zeit, die problematischen Steuerfälle zu prüfen.[2378] Das Veranlagungsverfahren wurde damit aufseiten der Finanzbehörde effizienter gestaltet und insoweit eine Forderung umgesetzt, die von der Literatur schon lange gestellt worden ist.[2379] Auf der anderen Seite steht der Steuerpflichtige, der damals wie heute verpflichtet ist, eine Steuererklärung anzufertigen und die im Steuererklärungsformular gestellten Fragen zu beantworten. Lässt man die nicht zu leugnenden komplexeren steuerrechtlichen Normen und die damit einhergehenden auch komplexeren Steuererklärungsformulare außer Betracht, bleibt als wesentliche Veränderung der Steuererklärungspflicht über die letzten Jahrzehnte die Verpflichtung zur elektronischen Übermittlung der Steuererklärung. Eine grundsätzliche Veränderung der Mitwirkungspflichten des Steuerpflichtigen im Bereich der Steuererklärung ist insoweit nicht auszumachen.[2380]

2375 *Wernthaler*, Korrektur im digitalisierten Besteuerungsverfahren, S. 230.

2376 BGBl. I 2016, 1679.

2377 *Seer*, FR 2012, 1000, 1004.

2378 *Seer*, FR 2012, 1000, 1003.

2379 *Seer*, StuW 2003, 40, 45 f.; *ders.*, StuW 2015, 315, 321.

2380 A.A. *Wernthaler*, Korrektur im digitalisierten Besteuerungsverfahren, S. 231. Kritisch auch *Seer*, FR 2012, 1000, 1005, der auf die mit dem elektronischen Datenaustausch erfolgenden Eingriffe in das Recht auf informationelle Selbstbestimmung aus Art. 2

Die „Eintragungen" erfolgen, wenn nicht bereits vor der Verpflichtung zur elektronischen Übermittlung der Steuererklärungsdaten sogar bereits freiwillig durchgeführt, digital in einem Formular, statt per Hand auf einem Vordruck. Dass den durch den Steuerpflichtigen erklärten Angaben eine, nunmehr durch § 155 Abs. 4 S. 1 AO im Gesetz deutlich hervortretende Bedeutung für den zu erlassenden Steuerbescheid zukommt, ist unbestritten, darf aber nicht dazu verleiten, dies als Begleiterscheinung des *gesetzlich modernisierten* Besteuerungsverfahrens anzunehmen. Das ist vielmehr Ausdruck einer Verwaltung, deren personelle Kapazitäten nicht ausreichen, um die Steuererklärungen in der Breite genau zu prüfen, und die daher die von den Steuerpflichtigen erklärten Werte der Besteuerung zugrunde legt.[2381] Somit fällt es schon schwer, ein Mehr an Korrekturbedürftigkeit aus dem Wandel des Besteuerungsverfahrens allgemein herzuleiten.

Betrachtet man die konkreten Regelungen des Gesetzgebers im Zusammenhang mit der Modernisierung des Besteuerungsverfahrens ist erkennbar, dass dieser seinen Gestaltungsspielraum gerade nicht in der Art und Weise ausgefüllt hat, dass sämtliche Unrichtigkeiten i.S.d. § 129 AO, die dem Steuerpflichtigen bei der Erstellung seiner Steuererklärung unterlaufen, korrigierbar sein sollen. Ungewohnt ausführlich hatte man sich im Gesetzesentwurf der Bundesregierung mit der Frage nach der Korrigierbarkeit von Fehlern des Steuerpflichtigen im Rahmen der Ausführungen zum neu eingeführten § 173a AO – siehe dazu noch ausführlich im Anschluss – auseinandergesetzt. Dort erkannte man, dass nur solche Fehler des Steuerpflichtigen zu einer Korrektur nach § 129 AO führen können, die für die Finanzbehörde aus der Steuererklärung oder den beigefügten Unterlagen erkennbar sind und die sich die Finanzbehörde zu eigen macht.[2382] Schreib- oder Rechenfehler, die sich aus den Unterlagen des Steuerpflichtigen ergeben, aber nicht der Finanzbehörde vorgelegen haben, sollen ausdrücklich nicht gem. § 129 AO korrigiert werden können.[2383] Dieser gesetzgeberische Gedanke ist dann auch konsequent im Gesetz umgesetzt, indem die Regelungen, die für Steueranmeldungen gelten, nicht für die automatisierten

---

Abs. 1, Art. 1 Abs. 1 GG und den mit der Digitalisierung zusammenhängenden monetären Sicherungsaufwand für den einzelnen Bürger hinweist.

2381 So *Seer*, FR 2012, 1000, 1002, der bemerkt, dass sich die Idee der Selbstregulierung „weithin unbemerkt" in den steuerlichen Massenverfahren wiederfinde. Siehe auch bereits die Beschreibung des Vollzugs der Einkommensteuer *Eckhoff*, Rechtsanwendungsgleichheit im Steuerrecht, S. 366-386.

2382 BT Drucks. 18/7457, S. 87.

2383 BT Drucks. 18/7457, S. 87.

Steuerbescheide übernommen worden sind. Eine rechtliche Gleichstellung fand explizit und sehenden Auges nicht statt.[2384] Die Entscheidung des Gesetzgebers ist zu respektieren. Eine Anwendung der Vorschriften für die Steueranmeldungen auf die Fälle der faktischen Selbstveranlagung käme damit einer Korrektur des ausdrücklich gesetzgeberischen Willens „durch die Hintertür" gleich.

Auch aus dem Gesichtspunkt einer Verfahrensleistungsfähigkeit ergibt sich letztlich kein anderes Ergebnis. Schreibfehler, Rechenfehler und ähnliche offenbare Unrichtigkeiten beschreiben gerade einen Fehlertypus, der gegensätzlich zum Rechtsfehler ist, der sich durch eine fehlerhafte Normanwendung auszeichnet. Insoweit bedarf es schon keines Ausgleiches. Auch die Charakterisierung der Fehlerart als mechanischer, gedankenloser bzw. Flüchtigkeitsfehler spricht dafür, dass Zumutbarkeitsgedanken oder einer Überforderung im Sinne einer Unverhältnismäßigkeit in der Fehlerquelle nur eine zu vernachlässigende Bedeutung zukommen.

Die Ergebnisse zur Steueranmeldung lassen sich somit nicht auf die Fälle der faktischen Selbstveranlagung übertragen.

5. *Ergebnis: § 129 AO*

§ 129 AO ermöglicht eine Korrektur von Unrichtigkeiten, denen kein rechtlicher Fehler und kein Tatsachenirrtum bzw. Sachverhaltsermittlungsfehler zugrunde liegt. Die Offenbarkeit des Fehlers fordert, dass dieser von einer unbeteiligten dritten Person bei Offenlegung der Unterlagen, die zu dem Verwaltungsakt geführt haben, erkannt wird und führt zu einer Erhöhung des Beweismaßes: Die Fehlerquelle muss sich zweifelsfrei feststellen lassen, ansonsten ist eine Beweislastentscheidung zu fällen. Nicht notwendig ist, dass sich der Fehler aus dem Steuerverwaltungsakt selbst ergibt. Letzteres ermöglicht es, auch Fehler des Steuerpflichtigen zu korrigieren, die ihm bei Erstellung seiner Steuererklärung unterlaufen sind und aus der bei der Finanzbehörde eingereichten Steuererklärung oder den sonstigen Unterlagen erkennbar waren. Voraussetzung ist allerdings, dass die Finanzbehörde die Fehler des Steuerpflichtigen übernommen und sie sich damit zu eigen gemacht hat. Dies ist dann nicht gegeben, wenn die Steuererklärung oder Teile von ihr nicht durch den Sachbearbeiter sinnlich wahrgenommen werden. Im Anwendungsbereich der Steueranmeldung i.S.d. § 168 S. 1 AO übernimmt die Finanzbehörde aufgrund der Veranlagungsfiktion alle Fehler, die sich aus der eingereichten Steuererklärung und den eingereichten

2384 So auch *Münch/Sendke*, DStZ 2015, 487, 492 f.

Unterlagen ergeben, unabhängig davon, ob diese sinnlich durch einen Bearbeiter wahrgenommen worden sind. Eine Übertragung dieser Grundsätze auf den Bereich der faktischen Selbstveranlagung ist auch mit Blick auf das vollautomatisierte Besteuerungsverfahren aufgrund der gesetzgeberischen Entscheidung, die Regelungen für Steueranmeldungen nicht auch auf Fälle der faktischen Selbstveranlagung zu übertragen, nicht möglich. Jedoch hat der Gesetzgeber mit § 173a AO eine Norm geschaffen, die diese Lücken schließen könnte und im Folgenden zu untersuchen ist.

VI. Korrektur von Fehlern aus der Sphäre des Steuerpflichtigen gem. § 173a AO

1. Schreib- und Rechenfehler bei Erstellen der Steuererklärung als Korrekturgrund

Der mit dem Gesetz zur Modernisierung des Besteuerungsverfahrens mit Wirkung v. 1.1.2017 eingeführte § 173a AO ermöglicht die Korrektur von Schreib- und Rechenfehlern, die dem Steuerpflichtigen *bei Erstellung seiner Steuererklärung* unterlaufen sind. Voraussetzung ist, dass die durch den Schreib- oder Rechenfehler unzutreffend mitgeteilten Tatsachen zum Zeitpunkt des Erlasses des Steuerbescheides rechtserheblich waren. In Bezug auf den Begriff der Tatsache und der Rechtserheblichkeit gilt nichts anderes als das zu § 173 Abs. 1 AO Dargestellte und Besprochene.[2385] Die Einheit des Gesetzes spricht dafür, die Schreib- und Rechenfehler so wie in § 129 AO auszulegen.[2386] Rechenfehler sind damit namentlich Fehler bei der Addition, Subtraktion, Multiplikation oder Division sowie bei der Prozentrechnung.[2387] In diesem Zusammenhang gewinnt die bei § 129 AO noch irrelevante Fragestellung[2388], ob Fehler bei der Übertragung von ermittelten Werten in die Steuererklärungsformulare Schreibfehler oder eine ähnliche offenbare Unrichtigkeit darstellen, an Bedeutung. Nach den

2385 *Loose,* in: Tipke/Kruse, AO/FGO, § 173a AO Rn. 9 (Stand: September 2020); *v. Groll,* in: Hübschmann/Hepp/Spitaler, AO/FGO, § 173a AO Rn. 26-28 (Stand: April 2018); *v. Wedelstädt,* in: Gosch, AO/FGO, § 173a AO Rn. 16 (Stand: Juni 2019). Siehe dazu oben 5. Teil C. III. 1., 2. und 4.

2386 *Loose,* in: Tipke/Kruse, AO/FGO, § 173a AO Rn. 1, 5 (Stand: September 2020); *v. Groll,* in: Hübschmann/Hepp/Spitaler, AO/FGO, § 173a AO Rn. 22 f. (Stand: April 2018); *v. Wedelstädt,* in: Gosch, AO/FGO, § 173a AO Rn. 10 (Stand: Juni 2019).

2387 BR Drucks. 631/15, S. 105; BT Drucks. 18/7457, S. 87.

2388 Daher auch z.B. offen gelassen von BFH v. 28.6.2006, VII B 305/05 Rn. 7, 9; BFH v. 25.2.2010, IV R 49/08, BStBl. II 2010, 726 Rn. 14.

Gesetzesmaterialien fallen unter die Schreibfehler insbesondere Rechtschreibfehler, Wortverwechselungen oder Wortauslassungen, aber *auch fehlerhafte Übertragungen*.[2389] Die Einbeziehung von fehlerhaften Übertragungen vor allem aus den Unterlagen des Steuerpflichtigen in die Steuererklärungsformulare wurde von der Finanzverwaltung als Anwendungsfall des § 173a AO übernommen.[2390] Von Teilen der Literatur werden solche fehlerhaften Übertragungen jedoch nicht unter den Anwendungsbereich des § 173a AO subsumiert.[2391] Als Begründung wird angeführt, dass fehlerhafte Übertragungen nach der Gesetzesbegründung zwar von § 173a AO erfasst seien, die Formulierung dort aber widersprüchlich sei: Es werde in der Gesetzesbegründung nämlich auch auf das Urteil des Bundesfinanzhofs v. 10.2.2015[2392] verwiesen, dessen Sachverhalt eine schlicht vergessene Eintragung betreffe und nach dem ausdrücklich geäußerten Willen in der Gesetzesbegründung nicht unter § 173a AO falle.[2393] Die schlicht vergessene Eintragung stelle nämlich eine Unterkategorie der fehlerhaften Übertragung dar, sodass der Gesetzgeber letztlich sämtliche fehlerhafte Übertragungen vom Anwendungsbereich des § 173a AO ausklammern wollen würde.[2394]

Es ist zutreffend, dass in dem angesprochenen Urteil des Bundesfinanzhofs ein Fall des schlichten Vergessens entschieden worden ist.[2395] Es ist allerdings bereits fraglich, ob von der Ausnahme einer Unterkategorie („schlichtes Vergessen") aus dem Anwendungsbereich des § 173a AO auf die Ausnahme der Hauptkategorie („Übertragungsfehler") geschlossen werden kann. Bei genauem Blick auf die Formulierung in den Gesetzgebungsmaterialien wird deutlich, dass dort lediglich das schlichte Vergessen von der Regelung des § 173a AO ausgenommen werden soll, da dieses im entsprechenden Abschnitt ausdrücklich angesprochen wird und lediglich „solche" Übertragungs- und Eingabefehler nicht

---

2389 BR Drucks. 631/15, S. 105; BT Drucks. 18/7457, S. 87.

2390 AEAO Nr. 1 zu § 173a AO.

2391 So *Münch/Sendke*, DStZ 2015, 487, 494 f.; *Gläser/Schöllhorn*, DStR 2016, 1577, 1581; *Habel/S. Müller*, DStR 2016, 2791, 2791 f.; *Loose*, in: 15. DFGT 2018, 87, 89; *ders.*, in: Tipke/Kruse, AO/FGO, § 173a AO Rn. 8 (Stand: September 2020); auch *Wernsmann*, in: Hübschmann/Hepp/Spitaler, AO/FGO, § 129 AO Rn. 32 (Stand: Mai 2017), obwohl dieser, a.a.O. Rn. 50, auch unrichtige Übertragungen von Zahlen unter die Schreibfehler gefasst hatte. Zur identischen Frage im Rahmen des § 129 AO siehe *Nöcker*, DStR 2018, 1417, 1418.

2392 BFH v. 10.2.2015, IX R 18/14, BStBl. II 2017, 7.

2393 *Habel/S. Müller*, DStR 2016, 2791, 2792.

2394 *Habel/S. Müller*, DStR 2016, 2791, 2792.

2395 BFH v. 10.2.2015, IX R 18/14, BStBl. II 2017, 7 Rn. 3.

in den Anwendungsbereich des § 173a AO einzubeziehen seien.[2396] Die übrigen Übertragungsfehler sollen hingegen unter § 173a AO fallen. Die Gesetzesmaterialien sind somit nicht widersprüchlich, sondern in der Aussage eindeutig und im Gesetzgebungsverfahren – bis auf eine Ausnahme – auch einheitlich.[2397]

Dass fehlerhafte Übertragungen unter den Tatbestand des Schreibfehlers zu subsumieren sind, ergibt sich aber nicht nur aus der Heranziehung der – nicht immer zwingend für die Auslegung aussagekräftigen[2398] – Gesetzesmaterialien, sondern lässt sich auch mit dem Wortlaut und dem Sinn und Zweck der Norm begründen: Schreibfehler können sich, selbst wenn die Definition als Rechtschreibungs-, Wortstellungs-, Wortverwechslungs- und Auslassungsfehler[2399] die Vermutung aufkommen lässt, dass sie ausschließlich beim Schreiben von Buchstaben und Worten vorkommen, auch beim Schreiben von Zahlen, etwa als Zahlendreher oder beim falschen Abschreiben von Zahlen ergeben.[2400] Ein Zahlendreher bzw. ein falsches Abschreiben und ein Wort- oder Buchstabenstellungsfehler sind aber qualitativ nichts anderes, als ein bestimmter Übertragungsfehler, sodass auch fehlerhafte Übertragungen von Zahlen und Worten bzw. Buchstaben unter den Begriff des Schreibfehlers gefasst werden können[2401] und die Korrektur nach § 173a AO ermöglichen[2402]. Anders hingegen liegt es,

---

2396 BR Drucks. 631/15, S. 106; BT Drucks. 18/7457, S. 87.

2397 Siehe Diskussionsentwurf „Modernisierung des Besteuerungsverfahrens" des BMF v. 24.11.2014 Rn. 79; Referentenentwurf v. 26.8.2015 S. 97; Gesetzesentwurf v. 18.12.2015, BR Drucks. 631/15; Gesetzesentwurf v. 3.2.2016, BT Drucks. 18/7457, S. 87; eine Ausnahme bildet lediglich die Beschlussempfehlung und der Bericht des Finanzausschusses vom 11.5.2016 S. 100, wobei dort fraglich ist, ob die vorangegangenen Einlassungen aufgehoben werden sollen oder ob lediglich eine im Ausdruck missverständliche Formulierung der Aussage, dass die ähnlichen offenbaren Unrichtigkeiten nicht in den Tatbestand miteinbezogen werden sollen, vorliegt.

2398 *Larenz*, Methodenlehre, S. 328 f.

2399 So etwa *Seer*, in: Tipke/Kruse, AO/FGO, § 129 AO Rn. 9 (Stand: Oktober 2015).

2400 *Wernsmann*, in: Hübschmann/Hepp/Spitaler, AO/FGO, § 129 AO Rn. 50 (Stand: Mai 2017); *Ratschow*, in: Klein, AO, § 129 Rn. 25; *v. Wedelstädt*, in: Gosch, AO/FGO, § 129 AO Rn. 16 (Stand: Januar 2018) ordnet die Zahlendreher den Rechenfehlern zu, was hier zum gleichen Ergebnis führt.

2401 Ebenso *Wernsmann*, in: Hübschmann/Hepp/Spitaler, AO/FGO, § 129 AO Rn. 50 (Stand: Mai 2017); *v. Wedelstädt*, in: Gosch, AO/FGO, § 129 AO Rn. 16 (Stand: Januar 2018).

2402 *Wernthaler*, Korrektur im digitalisierten Besteuerungsverfahren, S. 244 f.; *Frotscher*, in: Schwarz/Pahlke, AO/FGO, § 173a AO Rn. 7 (Stand: März 2017); *v. Wedelstädt*, in: Gosch, AO/FGO, § 173a AO Rn. 10 (Stand: Juni 2019).

wenn überhaupt keine Eintragungen vorgenommen worden sind. Mangels Verschriftlichung von Zahlen oder Buchstaben, kann es in diesem Fall zu keinem Schreibfehler kommen.[2403] Daher ist das schlichte Vergessen von Eintragungen auch nicht von § 173a AO umfasst,[2404] sodass insgesamt ein schlüssiges Bild entsteht.

Der Gesetzgeber hatte bei Einfügung des § 173a AO hauptsächlich den Fall vor Augen, in dem der Steuerpflichtige eine elektronische Steuererklärung einreicht und der Finanzbehörde daneben keine Belege oder Berechnungen übermittelt.[2405] Danach sind nach dem Sinn und Zweck der Norm auch Tippfehler bei der Eingabe von Daten in ein Steuererklärungsprogramm von den Schreibfehlern umfasst.[2406] Die Norm findet aber mangels Einschränkung im Wortlaut gleichsam Anwendung auf die Fälle, in denen der Steuerpflichtige eine Steuererklärung nach amtlich vorgeschriebenem Vordruck bei der Finanzbehörde einreicht und ihm in dieser Schreib- oder Rechenfehler unterlaufen. Nicht erforderlich ist, dass der Fehler für die Finanzbehörde aus den eingereichten Unterlagen erkennbar ist.[2407] Schreib- und Rechenfehler des Steuerpflichtigen führen daher unabhängig davon, ob es sich um Übernahmefehler i.S.d. obigen Darstellung[2408] handelt, zur Korrektur des Steuerbescheides.[2409] (Ungeschriebene)[2410] Voraussetzung der Schreib- und Rechenfehler ist allerdings, dass sie offenbar, d.h., eindeutig als solche – dann – aus den Unterlagen des Steuerpflichtigen erkennbar sind und ein Rechts- oder Tatsachenirrtum ausgeschlossen werden kann.[2411] In zeitlicher Hinsicht wird für gem. § 173a AO zu korrigierende Fehler

---

2403 Im Ergebnis identisch *Wernthaler*, Korrektur im digitalisierten Besteuerungsverfahren, S. 244 f.; *Trossen*, FR 2015, 1021, 1024; *Frotscher*, in: Schwarz/Pahlke, AO/FGO, § 173a AO Rn. 7 (Stand: März 2017); a.A. *Dißars*, Stbg 2018, 508, 516.

2404 Ebenso BFH v. 26.5.2020, IX R 30/19 Rn. 37.

2405 BR Drucks. 631/15, S. 105; BT Drucks. 18/7457, S. 87.

2406 Ebenso *Wernthaler*, Korrektur im digitalisierten Besteuerungsverfahren, S. 243 f.; *Zaumseil*, NJW 2016, 2769, 2773; zum Schreibfehler im Rahmen des § 129 AO so bereits BFH v. 28.5.2015, VI R 63/13 Rn. 15; BFH v. 10.5.2016, IX R 4/15 Rn. 28.

2407 BR Drucks. 631/15, S. 105; BT Drucks. 18/7457, S. 87.

2408 5. Teil C. V. 4. a.

2409 *Schwind*, EFG 2017, 1058, 1058 f.

2410 Zum Streit, ob Schreib- und Rechenfehler stets offenbar sind oder die Offenbarkeit zusätzlich zu prüfen ist, siehe oben bei den Fn. 2179, 2180; in dieser Arbeit wird die Offenbarkeit beweisrechtlich verstanden, siehe dazu Fn. 2194 und den dortigen Text.

2411 BT Drucks. 18/7457, S. 87; *Loose*, in: Tipke/Kruse, AO/FGO, § 173a AO Rn. 6 (Stand: September 2020); *v. Groll*, in: Hübschmann/Hepp/Spitaler, AO/FGO, § 173a

eine Zäsur an dem Punkt zu machen sein, an dem Tätigkeiten ausschließlich für die oder zur Vorbereitung der Steuererklärung erfolgen;[2412] vorgelagerte Tätigkeiten, wie etwa die Erstellung der laufenden Buchführung inkl. Jahresabschluss, zählen nicht mehr zu der „Erstellung der Steuererklärung" und dortige Schreib- oder Rechenfehler können nicht gem. § 173a AO korrigiert werden.[2413]

Nach dieser Darstellung kann schon ein vorläufiges Resümee gezogen und eine Beurteilung abgegeben werden, inwieweit § 173a AO die Situation des Steuerpflichtigen im Steuerverfahren beeinflusst: Nach der hier vertretenen Auffassung bleiben mit fortschreitender Modernisierung des Besteuerungsverfahrens aufgrund der fehlenden sinnlichen Wahrnehmung der Steuererklärungen und ggf. beigefügter Unterlagen durch Sachbearbeiter immer weniger Möglichkeiten, dass dem Steuerpflichtigen unterlaufene offenbare Unrichtigkeiten von der Finanzbehörde als eigene übernommen werden und somit eine Korrektur nach § 129 AO in Betracht kommt. § 173a AO gleicht insoweit zumindest partiell Nachteile in Bezug auf Rechen- und Schreibfehler – unter die auch fehlerhafte Übertragungen fallen – im Korrekturregime aus, die sich aus der Arbeit mit Risikomanagementsystemen und den geänderten Bearbeitungsabläufen in einem stärker technisierten Veranlagungsverfahren ergeben. Eine subjektive Komponente zum Ausgleich einer höheren Belastung im Besteuerungsverfahren bietet § 173a AO hingegen nicht. Im Vergleich mit § 173 AO wird die Korrekturmöglichkeit zugunsten des Steuerpflichtigen vereinfacht, der mit der Anzeige eines Schreib- oder Rechenfehlers der Finanzbehörde auch regelmäßig eine neue Tatsache i.S.d. § 173 Abs. 1 AO mitgeteilt hatte, sich nun aber nicht mehr dem Vorwurf ausgesetzt sehen muss, schuldhaft gehandelt zu haben. Bei einem Schreib- oder Rechenfehler in der Steuererklärung lag nach der hier vertretenen Auffassung zwar ein nicht grob fahrlässiger Fehler vor, der – isoliert betrachtet – eine Korrektur nach § 173 Abs. 1 Nr. 2 AO nicht ausschloss. Unterließen der Steuerpflichtige oder sein steuerlicher Berater aber eine Überprüfung der Angaben in der Steuererklärung auf Übertragungs- und Tippfehler vor dem Absenden an die Finanzbehörde, kam wieder ein grob fahrlässiges Übersehen

---

AO Rn. 21 (Stand: April 2018); *v. Wedelstädt*, in: Gosch, AO/FGO, § 173a AO Rn. 10 (Stand: Juni 2019).

2412 Ähnlich *Frotscher*, in: Schwarz/Pahlke, AO/FGO, § 173a AO Rn. 6 (Stand: März 2017).

2413 Einzelne Abgrenzungsfragen, welche Tätigkeiten im Einzelnen zur Erstellung oder Vorbereitung der Steuererklärung zählen, können hier nicht behandelt werden. Eine zu extensive Auslegung, dass sich der Fehler bloß in der Steuererklärung niedergeschlagen haben muss, seine Quelle aber unbeachtlich ist, muss abgelehnt werden.

dieses Fehlers und damit ein Ausschluss der Korrektur nach § 173 Abs. 1 Nr. 2 AO in Betracht.[2414] An dieser Stelle ist kein direkter Ausgleich von Nachteilen im Zusammenhang mit dem modernisierten Besteuerungsverfahren durch § 173a AO erkennbar. Am ehesten könnte man hier noch die stets behauptete Unübersichtlichkeit der Steuererklärungsformulare oder ihre Darstellung am Computerbildschirm aufführen, die die Kontrollphase erschweren. Derartige Aspekte wären aber auch bereits bei Auslegung des groben Verschuldens unter Verfahrensleistungsfähigkeitsaspekten zu berücksichtigen gewesen.[2415] Insoweit ergibt sich im Fehlerbereich des § 173 Abs. 1 Nr. 2 AO eine verfahrensrechtliche Überkompensation durch § 173a AO zugunsten des Steuerpflichtigen.

2. *Das Fehlen der „ähnlichen Unrichtigkeiten" als systemwidrige Benachteiligung?*

a. *Kritik aus der Literatur*

Ähnliche offenbare Unrichtigkeiten, wie sie in § 129 AO genannt sind, sind vom Wortlaut des § 173a AO nicht umfasst und können mangels Regelungslücke[2416] auch nicht im Zuge einer teleologischen Extension in die Norm hereingelesen werden:[2417] In den Gesetzesmaterialien wird zur Abgrenzung vom Schreibfehler für einen Fall der ähnlichen offenbaren Unrichtigkeit, nämlich der schlicht vergessenen Übertragung selbst ermittelter Besteuerungsgrundlagen, auf die – auch oben bereits angesprochene[2418] – Möglichkeit der Korrektur nach § 173 AO verwiesen,[2419] sodass eine explizite und bewusste Ausnahme aus dem Tatbestand anzunehmen ist.[2420] Die Auslassung dieses Korrekturtatbestandes wird in der

2414 Siehe dazu oben 5. Teil C. III. 5.

2415 Siehe oben 5. Teil C. III. 7. c.

2416 Siehe zur Regelungslücke als Voraussetzung der Rechtsfortbildung *Larenz*, Methodenlehre, S. 370-381.

2417 Zutreffend *Wernthaler*, Korrektur im digitalisierten Besteuerungsverfahren, S. 245 f.; *Rüsken*, in: Klein, AO, § 173a AO Rn. 7; so aber angedacht bei *Habel/S. Müller*, DStR 2016, 2791, 2794 und *Steinhauff*, AO-StB 2017, 31, 32. *Seer*, in: Tipke/Lang, Steuerrecht, Rn. 21.418, denkt ebenfalls über eine teleologisch-extensive Auslegung der Norm nach; seine Aussage a.a.O., insb. Fn. 815, macht deutlich, dass er dies auf die fehlerhaften Übertragungen im hier verstandenen Sinne beschränkt.

2418 5. Teil C. III. 6.

2419 BT Drucks. 18/7457, S. 87;

2420 A.A. ohne weitere Begründung *Dißars*, Stbg 2018, 508, 516.

Literatur als „Wertungswiderspruch“[2421] kritisiert, § 173a AO gar als „unvollendet“[2422] oder „Mogelpackung“[2423] angesehen: Es leuchte nicht ein, warum der Gesetzgeber zwischen einer versehentlich falschen und einer (schlicht) vergessenen Eintragung differenzieren wolle[2424] und die Anwendungsbereiche von § 173a AO und § 129 AO nicht deckungsgleich seien[2425]. Es stünde daher der Finanzbehörde bei Eingabe- und Übertragungsfehlern eine Korrektur nach § 129 AO offen, dem Steuerpflichtigen bliebe eine Korrektur nach § 173a AO jedoch verwehrt.[2426] Da Beweisschwierigkeiten und Missbrauchsgefahr auf beiden Seiten bestünden, gebiete es eine gleichmäßige Risiko- und Lastenverteilung, den Tatbestand des § 173a AO zu erweitern.[2427] Andere hingegen sehen in der gesetzlichen Regelung lediglich eine Klarstellung der bisherigen Rechtswirklichkeit und keinen Mehrwert für den Steuerpflichtigen.[2428]

b. Asymmetrische Behandlung von Steuerpflichtigem und Finanzbehörde?

Die Klärung der Frage, ob der Steuerpflichtige und die Finanzbehörde mit Blick auf die Bestandskraft eine asymmetrische Behandlung durch §§ 129, 173a AO erfahren, hängt zunächst von den Beiträgen beider Beteiligter zum und im Steuerverfahren ab, denn die rechtlichen Verantwortlichkeiten zwischen Steuerpflichtigem und Finanzbehörde sind trotz aller Kooperation voneinander strikt zu trennen.[2429] Dabei kann die Betrachtung im Anwendungsbereich des § 173a

2421 *Braun Binder*, DStZ 2016, 526, 534; *Bruschke*, StB 2020, 8, 9; *Loose,* in: Tipke/Kruse, AO/FGO, § 173a AO Rn. 5 (Stand: Januar 2017).

2422 *Nöcker*, AO-StB 2017, 317, 317.

2423 *Lanwehr*, Faktische Selbstveranlagung, S. 317.

2424 *Baldauf*, DStR 2016, 833, 839; siehe auch die Stellungnahme des IDW zum Diskussionsentwurf „Modernisierung des Besteuerungsverfahrens“ v. 2.2.2015, S. 12.

2425 *Seer*, StuW 2015, 315, 325; *Wernthaler*, Korrektur im digitalisierten Besteuerungsverfahren, S. 269-271.

2426 *Münch/Sendke*, DStZ 2015, 487, 495; *Baldauf*, DStR 2016, 833, 839; *Braun Binder*, DStZ 2016, 526, 534; *Habel/S. Müller*, DStR 2016, 2791, 2792; *Nöcker*, DStR 2018, 1417, 1420; eine generell einseitige Entlastung der Finanzbehörden durch das Gesetz zur Modernisierung des Besteuerungsverfahrens attestiert *G. Kirchhof*, DStJG 40 (2017), 47, 62 f.

2427 *Baldauf*, DStR 2016, 833, 839.

2428 *Dißars*, BB 2017, 1307, 1308; *Wernthaler*, Korrektur im digitalisierten Besteuerungsverfahren, S. 269-273.

2429 *Drüen*, FR 2011, 101, 105.

AO auf die Steuererklärung und ihre Erstellung durch den Steuerpflichtigen einerseits und die Bearbeitung dieser Steuererklärung durch die Finanzbehörde andererseits beschränkt werden.

aa. Tätigkeiten des Steuerpflichtigen im Steuerverfahren

Der Steuerpflichtige teilt im Steuerverfahren durch Ausfüllen und Einreichen der Steuererklärung der Finanzbehörde den Sachverhalt mit und nimmt dabei bereits rechtliche Subsumtionen vor. Das Ausfüllen der Steuererklärungsformulare und Eingabefelder wurde bereits oben ausführlich beschrieben.[2430] Die unterschiedlichen – behördlich zur Verfügung gestellten oder von privaten Anbietern vertriebenen – Programme zur Erstellung der Steuererklärung bieten dabei verschiedene Benutzeroberflächen und Hilfestellungen zur Unterstützung des Steuerpflichtigen an. Die im Zusammenhang damit bestehende Fehlertypologie, d.h. die verschiedenen Möglichkeiten, dass dem Steuerpflichtigen bei Erfüllung seiner Steuererklärungspflichten Fehler unterlaufen können, wurde ebenfalls oben dargestellt.[2431] Dabei wurde auch untersucht, inwieweit an den Steuerpflichtigen aufgrund der Digitalisierung der Steuererklärungspflichten höhere Anforderungen gestellt werden und inwieweit daraus Fehler resultieren können. Im Ergebnis wurde keine signifikante und vor allem systembedingte Schlechterstellung des Steuerpflichtigen bei Erfüllung seiner Steuererklärungspflichten im Vergleich von elektronischer und papierner Steuererklärung festgestellt.

bb. Tätigkeiten der Finanzbehörde im Steuerverfahren

Auf der Seite der Finanzbehörde ist die Kerntätigkeit die Durchführung des Veranlagungsverfahrens, also das Bearbeiten der Steuererklärung bis zur Erstellung und Übermittlung eines Steuerbescheides. Dabei hat die Finanzbehörde neben der Prüfung der Angaben des Steuerpflichtigen auch programmseitige Anweisungen umzusetzen, etwa über eine Zahleneingabe die Art der Veranlagung zu steuern, Nebenbestimmungen festzulegen, Kontrollmitteilungen zu berücksichtigen, Vorauszahlungen umzubuchen oder einen Verlustrücktrag durchzuführen. Hierbei kann es insbesondere dergestalt zu Fehlvorstellungen über den Ablauf des Rechenprogrammes kommen, dass eine eingegebene Kennziffer zur Steuerung eines bestimmten Rechenprogrammes nicht zu dem gewünschten Ergebnis führt. Bei überschlägiger Betrachtung wird bereits deutlich, dass der

---

2430 Siehe oben 2. Teil B. IX.

2431 Siehe oben 5. Teil C. II.

Finanzbehörde im Bereich der Steuerveranlagung Fehlerquellen offenstehen, die dem Steuerpflichtigen verschlossen sind, weil sie außerhalb seines Tätigkeitsbereichs liegen. Denn der Steuerpflichtige trifft im Einzelnen keine Entscheidung über die Festsetzung seiner Steuer oder Rechenabläufe, die zur Festsetzung der Steuer führen, er liefert nur Informationen und mithin Berechnungsgrundlagen.

cc. *Asymmetrische Anforderungen an die Finanzbehörde und den Steuerpflichtigen*

Trotz kooperativer Arbeitsteilung im Besteuerungsverfahren lassen sich die Tätigkeiten von Finanzbehörde und Steuerpflichtigem nicht ohne Weiteres gleichsetzen, da sie jeweils unterschiedliche Verfahrensabschnitte betreffen und dabei auch unterschiedliche Anforderungen an den jeweiligen Akteur stellen. Die Verantwortlichkeiten von Finanzbehörde und Steuerpflichtigem sind mithin voneinander zu trennen.[2432] Wenn aufseiten des Steuerpflichtigen in der Literatur aufgezählt wird, dass dieser „Kennzahlen verwechseln"[2433] könne und dies zum Gegenstand der Kritik gemacht wird, dann verkennt diese Ansicht, was eine Steuererklärung ist und welche Verantwortlichkeiten die Finanzbehörde im Gegensatz zum Steuerpflichtigen im Steuerverfahren trägt. Denn der Steuerpflichtige gibt keine Kennzahlen ein, er weist keine Kennzahlen an, er programmiert auch nicht, wie sein Steuerbescheid aussehen wird, sondern er beantwortet Fragen zu seinen steuerlichen Verhältnissen. Es kann folglich zu keiner Kennzahlenverwechslung kommen. Die Veranlagungsarbeit der Finanzbehörde wurde durch die Digitalisierung und gesetzlich vor allem durch die Einführung der elektronischen Steuererklärung, durch Risikomanagementsysteme sowie die Möglichkeit, Steuerbescheide vollautomatisch gem. § 150 Abs. 4 S. 1 AO zu erlassen, erleichtert, sodass die Finanzbehörde ihre Veranlagungstätigkeit auf die prüfungsrelevanten Fälle konzentrieren kann. Dies bedeutet aber nicht, dass die Finanzbehörde Aufgaben an den Steuerpflichtigen übertragen hätte, denn es bleibt weiterhin dabei, dass die Veranlagungstätigkeit in der Sphäre der Finanzbehörde stattfindet. Der Steuerpflichtige macht in seiner elektronischen Steuererklärung qualitativ identische Angaben, wie auch in seiner Steuererklärung auf Papier. Was sich durch die Möglichkeit, Steuerbescheide vollautomatisiert zu erlassen, verändert, ist die Art und Weise wie das Verifikationsprinzip durch die Finanzbehörde konkretisiert wird: Die Abgabe von Plausibilitätsprüfungen an nunmehr gesetzlich in § 88 Abs. 5 AO vorgesehene Risikomanagementsysteme

---

2432 *Drüen*, FR 2011, 101, 105.

2433 *Wernthaler*, Korrektur im digitalisierten Besteuerungsverfahren, S. 271.

hat mittelbare Auswirkungen auf die Position des Steuerpflichtigen im Steuerverfahren, dem dadurch bisher von der Rechtsprechung zugestandene Möglichkeiten zur Korrektur eines Steuerbescheides im Falle einer zu seinen Ungunsten unrichtigen bzw. unvollständigen Steuererklärung abgeschnitten werden.[2434] Das ist zu rechtfertigen.

dd. Umsetzung durch die Korrekturnormen

Die unterschiedlichen Anforderungen an den Steuerpflichtigen einerseits und an die Finanzbehörde andererseits spiegeln sich in den verschiedenen Korrekturvorschriften der Abgabenordnung wider. Während die Finanzbehörde im EDV-gestützten Veranlagungsverfahren vielen Fehlerquellen gegenübersteht und die Korrektur eines Steuerbescheides aufgrund eines „technischen" bzw. mechanischen Fehlers „beim Erlass eines Verwaltungsakts" verschuldensunabhängig über § 129 AO möglich sein soll,[2435] wurde die Erfüllung der Steuererklärungspflicht durch den Steuerpflichtigen vom Gesetzgeber offensichtlich als weniger fehleranfällig eingeordnet, sodass es an einer speziellen Korrekturvorschrift zugunsten des Steuerpflichtigen in der Abgabenordnung bisher mangelte. „Technische" bzw. mechanische Fehler, die dem Steuerpflichtigen beim Erstellen seiner Steuererklärung unterlaufen sind, konnten in Steuerbescheiden, die vor dem 1.1.2017 erlassen worden sind,[2436] nur im Fahrwasser der §§ 129, 173 Abs. 1 Nr. 2 AO zu seinen Gunsten unter zusätzlichen Voraussetzungen korrigiert werden.[2437]

Durch Einfügung des § 173a AO in das Korrekturregime der Abgabenordnung wird dem geänderten Veranlagungsverfahren aufseiten der Finanzbehörde Rechnung getragen. Denn Fehler des Steuerpflichtigen, die sich die Finanzbehörde als Übernahmefehler zu eigen machen konnte, liegen nach hier vertretener Auffassung dann nicht mehr vor, wenn keine sinnliche Wahrnehmung der übermittelten Daten des Steuerpflichtigen durch den Sachbearbeiter stattfindet, wie es der Fall bei der elektronischen Steuererklärung ist, die in einen

2434 Siehe dazu oben die Ausführungen zum Übernahmefehler bei § 129 AO 5. Teil C. V. 4.

2435 Siehe die Überlegungen zu § 133 AO-E (heute § 129 AO) in BT Drucks. IV/1982, S. 142.

2436 § 173a AO ist gem. Art. 97 § 9 Abs. 4 EGAO auf Steuerbescheide anzuwenden, die nach dem 31.12.2016 erlassen worden sind.

2437 Siehe zu § 173 Abs. 1 Nr. 2 AO oben 5. Teil C. III. 5. und 6. und zum Übernahmefehler bei § 129 AO 5. Teil C. V. 4.

ausschließlich automationsgestützt erstellten Steuerbescheid i.S.d. § 155 Abs. 4 S. 1 AO münden kann, oder wenn die Fehler mangels Offenlegung von Rechenschritten auf Beiblättern nicht erkennbar sind.[2438] Die Fehlerquelle liegt dann nicht mehr (auch) in der Sphäre der Finanzbehörde, sondern ausschließlich in der Sphäre des Steuerpflichtigen. Die Zuordnung der einzelnen Fehlerquellen zu den Verantwortungssphären des Steuerpflichtigen und der Finanzbehörde wird auch im Wortlaut von § 129 AO und § 173a AO deutlich: § 129 AO findet auf Fehler Anwendung, die „beim Erlass eines Verwaltungsakts" unterlaufen sind und spricht damit die Urtätigkeit der Finanzbehörde, Verwaltungsakte zu erlassen an, während § 173a AO die Fehlerquelle „bei Erstellung seiner Steuererklärung" bezeichnet und damit ausdrücklich die Sphäre des Steuerpflichtigen anspricht.

Aufgrund des engeren Anwendungsbereiches des § 173a AO, der auf Rechen- und Schreibfehler beschränkt ist, in diesem Anwendungsbereich aber nach hier vertretener Auffassung auch fehlerhafte Übertragungen beim Abschreiben erfasst, stellt sich die Frage, ob § 129 AO und § 173 AO in den Fällen noch Anwendung finden, die nicht von § 173a AO umfasst sind oder ob § 173a AO eine abschließende Regelung für Fehler des Steuerpflichtigen in seiner Steuererklärung beinhaltet. Angesprochen ist damit das Verhältnis von § 173a AO zu den anderen Korrekturvorschriften und seine systematische Stellung. In der Literatur wird vertreten, dass § 173a AO jedenfalls in Bezug auf Schreib- und Rechenfehler *lex specialis* zu § 129 AO sei, diesen also in seiner Rechtsfolge verdrängen würde.[2439] Die Auflösung einer Normenkollision nach den Grundsätzen der Spezialität setzt voraus, dass § 173a AO alle Tatbestandsmerkmale des § 129 AO und noch mindestens ein zusätzliches beinhaltet und fordert noch dazu, dass die Rechtsfolgen der geprüften Normen nicht miteinander verträglich sind.[2440] Zum letzteren Merkmal der Erforderlichkeit einer nicht miteinander verträglichen Rechtsfolge lässt sich im Bereich der Korrekturvorschriften in der Abgabenordnung ein Nebeneinander der einzelnen Ermächtigungen zur Korrektur eines Steuerbescheides feststellen. D.h., wenn die Voraussetzungen

---

2438 *Seer*, StuW 2015, 315, 325, der jedoch überlegt, ob nicht in der automatischen Veranlagung eine hoheitliche Übernahme von Fehlern zu sehen ist, jedoch auch für diesen Fall konstatiert, dass zusätzliche Belege und Berechnungen fehlen würden, aus denen sich die Fehler ergeben könnten; *v. Wedelstädt*, AO-StB 2017, 19, 19.

2439 *Keller*, Das Finanzamt als Partner, S. 250; *Seer*, StuW 2015, 315, 325; *Wernsmann*, in: Hübschmann/Hepp/Spitaler, AO/FGO, § 129 AO Rn. 32 (Stand: Mai 2017); *v. Wedelstädt*, in: Gosch, AO/FGO, § 173a AO Rn. 7 (Stand: Juni 2019).

2440 *Larenz*, Methodenlehre, S. 267 f.

mehrere Korrekturvorschriften einschlägig sind, finden diese auch nebeneinander Anwendung.[2441] Prozessuale Probleme, die an dieser Stelle für die Beurteilung irrelevant sind, können sich nur dann ergeben, wenn die Korrekturvorschriften zum Teil kein Ermessen vorsehen, wie in den Fällen der §§ 172 ff. AO, und zum Teil eine Ermessensausübung erfordern, wie es bei § 129 AO der Fall ist.[2442] Daher stehen die Ermächtigungsgrundlagen grundsätzlich gleichberechtigt im Sinne einer „kumulativen Normenkonkurrenz“[2443] nebeneinander und können auch kumulativ bei der Korrektur eines Steuerbescheides herangezogen werden, sodass keine Unverträglichkeit der Rechtsfolgen vorliegt, der *lex specialis*-Grundsatz also keine Anwendung findet.[2444] Ob § 173a AO Vorrang vor §§ 129, 173 AO genießt, kann sich folglich nur noch aus einer teleologischen oder systematischen Auslegung ergeben.[2445] Dazu wird aus den Gesetzesmaterialien deutlich, dass der Gesetzgeber § 173a AO als *zusätzliche Korrekturmöglichkeit* für den Steuerpflichtigen vorgesehen hat und bestehende Korrekturmöglichkeiten nicht einschränken oder aufheben wollte.[2446] Systematisch ergibt sich nichts anderes. Somit ist als Ergebnis festzuhalten, dass § 173a AO die Anwendbarkeit anderer Korrekturvorschriften nicht ausschließt,[2447] sondern darüber hinaus Korrekturpotential für Steuerbescheide schafft.

ee. Beantwortung der aufgeworfenen Frage

Mit den geleisteten Vorüberlegungen lässt sich nun die Kernfrage beantworten: Dass § 173a AO lediglich Schreib- und Rechenfehler als zu korrigierende Fehlerarten enthält, begründet unter Beachtung der vorangegangenen Ausführungen keine asymmetrische Behandlung von Steuerpflichtigem und Finanzbehörde. Für die Herleitung ist wiederum die Veränderung des Besteuerungsverfahrens durch die elektronische Steuererklärung, die Verarbeitung der

---

2441 Da § 129 AO hier als eine die Bestandskraft durchbrechende Norm angesehen worden ist (siehe oben 5. Teil A. IV.), ergeben sich auch keine Probleme bezüglich einer identischen Rechtsfolge mit den §§ 172 ff. AO („Bestandskraftdurchbrechung“).

2442 Siehe dazu *Wernsmann*, in: Hübschmann/Hepp/Spitaler, AO/FGO, § 129 AO Rn. 32 (Stand: Mai 2017).

2443 Siehe zur Begrifflichkeit *Larenz*, Methodenlehre, S. 269 f.

2444 *Wernthaler*, Korrektur im digitalisierten Besteuerungsverfahren, S. 102 f.

2445 Siehe allgemein *Larenz*, Methodenlehre, S. 268 f.

2446 BT Drucks. 18/7457, S. 88.

2447 Im Ergebnis ebenso *Wernthaler*, Korrektur im digitalisierten Besteuerungsverfahren, S. 101-103; *Loose*, in: Tipke/Kruse, AO/FGO, §173a AO Rn. 10 (Stand: September 2020); *Frotscher*, in: Schwarz/Pahlke, AO/FGO, § 173a AO Rn. 1 (Stand: März 2017).

Erklärungsdaten durch Risikomanagementsysteme und die Möglichkeit, Steuerbescheide vollautomatisiert zu erlassen, Ausgangspunkt. Ohne die elektronische Steuererklärung konnten der Finanzbehörde beim Übertragen der Daten aus der Steuererklärung „technische“ bzw. mechanische Fehler unterlaufen, etwa das fehlerhafte Abtippen von Zahlen oder das Übersehen von Zahlen, die, soweit der Fehler offenbar war, gem. § 129 AO korrigiert werden konnten. Weiterhin konnte die Finanzbehörde „technische“ bzw. mechanische Fehler des Steuerpflichtigen beim Abtippen der Steuererklärung oder im Veranlagungsverfahren übernehmen, die als Übernahmefehler ebenfalls gem. § 129 AO korrigiert werden konnten. Diese Fehlerquellen in der Sphäre der Finanzbehörde fallen durch die elektronische Steuererklärung, die Verwendung von Risikomanagementsystemen und die Möglichkeit einer vollautomatisierten Bescheiderstellung weitestgehend weg. Für wegfallende Fehlerquellen besteht kein Korrekturbedarf. Auf der Seite des Steuerpflichtigen bleiben die „technischen“ bzw. mechanischen Fehlerquellen weitestgehend konstant: Er kann sich beim Erstellen seiner Steuererklärung vertippen oder schlicht vergessen, bestimmte Angaben in die Steuererklärung zu übernehmen. Für diese Fehlerquelle stand ihm vorher die Berichtigungsmöglichkeit des § 173 Abs. 1 Nr. 2 AO zu seinen Gunsten zur Verfügung. Mit der Einführung von § 173a AO wurde diese Korrekturmöglichkeit in den Fällen der Schreib- und Rechenfehler erweitert, worunter hier auch die fehlerhaften Übertragungen gefasst worden sind.

Das in der Literatur vernommene Störgefühl, dass dem Steuerpflichtigen eine Korrekturmöglichkeit „weggenommen“ wird, resultiert letztlich daraus, dass die Verantwortlichkeiten von Steuerpflichtigem und Finanzbehörde im Steuerverfahren und damit auch die in den verschiedenen Verantwortungssphären auftretenden Fehlerquellen nicht sauber voneinander getrennt werden. Die durch die Modernisierung des Besteuerungsverfahrens *faktisch* verlustig gegangene Möglichkeit, Fehler des Steuerpflichtigen als Übernahmefehler gem. § 129 AO zu korrigieren, resultiert nur *systembedingt* daraus, dass der Raum für Fehler der Finanzbehörde eingeschränkt wird. Es handelt sich bei der wegfallenden Korrekturmöglichkeit um einen *systemimmanenten Reflex*. Der Übernahmefehler im Rahmen von § 129 AO war nie die Korrektur (nur) eines Fehlers des Steuerpflichtigen, sondern die die Korrektur begründende Fehlerquelle lag in der Sphäre der Finanzbehörde durch Übernahme des Fehlers des Steuerpflichtigen. Der Wegfall von Fehlerquellen rechtfertigt den Wegfall von bisher faktisch bestandenen Korrekturmöglichkeiten.

Kann man sich der hier dargestellten Argumentation anschließen, lässt sich die Aussage einer asymmetrischen Behandlung von Steuerpflichtigem und Finanzbehörde, begründet durch einen Wertungswiderspruch, der darin liegt, dass ähnliche offenbare Unrichtigkeiten nicht von § 173a AO umfasst sind, nicht mehr überzeugend aufrechterhalten.

c. *Beweisschwierigkeiten als Begründung im Gesetzgebungsverfahren*

Im Gesetzgebungsverfahren ist außerdem geäußert worden, dass die ähnlichen offenbaren Unrichtigkeiten, vorneweg die vom Steuerpflichtigen schlicht vergessenen Eintragungen in seiner Steuererklärung, kaum überprüft oder bewiesen werden können.[2448] Diese Einlassung wurde von Teilen der Literatur geteilt oder jedenfalls zustimmend zur Kenntnis genommen.[2449] So wird bereits bei der bestehenden, auf Schreib- und Rechenfehler begrenzten Regelung eine „gewisse Missbrauchsgefahr" festgestellt, da es dem Steuerpflichtigen ermöglicht werde, „[g]erade Berechnungsblätter [...] in Zeiten elektronischer Dokumentverarbeitung im Nachhinein leicht dahingehend [zu] ändern, dass ein rechtlicher Fehler zum bloßen Rechenfehler wird".[2450] Dieser Einwand ist nicht von der Hand zu weisen, auch wenn grundsätzlich von der Steuerehrlichkeit der Bürger ausgegangen werden soll. § 173a AO birgt beim genaueren Hinsehen sogar noch ein viel gravierenderes systematisches Problem. Denn § 173a AO könnte als Korrekturnorm einen so ausufernden Anwendungsbereich haben, dass er den Grundsatz der Bestandskraft letztlich faktisch außer Kraft setzt, wenn noch die ähnlichen offenbaren Unrichtigkeiten mit in den Tatbestand einbezogen werden. In dieser Ausarbeitung wurde vertreten, dass die derzeitige Rechtsprechung zu § 129 AO zu extensiv ist und die Norm auf Sachverhalte angewendet wird, in denen keine offenbaren Unrichtigkeiten vorliegen.[2451] Es droht durch die exzessive Anwendung des § 129 AO eine Aushöhlung der Bestandskraft von der Seite der Finanzbehörde[2452] und durch § 173a AO eine Aushöhlung der Bestandskraft von der Seite des Steuerpflichtigen. Es ist hier daher auf beiden Seiten „abzurüsten", wenn der Gesetzgeber nicht die Bestandskraft eines Steuerbescheides zum Ausnahmefall machen möchte, was durch das Festhalten an dem von unterschiedlichen Korrekturtatbeständen geprägten Korrekturregime der §§ 172 ff. AO unwahrscheinlich erscheint.

2448 Siehe Diskussionsentwurf „Modernisierung des Besteuerungsverfahrens" des BMF v. 24.11.2014 Rn. 79; BT Drucks. 18/8434, S. 100.

2449 *v. Wedelstädt*, AO-StB 2017, 19, 23; *Baum*, NWB 2017, 2778, 2782.

2450 *Münch/Sendke*, DStZ 2015, 487, 495, auch für beide Zitate.

2451 Siehe oben 5. Teil C. V. 2. d. und e. und 5.

2452 Siehe dazu die Kritik bei *Seer*, in: Tipke/Kruse, AO/FGO, § 129 AO Rn. 6a (Stand: Oktober 2015) und insgesamt auch schon oben 5. Teil C. V. 2. d. und e.

d. Ergebnis: Keine systemwidrige Benachteiligung des Steuerpflichtigen

Der Vergleich der unterschiedlichen Beiträge von Steuerpflichtigem und Finanzbehörde im Besteuerungsverfahren lässt nicht den Schluss einer asymmetrischen Behandlung oder eines Wertungswiderspruches durch §§ 129, 173a AO zu. Dass ähnliche offenbare Unrichtigkeiten nicht von § 173a AO umfasst sind, lässt sich zum einen mit dem unterschiedlichen Anforderungsprofil an Finanzbehörde und Steuerpflichtigen und zum anderen mit Blick auf Beweisschwierigkeiten und eine sonst drohende Aushöhlung der Bestandskraft rechtfertigen. Die Fehlerquelle des schlicht vergessenen Übernahmefehlers als offenbare Unrichtigkeit ist zwar nicht von § 173a AO umfasst, kann aber weiterhin gem. § 129 AO geändert werden, sodass letzterer seine praktische Relevanz nicht eingebüßt hat.[2453] Freilich muss der Finanzbehörde hierbei der Fehler erkennbar sein. Dass es nicht einleuchte, warum der Gesetzgeber zwischen fehlerhaften Übertragungen und (schlicht) vergessenen Eintragungen differenzieren wollte, gewinnt unter Beweisaspekten Klarheit: Der mechanische Fehler des Steuerpflichtigen muss sich zumindest objektiv anhand in das Besteuerungsverfahren gebrachter Erklärungen andeuten und sich so nachvollziehen lassen, um korrigiert werden zu können. Die bloße Behauptung einer vergessenen Eintragung reicht hierzu nicht aus, ein Übertragungsfehler wird diese Anforderung aber regelmäßig erfüllen. Der Übernahmefehler könnte mit der in 2020 partiell bereits umgesetzten Möglichkeit des Beleguploads und der elektronischen Übermittlung von Belegen zur Steuererklärung in ELSTER zum Teil wiederauferstehen. Der Forderung, dass dem Steuerpflichtigen daher die Möglichkeit eingeräumt werden müsse, sämtliche Eingabe- und Übertragungsfehler, die ihm beim Erstellen seiner Steuererklärung unterlaufen, korrigieren zu können,[2454] sowie der eingangs erläuterten Kritik aus der Literatur wird sich an dieser Stelle nicht angeschlossen.

3. Ausgleich von strukturellen Nachteilen des vollautomatisierten Steuerbescheides

Ein weiterer Aspekt, der für eine umfassendere Korrekturpflicht von Fehlern des Steuerpflichtigen sprechen könnte, ist die Automatisierung des Besteuerungsverfahrens, also die durch § 155 Abs. 4 S. 1 AO geschaffene Möglichkeit, ohne Zwischenschaltung eines Sachbearbeiters aus den vom Steuerpflichtigen und Dritten übermittelten Daten einen Steuerbescheid zu erstellen und zu übermitteln.

2453 *Vorbeck*, EFG 2020, 570, 571.

2454 So aber z.B. *Nöcker*, DStR 2018, 1417, 1420.

Nährboden für diese Forderung ist zum einen der den Freiheitsgrundrechten und dem Rechtsstaatsprinzip entspringende Grundsatz der Gewährung rechtlichen Gehörs im Verwaltungsverfahren.[2455] Zum anderen sieht auch das EU-Recht in Art. 22 Abs. 1, Abs. 2 lit. b DSGVO[2456] vor, dass eine Person nur dann einer ausschließlich auf einer automatisierten Verarbeitung beruhenden, sie rechtlich betreffenden Entscheidung unterworfen werden darf, wenn die Entscheidung durch Rechtsvorschriften legitimiert ist und der Person angemessene Maßnahmen zur Wahrung ihrer Rechte und Freiheiten sowie ihrer berechtigten Interessen zustehen.[2457] Anknüpfungspunkt von Art. 22 DSGVO ist die Zulässigkeit des automatischen Entscheidungsvorgangs aufgrund verarbeiteter Daten, nicht die Zulässigkeit der Datenverarbeitung selbst.[2458] Aus diesen Aussagen wird gefolgert, dass es dem vom Verwaltungsakt Betroffenen möglich sein muss, das automatisiert erzeugte Ergebnis, also den Verwaltungsakt, sogleich ändern zu lassen und zwar ohne die Hürden eines förmlichen Rechtsbehelfsverfahrens oder den gerichtlichen Rechtsschutz durch formlose Mitteilung von Tatsachen oder rechtlichen Einwänden.[2459] Der Grund dieser Gewährleistungen kann aber nicht in der pauschalen Behauptung, dass elektronisch bzw. vollautomatisiert erzeugte Steuerbescheide fehleranfälliger sind und daher ein entsprechendes Korrekturinstrument erforderlich ist, gesehen werden,[2460] sondern ist in der

---

2455 *Seer*, in: Tipke/Lang, Steuerrecht, Rn. 21.9.

2456 Die Vorschrift ist Nachfolger von § 6a BDSG, der auf Art. 15 EG-Datenschutzrichtlinie zurückgeht, *Kamlah*, in: Plath, DSGVO/BDSG, Art. 22 DSGVO Rn. 1.

2457 Bei Art. 22 Abs. 2 lit. b DSGVO handelt es sich um eine Öffnungsklausel, die es den Staaten ermöglicht entsprechende Regelungen zu schaffen, was mit § 155 Abs. 4 S. 1 AO geschehen ist; zu Einzelheiten siehe *Kamlah*, in: Plath, DSGVO/BDSG, Art. 22 DSGVO Rn. 9.

2458 *Kamlah*, in: Plath, DSGVO/BDSG, Art. 22 DSGVO Rn. 1.

2459 *Bull*, DVBl 2017, 409, 412.

2460 So aber *Müller-Franken*, StuW 2018, 113, 120; *Heintzen*, DÖV 2015, 780, 786; siehe auch Stellungnahme der DStG vom 8.4.2016, S. 5, die die fehlerhaften Bescheide auch mit dem verwendeten Risikomanagementsystem in Verbindung bringt. Im Gegenteil wird man sogar feststellen müssen, dass im gesetzgeberseitig vorgestellten Idealfall, in dem die Steuererklärungen elektronisch übermittelt und die Daten direkt bei der Finanzbehörde elektronisch verarbeitet werden, zumindest diejenigen Fehlerquellen beseitigt sind, aus denen wegen des Medienbruchs zwischen Papier und PC Übertragungsfehler resultieren können. Auch aus den Gesetzesmaterialien ergibt sich, dass im Gesetzgebungsverfahren davon ausgegangen worden ist, dass der Wegfall der persönlichen Überprüfung nicht mit einem Qualitätsverlust einher geht, siehe BT Drucks. 18/7456, S. 49.

fehlenden menschlichen Interaktion bei der Entscheidungsfindung im Einzelfall zu verorten[2461]. Eine umfassende Korrekturmöglichkeit, die dem Bürger eine jederzeitige Korrektur des Verwaltungsaktes ermöglichen würde, findet sich in § 164 AO, der aber nach den hier getroffenen Feststellungen nicht auf die Fälle der vollautomatisierten Veranlagung anwendbar ist.[2462] Außerhalb des außergerichtlichen Rechtsbehelfsverfahrens stehen dem Steuerpflichtigen im Steuerverfahren bei Korrekturen zu seinen Gunsten insbesondere die §§ 129, 173 Abs. 1 Nr. 2, 173a AO zur Verfügung, die innerhalb der Einspruchsfrist durch § 172 Abs. 1 Nr. 2 lit. a AO ergänzt werden. Durch § 172 Abs. 1 Nr. 2 lit. a AO steht dem Steuerpflichtigen jedenfalls innerhalb der Einspruchsfrist die Möglichkeit zu, den Verwaltungsakt unbeschränkt zu seinen Gunsten ändern zu lassen. Dass diese Möglichkeit mit Ablauf der Einspruchsfrist wegfällt und Korrekturen nur noch aufgrund anderer Korrekturvorschriften mit den entsprechend eingeschränkten Tatbeständen möglich sind, mag als noch nicht ausreichend angesehen werden, um die durch die Vollautomatisierung im Besteuerungsverfahren bestehenden Nachteile auszugleichen. Hier ist zu beachten, dass der Steuerpflichtige, über das qualifizierte Freitextfeld in der Steuererklärung eine Konfrontation mit dem Sachbearbeiter erzwingen kann und ihm auf diesem Wege auch rechtliches Gehör verschafft wird,[2463] sodass in der Gesamtschau davon auszugehen ist, dass die Nachteile des vollautomatisierten Steuerbescheides mit Blick auf Art. 22 DSGVO ausgeglichen sind.

4. *Fehlende Korrelation von Sachverhaltsermittlung und Bestandskraft als Kritikpunkt*

Stimmen aus der Literatur führen an, dass sich der Umfang der Bestandskraft nach dem Umfang der Sachverhaltsermittlung im Besteuerungsverfahren richte, somit ein Korrelat zwischen Sachverhaltsermittlung und Bestandskraft bestehe und dieses durch das bestehende Korrektursystem nicht ausreichend umgesetzt werde.[2464] Die Faustformel lautet danach kurzgesagt: Je gründlicher und intensiver die Sachverhaltsaufklärung durch die Finanzbehörde erfolgt, desto schützenswerter ist das Vertrauen des Adressaten in den Bestand des

2461 *Bull*, DVBl 2017, 409, 412.

2462 Siehe oben 5. Teil A. II.

2463 Siehe oben 2. Teil B. II. 1. und 2. Teil B. VI. 3.

2464 *Drüen*, in: Zukunftsfragen, 1, 15-18; *Lanwehr*, Faktische Selbstveranlagung, S. 236-238, 275-277, 278 f., 316 f.; *Wernthaler*, Korrektur im digitalisierten Besteuerungsverfahren, S. 288.

Steuerbescheides.[2465] Dagegen ist einer höheren Fehleranfälligkeit wegen geringerer Sachverhaltsermittlung mit großzügigeren Korrekturmöglichkeiten zu begegnen.[2466] Argumentative Anknüpfungspunkte hierfür können § 164 Abs. 1 S. 1 AO, der einen nicht abschließend ausermittelten Steuerfall bei weiterer Ermittlungsabsicht und entsprechender Kennzeichnung der Steuerfestsetzung schlicht nicht in materielle Bestandskraft erwachsen lässt, und § 173 Abs. 2 S. 1 AO, der für einen Steuerbescheid, der aufgrund einer Außenprüfung ergangen ist, eine erhöhte Bestandskraft vorsieht, sein.

Die Wandlung des Besteuerungsverfahrens von einem hoheitlichen Festsetzungsverfahren zu einem digitalisierten Verfahren, das den vollautomatisierten Erlass eines Steuerbescheides gem. § 155 Abs. 4 S. 1 AO nur aufgrund erklärter Daten des Steuerpflichtigen und Daten von dritter Seite zulässt, hat das Veranlagungsverfahren unstreitig stark verändert. Vor allem in den Fällen der faktischen Selbstveranlagung hat es dazu geführt, dass eine Ermittlung des Sachverhaltes durch Risikomanagementsysteme (oder auch zuvor durch Veranlagungsbeamte) in einem großen Teil der Fälle nur auf – durch eine heutige Software feststellbare – Unplausibilitäten erfolgt.[2467] Unter diesem Gesichtspunkt müsste man sich nach dem zuvor Gesagten der Kritik anschließen, dass an die Korrektur eines in einem solchen Verfahren zustande gekommenen Steuerverwaltungsaktes keine hohen Anforderungen gestellt werden dürfen, diese bestenfalls analog zu § 172 Abs. 1 Nr. 1 AO voraussetzungslos möglich sein müsste. Freilich müsste dann aber, um einer sonst bestehenden zeitlichen Rechtsunsicherheit entgegenzuwirken, auch *de lege ferenda* die Verjährungsfrist in Anlehnung an § 172 Abs.1 Nr. 1 AO i.V.m. § 169 Abs. 2 S. 1 Nr. 1 AO verkürzt werden.[2468]

Aber die Abgabenordnung knüpft nicht nur durch Normen wie § 164 Abs. 1 S. 1 AO und § 173 Abs. 2 S. 1 AO für die Durchbrechung der Bestandskraft an die vorangegangene Sachverhaltsermittlung an. Der Gesetzgeber hat sich etwa in §§ 173, 129 AO und zuletzt durch § 173a AO dazu entschieden, die Art des Fehlers in die Beurteilung des Bestandsschutzes miteinzubeziehen. Gegen diese gesetzgeberische Entscheidung spricht pauschal zunächst nichts, was vor allem

---

2465 *Drüen*, in: Zukunftsfragen, 1, 15; *Wernsmann*, in: Hübschmann/Hepp/Spitaler, AO/FGO, Vor § 130 Rn. 28 (Stand: Mai 2017).

2466 *Drüen*, in: Zukunftsfragen, 1, 15; *Wernsmann*, in: Hübschmann/Hepp/Spitaler, AO/FGO, Vor § 130 Rn. 28 (Stand: Mai 2017).

2467 Siehe oben 4. Teil C. II. 3.

2468 *Hey*, Steuerplanungssicherheit, S. 781 f.; *Drüen*, in: Zukunftsfragen, 1, 15 f.; siehe auch schon die Überlegungen oben 5. Teil A. II., zuletzt auch *Wernthaler*, Korrektur im digitalisierten Besteuerungsverfahren, S. 288.

vor dem Hintergrund gilt, dass der Gesetzgeber berufen ist, das Spannungsverhältnis zwischen Vertrauensschutz und dem Grundsatz der Rechtsrichtigkeit durch Korrekturvorschriften aufzulösen. Die Ausarbeitung hat auch gezeigt, dass auf Fehlerquellen bezogene Korrekturvorschriften unter Berücksichtigung der Verfahrensleistungsfähigkeit des Steuerpflichtigen zu adäquaten Ergebnissen führen können. Somit wird man den Korrekturgrundsatz der Abgabenordnung dahingehend modifizieren müssen, dass Sachverhaltsermittlung und Fehlerquelle für die Beurteilung der Bestandskraft maßgebend sind.[2469] Eine grundsätzliche Unvereinbarkeit des § 173a AO mit diesem so definierten Korrektursystem besteht nicht.

5. *Ergebnis zu § 173a AO*

§ 173a AO ist eine der viel diskutierten und kritisierten Normen, die mit dem Gesetz zur Modernisierung des Besteuerungsverfahrens[2470] Einzug in die Abgabenordnung gehalten haben. Sie ermöglicht die Korrektur von Schreib- und Rechenfehlern, wobei nach der hier vertretenen Auffassung unter die Rechenfehler auch fehlerhafte Übertragungen in Form von Abschreib- oder Abtippfehlern zu fassen sind. Missinterpretierte Formulare, missinterpretierte Programmfelder oder schlicht die Überforderung im Erklärungsverfahren oder bei sonstigen Mitwirkungspflichten führen auch über § 173a AO zu keiner Korrektur des Steuerbescheides. Hauptkritikpunkt der Literatur an der Norm ist die fehlende Korrekturmöglichkeit von ähnlichen offenbaren Unrichtigkeiten, die dem Steuerpflichtigen beim Erstellen seiner Steuererklärung unterlaufen können, da ähnliche offenbare Unrichtigkeiten, die der Finanzbehörde beim Erlass eines Steuerbescheides unterlaufen, gem. § 129 AO korrigiert werden können. Dabei ist jedoch anzumerken, dass wesentliche Teile der Literatur die fehlerhafte Übertragung trotz anders lautender Indizien aus den Gesetzesmaterialien nicht unter den Anwendungsbereich des § 173a AO subsumieren.[2471] Nach der hier vertretenen Auffassung stellt die Ausklammerung der ähnlichen offenbaren Unrichtigkeit und insbesondere der schlicht vergessenen Eintragung aus dem Tatbestand jedoch keine systemwidrige Benachteiligung des Steuerpflichtigen gegenüber der Finanzbehörde dar, sondern fügt sich unter Beachtung der verschiedenen Verantwortungssphären und Fehlerquellen in das in

2469 Das erkennt im Ergebnis wohl auch *Wernthaler*, Korrektur im digitalisierten Besteuerungsverfahren, S. 288, an.

2470 BGBl. I 2016, 1679.

2471 Siehe die Nachweise in Fn. 2391 und 2397.

unterschiedliche Verfahrensbeiträge von Steuerpflichtigem und Finanzbehörde gegliederte Besteuerungsverfahren ein. Die Möglichkeit, die Steuern durch vollautomatisierten Steuerbescheid i.S.d. § 155 Abs. 4 S. 1 AO festzusetzen, begründet ebenfalls keine über die bestehenden Regelungen der Abgabenordnung hinausgehende Pflicht zur Korrekturmöglichkeit. Vielmehr stellt § 173a AO eine Verbesserung der Stellung des Steuerpflichtigen im vollautomatisierten Veranlagungsverfahren gegenüber § 173 Abs. 1 Nr. 2 AO dar, da ein grobes Verschulden die Korrektur nicht mehr ausschließt. § 173a AO ist mithin nicht überflüssig oder lediglich klarstellender Natur, sondern sinnvoller Bestandteil eines modernisierten Besteuerungsverfahrens.

VII. Vertrauen auf die Richtigkeit von eDaten, § 175b Abs. 2 AO

Daten, die von mitteilungspflichtigen Stellen nach Maßgabe des § 93c AO elektronisch an die Finanzbehörde übermittelt worden sind, gelten gem. § 150 Abs. 7 S. 2 AO als Angaben des Steuerpflichtigen, soweit dieser eine Steuererklärung abgibt und keine abweichenden Angaben in den entsprechend dafür vorgesehenen Steuererklärungsformularfeldern oder Eingabefeldern macht.[2472] Dem Steuerpflichtigen werden die Daten, die von den mitteilungspflichtigen Stellen an die Finanzbehörde elektronisch übermittelt werden, zwar gem. § 93c Abs. 1 Nr. 3 AO mitgeteilt. Er hat allerdings in vielen Fallkonstellationen – trotz Überprüfungspflicht[2473] – nicht die Möglichkeit oder die Fähigkeiten, effektiv deren Richtigkeit und Vollständigkeit in Gänze zu beurteilen.[2474] Er wird mangels besseren Wissens von ihrer Richtigkeit und Vollständigkeit ausgehen, soweit ihm eine Überprüfung nicht möglich oder zumutbar ist. Der Steuerpflichtige hat dabei regelmäßig keinen Grund, den übermittelten Angaben zu misstrauen, denn die eDaten sollen ihn bei Erfüllung seiner Steuererklärungspflicht entlasten[2475] und der Gesetzgeber ging selber davon aus, dass die übermittelten Daten in nahezu allen Fällen zutreffend sind[2476]. Es wäre widersprüchlich, ihm das

---

2472 Einzelheiten siehe oben 2. Teil B. VI. 4 und 2. Teil B. IX. 2. c. cc.

2473 Siehe dazu oben den Text und die Nachweise zu Fn. 755.

2474 Als Beispiel dienen die übermittelten Daten zum Arbeitslohn auf der Lohnsteuerbescheinigung, deren Aufgliederung sich nur für einen mindestens bedingt Fachkundigen erschließt oder die Aufteilung der Beiträge zur privaten Krankenversicherung in Beiträge i.S.d. § 10 Abs. 1 Nr. 3 und Nr. 3a EStG; ähnlich *Gebhardt*, AO-StB 2021, 32, 33 f.; *Nöcker*, AO-StB 2021, 35, 36.

2475 Dies stellt *Gebhardt*, AO-StB 2021, 32, 33 f., deutlich heraus.

2476 BT Drucks. 18/8434, S. 112.

aufgrund von § 150 Abs. 7 S. 2 AO und der vorausgefüllten Steuererklärung ab dem Veranlagungszeitraum 2019 gebildete Vertrauen auf die Richtigkeit der Daten im Besteuerungsverfahren schutzlos abzuerkennen, wenn sich zu einem späteren Zeitpunkt herausstellt, dass die von dritter Seite übermittelten eDaten unrichtig waren. Gäbe es § 175b Abs. 2 AO nicht, läge eine neue Tatsache i.S.d. § 173 Abs. 1 AO vor; im Falle der Änderung zu seinen Gunsten müsste der Steuerpflichtige nachweisen, dass ihn kein grobes Verschulden daran trifft, dass die Unrichtigkeit der übermittelten Daten der Finanzbehörde erst nachträglich bekannt geworden ist.[2477] Dies widerspräche dem Gedanken der Entlastung des Steuerpflichtigen, die durch die eDaten erreicht werden soll. § 175b Abs. 2 AO sieht daher vor, dass eine Korrektur des Steuerbescheides zu erfolgen hat, wenn die übermittelten Daten zuungunsten des Steuerpflichtigen unrichtig sind; werden korrigierte Daten übermittelt, ist zusätzlich noch § 175b Abs. 1 AO als Korrekturnorm gegeben.[2478] § 175b Abs. 2 AO greift nur dann als Korrekturvorschrift ein, wenn die gem. § 93c AO übermittelten Daten gem. § 150 Abs. 7 S. 2 AO als solche des Steuerpflichtigen gelten, dieser also eine Steuererklärung, die mindestens aus dem ausgefüllten Mantelbogen besteht, abgibt.[2479]

§ 175b Abs. 2 AO sorgt unter Leistungsfähigkeitsgesichtspunkten für eine Überkompensation des Steuerpflichtigen im Bereich der Durchbrechung der Bestandskraft. Denn eine ansonsten voraussetzungslose[2480] Korrektur des Steuerbescheides ist unabhängig davon möglich, ob es der Steuerpflichtige pflichtwidrig unterlassen hat, die Daten, soweit es ihm möglich und zumutbar ist, zu korrigieren. Das ist nach den bisherigen Feststellungen atypisch, kann aber dadurch gerechtfertigt werden, dass der Steuerpflichtige grundsätzlich auf die Richtigkeit der Angaben vertrauen soll und dieses Vertrauen bei der Abwägung

2477 *Loose*, in: 15. DFGT 2018, 87, 91.

2478 Siehe zur Korrekturmöglichkeit bei korrigierten Übermittlungen von eDaten *Loose*, in: Tipke/Kruse, AO/FGO, § 175b AO Rn. 7 (Stand: Oktober 2017); *v. Wedelstädt*, in: Gosch, AO/FGO § 175b AO Rn. 13 (Stand: Januar 2018).

2479 *Frotscher*, in: Schwarz/Pahlke, ErstKomm BestVerfModG 2016, § 175b Rn. 14.

2480 § 175b Abs. 4 AO fordert allerdings, dass die nachträglich übermittelten Daten rechtserheblich sein müssen. Im Bereich des § 175b Abs. 2 AO wird es zudem ausreichen, dass sich die Daten als unrichtig herausstellen und der Fehler rechtserheblich ist, ohne dass es noch einer Übermittlung der korrigierten Daten durch den Dritten bedarf. Denn dieser Zwischenschritt über den Datenlieferanten sollte dem Steuerpflichtigen gerade erspart bleiben, sonst wäre § 175b Abs. 2 AO überflüssig, da bei korrigierten übermittelten Daten auch stets ein Fall von § 175b Abs. 1 AO vorläge, siehe zum Letzteren die Nachweise in Fn. 2478.

von Rechtssicherheit und Rechtsrichtigkeit zugunsten der Rechtsrichtigkeit streitet.

VIII. Übrige Korrekturnormen

Neben den angesprochenen Korrekturvorschriften finden sich in der Abgabenordnung noch die §§ 174, 175, 175a AO und ergänzende Korrekturnormen in den Einzelsteuergesetzen (z.B. § 91 Abs. 1 S. 4 EStG, § 35b GewStG, § 32a KStG), die eine Aufhebung oder Änderung von Steuerbescheiden ebenfalls ermöglichen. Allerdings betreffen diese im Kern keine Fälle, in denen der Steuerpflichtige unrichtige Angaben in seiner Steuererklärung gemacht hat, und weisen auch keine Tatbestandsmerkmale auf, an die sich der Gedanke einer Verfahrensleistungsfähigkeit anknüpfen lässt. Sie sollen daher an dieser Stelle nicht näher thematisiert werden.

D. Korrektur der Anrechnungsverfügung (§§ 129-131 AO)

I. Relevanz für die Steuererklärung

Der mit den Angaben in der Steuererklärung erzeugte Bescheid ist ein aus mehreren Verwaltungsakten zusammengesetzter Sammelbescheid, deren wichtigster Teil, die Steuerfestsetzung als „Steuerbescheid im Rechtssinne" i.S.d. § 155 Abs. 1 S. 1 AO, bisher Thema der Auseinandersetzung war.[2481] Bestandteil des Sammelbescheides „Steuerbescheid" und ebenfalls zum Teil aus Angaben in der Steuererklärung gespeist, ist die Anrechnungsverfügung[2482] als separater deklaratorischer Steuerverwaltungsakt, in der die einbehaltenen Quellensteuern und ggf. aufgrund eines Vorauszahlungsbescheides geleistete Steuer(voraus)zahlungen auf die festgesetzte Steuer angerechnet werden.[2483] Für die Steuererklärung

---

2481 Siehe bereits die Darstellung oben 5. Teil B.

2482 Die Begriffe Anrechnungsverfügung, Abrechnungsverfügung, Steueranrechnung und Steuerabrechnung werden z.T. synonym verwendet, siehe etwa bei BFH v. 16.10.1986, VII R 159/83, BStBl. II 1987, 405 Rn. 11, und FG Hamburg v. 15.2.2008, 2 K 243/07 Rn. 26 f.

2483 *Seer*, in: Tipke/Kruse, AO/FGO, Vor § 155 AO Rn. 3 (Stand: April 2017); *Lammers*, in: Herrmann/Heuer/Raupach, EStG/KStG, § 36 EStG Rn. 24 (Stand: Januar 2017); *A. Becker*, DStZ 1999, 933, 933. Freiwillig geleistete Zahlungen des Steuerpflichtigen (siehe dazu und zu einem möglichen Zweck die Auseinandersetzung m.w.N. bei *Goeke*, Die aufgedrängte Aussetzung der Vollziehung, S. 142-155) sind nicht Bestandteil dieses Verwaltungsaktes und erwachsen nicht in Bestandskraft (siehe BFH v. 19.10.2006, VII B 78/06 Rn. 6; *Güroff*, in: Gosch, AO/FGO, § 118 AO Rn. 39

von Relevanz ist dabei der Teil der Anrechnungsverfügung, der aus in der Steuererklärung eingegebenen Daten erstellt wird: die Anrechnung der Steuerabzugsbeträge. Zu nennen im Bereich der Einkommen- und Körperschaftsteuer sind insbesondere die Lohnsteuer und die Kapitalertragsteuer, auf die sich die speziellere Darstellung weiter unten auch exemplarisch beschränkt. Fehler bei Angaben in der Steuererklärung können sich also im steuerlichen Massenverfahren nicht nur auf die Unrichtigkeit eines „Steuerbescheides im Rechtssinne", sondern auch auf die Anrechnungsverfügung und damit auf einen sonstigen Steuerverwaltungsakt auswirken.[2484] Fraglich und zu untersuchen ist, inwieweit Fehler in der Anrechnungsverfügung korrigiert werden können.

II. Anwendbare Korrekturvorschriften

Bei der Anrechnungsverfügung handelt es sich weder um eine Steuerfestsetzung noch um einen ihr gleichgestellten Verwaltungsakt, sodass die §§ 172 ff. AO keine Anwendung finden. Auch die Möglichkeit, den Verwaltungsakt mit einem Vorläufigkeitsvermerk i.S.d. § 165 AO oder einem Vorbehalt der Nachprüfung i.S.d. § 164 AO zu versehen, besteht nicht. Ein sich dennoch auf dem Sammelbescheid befindender Vorbehalt der Nachprüfung und eine Vorläufigkeit erstrecken sich nur auf die Steuerfestsetzungen und ihnen gleichgestellte Verwaltungsakte. Stattdessen sind, soweit nicht innerhalb der regelmäßig mangels Rechtsbehelfsbelehrung gem. § 356 Abs. 2 AO einjährigen Rechtsbehelfsfrist[2485] ein Einspruch gegen die gem. § 347 Abs. 1 Nr. 1 AO selbstständig anfechtbare Anrechnungsverfügung erhoben worden ist, die §§ 130, 131 AO und § 129 AO anzuwenden. Die Änderungen im Korrektursystem, die im Zusammenhang mit der Modernisierung des Besteuerungsverfahrens in der Abgabenordnung vorgenommen worden sind – allen voran die Einfügung von §§ 173a, 175b

---

(Stand: Oktober 2017)), können aber Bestandteil eines Abrechnungsbescheides i.S.d. § 218 Abs. 2 AO sein.

2484 Dies übersieht *Wernthaler*, Korrektur im digitalisierten Besteuerungsverfahren, S. 239, die davon ausgeht, dass sonstige Steuerverwaltungsakte nicht im Massenverfahren erstellt werden.

2485 In der Rechtsbehelfsbelehrung eines Einkommensteuerbescheides im Land Nordrhein-Westfalen wird zwar regelmäßig auf die Anfechtbarkeit der Festsetzung der Einkommensteuer und des Solidaritätszuschlages, ggf. noch der gesonderten Feststellung nach §10a Abs. 4 EStG und festgesetzter Zinsen i.S.d. § 233a AO hingewiesen, ein separater Hinweis auf die Anfechtbarkeit für die Anrechnungsverfügung fehlt jedoch; zum Einspruchsverfahren siehe *A. Becker*, DStZ 1999, 993, 934.

AO – wirken sich somit auf die Korrektur der Anrechnungsverfügung nicht aus. Trotzdem sind andere Bereiche der Modernisierung, etwa die Bearbeitung im vollautomatisierten Verfahren i.S.d. § 155 Abs. 4 S.1 AO auch auf die sonstigen Steuerverwaltungsakte anwendbar, sodass sich mit Blick auf die Veränderung der Fehlertypologie auch die in der Folge zu beantwortende Frage stellt, ob die Differenzierung sachgerecht ist.

III. Korrektur aufgrund unrichtiger Angaben in der Steuererklärung

1. Verhinderung des Eintritts der materiellen Bestandskraft möglich?

Oben wurde bisher nur die Verhinderung der Bestandskraft in Bezug auf die Steuerfestsetzung unter Vorbehalt der Nachprüfung und auf eine vorläufige Steuerfestsetzung näher besprochen. Fraglich ist daher, ob auch im Anwendungsbereich der übrigen Steuerverwaltungsakte den Eintritt der Bestandskraft verhindernde Nebenbestimmungen möglich sind. In Betracht kommen die Nebenbestimmungen i.S.d. § 120 Abs. 2 AO und hierbei vor allem die Rücknahme- und Widerrufsvorbehalte. Dagegen spricht jedoch zweierlei: Erstens kann eine Nebenbestimmung nach § 120 Abs. 2 AO von vornherein nicht mit solchen Steuerverwaltungsakten erlassen oder verbunden werden, auf deren Erlass ein Anspruch des Steuerpflichtigen besteht.[2486] Nach dem Wortlaut des § 36 Abs. 2 EStG, der gem. § 31 Abs. 1 S. 1 KStG entsprechend für die Körperschaftsteuer anzuwenden ist, handelt es sich bei der Anrechnungsverfügung um keinen Ermessens-Verwaltungsakt.[2487] Folglich kann die Anrechnungsverfügung grundsätzlich nicht mit einer Nebenbestimmung i.S.d. § 120 Abs. 2 AO versehen werden.[2488] Zweitens sind Verwaltungsakte, die mit einem Rücknahme- oder Widerrufsvorbehalt versehen sind – und damit wohl auch die übrigen mit einer

2486 *Seer*, in: Tipke/Kruse, AO/FGO, § 120 AO Rn. 7 (Stand: Oktober 2015); *Güroff*, in: Gosch, AO/FGO, § 120 AO Rn. 22 (Stand: August 2018).

2487 *Lammers*, in: Herrmann/Heuer/Raupach, EStG/KStG, § 36 EStG Rn. 20 (Stand: Januar 2017); so auch *Seer*, in: Tipke/Kruse, AO/FGO, § 120 AO Rn. 7 (Stand: Oktober 2015).

2488 Ebenso der DStV in seiner Stellungnahme S 10/12 v. 24.7.2012 S. 2; wohl auch *Güroff*, in: Gosch, AO/FGO, § 120 AO Rn. 7 (Stand: August 2018); *Dißars*, DStR 2012, 1170, der allerdings nur durch die automatisierte Beistellung des Widerrufsvorbehaltes eine ermessensfehlerhafte Entscheidung annimmt, und *Seer*, in: Tipke/Kruse, AO/FGO, § 120 AO Rn. 7 (Stand: Oktober 2015). A.A. BMF v. 30.1.2012, BStBl. I 2012, 149 Nr. 4 (mittlerweile außer Kraft), zu Anrechnungsverfügungen gegenüber Ehegatten und *A. Becker*, DStZ 1999, 933, 936.

Nebenbestimmung i.S.d. § 120 Abs. 2 AO versehenen Verwaltungsakte –, endgültige Bescheide,[2489] die den Eintritt der Bestandskraft gerade nicht verhindern, auch wenn die Abgrenzung zu vorläufigen Bescheiden mitunter schwierig sein kann[2490]. Eine Verhinderung oder Hinauszögerung des Eintritts der materiellen Bestandskraft ist im Bereich der Anrechnungsverfügung folglich nicht möglich.

2. Wertungsgrundsätze im Korrekturregime der §§ 130, 131 AO

§§ 130, 131 AO differenzieren im Korrekturtatbestand nicht wie die §§ 129, 173, 173a, 174, 175, 175b AO nach der Fehlerquelle und dem Maß der Sachverhaltsaufklärung, sondern in Anlehnung an §§ 48, 49 VwVfG danach, ob ein rechtswidriger Verwaltungsakt oder ein rechtmäßiger Verwaltungsakt vorliegt.[2491] In den Fällen des rechtswidrigen Verwaltungsaktes kommt eine Korrektur nach § 130 AO, bei einem rechtmäßigen Verwaltungsakt eine Korrektur nach § 131 AO in Betracht. Für die Beurteilung der Rechtmäßigkeit des Verwaltungsaktes ist auf den Erlasszeitpunkt des Verwaltungsaktes abzustellen.[2492] Innerhalb beider Korrekturvorschriften wird wiederum zwischen begünstigenden und nicht begünstigenden bzw. belastenden Verwaltungsakten differenziert.[2493] Als Rechtsfolge sehen die §§ 130, 131 AO anders als §§ 172 ff. AO stets eine Ermessensentscheidung der Finanzbehörde vor.[2494] Die Auflösung des Widerstreits zwischen Rechtssicherheit und Rechtsrichtigkeit ist folglich von Ermessenserwägungen,

---

2489 Siehe BVerwG v. 14.4.1983, 3 C 8/82, BVerwGE 67, 99, 103 Rn. 32; *Busch*, §§ 164, 165 AO als Nebenbestimmung, S. 162 m.w.N.; *Tiedemann*, DÖV 1981, 786, 788 f.; *Eschenbach*, NdsVBl. 2002, 89, 90 f.

2490 Dazu nur *Ramsauer*, in: Kopp/Ramsauer, VwVfG, § 36 Rn. 18.

2491 Zu Gemeinsamkeiten und Unterschieden zwischen §§ 130, 131 AO und §§ 48, 49 VwVfG siehe *Wernsmann*, in: Hübschmann/Hepp/Spitaler, AO/FGO, Vor § 130 AO Rn. 81-83 (Stand: Mai 2017).

2492 *Loose*, in: Tipke/Kruse, AO/FGO, § 131 AO Rn. 1 (Stand: August 2019); *Wernsmann*, in: Hübschmann/Hepp/Spitaler, AO/FGO, § 130 AO Rn. 13 (Stand: Mai 2017); *v. Wedelstädt*, in: Gosch, AO/FGO, § 130 AO Rn. 31 (Stand: Februar 2019).

2493 Zur Differenzierung zwischen begünstigendem und belastendem Verwaltungsakt siehe *Loose*, in: Tipke/Kruse, AO/FGO, § 130 AO Rn. 9-14 (Stand: August 2019); *v. Wedelstädt*, in: Gosch, AO/FGO, § 130 AO Rn. 35-39 (Stand: Februar 2019).

2494 Das „darf“ in § 172 Abs. 1 S. 1 AO und das „kann“ in § 174 Abs. 3, 4 AO sind wegen des Grundsatzes der Rechtmäßigkeit i.S.d. Art. 20 Abs. 3 GG und aus Gründen der aus Art. 3 Abs. 1 GG resultierenden Steuergerechtigkeit im Sinne einer Korrekturpflicht auszulegen, siehe *Seer*, in: Tipke/Lang, Steuerrecht, Rn. 21.383; *Wernsmann*, in: Hübschmann/Hepp/Spitaler, AO/FGO, Vor § 130 AO Rn. 93 (Stand: Mai 2017).

die das Vertrauensschutzinteresse des Betroffenen mit dem Allgemeininteresse an einer gesetzmäßig arbeitenden Verwaltung berücksichtigen, geprägt.[2495]

3. *Korrektur der Anrechnungsverfügung nach § 130 AO*

Fraglich ist, inwieweit die Anrechnungsverfügung nach § 130 AO korrigiert werden kann, wenn die Angaben in der Steuererklärung unrichtig waren. Unter einer Korrektur ist hier die Rücknahme und der Neuerlass bzw. die Teilrücknahme der Anrechnungsverfügung gemeint.[2496] Dazu ist zunächst erforderlich, dass die Anrechnungsverfügung zum Zeitpunkt ihres Erlasses rechtswidrig war. Dabei ist zwischen Lohn- und Kapitalertragsteuer zu unterscheiden. Während die Lohnsteuer ohne weitere materielle Voraussetzung gem. § 36 Abs. 2 S. 1 Nr. 2 lit. a EStG auf die Einkommensteuer angerechnet wird, soweit der Arbeitslohn bei der Veranlagung erfasst ist, ist für die Anrechnung der Kapitalertragsteuer auf die Einkommen- bzw. Körperschaftsteuer gem. § 36 Abs. 2 S. 2 EStG ggf. i.V.m. § 31 Abs. 1 S. 1 KStG grundsätzlich Voraussetzung, dass die Steuerbescheinigung i.S.d. § 45a Abs. 2, 3 EStG vorliegt. Die Steuerbescheinigung ist folglich materiell-rechtliche Voraussetzung für den Steuerabzug.[2497] Ist Lohnsteuer in unzutreffender Höhe etwa im Fall einer Schätzung gem. § 162 AO in der Anrechnungsverfügung berücksichtigt, liegt folglich ein rechtswidriger Verwaltungsakt vor, der unter den Anwendungsbereich von § 130 AO fällt. Bei der Kapitalertragsteuer liegt ein zum Zeitpunkt des Erlasses rechtswidriger Verwaltungsakt vor, wenn für die berücksichtigte Kapitalertragsteuer keine Steuerbescheinigung i.S.d. § 45a Abs. 2, 3 EStG vorliegt oder die in der Anrechnungsverfügung in Abzug gebrachte Kapitalertragsteuer nicht der bescheinigten entspricht.[2498]

Eine Anrechnungsverfügung die zuungunsten des Steuerpflichtigen unrichtig ist, kann gem. § 130 Abs. 1 AO mit Blick auf die Gesetzmäßigkeit korrigiert

---

2495 BFH v. 4.6.2008, I R 9/07 Rn. 13, speziell zu § 130 AO – die Aussage ist aber auf § 131 AO übertragbar.

2496 Siehe dazu *v. Wedelstädt*, in: Gosch, AO/FGO, § 130 AO Rn. 72-74, 79 (Stand: Februar 2019); *A. Becker*, DStZ 1999, 933, 935.

2497 BFH v. 20.10.2010, I R 54/09 Rn. 34 m.w.N.; *Lammers*, in: Herrmann/Heuer/Raupach, EStG/KStG, § 36 EStG Rn. 46 (Stand: Januar 2017); die Regelung des § 36 Abs. 2 S. 3 EStG wird hier ausgeklammert, dort wird die Kapitalertragsteuerbescheinigung erst zur Anrechnungsvoraussetzung, wenn die Finanzbehörde die Vorlage verlangt, siehe *Lammers*, a.a.O.

2498 Weitere Beispiele bei *A. Becker*, DStZ 1999, 933, 935.

werden, solange dadurch nicht die Rechtsbehelfsfrist ausgehöhlt wird.[2499] Daher ist die Ablehnung einer Korrektur der Anrechnungsverfügung nicht ermessensfehlerhaft, wenn der Steuerpflichtige zur Begründung seines Antrags nur solche Umstände vorträgt, die er bei fristgerechter Einlegung des statthaften Rechtsmittels im Rechtsbehelfsverfahren hätte vorbringen können.[2500] Denn die abgelaufene Einspruchsfrist spricht für eine gesteigerte Gewichtung des Interesses der Allgemeinheit an Rechtssicherheit.[2501] Dies kann dem Steuerpflichtigen aber nicht zu seinem Nachteil ausgelegt werden, wenn sich die Sachlage oder Rechtslage rückwirkend geändert hat, neue Beweismittel vorliegen oder von ihm nach den Umständen des Einzelfalles nicht erwartet werden konnte, dass er das außergerichtliche Rechtsbehelfsverfahren betreibt.[2502] An dieser Stelle gewinnen Aspekte der Verfahrensleistungsfähigkeit an Bedeutung, wie sie auch im Bereich des § 173 Abs. 1 Nr. 2 AO angewendet worden sind.[2503] Eine Überforderung des Steuerpflichtigen im Steuerverfahren muss daher an dieser Stelle Berücksichtigung finden. Soweit einzelne Normen ein Vertrauen des Steuerpflichtigen auf die Richtigkeit bestimmter Angaben in der Steuererklärung begründen, wie dies etwa für die Fälle der eDaten festgestellt worden ist, ist – auch um die Wertung des nur auf Steuerbescheide und ihnen gleichgestellte Bescheide anwendbaren § 175b Abs. 2 AO nicht zu unterlaufen[2504] – eine Korrektur nach § 130 Abs. 1 AO durchzuführen, selbst wenn der Steuerpflichtige um die Unrichtigkeit der eDaten wusste oder hätte wissen müssen.

Ist die rechtswidrige Anrechnungsverfügung zugunsten des Steuerpflichtigen unrichtig, findet § 130 Abs. 2 AO Anwendung und eine Korrektur ist nur dann

---

2499 *Loose*, in: Tipke/Kruse, AO/FGO, § 130 AO Rn. 37 f. (Stand: August 2019); *v. Wedelstädt*, in: Gosch, AO/FGO, § 130 AO Rn. 27, 86 (Stand: Februar 2019).

2500 BFH v. 26.3.1991, VII R 15/89, BStBl. II 1991, 552 Rn. 11; BFH v. 23.9.2009, XI R 56/07 Rn. 24; BFH v. 19.2.2011, X B 14/10 Rn. 8; *Loose*, in: Tipke/Kruse, AO/FGO, § 130 AO Rn. 37 f. (Stand: August 2019); *v. Wedelstädt*, in: Gosch, AO/FGO, § 130 AO Rn. 86 (Stand: Februar 2019).

2501 *v. Wedelstädt*, in: Gosch, AO/FGO, § 130 AO Rn. 86 (Stand: Februar 2019).

2502 BFH v. 26.3.1991, VII R 15/89, BStBl. II 1991, 552 Rn. 11; BFH v. 26.11.2008, III B 175/07 Rn. 3; BFH v. 23.9.2009, XI R 56/07 Rn. 24; *Loose*, in: Tipke/Kruse, AO/FGO, § 130 AO Rn. 37 f. (Stand: August 2019); *v. Wedelstädt*, in: Gosch, AO/FGO, § 130 AO Rn. 86 (Stand: Februar 2019).

2503 A.A. *A. Becker*, DStZ 1999, 933, 935, der eine Berücksichtigung der Verletzung von Erklärungspflichten mit dem Hinweis auf den Sanktionscharakter ablehnt. Das überzeugt, wie auch bereits zu Fn. 1835, 1836 erläutert, nicht.

2504 5. Teil C. VII.

möglich, wenn einer der in § 130 Abs. 2 Nr. 1 bis 4 AO genannten Fälle vorliegt. Das zusätzliche Erfordernis für die Korrektur der Anrechnungsverfügung nach § 130 Abs. 2 AO liegt in dem Vertrauensschutzinteresse des begünstigten Steuerpflichtigen begründet und führt grundsätzlich zu einer stärkeren Gewichtung der Bestandskraft der Anrechnungsverfügung.[2505] Bei Erstellung der Steuererklärung sind die letzten beiden Fälle von Relevanz.[2506] Erstens der Fall des § 130 Abs. 2 Nr. 3 AO, dass der Steuerpflichtige Angaben getätigt hat, die in wesentlicher Beziehung unrichtig oder unvollständig waren. In wesentlicher Beziehung unrichtige Angaben liegen dann vor, wenn die Angaben objektiv unrichtig sind, unabhängig davon, ob der Steuerpflichtige die Unrichtigkeit kannte oder kennen musste oder schuldhaft gehandelt hat.[2507] Dabei ist aber im Einzelfall im Rahmen des Ermessens zu prüfen, inwieweit die Unrichtigkeit der Angaben des Steuerpflichtigen auf eine Überforderung im Verfahren zurückzuführen ist oder ein Vertrauensschutztatbestand wegen Unkenntnis der Unrichtigkeit der Angaben zu berücksichtigen ist,[2508] wobei die Wertung des § 175b Abs. 1 AO nicht unterlaufen werden darf.

Zweitens der Fall des § 130 Abs. 2 Nr. 4 AO, dass die Rechtswidrigkeit der Anrechnungsverfügung dem Steuerpflichtigen bekannt oder infolge grober Fahrlässigkeit nicht bekannt war. Notwendig, aber auch ausreichend ist ein – wenn auch laienhaftes – Bewusstsein von der Rechtswidrigkeit der Anrechnungsverfügung, etwa wenn bei einer Schätzung zu hohe Anrechnungsbeträge angesetzt werden.[2509] Für die Beurteilung der groben

2505 BFH v. 22.1.1985, VII R 112/81, BStBl. II 1985, 562 Rn. 6; BFH v. 27.10.2009, VII R 51/08, BStBl. II 2010, 382 Rn. 24; *Loose*, in: Tipke/Kruse, AO/FGO, § 130 AO Rn. 6 (Stand: August 2019); *v. Wedelstädt*, in: Gosch, AO/FGO, § 130 AO Rn. 45 (Stand: Februar 2019); *Lammers*, in: Herrmann/Heuer/Raupach, EStG/KStG, § 36 EStG Rn. 29 (Stand: Januar 2017).

2506 Ebenso *A. Becker*, DStZ 1999, 933, 935.

2507 BFH v. 22.8.2006, I R 42/05 Rn. 16; *Loose*, in: Tipke/Kruse, AO/FGO, § 130 AO Rn. 29 f. (Stand: August 2019); *Wernsmann*, in: Hübschmann/Hepp/Spitaler, AO/FGO, § 130 AO Rn. 13 (Stand: Mai 2017); *v. Wedelstädt*, in: Gosch, AO/FGO, § 130 AO Rn. 57 f. (Stand: Februar 2019).

2508 *A. Becker*, DStZ 1999, 933, 935 f.

2509 *Loose*, in: Tipke/Kruse, AO/FGO, § 130 AO Rn. 29 f. (Stand: August 2019); *v. Wedelstädt*, in: Gosch, AO/FGO, § 130 AO Rn. 62 (Stand: Februar 2019); Beispiel nach *A. Becker*, DStZ 1999, 933, 936.

Fahrlässigkeit kann auf die Ausführungen zu § 173 Abs. 1 Nr. 2 AO verwiesen werden.[2510]

4. *Korrektur der Anrechnungsverfügung gem. § 131 AO*

Eine Korrektur der Anrechnungsverfügung nach § 131 AO setzt voraus, dass diese zum Zeitpunkt des Erlasses rechtmäßig war. Anwendungsfälle im Bereich der Steuererklärung und der Anrechnungsverfügung, die zu einer (zunächst) rechtmäßigen Steueranrechnung führen könnte, sind nur wenige denkbar. Es kommt etwa ein Fall in Betracht, in dem rückwirkend Abzugsbeträge wegfallen oder nicht mehr angerechnet werden dürfen, etwa weil die Einkünfte nicht mehr in die Veranlagung einbezogen werden.[2511] Hier liegt das Problem jedoch nicht originär in der Steuererklärungspflicht begründet, sodass eine tiefergehende Behandlung an dieser Stelle unterbleibt. Komplementär zu den zu § 130 Abs. 1 AO gebildeten Beispielsfällen bleibt letztlich noch derjenige, in dem aufgrund einer fehlenden Kapitalertragsteuerbescheinigung eine Anrechnung der einbehaltenen Kapitalertragsteuer auf die Körperschaft- oder Einkommensteuer unterbleibt.[2512] Es wird sich dabei im Regelfall um einen den Steuerpflichtigen nicht begünstigenden Verwaltungsakt handeln, der unter § 131 Abs. 1 AO fällt und nach dem Ermessen der Finanzbehörde korrigiert werden kann. Hierbei ist im einzelnen Verfahren zu berücksichtigen, ob dem Steuerpflichtigen die Notwendigkeit der Bescheinigung für den Steuerabzug bekannt war oder ob er auf die Bedeutung der Bescheinigung hingewiesen worden ist. Zum letzten Punkt ist anzumerken, dass die Anlage Kap für den Veranlagungszeitraum 2016 noch einen deutlichen Aufdruck enthält, dass die Steuerbescheinigungen einzureichen sind, während für den Veranlagungszeitraum 2019 aufgrund der Einfügung des § 36 Abs. 2 S. 3 EStG in der Anleitung zur Anlage Kap darauf hingewiesen wird, unter welchen Voraussetzungen die Steuerbescheinigungen einzureichen sind. Fälle, die unter § 131 Abs. 2 AO fallen könnten, sind praktisch kaum denkbar.[2513]

2510 *Loose*, in: Tipke/Kruse, AO/FGO, § 130 AO Rn. 31 f. (Stand: August 2019); *v. Wedelstädt*, in: Gosch, AO/FGO, § 130 AO Rn. 63 (Stand: Februar 2019). Zum groben Verschulden i.S.d. § 173 Abs. 1 Nr. 2 AO siehe oben 5. Teil C. III. 3.

2511 So der Fall bei *Lammers*, in: Herrmann/Heuer/Raupach, EStG/KStG, § 36 EStG Rn. 29 (Stand: Januar 2017).

2512 *A. Becker*, DStZ 1999, 933, 936.

2513 Ebenso *A. Becker*, DStZ 1999, 933, 936.

5. *Korrektur der Anrechnungsverfügung nach § 129 AO*

Neben den §§ 130, 131 AO findet auf sonstige Verwaltungsakte auch § 129 AO Anwendung. Soweit dem Steuerpflichtigen also Schreib-, Rechenfehler und ähnliche offenbare Unrichtigkeiten beim Erstellen seiner Steuererklärung unterlaufen und diese als Übernahmefehler von der Finanzbehörde übernommen werden,[2514] kommt eine Korrektur der Anrechnungsverfügung gem. § 129 AO in Betracht. Problematisch gestalten sich die Fälle, in denen sich der Steuerpflichtige in seiner Steuererklärung vertippt und dieser Tippfehler aufgrund der Vollautomatisierung des Besteuerungsverfahrens von der Finanzbehörde nicht als eigener Fehler übernommen werden kann. Im Bereich der Steuerfestsetzung und den gleichgestellten Verwaltungsakten steht dem Steuerpflichtigen für eine Korrektur zu seinen Gunsten § 173a AO verschuldensunabhängig zur Verfügung. Bei der Anrechnungsverfügung käme eine Korrektur nach § 130 Abs. 1 AO in Betracht. Verfahrenstechnisch ergeben sich im vollautomatisierten Besteuerungsverfahren keine Wertungsunterschiede, wenn sich der Steuerpflichtige beim Eintippen der Besteuerungsgrundlagen vertut, die Teil des Verwaltungsaktes „Steuerfestsetzung" werden, oder wenn er sich beim Eintippen der Werte vertut, die Teil der Anrechnungsverfügung werden. Daher wäre es nur konsequent, wenn man den Gedanken des § 173a AO bei der Anwendung des Ermessens bei § 130 Abs. 1 AO mitbeachtet, soweit ein Schreib- oder Rechenfehler i.S.d. § 173a AO in der Steuererklärung Fehlerquelle war. Lehnt man diese Wertungsübertragung ab, wird man sich wohl den Stimmen anschließen müssen, die § 173a AO bei den §§ 172 ff. AO für systematisch deplatziert halten.[2515]

2514 Siehe dazu oben 5. Teil C. V. 4.

2515 So etwa *Loose*, in: Tipke/Kruse, AO/FGO, § 173a AO Rn. 2 (Stand: September 2020); kritisch auch *Schwenker*, DB 2016, 377, 379, und *Bruschke*, StB 2020, 8, 8 f. A.A. *Wernthaler*, Korrektur im digitalisierten Besteuerungsverfahren, S. 239, die jedoch die Relevanz der Anrechnungsverfügung als sonstiger Steuerverwaltungsakt im Massenverfahren übersieht; *v. Groll*, in: Hübschmann/Hepp/Spitaler, AO/FGO, § 173a AO Rn. 8 (Stand: April 2018).

E. Nicht bzw. „falsch" ausgeübte Wahlrechte und Anträge in der Steuererklärung

I. Auswirkung von Wahlrechten und Anträgen auf den Steueranspruch

Durch Wahlrechte und Anträge wird dem Steuerpflichtigen die Gestaltung der Rechtsfolgenseite[2516] einer Norm beim Vorliegen ihrer Tatbestandsmerkmale zur Disposition gestellt.[2517] Die Rechtsordnung erkennt folglich jede durch diese Gestaltungsmöglichkeiten getroffene Entscheidung des Steuerpflichtigen als rechtmäßig an.[2518] Eine „richtige" oder „falsche" Ausübung des Wahlrechts bzw. des Antrags im rechtlichen Sinne gibt es dabei nicht. „Falsch" ausgeübte Wahlrechte und nicht ausgeübte Anträge führen folglich nicht zu einer unrichtigen bzw. unvollständigen Steuererklärung und damit auch nicht zu einer rechtswidrigen Steuerfestsetzung.[2519] Allerdings kann die Steuerfestsetzung nachträglich rechtswidrig werden, wenn ein geänderter[2520] oder erstmalig ausgeübter Antrag den Steueranspruch i.S.d. § 38 AO verändert und damit die Diskrepanz zwischen materiell-rechtlich entstandenem Steueranspruch und festgesetzter Steuer begründet. Es ist anerkannt, dass ein Wahlrecht auf den Steueranspruch gestaltend bzw. modifizierend einwirkt und ihn auch nachträglich rückwirkend erhöht oder mindert.[2521] Dies setzt allerdings voraus, dass das Wahlrecht oder

---

2516 Das Wahlrecht bzw. der Antrag ist nicht als steuerbegründendes Merkmal des gesetzlichen Tatbestandes i.S.d. § 38 AO einzuordnen, sondern beeinflusst unabhängig von dem steuerbegründenden Sachverhalt lediglich auf Rechtsfolgenseite den Steueranspruch bzw. die Höhe der Steuer, siehe *Gluth*, Der Einfluß von Wahlrechten, S. 83-89; *Kruse*, in: FS Tipke, 277, 292.

2517 Siehe dazu die Ausführungen und Nachweise oben 2. Teil B. IX. 1. d. und e.

2518 *v. Groll*, in: Hübschmann/Hepp/Spitaler, AO/FGO, Vor § 172 AO Rn. 126 (Stand: November 2016); zur grundsätzlich verfassungsrechtlichen Unbedenklichkeit von Wahl- und Antragsrechten siehe *Heinen*, Wahl- und Antragsrechte, S. 23-36.

2519 BFH v. 13.6.1989, VIII R 174/85, BStBl. II 1989, 789 Rn. 23; *Schick*, StuW 1969, 361, 365; *v. Groll*, in: Hübschmann/Hepp/Spitaler, AO/FGO, Vor § 172 AO Rn. 126 (Stand: November 2016); *v. Wedelstädt*, in: Gosch, AO/FGO, § 173 AO Rn. 22 (Stand: August 2019).

2520 Zur Zulässigkeit der Änderung eines Antrages oder Wahlrechtes siehe *Weber-Grellet*, DStR 1992, 1417, 1419.

2521 BFH v. 12.7.1989, X R 8/84, BStBl. II 1989, 957 Rn. 18; BFH v. 10.12.2008, XI R 1/08, BStBl. II 2009, 1026 Rn. 20; *Gluth*, Der Einfluß von Wahlrechten, S. 98 f.; *Heinen*, Wahl- und Antragsrechte, S. 38 f.; *Kruse*, in: FS Tipke, 277, 290, 292; *Heinen*, DStR 2020, 361, 365; *Weber-Grellet*, DStR 1992, 1417, 1417 *v. Wedelstädt*, AO-StB 2012, 150,

der Antrag wirksam ist, insbesondere zeitlich noch ausgeübt bzw. geändert werden kann. Materiell-rechtlich können Wahlrechte und Anträge zeitlich unbeschränkt ausgeübt werden, soweit nicht im Gesetz eine zeitliche Beschränkung oder eine bestimmte Art, wie das Wahlrecht auszuüben ist, vorgeschrieben ist und dadurch unmittelbare Gestaltungs- und Bindungswirkung der Antrags- oder Wahlrechtsausübung bzw. -nichtausübung angeordnet wird.[2522] Zeitliche Beschränkungen mit Ausschlusswirkung finden sich für den hier relevanten Bereich der Steuererklärung für das Einkommensteuerrecht z.B. in § 32d Abs. 2 Nr. 3 S. 4 EStG („spätestens zusammen mit der Einkommensteuererklärung"), für das Körperschaftsteuerrecht z.B. in § 8d Abs. 1 S. 1, 5 KStG („in der Steuererklärung") und für das Umsatzsteuerrecht in § 19 Abs. 2 S. 1 UStG („bis zur Unanfechtbarkeit der Steuerfestsetzung").[2523] Fraglich ist aber, ob eine formell oder materiell bestandskräftige Steuerfestsetzung eine Auswirkung auf die Wirksamkeit einer Wahlrechts- bzw. Antragsausübung oder -änderung hat. Dass die wirksame Ausübung oder Änderung eines Wahlrechts bzw. eines Antrags grundsätzlich voraussetzt, dass die Steuerfestsetzung noch nicht stattgefunden hat, die Steuerfestsetzung angefochten worden ist[2524] oder noch nicht materiell bestandskräftig ist bzw. die materielle Bestandskraft durchbrochen wird, wird von der Literatur und der Rechtsprechung überwiegend bejaht.[2525] Das bedeutet,

150; *Schuster*, in: Hübschmann/Hepp/Spitaler, AO/FGO, § 38 AO Rn. 29 (Stand: Juni 2005); *Drüen*, in: Tipke/Kruse, AO/FGO, § 38 AO Rn. 23 (Stand: Januar 2014).

2522 BFH v. 12.1.1994, II R 72/91, BStBl. II 1994, 302 Rn. 13; aus dem Umkehrschluss zu den Ausführungen zum Antrag nach § 32d Abs. 6 EStG BFH v. 12.5.2015, VIII R 14/13, BStBl. II 2015, 806 Rn. 7-9; *Weber-Grellet*, DStR 1992, 1417, 1419; *Heinen*, Antrags- und Wahlrechte, S. 119 f.; *ders.*, DStR 2020, 361, 361.

2523 Siehe auch *Heinen*, Wahl- und Antragsrechte, S. 110 f.; siehe bezüglich der Körperschaftsteuer aber BMF-Schreiben v. 18.3.2021, BStBl. I 2021, 363 Rn. 7-12; FG Thüringen v. 5.10.2018, 1 K 348/18, EFG 2018, 1907, FG Köln v. 6.2.2019, 10 V 1706/18; FG Niedersachsen v. 28.11.2019, 6 K 356/18, EFG 2020, 735.

2524 Zur Frage, bis zu welchem Prozessstadium ein Wahlrecht noch ausgeübt werden kann, siehe *Gluth*, Der Einfluß von Wahlrechten, S. 123-131.

2525 BFH v. 28.8.1981, VI R 139/78, BStBl. II 1982, 156 Rn. 10; BFH v. 27.7.1988, VI R 43/85 Rn. 14; BFH v. 29.4.2008, VIII R 62/06, BStBl. II 2008, 747 Rn. 19; BFH v. 9.8.2016, VIII R 27/14, BStBl. II 2017, 821 Rn. 19; BFH v. 3.12.2019, VIII R 43/18, VIII R 43/18 Rn. 38; *Klemp*, Öffentlich-rechtliche Willenserklärungen, S. 85; *ders.*, StuW 1972, 217, 224; *Gluth*, Der Einfluß von Wahlrechten, S. 135-137; *Rönitz*, StbJb 1980/1981, 359, 363; *Guth*, DB 1985, 2274, 2276; *Weber-Grellet*, DStR 1992, 1417, 1420; *v. Wedelstädt*, AO-StB 2012, 150, 150 f.; *v. Groll*, in: Hübschmann/Hepp/Spitaler, AO/FGO, Vor § 172 AO Rn. 126 (Stand: November 2016); a.A. *Heinen*, DStR 2020, 361; *Kruse*, in: FS Tipke, 277, 292 f. und dort Fn. 84; *Loose*, in: Tipke/Kruse,

dass sich in den Fällen, in denen diese Voraussetzungen nicht vorliegen, die Ausübung oder Änderung eines Antrags oder Wahlrechts nicht auf den Steueranspruch auswirken kann, er folglich unverändert bleibt. Rechtfertigen lässt sich dies damit, dass die Antrags- oder Wahlrechtsausübung als empfangsbedürftige Willenserklärung[2526] Verfahrenshandlung ist[2527] und eine Verfahrenshandlung nur innerhalb der für sie vorgegebenen Grenzen, hier also innerhalb des Steuerverfahrens Wirkung entfalten kann. Das Verfahren „Steuerfestsetzung" ist aber mit Erlass des Verwaltungsaktes abgeschlossen.[2528] Nur dann, wenn das Verfahren aufgrund einer anderen Norm, etwa weil ein Einspruch eingelegt worden ist oder weil eine Korrekturvorschrift einschlägig ist, wieder – auch in Bezug auf die festgesetzte Steuer teilweise – eröffnet wird,[2529] kann die Verfahrenshandlung des Antrags bzw. der Wahlrechtsausübung im Steuerverfahren wirksam sein und damit die Höhe des Steueranspruchs beeinflussen. Dies lässt sich verfassungsrechtlich auf den Grundsatz der Rechtssicherheit zurückführen.[2530] Damit ist die wirksame Antrags- bzw. Wahlrechtsausübung von der formellen und materiellen Bestandskraft der Steuerfestsetzung abhängig.

AO/FGO, § 175 AO Rn. 39a f. (Stand: Juli 2017); *Grube*, JbFStR 1983/1984, 37, 46; dazu noch sogleich unter III.

2526 *Heinen*, Wahl- und Antragsrechte, S. 48, zum Zugang a.a.O., S. 48-50; *Gluth*, Der Einfluß von Wahlrechten, S. 12; *Rönitz*, StbJb 1980/1981, 359, 366; *Federmann*, DB 1983, 76, 77, spricht von Folgewillenserklärungen, da diese mit dem zugrundeliegenden Sachverhalt untrennbar verbunden seien; *Seer*, in: Tipke/Kruse, AO/FGO, § 89 AO Rn. 3 (Stand: Februar 2018).

2527 BFH v. 28.9.1984, VI R 48/82, BStBl. II 1985, 117 Rn. 16; BFH v. 19.5.1987, VIII R 327/83, BStBl. II 1987, 848 Rn. 19; *Söhn*, in: Hübschmann/Hepp/Spitaler, AO/FGO, § 79 AO Rn. 11 (Stand: November 2017); speziell für Anträge und Wahlrechte *v. Wedelstädt*, in: Gosch, AO/FGO, § 173 AO Rn. 22 (Stand: August 2019); a.A. *Birkenfeld*, StuW 1977, 31, 33 f.

2528 Allgemein *Drüen*, in: Tipke/Kruse, AO/FGO, § 78 AO Rn. 5 (Stand: Mai 2014).

2529 Das Rechtsbehelfsverfahren sowie die Prüfung, ob ein Verwaltungsakt aufgehoben oder geändert werden soll, sind nicht die Fortsetzung des bisherigen Verfahrens, sondern der Beginn eines neuen Verfahrens, siehe *Drüen*, in: Tipke/Kruse, AO/FGO, § 78 AO Rn. 5 (Stand: Mai 2014); *Söhn*, in: Hübschmann/Hepp/Spitaler, AO/FGO, § 79 AO Rn. 33 (Stand: November 2017).

2530 BFH v. 21.1.1992, VIII R 72/88, BStBl. II 1992, 958 Rn. 17.

II. Ausübung und Rücknahme von Anträgen und Wahlrechten

Nach den bisherigen Feststellungen kommt eine Korrektur der Steuerfestsetzung allein wegen einer erstmaligen oder einer geänderten Wahlrechts- oder Antragsausübung inkl. einer Rücknahme nicht in Betracht. Insoweit fehlt es bereits an einer Abweichung von der nach § 38 AO entstandenen zu der durch Steuerverwaltungsakt festgesetzten Steuer, sodass die Voraussetzung der rechtswidrigen Steuerfestsetzung, die allgemein für die Anwendung der §§ 172 ff. AO gilt,[2531] nicht erfüllt ist.[2532] Die Prüfung, ob eine Wahlrechts- oder Antragsausübung eine Tatsache i.S.d. § 173 Abs. 1 AO oder ein Ereignis i.S.d. § 175 Abs. 1 Nr. 2 AO darstellt, kann daher unterbleiben.[2533] Es könnten jedoch unabhängig von Anträgen und Wahlrechten Korrekturnormen einschlägig sein, die ihrerseits auch die Ausübung und Änderung von Wahlrechten und Anträgen ermöglichen, nämlich wenn der der Finanzbehörde nachträglich bekanntgewordene Sachverhalt und eine damit inhaltlich zusammenhängende Wahlrechts- bzw. Antragsausübung zusammenfallen. In Betracht kommt dann eine Änderung der Steuerfestsetzung nach § 173 Abs. 1 AO. Aus der Rechtsprechung können beispielhaft Fälle genannt werden, in denen die auswärtige Unterbringung eines Kindes nach § 33a Abs. 2 EStG[2534] oder das Vorliegen von Kapitalerträgen, das erstmalig die Anträge nach § 32d Abs. 2, 4, 6 EStG ermöglicht, erst nachträglich als Tatsache i.S.d. § 173 Abs. 1 AO bekannt werden.[2535] Steht die Steuerfestsetzung hingegen insgesamt unter dem Vorbehalt der Nachprüfung, tritt keine materielle Bestandskraft ein und es ist stets die Voraussetzung einer Korrekturvorschrift, nämlich § 164 Abs. 2 S. 1 AO erfüllt, sodass Anträge und Wahlrechte

2531 Siehe oben 5. Teil C. I.

2532 Ebenso *v. Groll*, in: Hübschmann/Hepp/Spitaler, AO/FGO, Vor § 172 AO Rn. 126 (Stand: November 2016); nicht oder falsch ausgeübte Wahlrechte bzw. Anträge stellen daher auch keine Rechtsfehler i.S.d. § 177 AO dar, siehe statt vieler *Rönitz*, StbJb 1980/1981, 359, 382; a.A. *Brandt-Pollmann*, BB 1981, 1209, 1212.

2533 Vereinzelt wollen Stimmen in der Literatur § 173 Abs. 1 AO und § 175 Abs. 1 Nr. 2 AO in bestimmten Antragssituationen nebeneinander „gekoppelt“ anwenden, siehe nur *Grube*, JbFStR 1983/1984, 37, 46.

2534 FG Düsseldorf v. 4.3.1993, 14 K 1457/91 E, EFG 1993, 663, 664.

2535 Für den Antrag nach § 32d Abs. 4 EStG: BFH v. 21.8.2019, X R 16/17, BStBl. II 2020, 99 Rn. 36-45. Für den Antrag nach § 32d Abs. 6 EStG: BFH v. 12.5.2015, VIII R 14/13, BStBl. II 2015, 806 Rn. 12-21; FG Baden-Württemberg v. 6.10.2016, 3 K 2692/15 Rn. 53.

gestellt, geändert oder zurückgenommen werden können.[2536] Sonderfälle sieht die Rechtsprechung bei Anträgen dann, wenn ein Antrag wie im Falle des Realsplittings nach § 10 Abs. 1a Nr. 1 EStG durch die Zustimmung eines anderen Steuerpflichtigen zu einem Merkmal des gesetzlichen Tatbestandes aufgewertet wird und so zu einem rückwirkenden Ereignis i.S.d. § 175 Abs. 1 S. 1 Nr. 2 AO „qualifiziert" werden kann.[2537] Der Grund ist, dass in diesen Fällen bei übergreifender Betrachtung noch keine vollständige Bestandskraft eingetreten ist.[2538] Selbiges hat die Rechtsprechung für den Antrag auf Einzelveranlagung nach einer Zusammenveranlagung entschieden, solange der Bescheid des den Veranlagungswechsel beantragenden Ehegatten noch nicht bestandskräftig ist.[2539] Mittlerweile ist letzterer Fall in § 26 Abs. 2 S. 4 EStG gesetzlich geregelt worden.

III. Der Ansatz von *Heinen*: Wahlrecht als rückwirkendes Ereignis

Heinen wendet sich von der gerade dargestellten, im Ergebnis wohl als herrschende Meinung zu bezeichnenden Beurteilung ab. Er fordert zu einem „Umdenken" auf und vertritt die These, dass Wahlrechte und Anträge stets als rückwirkendes Ereignis zur Änderung der Steuerfestsetzung nach § 175 Abs. 1 S. 1 Nr. 2 AO führen.[2540] Dass die §§ 172 ff. AO überhaupt Anwendung finden, begründet *Heinen* damit, dass die Forderung, eine verfahrensrechtliche Wirksamkeit der Wahlrechtsausübung müsse gegeben sein, die Korrekturvorschriften als Mittel zur verfahrensrechtlichen Umsetzung materiell-rechtlicher Vorgänge ins Leere laufen ließe.[2541] Damit es nicht aufgrund von § 175 Abs. 1 S. 2 AO zu

2536 BFH v. 3.2.1987, IX R 255/84 Rn. 23; BFH v. 4.11.2004, III R 73/03, BStBl. II 2005, 290 Rn. 46 m.w.N.; dazu aus der Literatur auch *Klemp*, Öffentlich-rechtliche Willenserklärungen, S. 87, noch zu § 100 RAO; *Gluth*, Der Einfluß von Wahlrechten, S. 135, mit der zutreffenden Einschränkung, dass eine Ausübung oder Änderung des Wahlrechts bzw. des Antrags nicht mehr möglich ist, wenn dieses bzw. dieser kraft Gesetzes nur bis zur „Unanfechtbarkeit" ausgeübt werden kann; *Rönitz*, StbJb 1980/1981, 359, 381; *v. Wedelstädt*, AO-StB 2012, 150, 151; *Seer*, in: Tipke/Kruse, AO/FGO, § 164 AO Rn. 43 (Stand: Juli 2017).

2537 BFH v. 12.7.1989, X R 8/84, BStBl. II 1989, 957 Rn. 16, 19-24 noch zur Vorgängernorm § 10 Abs. 1 Nr. 1 S. 1 EStG; BFH v. 9.12.2009, X R 39/07 Rn. 13; BFH v. 20.8.2014, X R 33/12, BStBl. II 2015, 138 Rn. 12-20.

2538 BFH v. 20.8.2014, X R 33/12, BStBl. II 2015, 138 Rn. 15.

2539 BFH v. 3.3.2005, III R 22/02, BStBl. II 2005, 690 Rn. 12-23; siehe auch die Darstellung bei *Heinen*, Wahl- und Antragsrechte S. 131-133.

2540 *Heinen*, Wahl- und Antragsrechte, S. 147-158, *ders.*, DStR 2020, 361.

2541 *Heinen*, DStR 2020, 361, 362.

einer endlosen Möglichkeit der Ausübung und Rücknahme von Wahlrechten und Anträgen kommt, sei dieser teleologisch zu reduzieren, sodass Anträge und Wahlrechte aus seinem Anwendungsbereich auszuklammern seien.[2542]

Problematisch an dem Ansatz von *Heinen*, der im Ergebnis auch von *Kruse*[2543] und *Loose*[2544] vertreten worden ist bzw. vertreten wird, ist, dass die Gesetzeshistorie, die Systematik und die Rechtsprechung einer solchen Auslegung des § 175 Abs. 1 S. 1 Nr. 2 AO widersprechen. Dazu sollen in einem ersten Schritt *Heinens* Kernargumente genannt und sodann in einem zweiten Schritt widerlegt werden. Zunächst lehnt *Heinen* die zwischen „einfachen" und „qualifizierenden" Anträgen differenzierende Rechtsprechung mit der Begründung ab, dass alle Wahlrechte Merkmale des steuerlichen Tatbestandes seien, und fasst somit die Ausübung eines Wahlrechtes unter den Ereignisbegriff.[2545] Eine dann denkbare teleologische Reduktion des § 175 Abs. 1 S. 1 Nr. 2 AO weist *Heinen* zunächst mit dem Gedanken zurück, dass die Bestandskraft nicht mit einer absoluten Bindungswirkung ausgestattet worden sei, sodass eine Auslegung des gesetzgeberischen Willens in eine die Bestandskraft stärkende Richtung mittels teleologische Reduktion nicht möglich sei.[2546] Dazu beruft er sich auf eine „grundlegende Entscheidung" des Bundesfinanzhofs aus dem Jahr 2001[2547].[2548] In dieser Entscheidung formuliert der Bundesfinanzhof, dass „der materiell zulässigen Ausübung des Wahlrechts auch formell Geltung zu verschaffen"[2549] sei. Eine Stütze seines Ergebnisses sieht *Heinen* auch in der Einführung des § 175 Abs. 2 S. 2 AO, nach dem eine nachträgliche Erteilung oder Vorlage einer Bescheinigung nicht als rückwirkendes Ereignis anzusehen ist. Denn die Regelung habe zum Ziel gehabt, eine nicht gerechtfertigte Ungleichbehandlung zu beseitigen, die sich daraus ergeben habe, dass nach der Rechtsprechung eine Bescheinigung, die tatbestandlich vorausgesetzt war, anders als eine Bescheinigung, die ein bloßes Beweismittel darstellte, bei nachträglicher Vorlage ein rückwirkendes Ereignis sein sollte; eine Einschränkung an Korrekturmöglichkeiten bei vom Steuerpflichtigen selbst herbeigeführten Ereignissen – unter die auch die Antrags- und

---

2542 *Heinen*, Wahl- und Antragsrechte, S. 157 f.; *ders.*, DStR 2020, 361, 366 f.
2543 *Kruse*, in: FS Tipke, 277, 292 f. und dort Fn. 84.
2544 *Loose*, in: Tipke/Kruse, AO/FGO, § 175 AO Rn. 39a f. (Stand: Juli 2017).
2545 *Heinen*, Wahl- und Antragsrechte, S. 149-152; *ders.*, DStR 2020, 361, 364 f.
2546 *Heinen*, Wahl- und Antragsrechte, S. 154 f.; *ders.*, DStR 2020, 361, 365.
2547 BFH v. 30.8.2001, IV R 30/99, BStBl. II 2002, 49.
2548 *Heinen*, Wahl- und Antragsrechte, S. 154.
2549 BFH v. 30.8.2001, IV R 30/99, BStBl. II 2002, 49 Rn. 21.

Wahlrechtsausübung fallen – sei davon gerade nicht erfasst.[2550] Dass § 175 Abs. 1 S. 2 AO dann aber wiederum nicht anzuwenden sei, ergebe sich aus einer sonst nicht gerechtfertigten Verlängerung der Festsetzungsverjährung und einer dann bestehenden willkürlichen Korrektur von Steuerfestsetzungen.[2551]

Gegen diese Auslegung der Norm spricht Folgendes: Der Gesetzgeber hatte die Anwendung von Wahlrechten weder bei der Konzeption des § 175 Abs. 1 S. 1 Nr. 2 AO noch bei der Einfügung des § 175 Abs. 2 S. 2 AO vor Augen. Bei der Reform der Abgabenordnung 1977 wollte der Gesetzgeber mit § 175 Abs. 1 S. 1 Nr. 2 AO die Regelungen des §§ 4 Abs. 2, 3; 5 StAnpG umsetzen und vereinheitlichen.[2552] Bei diesen Normen war jedoch von Wahlrechten (noch) keine Rede.[2553] Es war zunächst in § 156 AO-E sogar vorgesehen, dass nur Änderungen von dem Steuerbescheid zugrunde liegenden *Sachverhalten* mit steuerlicher Wirkung für die Vergangenheit zur Korrektur führen sollten.[2554] Auch im Laufe des Gesetzgebungsverfahrens, in dem § 175 Abs. 1 S. 1 Nr. 2 AO seinen heutigen Wortlaut erlangt hat, wurde nicht auf Wahlrechte rekurriert. Die Änderung sollte vielmehr sicherstellen, dass von der Norm auch der Fall erfasst wird, dass ein neuer Sachverhalt hinzutritt.[2555] Dass aber an anderer Stelle im Gesetzesentwurf auf Wahlrechte eingegangen worden ist,[2556] spricht für die Annahme, dass der Gesetzgeber bewusst auf eine Erfassung von Wahlrechten als rückwirkende Ereignisse i.S.d. § 175 Abs. 1 S. 1 Nr. 2 AO verzichtet hat.

Nicht anders sieht es bei der Einfügung des § 175 Abs. 2 S. 2 AO aus. Die Norm beruhte nicht, wie es vielleicht die Gesetzesbegründung vermuten lässt, auf der Beseitigung einer nicht zu rechtfertigenden Ungleichbehandlung im Steuerverfahren aufgrund lediglich „rechtstechnischer Unterschiede" zwischen Bescheinigungen, die einerseits nur Beweisfunktion hatten und andererseits Tatbestandsmerkmal waren.[2557] Es ging dem Gesetzgeber darum, einer unliebsamen

2550 *Heinen*, Wahl- und Antragsrechte, S. 155-157; *ders.*, DStR 2020, 361, 366.

2551 *Heinen*, Wahl- und Antragsrechte, S. 157 f.; *ders.*, DStR 2020, 361, 366 f.

2552 BT Drucks. VI/1982, S. 159 zu § 156 AO.

2553 Siehe die Kommentierung von *Tipke/Kruse*, AO (2./3. Auflage, 1965/1968), §§ 4, 5 StAnpG.

2554 BT-Drucks. VI/1982, S. 46.

2555 Siehe BT Drucks. 7/4292, S. 34.

2556 Nämlich bei der Verlängerung von Fristen nach § 109 AO, BT Drucks. 7/4292, S. 26.

2557 Siehe BT Drucks. 15/4050, S. 61.

Rechtsprechung des EuGH im Fall *Manninen*[2558], die es kurz gesagt ermöglichte, auch ausländische Körperschaftsteuer im Inland anrechnen zu lassen, wenn die entsprechende Bescheinigung vorliegt – ähnlich zu der heutigen Regelung zur Kapitalertragsteuer in § 36 Abs. 2 S. 2 EStG –, die verfahrensrechtliche Grundlage in ansonsten bestandskräftigen Fällen zu entziehen.[2559] Dieser, im Übrigen fehlgeschlagene Versuch des Gesetzgebers, eine Ungleichbehandlung bei der Behandlung von Bescheinigungen zu verhindern,[2560] kann folglich nicht als Begründung herangezogen werden, um die Ausübung von Wahlrechten und Anträgen als rückwirkendes Ereignis einzuordnen. Aus den Äußerungen im Gesetzgebungsverfahren folgt nichts anderes.

Die zitierte Aussage aus der „grundlegenden Entscheidung" des Bundesfinanzhofs verliert ihre *prima facie* bestehende Strahl- und Aussagekraft für die Behandlung von Wahl- und Antragsrechten als rückwirkende Ereignisse i.S.d. § 175 Abs. 1 S. 1 Nr. 2 AO dann, wenn man sich den Kontext der Entscheidung vor Augen führt: In dem Fall ging es darum, dass eine Steuerpflichtige ein Wahlrecht nach § 6c EStG zur Übertragung von stillen Reserven aus der Veräußerung von bestimmten Wirtschaftsgütern des Betriebsvermögens erstmalig für den veranlagten Zeitraum nach einem finanzgerichtlichen Urteil ausgeübt hatte, in dem die fraglichen Wirtschaftsgüter überhaupt erst dem Betriebsvermögen zugerechnet wurden, während die Steuerpflichtige bis dahin davon ausgegangen war, dass die Wirtschaftsgüter nicht Teil des Betriebsvermögens gewesen waren.[2561] Der Antrag nach § 6c EStG folgte sodann innerhalb der Rechtsmittelfrist des finanzgerichtlichen Urteils; die Revision wurde von der Steuerpflichtigen nicht eingelegt, sodass formelle Bestandskraft eintrat. Die Finanzbehörde lehnte die Änderung des Steuerbescheides ab. Der Bundesfinanzhof sah sich vor dem Problem, dass zwar die Wahlrechtsausübung vor Eintritt der formellen

2558 EuGH v. 7.9.2004, Rs. C-319/02, *Manninen*, ECLI:EU:C:2004:484; siehe auch die kurze Zusammenfassung des Urteils und seine Auswirkungen bei *Hütt*, AO-StB 2004, 438.

2559 Siehe zu diesem gesetzgeberischen „Manöver" *Gosch*, DStR 2004, 1988, 1991 f.; *Loose*, AO-StB 2005, 49, 49, spricht sogar vom *lex manninen*; sehr kritisch auch *v. Groll*, in: Hübschmann/Hepp/Spitaler, AO/FGO, § 175 AO Rn. 15 (Stand: Oktober 2019)

2560 *v. Wedelstädt*, DB 2004, 2500, 2501, weist darauf hin, dass die Ungleichbehandlungen sich bei Bescheinigungen noch vergrößern würden, da eine vorgelegte Bescheinigung, die lediglich als Nachweis dient, Beweismittel i.S.d. § 173 Abs. 1 AO sei, während dies bei Bescheinigungen, die Bestandteil des materiellen Tatbestands seien, ausscheide; zustimmend *Loose*, AO-StB 2005, 49, 50.

2561 BFH v. 30.8.2001, IV R 30/99, BStBl. II 2002, 49 Rn. 13.

Bestandskraft erfolgte – und damit den oben dargestellten Grundsätzen[2562] entsprach und den Steueranspruch rückwirkend änderte –, dennoch die Bestandskraft mit Ablauf der Rechtsmittelfrist eingetreten war und es an einer Vorschrift fehlte, mit der die eingetretene Bestandskraft durchbrochen werden konnte.[2563] Da § 172 Abs. 1 Nr. 2a AO *expressis verbis* nur für einen Antrag innerhalb der Einspruchsfrist, nicht aber für Anträge innerhalb der Rechtsmittelfrist anwendbar ist,[2564] blieb dem Bundesfinanzhof nur eine „*entsprechende* Anwendung des § 175 Abs. 1 S. 1 Nr. 2 AO", um der – und jetzt erscheint das Zitat auch weniger bahnbrechend – „materiell zulässigen Ausübung des Wahlrechts auch formell Geltung zu verschaffen", damit „die Gestaltungswirkung des von der Klägerin [vor Eintritt der Bestandskraft, *Erg. des Verf.*] ausgeübten Wahlrechts auch nach Eintritt der Bestandskraft erhalten bleibt."[2565] Es ging dem Bundesfinanzhof also nicht darum, Anträgen, die nach Eintritt der Bestandskraft gestellt worden sind, als rückwirkendes Ereignis eine bestandskraftdurchbrechende Wirkung zuzusprechen. Es ging ihm vielmehr nur darum, den Sonderfall zu regeln, dass vor Eintritt der Bestandskraft eines Steuerbescheides ein Antrag gestellt wird, der als empfangsbedürftige Willenserklärung mit Zugang bei der Finanzbehörde den Steueranspruch rückwirkend ändert,[2566] aber nicht mehr vor Eintritt der Bestandskraft verfahrensrechtlich umgesetzt worden ist. In der Gesamtschau taugt die Rechtsprechung also nicht zur Untermauerung von *Heinens* These, sondern stärkt den hier vertretenen Standpunkt.

Gerade die Notwendigkeit, dass nach *Heinen* mit § 175 Abs. 1 S. 2 AO ein funktional wesentlicher Teil der Norm nicht uneingeschränkt angewendet werden dürfte, spricht zusätzlich gegen eine Auslegung, die § 175 Abs. 1 S. 1 Nr. 2 AO auf Wahlrechte und Anträge anwendet, und damit gegen *Heinens* Ansatz. Erst im Juli 2020 hat der Bundesfinanzhof das hier vertretene Ergebnis nochmals bestätigt.[2567] Er stellte dort für einen Fall der nachträglichen Antragstellung i.S.d. § 32d Abs. 6 EStG fest, dass die Antragstellung selbst kein rückwirkendes Ereignis sei.[2568] Stattdessen könne aber eine geänderte Steuerfestsetzung, nach der

2562 Siehe oben 5. Teil E. I.

2563 BFH v. 30.8.2001, IV R 30/99, BStBl. II 2002, 49 Rn. 20.

2564 Gegen eine Ausweitung des Wortlauts schon *v. Groll*, in: Hübschmann/Hepp/Spitaler, AO/FGO, § 172 AO Rn. 146 (Stand: Mai 2017).

2565 BFH v. 30.8.2001, IV R 30/99, BStBl. II 2002, 49 Rn. 21, auch für die drei Zitate, Hervorhebung durch Verf.

2566 Siehe oben 5. Teil E. I.

2567 BFH v. 14.7.2020, VIII R 6/17.

2568 BFH v. 14.7.2020, VIII R 6/17 Rn. 24.

der Antrag i.S.d. § 32d Abs. 6 EStG erstmalig eine Auswirkung für den Steuerpflichtigen in diesem Veranlagungszeitraum hätte, rückwirkendes Ereignis i.S.d. § 175 Abs. 1 Nr. 2 AO sein.[2569]

IV. Bewertung mit Blick auf die Verfahrensleistungsfähigkeit

Fraglich ist, wie die verschiedenen Ansätze mit Blick auf die Verfahrensleistungsfähigkeit des Steuerpflichtigen zu beurteilen sind. Der Ansatz von *Heinen* wirkt deutlich zugunsten des Steuerpflichtigen und ermöglicht ihm, ein Wahlrecht oder einen Antrag bis zum Ablauf der Festsetzungsverjährung zu stellen oder zurückzunehmen, soweit das Wahlrecht bzw. der Antrag nicht ausdrücklich bis zu einem bestimmten Zeitpunkt im Verfahren gestellt werden muss. Folgt man diesem Ansatz entgegen aller dargestellten Bedenken, können Fehler in der rechtlichen Beurteilung über Möglichkeit und Wirkung eines Wahlrechts bzw. eines Antrags innerhalb der Festsetzungsfrist stets korrigiert und so einer geringen Verfahrensleistungsfähigkeit entgegengewirkt werden. Man würde sogar zu einer Überkompensation kommen, wenn die Ausübung des Wahlrechts bzw. des Antrags die Durchbrechung der Bestandskraft ermöglicht und mit ihr Aufwendungen geltend gemacht werden können, deren nachträgliche Berücksichtigung isoliert betrachtet bereits am groben Verschulden des § 173 Abs. 1 Nr. 2 AO scheitern würde.

Schließt man sich hingegen der dargestellten wohl herrschenden Auffassung an, sind Wahlrechte und Anträge regelmäßig im Zusammenhang mit nachträglich bekannt gewordenen Tatsachen zu berücksichtigen. Handelt es sich hierbei um im Ergebnis den Steuerpflichtigen begünstigende Tatsachen, müssen die Voraussetzungen des § 173 Abs. 1 Nr. 2 AO vorliegen. Das bedeutet wiederum, dass den Steuerpflichtigen kein grobes Verschulden daran treffen darf, dass die Tatsachen der Finanzbehörde erst nachträglich bekannt geworden sind. Hierbei könnte man auf die Idee kommen, die besondere Belastung zu berücksichtigen, dass ein Antrag bzw. ein Wahlrecht nochmals gesteigerte gesetzliche Kenntnisse auf der Seite des Steuerpflichtigen erfordert, um die Handlungsalternativen abwägen zu können, sodass dies bei der Auslegung des groben Verschuldens eine Berücksichtigung finden muss. Man wird aber auch hier differenzieren müssen: Dann, wenn ein Antrag – etwa auf Berücksichtigung von außergewöhnlichen Belastungen – sich nur zugunsten des Steuerpflichtigen auswirken kann, sind die Anforderungen an ihn keine höheren als bei sonstigen Fragen

---

2569 BFH v. 14.7.2020, VIII R 6/17 Rn. 25.

im Steuererklärungsformular. Handelt es sich aber um echte Wahlrechte, die zu unterschiedlichen rechtlichen Folgen führen können, wird man den gesteigerten Subsumtions- und Abwägungsaufwand und die damit gesteigerten Anforderungen an den Steuerpflichtigen zu seinen Gunsten berücksichtigen müssen.

Bei fristgebundenen Anträgen und Wahlrechten kommt zudem eine Wiedereinsetzung in den vorigen Stand gem. § 110 AO in Betracht.[2570] Diese setzt gem. § 110 Abs. 1 S. 1 AO voraus, dass der Steuerpflichtige ohne Verschulden verhindert war, eine gesetzliche Frist einzuhalten. Ein Verschulden i.S.d. § 110 Abs. 1 AO liegt vor, wenn der Steuerpflichtige die für einen gewissenhaft und sachgemäß handelnden Verfahrensbeteiligten gebotene und ihm nach den Umständen zumutbare Sorgfalt nicht beachtet, wobei im Gegensatz zu § 173 Abs. 1 Nr. 2 AO bereits leicht fahrlässiges Verhalten vorwerfbar ist.[2571] Die Anforderungen an den Steuerpflichtigen sind hierbei folglich gesteigert. Dennoch kann insbesondere bei Unkenntnis des Steuerpflichtigen über das Antragsrecht und die Antragsfrist sowie Unkenntnis über eine Kombinationsmöglichkeit von verschiedenen Anträgen und Wahlrechten eine Wiedereinsetzung in den vorigen Stand in Betracht kommen.[2572] Dabei sind, wie im Bereich des groben Verschuldens i.S.d. § 173 Abs. 1 Nr. 2 AO, die persönlichen Kenntnisse und Fähigkeiten des Steuerpflichtigen, aber auch eine Aufklärung durch die Finanzbehörde in den Steuererklärungsformularen, Anleitungen und Erläuterungen zu berücksichtigen, die dem Steuerpflichtigen zugänglich gemacht worden sind.

Soweit ein Wahlrecht oder ein Antragsrecht des Steuerpflichtigen besteht und dessen Ausübung offensichtlich aus Versehen unterblieben ist, haben die Finanzbehörden gem. § 89 Abs. 1 S. 1 AO außerdem die Pflicht, den Steuerpflichtigen aufzuklären und auf die Möglichkeiten hinzuweisen.[2573] In der Praxis wird sich diese Beratungspflicht allerdings nur selten auswirken, da sie im Regelfall voraussetzt, dass die Finanzbehörde positive Kenntnis von den übrigen Tatbestandsmerkmalen hat, damit ein offensichtliches Versehen und damit

---

2570 BFH v. 29.8.2017, VIII R 33/15, BStBl. II 2018, 69 Rn. 27.

2571 Ständige Rechtsprechung siehe BFH v. 29.8.2017, VIII R 33/15, BStBl. II 2018, 69 Rn. 31 m.w.N.

2572 BFH v. 22.5.2006, VI R 51/04, BStBl. II 2006, 833 Rn. 14; BFH v. 29.11.2006, VI R 48/05 Rn. 14 f.; BFH v. 25.3.2015, X R 20/14, BStBl. II 2015, 709 Rn. 34; BFH v. 29.8.2017, VIII R 33/15, BStBl. II 2018, 69 Rn. 32.

2573 *Rönitz*, StbJb 1980/1981, 359, 362; *Seer*, in: Tipke/Kruse, AO/FGO, § 89 AO Rn. 3 f. (Stand: Februar 2018); *Söhn*, in: Hübschmann/Hepp/Spitaler, AO/FGO, § 89 AO Rn. 23 f. (Stand: August 2016).

eine Beratungspflicht angenommen werden kann.[2574] Hat das Finanzamt seine Beratungspflicht verletzt, ist eine Korrektur folglich nach § 173 Abs. 1 AO wegen nachträglich bekanntgewordener Tatsachen kaum noch denkbar, denn die Verletzung der Beratungspflicht setzt die Kenntnis der Tatsachen bei der Finanzbehörde gerade voraus.

F. Nichtabgabe der Steuererklärung

Die Nichtabgabe der Steuererklärung durch den Steuerpflichtigen kann mehrere Gründe haben: Entweder er weiß nicht, dass er zur Erstellung und Abgabe einer Steuererklärung verpflichtet ist, oder er begeht einen Rechtsfehler bei der Beurteilung der Frage, ob er verpflichtet ist, eine Steuererklärung zu erstellen und einzureichen. Ohne eine Steuererklärung wird in der Regel zunächst kein Steuerbescheid ergehen, sodass sich Fragen der Bestandskraftdurchbrechung nicht stellen.

Hat die Finanzbehörde die Besteuerungsgrundlagen – grundsätzlich nach Erinnerung und Aufforderung zur Abgabe der Steuererklärung – geschätzt, weil der Steuerpflichtige eine Steuererklärung nicht abgegeben hat, wird diese Steuerfestsetzung im Regelfall unter dem Vorbehalt der Nachprüfung gem. § 164 Abs. 1 S. 1 AO erfolgen.[2575] Der Steuerpflichtige bleibt in den Fällen der Schätzung gem. § 149 Abs. 1 S. 4 AO weiterhin zur Abgabe einer Steuererklärung verpflichtet. Eine Änderung ist in den Fällen der Vorbehaltsfestsetzung gem. § 164 Abs. 2 S. 1 AO jederzeit innerhalb der Festsetzungsfrist möglich.[2576] Wurde die Steuerfestsetzung nicht unter dem Vorbehalt der Nachprüfung durchgeführt, stehen dem Steuerpflichtigen das Einspruchsverfahren und § 173 AO als Korrekturvorschrift zur Verfügung. Für Einzelheiten zur Steuerfestsetzung kann auf die Ausführungen zu § 173 AO verwiesen werden. Widersprüche zwischen Anrechnungsverfügung und Steuerfestsetzung, die bei einer Schätzung auftreten können, dürften sich durch die Abgeltungsteuer und die eDaten-Übermittlung im Bereich der Einkünfte aus nichtselbstständiger Tätigkeit für die Einkommensteuer zu großen Teilen erledigt haben. Lediglich im Bereich des nicht unter die abgeltende Wirkung des § 43 Abs. 5 EStG fallenden Kapitalertragsteuereinbehalts

2574 *Rönitz*, StbJb 1980/1981, 359, 362.

2575 Siehe dazu oben 4. Teil F. II.

2576 Der Vorbehalt der Nachprüfung entfällt grundsätzlich mit Ablauf der Festsetzungsfrist. Siehe insoweit aber die Sonderregelungen zu anzuwendenden Ablaufhemmungen in § 164 Abs. 4 S. 2 AO.

im Einkommensteuer- und generell im Körperschaftsteuerrecht stellt sich die Frage, wie zu hohe oder zu niedrige Anrechnungen in der Anrechnungsverfügung korrigiert werden können. Bei einer zu hohen Schätzung wird dabei regelmäßig eine Korrekturmöglichkeit nach § 130 Abs. 2 Nr. 4 AO einschlägig sein und die Ermessensabwägung wegen Verletzung der Steuererklärungspflicht zulasten des Steuerpflichtigen ausfallen. Bei einer zu niedrigen Schätzung wird bei späterer Korrektur der Gedanke einer korrespondierenden Berücksichtigung von Einnahmen und Abzugsbeträgen ebenfalls für eine Korrektur nach § 130 Abs. 1 AO streiten.

G. Ergebnis

Soweit ein Steuerbescheid mit seiner Bekanntgabe an den Steuerpflichtigen materiell bestandskräftig wird und nicht durch einen Einspruch angefochten wird, ist der Steuerpflichtige für die Korrektur von Fehlern, die ihm bei der Erstellung der Steuererklärung unterlaufen sind und sich in der Steuerfestsetzung niederschlagen, zur Durchbrechung der Bestandskraft auf die Anwendbarkeit der §§ 172 ff. AO und des § 129 AO angewiesen. Die Fehlerquelle bestimmt dabei, welche Korrekturvorschriften in Betracht kommen.

Aspekte der Verfahrensleistungsfähigkeit gelangen allerdings nicht bei sämtlichen Korrekturvorschriften zur Geltung. Der Grundsatz der Verfahrensleistungsfähigkeit kann bei Korrekturen zuungunsten des Steuerpflichtigen wegen neuer Tatsachen gem. § 173 Abs. 1 Nr. 1 AO Berücksichtigung finden, wenn sich der Steuerpflichtige auf den Grundsatz von Treu und Glauben als der Korrektur entgegenstehend beruft. Bei der Korrektur zugunsten des Steuerpflichtigen wegen neuer Tatsachen gem. § 173 Abs. 1 Nr. 2 AO ist die Verfahrensleistungsfähigkeit bei der Frage zu berücksichtigen, ob den Steuerpflichtigen ein grobes Verschulden daran trifft, dass die Tatsache erst nachträglich bekannt geworden ist.

Das Gesetz zur Modernisierung des Besteuerungsverfahrens hat durch die neue Korrekturvorschrift des § 173a AO und die Möglichkeit der Finanzbehörde, Steuerbescheide ausschließlich automationsgestützt gem. § 155 Abs. 4 S. 1 AO zu erlassen, neue Akzente im System der Korrekturvorschriften gesetzt. § 173a AO ist auf Fehlerquellen, die in der Sphäre des Steuerpflichtigen bei Erstellung seiner Steuererklärung bestehen, zugeschnitten und stellt eine sinnvolle Ergänzung vor dem Hintergrund der bestehenden Fehlerquellen dar. Dass insoweit die Korrekturmöglichkeit nach § 129 AO für (auch) durch den Steuerpflichtigen verursachte Fehler wegfällt, ist nur systembedingter Reflex der Veränderung der Fehlerquellen im Steuerverfahren und führt – entgegen der Beurteilung des weit überwiegenden Teils in der Literatur – nicht zu einer asymmetrischen

Behandlung von Steuerpflichtigem und Finanzbehörde. Auf der anderen Seite ist aber, um dieser Argumentation gerecht zu werden, der Anwendungsbereich des § 129 AO deutlich zu reduzieren. Die Beurteilung der Rechtsprechung hat hier Defizite aufgezeigt, die, wenn nicht eine Aushöhlung der Bestandskraft erfolgen soll, zu korrigieren sind.

Anträge und Wahlrechte, die der Steuerpflichtige durch Willenserklärung ausübt, müssen, damit sie ihre materiell-rechtliche Wirkung in Form der rückwirkenden Veränderung des Steueranspruchs i.S.d. § 38 Abs. 1 AO entfalten können, verfahrensrechtlich noch zulässig sein. Soweit keine spezialgesetzlichen Regelungen getroffen sind, können Wahl- und Antragsrechte solange und soweit noch ausgeübt werden, wie eine Durchbrechung der materiellen Bestandskraft noch möglich ist oder die formelle Bestandskraft noch nicht eingetreten ist. Ansätze, welche die Ausübung eines Antrags- bzw. Wahlrechts als rückwirkendes Ereignis i.S.d. § 175 Abs. 1 Nr. 2 AO beurteilen und somit eine Durchbrechung der materiellen Bestandskraft *per se* durch Ausübung des Wahl- bzw. Antragsrechts ermöglichen, überzeugen in ihrer Herleitung nicht.

Wenig beachtet in der Diskussion um die Korrektur von Steuerverwaltungsakten im digitalisierten Besteuerungsverfahren aus der Perspektive der Fehlerquellen, die bei der Erstellung der Steuererklärung bestehen, ist, dass sich die Angaben in der Steuererklärung nicht nur auf die Steuerfestsetzung, sondern auch auf die Anrechnungsverfügung auswirken, die nicht dem Korrekturregime der §§ 172 ff. AO unterfällt. Stattdessen sind die §§ 129-131 AO einschlägig. Im Anwendungsbereich des § 130 Abs. 1 AO können abermals Aspekte der Verfahrensleistungsfähigkeit gangbar gemacht werden. Im Übrigen zeigen sich aber deutlich weniger komplexe und auch weniger praktisch relevante Problemfelder im Vergleich zur Steuerfestsetzung. Dennoch wäre es angezeigt, das Korrektursystem durch entsprechende Auslegung oder gesetzliche Anpassung zu vereinheitlichen. Denn gerade der Blick darauf, dass sich identische Fehlerquellen der Steuererklärung auf Steuerfestsetzung und Anrechnungsverfügung auswirken können, lässt es willkürlich erscheinen, jeweils unterschiedliche Korrekturregime mit unterschiedlichen Wertungsgesichtspunkten Anwendung finden zu lassen.[2577]

2577 Ähnlich *Seer*, in: FS BFH, 1717, 1745.

6. Teil: Steuererklärungspflicht und Verfahrensleistungsfähigkeit im Steuerstraf- und Steuerbußgeldverfahren

A. Relevanz des Erklärungsverhaltens für die Steuerhinterziehung bzw. leichtfertige Steuerverkürzung

I. Steuerhinterziehung i.S.d. § 370 AO als „Prototyp der Steuerstraftat“

Mit der Steuerhinterziehung als „Prototyp der Steuerstraftat“[2578] soll der staatliche Steueranspruch, d.h. das rechtzeitige und vollständige Steueraufkommen, auch in Ausprägung unberechtigter Steuerauszahlungen, und damit letztlich die gerechte und gleichmäßige Lastenverteilung zwischen den Steuerpflichtigen[2579] gesichert werden.[2580] Nicht mit Strafe bedroht ist hingegen die schlichte Nichtzahlung des festgesetzten Steuerbetrages.[2581] Die alternativen, aber über mehrere Verfahrensstufen auch kumulativ auftretenden[2582] Taterfolge[2583] der

---

2578 *Rüping*, in: Hübschmann/Hepp/Spitaler, AO/FGO, § 369 AO Rn. 3 (Stand: März 2011).

2579 Ausführlich *Tipke*, in: FS Kohlmann, 555, 561-563; *ders.*, Besteuerungsmoral und Steuermoral, S. 97; *Seer*, in: SteuerStud 2016, 35, 35; *ders.*, in: Tipke/Lang, Steuerrecht, Rn. 23.1.

2580 BGH v. 2.12.2008, 1 StR 416/08, BGHSt 53, 71 Rn. 21; *Krumm*, in: Tipke/Kruse, AO/FGO, § 370 AO Rn. 1 (Stand: April 2019).

2581 *Hardtke*, in: GS Joecks, 467, 469 f.; siehe aber z.B. die Ordnungswidrigkeitentatbestände des § 380 AO und des § 26b Abs. 1 S. 1 UStG. Letzterer umfasst die Nicht- oder nicht vollständige Entrichtung der in einer Rechnung ausgewiesenen Umsatzsteuer zum gesetzlichen Fälligkeitszeitpunkt. Siehe auch § 26c UStG, der als Straftatbestand die Fälle des § 26b UStG erfasst, die gewerbsmäßig oder als Mitglied einer Bande, die sich zur fortgesetzten Begehung solcher Handlungen verbunden hat, verübt werden. Kritisch zum Anwendungsbereich des § 26c UStG *Seer*, StuW 2003, 40, 56; zu §§ 26b, 26c UStG auch *Ma. Schmidt*, Nichtabführung, S. 224, die ein besonderes Sanktionsbedürfnis und damit auch eine innere Rechtfertigung für die Sanktionierung nur in den Fällen, in denen das Umsatzsteuersystem und dessen systemimmanente Risiken bewusst ausgenutzt worden sind, sieht.

2582 *Flore*, in: Flore/Tsambikakis, Steuerstrafrecht, § 370 AO Rn. 472a.

2583 Siehe dazu *Flore*, in: Flore/Tsambikakis, Steuerstrafrecht, § 370 AO Rn. 472 f.

Steuerhinterziehung sind die Verkürzung der Steuer oder die Erlangung eines nicht gerechtfertigten Steuervorteils, wobei sich die beiden Begriffe der Steuerverkürzung und des nicht gerechtfertigten Steuervorteils nicht trennscharf voneinander abgrenzen lassen.[2584] Nach § 370 Abs. 4 S. 1 AO sind Steuern dann verkürzt, wenn diese nicht, nicht in voller Höhe oder nicht rechtzeitig festgesetzt werden. Ein tatsächlicher finaler Ausfall des Steueranspruchs ist nicht erforderlich, sodass es sich bei § 370 AO um ein konkretes Gefährdungsdelikt handelt.[2585] Ein Steuervorteil ist zudem gem. § 370 Abs. 4 S. 2 AO *auch* eine Steuervergütung und wird nicht gerechtfertigt erlangt, soweit er zu Unrecht gewährt oder belassen wird. Gem. § 370 Abs. 2 AO ist auch der Versuch der Steuerhinterziehung strafbar. § 370 Abs. 1 Nr. 1-3 AO sehen verschiedene Tathandlungen vor, von denen für die Bearbeitung des Themas die Nummern 1 und 2 von Bedeutung sind und im Folgenden kurz erläutert werden sollen.[2586]

Der Tatbestand des § 370 Abs. 1 Nr. 1 AO umfasst das Machen im Sinne eines aktiven Tuns unvollständiger und unrichtiger Angaben über steuerlich erhebliche Tatsachen gegenüber Finanz- oder anderen Behörden. Obwohl die Norm ursprünglich vor dem Hintergrund eines von personeller Bearbeitung geprägten Verfahrens geschaffen worden ist, bestehen keine durchgreifenden Bedenken dagegen, § 370 Abs. 1 Nr. 1 AO auch auf unvollständige und unrichtige Angaben im digitalisierten, vollautomatisierten Besteuerungsverfahren Anwendung

---

2584 *Wulf*, in: GS Joecks, 657, 657; *Seer*, in: Tipke/Lang, Steuerrecht, Rn. 23.35, dort insbesondere Fn. 62; kritisch zu den dortigen Ausführungen BGH v. 22.11.2012, 1 StR 537/12 Rn. 13; siehe auch die Auseinandersetzung bei *Bley*, Steuerhinterziehung durch Erwirken eines unrichtigen Grundlagenbescheides, S. 94-160.

2585 BGH v. 10.12.2008, 1 StR 322/08 Rn. 22; BGH v. 22.11.2012, 1 StR 537/12 Rn. 18, 21; *Hardtke*, in: GS Joecks, 467, 482, unter Auseinandersetzung mit der Kritik in der Literatur anlässlich der Entscheidung des Bundesgerichtshofs, bereits im erwirkten unrichtigen Feststellungsbescheid einen Taterfolg i.S.d. § 370 Abs. 4 S. 2 AO zu sehen (dazu noch unten 6. Teil VI. 5.), a.a.O., 469-482; *Krumm*, in: Tipke/Kruse, AO/FGO, § 370 AO Rn. 5 (Stand: April 2019); *Peters*, in: Hübschmann/Hepp/Spitaler, AO/FGO, § 370 AO Rn. 36 (Stand: Juli 2019); *Joecks*, in: Joecks/Jäger/Randt, Steuerstrafrecht, § 370 AO Rn. 27; *Seer*, in: Tipke/Lang, Steuerrecht, Rn. 23.21; ein abstraktes Gefährdungsdelikt nimmt etwa *Ransiek*, in: Kohlmann, Steuerstrafrecht, § 370 AO Rn. 58 (Stand: August 2020), an.

2586 Der Tatbestand des § 370 Abs. 1 Nr. 3 AO, der sich auf die pflichtwidrige Nichtverwendung von *Steuerstemplern* bezieht, läuft beinahe leer; einziger Anwendungsbereich der pflichtwidrigen Nichtverwendung von *Steuerzeichen* ist zurzeit § 17 TabStG; siehe dazu *Ransiek*, in: Kohlmann, Steuerstrafrecht, § 370 AO Rn. 360 (Stand: August 2020), und *Krumm*, in: Tipke/Kruse, AO/FGO, § 370 AO Rn. 75 (Stand: April 2019).

finden zu lassen.[2587] Unrichtige bzw. unvollständige Angaben liegen dann vor, wenn der objektive Erklärungswert der ausdrücklich gemachten Angaben mit der Wirklichkeit nicht übereinstimmt bzw., wenn er eine nicht gegebene Vollständigkeit der gemachten Angaben suggeriert.[2588] Gerade in der Tatbestandsalternative der unvollständigen Angaben reicht aber auch eine konkludente Erklärung über die Vollständigkeit aus, da zutreffend anerkannt ist, dass die Finanzbehörde davon ausgehen kann, dass ihr gegenüber gemachte Angaben über steuerliche Verhältnisse – unter Beachtung der gestellten Fragen und des Empfängerhorizonts der Finanzbehörde – vollständig sind.[2589] Der Tatbestand des § 370 Abs. 1 Nr. 1 AO kann nur im Bereich der Erfüllung von Mitwirkungspflichten einschlägig sein, bei denen der Steuerpflichtige der Finanzbehörde oder anderen Behörden gegenüber Angaben macht.[2590] Insbesondere fallen darunter die Steuererklärungspflichten, aber auch Anzeigepflichten und Auskunftspflichten. Bei Letzteren ist die Tatbegehung auch durch mündliche Auskunft, etwa bei einer Außenprüfung, möglich. Bei der Steuererklärungspflicht werden sich die unrichtigen Angaben aber regelmäßig schriftlich aus dem Steuererklärungsformular bzw. in dem elektronisch übermittelten Datensatz und ggf. aus mit- oder separat übermittelten Anlagen des Steuerpflichtigen zur Steuererklärung ergeben.[2591] Dabei ist es nach der Rechtsprechung des Bundesgerichtshofs nicht notwendig, dass die Steuererklärung verfahrensrechtlich wirksam ist, sodass eine fehlende Unterschrift unter der Steuererklärung die Strafbarkeit nicht einschränkt, wenn aufgrund der eingereichten, nicht wirksamen Steuererklärung ein wirksamer Steuerbescheid ergeht.[2592] Notwendig ist allerdings, dass aufgrund einer Gesamtwürdigung festgestellt werden kann, dass die falschen

---

2587 Siehe nur die Auseinandersetzung bei *Hellmann*, in: GS Joecks, 483, 485-490.

2588 Siehe *Krumm*, in: Tipke/Kruse, AO/FGO, § 370 AO Rn. 37 (Stand: April 2019); *Ransiek*, in: Kohlmann, Steuerstrafrecht, § 370 AO Rn. 215 f., 246 (Stand: August 2020).

2589 *Ransiek*, in: Kohlmann, Steuerstrafrecht, § 370 AO Rn. 215 (Stand: August 2020) m.w.N.

2590 *Flore*, in: Flore/Tsambikakis, Steuerstrafrecht, § 370 AO Rn. 270.

2591 *Krumm*, in: Tipke/Kruse, AO/FGO, § 370 AO Rn. 37 (Stand: April 2019); siehe zur Differenzierung bei elektronischen Steuererklärungen zwischen dem ELSTER I- und ELSTER II-Verfahren unten 6. Teil A. V. 2.

2592 BGH v. 27.9.2002, 5 StR 97/02 Rn. 9, 11; BGH v. 14.1.2015, 1 StR 93/14 Rn. 84; andersherum führt aber die Missachtung von Formvorschriften bei Abgabe der Steuererklärung (z.B. keine elektronische Übermittlung, sondern Abgabe auf Papier, fehlende Unterschrift) isoliert betrachtet nicht zu einem steuerstraf- oder steuerbußgeldrechtlichen Verstoß, *Heuel/Harink*, AO-StB 2020, 49, 51.

Angaben durch den Steuerpflichtigen veranlasst worden sind.[2593] Mitwirkungspflichten, die der eigentlichen Erklärung über die steuerlichen Verhältnisse gegenüber der Finanzbehörde vorgelagert sind, also etwa die Aufzeichnungs- und Buchführungspflichten, erfüllen aus sich heraus den Tatbestand der Steuerhinterziehung nicht, sondern sind mit Blick auf das geschützte Rechtsgut nicht strafbedrohte Vorbereitungshandlungen.[2594] Eine Gefährdung für das geschützte Rechtsgut des rechtzeitigen und vollständigen Steueraufkommens realisiert sich erst in der Abgabe einer unvollständigen bzw. unrichtigen Steuererklärung, in der die Vorbereitungshandlungen zu fehlerhaften Angaben, die der Steuerfestsetzung zugrunde gelegt werden sollen, verdichtet werden.

Ergänzend zur Begehungsvariante sieht § 370 Abs. 1 Nr. 2 AO als echtes[2595] Unterlassungsdelikt mit abschließendem Charakter[2596] vor, dass bestraft werden soll, wer die Finanzbehörden pflichtwidrig über steuerlich erhebliche Tatsachen in Unkenntnis lässt. Der Tatbestand setzt pflichtwidriges Handeln[2597] voraus, verlangt also, dass überhaupt eine Pflicht zum Handeln besteht.[2598] Ob eine Pflicht zum Handeln besteht, ergibt sich ausschließlich aus den Steuergesetzen.[2599] Für die Steuererklärungspflicht bedeutet das: Die Pflicht zur Abgabe einer Steuererklärung ergibt sich aus § 149 AO i.V.m. den jeweiligen Einzelsteuergesetzen.

2593 BGH v. 14.1.2015, 1 StR 93/14 Rn. 84; zur Verantwortlichkeit siehe *Rolletschke*, in: GS Joecks, 571, 584-586.

2594 *Flore*, in: Flore/Tsambikakis, Steuerstrafrecht, § 370 AO Rn. 510. Siehe allerdings in Bezug auf die Aufzeichnungs- und Buchführungspflichten die Bußgeldandrohung in § 379 Abs. 1, 2 AO.

2595 Ob es sich bei § 370 Abs. 1 Nr. 2 AO um ein echtes (so *Krumm*, in: Tipke/Kruse, AO/FGO, § 370 AO Rn. 63 (Stand: April 2019)) oder unechtes (so *Seer*, in: Tipke/Lang, Steuerrecht, Rn. 23.26) Unterlassungsdelikt handelt, soll hier nicht vertieft werden, vgl. dazu m.w.N. *Ransiek*, in: Kohlmann, Steuerstrafrecht, § 370 AO Rn. 272 (Stand: August 2020). Es wird in der Folge von einem echten Unterlassungsdelikt ausgegangen.

2596 *Krumm*, in: Tipke/Kruse, AO/FGO, § 370 AO Rn. 59-61 (Stand: April 2019), unter Auseinandersetzung mit der Gegenauffassung; wohl auch *Ransiek*, in: Kohlmann, Steuerstrafrecht, § 370 AO Rn. 221-226 (Stand: August 2020); grundsätzlich auch *Haas*, in: GS Joecks, 447, 450.

2597 Seit BGH v. 23.10.2018, 1 StR 454/17, legt der BGH, a.a.O. Rn. 17-21, das Merkmal der Pflichtwidrigkeit als besonderes persönliches Merkmal i.S.d. § 28 Abs. 1 StGB aus, was zur fakultativen Strafmilderung bei Teilnehmern führt, die dieses Merkmal nicht begründen.

2598 Zum möglichen Täter- und Teilnehmerkreis siehe *Haas*, in: GS Joecks, 447, 450 f.

2599 *Krumm*, in: Tipke/Kruse, AO/FGO, § 370 AO Rn. 64 (Stand: April 2019).

Die Nichtabgabe einer Steuererklärung trotz bestehender gesetzlicher Verpflichtung und die unterlassene Anzeige und Berichtigung nach § 153 AO fallen unter den Tatbestand des § 370 Abs. 1 Nr. 2 AO, nicht unter den Tatbestand des § 370 Abs. 1 Nr. 1 AO. Auch in der Unterlassungsvariante ist das Unterlassen anderer, die Erfüllung der Steuererklärungspflicht vorbereitender Mitwirkungspflichten, was als Vorbereitung des Unterlassens angesehen werden kann, wie beispielsweise die Weigerung, keine den gesetzlichen Anforderungen entsprechenden Bücher zu führen, noch nicht für die Begründung einer Strafbarkeit ausreichend.

II. Die „steuerlich erhebliche Tatsache" als normativer Kern der Vorschrift

Neben Unterschieden in der Ausgestaltung der Normen, etwa, dass § 370 Abs. 1 Nr. 1 AO ein Jedermann-Delikt und § 370 Abs. 1 Nr. 2 AO ein Sonderdelikt ist, greifen beide Tatbestände das Merkmal der „steuerlich erheblichen Tatsache" und die Notwendigkeit einer „Steuerverkürzung" oder eines „nicht gerechtfertigten Steuervorteils" auf. Zwar wird vor allem im Bereich des Vorsatzes sogleich mit der Kenntnis vom „Steueranspruch" gearbeitet. Die „steuerlich erhebliche Tatsache" bildet für den Bereich der Steuererklärungspflicht jedoch den begrifflich griffigeren, normativen Kern der Vorschrift und soll daher hier genauer untersucht werden. Es ist zunächst fraglich, wie steuerlich erhebliche Tatsachen zu definieren sind. Nach Rechtsprechung und Literatur sind Tatsachen „konkrete vergangene und gegenwärtige Zustände der Außenwelt oder des menschlichen Innenlebens, [die] steuerlich erheblich [sind], wenn sie zur Ausfüllung eines Besteuerungstatbestandes herangezogen werden müssen und damit Grund und Höhe des Steueranspruchs oder Steuervorteils beeinflussen oder wenn sie die Finanzbehörde zur Einwirkung auf den Steueranspruch sonst wie veranlassen könnten"[2600]. Fraglich ist, inwieweit die „steuerlich erhebliche Tatsache" mit Blick auf die Steuererklärungsformulare und die Steuererklärungspflicht zu bewerten sind. Denn oben wurde zweierlei festgestellt:

Erstens fragt die Finanzbehörde mithilfe von Steuererklärungsformularen den steuerlich erheblichen Sachverhalt ab, was bedeutet, dass der Steuerpflichtige über die Steuererklärung hinaus nicht ohne Weiteres verpflichtet wird, Angaben zu Sachverhalten ins Blaue hinein zu tätigen, nach denen in den

---

2600 BGH v. 27.9.2002, 5 StR 97/02 Rn. 20; *Krumm*, in: Tipke/Kruse, AO/FGO, § 370 AO Rn. 39 (Stand: April 2019); ähnlich, aber breiter ausgeführt auch *Ransiek*, in: Kohlmann, Steuerstrafrecht, § 370 AO Rn. 228-236 (Stand: August 2020).

Steuererklärungsformularen nicht gefragt ist.[2601] Beantwortet der Steuerpflichtige also alle von der Finanzbehörde gestellten Fragen im Steuererklärungsformular wahrheitsgemäß und rechtlich zutreffend, ist der Steuerpflichtige seiner Mitwirkungspflicht im Sinne der Steuererklärungspflicht im vollen Umfang nachgekommen. Dies ist oben[2602] sogar in Übereinstimmung mit der Rechtsprechung für den Fall bejaht worden, dass die Finanzbehörde auf das Einreichen einer Steuererklärung verzichtet und lediglich einzelne Fragen an den Steuerpflichtigen stellt: Mit Beantwortung der von der Finanzbehörde gestellten Fragen war der Steuerpflichtige seiner Mitwirkungspflicht nachgekommen.[2603] Dann noch verbleibende Sachverhalte bzw. Sachverhaltsinformationen, die objektiv von den Steuererklärungsformularen nicht umfasst werden, muss der Steuerpflichtige nicht von sich aus erklären. Die Finanzbehörde trägt insoweit die Last im Steuerverfahren, Formulare zu schaffen, die das gesamte Gesetzesprogramm abfragen, und haben ggf. ergänzende Fragen zu stellen. Diese Wertung trägt sich in das Steuerstrafverfahren fort. „Steuerlich erhebliche Tatsachen" i.S.d. § 370 Abs. 1 Nr. 1 AO sind aus der Sicht des Steuerpflichtigen mit Blick auf die Erfüllung der Steuererklärungspflicht somit zunächst nur solche, die auch in der Steuererklärung abgefragt werden.

Zweitens enthalten die Steuererklärungsformulare Fragen über Lebenssachverhalte und fordern damit den Steuerpflichtigen auf, Wissenserklärungen abzugeben. Teile der Einkommensteuererklärung und der weit überwiegende Teil der Körperschaftsteuer-, Gewerbesteuer- und Umsatzsteuererklärungsformulare gehen aber darüber hinaus und fordern vom Steuerpflichtigen Subsumtionen unter steuerrechtliche Begriffe und Normen.[2604] Damit ist zunächst einmal festzustellen: Nicht unter die steuerlich erheblichen Tatsachen fallen rechtliche Wertungen des Steuerpflichtigen oder seines steuerlichen Beraters.[2605] Allerdings ist diese Aussage, lässt man sie alleine stehen, zu pauschal gefasst. Denn sie würde eine weitestgehend willkürliche Auslegung von steuerrechtlichen Begriffen durch den Steuerpflichtigen aus dem Strafbarkeitsbereich des § 370 Abs. 1 AO

2601 Siehe oben 2. Teil A. I. 2. c.

2602 Siehe oben 5. Teil C. IV. 1.

2603 BFH v. 29.11.2017, II R 52/15, BStBl. II 2018, 419 Rn. 27.

2604 Siehe oben 2. Teil B. IX. 1. c.; im steuerstrafrechtlichen Kontext siehe auch *Seer/Krumm*, DStR 2013, 1814, 1815; *Flore*, in: Flore/Tsambikakis, Steuerstrafrecht, § 370 AO Rn. 134; *Krumm*, in: Tipke/Kruse, AO/FGO, § 370 AO Rn. 49 (Stand: April 2019).

2605 *Seer/Krumm*, DStR 2013, 1814, 1815; *Flore*, in: Flore/Tsambikakis, Steuerstrafrecht, § 370 AO Rn. 130; *Krumm*, in: Tipke/Kruse, AO/FGO, § 370 AO Rn. 49 (Stand: April 2019).

herausnehmen. Im Bereich der Steuererklärungspflichten wurde daher hier die *Lehre vom typisierten Empfängerhorizont* der Finanzverwaltung vertreten, der sich aus den im Bundessteuerblatt I veröffentlichten Verwaltungsanweisungen und den im Bundessteuerblatt II veröffentlichten Urteilen des Bundesfinanzhofs ergibt.[2606] Danach hat der Steuerpflichtige der Finanzbehörde bei abweichender rechtlicher Beurteilung diejenigen Sachverhaltsinformationen mitzuteilen, die erkennbar für die Finanzbehörde bei der Rechtsfindung von Bedeutung sind.[2607] Darüber hinaus darf er innerhalb des juristisch Vertretbaren frei subsumieren. Auch wenn das Abstellen auf den typisierten Empfängerhorizont im Kontext der Steuerhinterziehung als „faktisch absurd“[2608] und „wenig zufriedenstellend“[2609] bezeichnet wird, weil er von dem Steuerpflichtigen nahezu vollständige Fachkenntnis verlange,[2610] ist an ihm zur Umschreibung der Mitwirkungspflicht des Steuerpflichtigen auch für das Steuerstrafverfahren festzuhalten.[2611] Der typisierte Empfängerhorizont erfüllt auch trotz aller Kritik eine Schutzfunktion im Steuerstrafverfahren, indem auch der strafrechtliche Erklärungshorizont durch in bestimmter Qualität publizierte „Rechtsanwendungsauffassungen“ abgesteckt wird.[2612] Ob dieser Maßstab im Ergebnis deswegen auch zwingend einer Strafbarkeit zugrunde gelegt werden muss, ist aber eine andere, hier noch zu klärende Frage, die allerdings nicht im objektiven, sondern im subjektiven Tatbestand zu verorten ist.[2613] Damit lässt sich die steuerlich erhebliche Tatsache für den

---

2606 Siehe oben 2. Teil B. IX. 2. a. bb.

2607 Siehe im Einzelnen oben 2. Teil B. IX. 2. a. cc.

2608 *Flore*, in: Flore/Tsambikakis, Steuerstrafrecht, § 370 AO Rn. 132.

2609 *Joecks*, in: Joecks/Jäger/Randt, Steuerstrafrecht, § 370 Rn. 180.

2610 *Flore*, in: Flore/Tsambikakis, Steuerstrafrecht, § 370 AO Rn. 132.

2611 BGH v. 19.12.1990, 3 StR 90/90 Rn. 74; BGH v. 10.11.1999, 5 StR 221/99 Rn. 23-26; BGH v. 23.2.2000, 5 StR 570/99 Rn. 14, für die Konkretisierung des Empfängerhorizontes aus den Angaben in einem Zeitungsartikel, der die rechtliche Auffassung der Finanzbehörde wiedergibt und den der Angeklagte im Verfahren zu seiner Entlastung vorgebracht hatte; BFH v. 22.11.2018, V R 65/17, BFHE 263, 90 Rn. 48; *Gaede*, Der Steuerbetrug, S: 689-732; *Seer/Krumm*, DStR 2013, 1814, 1816; *Sontheimer*, DStR 2014, 357, 357 f.; *Madauß*, NZWiSt 2016, 343, 344 f.; *Seer*, SteuerStud 2016, 35, 36; *Krumm*, in: Tipke/Kruse, AO/FGO, § 370 AO Rn. 49-57 (Stand: April 2019); *Seer*, in: Tipke/Lang, Steuerrecht, Rn. 23.24; ähnlich *Ransiek*, in: Kohlmann, Steuerstrafrecht, § 370 AO Rn. 244 (Stand: August 2020).

2612 *Krumm*, in: Zukunftsfragen III, 1, 10; siehe auch oben 2. Teil B. IX. 2. a.

2613 So wird man wohl auch *Joecks*, in: Joecks/Jäger/Randt, Steuerstrafrecht, § 370 Rn. 182, verstehen müssen, der den Empfängerhorizont eines „gedachten“ Finanzbeamten nur dann einer Strafbarkeit zugrunde legen möchte, wenn zugleich besonders hohe

Anwendungsbereich der Steuererklärungspflicht wie folgt umschreiben: Fragt das Steuererklärungsformular nach Tatsachen, stellen diese die steuerlich erheblichen Tatsachen dar, die richtig und vollständig zu erklären sind. Im Übrigen sind die Tatsachen richtig und vollständig darzustellen, die nach der Lehre vom typisierten Empfängerhorizont die Entscheidung der Finanzbehörde für den Steuerpflichtigen erkennbar beeinflussen, selbst wenn in der Steuererklärung lediglich nur nach einer rechtlichen Wertung oder Subsumtion gefragt ist. Vereinzelt wird eine Auffassung vertreten, nach der die Anforderungen an die Offenbarungspflicht desto höher anzusetzen seien, je stärker formalisiert ein Steuererklärungsformular sei, da es sich bei der Steuerhinterziehung um eine Kommunikationshandlung handele.[2614] Diese eher technische Auffassung blendet jedoch die Verantwortung auch der Finanzbehörde bzw. des Staates im Steuerverfahren aus: Sich auf den Standpunkt zurückzuziehen, dass die für den Steuerpflichtigen bereits anwendungsunfreundliche Formalisierung von Steuererklärungsformularen noch zu einer Erhöhung von Offenbarungspflichten durch den Steuerpflichtigen außerhalb der Steuererklärung führt, belastet den Steuerpflichtigen übermäßig. Die Steuererklärung kann so auch nicht mehr den Vertrauensschutz entfalten, den sie dem Steuerpflichtigen entgegenbringen soll: Denn wenn der Steuerpflichtige die Steuererklärung ausgefüllt hat, ist er zunächst seinen Mitwirkungspflichten nachgekommen.[2615] Dass die Steuererklärungsformulare in der Lage sind, die verwirklichten wirtschaftlichen Vorfälle der unterschiedlichen Wirtschaftsteilnehmer umfassend abzubilden, ist Aufgabe des Staates, die nicht durch höhere Offenbarungspflichten des Steuerpflichtigen „ausgeglichen" werden kann.

Bei der Beweisbarkeit einer Tatsache handelt es sich nicht um eine eigene Tatsache, die unvollständig oder unrichtig mitgeteilt werden kann, sodass sich die dargestellten Regelungen zu Beweismaß und Beweislast nicht dergestalt auf das Steuerstrafverfahren übertragen lassen, dass eine Beweislastentscheidung zugleich auch eine unrichtig oder unvollständig mitgeteilte Tatsache bedeutet.[2616]

Anforderungen an den *dolus eventualis* zu stellen sind; ähnlich im Ergebnis auch *Ransiek*, in: Kohlmann, Steuerstrafecht, § 370 AO Rn. 624 (Stand: August 2020); siehe auch *Beuchert*, Anzeigepflichten bei Steuergestaltungen, S. 255; a.A. *Theisen*, AO-StB 2008, 136, 137 f.

2614 So *Schmid/Ntamadaki*, DStR 2019, 1713, 1715, unter Rückgriff auf entsprechende Auffassungen zum Betrug i.S.d. § 263 StGB, siehe dazu *Hefendehl*, in: MüKo StGB V, § 263 Rn. 26.

2615 Siehe oben 2. Teil A. I. 2. c.; *Peters*, NZWiSt 2012, 361, 366 f.

2616 *Krumm*, in: Tipke/Kruse, AO/FGO, § 370 AO Rn. 40 (Stand: April 2019).

Diese Aussage muss aber für den Fall eingeschränkt werden, in dem besondere Nachweispflichten vom Gesetzgeber statuiert worden sind. Denn in diesen Fällen ist der Nachweis durch den Steuerpflichtigen anhand eines dort bestimmten Beweismittels Tatbestandsmerkmal der Norm geworden, sodass die Rechtsfolge beim Fehlen dieses Nachweises nicht eintritt. Kann der Steuerpflichtige in diesen Fällen den Nachweis nicht führen und hat er dennoch die steuermindernde Tatsache erklärt, ohne das Fehlen des notwendigen Nachweises offenzulegen, ist insoweit der objektive Tatbestand des § 370 Abs. 1 Nr. 1 AO erfüllt.[2617] Der Nachweis über bestimmte geleistete Ausgaben z.B. durch eine Quittung oder einen Kontoauszug ist dagegen nur ein Beweismittel i.S.d. § 92 AO. Kann der Nachweis nicht geführt werden oder wird der Nachweis von der Finanzbehörde nicht anerkannt, geht die Beweislastentscheidung zulasten des Steuerpflichtigen, es liegen damit jedoch noch keine falschen Angaben vor, sodass der Tatbestand der Steuerhinterziehung nicht erfüllt ist. Etwas anderes kann im Ergebnis auch nicht § 160 AO entnommen werden, der es in das Ermessen der Finanzbehörde stellt, einen steuermindernden Abzug zu versagen, wenn der Zahlungsempfänger der geleisteten Zahlung nicht offengelegt wird.[2618]

III. „Vorsätzliche" Steuerhinterziehung

1. Notwendiger Vorsatz im Lichte der Steueranspruchstheorie

Eine Bestrafung nach § 370 Abs. 1 AO kann, das legt der Verweis in § 369 Abs. 2 AO auf die allgemeinen Regelungen des Strafrechts fest, nur dann erfolgen, wenn der Steuerpflichtige bei Begehung der Tat auch vorsätzlich gehandelt hat, § 15 StGB. Dies ist dann der Fall, wenn ein voluntatives Element und ein kognitives Element vorliegen, der Täter also verkürzt gesagt mit Wissen und Wollen der zum objektiven Tatbestand gehörenden Merkmale handelt.[2619] Die Strafbarkeit der Steuerhinterziehung setzt somit voraus, dass der Steuerpflichtige in Bezug auf alle Tatbestandsmerkmale und damit auch in Bezug auf die „steuerlich erhebliche Tatsache", die „Pflichtwidrigkeit" und die „Steuerverkürzung" bzw.

2617 BFH v. 29.4.2008, VIII R 28/07, BStBl. II 2009, 842 Rn. 36 m.w.N. für die Bescheinigung nach § 45a Abs. 2 EStG; BGH v. 8.2.1983, 1 StR 765/82, BGHSt 31, 248 Rn. 6, 10, für die Ausfuhrbelege nach § 6 Abs. 4 UStG i.V.m. § 8 UStDV.

2618 BGH v. 22.11.1985, 2 StR 64/85, BGHSt 33, 383 Rn. 37-44; für eine steuerlich relevante Falschangabe, aber auch gegen eine Strafbarkeit im Ergebnis *Ransiek*, in: Kohlmann, Steuerstrafrecht, § 370 AO Rn. 236 (Stand: August 2020) und *Heuel*, in: Kohlmann, Steuerstrafrecht, § 370 AO Rn. 1217-1221 (Stand: August 2020).

2619 *Sternberg-Lieben/Schuster*, in: Schönke/Schröder, StGB, § 15 Rn. 10.

die „Erlangung eines nicht gerechtfertigten Steuervorteils“ mit Wissen und Wollen handelt.[2620] Das bedeutet auch ein Wissen über das Bestehen bzw. das Nichtbestehen des Steueranspruchs und setzt mithin notwendige Kenntnisse von dem materiellen Steuerrecht voraus.[2621] Das Wissen dritter Personen, derer sich der Steuerpflichtige bei der Erfüllung seiner steuerrechtlichen Pflichten bedient, z.B. der steuerliche Berater, ist dem Steuerpflichtigen dabei steuerstrafrechtlich nicht zuzurechnen.[2622]

Fraglich ist allerdings, von welcher Qualität dieses Wissen und Wollen sein muss. Mit dem Mindestmaß des Eventualvorsatzes bzw. des *dolus eventualis* wird die Abgrenzung zur bewussten Fahrlässigkeit vorgenommen,[2623] die nicht mehr zur Bestrafung nach § 370 Abs. 1 AO führt, aber für eine leichtfertige Steuerverkürzung i.S.d. § 378 AO noch ausreichend ist. Die Anforderungen an den Eventualvorsatz und damit auch die Abgrenzung zur bewussten Fahrlässigkeit sind umstritten.[2624]. Der Bundesgerichtshof setzt für Eventualvorsatz und damit als Untergrenze für die Strafbarkeit aus einem Vorsatzdelikt voraus, „dass der Täter den Eintritt des tatbestandlichen Erfolges als möglich und nicht ganz fern liegend erkennt, ferner, dass er ihn billigt oder sich um des erstrebten Zieles willen mit der Tatbestandsverwirklichung zumindest abfindet.“[2625] Eine (lediglich) bewusste Fahrlässigkeit liegt dagegen vor, „wenn der Täter mit der als möglich erkannten Tatbestandsverwirklichung nicht einverstanden ist und ernsthaft – nicht nur vage – darauf vertraut, der tatbestandliche Erfolg werde nicht eintreten.“[2626] Die im überwiegenden Teil zu Körperverletzungs- und Tötungsdelikten entwickelte Rechtsprechung wird durch den Bundesgerichtshof

---

2620 *Ransiek/Hüls*, NStZ 2011, 678, 681, weisen zutreffend darauf hin, dass der Hinterziehungserfolg zumeist zwangsläufige Folge von falschen Angaben ist und daher nicht zwingend separat abweichend gewürdigt werden kann; ähnlich auch BGH v. 8.9.2011, 1 StR 38/11 Rn. 26.

2621 *Kuhlen*, DStJG 38 (2015), 117, 119.

2622 BFH v. 29.10.2013, VIII R 27/10, BStBl. II 2014, 295 Rn. 38 f.

2623 *Sternberg-Lieben/Schuster*, in: Schönke/Schröder, StGB, § 15 Rn. 109; *Flore*, in: Flore/Tsambikakis, Steuerstrafrecht, § 370 AO Rn. 636 f.

2624 Siehe dazu einen Überblick über die verschiedenen Auffassungen bei *Joecks*, in: MüKo StGB I, § 16 Rn. 33-51.

2625 Ständige Rechtsprechung, siehe BGH v. 23.6.2009, 1 StR 191/09 Rn. 8; BGH v. 20.9.2012, 3 StR 158/12 Rn. 5; BGH v. 16.5.2013, 2 StR 45/13 Rn. 7; BGH v. 9.2.2017, 3 StR 315/16 Rn. 14; ähnlich auch BFH v. 19.3.1998, V R 54/97, BStBl. II 1998, 466 Rn. 18.

2626 BGH v. 4.11.1988, 1 StR 262/88 Rn. 24 m.w.N.; BGH v. 7.7.1999, 2 StR 177/99 Rn. 8.

im Steuerstrafrecht mit der *Steueranspruchstheorie*[2627] modifiziert, die der Tatsache Rechnung trägt, dass eine vertiefte Kenntnis vom Steuerrecht von der breiten Masse der Bürger nicht verlangt werden kann. Forderte man für einen Vorsatz von den Steuerpflichtigen eine dezidierte Kenntnis von der steuerlichen Auswirkung eines Lebenssachverhaltes und damit von den materiellen Steuerrechtsnormen, käme eine Steuerhinterziehung nur noch für steuerfachkundiges Personal in Betracht.[2628] Nach der Steueranspruchstheorie des Bundesgerichtshofs „gehört zum Vorsatz der Steuerhinterziehung, dass der Täter den Steueranspruch dem Grunde und der Höhe nach kennt oder zumindest für möglich hält und ihn auch verkürzen will [...]. Für eine Strafbarkeit wegen Steuerhinterziehung bedarf es dabei keiner Absicht oder eines direkten Hinterziehungsvorsatzes; es genügt, dass der Täter die Verwirklichung der Merkmale des gesetzlichen Tatbestands für möglich hält und billigend in Kauf nimmt (Eventualvorsatz). Der Hinterziehungsvorsatz setzt deshalb weder dem Grunde noch der Höhe nach eine sichere Kenntnis des Steueranspruchs voraus.“[2629] Erforderlich, aber auch ausreichend ist eine vom Laien in seiner Sphäre vorgenommene Parallelwertung, bei der dieser den unrechtstypisierenden Bedeutungsgehalt des jeweiligen Tatbestands im sozialen Kontext erfasst.[2630] Voraussetzung für diese *Parallelwertung in der Laiensphäre* ist zweierlei:[2631] Erstens muss der Täter die Tatsachen kennen, aus denen sich nach rechtlich zutreffender Beurteilung ergibt, dass das jeweilige Tatbestandsmerkmal erfüllt ist, hier *in concreto* also die wirtschaftlichen Sachverhalte, aus denen ein Steueranspruch dem Grunde nach entsteht.[2632] Zweitens ist erforderlich, dass der Täter die soziale Bedeutung seines Verhaltens erkennen

---

2627 Der Begriff wird seit der sog. *Kakaobutterentscheidung* des BGH v. 13.11.1953, 5 StR 342/53, verwendet. Nachweise bei *Kuhlen*, DStJG 38 (2015), 117, 118-120; *Krumm*, in: Tipke/Kruse, AO/FGO, § 370 AO Rn. 125 (Stand: April 2019); *Ransiek*, in: Kohlmann, Steuerstrafrecht, § 370 AO Rn. 662 (Stand: August 2020). Z.T. ist auch von der *Steueranspruchslehre* die Rede, siehe z.B. *Seer*, in: Tipke/Lang, Steuerrecht, Rn. 23.44, und *Wulf*, Stbg 2012, 19. Zur geschichtlichen Entwicklung siehe *Thomas*, NStZ 1987, 260, 260-262.

2628 Zutreffend *Krumm*, in: Tipke/Kruse, AO/FGO, § 370 AO Rn. 125 (Stand: April 2019).

2629 BGH v. 8.9.2011, 1 StR 38/11 Rn. 21.

2630 BGH v. 17.2.1998, 5 StR 624/97 Rn. 7; FG Köln v. 26.2.2014, 12 K 1957/13, EFG 2014, 1752 Rn. 61; *Bülte*, NStZ 2013, 65, 65; *Sternberg-Lieben/Schuster*, in: Schönke/Schröder, StGB, § 15 Rn. 43a; *Krumm*, in: Tipke/Kruse, AO/FGO, § 370 AO Rn. 125 (Stand: April 2019) m.w.N.

2631 Dazu insgesamt *Kuhlen*, DStJG 38 (2015), 117, 132 f., insb. Fn. 83, m.w.N. und Nachweisen zur Begriffsentwicklung.

2632 *Kuhlen*, DStJG 38 (2015), 117, 133.

kann, indem er die Tatsachen, nicht zwingend in allen juristischen Einzelheiten, aber doch grundlegend dergestalt zutreffend beurteilt, dass er durch das Machen von unrichtigen oder unvollständigen Angaben den Steueranspruch so gefährdet, dass die Steuer nicht, nicht rechtzeitig oder nicht in zutreffender Höhe festgesetzt wird.[2633] In der Fallgruppe der „anderen nicht gerechtfertigten Steuervorteile" muss der Täter laienhaft nachvollziehen können, dass er keinen Anspruch auf den gewährten steuerlichen Vorteil hat.[2634] Bei Anwendung der Steueranspruchstheorie tritt das kognitive Merkmal in den Vordergrund und drängt das voluntative Merkmal beinahe in die Bedeutungslosigkeit zurück, sodass das für den Eventualvorsatz ausreichende „billigende Inkaufnehmen" der Tatbestandsverwirklichung im Wissenselement aufgeht.[2635] Das bedeutet, dass der Nachweis, dass der Steuerpflichtige den Sachverhalt steuerrechtlich zumindest laienhaft erfasst und somit Kenntnis von ihm hat, ausreichend ist, um den Vorsatz bejahen zu können.[2636]

2. *Vorsatzbestimmung in der Praxis und Steuererklärungsformulare*

Damit sind die Weichen in der Theorie gestellt. Wie jedoch der Nachweis in der Praxis erfolgt, dass der Steuerpflichtige den Sachverhalt steuerrechtlich in seiner Laiensphäre erfasst hat, ist noch zu prüfen und gestaltet sich aufgrund der Tatsache, dass es sich um innere Tatbestandsmerkmale handelt,[2637] sowie aufgrund der Tatsache, dass Eventualvorsatz und Leichtfertigkeit eng beieinander liegen,[2638] besonders schwierig. Mit der „Eliminierung des voluntativen Elementes"[2639] ergeben sich Bedenken, wenn die Anforderungen an das kognitive Element zu weit heruntergeschraubt werden. So ist kritisiert worden, dass es nach

---

2633 *Kuhlen*, DStJG 38 (2015), 117, 133.

2634 FG Köln v. 26.2.2014, 12 K 1957/13, EFG 2014, 1752 Rn. 61; *Krumm*, in: Tipke/Kruse, AO/FGO, § 370 AO Rn. 125 (Stand: April 2019).

2635 *Krumm*, in: Tipke/Kruse, AO/FGO, § 370 AO Rn. 126 (Stand: April 2019); dazu auch *Ransiek/Hüls*, NStZ 2011, 678, 680 f.

2636 *Krumm*, in: Tipke/Kruse, AO/FGO, § 370 AO Rn. 126 (Stand: April 2019); *Wulf*, Stbg 2012, 19, 22, argumentiert, dass die Diskussion über das Wollenselement aus dem Kernstrafrecht nicht in das Steuerstrafrecht übertragen werden könne und rechtfertigt dies auch damit, dass die zu niedrige Steuerfestsetzung des Finanzamts „doch allen hoch willkommen" sei.

2637 *Krumm*, in: Tipke/Kruse, AO/FGO, § 370 AO Rn. 130 (Stand: April 2019).

2638 KG Berlin v. 14.12.2016, 121 Ss 175/16 Rn. 19, 28.

2639 So die Wortwahl bei *Duttge*, HRRS 2012, 359, 361, und *Krumm*, in: Tipke/Kruse, AO/FGO, § 370 AO Rn. 126 (Stand: April 2019); *ders.*, in: Zukunftsfragen III, 1, 14.

der Rechtsprechung des 1. Strafsenats beim Bundesgerichtshof für eine Steuerhinterziehung ausreiche, „dass der Täter die Verwirklichung der Merkmale des gesetzlichen Tatbestandes *für möglich hält*“[2640]. Dies sei eine „Selbstaufgabe jeglichen subjektiven Tatbestandsmerkmals“ [2641] und führe zu einer „Konturenlosigkeit und faktische[n] Annahme des Versatzes [sic, gemeint ist der Vorsatz, Anm. d. Verf.] aus der Erfüllung des objektiven Tatbestandes“, was „rechtsstaatlich unzulässig“ sei.[2642] An anderer Stelle wird darauf hingewiesen, dass die „nachträgliche *ex ante*-Beurteilung“ eines steuerlichen Sachverhaltes durch einen externen Beobachter generell Gefahr läuft, soziale Komponenten, die auf den Rechtsanwender in der konkreten Situation der Rechtsanwendung einwirken, und zusätzliches nachträglich entstandenes Wissen bei der Bewertung unbeachtet zu lassen.[2643] Dadurch könnte aus dem nachträglich als steuerrechtlich relevant erkannten Sachverhalt vorschnell auf eine Kenntnis des Angeklagten geschlossen werden. Tatsächlich wird man das Wissenselement daher im Einzelfall besonders prüfen und durch tatsächliche Feststellungen belegen müssen, wobei eine Gesamtschau der objektiven und subjektiven Tatumstände zu erfolgen hat.[2644] Das bedeutet, dass alleine aus der Tatsache, dass ein Sachverhalt der Finanzbehörde gegenüber nicht erklärt worden ist, obwohl er nach dem typisierten Empfängerhorizont steuerlich erheblich und damit zu erklären gewesen wäre, nicht auf ein „für möglich halten“ der steuerlichen Tatsache bzw. der

---

2640 BGH v. 16.12.2009, 1 StR 491/09 Rn. 37; BGH v. 8.9.2011, 1 StR 38/11 Rn. 21 (Hervorhebung durch Verf.).

2641 *Flore*, in: Flore/Tsambikakis, Steuerstrafrecht, § 370 AO Rn. 639, speziell zu BGH v. 16.12.2009, 1 StR 491/09.

2642 Beide Zitate und die generelle Kritik von *Flore*, in: Flore/Tsambikakis, Steuerstrafrecht, § 370 AO Rn. 639, speziell zu BGH v. 16.12.2009, 1 StR 491/09 Rn. 37.

2643 *Peters*, in: Hübschmann/Hepp/Spitaler, AO/FGO, § 370 AO Rn. 434 f. (Stand: Juli 2019), spricht von sog. *observer difference*. Man wird hier insbesondere auch zeitliche Komponenten in den Blick nehmen müssen, wenn etwa komplexe wirtschaftliche Sachverhalte für die monatliche Umsatzsteuervoranmeldung (§ 18 Abs. 1 S. 1 UStG mit der Möglichkeit, eine Dauerfristverlängerung auf einen Monat und 10 Tage gem. §§ 46-48 UStDV zu erwirken) oder Lohnsteuervoranmeldung (§ 41a Abs. 1 S. 1 EStG, allerdings mit der Möglichkeit der kostenfreien Lohnsteueranrufungsauskunft i.S.d. § 42e EStG innerhalb angemessener Frist, siehe *Gersch*, in: Herrmann/Heuer/Raupacj, EStG/KStG, §42e EStG Rn. 20 (Stand: Juni 2016)) bis zum 10. Tage nach Ablauf des Voranmeldungszeitraum „steuerstraffest“ beurteilt werden müssen.

2644 BGH v. 8.9.2011, 1 StR 38/11 Rn. 25; BGH v. 22.3.2012, 4 StR 558/11 Rn. 26; BGH v. 30.4.2014, 2 StR 383/13 Rn. 10; KG Berlin v. 14.12.2016, 121 Ss 175/16 Rn. 20; *Krumm*, in: Tipke/Kruse, AO/FGO, § 370 AO Rn. 130 (Stand: April 2019).

Steuerverkürzung geschlossen werden kann. Bei der Frage, wovon der Steuerpflichtige Kenntnis hatte, erlangen abermals die Steuererklärungsformulare, die Erläuterungen und die Hinweistexte an Bedeutung, die dem Steuerpflichtigen von staatlicher Seite auf Papier oder digital in den ELSTER-Applikationen zur Verfügung gestellt werden. Denn sie sollen den Steuerpflichtigen anleiten, die steuerlich relevanten Tatsachen von den nicht steuerlich relevanten Tatsachen zu trennen, und bilden damit nicht nur einen Teil des typisierten Empfängerhorizonts der Finanzverwaltung ab,[2645] sondern lassen auch je nach getätigten Angaben die Vermutung zu, dass der Steuerpflichtige von den dort enthaltenen Informationen Kenntnis erlangt hat. Doch nicht nur die Steuererklärungsformulare, die Erläuterungen und Hinweistexte sowie deren Beachtung durch den Steuerpflichtigen können Anhaltspunkte dafür bieten, ob der Steuerpflichtige mit Kenntnis und damit mit Eventualvorsatz gehandelt hat. Auch andere Aspekte sind miteinzubeziehen, etwa, ob der Steuerpflichtige auf die steuerliche Behandlung bestimmter Sachverhalte hingewiesen worden ist oder aktiv Sachverhaltsverschleierung betrieben hat.[2646] Wie bei der Frage nach dem groben Verschulden i.S.d. § 173 Abs. 1 Nr. 2 AO die Steuererklärungsformulare, die Erläuterungen und Hinweistexte auf ihre Übersichtlichkeit und Verständlichkeit unter Beachtung der subjektiven Kenntnisse und Fähigkeiten des Steuerpflichtigen zu bewerten waren, hat dies im Steuerstrafverfahren kaum anders zu erfolgen.[2647]

Probleme werfen an dieser Stelle wieder diejenigen Steuererklärungsformulare auf, die keine oder nur eine qualitativ geringe Transformation des Gesetzes leisten, indem etwa ohne Weiteres nach dem Vorliegen gewisser steuergesetzlicher

2645 *Peters*, NZWiSt 2012, 361, 366 f.

2646 BGH v. 8.9.2011, 1 StR 38/11 Rn. 27 f.; *Krumm*, in: Tipke/Kruse, AO/FGO, § 370 AO Rn. 133 (Stand: April 2019).

2647 Siehe etwa FG Düsseldorf v. 5.4.2004, 3 V 5970/03 Rn. 36; FG Sachsen-Anhalt v. 29.3.2017, 4 V 905/16 Rn. 26; KG Berlin v. 14.12.2016, 121 Ss 175/16 Rn. 23 f.; wobei *Krumm*, in: Tipke/Kruse, AO/FGO, § 370 AO Rn. 132 (Stand: April 2019), feststellt, dass die Gerichte im Regelfall unterstellen, dass der Steuerpflichtige die Formulare und Erläuterungen gelesen hat, und nur im Ausnahmefall die Frage der tatsächlichen Kenntnisnahme ansprechen. Die Feststellung von Gerichten, dass das Wissen über die Steuerpflicht etwa von Zinseinkünften zur Allgemeinbildung gehört (etwa FG Rheinland-Pfalz v. 18.7.2012, 5 K 1348/09, EFG 2012, 1897 Rn. 39 oder FG Münster v. 18.7.2000, 4 V 1521/00, EFG 2000, 1229 Rn. 17), bedeutet allerdings nicht, dass es allgemein ausreicht auf Allgemeinwissen abzustellen, denn nach Zinseinnahmen wird regelmäßig in den Steuererklärungsformularen gefragt.

Vorschriften gefragt wird, was konkret etwa die Steuererklärungsformulare im Umsatzsteuerrecht und im Körperschaftsteuerrecht betrifft. Aber auch die Erklärung konsolidierter Zahlen, etwa der Gewinn aus Gewerbebetrieb in der Einkommensteuererklärung, hinter denen sich eine Vielzahl von Geschäftsvorfällen verbergen können, fällt in diese Kategorie. Selbst wenn man die Kenntnis des Steuerpflichtigen von den Steuererklärungsformularen und ihrem Inhalt annähme, könnte darauf mangels Transformation nicht ohne Weiteres auf die Kenntnis, dass ein gewisser Sachverhalt steuerrechtlich relevant ist und den Steueranspruch beeinflusst, geschlossen werden. Geben die Steuererklärungsformulare nebst Erläuterungen und Hinweistexten keine Informationen über die steuerliche Relevanz oder Behandlung bestimmter Sachverhalte, kann es für die Bestimmung des Wissenselementes nur darauf ankommen, ob der Adressat aus der gesetzlichen Bestimmung, den dazu ergangenen Verwaltungsvorschriften und im Bundessteuerblatt II veröffentlichten Urteilen des Bundesfinanzhofs herleiten konnte, was der steuerlich erhebliche Sachverhalt ist und ob ein Steueranspruch im konkreten wirtschaftlichen Sachverhalt entstanden ist. Die Prüfung der individuellen Kenntnis setzt dann die Prüfung des individuellen – jedenfalls grundlegenden, laienhaften – Verständnisses voraus.

3. Potentieller Vorsatz im Steuerrecht?

Zu diesen Grundsätzen im Widerspruch steht aber Folgendes: Die Normen der Abgabenordnung und der Einzelsteuergesetze müssen, soweit sie steuerstrafrechtliche Normen und hier insbesondere § 370 Abs. 1 AO ausfüllen,[2648] mit auf das Steuerstrafverfahren begrenzter Wirkung die Anforderungen des strafrechtlichen Bestimmtheitsgrundsatzes i.S.d. Art. 103 Abs. 2 GG erfüllen.[2649] Der 1. Strafsenat des Bundesgerichtshof wendet mit Rückgriff auf die Rechtsprechung des Bundesverfassungsgerichts[2650] im Bereich des Steuerstrafrechts und dort bei der Frage, ob ein materielles Steuergesetz gegen Art. 103 Abs. 2 GG verstößt, die hier ebenfalls im Bereich der Normenverständlichkeit vertretene Auffassung

2648 Das ist unabhängig von der Frage, ob es sich um Blankettnormen oder normative Tatbestandsmerkmale handelt (dazu siehe unten 6. Teil B. III. 2.), siehe *Bülte*, BB 2010, 1759, 1766; *Jäger*, DStJG 38 (2015), 2, 37; *Krumm*, in: Tipke/Kruse, AO/FGO, § 369 AO Rn. 12 (Stand: April 2019).

2649 BVerfG v. 8.5.1974, 2 BvR 636/72, BVerfGE 37, 201 Rn. 49; BVerfG v. 26.6.2008, 2 BvR 2067/07 Rn. 31 f.; BVerfG v. 29.4.2919, 2 BvR 871/04 u.a. Rn. 55 f.

2650 BVerfG v. 1.12.1992, 1 BvR88/91 u.a., BVerfGE 87, 399, 411; BVerfG v. 29.4.2010, 2 BvR 871/04 u.a. Rn. 55; BVerfG v. 23.6.2010, 2559/08 u.a., BVerfGE 126, 170, 196.

an, dass sich die Frage nach der gesetzlichen Bestimmtheit mit Blick auf das jeweilige Adressatenverständnis zu richten hat.[2651] Dabei stellt er auf regelmäßig vorauszusetzende Fachkenntnisse der Adressatengruppe ab und nimmt diese als Bewertungsmaßstab,[2652] sodass im Ergebnis also die wirtschaftliche Tätigkeit eines Steuerpflichtigen dessen potentielle steuerrechtlichen Kenntnisse, jedenfalls im Sinne eines „Kennen-Müssens", bedingt.[2653] Diese Auslegung des Art. 103 Abs. 2 GG wirkt sich dann auf die Frage nach dem typisierten Empfängerhorizont und damit auch darauf aus, ob in der Gesamtschau davon ausgegangen werden kann, dass ein Steuerpflichtiger in seiner „Laiensphäre" den Sachverhalt zutreffend gewertet hat.[2654] Denn mit der durch Art. 103 Abs. 2 GG zwar gesteigerten Anforderungen unterliegenden, aber bisher im Steuerrecht noch nicht durch das Bundesverfassungsgericht verneinten,[2655] adressatenbezogenen Bestimmbarkeit der Norm wäre damit zugleich der typisierte Empfängerhorizont neu umschrieben bzw. modifiziert. Veröffentlichungen im Bundessteuerblatt I und Bundessteuerblatt II wären irrelevant, soweit nicht die Verwaltung gewisse Urteile nicht anwenden möchte.[2656] Die Verständlichkeit einer nicht als verfassungswidrig erkannten Norm durch den Steuerpflichtigen und damit eine Möglichkeit der Kenntnis wären so per Definition vorausgesetzt.

An dieser Stelle setzt eine weitere Judikatur des 1. Strafsenats des Bundesgerichtshofs an, die sich als „auf dem Weg zum potentiellen Vorsatz"[2657] beschreiben lässt: Denn es seien bei der Beurteilung, ob ein Kaufmann Kenntnis über

---

2651 BGH v. 10.10.2017, 1 StR 447/14 Rn. 62; ebenso *Bülte*, NZWiSt 2017, 161, 167 f.

2652 BGH v. 10.10.2017, 1 StR 447/14 Rn. 62-64.

2653 BGH v. 10.10.2017, 1 StR 447/14 Rn. 64.

2654 *Peters*, in: Hübschmann/Hepp/Spitaler, AO/FGO, § 370 AO Rn. 433 (Stand: Juli 2019), befürchtet daher strengere Maßstäbe für Unternehmen, Steuerberater und Wirtschaftsprüfer.

2655 Siehe zu Normen, die das Bundesverfassungsgericht als nicht mit Art. 103 Abs. 2 GG vereinbar angesehen hat *Pohlreich*, in: Bonner Kommentar, GG, Art. 103 Abs. 2 Rn. 67 (Stand: Juni 2018); siehe auch *Krumm*, in: Tipke/Kruse, AO/FGO, § 369 AO Rn. 17 (Stand: April 2019).

2656 Mit der vom Bundesverfassungsgericht (z.B. in BVerfG v. 23.6.2010, 2559/08 u.a., BVerfGE 126, 170, 198 f.; BVerfG v. 11.7.2013, 2 BvR 2302/11 u.a., BVerfGE 134, 33, 82) geforderten richterlichen Präzisierungspflicht wären vielmehr alle Urteile zu beachten.

2657 So der allerdings als Frage formulierte Titel des Aufsatzes von *Gaede*, ZStW 121 (2009), 239, der die Zulässigkeit eines potentiellen Vorsatzes *de lege lata* verneint und *de lege ferenda* ablehnt.

einen Steueranspruch hatte, mögliche Erkundigungspflichten miteinzubeziehen.[2658] Denn informiere sich ein Kaufmann nicht über die in seinem Gewerbe bestehenden steuerrechtlichen Pflichten, könne dies auf seine Gleichgültigkeit schließen, was auch dann gelte, wenn in Zweifelsfällen kein Rechtsrat eingeholt werde.[2659] Schließlich sei die bloße Berufung eines Angeklagten auf einen derartigen Tatbestandsirrtum nicht ausreichend, um einen solchen als gegeben anzunehmen.[2660] Es seien insbesondere keine Umstände oder Geschehensabläufe zugunsten eines Angeklagten zu unterstellen, für deren Vorliegen – außer einer Behauptung des Angeklagten – keine Anhaltspunkte bestehen.[2661] Damit würde im Ergebnis ein gegen den objektiven Tatbestand verstoßendes Verhalten eines Kaufmannes gleichzeitig zumindest den Eventualvorsatz implizieren.[2662] Dieser vom 1. Strafsenat beim Bundesgerichtshof angedeutete Gedankengang krankt an einem wesentlichen Irrtum, an den letztlich die Kritik von gerade eben anknüpft. Denn an die Stelle des „Kennens" des Steueranspruchs tritt nach der Rechtsprechung nämlich ein „Kennen-Müssen". Das ist aber strafrechtlich nach dem geltenden Recht nicht haltbar: § 16 StGB spricht nämlich von einem „Kennen", sodass in Übereinstimmung mit § 22 StGB eine gewisse „Vorstellung von der Tat" für eine Bestrafung verlangt wird.[2663] Wenn auch diese Vorstellung nicht im Einzelnen ausgeprägt vorliegen muss, ein „psychisches Substrat" muss bestehen und prozessual stets nachgewiesen werden, wenn es zu einer Bestrafung kommen soll.[2664] Folgte man der Auffassung des 1. Strafsenats, nivellierte man zudem die Abstufung zwischen Vorsatz und Fahrlässigkeit[2665] und bestraft würde nicht mehr wegen der konkreten Tat eines individuellen Täters, sondern wegen der Enttäuschung der Erwartungen der Rechtsgemeinschaft.[2666] Der vom 1. Strafsenat beim Bundesgerichtshof gestartete Versuch, eine Art berufsspezifische potentielle Strafbarkeit einzuführen, ist daher abzulehnen. Nähme man das

---

2658 BGH v. 8.9.2011, 1 StR 38/11 Rn. 27.

2659 BGH v. 8.9.2011, 1 StR 38/11 Rn. 27.

2660 BGH v. 8.9.2011, 1 StR 38/11 Rn. 25.

2661 BGH v. 8.9.2011, 1 StR 38/11 Rn. 25.

2662 *Gaede*, in: Esser/Rübenstahl/Saliger/Tsambikakis, Wirtschaftsstrafrecht, § 370 AO Rn. 269.

2663 *Duttge*, HRRS 2012, 359, 361.

2664 *Duttge*, HRRS 2012, 359, 361.

2665 *Gaede*, ZStW 121 (2009), 239, 273-276, 280; siehe auch die kritischen Bemerkungen zu einem Verzicht insgesamt auf das voluntative Element bei Unterlassen von *Haas*, in: GS Joecks, 447, 456 f.

2666 So *Duttge*, HRRS 2012, 359, 362.

Urteil beim Wort, begründete sich dadurch eine dem Strafrecht grundsätzlich fremde „Entlastungspflicht des Angeklagten“[2667], welche die im gesamten Strafrecht geltende Unschuldsvermutung[2668] und die – wenn man so möchte[2669] – strafrechtliche Beweislastregel *in dubio pro reo* verletzt. Dass sich der 1. Strafsenat von diesem rechtsstaatlichen Grundsatz bei § 16 StGB *bewusst* abwendet, wird sogleich[2670] noch bei den Rechtsirrtümern aufgezeigt und diskutiert, im Ergebnis aber – das wird man hier vorwegnehmen dürfen – kritisiert und abgelehnt.

Die Rechtsprechung des 1. Strafsenats ist in dieser Frage jedoch nicht konsequent: So beanstandete er Ende 2014[2671] in einem Fall mit ähnlicher Begründung das Ergebnis des Landgerichts Gießen, dass lediglich eine leichtfertige Steuerverkürzung i.S.d. § 378 AO vorliege, nicht. Man kann somit eine gewisse Einzelfallabhängigkeit der Rechtsprechung feststellen, *Seer* spricht sogar von einer „zufällig-beliebigen Abgrenzung zwischen Kriminalstrafbarkeit einer bedingt vorsätzlich verwirklichten Steuerhinterziehung […] und der bloßen Ordnungswidrigkeit einer leichtfertigen Steuerverkürzung“[2672]. Diese Kritik tritt neben die bereits geäußerte Kritik, ohne sie zu verdrängen.

IV. Leichtfertige Steuerverkürzung

Handelt der Steuerpflichtige ohne Vorsatz, kommt eine Bestrafung nach § 370 Abs. 1 AO wegen Steuerhinterziehung nicht in Betracht. Dennoch kann immer noch die Steuerordnungswidrigkeit der leichtfertigen Steuerverkürzung i.S.d. § 378 AO einschlägig sein, die sich von der Steuerhinterziehung lediglich graduell unterscheidet und im Wesentlichen davon abhängt, ob dem Täter ein eigener[2673] Vorsatz nachgewiesen werden kann oder nur Leichtfertigkeit.[2674] § 378 AO unterscheidet sich daher auch nur quantitativ von dem Kriminaltatbestand des § 370 AO, indem der Unrechts- und Schuldgehalt nach der Bewertung des Gesetzgebers lediglich geringer ist.[2675] Der Tatbestand der leichtfertigen

---

2667 *Krumm*, in: Tipke/Kruse, AO/FGO, § 370 AO Rn. 134 (Stand: April 2019).
2668 *Duttge*, HRRS 2012, 359, 360.
2669 BVerfG v. 17.7.2007, 2 BvR 496/07 Rn. 8; *Huber*, JuS 2015, 596, 596.
2670 Siehe unten 6. Teil B. III.
2671 BGH v. 17.12.2014, 1 StR 324/14.
2672 *Seer*, SteuerStud 2016, 35, 38.
2673 Eine Zurechnung der Leichtfertigkeit von Erfüllungsgehilfen des Steuerpflichtigen findet, anders als im Steuerverfahren, nicht statt, siehe BFH v. 29.10.2013, VIII R 27/10, BStBl. II 2014, 295, Rn. 38 f.
2674 *Seer*, in: Tipke/Lang, Steuerrecht, Rn. 23.8.
2675 *Krumm*, in: Zukunftsfragen III, 1, 5.

Steuerverkürzung ist in mehrerlei Hinsicht eine Modifikation des Tatbestandes der Steuerhinterziehung i.S.d. § 370 Abs. 1 AO: Im Gegensatz zu § 370 Abs. 1 AO, der ein Jedermann-Delikt darstellt, kann ordnungswidrig nach § 378 Abs. 1 AO nur derjenige handeln, der als Steuerpflichtiger oder bei Wahrnehmung der Angelegenheiten eines Steuerpflichtigen eine Tat i.S.d. § 370 Abs. 1 AO begeht. Insoweit ist der Tatbestand enger gefasst. Allerdings reicht für § 378 Abs. 1 AO eine leichtfertige Begehung der Tat aus, die derjenige erfüllt, „der die Sorgfalt außer Acht lässt, zu der er nach den besonderen Umständen des Falles und seinen persönlichen Fähigkeiten und Kenntnissen verpflichtet und imstande ist und dem sich danach aufdrängen muss, dass er dadurch Steuern verkürzt“[2676], sodass der subjektive Tatbestand weiter gefasst ist und insoweit wie ein Auffangtatbestand wirkt[2677].

V. Zurechnung des unrichtig bzw. unvollständig Erklärten

1. Zurechnung bei der Steuererklärung auf Papier

Obwohl als Täter einer Steuerhinterziehung nicht nur der Steuerpflichtige, sondern jedermann und damit auch sein Steuerberater, ein Mitarbeiter des Steuerpflichtigen oder der Sachbearbeiter innerhalb der Finanzbehörde in Betracht kommt,[2678] soll die Darstellung hier auf die Frage beschränkt werden, wie die im Rahmen der Steuererklärung – nebst ggf. zusätzlich eingereichter Anlagen und Erläuterungen – gegenüber der Finanzbehörde getätigten Angaben im Bereich der §§ 370, 378 AO dem Steuerpflichtigen zugerechnet werden. Dabei gilt grundsätzlich: Täter einer Steuerhinterziehung i.S.d. § 370 Abs. 1 Nr. 1 AO ist derjenige, der die Angaben gegenüber der Finanzbehörde macht. Fraglich ist damit, wer die *Erklärungsherrschaft* besitzt bzw. wie die Erklärungsherrschaft ermittelt wird.[2679] Die Erklärungsherrschaft ist von der unmittelbaren Urheberschaft der Steuererklärung abzugrenzen, also davon, wer in tatsächlicher Hinsicht die Angaben in der Steuererklärung eingetragen hat und ggf. zusätzliche

---

2676 BFH v. 24.4.1996, II R 73/93 Rn. 16; BFH v. 17.11.2011, IV R 2/09 Rn. 46; BFH v. 24.7.2014, V R 44/14, BStBl. II 2014, 955 Rn. 15; BGH v. 8.9.2011, 1 StR 38/11 Rn. 17; BGH v. 17.12.2014, 1 StR 324/14 Rn. 29.

2677 BGH v. 8.9.2011, 1 StR 38/11 Rn. 16.

2678 *Seer*, in: Tipke/Lang, Steuerrecht, Rn. 23.26.

2679 *Rolletschke*, in: GS Joecks, 571, 584; *Beyer*, NWB 2016, 1304, 1305; *Krumm*, in: Tipke/Kruse, AO/FGO, § 370 AO Rn. 32 (Stand: April 2019); *Ransiek*, in: Kohlmann, Steuerstrafrecht, § 370 AO Rn. 107.2 (Stand: August 2020).

Erläuterungen und Anlagen angefertigt hat.[2680] Erklärungsherrschaft hat auch nicht, wer nur als Bote tätig wird und fremde Angaben lediglich überbringt.[2681] Maßgebend ist daher, wem die Angaben als eigene zugerechnet werden sollen, wer die Erklärung inhaltlich bestimmt sowie als seine in den Rechtsverkehr gibt, wer also *Urheber im Rechtssinne* ist.[2682] Bei der Steuererklärung nach amtlich vorgeschriebenem Vordruck erfolgt die Zurechnung der Angaben zu dem Steuerpflichtigen regelmäßig durch die Unterschrift unter der Steuererklärung.[2683] Mit der Unterschrift macht sich der Steuerpflichtige die ggf. vom Steuerberater vorbereiteten und eingetragenen Angaben zu eigen und ist gegenüber der Finanzbehörde strafrechtlich allein für deren Vollständigkeit und Richtigkeit verantwortlich.[2684] Die oben noch offen gelassene Frage, inwieweit der Steuerpflichtige für die Rechtsanwendung seines steuerlichen Beraters einstehen muss bzw. ob das Mandantschaftsverhältnis zwischen Steuerberater und Steuerpflichtigem etwas an der strafrechtlichen Verantwortlichkeit des Steuerpflichtigen ändert,[2685] kann für die folgenden Fallgruppen wie folgt beantwortet werden: Eine denkbare Fallkonstellation ist diejenige, dass der Steuerpflichtige seinem steuerlichen Berater bereits unvollständige Sachverhaltsangaben gemacht hat und diese daher auch in der angefertigten Steuererklärung fehlen. In diesem Fall ist der Steuerpflichtige von vornherein für die Unvollständigkeit der Angaben verantwortlich und die Zurechnung der Angaben über die Unterschrift führt zu keinen unbilligen Ergebnissen. Die zweite Fallkonstellation ist, dass der Steuerpflichtige seinem steuerlichen Berater ggf. nach Rückfragen durch diesen alle steuerlich

---

2680 *Heuel/Harink*, AO-StB 2020, 49, 58; *Krumm*, in: Tipke/Kruse, AO/FGO, § 370 AO Rn. 32 (Stand: April 2019); *Ransiek*, in: Kohlmann, Steuerstrafrecht, § 370 AO Rn. 107.3 (Stand: August 2020).

2681 *Heuel/Harink*, AO-StB 2020, 49, 58; *Krumm*, in: Tipke/Kruse, AO/FGO, § 370 AO Rn. 32 (Stand: April 2019); *Ransiek*, in: Kohlmann, Steuerstrafrecht, § 370 AO Rn. 107.2 (Stand: August 2020).

2682 *Krumm*, in: Tipke/Kruse, AO/FGO, § 370 AO Rn. 31 f. (Stand: April 2019); *Ransiek*, in: Kohlmann, Steuerstrafrecht, § 370 AO Rn. 107.2 (Stand: August 2020).

2683 *Hellmann*, in: GS Joecks, 483, 491; *Wissenschaftlicher Arbeitskreis des DWS-Instituts*, DStR 2006, 1588, 1588 f.; *Flore*, in: Flore/Tsambikakis, Steuerstrafrecht, § 370 AO Rn. 33; siehe zu Fallkonstellationen, in denen eine Fälschung oder ein Fall der mittelbaren Täterschaft vorliegt *Ransiek*, in: Kohlmann, Steuerstrafrecht, § 370 AO Rn. 107.5 (Stand: August 2020).

2684 BFH v. 29.10.2013, VIII R 27/10, BStBl. II 2014, 295 Rn. 20; *Ransiek*, in: Kohlmann, Steuerstrafrecht, § 370 AO Rn. 114 (Stand: August 2020); Letzterem zustimmend *Krumm*, in: Tipke/Kruse, AO/FGO, § 370 AO Rn. 34 (Stand: April 2019).

2685 Siehe die Ausführungen oben bei Fn. 547.

erheblichen Sachverhalte mitgeteilt hat und der steuerliche Berater bei Erstellung der Steuererklärung vergisst, Sachverhalte mit in die Steuererklärung aufzunehmen. In diesem Fall sind die Angaben, die der Steuerpflichtige gegenüber der Finanzbehörde, zurechenbar durch die Unterschrift, macht, unvollständig i.S.d. § 370 Abs. 1 Nr. 1 AO. Soweit der Steuerpflichtige aber nicht wusste, dass die Steuererklärung insoweit unvollständig ist – etwa, weil sie nur verdichtete Zahlen enthielt und das Fehlen bestimmter Zahlen nicht offenbar war –, kommt mangels Vorsatzes eine Strafbarkeit nach § 370 AO ebenfalls nicht in Betracht. Zu prüfen wäre dabei allerdings, ob der Steuerpflichtige leichtfertig gehandelt hat, sodass eine leichtfertige Steuerverkürzung nach § 378 AO einschlägig ist. Hierbei ist aber zu berücksichtigen, dass der Rechtswidrigkeitszusammenhang zwischen Sorgfaltspflichtverletzung und Taterfolg und damit die Grundlage für eine Bestrafung wegen Fahrlässigkeit dann entfällt, wenn der Erfolg auch bei sorgfältigem Verhalten eingetreten wäre,[2686] sodass fehlende subjektive (Kenntnis-)Möglichkeiten, den Fehler zu entdecken, zugunsten des Steuerpflichtigen zu berücksichtigen sind.[2687] Eine dritte Fallkonstellation ist denkbar, in welcher der steuerliche Berater alle notwendigen Sachverhaltsinformationen vom Steuerpflichtigen erhalten hat, diese aber zum Teil rechtlich nicht so behandelt hat, wie es nach dem typisierten Empfängerhorizont der Finanzbehörde angezeigt gewesen wäre, und dies nicht offenlegt. Auch hierbei wird der Steuerpflichtige den objektiven Tatbestand i.S.d. § 370 Abs. 1 Nr. 1 AO erfüllen, eine mangelnde Kenntnis wird die Strafbarkeit nach § 370 Abs. 1 Nr. 1 AO jedoch ausscheiden lassen, sodass im Ergebnis nur eine Sorgfaltspflichtverletzung im Sinne einer Leichtfertigkeit § 378 AO vorliegen kann. Letztere wird regelmäßig an der Erkennbarkeit selbst bei sorgfältiger Prüfung scheitern, wenn nicht zwischen dem Steuerpflichtigen und dem Steuerberater konkrete Absprachen bezüglich der nicht offenbarten Sachverhalte getätigt worden sind. Dann wiederum können die Angaben dem Steuerpflichtigen zugerechnet werden.

Das Vorhandensein einer Unterschrift ist nicht konstitutiv für die Zurechnung der in der Steuererklärung gemachten Angaben, wenn sich die Erklärungsherrschaft auch aus anderen Anhaltspunkten herleiten lässt. Das bedeutet, dass auch in einer mangels Unterschrift steuerverfahrensrechtlich unwirksamen

---

2686 *Heuel*, in: Kohlmann, Steuerstrafrecht, § 378 AO Rn. 53 (Stand: April 2016).
2687 *Rolletschke*, GS Joecks, 571, 585 f.

Steuererklärung unrichtige Angaben i.S.d. § 370 Abs. 1 Nr. 1 AO gegenüber der Finanzbehörde gemacht werden können.[2688]

2. *Zurechnung bei der elektronischen Steuererklärung*

a. *Identifikation der Problemfelder*

Fraglich ist, wem bei der elektronischen Steuererklärung das Erklärte zugerechnet wird und ob im Vergleich zur Steuererklärung auf Papier andere Wertungsmaßstäbe zugrunde zu legen sind. Hierbei sind die Unterschiede zwischen dem ELSTER I- und dem ELSTER II-Verfahren zu berücksichtigen, die oben ausführlich dargestellt worden sind.[2689] Der für die Zurechnung wesentliche Unterschied zwischen beiden Verfahren ist, dass die im ELSTER I-Verfahren übermittelte Steuererklärung rechtlich erst wirksam ist und technisch erst verarbeitet werden kann, wenn die auf Papier ausgedruckte, komprimierte, mit Telenummer und Unterschrift versehene Steuererklärung bei der Finanzbehörde eingereicht worden ist, während die im ELSTER II-Verfahren nach amtlich vorgeschriebenem Datensatz authentifiziert übermittelte Steuererklärung mit Dateneingang bei der Finanzbehörde wirksam ist und dem auch keine unterschriebene Erklärung mehr folgt.

Für die Behandlung der Steuererklärung im ELSTER I-Verfahren gelten die Ausführungen zur Steuererklärung nach amtlich vorgeschriebenem Vordruck entsprechend, da die Unterschrift auf der komprimierten Steuererklärung identische Funktionen erfüllt und im Regelfall maßgebendes Kriterium für die Annahme der Erklärungsherrschaft über die Angaben in der Steuererklärung ist.[2690]

Bei der vollelektronischen, im ELSTER II-Verfahren nach vorgeschriebenem Datensatz übermittelten Steuererklärung können hingegen verschiedene Fallkonstellationen auftreten, die eine Zurechnung nicht ohne Weiteres ermöglichen. Wurzel dieser Zurechnungsprobleme ist das oben bereits kritisierte Substitut der Unterschrift bei der vollelektronischen Steuererklärung, nämlich die lediglich authentifizierte Übermittlung nach § 87a Abs. 6 AO, die nur den Datenübermittler identifiziert, aber nicht denjenigen, für den die Daten übermittelt werden. Eine der Unterschrift vergleichbare Autorisierung und Zurechnung der

---

2688 BGH v. 27.9.2002, 5 StR 97/02 Rn. 10-13; *Ransiek*, in: Kohlmann, Steuerstrafrecht, § 370 AO Rn. 107.5 (Stand: August 2020); *Rolletschke*, in: Graf/Jäger/Wittig, Wirtschafts- und Steuerstrafrecht, § 370 AO Rn. 44.

2689 Siehe oben 2. Teil B. III. 3. b. bb. und cc.

2690 *Beyer*, NWB 2016, 1304, 1308.

Angaben in der Steuererklärung wird durch die Authentifizierung, das wurde oben bereits erläutert, nicht vorgenommen, auch wenn das vereinzelt anders gesehen wird;[2691] IP-Adressen, die Auskunft über das Absendegerät geben könnten, werden von der Finanzbehörde ebenfalls nicht gespeichert.[2692] Es ist allerdings auch umstritten, inwieweit diese, soweit sie gespeichert werden würden, aussagekräftig wären.[2693] Es müssen daher andere Merkmale für die Zurechnung der im ELSTER II-Verfahren übermittelten elektronischen Steuererklärung gefunden werden. Folgende typische Fallgruppen sollen daher sogleich unter dem Blickwinkel der Zurechnung untersucht werden: Erstens der Fall, dass die Steuererklärung mit der persönlichen Signatur des Steuerpflichtigen übermittelt wird. Zweitens, dass ein dritter Auftragnehmer i.S.d. § 87d Abs. 1 AO die Daten des Steuerpflichtigen unter Verwendung der Signatur des Auftragnehmers übermittelt.

b. Übermittlung mit der Signatur des Steuerpflichtigen

Bei der Übermittlung einer Steuererklärung des Steuerpflichtigen mit seiner eigenen Signatur spricht eine Gesamtbetrachtung grundsätzlich für eine Erklärungsherrschaft des Steuerpflichtigen über die in der Steuererklärung gemachten Angaben. Soweit nicht ein atypischer Fall vorliegt, wird die Zurechnung der Daten zum Steuerpflichtigen nicht ernsthaft zu bezweifeln sein.[2694] Bei der Verwendung von Zertifikatsdateien durch mehrere Mitarbeiter, etwa in einem Einzelunternehmen, bei dem die monatlichen Umsatzsteuervoranmeldungen und Lohnsteueranmeldungen von unterschiedlichen Mitarbeitern an die Finanzverwaltung übermittelt werden, kann eine Zurechnung alleine durch die verwendete einheitliche Signatur nicht mehr zweifelsfrei erfolgen. Hier müssen

---

2691 Grundsätzlich a.A. aus einer Gleichstellung mit der Unterschrift *Hellmann*, in: GS Joecks, 483, 491.

2692 *Musil/Burchard/Hechtner*, DStR 2007, 2290, 2297; *Rolletschke*, in: Graf/Jäger/Wittig, Wirtschafts- und Steuerstrafrecht, § 370 AO Rn. 45.

2693 *Beyer*, NWB 2016, 1304, 1307, weist zutreffend darauf hin, dass etwa die Übertragung aus einem öffentlichen Netzwerk bereits weitere Zurechnungsfragen aufwirft. Die Verschleierung von IP-Adressen durch die Verwendung von ggf. mehreren hintereinander geschalteten Servern (z.B. über das Tor-Netzwerk) erschwert die Zuordnung von digitaler Kommunikation zu einem bestimmten Endgerät zusätzlich. Außerdem ist fraglich, wie sich eine eventuelle Speicherung von IP-Adressen mit dem Urteil des BVerfG v. 24.1.2012, 1 BvR 1299/05, BVerfGE 130, 151, zur Vorratsdatenspeicherung verträgt. Anders allerdings die Aussage bei *Drüen/Hechtner*, DStR 2006, 821, 826.

2694 *Musil/Burchard/Hechtner*, DStR 2007, 2290, 2297.

ggf. interne Dokumente herangezogen werden, um denjenigen zu ermitteln, der Angaben gegenüber der Finanzbehörde gemacht hat.

Auch im privaten Umfeld kann es aus Gründen der Bequemlichkeit oder technischen Unbedarftheit dazu kommen, dass mehrere natürliche Personen sich eine Zertifikatsdatei mit dem dazugehörigen Passwort teilen (sog. Account-Sharing). Vorstellbar sind Fälle der Zusammenveranlagung von Ehegatten bzw. Lebenspartnern, aber auch solche, in denen der zeitliche und technische Aufwand zur Erstellung einer Zertifikatsdatei nicht mit dem Marketingversprechen einer minutenschnellen Steuererklärung vereinbar ist und daher auf das Zertifikat einer befreundeten bzw. verwandten Person zurückgegriffen wird.[2695] Wird die Authentifizierung hierbei missbräuchlich dergestalt verwendet, dass Angaben zum Steuerpflichtigen unter seiner Signatur durch eine dritte Person übermittelt worden sind, wird in der Literatur zum Teil der Vergleich mit der gefälschten Unterschrift unter der eigenen Steuererklärung gezogen.[2696] Erklärungsherrschaft hat und Täter einer Steuerhinterziehung ist dann nur der unberechtigt Erklärende.[2697]

c. *Übermittlung der Steuererklärung durch einen Dritten mit seiner Signatur*

Werden die Steuererklärungsdaten durch einen Dritten mit seiner Signatur übermittelt, lassen sich grundsätzlich zwei gegenteilige Positionen festmachen: Eine Auffassung sieht stets einen Anscheinsbeweis darin, dass derjenige, dessen Daten übermittelt werden bzw. der als Urheber bezeichnet wird, die Erklärungsherrschaft besitzt.[2698] Eine Gegenauffassung setzt die Signatur mit der Unterschrift gleich und rechnet die Erklärungsherrschaft grundsätzlich demjenigen zu, dem die Authentifizierung erteilt wurde.[2699] Viel diskutiert und in der Praxis relevant sind dabei die Fälle, in denen die Steuererklärung durch den Steuerberater

---

2695 Siehe etwa die Überlegungen von *Baum*, NWB 2014, 291, 294, im Zusammenhang mit der „vorausgefüllten“ Steuererklärung.

2696 *Hellmann*, in: GS Joecks, 483, 493; *Rolletschke*, in: GS Joecks, 571, 585; *Musil/Burchard/Hechtner*, DStR 2007, 2290, 2297; *Beyer*, NWB 2016, 1304, 1308.

2697 *Hellmann*, in: GS Joecks, 483, 493.

2698 *Rolletschke*, in: GS Joecks, 571, 584 f.; *Heuel/Harink*, AO-StB 2020, 49, 58; *Ransiek*, in: Kohlmann, Steuerstrafrecht, § 370 AO Rn. 107.4 (Stand: August 2020); BMF v. 16.11.2011, IV A 7-O 2200/09, BStBl. I 2011, 1063 Rn. 5.

2699 *Hellmann*, in: GS Joecks, 483, 491; das Risiko einer steuerstrafrechtlichen Zurechnung beim Steuerberater sieht auch *Wissenschaftlicher Arbeitskreis des DWS-Instituts*, DStR 2006, 1588, 1589.

unter Verwendung seiner Signatur oder der Signatur eines Dienstleistungsanbieters – z.B. DATEV – an die Finanzbehörde übermittelt worden ist. Das Bundesministerium der Finanzen hatte sich nach den Grundsätzen des Beweises des ersten Anscheins darauf eingelassen, dass die von einer Person oder Gesellschaft i.S.d. §§ 3, 4 StBerG übermittelten Steuererklärungen von den Steuerpflichtigen, für die sie übermittelt werden, als genehmigt angesehen werden.[2700] Diese Einlassung hatte wohl auch den Grund, solchen Bedenken, die gegen eine steuerverfahrensrechtliche Wirksamkeit der elektronischen Steuererklärung gerichtet waren, entgegen zu wirken.[2701] Allerdings wird in der Literatur bezweifelt, dass der Anscheinsbeweis der Genehmigung über das Steuerverfahrensrecht hinaus gleichzeitig zu einer strafrechtlichen Zurechnung der Angaben in der Steuererklärung führt.[2702] Andere übertragen den Anscheinsbeweis, dass der Steuerpflichtige Erklärungsherrschaft besitzt, auch auf das Steuerstrafverfahren,[2703] stellen aber zum Teil wegen des Grundsatzes *in dubio pro reo* keine hohen Anforderungen an den Gegenbeweis, sodass bereits ein substantiiertes Bestreiten des Steuerpflichtigen ausreiche.[2704] Zum Teil wird zumindest das Risiko gesehen, dass die übermittelten Daten strafrechtlich dem Steuerberater zugerechnet werden könnten.[2705] Dem wird entgegengehalten, dass die Authentifizierung durch den Steuerberater mit einem auf der Steuererklärung angebrachten Kanzleistempel vergleichbar sei, der keine eigenständige Erklärung in Form einer Garantie der Richtigkeit darstelle, sondern lediglich angebe, dass die Steuererklärung durch die Kanzlei erstellt worden sei.[2706]

Von praktischer Bedeutung sind auch die Fälle der Zusammenveranlagung von Ehegatten bzw. Lebenspartnern. Erstellen Ehegatten bzw. Lebenspartner eine gemeinsame Steuererklärung zur Zusammenveranlagung ist diese, soweit sie nach amtlich vorgeschriebenem Vordruck oder im ELSTER I-Verfahren

---

2700 BMF v. 16.11.2011, BStBl. I 2011, 1063 Nr. 5; dem zustimmend *Krumm*, in: Tipke/Kruse, AO/FGO, § 370 AO Rn. 32 (Stand: April 2019).

2701 Geäußert etwa bei Wissenschaftlicher Arbeitskreis des DWS-Instituts, DStR 2006, 1588, 1589.

2702 *Beyer*, NWB 2016, 1304, 1308 f.

2703 *Heuel/Harink*, AO-StB 2020, 49, 58; *Rolletschke*, in: Rolletschke/Kemper, Steuerstrafrecht, § 370 AO Rn. 98c (Stand: April 2021).

2704 Wissenschaftlicher Arbeitskreis des DWS-Instituts, DStR 2006, 1588, 1590.

2705 *Wissenschaftlicher Arbeitskreis des DWS-Instituts*, DStR 2006, 1588, 1589; *Gebhardt*, AO-StB 20008, 11, 13; ebenso wohl dann konsequenterweise *Hellmann*, in: GS Joecks, 483, 491.

2706 *Beyer*, NWB 2016, 1304, 1311.

abgegeben wird, gem. § 25 Abs. 3 S. 2 EStG von beiden Ehegatten bzw. Lebenspartnern eigenhändig zu unterschreiben. Eine Übermittlung im ELSTER II-Verfahren nach amtlich vorgeschriebenem Datensatz erfolgt – soweit die Signaturdatei nicht weitergegeben worden ist – nur unter Authentifizierung des Ehegatten bzw. Lebenspartners, der die Daten an die Finanzbehörde übermittelt. Die Finanzbehörde geht davon aus, „dass der Inhalt der Steuererklärung beiden Ehegatten/Lebenspartnern bekannt ist", „[s]olange keine gegenteiligen Einwendungen erhoben werden", sodass „eine für beide rechtswirksame Einkommensteuererklärung vorliegt".[2707] Hier stellt sich letztlich aber keine andere Frage als bei der Übermittlung der Daten durch den Steuerberater: Wie erfolgt die Zurechnung der Erklärungsherrschaft?

Nimmt man bei der Beantwortung der Frage, wer die Erklärungsherrschaft hat, das Rechtsverhältnis in den Blick, aus dem die Erklärung an die Finanzbehörde letztlich übermittelt wird, hat man isoliert betrachtet für die Übermittlung der Steuererklärung nach amtlich vorgeschriebenem Datensatz eine erklärende Partei, den Urheber im Rechtssinne, und eine übermittelnde Partei, den Boten, der keine eigenen Angaben macht. Dieses Verständnis hatte auch der Gesetzgeber, wie sich aus § 87d AO ergibt. § 87d AO erlaubt es dem Steuerpflichtigen, die elektronische Übermittlung von Daten an die Finanzbehörde an irgendeinen Auftragnehmer auszugliedern, der kein Angehöriger der steuerberatenden Berufe sein muss und keine besonderen fachlichen Qualifikationen erfüllen muss; es kann sich vielmehr um eine beliebige (Privat-)Person handeln.[2708] Bereits die Bezeichnung des Datenübermittlers als Auftragnehmer spricht für eine bloße Botenfunktion des Datenübermittlers. Aus einer Zusammenschau von § 87d AO und § 72a Abs. 2 AO ergibt sich zudem, welcher Erklärungsgehalt der Datenübermittlung beizumessen ist. § 72a Abs. 2 Nr. 1 AO sieht eine Haftung vor, wenn aufgrund unrichtiger oder unvollständiger Übermittlung Steuern verkürzt oder steuerliche Vorteile zu Unrecht erlangt werden. Maßstab dafür, ob die Übermittlung unrichtig oder unvollständig ist, sind die Angaben des Auftraggebers an den Auftragnehmer, nicht der Maßstab des § 370 Abs. 1 Nr. 1 AO.[2709] Übermittelt der Auftragnehmer also Angaben des Steuerpflichtigen, unterliegt Ersterer dem Haftungstatbestand nur, wenn die von ihm übermittelten Daten

2707 https://www.elster.de/eportal/helpGlobal?themaGlobal=help_eop (abgerufen am 15.10.2021, 11:05 Uhr).

2708 *Thürmer*, in: Hübschmann/Hepp/Spitaler, AO/FGO, § 87d AO Rn. 36 (Stand: Februar 2018); *Brandis*, in: Tipke/Kruse, AO/FGO, § 87d AO Rn. 2 (Stand: Januar 2017).

2709 *Jatzke*, in: Gosch, AO/FGO, § 72a AO Rn. 16 (Stand: März 2018).

von den ihm mitgeteilten Daten abweichen. Die Haftung bezieht sich also nur auf die technische Übertragung.[2710] Nach § 87d Abs. 2 S. 1 AO hat der Auftragnehmer den Auftraggeber zu identifizieren und die Angaben in geeigneter Form festzuhalten. Gem. § 87d Abs. 2 S. 3, 4 AO hat der Auftraggeber sicherzustellen, dass er jederzeit darüber Auskunft geben kann, wer Auftraggeber der Datenübermittlung war, und die Aufzeichnungen zur Identifizierung des Auftraggebers fünf Jahre lang aufzubewahren. Gem. § 72a Abs. 2 Nr. 2 AO haftet der Auftragnehmer als Datenübermittler, wenn er seine Pflicht aus § 87d Abs. 2 AO verletzt und aufgrund der von ihm übermittelten Daten Steuern verkürzt oder zu Unrecht steuerliche Vorteile erlangt worden sind.[2711] Nicht mit einem Haftungstatbestand versehen ist dagegen die Pflicht des Auftragnehmers nach § 87d Abs. 3 AO, dem Auftraggeber die übermittelten Daten in leicht nachprüfbarer Form zur Verfügung zu stellen; die Missachtung dieser Regelung führt ggf. lediglich zu einem zivilrechtlichen Schadensersatzanspruch des Auftraggebers gegen den Auftragnehmer.[2712] Somit ist das steuerliche Risiko beim Datenübermittler nur in der technischen Datenübermittlung begründet, er haftet aber nicht für inhaltliche Unvollständigkeit der gemachten Angaben. *Prima facie* hat damit derjenige die Erklärungsherrschaft, für den die Daten übermittelt werden. Dies gilt unabhängig davon, ob die Übermittlung über die eigene Signatur des Datenübermittlers erfolgt oder etwa die Signatur eines weiteren Dienstleistungsanbieters, in der steuerlichen Beratungspraxis also z.B. DATEV, verwendet wird. Somit ist sich der eingangs zuerst genannten Auffassung anzuschließen.

Erst wenn derjenige, für den Daten übermittelt worden sind, substantiiert bestreitet, dass er die Daten inhaltlich autorisiert hat, gewinnt die Vorlage- und Korrekturpflicht und der danach zwischen den Zeilen stehende Autorisationsakt nach § 87d Abs. 3 AO an Bedeutung. Bei der Steuererklärung nach amtlich vorgeschriebenem Vordruck wurde die Autorisierung der Angaben erkennbar nach außen durch die Unterschrift auf der Steuererklärung dokumentiert; derjenige, der die Steuererklärung an die Finanzbehörde übermittelte, wurde nur als Überbringer der Steuererklärung tätig, er gab keine eigene Erklärung gegenüber

---

2710 *Boeker*, in: Hübschmann/Hepp/Spitaler, AO/FGO, § 72a AO Rn. 19 (Stand: Mai 2017).

2711 Erforderlich ist zusätzlich eine – kaum denkbare – Kausalität zwischen der Pflichtverletzung der Identifizierung und der Steuerverkürzung bzw. dem nicht gerechtfertigten Steuervorteil, siehe *Boeker*, in: Hübschmann/Hepp/Spitaler, AO/FGO, § 72a AO Rn. 23 (Stand: Mai 2017); *Jatzke*, in: Gosch, AO/FGO, § 72a AO Rn. 20 (Stand: März 2018).

2712 *Boeker*, in: Hübschmann/Hepp/Spitaler, AO/FGO, § 72a AO Rn. 20 (Stand: Mai 2017).

der Finanzbehörde in dem Steuerfall ab. Für die Datenübermittlung ist keine Manifestation des Autorisationsaktes nach außen vorgeschrieben, denn es fehlt an einer gesetzlichen Dokumentationspflicht, dass die Vorlagepflicht nach § 87d Abs. 3 AO durchgeführt worden ist.[2713] Das Gesetz schafft somit eine vermeidbare Beweislücke.[2714] Dass in der steuerberatenden Praxis regelmäßig eine Absicherung im Innenverhältnis erfolgt, indem der Mandant die Steuererklärung und eine Vollständigkeitsversicherung unterzeichnet,[2715] ändert vor allem vor dem Hintergrund nichts an der Kritik, da § 87d AO es einem weitaus größeren Personenkreis ermöglicht, steuerrelevante Daten als Auftragnehmer an die Finanzbehörden zu übermitteln. Es wäre unbillig, dieses Risiko auf das Verhältnis von Auftraggeber und Auftragnehmer abzuwälzen. Lässt sich daher im Nachhinein nicht aufklären, wem die unrichtigen Angaben zuzurechnen sind, kann eine Bestrafung *in dubio pro reo* nicht erfolgen.[2716]

d. Ergebnis

Das systembedingte Fehlen der Unterschrift bei der im ELSTER II-Verfahren übermittelten elektronischen Steuererklärung führt zu einem Ausweichen auf andere Anhaltspunkte, um denjenigen zu bestimmen, der die Erklärungsherrschaft über die in der Steuererklärung gemachten Angaben gegenüber der Finanzbehörde besitzt. *Prima facie*, das ergibt eine wertende Gesamtschau der

2713 Zu Beginn der authentifizierten Übermittlung gab es hingegen noch einen förmlichen „Erklärungsvordruck gem. § 6 StDÜV (LSt und/oder USt)“ mit dem der Steuerpflichtige die prophylaktische Erklärungsherrschaft übernommen hat, siehe *Gebhardt*, AO-StB 2008, 11, 12 f. Der Vordruck enthielt folgenden Text: „Ich nehme an der Datenübermittlung nach § 1 StDÜV teil. Ich versichere, dass ich die Unterlagen und Angaben, die für die Steuerermittlung erforderlich sind, nach bestem Wissen und Gewissen vollständig und richtig übermitteln bzw. einem mit der Übermittlung beauftragten Dritten nach bestem Wissen und Gewissen vollständig und richtig zur Verfügung stellen werde. Ich werde die übermittelten Daten überprüfen und eine berichtigte Steueranmeldung abgeben, wenn ich eine Unrichtigkeit feststelle. Die übermittelten Daten werde ich nach Maßgabe des § 147 der Abgabenordnung aufbewahren.“ Siehe auch *Drüen/Hechtner*, DStR 2006, 821, 825 f.

2714 So auch zur Rechtslage vor dem Gesetz zur Modernisierung des Besteuerungsverfahrens *Gebhardt*, AO-StB 2008, 11, 14.

2715 *Krumm*, in: Tipke/Kruse, AO/FGO, § 370 AO Rn. 32 (Stand: April 2019); so auch der Vorschlag von *Günther*, AO-StB 2008, 78, 79.

2716 So auch *Beyer*, NWB 2016, 1304, 1309; unklar *Günther*, AO-StB 2008, 78, 79, der den Steuerberater als Datenübermittler erst dann auf der „sicheren Seite“ sieht, wenn er die Bereitstellung der übermittelten Daten an den Steuerpflichtigen belegen kann.

§§ 87d, 72a AO, sind die übermittelten Daten demjenigen zuzurechnen, für den sie übermittelt werden. Erst bei Bestreiten der Autorisation der übermittelten Daten gewinnt die in § 87d Abs. 3 AO vorgesehene Vorlage- und Überprüfungspflicht an Bedeutung. Mangels nach außen erkennbarer Dokumentationspflicht kann ein *non liquet* aber nicht zulasten des Auftraggebers oder des Auftragnehmers entschieden werden, sondern ist nach dem Grundsatz *in dubio pro reo* zu entscheiden.

VI. Erklärungsverhalten zur Erfüllung des objektiven Tatbestandes

1. *Nichtabgabe der Steuererklärung*

Der Steuerpflichtige verwirklicht bei Nichtabgabe der Steuererklärung trotz bestehender Verpflichtung zur Abgabe den objektiven Tatbestand des § 370 Abs. 1 Nr. 2 AO, indem er die Finanzbehörde pflichtwidrig über steuerlich erhebliche Tatsachen in Unkenntnis lässt.[2717] Es ist aufgrund der Tatsache, dass es sich bei der Steuerhinterziehung um ein konkretes Gefährdungsdelikt handelt,[2718] nicht notwendig, dass es zu einer Verletzung des Schutzgutes „Steueraufkommen" und damit zu einem finalen Steuerausfall kommt. Fraglich ist somit, wann die Vollendung der Steuerhinterziehung bei Nichtabgabe der Steuererklärung eintritt. Hierbei ist zu unterscheiden, ob die Finanzbehörde einen Schätzungsbescheid erlässt oder – etwa, weil sie von dem Steuerfall keine Kenntnis hat – nichts unternimmt. Soweit ein Schätzungsbescheid mit einer von der gesetzlich entstandenen Steuer nach unten abweichenden Steuerfestsetzung bekanntgegeben und damit wirksam geworden ist, tritt zu diesem Zeitpunkt Vollendung in Form der nicht in voller Höhe festgesetzten Steuer ein;[2719] wird die Steuer mindestens in der gesetzlich entstandenen Höhe geschätzt, liegt mangels Vollendung nur noch ein Versuch der Steuerhinterziehung vor, der gem. § 370 Abs. 2 AO mit fakultativer Strafmilderung gem. §§ 23 Abs. 2; 49 Abs. 1 StGB strafbar ist.[2720] Ergeht kein Schätzungsbescheid, wird – sonst würde eine Vollendung bei unbekannten

2717 Siehe oben 6. Teil A. I. und *Haas*, in: GS Joecks, 447, 448; *Seer*, in: Tipke/Lang, Steuerrecht, Rn. 23.26.

2718 Siehe die Nachweise in Fn. 2585.

2719 BGH v. 22.8.2012, 1 StR 317/12 Rn. 14; *Jäger*, in: Klein, AO, § 370 Rn. 92; *Krumm*, in: Tipke/Kruse, AO/FGO, § 370 AO Rn. 94 (Stand: April 2019); *Ransiek*, in: Kohlmann, Steuerstrafrecht, § 370 AO Rn. 414 (Stand: August 2020).

2720 BGH v. 22.8.2012, 1 StR 317/12 Rn. 14; *Jäger*, in: Klein, AO, § 370 Rn. 92b; *Krumm*, in: Tipke/Kruse, AO/FGO, § 370 AO Rn. 94 (Stand: April 2019); *Ransiek*, in: Kohlmann, Steuerstrafrecht, § 370 AO Rn. 414 (Stand: August 2020).

Steuerfällen nie eintreten[2721] – eine Vollendung zu dem Zeitpunkt angenommen, zu dem der Steuerpflichtige im normalen Geschäftsgang, wenn er seine Steuererklärung rechtzeitig abgegeben hätte, veranlagt worden wäre.[2722] Für die Bestimmung dieses hypothetischen Veranlagungszeitpunktes wird eine Erledigungsquote der Steuererklärungen von 90%[2723] oder 95%[2724] angenommen bzw. gefordert, dass die Veranlagungsarbeiten im „Großen und Ganzen" oder „allgemein" abgeschlossen sein müssen.[2725] Zum Teil wird mit Blick auf den Grundsatz *in dubio pro reo* gar gefordert, dass die Veranlagungsarbeiten insgesamt abgeschlossen sein müssen, sodass unterstellt wird, dass der Steuerpflichtige als letzter Fall veranlagt wird.[2726] In einem *obiter dictum* hatte der 1. Strafsenat die Überlegung angestellt, ob nicht in einfach gelagerten Fällen von einer maximalen Bearbeitungszeit von einem Jahr auszugehen sei; die Anwendung des Grundsatzes *in dubio pro reo* lehnt er dabei mit der Begründung ab, dass zugunsten des Angeklagten nicht von Annahmen auszugehen sei, für deren Vorliegen es an zureichenden Anhaltspunkten fehlt.[2727] Letztlich braucht der Streit hier nicht endgültig entschieden werden. Dennoch: Die geforderte 100%-Grenze geht an der Veranlagungsrealität vorbei und verkennt, dass der Organismus „Veranlagung in der Finanzbehörde" kein statisches Konstrukt ist, dessen Bearbeitungsstand sich fix bestimmen lässt und dann unverändert bleibt, sondern dass die Fallzahlen täglich variieren, neue Fälle hinzukommen und alte Fälle wieder aufleben oder abgegeben werden. Eine die Vollzugsrealität beachtende Auffassung

---

2721 *Seer*, in: Tipke/Lang, Steuerrecht, Rn. 23.32.

2722 *Jäger*, in: Klein, AO, § 370 Rn. 92a; *Krumm*, in: Tipke/Kruse, AO/FGO, § 370 AO Rn. 95 (Stand: April 2019); *Ransiek*, in: Kohlmann, Steuerstrafrecht, § 370 AO Rn. 413 (Stand: August 2020).

2723 FG Hamburg v. 2.6.1992, 1 Ss 119/91.

2724 FG Hessen v. 16.9.2003, 13 K 29/00, EFG 2004, 1274 Rn. 43; FG Düsseldorf v. 26.5.2010, 7 K 298/09, EFG 2011, 381 Rn. 23; LG Cottbus v. 14.6.2010, 22 Wi Qs 16/10 Rn. 18; *Rolletschke*, in: GS Joecks, 571, 581; *Heuel/Harink*, AO-StB 2020, 49, 53.

2725 BFH v. 12.4.2016, VIII R 24/13 Rn. 27; BGH v. 19.3.1991, 5 StR 516/90 Rn. 32; BGH v. 7.11.2001, 5 StR 395/01 Rn. 24. Offen gelassen mit Blick auf die fehlende höchstrichterliche Rechtsprechung bei *Jäger*, in: Klein, AO, § 370 Rn. 92a; jedenfalls handele es sich bei den %-Grenzen nur um Anhaltspunkte und die Wertung unterliege einem Beurteilungsspielraum der Gerichte im einzelnen Fall.

2726 *Haas*, in: GS Joecks, 447, 455; *Spatschek/Bertrand*, DStR 2015, 2420, 2423; *Beckschäfer*, ZWH 2013, 157, 157; *Joecks*, in: Joecks/Jäger/Randt, Steuerstrafrecht, § 370 AO Rn. 57; *Seer*, in: Tipke/Lang, Steuerrecht, Rn. 23.32.

2727 BGH v. 19.1.2011, 1 StR 640/10 Rn. 9; aufgegriffen von LG Aurich v. 8.11.2017, 12 Ns 310 Js 8712/15 (158/15) Rn. 30; Zustimmung von *Webel*, wistra 2018, 182, 182.

ist daher diejenige, die auf eine Erledigung der wesentlichen Veranlagungstätigkeiten abstellt. Dass hierbei aus Rechtssicherheitsgründen eine Grenze von 95% der Fälle gezogen wird, verstößt nicht gegen den Grundsatz *in dubio pro reo*.[2728] Dass die Entscheidung im Einzelfall auch an anderen Kriterien festgemacht werden kann, z.B. unterschiedlichen Erledigungszeitpunkten bei unterschiedlichen Risikoklassen im Risikomanagementsystem der Veranlagung, lässt Raum für Interpretationen wie die vom 1. Strafsenat angedachte einjährige Frist in einfach gelagerten Fällen. Sie sollte allerdings nicht als allgemeine Regel formuliert und angewendet werden. Ebenso, darauf weisen verschiedene Autoren ebenfalls hin,[2729] ist Gegenstand der Betrachtung vernünftigerweise nicht die Veranlagungsarbeit in der gesamten Finanzbehörde, sondern in dem einzelnen Veranlagungsbezirk. Je nach Personaleinsatz, Fallstruktur und Krankenstand kann die Erledigungsquote erheblich schwanken. Das Abstellen auf eine hypothetische Betrachtung sollte aber von vornherein möglichst konkret am Einzelfall erfolgen.

Das bis zum Zeitpunkt der Vollendung bestehende Versuchsstadium der Steuerhinterziehung beginnt bei Nichtabgabe der Steuererklärung nach Auffassung der Rechtsprechung und einiger Stimmen in der Literatur mit dem Beginn der pflichtwidrigen Handlung, also dem Ablauf der gesetzlichen Erklärungsfristen i.S.d. § 149 AO ggf. i.V.m. den Einzelsteuergesetzen.[2730] Andere sehen zu diesem Zeitpunkt noch keine konkrete Gefährdung des Steueraufkommens und stellen auf einen späteren, der Beendigung der allgemeinen Veranlagungsarbeiten näheren Zeitpunkt für den Versuchsbeginn ab.[2731] Letztere Auffassung ist von dem – durchaus der Realität nicht fernliegenden – Gedanken geprägt,

---

2728 Ebenso *Krumm*, in: Tipke/Kruse, AO/FGO, § 370 AO Rn. 94 (Stand: April 2019).

2729 *Rolletschke*, in: GS Joecks, 471, 581, in Anknüpfung an die Beschwerdeschrift in LG Cottbus v. 14.6.2010, 22 Wi Qs 16/10 Rn. 3; *Spatschek/Bertrand*, DStR 2015, 2420, 2423; *Krumm*, in: Tipke/Kruse, AO/FGO, § 370 AO Rn. 94 (Stand: April 2019); *Jäger*, in: Klein, AO, § 370 Rn. 92a.

2730 BGH v. 12.6.2013, 1 StR 6/13 Rn. 9; *Rolletschke*, in: GS Joecks, 471, 578 f.; *Spatschek/Bertrand*, DStR 2015, 2420, 2423; *Heuel/Harink*, AO-StB 2020, 49, 52; *Jäger*, in: Klein, AO, § 370 Rn. 195; *Krumm*, in: Tipke/Kruse, AO/FGO, § 370 AO Rn. 146 (Stand: April 2019).

2731 *Ransiek*, in: Kohlmann, Steuerstrafrecht, § 370 AO Rn. 718 (Stand: August 2020); *Flore*, in: Flore/Tsambikakis, Steuerstrafrecht, § 370 AO Rn. 523; *Joecks*, in: Joecks/Jäger/Randt, Steuerstrafrecht, § 370 AO Rn. 544, stellt – allerdings noch zum alten Recht vor der Modernisierung des Besteuerungsverfahrens – generell auf den 31.12. des dem Veranlagungszeitraum folgenden Jahres ab (dazu kritisch *Flore*, a.a.O.).

dass die Steuererklärung bei fristgemäßer Abgabe nicht innerhalb kürzester Frist bearbeitet worden wäre.[2732] Ob sich diese Argumentation vor dem Hintergrund der vollautomatisierten Veranlagung nach § 150 Abs. 4 S. 1 AO noch halten lässt, ist durchaus fraglich. Wollte man sich letzterer Auffassung dennoch anschließen, wäre eine Argumentation denkbar, die für die Bestimmung der Bearbeitungszeit auf die Risikoparameter abstellt. Geht man aber davon aus, dass die vollautomatisierte Bearbeitung neues Veranlagungsleitbild werden soll, spricht mehr für die zuerst genannte Auffassung, dass auf den Ablauf der gesetzlichen Erklärungsfristen abzustellen ist.

Ist die Abgabe einer Steueranmeldung und die eigenständige Entrichtung der Steuer wie in den Fällen der Umsatzsteuer[2733] oder Lohnsteuer bis zu einem bestimmten Fälligkeitstermin gesetzlich vorgeschrieben, ist die Steuerhinterziehung mit Ablauf des gesetzlichen Fälligkeitstermins vollendet.[2734] Ein Versuchsstadium wird in diesen Fällen nicht durchlaufen.[2735]

2. Verspätete Abgabe der inhaltlich richtigen Steuererklärung

Die strafrechtlichen Folgen, die sich aus einer verspäteten Abgabe der Steuererklärung ergeben, lassen sich aus den vorangegangenen Ausarbeitungen herleiten: Schließt man sich der Auffassung an, dass ab dem Zeitpunkt, ab dem die Steuererklärungsfristen abgelaufen sind, das Versuchsstadium beginnt, erfüllt jede nicht fristgerechte Abgabe der Steuererklärung den objektiven Tatbestand der versuchten Steuerhinterziehung i.S.d. § 370 Abs. 1 Nr. 2, Abs. 2 AO. Dieses Ergebnis verwirrt zunächst: Denn das Strafrecht ist *ultima ratio* des Gesetzgebers, das dann Anwendung findet, wenn das gewünschte Ziel nicht durch andere gesetzgeberische Maßnahmen erreicht werden kann bzw. andere Mittel

---

2732 So deutlich bei *Flore*, in: Flore/Tsambikakis, Steuerstrafrecht, § 370 AO Rn. 523, und *Ransiek*, in: Kohlmann, Steuerstrafrecht, § 370 AO Rn. 718, 706 (Stand: August 2020).

2733 Bei der Umsatzsteuer ist die Tat allerdings erst mit Einreichung der Umsatzsteuerjahreserklärung oder dem Verstreichenlassen der Frist für die Umsatzsteuerjahreserklärung *beendet*, siehe *Jäger*, in: Klein, AO, § 370 AO Rn. 203.

2734 BGH v. 19.1.2011, 1 StR 640/10 Rn. 6; *Ransiek*, in: Kohlmann, Steuerstrafrecht, § 370 AO Rn. 416 (Stand: August 2020); *Jäger*, in: Klein, AO, § 370 AO Rn. 202; *Krumm*, in: Tipke/Kruse, AO/FGO, § 370 AO Rn. 93 (Stand: April 2019); *Schmitz/Bürger*, in: Flore/Tsambikakis, Steuerstrafrecht, § 22 StGB Rn. 37; *Seer*, in: Tipke/Lang, Steuerrecht, Rn. 23.33.

2735 *Heuel/Harink*, AO-StB 2020, 49, 52; *Ransiek*, in: Kohlmann, Steuerstrafrecht, § 370 AO Rn. 719 (Stand: August 2020).

versagen.[2736] Es ist aber zumindest fraglich, ob hier statt dem linearen Verspätungszuschlag des § 152 Abs. 5 AO ein progressives im Verwaltungsverfahren verortetes Zuschlagsystem unter Verzicht auf die Strafandrohung effektiveres Mittel ist, um eine gleichmäßige und zeitnahe Durchführung der Besteuerung sicherzustellen.[2737] Darauf wird bei der Bewertung[2738] noch näher einzugehen sein. Um einer Strafbarkeit wegen Steuerhinterziehung zu entgehen, verbleibt dem in das Versuchsstadium eingetretenen Täter die Möglichkeit des strafbefreienden Rücktritts gem. § 24 Abs. 1 S. 1 StGB, wenn er – da bei der Steuerhinterziehung der unbeendete mit dem beendeten Versuch zusammenfällt, ist nur § 24 Abs. 1 S. 1 2. Alt. StGB maßgebend[2739] – die Vollendung verhindert, indem er aktive Gegenmaßnahmen ergreift[2740]. Diesen Anforderungen kommt der Täter im Falle der Steuerhinterziehung i.S.d. § 370 Abs. 1 Nr. 2 AO dadurch nach, dass er vor Vollendung der Steuerhinterziehung die Steuererklärung bei der Finanzbehörde einreicht. Ein „Optimalitätsprinzip“[2741], hier in Form einer fehlerfreien Steuererklärung wird dabei nicht gefordert, sodass die freiwillig abgegebene Steuererklärung ausreicht, auch wenn diese unvorsätzliche Fehler enthält.[2742]

Bei den Anmeldesteuern ist die Vollendung der Steuerhinterziehung bereits mit Ablauf des Fälligkeitstermins eingetreten,[2743] sodass eine spätere Abgabe der – inhaltlich zutreffenden – Steuererklärung keinen strafbefreienden Rücktritt darstellt. Zwar ist die Steuer dadurch in zutreffender Höhe bei Eingang gem. § 168 S. 1 AO, festgesetzt worden, für eine Steuerhinterziehung reicht es aber gem. § 370 Abs. 4 S.1 AO aus, dass die Steuer nicht rechtzeitig festgesetzt wird. Diese Steuerhinterziehung auf Zeit umfasst nach Auffassung des Bundesgerichtshofs den Nominalbetrag der zeitweise verkürzten Steuer und ist nicht auf einen Zinsvorteil gerichtet.[2744] Insoweit bleibt das Erfolgsunrecht nach der

---

2736 BVerfG v. 25.2.1975, 1BvF 1/74 u.a., BVerfGE 39 1, 47; siehe auch *Seer*, in: GS Trzaskalik, 457, 465-467.

2737 So schon *Seer*, StuW 2003, 40, 56 f.; *Seer*, in: GS Trzaskalik, 457, 468-470; ähnlich auch *Ransiek*, in: Kohlmann, Steuerstrafrecht, § 370 AO Rn. 44 (Stand: August 2020).

2738 Siehe unten 6. Teil E. II.

2739 *Haas*, in: GS Joecks, 447, 459; *Spatschek/Bertrand*, DStR 2015, 2420, 2423; *Ransiek*, in: Kohlmann, Steuerstrafrecht, § 370 AO Rn. 735 (Stand: August 2020).

2740 *Eser/Bosch*, in: Schönke/Schröder, StGB, § 24 Rn. 59a.

2741 *Eser/Bosch*, in: Schönke/Schröder, StGB, § 24 Rn. 59c.

2742 *Haas*, in: GS Joecks, 447, 460; *Spatschek/Bertrand*, DStR 2015, 2420, 2423.

2743 *Krumm*, in: Tipke/Kruse, AO/FGO, § 370 AO Rn. 97 (Stand: April 2019).

2744 BGH v. 17.3.2009, 1 StR 627/08 Rn. 22.

Rechtsprechung des Bundesgerichtshofs bei der Steuerhinterziehung auf Zeit identisch; das durch den Zeitfaktor geminderte Handlungsunrecht berücksichtigt der Bundesgerichtshof im Strafrahmen als Strafmilderungsgrund.[2745]

3. *Machen unrichtiger oder unvollständiger Angaben in der Steuererklärung*

Macht der Steuerpflichtige unrichtige oder unvollständige Angaben in der Steuererklärung, kann nur der objektive Tatbestand des § 370 Abs. 1 Nr. 1 AO einschlägig sein. Hierunter – und nicht unter § 370 Abs. 1 Nr. 2 AO – ist auch zu subsumieren, wenn der Steuerpflichtige einzelne steuererhöhende Posten oder ganze Einkunftsquellen bzw. Einkunftsarten in seiner Steuererklärung nicht erklärt, da er mit der Abgabe der Steuererklärung die konkludente Aussage trifft, dass alle steuerlich erheblichen Sachverhalte, soweit sie in der Steuererklärung abgefragt werden, erklärt worden sind.[2746] Mit digitaler (ELSTER II-Verfahren) oder analoger (auf Papier, also auch die komprimierte Steuererklärung im ELSTER I-Verfahren) Übermittlung der Steuererklärung an die Finanzbehörde setzt der Steuerpflichtige nach weit verbreiteter Auffassung in der Literatur unmittelbar zur Tatbestandsverwirklichung an und tritt in das Versuchsstadium ein.[2747] Analog zur Diskussion des Versuchsbeginns bei der Nichtabgabe einer Steuererklärung wird auch beim Machen unrichtiger oder unvollständiger Angaben die Auffassung vertreten, dass der Zeitpunkt der Abgabe der Steuererklärung die Versuchsstrafbarkeit zu weit nach vorne verlagere, da Tathandlung und Taterfolg zeitlich weit auseinander liegen können und somit bei Abgabe noch keine konkrete Gefährdung für das Rechtsgut „Steueraufkommen" vorliege, sodass es darauf ankäme, ob der Täter mit einer alsbaldigen unrichtigen Steuerfestsetzung

---

2745 BGH v. 17.3.2009, 1 StR 627/08 Rn. 40-43; siehe auch *Jäger*, DStJG 38 (2015), 29, 49 f. Zum unterschiedlichen Handlungsunrecht der Steuerhinterziehung auf Zeit und der normalen Steuerhinterziehung und der Behandlung durch die Rechtsprechung siehe *Krumm*, in: Tipke/Kruse, AO/FGO, § 370 AO Rn. 89 f. (Stand: April 2019); siehe zur Kritik an der Steuerhinterziehung auf Zeit auch *Gaede*, Der Steuerbetrug, S. 619-635.

2746 BGH v. 10.11.1999, 5 StR 221/99; *Roth*, NZWiSt 2017, 308, 309; *Jäger*, in: Klein, AO, § 370 Rn. 60; *Joecks*, in: Joecks/Jäger/Randt, Steuerstrafrecht, § 370 AO Rn. 184; *Krumm*, in: Tipke/Kruse, AO/FGO, § 370 AO Rn. 38 (Stand: April 2019); a.A. *Seer*, in: Tipke/Lang, Steuerrecht, Rn. 23.26: § 370 Abs. 1 Nr. 2 AO.

2747 *Krumm*, in: Tipke/Kruse, AO/FGO, § 370 AO Rn. 143 (Stand: April 2019); *Jäger*, in: Klein, AO, § 370 AO Rn. 194; *Schmitz/Bürger*, in: Flore/Tsambikakis, Steuerstrafrecht, § 22 StGB Rn. 31.

rechne.[2748] Wie auch oben bereits angesprochen, ist fraglich, wie sich diese Auffassung mit dem Leitbild eines vollautomatisierten Veranlagungsverfahrens verträgt und inwieweit dieses auch die Vorstellung des Täters beeinflusst. Vollendet ist die Tat, unabhängig davon, welcher Auffassung man sich für den Zeitpunkt des Versuchsbeginns angeschlossen hat, dann, wenn der Steuerbescheid dem Steuerpflichtigen gegenüber wirksam wird.[2749]

Aufgrund der Besonderheit, dass die Steueranmeldung mit Schwarzbetrag mit Eingang bei der Finanzbehörde einer Steuerfestsetzung unter Vorbehalt der Nachprüfung gleichsteht, ist die Steuerhinterziehung bei Abgabe einer unrichtigen oder unvollständigen Steueranmeldung in diesen Fällen mit Eingang bei der Finanzbehörde vollendet; im Übrigen, soweit ein Rotbetrag angemeldet wird, tritt die Vollendung mit Zustimmung der Finanzbehörde ein.[2750]

Unrichtige oder unvollständige Angaben in Umsatzsteuervoranmeldungen und Verkürzung von Einkommensteuer-, Körperschaftsteuer- und Gewerbesteuervorauszahlungen führen wiederum zu einer Steuerhinterziehung auf Zeit, soweit der Steuerpflichtige beabsichtigt, die Angaben im Rahmen der Jahresveranlagung zu berichtigen und die bis dahin zu niedrig festgesetzte Steuer nachzuzahlen.

4. *eDaten i.S.d. § 93c AO als „nicht hinterziehungsfähige" Sachverhalte?*

a. *Bisherige Feststellung in der Untersuchung und noch offene Fragen*

Bei der Untersuchung der vorausgefüllten Steuererklärung wurde oben die Frage geklärt, wann von dritter Seite an die Finanzbehörde übermittelte Daten als Daten des Steuerpflichtigen i.S.d. § 150 Abs. 7 S. 2 AO gelten.[2751] Als Ergebnis wurde dort festgehalten, dass die Abgabe einer Steuererklärung Voraussetzung für die Anwendung der Fiktion des § 150 Abs. 7 S. 2 AO ist. Offen gelassen wurden dort noch zwei Fallkonstellationen: Erstens, inwieweit es sich auf eine Steuerhinterziehung i.S.d. § 370 Abs. 1 AO auswirkt, wenn die eDaten durch Übermittlung bereits in den Machtbereich der Finanzbehörde gelangt sind, die Finanzbehörde also potentielle Kenntnisse über die Inhalte der Daten hat, der

2748 So *Ransiek*, in: Kohlmann, Steuerstrafrecht, § 370 AO Rn. 706 f. (Stand: August 2020).

2749 *Seer*, in: Tipke/Lang, Steuerrecht, Rn. 23.31.

2750 *Krumm*, in: Tipke/Kruse, AO/FGO, § 370 AO Rn. 93 (Stand: April 2019); *Ransiek*, in: Kohlmann, Steuerstrafrecht, § 370 AO Rn. 416 (Stand: August 2020).

2751 Siehe oben 2. Teil B. IX. 2 c.

Steuerpflichtige es aber unterlässt, eine Steuererklärung abzugeben. Zweitens, welche strafrechtlichen Konsequenzen sich ergeben, wenn eDaten unrichtig übermittelt sind und durch den Steuerpflichtigen nicht korrigiert werden.

b. Nichtabgabe der Steuererklärung, aber übermittelte eDaten

aa. Keine Strafbarkeit mangels „Unkenntnis" der Finanzbehörde?

Die interessantere und in der letzten Zeit mehr umstrittene Frage ist die erstere, die sich im Anwendungsbereich des § 370 Abs. 1 Nr. 2 AO abspielt, also dann, wenn der Steuerpflichtige keine Steuererklärung abgibt. § 370 Abs. 1 Nr. 2 AO fordert, dass die Finanzbehörde pflichtwidrig über steuerlich erhebliche Tatsachen „in Unkenntnis" gelassen wird. Teile der Literatur[2752] und der Rechtsprechung[2753] sehen daher die anderweitige Kenntnis der Finanzbehörde von den Besteuerungsgrundlagen als tatbestandsausschließend für die Unterlassungsvariante der Steuerhinterziehung an. Sie stützen sich insoweit auf den Wortlaut des § 370 Abs. 1 Nr. 2 AO. Die Finanzbehörde könne durch den Steuerpflichtigen nicht in „Unkenntnis" gelassen werden, wenn diese in Wirklichkeit zum Zeitpunkt der Steuerfestsetzung über alle wesentlichen Informationen für die Steuerfestsetzung verfüge.[2754] Eine andere Auslegung sei mit dem Wortlaut nicht vereinbar und sei auch nicht vom Schutzzweck umfasst; denn dieser umfasse nicht die Einhaltung der steuerlichen Mitwirkungs- und Erklärungspflichten, sondern nur das Steueraufkommen, das gerade dann nicht gefährdet sei, wenn die Finanzbehörde Kenntnis von den steuererheblichen Umständen hat.[2755] Zudem sei der Charakter des § 370 Abs. 1 AO als Erfolgsdelikt mit einer anderen Auslegung nicht vereinbar.[2756]

2752 *Krug*, WiJ 2017, 175, 180; *Häger*, wistra 2017, 369, 374; *Webel*, wistra 2018, 182, 183; *Grötsch/Stürzl*, wistra 2019, 127, 129; *Wild*, SAM 2019, 43, 48; *Joecks*, in: Joecks/Jäger/Randt, Steuerstrafrecht, § 370 AO Rn. 232; *Rolletschke*, in: Rollteschke/Kemper, Steuerstrafrecht, § 370 AO Rn. 135a (Stand: Februar 2019); *Flore*, in: Flore/Tsambikakis, Steuerstrafrecht, §370 AO Rn. 153-160; *Krumm*, in: Tipke/Kruse, AO/FGO, § 370 AO Rn. 73 (Stand: April 2019).

2753 OLG Köln v. 31.1.2017, III-1 RVs 253/16 Rn. 17; OLG Oldenburg v. 10.7.2018, 1 Ss 51/18 Rn. 8-14, im Wesentlichen jedoch ohne eigene Begründungen.

2754 OLG Köln v. 31.1.2017, III-1 RVs 253/16 Rn. 18.

2755 OLG Köln v. 31.1.2017, III-1 RVs 253/16 Rn. 18, 23; *Grötsch/Stürzl*, wistra 2019, 127, 128 f.

2756 *Webel*, wistra 2018, 182, 184.

Das Bayerische Oberste Landesgericht,[2757] das Landgericht Aurich[2758] und Teile der Literatur[2759] sehen eine anderweitige Kenntnis der Finanzbehörde von den pflichtwidrig nicht gemachten Angaben nicht als tatbestandsausschließend an. Zunächst würde die Wortlautauslegung der anderen Auffassung aus dem Tatbestandsmerkmal „in Unkenntnis lassen" zwei Tatbestandsmerkmale folgern, nämlich einmal eine täterbezogene Unterlassungsvariante und einmal eine opferbezogene Unkenntnis, wobei der Gesetzeswortlaut nur auf das erste Bezug nehme.[2760] Die Kenntnis sei vielmehr ein verfahrensbezogenes Element:[2761] „In-Unkenntnis-Lassen" liege somit immer dann vor, wenn der Erklärungspflichtige steuerlich erhebliche Tatsachen nicht mitteile, weil erst diese Mitteilung innerhalb der Finanzbehörde das Verfahren in Gang setze, in dem über die Festsetzung und Erhebung von Steuern entschieden werde.[2762] Gegen eine Kenntnis der Finanzbehörde von den steuerlichen Umständen als tatbestandsausschließendes Merkmal sprächen nach dem Bayerischen Obersten Landesgericht und *Roth* auch die Regelbeispiele des § 370 Abs. 3 Nr. 2, 3 AO, die als schwere Fälle der Steuerhinterziehung normiert seien, obwohl die Finanzbehörde in diesen Fällen Kenntnis über die wesentlichen Umstände habe.[2763] *Roth* weist zusätzlich noch auf Folgendes hin: Würde man die Kenntnis der Finanzbehörde nur bei § 370 Abs. 1 Nr. 2 AO als tatbestandsausschließend anerkennen, käme es zu Wertungswidersprüchen, wenn der Finanzbehörde die gesamten steuererheblichen Umstände bekannt sind.[2764] Derjenige, der eine unvollständige Steuererklärung gegenüber der Finanzbehörde abgebe, sei nach § 370 Abs. 1 Nr. 1 AO strafbar und damit schlechter gestellt als derjenige, der gar keine Steuererklärung abgebe und somit mangels Unkenntnis der Finanzbehörde nicht gem. § 370 Abs. 1 Nr. 2 AO bestraft werden könne.[2765] Weiterhin sei problematisch, wenn das zufällige

---

2757 BayObLG v. 14.3.2002, 4 St RR 8/2002 Rn. 14.

2758 LG Aurich v. 8.11.2017, 12 Ns 310 Js 8712/15 (158/15) Rn. 39-43 (aufgehoben durch OLG Oldenburg v. 10.7.2018, 1 Ss 51/18).

2759 *Roth*, wistra 2018, 152, 153 f.; *ders.*, NZWiSt 2017, 308; *Jäger*, in: Klein, AO, § 370 Rn. 60b; eher auch kritisch, vor allem gegen die Rechtsprechung des OLG Köln *Peters*, in: Hübschmann/Hepp/Spitaler, AO/FGO, § 370 AO Rn. 160-166 (Stand: Juli 2019).

2760 LG Aurich v. 8.11.2017, 12 Ns 310 Js 8712/15 (158/15) Rn. 40.

2761 *Jäger*, in: Klein, AO, § 370 Rn. 60b.

2762 *Jäger*, in: Klein, AO, § 370 Rn. 60b.

2763 BayObLG v. 14.3.2002, 4 St RR 8/2002 Rn. 14; *Roth*, NZWiSt 2017, 308, 308.

2764 *Roth*, NZWiSt 2017, 308, 309.

2765 *Roth*, NZWiSt 2017, 308, 309.

Vorliegen von – mehr oder weniger aussagekräftigten – Kontrollmitteilungen über Strafbarkeit oder Nichtstrafbarkeit entscheide.[2766]

Der Bundesgerichtshof hat bei § 370 Abs. 1 Nr. 1 AO entschieden, dass es auf eine bestehende Unkenntnis der Finanzbehörde für eine Strafbarkeit nicht ankommt.[2767] Er wies allerdings darauf hin, dass der Tatbestand des § 370 Abs. 1 Nr. 1 AO im Gegensatz zu § 370 Abs. 1 Nr. 2 AO „schon nach seinem Wortlaut nicht auf eine Kenntnis oder Unkenntnis der Finanzbehörde [abstellt]“[2768], sodass nicht deutlich ist, ob er seine Rechtsprechung auch auf § 370 Abs. 1 Nr. 2 AO entsprechend anwenden möchte.

Bei einer vom Wortlaut ausgehenden Untersuchung ist zunächst festzustellen, dass dieser nicht zwingend für eine der beiden Auffassungen spricht, sondern beide Auslegungsvarianten gleichermaßen zulässig sind.[2769] Das die schweren Fälle der Steuerhinterziehung i.S.d. § 370 Abs. 3 Nr. 2, 3 AO betreffende Argument von dem Bayerischen Obersten Landesgericht und *Roth* ist indes zirkelschlüssig. So ist nicht zwingend, dass diese Regelbeispiele auf beide Tatbestandsvarianten des § 370 Abs. 1 Nr. 1, 2 AO zutreffen müssen. Es ist vielmehr auch denkbar, dass lediglich die Erfüllung des Tatbestandes des § 370 Abs. 1 Nr. 1 AO zu einem schweren Fall i.S.d. § 370 Abs. 3 Nr. 2, 3 AO führen kann.[2770] Der Rückschluss von einem Regelbeispiel auf den Grundtatbestand wäre nur dann taugliches Argument, wenn die Verwirklichung des Regelbeispiels die Einschlägigkeit des Grundtatbestandes insgesamt ausschließt.

Maßgebend für die Auslegung des § 370 Abs. 1 Nr. 2 AO und die Frage, ob eine Steuerhinterziehung bei Kenntnis der Finanzbehörde von den steuererheblichen Sachverhalten ausgeschlossen ist, ist vielmehr der Strafzweck der Norm: die Sicherung des Steueraufkommens. Fraglich ist daher, ob das Steueraufkommen bereits hinreichend gesichert ist, wenn der Finanzbehörde Kenntnisse über steuerlich erhebliche Tatsachen anderweitig vorliegen, sodass sie die Steuer festsetzen kann.[2771] Dabei ist der Ablauf des Steuerverfahrens in

---

2766 *Roth*, NZWiSt 2017, 308, 309.

2767 BGH v. 14.12.2010, 1 StR 275/10 Rn. 27; zur Entwicklung der Rechtsprechung beim BGH siehe *Krug*, WiJ 2017, 175, 180 f.

2768 BGH v. 14.12.2010, 1 StR 275/10 Rn. 27.

2769 *Krumm*, in: Tipke/Kruse, AO/FGO, § 370 AO Rn. 73 (Stand: April 2019).

2770 So wohl auch *Krug*, WiJ 2017, 175, 182, und *Grötsch/Stürzl*, wistra 2019, 127, 129, die zudem anführen, dass weiterhin noch die Fallgestaltungen des unzuständigen Beamten erfasst seien.

2771 Ebenso *Ransiek*, in: Kohlmann, Steuerstrafrecht, § 370 AO Rn. 576 (Stand: August 2020).

rechtlicher und tatsächlicher Hinsicht zu beachten. Bisher wurde dies in der Literatur insbesondere unter dem Gesichtspunkt diskutiert, auf wessen Kenntnis von den Daten es ankommt, also ein personeller Auswertungsaspekt in den Vordergrund gerückt.[2772] Vom Merkmal der Kenntnis wird dann auf die Sicherstellung des Steueraufkommens extrapoliert. Diese Diskussion muss in Zeiten von in Datenbanken niedergelegten Daten, auf welche die jeweiligen Bearbeiter des Falles Zugriff haben oder die ggf. vollautomatisiert ausgewertet werden, um einen anderen Aspekt erweitert werden: Wenn die bloße Kenntnis der Finanzbehörde alleine noch nicht zur Durchsetzung des Steueranspruchs im Verfahren führt, kann die Kenntnis auch alleine noch nicht das Steueraufkommen sichern.[2773] Vielmehr ist erforderlich, dass durch einen – nicht zwingend im technischen Sinne verstandenen – Automatismus im Steuerverfahren aus der Kenntnis bestimmter Tatsachen eine Steuerfestsetzung und -erhebung resultiert.[2774] Darauf ist das Steuerverfahrensrecht aber nicht ausgelegt. Es folgt dem klassischen Bild eines Verfahrens, das durch die Steuererklärung des Steuerpflichtigen in Gang gesetzt wird und im Verlauf des Verfahrens in die Festsetzung und Erhebung der Steuer mündet. Substitut für die endgültig nicht nachgekommene Steuererklärungspflicht ist im Steuerverfahren lediglich die Schätzung der Besteuerungsgrundlagen.[2775] Ein „Steuerbescheid von Amts wegen", der aus den der Finanzbehörde vorliegenden Daten erstellt wird, ist in der Abgabenordnung nicht vorgesehen und somit auch nicht automatisiert in den Steuervollzug eingegliedert. Stattdessen hat sich der Gesetzgeber für die sog. „vorausgefüllte" Steuererklärung entschieden. Dies spricht dagegen, das Steueraufkommen bereits als gesichert anzusehen, wenn die Finanzbehörde nur „irgendwie" Kenntnis von den steuererheblichen Umständen hat. Dementsprechend ist den kritischen Stimmen zuzugestehen, dass diese Auslegung des § 370 Abs. 1 Nr. 2 AO nicht in jedem Fall von behördeninternen und behördenexternen Kontrollmitteilungen überzeugt.

Die eDaten i.S.d. § 93c AO, um die es letztlich geht, könnten aber zu einer anderen Wertung führen. Denn im Gegensatz zu Kontrollmitteilungen, etwa aus

---

2772 Siehe z.B. *Rolletschke*, NZWiSt 2018, 185, 188; *Grötsch/Stürzl*, wistra 2019, 127, 130; *Krumm*, in: Tipke/Kruse, AO/FGO, § 370 AO Rn. 73 (Stand: April 2019),

2773 Siehe dazu das von *Rolletschke*, NZWiSt 2018, 185, 188, gebildete Beispiel 1 inkl. Abwandlung.

2774 In eine ähnliche Richtung argumentiert auch *Krumm*, in: Tipke/Kruse, AO/FGO, § 370 AO Rn. 73 (Stand: April 2019), allerdings bei der Frage, was Bezugspunkt für die Kenntnis ist und welche Anforderungen an die Kenntnis gestellt werden.

2775 Zum Ablauf in der Praxis siehe *Rolletschke*, NZWiSt 2018, 185, 185 f.

Selbstanzeigen oder Betriebsprüfungen, die von unterschiedlicher inhaltlicher Qualität sein können und von denen nicht zwangsweise auf einen gesamten steuererheblichen Sachverhalt geschlossen werden kann, bieten die eDaten nach der Auffassung des Gesetzgebers eine hohe Garantie der Richtigkeit und haben damit eine hohe inhaltliche Qualität.[2776] Weiterhin sind gem. § 93c Abs. 1 Nr. 2 lit. a AO die Identifikationsmerkmale i.S.d. §§ 138a bis 138c AO bei Übermittlung der eDaten mitzuteilen. Dadurch können die Daten einem konkreten schon existenten Steuerfall zugeordnet werden und so eine zügige und von weiteren Personenstandsermittlungen befreite, zeitnahe Schätzung ermöglichen. In derart gelagerten Fällen scheint durch die in den Finanzbehörden geübte Schätzungsroutine eine Gefährdung des Steueraufkommens eher fernliegend, sodass eine Strafbarkeit nach § 370 Abs. 1 Nr. 2 AO ausscheidet, wenn die Finanzbehörde alle für die Besteuerung relevanten Daten als eDaten-Übermittlung erhalten hat und einem entsprechenden Steuerkonto zuordnen kann, dessen Überwachung durch Schätzlisten o.ä. sichergestellt ist.

Der von *Roth* angesprochene Wertungswiderspruch zwischen den beiden Strafbarkeitsvarianten ist damit allerdings noch nicht beseitigt. In der Literatur wird der Widerspruch zum Teil über eine Versagung der objektiven Zurechnung des Taterfolgs gelöst, wenn der Finanzbeamte trotz besserer Kenntnis aufgrund vorliegender eDaten die unrichtigen Angaben des Steuerpflichtigen im Steuerbescheid verarbeitet.[2777] Andere denken darüber nach, die „Unkenntnis“ auch in den Tatbestand des § 370 Abs. 1 Nr. 1 AO hineinzulesen.[2778] Eine rundum überzeugende Lösung liegt indes bei der derzeitigen Gesetzeslage nicht auf der

---

2776 BT Drucks. 18/8434, S. 112: „Interne Untersuchungen wie auch Untersuchungen der Rechnungsprüfungsbehörden haben ergeben, dass diese Daten [die eDaten, die gem. § 93c AO übermittelt werden, Anm. d. Verf.] auch in nahezu allen Fällen zutreffend sind.“ Ähnlich argumentiert auch *Webel*, wistra 2018, 182, 183. Den Unterschied zwischen den eDaten und sonstigen Kontrollmitteilungen erkennen *Heuel/Harink*, AO-StB 2020, 49, 56, nicht an und möchten § 150 Abs. 7 S. 2 AO analog auf Kontrollmitteilungen anwenden, was aus den dargestellten Gründen abzulehnen ist; eine solche Auslegung verkennt den Charakter eines automatisierten Veranlagungsverfahrens gänzlich.

2777 *Krumm*, in: Tipke/Kruse, AO/FGO, § 370 AO Rn. 73, 121 (Stand: April 2019); *Grötsch/Stürzl*, wistra 2019, 127, 129.

2778 *Krug*, WiJ 2017, 175, 182; *Grötsch/Stürzl*, wistra 2019, 127, 132, zum Ausgleich von vergleichbaren Wertungswidersprüchen, aufgrund der hier nicht vertretenen „Fiktion ohne Erklärungsabgabe“ i.S.d. § 150 Abs. 7 S. 2 AO.

Hand, sodass die Auflösung dieses Wertungswiderspruches nicht gelingt und eine gesetzgeberische Klarstellung zu fordern ist.

bb. Relevanz von § 150 Abs. 7 S. 2 AO im Steuerstrafrecht

Zu diesem Fragenkomplex hat *Häger* eine These aufgestellt, die eine Rückkopplung zur oben zu § 150 Abs. 7 S. 2 AO geführten Diskussion nicht nur zulässt, sondern erforderlich macht.[2779] Dazu muss zunächst festgehalten werden, dass *Häger* die Frage, ob die Abgabe der Steuererklärung im Steuerverfahren Voraussetzung dafür ist, dass die übermittelten Daten gem. § 150 Abs. 7 S. 2 AO als Angaben des Steuerpflichtigen gelten, explizit offenlässt bzw. offenlassen möchte.[2780] *Hägers* These lautet verkürzt gesagt:[2781] Gibt der Steuerpflichtige keine Steuererklärung ab, liege grundsätzlich ein Fall des § 370 Abs. 1 Nr. 2 AO vor.[2782] Nähme man die gesetzliche Fiktion des § 150 Abs. 7 S. 2 AO ernst, machte der Steuerpflichtige über diese Fiktion nunmehr gegenüber der Finanzbehörde Angaben.[2783] Somit lägen lediglich – steuerlich relevante Sachverhalte außerhalb der eDaten vorausgesetzt – unvollständige Angaben des Steuerpflichtigen vor, sodass, obwohl er keine Steuererklärung abgegeben hat, nicht mehr § 370 Abs. 1 Nr. 2 AO, sondern eine klassische „Falschabgabe" nach § 370 Abs. 1 Nr. 1 AO im Raum stünde.[2784] An die Gedanken von *Häger* anknüpfend, sieht *R. Schmitz* in dem Wechsel der Straftatbestandsvarianten ein System, das zulasten des Steuerpflichtigen ausgehen könne.[2785] Denn der Steuerpflichtige, für den Daten gem. § 93c AO übermittelt würden und der keine Steuererklärung abgebe, erhalte einen Steuerbescheid, mit dem die Steuerhinterziehung vollendet sei, während derjenige, für den keine Daten übermittelt worden seien, eine Steuerhinterziehung erst dann vollende, wenn die allgemeinen Veranlagungsarbeiten im zuständigen Finanzamt abgeschlossen seien.[2786] § 150 Abs. 7 S. 2 AO wirkt sich im Steuerstrafverfahren nach *R. Schmitz* somit zulasten des Steuerpflichtigen aus. Der Fehler liege nach der Auffassung von *R. Schmitz* in der dogmatisch unsauberen Unterscheidung der Steuerhinterziehung zwischen Handeln und

2779 Siehe insgesamt *Häger*, wistra 2017, 369, 370 f.

2780 *Häger*, wistra 2017, 369, 370.

2781 Insgesamt siehe *Häger*, wistra 2017, 369, 370 f.; zustimmend *Grötsch/Stürzl*, wistra 2019, 127, 132; *Heuel/Harink*, AO-StB 2020, 49, 55.

2782 *Häger*, wistra 2017, 369, 370.

2783 *Häger*, wistra 2017, 369, 371.

2784 *Häger*, wistra 2017, 369, 371.

2785 *R. Schmitz*, in: GS Joecks, 615, 623.

2786 *R. Schmitz*, in: GS Joecks, 615, 623.

Unterlassen, sodass er im Falle der Übermittlung von eDaten und einer Nichtabgabe der Steuererklärung weiterhin eine Steuerhinterziehung nach § 370 Abs. 1 Nr. 2 AO als gegeben ansieht.[2787]

Sowohl *Hägers* als auch *R. Schmitz´* These haben Schwächen und sind im Ergebnis abzulehnen. *Hägers* Auseinandersetzung mit der Wirkung von § 150 Abs. 7 S. 2 AO ist zunächst widersprüchlich. Zwar lässt er die Frage, ob eine Steuererklärung abgegeben werden muss, um in den Genuss der Zurechnung der übermittelten Angaben zu kommen, bewusst „steuerstrafrechtlich" offen. *Häger* geht aber in der Folge davon aus, dass, wenn der Steuerpflichtige keine Steuererklärung abgibt, er mangels Mitwirkungspflicht soweit nicht pflichtwidrig handelt, wie der Finanzbehörde eDaten vorliegen.[2788] Somit stellt sich *Häger* im Ergebnis auf die Seite derjenigen, welche die Fiktion des § 150 Abs. 7 S. 2 AO unabhängig davon anwenden wollen, ob eine Steuererklärung abgegeben worden ist oder nicht. Erst dieser Schluss führt dann zu steuerstrafrechtlich diskutierten Problemen. Somit spricht die Verknüpfung zum Steuerstrafrecht zusätzlich für die Auslegung des § 150 Abs. 7 S. 2 AO, wie sie in dieser Arbeit vertreten worden ist; die gerade angesprochenen steuerstrafrechtlichen Probleme existieren dann nämlich nicht. Doch unabhängig davon überzeugen auch die unterschiedlichen Vollendungsthesen von *R. Schmitz* nicht: Der Zeitpunkt der Schätzung ist grundsätzlich nicht davon abhängig, ob eDaten übermittelt worden sind oder nicht. Dafür ist eher relevant, ob ein Steuerpflichtiger überhaupt steuerlich erfasst ist oder nicht. Man kann zwar über eine höhere Schätzungsbereitschaft von Sachbearbeitern innerhalb der Finanzbehörde philosophieren, wenn diese nur eDaten durch Mausklick in das Festsetzungsprogramm übernehmen müssen, statt den Gewinn eines Unternehmers aus den Umsatzzahlen und den Richtwerttabellen unter Hinzuziehung der Vorjahre zu schätzen. Ohne belastbare Zahlen gehen diese Überlegungen aber ins Leere. Die strafrechtliche Folgediskussion zu § 150 Abs. 7 S. 2 AO entpuppt sich bei genauerem Hinsehen als Scheindiskussion, die aus einer abzulehnenden Auslegung des § 150 Abs. 7 S. 2 AO resultiert.[2789] Es zeigt sich somit im Ergebnis, dass die Frage, welche Wirkung § 150 Abs. 7 S. 2 AO im Steuerfestsetzungsverfahren hat, für das Steuerstrafverfahren nicht offen gelassen werden kann, sondern das im Steuerfestsetzungsverfahren gefundene Ergebnis in das Strafverfahren „weiter getragen" werden muss.[2790] Sodann sind

2787 *R. Schmitz*, in: GS Joecks, 615, 623.

2788 *Häger*, wistra 2017, 369, 370.

2789 A.A. insoweit auch *Grötsch/Stürzl*, wistra 2019, 127, 132.

2790 Ebenso *Roth*, wistra 2018, 152, 153; so wohl auch *Rolletschke*, in: Rolletschke/Kemper, Steuerstrafrecht, § 370 AO Rn. 135a (Stand: November 2020).

auch eventuell dogmatisch unsaubere Unterscheidungen zwischen Handeln und Unterlassen im Bereich der Steuerhinterziehung nicht mehr von Relevanz.

Ob die Finanzbehörde in „Unkenntnis" bezüglich der übermittelten eDaten war, ist allerdings von der Frage zu trennen, unter welchen Voraussetzungen § 150 Abs. 7 S. 2 AO einschlägig ist und Angaben als solche des Steuerpflichtigen gelten, da die Kenntnis der Finanzbehörde unabhängig von der Zurechnungsfrage ist.[2791] § 150 Abs. 7 S. 2 AO ist im Steuerstrafverfahren also hauptsächlich dann von Relevanz, wenn der Steuerpflichtige eine Steuererklärung abgibt, die ihm über § 150 Abs. 7 S. 2 AO zugerechneten Daten unrichtig sind und der Steuerpflichtige diese nicht korrigiert hat.

c. *Unrichtige, aber nicht korrigierte eDaten*

Der Frage, welche strafrechtlichen Konsequenzen sich ergeben, wenn der Steuerpflichtige eine Steuererklärung abgibt, aber unrichtige eDaten nicht korrigiert, wird im Folgenden nachgegangen. Da der Steuerpflichtige mit Abgabe der Steuererklärung Angaben gegenüber der Finanzbehörde gemacht hat, welche die Behauptung in sich tragen, er habe vollständig und zutreffend erklärt, ist diese Fallgestaltung steuerstrafrechtlich im Bereich des § 370 Abs. 1 Nr. 1 AO angesiedelt. In dieser Arbeit wurde die Auffassung vertreten, dass den Steuerpflichtigen eine Überprüfungspflicht der für seinen Steuerfall übermittelten eDaten trifft und dass er die übermittelten eDaten korrigieren muss, soweit diese unrichtig sind und die Unrichtigkeit ihm auffallen konnte.[2792] Aus der Entscheidung, dass die Daten erst dann dem Steuerpflichtigen als eigene zugerechnet werden können, wenn dieser eine Steuererklärung abgibt, ergibt sich, dass eine Korrektur der eDaten durch den Steuerpflichtigen bei der erstmaligen Abgabe der Steuererklärung noch nicht auf § 153 AO beruhen kann.[2793] Denn insoweit hat der Steuerpflichtige noch keine Erklärung gegenüber der Finanzbehörde abgegeben und die Erklärungen Dritter werden ihm nicht ohne Handlungsakt – der ggf. in der Einreichung eines Mantelbogens zur Steuererklärung ohne weitere Anlagen bestehen kann – zugerechnet, sodass er (noch) keine unrichtigen oder unvollständigen Angaben gemacht hat. Die Überprüfungspflicht kann sich daher nur

---

2791 Siehe auch *Krumm*, in: Tipke/Kruse, AO/FGO, § 370 AO Rn. 73 (Stand: April 2019); a.A. wohl *Beyer*, NZWiSt 2018, 359, 360.

2792 Siehe oben 2. Teil B. IX. 2 c.

2793 So aber *Krumm*, in: Tipke/Kruse, AO/FGO, § 370 AO Rn. 65 (Stand: April 2019), und *Häger*, wistra 2017369, 371

aus § 150 Abs. 2 AO und der allgemeinen Pflicht ergeben, die Angaben in der Steuererklärung nach bestem Wissen und Gewissen zu tätigen.

Die Finanzverwaltung geht davon aus, dass der Steuerpflichtige für Daten, die ihr von mitteilungspflichtigen Stellen nach Maßgabe des § 93c AO übermittelt wurden und die mangels abweichender Angaben des Steuerpflichtigen bei der Steuerfestsetzung unverändert übernommen worden sind, *nicht verantwortlich* ist, was auch dann gelten soll, wenn der Steuerpflichtige von der vorausgefüllten Steuererklärung Gebrauch gemacht haben sollte.[2794] Demnach käme eine Strafbarkeit wegen unrichtiger Angaben i.S.d. § 93c AO nach § 370 Abs. 1 Nr. 1 AO in keinem Fall in Betracht. In der Literatur wird dies indes strenger gesehen. So sei die mit den übermittelten eDaten „vorausgefüllte" Steuererklärung lediglich eine Ausfüllungshilfe der amtlichen Formulare.[2795] Die eDaten des Steuerpflichtigen seien durch ihn zu überprüfen und bei Feststellen einer Unrichtigkeit im Freitextfeld i.S.d. § 150 Abs. 7 S. 2 AO zu korrigieren.[2796] Ansonsten sei der Tatbestand des § 370 Abs. 1 Nr. 1 AO bei Abgabe der Steuererklärung erfüllt.[2797]

Auch wenn die Auffassung der Finanzverwaltung erfreulich entkriminalisierend im Bereich der gem. § 93c AO übermittelten Daten wirkt, fügt sie sich dennoch nicht schlüssig in die Gesamtsystematik des Steuerstrafrechts ein. Gelten die übermittelten Angaben als Angaben des Steuerpflichtigen, wenn er eine Steuererklärung abgibt, erscheint es wenig überzeugend, eine Korrektur- bzw. Mitteilungspflicht abzulehnen, wenn er Fehler in den übermittelten Daten entdeckt. Insoweit ist die Ansicht in der Literatur aus gesamtsystematischer Sicht zu bevorzugen. Bei der Korrekturpflicht darf die Messlatte freilich nicht zu hoch angelegt werden, denn in vielen Fällen wird es dem Steuerpflichtigen nicht möglich sein, die Richtigkeit der Daten zu verifizieren. Eine Strafbarkeit scheitert dann ohne Weiteres am Vorsatz. Ähnlich unproblematisch gestalten sich die Fälle, in denen Daten zwar dem Steuerpflichtigen als übermittelt durch den

---

2794 AEAO Nr. 3 zu § 150.

2795 *Rollteschke*, in: GS Joecks 571, 584; *Baum*, NWB 2014, 291, 294, allerdings noch zur Rechtslage ohne §§ 93c, 150 Abs. 7 S. 2 AO.

2796 *Schindler*, in: Gosch, AO/FGO, § 150 AO Rn. 58 (Stand: Juni 2017); *Krumm*, in: Tipke/Kruse, AO/FGO, § 370 AO Rn. 65 (Stand: April 2019), der diese Pflicht aus § 153 Abs. 1 Nr. 1 AO herleitet; ebenso *Häger*, wistra 2017, 369, 371; *Roth*, wistra 2018, 152, 153; *Rolletschke*, NZWiSt 2018, 185, 186; einschränkend auf Fälle der Kenntnis um die Unrichtigkeit der eDaten *Haselmann*, in: Koenig, AO, § 150 Rn. 35; a.A. *v. Wedelstädt*, in: Gosch, AO/FGO, § 175b AO Rn. 26 (Stand: Januar 2018); *Frotscher*, in: Schwarz/Pahlke, ErstKomm BestVerfModG 2016, § 175b Rn. 12.

2797 *Rolletschke*, NZWiSt 2018, 185, 186.

Dritten gem. § 93c Abs. 1 Nr. 3 AO angezeigt werden, tatsächlich aber nicht an die Finanzbehörde übermittelt worden sind. Hier scheidet eine mögliche Steuerhinterziehung bezüglich der als übermittelt angezeigten Daten nach § 370 Abs. 1 Nr. 1 AO ebenfalls mangels Vorsatzes aus.[2798]

5. *Steuerhinterziehung im gestuften Veranlagungsverfahren*

Das in der Abgabenordnung vorgesehene gestufte Veranlagungsverfahren sieht die gesonderte und – soweit mehrere Personen an Einkünften beteiligt sind – einheitliche Feststellung von Besteuerungsgrundlagen gem. §§ 179, 180 Abs. 1 Nr. 2 AO vor. Die in diesen, der Steuerfestsetzung grundsätzlich vorgelagerten Verfahren erlassenen Feststellungsbescheide sind für die Folgebescheide (hauptsächlich Einkommen- und Körperschaftsteuerbescheide) inhaltlich bindend, § 182 Abs. 1 S. 1 AO. In diesem Zusammenhang ist umstritten, ob bereits eine vollendete Steuerhinterziehung i.S.d. § 370 AO vorliegt, wenn aufgrund unrichtiger, unvollständiger oder insgesamt unterbliebener Angaben ein zugunsten des Steuerpflichtigen materiell unrichtiger Feststellungsbescheid ergeht, obwohl die Steuerverkürzung in Form der zu geringen Steuerfestsetzung erst mit dem Erlass des Folgebescheides eintritt.

Angelehnt an die Zweistufigkeit des Steuerverwaltungsverfahren sieht der 1. Strafsenat seit der *Filmfonds*-Entscheidung Ende 2008[2799] auch eine „zweistufige" Steuerhinterziehung, wenn schon im Feststellungsverfahren der Tatbestand des § 370 Abs. 1 Nr. 1, 2 AO verwirklicht worden ist. Bereits mit dem durch unrichtige oder unvollständige Angaben erwirkten zugunsten des Steuerpflichtigen materiell unrichtigen Feststellungsbescheid liege ein nicht gerechtfertigter Steuervorteil im Feststellungsverfahren und damit ein Taterfolg i.S.d. § 370 Abs. 1, 4 S. 2 AO vor, dem im Steuerfestsetzungsverfahren ein weiterer Taterfolg, nämlich die Steuerverkürzung nachfolge.[2800] Der 1. Strafsenat begründet den bereits mit Erlass des Feststellungsbescheides eingetretenen Steuervorteil mit der Eigenständigkeit des Feststellungsverfahrens und der Bindungswirkung des Feststellungsbescheides über § 182 Abs. 1 S. 1 AO für die Folgebescheide, sodass bereits eine hinreichend konkrete Gefährdung des Steueraufkommens

---

2798 *Häger*, wistra 2017, 369, 370; *Roth*, wistra 2018, 152, 153; *Wild*, SAM 2019, 43, 48.
2799 BGH v. 10.12.2008, 1 StR 322/08; Bezeichnung von *Wulf*, in: GS Joecks, 567, 658.
2800 BGH v. 10.12.2008, 1 StR 322/08 Rn. 22 f.; BGH v. 22.11.2012, 1 StR 537/12 Rn. 13.

besteht.[2801] Diese Rechtsprechung wurde mittlerweile auf den Verlustvortrag nach § 10a S. 6 GewStG[2802] und den Gewerbesteuermessbescheid[2803] übertragen.

Die Rechtsprechungsentwicklung wurde in der Literatur kritisch beurteilt.[2804] Auf Ablehnung stieß vor allem die Verkürzung des Versuchsstadiums, das mit dem Erlass des Feststellungsbescheides statt mit dem Erlass des Festsetzungsbescheides endet, und die Verschiebung des Verjährungsbeginns der Steuerstraftat durch die Verzögerung der Tatbeendigung nach hinten.[2805] Angemerkt wurde auch, dass der in Rede stehende Steueranspruch im Verfahrensstadium des Feststellungsbescheides überhaupt nicht bezifferbar sei und damit eine Anwendung des § 376 Abs. 1 AO sowie der §§ 371 Abs. 2 Nr. 3; 398a AO weitere Fragen aufwerfe; es sei bei Erlass des Feststellungsbescheides nicht einmal sicher, dass es überhaupt zu einem Steuerausfall komme, sodass auch nicht festgestellt werden könne, ob der Steueranspruch bereits konkret gefährdet sei.[2806]

Neuen Auftrieb fanden die Kritiker zudem in einer Entscheidung des Bundesverfassungsgerichts vom 23.6.2010[2807] zum Verschleifungs- bzw. Entgrenzungsverbot im Rahmen von Art. 103 Abs. 2 GG, die sich inhaltlich mit der Bestimmtheit des Untreuetatbestandes des § 266 StGB auseinandergesetzt hatte.[2808] Das Bundesverfassungsgericht stellte darin zunächst fest, dass der Gesetzgeber und nicht der Fachrichter zur Entscheidung über die Strafbarkeit berufen sei und es Letzterem daher verwehrt sei, die gesetzgeberische Entscheidung durch eine Auslegung zu korrigieren, die vom Wortlaut einer Strafnorm

---

2801 BGH v. 10.12.2008, 1 StR 322/08 Rn. 21-23, in Anlehnung an die Ausführungen des Generalbundesanwalts; BGH v. 22.11.2012, 1 StR 537/12 Rn. 8, 17; siehe auch BGH v. 9.5.2017, 1 StR 265/16 Rn. 15, 20.

2802 BGH v 2.11.2010, 1 StR 544/09 Rn. 94.

2803 BGH v. 12.7.2016, 1 StR 132/16.

2804 *Gaede*, Der Steuerbetrug, S. 577-583; *Jope*, DStZ 2009, 247; *Claus*, HRRS 2009, 102; *Rübenstahl*, HRRS 2009, 93; *Wittig*, ZIS 2011, 660, 667 f.; *Hellmann*, DStJG 38 (2015), 53, 70 f.; *Wulf*, in: GS Joecks, 657; kritisch, im Ergebnis aber wohl billigend *Ransiek*, in: Kohlmann, Steuerstrafrecht, § 370 AO Rn. 407, 709, 28.3 (Stand: August 2020); siehe auch im Überblick bei *Bley*, Steuerhinterziehung durch Erwirken eines unrichtigen Grundlagenbescheides, S. 79-89, auch mit eigener Kritik S. 166-168.

2805 Siehe etwa die Kritik bei *Jope*, DStZ 2009, 247, 249 f.; *Wulf*, in: GS Joecks, 657, 659-661; *Rolletschke*, in: Graf/Jäger/Wittig, Wirtschafts- und Steuerstrafrecht, § 370 AO Rn. 163 f.

2806 *Hellmann*, DStJG 38 (2015), 53, 70 f.; *Claus*, HRRS 2009, 102, 105 f.; *Rübenstahl*, HRRS 2009, 93, 98-100; *Joecks*, in: Joecks/Jäger/Randt, Steuerstrafrecht, § 370 Rn. 66.

2807 BVerfG v. 23.6.2010, 2 BvR 2559/08 u.a., BVerfGE 126, 170.

2808 Hier insbesondere *Wittig*, ZIS 2011, 660, 667 f., und *Wulf*, in: GS Joecks, 657, 661-668.

nicht mehr gedeckt ist.[2809] Ausgeschlossen sei daher jede tatbestandsausweitende Rechtsanwendung, über den Wortlaut als äußerste Grenze.[2810] Die durch Gesetz erfolgte Eingrenzung der Strafbarkeit dürfe außerdem nicht dadurch wieder aufgehoben werden, dass Tatbestandsmerkmale innerhalb ihres möglichen Wortsinns so weit ausgelegt werden, dass sie vollständig in anderen Tatbestandsmerkmalen aufgehen, also zwangsläufig mit diesen mitverwirklicht werden.[2811] Dies ist die sog. Verschleifung bzw. Entgrenzung von Tatbestandsmerkmalen.[2812] Ferner müssen die Gerichte Normen präzisieren und einem Normenverständnis ohne klare Konturen entgegenwirken, um die Anforderungen von Art. 103 Abs. 2 GG zu erfüllen.[2813] Dies gewinne gerade bei Normen an Bedeutung, die zulässigerweise mit unbestimmten Rechtsbegriffen operieren, sodass der Normadressat nach dem reinen gesetzlichen Wortlaut zunächst bloß die Möglichkeit einer Bestrafung erkennen könne und sich erst aufgrund einer gefestigten Rechtsprechung eine zuverlässige Grundlage für die Auslegung und Anwendung der Norm herleiten müsse.[2814] Für den Tatbestand der Untreue i.S.d. § 266 StGB sieht das Bundesverfassungsgericht das Tatbestandsmerkmal des „Nachteils" als strafbarkeitsbegrenzend an, das gegenüber dem Pflichtwidrigkeitsmerkmal selbstständig bleiben müsse.[2815]

Hieran anknüpfend sehen insbesondere *Wittig* und *Wulf* Anhaltspunkte dafür, dass die Auslegung des § 370 AO durch den 1. Strafsenat gegen Art. 103 Abs. 2 GG verstößt: Für *Wittig* stellt die fehlende Konkretisierung des Tatbestandsmerkmals des Steuervorteils einen Verstoß gegen Art. 103 Abs. 2 GG dar.[2816] Das Gericht verzichte auf die Darlegung konkreter wirtschaftlicher Auswirkung der durch einen Feststellungsbescheid herbeigeführten zukünftigen Verlustgefahr und damit auf eine an wirtschaftlichen Kriterien orientierte Auslegung des Tatbestandsmerkmals, was für ein vermögensbezogenes Erfolgsdelikt unzulässig sei.[2817] Eine wirtschaftlich unbestimmte Verlustgefahr und damit ebenso unbestimmte Besserstellung des Steuerpflichtigen hebe die vom Gesetzgeber vorgesehenen strafbarkeitsbeschränkende und selbstständige Funktion des

---

2809 BVerfG v. 23.6.2010, 2 BvR 2559/08 u.a., BVerfGE 126, 170, 197.
2810 BVerfG v. 23.6.2010, 2 BvR 2559/08 u.a., BVerfGE 126, 170, 197.
2811 BVerfG v. 23.6.2010, 2 BvR 2559/08 u.a., BVerfGE 126, 170, 198.
2812 BVerfG v. 23.6.2010, 2 BvR 2559/08 u.a., BVerfGE 126, 170, 198.
2813 BVerfG v. 23.6.2010, 2 BvR 2559/08 u.a., BVerfGE 126, 170, 198.
2814 BVerfG v. 23.6.2010, 2 BvR 2559/08 u.a., BVerfGE 126, 170, 198 f.
2815 BVerfG v. 23.6.2010, 2 BvR 2559/08 u.a., BVerfGE 126, 170, 205-207.
2816 *Wittig*, ZIS 2011, 660, 668.
2817 *Wittig*, ZIS 2011, 660, 668.

Tatbestandsmerkmals „nicht gerechtfertigter Steuervorteil" wieder auf, sodass die Voraussetzungen der Strafbarkeit nicht mehr erkennbar seien und damit eine verfassungswidrige Verschleifung der Tatbestandsmerkmale vorliege.[2818]

Wulf sieht in der Rechtsprechung des 1. Strafsenats eine fehlende Selbstständigkeit der beiden Taterfolgsvarianten der Steuerverkürzung und des nicht gerechtfertigten Steuervorteils und damit eine verfassungswidrige Entgrenzung.[2819] Die Gefährdung der gesonderten Feststellungen für das Steueraufkommen gehe ausschließlich von ihrer möglichen Auswirkung auf nachfolgende Steuerfestsetzungen aus.[2820] Bestehe die „Gefährlichkeit" des unzutreffenden Feststellungsbescheides nur darin, den Taterfolg i.S.d. späteren Steuerverkürzung herbeizuführen, werde das Strukturprinzip des § 370 AO verletzt:[2821] Aus dem Charakter des § 370 AO als Erfolgsdelikt und der in § 370 Abs. 2 AO mit Verweis auf das allgemeine Strafrecht geregelten Versuchsstrafbarkeit ergebe sich gerade die Notwendigkeit der Berücksichtigung einer zeitlichen Komponente,[2822] also die Unterscheidung danach, ob die Tat noch im Versuchsstadium steckt oder dieses bereits verlassen hat. Der Gesetzgeber habe die Strafbarkeit nach § 370 AO also dahingehend eingegrenzt, dass nur dann wegen Steuerhinterziehung bestraft werden dürfe, wenn eine Steuerverkürzung eingetreten sei, und dass vorgelagerte Stadien nur unter den Voraussetzungen des §370 Abs. 2 AO bestraft werden dürften.[2823] Das Versuchsstadium der Steuerverkürzung und mit ihm die Eingrenzung der Strafbarkeit durch den Gesetzgeber werde aber beseitigt, wenn die Erfolgsvariante des ungerechtfertigten Steuervorteils im Zwischenstadium für einschlägig erklärt werde.[2824] Somit liege im Ergebnis ein Verstoß gegen Art. 103 Abs. 2 GG vor.[2825]

Der 1. Strafsenat hatte in seinem Urteil vom 22.11.2012 in einer Weiterentwicklung seiner Rechtsprechung aus Ende 2008 auf die Aussagen des Bundesverfassungsgerichts reagiert, aber keinen Anlass gesehen, von seinem bisherigen Verständnis des „nicht gerechtfertigten Steuervorteils" abzuweichen.[2826] Allerdings nahm er dabei nur eine Prüfung der „Verschleifung" der

---

2818 *Wittig*, ZIS 2011, 660, 668.
2819 *Wulf*, in: GS Joecks, 657, 667 f.
2820 *Wulf*, in: GS Joecks, 657, 667.
2821 *Wulf*, in: GS Joecks, 657, 667.
2822 *Wulf*, in: GS Joecks, 657, 667 f.
2823 *Wulf*, in: GS Joecks, 657, 668.
2824 *Wulf*, in: GS Joecks, 657, 667 f.
2825 *Wulf*, in: GS Joecks, 657, 668.
2826 BGH v. 22.11.2012, 1 StR 537/12 Rn. 6-18.

Tatbestandsmerkmale des § 370 Abs. 1 Nr. 1-3 AO auf der einen Seite und derjenigen des nicht gerechtfertigten Steuervorteils i.S.d. § 370 Abs. 4 S. 2 AO auf der anderen Seite vor und stellte (zutreffend) fest, dass die Erfüllung des objektiven Tatbestandes des § 370 Abs. 1 AO den Erlass eines Feststellungsbescheides fordert, damit wegen der Bindungswirkung i.S.d. § 182 Abs. 1 S. 1 AO auf einen nicht gerechtfertigten Steuervorteil geschlossen werden kann.[2827] Eine Notwendigkeit, die Auswirkungen auf den Steueranspruch berechnen bzw. beziffern zu können, lehnt der 1. Strafsenat ebenfalls ab.[2828] Zwar sei die Annahme von Tatvollendung bei einem sich als konkrete Gefahr eines gegenwärtigen Vermögensschadens bzw. Vermögensnachteils darstellenden Taterfolg wegen Art. 103 Abs. 2 GG lediglich in den vom Bundesverfassungsgericht gezogenen engen Grenzen gestattet.[2829] Allerdings sei § 370 AO kein Rechtsgutverletzungsdelikt, sondern die Vollendung der Tat setze, wie § 370 Abs. 4 S. 1 AO erkennen lasse, nicht voraus, dass tatsächlich eine Beeinträchtigung des Steueraufkommens vorliege.[2830] Nichts anderes könne für § 370 Abs. 4 S. 2 AO und damit für den „nicht gerechtfertigten Steuervorteil" gelten.[2831]

Tatsächlich finden sich in der Literatur Stimmen, die der Rechtsprechung des 1. Strafsenates – grundsätzlich – zustimmen und eine Strafbarkeit nach § 370 Abs. 4 S. 2 AO bei Erlangung eines zugunsten des Steuerpflichtigen unrichtigen Feststellungsbescheides annehmen.[2832] Doch auch sie kritisieren die fehlende Bezifferung einer später jedenfalls vermutlich eintretenden Steuerverkürzung[2833] bzw. die nach der Rechtsprechung des 1. Strafsenats ausufernde Verjährung der Strafbarkeit[2834].

Die Argumentation, dass mit Erlangung des unrichtigen Feststellungsbescheides noch kein nicht gerechtfertigter Steuervorteil vorliegt, lässt sich jedenfalls nicht mit einer fehlenden konkreten Gefährdung begründen. Entscheidend für die Beurteilung ist abermals der Blick auf die Ausgestaltung des Steuerfestsetzungsverfahrens im Konkreten, insbesondere unter Beachtung des Wandels

---

2827 BGH v. 22.11.2012, 1 StR 537/12 Rn. 8.

2828 BGH v. 22.11.2012, 1 StR 537/12 Rn. 10-18.

2829 BGH v. 22.11.2012, 1 StR 537/12 Rn. 14.

2830 BGH v. 22.11.2012, 1 StR 537/12 Rn. 15 f.

2831 BGH v. 22.11.2012, 1 StR 537/12 Rn. 17.

2832 Siehe etwa *Hardtke*, in: GS Joecks, 467, 469-482; *Krumm*, in: Tipke/Kruse, AO/FGO, § 370 AO Rn. 103 (Stand: April 2019).

2833 *Krumm*, in: Tipke/Kruse, AO/FGO, § 370 AO Rn. 103 (Stand: April 2019); diesbezüglich weniger kritisch *Hardtke*, in: GS Joecks, 467, 477.

2834 *Hardtke*, in: GS Joecks, 467, 477-482.

hin zu einem vollautomatisierten Verfahren, in dem auch heute schon unter Rückgriff auf verschiedene Daten aus unterschiedlichen Quellen Steuerbescheide erzeugt werden, ohne dass es noch der inhaltlichen Kontrolle eines Festsetzungsbeamten bedarf.[2835] Gesonderte Feststellungen werden dabei bewusst vor die Klammer des Festsetzungsverfahrens gezogen; die in ihnen getroffenen Feststellungen werden voraussetzungslos und ohne weitere inhaltliche Prüfung qua gesetzlicher Anordnung, § 182 Abs. 1 S. 1 AO, dem Festsetzungsbescheid zugrunde gelegt bzw. in ihm „ausgewertet".[2836] Ein unrichtiger Grundlagenbescheid bedeutet in diesen Fällen einen unbedingt unrichtigen Folgebescheid, ohne dass es noch auf eine Zwischenhandlung des Steuerpflichtigen ankäme. Konsequent sind daher Überlegungen, die Rechtsprechung auch auf andere Verfahren zu übertragen, bei denen vorgelagert über bestimmte Merkmale des steuerlichen Tatbestandes verbindlich für die Steuerfestsetzung entschieden wird, allerdings nur soweit, wie die Berücksichtigung dieser Entscheidung als Automatismus erfolgt und nicht mehr eines Antrags oder ähnlicher Einwirkung des Steuerpflichtigen bedarf.[2837] Soweit gegen eine Gefährdung des Steueraufkommens durch den unrichtigen Feststellungsbescheid angeführt wird, dass obligatorisch noch eine Steuererklärung im Steuerfestsetzungsverfahren abzugeben sei, somit ein „weiteres Zutun" des Steuerpflichtigen erforderlich sei,[2838] verkennen die Vertreter dieser Auffassung, dass die Angabe der bereits gesondert festgestellten Besteuerungsgrundlagen verfahrensrechtlich zwingend ist.[2839] Selbst ein an dieser Stelle noch reuiger Steuerzahler hätte keine Möglichkeit, alleine im Steuerfestsetzungsverfahren eine Änderung der gesondert und ggf. einheitlich festgestellten Besteuerungsgrundlagen zu erreichen. Ein „korrigierter" Feststellungsbetrag in der Steuererklärung würde automatisch durch den gesondert festgestellten Wert ersetzt. Der Steuerpflichtige müsste zur Verhinderung der Berücksichtigung des unrichtigen Feststellungsbescheides zwingend auf die andere Verfahrensstufe wechseln und dort einen geänderten Feststellungsbescheid erwirken, der dann wiederum der Besteuerung im Festsetzungsverfahren

2835 *Hardtke*, in: GS Joecks, 467, 470, 472.

2836 *Hardtke*, in: GS Joecks, 467, 470.

2837 So etwa die Überlegungen bei *Bley*, Steuerhinterziehung durch Erwirken eines unrichtigen Grundlagenbescheides, S. 239-242, und *Rolletschke*, in: Graf/Jäger/Wittig, Wirtschafts- und Steuerstrafrecht, § 370 AO Rn. 163 f.

2838 *Gaede*, Der Steuerbetrug, S. 581; *Schmitz/Wulf*, MüKo StGB, § 370 AO Rn. 112.

2839 Siehe auch *Bley*, Steuerhinterziehung durch Erwirken eines unrichtigen Grundlagenbescheides, S. 162-165.

zugrunde gelegt wird. Somit liegt schon eine hinreichende Gefährdung des Steueraufkommens mit Erlangung des unrichtigen Feststellungsbescheides vor.

Die fehlende Bezifferbarkeit des Steuervorteils wird von *Gaede* zutreffend als die „Achillesferse" der Rechtsauffassung des 1. Strafsenates angesehen.[2840] *Gaede* merkt zudem noch süffisant an, dass es nicht erstaunt, „dass der regelmäßig um eine möglichst frühe Klärung bemühte 1. Strafsenat des BGH gerade die Frage, wann ein Steuervorteil ein großes Ausmaß erreicht, bis heute explizit offen lässt".[2841] Zwar mögen die in der Rechtsprechung des Bundesverfassungsgerichts zu den Rechtsgutverletzungsdelikten der §§ 263, 266 StGB entwickelten, auf Art. 103 Abs. 2 GG ruhenden Anforderungen der Bezifferbarkeit des eintretenden Vermögensschadens nicht auf das Delikt der Steuerhinterziehung zwingend übertragen werden müssen.[2842] Doch hat der Gesetzgeber in § 376 Abs. 1 AO und §§ 371 Abs. 2 Nr. 3; 398a AO deutlich gemacht, dass er in beiden Erfolgsvarianten des § 370 Abs. 4 S. 1, 2 AO davon ausgeht, dass sich die Steuerverkürzung bzw. der nicht gerechtfertigte Steuervorteil betragsmäßig quantifizieren lassen muss.[2843] Dieses Verständnis des einfachen Gesetzgebers muss durch systematische Auslegung des § 370 Abs. 4 S. 1, 2 AO umgesetzt werden, sodass nur dann von einem Taterfolg sowohl i.S.d. Steuerverkürzung als auch i.S.d. nicht gerechtfertigten Steuervorteils ausgegangen werden kann, wenn dieser betragsmäßig jedenfalls schätzungsweise bezifferbar ist.[2844]

Interpretiert man die Rechtsprechung des 1. Strafsenates[2845] so, dass Tatvollendung zwar bereits mit Bekanntgabe des unrichtigen Feststellungsbescheides eintritt, Tatbeendigung aber erst mit Bekanntgabe des die Steuerverkürzung begründenden Festsetzungsbescheides eintritt, ergeben sich

---

2840 *Gaede*, Der Steuerbetrug, S. 581.

2841 *Gaede*, Der Steuerbetrug, S. 581.

2842 *Ransiek*, in: Kohlmann, Steuerstrafrecht, § 370 AO Rn. 28.3 (Stand: August 2020); a.A. *Gaede*, Der Steuerbetrug, S. 581; *Krumm*, in: Tipke/Kruse, AO/FGO, § 370 AO Rn. 103 (Stand: April 2019).

2843 *Wulf*, in: GS Joecks, 657, 664; *Gaede*, Der Steuerbetrug, S. 581.

2844 Im Ergebnis ähnlich *Bley*, Steuerhinterziehung durch Erwirken eines unrichtigen Grundlagenbescheides, S. 168 f., 191-199.

2845 BGH v. 10.12.2008, 1 StR 322/08 Rn. 23: „Die durch die Umsetzung der festgestellten unrichtigen Besteuerungsgrundlagen bei der Steuerfestsetzung in den Folgebescheiden bewirkte Steuerverkürzung stellt lediglich einen weitergehenden Taterfolg dar, der insbesondere für den Zeitpunkt der Tatbeendigung und damit für den Verjährungsbeginn der Steuerhinterziehung von Bedeutung ist."

erhebliche Rechtsunsicherheiten.[2846] Denn der Beginn der fünfjährigen Verjährungsfrist i.S.d. § 78 Abs. 3 Nr. 4 StGB bzw. der zehnjährigen Verjährungsfrist i.S.d. § 376 Abs. 1 AO bei bestimmten Fällen besonders schwerer Steuerhinterziehung würde dann so lange herausgezögert, bis die Steuerverkürzung durch die Steuerfestsetzung realisiert ist.[2847] Wegen § 171 Abs. 7 AO wäre zudem der Ablauf der Festsetzungsfrist bis zur Verjährung der Steuerstraftat gehemmt. Dieses Ergebnis überzeugt aus sich heraus bereits nicht und auch die Herleitung vermag diesen Mangel nicht auszugleichen, sondern verstärkt ihn nur noch: Wenn § 370 Abs. 1; 4 S. 1, 2 AO mit der Steuerverkürzung und dem nicht gerechtfertigten Steuervorteil zwei alternative Taterfolge beinhaltet,[2848] müssen diese auch grundsätzlich unabhängig voneinander vollendet und beendet werden können. Es ergibt dann keinen Sinn, für die Beendigung der Tat zwingend das Vorliegen beider Taterfolge zu fordern, was *Wulf* ebenso mit Hinweis auf die Verschleifung der Erfolgstatbestände kritisiert hatte. Die Steuerhinterziehung ist somit nach zutreffender Ansicht auch in den Fällen des nicht gerechtfertigten Steuervorteils mit Erlangung des Feststellungsbescheides vollendet und beendet, sodass die Verjährungsfrist ab diesem Zeitpunkt beginnt und nicht bis zum Erlass des Festsetzungsbescheides hinausgezögert wird.[2849]

B. Fehler des Steuerpflichtigen bei Erfüllung der Steuererklärungspflicht

I. Mechanische bzw. „technische" Fehler

Mechanische bzw. „technische" Fehler im hier verstandenen Sinne, also Tippfehler, Übertragungsfehler oder das schlichte Vergessen von Angaben in der Steuererklärung können mangels Vorsatzes nicht zur Strafbarkeit nach § 370 AO führen.[2850] In Frage kommt dann nur noch eine leichtfertige Steuerverkürzung i.S.d. § 378 AO. Leichtfertig handelt nach der bereits genannten Definition

---

2846 *Jope*, DStZ 2009, 247, 248-250. *Beyer*, NZWiSt 2017, 172, 175; *Wulf*, in: GS Joecks, 657, 659-661; *Hardtke*, in: GS Joecks, 467, 469-482.

2847 Siehe zu einem Beispiel, in dem die Steuerhinterziehung bis zu vierzig Jahre rückwirkend verfolgt worden ist und auch steuerverfahrensrechtlich wegen § 171 Abs. 7 AO noch nicht verjährt war, *Wulf*, in: GS Joecks, 657, 659 f.

2848 BGH v. 22.11.2012, 1 StR 537/12 Rn. 13.

2849 A.A. *Bley*, Steuerhinterziehung durch Erwirken eines unrichtigen Grundlagenbescheides, S. 232-235.

2850 *Krumm*, in: Tipke/Kruse, AO/FGO, § 370 AO Rn. 127 (Stand: April 2019); *Kuhlen*, DStJG 38 (2015), 117, 119.

derjenige, „der die Sorgfalt außer Acht lässt, zu der er nach den besonderen Umständen des Falles und seinen persönlichen Fähigkeiten und Kenntnissen verpflichtet und imstande ist und dem sich danach aufdrängen muss, dass er dadurch Steuern verkürzt". Einfache Zweifel an der Richtigkeit und Vollständigkeit aller Angaben in der Steuererklärung dürfen nicht bereits zur Annahme einer Leichtfertigkeit führen, denn dazu sind die Steuererklärungsformulare und die abgefragten Angaben zu komplex: Beinahe jedem Steuerpflichtigen werden bei der Ausfüllung der Steuererklärung jedenfalls leichte Zweifel aufkommen, ob er alles richtig ausgefüllt hat. Die Leichtfertigkeit entspricht vielmehr „etwa" einer groben Fahrlässigkeit.[2851] Es spricht folglich nichts dagegen, die zu § 173 Abs. 1 Nr. 2 AO herausgearbeiteten Ergebnisse zur groben Fahrlässigkeit auf die leichtfertige Steuerverkürzung i.S.d. § 378 AO zu übertragen. Für die steuerordnungsrechtliche Beurteilung zu mechanischen bzw. „technischen" Fehlern bedeutet dies: Liegt nach den oben dargestellten Grundsätzen für eine unrichtige oder unvollständige Angabe bzw. für eine Nichtabgabe der Steuererklärung eine grobe Fahrlässigkeit vor, ist im Regelfall auch das Tatbestandsmerkmal der Leichtfertigkeit der Steuerhinterziehung erfüllt.

II. Formular- und ELSTER-spezifische Fehlerquellen

Wurde der Steuerpflichtige durch unvollständige Erläuterungen oder eine irreführende Programmführung nicht dazu angehalten, bestimmte Fragen oder Anlagen in der Steuererklärung zu beantworten, wird ein Vorsatz trotz objektivem Mangel der Formulare, Erläuterungen oder Programme zu bejahen sein, wenn der Steuerpflichtige dennoch Kenntnis davon hatte, dass er die Angaben in der Steuererklärung zu machen hatte, etwa aus Vorjahren oder anderen Quellen. Im Übrigen sind ein Vorsatz und damit eine Steuerhinterziehung i.S.d. § 370 Abs. 1 Nr. 1 AO bzw. bei entsprechender Beurteilung eine leichtfertige Steuerverkürzung i.S.d. § 378 AO aber abzulehnen. In der steuerstrafrechtlichen Praxis tritt diese Fehlerkategorie nicht erkennbar in Erscheinung.

2851 *Schauf*, ZWH 2015, 284, 284; *Joecks*, in: Joecks/Jäger/Randt, Steuerstrafrecht, § 370 Rn. 34 m.w.N. aus der Rechtsprechung und der Literatur.

III. Rechtsfehler und insbesondere der Irrtum über den Steueranspruch

1. Irrtümer im Steuerstrafrecht

Im allgemeinen Teil des Strafrechts, der gem. § 369 Abs. 2 AO mangels abweichender Bestimmungen auch für das Steuerstrafrecht von Relevanz ist, sind zwei Irrtumsarten normiert: der Tatbestandsirrtum i.S.d. § 16 StGB und der Verbotsirrtum i.S.d. § 17 StGB. Nach §16 Abs. 1 S. 1 StGB handelt nicht vorsätzlich, wer bei Begehung der Tat einen Umstand nicht kennt, der zum gesetzlichen Tatbestand gehört. Damit knüpft § 16 Abs. 1 S. 1 StGB an das kognitive bzw. Wissenselement des Vorsatzes an.[2852] Fehlt dem Täter die Kenntnis der Tatumstände, handelt er ohne Vorsatz. Das Bewusstsein über die Rechtswidrigkeit der Tat, also das Unrechtsbewusstsein, macht dagegen nach überwiegender Ansicht einen in der Schuld verankerten Bestandteil der subjektiven Zurechnung aus.[2853] Hier kennt der Täter alle Tatumstände, geht aber davon aus, dass sein Handeln nicht den Tatbestand einer Strafnorm erfüllt. § 17 S. 1 StGB formuliert daher, dass der Täter ohne Schuld handelt, wenn ihm bei der Tat die Einsicht, Unrecht zu tun, fehlte und er diesen Irrtum nicht vermeiden konnte. Es genügt also im Gegensatz zu § 16 Abs. 1 S. 1 StGB, der im Umkehrschluss eine aktuelle Kenntnis von allen Tatumständen fordert, in Anknüpfung an § 17 S. 1 StGB ein potentielles Unrechtsbewusstsein und damit die bloße Möglichkeit, dass der Täter die Einsicht in das Unrecht der Tat hätte erlangen können.[2854]

Rechtsfehler des Steuerpflichtigen, die ihm im Zusammenhang mit der Erstellung seiner Steuererklärung unterlaufen und die zu unrichtigen oder unvollständigen bzw. fehlenden Angaben gegenüber der Finanzbehörde führen können, gehen darauf zurück, dass der Steuerpflichtige über die steuerliche Erheblichkeit des Sachverhaltes irrt und somit auch den Steueranspruch des Staates irrtümlich nicht oder unrichtig erfasst hat. Nach der gerade genannten Abgrenzung der Irrtümer im Steuerstrafrecht könnte die Unkenntnis über das Vorliegen einer steuerlich erheblichen Tatsache und den damit im Zusammenhang stehenden Steueranspruch einen Verbotsirrtum i.S.d. § 17 S. 1 StGB darstellen, der nur dann

---

2852 *Sternberg-Lieben/Schuster*, in: Schönke/Schröder, StGB, § 16 Rn. 3 f.

2853 *Gaede*, ZStW 121 (2009), 239, 240; *Duttge*, HRRS 2012, 359, 359; *Sternberg-Lieben/Schuster*, in: Schönke/Schröder, StGB, § 15 Rn. 104.

2854 *Gaede*, ZStW 121 (2009), 239, 240; *Sternberg-Lieben/Schuster*, in: Schönke/Schröder, StGB, § 17 Rn. 5a; zur Technik des Zusammenlesens siehe auch *Bülte*, NStZ 2013, 65, 69 f.

für die Strafbarkeit erheblich ist, wenn der Steuerpflichtige seinen Rechtsirrtum vermeiden kann. Gegen die Anwendung des § 16 Abs. 1 S. 1 StGB spricht nämlich, dass der Steuerpflichtige gerade keinem Irrtum über die einzelnen Sachverhaltselemente unterliegt, sondern lediglich über die steuerliche Beurteilung, also über die Anwendung steuerlicher Normen auf den Lebenssachverhalt, irrt.

Verweisen Strafnormen auf andere Gesetze, ist die Beurteilung, ob ein Tatbestandsirrtum i.S.d. § 16 Abs. 1 S. 1 StGB oder ein Verbotsirrtum i.S.d. § 17 S.1 StGB vorliegt, indes problematisch. Es wird grundsätzlich danach unterschieden, ob es sich bei der Strafnorm um eine Blankettvorschrift handelt oder ob normative Tatbestandsmerkmale vorliegen.[2855] Im Falle der Blankettvorschrift soll durch die Technik des Zusammenlesens von Blankett und Ausfüllungsnorm ein Gesamtstraftatbestand gebildet werden, dessen Unkenntnis nur zu einem Verbotsirrtum i.S.d. § 17 S. 1 StGB führt.[2856] Bei normativen Tatbestandsmerkmalen wird hingegen mittelbar auf andere Rechtsnormen verwiesen, sodass der Täter zwar auch einem vorstrafrechtlichen Irrtum unterliegt, aber auf diese Weise gleichzeitig einen zum gesetzlichen Tatbestand der Strafnorm gehörenden Umstand nicht kennt und sich somit nicht gegen den Befehl der Strafnorm wendet, sodass ein Tatbestandsirrtum i.S.d. § 16 Abs. 1 S. 1 StGB gegeben ist.[2857] Rechtliche Wertungsfehler werden somit beim Vorliegen einer Blankettstrafnorm strafrechtlich anders behandelt als beim Vorliegen von normativen Tatbestandsmerkmalen.[2858]

2. *Blankettvorschrift oder normative Tatbestandsmerkmale?*

Fraglich ist indes, wie die Beurteilung im Steuerstrafrecht zu erfolgen hat. Bei § 370 AO handelt es sich um eine Strafnorm, die über die Begriffe der „steuerlich erheblichen Tatsache", der „verkürzten Steuer" und des „nicht gerechtfertigten Steuervorteils" in die materiellen Steuergesetze verweist. Ob der Irrtum, dass ein Steueranspruch besteht, einen Tatbestands- oder einen Verbotsirrtum darstellt, hängt davon ab, ob § 370 Abs. 1 AO Verweisungen im Sinne einer Blankettvorschrift auf das materielle Steuerrecht tätigt oder ob es sich bei den Begriffen

2855 Kritisch zu dieser Differenzierung („führt zu wenig nachvollziehbaren Ergebnissen") *Bülte*, NStZ 2013, 65, 65.

2856 *Kudlich*, in: BeckOK StGB (Stand: 1.5.2020), § 16 StGB Rn. 16.

2857 *Bülte*, NStZ 2013, 65, 71 f.; *Kudlich*, in: BeckOK StGB (Stand: 1.5.2020), § 16 StGB Rn. 14 f.

2858 So auch zusammengefasst bei *Radtke*, in: GS Joecks, 543, 551; *Kuhlen*, DStJG 38 (2015), 117, 125.

„steuerlich erhebliche Tatsache", „verkürzte Steuer" und „nicht gerechtfertigter Steuervorteil" um normative Tatbestandsmerkmale handelt. Dazu ist zunächst fraglich, was unter den Blankettgesetzen in Abgrenzung zu der Verwendung von normativen Tatbestandsmerkmalen zu verstehen ist.

Blankettgesetze sind förmliche Gesetze, die ausschließlich Angaben zu Art und Maß der Strafe beinhalten und im Übrigen auf Unterlassungs- und Handlungspflichten in ausfüllenden Vorschriften verweisen, also allein betrachtet unvollständig sind.[2859] Unter normativen Tatbestandsmerkmalen versteht man solche Merkmale, die zur Ausfüllung auf eine außerhalb des Norminhalts liegende Bewertung zurückgreifen, also nur durch eine geistige Wertung bestimmt bzw. durch ein (Wert-)Urteil festgestellt werden können.[2860] Die Rechtsprechung und die Literatur vertreten überwiegend[2861] die Auffassung, dass es sich bei § 370 Abs. 1 AO um einen Blanketttatbestand handelt.[2862] Zur Begründung wird

2859 *Bülte*, in: GS Joecks, 365, 368; *Kuhlen*, DStJG 38 (2015), 117, 126; zur Abgrenzung von normativen Tatbestandsmerkmalen von Blankettnormen siehe auch *von der Heide*, Tatbestands- und Vorsatzprobleme, S. 173-179; *Hecker*, in: Schönke/Schröder, StGB, Vor § 1 Rn. 3.

2860 *Bülte*, in: GS Joecks, 365, 369; *Sternberg-Lieben/Schuster*, in: Schönke/Schröder, StGB, § 15 Rn. 19.

2861 Gesondert anzumerken ist die Entscheidung des BVerfG v. 29.4.2010, 2 BvR 871/04 u.a. Rn. 64, in der das Gericht – soweit ersichtlich erstmalig – die Einordnung des § 370 AO als Blankettnorm in Frage stellt: „Eine sowohl unter dem Gesichtspunkt der Erkennbarkeit für die Adressaten wie hinsichtlich der Wahrung der parlamentarischen Verantwortung hinreichend bestimmte Umschreibung des tatbestandlichen Unrechts ließ sich § 370 Abs. 1 Nr. 1 AO auch dann entnehmen, wenn die Tatbestandsmerkmale der steuerlich erheblichen Tatsachen und der Steuerverkürzung mit der bisherigen Rechtsprechung des Bundesverfassungsgerichts und des Bundesgerichtshofs als Blankettmerkmale aufgefasst wurden, die auf das materielle Abgabenrecht [...] verwiesen und durch dieses ausgefüllt wurden. Es kann daher offen bleiben, ob die Tatbestandsmerkmale des § 370 Abs. 1 Nr. 1 AO sich auch als normative Merkmale verstehen lassen, die bereits für sich genommen eine vollständige, hinreichend bestimmte Umschreibung des tatbestandlichen Unrechts enthalten, wie dies im Schrifttum zunehmend vertreten wird."

2862 Aus der Rechtsprechung z.B.: BVerfG v. 16.6.2011, 2 BvR 542/09 Rn. 58; BGH v. 28.1.1987, 3 StR 373/86 Rn. 21; BGH v. 2.11.2010, 1 StR 544/09 Rn. 76; BGH v. 10.10.2017, 1 StR 447/14 Rn. 5; BFH v. 6.9.2006, XI R 26/04, BStBl. II 2007, 167 Rn. 40. Aus der Literatur z.B.: *Tipke*, BB 2009, 636, 639; *ders.*, Steuerrechtsordnung III, S. 1732 f.; *Jehke*, Bestimmtheit und Klarheit, S. 45 f.; *Sontheimer*, DStR 2014, 357, 358; *Ransiek*, in: Kohlmann, Steuerstrafrecht, § 370 AO Rn. 20 f. (Stand: August 2020); *Peters*, in: Hübschmann/Hepp/Spitaler, AO/FGO, § 370 AO Rn. 42 (Stand: Juli

im Wesentlichen angeführt, dass der Tatbestand der Steuerhinterziehung einen Steueranspruch nach dem materiellen Steuerrecht voraussetze und somit nicht ohne das einzelne Steuergesetz gelesen werden könne, die Blankettnorm folglich nicht alle Tatbestandsmerkmale beinhalte.[2863] Andere Stimmen in der Literatur sehen hingegen in der „steuerlich erheblichen Tatsache“, der „verkürzten Steuer“ und dem „nicht gerechtfertigten Steuervorteil“ normative Tatbestandsmerkmale.[2864] Dies wird damit begründet, dass das Tatbestandsmerkmal der Steuerverkürzung bereits „– anders als ein Blankettmerkmal – eine gehaltvolle und aus sich selbst heraus verständliche Eingrenzung des strafbaren Verhaltens [bewirkt], die deutlich macht, dass der Tatbestand einen Handlungserfolg voraussetzt und welcher das ist“.[2865] Vereinzelt wird die Abgrenzung von Blanketttatbestand und normativen Tatbestandsmerkmalen noch um eine Komponente erweitert, nach der die das Blankettstrafgesetz ausfüllende Norm und der zusammengelesene Straftatbestand in die gleiche Schutzrichtung weisen müssen und diese gemeinsame Schutzrichtung für § 370 Abs. 1 AO und die materiellen Steuergesetze zu Recht abgelehnt, sodass normative Tatbestandsmerkmale bejaht werden.[2866]

F. P. Schuster wählt dagegen noch einen anderen Ansatz, der das Verhältnis von Staat und Bürger und das, was der Staat seinen Bürgern zumutet, in den Blick nimmt: Dort, wo der Gesetzgeber den Bürger aus seiner Position heraus als

---

2019); *Allgayer*, in: Graf/Jäger/Wittig, Wirtschafts- und Steuerstrafrecht, § 369 AO Rn. 21, 28; *Joecks*, in: Joecks/Jäger/Randt, Steuerstrafrecht, Einl. Rn. 5; *Flore*, in: Flore/Tsambikakis, Steuerstrafrecht, § 370 AO Rn. 8 f.; *Jäger*, in: Klein, AO, § 370 Rn. 5 f.; siehe insgesamt die Nachweise bei *Gaede*, in: Esser/Rübenstahl/Saliger/Tsambikakis, Wirtschaftsstrafrecht, § 370 AO Rn. 32; offen gelassen von *Jäger*, DStJG 38 (2015), 29, 35 f.; *Krumm*, in: Tipke/Kruse, AO/FGO, § 370 AO Rn. 2 (Stand: April 2019): Wichtig sei nur, dass das Gefahrenpotential einer solchen Regelung erkannt werde, dass jedes Rechtsanwendungsrisiko auch gleichzeitig ein Strafbarkeitsrisiko in sich trage.

2863 So etwa bei *Jäger*, in: Klein, AO, § 370 Rn. 5 f.; *Ransiek*, in: Kohlmann, Steuerstrafrecht, § 370 AO Rn. 21 (Stand: August 2020); *Joecks*, in: Joecks/Jäger/Randt, Steuerstrafrecht, Einl. Rn. 5; *Flore*, in: Flore/Tsambikakis, Steuerstrafrecht, § 370 AO Rn. 8; den Steueranspruch als normatives Tatbestandsmerkmal ordnet *Maiwald*, Unrechtskenntnis und Vorsatz im Steuerstrafrecht, S. 16-18, ein.

2864 *von der Heide*, Tatbestands- und Vorsatzprobleme, S. 199-203; *F. P. Schuster*, Das Verhältnis von Strafnormen und Bezugsnormen, S. 187-189; *Seer*, SteuerStud 2016, 35, 39; *Gaede*, in: Esser/Rübenstahl/Saliger/Tsambikakis, Wirtschaftsstrafrecht, § 370 AO Rn. 34-36; *Kuhlen*, DStJG 38 (2015), 117, 129 f.

2865 *von der Heide*, Tatbestands- und Vorsatzprobleme, S. 173-179; das Zitat stammt von *Kuhlen*, DStJG 38 (2015), 117, 130.

2866 *von der Heide*, Tatbestands- und Vorsatzprobleme, S. 175-179, 201 f.

unmündig ansehe, werde ihm die Subsumtion im konkreten Einzelfall vom Staat abgenommen; die konkrete hoheitliche Einzelanordnung werde so zum Tatumstand i.S.d. § 16 Abs. 1 S. 1 StGB.[2867] Auf das Steuerstrafrecht übertragen werde das Steuer-Soll im Steuerverfahren gem. § 85 AO von den Finanzbehörden bestimmt.[2868] Der Bürger müsse nur, z.B. durch Abgabe der Steuererklärung, einen Beitrag zur Sachaufklärung leisten und ein Subsumtionsakt in eigener Sache werde von ihm nicht gefordert, was gegen einen Blanketttatbestand spreche.[2869] Außerdem führe der Steueranspruch als wertindifferenter Geldanspruch des Staates wie auch das „Eigentum" oder schuldrechtliche Ansprüche ein eigenständiges Dasein in der sozialen Wirklichkeit.[2870] Daran anknüpfend sind auch Vergleiche des Tatbestandsmerkmals der „verkürzten Steuer" mit dem Tatbestandsmerkmal „fremd" i.S.d. § 242 StGB anzutreffen, um die Qualität als normatives Tatbestandsmerkmal zu verdeutlichen.[2871] Dennoch kann der Argumentation von *F. P. Schuster* nicht in Gänze zugestimmt werden. Denn soweit seine These auf der Behauptung aufbaut, dass von dem Steuerpflichtigen keine Subsumtion in eigener Sache verlangt werde und der Staat den Sachverhalt für den Bürger unter die rechtlichen Vorschriften subsumiere, muss dem grundsätzlich widersprochen werden: Gerade im Bereich der Steuererklärung, aber auch der vorbereitenden Tätigkeiten wie etwa der Buchführung fordert der Staat Subsumtionen von dem Bürger. Allerdings ist die grundsätzliche Subsumtionspflicht des Steuerpflichtigen kein Erkenntnisakt des Staates, dass der Bürger in der Lage ist, unter die steuerrechtlichen Vorschriften zu subsumieren, sondern schlicht dem Steuerverfahren als sonst nicht zu bewältigendem Massenverfahren geschuldet.

Kuhlen hatte zutreffend eingeworfen, dass der Begriff des „Blankettgesetzes" nicht eindimensional, sondern auf mehreren Ebenen bzw. in verschiedenen Sachzusammenhängen zu betrachten ist.[2872] Es kommt dabei auf den jeweiligen Kontext an, in dem von einem Blankettgesetz die Rede ist. Das Bundesverfassungsgericht nutzt die Formulierung des Blankettstrafgesetzes in Bezug auf

---

2867 *F. P. Schuster*, Das Verhältnis von Strafnormen und Bezugsnormen, S. 165 f.

2868 *F. P. Schuster*, Das Verhältnis von Strafnormen und Bezugsnormen, S. 188.

2869 *F. P. Schuster*, Das Verhältnis von Strafnormen und Bezugsnormen, S. 188.

2870 *F. P. Schuster*, Das Verhältnis von Strafnormen und Bezugsnormen, S. 182, 188; mit Verweis für den wertindifferenten Geldanspruch auf *Thomas*, NStZ 1987, 260, 262.

2871 So etwa bei *Seer*, SteuerStud 2016, 35, 39; *Wolf*, Error facti et error iuris, S. 176-179, führt aus, dass das Tatbestandsmerkmal „fremd" in § 242 StGB jedoch nicht eindeutig als normatives Tatbestandsmerkmal eingeordnet werden könne.

2872 *Kuhlen*, DStJG 38 (2015), 117, 127.

§ 370 Abs. 1 AO dann, wenn es sich mit dem Bestimmtheitsgebot des Art. 103 Abs. 2 GG auseinandersetzt.[2873] Der Bundesgerichtshof sieht § 370 Abs. 1 AO im Zusammenhang mit § 2 Abs. 2 bis 4 StGB als Blankettnorm an.[2874] Aber gerade dann, wenn es um die Frage geht, ob der Steuerpflichtige einem Tatbestands- oder einem Verbotsirrtum unterliegt, wenn er über die steuerliche Erheblichkeit einer Tatsache oder den Steuertatbestand an sich irrt, wendet der Bundesgerichtshof in ständiger Rechtsprechung bis heute die bereits dargestellte Steueranspruchstheorie an und geht von einem Tatbestandsirrtum i.S.d. § 16 Abs. 1 S. 1 StGB aus.[2875] Genauso geht auch ein großer Teil der Literatur trotz zunächst angenommenen Blankettnormcharakters des § 370 Abs. 1 AO davon aus, dass ein Irrtum über die steuerlich erhebliche Tatsache bzw. den Steueranspruch zu einem Tatbestandsirrtum i.S.d. § 16 Abs. 1 S. 1 StGB führt.[2876] Dieser auf den ersten Blick vorliegende Widerspruch[2877] ist aber nicht als inkonsequente Argumentation zu interpretieren, sondern ist Ausdruck des Bewusstseins, dass im jeweiligen Rechtszusammenhang die Besonderheiten der Abhängigkeit des Strafrechts von einem anderen Rechtsgebiet zu berücksichtigen sind und die Wertungen dabei isoliert herauszubilden sind.[2878] Das bedeutet, dass teilweise – vor allem bei

---

2873 Siehe BVerfG v. 15.10.1990, 2 BvR 385/87 Rn. 7; BVerfG v. 29.4.2010, 2 BvR 871/04 u.a. Rn. 56; BVerfG v. 16.6.2011, 2 BvR 542/09 Rn. 58; BVerfG v. 23.6.1994, 2 BvR 1084/94 Rn. 3, bezeichnet § 370 AO einmalig als lediglich „blankettartig" ohne hieran jedoch differenzierend anzuknüpfen.

2874 Etwa BGH v. 8.1.1965, 2 StR 49/64 Rn. 11; BGH v. 28.1.1987, 3 StR 373/86 Rn. 21.

2875 BGH v. 24.1.1990, 3 StR 290/89 Rn. 8; BGH v. 9.2.1995, 5 StR 722/94, Rn. 8; BGH v. 26.6.2012, 1 StR 289/12 Rn. 12; BGH v. 10.1.2019, 1 StR 347/18 Rn. 21; BGH v. 10.7.2019, 1 StR 265/18 Rn. 30; BGH v. 16.1.2020, 1 StR 113/19 Rn. 48.

2876 *Ransiek*, in: Kohlmann, Steuerstrafrecht, § 370 AO Rn. 661 (Stand: August 2020); *Peters*, in: Hübschmann/Hepp/Spitaler, AO/FGO, § 370 AO Rn. 42 (Stand: Juli 2019); *Joecks*, in: Joecks/Jäger/Randt, Steuerstrafrecht, § 369 Rn. 105 und § 370 AO Rn. 501-504; wohl auch trotz lediglich Beschreibung der unterschiedlichen Rechtsauffassungen in Anlehnung an die herrschende Meinung *Flore*, in: Flore/Tsambikakis, Steuerstrafrecht, § 370 AO Rn. 656-665; unklar *Sontheimer*, DStR 2014, 357, 359 f.

2877 Von einer „eigenartigen Bewusstseinsspaltung" spricht *Weidemann*, wistra 2006, 132, 132; *Allgayer*, in: Graf/Jäger/Wittig, Wirtschafts- und Steuerstrafrecht, § 369 AO Rn. 28, merkt an, dass die Rechtsprechung unzutreffend sei, wenn man von § 370 AO als Blankettnorm ausgehe.

2878 *Kuhlen*, DStJG 38 (2015), 117, 127-129; *Ransiek*, in: Kohlmann, Steuerstrafrecht, § 370 AO Rn. 23 f. (Stand: August 2020); *Krumm*, in: Tipke/Kruse, AO/FGO, § 370 AO Rn. 2 (Stand: April 2019); für eine von strafrechtsdogmatischen Grundlagen losgelöste Anwendung des Art. 103 Abs. 2 GG auch *Bülte*, in: GS Joecks, 365, 372.

Fragen der zeitlichen Geltung und der Bestimmtheit des Gesetzes nach Art. 103 Abs. 2 GG – die Maßstäbe eines Blankettgesetzes angelegt werden, während die Tatbestandsmerkmale „verkürzte Steuer" und „nicht gerechtfertigter Steuervorteil" im Bereich der Irrtums- und Vorsatzlehre normativer Natur sind.[2879] Ein Irrtum über diese normativen Tatbestandsmerkmale führt nach den dargestellten Grundsätzen dann zu einem Tatbestandsirrtum i.S.d. § 16 Abs. 1 S. 1 StGB.

Dieser Auffassung wird in der aktuellen Literatur im Wesentlichen[2880] durch *Allgayer* und *Wolf* widersprochen. *Allgayer* behauptet, ein Irrtum über den Inhalt und die Reichweite eines Steueranspruchs stelle einen Verbotsirrtum i.S.v. § 17 StGB dar.[2881] Seine Argumentation geht hauptsächlich darauf zurück, dass er an der These festhält, dass § 370 AO (nur) Blanketttatbestand sei.[2882] *Allgayer* erläutert allerdings weder, was nach seiner Auffassung der Unterschied zwischen Blankettnormen und normativen Tatbestandsmerkmalen ist, noch unterscheidet er hinsichtlich der einzelnen Tatbestandsmerkmale des § 370 Abs. 1 AO oder hinsichtlich der Verwendungszusammenhänge.[2883] Eine fundierte Auseinandersetzung mit seiner Auffassung, die über das, was bisher dargestellt worden ist, hinaus geht, fällt daher schwer und unterbleibt hier.[2884] Es kann vielmehr auf das bereits Gesagte verwiesen werden. *Allgayer* geht zudem davon aus, dass sich vor dem Hintergrund, dass vorsätzliches Handeln bereits dann vorliege, wenn das Bestehen eines Steueranspruchs für möglich gehalten wird, bei Anwendung

---

2879 *Kuhlen*, DStJG 38 (2015), 117, 128 f.; *Wulf*, Stbg 2012, 19, 21, differenziert zwischen *Steuerverkürzung* und *ungerechtfertigter Steuervorteil* als normative Tatbestandsmerkmale und *pflichtwidrig* als Blankettmerkmal mit den entsprechenden strafrechtlichen Konsequenzen; ähnlich auch *Solka*, BLJ 2013, 19, 23 f.

2880 *Roth*, ZWH 2013, 373, 373, positioniert sich im Ergebnis zwar ähnlich, seine Auffassung ist aber widersprüchlich, da er ohne weitere Begründung normative Tatbestandsmerkmale annimmt und diese – ebenfalls ohne Begründung und damit jedenfalls nach dem allgemeinen Verständnis widersprüchlich – dem vermeidbaren Verbotsirrtum i.S.d. § 17 S. 1 StGB zuordnet.

2881 *Allgayer*, in: Graf/Jäger/Wittig, Wirtschafts- und Steuerstrafrecht, § 369 Rn. 28.

2882 *Allgayer*, in: Graf/Jäger/Wittig, Wirtschafts- und Steuerstrafrecht, § 369 Rn. 28; siehe dazu auch die Anmerkung zu *Allgayers* Auffassung bei *Solka*, BLJ 2013, 19, 25.

2883 *Wulf*, Stbg 2012, 19, 21.

2884 So auch schon *Kuhlen*, in: FS Kargl, 297, 304, der die Ausführungen *Allgayers* – allerdings zur 1. Auflage aus 2011, die sich im Argumentationskern jedoch nicht verändert haben – als eine „knappe Kommentierung ohne wissenschaftlichen Anspruch" bezeichnet. *Kuhlen*, a.a.O., 305, bezeichnet zudem die Literaturhinweise *Allgayers* als „grob irreführend".

des § 16 Abs. 1 S. 1 StGB kaum Unterschiede zu § 17 StGB ergeben würden,[2885] sodass die Intention hinter seiner Forderung an die Rechtsprechung, in Irrtumsfällen über die Reichweite des Steueranspruchs § 17 StGB anzuwenden, nicht klar wird.

Wolf setzt sich in seiner jüngst erschienenen Schrift umfassend mit den auch hier verarbeiteten Thesen von *Kuhlen*[2886] auseinander, die er als repräsentativ für die Vertreter der Steueranspruchstheorie ansieht.[2887] Im Ergebnis lehnt *Wolf* eine Anwendung von § 16 StGB auf den Irrtum über den Steueranspruch ab. Vielmehr ermögliche erst die Anwendung von § 17 StGB „die Beantwortung der ‚richtigen Fragestellung', nämlich ob in Anbetracht des Komplexitätsgrades der rechtlichen Materie sowie der Position und der Fähigkeiten des Täters der Rechtsirrtum vermeidbar gewesen wäre."[2888] Dem liegt allerdings nicht das hiesige Irrtumsverständnis, sondern ein eigens entwickelter Ansatz zugrunde: In seiner Arbeit kritisiert *Wolf*, dass es nicht möglich sei, Blankettnormen und normative Tatbestandsmerkmale voneinander rechtssicher abzugrenzen.[2889] In Bezug auf die Irrtumsproblematik formuliert er: „Der Irrtum wird für vermeidbar oder vorwerfbar gehalten und deshalb soll er den Vorsatz ausschließen, aber was man sagt ist, der Täter habe über ein deskriptives Tatbestandsmerkmal oder ein Blankettmerkmal geirrt. Wenn man ein anderes Ergebnis will, so nennt man das Merkmal ‚normativ'."[2890] Die Abgrenzung zwischen normativen Tatbestandsmerkmalen und Blankettvorschriften sei auch im Bereich des § 370 Abs. 1 AO eine „Bauchentscheidung"[2891] und zu unbestimmt, um als dogmatische Grundlage für die Einordnung des Irrtums über den Steueranspruch zu dienen.[2892] *Wolf* favorisiert eine „vollständige Entnormativierung des Vorsatzgegenstandes", folglich, dass allein der Lebenssachverhalt, nicht dagegen ein Subsumtionsergebnis Vorsatzgegenstand bzw. Bezugspunkt des Vorsatzes sei.[2893] Rechtsirrtümer unterfallen nach diesem Konzept ausschließlich dem Anwendungsbereich des § 17 StGB.[2894] Für die Irrtumsdogmatik bedeutete

---

2885 *Allgayer*, in: Graf/Jäger/Wittig, Wirtschafts- und Steuerstrafrecht, § 369 Rn. 28.
2886 *Kuhlen*, DStJG 38 (2015), 117.
2887 *Wolf*, Error facti et error iuris, S. 334-357.
2888 *Wolf*, Error facti et error iuris, S. 357.
2889 *Wolf*, Error facti et error iuris, S. 166-195.
2890 *Wolf*, Error facti et error iuris, S. 241.
2891 *Wolf*, Error facti et error iuris, S. 356.
2892 *Wolf*, Error facti et error iuris, S. 340-345.
2893 *Wolf*, Error facti et error iuris, S. 637.
2894 *Wolf*, Error facti et error iuris, S. 637.

das: Irrtümer über den Sachverhalt wären ausschließlich § 16 StGB zuzuordnen, Irrtümer über das Recht – und damit auch der Irrtum über das Bestehen eines Steueranspruchs – § 17 StGB.[2895] Dadurch werde der Anwendungsbereich des § 16 StGB zwangsläufig reduziert und der Verbotsirrtum i.S.d. § 17 StGB erlange als flexibler ausgestaltete Norm an Bedeutungszuwachs:[2896] Denn nach *Wolf* ermögliche § 17 StGB eine Berücksichtigung der Besonderheiten des Einzelfalles, mitunter der gesetzlichen Komplexität der Norm, gegen die verstoßen worden sei, aber auch der individuellen Fähigkeiten des Täters und seiner Position, und könne darauf flexibel von Strafmilderung bis Schuldausschluss agieren.[2897] In diesem Zuge möchte *Wolf* das Tatbestandsmerkmal der „Vermeidbarkeit des Irrtums" als Stellschraube nutzen und neu definieren.[2898] Bei der Beurteilung, ob ein Irrtum über das Recht vermeidbar i.S.d. § 17 StGB ist, soll es darauf ankommen, aus welchem Rechtsgebiet die Norm stammt, welchen Komplexitätsgrad sie aufweist und wie allgemein bekannt sie ist.[2899] Als subjektive Merkmale auf Täterseite kommen dessen Beruf, Bildung und Vorkenntnisse als beurteilungsrelevant in Betracht.[2900]

Eine strafrechtsdogmatische Beurteilung der These von *Wolf* kann an dieser Stelle nicht erfolgen. Dennoch lässt sein Ergebnis eine Wertungsoffenheit im Anwendungsbereich des § 17 StGB zu, in der sich letztlich auch ein steuerverfahrensrechtlicher Leistungsfähigkeitsgedanke verwerten lässt. Es wird danach jedenfalls nicht ausreichen können, den Täter auf die Möglichkeit der Inanspruchnahme eines steuerlichen Beraters hinzuweisen,[2901] um die Vermeidbarkeit seines Rechtsirrtums anzunehmen oder bloß aus einer beruflichen Stellung bestimmte (Erkundigungs-)Pflichten zu fordern, ohne die Komplexität des Rechts ebenso zu berücksichtigen.[2902] Fraglich ist in diesem Zusammenhang

---

2895 *Wolf*, Error facti et error iuris, S. 638.

2896 *Wolf*, Error facti et error iuris, S. 642 f.

2897 *Wolf*, Error facti et error iuris, S. 642 f.

2898 *Wolf*, Error facti et error iuris, S. 644 f.

2899 *Wolf*, Error facti et error iuris, S. 646.

2900 *Wolf*, Error facti et error iuris, S. 646.

2901 Siehe *Krumm*, in: Tipke/Kruse, AO/FGO, § 370 AO Rn. 129 (Stand: April 2019), und *Peters*, in: Hübschmann/Hepp/Spitaler, AO/FGO, § 370 AO Rn. 486 (Stand: Juli 2019), jeweils m.w.N.

2902 Siehe etwa die von der Bewertung der rechtlichen Grundlage losgelöste, nur auf die Zugehörigkeit des Täters zu einem bestimmten Lebens- oder Personenkreis und nicht näher definierte Umstände abstellende, und daher zu allgemeine Wertung bei *Jäger*, in: Klein, AO, § 370 Rn. 183.

aber, ob sich die Rechtsprechung auf eine derartige großflächige Änderung der Rechtsanwendung einlassen und sachgerechte Kriterien für den Irrtum über das Steuerrecht im Rahmen von § 17 StGB entwickeln würde. Bisher ist mit der Tendenz hin zu einem potentiellen Vorsatz jedenfalls eine solche Bereitschaft nicht zu erkennen, sodass *Wolfs* Vorschlag als Idee im Hinterkopf behalten werden soll, hier als in der Praxis nicht verwertbarer Vorschlag aber nicht weiterverfolgt wird.

Führt man den vor der Auseinandersetzung mit *Allgayer* und *Wolf* gefundenen Gedanken, dass im jeweiligen Rechtszusammenhang die Besonderheiten der Abhängigkeit des Strafrechts von einem anderen Rechtsgebiet zu berücksichtigen sind, fort, könnte die Frage, ob ein Tatbestandsirrtum i.S.d. § 16 Abs. 1 S. 1 StGB oder ein Verbotsirrtum i.S.d. § 17 S. 1 StGB gegeben ist, sich letztlich von der dogmatischen Vorfrage, ob ein Blanketttatbestand oder ein normatives Tatbestandsmerkmal vorliegt,[2903] lösen und anhand einer rechtsgebietspezifischen Untersuchung beantwortet werden. Zunächst beschränkt auf das Wirtschaftsstrafrecht, später allgemein hatte etwa *Bülte* dafür plädiert, unter Beachtung der strafrechtsdogmatischen Tatbestandsfunktion auch bei einem Irrtum über die Norm, auf die ein Blanketttatbestand verweist, einen Tatbestandsirrtum i.S.d. § 16 Abs. 1 S. 1 StGB anzunehmen.[2904] *Bülte* kommt so im Bereich der Irrtumsproblematik über das Steuerrecht zu einem vorsatzausschließenden Tatbestandsirrtum, ohne jedoch an die Kategorien des normativen Tatbestandsmerkmals und der Blankettvorschrift anzuknüpfen.[2905]

Hier wird sich wegen der genannten Argumente dem Ergebnis angeschlossen, dass ein Irrtum über die „steuerlich erhebliche Tatsache" oder das Bestehen eines Steueranspruchs dem Grunde und der Höhe nach zu einem Tatbestandsirrtum i.S.d. § 16 Abs. 1 S. 1 StGB führt.

3. *Beurteilung von Rechtsirrtümern bei Erfüllung der Steuererklärungspflichten*

Rechtsirrtümer unterlaufen dem Steuerpflichtigen im Rahmen der Erstellung der Steuererklärung bei der steuerrechtlichen Beurteilung eines Sachverhaltes hauptsächlich in Form von Subsumtionsirrtümern. Mit der fehlerhaften rechtlichen Beurteilung eines Lebenssachverhalts geht im Regelfall, da die Beurteilung

---

2903 So auch *Bülte*, JuS 2015, 769, 777; *Radtke*, in: GS Joecks, 543, 552.

2904 *Bülte*, NStZ 2013, 65, 71 f.; *ders.*, JuS 2015, 769, 776 f.

2905 Ebenso im Ergebnis *Wedler*, NZWiSt 2015, 100, 101 f.; *Radtke*, in: GS Joecks, 543, 553-558.

des Sachverhaltes Niederschlag in der steuerlichen Bemessungsgrundlage und bzw. oder dem Steuersatz findet, die insoweit fehlerhafte Vorstellung über einen bestehenden Steueranspruch einher. Steuerstrafrechtlich führt der Rechtsirrtum nach der hier und von der überwiegenden Literatur vertretenen Auffassung zu einem Tatbestandsirrtum i.S.d. § 16 Abs. 1 S. 1 StGB und damit – vorbehaltlich der Belangung wegen einer leichtfertigen Steuerverkürzung – zur Straffreiheit. Für die Beurteilung, ob der Steuerpflichtige einem Rechtsirrtum unterlegen ist, ist mangels Beweisbarkeit dieser inneren Tatsache auf äußere Merkmale zurückzugreifen, was oben bereits erörtert worden ist.

Irrt sich der Steuerpflichtige über die Steuererklärungspflicht dem Grunde nach, gibt er also keine Steuererklärung bei der Finanzbehörde ab, ist der objektive Tatbestand des § 370 Abs. 1 Nr. 2 AO erfüllt. Für die Frage, wie der Irrtum über die Steuererklärungspflicht dem Grunde nach zu behandeln ist, werden in der Literatur zum Teil abweichende Antworten im Vergleich zu unrichtigen oder unvollständigen Angaben in der Steuererklärung aufgrund eines rechtlichen Irrtums angeboten. Grundlage der divergierenden Beurteilung ist, dass bei einem Unterlassungsdelikt der Täter die tatbestandsmäßige Situation kennen muss, aus der seine Pflicht zum Handeln resultiert,[2906] nicht jedoch seine Garantenpflicht bzw. die Rechtspflicht selbst.[2907] Der Irrtum über die Steuererklärungspflicht ist danach für den Vorsatz unerheblich, sodass nur noch ein Verbotsirrtum i.S.d. § 17 StGB in Betracht kommt.[2908] In der steuerrechtlichen Literatur wird dieses Ergebnis zum Teil über den „Umweg" der Frage danach, ob es sich bei dem Tatbestandsmerkmal der „Pflichtwidrigkeit" in § 370 Abs. 1 Nr. 2 AO um ein Blankettmerkmal oder ein normatives Tatbestandsmerkmal handelt, erreicht. Danach ergebe sich aus dem Charakter der „Pflichtwidrigkeit" als Blankettmerkmal, dass ein Irrtum lediglich zu einem Verbotsirrtum i.S.d. § 17 StGB führe.[2909]

2906 *Sternberg-Lieben/Schuster*, in: Schönke/Schröder, StGB, § 15 Rn. 94.

2907 *Bosch*, in: Schönke/Schröder, StGB, § 13 Rn. 2; *Krumm*, in: Tipke/Kruse, AO/FGO, § 370 AO Rn. 128 (Stand: April 2019); *Ransiek*, in: Kohlmann, Steuerstrafrecht, § 370 AO Rn. 668 (Stand: August 2020); *Seer*, in: Tipke/Lang, Steuerrecht, Rn. 23.47.

2908 *Spatscheck*, DStJG 38 (2015), 89, 92; *Solka*, BLJ 2013, 19, 25; *Ransiek*, in: Kohlmann, Steuerstrafrecht, § 370 AO Rn. 668 (Stand: August 2020).

2909 *Bachmann*, Vorsatz und Rechtsirrtum, S. 194-196. Begründet wird dies damit, dass der Tatbestand der Steuerhinterziehung insoweit nicht vollständig sei, denn die „Pflichtwidrigkeit" bestimme erst, welche Kreise überhaupt als Täter in Betracht kommen. Eine derartige Einschränkung forderte § 370 Abs. 1 Nr. 1 AO nicht, nach dem jedermann Täter einer Steuerhinterziehung sein kann. Siehe auch *Schmitz/Wulf*, in: MüKo StGB, § 370 AO Rn. 399; a.A. *Gaede*, Der Steuerbetrug, S. 468-471.

Warum aber der Irrtum über die steuerliche Erklärungspflicht anders beurteilt werden soll als der Irrtum über die steuerrechtliche Relevanz oder Beurteilung eines Sachverhaltes, wird nicht ohne Weiteres deutlich, denn in beiden Fällen liegt ein Irrtum über das Steuerrecht vor.[2910] Eine Unterscheidung ergibt sich auch nicht daraus, dass einerseits ein Irrtum über eine materielle Steuerrechtsnorm und andererseits ein Irrtum über die verfahrensrechtliche Steuerrechtsnorm vorliegt. Zudem werden beide Irrtümer häufig zusammenfallen: Derjenige, der über einen Steueranspruch dem Grunde nach irrt und daher nach der hier vertretenen Auffassung einem Tatbestandsirrtum i.S.d. § 16 StGB unterliegt, wird konsequenterweise auch keine Steuererklärung abgeben, sodass die Einordnung des zweiten Irrtums strafrechtlich irrelevant ist.[2911] Es sind jedoch keine Gründe ersichtlich, warum derjenige, der über einen Steueranspruch irrt, anders behandelt werden soll, als derjenige, der über die Pflicht zur Abgabe einer Steuererklärung qualitativ nicht anders irrt; dies gilt selbst dann, wenn er den Steueranspruch als solchen geistig erfasst hat, sodass der Irrtum über die Steuererklärungspflicht dem Grunde nach ebenfalls als Tatbestandsirrtum i.S.d. § 16 Abs. 1 S. 1 StGB zu qualifizieren ist.[2912]

IV. Irrtum über die Strafbarkeit der Steuerhinterziehung

Anders zu beurteilen ist es, wenn der Steuerpflichtige aufgrund der Parallelwertung in der Laiensphäre erkennt, dass er durch die Nichtabgabe der Steuererklärung bzw. durch unvollständige oder unrichtige Angaben gegenüber einer Behörde eine Steuerverkürzung begeht oder nicht gerechtfertigte Steuervorteile erhält, aber glaubt, dass diese bzw. dies nicht in Gänze oder bis zu einem bestimmten Betrag, z.B. als „Kavaliersdelikt" nicht strafbar sei.[2913] Denkbar sind auch Situationen, in denen der Handelnde über seine Eigenschaft

---

2910 *Krumm*, in: Tipke/Kruse, AO/FGO, § 370 AO Rn. 129 (Stand: April 2019); auf einen Widerspruch und zweifelhafte Ergebnisse bei dieser Unterscheidung weist auch *Wolf*, Error facti et error iuris, S. 352 f., hin.

2911 Siehe auch *Flore*, in: Flore/Tsambikakis, Steuerstrafrecht, § 370 Rn. 163; *Krumm*, in: Tipke/Kruse, AO/FGO, § 370 AO Rn. 129 (Stand: April 2019); *Ransiek*, in: Kohlmann, Steuerstrafrecht, § 370 AO Rn. 670 (Stand: August 2020).

2912 Im Ergebnis ebenso *Thomas*, NStZ 1987, 260, 263 f.; *Krumm*, in: Tipke/Kruse, AO/FGO, § 370 AO Rn. 128 (Stand: April 2019); *Seer*, in: Tipke/Lang, Steuerrecht, Rn. 23.47.

2913 Denkbar sind vor allem solche Fälle, in denen soziale Normen den geschriebenen Rechtssatz bei dem Individuum bzw. im sozialen Umfeld des Individuums überlagern.

als bestrafbarer Täter irrt, wenn er unrichtige oder unvollständige Angaben zugunsten einer anderen Person vor Finanzbehörden oder anderen Behörden macht.[2914] In so gelagerten Fällen liegt kein Irrtum über den Steueranspruch, sondern lediglich über die Strafnorm vor, der als Verbotsirrtum i.S.d. § 17 S. 1 StGB einzuordnen ist.

C. Steuererklärungspflicht und der *nemo tenetur*-Grundsatz

I. Der *nemo tenetur*-Grundsatz im Steuerverfahren

Im rechtsstaatlichen Strafverfahren ist anerkannt, dass niemand gezwungen werden darf, sich selbst zu belasten.[2915] Dieser Grundsatz wird mit dem Begriff *nemo tenetur se ipsum accusare*[2916] – kurz: *nemo tenetur* – bezeichnet und hat, hergeleitet aus der Menschenwürde und dem allgemeinen Persönlichkeitsrecht i.S.d. Art. 2 Abs. 1 GG i.V.m. Art. 1 GG,[2917] Verfassungsrang. Seit der Gemeinschuldnerentscheidung des Bundesverfassungsgerichts ist anerkannt, dass die Rechtsordnung kein ausnahmsloses Gebot kennt, dass niemand zu Auskünften oder sonstigen Handlungen gezwungen werden darf, durch die er eine von ihm begangene strafbare Handlung offenbart.[2918] Jedoch „[u]nzumutbar und mit der Würde des Menschen unvereinbar wäre ein Zwang, durch eigene Aussagen die Voraussetzungen für eine strafgerichtliche Verurteilung oder die Verhängung entsprechender Sanktionen liefern zu müssen."[2919] Das bedeutet, dass dem Staat

---

2914 *Krumm*, in: Tipke/Kruse, AO/FGO, § 370 AO Rn. 128 (Stand: April 2019).

2915 BVerfG v. 8.10.1974, 2 BvR 747/73, BVerfGE 38, 105, 113; BVerfG v. 22.10.1980, 2 BvR 1172/79 u.a., BVerfGE 55, 144, 150; BVerfG v. 13.1.1981, 1 BvR 116/77, BVerfGE 56, 37, 43; BVerfG v. 27.4.2010, 2 BvL 13/07 Rn. 2.

2916 Übersetzt: „Niemand ist verpflichtet, sich selbst anzuklagen." Auch geläufig unter *nemo tenetur se ipsum prodere*, etwa „Niemand ist verpflichtet, sich selbst zu verraten." Strafrechtlich ergibt sich jedoch keine unterschiedliche Bedeutung (*Rogall*, in: FS Kohlmann, 465, 468 und dort Fn. 16; *Buchholz*, Der nemo tenetur-Grundsatz, S. 15 f., 272). Ursprünglich *„Licet nemo tenetur seipsum prodere, tamen proditus per famam tenetur seipsum ostendere utrum possit suam innocentiam ostendere et seipsum purgare"*, siehe *Buchholz*, Der nemo tenetur-Grundsatz, S. 40.

2917 BVerfG v. 13.1.1981, 1 BvR 116/77, BVerfGE 56, 37, 43 f., 49; siehe zu anderen Herleitungsmöglichkeiten *Reiter*, Nemo tenetur und Steuererklärungspflicht, S. 68-107; siehe auch *Reiß*, Besteuerungsverfahren und Strafverfahren, S. 140-143.

2918 BVerfG v. 13.1.1981, 1 BvR 116/77, BVerfGE 56, 37, 42.

2919 BVerfG v. 13.1.1981, 1 BvR 116/77, BVerfGE 56, 37, 49.

im weitesten Sinne zwei Gestaltungsextrema zustehen. Für das Steuerrecht sind diese wie folgt: Entweder der Staat gewichtet den staatlichen Strafanspruch stärker. Dann können die Mitwirkungspflichten des Steuerpflichtigen nicht erzwungen werden. Oder der Staat gewichtet den Steueranspruch stärker. Dann können die im Steuerverfahren bestehenden Mitwirkungspflichten des Steuerpflichtigen auch mit Zwang durchgesetzt werden, im Gegenzug muss aber eine strafrechtliche Verfolgung, die auf den dann in Erfüllung der Mitwirkungspflichten mitgeteilten Informationen erfolgt, ausgeschlossen sein. Fraglich ist, wie diese gegensätzlichen Systeme im Bereich der Steuererklärungspflicht zum Ausgleich gebracht werden.

Die Steuererklärungspflichten nach den §§ 149, 150 AO i.V.m. den Einzelsteuergesetzen sind im Besteuerungsverfahren ausdrücklich mit Zwangsmitteln i.S.d. §§ 328 ff. AO durchsetzbar. Neben diesem gesetzlich ausdrücklich als solchem bezeichneten Zwangsmittel sieht die Abgabenordnung noch die Verspätungszuschläge und die Möglichkeit von für den Steuerpflichtigen ungünstigen Schätzungen – nicht Strafschätzungen! – vor, die als „zwangsmittelgleiche Maßnahmen"[2920] wirtschaftlichen Zwang auf den Steuerpflichtigen ausüben können.[2921] Ist ein Steuerstrafverfahren eingeleitet, werden gem. § 393 Abs. 1 S. 2 AO Zwangsmittel als unzulässig eingeordnet, wenn der Steuerpflichtige dadurch gezwungen würde, sich selbst wegen einer von ihm begangenen Steuerstraftat oder Steuerordnungswidrigkeit zu belasten.[2922] Für die Steuererklärungspflicht im Steuerstrafverfahren hat sich der Gesetzgeber somit für eine stärkere Gewichtung des staatlichen Strafanspruchs entschieden.

Bei Erfüllung der Steuererklärungspflichten kommen zwei Grundkonstellationen in Betracht, in denen der Steuerpflichtige strafrechtlich relevante Sachverhalte offenbart und sich damit selbst belastet: Erstens kann der Steuerpflichtige durch die Angaben in der Steuererklärung eine Straftat offenbaren, die keine Steuerstraftat ist, etwa, indem er Einkünfte aus verbotenen Tätigkeiten oder Bestechungsgelder als Einnahmen deklariert. Zweitens kann sich der

2920 *Talaska*, Mitwirkungspflichten im Spannungsfeld, S. 83.

2921 *Talaska*, Mitwirkungspflichten im Spannungsfeld, S. 53-83; *Tormöhlen*, in: FS Korn, 779, 783-785; *Heinsius*, DStZ 2001, 816, 817 f.; *List*, DB 2006, 469, 471, 473; *Meyer-Mews*, DStR 2013, 161, 165; *Hilgers-Klautzsch*, in: Kohlmann, Steuerstrafrecht, § 393 AO Rn. 67-69, 76.1 (Stand: November 2018); kritisch *Tormöhlen*, in: Hübschmann/Hepp/Spitaler, AO/FGO, § 393 AO Rn. 75 (Stand: Februar 2020).

2922 *Meyer-Mews*, DStR 2013, 161, 164 f., kritisiert einen aus seiner Sicht fehlenden sachlichen Zusammenhang zwischen der Einleitung des Steuerstrafverfahrens und dem durch Verzicht auf Zwangsmittel eingeräumten Schweigerecht.

Steuerpflichtige durch wahrheitsgemäße Angaben in der Steuererklärung wegen früherer von ihm begangener Steuerstraftaten selbst belasten, ohne dass ein Steuerstrafverfahren für diesen Veranlagungszeitraum oder überhaupt gegen ihn eingeleitet worden ist. Wie in den dargestellten Fällen der Konflikt zwischen dem Interesse des Staates an vollständigen Steuererklärungen einerseits und dem Interesse des Steuerpflichtigen andererseits, sich nicht selbst unter Androhung von Zwang einer Straftat bezichtigen zu müssen, im Steuerverfahren durch § 393 AO im Einzelnen aufgelöst wird, ist im Folgenden Gegenstand der Untersuchung. Für die Ausarbeitung ist dabei insbesondere von Interesse, ob und inwieweit die Pflicht des Steuerpflichtigen, eine vollständige und richtige bzw. überhaupt eine Steuererklärung abzugeben, in den verschiedenen Fallkonstellationen aufgrund des *nemo tenetur*-Grundsatzes suspendiert wird.

II. Offenlegung von Nicht-Steuerstraftaten in der Steuererklärung

§ 40 AO schreibt als Ausdruck des steuerlichen Neutralitätsprinzips für die Besteuerung vor, dass es unerheblich ist, ob ein Verhalten, das den Tatbestand eines Steuergesetzes ganz oder zum Teil erfüllt, gegen ein gesetzliches Gebot bzw. Verbot oder gegen die guten Sitten verstößt. Damit verwirklicht sich der Grundsatz der Besteuerung nach der wirtschaftlichen Leistungsfähigkeit ohne Blick darauf, ob es sich bei dem der wirtschaftlichen Tätigkeit zugrunde liegenden Verhalten um legales oder illegales Verhalten handelt.[2923] Unabhängig von der Strafbarkeit des wirtschaftlichen Verhaltens hat der Steuerpflichtige daher die Mitwirkungspflichten im Steuerverfahren zu erfüllen. Soweit durch strafbare Handlungen steuerliche Tatbestände erfüllt werden, sind die dazugehörigen Steuererklärungspflichten gem. §§ 149, 150 AO i.V.m. den Einzelsteuergesetzen zu erfüllen und auch die illegal erwirtschafteten Einkünfte zu erklären. Eine Suspendierung von Zwangsmitteln kommt mangels Anwendbarkeit von § 393 Abs. 1 S. 2 AO in diesen Fallkonstellationen nicht in Betracht.[2924] Der Offenbarungspflicht des Steuerpflichtigen durch Angaben in der Steuererklärung gegenüber der Finanzbehörde steht auf ihrer Seite jedoch das Steuergeheimnis

---

2923 Siehe etwa für die Einkünfte aus dem Handel mit Betäubungsmitteln BFH v. 6.4.2000, IV R 31/99, BStBl. II 2001, 536 Rn. 20; siehe für Einkünfte eines leitenden Bankangestellten, der unter Ausnutzung seiner Vertrauensstellung Bankgeschäfte zulasten der Bank tätigt, BFH v. 3.7.1991, X R 163/87 u.a., BStBl. II 1991, 802 Rn. 13.

2924 *Rogall*, in: FS Kohlmann, 465, 473; *Tormöhlen*, in: Hübschmann/Hepp/Spitaler, AO/FGO, § 393 AO Rn. 182 (Stand: Februar 2020).

i.S.d. § 30 AO gegenüber, das als Gegenstück zu den weit reichenden Mitwirkungs- und Offenlegungspflichten des Steuerpflichtigen eingeführt worden ist und die Vorschriften über die Amtsverschwiegenheit ergänzt.[2925] Das Steuergeheimnis dient dem privaten Geheimhaltungsinteresse des Steuerpflichtigen und verfolgt gleichzeitig den Zweck, die Bereitschaft zur Offenlegung der steuerlich relevanten Sachverhalte zu fördern, um eine gesetzmäßige und gleichmäßige Besteuerung sicherzustellen.[2926] Der dem Einzelnen gewährte Schutz seiner privaten Interessen steht eine gem. § 355 StGB[2927] strafbewehrte Verpflichtung des Amtsträgers aus § 30 AO gegenüber, die ihm bekannt gewordenen geschützten Daten nicht zu offenbaren oder zu verwerten. In der Grundaussage entzieht das Steuergeheimnis dem Strafverfahren Sachverhaltskenntnisse, die im Besteuerungsverfahren bekannt geworden sind. Das Steuergeheimnis gilt allerdings nicht uneingeschränkt, sondern § 30 Abs. 4 AO beinhaltet einen Katalog an befugten Offenbarungen bzw. Verwertungen und damit Durchbrechungen des Steuergeheimnisses.[2928] Von besonderer Relevanz ist die Zulässigkeit der Offenbarung bzw. Verwertung in den Fällen des § 30 Abs. 4 Nr. 5 AO, in denen ein zwingendes öffentliches Interesse besteht. Dieses ist explizit gem. § 30 Abs. 4 Nr. 5 AO dann gegeben, wenn die Offenbarung erforderlich zur Abwehr erheblicher Straftaten gegen gewichtige Rechtsgüter (lit. a), zur Verfolgung von Wirtschaftsstraftaten (lit. b) oder zur Richtigstellung bestimmter unwahrer Tatsachen (lit. c) ist.[2929] § 30 Abs. 4 Nr. 2 AO lässt zudem die Offenbarung bzw. Verwertung geschützter Daten zu, wenn dies durch ein Bundesgesetz zugelassen ist.

2925 BVerfG v. 17.7.1984, 2 BvE 11/83 u.a., BVerfGE 67, 100, 139; BVerfG v. 27.6.1991, 2 BvR 1493/89, BVerfGE 84, 239, 280 f.; BVerfG v. 9.3.2004, 2 BvL 17/02, BVerfGE 110, 94, 113; siehe auch *Reiß*, Besteuerungsverfahren und Strafverfahren, S. 85-90; *Frizen*, Das Deklarationsprinzip im Einkommensteuerrecht, S. 57; *Drüen*, in: Tipke/Kruse, AO/FGO, § 30 AO Rn. 4 (Stand: Oktober 2019).

2926 BVerfG v. 17.7.1984, 2 BvE 11/83 u.a., BVerfGE 67, 100, 139 f.; BVerfG v. 27.6.1991, 2 BvR 1493/89, BVerfGE 84, 239, 280 f.; siehe ausführlich *Reiß*, Besteuerungsverfahren und Strafverfahren, S. 85-100; *Drüen*, in: Tipke/Kruse, AO/FGO, § 30 AO Rn. 10 (Stand: Oktober 2019).

2927 § 355 StGB ist *lex specialis* zu § 203 StGB, siehe *Schmitz*, in: MüKo StGB, § 355 StGB Rn. 135.

2928 Zur geschichtlichen Entwicklung *Reiß*, Besteuerungsverfahren und Strafverfahren, S. 100-108.

2929 Inwieweit es sich bei den aufgezählten Fallgruppen um Regelbeispiele oder Anwendungsfälle handelt, ist umstritten, siehe *Leimkuhl-Schulz/Modrzejewski*, wistra 2015, 378, 380; *Drüen*, in: Tipke/Kruse, AO/FGO, § 30 AO Rn. 120 (Stand: Oktober 2019).

Von dieser Möglichkeit wird in § 4 Abs. 5 Nr. 10 S. 3 EStG[2930] für die Zahlung von Bestechungs- und Schmiergeldern, in § 31a AO u.a. zur Bekämpfung der Schwarzarbeit sowie illegaler Beschäftigung und in § 31b AO zur Bekämpfung der Geldwäsche und Terrorismusfinanzierung Gebrauch gemacht.

Für die Frage, ob eine Steuererklärung, durch die, soweit sie vollständig und wahrheitsgemäß ausgefüllt wird, außersteuerliche Straftaten offenbart werden, wegen des *nemo tenetur*-Grundsatzes nicht oder nicht vollständig abzugeben ist, kommt es entscheidend auf die Regelung des § 393 Abs. 2 AO an. § 393 Abs. 2 S. 1 AO besagt, dass, soweit der Staatsanwaltschaft oder dem Gericht in einem Strafverfahren aus den Steuerakten Tatsachen oder Beweismittel bekannt werden, die der Steuerpflichtige der Finanzbehörde vor Einleitung des Strafverfahrens oder in Unkenntnis der Einleitung des Strafverfahrens in Erfüllung steuerrechtlicher Pflichten offenbart hat, diese Kenntnisse gegen ihn nicht für die Verfolgung einer Tat verwendet werden dürfen, die keine Steuerstraftat ist. Bei isolierter Betrachtung dieser Regelung ist der Steuerpflichtige also vor strafrechtlicher Verfolgung geschützt, wenn er durch Angaben in der Steuererklärung strafbare außersteuerliche Handlungen offenbart.[2931] Dies betrifft sowohl die unmittelbare Auswertung der erklärten Sachverhalte als auch die mittelbare Auswertung durch Nutzung des Erklärten als Anhaltspunkte für weitere Ermittlungen.[2932] Es handelt sich bei § 393 Abs. 1 S. 1 AO somit um ein strafrechtliches Beweisverwertungs- bzw. Beweisverwendungsverbot[2933],[2934] dessen Sinn und

---

2930 Für die Einordnung der Norm unter § 30 Abs. 4 Nr. 2 AO siehe BFH v. 14.7.2008, VII V 92/08, BStBl. II 2008, 850 Rn. 11; *Kruschke*, in: Herrmann/Heuer/Raupach, EStG/KStG, § 4 EStG Rn. 1875 (Stand: Dezember 2019); kritisch zur Regelung und eine einschränkende Auslegung befürwortend *Joecks*, DStR 1997, 1025.

2931 So auch LG Göttingen v. 11.12.2007, 8 KLs 1/07 Rn. 118, bei der hypothetischen Überlegung, dass § 393 Abs. 2 S. 2 AO (zur Norm im Text sogleich) verfassungswidrig ist; siehe auch *Joecks*, in: Joecks/Jäger/Randt, Steuerstrafrecht, § 393 Rn. 86 f.

2932 *Rogall*, in: FS Kohlmann, 465, 476-486; *Hilgers-Klautzsch*, in: Kohlmann, Steuerstrafrecht, § 393 AO Rn. 232-234 (Stand: November 2018).

2933 Ein Verwendungsverbot umfasst stets auch das Verwertungsverbot und verbietet es zusätzlich, die Sachverhaltsoffenbarungen des Steuerpflichtigen in der Steuererklärung dazu zu nutzen, um weitere Erkenntnisquellen zu erschließen; siehe die Auseinandersetzung mit § 79 Abs. 1 InsO und die Rückkopplung auf § 393 Abs. 2 S. 1 AO bei *Rogall*, in: FS Kohlmann, 465, 479 f. Im Folgenden ist hier daher vom „Verwendungsverbot" die Rede.

2934 BGH v. 11.9.2013, 5 StR 253/03 Rn. 3; BGH v. 5.5.2004, 5 StR 548/03 Rn. 33; *Reiter*, Nemo tenetur und Steuererklärungspflicht, S. 183 und dort Fn. 695; *Leimkuhl-Schulz/ Modrzejewski*, wistra 2015, 378, 381; *Joecks*, in: Joecks/Jäger/Randt, Steuerstrafrecht,

Zweck in dem Schutz des Steuergeheimnisses im Strafverfahren liegt[2935] und bei dessen Einhaltung der *nemo tenetur*-Grundsatz folglich nicht verletzt wird.[2936] Allerdings macht § 393 Abs. 2 S. 2 AO von dem in § 393 Abs. 2 S. 1 AO gefassten Grundsatz eine Ausnahme bei Straftaten, an deren Verfolgung ein zwingendes öffentliches Interesse i.S.d. § 30 Abs. 4 Nr. 5 AO besteht, ohne dass die Möglichkeit der Erzwingung der Abgabe der Steuererklärung entfällt. Denn – wie bereits erläutert – findet § 393 Abs. 1 S. 2 AO keine Anwendung auf außersteuerliche Straftaten. Ferner sind aus dem Gesetzeszusammenhang auch die Mitteilungspflichten i.S.d. §§ 31a, 31b AO, § 4 Abs. 5 Nr. 10 S. 3 EStG als Fälle des zwingenden öffentlichen Interesses i.S.d. § 393 Abs. 2 S. 2 AO anzusehen, da diese Normen anderenfalls wirkungslos wären.[2937] Die Weitergabe von Informationen wäre daher in diesen Fallkonstellationen ebenso zulässig. Das Verwendungsverbot des § 393 Abs. 2 S. 1 AO bietet also insoweit keinen Schutz, wie eine Verwertung im Strafverfahren gem. § 30 Abs. 4 Nr. 5 AO oder eine Mitteilung der Finanzbehörde an die Staatsanwaltschaft bzw. andere Verwaltungsbehörden gem. §§ 31a, 31b AO, § 4 Abs. 5 Nr. 10 S. 3 EStG möglich ist, sodass wegen § 393 Abs. 2 S. 2 AO eine erzwungene Offenbarung von strafrelevanten Informationen strafrechtlich verwertet werden kann und somit eine Verletzung des *nemo tenetur*-Grundsatzes grundsätzlich gegeben ist.[2938]

---

§ 393 Rn. 70; *Hilgers-Klautzsch*, in: Kohlmann, Steuerstrafrecht, § 393 AO Rn. 12 (Stand: November 2018); *Drüen*, in: Tipke/Kruse, AO/FGO, § 393 AO Rn. 74 (Stand: April 2018); *Tormöhlen*, in: Hübschmann/Hepp/Spitaler, AO/FGO, § 393 AO Rn. 20 (Stand: Februar 2020).

2935 BT Drucks. V/1812, S. 32.

2936 Da § 393 Abs. 2 S. 1 AO voraussetzt, dass die Kenntnisse rechtmäßig erlangt worden sind (siehe *Rogall*, in: FS Kohlmann, 465, 489), ist in den Fällen, in denen eine unrechtmäßige Kenntniserlangung vorliegt, ein aus der strafprozessualen Beweisverbotslehre stammendes Beweisverwertungsverbot mit den Anforderungen des § 393 Abs. 2 S. 1 AO aufzuladen und insoweit mindestens gleichzustellen, da ansonsten der Schutz rechtmäßig erlangter Informationen weiter reichen würde als der Schutz rechtswidrig erlangter Informationen, siehe *Leimkuhl-Schulz/Modrzejewski*, wistra 2015, 378, 381.

2937 *Wulf*, wistra 2006, 89, 91; ähnlich auch *Tormöhlen*, in: Gosch, AO/FGO, § 31a AO Rn. 9.1 (Stand: Juni 2018).

2938 Mit ähnlichen Ergebnissen *Reiß*, Besteuerungsverfahren und Strafverfahren, S. 124-139, 222-226; *Joecks*, in: FS Kohlmann, 451, 455; *Wulf*, wistra 2006, 89, 91; *Hilgers-Klautzsch*, in: Kohlmann, Steuerstrafrecht, § 393 AO Rn. 127 (Stand: November 2018); *Tormöhlen*, in: Hübschmann/Hepp/Spitaler, AO/FGO, § 393 AO Rn. 181 (Stand: Februar 2020).

Eine denkbare Lösung dieses Konflikts wäre, die Steuererklärungspflicht insoweit spiegelbildlich zu suspendieren bzw. die Verletzung der Steuererklärungspflicht soweit straffrei zu stellen, wie § 393 Abs. 2 S. 2 AO das Verwendungsverbot des § 393 Abs. 2 S. 1 AO durchbricht. Der Bundesgerichtshof versucht indes, durch eine Anpassung der Mitwirkungspflichten den Widerspruch zwischen dem *nemo tenetur*-Grundsatz und der erzwingbaren Steuererklärungspflicht auszugleichen. Nach seiner Auffassung ist die Erklärungspflicht nämlich nicht suspendiert, denn der *nemo tenetur*-Grundsatz berechtige nur zum Schweigen, nicht aber zur Begehung neuen Unrechtes[2939] – im Falle der unrichtigen bzw. unvollständigen Angaben in der Steuererklärung wäre Letzteres mit § 370 Abs. 1 AO gegeben. Es besteht also nach der Auffassung des Bundesgerichtshofs weiterhin die Verpflichtung des Steuerpflichtigen, eine Steuererklärung abzugeben.[2940] Der Bundesgerichtshof mutet dem Steuerpflichtigen die Erklärung auch solcher Einkünfte zu, durch deren Offenbarung er in den Verdacht einer Straftat geraten und durch die er sich der Gefahr der Strafverfolgung aussetzen kann.[2941] Allerdings könne der Ausgleich im Spannungsfeld zwischen dem Steuergeheimnis, den in § 30 Abs. 4 Nr. 5 AO genannten Rechtsgütern und dem Schutz vor erzwungener Eigenbelastung dadurch erfolgen, dass an die Erklärungen des Steuerpflichtigen niedrigere Anforderungen zu stellen seien.[2942] Im Bereich der Steuererklärung könne etwa der Erklärungsumfang reduziert werden, indem Einkünfte nur betragsmäßig, nicht aber unter genauer Bezeichnung der Einkunftsquelle zu erklären seien.[2943] Damit wäre der Steuerpflichtige weiterhin verpflichtet, Steuererklärungen abzugeben und die Einkünfte „anonym", also ohne Angabe ihrer konkreten Quelle, zu erklären.

Diese Rechtsprechung wird den Abläufen im Steuerverwaltungsverfahren nicht gerecht und verkennt wesentliche Grundvoraussetzungen des Verifikationsprinzips. Der Steuerpflichtige gibt in seiner Steuererklärung Einkünfte an, die von der Finanzbehörde im Veranlagungsverfahren verifiziert werden müssen. Die Herkunft bzw. Quelle der Einkünfte nimmt dabei eine große Rolle für die Plausibilitätsprüfung und die Arbeit mit Risikoparametern ein. Die bloße Deklaration von z.B. gewerblichen oder sonstigen Einkünften – vor allem, wenn die Erklärung der Einkünfte erstmalig erfolgt – wird daher regelmäßig

2939 BGH v. 5.5.2004, 5 StR 139/03 Rn. 20; BGH v. 21.8.2012, 1 StR 26/12.
2940 BGH v. 5.5.2004, 5 StR 139/03 Rn. 20.
2941 BGH v. 5.5.2004, 5 StR 139/03 Rn. 21.
2942 BGH v. 5.5.2004, 5 StR 139/03 Rn. 21.
2943 BGH v. 5.5.2004, 5 StR 139/03 Rn. 21.

zu Nachfragen im Veranlagungsverfahren führen, die Grundlage für weitere Verifikationshandlungen sind. Ein steuerliches Kontrollbedürfnis i.S.d. § 93 AO wird in diesem Zusammenhang regelmäßig vorliegen.[2944] Die in diesem Zuge mit Hinweis auf den *nemo tenetur*-Grundsatz unterlassene Antwort des Steuerpflichtigen mag die Finanzbehörde in Abhängigkeit vom konkreten Fall auf die Spur einer Straftat führen.[2945] Jedenfalls gestattet sie den Strafverfolgungsbehörden darauf aufbauende Ermittlungen,[2946] sodass bereits dadurch das Verwendungsverbot i.S.d. § 393 Abs. 2 S. 1 AO durchbrochen wird und sich der Steuerpflichtige faktisch selbst – strafrechtlich verwertbar – belastet. Spätestens wenn es um die Abgabe einer Bilanz, die Abgabe der Anlage EÜR zur Ermittlung der Gewinne, die Überprüfung einzelner Ausgaben oder gar eine komplette Außenprüfung geht, wäre dem Steuerpflichtigen mit dem Hinweis des Bundesgerichtshofs auf die geringeren Anforderungen an die Erläuterungspflicht in der Steuererklärung wenig geholfen.[2947] Dieser Ansatz der Rechtsprechung vermag damit keinen Ausgleich zwischen dem *nemo tenetur*-Grundsatz und den in § 30 Abs. 4 Nr. 5 AO genannten Rechtsgütern zu verschaffen.[2948]

Es bleiben damit zunächst drei Möglichkeiten zum Ausgleich der Rechtsgüter: Erstens könnte § 393 Abs. 2 S. 2 AO durch den Gesetzgeber aufgehoben und eine klare Trennung zwischen Steuerverfahren und Strafverfahren eingeführt werden.[2949] § 393 Abs. 2 S. 2 AO könnte zweitens durch das Bundesverfassungsgericht für verfassungswidrig erklärt werden. Oder drittens könnte die Nichterfüllung der Erklärungspflicht in Bezug auf Besteuerungsgrundlagen aus strafbarem Verhalten in verfassungskonformer Auslegung straffrei gestellt oder bei Selbstbelastung entsprechend ein Verwendungsverbot im Strafverfahren angenommen werden.[2950] Die erste Möglichkeit ist eine bloße rechtspolitische und seit mehreren Jahren, wenn nicht bereits sogar Jahrzehnten gestellte

---

2944 A.A. *Wulf*, wistra 2006, 89, 94.

2945 So auch *Salditt*, StuW 2005, 367, 371; *Wulf*, wistra 2006, 89, 94.

2946 *Hilgers-Klautzsch*, in: Kohlmann, Steuerstrafrecht, § 393 AO Rn. 128 (Stand: November 2018).

2947 *Wulf*, wistra 2006, 89, 94.

2948 Im Ergebnis ebenso *Leimkuhl-Schulz/Modrzejewski*, wistra 2015, 378, 382.

2949 So etwa *Seer*, in: GS Trzaskalik, 457, 470 f.; *Heerspink*, AO-StB 2006, 51, 55; *Hilgers-Klautzsch*, in: Kohlmann, Steuerstrafrecht, § 393 AO Rn. 128 (Stand: November 2018).

2950 Im Ergebnis ähnlich *Salditt*, StuW 2005, 367, 372; *Wulf*, wistra 2006, 89, 96; *Leimkuhl-Schulz/Modrzejewski*, wistra 2015, 378, 381-383.

ungehörte Forderung[2951] und entzieht sich damit einer weiteren rechtswissenschaftlichen Erörterung.

Es gilt sodann die zweite Möglichkeit zu untersuchen. Das Bundesverfassungsgericht stellte zwar für den *nemo tenetur*-Grundsatz deutlich fest, dass „[e]ine zwangsweise herbeigeführte Selbstbezichtigung […] verfassungsrechtlich nur dann zulässig [ist], wenn sie mit einem strafrechtlichen Verwertungsverbot einhergeht“[2952], zieht daraus für § 393 Abs. 2 S. 2 AO jedoch keine Konsequenzen. In einer als unzulässig zurückgewiesenen Richtervorlage des Landgerichts Göttingen[2953] gem. Art. 100 Abs. S. 1 GG zu § 393 Abs. 2 S. 2 AO sieht das Bundesverfassungsgericht bei den Mitwirkungspflichten Differenzierungsbedarf: Gesetzliche Aufzeichnungs- und Vorlagepflichten beträfen den Kernbereich der grundgesetzlichen Selbstbelastungsfreiheit auch dann nicht, wenn die zu erstellenden oder vorzulegenden Unterlagen auch zur Ahndung von Straftaten oder Ordnungswidrigkeiten verwendet werden dürften.[2954] Solche anderweitigen Mitwirkungspflichten könnten vielmehr zum Schutz von Gemeinwohlbelangen verfassungsrechtlich gerechtfertigt sein.[2955] Eine ähnliche Unterscheidung sei in der Rechtsprechung des Europäischen Gerichtshofs für Menschenrechte zu Art. 6 EMRK angelegt und bei der Auslegung zu berücksichtigen.[2956] Zu den Steuererklärungspflichten ist insoweit noch keine Aussage getroffen, jedoch dürften etwa die auch steuerlich relevanten Buchführungspflichten unter die gesetzlichen Aufzeichnungspflichten im Urteil des Bundesverfassungsgerichts zu subsumieren sein, die – wie dargelegt – im Anschluss an die Steuererklärung durch die Finanzbehörde angefordert werden. Eine positive Entscheidung über die Verfassungswidrigkeit des § 393 Abs. 2 S. 2 AO durch das Bundesverfassungsgericht ist damit nicht nur bisher in der Sache nicht erfolgt, sondern nach seinen bisherigen Ausführungen auch unwahrscheinlich. Der Beantwortung einer anderen Frage hat das Bundesverfassungsgericht aber bereits Vorschub geleistet: Ob eine Ausnahme vom *nemo tenetur*-Grundsatz überhaupt verfassungsrechtlich zulässig ist, hängt nämlich zuvorderst davon ab, ob der Grundsatz eher als Ausprägung der Menschenwürde verstanden

2951 Siehe aber insoweit den mit anderer Stoßrichtung versehenen, jüngeren § 97 Abs. 1 S. 3 ZPO und die Auseinandersetzung bei *Rogall*, in: FS Kohlmann, 465, 479 f.

2952 BVerfG v. 15.10.2004, 2 BvR 1316/04, Rn. 9; BVerfG v. 31.3.2008, 2 BvR 467/08 Rn. 3; so auch bereits BVerfG v. 13.1.1981, 1 BvR 116/77, BVerfGE 56, 37, 49.

2953 LG Göttingen v. 11.12.2007, 8 KLs 1/07.

2954 BVerfG v. 22.4.2010, 2 BvL 13/07 Rn. 54;

2955 BVerfG v. 22.4.2010, 2 BvL 13/07 Rn. 54.

2956 BVerfG v. 22.4.2010, 2 BvL 13/07 Rn. 54.

wird[2957] – dann wäre eine Abwägung mit anderen Gütern unzulässig – oder ob er schrankenrechtlich eher im Anwendungsbereich des Art. 2 Abs. 1 GG verortet wird[2958].[2959] Das Bundesverfassungsgericht geht in seiner Entscheidung wohl von Letzterem aus, denn es stellt jedenfalls bestimmte Mitwirkungspflichten des Steuerpflichtigen in einem abstrakten Abwägungsgedanken Gemeinwohlbelangen gegenüber.[2960]

Nach der dritten Möglichkeit kommen noch in verfassungskonformer Auslegung eine Straffreistellung des Steuerpflichtigen bei unvollständiger Steuererklärung in Betracht, wenn dieser sich sonst selbst belasten würde, oder ein durch verfassungskonforme Auslegung begründetes Verwendungsverbot für die mit der Steuererklärung der Finanzbehörde mitgeteilten Informationen im Strafverfahren. Eine Straffreistellung des Steuerpflichtigen wegen Steuerhinterziehung, wenn dieser Sachverhalte, mit denen er eine außersteuerliche Straftat offenbart, nicht in seiner Steuererklärung erklärt, wäre schwerlich mit dem steuerlichen Neutralitätsprinzip des § 40 AO i.V.m. dem Grundsatz der Besteuerung nach der wirtschaftlichen Leistungsfähigkeit vereinbar.[2961] Denn damit ginge eine faktische, jedenfalls teilweise Suspendierung der Steuererklärungspflicht einher. Die Abgabenordnung räumt dem fiskalischen Interesse jedoch grundsätzlich einen Vorrang gegenüber dem Strafverfolgungsinteresse ein.[2962] Eine Straffreistellung des Steuerpflichtigen bei unterlassener Erklärung von ihn strafrechtlich belastenden Sachverhalten stellt somit keine Auslegungsalternative dar und kann folglich auch nicht durch eine verfassungskonforme Auslegung Geltung erlangen. Denn die verfassungskonforme Auslegung darf mit der erkennbaren prinzipiellen Zielsetzung des Gesetzgebers und dem Zweck des Gesetzes nicht in Widerstreit treten.[2963]

2957 So *Reiter*, Nemo tenetur und Steuererklärungspflicht, S. 102-106; *Salditt*, StuW 2005, 367, 372.

2958 So wohl *Rogall*, in: FS Kohlmann, 465, 468.

2959 *Rogall*, in: FS Kohlmann, 465, 477; *Wulf*, wistra 2006, 89, 93.

2960 BVerfG v. 22.4.2010, 2 BvL 13/07 Rn. 54.

2961 *Tormöhlen*, in: Hübschmann/Hepp/Spitaler, AO/FGO, § 393 AO Rn. 182 (Stand: Februar 2020); im Ergebnis ebenso, aber mit anderer Begründung *Rogall*, in: FS Kohlmann, 465, 473 f.

2962 *Joecks*, in: FS Kohlmann, 451, 452; *Tormöhlen*, in: Hübschmann/Hepp/Spitaler, AO/FGO, § 393 AO Rn. 182 (Stand: Februar 2020).

2963 *Trossen*, in: FS BFH, 519, 531 f. Siehe zur verfassungskonformen Auslegung und ihrem Verhältnis zu den übrigen Auslegungsmethoden *Larenz*, Methodenlehre, S. 339-346.

Eine verfassungskonforme Auslegung des § 393 Abs. 2 S. 2 AO könnte noch in der Weise erfolgen, dass von der Offenbarungsbefugnis des § 30 Abs. 4 Nr. 5 AO die Informationen ausgenommen sind, die der Steuerpflichtige in Erfüllung seiner Steuererklärungspflicht der Finanzbehörde mitgeteilt hat.[2964] Eine solche Einschränkung ist § 30 Abs. 4 Nr. 5 AO aber nicht zu entnehmen,[2965] sodass diese Norm auch zutreffend als „Achillesferse des Steuergeheimnisses“[2966] bezeichnet wird. Es mögen bei der Anwendung des § 30 Abs. 4 Nr. 5 AO zwar insbesondere der Verhältnismäßigkeitsgrundsatz zu berücksichtigen sein,[2967] doch erlaubt dies bereits begrifflich keine absolute Berücksichtigung des *nemo tenetur*-Grundsatzes. Ferner lassen die Mitteilungspflichten der §§ 31a, 31b AO § 4 Abs. 5 Nr. 10 S. 3 EStG bereits im Wortlaut keine Möglichkeit erkennen, den *nemo tenetur*-Grundsatz zu berücksichtigen.[2968] Damit ist im Ergebnis festzuhalten, dass auch eine verfassungskonforme Auslegung, die ein uneingeschränktes Verwendungsverbot bei offenbarten außersteuerlichen Straftaten oder Anhaltspunkten für außersteuerliche Straftaten in Erfüllung der Steuererklärungspflicht umsetzt, nicht ersichtlich ist.

Mit großen Teilen der Literatur[2969] ist § 393 Abs. 2 S. 2 AO daher wegen Verstoßes gegen den *nemo tentur*-Grundsatz als verfassungswidrig anzusehen. Soweit die Norm allerdings nicht durch das Bundesverfassungsgericht für verfassungswidrig erklärt wird, sind die Steuererklärungspflichten dennoch – in dem vom Bundesgerichtshof herabgestuften Umfang[2970] – zu erfüllen.

2964 Darüber denkt auch *Tormöhlen*, in: Hübschmann/Hepp/Spitaler, AO/FGO, § 393 AO Rn. 180 (Stand: Februar 2020), nach.

2965 Ebenso *Reiß*, Besteuerungsverfahren und Strafverfahren, S. 229 f.

2966 *Tormöhlen*, AO-StB 2011, 309, 309; *Leimkuhl-Schulz/Modrzejewski*, wistra 2015, 378, 383; *Drüen*, in: Tipke/Kruse, AO/FGO, § 30 AO Rn. 119 (Stand: Oktober 2019).

2967 *Drüen*, in: Tipke/Kruse, AO/FGO, § 30 AO Rn. 122 (Stand: Oktober 2019).

2968 *Joecks*, in: FS Kohlmann, 451, 454, sieht § 4 Abs. 5 Nr. 10 EStG nicht als strafbewehrte Pflicht an, sodass sich insoweit kein verfassungsrechtlicher Konflikt ergibt.

2969 *Rogall*, in: FS Kohlmann, 465, 495-497; *Hilgers-Klautzsch*, in: Kohlmann, Steuerstrafrecht, § 393 AO Rn. 242 (Stand: November 2018); *Tormöhlen*, in: Hübschmann/Hepp/Spitaler, AO/FGO, § 393 AO Rn. 182 (Stand: Februar 2020); *Bülte*, in: Graf/Jäger/Wittig, Wirtschafts- und Steuerstrafrecht, § 393 AO Rn. 100; *Seipl*, in: Gosch, AO/FGO, § 393 AO Rn.157 f. (Sand: August 2008); *Schmitz/Wulf*, in: MüKo StGB, § 370 AO Rn. 495; wohl auch *Leimkuhl-Schulz/Modrzejewski*, wistra 2015, 378, 383; wohl auch *Reiß*, Besteuerungsverfahren und Strafverfahren, S. 234 f.; a.A. *Drüen*, in: Tipke/Kruse, AO/FGO, § 393 AO Rn. 79 (Stand: April 2018): „noch verfassungskonform“; *Pflaum*, in: MüKo StPO, § 393 AO Rn. 70: „verfassungskonform auslegen“.

2970 Siehe oben BGH v. 5.5.2004, 5 StR 139/03 Rn. 21.

III. Offenlegung von Steuerstraftaten in der Steuererklärung

1. *Strafverfahren für Steuererklärungszeitraum eingeleitet*

Fraglich ist, wie die Fälle zu beurteilen sind, in denen ein Steuerstrafverfahren für einen Zeitraum eingeleitet ist, für den der Steuerpflichtige noch zur Abgabe einer Steuererklärung nach den §§ 149, 150 AO i.V.m. den Einzelsteuergesetzen verpflichtet ist. In diesen Fällen, in denen Besteuerungsverfahren und Steuerstrafverfahren nebeneinander laufen, stellt § 393 Abs. 1 S. 1 AO klar, dass beide Verfahren eigenständig und unabhängig voneinander bleiben und die für das jeweilige Verfahren geltenden Vorschriften anzuwenden sind.[2971] Dabei ist weder das eine noch das andere Verfahren vorrangig, sondern es folgt aus § 393 Abs. 1 S. 1 AO die Gleichrangigkeit beider Verfahren.[2972] Der Konflikt zwischen Mitwirkungspflichten im Besteuerungsverfahren und dem *nemo tenetur*-Grundsatz wird über § 393 Abs. 1 S. 2 AO gelöst, d.h., die Mitwirkungspflicht und im Speziellen die Steuererklärungspflicht wird suspendiert, bis das Steuerstrafverfahren abgeschlossen ist. Nach der Rechtsprechung gilt folgerichtig, dass „die Strafbewehrung der Erklärungspflicht für ein bestimmtes Veranlagungsjahr so lange suspendiert wird, wie für dieses Veranlagungsjahr ein Strafverfahren anhängig ist."[2973] Daher ist im Ergebnis festzuhalten, dass der Ausgleich zwischen der gesetzmäßigen und gleichmäßigen Besteuerung und dem *nemo tenetur*-Grundsatz für den Zeitraum, für den dem Steuerpflichtigen die Einleitung eines Steuerstrafverfahrens bekannt gegeben ist, dadurch erfolgt, dass die Steuererklärungspflichten für diesen Zeitraum suspendiert sind.

2. *Strafverfahren eingeleitet, aber nicht für Steuererklärungszeitraum*

Systemimmanente Besonderheit der Steuererklärung im System der Abschnittsbesteuerung[2974] ist, dass sie regelmäßig veranlagungszeitraumbezogen

2971 *Talaska*, Mitwirkungspflichten im Spannungsfeld, S. 39; *Drüen*, in: Tipke/Kruse, AO/FGO, § 393 AO Rn. 19 (Stand: April 2018).

2972 *Talaska*, Mitwirkungspflichten im Spannungsfeld, S. 39; *Drüen*, in: Tipke/Kruse, AO/FGO, § 393 AO Rn. 19 (Stand: April 2018).

2973 BGH v. 23.1.2002, 5 StR 540/01 Rn. 9; zustimmend *Joecks*, in: FS Kohlmann, 451, 458; in dieser Situation für eine weiterhin bestehende Steuererklärungspflicht in Verbindung mit einem Verwertungsverbot etwa *Tormöhlen*, in: FS Korn, 779, 795.

2974 *Reiter*, Nemo tenetur und Steuererklärungspflicht, S. 354, spricht bei dem Prinzip der Abschnittsbesteuerung von einem „willkürlich gewählten Prinzip", vertieft dies aber nicht weiter.

einzureichen ist. Wegen des materiellen überperiodischen Zusammenhangs[2975] der verwirklichten wirtschaftlichen Sachverhalte lassen Steuererklärungen für nachfolgende Veranlagungszeiträume Rückschlüsse auf wirtschaftliche Sachverhalte in vorangegangenen oder nachfolgenden Veranlagungszeiträumen zu, sodass anhand der Steuererklärung für einen Veranlagungszeitraum mittelbar auch auf bisher nicht erklärte steuerlich erhebliche Sachverhalte in anderen Veranlagungszeiträumen geschlossen werden kann.[2976] Dies gilt sowohl für Fälle, in denen ein Steuerstrafverfahren für die vorangegangenen oder nachfolgenden Veranlagungszeiträume bereits eingeleitet ist, aber auch für den Fall, dass dies noch nicht geschehen ist[2977]. Fraglich ist, ob dann, wenn ein Steuerstrafverfahren für einen anderen Veranlagungszeitraum bereits eingeleitet ist, § 393 Abs. 1 S. 2 AO Anwendung findet und ebenfalls, wie im zuvor geschilderten Fall von Identität des Erklärungszeitraums und des eingeleiteten Steuerstrafverfahrens, die Steuererklärungspflicht suspendiert wird, bis das Strafverfahren abgeschlossen ist. Der Bundesgerichtshof äußert sich für diese Fallkonstellationen wie folgt: „Selbst wenn die Abgabe der Steuererklärungen für nachfolgende Besteuerungszeiträume mittelbare Auswirkungen auf das laufende Steuerstrafverfahren haben sollte, könnte das nicht ihre Unterlassung rechtfertigen, weil andernfalls neues Unrecht geschaffen würde, zu dem das Recht auf Selbstschutz nicht berechtigt, und gleichzeitig ein Verstoß gegen den steuerlichen Gleichbehandlungsgrundsatz ermöglicht würde."[2978] Ist die in Frage stehende Steuererklärung für ein Jahr abzugeben, das (noch) nicht strafbefangen ist, bleibt die Steuererklärungspflicht somit bestehen. Insoweit deckt sich die Rechtsprechung des Bundesgerichtshofs mit derjenigen des Bundesfinanzhofs, der ansonsten mit Blick auf den Gleichheitssatz eine unvereinbare Privilegierung des in ein Steuerstrafverfahren verwickelten Steuerpflichtigen sieht.[2979] Dies entspricht auch der Auffassung des historischen Gesetzgebers.[2980] Allerdings führe nach Auffassung des Bundesgerichtshofs das Verbot des Selbstbelastungszwanges dazu, dass die Erklärungen eines Beschuldigten, die er in Erfüllung seiner weiterbestehenden steuerrechtlichen Pflichten für nicht strafbefangene Besteuerungszeiträume und

2975 *Drüen*, in: Tipke/Kruse, AO/FGO, § 393 AO Rn. 40b (Stand: April 2018).

2976 Beschrieben bei *Reiß*, Besteuerungsverfahren und Strafverfahren, S. 35 f.

2977 Dazu sogleich 6. Teil C. III. 3.

2978 BGH v. 26.4.2001, 5 StR 587/00 Rn. 31.

2979 BFH v. 28.4.1997, X B 123/95 u.a. Rn. 4; BFH v. 19.9.2011, XI B 6/01, BStBl. II 2002, 4 Rn. 14; kritisch dazu *List*, DB 2006, 469, 470 f., 473.

2980 BT Drucks. 7/4292, S. 46.

Steuerarten gegenüber den Finanzbehörden mache, allein im Besteuerungsverfahren verwendet werden dürften.[2981] Eine Heranziehung der Informationen für das laufende Strafverfahren dürfe, soweit sie unmittelbar oder auch mittelbar zum Nachweis einer Steuerhinterziehung für die zurückliegenden Veranlagungszeiträume führen können, nicht erfolgen.[2982] Nach der Rechtsprechung des Bundesgerichtshofs bleibt der Steuerpflichtige also weiterhin – strafbewehrt nach § 370 Abs. 1 AO – verpflichtet, in diesen Fallkonstellationen eine vollständige und richtige Steuererklärung abzugeben.[2983] Allerdings hatte der Bundesgerichtshof in der zuletzt zitierten Entscheidung vom 12.1.2005 darauf hingewiesen, dass er „im vorliegenden Fall nicht darüber zu entscheiden [braucht], wie weit das Verwendungsverbot im Einzelfall reicht"[2984], sodass nicht nur offen ist, ob dieses Verwendungsverbot auch zeitliche Fernwirkung entfaltet,[2985] sondern auch, ob der Bundesgerichtshof das Verwendungsverbot im hier verstandenen Sinne[2986] angewendet wissen möchte[2987]. Die Aufrechterhaltung der Steuererklärungspflicht unter gleichzeitiger Anerkennung eines steuerstrafrechtlichen Verwendungsverbotes für die selbstbelastenden Anzeigen ist aber als gangbarer Weg zur Berücksichtigung des *nemo tenetur*-Grundsatzes festzuhalten.[2988]

3. *Kein Strafverfahren eingeleitet und mittelbare Selbstbelastung*

Es bleibt noch die Situation, in welcher der Steuerpflichtige in vergangenen Zeiträumen steuererhöhende Sachverhalte nicht erklärt hat und dies ab einem späteren Zeitpunkt *ex nunc* nachholen möchte. Durch die dann erfolgte Erklärung von Einkünften für den nämlichen Veranlagungszeitraum könnte

---

2981 BGH v. 12.1.2005, 5 StR 191/04 Rn. 20.

2982 BGH v. 12.1.2005, 5 StR 191/04 Rn. 20.

2983 Die Möglichkeit einer strafbefreienden Selbstanzeige besteht gem. § 371 Abs. 2 Nr. 1 lit. b AO nicht; siehe dazu und ihren Wirkungen noch sogleich 6. Teil C. III. 3.

2984 BGH v. 12.1.2005, 5 StR 191/04 Rn. 22.

2985 So richtig erkannt von *Randt*, DStJG 32 (2008), 263, 279.

2986 Siehe dazu Fn. 2933.

2987 Dazu im Einzelnen *Joecks*, in: Joecks/Jäger/Randt, Steuerstrafrecht, § 393 Rn. 30-34.

2988 Ebenso im Ergebnis *Tormöhlen*, in: FS Korn, 779, 795; *Joecks*, in: Joecks/Jäger/Randt, Steuerstrafrecht, § 393 Rn. 30; *Tormöhlen*, in: Hübschmann/Hepp/Spitaler, AO/FGO, § 393 AO Rn. 30 (Stand: Februar 2020); eher für eine Suspendierung der Erklärungspflichten, bis alle Unklarheiten bezüglich der Wirkung des Verwendungsverbotes beseitigt sind *Randt*, DStJG 32 (2008), 263, 279; kritisch ebenso *Drüen*, in: Tipke/Kruse, AO/FGO, § 393 AO Rn. 40b f. (Stand: April 2018); wohl auch *Schwedhelm*, in: FS Streck, 561, 574 f.

die Finanzbehörde auf die Einkünfte in den Vorjahren schließen und weitere Ermittlungen anstellen, der Steuerpflichtige sich also mittelbar selbst belasten. Insoweit eine Suspendierung der Steuererklärungspflicht anzuerkennen bzw. die weiterhin unrichtige oder unvollständige Erklärung von steuerlich erheblichen Sachverhalten straffrei zu stellen, würde wiederum gegen den Grundsatz der Gleichheit der Besteuerung verstoßen, denn der unehrliche Steuerpflichtige wäre insoweit besser gestellt als der ehrliche Steuerpflichtige; zugleich würde es dem vom Bundesgerichtshof aufgestellten Grundsatz widersprechen, dass der *nemo tenetur*-Grundsatz nicht zur Begehung neuen Unrechts berechtige.[2989] Dadurch ist die Konfliktsituation, in der sich der Steuerpflichtige befindet, aber noch nicht beseitigt. Eine Lösung bietet dem Steuerpflichtigen die Möglichkeit der Selbstanzeige nach § 371 AO: Wer gegenüber der Finanzbehörde zu allen Steuerstraftaten einer Steuerart in vollem Umfang die unrichtigen Angaben berichtigt, die unvollständigen Angaben ergänzt oder die unterlassenen Angaben nachholt, wird wegen dieser Steuerstraftaten nicht nach § 370 AO bestraft. Die Selbstanzeige bietet somit eine Rückkehr zur Steuerehrlichkeit, freilich gem. § 371 Abs. 1 S. 2 AO unter der Voraussetzung, dass zu allen unverjährten Steuerstraftaten einer Steuerart, mindestens aber zu allen Steuerstraftaten einer Steuerart innerhalb der letzten zehn Kalenderjahre, Angaben berichtigt, ergänzt bzw. nachgeholt werden. Eine Konfliktsituation dergestalt, dass der Steuerpflichtige durch die auch im nachfolgenden Veranlagungszeitraum bestehende Steuererklärungspflicht gezwungen wird, sich selbst steuerstrafrechtlich für vorangegangene Veranlagungszeiträume zu belasten, ist jedenfalls solange ausgeschlossen, wie ihm die Möglichkeit gegeben ist, eine strafbefreiende Selbstanzeige gem. § 371 AO zu stellen.[2990] Allerdings nennt § 371 Abs. 2 AO verschiedene Ausnahmen, wann eine Straffreiheit trotz Selbstanzeige nicht eintritt.[2991] § 371 Abs. 3 AO sieht darüber hinaus vor, dass die hinterzogenen Steuern und die Zinsen bzw. Hinterziehungszinsen innerhalb einer ihm bestimmten angemessenen Frist

---

2989 BGH v. 26.4.2001, 5 StR 587/00 Rn. 31.

2990 BGH v. 17.3.2009, 1 StR 479/08 Rn. 25; BGH v. 23.5.2019, 1 StR 127/19 Rn. 14; *Jäger*, DStJG 38 (2015), 29, 47; *Seer*, SteuerStud 2016, 35, 39; im Umkehrschluss auch *Hilgers-Klautzsch*, in: Kohlmann, Steuerstrafrecht, § 393 AO Rn. 107 (Stand: November 2018).

2991 In den vorangegangenen Fällen scheiterte die Selbstanzeige stets aufgrund des bereits eingeleiteten Steuerstrafverfahrens an § 371 Abs. 2 Nr. 1 lit. b AO, da die Sperrwirkung für alle unverjährten Steuerstraftaten derselben Steuerart eintritt, siehe *Seer*, in: Tipke/Kruse, AO/FGO, § 371 AO Rn. 74 (Stand: Oktober 2016), mit Verweis auf BT Drucks. 17/5067 (neu), S. 21.

entrichtet werden müssen, damit Steuerfreiheit eintritt. Letzteres setzt gerade einen solventen Steuerpflichtigen voraus, der in der Realität nicht zwingend vorliegt. In diesen Fällen, in denen eine strafbefreiende Selbstanzeige nicht mehr möglich ist, verbleibt somit bei Aufrechterhaltung der zwangsweise durchsetzbaren und strafbewehrten Deklarationspflicht nur das bereits im vorangegangenen Punkt erörterte umfassende Verwendungsverbot, um einer Verletzung des *nemo tenetur*-Grundsatzes zu entgehen.

D. Berücksichtigung der Verfahrensleistungsfähigkeit im Steuerstrafrecht

I. Zusammenfassung des steuerstrafrechtlichen Untersuchungsbefundes

Die Untersuchung hat gezeigt, dass der für das Steuerstrafrecht allein zuständige[2992] 1. Strafsenat des Bundesgerichtshofs das Steuerstrafrecht extensiv auslegt und bei seinen Überlegungen eher dazu tendiert, „das für einen Beschuldigten jeweils Ungünstigste“[2993] anzunehmen. Im objektiven Tatbestand werden durch die Annahme der Offenbarungspflicht nach der Lehre vom typisierten Empfängerhorizont nach der auch hier vertretenen Auffassung hohe Anforderungen an den Steuerpflichtigen bei der Erfüllung seiner Steuererklärungspflichten gestellt, um die Finanzbehörde in die Lage zu versetzen, die Steuer nach ihrer nach außen kundgetanen Verwaltungsauffassung festzusetzen. Diese hohen Anforderungen im objektiven Tatbestand müssten in einer austarierten Strafnorm zu ebenfalls hohen Anforderungen an das Vorliegen eines Vorsatzes in Form des *dolus eventualis* führen.[2994] Der subjektive Tatbestand läuft in der Rechtsprechung des 1. Strafsenats stattdessen mit der Implementierung einer Art des potentiellen Vorsatzes Gefahr, Baustein eines steuerrechtlichen Gesinnungsstrafrechts zu werden. Durch Überlegungen, dass derjenige, der den objektiven Tatbestand erfüllt, zugleich über ein „hätte kennen müssen“ und eine nicht in Anspruch

2992 Siehe den Geschäftsverteilungsplan des Bundesgerichtshofs, z.B. für das Jahr 2020 S. 14.

2993 So *Jope*, DStZ 2009, 247, 248, zur dargestellten Rechtsprechung des 1. Strafsenats bei der Steuerhinterziehung durch Festsetzungsbescheid.

2994 Dieses Komplementärverhältnis von objektivem Tatbestand und Vorsatz spricht auch – in umgekehrter Denkrichtung – *Seer*, DStJG 38 (2015), 79, 79, an, der bei geringen Anforderungen an den Vorsatz eine entsprechend deutlich engere Fassung des Steuertatbestandes bei § 370 AO fordert.

genommene steuerliche Beratungsleistung jedenfalls mit *dolus eventualis* vorsätzlich handelt, werden nicht nur die gesetzeskomplexitätsbedingten „Miseren des Steuerrechts" zu „Miseren des Steuerstrafrechts",[2995] sondern der Vorsatz, der im Steuerrecht weitestgehend von einem voluntativen Element entkleidet ist, verkommt auch zu einer Folgeannahme bei Vorliegen des objektiven Tatbestandes. Aus diesem engmaschig genähten materiellen Steuerstrafrecht resultiert in Verbindung mit einer hohen Bereitschaft, auch nur kleinere Verstöße sowie unternehmens- und bilanzsteuerrechtliche Streitfragen steuerstrafrechtlich zu verfolgen,[2996] das Risiko, bei auch nur geringfügigen steuerrechtlichen Fehleinschätzungen strafrechtlich belangt zu werden. Damit hängt auch die immer noch aktuelle Diskussion zusammen, ob es sich bei § 370 Abs. 1 AO um eine Blankettnorm handelt oder ob die Tatbestandsmerkmale „steuerlich erhebliche Tatsache", „Steuerverkürzung" und „nicht gerechtfertigter Steuervorteil" als normative Tatbestandsmerkmale anzusehen sind. Hiervon soll es nämlich abhängen, ob ein Tatbestandsirrtum oder lediglich ein vermeidbarer Verbotsirrtum des Täters vorliegt. Es mehren sich die Stimmen, die unabhängig von diesem dogmatischen Grundgerüst einen Irrtum über das Steuerrecht generell dem § 16 StGB oder § 17 StGB zuschreiben wollen, wobei letzterer nach vereinzelter Auffassung „neu gedacht" werden müsste. In dieser Diskussion kann der Gedanke der Verfahrensleistungsfähigkeit neue Impulse setzen.

II. Art. 103 Abs. 2 GG und Verfahrensleistungsfähigkeit

Art. 103 Abs. 2 GG lautet: Eine Tat kann nur bestraft werden, wenn die Strafbarkeit gesetzlich bestimmt war, bevor die Tat begangen wurde. Kernaussage der Regelung ist, dass die Grenzen des straffreien Raumes dem einzelnen Bürger deutlich gemacht werden, damit er sein Verhalten danach ausrichten kann und in die Lage versetzt wird, eine Bestrafung durch den Staat zu vermeiden.[2997] Speziell für das Steuerrecht unter Beachtung der Strafandrohung durch § 370 AO formuliert das Bundesverfassungsgericht, dass „[d]as rechtsstaatliche Gebot der Voraussehbarkeit und Berechenbarkeit der Steuerlasten und die Besteuerungsgleichheit [...] eine Einfachheit und Klarheit der gesetzlichen Regelungen

2995 *Tipke*, in: FS Kohlmann, 555, 555.

2996 So beschrieben bei *Haas*, in, GS Joecks, 447, 447, *Krumm*, in: Zukunftsfragen III, 1, 16, und *Drüen*, DStJG 38 (2015), 219, 219 f. m.w.N.

2997 BVerfG v. 24.10.1996, 2 BvR 1851/94 u.a., BVerfGE 96, 96, 131; BVerfG v. 5.2.2004, 2 BvR 2029/01, BVerfGE 109, 133, 171; *Pohlreich*, in: Bonner Kommentar, GG, Art. 103 Abs. 2 Rn. 41 (Stand: Juni 2018).

[fordern], die dem nicht steuerrechtskundigen Pflichtigen erlauben, seinen – strafbewehrten (§ 370 AO) – Erklärungspflichten sachgerecht zu genügen."[2998] Im Vergleich zum allgemeinen ungeschriebenen, in Art. 20 Abs. 3 GG verankerten Bestimmtheitsgebot wird aus dem strafrechtlichen Bestimmtheitsgebot ein strengerer Maßstab gefolgert: Die Anforderungen an die Gesetze seien „noch höher" und gefordert sei wiederum Normenklarheit und eine ausreichende Regelungsdichte.[2999] Da § 370 AO im Anwendungsbereich des Art. 103 Abs. 2 GG – bisher[3000] – als Blanketttatbestand angesehen wird, müssen alle den „Steueranspruch" oder die „steuerlich erhebliche Tatsache" konkretisierenden Normen des materiellen Steuerrechts diese Anforderungen erfüllen.

Freilich darf hierbei nicht übersehen werden, dass die höheren Anforderungen des Art. 103 Abs. 2 GG nur für das Steuerstrafverfahren gelten und nicht in das Steuerverfahren insgesamt – auch nicht analog[3001] – abstrahlen.[3002] Die Blankettnorm und das sie ausfüllende materielle Steuergesetz müssen die Anforderungen des Art. 103 Abs. 2 GG nur erfüllen, damit eine Bestrafung rechtsstaatlichen Grundsätzen entspricht. Sieht man im allgemeinen Bestimmtheitsgebot i.S.d. Art. 20 Abs. 3 GG und im strafrechtlichen Bestimmtheitsgebot des Art. 103 Abs. 2 GG gestufte Bestimmtheitsanforderungen, kann ein materielles Steuergesetz zwar gegen die Anforderungen des Art. 103 Abs. 2 GG verstoßen und damit im Steuerstrafverfahren nicht mehr zu einer Bestrafung führen, im Besteuerungsverfahren aber, da es den Anforderungen des allgemeinen Bestimmtheitsgrundsatzes genügt, noch zur Ermittlung und Festsetzung der Steuer herangezogen werden.[3003] Anwendbarkeit der Norm im Steuerverfahren und im Steuerstrafverfahren können damit auseinanderfallen.

Doch auch im Steuerstrafrecht werden die vermeintlich hohen Anforderungen des Art. 103 Abs. 2 GG an die materiellen Steuergesetze durch das Bundesverfassungsgericht selbst wieder aufgeweicht, wenn es darauf hinweist, dass „das Gebot der Gesetzesbestimmtheit nicht übersteigert werden [darf]"[3004] und vom Gesetzgeber lediglich fordert, „die Voraussetzungen der Strafbarkeit so konkret

2998 BVerfG v. 10.11.1998, 2 BvR 1057/91 u.a., BVerfGE 99, 216, 243.

2999 *Pieroth*, in: Jarass/Pieroth, GG, Art. 103 Rn. 72.

3000 Siehe oben zu Fn. 2963 und 2964. Siehe aber BVerfG v. 29.4.2010, 2 BvR 871/04 u.a. Rn. 64.

3001 *Jehke*, Bestimmtheit und Klarheit, S. 47 f.

3002 So aber *Löhr*, StuW 2000, 33, 34 f.; undeutlich bei *P. Kirchhof*, DStJG 21 (1998), 9, 13.

3003 *Jehke*, Bestimmtheit und Klarheit, S. 46 f.; *Drüen*, in: Tipke/Kruse, AO/FGO, § 3 AO Rn. 40 (Stand: Januar 2017).

3004 BVerfG v. 29.4.2010, 2 BvR 414/08 u.a. Rn. 55

zu umschreiben, daß Tragweite und Anwendungsbereich der Straftatbestände zu erkennen sind und sich durch Auslegung ermitteln lassen“[3005]. Diese Zurücknahme der Anforderung an die Strafgesetze basiert auf ähnlichen Überlegungen wie die Einschränkung der Bestimmtheitsanforderungen im Anwendungsbereich des allgemeinen Bestimmtheitsgrundsatzes,[3006] nämlich dass der „Eigenart der zu ordnenden Lebenssachverhalte“ und der „Vielgestaltigkeit des Lebens“[3007] bei der Forderung nach Bestimmtheit auch im Strafrecht Bedeutung beigemessen wird, und ist mit Blick auf die begrenzten Möglichkeiten des Gesetzgebers, detailliertere Maßstäbe vorzugeben, nicht zu beanstanden.[3008] Tatsächlich findet sich dann aber auch kein Fall, in dem eine steuerrechtliche Norm durch das Bundesverfassungsgericht als Verstoß gegen Art. 103 Abs. 2 GG angesehen worden ist.[3009]

Dieser Befund bewegt *Gaede* dazu, in den grundsätzlich höheren Anforderungen des Art. 103 Abs. 2 GG an die Bestimmtheit der Norm aufgrund der „engherzigen“ Anwendung des strafrechtlichen Bestimmtheitsgrundsatz[3010] kaum einem rechtsstaatlichen Fortschritt zu sehen.[3011] Selbst wenn man sich von der Einordnung der Steuerhinterziehung als Blankettvorschrift mit allen verfassungsrechtlichen Folgen löst,[3012] im Konkreten also darauf verzichtet, dass

---

3005 BVerfG v. 22.6.1988, 2 BvR 234/87 u.a., BVerfGE 78, 374 Rn. 25.

3006 Siehe die Auseinandersetzung oben 3. Teil B. II. 3. und dort auch Fn. 826.

3007 Beide Zitate aus BVerfG v. 23.10.2010, 2 BvR 2559/08 u.a., BVerfGE 126, 170, 195.

3008 *Gaede*, HRRS 2013, 449, 450 f.; *Krumm*, in: Tipke/Kruse, AO/FGO, § 370 AO Rn. 17 (Stand: April 2019).

3009 Siehe etwa die nur oberflächliche Prüfung von BVerfG v. 26.2.2003, 2 BvR 150/03 Rn. 3 f., in der praktisch das gesamte Umsatzsteuergesetz als mit Art. 103 Abs. 2 GG konform angesehen wird; für eine ausführlichere Prüfung des § 6a UStG bzw. seiner Auslegung durch den BGH auf die Vereinbarkeit mit Art. 103 Abs. 2 GG siehe BVerfG v. 16.6.2011, 2 BvR 542/09 Rn. 56-68, zu der der Entscheidung vorangegangenen einstweiligen Anordnung v. 23.7.2009 siehe *Ransiek*, HRRS 2009, 421, 422, der in ihr einen Beleg sieht, „dass das BVerfG dem Bestimmtheitsgrundsatz und der Wortlautgrenze in letzter Zeit mehr Aufmerksamkeit und Bedeutung zukommen lässt.“

3010 Diese Einschätzung teilen auch – mit anderen Worten – *Kunig*, VVDStRL 61 (2002), 34, 48; *Jehke*, Bestimmtheit und Klarheit, S. 48; *Krumm*, in: Tipke/Kruse, AO/FGO, § 370 AO Rn. 17 (Stand: April 2019). Eine „immense, in diesem Ausmaß nicht erwartbare Zurückhaltung“ des Gerichts stellt auch *Paulduro*, Die Verfassungsgemäßheit von Strafrechtsnormen, S. 432, fest.

3011 *Gaede*, in: Esser/Rübenstahl/Saliger/Tsambikakis, Wirtschaftsstrafrecht, § 370 AO Rn. 37; *ders.*, Der Steuerbetrug, S. 466 f.

3012 Siehe die Überlegungen bei *Ransiek*, HRRS 2009, 421, 422-424.

Art. 103 Abs. 2 GG auf die materiellen Steuergesetze Anwendung findet, tritt kein merkbarer Verlust an Vorhersehbarkeit und wohl auch kein Verlust an Verständlichkeit der Normen ein.[3013] Diese Einlassung hätte zudem den Vorteil, sich keine „Rosinenpickerei" – Blankettmerkmale dann, wenn es um die Bestimmtheit geht, normative Tatbestandsmerkmale dann, wenn es um die Anwendung der strafrechtlichen Irrtumsregeln geht – vorwerfen lassen zu müssen.[3014] Als Instrument oder Hebel zur Berücksichtigung einer Verfahrensleistungsfähigkeit erscheint Art. 103 Abs. 2 GG aber nach der derzeitigen Ausgangslage wenig geeignet. Dort aber, wo die Bestimmtheitsanforderungen des Art. 103 Abs. 2 GG nicht ausreichen, wenn nämlich aufgrund der „Allgemeinheit und Abstraktheit von Strafnormen unvermeidlich [ist], daß in Grenzfällen zweifelhaft sein kann, ob ein konkretes Verhalten noch unter den gesetzlichen Tatbestand fällt oder nicht"[3015], sieht das Bundesverfassungsgericht das Erfordernis, dass über „die strafrechtliche Irrtumsregelung angemessene Lösungen ermöglich[t]" [3016] werden.[3017] Im Bereich der Irrtumsvorschriften könnten Gedanken der Verfahrensleistungsfähigkeit folglich fruchtbar gemacht werden.

III. Irrtumsvorschriften und Verfahrensleistungsfähigkeit

Die Untersuchung der Irrtümer im Steuerstrafrecht hat indes zwei Befunde zu Tage gefördert: Erstens ist die Diskussion um die anwendbare Irrtumsvorschrift bei einem Irrtum über das Steuerrecht und die dogmatischen Grundlagen nicht abgeebbt. Auf dem Boden der Steueranspruchstheorie finden sich allerdings unabhängig von der jeweiligen strafrechtsdogmatischen Begründung Befürworter einer Anwendung des § 16 StGB auf Rechtsirrtümer des Steuerpflichtigen. *Wolf* stellt fest, dass diese Einigkeit von dem erstmals von *Maiwald* formulierten[3018] und von *Kuhlen*

3013 *Gaede*, in: Esser/Rübenstahl/Saliger/Tsambikakis, Wirtschaftsstrafrecht, § 370 AO Rn. 37.

3014 Wobei *Bülte*, in: GS Joecks 365, 372, anmerkt, dass sich aus der strafrechtsdogmatischen Differenzierung von Blankettmerkmalen und normativen Tatbestandsmerkmalen nicht zwingend Folgen für die Anwendung des Art. 103 Abs. 2 GG ergeben müssen, sondern die Beurteilung für die Anwendung die engeren Maßstäbe des Art. 103 Abs. 2 AO auch rein verfassungsrechtlich erfolgen kann; ähnlich auch *Krumm*, in: Tipke/Kruse, AO/FGO, § 370 AO Rn. 17 (Stand: April 2019).

3015 BVerfG v. 6.5.1987, 2 BvL 11/85, BVerfGE 75, 329, 341 f.

3016 BVerfG v. 6.5.1987, 2 BvL 11/85, BVerfGE 75, 329, 343.

3017 Ähnlich auch BVerfG v. 18.5.1988, 2 BvR 579/84, BVerfGE 78, 205, 213 f.

3018 *Maiwald*, Unrechtskenntnis, S. 43.

rezitierten[3019] Wunsch getragen sei, „dem modernen Wohlfahrtsstaat, der bis zum Übermaß alles regelt, ein Stück Liberalität entgegenzusetzen", sieht aber keine darauf aufbauende, im Einklang mit dem Gesetz stehende dogmatische Konstruktion.[3020] Vielleicht ist der alleinige Fokus auf die Grundlagendogmatik des Strafrechts nicht der richtige Ansatzpunkt, um die Auswirkungen des Rechtsirrtums über das Steuerrecht für die Strafbarkeit des Bürgers zu ergründen, wenn dort der Komplexität des Steuerrechts und der damit verbundenen Anforderungen an den Bürger nicht Rechnung getragen wird. Wenn sich jedenfalls in (steuer-)strafrechtlichen Schriften Aussagen finden lassen, dass „besondere Kenntnisse des Steuerrechts im Allgemeinen nicht erforderlich [sind, um] die Betriebseinnahmen und Gegenstände des Betriebsvermögens vollständig zu erfassen"[3021] oder das Eingeständnis von *Kuhlen*, nicht über die umsatzsteuerliche Umsatzgrenze für Kleinunternehmer i.S.d. § 19 Abs. 1 UStG im eigenen Fall Bescheid gewusst zu haben,[3022] als Beispiel für die Salonfähigkeit, seine steuerlichen Pflichten nicht zu kennen, angeführt wird,[3023] bleibt die Erkenntnis von *Tipke*, dass Strafrechtler dazu neigen „das Problem des Steuerrechtsirrtums in seiner Bedeutung für das Steuerstrafrecht zu verniedlichen, weil sie insbesondere die Kompliziertheit der Steuergesetze nicht voll ermessen können."[3024] Wohl auch vor diesem Hintergrund und mit Rückenwind durch das Bundesverfassungsgericht wächst in der Literatur die Einsicht, sich für die Frage der anwendbaren Irrtumsvorschrift von den strafrechtsdogmatischen Grundlagen zu lösen und aus einer freiheitsrechtlichen Perspektive des Rechtsunterworfenen heraus zu argumentieren:[3025] Das wegen der Vielgestaltigkeit des Lebens bestehende Bestimmtheitsdefizit der Steuergesetze könne im Steuerverfahren zur Einschränkung der Grundrechte noch hingenommen werden, im Steuerstrafverfahren müsse die Überbürdung von Rechtsanwendungs- und Strafbarkeitsrisiken und der damit höhere Grundrechtseingriff jedoch durch die

---

3019 *Kuhlen*, DStJG 38 (2015), 117, 120 f.

3020 *Wolf*, Error facti et error iuris, S. 355.

3021 *Joecks*, in: Joecks/Jäger/Randt, Steuerstrafrecht, § 378 Rn. 43.

3022 *Kuhlen*, DStJG 38 (2015), 117, 119 f.

3023 *Wolf*, Error facti et error iuris, S. 335.

3024 *Tipke*, Steuerrechtsordnung III, S. 1740.

3025 *Krumm*, in: Zukunftsfragen III, 1, 16; *ders.*, in: Tipke/Kruse, AO/FGO, § 370 AO Rn. 2 (Stand: April 2019); ähnlich auch *Gaede*, Der Steuerbetrug, S. 486 f.; ähnlich wohl auch *P. Kirchhof*, StuW 2018, 1, 5, und *Jachmann-Michel*, StuW 2018, 6, 8, die bei einem fehlerhaften „Subsumtionsversuch" eine Strafbarkeit des Steuerpflichtigen – allerdings auf Grundlage von Art. 103 Abs. 2 GG – ablehnen.

strafrechtliche Irrtumsdogmatik ausgeglichen werden.[3026] Folgt man diesem Ansatz, lässt sich im freiheitsgrundrechtlichen Abwägungsspielraum die Aufgabenverteilung von Staat und Bürger bzw. Finanzbehörde und Steuerpflichtigem nach der Abgabenordnung und den materiellen Steuergesetzen wertend berücksichtigen. Über die Steuererklärungspflicht im System einer faktischen Selbstveranlagung und die beim objektiven Tatbestand vertretene These der Offenbarungspflicht, soweit dem Steuerpflichtigen die Entscheidungserheblichkeit der jeweiligen Tatsache für die Finanzbehörde durch die Veröffentlichungen der Finanzverwaltung erkennbar ist, wird dem Steuerpflichtigen nicht nur die Angabe von Tatsachen, sondern in weiten Teilen auch die Subsumtion unter steuerrechtliche Normen aufgebürdet. Die Verlagerung des Risikos der Rechtsanwendung erfolgt so auf den Steuerpflichtigen, der steuerlicher Laie ist.[3027] Die Berücksichtigung der Lehre vom typisierten Empfängerhorizont der Finanzverwaltung bedeutet in diesem Zusammenhang einen Informationsauftrag an den Steuerpflichtigen: Dort, wo ihm Informationen zur Behandlung steuerlicher Sachverhalte vom Staat zugänglich gemacht werden, muss er das ihm Mögliche unternehmen, um diesen Auftrag nachzukommen. Das bedeutet aber nicht, dass er zwingend einen Steuerberater konsultieren muss, denn diese Verpflichtung besteht in der Abgabenordnung nicht.[3028] Der Beratungsverzicht alleine genügt damit nicht, um von einem Eventualvorsatz des Steuerpflichtigen ausgehen zu können; lediglich dort, wo steuerlicher Rat durch einen vorhandenen steuerlichen Berater oder eine Steuerabteilung im Unternehmen grundsätzlich vorhanden ist, aber nicht in Anspruch genommen wird, also nicht auf den Steuerberater aber den vorhandenen steuerlichen Rat verzichtet wird, kommt ein Eventualvorsatz in Betracht.[3029] Daher gilt im Umkehrschluss: Soweit der Steuerpflichtige nicht durch die Finanzbehörde anhand von für ihn verständlichen Informationen in die Lage versetzt wird, die von ihm verlangte Rechtsanwendung vorzunehmen – er also schlicht nicht von der steuerlichen Behandlung der von ihm verwirklichten Sachverhalte weiß –, sind steuerstrafrechtliche Konsequenzen gegenüber dem steuerlichen Laien rechtsstaatlich bedenklich.[3030] Gleichzeitig

---

3026 *Krumm*, in: Zukunftsfragen III, 1, 16, mit einem Fokus auf dem vorsatzausschließenden Irrtum.

3027 *Krumm*, in: Tipke/Kruse, AO/FGO, § 370 AO Rn. 129 (Stand: April 2019); siehe auch die Kritik bei *Tipke*, in: FS Kohlmann, 555, 563 f.

3028 Siehe oben 3. Teil B. III. 5. b.

3029 *Salditt*, in: GS Joecks, 601, 610-613, insb. 612 f.

3030 *Tipke*, in: FS Kohlmann, 555, 570; *Wulf*, Stbg 2012, 19, 21 f.; *Seer*, in: Tipke/Lang, Steuerrecht, Rn. 23.46.

soll der absichtlich unwissend Bleibende nicht privilegiert werden. Erforderlich ist folglich die Abwägung in einer Gesamtbetrachtung, in der die subjektiven Kenntnisse und Fähigkeiten des Steuerpflichtigen den Anforderungen des Gesetzes und den von der Finanzbehörde zur Verfügung gestellten Informationen zur Erfüllung der steuerlichen Pflichten gegenübergestellt werden. Diese Abwägung kann im Anwendungsbereich des § 16 StGB bei der Frage erfolgen, ob der Steuerpflichtige Kenntnis von der steuerlichen Erheblichkeit der Tatsache bzw. dem Steueranspruch hatte. Lag danach eine Kenntnis nicht vor, kommt eine Bestrafung nicht in Betracht. Die innere Tatsache der Kenntnis, die durch äußere Umstände ermittelt wird, dient hierbei als Einfallstor für die Wertungen einer Verfahrensleistungsfähigkeit und ermöglicht die Berücksichtigung der objektiven und subjektiven Besonderheiten des Einzelfalles.

Zweitens zeigte sich aber, dass eine adäquate Berücksichtigung der Leistungsfähigkeit des Steuerpflichtigen im Lichte der Komplexität der steuerrechtlichen Normen nicht zwingend von der Anwendung einer bestimmten Norm abhängt. So hat *Wolf* in seiner Ausarbeitung für eine Ausweitung des § 17 StGB auf sämtliche Rechtsfehler und eine flexible Anwendung desselben plädiert. Das wertungsoffene Tatbestandsmerkmal in § 17 StGB ist die Frage nach der Vermeidbarkeit. Wird die Vermeidbarkeit im Einzelfall geprüft und die subjektive Vorwerfbarkeit der Unkenntnis über die steuerliche Behandlung eines Sachverhaltes nicht über ein pauschales „Kennen-Müssen“ beurteilt, können hierbei die identischen Wertungsmaßstäbe herangezogen werden, die auch im Bereich des Tatbestandsirrtums i.S.d. § 16 StGB in das Tatbestandsmerkmal der „Kenntnis“ hereingelesen worden sind, und so der Verfahrensleistungsfähigkeit ein Anwendungsbereich zugewiesen werden. Wenn derjenige, der einem Steuerrechtsirrtum unterliegt, im Ergebnis straffrei bleibt, ist es unerheblich, ob diese Straffreiheit über § 16 StGB oder § 17 StGB erreicht wird.[3031]

E. Ergebnis

I. Zusammenfassung der steuerstrafrechtlichen Erkenntnisse

Die Ausführungen zum Steuerstrafrecht haben deutlich gemacht, dass Regelungen zur Modernisierung des Besteuerungsverfahrens – vor allem im

---

3031 So wohl auch *Tipke*, Steuerrechtsordnung III, S. 1734; so wird man auch *Wulf*, Stgb 2012, 19, 23, verstehen müssen, der eine Verlagerung der Prüfung in die Vermeidbarkeit anspricht, jedoch zutreffend anfügt, dass dadurch „praktisch nichts gewonnen würde“.

Zusammenhang mit der elektronischen Steuererklärung – neue Zurechnungs- und Tatbestandsfragen aufgeworfen haben. Die bereits bei der Darstellung des Besteuerungsverfahrens geäußerte Kritik zum fehlenden Unterschriftssurrogat und damit ein wesentliches Indiz für die Zurechnung der steuerlichen Angaben trägt sich ins Steuerstrafverfahren fort, denn der fehlende Autorisationsakt sorgt auch hier für vermeidbare Rechtsunsicherheiten. Bei aller Angst des Gesetzgebers, dass zu hohe technische Anforderungen an den Bürger diesen von der – verpflichtenden! – elektronischen Übermittlung abhalten können, sollte hier ein System implementiert werden, dass eine elektronische Autorisation und damit eine Zurechnung zu dem Steuerpflichtigen ermöglicht. Bis dahin müssen Zweifel an der Zurechenbarkeit *in dubio pro reo* zugunsten des Steuerpflichtigen und anderer mutmaßlicher Täter ausgelegt werden.

Die Einführung der eDaten und die Fiktion des § 150 Abs. 7 S. 2 AO schlägt steuerstrafrechtlich höhere Wellen, als es der Gesetzgeber vermutet hatte, denn er hatte sich im Gesetzgebungsverfahren keine nach außen manifestierten Gedanken über die Auswirkung der Norm im Steuerstrafrecht gemacht. Die im Besteuerungsverfahren gefundene Lösung, dass § 150 Abs. 7 S. 2 AO nur dann Anwendung findet, wenn eine Steuererklärung abgegeben wird und die Angaben nicht in den dafür vorgesehenen Feldern korrigiert werden, muss auch im Steuerstrafverfahren gelten. Eine Schlechterstellung in dem Sinne, dass der Steuerpflichtige, sobald eDaten für ihn übermittelt worden sind, keine für ihn „günstigere" Steuerhinterziehung i.S.d. § 370 Abs. 1 Nr. 2 AO – weil die Kenntnis der Finanzbehörde über die verschwiegenen Tatsachen die Strafbarkeit bei „qualitativ hochwertigen" Daten ausscheiden lässt –, mehr begehen kann, liegt entgegen mehrfach geäußerter Bedenken in der Literatur daher nicht vor. Stattdessen sind die eDaten als „qualitativ hochwertige" Daten geeignet, insoweit eine Steuerhinterziehung nach § 370 Abs. 1 Nr. 2 AO auszuschließen, wenn keine Steuererklärung abgegeben wird. Gibt der Steuerpflichtige eine Steuererklärung ab, werden die für ihn übermittelten eDaten ihm als eigene Angaben zugerechnet und sind von ihm innerhalb seiner Möglichkeiten zu überprüfen. Berichtigt er trotz Erkennen der Unrichtigkeit übermittelte eDaten nicht, ist nach hier vertretener Auffassung der Tatbestand des § 370 Abs. 1 Nr. 1 AO einschlägig. In der Praxis dürfte dies allerdings keine Rolle spielen, da die Finanzbehörde davon ausgeht, dass der Steuerpflichtige inhaltlich für die übermittelten eDaten nicht verantwortlich ist.

Der Auffassung, dass bereits mit Erwirkung eines unrichtigen Feststellungsbescheides eine Steuerhinterziehung vorliegt, ist im Grunde zuzustimmen. Die Automatisierung des Besteuerungsverfahrens und die ohne weiteres Zutun durch den Steuerpflichtigen bestehende Bindung der den Folgebescheid erlassenen Behörde an den Inhalt des Grundlagenbescheides gem. § 182 Abs. 1 S. 1 AO sprechen für eine schon ausreichende Gefährdung des Steueraufkommens. In Ansehung von § 376 Abs. 1 AO und §§ 371 Abs. 2 Nr. 3; 398a AO muss die Steuerverkürzung jedenfalls abstrakt bezifferbar sein. Ferner ist die unter Umständen zu jahrzehntelang dauernden strafrechtlichen Verjährungsfristen und über § 171 Abs. 7 AO auch steuerverfahrensrechtlichen Festsetzungsfristen führende Rechtsprechung des 1. Strafsenates, nach der Tatvollendung und Tatbeendigung bei der Steuerhinterziehung durch Grundlagenbescheid entzerrt sind, dahingehend zu revidieren, dass mit Erlangung des Grundlagenbescheides die Steuerhinterziehung vollendet und beendet ist.

Hochumstritten ist immer noch bzw. wieder die Frage, von welcher Qualität die Kenntnis des Steuerpflichtigen bei der Steuerhinterziehung sein muss und wie sich ein Irrtum über das materielle Steuerrecht auswirkt. Hierbei sind die hohen Anforderungen, die an den Steuerpflichtigen bei der Erfüllung seiner Steuererklärungspflicht gestellt werden, zu berücksichtigen. Für eine ordnungsgemäße Erfüllung der Steuererklärungspflicht und als Maßstab für den objektiven Tatbestand des § 370 Abs. 1 Nr. 1 AO ist auf die Lehre vom typisierten Empfängerhorizont der Finanzbehörde zurückzugreifen, d.h., der Steuerpflichtige hat „mit offenem Visier“[3032] darzulegen, wenn er von der erkennbaren Rechtsanwendungsabsicht der Finanzbehörde abweicht. Diese Umlage des gesamten Rechtsanwendungsprogramms auf den Steuerpflichtigen fordert einen rechtsstaatlichen Ausgleich dergestalt, dass der Steuerpflichtige nicht mit Strafe bedroht wird, wenn er über das Steuerrecht irrt. Ob ein Irrtum vorliegt, ist anhand der Komplexität der Rechtsnorm, der subjektiven Fähigkeiten des Steuerpflichtigen und der von der Finanzverwaltung zur Verfügung gestellten Informationen, darunter auch der Steuererklärungsformulare, der Erläuterungen und Hinweistexte, zu beurteilen. Ob die Straffreiheit letztlich nach § 16 StGB oder unter einer neuen Auslegung des Begriffes der „Vermeidbarkeit“ nach § 17 StGB erfolgt, ist unerheblich. Bezogen auf die geltende Rechtslage durchbrechen Ansätze, die einen potentiellen Vorsatz und ein „Kennen-Müssen“ als ausreichend ansehen, um wegen Steuerhinterziehung i.S.d. § 370 AO bestrafen zu können, die Unterscheidung zwischen Fahrlässigkeitstat und Vorsatztat und führen zu einem Gesinnungsstrafrecht.

3032 In diesem Zusammenhang verwendet von *Seer*, StuW 2015, 315, 322; *Krumm*, in: Tipke/Kruse, AO/FGO, § 370 AO Rn. 19 (Stand: April 2019).

II. Ausblick: Entkriminalisierung durch Zuschläge im Verwaltungsverfahren?

Ob das Strafrecht im steuerlichen Massenverfahren das richtige Mittel ist, um den Steuerpflichtigen zur vollständigen Erfüllung seiner Erklärungspflichten zu bewegen, wird in der Literatur häufiger bestritten und es werden alternative Ansätze aufgezeigt, die auf eine Entkriminalisierung abzielen. In Anlehnung an das US-amerikanische *Civil-Penalty-System*, das feste Prozent-Zuschläge zur Steuer vorsieht, wenn der Steuerpflichtige seine Steuererklärung ohne einsichtige Gründe verspätet bzw. nicht abgibt oder *verschuldensunabhängig* eine zu geringe Einkommensteuer anmeldet,[3033] hat *Seer* ab 2002 ein ähnliches System auch im deutschen Besteuerungsverfahren vorgeschlagen.[3034] Ein obligatorischer, prozentual an der festgesetzten Steuer und der Verspätung in Monaten orientierter Verspätungszuschlag ist mit dem Gesetz zur Modernisierung des Besteuerungsverfahrens in § 152 Abs. 5 AO bereits eingeführt worden.[3035] Ein verschuldensunabhängiger Nachzahlungszuschlag, der von dem Steuerpflichtigen aufgrund objektiv unrichtiger oder unvollständiger Angaben in der Steuererklärung ab einem bestimmten Betrag im Steuerfestsetzungsverfahren erhoben und prozentual an die nachzuzahlende Steuer gekoppelt wird, ist bisher aber noch nicht umgesetzt worden. In der Literatur hat *Seers* Vorschlag Unterstützer[3036] gefunden, blieb aber nicht unwidersprochen[3037]. So bemängelt *Gaede* unter anderem, dass sich *Seer* dem Problem „ausschließlich zweckrational-präventiv" nähere und mangels „empirisch kaum verifizierbarer Prognosen zu Eignung und Erforderlichkeit" keine Abgrenzung zu den noch strafwürdigen Fällen liefere und so die „Unrechtsdimension der strafwürdigen Fälle sowie die resultierende Schuld des Einzelnen" ausblende.[3038] Ferner müsse die Einschätzungsprärogative des

---

3033 *Seer*, Rechtsvergleich USA-Deutschland, Rn. 85-99.

3034 *Seer*, Rechtsvergleich USA-Deutschland, Rn. 155; *ders.*, StuW 2003, 40, 56-58; *ders.*, in: FS Kohlmann, 535, 551-553; *ders.*, in: GS Trzaskalik, 457, 468-470; *ders.*, StbJb 2004/2005, 53, 63 f., 71-73; *ders.*, SteuerStud 2016, 35, 43; *ders.*, in: Tipke/Lang, Steuerrecht, Rn. 23.4.

3035 Siehe oben 4. Teil F. I.

3036 *Tipke*, in: FS Kohlmann, 555, 576 f.; *ders.*, Steuerrechtsordnung III, S. 1780-1782; *Krumm*, in: Tipke/Kruse, AO/FGO, § 370 AO Rn. 19 (Stand: April 2019); *Ransiek*, in: Kohlmann, Steuerstrafrecht, § 370 AO Rn. 44 (Stand: August 2020); ebenfalls für ein Strafzuschlagsystem ist *Weigell*, in: FS Streck, 609, 622-624, allerdings ohne Bezugnahme auf *Seer*.

3037 Siehe insbesondere die Einwände von *Gaede*, Der Steuerbetrug, S. 395-397.

3038 *Gaede*, Der Steuerbetrug, S. 397, auch für die Zitate.

Gesetzgebers berücksichtigt werden und, dass die Steuerhinterziehung für die Verwirklichung des Steueranspruchs keine fördernde Wirkung entfalte, liege eher fern.[3039] Aus strafrechtlicher Sicht sei die These somit mangelbehaftet.[3040] Tatsächlich hat *Seers* These mit ihrem general-präventiven Auftrag die Gleichmäßigkeit der Besteuerung im Massenverfahren vor dem Hintergrund der Selbstveranlagung im Blick[3041] und ist eher als rechtspolitische Forderung zu deuten[3042]. Unter welchen Voraussetzungen ein verschuldensunabhängiges Zuschlagsystem mit den Grundrechten und dem Unionsrecht vereinbar ist, hatte *Krumm* kürzlich untersucht und jedenfalls keine grundlegende Unvereinbarkeit festgestellt.[3043] Mit Blick auf die Verfahrensleistungsfähigkeit ist dazu noch zu ergänzen: Eine Umsetzung dieses verschuldensunabhängigen Zuschlags setzt voraus, dass der Steuerpflichtige objektiv in die Lage versetzt wird, die ihm auferlegten Rechtsanwendungspflichten zu erfüllen, was zum jetzigen Zeitpunkt mangels eines einfachen Zugangs zu den entsprechenden Informationen m.E. noch nicht möglich ist. Erreichen ließe sich dies z.B. dadurch, dass der Steuerpflichtige einen intuitiven Zugang zu den im Bundessteuerblatt I veröffentlichten Erlassen und den im Bundessteuerblatt II veröffentlichen Urteilen, kurz: dem Empfängerhorizont der Finanzverwaltung, hat, um die von ihm verwirklichten Sachverhalte rechtlich bewerten zu können. Die technische Umsetzung ist in Zeiten von Online-Datenbanken und unzähligen Steuererklärungsprogrammen, die vergleichbare Services bieten, keine Unmöglichkeit. Denkbar wäre etwa eine Steuerrechts-Datenbank, welche die bestehenden technischen Möglichkeiten zur Verlinkung der entsprechenden Verwaltungsvorschriften und Urteile nutzt und die es sortiert nach Stichworten möglich macht, sich über die steuerliche Behandlung einzelner Sachverhalte aus Sicht der Finanzverwaltung zu informieren. Denkbar ist auch ein Ausgleich im Bereich der verbindlichen Auskünfte für die Behandlung offener Fragen, die je nach Steuerart mit einer zeitnahen Beantwortung durch die Finanzbehörde einhergeht. Denn nur dann rechtfertigt sich eine Regelung, die in ihrer Grundaussage typischerweise davon ausgeht, dass der Steuerpflichtige von der – aus Sicht der Finanzverwaltung – „richtigen"

3039 *Gaede*, Der Steuerbetrug, S. 396 f.

3040 *Gaede*, Der Steuerbetrug, S. 397.

3041 Deutlich wird dies bei *Seer*, StuW 2003, 40, 56.

3042 Siehe *Seer*, in: Tipke/Lang, Steuerrecht, Rn. 23.4 Fn. 16; darauf weist auch *Krumm*, in: Zukunftsfragen III, 1, 2, 28, hin, der sich vertieft mit den verfassungsrechtlichen und europarechtlichen Fragen des Zuschlagsystems auseinandersetzt.

3043 *Krumm*, in: Zukunftsfragen III, 1, 26-40.

Rechtsanwendung wusste bzw. hätte wissen können und daher seine Mitwirkungspflicht in strafrechtlich vorwerfbarer Weise verletzt hat. Angeknüpft an die Ausarbeitung der Verfahrensleistungsfähigkeit geht es also hier wieder darum, die Lücke zwischen dem Gesetzestext und dem Steuerpflichtigen soweit zu überwinden, wie der Strafzuschlag Anwendung finden soll.

7. Teil: Zusammenfassung der Untersuchungsergebnisse

1. Teil

1. In der zweiten Hälfte des 19. Jahrhunderts wurde die Selbstdeklaration durch das Instrument der Steuererklärung eingeführt und so erstmals Mitwirkungspflichten des Bürgers, die eine Offenbarung der privaten Einkommensverhältnisse zum Gegenstand hatten, zum Mittelpunkt der Ermittlung der steuerlichen Bemessungsgrundlage gemacht.

2. Teil

2. Bei der Ausgestaltung des Untersuchungsgrundsatzes steht der Finanzbehörde zwischen Untermaßgebot und Übermaßverbot ein Gestaltungsspielraum zu, welcher der gerichtlichen Kontrolle nicht zugänglich ist, soweit der Finanzbehörde durch Gesetze keine besonderen Vorgaben für die Ermittlungsarbeit gemacht worden sind. Der Untersuchungsgrundsatz ist dabei kontextual zu verstehen und mit Blick auf die jeweilige Vollzugsaufgabe zu konkretisieren. Im Steuerrecht fordert der Vollzugsauftrag eine gleichmäßige Besteuerung in der Breite. Die Deklaration des Steuerpflichtigen muss durch die Finanzbehörde mit geeigneten Mittel kapazitätsabhängig verifiziert werden.

3. Steueranmeldung und die von einem vollautomatisierten Steuerbescheid i.S.d. § 155 Abs. 4 S. 1 AO gefolgte Steuererklärung unterscheiden sich trotz unterschiedlicher rechtlicher Ausgestaltung mit Blick auf die Selbstregulierung des Steuervollzuges nur graduell voneinander.

4. Die Steuererklärung hat eine Vermittlungsfunktion zwischen dem Lebenssachverhalt, dem materiellen Steuerrecht und dem Steuerverfahren inne: Sie ist das Instrument, um den Lebenssachverhalt in das Steuerverfahren zu überführen, das wiederum als Medium zur Verwirklichung des gem. § 38 AO i.V.m. den Einzelsteuergesetzen entstandenen materiellen Steueranspruchs dient.

5. Die Steuererklärung des Steuerpflichtigen dient der Finanzbehörde als Ausgangspunkt für weitere Ermittlungen in einem Steuerfall, soweit sie nicht den Sachverhalt durch sie bereits als hinreichend aufgeklärt ansieht.

6. Als gesetzlich vorgeschriebenes Ermittlungsinstrument kommt der Steuererklärung eine Begrenzungsfunktion der grundsätzlichen Freiheit der Finanzbehörde bei der Ausgestaltung des Untersuchungsgrundsatzes zu. Die

Finanzbehörde muss sich der Steuererklärung bedienen, soweit diese gesetzlich vorgeschrieben ist und darf die von ihr ausgehende Schutzwirkung für den Steuerpflichtigen nicht durch andere Ermittlungsmaßnahmen unterlaufen.

7. Eine elektronische Steuererklärung als Steuererklärung eigener Art existiert nicht. Die elektronische Steuererklärung und die klassische Steuererklärung auf Papier unterscheiden sich dem Grunde nach lediglich durch die Art ihrer Übermittlung an die Finanzbehörde – nach amtlich vorgeschriebenem Datensatz oder nach amtlich vorgeschriebenem Vordruck. Für die elektronische Steuererklärung gilt somit außerhalb der Übermittlungsart kein Sonderrecht, sondern es sind die allgemeinen Regelungen für Steuererklärungen anzuwenden.

8. Die Finanzverwaltung bietet mit ihren Programmen Mein Elster und letztmalig für den Veranlagungszeitraum 2019 auch mit ElsterFormular Möglichkeiten an, die Steuererklärung zu erstellen und elektronisch an die Finanzbehörde zu übermitteln. Während das Programm ElsterFormular die Steuererklärungsformulare abbildet, verfolgt Mein Elster eine davon losgelöste Darstellung. Der geschriebene Informationsgehalt ist aber jeweils identisch zu den Steuererklärungsformularen und ihren Anleitungen. Die Übermittlung erfolgt bei ElsterFormular wahlweise im ELSTER I- oder ELSTER II Verfahren, bei Mein Elster zwingend im ELSTER II-Verfahren, das eine Authentifizierung voraussetzt. Die Software von Drittanbietern und das Layout, mit dem die Sachverhalte abgefragt werden, ist nicht zwingend mit dem Inhalt und den Anleitungen der Steuererklärungsformulare identisch. Insoweit bestehen auch keine konkreten gesetzlichen Vorgaben.

9. Die Kompetenz zur Erstellung der Steuererklärungsformulare im Bereich der Einkommensteuer liegt gem. § 51 Abs. 4 Nr. 1 lit. b EStG beim Bundesministerium der Finanzen, das dabei im Einvernehmen mit den Ländern tätig werden muss. Die Kompetenz für die Erstellung der Steuererklärungsformulare zur Körperschaft-, Umsatz- und Gewerbesteuer liegt gem. Art. 108 Abs. 2 GG bei den Ländern, wird faktisch jedoch in Abstimmung mit dem Bund länderübergreifend einheitlich ausgeübt.

10. Steuererklärungsformulare stellen Verwaltungsvorschriften dar, denen über den Grundsatz der normativen Ermächtigungslehre begrenzte Außenwirkung zukommt. Soweit sich die in den Steuererklärungsformularen gestellten Fragen in dem Abfragen von materiell-steuerrechtlichen Tatbestandsmerkmalen erschöpfen und ggf. darüber hinaus durch gesetzliche Normen erlaubt sind, ist eine weitere gerichtliche Überprüfung ausgeschlossen. Die Ausgestaltung der Steuererklärungsformulare ist Teil des nicht gerichtlich überprüfbaren Gestaltungsspielraums der Finanzbehörde in Bezug auf den Untersuchungsgrundsatz. Eine gerichtliche Überprüfung der Steuererklärungsformulare ist somit darauf

beschränkt, festzustellen, ob die jeweilige Frage im Steuererklärungsformular gestellt werden durfte.

11. Die ggf. eigenhändige Unterschrift auf der Steuererklärung nach amtlich vorgeschriebenem Vordruck bzw. im ELSTER I-Verfahren erfüllt eine Identifikations- sowie eine Warnfunktion und führt zur Zurechnung der in der Steuererklärung getätigten Angaben an den Unterzeichner. Eine separate Wahrheitsversicherung erlangt darüber hinaus keine eigenständige Bedeutung mehr und ist daher folgerichtig mit dem Gesetz zur Modernisierung des Besteuerungsverfahrens entfallen. Die im ELSTER II-Verfahren übermittelte Steuererklärung enthält – technisch bedingt – keine Unterschrift, aber auch keine der Unterschrift gleichgestellte qualifizierte elektronische Signatur i.S.d. Art. 3 Nr. 12 eIDAS-VO. Die fortgeschrittene ELSTER-Signatur i.S.d. § 87a Abs. 6 AO kann – auch i.V.m. § 87d Abs. 3 AO – die Funktionen der Unterschrift nicht ersetzen und führt insbesondere zwischen Steuerpflichtigem und steuerlichem Berater zu einem Zurechnungsvakuum. Der insoweit bestehende Unterschied zwischen der elektronischen Steuererklärung und der Steuererklärung auf Papier kann vom Gesetzgeber bereits mit den bestehenden technischen Mitteln beseitigt werden.

12. Die Steuererklärungsformulare müssen dem Steuerpflichtigen in Form eines qualifizierten Freitextfeldes i.S.d. § 150 Abs. 7 S. 1 AO die Möglichkeit bieten, Angaben zu machen, die von den Formularfragen nicht erfasst sind. Ansonsten würde dem Steuerpflichtigen im gem. § 155 Abs. 4 S. 1 AO vollautomatisierten Veranlagungsverfahren der Anspruch auf rechtliches Gehör verwehrt. Nimmt der Steuerpflichtige Eintragungen in diesen Freitextfeldern vor oder gibt er durch „Anklicken" an, über die Steuererklärungsformulare hinaus Angaben machen zu wollen, ist der Steuerfall gem. § 155 Abs. 4 S. 3 AO zwingend insoweit von einem Amtsträger zu überprüfen.

13. Die Übermittlung der elektronischen Steuererklärung nach amtlich vorgeschriebenem Datensatz dient der technischen Weiterverarbeitung der Daten des Steuerpflichtigen innerhalb der Finanzbehörde. Der amtlich vorgeschriebene Datensatz ist eine technische Spezifikation, deren genauer Inhalt ohne die Steuererklärungsformulare nicht bestimmt werden kann. Im Gegensatz zum Steuererklärungsformular stellt er keine Transformation des Gesetzestextes dar. Dennoch ist die Übermittlung nach amtlich vorgeschriebenem Datensatz für die elektronische Steuererklärung die einzige staatliche Vorgabe: Wie der steuerlich erhebliche Sachverhalt beim Bürger abgefragt werden soll oder dass dieser auf jeden Fall (auch) die Steuererklärungsformulare ggf. elektronisch angezeigt bekommen muss, ist nicht vorgegeben, sodass die Steuersoftwares der privaten Drittanbieter stark voneinander abweichende Eingabemasken aufweisen, die keine Ähnlichkeit mit den amtlichen Steuererklärungsformularen haben

müssen. Hier ist der Gesetzgeber gefordert, einheitliche Mindeststandards vorzugeben.

14. Die Steuererklärung des Steuerpflichtigen ist Verfahrenshandlung. Mit ihr macht der Steuerpflichtige gegenüber der Finanzbehörde Wissensangaben, teilt ihr aber auch eigene Subsumtionen mit, übt Wahlrechte aus und stellt Anträge.

15. Soweit für den Steuerpflichtigen die Rechtsauffassung der Finanzbehörde tatsächlich und kognitiv zugänglich ist, ist er nach der Lehre vom typisierten Empfängerhorizont anknüpfend an die Wahrheitspflicht in § 150 Abs. 2 AO dazu verpflichtet, diejenigen Sachverhalte zu offenbaren, die er in der Steuererklärung abweichend von der Rechtsauffassung der Finanzverwaltung behandelt hat. Dazu hat der Steuerpflichtige primär das qualifizierte Freitextfeld i.S.d. § 150 Abs. 7 S. 1 AO zu nutzen. Eine themenbezogene Eintragung in anderen Freitextfeldern der Steuererklärung reicht ebenfalls aus. Darüber hinaus bleibt die Grenze des juristisch Vertretbaren Maßstab der Sachverhaltsoffenbarungspflicht.

16. Der Steuererklärung sind gem. § 150 Abs. 4 S. 1 AO die Unterlagen beizufügen, die nach den Einzelsteuergesetzen ausdrücklich als solche vorgeschrieben sind (z.B. in §§ 4g Abs. 4 S. 4 EStG, § 13a Abs. 3 S. 5 EStG, § 60 EStDV). Diese Unterlagen werden dadurch nicht Bestandteil der Steuererklärung, sodass die Vorschriften der §§ 152, 153 AO auf sie keine Anwendung finden.

17. Von dritter Seite werden der Finanzbehörde gem. § 93c AO i.V.m. den Einzelsteuergesetzen steuerliche Daten zu einzelnen Steuerpflichtigen übermittelt. Diese sog. eDaten gelten gem. § 150 Abs. 7 S. 2 AO als Angaben des Steuerpflichtigen, soweit er in der Steuererklärung keine abweichenden Angaben macht. Die Steuererklärungspflicht besteht trotz übermittelter eDaten dem Grunde nach jedoch weiter und wird durch § 150 Abs. 7 S. 2 AO auch in den Fällen nicht suspendiert, in denen die Einkünfte vollständig aus den übermittelten eDaten ersichtlich sind. Vielmehr ist Voraussetzung für die Zurechnung der eDaten nach § 150 Abs. 7 S. 2 AO, dass zumindest der ausgefüllte Mantelbogen der Steuererklärung bei der Finanzbehörde abgegeben wird. Durch § 150 Abs. 7 S. 2 AO wird die sog. vorausgefüllte Steuererklärung gesetzlich implementiert. Soweit es dem Steuerpflichtigen möglich und zumutbar ist, hat er die eDaten, die ihm gem. § 93c Abs. 1 Nr. 3 AO mitgeteilt werden, zurückgehend auf die Wahrheitspflicht des § 150 Abs. 2 AO auf Vollständigkeit und Richtigkeit zu überprüfen und Korrekturen in der Steuererklärung mitzuteilen.

3. Teil

18. Der Grundsatz der Verfahrensleistungsfähigkeit umschreibt die Fähigkeit des Steuerpflichtigen, im Steuerverfahren seinen ihm auferlegten Verpflichtungen

nachzukommen und von den ihm eingeräumten Verfahrensrechten Gebrauch zu machen. Die Verfahrensleistungsfähigkeit lässt sich in ein kognitives bzw. intellektuelles und ein tatsächliches Element untergliedern.

19. Kern des kognitiven bzw. intellektuellen Elementes der Verfahrensleistungsfähigkeit ist die Forderung danach, dass für den Bürger verständlich sein muss, was von ihm im Steuerverfahren verlangt wird. Im Grundgesetz wurden jeweils Anleihen für diese Forderung nach verständlichen Normen im Bestimmtheitsgrundsatz und im Grundsatz der Normenklarheit gefunden, die jedoch andererseits die Notwendigkeit im Blick haben, dass die Regelung durch Gesetz stets abstrakt und damit auslegungsbedürftig ist, um der Vielgestaltigkeit des Lebens Herr zu werden. Eine unbedingte Forderung nach eindeutig verständlichen Normen wurde daher abgelehnt.

20. Als Adressat für die Steuergesetze ist der Steuerpflichtige anzusehen, der diese im selbstregulierenden Steuervollzug anwendet. Dabei ist im Sinne einer „Adressatengerechtigkeit" zu fordern, dass der Steuerpflichtige, die Steuergesetze anwenden kann, die seinen Steuerfall regeln. Differenzierungsmerkmal für die Ausgestaltung der Steuergesetze ist aber kein subjektives, sondern die Komplexität der durch den Steuerpflichtigen verwirklichten wirtschaftlichen Sachverhalte. Dies findet seine verfassungsrechtliche Rechtfertigung darin, dass derjenige, der komplexere wirtschaftliche Sachverhalte verwirklicht, die staatlichen Marktstrukturen und von ihm geschaffenen Voraussetzungen für dieses wirtschaftliche Tätigwerden stärker in Anspruch nimmt. Die Anwendung der Gesetze muss dabei zudem nicht aus diesen heraus möglich sein, sondern kann auch mithilfe von „Verständlichkeitsbrücken" in Form von Steuererklärungsformularen, Erläuterungen und intuitiven Informationsdatenbanken hergestellt werden. Ein Missverhältnis zwischen der Komplexität des wirtschaftlichen Sachverhaltes und der Komplexität der diesen Sachverhalt umsetzenden Norm führt aber nicht zwingend zur Verfassungswidrigkeit derselben. Hierfür sind die vom Bundesverfassungsgericht großzügig gesetzten und nicht immer einheitlich beurteilten Grenzen des Bestimmtheitsgrundsatzes und des Grundsatzes der Normenklarheit maßgebend. Eine komplexere und im Regelfall mit mehr Rechtsunsicherheiten behaftete Norm belastet den Steuerpflichtigen aber insoweit überobligatorisch und ist in eine freiheitsrechtliche Gesamtverhältnismäßigkeitsabwägung miteinzubeziehen.

21. Das tatsächliche Element der Verfahrensleistungsfähigkeit fordert, dass der Steuerpflichtige dasjenige, was von ihm verlangt wird, auch tatsächlich leisten können muss und ist im Grundsatz der Verhältnismäßigkeit verortet. Die Steuerzahlungspflicht greift in Art. 12 und Art. 14 GG ein. Mitwirkungspflichten im Steuerverfahren tangieren, soweit sie berufsbezogen sind, die Schutzbereiche

des Art. 12 GG und ggf. des Art. 14 GG. Ferner sind durch die Offenbarung von Unternehmens- und privaten Daten im Steuerverfahren die Art. 12, 14 GG und das Recht auf informationelle Selbstbestimmung i.S.d. Art. 2 Abs. 1 i.V.m. Art. 1 Abs.1 GG betroffen. Der Eingriff in die Grundrechte durch die Steuererklärungspflicht ist für sich betrachtet grundsätzlich gerechtfertigt. In Einzelfällen kann es aber zu einer Überforderung des Steuerpflichtigen kommen, wenn komplexe Normen bei der Subsumtion wirtschaftlicher Sachverhalte von ihm anzuwenden sind. Diese Mehrbelastung auf Ebene des kognitiven bzw. intellektuellen Elementes der Verfahrensleistungsfähigkeit ist in die Verhältnismäßigkeitsprüfung auf Ebene des tatsächlichen Elementes miteinzubeziehen. Die Verfahrensleistungsfähigkeit gewinnt somit als bereichsspezifische Ausprägung des Verhältnismäßigkeitsgrundsatzes im Steuerrecht an Bedeutung.

22. Dass eine solche gemeinsame Betrachtung mehrerer Belastungen des Steuerpflichtigen möglich ist, zeigt die Rechtsfigur des additiven Grundrechtseingriffs. Diese ermöglicht es, in der Verhältnismäßigkeit der grundrechtlichen Prüfung mehrere hoheitliche Maßnahmen in ihrer Belastung gemeinsam zu betrachten und den verfolgten Zwecken gegenüberzustellen. Voraussetzung dafür ist, dass die hoheitlichen Maßnahmen von einem oder mehreren Hoheitsträgern zeitgleich oder sukzessiv einen oder in gleicher Weise mehrere Adressaten und einen im Einzelfall zu bestimmenden Lebenssachverhalt betreffen. Dabei muss zwischen Maßnahmen, die verschiedene Zwecke verfolgen, ein Legitimationszusammenhang bestehen. Eine Zusammenfassung der verschiedenen Mitwirkungspflichten im Steuerverfahren zu einer Gesamtbelastung ist unter dieser Prämisse möglich. Nicht zweckmäßig ist es hingegen, auch die Steuerzahlung mit in die Gesamtbelastung einzubeziehen, wenn Belastungsobergrenzen genutzt werden. Denn eine hohe Steuerzahlung bedeutet dann gleichzeitig eine geringere Belastbarkeit des Steuerpflichtigen im Steuerverfahren und verstieße damit gegen die in Nr. 20 geäußerten Gedanken der Adressatengerechtigkeit bei der Belastung durch Mitwirkungspflichten, die an die Komplexität des wirtschaftlichen Handelns anknüpfen.

23. Darüber hinaus beinhaltet das tatsächliche Element der Verfahrensleistungsfähigkeit eine gleichheitsrechtliche Komponente, die eine angemessene Inanspruchnahme der Steuerpflichtigen im Vergleich zueinander ermöglicht. Hier kann Art. 3 Abs. 1 GG in seiner allgemeinen Ausprägung herangezogen werden. Für den Abwägungsmodus ist im Steuerverfahrensrecht auf die „neue Formel" abzustellen. Die Übertragung des Leistungsfähigkeitsprinzips auf die Belastung im Steuerverfahren wird wegen praktischer Erwägungen nicht die Präzision erlangen, wie man sie im materiellen Steuerrecht erreicht hat. In engen Grenzen ist es aber denkbar, dass das Folgerichtigkeitsgebot Anwendung findet.

24. Die Verfahrensleistungsfähigkeit des Steuerpflichtigen ist in Abhängigkeit der von ihm verwirklichten wirtschaftlichen Sachverhalte zu betrachten: Je komplexer die von ihm verwirklichten wirtschaftlichen Sachverhalte sind, desto höhere Anforderungen dürfen an die Verständlichkeit einer Norm und den Umfang der Mitwirkungspflichten des Steuerpflichtigen im Steuerverfahren gestellt werden. Diese „Typensubjektivität" ist dann um individuelle subjektive Merkmale zu ergänzen, wenn im einzelnen Steuerverfahren hierfür ein normativer Anknüpfungspunkt besteht.

4. Teil

25. Im Steuerverfahren existiert kein allgemeingültiges Beweismaß. Bei der Veranlagung der Steuern, für die eine Steuererklärung abzugeben ist, kann zwischen einer ersten Stufe, auf der eine Plausibilitätsprüfung der Steuererklärung stattfindet, und einer zweiten Stufe, die allerdings kein starres Beweismaß fordert, sondern ein nach der Sphärenverantwortlichkeit variierendes Beweismaß beinhaltet, unterschieden werden.

26. Auf der Stufe der Plausibilitätsprüfung nutzt die Finanzbehörde Risikomanagementsysteme, um die Prüfbedürftigkeit eines Falles einzuschätzen und die Reaktionen innerhalb der Finanzbehörde auf ein erkanntes Risiko zu steuern. Mit diesem, seit dem Gesetz zur Modernisierung des Besteuerungsverfahrens in § 88 Abs. 5 AO gesetzlich verankerten Veranlagungsinstrument wird auf Grundlage eines auf § 158 AO basierenden Vertrauensvorschusses das Beweismaß auf dieser ersten Stufe herabgesetzt. Entgegen einiger Stimmen in der Literatur ist der Einsatz von Risikomanagementsystemen nicht grundsätzlich verfassungsrechtlich bedenklich, solange die in § 88 Abs. 5 AO genannten Maßgaben eingehalten werden. Die genaue Ausgestaltung der Risikomanagementsysteme obliegt der Finanzverwaltung. Mit ihnen gestaltet sie den Amtsermittlungsgrundsatz näher aus, indem sie kapazitätsbedingt Prüfungswürdigkeit und -umfang der Steuerfälle determiniert.

27. Das auf der zweiten Stufe anzuwendende variierende Beweismaß, das bei mangelhafter Sachverhaltsaufklärung durch den Steuerpflichtigen zu seinen Ungunsten ausschlägt, belastet den Steuerpflichtigen insbesondere dann, wenn gesetzliche Nachweispflichten oder Beweisanforderungen im Gesetz nicht genau spezifiziert werden. Bei unklarer Gesetzeslage kann unter Verfahrensleistungsfähigkeitsgesichtspunkten daher ein Ausgleich dahingehend gefunden werden, dass eine unklare Beweisvorsorgevorschrift *in dubio pro* Steuerpflichtigem zu werten ist.

28. Die Verletzung der Steuererklärungspflicht kann die Festsetzung von Verspätungszuschlägen und die Schätzung der Besteuerungsgrundlagen nach sich ziehen. Insoweit kann bei einer nur bestimmte Gruppen von Steuerpflichtigen treffenden Verpflichtung zur Übermittlung der Steuererklärung nach amtlich vorgeschriebenem Datensatz (z.B. § 25 Abs. 4 S. 1 EStG) eine nach der Verfahrensleistungsfähigkeit differenzierende Regelung gesehen werden. In den Härtefallregelungen der Einzelsteuergesetze, dass die Finanzbehörden auf die elektronische Übermittlung der Steuererklärung verzichten können, ist die einzelgesetzliche Anordnung zu erblicken, dass über die „Typensubjektivität" hinaus persönliche Merkmale bei der Bestimmung von Verfahrenspflichten Berücksichtigung finden.

29. Soweit Beweisvermutungen zugunsten des Steuerpflichtigen streiten, ist es essentiell, dass der Steuerpflichtige versteht, welche Handlungen er vornehmen muss, um in deren Genuss zu kommen. Soweit den Finanzbehörden keine Möglichkeit der Gesetzeskonkretisierung durch die Legislative gegeben worden ist, haben Verwaltungsvorschriften wie etwa die GoBD keine den Steuerpflichtigen bindende Funktion und ihre Verletzung kann folglich nicht zur Begründung von Beweisnachteilen in Form eines Abrückens von zu seinen Gunsten geltenden Beweisvermutungen führen.

5. Teil

30. Die materielle Bestandskraft eines Steuerbescheides wirkt als Aufhebungs- und Änderungsbeschränkung und tritt mit Bekanntgabe bzw. Wirksamkeit des Steuerbescheides i.S.d. §§ 122, 122a, 124 Abs. 1 AO ein, soweit nicht ein Vorbehalt der Nachprüfung den Eintritt der Bestandskraft insgesamt oder eine vorläufige Steuerfestsetzung diese teilweise suspendiert. Eine vollautomatisierte Veranlagung i.S.d. § 155 Abs. 4 S. 1 AO, die wahlweise alle risikolosen Steuerfälle unter dem Vorbehalt der Nachprüfung bescheidet oder alle jene, die als risikobehaftet erkannt worden sind, deckt sich mit dem Sinn und Zweck des § 164 AO bzw. der derzeitigen Regelung des § 155 Abs. 4 S. 2 Nr. 2 AO nicht. Eine Ausnahme gilt für solche Fälle, in denen eine Überprüfung zu einem späteren Zeitpunkt aus anderen Gründen bereits vorgesehen ist. Hierzu zählen etwa die auf dem Prüfungsplan der Betriebsprüfung stehenden sog. BP-Fälle. Voraussetzung ist indes eine Verwaltungsanweisung i.S.d. § 155 Abs. 4 S. 2 Nr. 2 AO.

31. Entgegen einer weit verbreiteten Auffassung in der Literatur durchbricht § 129 AO die materielle Bestandskraft und führt nicht lediglich zu einer Berichtigung des äußeren Erscheinungsbildes des Steuerverwaltungsaktes. Inhalt des

Steuerverwaltungsaktes ist gem. § 124 Abs. 1 S. 2 AO das Erklärte und nicht das Gewollte.

32. Fehler in der Steuererklärung lassen sich auf verschiedene Fehlerquellen zurückführen. Als menschliche Fehler kommen zunächst mechanische Fehler, das (schlichte) Vergessen von Eintragungen sowie Subsumtions- und Rechtsfehler in Betracht. Steuererklärungsformulare kommen dann als Fehlerquellen infrage, wenn Mantelbogen und Anleitung den Steuerpflichtigen nicht ausreichend auf die auszufüllenden Anlagen zur Steuererklärung hinweisen oder es ihnen insgesamt an Informationen über einzelne auszufüllende Felder mangelt. Eine grundlegende Erweiterung der Fehlerquellen durch das ELSTER-Verfahren findet aber nicht statt; es wird keine (weitere) Verfahrensverantwortung auf den Steuerpflichtigen im ELSTER-Verfahren übertragen. Der Steuerpflichtige macht vielmehr – wie auch früher – Angaben in seiner Steuererklärung, ohne dass sich diese Tätigkeit qualitativ erweitert hat; insbesondere bedient der Steuerpflichtige nicht die Veranlagungsprogramme der Finanzverwaltung oder vergleichbare Software. Eine irreführende Programmführung in den finanzverwaltungseigenen ELSTER-Programmen kann aber eine Fehlerquelle begründen.

33. Eine Tatsache ist der Finanzbehörde erst dann i.S.d. § 173 Abs. 1 AO bekannt, wenn die Finanzbehörde positive Kenntnis von ihr hat. Daher ist im Einzelfall zu beurteilen, ob die Finanzbehörde durch eine Eintragung in das Steuererklärungsformular Kenntnisse über eine Tatsache erlangt oder lediglich eine rechtliche Subsumtion dargeboten bekommt. In letzterem Fall kann das Tatbestandsmerkmal der „neuen Tatsache“ keine Begrenzungsfunktion erfüllen, denn jeder Lebenssachverhalt ist für die Finanzbehörde dann erst nachträglich bekannt geworden.

34. Beim groben Verschulden i.S.d. § 173 Abs. 1 Nr. 2 AO ist auf die Kenntnisse und Fähigkeiten des Steuerpflichtigen abzustellen. Soweit er einen Steuerberater mit der Wahrnehmung seiner steuerlichen Pflichten beauftragt, werden dem Steuerpflichtigen dessen Wissen und Kenntnisse zugerechnet und beim groben Verschulden mitberücksichtigt.

35. Unvollständige Steuererklärungsformulare gehen zulasten der Finanzbehörde und können kein grobes Verschulden des Steuerpflichtigen i.S.d. § 173 Abs. 1 Nr. 2 AO begründen. Im Übrigen sind bei der Ermittlung des groben Verschuldens sowohl die Ausgestaltung der Steuererklärungsvordrucke als auch die persönlichen Fähigkeiten und Kenntnisse des Steuerpflichtigen wertend zu berücksichtigen.

36. Entgegen der Auffassung in der Rechtsprechung und Teilen der Literatur ist der Betrachtungszeitraum für das grobe Verschulden i.S.d. § 173 Abs. 1 Nr. 2

AO nur der Zeitraum bis zum Erlass des Steuerbescheides. Ein grobes Verschulden innerhalb der Einspruchsfrist ist unbeachtlich.

37. Als ungeschriebenes Tatbestandsmerkmal ist im Rahmen von § 173 Abs. 1 AO die Rechtserheblichkeit zu prüfen. Notwendig ist damit eine Kausalität zwischen der nachträglich bekannt gewordenen Tatsache und der unrichtigen Steuerfestsetzung. Die Finanzbehörde hätte die Tatsache im Steuerbescheid nach dem damaligen Stand somit berücksichtigen müssen. Bei dieser Prüfung ist auf einen *de lege artis* arbeitenden Sachbearbeiter abzustellen. Änderungen der rechtlichen Bewertung führen somit zu keinem zusätzlichen Korrekturpotential über § 173 Abs. 1 Nr. 2 AO.

38. In Anlehnung an die neuere Rechtsprechung ist die Erstellung der Steuererklärung in drei Abschnitte zu gliedern: Eine Vorbereitungsphase, die der Erstellung der Steuererklärung vorgelagert ist und in der die Lebenssachverhalte sortiert und ggf. auch bereits steuerlich eingeordnet werden, eine Eintragungsphase, in der die aufbereiteten und ggf. subsumierten Sachverhalte in die Steuererklärungsformulare eingetragen werden, und eine Verifikations- bzw. Überprüfungsphase, in der die eingegebenen Daten vor Übermittlung an die Finanzbehörde auf ihre Vollständigkeit und Richtigkeit überprüft werden. Mechanische Fehler in der Eintragungsphase sind als jederzeit mögliche Flüchtigkeitsfehler stets nicht grob verschuldet i.S.d. § 173 Abs. 1 Nr. 2 AO. Allerdings kann dieser Fehler durch einen grob verschuldeten Fehler in der Überprüfungsphase überlagert werden und damit insgesamt zu einem grob verschuldeten Fehler führen.

39. Ob eine vergessene Eintragung grob verschuldet i.S.d. § 173 Abs. 1 Nr. 2 AO ist oder nicht, lässt sich mit Blick darauf, dass sich keinerlei Anhaltspunkte in der Steuererklärung des Steuerpflichtigen finden, nur anhand von Indizien feststellen. Ausgangspunkt sind dabei die Steuererklärungsformulare, die Programmgestaltung der Steuererklärungssoftware der Finanzverwaltung, Erläuterungstexte und Anleitungen sowie die Fähigkeiten und Kenntnisse des Steuerpflichtigen. Liegt nach dieser Prüfung ein grobes Verschulden vor, hat der Steuerpflichtige die Möglichkeit nachzuweisen, dass ihn kein grobes Verschulden trifft, wobei das Beweismaß herabgesenkt ist. Zweifel gehen zulasten der Finanzbehörde. Ähnliches gilt auch für schlicht vergessene Eintragungen, die zwar den mechanischen Fehlern näherstehen, für die sich letztlich aber im Regelfall keine Anhaltspunkte in der Steuererklärung finden lassen.

40. Rechts- und Subsumtionsfehler des Steuerpflichtigen in seiner Steuererklärung treten regelmäßig nicht als eigene Fehlerart in Erscheinung, sondern dienen bei der Prüfung des groben Verschuldens bei vergessenen Eintragungen als Kontraindikation der individuellen Vorwerfbarkeit. Dabei dient das grobe

Verschulden i.S.d. § 173 Abs. 1 Nr. 2 AO als Ankerpunkt, um die Wertungen der Verfahrensleistungsfähigkeit im Verfahren fruchtbar zu machen.

41. Die Grundsätze von Treu und Glauben können einer Korrektur zuungunsten des Steuerpflichtigen i.S.d. § 173 Abs. 1 Nr. 1 AO entgegenstehen. Voraussetzung ist zunächst, dass die Finanzbehörde ihre Amtsermittlungspflicht verletzt. Aufgrund des Gestaltungsspielraums der Finanzbehörde im Bereich des Amtsermittlungsgrundsatzes kann eine Sachverhaltsermittlungspflicht zunächst dort angenommen werden, wo diese gesetzlich vorgeschrieben ist. In Betracht kommt vor allem die Steuererklärung als Ermittlungsinstrument, auch soweit die Pflicht zur Abgabe lediglich fakultativ durch Aufforderung der Finanzbehörde begründet werden kann. Ebenso begründet die Ausgestaltung des Amtsermittlungsgrundsatzes durch Risikomanagementsysteme, die gem. §§ 88 Abs. 5; 155 Abs. 4 S. 1 AO eine Aussteuerung im vollautomatisierten Veranlagungsverfahren und damit eine Überprüfung durch einen Sachbearbeiter erfordern, im Einzelfall eine Amtsermittlungspflicht; die Risikomanagementsysteme geben dabei innerhalb der Finanzbehörde Art und Umfang der Sachverhaltsermittlungspflicht in gewissen Grenzen vor. Im Übrigen bleibt es bei der unscharfen Faustformel, dass dann ein Sachverhaltsermittlungsfehler vorliegt, wenn die Finanzbehörde sich ihr aufdrängenden Zweifeln nicht nachgeht. Weiterhin muss der Steuerpflichtige seinen Mitwirkungspflichtigen im jeweiligen Fall im zumutbaren Umfang nachgekommen sein. Bei der Abwägung der beiderseitigen Pflichtverletzungen ist ein weiteres Mal die Verfahrensleistungsfähigkeit des Steuerpflichtigen wertend im Einzelfall zu berücksichtigen und es reicht nicht bereits jede Pflichtverletzung des Steuerpflichtigen aus, um die Berufung auf die Grundsätze von Treu und Glauben zu verweigern.

42. Schreibfehler, Rechenfehler und ähnliche offenbare Unrichtigkeiten i.S.d. § 129 AO sind als mechanische bzw. technische Fehler das Gegenstück zum Rechtsfehler bzw. Sachverhaltsermittlungsfehler. Die „Offenbarkeit" i.S.d. § 129 AO verliert ihre Funktion als Tatbestandsmerkmal und erhöht das erforderliche Beweismaß der Feststellung, dass ein mechanischer bzw. technischer Fehler vorliegt.

43. Geht es um Fehler innerhalb der Finanzbehörde, operiert die Rechtsprechung im Anwendungsbereich des § 129 AO großzügig zugunsten der Finanzbehörde mit Beweismaßabsenkungen und Anscheinsbeweisen, die von keinem entsprechenden Erfahrungssatz gedeckt sind. Die Rechtsprechung führt zudem zu Fehlanreizen bei der Bearbeitung der Steuererklärung innerhalb der Finanzbehörde, denn es stehen der Finanzbehörde umso mehr Berichtigungsmöglichkeiten zur Verfügung je oberflächlicher die Bearbeitung des Falles erfolgt. Die Rechtsprechung ist damit zu überdenken.

44. Die Rechtsprechung verkennt bisher die Bedeutung der Risikomanagementsysteme für die Ausgestaltung des Amtsermittlungsgrundsatzes im Bereich der Korrekturvorschriften: Die der Finanzbehörde zugebilligte Konkretisierungsbefugnis, das Veranlagungsverfahren zweistufig mithilfe von Risikomanagementsystem auszugestalten, muss bei der Frage Berücksichtigung finden, ob der Finanzbehörde Sachverhaltsermittlungsfehler unterlaufen sind. Für die Frage, ob ein Sachverhaltsermittlungsfehler vorliegt, ist es nicht ausreichend, auf den Sachbearbeiter in der Finanzbehörde als „letztes Glied in der Kette" abzustellen, sondern der gesamte Prozess, der die Abläufe zur Sachverhaltsermittlung innerhalb der Finanzbehörde ausgestaltet, ist in den Blick zu nehmen.

45. Als Folge aus der hier vertretenen Auffassung, dass § 129 AO die Bestandskraft durchbricht, ergibt sich, dass es nicht erforderlich ist, dass die Unrichtigkeit i.S.d. § 129 AO für den Steuerpflichtigen aus dem Steuerbescheid oder den von ihm eingereichten Unterlagen zur Steuererklärung erkennbar sein muss. Befürchtungen, dass diese Auffassung zu einer Aushöhlung der Bestandskraft führt, ist mit der Forderung zu begegnen, dass der Anwendungsbereich des § 129 AO – entgegen der bisherigen Rechtsprechung – deutlich eingegrenzter und konturierter auszulegen ist, indem die Unrichtigkeit i.S.d. § 129 AO als mechanischer bzw. „technischer" Fehler positiv unter Beachtung des gesteigerten Beweismaßes der „Offenbarkeit" festgestellt wird (siehe Nr. 42).

46. Dem Steuerpflichtigen unterlaufende offenbare Unrichtigkeiten, die von der Finanzbehörde als eigene übernommen werden, können gem. § 129 AO korrigiert werden. Voraussetzung für die Fehlerübernahme ist, dass der Fehler des Steuerpflichtigen innerhalb der Finanzbehörde wahrgenommen und inhaltlich nachvollzogen wird.

47. In Veranlagungsverfahren, in denen keine sinnliche Wahrnehmung und kein Nachvollziehen der Angaben des Steuerpflichtigen durch den Sachbearbeiter erfolgt, ist der Raum für Übernahmefehler i.S.d. § 129 AO deutlich eingeschränkt. Überlegungen, den Anwendungsbereich des Übernahmefehlers im vollautomatisierten Veranlagungsverfahren wie auch im Steueranmeldungsverfahren auszuweiten, überzeugen vor dem Hintergrund der gesetzgeberischen Entscheidung, beide Verfahren rechtlich voneinander zu separieren, nicht. Für solche Fehlerquellen aufseiten des Steuerpflichtigen hat der Gesetzgeber § 173a AO geschaffen.

48. § 173a AO ermöglicht die Korrektur von Schreib- und Rechenfehlern, die dem Steuerpflichtigen beim Erstellen seiner Steuererklärung unterlaufen. Unter die Schreibfehler fallen auch Übertragungsfehler, die beim Erstellen der Steuererklärung auf Papier oder der elektronischen Steuererklärung anfallen können, wie z.B. Zahlendreher oder Schreibfehler, nicht hingegen schlicht vergessene

Übertragungen. Ähnliche offenbare Unrichtigkeiten – wie sie in § 129 AO enthalten sind – sind von § 173a AO ebenso nicht umfasst und auch nicht in den Tatbestand im Sinne einer teleologischen Extension hineinzulesen. Daraus ergibt sich jedoch keine asymmetrische Behandlung von Finanzbehörde und Steuerpflichtigem im Veranlagungsverfahren. Vielmehr wird die Verantwortungsteilung zwischen Steuerpflichtigem und Finanzbehörde im Steuerverfahren beachtet und verschwimmt nicht zu einer „Verantwortungsdiffusion"[3044]. § 129 AO und § 173a AO korrigieren vielmehr sphärenorientiert diejenigen Fehler, die in der jeweiligen Sphäre von Finanzbehörde und Steuerpflichtigem auftreten können. Eine systemwidrige Benachteiligung des Steuerpflichtigen liegt nicht vor.

49. Die Korrektur der Anrechnungsverfügung erfolgt gem. §§ 129-131 AO und blieb durch das Gesetz zur Modernisierung des Besteuerungsverfahrens weitestgehend unangetastet. Obwohl keine grundsätzlichen Bedenken gegen die Korrekturnormen festgestellt worden sind – soweit gewisse Wertungen der §§ 172 ff. AO übernommen werden – ist fraglich, warum ein und dieselbe Fehlerquelle, nämlich die Angaben in der Steuererklärung unterschiedlichen Korrekturregimen unterworfen werden. Hier wäre eine Vereinheitlichung sinnvoll oder jedenfalls die Möglichkeit von der Seite des Gesetzgebers zu eröffnen, auch die Anrechnungsverfügung nach § 173a AO korrigieren zu können.

50. Mit der Ausübung von Wahlrechten und Anträgen gestaltet der Steuerpflichtige die Rechtsfolgenseite einer Norm beim Vorliegen ihrer Tatbestandsmerkmale aus. Wahlrechte und Anträge können dabei die Steuerentstehung gem. § 38 AO rückwirkend dem Grunde oder der Höhe nach beeinflussen. Voraussetzung für eine wirksame Wahlrechts- bzw. Antragsausübung ist, dass diese empfangsbedürftige Willenserklärung als Verfahrenshandlung im Verfahren geäußert wird. Das Verfahren „Steuerfestsetzung" ist mit dem Erlass des Verwaltungsaktes grundsätzlich abgeschlossen, sodass eine Wahlrechts- bzw. Antragsausübung nur solange in Betracht kommt, wie das Verfahren noch nicht abgeschlossen ist oder aufgrund einer anderen Norm, etwa weil ein Einspruch eingelegt worden ist oder weil eine Korrekturvorschrift einschlägig ist, wieder – auch in Bezug auf die festgesetzte Steuer teilweise – eröffnet wird.

51. Eine Wahlrechts- oder Antragsausübung führt *eo ipso* nicht zur Durchbrechung der Bestandskraft, sondern kann bei verfahrensrechtlicher Wirksamkeit nur den Steueranspruch rückwirkend beeinflussen, sodass es zur Umsetzung im bestandskräftigen Steuerverwaltungsakt einer Korrekturnorm bedarf. Überlegungen, Wahlrechte und Anträge grundsätzlich als rückwirkende Ereignisse

3044 *Drüen*, FR 2011, 101, 112.

i.S.d. § 175 Abs. 1 S. 1 Nr. 2 AO zu behandeln, überzeugen vor diesem Hintergrund nicht. § 175 Abs. 1 S. 1 Nr. 2 AO bietet aus historischer, teleologischer und systematischer Sicht keine Anknüpfungspunkte dafür, dass er als Vehikel dienen soll, Antrags- und Wahlrechten zur Rechtswirklichkeit zu verhelfen, sondern stellt sich demgegenüber sogar gegen eine solche Interpretation.

6. Teil

52. Die bei der Auseinandersetzung mit dem Steuerverfahren gefundenen Wertungen zur Steuererklärung, die Obliegenheit der Finanzbehörde, verständliche Vordrucke und weitere Informationen zur Verfügung zu stellen, damit der Steuerpflichtige seinen Steuererklärungspflichten nachkommen kann, sowie die Lehre vom typisierten Empfängerhorizont sind in das Steuerstraf- und Bußgeldverfahren fortzutragen.

53. Nach der Steueranspruchstheorie ist Voraussetzung für eine vorsätzliche Steuerverkürzung, dass der Steuerpflichtige in Bezug auf alle objektiven Tatbestandsmerkmale und damit auch in Bezug auf die „steuerlich erhebliche Tatsache", die „Pflichtwidrigkeit" und die „Steuerverkürzung" bzw. die „Erlangung eines nicht gerechtfertigten Steuervorteils" mit Wissen und Wollen handelt. Ausreichend ist eine vom Laien in seiner Sphäre vorgenommene Parallelwertung, bei der dieser den unrechtstypisierenden Bedeutungsgehalt des jeweiligen Tatbestands im sozialen Kontext erfasst. Die Ausgestaltung der Steuererklärungsformulare, der Anleitung zur Steuererklärung und weiterer Informationen sowie ihre Zugänglichkeit für den Einzelnen sind bei der Frage danach, ob der Einzelne einen Vorsatz hatte, Steuern zu verkürzen, zu berücksichtigen.

54. Der Stoßrichtung des 1. Strafsenats des Bundesgerichtshofs, der sich zu Beginn der 2010er Jahre auf dem Weg zu einem potentiellen Vorsatz im Steuerstrafrecht befand, ist eine Absage zu erteilen. Seine These, dass bereits derjenige vorsätzlich handelt, der Erkundigungspflichten verletzt oder am Markt verfügbaren Rat nicht einholt, nivelliert die Abstufung zwischen Vorsatz und Fahrlässigkeit und bestraft den Täter nicht wegen der konkreten Tat, sondern wegen der Enttäuschung der Erwartungen der Rechtsgemeinschaft. Außerdem werden so die Unschuldsvermutung und der Grundsatz *in dubio pro reo* außer Kraft gesetzt.

55. Die Zurechnung des unrichtig Erklärten in der Steuererklärung erfolgt bei der Steuererklärung nach amtlich vorgeschriebenem Vordruck und der im ELSTER I-Verfahren übermittelten Steuererklärung grundsätzlich über die Unterschrift auf der ggf. komprimierten Steuererklärung. Im Fall der im ELSTER II-Verfahren übermittelten elektronischen Steuererklärung setzen sich die bereits zum Steuerverfahren geäußerten Bedenken über ein Zurechnungsvakuum

fort. Eine Zurechnung über die § 87a Abs. 6 AO i.V.m. § 87d Abs. 3 AO ist nicht in allen Fallkonstellationen denkbar, zudem die Autorisation der übermittelten Daten i.S.d. § 87d Abs. 3 AO keiner besonderen Form bedarf. Dieser gesetzgeberische Mangel kann bei Ungewissheit über die Erklärungsherrschaft nur dazu führen, dass eine Entscheidung nach dem Grundsatz *in dubio pro reo* erfolgt.

56. Bei Nichtabgabe der Steuererklärung tritt die Vollendung der Steuerhinterziehung mit Bekanntgabe des Schätzungsbescheides ein, der eine von der gesetzlich entstandenen Steuer nach unten abweichende Steuer festsetzt. In den Fällen, in denen kein Schätzungsbescheid ergeht, tritt Vollendung zu dem Zeitpunkt ein, zu dem eine Veranlagung ergangen wäre, hätte der Steuerpflichtige seine Steuererklärung rechtzeitig abgegeben. Dabei von einer 100%igen Erledigungsquote im jeweiligen Veranlagungsbezirk auszugehen, geht jedoch an der Veranlagungsrealität vorbei, da ein Veranlagungsbezirk keine feststehenden Fallzahlen hat, sondern diese fluktuieren. Eine Quote von 95% ist daher praxisgerecht. Überlegungen, die an andere Kriterien für die hypothetische Bearbeitungszeit anknüpfen, etwa an die Risikoklasse, sind in diesem Zusammenhang ebenfalls denkbar; entsprechende Ansätze haben sich aber noch nicht durchgesetzt.

57. Liegen der Finanzbehörde eDaten i.S.d. § 93c AO vor, ist eine Steuerhinterziehung gem. § 370 Abs. 1 Nr. 2 AO insoweit ausgeschlossen. Das Tatbestandsmerkmal „in Unkenntnis lassen" ist mit Blick auf die Sicherung des Steueraufkommens als Strafzweck der Norm auszulegen. Anders als anderen Kontrollmitteilungen messen der Gesetzgeber und die Finanzverwaltung diesen von dritter Seite übermittelten Daten eine so hohe inhaltliche Qualität bei, dass diese der Steuerveranlagung ohne weitere Prüfung im Regelfall zugrunde gelegt werden. Von einer Gefährdung des Steueraufkommens kann dementsprechend beim Vorliegen von eDaten keine Rede mehr sein.

58. Die zu § 150 Abs. 7 S. 2 AO bei der Untersuchung der Steuererklärung gefundenen Ergebnisse sind in das Steuerstrafverfahren vorzutragen. In der Literatur geäußerte steuerstrafrechtsdogmatische Bedenken bestehen dann nicht. Für die Kenntnis der Finanzbehörde von den eDaten i.S.d. § 93c AO ist es unerheblich, ob die Zurechnung über §150 Abs. 7 S. 2 AO stattgefunden hat.

59. Mit der Erlangung eines unrichtigen Grundlagen- bzw. Feststellungsbescheides liegt bei mindestens schätzungsweiser Bezifferbarkeit des nicht gerechtfertigten Steuervorteils bereits eine hinreichende Gefährdung des Steueraufkommens vor. Dies liegt in der Besonderheit des zweistufigen Steuerverfahrens und der Bindungswirkung des Grundlagenbescheides gem. § 182 Abs. 1 S. 1 AO begründet. Unabhängig davon, ob der Grundlagenbescheid rechtlich zutreffend ist oder nicht, ist die Finanzbehörde, die den Folgebescheid erlässt, an diesen gebunden und muss ihn im Folgebescheid auswerten. Mit Erlangung des

unrichtigen Grundlagen- bzw. Feststellungsbescheides ist die Tat nach zutreffender Ansicht zudem vollendet und beendet.

60. Ob der Irrtum über das Steuerrecht einen Tatbestandsirrtum i.S.d. § 16 StGB oder einen Verbotsirrtum i.S.d. § 17 StGB darstellt, ist in der Literatur seit jeher umstritten und wird von der strafrechtsdogmatischen Vorfrage abhängig gemacht, ob es sich bei § 370 AO um einen Blanketttatbestand handelt oder die auf das materielle Steuerrecht verweisenden Tatbestandsmerkmale des § 370 AO normativer Natur sind. Die Untersuchung hat indessen gezeigt, dass eine Wahrung der Interessen des Steuerpflichtigen im Steuerstrafverfahren unabhängig von dieser Vorfrage unter konsequenter Beachtung der Grundsätze der Verfahrensleistungsfähigkeit möglich ist und diese sowohl in § 16 StGB als auch in § 17 StGB auf fruchtbaren Boden fallen könnten. Dazu müsste § 17 StGB jedoch grundlegend „neu gedacht" werden, wofür nach dem jetzigen Stand keine Bestrebungen in der übrigen Literatur und der Rechtsprechung erkennbar sind, sodass sich diese Untersuchung letztlich der Auffassung anschließt, dass der Irrtum über das Steuerrecht – und auch über die Pflicht zur Abgabe der Steuererklärung – § 16 StGB unterfällt.

61. Der *nemo tenetur*-Grundsatz wird im Zusammenhang mit der Steuererklärungspflicht nur unzureichend durch § 393 Abs. 1, 2 AO umgesetzt. Insbesondere in den Fällen der §§ 30 Abs. 4 Nr. 5; 31a, 31b AO, § 4 Abs. 5 Nr. 10 EStG, in denen eine Offenlegung von Nicht-Steuerstraftaten durch die Abgabe der Steuererklärung erfolgt, ist der Steuerpflichtige nicht vor Weitergabe dieser Daten an die Strafverfolgungsbehörden geschützt, seine Steuererklärungspflicht gleichwohl nicht wirksam suspendiert. Eine verfassungskonforme Auslegung scheitert am eindeutig erkennbaren gegenläufigen Willen des Gesetzgebers.

62. Bei der Offenlegung von Steuerstraftaten in der Steuererklärung wird die Steuererklärungspflicht für den Zeitraum gem. § 393 Abs. 1 S. 2 AO suspendiert, für den ein Strafverfahren eingeleitet worden ist. Ist ein Steuerstrafverfahren nur für solche Zeiträume eingeleitet, auf die sich die Steuererklärungspflicht nicht bezieht, bleibt die Verpflichtung zur Abgabe der Steuererklärung weiterhin bestehen. Über ein Verwendungsverbot der dort gemachten Angaben im Steuerstrafverfahren kann der *nemo tenetur*-Grundsatz jedoch Berücksichtigung finden. Ist bisher kein Steuerstrafverfahren eingeleitet, würde sich der Steuerpflichtige durch eine Steuererklärung allerdings mittelbar selbst steuerstrafrechtlich belasten. Die Selbstanzeige gem. § 371 AO stellt dann das Mittel dar, das dem *nemo tenetur*-Grundsatz zur Geltung verhilft. Soweit eine Ausnahme i.S.d. § 371 Abs. 2 AO greift oder die Steuerzahlung gem. § 371 Abs. 3 AO nicht geleistet werden kann, bleibt wiederum nur die Deklarationspflicht unter Beachtung des Verwendungsverbotes.

63. Der Staat hat den Steuerpflichtigen im Steuerstrafverfahren in die Lage zu versetzen, die von ihm verlangte Rechtsanwendung vorzunehmen zu können, wenn er eine unrichtige Anwendung des Steuerrechts sanktionieren möchte. Gleichzeitig soll der absichtlich unwissend Bleibende nicht privilegiert werden. Erforderlich ist auch im Strafverfahren folglich die Abwägung in einer Gesamtbetrachtung, in der die subjektiven Kenntnisse und Fähigkeiten des Steuerpflichtigen den Anforderungen des Gesetzes und den von der Finanzbehörde zur Verfügung gestellten Informationen zur Erfüllung der steuerlichen Pflichten gegenübergestellt werden. Ob diese Abwägung normativ in § 16 StGB oder § 17 StGB verortet wird, ist im Ergebnis – siehe auch Nr. 60 – unerheblich.

Literaturverzeichnis

Ahrendt, Christian: Alte Zöpfe neu geflochten – Das materielle Recht in der Hand von Programmierern, NJW 2017, S. 537-540.

Ahrens, Susanne: Der Vollzug von Steuergesetzen durch den niederländischen Belastingdienst im Vergleich zur deutschen Finanzverwaltung, Dissertation, Berlin 2005 (*Ahrens*, Vollzug von Steuergesetzen).

App, Michael: Erneut: Zur Berichtigung eines Verwaltungsaktes wegen offenbarer Unrichtigkeit nach § 129 AO, UR 1984, S. 251.

App, Michael: Amtlich vorgeschriebener Vordruck und Rechtsschutz, StVJ 1989, S. 278-284.

Arlt, Klaus: Die Steuerverwaltung - gestern - heute - morgen - Bewährung des gesetzlichen Auftrags im Wandel der Zeit, JbFStR 1973/1974, S. 26-58.

Arndt, Hans-Wolfgang / Schumacher, Andreas: Die verfassungsrechtlich zulässige Höhe der Steuerlast – Fingerzeig des BVerfG an den Gesetzgeber?, NJW 1995, S. 2603-2605.

Arndt, Marcus: Rücknahme und Widerruf von Verwaltungsakten – Aufhebung und Änderung von Steuerbescheiden, Dissertation, Berlin 1998 (*M. Arndt*, Rücknahme und Widerruf).

Bachmann, Jochen: Vorsatz und Rechtsirrtum im Allgemeinen Strafrecht und im Steuerstrafrecht, Dissertation, Berlin 1993 (*Bachmann*, Vorsatz und Rechtsirrtum).

Baer, Susanne: Rechtssoziologie, 3. Auflage, Baden-Baden 2017.

Baldauf, Sina: Gesetz zur Modernisierung des Besteuerungsverfahrens – Kritische Betrachtung des Regierungsentwurfs, DStR 2016, S. 833-839.

Baldus, Christian: Römische Privatautonomie, AcP 210 (2010), S. 2-31.

Balmes, Frank / Graessner, Hans-Christoph: Der Einfluss der EuGH-Rechtsprechung auf das deutsche Verfahrensrecht, AO-StB 2015, S. 139-143.

Barth, Rainer: Richterliche Rechtsfortbildung im Steuerrecht, Dissertation, Berlin 1996 (*Barth*, Rechtsfortbildung).

Baum, Michael: Vorausgefüllte Steuererklärung und Vollmachten im Besteuerungsverfahren, NWB 2014, S. 291-296.

Baum, Michael: Modernisierung des Besteuerungsverfahrens – Teil 1, NWB 2016, S. 2636-2645.

Beaucamp, Guy: Verständlichkeit und Bestimmtheit – Zwei Welten?, RT 42 (2011), S. 21-62.

Beck, Hans-Joachim: Anwendung des § 173 Abs. 1 Nr. 2 AO auf Fälle, in denen die Angabe der betreffenden Tatsache wegen eines Irrtums über materielles Steuerrecht bewußt unterlassen wurde, DStR 1984, S. 671-675.

Becker, Axel: Die nachträgliche Anrechnung von Steuerabzugsbeträgen und anrechenbarer Körperschaftsteuer, DStZ 1999, S. 933-939.

Becker, Enno: Reichsabgabenordnung, Kommentar, 3. Auflage, Berlin 1924.

Becker, Enno: Reichsabgabenordnung, Kommentar, 7. Auflage, Berlin 1930 (*E. Becker*, Reichsabgabenordnung (7. Auflage)).

Becker, Enno (Begr.) / Riewald, Alfred / Koch, Karl: Reichsabgabenordnung, Kommentar, Band II, 9. Auflage, Köln 1965 (*Becker/Riewald/Koch*, RAO II).

Becker, Enno: Stellungnahme zu den Leitsätzen des Deutschen Anwaltsvereins zur Verbesserung des Rechtsschutzes in Steuersachen, StuW 1927, S. 190-207.

BeckOK BVerfGG: Bundesverfassungsgerichtsgesetz, Kommentar, hrsg. v. Christian Walter u.a., 8. Edition, München 2020.

BeckOK GG: Grundgesetz, Kommentar, hrsg. v. Volker Epping und Christian Hillgruber, 39. Edition, München 2020.

BeckOK StGB: Strafgesetzbuch, Kommentar, hrsg. v. Bernd v. Heintschel-Heinegg, 46. Edition, München 2020.

BeckOK VwVfG: Verwaltungsverfahrensgesetz, Kommentar, hrsg. v. Johann Bader und Michael Ronellenfitsch, 49. Edition, München 2020.

Beckschäfer, Sebastian: Anmerkung zu BGH v. 22.8.2012, 1 StR 317/12, ZWH 2013, S. 157-158.

Berliner Kommentar zum Grundgesetz: Grundgesetz, Kommentar, begr. v. Karl Heinrich Friauf, hrsg. v. Wolfram Höfling, Loseblattsammlung, Berlin, Stand: Ergänzungslieferung 1/2021, Mai 2021 (*Bearbeiter*, in: Berliner Kommentar GG).

Bernsdorff, Norbert: Einschnitte in das Rentenniveau – Der „additive" Grundrechtseingriff und das Bundesverfassungsgericht, SGb 2011, S. 121-125.

Beuchert, Tobias: Anzeigepflichten bei Steuergestaltungen, Dissertation, Köln 2012.

Beyer, Dirk: Abgabe elektronischer Steuererklärungen – Wen trifft die strafrechtliche Verantwortung?, NWB 2016, S. 1304-1315.

Beyer, Dirk: Steuerhinterziehung: Taterfolg bei steuerlichen Grundlagen- und Folgebescheiden, NZWiSt 2017, S. 172-176.

Beyer, Dirk: Auswirkungen der Erklärungsfiktion des §150 Abs. 7 S. 2 AO im Steuerstrafrecht bei Mitteilungen Dritter gem. § 93c AO, NZWiSt 2018, S. 359-362.

Birk, Dieter (Begr.) / Desens, Marc / Tappe, Henning: Steuerrecht, 23. Auflage, Heidelberg 2020.

Birk, Dieter: Das Leistungsfähigkeitsprinzip als Maßstab der Steuernormen, Habilitation, Köln, 1983.

Birkenfeld, Wolfram: Erklärungen des Steuerpflichtigen und Steuerverwaltungsakt, StuW 1977, S. 31-46.

Birkenfeld, Wolfram: Die Berichtigung von Steuerverwaltungsakten nach § 129 AO in der Rechtsprechung des Bundesfinanzhofs, DStR 1991, S. 729-733.

Bleckmann, Albert: Spielraum der Gesetzesauslegung und Verfassungsrecht, JZ 1995, S. 685-698.

Bleschick, Sascha: Anmerkung zu FG Düsseldorf v. 16.2.2017, 14 K 3554/14 E, EFG 2017, S. 1318-1319.

Bley, Thomas: Die Steuerhinterziehung durch Erwirken eines unrichtigen Grundlagenbescheides. Versuch, Vollendung, Verjährung, verfassungsrechtliche Grundlagen, Dissertation, München 2016 (*Bley*, Steuerhinterziehung durch Erwirken eines unrichtigen Grundlagenbescheides).

Blumers, Wolfgang: Grenzen der Sachaufklärungspflicht in Steuererklärungen, DB 1987, S. 807-810.

Böckenförde, Ernst-Wolfgang: Gesetz und gesetzgebende Gewalt, 2. Auflage, Berlin 1981.

Bonner Kommentar: Grundgesetz, Kommentar, Loseblattsammlung, Heidelberg, Stand: 212. Ergänzungslieferung, Juli 2021 (*Bearbeiter*, in: Bonner Kommentar, GG).

Bos, Rolf-Wilfried: Die Steuererklärung im internationalen Vergleich – BR Deutschland, Großbritannien, USA, Kanada, Australien –, Dissertation, Köln 1988 (*Bos*, Die Steuererklärung im internationalen Vergleich).

Bos, Rolf-Wilfried: Ausgewählte Fragen zur Steuererklärung im internationalen Vergleich – BR Deutschland, Großbritannien, USA, Kanada, Australien –, StuW 1989, S. 267-279.

Bowitz, Hans Hermann: Nochmals: Zur Berichtigung eines Verwaltungsaktes wegen offenbarer Unrichtigkeit nach § 129 AO, UR 1984, S. 180-181.

Brade, Alexander: Die horizontale Eingriffsaddition, DÖV 2019, S. 852-859.

Brade, Alexander: Additive Grundrechtseingriffe, Dissertation, Baden-Baden 2020.

Brandt-Pollmann, Eckart: Bestandskraft und Streitgegenstand im Besteuerungsverfahren, BB 1981, S. 1209-1212.

Braun Binder, Nadja: Ausschließlich automationsgestützt erlassene Steuerbescheide und Bekanntgabe durch Bereitstellung zum Datenabruf, DStZ 2016, S. 526-535.

Braun Binder, Nadja: Vollständig automatisierter Erlass eines Verwaltungsaktes und Bekanntgabe über Behördenportale, DÖV 2016, S. 891-898.

Braun, Wilfried: Offene Kompetenznormen – ein geeignetes und zulässiges Regulativ im Wirtschaftsverwaltungsrecht, VerwArch 76 (1985), S. 24-60.

Brenner, Karl: Muß der Steuerberater die Steuererklärung berichtigen, wenn er zugunsten seines Mandanten Steuern verkürzt hat?, BB 1987, S. 1856-1860.

Brete, Raik: Das Märchen von der Verfahrensdokumentation, DStR 2019, S. 258-260.

Breuer, Frank: Aussichtsloser Alltag eines Finanzbeamten, FR 2017, S. 89-93.

Breuer, Friedrich: Treu und Glauben bei der Korrektur von Steuerbescheiden, AO-StB 2004, S.14-17.

Brinckmann, Hans / Grimmer, Klaus u.a.: Formulare im Verwaltungsverfahren – Wegbereiter standardisierter Kommunikation, Darmstadt 1986 (*Brinkmann u.a.*, Formulare im Verwaltungsverfahren).

Brodersen, Carsten: Weisungen des Bundes in der Steuerauftragsverwaltung, in: Festschrift für Peter Selmer zum 70. Geburtstag, hrsg. v. Lerke Osterloh u.a., Berlin 2004, S. 601-620.

Bruschke, Gerhard: Neue Tatsachen und Beweismittel im Steuerrecht, Berichtigung nach § 173 AO?, StB 2017, S. 334-339.

Bruschke, Gerhard: Korrekturmöglichkeit über § 173a AO, StB 2020, S. 8-11.

Buchheister, Hans-Otto: Rechtsbehelfsverfahren und Berichtigungsanspruch nach § 173 Abs. 1 Nr. 2 AO, DStZ 1980, S. 446-448.

Buchholz, Momme: Der nemo tenetur-Grundsatz, Dissertation, Wiesbaden 2018.

Buciek, Klaus: Rechtsirrtum des Steuerpflichtigen und Berichtigung nach § 173 Abs. 1 Nr. 2 AO, DStZ 1985, S. 580-587.

Buciek, Klaus: Grenzen des „maßvollen Gesetzesvollzugs“, DStZ 1995, S. 513-516.

Búck, L.: Die weitere Entwicklung der Einkommen- und Vermögensbesteuerung in Preußen, FinanzArchiv 28 (1911), S. 45-140.

Bühler, Ottmar: Der Einfluss des Steuerrechts auf die Begriffsbildung des öffentlichen Rechts, VVDSTRL 3, Berlin/Leipzig 1927, S. 102-118.

Bull, Hans Peter: Verwaltung durch Maschinen, Dissertation, 2. Auflage, Köln/Berlin 1964.

Bull, Hans Peter: Vom Eigentums- zum Vermögensschutz – ein Irrweg – Zur Bewertung der Einheitswert-Beschlüsse des Bundesverfassungsgerichts, NJW 1996, S. 281-286.

Bull, Hans Peter: Der „vollständig automatisch erlassene" Verwaltungsakt – Zur Begriffsbildung und rechtlichen Einhegung von „E-Government", DVBl 2017, S. 409-417.

Bülte, Jens: Das Steuerstrafrecht im Spannungsfeld zwischen der Missbrauchsrechtsprechung des EuGH und dem Grundsatz nullum crimen sine lege, BB 2010, S. 1759-1768.

Bülte, Jens: Der Irrtum über das Verbot im Wirtschaftsstrafrecht, NStZ 2013, S. 65-72.

Bülte, Jens: Blankette und normative Tatbestandsmerkmale: Zur Bedeutung von Verweisungen in Strafgesetzen, JuS 2015, S. 769-777.

Bülte, Jens: Emissionszertifikate als ähnliche Rechte auch im Steuerstrafrecht – Kein Verstoß gegen Art. 103 Abs. 2 GG, NZWiSt 2017, S. 161-172.

Bülte, Jens: Blankette und normative Tatbestandsmerkmale, in: Gedächtnisschrift für Wolfgang Joecks, hrsg. v. Frieder Dünkel u.a., München 2018, S. 365-381.

Bültmann, Barbara: Staatscompliance – ein Appell für mehr Rechtstreue durch den Staat, DStR 2017, S. 1-7.

Bundesministerium der Finanzen (Hrsg.): Reform der Reichsabgabenordnung, 4. Bericht des Arbeitskreises für die Reform der Reichsabgabenordnung und ihrer Nebengesetze über seine Tätigkeit Schriftenreihe des Bundeministeriums der Finanzen, Heft 13, Bonn 1970 (BMF Schriftenreihe, Heft 13 Reform der RAO).

Bundesrechnungshof: Bericht nach § 99 BHO über den Vollzug der Steuergesetze, insbesondere im Arbeitnehmerbereich, 2012, verfügbar unter https://www.bundesrechnungshof.de/de/veroeffentlichungen/produkte/sonderberichte/langfassungen/2012-sonderbericht-vollzug-der-steuergesetze-insbesondere-im-arbeitnehmerbereich (*Bundesrechnungshof*, Vollzug Arbeitnehmerbereich).

Bunjes, Johann: Die Bindung des Steuerpflichtigen an Treu und Glauben, Dissertation, Bremen 1964.

Burgi, Martin: Funktionale Privatisierung und Verwaltungshilfe, Habilitation, Tübingen 1999 (*Burgi*, Funktionale Privatisierung).

Busch, Philipp: Die §§ 164, 165 AO als besondere Nebenbestimmungen zum Steuerbescheid, Dissertation, Baden-Baden 2019 (*Busch*, §§ 164, 165 AO als Nebenbestimmung).

Cagianut, Francis: Diskussionsbeitrag, in: Die Grundprobleme der Personengesellschaft im Steuerrecht, hrsg. v. Heinrich Wilhelm Kruse, DStJG 2, Köln 1979, S. 277-278.

Canaris, Claus-Wilhelm: Systemdenken und Systembegriff in der Jurisprudenz, 2. Auflage, Berlin 1983 (*Canaris*, Systemdenken und Systembegriff).

Carl, Dieter / Klos, Joachim: Die Steuererklärung, JuS 1996, S. 402-407.

Carlé, Thomas: Änderungen von Steuerbescheiden, KÖSDI 2011, S. 17588-17597.

Claus, Susanne: Der unrichtige Feststellungsbescheid als nicht gerechtfertigter Steuervorteil, HRRS 2009, 102-106.

Deckers, Sebastian / Fiethen, Lars: Finanzverwaltung 2.0 – Schlaglichter, Entwicklungslinien und Trends, FR 2015, S. 913-921.

Degenhart, Christoph: Der Verwaltungsvorbehalt, NJW 1984, S. 2184-2190.

Detterbeck, Steffen: Allgemeines Verwaltungsrecht, 18. Auflage, München 2020.

Deubel, Ingolf: Steuervollzug im föderalen Rechtsstaat, FR 2008, S. 293-294.

Di Fabio, Udo: Steuern und Gerechtigkeit, JZ 2007, S. 749-755.

Dißars, Ulf-Christian: Aktuelles aus dem Verfahrensrecht 2017, Stbg 2018, S. 508-517.

Dißars, Ulf-Christian: Rechtmäßigkeit eines Widerrufsvorbehalts bei Anrechnungsverfügung, DStR 2012, S. 1170-1172.

Ditz, Xavier / Engelen, Christian: Neue Anzeigepflichten für Steuergestaltungen – Überblick und erste Handlungsempfehlungen, DStR 2019, S. 352-360.

Domann, Rita: Aufhebung und Änderung von Steuerbescheiden wegen neuer Tatsachen oder Beweismittel (§ 173 Abgabenordnung), BB 1979, S. 516-521.

Domke, Ursula: Rechtsfragen der Bestandskraft von Verwaltungsakten, Dissertation, 1989 (*Domke*, Bestandskraft).

Drüen, Klaus-Dieter / Hechtner, Frank: Rechts- und Sicherheitsfragen der elektronischen Umsatzsteuer-Voranmeldung im Projekt „ELSTER“, DStR 2006, S. 821-828.

Drüen, Klaus-Dieter: Die Indienstnahme Privater für den Vollzug von Steuergesetzen, Habilitation, Tübingen 2002 (*Drüen*, Indienstnahme).

Drüen, Klaus-Dieter: Verfassungsfragen der digitalen Außenprüfung, StuW 2003, S. 205-221.

Drüen, Klaus-Dieter: Grenzen der Steuerentrichtungspflichten - Verfassungsrechtliche Bestandsaufnahme angesichts intensivierter Arbeitgeberpflichten beim Lohnsteuerabzug, FR 2004, S. 1134-1148.

Drüen, Klaus-Dieter: Bestimmtheitserfordernis und Nichtigkeitsfolge bei Steuerbescheiden, in: Gedächtnisschrift für Christoph Trzaskalik, hrsg. v. Klaus Tipke und Hartmut Söhn, Köln 2005, S. 95-120.

Drüen, Klaus-Dieter: Die Inanspruchnahme des Arbeitgebers für Fiskalzwecke der Finanzverwaltung als Verfassungsproblem, in: Bochumer Lohnsteuertag, hrsg. v. Roman Seer, Frankfurt am Main 2005, S. 59-88 (*Drüen*, in: Bochumer Lohnsteuertag).

Drüen, Klaus-Dieter: Konzernbetriebsprüfung im föderalen Steuerstaat, StuW 2007, S. 112-121.

Drüen, Klaus-Dieter: Inanspruchnahme Dritter für den Steuervollzug, in: Steuervollzug im Rechtsstaat, hrsg. v. Werner Wiedmann, DStJG 32, Köln 2008, S. 167-201.

Drüen, Klaus-Dieter: Die föderale Steuerverwaltung aus der Sicht des Grundgesetzes, FR 2008, S. 295-302.

Drüen, Klaus-Dieter: Vorbehaltsfestsetzung und Vertrauensschutz, StuW 2009, S. 97-106.

Drüen, Klaus-Dieter: Die Zukunft des Steuerverfahrens, in: Zukunftsfragen des deutschen Steuerrechts, hrsg. v. Wolfgang Schön und Karin E.M. Beck, Berlin u.a. 2009, S. 1-30 (*Drüen*, in: Zukunftsfragen).

Drüen, Klaus-Dieter: Normenwahrheit als Verfassungspflicht?, ZG 2009, S. 60-74.

Drüen, Klaus-Dieter: Kooperation im Besteuerungsverfahren, FR 2011, S. 101-113.

Drüen, Klaus-Dieter: Modelle und Rechtsfragen zeitnaher Betriebsprüfung, ifst 469, Berlin 2011.

Drüen, Klaus-Dieter: Risikomanagement im Besteuerungsverfahren, Kostendruck und Vollzugspflicht der Steuerverwaltung, in: 8. und 9. Deutscher Finanzgerichtstag 2011/2012, hrsg. v. Jürgen Brandt, Stuttgart u.a. 2013, S. 253-274.

Drüen, Klaus-Dieter: Der große Senat des BFH und die objektiv richtige Bilanz, GmbHR 2013, S. 505-513.

Drüen, Klaus-Dieter: Außenprüfung und Steuerstrafverfahren, in: Steuerstrafrecht an der Schnittstelle zum Steuerrecht, hrsg. v. Rudolf Mellinghoff, DStJG 38, Köln 2015, S. 219-247.

Drüen, Klaus-Dieter: Die Unternehmensgröße im Steuervollzug, in: Größenneutralität im Recht der Unternehmensbesteuerung, hrsg. v. Hanno Kube und Ekkehart Reimer, Berlin 2018 S. 123-144 (*Drüen*, in: Größenneutralität).

Drüen, Klaus-Dieter: Amtsermittlungsgrundsatz und Risikomanagement, in: Digitalisierung im Steuerrecht, hrsg. v. Johanna Hey, DStJG 42, Köln 2019, S. 193-222.

Dürrschmidt, Daniel: „Additiver“ bzw. „kumulativer“ Grundrechtseingriff bei einer Kumulation von Belastungen, in: Territorialität und Personalität, Festschrift für Moris Lehner zum 70. Geburtstag, hrsg. v. Roland Ismer u.a., Köln 2009, S. 393-415.

Dürrschmidt, Daniel: Grenzen umsatzsteuerlicher Pflichten des Unternehmers aus verfassungsrechtlicher und unionsrechtlicher Sicht, in: Umsatzsteuer-Kongress-Bericht 2014, hrsg. v. Roland Ismer u.a., Köln 2016, S. 33-76.

Duttge, Gunnar: Ein neuer Vorsatzbegriff?, HRRS 2012, S. 359-362.

Dütz, Alexander: Gibt es eine alternative Mehrheit, ZRP 2017, S. 247-248.

Eckhoff, Rolf: Der Grundrechtseingriff, Dissertation, Köln u.a. 1992.

Eckhoff, Rolf: Rechtsanwendungsgleichheit im Steuerrecht, Habilitation, Köln 1999 (*Eckhoff*, Rechtsanwendungsgleichheit).

Egge, Hinnerk: Lage der Steuerverwaltung und Folgerungen, StuW 1994, S. 272-277.

Ehlers, Hans: Steuerermittlungs-, Steueraufsichts- und Steuerstrafverfahren in ihrer gegenseitigen Abgrenzung, StbJb 1959/1960, hrsg. v. Armin Spitaler, Köln 1960, S. 523-579.

Eichholz, Meik: Novellierung der Grundsteuer, DStR 2020, S. 1217-1227.

Elicker, Michael: Der Grundsatz der Lastengleichheit als Schranke der Sonderabgaben, Inpflichtnahmen und Dienstleistungspflichten, NVwZ 2003, S. 304-307.

Emmerich, Peter: Über den Begriff der Rechtserheblichkeit im Sinne des § 173 Abs. 1 Nr. 2 der Abgabenordnung, BB 1986, S. 1755-1759.

Erb, Hilmar: USt-Voranmeldungen 2017: „Neue“ Offenlegungspflichten im automatisierten Besteuerungsverfahren?, DB 2017, S. 1469-1471.

Erichsen, Hans-Uwe / Knoke, Ulrich: Bestandskraft von Verwaltungsakten, NVwZ 1983, S. 185-192.

Erichsen, Hans-Uwe: Verwaltungsvorschriften als Steuerungsnormen und Rechtsquellen, in: Festschrift für Heinrich Wilhelm Kruse zum 70. Geburtstag, hrsg. v. Walter Drenseck und Roman Seer, Köln 2001, S. 39-63.

Erkis, Gülsen: Die neuen steuerlichen Datenschutzrechte im Besteuerungsverfahren, DStR 2018, S. 161-167.

Eschenbach, Jürgen: Der vorläufige Verwaltungsakt als strategisches Instrument zur Vermeidung von Rechtsbehelfen trotz unsicherer Rechtslage, NdsVBl. 2002, S. 89-95.

Esser, Rober (Hrsg.) / Rübenstahl, Markus (Hrsg.) / Saliger, Frank (Hrsg.) / Tsambikakis, Michael (Hrsg.): Wirtschaftsstrafrecht, Kommentar, 1. Auflage, Köln 2017 (*Bearbeiter*, in: Esser/Rübenstahl/Saliger/Tsambikakis).

Federmann, Hans-Wolfgang: Zur Nachholbarkeit eines Antrags auf Gewährung einer Steuervergünstigung im Rahmen des § 173 Abs. 1 Nr. 2 AO, DB 1983, S. 76-79.

Felix, Günther: Anmerkung zu FG Niedersachsen v. 10.4.1992, VIII 314/91, FR 1992, S. 693.

Felix, Günther: Zur Diskussion um die steuerlich gemäßigte Belastungsobergrenze, NJW 1997, S. 304-305.

Fett, Gustav / Martin, Sascha: Formerfordernisse kontra elektronischen Datenaustausch, DStZ 2007, S. 175-182.

Flockermann, Paul G.: Gesetzmäßigkeit der Besteuerung und tatsächliche Verständigung, in: Festschrift für Wolfgang Ritter zum 70. Geburtstag, hrsg. v. Max Dietrich Kley u.a., Köln 1997, S. 103-114.

Flore, Ingo (Hrsg.) / Tsambikakis, Michael (Hrsg.): Steuerstrafrecht, Kommentar, 2. Auflage, Köln 2016 (*Bearbeiter*, in: Flore/Tsambikakis, Steuerstrafrecht).

Fögen, Marie Theres: Das Lied vom Gesetz, München 2007.

Friauf, Karl Heinrich: Substanzeingriff durch Steuer-Kumulation und Eigentumsgarantie, StuW 1977, S. 59-65.

Friauf, Karl Heinrich: Verfassungsrechtliche Anforderungen an die Gesetzgebung über die Steuern vom Einkommen und Ertrag, in: Steuerrecht und Verfassungsrecht, hrsg. v. Karl Heinrich Friauf, DStJG 12, Köln 1989, S. 3-32.

Friedl, Helmut: Die Verletzung der Ermittlungspflicht – ein Kriterium für die Änderung von Steuerbescheiden aufgrund neuer Tatsachen und Beweismittel?, DStR 1988, S. 98-100.

Friedlaender, Kurt: Enno Becker und die Abgabenordnung, StuW 1960, Sp. 27-40.

Friedrich, Werner: Berichtigung von Steuerbescheiden wegen offenbarer Unrichtigkeiten, DStZ 1984, S. 112-114.

Friedrich, Werner: Zur Berichtigung wegen offenbarer Unrichtigkeit, UR 1984, S. 49-51.

Frizen, Friederike: Das Deklarationsprinzip im Einkommensteuerrecht, Dissertation, Frankfurt a.M. 2009.

Frotscher, Gerrit: Mitwirkungs-, Nachweis- und Dokumentationspflichten im Internationalen Steuerrecht, in: Fortentwicklung der Internationalen Unternehmensbesteuerung, hrsg. v. Jürgen Lüdicke, Köln 2002, S. 167-239 (*Frotscher*, in: Fortentwicklung).

Funke, Andreas: Gleichbehandlungsgrundsatz und Verwaltungsverfahren, AöR 132 (2007), S. 168-214.

Gaede, Karsten: Auf dem Weg zum potentiellen Vorsatz?, ZStW 121 (2009), S. 239-280.

Gaede, Karsten: Der unvermeidbare Verbotsirrtum des anwaltlich beratenen Bürgers – eine Chimäre?, HRRS 2013, S. 449-464.

Gaede, Karsten: Der Steuerbetrug, Habilitation, Baden-Baden 2016.

Gantner, Felix: Theorie der juristischen Formulare, Berlin 2010.

Gassner, Ulrich M.: Gesetzgebung und Bestimmtheitsgrundsatz, ZG 1996, S. 37-56.

Gassner, Ulrich M.: Parlamentsvorbehalt und Bestimmtheitsgrundsatz, DÖV 1996, S. 18-25.

Gebhardt, Thomas: Steuerstrafrechtliche Überlegungen zur Einreichung von Steuererklärungen nach dem EDÜ-Authentifizierungsverfahren der DATEV (ELSTER II), AO-StB 2008, S. 11-14.

Gebhardt, Thomas: Praxisfragen zu einer Berichtigungspflicht nach § 153 AO von Bescheinigungen und elektronischen Daten bei der Einkommensteuererklärung, AO-StB 2021, S. 32-35.

Geck, Reinhard: Der koordinierte Ländererlass zur Erbschaftsteuerreform vom 22.6.2017: eine Hilfestellung für die Beratungspraxis?, ZEV 2017, S. 481-489.

Geißler, Oliver: Der Unternehmer im Dienste des Steuerstaates, Dissertation, Stuttgart u.a. 2001.

Geitmann, Roland: Bundesverfassungsgericht und „offene" Normen, Dissertation, Berlin 1971 (*Geitmann*, Offene Normen).

Gerhardt, Michael: Normkonkretisierende Verwaltungsvorschriften, NJW 1989, S. 2233-2240.

Geserich, Stephan: Die Rechtserheblichkeit neuer Tatsachen und Beweismittel, NWB 2010, S. 2366-2370.

Geuß, Nina: Haftungsrisiken des steuerlichen Beraters bei unterlassener Gestaltungsberatung, BB 2013, S. 599-604.

Gläser, Sven Christian / Schöllhorn, Christian: Die wesentlichen Neuerungen in der AO nach dem Gesetz zur Modernisierung des Besteuerungsverfahrens, DStR 2016, S. 1577-1583.

Gluth, Rüdiger: Der Einfluß von Wahlrechten auf die Entstehung des Steueranspruchs, Dissertation, Frankfurt a.M. 1997 (*Gluth*, Der Einfluß von Wahlrechten).

Goeke, Marcel: Die aufgedrängte Aussetzung der Vollziehung im Rahmen der § 361 AO, § 69 FGO, Dissertation, Berlin 2019 (*Goeke*, Die aufgedrängte Aussetzung der Vollziehung).

Goldhammer, Michael: Geschäftsgeheimnis-Richtlinie und Informationsfreiheit – Zur Neudefinition des Geschäftsgeheimnisses als Chance für das öffentliche Recht, NVwZ 2017, S. 1809-1814.

Goldshteyn, Michael / Thelen, Stefan: Extra fiscum recta doctrina non est? – Kritische Anmerkungen zu den GoBD und ihrer Rechtsqualität, DStR 2015, S. 326-333.

Gombert, Irene: Die Schätzung der Besteuerungsgrundlagen nach § 162 der Abgabenordnung, Dissertation, Berlin 2001 (*Gombert*, Schätzung der Besteuerungsgrundlagen).

Gosch, Dietmar: Anrechnung ausländischer Steuern nach dem EuGH-Urteil in der Rechtssache „Manninen" trotz Bestandskraft?, DStR 2004, S. 1988-1992.

Gosch, Dietmar (Hrsg.): Abgabenordnung/Finanzgerichtsordnung, Kommentar, Loseblattsammlung, Bonn, Stand: 150. Ergänzungslieferung, September 2020 (*Bearbeiter*, in: Gosch, AO/FGO).

Goutier, Klaus: Die Änderung von Steuerverwaltungsakten nach der Abgabenordnung 1977, Dissertation, Frankfurt am Main 1983 (*Goutier*, Die Änderung von Steuerverwaltungsakten).

Grabitz/Hilf/Nettesheim: Das Recht der Europäischen Union, Kommentar, Loseblattsammlung, München, Stand: 72. Ergänzungslieferung, Februar 2021 (*Bearbeiter*, in: Grabitz/Hilf/Nettesheim, EU-Recht).

Graf, Jürgen Peter (Hrsg.) / Jäger, Markus (Hrsg.) / Wittig, Petra (Hrsg.): Wirtschafts- und Steuerstrafrecht, Kommentar, 2. Auflage, München 2017 (*Bearbeiter*, in: Graf/Jäger/Wittig, Wirtschafts- und Steuerstrafrecht).

Graw, Christian / Loose, Matthias: Das Merkmal der Rechtserheblichkeit neuer Tatsachen i.S.d. § 173 AO, AO-StB 2008, S. 336-341.

v. Groll, Rüdiger: Das Handeln der Finanzverwaltung als Gegenstand des Rechtsschutzbegehrens, in: Der Rechtsschutz in Steuersachen, hrsg. v. Christoph Trzaskalik, DStJG 18, Köln 1995, S. 49-75.

v. Groll, Rüdiger: Treu und Glauben im Steuerrecht, FR 1995, S. 814-819.

Grötsch, Andreas / Stürzl, Anja: Die „Unkenntnis" in § 370 Abs. 1 Nr. 2 AO, wistra 2019, S. 127-132.

Grube, Georg: Grundsatzfragen zur Änderung von Steuerbescheiden nach § 173 AO (Darstellung anhand praktischer Fälle), JbFStR 1983/1984, S. 37-60.

Grunow, Stefan: Die verfassungsrechtliche Rechtfertigung der Steuerlast und Steuererhebung, Dissertation, Baden-Baden 2018 (*Grunow*, Die verfassungsrechtliche Rechtfertigung).

Günther, Karl-Heinz: Verletzung der Ermittlungspflicht als Hinderungsgrund bei der Aufhebung oder Änderung von Steuerbescheiden nach § 173 AO, FR 1983, S. 36-39.

Günther, Karl-Heinz: Verfahrensrechtliche Bedenken gegen das Authentifizierungsverfahren der DATEV (ELSTER II), AO-StB 2008, S. 78-79.

Günther, Karl-Heinz: Änderung und Berichtigung von Steuerbescheiden, AO-StB 2010, S. 337-341.

Guth, Jürgen: Antragsbedingte Tatsachen und durch sie ausgelöste Änderungen, DB 1985, S. 2274-2276.

Haas, Peter: Strafbarkeit bei Nichtabgabe von Steuererklärungen, in: Gedächtnisschrift für Wolfgang Joecks, hrsg. v. Frieder Dünkel u.a., München 2018, S. 447-465.

Habel, Michael / Müller, Sergej: Korrekturvorschriften 2.0 – Einführung eines § 173a AO, DStR 2016, S. 2791-2974.

Häger, Jan: Wegfall der Strafbarkeit wegen Steuerhinterziehung bei dem Finanzamt vorliegenden Daten, wistra 2017, S. 369-374.

Hahn, Dittmar: Neuregelungen zum gewerblichen Spielrecht, GewArch 2007, S. 89-97.

Hardtke, Frank: Der Grundlagenbescheid als ungerechtfertigter Steuervorteil – Zur Kritik an der Entwicklung der Rechtsprechung des BGH, in: Gedächtnisschrift für Wolfgang Joecks, hrsg. v. Frieder Dünkel u.a., München 2018, S. 467-482.

Harms, Monika: Steuerliche Beratung im Dunstkreis des Steuerstrafrechts, Stbg 2005, S. 12-19.

Haumann, Christian: Die „gewichtende Arbeitsweise" der Finanzverwaltung, Dissertation, Berlin 2008 (*Haumann*, Gewichtende Arbeitsweise).

Heerspink, Frank: Steuerliche Mitwirkungspflichten und das nemo-tenetur-Prinzip, AO-StB 2006, S. 51-55.

Heibeyn, Claudia: Willens- und Erklärungstheorie bei Steuerverwaltungsakten, Dissertation, Wiesbaden 2003 (*Heibeyn*, Willens- und Erklärungstheorie).

von der Heide, Isabella Maria: Tatbestands- und Vorsatzprobleme bei der Steuerhinterziehung nach § 370 AO, Dissertation, Bochum 1986 (*von der Heide*, Tatbestands- und Vorsatzprobleme).

Heinen, Andreas: Ausübung von steuerlichen Wahl- und Antragsrechten, Dissertation, Köln 2019 (*Heinen*, Wahl- und Antragsrechte).

Heinen, Andreas: Das Wahlrecht und die Bestandskraft – Zeit zum Umdenken, DStR 2020, S. 361-367.

Heinke, Hans-Michael: Das Versäumen der Einspruchsfrist als grobes Verschulden i.S.d. § 173 Abs. 1 Nr. 2 AO, DStZ 1999, S. 789-791.

Heinsius, Detlev: Folgen der Nichtabgabe einer Steuererklärung bei Einleitung eines Steuerstrafverfahrens, DStZ 2001, S. 816-818.

Heintzen, Markus: Das gemeinsame Konzept von Bund und Ländern zur Modernisierung des Besteuerungsverfahrens, DÖV 2015, S. 780-787.

Helbich, Julius: Vertrauensschutz in Verwaltungsvorschriften des Steuerrechts, Dissertation, Berlin 2015.

Hellmann, Uwe: Stellung, Abgrenzung und Sanktionierung der Steuerhinterziehung im Strafrechtssystem – aus der Sicht der Wissenschaft, in: Steuerstrafrecht an der Schnittstelle zum Steuerrecht, hrsg. v. Rudolf Mellinghoff, DStJG 38, Köln 2015, S. 53-77.

Hellmann, Uwe: Steuerhinterziehung im „digitalisierten" Besteuerungsverfahren, in: Gedächtnisschrift für Wolfgang Joecks, hrsg. v. Frieder Dünkel u.a., München 2018, S. 483-495.

Hendel, Harald: Die Belastung der Arbeitgeber durch die Lohnsteuer, ifst 359, Bonn 1997.

Hennigfeld, Michael: Anmerkung zu FG Baden-Württemberg v. 4.12.2016, 4 K 1870/16, EFG 2019, S. 1957-1958.

Hensel, Albert: Der Einfluss des Steuerrechts auf die Begriffsbildung des öffentlichen Rechts, VVDSTRL 3, Berlin/Leipzig 1927, S. 63-101.

Hensel, Albert: Steuerrecht, 3. Auflage, Berlin 1933.

Henselmann, Klaus / Haller, Stefanie: Potentielle Risikofaktoren in der E-Bilanz-Taxonomie für die Erhöhung der Betriebsprüfungswahrscheinlichkeit, DStR 2018, S. 1033-1039.

Hering, Wolfgang: Die Berichtigung offenbarer Unrichtigkeiten im Steuerbescheid, DStZ 1984, S. 220-228.

Herrfurth, Jörg: Drei Jahre GoBD-Anwendung – höchste Zeit für grundlegende Anpassungen des BMF-Schreibens vom 14.11.2014, StuB 2018, S. 167-171.

Herrmann/Heuer/Raupach: Raupach, Arndt u.a. (Begr.) /Hey, Johanna (Hrsg.) / Wendt, Michael (Hrsg.), Einkommensteuergesetz/Körperschaftsteuergesetz, Kommentar, Loseblattsammlung, Köln, Stand: 300. Lieferung, Oktober 2020 (*Bearbeiter*, in: Herrmann/Heuer/Raupach, EStG/KStG).

Herzog, Roman: Gesetzgebung und Einzelfallgerechtigkeit, NJW 1999, S. 25-28.

Heu, Johannes Christoph: Kulminierende Grundrechtseingriffe, Dissertation, Berlin 2018.

Heuel, Ingo / Harink, Sarah: Welche Auswirkungen hat das BestVerfModG auf das Steuerstrafrecht?, AO-StB 2020, S. 49-61.

Heuer, Gerhard: Kein Eindringen in die Intimsphäre? Zur Sachaufklärungspflicht des Finanzemts gem. § 204 AO, FR 1975, S. 209-211.

Hey, Johanna: Mitteilungspflichten oder Quellenabzug – Maßnahmen zur Sicherung von Steueransprüchen, in: Festschrift für Heinrich Wilhelm Kruse zum 70. Geburtstag, hrsg. v. Walter Drenseck und Roman Seer, Köln 2001, S. 269-293.

Hey, Johanna: Steuerplanungssicherheit als Rechtsproblem, Habilitation, Köln 2002 (*Hey*, Steuerplanungssicherheit).

Hey, Johanna: Saldierung von Vor- und Nachteilen in der Rechtfertigung von Grundrechtseingriffen und Ungleichbehandelungen, AöR 128 (2003), S. 226-254.

Hild, Dieter: Kriminalisierung klassischer Steuerberatung?, BB 2001, S. 493-494.

Hildebrand, Christina: Anmerkung zu BFH v. 10.2.2015, IX R 18/14, BB 2015, S. 1960.

Hill, Hermann: Verfahrensermessen der Verwaltung, NVwZ 1985, S. 449-456.

Hill, Hermann: Rechtsverhältnisse in der Leistungsverwaltung, NJW 1986, S. 2602-2612.

Hill, Hermann: Steuerreform als Chance zur Verbesserung der Steuergesetzgebung, ZG 1987, S. 238-267.

Hill, Hermann: Normkonkretisierende Verwaltungsvorschriften, NVwZ 1989, S. 401-410.

Hippe, Wolfgang: Die Änderung und Berichtigung von Steuerbescheiden, Düsseldorf 1961.

Hoffmann-Riem, Wolfgang: Steuerermittlung und Bankgeheimnis, StuW 1972, S. 127-139.

Hoffmann, Ralph: Neue Grundsätze für die Arbeitsweise in den Veranlagungsstellen der Finanzämter (GNOFÄ 1997), DStR 1997, S. 1189-1195.

Hofmann, Ekkehard: Grundrechtskonkurrenz oder Schutzbereichsverstärkung?, AöR 133 (2008), S. 523-555.

Hohmann, Carsten: Zur Bedeutung von „Gesetzesbegründungen" im Steuerrecht, StuW 2017, S. 177-183.

Holz, Bertram: Zur materiellen Bestandskraft von Steuerverwaltungsakten, insbesondere von Steuerbescheiden einschließlich der Korrekturvorschriften der §§ 130, 131 und 172-177 AO, Dissertation, Ulm 1993 (*Holz*, Bestandskraft).

Horlemann, Heinz-Gerd: Umsatzsteuer-Richtlinien oder Umsatzsteuer-Anwendungserlass?, UR 2011 S. 334-336.

Huber, Erich / Seer, Roman: Steuerverwaltung im 21. Jahrhundert: Risikomanagement und Compliance, StuW 2007, S. 355-371.

Huber, Michael: Grundwissen – Strafprozessrecht: In dubio pro reo, JuS 2015, S. 596-598.

Hübschmann/Hepp/Spitaler: Abgabenordnung/Finanzgerichtsordnung, Kommentar, Loseblattsammlung, Köln, Stand: 260. Ergänzungslieferung, Oktober 2020 (*Bearbeiter*, in: Hübschmann/Hepp/Spitaler, AO/FGO).

Hufen, Friedhelm: Berufsfreiheit – Erinnerung an ein Grundrecht NJW 1994, S. 2913-2922.

Hülsmann, Christoph: Bindung der Finanzverwaltung aufgrund von Treu und Glauben, DStR 2018, S. 1850-1853.

Humm, Stefan: Kontrollmitteilungen im Steuerrecht, Dissertation, Berlin 2014 (*Humm*, Kontrollmitteilungen).

Hundsdoerfer, Jochen / Siegmund, Olaf: ELSTER: Vorteile, Nachteile und IT-Sicherheitsrisiken der elektronischen Steuererklärung, DB 2003, S. 2460-2466.

Hütt, Holger: Verfahrensrechtliche Umsetzung der Manninen-Entscheidung, AO-StB 2004, S. 438.

Huxol, Hermann: Einzelfälle zum groben Verschulden i.S. des § 173 Abs. 1 Nr. 2 AO, DStR 1982, S. 220-226.

Isensee, Josef (Hrsg.) / Kirchhof, Paul (Hrsg.): Handbuch des Staatsrechts, Band II, 3. Auflage, Heidelberg 2004 (*Bearbeiter*, in: Isensee/Kirchhof, HStR II).

Isensee, Josef (Hrsg.) / Kirchhof, Paul (Hrsg.): Handbuch des Staatsrechts, Band V, 3. Auflage, Heidelberg 2007 (*Bearbeiter*, in: Isensee/Kirchhof, HStR V).

Isensee, Josef (Hrsg.) / Kirchhof, Paul (Hrsg.): Handbuch des Staatsrechts, Band VII, 3. Auflage, Heidelberg 2009 (*Bearbeiter*, in: Isensee/Kirchhof, HStR VII).

Isensee, Josef (Hrsg.) / Kirchhof, Paul (Hrsg.): Handbuch des Staatsrechts, Band IX, 3. Auflage, Heidelberg 2011 (*Bearbeiter*, in: Isensee/Kirchhof, HStR IX).

Isensee, Josef: Verwaltungsraison gegen Verwaltungsrecht, StuW 1973, S. 199-210.

Isensee, Josef: Die typisierende Verwaltung, Berlin 1976.

Isensee, Josef: Vom Beruf unserer Zeit für Steuervereinfachung, StuW 1994, S. 3-14.

Jachmann, Klaus: Die Berichtigung offenbar unrichtiger Verwaltungsakte gemäß § 42 Verwaltungsverfahrensgesetz, Dissertation, 1994 (*Jachmann*, Berichtigung von Verwaltungsakten gem. § 42 VwVfG).

Jachmann, Monika: Zur Anwendung typisierender Verwaltungsvorschriften im Steuerrecht, StuW 1994, S. 347-353.

Jachmann-Michel, Monika: Die Freiheit vor dem Steuergesetz im Rechtsstaat, StuW 2017, S. 209-216.

Jachmann-Michel, Monika: Der Schutz des Steuerpflichtigen durch Freiheitsrechte und Gleichheitssatz, StuW 2018, S. 6-8.

Jacobsen, Hendrik / Stöhr, Tobias: Das Übersehen unoffensichtlicher einmaliger Aufwendungen und grobe Fahrlässigkeit gemäß § 173 AO, BB 2008, S. 2776-2781.

Jäger, Markus: Stellung, Abgrenzung und Sanktionierung der Steuerhinterziehung im Strafrechtssystem, in: Steuerstrafrecht an der Schnittstelle zum Steuerrecht, hrsg. v. Rudolf Mellinghoff, DStJG 38, Köln 2015, S. 29-51.

Jansen, Lothar: Das Steuerverfahren im Spannungsfeld von Europa- und Verfassungsrecht, Dissertation, Baden-Baden 2012 (*Jansen*, Das Steuerverfahren).

Jarass, Hans D. (Hrsg.). / Pieroth, Bodo (Hrsg.): Grundgesetz, Kommentar, 15. Auflage, München 2018.

Jarass, Hans D.: Das allgemeine Persönlichkeitsrecht im Grundgesetz, NJW 1989 S. 857-862.

Jehke, Christian: Bestimmtheit und Klarheit im Steuerrecht, Dissertation, Berlin 2005 (*Jehke*, Bestimmtheit und Klarheit).

Jesch, Dietrich: Gesetz und Verwaltung, Habilitation, Tübingen 1961.

Jesse, Sven: Instrumentenverbund als Rechtsproblem am Beispiel effizienter Energienutzung, Dissertation, Tübingen 2014 (*Jesse*, Instrumentenverbund als Rechtsproblem).

v. Jhering, Rudolph: Der Zweck im Recht, 1. Band, 5. Auflage, Leipzig 1916.

Joecks, Wolfgang: Abzugsverbot für Bestechungs- und Schmiergelder – Korruptionsbekämpfung durch Steuerrecht?, DStR 1997, S. 1025-1032.

Joecks, Wolfgang: Der nemo-tenetur-Grundsatz und das Steuerstrafrecht, in: Festschrift für Günter Kohlmann zum 70. Geburtstag, hrsg. v. Hans Joachim Hirsch, u.a., Köln 2003, S. 451-464.

Joecks/Jäger/Randt: Steuerstrafrecht, Kommentar, 8. Auflage 2015 (*Bearbeiter*, in: Joecks/Jäger/Randt, Steuerstrafrecht).

Jope, Daniela: Steuerhinterziehung im Feststellungsverfahren, DStZ 2009, S. 247-250.

Juchum, Gerhard: Verwaltungsvorschriften im Einkommensteuerrecht, ZG 1991, S. 56-72.

Kaltenstein, Jens: Kernfragen des „additiven“ Grundrechtseingriffs unter besonderer Berücksichtigung des Sozialrechts, SGb 2016, S. 365-372.

Kamm, Hans Wilhelm: Über Grundlinien steuergesetzlicher Tatbestandsbildung und steuertatbestandlicher Garantiefunktionen, Dissertation, Köln 1976 (*Kamm*, Grundlinien).

Kapp/Ebeling: Erbschaftsteuergesetz, Kommentar, Loseblattsammlung, Köln, Stand: 85. Lieferung, August 2020 (*Bearbeiter*, in: Kapp/Ebeling).

Karpen, Ulrich: Zum gegenwärtigen Stand der Gesetzgebungslehre in der Bundesrepublik Deutschland, ZfG 1986, S. 5-32.

Keller, Florian: Das Finanzamt als Partner des Steuerpflichtigen, Dissertation, München 2016 (*Keller*, Das Finanzamt als Partner).

Kemper, Martin: Erklärungspflichten des Umsatzsteuergesetzes, UR 2015, S. 373-379.

Kiesel, Hanno / Theisen, Michaela: Steuerstrafrechtliche Risiken konzerninterner Verrechnungspreisgestaltungen, IStR 2006, S. 284-288.

Kirchhof: Einkommensteuergesetz, Kommentar, hrsg. v. Paul Kirchhof und Roman Seer, 19. Auflage, Köln 2020.

Kirchhof, Ferdinand: Das Leistungsfähigkeitsprinzip nach dem Grundgesetz – Zustand und Zukunft, BB 2017, S. 662-667.

Kirchhof, Ferdinand: Der Weg zur verfassungsgerechten Besteuerung – Bestand, Fortschritt, Zukunft –, StuW 2002, S. 185-200.

Kirchhof, Gregor: Kumulative Belastung durch unterschiedliche staatliche Maßnahmen, NJW 2006, S. 732-736.

Kirchhof, Gregor: Die Erfüllungspflichten des Arbeitgebers im Lohnsteuerverfahren, Dissertation, Berlin 2005 (*G. Kirchhof*, Erfüllungspflichten des Arbeitgebers).

Kirchhof, Gregor: Rechtsetzung und Rechtsanwendung im Massenfallrecht in: Besteuerung von Arbeitnehmern, hrsg. v. Klaus-Dieter Drüen, DStJG 40, Köln 2017, S. 47-104.

Kirchhof, Gregor: Einzelfallgerechtigkeit und Maßstabbildung im digitalisierten Massenfallrecht, in: 100 Jahre Steuerrechtsprechung in Deutschland 1918-2018, Festschrift für den Bundesfinanzhof, hrsg. v. Klaus-Dieter Drüen u.a., Köln 2018, S. 361-383.

Kirchhof, Paul (Hrsg.) / Söhn, Hartmut (Hrsg.) / Mellinghoff, Rudolf (Hrsg.): Einkommensteuer, Kommentar, Loseblattsammlung, Heidelberg, Stand: 315. Ergänzungslieferung, Juni 2021 (*Bearbeiter*, in: Kirchhof/Söhn/Mellinghoff, EStG).

Kirchhof, Paul: Besteuerung und Eigentum, in: VVDStRL 39, Berlin 1981, S. 213-285.

Kirchhof, Paul: Der verfassungsrechtliche Auftrag zur Besteuerung nach der finanziellen Leistungsfähigkeit, StuW 1985, S. 319-329.

Kirchhof, Paul: Finanzverwaltung und Grundgesetz, in: Perspektiven der Finanzverwaltung, hrsg. v. Horst Vogelsang, Köln 1992, S. 1-25.

Kirchhof, Paul: Steueranspruch und Informationseingriff, in: Die Steuerrechtsordnung in der Diskussion, Festschrift für Klaus Tipke zum 70. Geburtstag, hrsg. v. Joachim Lang, Köln 1995, S. 27-45.

Kirchhof, Paul: Steuergleichheit durch Steuervereinfachung, in: Steuervereinfachung, hrsg. v. Peter Fischer, DStJG 21, Köln 1998, S. 13-28.

Kirchhof, Paul: Verfassungsrechtliche und steuersystematische Grundlagen der Einkommensteuer, in: Besteuerung von Einkommen hrsg. v. Iris Ebling, DStJG 24, Köln 2001, S. 9-28.

Kirchhof, Paul: Bundessteuergesetzbuch, Heidelberg u.a. 2011 (*Kirchhof*, Bundessteuergesetzbuch).

Kirchhof, Paul: Die Gleichheit vor dem Steuergesetz – Maßstab und Missverständnisse, StuW 2017, S. 3-16.

Kirchhof, Paul: Der Schutz des Steuerpflichtigen durch Freiheitsrechte und Gleichheitssatz, StuW 2018, S. 1-5.

Kirchhof, Paul: Die steuerrechtliche Bedeutung der Digitalisierung für Unternehmen und Unternehmensberater, DStR 2018, S. 497-504.

Klein, Franz: Die Zuständigkeiten in der Steuergesetzgebung und der Steuerverwaltung nach der Finanzreform, BB 1969, S. 1321-1324.

Klein, Franz: Die Bindung an Treu und Glauben, DStR 1985, S. 391-396.

Klein, Franz (Begr.): Abgabenordnung, Kommentar, 15. Auflage, München 2020.

Klement, Jan Henrik: Die Kumulation von Grundrechtseingriffen im Umweltrecht, AöR 134 (2009), S. 35-82.

Klemp, Wolfram: Die steuerrechtliche Willenserklärung, StuW 1972, S. 217-224.

Klemp, Wolfram: Öffentlich-rechtliche Willenserklärungen Privater im Steuerrecht, Dissertation, Köln, 1971 (*Klemp*, Öffentlich-rechtliche Willenserklärungen).

Kloepfer, Michael: Belastungskumulation durch Normenüberlagerungen im Abwasserrecht, VerwArch 74 (1983), S. 201-224.

Knack, Joachim (Begr.) / Henneke, Hans-Günter: Verwaltungsverfahrensgesetz, Kommentar, München, 10. Auflage 2014 (*Bearbeiter*, in: Knack/Henneke, VwVfG).

Knobbe, Carl-Christian: Der Grundsatz der subjektiven Richtigkeit im Handels- und Steuerbilanzrecht, Dissertation, Berlin 2009 (*Knobbe*, Der Grundsatz der subjektiven Richtigkeit).

Kobor, Hagen: Kooperative Amtsermittlung im Verwaltungsrecht, Habilitation, Baden-Baden 2009 (*Kobor*, Kooperative Amtsermittlung).

Koenig, Ulrich (Hrsg): Abgabenordnung, Kommentar, 4. Auflage, München 2021 (*Bearbeiter*, in: Koenig, AO).

Kohlmann: Steuerstrafrecht, Kommentar, Loseblattsammlung, Köln, Stand: 67. Ergänzungslieferung, September 2020 (*Bearbeiter*, in: Kohlmann, Steuerstrafrecht).

Kopp/Ramsauer: Raumsauer, Ulrich (Hrsg.), Verwaltungsverfahrensgesetz, Kommentar, München, 19. Auflage 2018 (*Bearbeiter*, in: Kopp/Ramsauer, VwVfG).

Kopp, Ferdinand: Verfassungsrecht und Verwaltungsverfahrensrecht, Habilitation, München 1971.

Kormann, Karl: System der rechtsgeschäftlichen Staatsakte, Berlin 1910.

Kottke, Klaus: Zur Berücksichtigung der Kompliziertheit des Steuerrechts bei Änderung von Steuerbescheiden wegen neuer Tatsachen, FR 1998, S. 9-13.

Kraft, Gerhard / Heider, Christian: Das Country-by-Country Reporting und seine innerstaatliche Umsetzung im Rahmen des „Anti-BEPS-Umsetzungsgesetzes", DStR 2017, S. 1353-1361.

Krebs, Peter-Per: Änderungen gem. § 173 AO – ohne Prüfung der Rechtserheblichkeit, AO-StB 2005, S. 77-81.

Kreppel, Thomas: Persönlichkeitsrecht und Abgabepflicht. Das Tatbestandsmäßigkeitsprinzip und die Gestaltungsfreiheit des Steuergesetzgebers, in: Festschrift für Werner v. Simson zum 75. Geburtstag, hrsg. v. Jürgen Schwarze und Wolfgang Graf Vitzthum, Baden-Baden 1983, S. 119-135.

Kromrey, Ilka: Belastungskumulation, Dissertation, Tübingen 2018.

Krug, Björn: Keine Steuerverkürzung durch Unterlassen i.S.v. § 370 Abs. 1 Nr. 2 AO bei Kenntnis der Finanzbehörde, WiJ 2017, S. 175-183.

Krüger, Herbert: Allgemeine Staatslehre, 2. Auflage, Stuttgart u.a. 1966.

Krüger, Uwe: Der Adressat des Rechtsgesetzes, Berlin 1969.

Krumm, Marcel: Zur materiellen Bestandskraft im Verhältnis zwischen Steuerfestsetzungs- und Feststellungsverfahren, DStR 2005, S. 631-634.

Krumm, Marcel: Grundfragen des steuerlichen Datenverarbeitungsrechts, DB 2017, S. 2182-2195.

Krumm, Marcel: Die Zukunft des Steuerstrafrechts, in: Zukunftsfragen des deutschen Steuerrechts III, hrsg. v. Wolfgang Schön und Christian Sternberg, Berlin 2018, S. 1-43 (*Krumm*, in: Zukunftsfragen III).

Kruse, Heinrich Wilhelm: Steuerumgehung zwischen Steuervermeidung und Steuerhinterziehung, in: StbJb 1978/1979, hrsg. v. Franz Hörstmann u.a., Köln 1979, S. 443-460.

Kruse, Heinrich Wilhelm: Zum Entstehen und Erlöschen von Steueransprüchen, in: Die Steuerrechtsordnung in der Diskussion, Festschrift für Klaus Tipke zum 70. Geburtstag, hrsg. v. Joachim Lang, Köln 1995, S. 277-293.

Kuhfus, Werner: Die Berichtigung offenbarer Unrichtigkeiten nach § 129 Abgabenordnung, Dissertation, Aachen 1999 (*Kuhfus*, Berichtigung offenbarer Unrichtigkeiten).

Kuhlen, Lothar: Vorsatz und Irrtum im Steuerstrafrecht, in: Steuerstrafrecht an der Schnittstelle zum Steuerrecht, hrsg. v. Rudolf Mellinghoff, DStJG 38, Köln 2015, S. 117-141.

Kuhlen, Lothar: Vorsätzliche Steuerhinterziehung trotz Unkenntnis der Steuerpflicht?, in: Festschrift für Walter Kargl zum 70. Geburtstag, hrsg. v. Peter-Alexis Albrecht u.a., Berlin 2015, S. 297-308.

Kunig, Philip: Das Rechtsstaatsprinzip, Habilitation, Tübingen 1986.

Kunig, Philip: Verfassungsrecht und einfaches Recht – Verfassungsgerichtsbarkeit und Fachgerichtsbarkeit, VVDStRL 61, Berlin 2002, S. 34-79.

Kußmaul, Heinz / Ruiner, Christoph: ELSTER – Das Elektronische Steuererklärungssystem, StB 2008, S. 238-243.

Landesrechnungshof NRW: Jahresbericht des Landesrechnungshofes NRW 2016 über das Ergebnis der Prüfungen im Geschäftsjahr 2015, 2016, verfügbar unter https://lrh.nrw.de/images/LRHNRW/Jahresbericht/LRH_NRW_Jahresbericht_2016.pdf (*Landesrechnungshof NRW*, Jahresbericht 2016).

Lang, Joachim: Gewinnrealisierung – Rechtsgrundlagen, Grundtatbestände und Prinzipien im Rahmen des Betriebsvermögensvergleichs nach § 4 Abs. 1 EStG, in: Gewinnrealisierung im Steuerrecht, hrsg. v. Hans Georg Ruppe, DStJG 4, Köln 1981, S. 45-96.

Lang, Joachim: Arbeitsrecht und Steuerrecht, RdA 1999, S. 64-69.

Lang, Joachim: Vom Verbot der Erdrosselungsteuer zum Halbteilungsgrundsatz, in: Festschrift für Klaus Vogel zum 70. Geburtstag, hrsg. v. Paul Kirchhof u.a., Heidelberg 2000, S. 173-185.

Lang, Joachim: Wider Halbteilungsgrundsatz und BVerfG – Der BFH verbleibt an der Grenze konfiskatorischer Besteuerung, NJW 2000, S. 457-460.

Lang, Joachim u.a.: Kölner Entwurf eines Einkommensteuergesetzes, Köln 2005 (*Lang*, Kölner Entwurf eines Einkommensteuergesetzes).

Lange, Klaus: Kriterien zur Wirksamkeit von Instrumenten und Programmen des Verwaltungshandelns, DÖV 1981, S. 73-83.

Lanwehr, Christine: Faktische Selbstveranlagung und Fehlerkorrektur im Besteuerungsverfahren von Arbeitnehmern, Dissertation, München 2016 (*Lanwehr*, Faktische Selbstveranlagung).

Larenz, Karl: Methodenlehre der Rechtswissenschaft, 6. Auflage, Berlin u.a. 1991 (*Larenz*, Methodenlehre).

Lee, Eun-Kyung: Umweltrechtlicher Instrumentenmix und kumulative Grundrechtseinwirkungen, Dissertation, Tübingen 2013.

Leimkuhl-Schulz, Henrique / Modrzejewski, Matthias: Verwirklichung des Nemo-tenetur-Grundsatzes trotz steuerlicher Erklärungs- und Mitwirkungspflichten, wistra 2015, S. 378-383.

Lenski, Edgar (Begr.) / Steinberg, Wilhelm (Begr.): Gewerbesteuergesetz, Kommentar, Loseblattsammlung, Köln, Stand: 138. Ergänzungslieferung, September 2021 (*Bearbeiter*, in: Lenski/Steinberg).

Leipold, Dieter: Beweismaß und Beweislast im Zivilprozeß, Berlin u.a. 1985.

Leisner, Anna: Vorbehaltsfestsetzungen und Vertrauensschutz, DStZ 1999, S. 358-365.

Leisner, Walter: Verwaltungsvorschriften als „Nebengesetz" im Steuerrecht?, Köln 1982.

Leisner, Walter: Steuer- und Eigentumswende – Die Einheitswert-Beschlüsse des Bundesverfassungsgerichts, NJW 1995, S. 2591-2596.

Lerche, Peter: Rechtsprobleme der wirtschaftslenkenden Verwaltung, DÖV 1961, S. 486-492.

Lewandowski, Martin / Ackermann, Ralf: Elektronische Kommunikation mit dem Finanzamt, DStR 2014, S. 1646-1654.

List, Heinrich: Das Verhältnis von Strafverfahren und Besteuerungsverfahren (§ 393 AO) in verfassungsrechtlicher Sicht, DB 2006, S. 469-473.

Löhr, Dirk: Die Brühler Empfehlungen – Wegweiser für eine Systemreform der Unternehmensbesteuerung?, StuW 2000, S. 33-44.

Loose, Matthias: Gesetzgeber hebelt Manninen-Entscheidung des EuGH aus, AO-StB 2005, S. 49-51.

Loose, Matthias: Rechtserheblichkeit i.S.d. § 173 AO, AO-StB 2013, S. 313-316.

Loose, Matthias: Geänderter Amtsermittlungsgrundsatz und Korrekturvorschriften, in: 15. Deutscher Finanzgerichtstag 2018, hrsg. v. Jürgen Brandt, Stuttgart 2018.

Loschelder, Friedrich: Die Beweislast im finanzgerichtlichen Verfahren, AO-StB 2003, S. 25-28.

Lücke, Jörg: Der additive Grundrechtseingriff sowie das verbot der übermäßigen Gesamtbelastung des Bürgers, DVBl 2001, S. 1469-1478.

Luttermann, Claus: Normenklarheit im Steuerrecht und „unbestimmte" Rechtsbegriffe, FR 2007, S. 18-23.

Madauß, Norbert: Steuerstrafrechtliche Einzelaspekte der Berichtigung nach § 153 AO, NZWiSt 2016, S. 343-349.

Maier, Moritz: Verfassungsrechtliche Aspekte der Digitalisierung des Besteuerungsverfahrens, JZ 2017, S. 614-619.

Maiwald, Manfred: Unrechtskenntnis und Vorsatz im Steuerstrafrecht, Heidelberg 1984.

v. Mangoldt/Klein/Starck: Grundgesetz, Kommentar, hrsg. v. Peter M. Huber und Andreas Voßkuhle, 7. Auflage, München 2018 (*Bearbeiter*, in: v. Mangoldt/Klein/Starck, GG).

Mann, Thomas: Der Steuerberater als Compliance-Faktor?, DStR 2009, S. 506-508.

Martens, Joachim: Einführung in die Praxis des Verwaltungsverfahrens, JuS 1978, S. 99-104.

Martens, Joachim: Die eigenartige Beweislast im Steuerrecht, StuW 1981, S. 322-332.

Martens, Joachim: Rechtsanwendung und Rechtsetzung durch Verwaltungsvorschriften, in: Grenzen der Rechtsfortbildung durch Rechtsprechung und Verwaltungsvorschriften im Steuerrecht, hrsg. v. Klaus Tipke, DStJG 5, Köln 1982, S. 165-208.

Martens, Joachim: Änderung von Steuerbescheiden wegen neuer Tatsachen, StuW 1989, S. 365-373.

Martens, Joachim: Die Funktion von Besteuerungsgrundlagen, StuW 1993, S. 335-340.

Martin, Suse: Wechselwirkung zwischen Mitwirkungspflichten und Untersuchungspflicht im finanzgerichtlichen Verfahren, BB 1986, S. 1021-1030.

Marx, Franz Jürgen: Der Einsatz von Risikomanagementsystemen nach § 88 Abs. 5 AO als Kernelement der Modernisierung des Besteuerungsverfahrens, Ubg 2016, S. 358-363.

Mattern, Gerhard: Treu und Glauben im Steuerrecht, Stuttgart 1958.

Maunz/Dürig: Grundgesetz, Kommentar, hrsg. v. Matthias Herdegen u.a., Loseblattsammlung, München, Stand: 92. Ergänzungslieferung, Januar 2021 (*Bearbeiter*, in: Maunz/Dürig).

Maurer, Hartmut / Waldhoff, Christian: Allgemeines Verwaltungsrecht, 20. Auflage, München 2020.

Maurer, Hartmut: Der Verwaltungsvorbehalt, in: Art. 12 GG – Freiheit des Berufs und Grundrecht der Arbeit, VVDStRL 43, Berlin/New York 1985, S. 135-258.

Mayer, Max Ernst: Rechtsnormen und Kulturnormen, Breslau 1903.

Mayer, Otto: Deutsches Verwaltungsrecht, Band I, 3. Auflage 1924.

Mayer, Otto: Die Lehre von der materiellen Rechtskraft in Verwaltungssachen, AöR 21 (1907), S. 1-70.

Mayer, Otto: Zur Lehre vom öffentlich rechtlichen Vertrage, AöR 3 (1888), S. 3-86.

Meilicke, Wienand: Wird das Steuerstrafrecht für die Steuerpraxis zum russischen Roulette?, BB 1984, S. 1885-1890.

Meinert, Carsten: Anmerkung zu FG Düsseldorf v. 24.3.2015, 13 K 553/14 E, EFG 2015, S. 1330-1331.

Meinzenbach, Nico: Die Steueranmeldung, Dissertation, Hamburg 2006.

Meisel, Franz: Moral und Technik bei der Veranlagung der preußischen Einkommensteuer, Leipzig 1911 (*Meisel*, Moral und Technik).

Mellinghoff, Rudolf: Gerichtliche Kontrolle des digitalen Gesetzesvollzugs, in: Digitalisierung im Steuerrecht, hrsg. v. Johanna Hey, DStJG 42, Köln 2019, S. 287-312.

Mellinghoff, Rudolf: Auswirkung der Digitalisierung im Steuerrecht, in: 100 Jahre Steuerrechtsprechung in Deutschland 1918-2018, Festschrift für den Bundesfinanzhof, hrsg. v. Klaus-Dieter Drüen u.a., Köln 2018, S. 421-447.

Merten, Detlef: Bestandskraft von Verwaltungsakten, NJW 1983, S. 1993-1998.

Metzger, Ulrike / Weingarten, Joe: Einkommensteuer und Einkommensteuerverwaltung in Deutschland, Opladen 1989 (*Metzger/Weingarten*, Einkommensteuerverwaltung in Deutschland).

Meyer-Mews, Hans: Reden ist Silber – Schweigen strafbar?, DStR 2013, S. 161-167.

Michaelis, ohne Vorname: Moral und Technik bei der Veranlagung der preußischen Einkommensteuer, VerwArch 1912, S. 65-101.

Mittmann, Volker: Restitution nach § 173 Abs. 1 Nr. 2 AO trotz mutmaßlich kausalen Rechtsirrtums?, DStZ 1989, S. 505-507.

Mösbauer, Heinz: Zur Festsetzung von Verspätungszuschlägen bei der Nichterfüllung steuerlicher Erklärungspflichten, BB 1982, S. 1294-1298.

Mösbauer, Heinz: Zur steuerlichen Buchführungspflicht gewerblicher Unternehmer nach § 140 AO, DB 1996, S. 2582-2586.

Müller-Franken, Sebastian: Maßvolles Verwalten, Habilitation, Tübingen 2004.

Müller-Franken, Sebastian: Anforderungen des Rechts an die Digitalisierung der Gewinnung und Verarbeitung von Informationen im Steuerrecht, StuW 2018, S. 113-122.

Müller, Arnold: Folgen behördlicher Fehlverhaltens bei Haftungs- und Änderungsbescheiden, AO-StB 2007, S. 19-23.

Müller, Arnold: Treu und Glauben contra Änderungsrecht, AO-StB 2013, S. 114-121.

Müller, Arnold: Probleme der Punktberichtigung von Steuerbescheiden gem. §§ 172 ff. AO, AO-StB 2016, S. 106-112.

Müller, Lothar / Zeitler, Franz-Christoph: Zuständigkeit bei der Verwaltung der Finanzen durch den Bund und die Länder, DStZ (Ausgabe A) 1975, S. 467-474.

v. Münch, Ingo (Begr). / Kunig, Philip (Hrsg.): Grundgesetz, Kommentar, 6. Auflage, München 2012.

Münch, Lukas / Sendke, Thomas: Geplante Modernisierung der verfahrensrechtlichen Korrekturvorschriften, DStZ 2015, S. 487-496.

Münch, Lukas: Außergerichtlicher Rechtsschutz bei Korrekturen gemäß § 129 AO und § 173 AO nach faktischer Selbstveranlagung, DStR 2013, S. 2150-2156.

Münchener Kommentar zum Bürgerlichen Gesetzgebuch: Bürgerliches Gesetzbuch, Kommentar, hrsg. v. Franz Jürgen Säcker u.a., Band 1, 8. Auflage, München 2018 (*Bearbeiter*, in: MüKo BGB).

Münchener Kommentar zum Strafgesetzbuch: Strafgesetzbuch, Kommentar, hrsg. v. Bernd v. Heintschel-Heinegg, Band 1, 4. Auflage, München 2020 (*Bearbeiter*, in: MüKo StGB I).

Münchener Kommentar zum Strafgesetzbuch: Strafgesetzbuch, Kommentar, hrsg. v. Bernd v. Heintschel-Heinegg, Band 5, 3. Auflage, München 2019 (*Bearbeiter*, in: MüKo StGB V).

Münchener Kommentar zum Strafgesetzbuch: Strafgesetzbuch, Kommentar, hrsg. v. Bernd v. Heintschel-Heinegg, Band 7, 3. Auflage, München 2019 (*Bearbeiter*, in: MüKo StGB VII).

Münchener Kommentar zur Strafprozessordnung: Strafprozessordnung, Kommentar, hrsg. v. Christoph Knauer u.a., Band 3-2, 1. Auflage, München 2018 (*Bearbeiter*, in: MüKo StPO).

Musil, Andreas / Burchard, Daniel / Hechtner, Frank: Verfahrensrechtliche Fragen der elektronischen Steuererklärung im Rahmen des Projektes ELSTER, DStR 2007, S. 2290-2297.

Musil, Andreas: Die Berichtigung von Verwaltungsakten wegen offenbarer Unrichtigkeiten gemäß § 42 VwVfG und § 129 AO, DÖV 2001, S. 947-952.

Musil, Andreas: Aktuelle Fragen der Bestandskraft von Steuerbescheiden, DStZ 2005, S. 362-369.

Myßen, Michael / Kraus, Fabian: Der Datenschutz in der Finanzverwaltung, FR 2019, S. 58-67.

N.N.: Preußisches Einkommensteuergesetz vom 24. Juni 1891, FinanzArchiv 8 (1891), S. 331-451.

Nagel, Sibylle/Waza, Thomas: Risikomanagement beim Steuervollzug – ein Weg aus der Krise!, DStZ 2008, S. 312-326.

Neckels, Peter: Verfassungswidrigkeit und Neuregelung einer Rechtsnorm als neue „Tatsache" im Sinne des § 173 AO?, DStZ 1993, S. 321-331.

Neufang, Bernd / Schmid, Franz: Vordruck EÜR und Beratungspraxis – Ein rechtswidriger Beitrag zur Verkomplizierung des Steuerrechts?, Stbg 2004, S. 161-167.

Neumark, Fritz: Theorie und Praxis der modernen Einkommensbesteuerung, Bern 1947.

Nierhaus, Michael: Beweismaß und Beweislast – Untersuchungsgrundsatz und Beteiligtenmitwirkung im Verwaltungsprozeß, Habilitation, München 1989 (*Nierhaus*, Beweismaß und Beweislast).

Nöcker, Gregor: § 173a AO – eine unvollendete Neuerung, AO-StB 2017, S. 317-319.

Nöcker, Gregor: § 129 AO – Rechtsprechung zwischen Digital und Kognitiv, DStR 2018, S. 1417-1420.

Nöcker, Gregor: § 93c AO – die Bereitstellung von eDaten und ihre Folgen, AO-StB 2020, S. 261-265.

Nöcker, Gregor: Prüfungspflicht trotz Beistellung von eDaten, AO-StB 2021, S. 35-36.

Noll, Peter: Gesetzgebungslehre, Hamburg 1973.

Nose, Dorit: Die Schreiben des Bundesministers der Finanzen (BMF-Schreiben), Dissertation, Berlin 2006 (*Dorit*, Die Schreiben des Bundesministers der Finanzen).

Nothnagel, Reinhard: Die Bekanntgabe von Verwaltungsakten im Steuerrechtsverhältnis, Dissertation, Köln 1983 (*Nothnagel*, Die Bekanntgabe von Verwaltungsakten).

Nothnagel, Reinhard: Bestandsschutz für den bekanntgegebenen Inhalt von Steuerverwaltungsakten?, StuW 1984, S. 60-70.

Odenthal, Hans-Jörg: Rechtsprobleme der neuen Spielverordnung, ZfWG 2006, S. 286-291.

Offerhaus, Klaus: Anmerkung zu BFH v. 16.9.2015, IX R 37/14, FR 2016, S. 145-146.

Orlopp, Gerd L.: Auftragsverwaltung im Steuerrecht, in: Festschrift für Franz Klein zum 65. Geburtstag, hrsg. v. Paul Kirchhof u.a., Köln 1994, S. 597-610.

Ortwald, Dominik: Elektronischer Steuerbescheid per einfacher E-Mail?, DStR 2017, S. 477-482.

Ossenbühl, Fritz: Verwaltungsvorschriften und Grundgesetz, Habilitation, Berlin/Zürich 1968.

Ossenbühl, Fritz: Die Erfüllung von Verwaltungsaufgaben durch Private, in: VVDStRL 39, Berlin 1981, S. 137-209.

Ossig, Ulrich: Verwaltungsvorschriften zur Sachverhaltsermittlung – Grenzen ihrer Bindungswirkung für die Gerichte, Erlangen-Nürnberg 1985.

Osterloh, Lerke: Typisierende Verwaltungsvorschriften im Steuerrecht, - BVerfGE 78, 214, JuS 1990, S. 100-104.

Osterloh, Lerke: Gesetzesbindung und Typisierungsspielräume bei der Anwendung der Steuergesetze, Habilitation, Baden-Baden 1992 (*Osterloh*, Gesetzesbindung).

Osterloh, Lerke: Aktuelle Fragen zur „offensichtlich unzutreffenden Besteuerung" durch typisierende Verwaltung und Gesetzgebung, StuW 1993 S. 342-353.

Papier, Hans-Jürgen / Möller, Johannes: Das Bestimmtheitsgebot und seine Durchsetzung, AöR 122 (1997), S. 177-211.

Papier, Hans-Jürgen: Der Bestimmtheitsgrundsatz, in: Steuerrecht und Verfassungsrecht, hrsg. v. Karl Heinrich Friauf, DStJG 12, Köln 1989, S. 61-78.

Paulduro, Aurelia: Die Verfassungsgemäßheit von Strafrechtsnormen, insbesondere der Normen des Strafgesetzbuches im Lichte der Rechtsprechung des Bundesverfassungsgerichts, Dissertation, München 1992 (*Paulduro*, Verfassungsgemäßheit von Strafrechtsnormen).

Pestalozza, Christian: Der Untersuchungsgrundsatz, in: Verwaltungsverfahren, Festschrift zum 50-jährigen Bestehen des Richard Boorberg Verlags, hrsg. v. Walter Schmitt Glaeser, Stuttgart u.a. 1977, S. 185-204.

Peters, Sebastian: Steuerhinterziehung trotz Erklärung wahrer Tatsachen?, NZWiSt 2012, S. 361-368.

Petersen, Jens: Die Berücksichtigung von Unterhaltsleistungen in den Preußischen Einkommensteuergesetzen von 1806 bis 1945, Dissertation, Osnabrück 1994 (*Petersen*, Preußische Einkommensteuergesetze).

Pezzer, Heinz-Jürgen: Gleichmäßiger Gesetzesvollzug in der Steuerrechtsordnung, StuW 2007, S. 101-111.

Pfützenreuter, Volker: Anmerkung zu FG Düsseldorf v. 5.5.2008, 17 K 692/07 E, EFG 2008, S. 1349-1350.

Pfützenreuter, Volker: Anmerkung zu FG Köln v. 24.8.2010, 12 K 1839/07, EFG 2011, S. 211-213.

Plath, Kai-Uwe (Hrsg.): DSGVO/BDSG, Kommentar, 3. Auflage, Köln 2018 (*Bearbeiter*, in: Plath, DSGVO/BDSG).

Polatzky, Robert / Schäfer, Mischa: Mitteilungspflicht für grenzüberschreitende Steuergestaltungen, StuB 2019, S. 915-920.

Poscher, Ralf: Grundrechte als Abwehrrechte, Habilitation, Tübingen 2003.

Präsident des Bundesrechnungshofes als Bundesbeauftragter für Wirtschaftlichkeit in der Verwalttung (Hrsg.): Probleme beim Vollzug der Steuergesetze, Stuttgart 2006 (*Präsident des Bundesrechnungshofes*, Probleme beim Vollzug).

Prütting, Hanns: Gegenwartsprobleme der Beweislast, Habilitation, München 1983.

Puhl, Thomas: Besteuerungsverfahren und Verfassung (Teil II), DStR 1991, S. 1173-1178.

Püttner, Günter: Verwaltungslehre, 4. Auflage, München 2007.

Radtke, Henning: Tatbestands- und Verbotsirrtum bei der Steuerhinterziehung, in: Gedächtnisschrift für Wolfgang Joecks, hrsg. v. Frieder Dünkel u.a., München 2018, S. 543-558.

Raiser, Thomas: Beiträge zur Rechtssoziologie, Baden-Baden 2011.

Randt, Karsten: Verhältnis zwischen Besteuerungs- und Steuerstrafverfahren, in: Steuervollzug im Rechtsstaat, hrsg. v. Werner Wiedmann, DStJG 32, Köln 2008, S. 263-282.

Ransiek, Andreas / Hüls, Silke: Zum Eventualvorsatz bei der Steuerhinterziehung, NStZ 2011, S. 678-681.

Ransiek, Andreas: § 370 AO und Steuerbefreiungen für innergemeinschaftliche Lieferungen, HRRS 2009, S. 421-429.

Reiners, Edgar: Entwicklung des Verfassungsrecht im Europäischen Raum, in: Jahrbuch des öffentlichen Rechts 28, hrsg. v. Gerhard Leibholz, Tübingen 1974, S. 1-46.

Reiß, Wolfram: Besteuerungsverfahren und Strafverfahren, Habilitation, Köln 1987.

Reiter, Christian Harald Maximilian: ‚Nemo tenetur se ipsum prodere' und Steuererklärungspflicht, Dissertation, München 2007 (*Reiter*, Nemo tenetur und Steuererklärungspflicht).

Richter, Andreas / Welling, Berthold: Tagungs- und Diskussionsbericht zum 56. Berliner Steuergespräch „Die Reform der Abgabenordnung" am 21.9.2015, FR 2015, S. 1014-1020.

Riesenhuber, Karl (Hrsg.): Europäische Methodenlehre, 4. Auflage, Berlin/Boston 2021 (*Bearbeiter*, in: Riesenhuber, Methodenlehre).

Rogall, Klaus: Das Verwendungsverbot des § 39a II AO in: Festschrift für Günter Kohlmann zum 70. Geburtstag, hrsg. v. Hans Joachim Hirsch, u.a., Köln 2003, S. 465-498.

Rolletschke, Stefan: Auswirkungen der elektronischen Datenübermittlung (§ 93c AO) auf die Strafbarkeit nach § 370 Abs. 1 Nr. 2 AO, NZWiSt 2018, S. 185-190.

Rolletschke, Stefan: Die steuerstrafrechtlichen Aspekte der elektronischen Steuererklärung, in: Gedächtnisschrift für Wolfgang Joecks, hrsg. v. Frieder Dünkel u.a., München 2018, S. 571-586.

Rolletschke/Kemper: Steuerstrafrecht, Kommentar, Loseblattsammlung, Köln, Stand: 117. Ergänzungslieferung, April 2021 (*Bearbeiter*, in: Rolletschke/Kemper, Steuerstrafrecht).

Rönitz, Dieter: Die Abgrenzung der Betriebsausgaben / Werbungskosten von den privaten Ausgaben als Problem der Sachverhaltsermittlung – unter besonderer Berücksichtigung der Lebenserfahrung und der typisierenden Betrachtungsweise, in: Die Abgrenzung der Betriebs- oder Berufssphäre von der Privatsphäre im Einkommensteuerrecht, hrsg. von Hartmut Söhn, DStJG 3, Köln 1980, S. 297-313.

Rönitz, Dieter: Verfahrensrechtliche Überlegungen zur Ausübung von Wahlrechten des materiellen Steuerrechts, in: StbJb 1980/1981, hrsg. v. Franz Hörstmann u.a., Köln 1981, S. 359-383.

Rose, Edgar: De-Mail-Gesetz in Kraft: Sicherheitsgewinn in der elektronischen Kommunikation, K&R 2011, S. 439-445.

Rosenberg, Leo: Die Beweislast, 5. Auflage, München 1965.

Rößler, Gerhard: Vertrauensschutz bei Änderung von Steuerbescheiden, BB 1981, S. 842-846.

Rößler, Gerhard: Ist § 176 AO auf Vorbehaltsbescheide anwendbar?, DStZ 1999, S. 603, 604.

Roth, David: Anmerkung zu AG Köln v. 10.1.2013, 585 Ds 124/12, ZWH 2013, S. 373-374.

Roth, David: Steuerhinterziehung durch Unterlassen: bei Kenntnis der Finanzbehörden ausgeschlossen?, NZWiSt 2017, S. 308-310.

Roth, David: Elektronische Daten im Finanzamt: § 150 Abs. 7 Satz 2 AO n.F. als Totengräber der Steuerhinterziehung?, wistra 2018, S. 152-154.

Rübenstahl, Markus: Die Vorbereitung der ESt-Verkürzung mittels Erlangung eines Grundlagenbescheids als Erlangung eines Steuervorteils und vollendete Steuerhinterziehung? – Der 1. Strafsenat des BGH an den Grenzen des § 370 AO, HRRS 2009, S. 93-101.

Rudloff, Herbert: Jus vigilantibus oder Rechtsschutz für Kundige, BB 1984, S. 669-670.

Ruppe, Hans Georg: Möglichkeiten und Grenzen der Übertragung von Einkunftsquellen als Problem der Zurechnung von Einkünften, in: Übertragung von Einkunftsquellen im Steuerrecht, hrsg. v. Klaus Tipke, DStJG 1, Köln 1978, S. 7-40.

Ruschemeier, Hannah: Der additive Grundrechtseingriff, Dissertation, Berlin 2019.

Rust, Hubertus / Hülshoff, Markus / Kolbe, Sebastian: E-Bilanz: Anforderungen der Finanzverwaltung an den Datensatz nach § 5b EStG, BB 2011, S. 747-753.

Rüthers, Bernd / Fischer, Christian / Birk, Axel: Rechtstheorie, 11. Auflage, München 2020.

Sachs, Michael (Hrsg.): Grundgesetz, Kommentar, 8. Auflage, München 2018.

Salditt, Franz: Menschenwürde und Steuerpflicht – Was soll erklärt, muss befürchtet, darf geraten werden?, StuW 2005, S. 367-372.

Salditt, Franz: Gleichgültigkeit? – Über den *dolus eventualis* im Steuerstrafrecht, in: Gedächtnisschrift für Wolfgang Joecks, hrsg. v. Frieder Dünkel u.a., München 2018, S. 601-614.

Sandner, Julia: Verstärkungswirkungen unter Grundrechten, Dissertation, Berlin 2019.

Sandrock, Otto: Die Verständlichkeit von Eingriffsnormen als Verfassungsgebot, in: Festschrift für Knut Ipsen zum 65. Geburtstag, hrsg. v. Volker Epping, München 2000, S. 781-806.

Sassmann, Juliane: Verfahrensrechtliche Regelungen zur Einkünfteabgrenzung zwischen nahestehenden Kapitalgesellschaften im deutschen nationalen und internationalen Steuerrecht, Dissertation, Frankfurt a.M. 2010 (*Sassmann*, Verfahrensrechtliche Regelungen).

Saßenroth, Anna: Die Bestandskraft deutscher Steuerbescheide im Licht der Rechtsprechung des EuGH, Dissertation, Berlin 2009 (*Saßenroth*, Bestandskraft).

Sauerland, Thomas: Die Verwaltungsvorschrift im System der Rechtsquellen, Dissertation, Berlin 2005.

Sauerland, Thomas: Weisungsrechte des Bundes beim Vollzug der Steuergesetze durch die Länder, DStZ 2007, S. 668-673.

Schaks, Nils: Das Verbot der Belastungskumulation als Bestandteil der Wesensgehaltgarantie des Art. 19 Abs. 2 GG, DÖV 2015, S. 817-827.

Schallmoser, Ulrich: Mitwirkungspflichten im Fokus der Steuerrechtsprechung, in: 100 Jahre Steuerrechtsprechung in Deutschland 1918-2018, Festschrift für den Bundesfinanzhof, hrsg. v. Klaus-Dieter Drüen u.a., Köln 2018, S. 1747-1760.

Schauf, Jörg: Anmerkung zu BFH v. 10.2.2015, IX R 18/14, ZWH 2015, S. 284.

Schell, Matthias: Subjektive Besteuerungsmerkmale im Einkommensteuerrecht, Dissertation, Baden-Baden 2006.

Schick, Walter: Antragstatbestände, Mitwirkungspflichten des Steuerpflichtigen und Amtsermittlungsgrundsatz im Besteuerungsverfahren, StuW 1969, Sp. 361-378.

Schick, Walter: Besteuerungsverfahren und Verfahrensleistungsfähigkeit, Alfeld 1980 (*Schick*, Verfahrensleistungsfähigkeit).

Schick, Walter: Steuerverfahrensrechtliche Aspekte der Bilanz, BB 1987, S. 133-139.

Schick, Walter: Die Steuererklärung, StuW 1988, S. 301-334.

Schiller, Gernot: Neues zum Gebührenverfassungsrecht – Das Urteil des BVerfG zur baden-württembergischen Rückmeldegebühr, NVwZ 2003, S. 1337-1341.

Schlegel, Rainer (Hrsg.) / Voelzke, Thomas (Hrsg.): juris PraxisKommentar SGB I, Saarbrücken, 3. Auflage 2018 (*Bearbeiter*, in: Schlegel/Voelzke, jurisPK-SGB I).

Schlotter, Carsten: Aufgabe des subjektiven Fehlerbegriffs und Pflichten nach § 153 AO, Ubg 2014, S. 22-26.

Schmid, Marc / Ntamadaki, Maria: Die abweichende Rechtsauffassung in der Steuererklärung und ihre steuerstrafrechtliche Relevanz in der Betriebsprüfung, DStR 2019, S. 1713-1722.

Schmidt-Eichstaedt, Gerd: Bundesgesetze und Gemeinden, Stuttgart u.a. 1981.

Schmidt, Eckehard: Die Rolle der Finanzministerien im Zusammenspiel untereinander und im Verhältnis zum Bund, FR 2008, S. 317-320.

Schmidt, Eckehard: Moderne Steuerungssysteme im Steuervollzug, in: Steuervollzug im Rechtsstaat, hrsg. v. Werner Wiedmann, DStJG 31, Köln 2008, S. 37-57.

Schmidt, Mareike: Die Nichtabführung von Umsatzsteuer als Straftat, Dissertation, Berlin 2016 (*Ma. Schmidt*, Nichtabführung).

Schmidt, Michael: Die Problematik der objektiven Beweislast im Steuerrecht, Dissertation, Berlin 1996.

Schmidt, Richard: Korrekturen von Verwaltungsakten im Steuerprozeß – mit einer rechtsvergleichenden Analyse zu sozialgerichtlichen Vorschriften, Dissertation, Aachen 1999 (*R. Schmidt*, Korrekturen von Verwaltungsakten)

Schmidt, Walter: Gesetzesvollziehung durch Rechtsetzung, Habilitation, Berlin/ Zürich 1969.

Schmieszek, Hans-Peter: Anmerkung zu BFH v. 18.3.2014, X R 8/11, AO-StB 2014, S. 266-267.

Schmitz, Heribert / Prell, Lorenz: Neues zum E-Government – Rechtsstaatliche Standards für E-Verwaltungsakt und E-Bekanntgabe im VwVfG, NVwZ 2016, S. 1273-1280.

Schmitz, Roland: § 150 Abs. 7 S. 2 AO und seine Auswirkungen auf das Steuerrecht, in: Gedächtnisschrift für Wolfgang Joecks, hrsg. v. Frieder Dünkel u.a., München 2018, S. 615-629.

Schneider, Stefan: Anmerkung zu BFH v. 20.3.2013, VI R 5/11 und BFH v. 20.3.2013, VI R 9/12, HFR 2013, S. 555-556.

Schoch, Friedrich (Hrsg.) / Schneider, Jens-Peter (Hrsg.): Verwaltungsgerichtsordnung, Kommentar, Loseblattsammlung, München, Stand: 39. Ergänzungslieferung, Juli 2020 (*Bearbeiter*, in: Schoch/Schneider, VwGO).

Schöck, Thomas A. H.: Innerstaatliche Kooperation beim Vollzug von Steuergesetzen in der Bundesrepublik Deutschland, StuW 1977, S. 22-30.

Schönke/Schröder: Strafgesetzbuch, Kommentar, begr. v. Adolf Schönke, 30. Auflage, München 2019 (*Bearbeiter*, in: Schönke/Schröder, StGB).

Schromek, Klaus-Dieter: Die Mitwirkungspflichten der am Verwaltungsverfahren Beteiligten – eine Grenze des Untersuchungsgrundsatzes?, Dissertation, Frankfurt a.M. 1989 (*Schromek*, Die Mitwirkungspflichten).

Schuppert, Gunnar Folke: Funktionell-rechtliche Grenzen der Verfassungsinterpretation, Königstein/Taunus 1980 (*Schuppert*, Verfassungsinterpretation).

Schurowski, Sophie: Der automatische Austausch von Finanzkonteninformationen in Steuersachen, Dissertation, Berlin 2020 (*Schurowski*, Der automatische Austausch).

Schuster, Frank Peter: Das Verhältnis von Strafnormen und Bezugsnormen aus anderen Rechtsgebieten, Dissertation, Berlin 2012 (*F. P. Schuster*, Das Verhältnis von Strafnormen und Bezugsnormen).

Schwarz, Berhard / Pahlke, Armin: Erstkommentierung zum Gesetz zur Modernisierung des Besteuerungsverfahrens, Freiburg 2016 (*Bearbeiter, in:* Schwarz/Pahlke, BestVerfModG 2016).

Schwarz, Bernhard (Hrsg.) / Pahlke, Armin (Hrsg.): Abgabenordnung/Finanzgerichtsordnung, Kommentar, Loseblattsammlung, Freiburg, Stand: 198. Ergänzungslieferung, Dezember 2020 (*Bearbeiter*, in: Schwarz/Pahlke).

Schwedhelm, Rolf: Strafrechtliche Risiken steuerlicher Beratung, DStR 2006, S. 1017-1024.

Schwedhelm, Rolf: Zum Unwerte der Steuerhinterziehung, in: Festschrift für Michael Streck zum 70. Geburtstag, hrsg. v. Burkhard Binnewies und Rainer Spatscheck, Köln 2011, S. 561-579.

Schwenker, Jörg: Das Gesetz zur Modernisierung des Besteuerungsverfahrens – ein Meilenstein auf dem Weg der weiteren Digitalisierung im Steuerrecht, DB 2016, S. 375-382.

Schwind, Julian: „Offenbarkeit" im Sinne des § 129 Abgabenordnung, EFG 2017, S. 1058-1059.

Sediqi, Emran: Wirtschaftlichkeit, Zweckmäßigkeit und Risikomanagement – Der Untersuchungsgrundsatz im Lichte des § 88 AO n.F., Dissertation, Berlin 2021 (*Sediqi*, Der Untersuchungsgrundsatz im Lichte des § 88 AO n.F.).

Seer, Roman: Das Spannungsverhältnis zwischen der Bestandskraft des Steuerbescheides und der Verfassungswidrigkeit einer Steuergesetzesnorm, DStR 1993, S. 307-313.

Seer, Roman: Verständigungen in Steuerverfahren, Habilitation, Köln 1996.

Seer, Roman: Die neue Erbschaft- und Schenkungsteuer auf dem verfassungsrechtlichen Prüfstand, StuW 1997, S. 283-298.

Seer, Roman: Verfassungsrechtliche Grenzen der Gesamtbelastung von Unternehmen, in: Europa- und verfassungsrechtliche Grenzen der Unternehmensbesteuerung, hrsg. v. Jürgen Pelka, DStJG 23, Köln 2000, S. 87-126.

Seer, Roman: Besteuerungsverfahren: Rechtsvergleich USA-Deutschland, Heidelberg 2002 (*Seer*, Rechtsvergleich USA-Deutschland).

Seer, Roman: Konsensuale Paketlösungen im Steuerstrafverfahren, in: Festschrift für Günter Kohlmann zum 70. Geburtstag, hrsg. v. Hans Joachim Hirsch, u.a., Köln 2003, S. 535-553.

Seer, Roman: Reform des Besteuerungsverfahrens, StuW 2003, S. 40-59.

Seer, Roman: Reform des (Lohn-)Steuerabzugs, FR 2004, S. 1037-1049.

Seer, Roman: Reform der Steuerveranlagung, StbJB 2004/2005, hrsg. v. Nobert Herzig u.a., Köln 2005, S. 53-78.

Seer, Roman: Steueramnestie und Idee einer Entpönalisierung des Steuerrechts, in: Gedächtnisschrift für Christoph Trzaskalik, hrsg. v. Klaus Tipke und Hartmut Söhn, Köln 2005, S. 457-471.

Seer, Roman: Kooperativ-föderale Steuerverwaltung in Deutschland, in: Festschrift für Hans Georg Ruppe, hrsg. v. Markus Achatz, Tina Ehrke-Rabel u.a., Wien 2007, S. 533-550.

Seer, Roman: Der Vollzug von Steuergesetzen unter den Bedingungen einer Massenverwaltung, in: Steuervollzug im Rechtsstaat, hrsg. v. Werner Wiedmann, DStJG 31, Köln 2008, S. 7-36.

Seer, Roman: Die Rolle des Steuerberaters in einer elektronischen Finanzverwaltung, DStR 2008, S. 1553-1560.

Seer, Roman: Datenschutz im Besteuerungsverfahren, in: Festschrift für Wienand Meilicke, hrsg. v. Andreas Herlinghaus u.a., Baden-Baden 2010, S. 687-696.

Seer, Roman: Besteuerungsverfahren im 21. Jahrhundert, FR 2012, S. 1000-1008.

Seer, Roman: Modernisierung des Besteuerungsverfahrens, StuW 2015, S. 315-330.

Seer, Roman: Diskussionsbeitrag, in: Steuerstrafrecht an der Schnittstelle zum Steuerrecht, hrsg. v. Rudolf Mellinghoff, DStJG 38, Köln 2015, S. 79.

Seer, Roman: Das Delikt der Steuerhinterziehung im Kernbereich des Steuerstrafrechts, SteuerStud 2016, S. 35-43.

Seer, Roman: Modernisierung des Besteuerungsverfahrens, DStZ 2016, S. 605-612.

Seer, Roman: Verbindliche Auskunft, FR 2017, S. 161-169.

Seer, Roman: Entwicklungslinien und Zukunftsfragen des Steuerverfahrensrechts, in: 100 Jahre Steuerrechtsprechung in Deutschland 1918-2018, Festschrift für den Bundesfinanzhof, hrsg. v. Klaus-Dieter Drüen u.a., Köln 2018, S. 1717-1745.

Seer, Roman: Datenschutz und Datenaustausch, in: Digitalisierung im Steuerrecht, hrsg. v. Johanna Hey, DStJG 42, Köln 2019, S. 247-286.

Seer, Roman: Diskussionsbeitrag, in: Digitalisierung im Steuerrecht, hrsg. v. Johanna Hey, DStJG 42, Köln 2019, S. 87.

Seer, Roman / Hardeck, Inga: Strukturelle Implementierung kooperativer Verfahrenselemente in das Unternehmensteuerrecht, StuW 2016, S. 366-384.

Seer, Roman / Krumm, Marcel: Die Kriminalisierung der Cum-/Ex-Dividende-Geschäfte als Herausforderung für den Rechtsstaat (Teil 2), DStR 2013, S. 1814-1818.

Seer, Roman / Michalowski, Klaus: Die erbschaftsteuerliche Behandlung des Unternehmensvermögens nach neuem Recht – unkalkulierbar und nach wie vor im verfassungsrechtlichen Fokus!, GmbHR 2017, S. 609-623.

Seiler, Christian: Der einheitliche Parlamentsvorbehalt, Dissertation, Berlin 2000 (*Seiler*, Parlamentsvorbehalt).

Söhn, Hartmut: Entgegennahme von Steueranmeldungen, Selbsterrechnungserklärungen und Steuerzahlungen als formlose Steuerbescheide, StuW 1970, Sp. 185-206.

Söhn, Hartmut: Erwerbsbezüge, Markteinkommen und Besteuerung nach der Leistungsfähigkeit, in: Die Steuerrechtsordnung in der Diskussion, Festschrift für Klaus Tipke zum 70. Geburtstag, hrsg. v. Joachim Lang, Köln 1995, S. 343-364.

Solka, Peter-Jan: Vorsatz und Irrtum bei der Steuerhinterziehung, BLJ 2013, S. 19-26.

Sontheimer, Jürgen: Steuerhinterziehung bei steuerrechtlichen Streit- und Zweifelsfragen, DStR 2014, S. 357-360.

Sowinski, Norbert: Einkommensteuererklärung 2017, NWB 2018, S. 1076-1128.

Spanner, Hans: Zur Bedeutung des Grundsatzes von Treu und Glauben im Steuerrecht, StuW 1972, S. 303-309.

Spatscheck, Rainer / Bertrand, Christian: Rücktritt vom Versuch der Steuerhinterziehung durch Unterlassen als Alternative zur strafbefreienden Selbstanzeige, DStR 2015, S. 2420-2423.

Spatscheck, Rainer: Reichweite der Steuerhinterziehung: Strafbares Unterlassen, Berichtigungspflicht und Selbstanzeige – § 153 AO und § 371 AO, in: Steuerstrafrecht an der Schnittstelle zum Steuerrecht, hrsg. v. Rudolf Mellinghoff, DStJG 38, Köln 2015, S. 89-116.

Spilker, Bettina: Behördliche Amtsermittlung, Habilitation, Tübingen 2015.

Spindler, Wolfgang: Kooperation im Besteuerungsverfahren, FR 2011, S. 122-123.

Spitaler, Armin: Geist des Steuerverfahrens, StBJb 1954/1955, hrsg. v. Armin Spitaler, Köln 1954, S. 441-481.

Spitaler, Armin: Geist des Steuerverfahrens, StBJb 1961/1962, hrsg. v. Armin Spitaler, Köln 1962, S. 461-479.

Sporbeck, Werner: Neue Tatsachen im Steuerrecht, München 1970.

Stadie, Holger: Zur Bedeutung des steuerrechtlichen Bilanzzusammenhangs, StuW 1985, S. 101-107.

Starck, Christian: Der Gesetzesbegriff des Grundgesetzes, Habilitation, Baden-Baden 1970.

Staudinger: Bürgerliches Gesetzbuch, Kommentar, Band: §§ 90-124; §§ 130-133, Berlin 2017 (*Bearbeiter*, in: Staudinger).

Steichen, Alain: Die Markteinkommenstheorie: Ei des Kolumbus oder rechtswissenschaftlicher Rückschritt?, in: Die Steuerrechtsordnung in der Diskussion, Festschrift für Klaus Tipke zum 70. Geburtstag, hrsg. v. Joachim Lang, Köln 1995, S. 365-390.

Steinhauff, Dieter: Korrekturvorschriften 2.0 – Einführung eines § 173a AO, AO-StB 2017, S. 31-32.

Stelkens/Bonk/Sachs: Stelkens, Paul (Begr.) / Bonk, Heinz Joachim (Begr.) / Sachs, Michael (Hrsg.) / Schmitz, Heribert (Hrsg.), Verwaltungsverfahrensgesetz,

Kommentar, München, 9. Auflage 2018 (*Bearbeiter*, in: Stelkens/Bonk/Sachs, VwVfG).

Stern, Klaus: Das Staatsrecht der Bundesrepublik Deutschland, Band II, München 1980 (*Stern*, Staatsrecht II).

Stern, Klaus: Das Staatsrecht der Bundesrepublik Deutschland, Band I, 2. Auflage, München 1984 (*Stern*, Staatsrecht I).

Streck, Michael: Auswirkung der Ertrags- und Verwaltungshoheit auf die steuerliche Belastung, in: Steuerrecht und Verfassungsrecht, hrsg. v. Karl Heinrich Friauf, DStJG 12, Köln 1989, S. 187-204.

Strouhal, Ernst: Fachsprache Gesetz: Sind Verständlichkeit und juristische Präzision Gegen-sätze?, ZG 1986, S. 117-131.

Talaska, Peter: Mitwirkungspflichten des Steuerpflichtigen im Spannungsfeld von Besteuerungs- und Steuerstrafverfahren, Dissertation, Frankfurt am Main 2006 (*Talaska*, Mitwirkungspflichten im Spannungsfeld).

Tappe, Henning: Festlegende Gleichheit – folgerichtige Gesetzgebung als Verfassungsgebot?, JZ 2016, S. 27-33.

Tehler, Hermann-Josef: Ist die Anwendungspraxis zu § 120 AO noch verfassungsgemäß?, DStR 2009, S. 1019-1022.

Teller, Michaela: Die künstliche Befruchtung im Wandel der Rechtsprechung, DStR 2018, S. 2318-2321.

Theisen, Michaela: Die Reichweite der Offenbarungspflichten aus steuerstrafrechtlicher Sicht, AO-StB 2008, S. 136-138.

Thiemann, Christian: Das Folgerichtigkeitsgebot als verfassungsrechtliche Leitlinie der Besteuerung, in: Linien der Rechtsprechung des Bundesverfassungsgerichts – erörtert von den wissenschaftlichen Mitarbeitern, hrsg. v. Sigrid Emmenegger u.a., Berlin 2011, S. 179-212 (*Thiemann*, in: Linien der Rechtsprechung).

Thiemann, Christian: Rechtsschutz im modernisierten Besteuerungsverfahren, StuW 2018, S. 304-313.

Thiemann, Christian: Rechtssichere Anwendung des Steuerrechts – Verfassungsrechtliche Anforderungen und verfahrensrechtliche Optionen, StuW 2019, S. 295-302.

Thoma, Hans: Bilanzberichtigung und Bestandskraft, DStR 1988, S. 346-349.

Thomas, Karl: Die Steueranspruchstheorie und der Tatbestandsirrtum im Steuerstrafrecht, NStZ 1987, S. 260-264.

Tiedemann, Paul: Der vorläufige Verwaltungsakt in der Leistungsverwaltung, DÖV 1981, S. 786-791.

Tiedtke, Klaus / Szczesny, Michael: Anwendungsbereich der Änderungsvorschrift des § 173 Abs. 1 Nr. 2 AO bei verschuldeter Versäumung der Einspruchsfrist, DStR 2005, S. 1122-1125.

Tillmanns, Reiner: Tierschutz durch Rechtsverordnung – Die Hennenhaltungsverordnung auf dem Prüfstand des BVerfG, NVwZ 2002, S. 1466-1471.

Tipke/Lang: Tipke, Klaus (Begr.), Steuerrecht, 24. Auflage Köln 2021 (*Bearbeiter*, in: Tipke/Lang, Steuerrecht).

Tipke, Klaus: In dubio pro fisco?, Steuer-Kongress-Report 1967, S. 39-61.

Tipke, Klaus: Steuerliche Betriebsprüfung im Rechtsstaat, München 1968.

Tipke, Klaus: Die Steuergesetzgebung in der Bundesrepublik Deutschland aus der Sicht des Steuerrechtswissenschaftlers – Kritik und Verbesserungsvorschläge, StuW 1976, S. 293-310.

Tipke, Klaus: Ungleichmäßigkeit der Besteuerung, BB 1986, S. 601-604.

Tipke, Klaus: Gleichmäßigkeit der Steuerrechtsanwendung, in: Perspektiven der Finanzverwaltung, hrsg. v. Horst Vogelsang, Köln 1992, S. 95-131.

Tipke, Klaus: Zur Steuerfahndung bei Banken und Bankkunden, BB 1998, S. 241-246.

Tipke, Klaus: Über Deklarieren und Verifizieren, in: Festschrift für Klaus Offerhaus, hrsg. v. Paul Kirchhof u.a., Köln 1999, S. 819-836.

Tipke, Klaus: Die Steuerrechtsordnung I, 2. Auflage, Köln 2000 (*Tipke*, Steuerrechtsordnung I).

Tipke, Klaus: Die Steuerrechtsordnung II, 2. Auflage, Köln 2003 (*Tipke*, Steuerrechtsordnung II).

Tipke, Klaus: Besteuerungsmoral und Steuermoral, Nordrhein-Westfälische Akademie der Wissenschaften, Vorträge G 366, Wiesbaden 2000 (*Tipke*, Besteuerungsmoral und Steuermoral).

Tipke, Klaus: Steuerliche Ungleichbelastung durch einkunfts- und vermögensartdifferenzierende Bemessungsgrundlagenermittlung und Sachverhaltsverifizierung, in: Festschrift für Heinrich Wilhelm Kruse, hrsg. v. Walter Drenseck und Roman Seer, Köln 2001, S. 215-238.

Tipke, Klaus: Über Abhängigkeiten des Steuerstrafrechts vom Steuerrecht, in: Festschrift für Günter Kohlmann zum 70. Geburtstag, hrsg. v. Hans Joachim Hirsch u.a., Köln 2003, S. 555-577.

Tipke, Klaus: § 160 AO – nochmals systematisch überdacht, in: Gedächtnisschrift für Christoph Trzaskalik, hrsg. v. Klaus Tipke und Hartmut Söhn, Köln 2005, S. 121-133.

Tipke, Klaus: Steuerberatung tut not – auch verfassungsrechtlich, BB 2009, S. 636-641.

Tipke, Klaus: Zwischen materiellem Steuerrecht und Steuerverfahrensrecht, StuW 2004, S. 3-23.

Tipke, Klaus: Die Steuerrechtsordnung III, 2. Auflage, Köln 2012 (*Tipke*, Steuerrechtsordnung III).

Tipke/Kruse: Abgabenordnung, Kommentar, begr. v. Klaus Tipke und Heinrich Wilhelm Kruse, 2./3. Auflage, Köln 1965/1968, (*Tipke/Kruse*, AO (2./3. Auflage, 1965/1968)).

Tipke/Kruse: Abgabenordnung/Finanzgerichtsordnung, Kommentar, begr. v. Klaus Tipke und Heinrich Wilhelm Kruse, 10. Auflage, Köln 1980, (*Tipke/Kruse*, AO (10. Auflage 1980)).

Tipke/Kruse: Abgabenordnung/Finanzgerichtsordnung, Kommentar, begr. v. Klaus Tipke und Heinrich Wilhelm Kruse, Loseblattsammlung, Köln, Stand: 163. Ergänzungslieferung, Oktober 2020 (*Bearbeiter*, in: Tipke/Kruse, AO/FGO).

Tormöhlen, Helmut: Der nemo-tenetur-Grundsatz im Steuerstrafverfahren und die Mitwirkungspflicht für nicht strafbefangene Veranlagungszeiträume, in: Festschrift für Klaus Korn zum 65. Geburtstag, hrsg. v. Dieter Carlé u.a., Bonn/Berlin 2005, S. 779-797.

Tormöhlen, Helmut: Die Durchbrechung des Steuergeheimnisses im zwingenden öffentlichen Interesse, AO-StB 2011, S. 309-312.

Towfigh, Emanuel Vahid: Komplexität und Normenklarheit – oder: Gesetze sind für Juristen gemacht, Der Staat 48 (2009), S. 29-73.

Trossen, Nils: Die Auswirkung der Modernisierung des steuerlichen Verfahrensrechts auf den gerichtlichen Rechtsschutz, FR 2015, S. 1021-1025.

Trossen, Nils: Reichweite und Grenzen verfassungskonformer Auslegung, in: 100 Jahre Steuerrechtsprechung in Deutschland 1918-2018, Festschrift für den Bundesfinanzhof, hrsg. v. Klaus-Dieter Drüen u.a., Köln 2018, S. 519-533.

Trzaskalik, Christoph: Die Steuererhebungspflichten Privater, in: Steuerrecht und Verfassungsrecht, hrsg. v. Karl Heinrich Friauf DStJG 12, Köln 1989, S. 157-186.

Trzaskalik, Christoph: Über die Vorbehaltsfestsetzung und die Steueranmeldung, StuW 1993, S. 371-379.

Uelner, Adalbert: Die Finanzminister im System der sogenannten Gewaltenteilung, in: Festschrift für Karl Heinrich Friauf zum 65. Geburtstag, hrsg. v. Rudolf Wendt u.a., Heidelberg 1996, S. 217-231.

Uibeleisen, Maximilian: Die verfassungsrechtlichen Grenzen der Inpflichtnahme Privater, Dissertation, Frankfurt a.M. u.a. 2006 (*Uibeleisen*, Grenzen der Inpflichtnahme Privater).

Valta, Matthias: Strategien zur Komplexitätsreduktion am Beispiel des Steuerrechts, in: Rechtssprache und Schwächerenschutz, hrsg. v. Lena Kunz u.a., Baden-Baden 2018, S. 273-295 (*Valta*, in: Rechtssprache).

Venturini, Klaus: Betriebsprüfung und Treu und Glauben – Darf die Finanzverwaltung eine bei einer früheren Betriebsprüfung vertretene und von der Veranlagungsstelle übernommene Rechtsauffassung für die Vergangenheit ändern?, ifst 228, Bonn 1983.

Vetten, Alexander: Steuermodernisierungsgesetz – eine Praxisanalyse, NWB 2016, S. 3105-3113.

Viefhues, Wolfram / Scherf, Uwe: Sicherheitsaspekte bei der elektronischen Kommunikation zwischen Anwalt und Gericht, K&R 2002, S. 170-177.

Vogel, Klaus: Gesetzgeber und Verwaltung, in: Staat und Verbände. Gesetzgeber und Verwaltung, VVDStRL 24, Berlin/New York 1966, S. 125-253.

Vogel, Klaus: Zur Bindung der Steuergerichte an Bewertungs-und Pauschalierungsrichtlinien, StuW 1991, S. 254-262.

Vogel, Klaus: Verwaltungsvorschriften zur Vereinfachung der Sachverhaltsermittlung und „normkonkretisierende" Verwaltungsvorschriften, in: Festschrift für Werner Thieme zum 70. Geburtstags, hrsg. v. Bernd Becker u.a., Köln, Berlin u.a. 1993, S. 605-617.

Vogel, Klaus: Vom Eigentums- zum Vermögensschutz – eine Erwiderung, NJW 1996, S. 1257-1259.

Vorbeck, Ronny: Anmerkung zu FG Niedersachsen v. 19.2.2020, 3 K 323/19, EFG 2020, S. 570-571.

Voßkuhle, Andreas / Kaiser, Anna-Bettina: Grundwissen – Öffentliches Recht: Der Grundrechtseingriff, JuS 2009, S. 313-315.

Wacker, Gottfried: Die elektronische Steuererklärung als Haftungs- und Gebührenfalle für den Steuerberater, DStR 2013, S. 2025-2028.

Wahl, Rainer: Verwaltungsverfahren zwischen Verwaltungseffizienz und Rechtsschutzauftrag, VVDSTRL 41, Berlin/New York 1983, S. 151-186.

Waldhoff, Christian / Grefrath, Holger: Normenklarheit und Bestimmtheit der Vorschriften über die Hinzurechnungsbesteuerung als Problem des Steuervollzugs, IStR 2013, S. 477-484.

Waldhoff, Christian: Verfassungsrechtliche Vorgaben für die Steuergesetzgebung im Vergleich Deutschland – Schweiz, Dissertation, München 1997 (*Waldhoff*, Verfassungsrechtliche Vorgaben).

Waldhoff, Christian: Herausforderungen des Verfassungsstaates durch die Digitalisierung am Beispiel des Steuerrechts, in: Digitalisierung im Steuerrecht, hrsg. v. Johanna Hey, DStJG 42, Köln 2019, S. 59-85.

Webel, Karsten: Anmerkung zu LG Aurich v. 8.11.2017, 12 Ns 310 Js 8712/15 (158/15), wistra 2018, S. 182-184.

Weber-Grellet, Heinrich: In dubio pro quo?, StuW 1981, S. 48-60.

Weber-Grellet, Heinrich: Die Qual der Wahl – Zur steuerrechtlichen Behandlung von Wahlrechten, DStR 1992, S. 1417-1422.

Weber-Grellet, Heinrich: Strukturwandel des Steuerstaats, DB 2007, S. 1717-1720.

Weber, Jörg-Andreas: Fehlender Vorbehalt der Nachprüfung als „offenbare Unrichtigkeit“ i.S. von § 129 AO – Eine „offenbare“ Unrichtigkeit, DStR 2007, S. 1561-1565.

Weber, Max: Die Zusage im Umsatzsteuerrecht, Dissertation, Berlin 2019.

v. Wedelstädt, Alexander: Führt die geplante Ergänzung des § 175 Abs. 2 AO zu neuer Ungleichbehandlung?, DB 2004, S. 2500-2501.

v. Wedelstädt, Alexander: Möglichkeiten der Ausübung und Änderung von Wahlrechten, AO-StB 2012, S. 150-154.

v. Wedelstädt, Alexander: Verfahrensrechtliche Fragen bei der Anwendung des ELSTER-Verfahrens, AO-StB 2015, S. 99-103.

Wedler, Simone: Der Rechtsirrtum im Steuerstrafrecht, NZWiSt 2015, S. 99-102.

Wegener, Bernhard W.: Der geheime Staat, Habilitation (2002), Göttingen 2006, abrufbar unter: https://www.oer2.rw.fau.de/files/2016/04/habil.pdf.

Weidemann, Jürgen: Ist der Steuerhinterziehungstatbestand ein Blankettgesetz?, wistra 2006, S. 132-133.

Weigell, Jörg: Überlegungen zum Steuer(straf)recht, in: Festschrift für Michael Streck zum 70. Geburtstag, hrsg. v. Burkhard Binnewies und Rainer Spatscheck, Köln 2011, S. 609-626.

Wendt, Wilhelm: Nach bestem Wissen und Gewissen, in: Festschrift für Wolfgang Ritter zum 70. Geburtstag, hrsg. v. Max Dietrich Kley u.a., Köln 1997, S. 637-648.

Wenzel, Benedikt: Horizontal Monitoring in Österreich – ein Wegweiser für die Zukunft der deutschen Großbetriebsprüfung?, ISR 2018, S. 378-380.

Wernsmann, Rainer: Das gleichheitswidrige Steuergesetz – Rechtsfolgen und Rechtsschutz, Dissertation, Berlin 2000 (*Wernsmann*, Das gleichheitswidrige Steuergesetz).

Wernsmann, Rainer: Die Steuer als Eigentumsbeeinträchtigung?, NJW 2006, S. 1169-1174.

Wernsmann, Rainer: Typisierung und Typusbegriff, DStR-Beih 2011, S. 72-76.

Wernthaler, Johanna: Die Korrektur von offenbaren Unrichtigkeiten im digitalisierten Besteuerungsverfahren, Dissertation, Berlin 2019 (*Wernthaler*, Korrektur im digitalisierten Besteuerungsverfahren).

Weßling, Johannes: Änderung von Steuerbescheiden bei „schlichtem Vergessen" von Angaben in der Steuererklärung, NWB 2015, S. 2582-2585.

Weyhausen, Heiko: Steuerverwaltung und bundesstaatliche Verfassungsordnung, Dissertation, Köln 1982.

Widmann, Werner: Umsatzsteuer-Richtlinien adieu – willkommen Umsatzsteuer-Anwendungserlass, UR 2011, S. 7-10.

Wiegand, Frank-Michael: Einführung der Einkommensteuer in Hamburg 1866, Zeitschrift des Vereins für Hamburgische Geschichte 73 (1987), S. 27-59.

Wild, Katharina: Risikomanagement im digitalisierten Besteuerungsverfahren – Teil 2, SAM 2019, S. 43-49.

Wilhelm, Herbert: Das revidierte abgabenrechtliche Kontenabrufverfahren und das Recht auf informationelle Selbstbestimmung, Dissertation, Baden-Baden 2012 (*Wilhelm*, Kontenabrufverfahren).

Wilke, Dieter: Bundesverfassungsgericht und Rechtsverordnungen, AöR 98 (1973), S. 196-247.

Winkler, Daniela: Der „additive Grundrechtseingriff": Eine adäquate Beschreibung kumulierter Belastungen?, JA 2014, S. 881-887.

Wippermann-Kempf, Silke: Die Bedeutung des Leistungsantrags im Sozialrecht, Dissertation, Würzburg 2003.

Wissenschaftlicher Arbeitskreis des DWS-Instituts: Verfahrensrechtliche Probleme der elektronischen Steuererklärung, DStR 2006, S. 1588-1591.

Wittig, Peter: Bundesverfassungsgericht und Grundrechtssystematik, in: Festschrift für Gebhard Müller zum 70. Geburtstag, hrsg. v. Theo Ritterspach und Willi Geiger, Tübingen 1970, S. 575-593.

Wittig, Petra: Die Rechtsprechung zur Steuerhinterziehung durch Erlangen eines unrichtigen Feststellungsbescheides vor dem Hintergrund des Beschlusses des BVerfG vom 23.6.2010 (2 BvR 2559/08), ZIS 2011, S. 660-668.

Wittmann, Rolf: Mitwirkungspflicht und Aufklärungspflicht in der AO, StuW 1987, S. 35-50.

Wittmann, Rolf: Das Markteinkommen – einfachgesetzlicher Strukturbegriff und verfassungsdirigierter Anknüpfungsgegenstand der Einkommensteuer?, Dissertation, Augsburg 1992 (*Wittmann*, Das Markteinkommen).

Wolf, Christoph: Error facti et error iuris, Dissertation, Tübingen 2019.

Wolff, Heinrich Amadeus: Ungeschriebenes Verfassungsrecht unter dem Grundgesetz, Habilitation, Tübingen 2000 (*Wolff*, Ungeschriebenes Verfassungsrecht).

Wulf, Martin: Steuererklärungspflichten und „nemo tenetur", wistra 2006, S. 89-96.

Wulf, Martin: Bedingter Vorsatz im Steuerstrafrecht – Abschied von der „Steueranspruchslehre"?, Stbg 2012, S. 19-23.

Wulf, Martin: Feststellungsbescheide als „Steuervorteil" im Sinne von § 370 AO – ein Verstoß gegen das Verschleifungsverbot aus Art. 103 Abs. 2 GG?, in: Gedächtnisschrift für Wolfgang Joecks, hrsg. v. Frieder Dünkel u.a., München 2018, S. 657-668.

Zaumseil, Peter: Schreibfehler, Rechenfehler und ähnliche vom Steuerpflichtigen verursachte offenbare Unrichtigkeiten, AO-StB 2012, S. 311-316.

Zaumseil, Peter: Die Modernisierung des Besteuerungsverfahrens, NJW 2016, S. 2769-2774.

Zaumseil, Peter: Die Bestandskraft von Steuerverwaltungsakten, vr 2017, S. 73-78.

Zippelius, Reinhold: Juristische Methodenlehre, 11. Auflage, München 2012 (*Zippelius*, Methodenlehre).

Zirkl, Cornelia: Die Neutralität der Umsatzsteuer als europäisches Besteuerungsprinzip, Dissertation, Frankfurt am Main u.a. 2015 (*Zirkl*, Neutralität der Umsatzsteuer).

Zöller, Richard (Begr.): Zivilprozessordnung, Kommentar, 33. Auflage, Köln 2020 (*Bearbeiter*, in: Zöller, ZPO).

Zweifel, Martin: Die Sachverhaltsermittlung im Steuerveranlagungsverfahren, Habilitation, Zürich, 1989.

www.ingramcontent.com/pod-product-compliance
Ingram Content Group UK Ltd.
Pitfield, Milton Keynes, MK11 3LW, UK
UKHW022107051026
15623UKWH00003B/727

9 783631 865620